本丛书为云南大学
"双一流"建设民族学一流学科建设项目成果

编委会

主　任：林文勋

副主任：何　明　关　凯　赵春盛　李志农　李晓斌

委　员（按姓氏笔画为序）：

马居里　马翀炜　马雪峰　马腾岳　王文光

王越平　牛　阁　龙晓燕　朱　敏　朱凌飞

庄孔韶　李永祥　李伟华　李丽双　何　俊

张　亮　张　赟　张海超　张锦鹏　陈庆德

陈学礼　周建新　郑　宇　赵海娟　高志英

谢夏珩

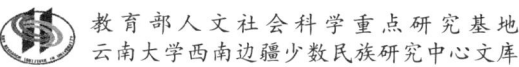
教育部人文社会科学重点研究基地
云南大学西南边疆少数民族研究中心文库

新民族志实验丛书·第二辑
主编 何明

神圣与世俗

富民县东村镇芭蕉箐村苗族村民日志

李 昕 编
张正文 记录
梁 媛 高瀛洲 李 昕 整理

学苑出版社

图书在版编目（CIP）数据

神圣与世俗：富民县东村镇芭蕉箐村苗族村民日志 / 李昕编；张正文记录. -- 北京：学苑出版社，2019.12

ISBN 978-7-5077-5883-2

Ⅰ. ①神… Ⅱ. ①李… ②张… Ⅲ. ①乡村－概况－富民县 Ⅳ. ①K927.45

中国版本图书馆CIP数据核字（2019）第282229号

责任编辑：战葆红
出版发行：学苑出版社
社　　址：北京市丰台区南方庄2号院1号楼
邮政编码：100079
网　　址：www.book001.com
电子信箱：xueyuanpress@163.com
联系电话：010-67601101（营销部）　67603091（总编室）
经　　销：新华书店
印 刷 厂：河北赛文印刷厂
开本尺寸：710×1000　1/16
印　　张：111.5
字　　数：1800千字
版　　次：2019年12月第1版
印　　次：2019年12月第1次印刷
定　　价：288.00元（全三册）

总序

"他者的倾诉":还话语权予文化持有者
——"村民日志"的民族志实验意义解读

何 明

5年前,我们在云南大学"211工程""十五"民族学重点学科建设方案中提出了设置"云南少数民族村寨跟踪调查与小康社会建设示范基地"项目。这是一项综合性的项目,既涉及民族学／文化人类学的理论研究,也涉及运用应用人类学"互动作业"方法及其他学科的方法以促进少数民族农村的社会主义小康社会建设和新农村建设等应用性研究,以及引进智力、项目、资金等发展实践运作问题;此外,还涉及人才培养、教学改革、民族学／文化人类学基础设施建设等内容。其中,在民族学／文化人类学理论研究中的一项具有探索性意义的工作便是:10个调查基地在当地各聘请若干名"村民日志"记录员,对本村每天发生的事情进行观察与记录,从中国少数民族农村的社会文化实际出发,把国际文化人类学界近20年来争论不休、模式各异的民族志书写问题在中国少数民族农村进行实验,让研究对象即文化持有者成为民族志的作者,运用"主位"(emic)方法,从"本文化"内部视角对自己民族和村寨的社会文化进行叙述与评论,以求在当代国际文化人类学的学术平台上进行中国民族志和文化人类学的"本土化"创新，促进具有时代特征和中国特色的文化人类学建设。

一、民族志：文化人类学知识生产的结晶和学术创新的核心

民族志（ethnography）和田野工作（fieldwork），是现代文化人类学具有区别性意义的重要特征。在文化人类学领域，这两项工作一般被视为古典人类学与现代人类学的分野。前者被称为"摇椅上的人类学"或"书斋里的人类学"——学者们不从事系统的田野工作，其学术成果也不是通过民族志的方式表达，学术研究和理论建构的资料来源大都是旅行家、传教士、殖民者、船员等曾目睹过异文化的人士所撰写的文字资料和历史档案文献，人类学家们不进行系统的田野调查，不撰写系统的民族志。从19世纪末起，文化人类学开始从古典向现代转型，其标志便是英国动物学家兼人类学家哈登（Alfred Cort Haddon）在1898—1899年两次率领剑桥大学的考察队赴托雷斯海峡进行田野调查并完成了6卷本的调查报告。其后在功能主义人类学的代表性人物马林诺夫斯基（B.K.Malinowski）和拉德克利夫－布朗（Alfred Reginald Radcliffe-Brown）的倡导与实践下，田野工作和民族志成为现代人类学所必不可少的两项核心性工作，并成为现代人类学的基本学术范式。其主要创新之处在于，"它将先前主要由业余学者或其他人员在非西方社会中进行的资料搜集活动以及由从事学术理论研究的专业人类学者在摇椅上进行的理论建构和分析活动结合成一个整体化的学术与职业实践"[1]。在现代学科体系中，田野调查和民族志通常被视为文化人类学区别于其他学科的学术方法特质，尽管社会学、考古学等学科也进行田野调查，但终究没有像文化人类学那样把田野调查和民族志当作不可或缺的学术实践，也

---

[1] ［美］乔治·E.马尔库斯、米开尔·M.J.费彻尔：《作为文化批评的人类学》，王铭铭、蓝达居译，北京：生活·读书·新知三联书店1998年版，第39页。

未能像文化人类学那样建构如此系统的田野调查范式和完成如此之多的民族志经典文本。

田野工作与民族志之间具有非常紧密的信赖关系和错综复杂的内在联系。从工作程序的表层上看，田野工作在前，民族志在后，民族志是对田野工作的调查过程和内容的记述，由此便形成了田野工作和民族志之间是因果关系，没有田野工作也就没有民族志的普遍认识。但事情远不是如此简单。若从认识论层面探究民族志作者的学术行动逻辑，那么就会发现，人类学家的意识绝不是一块由调查对象的文化任意书写的"白板"，民族志与其所书写的文化之间更不是简单的反映与被反映之类的线性关系。事实上，人类学家在进入田野之前早已形成了特定的学术范式或称"理论预设"。已故著名人类学家费孝通先生在总结自己对花蓝瑶和江村的两次调查时深刻地指出："在实地调查时没有理论作导线，所得的材料是零星的，没有意义的。我虽然在这一堆材料中，片断地缀成一书，但全书并没有一贯的理论，不能把所有的事实全部组成在一个主题之下，这是件无可讳言的缺点。"[1]事实上，人类学家选择何处做调查点、调查什么、怎么调查、如何解释等，均受其学术目标和理论范式的限定与影响。他或她是带着业已形成的术语、概念、范式进入田野，并按这些因素所框定的思维和视角进行体验、观察研究对象，或有意识地或无意识地对研究对象进行有选择性地关注与调查。也就是说，人类学家开始田野工作之前已经有了一个民族志写作的基本性的框架，这一框架或多或少、或强或弱地影响与左右着田野工作及其重点和方法。田野工作与民族志的关系是相互渗透、互为因果的。

民族志是文化人类学学术实践的核心产品。作为学者，人类学家的社会角色是知识生产者，其基本职责是对鲜为人知的异文化体系和人们所熟知的本文化体系进行描述、阐释与反思并将其公诸于学界和社会，

---

[1] 费孝通、张之毅：《云南三村》，天津：天津人民出版社1990年版，第12页。

也就是说，民族志是文化人类学知识生产的产品和结晶。田野工作因具有明显的私人性而无法直接诉诸公众，也无法让社会所共享，因而，从这一意义上看，田野工作是手段，民族志才是目的。纯思性的分析作品或称为"写文化之后"的工作，尽管也是文化人类学的重要组成部分，但其所分析的对象大都离不开民族志，或进一步分析民族志所叙述的文化，或以民族志为对象评论田野工作的方法，或探讨民族志撰写问题，从而使民族志成为文化人类学的理论研究的基础文本和主要对象。

民族志的创新是文化人类学学术创新的基础和关键。学术创新的一般进程大体是：发端于理论和方法的反思，运用于学术的研究过程，体现于学术研究的成果。文化人类学的理论方法反思的结果最终要通过田野工作的试验并体现于民族志的撰写，即"文化书写"的学术实践之中，而且不断创新的理论和方法只有转化为民族志撰写的实践，文化人类学才完成了学术范式的转换与创新，也才在实质意义上实现了学科的进步与发展。

费孝通先生的《江村经济》和林耀华先生的《金翼》是中国人类学在20世纪40年代学术创新最具标志性的成果，并有力地促进了中国人类学的进步与发展。这两部民族志受到当时国际人类学界最权威的人类学家的高度重视与全力推荐，被国内外许多高校列为人类学专业的必读书，至今仍然被人类学界公认为民族志的经典著作。之所以如此，主要在于它们具有前沿性和创新性等特征，是在国际人类学界较早进行"本文化"研究时的代表性成果。当时在国际人类学界盛行以"异文化"为研究对象的条件下，费先生和林先生大胆地把"本文化"作为研究对象，并分别将自己的家乡作为田野调查点，而且在一定程度上探索并实践了近30年之后由美国人类学家哈里斯（Marvin Harris）概括出的"主位"的研究方法。可以说，这两本民族志为国际人类学界关于研究对象由"异文化"向"本文化"回归，关于民族志书写的"主位"(emic)和"客位"(etic)区分的理论方法创新做出了有益的探索和重要的贡献。

《江村经济》和《金翼》两部经典民族志的成功案例，充分说明：民族志是文化人类学学术研究最核心的成果，民族志的创新在文化人类学学科创新中具有决定性的意义。

二、"更彻底地让研究对象发出自己的声音"：以当代国际人类学界"文化书写"问题为平台的实验

不同的时代有不同的学术创新平台。我们与西方人类学家同处于21世纪，共同享有人类智慧所创造的物质和精神产品，共同分享着当代思潮和知识体系等学术资源所搭建的学术交流、对话与创新平台。作为中国当代人类学工作者，我们只有关注与融入当代学术思潮，掌握与运用当前国际学术界的话语模式解读与回答中国社会文化问题，才能够登上当代学术舞台进行中国学术的"展演"，才能建构具有时代特征、中国特色的学术体系，也才能为当代社会文化背景下的知识生产贡献中国文化的智慧。

20世纪后半叶以来，当代思潮对被现代科学和学术奉为"圭臬"的"真实""客观""实证"等原则提出质疑与挑战，"主体""意义""语言"等问题受到各学科的普遍关注并成为讨论的焦点，出现了人文和社会科学各个学科的语言学转向态势。胡塞尔（Edmend Husserl）现象学哲学将人们的注意力从独立于人的意志之外的"客体"世界引向"意义"世界，结构主义理论认为这一"意义"世界与语言体系具有同构性而不是独立于语言体系之外，福柯（Michel Foucault）和德里达（Jacques Derrida）的解构主义则提出语言体系本身是不稳定的，语言在表意状物时具有"局限性"并形成意义的"延宕"，由此便引发了"叙述危机"或"表征危机"等的认识论危机和人文社会科学学科的"语言学的转向"。[1]

---

[1] 盛宁：《人文困惑与反思——西方后现代主义思潮批判》，北京：生活·读书·新知三联书店1997年版，第39—57页。

其将语言学理论模式作为认知范式,对已有理论和认识重新进行审视,颠覆总体性和同一性,强调多元化、相对主义和差异性,"它是怀疑论的、开放的、相对主义的和多元论的,赞美分裂而不是协调,破碎而不是整体,异质而不是单一。它把自我看作是多面的、流动的、临时的和没有任何实质性整一的"[1]。

在当代哲学思想、社会思潮和学术背景的影响下,文化人类学开始对20世纪初以来形成的学科范式和知识体系进行反思,具有浓厚的科学主义、实证主义倾向的功能主义等学术思想和以田野工作、民族志撰写为核心的学术范式被放到了"学术反思天平"上重新估量,形成了一股强劲的反思与解构的学术思潮。反思人类学对以功能主义为理论基础的传统民族志提出批评和挑战,认为其具有明显的局限性和不可靠性。其中最核心的问题是"在实证主义社会科学的霸权支配下,民族志的核心实践曾被掩饰和伪装"[2],文化书写者遮蔽了所书写的文化和文化持有者的声音。传统民族志并非如其书写者所标榜的那样,是"异文化"的"客观""真实"的叙述,而是西方人类学家从自己的意识形态和学术目的出发重新建构出来的文化,是"被某些支配性的框架所控制和表述"[3]的文本。自20世纪初以来,西方人类学的田野工作大都在西方的殖民地进行,人类学家的西方文化与非西方文化在殖民主义的时代背景下碰撞,殖民主义等西方意识形态不可避免地影响甚至控制着田野调查和民族志的撰写,有人直接指责马林诺夫斯基的人生和学术与西方向非西方的文化渗透有着非常密切的关联性。[4]同时,民族志往往为人类学家的学术目的服务,如从功能主义理论出发的田野调查和形成的民族志,"习俗只

---

[1] [英]伊格尔顿:《后现代主义的幻象》,华明译,北京:商务印书馆2000年版,第2页。
[2] [美]乔治·E.马尔库斯、米开尔·M.J.费彻尔:《作为文化批评的人类学》,王铭铭、蓝达居译,北京:生活·读书·新知三联书店1998年版,第49页。
[3] [美]爱德华·W.萨义德:《东方学》,王宇根译,北京:生活·读书·新知三联书店1999年版,第50页。
[4] [美] Asad, Talal. *Anthropology and the Colonial Encounter*. London: Ithaca Press, 1973.

是拜物教化了的功利"[1]。与此相对应的是，这些民族志为了突出所谓的"客观性"和"真实性"，大都采取了似乎是"价值无涉"的第三人称的书写方式，但从更深层次上看，则是剥夺了文化持有者的话语权以及自我、情感、世界观等的表达，实际上是人类学家借其研究对象的"自白"而阐述其思想观点的"任意裁剪"。除此之外，民族志在书写上也存在着日益僵化和程式化的问题，"它们的描述形成固定的连续性程序（生态学、经济、亲属制度、政治组织和宗教信仰），对调查者角色不再重视，死板地将制度的概念切割为泛文化比较的类型学窠臼"[2]。

为了克服传统民族志的缺陷，摆脱人类学的困境，当代国际人类学进入了"一个人文学科的实验时代"。西方人类学家们进行了多种形式的探索与各种实验，冠以各种名称、形式各异的民族志纷纷涌现出来，诸如心理动力学民族志（psychodynamic ethnographies）、新现实主义民族志（realistic ethnographies）、现代主义民族志（modernist ethnographies）等等，有的倡导采用"主位"（emic）的方法，有的运用人类学家与研究对象之间对话"并置"（juxtaposition）的方式，有的干脆邀请研究对象参与民族志的写作。尽管名目繁多、意见不一，但"这一实验趋势的任务就在于：跨越现存民族志文体的局限，描绘出更全面、更丰富的异文化经验图景"[3]，"更注重对他们赋予研究对象以意义的过程的反思，并更彻底地让研究对象能发出自己的声音"[4]。

我们如何进行属于中国文化的新民族志实验？我们的民族志如何"跨越现存民族志文体的局限"？怎样才能"更彻底地让研究对象能发出

---

[1] M·萨林斯：《文化与实践理性》，赵丙祥译，上海：上海人民出版社 2002 年版，第 4 页。
[2] [美] 乔治·E. 马尔库斯、米开尔·M.J. 费彻尔：《作为文化批评的人类学》，王铭铭、蓝达居译，北京：生活·读书·新知三联书店 1998 年版，第 50 页。
[3] [美] 乔治·E. 马尔库斯、米开尔·M.J. 费彻尔：《作为文化批评的人类学》，王铭铭、蓝达居译，北京：生活·读书·新知三联书店 1998 年版，第 69 页。
[4] [美] 约翰·R. 霍克、玛丽·乔·尼兹：《文化：社会学的视野》，周晓虹、徐彬译，北京：商务印书馆 2002 年版，第 402—403 页。

自己的声音"？经过反复思考与学术实践，我们选择了"村民日志"这一书写路径，目的是探讨一种让文化持有者的主体性从主流文化的"话语霸权"束缚下突围出来而从其文化内部的"主位"视角自主地叙述自己的社会文化与表达"自我"的模式，以求"描绘出更全面、更丰富的异文化经验图景"。

首先，文化持有者真正成为文化书写的主人，他们所做的日志是严格意义上的"主位"观察与描述的结果。自马林诺夫斯基提出"钻进土著人的心里"的田野准则之后，人类学家们在"钻进"的问题上进行了不懈的努力。至20世纪60年代，康克林（H.C.Conklin）、弗莱特（Charles O.Frake）等人在其"新民族志"（new ethnography）中极力倡导"主位"观察与描述的方法。其后，格尔兹（Clifford Geetz）及其弟子克利福德（James Clifford）等人发起的实验民族志（experimental ethnography）则提出了把原本被排除在外的合作研究者、田野居民等与民族志相关的人物也纳入民族志作者并让其语言直接进入文本的书写方法，即所谓"多音位"（polyphonic）模式。目前，上述学术实践的真实度、有效性、干扰性等问题仍然未能得到令人信服的解决，其深层根源则是研究者的主体性与研究对象的主体性之间的矛盾无论如何都难以弥合。两千多年前中国思想家庄子提出的"濠上之辨"难题始终无法破解，才出"浅描"的泥潭又入"过度阐释"的沼泽，才让文化持有者发出了自己的"声音"，而学者所属的社会无法理解的"嘘声"即起，按照马林诺夫斯基的金科玉律"钻进土著人的心里"后便发现，原来"钻进土著人的心里"的是带着坚固的西方社会文化结构"前置"的人类学家。而"村民日志"的作者是生长于斯的"土著"，是村寨社会文化的参与者和行动者，以他们的眼睛和头脑观察本村每天的日常生活，以他们的思维和语言表达对本村发生的大大小小事件的评价与感受，这才是严格意义上的"主位"方法，才能真正"从内部提供有关异文化的解说"，因而对记录者来说，"村民日志"是对"本文化"的记录与反思。

其次,"村民日志"的记录者连续性地归属于他／她所叙述的社会,因而他／她的视域与其叙述对象所包括的视域是高度重叠与融合的。在"本文化"研究中,人类学家尽管属于"本文化",但因其境遇使他／她与"本文化"之间产生了或深或浅的"历史时间间距",从而降低了研究者视域与研究对象所包含的视阈之间的重叠度或融合度。费孝通先生对自己在家乡的田野调查体验的反思充分地证明了这一点,他说:"我是这个县里长大的人,说着当地口音,我的姐姐又多年在村子里教老家育蚕制丝,我和当地居民的关系应当说是不该有什么隔阂的了。但是实际上却并不是这样简单。当时中国社会里存在着利益矛盾的阶级,而那一段时期也正是阶段矛盾激烈的时期。我自己是这个社会结构里的一个成员,在我自己的观点上以及在和当地居民的社会关系上,也就产生事实上的局限性。这种局限性表现在我对于所要观察的事实和我所接触的人物的优先选择上。尽管事先曾注意要避免主观的偏执,事后检查这种局限性还是存在的。"[1]"村民日志"的记录者不仅在文化认同上归属于本村的社会文化,而且境遇使他／她在实践和时间上连续性地归属于本村的社会文化,不存在"历史时间间距"所形成的视阈间隔,其视阈与所叙述的社会文化包含视阈是天然契合的与高度重叠的,因而"视阈融合"度不仅要高于"外来者",而且高于属于本文化的学者。

再次,"村民日志"的叙述场域是自然而常态的,记录者的心态与通常田野工作的"报道人"大相径庭。"报道人"是人类学田野调查时不可或缺的角色,他们的"报道"场域与其日常生活具有明显的差异,属于非常态性的——面对陌生的"外来者",围绕着研究者的询问话题进行"搜肠刮肚"的作答甚至"编造故事"。为了解决这一问题,实验民族志的一种做法是将人类学家与报道人之间的谈话过程呈现出来。然而,所呈现的仍然是非常态场域下的谈话——人类学家因拥有民族志的最终书

---

[1] 费孝通:《迈向人民的人类学》,《费孝通选集》,北京:海峡文艺出版社1996年版,第312—313页。

写权而不可回避地产生一定程度的"话语霸权",从而对文化持有者的话语表达产生干扰或渗入。"村民日志"则规避了这一问题,记录者的叙说话题是自主性的,叙说场域是常态的——在自己家中并无"他者",做到了"想说就说""想说什么就说什么""想怎么说就怎么说"。

由此,文化持有者的关注视角、价值观念、情感模式等主体性在"村民日志"中得到了逼真而完整的表达。如果从汉语表达和学术话语的角度看,10个村寨的日志则给人以非常明显的"参差不齐"之感。但这种"参差不齐"却含有一般语用所没有的含义,不仅呈现出10个村寨文化的差异性,而且"彰显"出许多实验民族志所追求而难以企及的不同民族、不同村寨文化的"认知图式"的差异。日志所记述的内容大多是饮食、生产等琐碎而重复的生计活动,似乎是"无关宏旨""不得要领"的唠叨,但这却是记录者基于他/她的立场对村中所发生的事件按照他/她所认定的重要性进行过筛选排序而记录下来的,是记录者及其所属文化对社会活动的选择,这恰恰体现出其关注视角、价值取向的特殊性。日志的语言表达既无文学作品的生动形象,也无学术论著的严谨高深,大多"平淡无奇""枯燥乏味",且各本日志在描述的详略、反思的深浅甚至语言的顺滞等方面均有较大差异,但却体现出各民族、各村寨文化的感知能力、表达能力、反思能力的差异,即其"镜像"识别的独特性和差异性。因而,尽管"村民日志"有悖于一般正式出版的文本,甚至与已有的民族志文本也大相径庭,但其内含的"张力"和所表达的意义的"深刻性",远非一般民族志所能企及,也正是许多实验民族志所追求的目标。

当然,来自"异文化"的学者的影响并不是说排除无遗,但我们所做的仅仅是:第一,选择"他"或"她"记录,提出了举例式的记录内容引导;第二,根据"于研究对象无害"的社会研究伦理原则,对于日志中可能会危及所描述的对象和记录人的正常生活的少量内容做了删节。

三、用汉语叙述：基于中国少数民族与汉族的文化关系的本土化实验

近年来，中国文化人类学的"本土化"的呼声渐强，且有对汉人社会研究的一些探索，但对于少数民族社会的研究，大都止于"需要本土化"之类的"舆论动员"，少有"如何本土化"方面的"指点迷津"，更缺乏"以身试法"的"躬身实践"。尽管这是一个相当复杂的问题，在此不做专门的探讨，但可以从中国文化人类学20世纪30—40年代的学科发展史中获得如下初步的启示，这就是：中国文化人类学"本土化"学术实践的核心是民族志的"本土化"，而民族志实现"本土化"的基本前提是，选择适合中国社会文化实际的途径，将国际文化人类学前沿性理论方法用于中国社会文化的田野调查与民族志书写的实验，以参与到当前国际文化人类学前沿性问题的探讨，并在当前国际学术前沿的平台上进行理论和方法的创新。

前文述及的费孝通先生的《江村经济》和林耀华先生的《金翼》两本经典民族志，不仅是学术创新的典型案例，同时也是中国文化人类学"本土化"的成功典范。两位人类学家以当时被国际人类学界所公认的理论和方法为学科平台，以具有悠久历史文化传统的中国社会文化为研究对象，并从中国社会文化的实际出发，分别选择了在西方工业文化影响之下的农村生活变迁和家族制度这两个最具中国社会文化特色并在中国社会文化中占据重要地位的问题进行调查研究，从本土文化的眼光和中国文化的表达方式进行民族志书写。诚如马林诺夫斯基所说："我敢预言费孝通博士的《中国农民的生活》（即《江村经济》）一书将被认为是人类学实地调查研究和理论工作发展中的一个里程碑。此书有一些杰出的优点，每一点都标志着一个新的发展。此书让我们注意的并不是一个小小的微不足道的部落，而是世界上一个最伟大的国家。作者并不是一个外来人，在异国的土地上猎奇而写作的；此书的内容包含着一个公

民对自己的人民进行观察的结果。这是一个土生土长的人在本乡人民中间进行工作的成果。如果说人贵有自知之明的话,那么,一个民族研究自己民族的人类学当然是最艰巨的,同样,这也是一个实地调查工作者的最珍贵的成就。"[1] 弗思对《金翼》也做出了类似的评论,他说:"作者(指林耀华——引者注)似乎是身临其境,不论是在药铺、在闺中、还是在土匪山老巢,他都能真实地告诉我们每个人物的言行举止,甚至能探寻他们的心灵深处,解释他们当时的动机和昔日的感情。……他写的是他的故乡,他从童年开始直至成年相识的人们。倘若他并不是一直与他们朝夕相处,至少他也是经常处于相同的环境。"[2] 因而,尽管这两部民族志都先以英文版在国外出版,但无论是研究的对象和主题还是文化书写的视角和表达方式都是"本土化"的。

自《江村经济》和《金翼》问世以来,国际人类学发生了巨大的变化,当年被视为最先进、最科学的理论方法受到了反复的证实与证伪、肯定与否定的挑战,并从中发展、变异、衍生、创造出流派众多且取向相异的当代文化人类学理论和方法。中国人类学自20世纪80年代恢复发展以后,一批年轻人类学家尤其是曾留学欧美的人类学家进行了当代国际人类学的大量译介工作,这对于中国人类学的理论方法创新是非常必要的和不可或缺的。但这还是远远不够的,理论译介仅仅只是手段,目的是进行"本土化"创新,是将其作为背景、视野或工具对中国社会文化的事实和经验进行调查研究,撰写出具有时代特征、中国特色的民族志,解释与回答现代化进程中和全球化背景下的中国社会文化的理论和现实问题。因此,沿着费、林二位先生开辟的道路,站在当下国际人类学的平台上,进行现时代的中国文化人类学理论方法创新,撰写出"本土化"

---

[1] [英]马林诺夫斯基:《江村经济·序》,费孝通:《江村经济》,北京:商务印书馆2001年版,第13页。
[2] [英]弗思:《金翼·英文版导言》,林耀华:《金翼》,北京:生活·读书·新知三联书店1989年版,第1—5页。

的当代中国新民族志，这是时代赋予我们的职责和任务，也是当代学术背景下中国人类学学术创新的关键环节之一。

在当前国际人类学界关于民族志书写问题的研讨中，研究者与研究对象的关系是一个关键性的问题。因而，研究中国少数民族社会的民族志，要解决的一个首要问题是中国的人类学工作者即以汉文化为主导文化的研究者与研究对象即少数民族之间的关系有什么特征？以汉文化为前置文化结构的学者视角下的少数民族文化和西方人类学家视角下的非洲文化、印第安文化等，都可以称为"异文化"，但其"异"的程度和本质却是截然不同的。前者之"异"，是同一种文化之内的不同文化类型的差异或同一种文化类型之中不同文化分支的差异，即中华民族"一体格局"文化中的"多元"的差异；后者之"异"，是基本上没有实质性关联的两种文化之间的差异。费孝通先生提出的"中华民族的多元一体格局"命题，是理解与把握中华民族中各民族文化之间关系的关键词。一方面，中华民族的起源是多元的，各文化区、各民族以及各民族内部各支系之间的文化也是多元的，正是这种多样性、多元化的文化构成了色彩斑斓、博大精深的中华民族文化。另一方面，从新石器时期起，中华大地上的各文化区、各族群文化之间传播、接触、交流与融合的文化互动便开始了。从春秋战国时期起，各族之间的交流与融合进入频繁而密切的阶段。在汉族形成以后的两千年漫长历史中，其他族群融入汉族的所谓"汉化"和汉族融入少数民族的所谓"夷化"的"民族流动"从未停止过。在这种民族流动过程中，逐渐形成了一个凝聚多元文化的核心——汉族及其文化通过"一个点线结合，东密西疏的网络"[1]传播与融入各少数民族及其文化之中，从而构建起由区域性到全国性、由弱到强的多元一体格局。由此可见，在中国，以汉文化为基础的学者和作为研

---

1 费孝通：《中华民族的多元一体格局》，《费孝通选集》，北京：海峡文艺出版社1996年版，第350页。

究对象的少数民族之间的关系，是"一体"之内的"多元"的差异，两种文化之间存在着悠久、密切、深刻的内在联系，而且研究对象即少数民族文化中吸纳了汉文化的诸多因素，从而使中国人类学者与其研究对象之间保持着远非西方学者所能具备的亲密关系和沟通条件。

作为中国文化重要组成部分和中华民族交流沟通的最重要的工具，以汉文化为基础的汉语及其书写符号系统汉字早已为多数少数民族所接纳，除了大多数回族把汉语作为母语之外，许多少数民族还把汉字作为重要的甚至是唯一的书面记录与表达符号。随着近代以来民族—国家的形成、文化教育和现代传媒的推广，汉语在少数民族中程度不同地得到普及，绝大部分少数民族农村都有人能够使用汉语交流、运用汉字进行书面叙述表达。中国少数民族语言文化的这一特征，为村民们运用汉语记录成为可能，也使运用"村民日志"的模式描述中国少数民族社会文化的民族志实验具有了中国特色；同时，为了使之能够为更为广泛的群体所阅读，运用汉语记录也是一种别无他途的选择。

不可也不必隐讳的是，10本日志之间存在着文化书写和言语表达的明显差异。从表层上看，这一差异所呈现的是不同民族、不同村民运用汉语进行言说与表达的能力的差异，从而显示出不同民族、不同村民受汉文化影响程度的差异；从深层上看，在少数民族村民运用汉语记录的过程中，作为叙述的符号和传播中介，汉语及其特有的无意识结构和术语等被法国精神分析学家拉康（Jacques Lacan）称为交流对话的"第三参与者"因素，无疑参与到日志的文化叙述的建构之中了。但无论前者还是后者，其本身就具有学术研究的价值。美国语言学家、人类学家萨丕尔认为："言语这一人类活动，从一个社会集体到另一个社会集体，它的差别是无限度可说的，因为它纯然是一个集体的历史遗产，是长期相沿的社会习惯的产物。言语之有差别正如一切有创造性的事业都有差别，也许不是那么有意识的，但是正像不同民族之间，宗教、信仰、习俗、艺术都有差别一样。走路是一种机体的、本能性的功能（当然它不是一种本能);言语是一种非本能性的、获得的、'文化的'功能。"[1]因此,"村民日志"除了其所叙述的内容可以作为研究对象之外,文本本身亦可置于当代实验民族志研讨的学术背景下作为一种"社会事实"进行解读。

四、对话:多维交复话语张力的实验

"对话"是现代主义民族志的重要文本策略,"学者们认识到,在民族志里所要表述的经验,必须是发生于民族志作者与报道人之间的对话"[2]。为此,我们在"充分给予被研究者表达自己意见的空间"的同时,还采用了"充分对话"的文本策略。

《新民族志实验丛书》和《少数民族村落社会文化研究丛书》两套丛书的安排,是根据"充分对话"原则设计的。其中,既有同一文本内的"局内人"(insiders)与"局外人"(outsiders)之间的对话,又有不同文本的"局内人"与"局外人"的对话,而且在有的"村民日志"中还有"局内人"中不同性别、角色之间的对话。首先是"村民日志"同一文本中的"局内人"与"局外人"之间的对话,日志的主体部分是村民即"局内人"表达自己意见的空间,而"前言"及"村寨概况"则是研究者即"局外人"对研究对象基本概貌的解读。其次是两套丛书之间构成的对话,《新民族志实验丛书》的作者主要为村寨文化"局内人",而《少数民族村落社会文化研究丛书》的作者则是作为"局外人"的研究者,两者在同一时空内对同一对象做出的不同解读本身就是一种对话,这一对话事实上还具有留给读者进行分析的"张力"。最后是不同社会角色的"局内人"的对话,即在本课题设计时要求各个调查点选择2—3名性别、身份不同的记录者进行"村民日志"的记录工作,使同一本"村

---

[1] [美]爱德华·萨丕尔:《语言论》,陆卓元译,北京:商务印书馆2005年版,第4页。
[2] [美]乔治·E.马尔库斯、米开尔·M.J.费彻尔:《作为文化批评的人类学》,王铭铭、蓝达居译,北京:生活·读书·新知三联书店1998年版,第101页。

民日志"中出现同一村寨中不同社会角色之间的对话，但因有的记录者因患病、外出等各种复杂的原因未能坚持记录，从而使这一设计意图未能在全部"村民日志"中得到落实，出现有的日志由两位或两位以上记录者完成，有的日志则完全由一位记录者完成的情况。

正如美国人类学家马尔库斯和费彻尔所言："在这样一个时代，我们承担着一种风险，即，我们既可能拥有巨大的潜能，也可能因走进死胡同而无能为力。"[1] 我们"新民族志实验"的命运究竟是前者还是后者，只有让时间告知。

2020年5月6日午夜
草于白沙河畔寓所

---

[1] [美]乔治·E.马尔库斯、米开尔·M.J.费彻尔：《作为文化批评的人类学》，王铭铭、蓝达居译，北京：生活·读书·新知三联书店1998年版，第11页。

总目录

第 1 册

前言 / 1

2007 年村民日志 / 1

2008 年村民日志 / 181

2009 年村民日志 / 359

第 2 册

2010 年村民日志 / 555

2011 年村民日志 / 735

2012 年村民日志 / 895

2013 年村民日志 / 1025

第 3 册

2014 年村民日志 / 1139

2015 年村民日志 / 1265

2016 年村民日志 / 1395

2017 年村民日志 / 1525

2018 年村民日志 / 1647

前　言

一、芭蕉箐村寨概况

（一）区位、生态与人口

1. 区位

芭蕉箐是一个苗族自然村寨，现隶属于云南省昆明市富民县东村镇石桥村委会。石桥村委会下辖7个自然村寨，它们分别是大石桥、平田、还记得、大木板、瓦窑田、杨嘎哩和芭蕉箐。其中芭蕉箐处于石桥村委会最北部的半山腰上，海拔1840米，是富民县、禄劝县、寻甸县三县的交界地带，距离石桥村委会15公里，距离镇政府所在地东村街18公里，距离昆明市82公里。芭蕉箐与石桥村委会的其他自然村寨大木板、平田、还记得、瓦窑田、杨嘎哩村寨的距离分别是15公里、13公里、10公里、7公里、3公里。这7个自然村寨中除了芭蕉箐是纯苗族村寨，大石桥还有20多户苗族，他们是中华人民共和国成立初期从柿花箐等苗族村寨搬迁过去的。除了杨嘎哩与柿花箐相邻外，还有祖库村委会的麻栎树（苗、汉、彝族居住村）、柿花箐（苗族村寨）、水平子（苗族村寨）、万宝山（苗族村寨）也相邻。此外，与芭蕉箐邻近的村寨还有寻甸县的大丫口村（苗族村寨）和禄劝县万宝山（苗、彝、汉族村寨）。万宝山有南北两个寨子，其中万宝山的北面是一个以彝族为主的村寨，为禄劝县管辖；万宝山的南面为苗族寨子，属富民县管辖。这些村寨环绕在芭蕉箐的周围。在周边的几个苗族村寨中，芭蕉箐的水田最多，也是距离平坝地区最近的苗族村寨。

2．生态

芭蕉箐属低纬度高原季风气候区。气候的主要特点是：夏无酷暑，冬无严寒，夏秋湿热，冬春干冷，干湿分明；气温日差较大，年差较小，春季升温快，秋季降温早；年均气温16.4摄氏度，日照1794小时，年均降雨量801毫米。芭蕉箐属于山地林区，海拔1840米，土壤以红壤为主，非常适合耕种。村民除了栽种庄稼和果树外，还有许多的竹木。芭蕉箐山里有很多的云南松（青松），附近的村民也常来采摘。另外，山中也有少量的野生动物，如锦鸡、画眉、喜鹊等。

3．人口

芭蕉箐属于移民型村寨。据村里一位最年长的老者回忆，长久以来，芭蕉箐一直无人居住，大约一百年前，他的祖父祖母从贵州（具体的县乡当事人记不清了）搬迁至芭蕉箐，在这里繁衍生息，后来亲戚朋友投亲靠友，进而搬迁进来，逐渐发展成一个村落。

芭蕉箐是一个纯苗族村寨，现有51户152人，其中男77人，女75人，民族成分皆为苗族，现定居在芭蕉箐的人口有张、龙、杨、王和潘5个姓氏。芭蕉箐除了两个入赘的男性外，其余均信仰基督教（新教）。

（二）经济生产

芭蕉箐属于山地农业地带，村民的经济收入主要靠旱地种植和家畜养殖。近几年的人均收入为1000—2000元，支出主要用于化肥、种子、家用电器、摩托车、小汽车（近几年）、改造房屋等方面。20世纪80年代以前，芭蕉箐村民种植水稻、玉米、土豆、蚕豆、豌豆等作物，主要是自产自销，几乎没有市场交易。改革开放以后，经济作物在农业种植方面所占的比例越来越高，先后大规模栽种烟叶、苹果、板栗，后来又兴起栽种杨梅，这些大都拿到市场上卖。每年也要卖出一部分玉米，以偿还春耕时所贷的化肥种子的款。

由于芭蕉箐属于山地农业区，机械化操作很少。农业生产主要靠家庭与家庭之间的换工协作进行，农业生产工具有犁、耙、锄、镰刀、耕牛、马车、农用卡车等等。农业用地主要分为水田、旱地和山地。水田，主要在春、夏两季种植水稻，秋、冬两季种植蚕豆和小麦等；旱地，在春、夏季栽种玉米、土豆、烤烟；山地，一般种植水果，如苹果树、桃树、板栗树和杨梅等价值较高的经济作物，这些作物是芭蕉箐经济收入的主要来源之一。

20世纪90年代初，芭蕉箐开始栽种烟草，家家户户修建了烤烟房。烟草公司也派人来进行技术指导。开始几年由于种烟的地区不多，还较为赚钱，后来各地都栽种起烟草，烟草价格下降，管理较好的都很难赚到钱，再加上栽种烟草要花费很多的时间，许多村民觉得不划算，就开始减少烟草的种植，转而改种玉米或其他经济作物。

栽种烟草后不久，芭蕉箐村民打算引进果树，但在决定引进苹果树还是板栗树时犹豫不决，受政府一棵示范性苹果树年产1200公斤的鼓舞，村主任最终选择集体引进苹果树，而放弃板栗树。当时富民县民委及扶贫开发办将大约1500株苹果树苗以半价（每株0.5元）赊给芭蕉箐各家各户，平均每户40—50棵，后来政府也没有向芭蕉箐村民索要树苗钱。由于管理技术跟不上，果树产量不高，刚开始那两年还能卖到每公斤2—3元，但两年过后就降到每公斤1元多，每棵树年收入只有20元左右，而投入的成本较高，村民觉得不划算，纷纷放弃对苹果树的管理。

在栽种苹果树的同时，也有一部分村民受到平坝地区汉族人的影响，栽种了板栗树，并对板栗树的品种进行了嫁接改良。几年后板栗开始挂果，市场价格也不错，比烟草、苹果都要赚钱。当时他们也劝没有栽板栗树的村民栽些板栗树，并说栽种板栗有很多好处：相对于苹果树、烟草来说，板栗树的管理、果实的储存都要比种苹果树容易，成本也较低，销售价格也很不错。但是当时一些村民没有见到实际效果，并没有听从那些人的建议，而今看到板栗的产量和价格都不错时，才后悔当初没有听从那些种板栗人的建议，所以现在他们纷纷将很大一部分土地改栽板栗树。然而新的问题又出现了，由于市场上出售的良种板栗树苗有质量问题，所以很多村民买来普通的板栗树苗栽种，等一两年后自己嫁接。但是由于他们对嫁接技术不熟练，所嫁接的板栗苗成活率很低，这一方面延误了果树正常的挂果期，另一方面也打击了他们对板栗树栽种的积极性。另外，由于价格受市场供求关系的影响，等这一批板栗投入市场时，价格可能会受到影响。考虑到这一点，有一部分人也在犹豫是否要改种板栗。

以前小麦成熟的时候，收割的方式不是用镰刀割，而是用手拔。当时并非没有镰刀，而是习惯用镰刀割水稻，但不用镰刀割小麦。问及为何不用镰刀割小麦，他们说，由于以前我们很穷，没有钱买瓦盖房子，而是用麦秆来代替瓦。保留有根的麦秆耐用些，如果用无根的麦秆盖房子，用不了几年又要换房顶。而且将小麦连根拔起，地里就不会留下麦兜，方便下一轮耕种。现在采用割的方式一是为了提高劳动效率，二是不需要用麦秆来盖房了。现在市场上的石棉瓦又经济又耐用，用它来盖房好多了。

家畜养殖方面主要是养猪。猪是芭蕉箐村民的主要收入来源之一，每家每户都养猪，并且都有母猪。耕牛也是家家户户都养，牛和马主要用来犁地和驮送货物，近几年随着摩托车、面包车、小汽车购买数量的增大，逐渐取代了用马驮送货物。另黄牛居多，水牛很少，主要原因是山地缺水，不利于水牛喂养。喂养山羊的户数不多，各户喂养的数量也不多。养羊数量少的原因是可放羊的山地少，山地大多已开垦为旱地，没开垦的山林长满了牛羊不怎么肯吃的"飞机草"。

近年来，村里也引进一些机械操作工具，主要有猪食机、粉碎机、打谷机、玉米脱粒机、板栗去壳机等，还有一些车辆，如摩托车、面包车、小汽车等等。1996年，张学祥买了村里的第一辆摩托车；1997年，又是他买了村里的第一辆农用车。2010年左右，村里开始有人买小汽车，现在村里已有不少于5辆小汽车。

近十年来，芭蕉箐的经济活动多了起来，很多家庭开始改建或新建房屋。这种现象看起来是因为他们的生活水平提高，经济收入增长所致，其实并不尽然。有很多家庭都是靠贷款或从店铺里赊账的。他们的贷款方式有两种：一种是向农村信用社贷款，但是这种贷款数量小、周期短，一般每户每次只能借2000元左右，时间也只有8—10个月。这种贷款的目的，是为了解决春耕生产的资金紧缺问题（主要是化肥、种子的费用）而贷给农户的，还款期限一到，村民就要归还。而且这种贷款不是以个人名义开户，而是以自然村为单位，村小组长为负责人（担保人）贷的款。贷款送到每户时，户主需要签名并加盖手印。有村民因各种原因而不能及时归还时，担保人会很为难，他需要从别处借钱来替这个不能及时还贷的村民偿还。芭蕉箐从2002年就开始有这种贷款，从2002年到2006年，全寨贷款总额分别是3000元、25000元、30000元、51000元、43000元。前三年没有发生拖欠贷款的现象，2005年有3户家庭没有及时还贷。据村主任说，这三户中确实有两户是非常困难，另一户是故意不及时还。因为没有及时归还贷款，所以这三户觉得非常不好意思在2006年继续借贷。

村民除了从信用社贷款外，还有另外一种贷款方式，就是向私人贷款。所谓"贷"而不是借，是因为要付高额的利息。向私人贷款每1000元每年要200—300元不等的利息，这种利息是国家利息的3—4倍。据向私人贷款的村民说，尽管利息很高，但是，每次可以贷一笔数额较大的款，也不是那种"利滚利"式的高利贷，而且这样的贷款很简单，不需要任何抵押物，只要亲自写张欠条，上面标明贷款数额、利息数、还款期限，并印上指纹即可。如若到期还不了，可以推迟两个月还，这期间并不增加利息。如果两个月后依然还不了，则只需要先交付上一年的利息费，然后再转入新一年的贷款，而利息与上一年相同。据了解，周边汉族村寨的有钱人家都向他们借贷款，东村、鸡街等市镇也有这样的贷款专业户。

另外，芭蕉箐村寨的建房热潮，还是由于2017年国家规划修建武（定）–倘（甸）–寻（甸）高速公路，占用了芭蕉箐的部分田地和房屋，尤其是被占到房屋的，都利用了国家补偿款新建了房屋，即使没有占到房屋的农户，也利用这次补偿款修建了新房。2016—2019年芭蕉箐出现了建房热。

（三）文化生活

1. 服饰

芭蕉箐苗族自称"大花苗"，所穿衣服式样与湖南、贵州等地的苗族不同。最明显的特征是在喜庆节日期间，不论男女，上衣均为白色，穿上绣有红色、黄色等几何图案的花披肩。这种披肩由三部分组成，即两肩和背，背上的那块为正方形，除绣有红、黄花纹外，在其下段还挂着8—10根长约30厘米，用红、绿、白、黄、蓝等彩色塑料珠子穿成的线条。有的线条下端还挂有小银铃或铜铃或古钱币。传统大花苗的衣服布料为麻布，麻为自家所栽种，然后经过纺织加工而成白色麻布。若要染色则要拿到附近村寨的染坊里加工。由于麻的禁种和市场经济的发展，麻布衣裙越来越少，服饰多从市场购买现成的衣裙。

苗族服装按性别分为男性服装与女性服装。传统的男性服装有四类，即上衣、裤子、腰带、外袍，皆为白色。上衣衣领为圆形，右裾、衣袖在手腕处约有三分之一黑色棉布。裤子的裤裆和裤管都很宽松，每个裤管里能藏下一个七八岁的小孩。腰带为白色麻布所织，常系在裤子的上端。外袍样式为右衽对襟型长衫，衣袖很短，大约只及肘部上端。老年男子头缠青、黑色麻布。劳动时一般只穿上衣和裤子，很少穿外袍，外袍只是在重大的场合如定亲、订婚、结婚等喜庆节日时才穿。据说主要因为外袍穿在身上不利于四肢的伸展，干活很受束缚。

相比男子的服装，女子的服装的样式和颜色要丰富许多。传统女子服装有上衣和百褶裙。女子的上衣大体和男子上衣相似，只是从衣领到开襟的边缘以及衣袖口都绣有各色几何形花纹，衣服颜色有白色、黑色两种，衣袖较窄。百褶裙通常长及小腿中部，这种样式的裙子有两种，一种为花裙（上面印有各色几何形图案），另一种为黑裙。已生育小孩的妇女的裙子与姑娘的裙子有明显区别：已生育的妇女若穿花裙，则要在下端接上一圈黑色或深颜色的布料；若穿黑裙，则要在裙子下端向上的五分之四处镶上一圈红色花纹。现在市场上专门有妇女和姑娘的裙子卖，不同的身份会买不同的裙子。男女青壮年的小腿处常打有绑腿，男性的绑腿常为白色麻布，女性的绑腿常染有红黑相间的横条。据说妇女的裙子上的花纹及绑腿有很深的文化意义，象征着苗族先祖的居住环境：裙子上纵横交错的线条表示苗族祖先在平原地带的田地，而波浪形线条表示长江和黄河以及周边的小河流，裙摆下端的方砖形图案则表示城墙，妇女的绑腿则象征着城门两边的两棵棕榈树。整个裙子的符号意义蕴涵着一幅苗族曾经生活在广阔的平原地带，后因战争及灾害等原因跋山涉水搬迁到云南的山区地带的历史画卷。女性们也用白色麻腰带系在裙子上端。传统苗族的服装中没有内衣内裤，穿的鞋子也是草鞋（用山草或麻编织），现在则很少有人穿草鞋，大都改穿胶鞋、皮鞋。

苗族小孩有两种特殊的服装，一种称"科兜"，相当于汉族小孩用的尿片。"科兜"为正方形麻布所制，外层绣有花纹，上端缝有两根线条，用以系在小孩腰部，防止小孩大小便时弄脏大人。另一种是背包，用来劳动或行走时将小孩放在布兜里背在背上，方便劳动或行走。

2．发型

芭蕉箐苗族女子的发型主要有两种，分为少女型和妇女型。少女的头发一般是盘发髻于脑后或两耳上边，插木梳于发髻，梳口朝下。而生育过的妇女用深色线绾发髻于头顶，形成独角，梳口向上。除此以外，已生育过的妇女要将两边的鬓角剪成斜坡形，通常是由耳根向下巴处倾斜，即耳根处的头发要短些，而下巴处的头发要长些。据当地人介绍，妇女的这种发型是有来历的：在很久以前苗汉发生战争时，由于苗族打不过汉族，被迫从平原地方迁往山区，在逃难的时候一位妇女灵机一动，将水稻、玉米、荞麦等种子各抓了一把放在头发里并把头发盘在头顶，逃到山上所用的种子就是依靠这位妇女头顶上的种子。为了感谢这位聪明的妇女，妇女们纷纷模仿她的发型。

20 世纪 60 年代以来，未生育的女性常常在耳后扎一个马尾辫，已生育的妇女则把独角高髻改为平扁发髻。这种发型仍然是把头发盘到头顶，一般是盘成两圈。为了把头发固定在头顶还需要两样东西做辅助：一样是为"M"形的金属簪，另一样是麻线染黑的假发或者是黑色或者是深色的毛线充当假发。她们每天早上起来的第一件事就是盘头发，先将头发全部梳至额前，然后将假发接在头发上，再把它们盘在头顶，一般假发的那一圈稍大于头发的那一圈，并将假发置于头发之下，然后用"M"形的金属簪穿过使其固定下来，这样才不至于使盘好的头发变形，方便劳动。

3. 住房

芭蕉箐最早的房屋样式是简易的窝棚，定居一段时间后再建草房或木楞房。所谓木楞房就是整个房子是用木头垒成的，木头之间的缝隙用泥浆糊好。建造木楞房需要很多的木料，从前山上的树木很多，不愁没有木料。近几十年来由于开荒烧林，林木资源减少，加之国家对于林木严格管理，许多山林征为国有林场，私人可使用的木材减少，再也没有足够的木料来建木楞房，还有受外地建筑的影响，木楞房就改为两层木构土墙房。房屋的后、左、右三面皆为土墙，正面则为木板墙，开有两个窗户以采光，房屋中间有一扇门，这扇门是进出房屋的唯一通道，屋顶则用茅草或麦秆盖成。

改革开放以来，这种木构土墙房正在逐步发生变化：①草顶改为了瓦顶；②木质门窗改为了铁质门窗；③地面用沙石水泥浇成了水泥地面；

④近些年来，开始将房屋土墙推翻改造，代之以水泥砖墙。房屋内部也开始用砖墙隔开，更利于个人的隐私。有的家庭干脆不住原来的木构土墙房，而另行修建红砖钢筋水泥平顶房。这种新型房屋全部用水泥砖砌成，下层关牲口，上层住人（一般给自己的小孩住），楼层不是钢筋水泥结构，而是用木、竹、水泥代替，屋顶上则盖石棉瓦，这样的房屋比较矮小，两层大约高7米。近三四年来，随着武—倘—寻高速公路的修建，全村有十多户的房屋被修建高架桥占用，村民新修建的房屋全部为钢筋水泥结构，而且样式也和当地的汉族住房相差无几，一般都建成二至三层的小楼，窗户也增多，室内既宽敞又明亮。

4. 婚姻

芭蕉箐的苗族也是实行"族内通婚"，以前曾流行过姑表婚和舅表婚。芭蕉箐禁止代际婚姻，即上一辈不得与下一辈结为夫妻，认为这是乱伦。但是有同姓通婚的现象，在苗寨的婚姻习俗中同姓之间只要不是直系血缘关系，不在同一个村寨，是可以结婚的，这种现象称为家族外婚。从芭蕉箐苗寨来看，没有优先婚和指定婚的现象。婚姻的对象选择比较灵活，择偶方式一般是自由恋爱或别人介绍，父母包办的现象很少。

由于芭蕉箐村民几乎全部为基督徒，基督徒的婚礼一般在教堂中举行，在婚礼上有唱诗班为新人献诗歌，新娘组织村寨里的少女和小孩唱歌跳舞，新娘家庭、新郎及其他迎亲人员会分别在教堂的前台上献诗。当新郎将新娘迎回家后，新婚夫妇会带着伴娘伴郎们到风景较为优美的地方"转山"游玩，也做"老鹰捉小鸡""辨爱人"等游戏。由于信仰基督教的原因，芭蕉箐人对离婚甚至是夫妻关系不合都是反对的，所以芭蕉箐离婚的现象极少。如果配偶亡故，无论年龄大小，都可以另娶或改嫁，子女都会支持，社会舆论对此也不会有什么看法。在信仰基督教以前，婚前性行为是没有严格的舆论约束的，但是自从信基督教以后，则是严禁婚前性行为的，认为这是犯罪，而且连这种想法都不能有，若有这种想法，则要向神忏悔赎罪。

5．丧葬

芭蕉箐的葬礼也深受基督教的影响。当老人弥留之际，儿女媳妇等会在床前听取遗言，待老人离开人世间时，悲伤深情地哭诉一番，然后告知村寨中的教会长老和村主任，再派人通知附近的亲戚朋友，远处的亲戚朋友则不予通知。死者在安葬前几个小时才入棺，之前一直躺在生前睡觉的床上。在入棺之前并不举行什么仪式，只是家中亲人守在一旁接待来访的客人。棺材一般是生前就做好的，如果没有，能够借到则向村寨邻居借。大部分情况下死者入棺前并不要换特制的衣服，而是去世前所穿的日常衣服，也不用给其擦洗身子，也不往死者口中放什么物件。

死者入棺时，由早已守候在旁的基督教长老主持追思祷告仪式（长老是死者家属请来）。仪式开始时将死者的出生年、受洗礼时间、享主生活多少年、死于何时等情况做一简要介绍，然后讲经、唱赞美诗《有一个地方》等，最后为死者默哀祈祷。死者的配偶及子女之一则一边为死者祷告，一边将死者生前穿过的衣物鞋类放入棺材中。初次仪式完毕后，便将棺盖盖好，准备抬上山安葬。4人用绳子将棺材两端系好，用两根木棒抬着走在最前面，其后跟着的是送葬的人群。在送葬途中没有人撒纸钱，棺材路过的邻居家也没有烧纸钱，整个葬礼过程中，没有人放鞭炮，没有人穿孝服，没有人哭泣，没有亲属端着死者的遗像，也没有跪拜。

送葬的人将两根抬棺棒摆放于坟堆旁边后，大家便纷纷离去。死者的儿女则留在坟前哭泣，向上帝祷告。祷告完毕，便回家。芭蕉箐没有祭拜死者的习惯，清明节对他们来说是毫无意义的。所以说，人死了一旦埋葬以后，就再也没有坟前祭拜活动了。基督教的教义教规影响着他们的世界观、人生观、价值观，所以对亲人去世没有大悲。他们认为人的死去是灵魂回到上帝的身边，就是进入天堂中去生活，没有痛苦，只有快乐。殡葬改革后，实行火化，丧葬仪式也更为简化了。

6. 岁时节日习俗

芭蕉箐是一个"移民型"村寨。100余年前只有一户来自贵州的夫妇居住，随后不久便陆续有相关的亲属迁过来。由于受基督教的影响，传统的节日习俗在芭蕉箐并不很兴行，只过春节和基督教的宗教节日。现在由于受周边汉文化的影响，也过元宵节、端午节和中秋节等节日。但是节日气氛不浓，只是好好地吃一顿饭。

芭蕉箐的春节，时间和汉族相同，都是腊月的最后一天和正月的前几天。春节的前几天要杀年猪、准备年货。杀年猪有两种方法：一种方法是把一头一百五六十公斤重的猪赶出猪圈，先由七八个人齐心协力把猪按倒在地，然后将猪嘴绑住，再由专人将刀送入猪的喉咙，猪血喷出，洒得满地血红。待血流尽后，用早已烧开的水烫猪毛，几人联手动作，很快猪便被收拾干净。另一种方法是人手相对较少时，先在猪圈内将猪的四腿分别用一根绳子套牢，然后将猪赶到屋前的平地，由四人将绳子从四个方向同时拉，猪立即倒下，然后由专人操刀，将猪杀死。猪肉常常切成条块后擦上盐，再用瘦肉和蒜苗加盐塞入肠子中制成香肠，最后将猪肉和香肠挂在楼上通风处。一般杀年猪后，会叫夫妻双方的父母及兄弟姐妹来吃顿饭，除了吃猪肉外还需要到市场买些菜回来招待客人。

大年三十下午要吃团圆饭，通常血缘关系较近的家族成员会聚在一起吃团圆饭。吃团圆饭前，较为传统的方法是由年龄最大的长辈做个简短的发言，内容大致是感谢在这一年当中，大家都平安无事，五谷丰登。由于信教的原因，信徒在吃饭前还要做个祷告。吃完饭后，各家将买来的新年礼物（一般是糖果）分发给在座的人吃。大约晚上8点钟时，信教群众到教堂做年终礼拜。礼拜完毕后，回家吃夜宵（麦芽糖或水果等）、看电视、放烟花爆竹等等，这时过年的气氛达到高潮。11点多时大家都以睡觉的方式进入新的一年。

大年初一，传统上有早饭后上山打鸟的习惯。据寨中的老人讲，打鸟是为了纪念远古的一位苗王和同胞。近年来，由于森林破坏严重，鸟雀数量急剧减少，加之国家没收枪支等原因，初一打鸟的习惯逐渐改变，大多数人已没有捕鸟的习惯，只有一些捕鸟爱好者还会偶尔上山捕鸟，但那些捕鸟爱好者也不一定在初一那天上山捕鸟，这样一来，打鸟的习俗不复存在。

春节期间有向岳父母送礼拜年的习俗，但是没有具体规定在哪一天，哪天方便有空就行。送的礼物有猪肉、糍粑以及从市场上买来的水果、饼干等等。至于其他的亲戚则不走动，只在平时有空或有事时相互来往就可以。

听村寨老人讲，先前在春节前后有过"花山节"的习俗，在节日期间要杀鸡宰羊，青年男女则带着肉和糍粑到山上吹芦笙、跳舞、对山歌等。后来由于信教，认为这是不良的习俗，于是这种"花山节"在芭蕉箐基本消失了。

元宵节：最近几年有的家庭受汉族的影响开始过元宵节，不过元宵节上没有汉族的点灯、猜灯谜、吃汤圆等习俗，只是一家人聚在一起，做些饭菜美美地吃上一顿就行了。

端午节：最近几年，由于受汉族的影响，芭蕉箐也开始过端午节。不过他们并不知道端午节的来历，也不知道是为了纪念屈原，更没有吃粽子、赛龙舟的习惯。他们过端午节，有自己的民族特色：端午节时小麦都已经收割完毕，阳春作物已经耕种下地，他们在这短暂的空闲时间来做一些麦饼，杀鸡，做一顿丰盛的菜肴，以庆祝粮食丰收，并预祝今年风调雨顺。

中秋节：过完端午节，下一个节日就是中秋节，中秋节倒有几分与汉族相似，有吃月饼的习俗。这时水稻已经收割，板栗也成熟了，而玉米也快要丰收了，心中有说不出的喜悦，也该来好好庆祝一下这个即将丰收的季节，吃月饼成为他们中秋节最亮丽的特点。晚上如果遇有做礼拜则要去教堂做礼拜。

芭蕉箐的年俗节日大致就以上这些。除此之外，就是他们的宗教节日。由于在芭蕉箐的一百多人中，只有少数几位不信基督教，所以宗教节日也可以称得上是他们的全民性节日，主要的节日有复活节、感恩节、圣诞节。

复活节：复活节通常是在四月份，具体时间在春分后第一次月圆之后的第一个星期日。

感恩节：感恩节有大小两个，小感恩节是在麦子、蚕豆等冬季作物收割以后，择期举行，具有一定的民族特色。大感恩节则在农历十月份举行，那时的玉米、稻谷已经收割完毕，教堂及所属聚会点的神职人员商量，定好日期（一般在礼拜天），邀请周边各教会也来参加节日活动。在感恩节上有信徒的乐捐、奉献活动，教堂的日常费用开支主要来自一年大小两次的信徒乐捐、奉献。

圣诞节：在所有的宗教节日当中，最隆重的当属圣诞节。每年的12月25日为圣诞节，在这个节日上教堂安排伙食，让信徒聚在一起吃一顿饭。饭菜来自信徒的乐捐、奉献。

此外，每个月的第一个礼拜天要吃圣餐。芭蕉箐教堂的圣餐通常是吃麦饼和茶水。

除夕夜，信徒吃过晚饭后要到教堂或聚会点做年终礼拜。初一时，一般是到教会所辖的某个自然村寨表演诗歌、戏剧等节目。

在有的年份，教会长老会组织信徒庆祝国庆节，为国泰民安向神祈祷。

（四）社会结构

1949年以前，芭蕉箐因为只有几户人家，而且都是租种山寨对面的杨嘎哩汉族村寨地主的田地为生，若按阶级成分来讲都是贫农或雇农。因此社会结构比较简单。这几户人家之间也是沾亲带故的关系，相处得十分和睦，没有什么大的摩擦和矛盾。中华人民共和国成立后，由于陆续有亲戚搬来居住，逐渐形成张、马、杨、王、潘5个姓氏共存的局面。

在这 5 姓人当中，张家人数最多（他们来自 3 家不同的血脉），马姓与杨姓的人数则相对要少，而王姓和潘姓的人数则最少，加起来只有 5 户，他们在芭蕉箐村人口里只占到了十分之一。

从芭蕉箐的姓氏构成史来看，各姓氏的来源与马山头及其后代有直接或间接关系。在苗族的习俗中，改嫁的妇女所带来的孩子不改姓，所以尽管有着相同的姓氏却是来自不同的血缘家族，但是他们的家族观念不明显。苗族在信基督教前没有自己的文字，后来外国传教士为了传教的方便创立了苗文。尽管有了苗文，但由于没有什么家族观念，对祖先也不太崇拜，加之经常迁移，所以没有修族谱的传统。虽然不用文字记载家族的渊源，但是对最近的四至五代还是有较为清晰的记忆。在日常生活中，血缘关系较近的家庭之间联系较为紧密，特别是直系血缘关系中的两三代之间更是如此，在农业生产、修建房屋、人生大事等方面团结协助，共商大计。

芭蕉箐目前的社会组织可以分为两种：一种是正式组织，一种是宗教组织。正式组织是石桥村委会辖下的芭蕉箐村小组，由村小组长、会计、妇女工作员组成。村小组长由上级村委会任命，会计和妇女工作员则由村小组长推荐，报村委会批准备案。村小组长主要组织和管理村寨公共事务，如修建公路、村集体林地的承包、自来水及灌溉水池的管理、传达执行上级村委会发布的政策、消息等等；会计管理村集体的财物开支，负责各项数据统计，协助村小组长工作；妇女工作员传达计划生育政策，做各种妇女方面的工作。他们有一定的报酬，但是不高。

宗教组织是基督教"三自"爱国会东村乡芭蕉箐教会，教会负责人称长老，其下有执事、礼拜长和各聚会点负责人，芭蕉箐教会下有万宝山、柿花箐、麻栎树、水平子、石庄等村寨的聚会点。长老负责本教会的大小事务，如组织日常的礼拜活动、宗教节日的组织事宜等；执事协助处理教中事务；礼拜长负责当周的礼拜活动。

教会下有一个青年唱诗班（各聚会点也有自己的唱诗班，称为小唱诗班，也有自己的诗班长），受洗礼后的未婚男女青年皆可参加，新婚不久的也可以继续留在唱诗班中。诗班由诗班长负责，他组织唱诗班每周四晚上的诗歌排练，组织唱诗班代表教会到兄弟教会参加诗歌演唱活动等，唱诗班有一位司琴员；通常由长者或执事根据唱诗班成员的推选名单，任命其中一人为诗班长。诗班长要有一定的组织能力和专业水平，对工作认真负责。唱诗班每年都会针对唱诗班出现的具体问题制订出规章制度，来规约唱诗班成员的行为，使成员遵守唱诗班的组织纪律，学好诗歌，以提高唱诗班的整体素质及演唱水平，完成各项任务。教会每年也会根据工作的需要，对唱诗班提出工作意见和要求，以完成教会的年内工作任务。

芭蕉箐曾在20世纪70年代到21世纪初办有村办学校，村中曾有4位上过初中的中老年人先后担任过村小学的民办教师。在生产队时代，民办教师和生产队员一样记相同的工分，只是具体分工不同。20世纪80年代后，民办教师有一定的补贴，但是数量太少，经济收入并不比中等家庭的收入要高。这四位民办教师中有三位任过村小组的会计职务，有一位前两年去世。

村中曾有两位青年人于1993年参加富民县职业技术学校第四届民族班学员的免费培训。在学校学习一年，主要学农机、缝纫机、兽医、果树种植等技术。其中有一人学会给人打针、开感冒药的初级医学知识，不过很少有人感冒到他那去看病，大多数人生病到麻栎树或杨嘎哩看乡村医生。严格说来芭蕉箐没有真正的医务工作者、科技人员、职业教师。就是某人有一定的技术，如驾驶农用机车、编织农用工具，也只算是一项基本生活技能，并无地位高低之分，只是教会长老、执事、诗班长及村小组组长在村中的地位相对要高一点。

芭蕉箐的教育总体水平较低，到目前为止村中只有一位高中生，还没有读完就辍学了，更不用说大学生了，读过初中的人有十多个，大多数只读过小学三四年级，读过五六年级的人也不多。在他们的观念中，小学生和初中生并没有什么区别，重要的是谁的《圣经》知识多些，地位则要高些，他们以《圣经》知识水平的高低来衡量一个人的文化水平。

村中没有人在外地当干部，只有张正文长老一人是富民县近几届政协委员，他是以宗教界代表的身份参加的。马建国曾在中华人民共和国成立初当过本地的农会主席，龙应光当过生产队（包括杨嘎哩）的队长，也是村中唯一的共产党员，前两年已因病去世。

二、日志记录员张正文简介

他只记得自己是出生于1943年，但怎么也无法知道自己生日的具体日期了。查看户口簿上登记的日期，他说这是随便说的一个日期，很不准确的。他在家里排行最小，有3个姐姐、2个哥哥，姐姐、哥哥都已离世了。

7岁时起，在东村乡石桥小学上学，至四年级时，转学至乐在小学读五、六年级。小学毕业后，考入款庄乡中学。初中读了一年后，因为家里经济状况不好便辍学在家。

他从小就深受基督教文化的熏陶，1967年在富民县大黄林树教堂接受洗礼。1968年受职芭蕉箐教会长老一直至今。1990年3月4日成为富民县第三届政协委员，以后连任第四届、第五届、第六届政协委员。同时从1990年起，成为东村乡人民代表大会列席代表。1997年，参加昆明市第八届基督教代表大会，芭蕉箐教堂被评为昆明市"五好教堂"，获得奖牌和300元现金奖励。2003年张正文被富民县统战部评为"八个一"民心活动先进个人，并获得奖金50元，2004年被富民县政协会议评为优秀政协委员，并获得奖金50元，2005年被富民县政协会议评为优秀政协委员，并获得奖金100元。

张正文2005年4月被聘为村寨日志记录员，从2005年4月起作为日志记录员，一直记录到现在。刚开始记录时有所中断，自2007年至今一直坚持记录，很少有中断。

三、村民日志的编撰

2006年9月，我有幸来到云南大学师从何明教授攻读博士研究生学位。没过多久，导师便安排我接任了"云南少数民族村寨跟踪调查与小康建设示范基地"之"苗族文化跟踪调查研究基地（以下简称苗族基地）"的负责人。2006年11月初，跟从苗族基地的前任负责人——比我高两级的师兄吴晓博士和硕士生钟立跃，我第一次走进了芭蕉箐苗寨。这是我第一次接触苗族，这也为我今后的研究重心——苗族研究画上了浓重的一笔。

作为苗族基地的第二任负责人，在调查研究基地的建设和科研工作开展的具体过程中，项目总负责人也就是我的博士生导师何明教授不断给予我鼓励、支持和指导，使我能够积极地参与到项目的实践工作中，也以此为契机完成了我的博士论文，并且在田野活动中得到了锻炼和提升。2009年9月，博士顺利毕业的我幸运地留在了云南大学民族研究院工作，使我得以继续从事芭蕉箐苗族基地的项目组工作。2010年、2011年、2012年、2013年、2014年、2016年的暑假，我和郑宇博士共负责了六届"教育部研究生暑期田野学校"工作，每届有来自世界各地的学员来到芭蕉箐苗族基地进行为期十天的实践调研。其间还有许多我校和其他高校的研究生、本科生来到芭蕉箐做田野调查，完成毕业论文和项目研究等工作，使芭蕉箐苗族基地极大地发挥了它的研究价值。

本书的编撰是苗族基地项目组成员和芭蕉箐村民共同合作的初步成果。由于日志员张正文年龄较大，不会操作电脑，日志全部手写，所以一百多万字的村民日志全靠项目组成员录入电脑。在此要感谢曾经参加录入和部分整理的同学们（排名不分先后顺序）：鲁米香、杨丽云、万志恒、唐雅慧、梁媛、杨元广、刘建琳、蔡小旭、沙娜、高瀛洲、苏香月、周佳佳、张卓、和建梅、刘金成、刘思琪、雷婷、代珊珊、于邵岩、裴子锐等，还有我的同事王仲黎博士也参与其中。对于村民日志的写作指导、村民日志的主要整理等由李昕全面负责，梁媛博士生和高瀛洲同学同时参与了后期的整理校对工作。在此，再一次向参与日志工作的诸位老师同学表示感谢。

李 昕

2019 年 10 月 7 日

目 录

2007 年村民日志／1

2008 年村民日志／181

2009 年村民日志／359

2007年
村民日志

2007年1月1日　农历十一月十三日　星期一　晴转阴

参加婚礼。水平子村的张绍林嫁姑娘，他家邀请我们教会赴席并且请教会唱诗班协助他家办喜事和迎接新郎的到来。诗班的工作任务比较多而且繁重，他家安排部署工作时就说到，诗班一吃过早饭就要到他家学诗练歌，迎接新郎，以及今晚礼拜时对神、对新郎、对新娘祝贺、献词，给新人赠送纪念品。

吃过早饭，诗班成员就相约三三两两乘摩托车来集中学习训练、执行工作任务。我们一般亲属，赶上婚宴就行。我们等到下午3点时，便相约同去。张学忠答应开车带我们上去，当我们的车行驶到对面时，才发现我村村民七八人在我们后边顺山路直往上走。我们在比他人占有优势的条件下，在自己力所能及的情况下，要主动关心他人、帮助他人，使他人从我们中得益处。所以我们的车不是往前驶，而是朝着他们上的山梁子，朝后驶去接他们上车，这样做当然令他们欢喜。我们乘车到了水平子张绍林家，报到以后吃过晚饭，就为一对新婚夫妇举行婚礼晚礼拜。在晚礼拜中唱诗、读经、讲道，祝贺新婚夫妇，唱诗班还给新人献花送礼。所有的观众都非常欢乐、满意，特别是新婚夫妇献上的节目，更让大家感到高兴、满意。最后由教会负责人长老为一对新婚夫妇以及婚礼的宴席祷告，随后仪式宣告结束。

2007年1月2日　农历十一月十四日　星期二　晴

婚礼宴席，一般主要的近亲且家住得较远的，就在办喜事这家住一天或两天，一般邻近的村民只吃两餐，就是昨晚的和今早的两餐就散客了。所以昨晚我们吃了一餐，今早还得吃一餐表示尊敬与支持，陪着做客。今早我们芭蕉箐要去的人员相约乘一张车子去，待所有婚宴客吃完早饭，新娘的嫁妆上车装妥后，所有婚宴客、教会人员、诗班人一起起程。此时所有的人员随队送行到村头，公路两旁几乎容纳不下他们，一部分只好站在村口高处围观。最精彩的一个节目就是送行的人员等待新人向大家撒各种水果糖。"撒发水果糖"是新娘对给她送行的人员表示谢意，大家对她的关怀、支持，付出很大的代价，新娘要表示再次谢谢大家，也再次表示依依不舍。因为客人亲友、邻舍、村民太多，如果按人分发根本做不到，就从高处向人群抛撒水果糖，让大家自己捡，大家又喜欢又好玩，有的拾捡得很多，有的只拾得几个，有的不好意思和孩童抢。由于送行人员太多，所以撒发果糖都要些力气、要些时间，摄影师也随着精彩处摄像，大家欢乐够了才让迎娶队伍的车队缓缓开走。由于来客很多，我们乘坐的这张车也转入参与送客人，一直送到石桥村有马车处才折回来。我村人员也是乘这张车回到东鸡公路新道班处下车步行回家，完成了参与婚礼的喜事。

2007年1月3日　农历十一月十五日　星期三　晴转多云

上午挖地，下午把我原先买了放在东村的杨梅树苗木拉运回来。今早三儿学忠对我说："今晚把你的果树苗拉回来。"我太高兴了，因为我去年12月27日已经买了，今天是2007年1月3日了，已有8天了。我买了20株，安排一张车去拉回来，我就应付给车主50元油钱。等待时机，有车子出去，就能顺便帮我拉运回家，我付给20元就行了。今早三儿学忠主动对我说，今晚把你的果树苗拉回来。我高兴在此。

今天下午大约4时，我们出发，一是把返校念书的4个孙儿送到祖库小学，二是上街拉果树苗木。中途看见有一女生要返校念书，我们便拉她上车了，行驶了一会儿，又见两个女孩也是要上学去的，我们也把她俩拉上了。上车后得知，三个女孩都是白彝族，在东村读初中二年级。拉到东村街，我招呼她们下车，又说："以后有机会再坐我们的车。"其中两个小女孩用苗语说："谢谢你们。"我说："不用谢，这是我们应该做的。"助人为乐，是我们的天性，再说学生有什么钱？我们应当多关心他人，特别是学生又是少数民族，多少运客的微型车在公路上来往，但是她们在路上就是步行啊！在车上时我问她们，从你们家到东村中学要走几个小时，她们说要两个小时。我又问她们，你们爸爸没有摩托车送你们呀，她们说没有。

今晚我们父子在东村街上吃晚饭。当我俩到祖库山脚时，车子水箱上的水管爆裂开，影响发动机的正常运转，在中途往前不是退后不是，想想还是退回到东村修配零件。车子行驶起来还是快，虽然耽搁了些时间，回到街上，买零件配上，不要多长时间我们父子就回到了家。今天记忆上留下一件事，就是助人为乐，当我们做了些有益于他人的事，心中非常快乐，因为我们活着不但为了自己，也为了他人，如果我们能更多地关怀别人，这就是我们真正有意义的人生。

2007年1月4日　农历十一月十六日　星期四　晴

挖果树塘。一个上午清除果园中的杂草，并收拾成堆用火烧尽，使之好操作。几天以来由于没有晴天，地中的杂草还未干透，所以烧起来难度就很大，农活不多，但做起来费时费力。下午又挖果树塘，昨天挖几塘，今天又挖几塘，算已挖完。两行果树塘，一行8株，两行16株，果树地就在路边，四周得围上篱笆才能种果树和农作物，这块地原来承包给我家，但现在人口也增加了，鸡猪牲口也多了，所以要围上篱笆才好种农作物。围篱笆也是费时费力的活，砍材料要一两天，栽桩、围篱笆也要一两天，今天栽几棵桩就歇工了。

近段时间，三几天就有一两起婚喜事，甚至正月都还有婚喜事。村民大都参加远近亲戚的婚喜事，办婚喜事都比较忙碌，来来往往的。另有8户11人在外打工，多半是在砖厂打小工。可能一直要到春节才休假回家。

2007年1月5日　农历十一月十七日　星期五　晴

接孙女多加回家。多加前天打电话回来说，礼拜五也就是1月5日考完试放假，因为东西多，最好是上昆明专科校园接她。可昨晚又打来电话说礼拜五也就是今天还有几节课，就是考试，意思是说今天还不一定能回家。但昨晚的电话就没有及时传给她爸爸。大儿就按前天那个电话，天不亮就骑摩托车到东村客运站赶早 6 点上昆明的头班车接孙女多加。大儿赶到昆明校园，孙女多加还在考试。大儿张学全考虑是先回家呢，多加的考试今天就完，还是等多加呢，自己的摩托车又是随便摆在东村街上，没人看管。连我知道这情况也是心里不安、着急。家人有什么电话，情况随时会有变动，一有什么变动都要尽快告诉家人。家人都在发愁着急地等着，等到天黑之后很大一会儿，大儿和孙女才骑摩托车到家，我们才放下心。问问情况，他们乘坐客车回到款庄马街时天已黑了。想想上述情况，年青一代有些责任心不强，不尽心，有些时候，有些事，没有做到完全彻底。我们对人、对自己要负责，我们每做一事，都要力求自己满意，别人也满意。

2007 年 1 月 6 日　农历十一月十八日　星期六　阴有小雨

圣诞崇拜准备工作。每年公历 12 月 25 日是"圣诞节"。我们芭蕉箐基督教会自从 11 月 26 日开始过感恩节以来，每周的星期日都被远近堂点教会邀请参加庆典，明天 1 月 7 日还有寻甸县白彝族的新肖教会邀请我堂参与感恩庆典，可我们实在无法安排了。明天我们教会安排纪念耶稣的降生赞美庆典活动。为了让大家娱乐喜悦，欢庆度过圣诞佳节，我们教会办伙食已开展三年了，我们有感动、有承担，要逐年扩大规模。历年因没有经济力量，我们只好应付一下就过去。从今年起，要办好过好圣诞节。我对财经管理学忠讲平时我们集会一般能有 70 人，过节人数有 100 至 150 人，每桌增加一个菜就是鱼肉。每桌有一条鱼，我给学忠 100 元叫他负责买。今天是款庄马街天，他和五儿学祥骑摩托车去买。买回后，我问五儿学祥买菜情况怎样？他说鱼买了 20 公斤，每公斤 9 元，20 公斤 180 元，教会又拿出 80 元。原先买好的糖果数量也还少，今天又买了几包。要用的米、肉、青菜，感恩节用剩下的还够用，这是我堂教会过节准备工作的情况。

2007年1月7日　农历十一月十九日　星期日　晴

我堂圣诞庆贺感恩崇拜。今天的圣会由龙兴德执事主持；读经是诗班成员张秀花。

今天各自然村献诗的有教会全体唱诗班，芭蕉箐村、万宝山村、石桩村、麻栎树村、柿花箐共6个代表团；安排圣餐礼拜纪念耶稣受难，参加的人员有102人；分享圣诞礼物、各种水果糖、红橘子；表演了圣剧和舞蹈，精彩的节目有3个；宣布休会后就餐。

2007年1月8日　农历十一月二十日　星期一　晴

村民张约翰、五儿张学祥协助亲属建房，一个是小工协助，一个可以算是技术工。可能都是小工程小规模，6—7天就可以做完回家。张约翰是昨天下午5点骑摩托车去的，五儿张学祥今早骑摩托车去的。他俩是到同一个村寨——款庄马街镇对方村委会朵木得苗族村。

我自己的活计是栽植果树——大树杨梅，我的这项工作已准备一段时间了。今天一早就背肥沃土、粪草放于果树塘，一直忙到中午才移栽果树，我和老伴两人从早忙到晚已按需要的数量栽完。因土地面积有限，只安排两行，每行有8塘，两行有16株。今天完成了一个小项目，思想轻松了。

村民龙福祥、张学道两家的农活是抄地犁地，龙福祥家是替他姑娘、姑爷抄地，犁牛是从我芭蕉箐村牵去的，路途就远了，有4—5公里，一直到水平子村对门处。因为姑娘所在的麻栎树村的耕地在那里。由于路途远、任务多，所以他赶牛回到村里时，天已黑了，我就在果园地边，而他从我的果园地道经过，我们就一路回村了。

2007年1月9日　农历十一月二十一日　星期二　晴

搂垫圈草是我村当前农活的一项中心工作。由于林区面积小,而几个村的人都搂树叶,虽然树叶落了些,但是搂的人太多,所以形成竞争。交通方便的地方就用大车拉运,交通不方便的地方就用人工背,背多少就算多少。农户搞生产都靠农家粪,所以有些农户特别重视农家粪,农闲时多搂树叶,堆积在房前后,待雨水季节,垫圈就方便。一进入冬季,农家就形成中心工作,形成高潮。一个村民一天可能花三分之一时间搂叶子,三分之一时间犁地抄地。如张学道犁地已是两天了,到今天还没有犁完,当然耕地面积也比我们的多几倍。不过有种种情况,有的农户,土地再多也早早就犁完了,不但犁了自己的山地,还替他人犁了地,一架犁牛一天还可得80—100元哩,如村民龙兴德可能拿回来上千元了。

三分之一的农户已开始砍烧火年柴了,现在村民有汽车了,多半是到交通方便的地方找干柴或在自己的山场上找柴砍,人口稀,山林广,很方便。

2007年1月10日　农历十一月二十二日　星期三　晴

农活松闲的季节,村民抓时机搂落叶做一年的垫圈草。有的用一整天的时间投入此项农活,有的兼搞其他农活,当息工回家时,就搂一背背回家。进入搂叶子季节,一段时间以来,搂叶子的户数逐渐增多,形成一项中心农活。我家儿媳几家昨天今天一直忙于背落叶,从早背到晚。幸好我村有个优势条件,就是从山腰往下背,背的数量、轻重不在乎,再说路途也近,搂一背背回家,也不需要多少时间,这是指人工背、近处背,如果需要到远处搂就得用汽车拉运了。

我自己的农活是经常在果园地里工作,清除杂草,修剪果树枝条,挖松果园地皮,村前后的围上篱笆。近几年栽下的小板栗苗木、大树杨梅要定期浇水,而大树杨梅、冬桃更是要精心护理。管理果园投资、投劳时间不多,但年终收入的情况是果树收入占年收入的70%,粮食和其他的收入约占 30%，对果树增加投资、投劳，这样果树的收益还会更好、更高。

2007年1月11日　农历十一月二十三日　星期四　晴

探亲。姑爷前不久打来电话叫我们协助挖洋芋已有一段时间了，洋芋可能都已挖完了，不过既然人家惦念就需要去一趟。路途比较遥远，二姑娘是给（嫁）在嵩明县白邑镇三转弯凸董箐。所以一个单程的路费就要13—15元，往返就需要30元了。很早时，没有公路，一天到晚步行就是两头黑，就是说天不亮就得走，走到天黑了都还没有走到，还得摸一个小时的夜路呢。现在情况好多了，15元就可以乘坐到牧羊街了，牧羊街是属嵩明县管辖的乡镇集市，就坐落在凸董箐苗族村的山脚，再从牧羊街往东爬两个小时的山路就到了凸董箐。凸董箐原先是附近几个县基督教的总堂，管辖10多个基督教会。今天我老伴要到凸董箐探亲，昨晚叫几个儿子送，不论哪一个用摩托车送到鸡街再坐客车前往。五儿学祥不在家，另几个儿子都说，没有时间送。老伴说，一个不送，我自己走四五个小时走到鸡街。所以今天，天刚明，她就步行出发了，走了一小时，几个儿子想着过意不去，四儿张学德骑大儿张学全的摩托车去追，可能追到坡头追上，再送到鸡街。我老伴乘客车前往，四儿骑摩托回来。

2007年1月12日　农历十一月二十四日　星期五　晴

料理家务。老伴到姑爷女儿家去了，所以我的工作多半转入料理家务。白天找猪食草背回家，还得背一背柴再回家煮猪食喂猪。喂猪，我们多半是喂生食草的，但由于猪小，冬季气候冷，所以冬季喂熟猪食。立春以后，气候温暖，就喂生食，这样来调节。自己的喜好是忙外面的工作，挖地、砍柴、管理果园、给果树追肥、薅锄果园地等等。一心想把家务做好后再转入地里农活，谁知把家务做好后，到外面一转回来就是一天了。一天80%的时间都消磨在屋里，砍猪草、喂鸡猪，鸡有大鸡、小鸡，又要喂小鸡水，自己没有大牲畜，如有牛羊那就要更忙。自己的家务有这么多，幸好早晚饭和几家儿媳吃饭，哪家早晚饭煮得了就叫我去吃，这样我就轻省了，假如早晚饭都由我来煮，那就更忙了。

2007年1月13日　农历十一月二十五日　星期六　晴

管理果园。果园地的管理工作很多，如修剪、除杂草、背粪、追肥、浇水（指刚栽下一两年的）。为了从事这些农活工作，我忙碌到深夜，就是忙于砍猪食草并且煮好，这样做，白天我就有时间在地里工作。一个农夫为了生存，就必须这样辛勤劳动，应付人生中的种种需求。

一个整天的农活几乎都是出粪、背粪、往果园地里送粪，准备农闲季节完成一些管理工作。由于一天中的大部分时间都忙于家务，在外面（指地里）的农活劳动时间就少。

自己对民族地区的建设、发展、进步、攀登科技的高峰有着责任感和负担。自己尽管不能做些什么，但也可以从最小的事做起。

2007年1月14日　农历十一月二十六日　星期日　晴

今天是礼拜活动。

讲道的是王继荣，他在云南神学院读书，这两天在休假。

诗班献唱的情况是，男士3人，女士13人，合计16人。今天的人员比一般集会都少。但在献唱时还是可以的，献唱歌声非常响亮动听。诗班人员少第一是因为教会的节期和任务已完成，第二是因为当前婚喜事多，第三是因为今年参加《圣经》培训班的诗班人员，我堂就只有5人。

2007年1月15日　农历十一月二十七日　星期一　晴

村民赶鸡街。今天上街的人很多，我村民出动三张大车和四五张摩托车。三张大车，一张拉运竹子，一张拉运苞谷，龙兴祥家是上街卖竹子，龙兴德家是卖苞谷，第三张是村里上街的人员乘的，三张车回来是拉运建房材料——空心砖，用于建筑人的住房。现在一般的农活基本做完，所以需要建房的农户就要趁农闲季节拉运建房材料，准备施工了。今天上街办事的农户，自己有车的就乘坐自己的，自己没有车的就乘坐他人的，很方便。

我自己的农活仍是护理果园地，今天的农活是给一些果树上粪、追肥。今天刚栽下的果树也要定期浇水，所栽下的树苗木我是勤浇水，每次水量要少，这是一种方案。另一种方案是隔10天浇一次水，水量要足够，一个月浇3次水，但二月、三月干燥炎热就得7天浇一次水，这是指刚栽下一两年的小树苗木，至于大树，大面积果园地就管不了了或是不用费这么大的功夫了。要精心管理，就做不了那么多活计，看情况就得随便一点。

2007年1月16日　农历十一月二十八日　星期二　晴

出车。麻栎树张继学一早就下来到四儿张学德家联系出动一张车去协助他家拉粪料，送到地里备耕生产之用。四儿学德答应说："早上我忙不应[1]，你先回家做好准备，我吃过早饭就上来。"吃过早饭，张学德即开着大车到麻栎树村张继学家协助拉肥料送到地里，他的准备工作也做得很好，他先找好几个人事先等着，大车一到，他们马上就上好一车肥料。他家今天拉运了两车，一车运送到水平子对门的山地上，另一车运到与我村交界处。车费如何安排，他问学德："一车你收多少？"学德回答说："一车给我20元就行。"随后张继学付给学德车费每车40元，两车80元。附近几个村如水平子村、柿花箐村、麻栎树村之间的相处，多半是凭喜欢给，一般是按路途的远近付给40元或50元一车。今天大约中午时四儿学德回到了家，我便问知一切情况。

村民的农活仍是搂落叶做垫圈草，我村的山林场较广，但由于和麻

---

[1] 方言，指很忙碌、忙得无法应付其他事的意思。

栎树村几村共同使用而显得有些紧张。

2007年1月17日　农历十一月二十九日　星期三　晴

今天一早从寻甸县开来一张教练车，驾车的两个人在村里挨家挨户宣传培训学车。我们便问什么时候报名，在什么地方培训，培训摩托车收费多少，培训大车收费多少，他们一一做了答复。培训摩托车的时间是20天，收费500元。大车培训50天，收费2800元。并说，要身份证、彩色半身相8张，大年前报名，过年后培训，也可以打他们的手机号码报名。人员核实后，到开学时，他们配专车接送。我们的评论：既然人家上门服务，我们审核属实，大车富民县教练收费要3000元，寻甸县少收200元。我们地处两县交界上，哪方便哪便宜我们就往哪县跑，这是我们初步的看法。

摩托车不慎挂上假牌照被罚巨款。我村×××因买摩托车假牌照被派出所发现，要罚款。今晚他们约我四儿学德到东村街派出所打听消息。派出所工作人员说要交1000元才可领到我村的摩托车，我方再三请求少罚一点，他们说1000元就是少了嘛，县上要罚1800元哩。出事者已卖了两头肥猪准备付罚款，派出所的人说等领导回来再说。

2007年1月18日　农历十一月三十日　星期四　晴

赶集即赶街。东村街天是每逢有2、5、8的日子赶集，每月大概有九天都是街天。今天18号，我村上街的人员比较多，有的上街需要变卖货物，有的上街购买办婚喜事要用之礼品。要卖苞谷的农户有的用小马车拉运上街，有的用摩托车拉运上街，有的用人工背上街。我自己也准备卖两包苞谷，早上看看没有机动车出动，自己的两包苞谷也只好摆起，看三几天后，如有几家拼凑多了再拉运出去。

编织席子，席子一般山寨民族都使用，形状似一床草席，擦萝卜丝晒在上面，萝卜丝晒干后，人食用和喂猪都较方便。农户把萝卜丝晒储藏好备天干之季节使用。儿媳前几天就叫我给她们编织，由于事多，一直推迟到现在，再忙也得安排时间给她们编织一下，所以昨天今天一直忙了两天才把它编织好。不论做什么事都得付出代价，昨天今天所付出的时间和劳动力也是不容易的，世间再多再难的事，只要我们有信心和决心都能做好。

2007年1月19日　农历十二月初一　星期五　晴

我村今年有龙兴明家建房，因明年要办婚喜事——给儿子讨媳妇，趁今年有时有力之际就把儿子的住房建好，明年好集中人力和物力着手办娶亲婚事。建房所用木料已备好，空心砖也已拉运回来3车，现在在破土下石脚，地基石脚已用了3天的功夫。

村民当前的农活中心仍是搂落叶做垫圈草，我村山林甚广，但是由于邻近的几个自然村都到我村山场来搂落叶，所以形势逐年紧张起来，山头林场的落叶几乎都流到外村去了。现在我村与邻近的一村寨和平相处、平等待人的关系还未搞好，他村部分人无故挑起事端敌视我村，是存在着一些历史根源的，就是他们仗着人口多就欺负人口少的。以前在山场的争执中，我们只能采取他们要哪里就由着他们，我们在他们面前是这样弱小、让步。而现在我们不论什么都强过他们，比如一年的烧柴都要到我村山场砍伐，所放牧的牲口都要在我山场放牧，一年所需要的垫圈草都要到我们山场搂落叶。这真是令人骄傲啊！

2007年1月20日　农历十二月初二　星期六　晴

村民龙兴明家接连几天都忙于建房，今天因建房需些木料，出动一张车和5—6人到自己的山场找木料。现在他家自己有车子很方便，需要什么物资，不论远近，几时需要几时出动。原来建房需要很多人力物力，而且劳动强度高，现在改用半机械就轻省多了。过去建房用的木料都是用人工拉或者用人工硬抬，现在运输方面就可用车子拉运了；过去是外地找他人车，而现在自己村子里有了车子，运输物资就不再是难事了。他家建房是小工程，今天已安好了基脚石。

村里其他的农活仍是继续搂落叶做垫圈草，他们搂落叶天天搂、早晚搂，是背到房前屋后堆储成大堆备全年之用。交通方便的地方也很少，所以采取人工背、近处背。幸好有两大优势，就是近处可搂到，背时能从山腰往下背，再重也是背往下方、走下坡路就轻省多了。几天以来全村村民都忙于积粪、搂落叶，越干越欢、越干越有劲。

2007年1月21日　农历十二月初三　星期日　晴

集会活动情况。今天礼拜圣会活动情况是：王继光执事主持圣会，也是柿花箐村读经，诗班献诗的情况是4男8女，合计12人，唱诗虽然人员比较少，但其献唱水平仍能赢得众人的好评。

2007年1月22日　农历十二月初四　星期一　晴

赶东村街。每隔一段时间就需要上街买些日用品。由于一年多的时间严重堵车，所以上街的人们不论远近都得步行上街。我们步行到东村集市场需要两个多小时。我俩老人和孙女张多加一行三人，走了一个多小时的山路下到了山脚还记得村，到街上还得走一个小时的路程，马车收费需2元，为了省钱，我给张多加2元坐马车，我们俩老人就步行上街。我们三人吃早餐，三大碗米线收费6元钱。在街上办完一切事务，我们三人又乘一张货车到麻栎树村，车费又付出9元钱。要叙述的事很多，简述一件令人不快的事，我村村民××因不慎把假牌照挂上自己的摩托车被东村派出所发现而收缴并罚款1000元，今天约三儿张学忠到东村派出所处理。他们天一亮就到东村派出所等候办理，工作人员回答说要等到中午12时再进来，按时到了也不见回复，可能到下午2点才受理，答复说不是要罚1000元，而是要罚3000元，这真是一件令人痛心的事情。

2007年1月23日　农历十二月初五　星期二　晴

腊月婚喜事多，今天我村王圣德给女儿办婚事。苗家婚喜事以前的风俗是男婚女嫁，男娶新娘，女嫁新郎，而今天渐渐有所改变，女娶男嫁的情况也多起来。我村王圣德给二女儿办婚事就是到遥远的四川大雪山脚迎娶新郎。由于路途远，所以今早5：00时他们就出车了，今天去需要在新郎家住一个晚上，明天再回来。

四儿张学德开车协助麻栎树村张继学家娶儿媳妇，今天是去接新娘又是送礼的日子，今天要出一张车送新郎伴郎以及礼物到新娘家过礼过夜。近代婚娶嫁妆太多，多的话就得出动三张车，一张拉运新郎新娘等人员，两张拉运嫁妆，明天正是娶回的日子，所以今天我们就参与了两家办婚喜事。

2007年1月24日　农历十二月初六　星期三　晴

村民王圣德娶姑爷的情况。这次婚娶的路途乘快车都需两头黑，而今天推迟到中午12：00才安排新婚夫妇起程回来，据说娶方亏欠三件事：一是新娘到新郎家没有请夫方父母吃饭，二是由于新娘到夫家昨晚没有找新郎吃饭，三是因为在车上打烂3个鸡蛋，所以男方家故意刁难娶方，娶方回到家已是夜里10点钟了。

评论：这种鸡毛蒜皮的事情也认真，真是太不应该了。我们的俗话就说大事当作小事，小事当作没事地解决。当然男方这样做也是旧风俗的沿袭，不管怎么说，也是不应该的。

2007年1月25日　农历十二月初七　星期四　晴

为一对新婚夫妇举行婚礼。这婚礼应是昨晚就举行，但由于这对新婚夫妇昨晚10点钟才回到家。吃过晚饭已是11点钟了，我们教会取得新婚夫妇的同意待到今天早上给他们祝婚。简述婚礼祝婚的程序：由本堂长老给一对新婚夫妇举行成婚礼拜，祷告、唱诗、读经都选择有关婚姻的内容，辅导一对新婚夫妇相爱处事。祝婚内容特别还有诗班人员向一对夫妇献词、献花、献礼物。一对新婚夫妇也向诗班人员发纪念品，也给本教会留下礼物表示答谢，最后唱诗，牧者为一对夫妇祷告而宣告结束。

2007年1月26日　农历十二月初八　星期五　晴

参与几户婚喜事。今天腊月初八有两头客，麻栎树村有一头，万宝山有一头，我村村民分两头赴宴，去麻栎村的村民也比较多，所以村民龙兴明家主动做好事，他家开去一辆大车让村民乘坐。这是参与麻栎树村的情况。我们上万宝山村参与婚宴的情况就不同了，绕大车路就绕远了。走近路的情况是山陡，走的是羊肠小路，要爬一个半小时的山路才到万宝山村。我们吃过晚饭，烤火谈论了许久后与他们告别回家了。参与婚宴应是陪着他家做客住一个夜晚，明天吃过晚饭后再回家，因我们路途近，他家客人也多，我们只好回家过夜，明天再去吃早饭。协助办婚喜事，今天我村出动两辆大车帮忙，是因他家找。我村大车都协助麻栎树村这户。四儿学德昨天就开大车带着新郎和彩礼先去了。龙兴德这张是今天一早去晚上回来。

2007年1月27日　农历十二月初九　星期六　阴

杀过年猪。今天我家儿子张学忠、张学德、张学祥和我老人共四户杀猪，四户人家杀了四头猪，人手单，活计还是够人忙的。本来昨天和今天参与两家的婚喜事都还没有到散客的时间。因挨（离）家近、春节事务多，所以当提前做的活计就要扳（放）在前面做。比如昨天、今天都仍有喜事，今天杀年猪，四户一直都忙到深夜，切肉、腌肉，又要煮饭做菜，晚上又要炼油。杀猪的事情是多、够忙。

明天要参与婚喜事的明早5点就得出发。计划是明天5点，姑爷用摩托车送我们两人到寻甸鸡街坐客车前往寻甸县，至化工厂处下车再步行30分钟就到了金所苗族村。从鸡街到寻甸金所村乘快车要四个小时，这是通向寻甸县的一条绕路。因明天5时就得出发，所以今晚还是要做些准备，收拾旅途用品，家里要喂的猪饲料要准备好，明天要喂的猪食也要煮好，使在家的四户亲人尽量轻松些。

2007年1月28日　农历十二月初十　星期日　晴

今天我们的集会安排是这样，我村张会学主持圣会。

我昨天曾答应要到寻甸县金所村参与庆贺婚喜事，因种种原因而没有实现。情况是先打定主意，下定决心，排除一切困难到他们那里探亲并赴婚宴席。我托人打听知道开往寻甸县金所村的客车是早上6点半发车。而要用摩托车送我们到车站的又是姑爷，他那里又没有电话，他也不知道几点发车，所以等他到我家来接我的时候，已经6点10分了，离发车的时间只有20分钟了，20分钟是不可能赶到车站的，到车站步行平时也要走三个多小时呢，所以只好罢了。前不久在嵩明县凸董箐姑娘家里时，姑娘又说既然父母都要去，我也就陪着你们去。今天我没有到办婚事的亲戚那里，也许有很多人在等着我们啊，真是亏欠了亲友了。

2007年1月29日　农历十二月十一日　星期一　阴

婚喜事忙，今天和明天邻村柿花箐村龙正高，麻栎树村张荣祥两家办婚宴。柿花箐村龙正高家是嫁二姑娘，麻栎树村张荣祥家是讨姑爷，就是姑娘家娶男子。女方娶男子的情况在我的日记里是提及的第二家了，这种情况的一个基本原因是女方家里只有双姊妹没有儿子，而考虑到以后继承家产家业一事采取的补救措施。

四儿张学德的大车是帮张荣祥家到禄劝县西陇大平地村讨娶姑爷，安排送新婚女方及伴娘和礼品到男方家娶新郎，今天去送礼，在男方家过一夜，明天再回来。协助拉运新婚夫妇行队及嫁妆和两头客人的车辆一般需要三辆。今天打发学德这一张车先去送婚礼品，而明天一早再派两张大车赶到那头去吃婚宴早饭。吃过早饭后再拉物资及人员回来。

我自己的活计是腌制腊肉。前天已杀了过年猪，昨天又是安息礼拜活动，没有处理完的腌制腊肉今天才来得及整理一下，做起来也是半天的活计。几天以来婚事又多，加之春节临近，杀年猪的村民也忙起来了，今天又有村民杨天光杀年猪。

2007年1月30日　农历十二月十二日　星期二　阴雨

备婚礼讲道课。

婚礼的一部分为晚间礼拜，由于婚礼来客很多，晚饭也安排得晚一些，所以吃完饭都到晚上8点半了，麻栎树村的集会礼拜堂盖得小，村客都容纳不下。晚间礼拜由本村张继学主持，婚礼讲义由我领会众学习。

最后由管理婚宴人员向会众公布婚宴来客礼品数目：来客170多户，共收到7467元，最后由主持人领唱诗祷告宣布休会而结束了婚礼礼拜。

2007年1月31日　农历十二月十三日　星期三　阴雨

我村参加麻栎树村张荣祥家娶姑爷婚宴，昨天为正客，今天还有两餐宴席，所以今天早上到吃早饭时，我村人员集体在教会广场候车前往吃早饭，准备开村民龙兴祥家的那张大车载村民过去。看看人员情况，一张大车太拥挤了。四儿张学德又开出他一张三缸车共两张车运载。小村，小地方，为的是声势浩大地见证。吃过早饭，我村部分人员因有事，需回家料理家务，其余人应邀留下。白天看这次婚礼拍摄的影片，是由我富民县基督教三自牧师候选人——龙升武拍摄的碟片。他当天拍录的就可以翻录成光盘。县统战部部长杨占明曾高度评价龙升武老师是我富民县教会能够进行高科技操作的人员之一。

我村村民大部分人员陪着他家做客，他们玩到吃过晚饭才开着大小车辆回家。当他们回到村里时，天色已黑起来了，又下起小雨，我便问孙儿你们怎么回来得这么晚？他说本来晚饭就晚，因为这家办婚事的主人好客，很多客人都是挨家挨户地请，所以吃饭的人多，等待的时间也较久。

2007年2月1日　农历十二月十四日　星期四　雪

今天是下雪天，从昨晚四更天就开始下起来，天亮才知是下雪，吃过早饭后，雪就越下越大。幸好我们地区海拔低气温高，一般中小雪就算下一两天都积不起来，如果下起大雪来那一两个小时就堆积起来了，而今天下雪的情况是高寒山后一片白茫茫，但我们地势低的地方就积不起雪来。

乡村婚喜事仍然多，在这冰天雪地里仍忙于奔赴各方婚宴席。今天仍有富民西片嫁到东片对方村的喜事。

2007年2月2日　农历十二月十五日　星期五　雪

婚喜事。昨天婚嫁从富民中片地区嫁到东片朵木得这一起，因雪下大了，运载婚嫁的车子和婚礼品无法运载到新郎家，只好留在新娘家，而一张车运载新郎行队回富民东片，真是难上加难，下雪后高山一片白，这一对新婚夫妇因两头都路滑坐不成车子，只好步行到公路而乘车到富民东片，车子只载到朵木得山脚就得步行上山到村子里，当新婚夫妇上到朵木得时大概到晚7点才能到家，因富民麻地村那头早饭迟，我们只了解一部分情况，因两头我们都有人参与其中。娶新郎朵木得这一头的婚宴五儿张学祥还被请去赴婚宴席呢！

今天柿花箐村村民王有明嫁二女儿。我村很多户也被请去做客，但是因下雪路滑天又冷，我村村民互约时都说怕过不去，不然就算了，亏欠就亏欠了，所以这家我村的大部分人就没有去了。当然主要亲戚得去，再困难也得去，而其他人要看情况，因为我们苗民一是好客，二是互相尊重，就是住在村里亲不亲都会挨家挨户地请，大体都是如此。

2007年2月3日　农历十二月十六日　星期六　阴

清除果园地边的杂木草。我们地区由于海拔高，地里和周围的杂草生长茂盛，一年需小薅锄，两三年需大清除，也不是一两天就可以做完做好。如时间许可天天在果园里，都有活计做，做得了多少就做多少，反正比不做好，尽自己所能做。今天的事是修果园边的柴木，又清除果园地，计划扩栽大树杨梅已完成，现开始扩栽核桃树和种植冬桃。现在积极生产并设法创造条件，准备春季找来桃苗木栽下，计划今年和明年所栽下的全部嫁接好。钱不钱的无关紧要，要为民族地区家族争光争气，一个地区一个民族一个家族都应积极创造先进文明村寨，争取有几样优势。这就等待我们去开拓、去进取、去突破；这是理想、是远景，等待我们去创造、去实现。

2007年2月4日　农历十二月十七日　星期日　晴

礼拜天，今天我们的集会崇拜活动情况是：主持人由万宝山诗班长王兴仁担任；读经人苏天龙；诗班献诗人员有10人，男士4人女士6人；本村芭蕉箐献诗情况是5男8女，合计13人；柿花箐村信徒王汉奎讲道。

2007年2月5日　农历十二月十八日　星期一　晴

教练驾驶车辆。我芭蕉箐村地处禄劝县、嵩明县、富民县的交界处，向北、向东走一个半小时就可越界，进入其他县境了。我富民县最北边与外县交界处就是万宝山、柿花箐、水平子、芭蕉箐四村。今天一早寻甸县教练车公司老板和一个教练开来一张车，二人挨家挨户动员学车，学大车费2800元，摩托车费500元，人家上门服务，我们随后就有人报名，学大车的有3人，张学忠、张学德、龙荣祥，每人的报名费都先交了1000元，摩托车交500元，但是由于我们多半文化有限，老板替我们想了个办法：收500元改为收800元，然后他们找人帮我们考，我们想想还是同意了。因为学机械理论还得下些功夫，能考过考不过，还是个问题；自己文化低活计杂，有没功夫学是另一个问题，所以就情愿多交300元，不过要凑够10人才给办。

我的感想是教练车费用昂贵，不办驾照越来越吃不开，困难重重；不过人家既然上门服务，一来不做生意，二来本村没有货物，我们为何不学呢？加之富民县收费要3200元，2800元与3200元相差400元哩。随后我们又担心上当受骗，因为现在这个世道，假事太多太多，真是难以分辨。不过，他们的介绍人就在我们下村，想想还是放下心来。

2007年2月6日　农历十二月十九日　星期二　晴转多云

拉运石料子。村里盖房的，打造自己住房的，都需要拉石料子。今天五儿张学祥因打造住房前的场地，因路又窄，车子拉运物资又要从门前过路，所以抽出时间处理完善一下，石料子需要两三辆大车。今天五儿相约四哥两人开着四儿的三缸车出去拉运，因没有劳动力，只是哥弟两人自己上车，自己抬，所以只拉了一转。因劳动力单，路途又远，一个单边有三公里多，往返就需要6—7公里。幸好是拉运乱石，随地捡随地抬，不过二人抬，上满一车石料子，还是要两个小时，拉运到家又需砌两三个小时，什么工作都需付出代价。

村里事情也是比较忙，婚喜事也多，杀猪请客事也多，村里请，村外请，今天杨德文的姑爷从大水井开来一张小拖拉机来请客。三儿张学忠和龙兴明到款庄小对方村参加嫁女儿婚礼。学忠因要送一只柜子，所以只好开着他家的车送去。这个柜子价值140元，开一张车送去，烧油来回又需70—80元，一头客代价就是200元，但是婚事重要，200元就200元了。

2007年2月7日　农历十二月二十日　星期三　晴

村民尽力参与远近的婚事，几天以来，忙碌地分赴各地自己的亲戚家赴宴席。昨天我村就有三起婚宴，昨天参与婚宴的今天傍晚就陆续回来了。今天大儿张学全一家又是奔赴凹口村娶媳妇宴席，由于在近处，他家四口都去，自己有摩托车就分乘两辆前往。值得叙述的是小孙子张荣光只有14岁，现上六年级，很勇敢又好学，一年多的时间就学会开摩托车。在我们看来在近处跑他骑摩托车比他爸爸还有把握。人们也放心，所以今晚去的情况是他爸爸开一张，小孙子张荣光开一张；就是父母开一张，儿女开一张。路比较近，可能摩托车跑40分钟就到了，所以吃过晚饭就回来了，一般婚宴要吃两餐，但明天是东村、鸡街两头街天，要去赶街就不再上去吃早饭。

2007年2月8日　农历十二月二十一日　星期四　晴

今天8号东村街，我需上街办点事。今天一早6点半时，我就步行上街了，当我回到家时，孙女多加告诉我：今天县公安局领导到你舍下来慰问你了。她还说这是县公安局领导安排的春节慰问，发了一袋15公斤的米、一袋水果糖8—10公斤。水果糖当然高级，我也表示高兴满意。

我们非常的需要各级领导部门对我们的关心，盼望着政府有关部门对我们个人也好、民族也好、贫困地区也好，有所关怀、扶贫、支持。我们政协会议上写了些提案，不但得不到采纳，反而杳无音信，我们提出无论是交通还是生产生活、建设都应该给我们一些关怀。政府能给我们几千几万，我们不嫌多，给我们一元钱我们也不嫌少。我们在政府面前叫苦，叫苦就叫在我村的交通上，今年第三年了，问题还没有得到解决，政协提案也写了三年了，本村的人对此根本做不了什么，我们自己能做的不求助政府。我们请求政府援助的工程，只是希望政府给予机械动力，我村的公路是指接通东鸡公路的进村路段，长约4公里，其中3.5公里都属于外村，很难维修，我们向政府反映的这些问题和困难，希望能真正地得到解决。

2007年2月9日　农历十二月二十二日　星期五　晴

富民县白特利贸易有限公司今天在款庄马街集市开业，需唱诗祷告。昨晚接款庄圣经班主管龙圣华打来的电话，请王继光和我及我堂唱诗班明早9点赶到款庄集会点，参与该公司的开业庆典祷告。

吃过早饭，县统战部又召集富民县教职人员在礼拜堂给我们做报告，他们代表县委县政府、县统战部、县民委来看望大家，慰问我们各教会各堂负责人，发给我们各一床被子。今早西山教会唱诗班人员和我们芭蕉箐教会参与富民县款庄伯特利贸易有限公司开业献祷告完后，款庄圣经班主管人员龙圣华付给我们16人的车费100元，我们乘坐三辆摩托车回到东村，车上还拉运政府发给我们的救济粮和救济衣物。

2007年2月10日　农历十二月二十三日　星期六　晴

村民某某因不明事理，前些天摩托车挂上假牌照，被东村派出所收缴了，先说罚款1000元，后又说罚3000元还要扣留，政策就是这样定的，没有商量的余地。他家打定主意，没法要车了，就打算作罢。昨天上午县公安局打来电话说要从宽处理这件事，叫他到东村派出所缴500元就此了事，此大难事得到了解决，真是感谢政府、感谢县公安局的好领导。前面叙述过，我们贫困山区，经济是比较落后的，不要说几千元，就是几百元，也是很多的。望各级政府从宽处理。我们也不甘愿落在后面，我们也不愿吃苦，但是由于种种因素，靠猎取小野物而生活，我们的劳动生产很简单，比如采取刀耕火种，生产效益也比较低。另一方面就是现在的苗民教育程度低，一般苗民都没钱读书，或者考取了高等院校，但因种种不良风气，导致已考取的苗族子女辍学。这些例子太多了，归根到底就是社会问题。

2007年2月11日　农历十二月二十四日　星期日　晴

今天的礼拜集会情况是：水平子村主持礼拜和读经，唱诗人员为4

男10女，合计14人。

听道后又转入献诗、歌舞、节目表演，今天献诗的自然村小组有柿花箐、麻栎树村、芭蕉箐村，芭蕉箐诗班还献上几个歌舞节目，会众观看后满意喜乐。

2007年2月12日　农历十二月二十五日　星期一　晴

增扩果树品种。我们原有板栗树，去年和今年又增加了大树杨梅，计划今明两年内再完成冬桃种植。今天就到乐在村向老板要冬桃苗，我本来和老板联系过，他也答应给我，我就去他家取。一到他家，他就叫我自己剪，说他很忙，我剪完到街上吃了碗米线就坐马车回家了。一个下午的时间，我便忙着嫁接冬桃。

晚上我村教务研讨会，讨论研究教会春节活动。在研讨会上会员激情很高，积极发言，提出自己的看法和建议，确定下来的有今年晚会后号召全村聚餐；全村有四户没有过年猪，动员信徒奉献供给；自2007年全村人员都得参与本村唱诗。

2007年2月13日　农历十二月二十六日　星期二　晴

村民龙兴明家出动了两张车拉运盖房材料，一张拉运公分石，一张拉运人工砂，可能很快就浇顶了，盖房材料也是紧，所以一早就出车，回来时已是很晚了。

村民学祥家有厨房事工，挖建房地基劳动力也少，地基工程难度也大，今天已进行了三天，基本已挖好，每天约有7人参与。待地基搞好后，就可以砌墙了，由于经济困难，造厨房的材料只能是空心砖了。

为了让大家过好春节，也为侍奉上帝，礼拜天就布置了今天晚间的圣工活动。原先就安排全教会人员参与排练歌舞，准备开年赞美神而用，今天晚上到会的人员也很多，为了方便，我们分成了三个小组：妇女一组准备歌舞；男子一组表演圣经故事；青少年一组排练歌舞。三个组的情绪都很高，一直排练到大约晚 12 点，后又观看了一会青少年的演唱才回去。

2007 年 2 月 14 日　农历十二月二十七日　星期三　晴

村民龙兴明建房屋，今天的工程是浇顶，房屋顶的式样美观，也可做晒场，如果以后需要加高，还可以再盖二层楼房，他家房顶还有太阳能、洗澡间，是我村第一家设有太阳能的农户，劳动力有 10 多人，整整忙了一天，总算把工程做完了。

村民张学祥计划盖厨房，今天开一张车到鸡街拉盖房材料，平时拉运空心砖可以拉 200 块，今天计划拉一车砖，连着钢门和钢窗一起拉运回来，回家卸货后又协助龙兴明家浇房顶。由于白天所有亲戚都集中帮龙兴明盖房，吃过早饭就得出工协助他家建房，所以学祥人手单，拉运一车盖房材料用了一个上午。我自己的农活仍是嫁接果木，重点是嫁接冬桃和板栗，一段时间以来都是从事嫁接活动。

2007 年 2 月 15 日　农历十二月二十八日　星期四　晴

年三十了，乡村人民过年都很喜欢吃粑粑，过去很长时间都是人工做，很费力，一天都弄不完。现在就改变了，采用机械设备，由人工改为了电动，原来又难又费力，现在省事又好玩。我村已有两台机器，今天有一台运到了柿花箐村协助他们捶米粑粑，而我们全村就用另一台了，全村人民都争先恐后地捶粑粑，由于事先也没有做充分考虑和安排，所以捶时也常间断，全村 34 户人家做粑粑，还是用了一天时间呢。

昨天晚上小组会议上有人提议，两台机器同时服务，为欢度春节，教会统一付给人员机器磨损费，就不收村民们的费用了。也就是教会主动向村民献爱心，作见证。

2007年2月16日　农历十二月二十九日　星期五　晴

张学祥因建厨房，计划使用空心砖建盖，14号拉运了一车，今天早上又拉运了两车。原计划先吃完饭再去拉运，但教会小组计划礼拜五也就是今天要捕捞鱼，因我们全村所有的村民年三十晚要在一起聚餐，村民张会学甘愿把他所养的鱼贡献给教会过年使用。所以白天要捕捞鱼，村民的私活就应尽量尽早完成，所以张学祥的建房材料就用一个早上的时间把它拉运回来。张会学家池塘的鱼原来开始养时，很理想、很成功。但不知为什么一代二代后就越来越养不大，所以计划把整个塘子的鱼都捕捞了用于过春节。以后换上新鱼苗改进或改造一下，使之更新效益更好。今天捕捞了30多公斤，他自己也打算不要我们的钱了，但经我们研究后还是决定付给他家100元作为谢意。

年三十晚计划买高档汽水四箱，预计需要经费300元左右，由小组公款支付。

2007年2月17日　农历十二月三十日　星期六　晴

今天就算过年了，原先的天年干旱已久，农夫都伤心没有好收成，但到了秋收之际，有的却说今年获得了好收成，我自己就是例子之一。春节到来大家喜气洋洋，都说今年过年三十晚全村统一就餐过年，这样一提出大家都说好，最终确定全体村民一起欢聚过年。今天全村欢欢喜喜忙忙碌碌煮饭做菜、杀鸡砍肉，由厨师指挥，预计下午5：00准时开饭，上年纪的中年男女都忙于厨房工作，青少年一片喜气洋洋排练节目，准备晚间演出。

晚间的集合礼拜情况也是很活跃，歌声动听响亮，使听众受感。

2007年2月18日　农历正月初一　星期日　晴

集会礼拜。今天的春节集会礼拜活动是盼望已久的喜乐日子。因为大家都能从今天的开年集会礼拜沟通、赞美团结中得到多方面的长进、喜乐。今天的集会分为两个步骤：一段为敬拜程序，我主持开年崇拜祷告前序；潘正德读经；开年礼拜讲解由本堂前届神学生张花艳的丈夫讲道。第二步骤是音乐赞美、灵歌舞蹈、圣剧表演崇拜会。由诗班长潘正德主持，各自然村献诗歌、灵歌、舞蹈、圣剧。今天的节目比较多又精彩。主角有三个村，是柿花箐、石桩村、芭蕉箐村。今天的歌舞节目有17个。最后唱诗《明天的光阴将如何》，后由王继光执事领祷并宣布休会。我便向会众报告事务，教会请大家吃汤圆。

2007年2月19日　农历正月初二　星期一　晴

正月初一、二日苗家习俗是打猎鸟。这两天中年、青少年男子大部分都喜好打猎鸟。但时代发展到今天，山里的动物没有了，田野的走兽少了，天上的飞鸟也不多见了。苗家捕捉野兽的习惯还保留到今天，这是我们苗家的喜好、特长。

今天我村中、青、少年11个男人，两只猎狗，乘坐五张摩托车到野外打雀鸟，去的时候两人各抱一只猎狗，五辆摩托车排成一列行驶，真是声势浩大。今天劳动努力的结果，只捕捉到两只箐鸡。有的说拿到家大伙平分，先到家的正准备烧火做饭，后来的在半路上已经把两只鸡卖掉了，每人分到了3元钱。每只箐鸡应得16.5元，两只应得33元。

今天每人收获3元有什么意思呢？人还跑得饿饿的、累累的，还口渴。但他们的喜好就在于玩乐，平时这样的操练对身体也有好处，苗民族一般都具有爬山的好本领和耐劳的体格，今晚他们真是太好玩了，之后划拳，喝啤酒、汽水到深夜。

2007年2月20日　农历正月初三　星期二　晴

同工同道的人早已联系为远程亲属嫁接果木，天刚亮明我便按原先约定的时间地点赶去。由万宝山村苏天友带路，原准备乘摩托车去，但逢春节年关中，又听说我们要经过的村镇要道处出现贼暗抢摩托车，公安人员于夜间已抓获了两名罪犯，听到此情况觉得风险大，只好乘长途客车。我们乘车一直往北边驶，换了两趟车，也行驶了很多里程，大约下午5点，几乎到达了三江口再往啊枝角彝族村，因同工苏天友女儿嫁到那里，当我俩一下车，他家的女儿和女婿在我们下车的路边等我俩，我们再往山里爬了很多山路，好不容易才到了啊枝角彝族村。

这次过去的劳动任务主要是培训嫁接核桃树。由于活计多，任务重，所以我们到达目的地喝够水就要求安排工作以便稳步进行。他们也很尊重我们，到村的这天先不安排工作，只叫我们休息好明日再说。

2007年2月21日　农历正月初四　星期三　晴

今天是培训嫁接核桃树的第一天，高寒山区早上气候稍冷些，我也要求他们准许我开始工作——嫁接核桃树。一早我便领着他们嫁接，当然他们自己也积极主动地协助配合，所以一个早上的任务完成得很顺利，我毫无保留地把嫁接核桃树的技巧教给他们，以便今后能运用于实践中。吃过早饭，我们正式嫁接核桃树，他们安排两个随行人员跟着我、协助我，修好、锯好树好让我顺利进行工作，要嫁接的核桃树共有90多株，核桃树数量很多、地点很广，经我们辛勤劳动，加之安排有协助人员，一天也完成了很多的工作。工作劳动中我也尽力尽时地争取多做些活计，为地区为民族争光争气。

2007年2月22日　农历正月初五　星期四　晴

嫁接核桃树。今天是工作进行的第二天，早上依然接着完成昨天的一家，我们一直工作到中午约12点时才休息吃饭。吃过饭，又转入嫁接第二家，他们是哥弟。今天的工作量仍然如同昨天的，两天工作的效果良好，令人满意，自己也满意。借此篇幅来描述一些其他情况，他们地处深山老林，遍地都是大小核桃树，是未利用起来的财富，通过嫁接两天的工作是很有希望的，价值千万元可望。

他们对我的工作生活待遇很好，每餐满桌菜，8—12个，几乎每餐都有鱼肉、鸡肉。工作待遇是：往返两天，整工作两天，共计四天，工资每天25元，四天共计100元，往返的车旅费地方负责。工资每天25元，不为高，我也是远程，起早贪黑赶路。

2007年2月23日　农历正月初六　星期五　晴

完成任务。嫁接果木完成从三江口啊枝角彝族村启程回家，由于路途遥远，头趟客车早6点半时已发车，从民权车站开来，要赶上头趟车，我们必须早上5点就从村里下来，山路羊肠小道难走，要走一个半小时才下到河边公路。由于乘客拥挤，头趟车不开门，只说你们乘第二张车吧，我们只好等第二趟车。乘第二趟车的情况：不但没有座位，站在过道上的人也很拥挤，我们到鸡街时间还早，约8点半。我们在鸡街候车又等一个半小时，又乘从鸡街开往东村马街往昆明的车。我从山头处下车道已经是上午11点30分。

侄儿张学光给女儿张翠英办婚事，新郎方交予女方嫁妆钱都已有变革，请客一事，全村请，也请远房亲戚。今天送的婚礼钱达700多元，一头肥猪，来客三十多户。伙食吃三餐，今晚的"压八字"，协婚席确定两项婚事。而娶嫁时间定于2007年腊月十一是嫁时，腊月十二是娶时。娶婚礼要钱还是要肉，后确定要钱，但还是看方便。

2007年2月24日　农历正月初七　星期六　晴

婚喜事。孙女张翠英的婚喜事办伙食延续到今天早上。昨晚、夜响午、今早三餐。今晚的伙食仅限于我张家几户。原先我们的结婚"压八字"办伙食只办一餐，今年就沿革办伙食，就到了三餐四餐。

汽车教练。四儿张学德因要参与大车教练，缴费要3000元，需要变卖大车交学费，而村民张正才早已看中，有意要购张学德的车，二人商议后，由四儿张学德教练几转试车。至于教练、操纵、开车，一般年轻人都喜好，好学的都懂一些简单的理论，只不过是初试车时要一个陪着试车。四儿张学德开车已有五年时间了，微型车开了两年，大车已开了三年。这次参与大车教练目的是为了考驾驶证，以便今后更好地投入工作、生产、运输中。

至于村民张正才教练也只试了几转就停止了，因他平时已教练过、开过车，开车学车在我芭蕉箐村已形成高潮，摩托车也多，开车、学车、机械在我村已是很普及了。我村四十户人家大车五辆、摩托车二十五辆，随着机械的增多，科技、知识也随着广泛应用。

2007年2月25日　农历正月初八　星期日　晴

我们教会参与富民县措四蛋乡、小水井、白水塘集会点竣工典礼开堂感恩礼拜。2月25日正月初八我富民县东片就有莫依龙教会、小水井教会的白水堂集会点同时开堂感恩礼拜。我们教会已被两处教会邀请。由于白水堂的礼堂奠基祷告礼拜和竣工典礼我堂都没有机会参加，所以我教会确定参与白水堂献堂感恩礼拜。

2007年2月26日　农历正月初九　星期一　晴

嫁接核桃树。女婿张会云带信叫去他家嫁接核桃树一天，叫清早就去，我也只好照着办。姑爷配合我工作了一天，经过一天的努力，按原计划的数量如数完成。吃过饭，女婿便用摩托车把我们两人送回家。刚回到家，我们村参与云南神学院学习的王继荣拿一个表格让填写教会对此神学生的评语。我便签名盖上公章。

教会晚间有机会听讲活动，我便主持，活动内容主要是听讲。

2007年2月27日　农历正月初十　星期二　晴

教练车辆。芭蕉箐全村40户，人口100多人，机动车五辆，摩托车25辆。我们村最大的一个弱点是大小车辆都没有驾驶证。因考驾驶证理论是一个难关，至于驾驶、操纵、维修都已拥有能手。为改变这一状态，今年有良机，有他县主管部门亲自上门邀请参与培训，所以我村村民张学忠、张学德、龙荣祥参与车辆教练考取车辆驾驶证，以便今后投入操作、运用。我村三人从2月26日开始参加学习教练，今天是参与学习的第二天，由于交通比较方便，白天乘摩托车到寻甸县鸡街学习，晚上回家住宿。

我们教会晚间有一个集会活动是安排在柿花箐集合点，今晚的集会有两个自然村，芭蕉箐和柿花箐村今晚的集会效果很好，听众都是聚精会神地好好听讲，真是令人很满意。

2007年2月28日　农历正月十一日　星期三　晴

建房。村民张学祥建厨房，2006年住房，今天需要建厨房，完善一下。由于涉及经费、劳动力和时间，所以建房就得花费很大的代价。就讲破土施工，由于地势陡峭，挖房地基就已花费很多的劳动力和时间，劳动力也比较紧，从26号以来三儿、四儿又参加汽车教练班，所以建起房来劳动力也是紧缺，每天有6—7人，今天刚好凑够9人，幸好有三名客人特意来帮忙。今天已开工三天，楼的高度已够，明天就可以搭建模子板了，搭建模子板也许两三天就可以完工而浇房顶了。

村里村外近段时间都忙于建房，村民龙兴平哥弟二人到西山区大平台协助女儿建房已去了多天了。村民张正才到麻栎树村协助他老外甥挖地基，平地基也是要建房，村里村外亲朋密友都忙于建房，乡村近段时间的中心工作是修理房屋建盖房屋。建房工作虽然忙，但可以说是很少了，因往年村里建房的户数会有5—6户，今年我村只有两户建。

2007年3月1日　农历正月十二日　星期四　晴

嫁接果木。由于亲朋密友也邀请协助嫁接果木，所以我自己的果木至今也还摆着，嫁接果木还有三天的工作。由于果树已长成大树，所以果树需要嫁接，嫁接的果木可提高收成。此项工作已进行了三年多，所以剩余的工作也逐年减少下来，今年需要嫁接的都是高处嫁接，因此就慢了，再慢也得做些活计。今天我一直在果园地做活到晚，虽活计还没做完，也值得休工了。

教会集会活动。今晚的集会地点是安排在万宝山集会点。此村因有残疾病人和上年纪的老人，有一个立志妇信徒年龄可能近百岁了，所以今晚的集会安排在万宝山。

2007年3月2日　农历正月十三日　星期五　晴

建房。五儿张学祥建厨房，几天以来都忙于建厨房。由于劳动力紧缺，人手又少，又有两人参加汽车教练学习，在家的劳动力只好男男女女凑得几人就工作几人，县组织部也曾夸奖我们说，我们能操纵掌握高科技。我们能拍摄录像复制录音带，修理大小车辆（指简单维修），建小型建筑，这些都没有受过培训和学习，自己能从事这些劳动。几天以来，劳动力紧缺，每天凑的几人也坚持建房。今天的劳动力有8人，进度也比较快，今天的建房工程已转入支模搭桥准备浇顶。

下午参加汽车教练人员回到家时也协助一段时间，每天建房的劳动力多少不在乎，关键在于技术人员多就出活计，效率就高、快，所以每天工作完全在于能做会做效率就更好些，当然再少也能慢慢完成。

2007年3月3日　农历正月十四日　星期六　晴

嫁接板栗。每年嫁接果木日期从腊月十五一直延续到正月十五，由于协助亲友所以延至今日，今日赶时间尽量在今天完成。中午又修剪一段时间果木，就是梨树、桃树，大部分时间都是集中在嫁接果树上，所以思想上今天就轻松了。

五儿建房的情况是：今天正式铺板子、拉钢筋，扎固牢位子，虽然紧缺劳动力，但青年较熟悉工序，所以做得就快。今天的工序是技术工，就铺木板、拉、摆、扎固钢筋，所以其他的杂工就只好暂停一天。幸好每天参加汽车教练的人员回到家都积极参与建房，所以进度很快。

亲友有一桩婚喜事，款庄乡朵木得的苗族村一户到禄劝县帕拿苗族村讨媳妇，为协助此项婚喜事，我们很多人员前往协助，工作主要是到帕拿村做唱诗班，排队迎接新郎的到来，有的是参与陪新郎来讨新娘，所以我村就没有多少人。昨天就前往，今天晚上就回到了家，有些人需要到后天才回来。

2007年3月4日　农历正月十五日　星期日　晴

集会活动。今天的礼拜集会活动程序是：主持圣会执事龙兴德，读经杨光友，讲课安少良。

节期，正月十五是农村的节期。如力所能及的，都得好好地办饭食，必要时，亲朋好友还得互相请客吃饭，传统习俗就是很喜欢过年。

2007年3月5日　农历正月十六日　星期一　晴

建房。村民张学祥建房进度很快，今天是浇顶。上午出动两辆大车去拉建房材料，就是人工砂和公分石，防备建房材料欠缺。一个中午和下午劳动力投入拌灰浆浇顶楼，由于亲朋密友的关心、支持、协助，工作中我们有的供建房料子，有的拌灰浆，有的倒灰浆，有的烧开水、供开水。出动的男劳动力13人，一人烧开水，四儿媳做饭，总共有18人。今天上午等建房材料，由于供建房材料比较紧，我们几乎等到中午12点时建房材料才到家，今天的劳动力都是青壮年，所以工作起来功效高，今天的活计劳动强度大，也顺利地进行和完成。

村民参与协助的只是方便的情况，有的给米、钱、肉，有的给鸡，供做饭食。

2007年3月6日　农历正月十七日　星期二　晴

开县政协会。接到富民县政协通知，3月6日—11日在县城本源大酒店召开县政协会议，据通知，3月6日富民东片即散旦乡、款庄乡、东村乡的政协代表早9点时各自集中各乡镇候车，县上政协安排车统一接送，早上6：30，天还没亮我便起床，步行赶往东村乡政府，早上7点时天才亮明，早8：30我赶到东村乡等了一个小时，东村乡工作人员主动向我打招呼说县上的车不来了，你要么跟东村小学李文华乘车到县上报到。此时我想，往回走呢又接到通知，往前走呢又没人料理。想想东村小学李文华，政协前几届就互相熟识，那么我就同他前去吧。我便到东村小学找李老师，他接待我并安排我在他家吃早饭，到中午12点我同他乘小区的小吉普车前往富民参加会议。

到了会议报到处报了到，我在不就餐的表格上签了名，搞县政协活动部的潘学志便对我说你仍与其他区的政协代表一样的同吃同住（历年政协领导照顾），虽然签名在不吃饭的表格，但是到领误工补贴时，连补贴和伙食都一同给我。下午3—5点时在本源大酒店会议室开预备会，有关领导一一讲话并安排各天会议议程后便宣布散会。

2007年3月7日　农历正月十八日　星期三　晴

早9—11时开政协大会。内容是：

1. 举行大会开幕式

2. 听取六届政协主席李永芳代表县政协六届常委会作常务委员会工作报告

3. 听取县政府副县长杨超作富民县人民政府关于政协六届四次会议以来提案办理情况的报告

4. 请县委书记郭继先同志讲话

5. 请市政协领导、市委统战部领导讲话

6. 布置下午的讨论

下午 2：00—5：30 分组审议两个报告，讨论市、县领导讲话。在下午的讨论发言中，部分领导和委员都一一发了言，在发言中听得入耳的就是县统战部部长张向旧的发言，他说建议县政府今后对民族宗教地区和民族应有较大的投资，使他们的生产和生活有较大的改变和改善。

2007 年 3 月 8 日　农历正月十九日　星期四　晴

开县政府人代会和县政协会。两个代表会议都安排在伽峰山风景区大会堂。早 8：30 安排早餐，吃过早餐政协领导是这样安排的：9 时自己方便的乘车往伽峰山风景区大会堂，自己没有车的在丰源大酒店代表住的地方门口候车前往，伽峰山风景区大会堂在富民县外 2 公里西边，所以我们大部分代表来回往返都安排车辆接送。两个代表会议，我们的住地、开会场所都有警察和保安维持秩序。

今天县人代会的会议情况是应到代表 150 人，实到代表 145 人。会议内容是：

1．大会开幕式

2．听取县长郭增敏作的《富民县人民政府工作报告》

3．听取县发改局局长李灿辉作《富民县 2006 年国民经济和社会发展执行情况及 2007 年国民经济发展计划草案》的报告

4．听取县财政局局长熊助作《富民县 2006 年地方财政预算执行情况及 2007 年地方财政预算草案》的报告

下午的会议内容是：

1．听取人民法院院长毛映红作法院报告

2．听取人民检察院检察长杨黔昆作检察院工作报告

下午的会议就任务来说较轻松。

2007 年 3 月 9 日　农历正月二十日　星期五　晴

今早 8：30—12：00 的会议，议程分组协商讨论。

1. 各组协商讨论政府工作报告、计划报告、财政报告。

2. 各组讨论发言中，如我第六组，杨建明统战部部长发言中提到了教育上的住校实在不适合山区人民，比如学前班的娃娃只有五岁半就得去住校，父母在家实在安不下心来，只得三天两头去学校看孩子，心理上有很重的负担。

李自顺委员发言，政府应对山区人民加大投资并立为重点，什么困难都是山区。政协主席在我组的发言：宗教民族应该给他们投资，我们政府没有给他们钱，也没有支持他们什么，但是他们的教堂一年比一年盖得更好，他们有集会教堂，有场院，真的不错。

2007年3月10日　农历正月二十一日　星期六　晴

今天上午的会议，分组协商讨论政协常务委员会第四次会议通过的第六届增补副主席候选人决议名单选举办法《草案》。决议草案总监人，监选人建议名单。

11—12点第二次全体会议，内容：1. 通过人大选举办法；2. 通过总监票人名单；3. 选举富民县第六届委员会新增的副主席。

4：30—5：00第三次全体会议：1. 通过富民县第六届委员会第五次会议决议；2. 举行闭幕式；3. 提出有关要求，安排其他工作。5：00表彰会，表彰"八个一"活动先进个人和优秀政协委员。

这次政协会议3月6日—3月11日的议程已顺利完成，应到代表140名，实到代表128名，有12名代表请假。

2007年3月11日　农历正月二十二日　星期日　晴

我们教会参与富民县筲箕凹白龙水井开堂礼拜。我们教会参与人员有32人，分别是石桩村4人，水平子村4人，万宝山村7人，芭蕉箐17人。乘坐的货车是万宝山村信徒王进东办齐全手续，已有驾驶证的车，为了安全我们还是不在夜里赶路，凌晨5点我们发车，前往参与庆典，我们的快车行驶了三个小时就到了筲箕凹教会白龙水井集会点。唱诗班们排队欢迎我们。

吃过晚饭，我们乘车回家，路途远，但由于车速快，我们回到家还参加了我们教会的晚间集会。我们还向会众报告我们参加白龙水井献堂的盛况。

2007年3月12日 农历正月二十三日 星期一 晴

公安堵车。五儿张学祥因有时需要上街办事，早9时公安行驶在路上就大吼并用手指指张学祥的脸，向张学祥要驾驶证，学祥回答一样证件都没有，公安问为什么不办证件，他答我们的日子都难以维持，哪有钱办证件？这是个原因，最主要的是我们民族没有文化，至于驾驶车辆（摩托车）、维修、排除故障可以说是内行。考驾驶证、考理论我们就困难些，所以没办法办驾驶证。此事已向公安领导汇报过，几乎每家都有一辆摩托车，东村公安人员答复说，等我们向上级反映是降考分呢还是怎么办。至于交养路费谁不愿交呢？因是国家制度，自己是公民，大家都应该交，这就是情理、事理、道理。

2007年3月13日 农历正月二十四日 星期二 晴

撒稻谷秧。我村近日来一直都忙于泡田撒秧，昨日我家四户儿媳已完成了泡田撒秧任务。虽然面积不多的一点也得完成，思想上才轻松。过去撒秧育秧难度较大，但现今就比较好管理了，以前的方法是撒水秧，现在的方法是把水田理平整后撒上谷种，再盖上土粪灰，最后盖上薄膜促发芽，到10—20厘米后再掀开薄膜让风吹日晒，使秧苗肥壮。适应长成壮秧而就能获稳产高产。几年来育秧农活就比较容易了。至今全村农户可能会撒下五分之一了。

下午4点教会同工打来电话叫柿花箐村聚会点负责人等着，教会关怀公司几位老师下来指导布置有关建柿花箐集会点的礼拜堂的工程规模指导。五儿骑摩托车前往通知，今天柿花箐信徒仍坚持工作，拆房准备奠基下石脚。他们已工作一段时间了。信带到，五儿骑摩托车转回来了。

2007年3月14日　农历正月二十五日　星期三　晴

到东村派出所求还摩托车。3月12日五儿张学祥骑摩托车上街被东村派出所公安人员收缴，今早我们父子俩到派出所求他们还我们的摩托车，我们心平气和地求情，事先我已写好我的身份。我写道：

尊敬的所长，我五儿一张摩托车被收缴进来，请所长不要太认真，请原谅，因我村芭蕉箐村民真是愚昧无知，请归还我们，望能和谐为谢。

芭蕉箐村民　张正文
芭蕉箐教会长老
县政协委员乡人大会列席代表

所长看过我的书信言道：你是懂政策的。我心想自己上门求人就得少说话、说好话，最后所长说既然收进来就要受处理，我方表示接受但求宽处理，所长考虑一时说：按政策规定最低要罚500元，还要拘留10天。我说你要我交多少，他说你们上马街交200元来提你的车，我们只好照办。

2007年3月15日　农历正月二十六日　星期四　晴

今天借着上午时叙述昨天下午的事工。我们芭蕉箐集中建柿花箐村集会点的圣殿，4张大车拉运建殿材料，上午两张拉运水泥，两张拉运红砖，一天车子拉运两道，下午这次两张拉运人工砂，两张拉运红砖。我村总共出的劳动力是15人，柿花箐本村的劳动力，男士有8人，女士11人，两村合计劳动力34人。昨日的建房工程是清除地基、泥土，搬运建房材料、背红砖，人工搬运水泥，因为车路没有直接通到建房处。

今天建房的情况是：我芭蕉箐参与柿花箐建房的人员10人，他们本村出动的劳动力16人，合计两村人员26人。今天劳动的项目是一组浇石脚，准备安地梁，妇女一组的劳动任务是人工背沙、背红砖，经过一天的奋战终于把运到家的建房材料堆积到建房工地上待用，今天参与建殿的人员分别乘四辆摩托车回家。

早上由五儿张学祥开一张车到鸡街拉运建殿钢筋。6圆钢筋单价3.3元一公斤，14圆钢筋单价3.4元一公斤。两样付出2400元。几天以来建殿工作这么艰巨，大家齐心协力，所以每天的劳动功效就比较高、比较好，大家都本着尽力和尽时的原则工作着。

2007年3月16日　农历正月二十七日　星期五　晴

圣殿施工。今天的施工劳动作业是搬运建殿材料，就是搬运人工砂和红砖。建殿施工人员也比较少，搬运建殿材料数量也多，上午运回三车材料，下午是两车，由于人员少，只搬了上午的三车，还有两车要待明天了。今天的工作量情况是，一组砌石脚和扎地梁，总而言之劳动力少，建房任务重，事多，我们既有建殿工程，就不管在什么情况下都要同心协力、艰苦奋斗地坚持工作。我们无论处在什么情况下都是对我们的考验，我们说，时间能说明一切。

建房另有一困难，就是近段时间建房材料紧，指公分石和人工砂，是供不应求。明天建房工程是浇房顶地梁，如能供得上建房材料就好。几天来建房材料是由四张大车供应，明天考虑安排我村的5张大车一齐出动。不过问题不在几张车供建房材料，而在于石砂和公分石供不上。

今天的劳动力出动情况是：我村4人，柿花箐村18人，两村合计22人。

2007年3月17日　农历正月二十八日　星期六　晴

浇房地梁。建房已准备一段时间了，今天一个上午的时间支模板，搬运建房材料，整整忙了一个上午的时间才备齐材料。中午时已转入浇地梁，集体工作是：强劳动力拌灰浆，供灰浆，其余劳动力搬运建房材料。

今天建房劳动力情况是：柿花菁组21人，芭蕉菁组7人，两组合计28人。几天的各项工序进展和完成情况比较快和比较好，我们也比较满意。

2007年3月18日　农历正月二十九日　星期日　晴

今天的礼拜集会活动，王继光执事主持礼拜，庵绍良读经。

唱诗班献诗，本堂唱诗班人员，男7人女9人，合计16人。万宝山村唱诗班献诗，1男6女，合计7人。

2007年3月19日　农历二月初一　星期一　晴

造圣殿。3月18日晚有消息说，原先愿意投一半经费支持我们造殿的韩国志士，4月18日要和我们开堂感恩。我们也只有依他们，昨天派人来和我们取得联系，我们也把这消息告诉大家。没有外援的情况下我们自己投资投劳都要造殿，他们原先也与我们联系过，原先礼拜堂的造价是3万元，他们答应支持我们一半，那就是15000元。星期二就是3月13日有教会关怀人士一对夫妇献给了我们8000元支持我们造殿（也是韩国志士）。造殿任务重，时间紧，昨天晚上聚会时已向大家报告情况，让大家也知道。今天我小组（芭蕉菁）出动劳动力2人参加造殿，柿花菁组出动8人，两村劳动力合计10人。

今天的劳动项目是：继续搬运建房材料，男强劳动力挖后墙土，并填房内泥。每天的工作量都比较高比较好。我组应出动一张大车协助，王继光执事拉运建房材料，一天拉运了两趟。

2007年3月20日　农历二月初二　星期二　晴

参与亲戚家的订婚。我大姐的大女儿龙寿荣要给二儿求婚、订婚。打来电话，求我去办求婚事，我被请就不推辞而前往赴席。所以今天早上我俩起床后喂好自己的猪、鸡，整理好东西，吃过早饭就启程前往。步行了两个小时就到了东村集市镇客运站，乘上客车到款庄乡马街集市场下车后再往东边爬上山路，再顺着羊肠小道步行两个半小时就到了山顶款庄对方朵木得（苗族）村。他家热情接待我们，并给我们倒上开水，我报到时交了微薄的礼物20元和一袋糖。

今晚的承办礼物是公布情况，所参与的来宾情况是81户，礼鸡25只，腊肉10公斤，苞谷80公斤，米40公斤，人民币1760元。办婚宴席饭食特别讲究，有鲜猪肉、鸡、鱼、羊肉、饮料，在宴席上，大家充满着喜乐满足感，尽情享受，有说有笑。晚间协商新婚事上，又有吃鸡头鸡脚。

2007年3月21日　农历二月初三　星期三　晴

悲惨的婚姻。3月13日，农历正月二十四日，寻甸县柯渡镇肥草箐（苗族）村龙某媳妇，13—14日是正客，15日散客后下午2点时，新娘和婆婆正忙于收东西。她的新婚丈夫在外劳动需回家吃午餐，他们三人各食一包方便面，新娘自己几下便吃完而走出。村里一小青年遇见他便开玩笑说，老表，有人开了一张小面包车停在外边，要来抢你的妻子。新婚夫以为新娘走出是在房屋附近而不留意。青年第二次喊，老表，真的，你出来看，你媳妇她真的朝着小车方向走去了，而且越走越快，不时又往后看看。新婚夫见此光景发慌了，赶紧骑上摩托车追赶，追到小车停放处，媳妇一个箭步进入车内，车飞速地开走了，留下一串烟。新婚夫一时难以追上，再考虑即使追上，车上必有恶伙伴，自己实在难胜过，只好骑摩托车往回走，到家未说完就昏倒。妻子未溜走前在村上打过座机电话，因为手机信号不好，打电话时说，此时你们到哪里了，说此时我们到散脚草（指地名）了。所以我方从电话座机查到媳妇打的电话号码，通过双方父母的寻索，准确地破了这个案。原来送亲和抢媳妇的都是亲戚，是堂兄弟，是新媳妇和她妈的鬼主意。新娘的爸爸因他的大女儿嫁了一个不信神的人后被逼死了，所以父亲再也不敢把二女儿嫁给不信神的人了，并说，你（指新娘）若嫁给不信神的人，你俩回来时，我便把你俩都杀了。所以母女心底是要嫁给这个不信神的人，但又不敢当父亲的面说，暗地来这套，事情查清还未彻底协商解决，还待更深入调查。新娘的父母给女儿的礼也够贵重，是已给了女儿一对活猪，一头驴子，一头荷兰牛，价值都在两三千元。此事真是罕见，让人听之难过。

2007年3月22日　农历二月初四　星期四　晴

建圣殿。今天是开头砌砖墙的第二天，今天所出动的劳动力有20多人，今天的出动和工作功效比较好，砌砖墙的进度也比较快，特别感人的是信与不信的都踊跃参与建殿，知名人士也参与建殿，就像村主任兴明亮，在村委工作的林业员、技术员王正文、王正挺等四人都能积极地配合、支持，这就能体现民族感情。今天的工作项目分为两个组，一个组平时搞建筑的人员就投入砌砖墙，另一组就挖扩填场，前不久韩国志士下来考察调研工作，也已对我们的建殿做了要求和期望。就是说，力求3月18日开工，4月18日竣工，开堂典礼。当然我们自己也只有积极地努力实现，再说自己是农夫，所以越早越好。因为马上就进入农忙季节，又要收地里的大小麦，又要做好大春的备耕工作，又要从事农家粪的准备。

我村每天的早出晚归情况是：按人员的多少，也按实际工作的需要而积极配合、支持。每天的出动都是乘坐摩托车，每天的工作时间都珍惜。每天回家时都是很晚了。

2007 年 3 月 23 日　农历二月初五　星期五　晴

　　建圣殿。今天的工作程序仍然分为砌砖墙和挖扩场院、木工三个组，具体情况是，砌砖墙的今天工作量是已开始安窗子了，挖扩场院的几乎也扩完了。木工组人员有三人员，因仍需人字木架而要盖水泥瓦。

　　人员出动完全看工作的需要，有根据他本村人员的多少而支持，昨天今天仍有非信徒协助支持，几天以来的建殿工作都是轰轰烈烈、热闹非凡，大家都视为神的圣事圣工而踊跃参加。

2007 年 3 月 24 日　农历二月初六　星期六　晴

　　建圣殿。今天的建殿工序情况是：检点项目分三组，一组是技术工砌墙，二组是木工组，三组是搬运建材。

　　分别论述各组劳动工作进度情况，技术工的一组就是砌砖墙，几天来砖墙的进度加高，四个墙面几乎已砌完两个墙的高度，再砌一天就可以完成一楼的砖墙任务，昨天今天都是高空作业，当然难度就大些。技术工的第二组就是木工组，劳动强度比较大些，几天以来就是清理建殿所用的木材。人员也少，两天房上作业。高处难度就更大，但他们各组接受任务后就坚决完成。第三组是搬运建材，挖扩场院，哪里需要哪里工作，配合各组供应建房物资。

　　今天出动的劳动力有 35 人，包括煮饭人员，两村人员分别是：芭蕉箐组人员 12 人，柿花箐组 23 人。

　　今天工作中，有两位妇女发生口角，缘由是一小孩被小蜜蜂叮肿，一个说多吃药就好，一个说小孩不可多吃药，两个都说得对，但不知道为什么吵起来，随后众人劝别吵了，算了。年老的妇女在众人面前不语，但年轻的这位谁劝她她就顶谁。我的评语：年轻的这位唠唠叨叨不懂事理，不听劝，真是愚昧。

2007 年 3 月 25 日　农历二月初七　星期日　晴

礼拜集会。今天礼拜是石桩村，潘正德主持集会，读经也是石桩村的潘云祥。

2007 年 3 月 26 日　农历二月初八　星期一　晴

建圣殿。今天的工序是砌完砖墙的四个面子墙，只是一个上午的工序，这是第一组的工序（是技术工），几天以来都是高处作业。第二个组是搬运建房材料，是配合第一个组，保证供给，供上建房用材，需要劳动力把每天运到村里的建房材料搬到建房工地，便于施工。出动的劳动力情况是：芭蕉箐村 17 人，柿花箐组的劳动力 25 人，两村劳动力 42 人。

评论：从开始建殿以来，我们的建殿得到了众人的支持和关心，每天的施工中都有三三两两的村民踊跃参加建殿。不但支持我们劳动力，还给我们送来米、肉、小菜，给我们精神上也送来很大的支持和帮助。

2007 年 3 月 27 日　农历二月初九　星期二　晴

建殿工程。今天的工序是，一组技术工支搭浇房顶模板，虽然现在是在浇一楼房顶，也算是高空作业，支模板难度较大，而且技术人员也比较少，一个建房队，几乎只有四个技术人员，所以建房的各项工程非常的艰巨（指砌砖墙面的）。

木工组由三人组成。由于人员少，任务艰巨，几天以来的工作也非常忙碌，今天转入与砌砖墙的组联合支模架桥搭板，明天就可以完成而转入拉钢筋，准备完善浇楼顶房的准备工作。

后勤队，建房人员需要什么物资都要力求供上，今天的建房活计，主要是搬运建房物资，下午集中精力投入填房间内的泥土，为建好房后一便浇好地板，所以方方面面的工序都已进展。几天以来的建房进展情况比较好，今天的劳动力情况是：柿花箐 27 人，芭蕉箐 9 人，合计 36 人。

2007年3月28日　农历二月初十　星期三　晴

东村乡第十届六次会议的召开，我列席大会，开大会时间是下午1—2点。

通过预备会

1．通过代表资格审查委员会组成人员名单

2．通过大会议程

3．通过十届六次会议审查委员会组成名单

4．听取代表资格审查委员会主任委员做代表变动情况说明

5．举行十届六次会议主席团第一次会议

6．通过大会秘书长、副秘书长名单

7．宣布十届六次会议议案提出的截止时间

　　14：00—15：00 党员大会

　　15：00—17：00 第一次全体会议

1．开幕式

2．上级领导讲话

3．听取东村乡人民政府工作报告

4．听取东村乡2006年地方财政预算执行情况

5．宣布第一天会议议程，宣布散会、吃饭，并宣布晚间观看文艺演出

2007年3月29日　农历二月十一日　星期四　晴

东村乡十届六次会议第二天的会议议程。上午8：30—9：30，第二次全体会议。

1．听取东村乡人大主席团工作报告

2．听取人民政府2006年度建议办理情况报告

9：00—15：00 代表分组讨论

1．东村乡人民政府工作报告

2. 东村乡 2006 年地方财政预算执行情况和 2007 年地方财政预算草案的报告

15：00—16：00　第二次主席团报告

16：00—17：00　第三次全体会议

1. 通过《关于政府工作报告的决议》

2. 通过《关于 2006 年地方财政预算执行情况和 2007 年财政预算报告的决议》

3. 提案审查委员会作决议审查情况报告

4. 上级领导讲话

5. 闭幕

附注：本次代表 50 人，列席人员 56 人，合计 106 人。

2007 年 3 月 30 日　农历二月十二日　星期五　晴

用祷告把住事工。

2007 年 3 月 28—29 日，富民县东村乡召开东村乡第十届六次人大代表会议，28 日晚安排东村乡各个村文艺队向这次大会代表演出节目。我石桥村的领导已在 3 月 8 日妇女节前做了安排，将此文艺演出重任交给我们芭蕉箐村的 6 位妇女。

3 月 28 日晚，文艺演出的时刻快到了，我被列为这次乡人大代表会议的列席代表，目睹文艺演出的整个过程。

我们石桥文艺队上台时先向大会领导及大会代表献上简短的祝词，并说请大家欣赏我们宗教界人士的喜乐与美满，请欣赏我们献唱"同一首歌"，二次上台献舞蹈，一颗中国心，内容：远隔千山万水凝结一颗中国心，心心相印，齐心努力，兴旺福音，踏上征程，身披月色，头顶繁星，要给那黑暗的屋顶点亮一盏新灯，给那 56 个民族带去和平，我们拥有一颗赤诚的中国心，爱民族、爱同胞、爱地上的每一个人。演唱这首动听的歌并用舞蹈动作，加上音乐优美动听，使主持晚会的工作人员以及所有的人都非常感动。后公布各文艺队的得分，并宣布我们文艺队获一等奖。注：一等奖奖金300元，二等奖奖金250元，三等奖奖金200元。

2007年3月31日　农历二月十三日　星期六　晴

排洋芋。时间进入2月28日后，各农户已大忙起来，忙于种洋芋。今天我村芭蕉箐声势浩大地忙碌起来，一个早上就出动几张大车往山地运送肥料、粪草、洋芋种。白天的情况是仍出动几张大车往返忙碌地往山地里运送农用物资，真是一片生机活力，科技、机械动力已在这片地区占优势。

排洋芋的农户情况是，当种洋芋的农用物资准备好后，就几家或哥弟、姊妹相约拼和起来种，一天种下一两户或者三四家的面积，这样做可省时间也可省劳动力，种的方式是跟牛粪，人工放种盖粪。

2007年4月1日　农历二月十四日　星期日　晴

集会礼拜。几天的集会礼拜由柿花箐村主持，读经也是柿花箐。

唱诗班活动的情况是，人员4男7女，共11人，人员多、少也可唱好。讲道。

2007年4月2日　农历二月十五日　星期一　晴

建圣殿。今天仍然继续建殿，建殿工程是分为三个组来进行施工，第一组技术工砌二楼墙和安房顶梁木，这一组人员有10个，砌砖墙的、拌灰浆的、供建房料的。第二组人员有5个，主要任务是搬运建房材料，物资数量是两车红砖，一车人工砂。经一天时间的努力，搬完了两车红砖。第三组人员是协助拌灰浆，负责供应建房料子的这组有12人，工作是活动的，哪里需要哪里走，建房工地需要做什么就做什么。其余的3人煮饭，集体人员情况是柿花箐村18人，芭蕉箐出动的人员是12人，两村合计人员 30 人，几天以来的劳动人员都能保持在 30 人左右。

2007 年 4 月 3 日　农历二月十六日　星期二　阴

排洋芋。今天我家父儿四户联合排洋芋，农用物资、工具、洋芋种等都够一张大车拉运，所以开三儿张学忠的车拉运农用物资，这是当天的工作量。天气一个早晨就变化了，不但变得寒冷而且刮着冷风，时间又紧迫，我们还是按原计划种洋芋，由于还需要几包农用化肥，所以和三儿张学忠我俩开一张车前行，先到柿花箐王继光执事家拉回半车化肥后，车停于地边路上，再参与排洋芋。劳动力情况是比较紧，五儿张学祥是坚持参与柿花箐小组建殿的技术工，四儿张学德近段时间都参与机动车培训。今天我家父儿四户排洋芋劳动力组成情况是 2 人牵牛，2 人跟犁牛放洋芋种，2 人盖粪，1 人施肥，牵一架犁牛有 7 人是人员最少的一天了，平时应该是有 7—8 人才能够使一架犁牛，因为还需 1—2 人随时随队跟上农用物资，村民一片农用地带今年就有三户种洋芋，我村农户可能还需两三天的时间就可种完今年的洋芋了，目前另一个中心工作是已转入割麦子、收麦子了，几乎收麦子大忙时间到了。

2007 年 4 月 4 日　农历二月十七日　星期三　晴间多云

扶立倒车。我村今早龙荣才载满农用物资一车准备送往山地里用，这张车平时难以启动，一半时间利用另一张拖拉而启动。今早也只好找来另一张拖拉启动，启动后由于让车不够谨慎，另一个问题是开车技术不过关，造成误事，让车时竟开成险车，只有一边前后轮开在路边上，车身和下方的前后轮已不在路上了。幸好路下方有两棵果树勉强支撑让车斜靠上，要不然就翻车了，奇怪当车百分之九十倒斜向下方时刚好有两棵树让车斜靠着。此险情村里亲戚知道后都出来围观，并想办法，分头找来了两套拉机，经过上午和中午的努力，终于把整张大车迁移到路面，大家才松了口气，彻底变危为安了，大险事终于过去了。就是在我们村广泛应用机动车，普及学习和掌握机械之际，遇到了此车祸就能自行处理，也是一种极好的功课，今天通过学习、实践奠定了见识和技巧，所以也是获得了知识。今天现场的工作人员有11人，两家车主户还杀鸡买肉买鱼给我们办宴席。

2007年4月5日　农历二月十八日　星期四　晴

建小组圣殿。今天的工序是力争砌完二楼的高度，这工序是经一个上、中午的时间才完成的。下午的建房工作是集中劳动力支、搭、安二楼的模板。由于一楼的模板还没有拆除，因为拆除的时间未满，所以支模的材料欠缺些，幸好张德明捐出了公尺板，经一个中、下午的时间都还没有完成，可能还要明天一个上午的时间才能做。明天上午安完模板，中午扎钢筋，下午就得浇楼顶了。

第二组用人工搬运建房材料，今天二组人员只有7人，人员虽少，但他们一般坚持运完两车人工砂，这是尽最大的努力。正式建房砌砖块以来，今天已是第15天了，他们天天坚持工作，不管人员多少，他们当成自己的工作、自己的活计来完成。攻不下不收工，齐心协力完成任务。今天的出动劳动力情况是柿花箐村组18人，我村芭蕉箐3人，总共有21人，吃晚饭息工时他们安排两张摩托车送我们到村边。

2007年4月6日　农历二月十九日　星期五　晴

建圣殿，仍施工中。今天的建殿工序是安二楼的模板，涉及里里外外的支柱支架，就需要很多木料，楼模板的木板每块都需要清理一下才适合使用。二楼是高处作业，有技能的人才也有限，所以工作中也有一定的困难，制约着建房的进展，这是建房的一组情况。

第二组是担任搬运建房材料和负责供运建房材料，今天二组人员也少，任务重，只有6人搬运物资。幸好王兴理自有小拖拉机，哪里需要就开来协助，所以今天开来小拖拉机协助搬运砖块，今天搬运建房材料就可以很快完成了。

今天所出动的劳动力总共有 19 人，芭蕉箐 5 人，柿花箐 14 人，大家齐心协力努力建房，建房工序较快较好，一项建房工作大家都感到很满意而感兴趣。因为整个工序从设计到施工程序都是靠自己敢于攀登各种高科技，所以建房以来工作虽累，但很开心，越干越欢，等待竣工一天的到来。

2007 年 4 月 7 日　农历二月二十日　星期六　晴

建圣殿。今天的建房工序是一个上午扎钢筋，搬运建房材料和浇二楼房顶用材，今天浇房顶材料还欠 2 车人工砂，我们派出的两张车子，中午就把两车沙子拉运回到建房工地，据说建房的物资比较紧，两村片所有的石厂料子都供不应求，所以我们派出拉运建房沙子的车子跑了好几个石场才买到人工砂。拉运到家时，刚好赶上浇房顶用材料时间，浇楼房事工就涉及很多劳动力和时间，加之浇二楼房是高处作业，难度就大些，工作效力就必然要慢些，幸好房上埂刚好有一楼高，所以往二楼供运建房料子就容易些，经过一个上午的时间，集中人力物力用于浇二楼，经过我们辛勤工作，付出一定的代价，经大家同心协力，终于完成了浇房顶任务。出动劳动力情况是我芭蕉箐 8 人，柿花箐 19 人，两组合计 27 人，建殿的艰巨工程项目到今天几乎已完成了百分之八十，都是与大家的齐心协力分不开的。

2007 年 4 月 8 日　农历二月二十一日　星期日　阴

今天我堂的集会活动情况是：我村张会学主持圣会，读经，张秀花读诗 100 篇。诗班献诗的情况是，男士 7 人，女士 9 人，合计 16 人。

2007 年 4 月 9 日　农历二月二十二日　星期一　晴转雨

赶鸡街。我们教会建柿花箐早晚集会点的礼拜堂将于 6 月 10 日开堂庆典活动，需要写一封邀请信，邀请邻县以及我富民东片款庄一片的几个教会教牧同工、诗班、信徒，前来同庆并支持我们教会。所以昨天安排我昨晚写好，今早上柿花箐交予执事王继光，今天到鸡街请人用电脑打好并复印成若干份，借4月15日复活节款庄对方朵木得开堂庆典之聚会分发，请肢体教会参加感恩赞美庆典活动。昨晚我们计划需要邀请的堂点有8个教会团体。所以今早我上柿花箐把写好的信交予王继光执事上鸡街打印，借此机会我也上街买几公斤青菜供建圣殿的人员吃。

路上乘车情况是：平时固定到柿花箐村拉运乘客的大货车，因柿花箐村民吃早饭的时间太迟，我们村民只好上到水平子村另乘一张，今天车子到他拉村（汉族）驾驶员的村子时，车子约在那停了半个小时，我们等了很长时间才上街。

小评：忆起，这张车几乎是往年一经过他的村子时，有事无事都这样停。今早我对家人说：若有车子，永不再乘坐这张车了，因路上耽搁太久。当我们从街上乘车到柿花箐新村祭天山村时，下起中雨来，我们便进王继光执事家避雨，待雨停了以后，我们才步行回家。

2007年4月10日　农历二月二十三日　星期二　阴雨

今天的天气，一个早上，吃过早饭后仍下着小雨，趁着有雨建房工人转入粉内墙，晴天有晴天的事工，雨天有雨天的活计。今天几乎粉完一个房间，今天出动的劳动力有12人，每天不论有多少人都坚持工作，力求早日完成，力求在大春耕种之前把圣殿建起来，每天坚持早出工晚收工。

我村民农活是割麦子，拔豌豆，收小春暂停，要等待晴天后再继续收小麦。泡田，田里的小春作物，蚕豆、小麦、大麦已收了的就要抓紧时间把它泡出来，待到时插秧。所以今天大伙泡田，安排一架犁牛，2人使牛扶犁，其他人就扶埂子，也打埂子，今天打埂子的人员有9人，这是大好事，一是我们不找工，二是村里的人知道喜欢出来协助帮忙。

这就是你喜欢都来帮忙，都来，人员不限。是凭喜欢，另一方面是都等于放工，今年你来几个工来帮我干活，那么到你泡田、插秧时我就得来几个工还你的工。

2007年4月11日　农历二月二十四日　星期三　阴

建圣殿。昨天因小雨天气只好转入房内粉墙，这粉墙几乎也是技术活计，我们自己设计、自己建筑，每道建筑工序都是我们自己处理，自己投工投劳，幸好每个村寨平时都有些青年对科技、对一些建筑技术很喜好，所以不论教会有建设或是搞自己建设都能自行处理，当教会有建设时，几个自然村相约就能动起来。有基础的就掌握技术要求标准，我们一般配合人员，就跟随建筑队，供建房料子，搬运建筑物资，当运送建筑料子时还涉及要多人才能完成的任务，从昨天、今天以后，跟随的人员就可以减少一部分了，因为建房工程大约已经完成了百分之八十，今天的建房人员，我村2人，柿花箐8人，两村合计有10人，同心协力粉墙。

村民其他事工是泡田，今天是侄儿张学才、张学会两家泡田，是趁有小雨天气才把已收掉的田泡出来待插秧季节。机动车培训，今天一早打来电话催张学忠、龙荣祥他俩到东村参与培训，他俩也只好骑摩托车前往。

2007年4月12日　农历二月二十五日　星期四　中雨

排洋芋。今天姑爷、小女儿家排洋芋，带信叫我俩协助排洋芋。我们接到信后，吃过早饭就提前赶往他家，到了他家后，喝够水，喂好牛就上到山地里排洋芋。

有一好的情况，女儿家原来也没有找工，想想请了我们二老人就不必找工了，但村里邻舍亲戚知道后就主动出来帮忙，今天我们一架犁牛就有6人，6人不算多，刚好合适。幸好我们今天是独牛，此牛特点，牛大力大，也不用人工拉牛，就省了一个劳动力。我们今天种的洋芋地面积不算大，姑爷他妈说，你们劳动力多多有余，我们要忙我的其他事务了。还有我一个侄女儿，看看劳动力多，又转去帮另一家排洋芋去了。

天气情况是：早上看天色就要转为大晴天了，不料当我们种完第一块的时候，大约是中午的时候天气变化了，晴天变成阴天，不时下起小雨来，而且越下越大，大成中雨了，时间又下得长，雨下得箐箐沟沟都涨水了，水的响声已大的听得见了，我们在山里避雨等了个够，雨住后，我们又坚持排完洋芋。

2007年4月13日　农历二月二十六日　星期五　早晴晚雨

建圣殿。建圣殿的工序，几天以来已转入粉墙，由于技术人员少，所以设计供灰浆，供料子的人员也需要少。人员出动情况是柿花箐3人，芭蕉箐2人，两村人员合计5人，加上煮饭2人就有7人。几天的天气都有雨，所以对建圣殿都有影响，就是建房速度慢，在建房中有一定的难度，但我们也只有坚持建房。力求在点播大春前把圣殿建好，才便利种植大春作物。

村民的其他农活计是开沟准备点早苞谷，龙福祥家趁下透雨今天已开始点早苞谷了，小雨天气已有7天的时间了，虽然点种大春作物时间还早，但趁这么多天的雨水天气，家家都少量地种上一点，能成功当然最好，失败了也无关紧要。

机动车培训，张学忠、张学德、龙荣祥他们3人仍然参加机动车培训，已有一段时间了，到现在还没有结束，我们也只好忍耐再忍耐。

2007年4月14日　农历二月二十七日　星期六　晴

村农活计——泡田。王圣德家泡田的情况：他家泡田人手很单，他家夫妇二人使牛，一人扶犁一人拉牛，一人打埂子（指姑爷），大田打埂子一般强劳动力都需要3—4人才能轻松一点。他家泡田自己一人打埂子。

小评论：4月10日，我家大儿张学全家泡田时打埂子是不找人，不约而同出来帮忙的人员有9—19人来帮忙，是人家知道后自己来帮忙。

上述就是两种情况，同一个村寨，同一个事工情况就不同，原因何在？我们一般人都很喜欢交朋友，或是说好客人，和一般的人人际关系相处得很好。但另一种情况与此相反，原先还有几位朋友同事，但是在生活相处中，由于生活处事之不相同，身边的同事朋友慢慢地离开了自己，到头来朋友一个个都走完了。自己身边实在无法留下一个朋友，最后落到一种光景，就是说话没有人听、做事没有人帮了。我们愿意过哪一种人生呢？那就是由我们自己选择了，命运就由我们自己决定了。

2007年4月15日　农历二月二十八日　星期日　晴

献堂感恩。接到款庄朵木得的献堂感恩邀请信，我堂前个礼拜天就作了说明、动员。转交我堂教务组安排我堂献诗人员乘坐的车辆，礼拜四晚上诗班练诗完确定配诗班龙荣才那张车出动，并说各村要参与朵木得教会献新堂感恩的人员必须凌晨5：00就赶到东鸡公路口候车前往，我芭蕉箐参与献堂的人员约有40人。

办伙食情况，我觉得他们已付出很大代价，他们办的伙食非常丰足，使我们非常满意。我们的早餐安排有鲜猪肉、羊肉、红烧肉和鲜青菜等8大碗。真是吃不完用不尽，用后真是一目了然看出他们教会宽待我们的用意。

参与今天献堂礼拜各县区来的教会有22个，来自禄劝县、嵩明县、寻甸县和本县富民县共四县。当天奉献结果是，政府部门助款1800元，各地教会助款6938.30元以及当天奉献，合计12808.30元。

2007年4月16日　农历二月二十九日　星期一　晴

谁来关心我们呢？去年政协会议上原先我还想自己生活还很艰苦，应该省吃俭用。这次的会议上，我打算在外边每餐吃个小碗米线，而散会时就可以领到生活补助200元，作为自己一年生产之用。到会议上的第一餐，餐席上不见我，而后被领导发现后，派政协的后勤潘学志亲自来找我，叫我一定要参加会议就餐，而后发给我伙食费补贴。当时我想起这念头时，我心里很焦急，自己要忍饥挨饿五六天，头一餐我并没有吃晚饭，我打主意我应多喝水。幸好那晚有位政协委员老师（苗族），因他在县城教书，所以请我们几位到他家玩，并请我们喝水、吃水果和水果糖，我们的日子的一些片段就是这样度过来的。

今年4月7日，我孙女从昆明校园打回来电话，叫家里给她送点伙食费。大儿接到电话这天给她送去，才知道女儿因为没钱已经7天没有吃饭了，除了上课时只好睡在床上忍耐，坚持了这7天，幸好有位同学（苗族）知道后借给她100元做生活费。怎么多加不把这困境告诉家里呢？因为她知道爸爸妈妈也实在没有钱，所以她自己打这个主意。

当这学期开学时大儿张学全亲自送多加到昆明校园时，我们知道一个情况。就是大儿张学全说，我送女儿到昆明学校时我太难过了。我没有一样给自己的女儿，手中一无所有。我自己不去送就不觉得，既去送了，此光景我太难过了，一连多天心里没法平静下来。

评论：大儿张学全患有疾病，从来没有能力就医，因供着自己的两个女儿上学，加之自己的耕地也实在太少，一年所收获的粮食、苞谷变卖了也只值1000元，供两个娃娃上学当然是负担。

2007年4月17日　农历三月初一　星期二　早晴晚雨

割麦子。我村村民当前的中心工作任务是已开始忙于农事的割麦子，收麦子大忙季节现已开始了，部分农户已把部分麦子收回家了。

天气，近段时间不利于割麦子，4月7日就开始下雨至13号，14—

16日晴三天，今天17号已在下着雨，有部分农户的麦子割后堆在地里已是一段时间了，收麦子需要一个晴天。今天我家开始割麦子，我们吃过早饭时是晴天，到中午时天气转多云阴天，起先打着雨点，甚至还打几声炸雷，这时我们只好停止割麦子，转入堆积麦子，收麦、盖麦，防止有小雨、中雨天气。

五儿张学祥的几天工作是，在嵩明县的亲戚聘请去上昆明购置车子去了，4月15日至今天已有3天时间了，昨、前天四儿张学德给他们打电话，那时还在昆明，到今天还没回家，很可能买到还需要在那边练几天吧。

2007年4月18日　农历三月初二　星期三　雨

买苞谷种。今天是东村街，种苞谷的季节快到了，但至今还没有买好，今天抽个时间买一下苞谷种。每年我家种的数量需要10公斤种，今天所买下的苞谷种情况是这样：196号种2包，每包2公斤；曲辰3号3包，每包2公斤，价仍14元一公斤，苞谷种买了10公斤，付出金额118元。

下午的时间转入割麦子，由于天气变化有阴雨天，所以白天晴天时，太阳高照暴晒，在阳光强烈照射下工作真是不容易。什么工作都需要付出代价，日常工作都需要体现一个农夫的吃苦耐劳精神，真不容易哩。

四儿张学祥因参加机动车培训，三几天随时出外参与教练，所以自己的水稻田只有承包给村民泡。

2007年4月19日　农历三月初三　星期四　晴

割麦子。我自己的农活计割麦子，虽然不是大面积的割，但是我们采取边黄边割，成熟到哪里就割到哪里，成熟完就割完了。因我家麦地是在背阴地，所以成熟期就不一样，这样做任务就更轻省。

村农户大部分的农活计是割麦子和堆麦子、收麦子，收麦子季节我村有件困难的事就是晒场很拥挤，蚕豆、豌豆、麦子都要晒要收，全靠晒场，约有三分之二的农户收麦子是掼，有三分之一的农户是用大车拉运到大场，把麦子摆匀在场上用大车碾，这样比人工掼又省力又快。不过我村的晒场太少了，原先生产队有一块晒场，教会有一块晒场，私人有两户有晒场，总共全村只有四块晒场，这就制约着我村收麦子的速度。

评论：晒场还是重要建设，有晒场的农户不论是收麦子还是晒麦子都很快，又好，建议有能力的农户不要有观望思想，要自力更生，建好自己的晒场。

2007年4月20日　农历三月初四　星期五　晴

建圣殿。今天的建房工序是背公分石，浇灌楼梯。浇楼梯的位置，本来房的上埂刚好高度与二楼相等，只要浇2.5米长的水泥板就可以上楼房，但是要求符合规格，又美观，所以从房后设台楼梯转一道弯从梯子上进入二楼，就又美观又符合规格，梯子是这样处理。

今天的劳动力组成情况：芭蕉箐村2人，柿花箐7人包括煮饭，今天浇楼梯仍然属于技术工，一个上午的工作是支模板，背浇楼材料。上午的时间几乎都是准备工作，下午2∶00时我们才正式集中劳动力投入浇楼工程，今天的建房工序算是比较顺利。

我家儿哥弟几家联合割麦、收麦，并用大车把麦子拉运回家，放到场上并用大车碾好，由于几家联合，所以煮饭也是统一安排。我老伴的农活工作是协助姑爷家割麦子，今天割麦子的功效必然是高功效，老伴是个农业生产能手，不论扳苞谷还是割麦子都是相当麻利能干。

2007年4月21日　农历三月初五　星期六　晴

泡稻田。五儿张学祥家今天泡田，面积有三工，泡田用水，因没有足够的蓄水池，哪一家泡田就需要把本水量浸泡一个晚上的田水，白天再撤放坝塘水而适用于泡田。因我们进行工作中，侄儿张学光他家今天正准备犁点田晒好，第二天泡田栽秧。他来时看见我们泡田就赶着他家的一架犁牛过来帮忙。由于增加一架犁牛，我们的泡田任务才轻松下来，经过一个上午的努力工作，终于把整块田泡好。

今天的劳动力情况是，两架犁牛，4人使牛，5人打埂子，我自己是到田头烧开水、供开水，到中午吃完零食、休息喝水后我就转入自己的农活。生活待遇情况是，不论使的工多还是少，主户都需要尽力招待，起码有点鲜猪肉，鸡肉、鱼肉就是较高级的。今天五儿张学祥家用的鱼就是前些天买好，养于鱼塘里的，近些年来我们的生活有所改善提高，所以一般的农户都很讲究、认真，搞好待遇当然也要看力量、看方便、看条件。

2007年4月22日　农历三月初六　星期日　晴

机动车培训。我村村民3人今年报名参与机动车培训后，经过一段时间的学习训练后理论已做了考试，据说，还有路考，昆明市区交通规则考。路考实训中，四儿张学德已跑了寻甸县、嵩明县、禄劝县、富民县、贵州省，就是跑了云南、贵州部分县区，也见了些世面。他回家后跟我们说，我跑了些地方，见了些世面，最穷就是我们富民县，别的地方，村寨大小都能看见高楼大厦。在我们四周邻近县，政府都拨款给百姓，特别是高寒山区百姓建起了新农村，就如寻甸县鸡街乡则鲁菁（苗族）黑山白彝族村离我们不远，房子都能看见，我们的近邻，如寻甸县、禄劝县是著名的穷县。

2007年4月23日　农历三月初七　星期一　晴

近段时间全村大忙于收麦子，正在形成轰轰烈烈的大忙季节。村民有的割有的收，有的用人工掼，有的运用机械操作，比如用机动车把麦子从很远的山地割好、晒好，再用大车拉运回家，摆放到大场几下用车就碾好，利用机械一天就可以完成原来一两天的活计，真是省时省力。这是全村的情况，几天以来很好很快，有的农户大面积的麦田已快收完了。

买化肥，今天我家父儿四户开三儿张学忠家的两缸车到东村街集市场买化肥。往年的大春农用化肥是赊购，今年计划是现买，今天运回家的化肥主要是尿素和种苞谷用的复合肥，买回来的数量是按包算。历年我家父儿也是赊购，但供销社主任李玉林也没有收我家的利息，但到卖栗子后就还，按协定办事。

4月18日东村街子天，万宝山村几家农户给组库村委会付兴成老板赊一车化肥，当天我也在车上，我便问一包尿素到第二年收息的时候要收我们多少息，他们告诉我今天的化肥价是78元，到第二年收息的时候要收90元，那么息就应收每包尿素12元了。所以一个农夫的负担也是够大的，可能百分之八十五的农户全年的农用化肥都是全赊。

2007年4月24日　农历三月初八　星期二　晴

协助姑爷家收麦子。因小女儿身体不舒服，他家的麦子该收的要收，作为父母应该主动协助帮忙，所以今天放弃自己的农活去帮姑爷家收麦子。起先我们掼麦子时有些难掼，因早上有露，一直到中午暴晒后才好掼起来。今天该收的麦子也多，集体劳动工作是，姑爷用马车从地里拉回麦把供我们二老人在砖房楼场上掼，今天我们所付出的代价都是强劳动力的代价。经过整天的辛勤努力，虽然已完成了艰巨任务，但是太阳快落山了，吃过晚饭姑爷用摩托车把我们二老人送到家。

村民农活几天以来都是大忙季节，我们有的泡田、栽秧，没有的割麦打麦，我家也是大忙于收麦子，不但收自己家的，还用大车（机动车）帮助村民碾好他们的麦子，使他们省力省时，人家请到的都应帮忙，甚至还主动协助帮忙。今天当我回到家时，一个收麦场真是热闹非凡。

2007年4月25日　农历三月初九　星期三　晴

栽秧（又称插秧）。为了不影响邻舍的生产工作，故今天四儿张学德家栽秧的时间推迟到下午2：00。因如按时出工栽秧，村舍邻居知道了都出来帮忙，田的面积只有两工田，一是耽搁了别人的时间，二是自己也得还别人的工，所以双方都不利。自己能做、能完成的工作就不必再麻烦别人了，所以就采取这方法。今天我家父儿出工人员有9人，包括1人煮饭。他自己因参与机动车培训，所以他今天挨晚才从昆明下来，到了东村打电话给龙荣祥，叫到东村用摩托车去接他（就是今年我村参与机动车培训的人之一），回到家时天刚黑。

2007年4月26日　农历三月初十　星期四　晴

割麦子。麦子已大面积地成熟，需要抓紧时间抢季令，把麦子收回家。每天我们都坚持早出工晚收工，从麦地回家已是摸黑了，这是时间的使用。

工作的难度，自己是在太阳暴晒下坚持割麦，割了一把又一把，什么困难的工作只要我们下定决心坚持到底，我们就能取胜，每天我们都保持着这种干劲工作着，最后的胜利属于我们。

村民的农活进入大忙季节，白天有的栽秧，晚上家家都忙于突击割麦子、收麦子（指掼麦子）。大部分是采用车子碾，全村5张大车齐出动，拉运麦把，在场上碾麦把，不但白天忙深夜还忙。几家联合碾麦把，几家在一个场上碾，不论前后碾都要配合协助帮忙。采取半机械投入收小麦，当然速度快，现在有的农户已收了大部分的小麦田。

2007年4月27日　农历三月十一日　星期五　晴

赶集。鸡街天，由于来接上街的乘客货车按民族习俗的老传统、老习惯，慢慢地吃过大早饭后，等一个村子要上街的人都来齐后才乘上车子。一个村民天长日久就形成这种习俗，自己要上街又等不得他们的时间，自己想早上街其他车子的时间又不固定，自己真是为难，赶前不是，等后不是，想想还是到水平子（苗族村）候车前往，我们上街买上自己用的日用品后，就会到乘车处候车回程，回程的时候又乘柿花箐这一车，这一张就最理想了，一启程就在路上一分钟都不耽搁，一直开到柿花箐。车费单边每人收费2元，往返4元，按客车费就要付8—10元了。

评论：一般的村民上街时间不要太迟，我们一般的农夫，农活事务比较多，所以上街抓紧时间几下办好事后，就需要返程干农活，特别是农忙季节，所以要上街办事同时当天农活也得做好，我们平常说的"一举两得"就是这个意思了。而有些人上街要吃吃喝喝，所以要一个很长的时间才吃够，如有这个情况就不理想了。

2007年4月28日　农历三月十二日　星期六　晴

栽秧。儿哥弟张学全、张学祥两家栽秧，一到栽秧时就得忙碌一天，一张摩托车需要上街买几样小菜，特别是要买点新鲜菜，如鲜活鱼、鸡肉必须吃上一碗，家里有的就吃家里的，家里没有就需上街买几只，买几只是看人之多少而定。所以在家里的就要为这餐伙食准备而忙碌，秧苗是要拔而供白天栽秧，白天栽秧早上就得把化肥撒下，所以家里，家里忙，外边，外边忙。

我供栽秧，首先是自己的亲朋密友和自己的父母，意思说，我家栽秧上等的几碗好菜得准备下，一是请你来帮忙一天，二是有点好菜请你来分享一下。

今天栽秧的人员情况是，拔秧人员有14人，栽秧人员也是14人，共计28人，包括煮饭人员今天涉及劳动力有30多人，有的是我请来的，当然大部分是自己喜欢出来帮忙，这样就不在乎我今天需要几个工，而是不论农活有多少，人家喜欢出来帮忙协助，人员来多少我就要保证做多少人的饭菜，而且饭菜还得好好办，不讲代价吃亏，要人家来了而欢欢喜喜回家，总而言之给人家一个好印象。

2007年4月29日　农历三月十三日　星期日　晴

集会崇拜。今天的集会活动情况是，主持集会由石桩村杨兴秀主持，读经也是由石桩村读。唱诗安排情况是水平子村和教会全体唱诗班。人员情况是男士有8人，女士有7人，合计15人。教会过节期间诗班人员上百，近段时间教会设地区分散，芭蕉箐教会有7个自然村，一般都没有集中，又是农忙季节，所以每个礼拜诗班人员都比较少。

2007年4月30日　农历三月十四日　星期一　晴

割麦子。进入割麦子时间已是多天了，通过一段时间以来的努力，早出晚归攻坚战，终于结束了割麦子任务，从思想上也大大轻松了，因为农夫事务很多，不但忙自己的，亲戚朋友、儿媳们需要帮助的也得停下自己的事工而协助他人，所以需要些时候、要些代价。

掼麦子。下午收麦子，因看着天色即将有雨，由于交通不便，只有用人背，路途也远，天将晚，用车碾，很快就收拾完毕了。

村民农活事工也非常忙碌，不但收麦子，还边收麦子边插秧，今年栽秧的农户就有龙应华、龙福祥两家，劳动力不但本村，外村亲朋好友都来帮忙。

2007年5月1日　农历三月十五日　星期二　晴

栽秧。三儿学忠家栽秧。栽秧和泡水稻田都需要找工。因为如泡田，起码需要三四个劳动力。栽秧就涉及更多劳动力，特别面积大的田块，就需要找工协助帮忙。今天的劳动力有23人。

生活待遇安排是：既然乡亲们自觉主动来帮忙，那么必然也得好好地酬谢人家。我们的生活水平也逐年提高，最起码三个主要的上等菜必须安排得有，就是鲜猪肉、鸡肉、鱼肉。其他如白菜、凉粉等7—8个菜。还有饮料、啤酒等。这是一般的情况。

另一个情况是：我村杨××同一天栽秧，我们就在一处拔秧，田块分为上下两块，他家只有一人拔秧。挨晚主人家和拔秧总算凑够了3人。不知为什么，人生中，有些人就是身边没有一个朋友。

2007 年 5 月 2 日　农历三月十六日　星期三　晴

栽秧。我村村里每天四五户忙于栽插秧苗，今天就有张学光、杨天光、张会学、龙兴祥四户。

栽插中有的农户比较方便，占有优势条件。不论是使工、生活待遇都比较讲究，要求也比较高、比较好。有的就比较随便、简单。讲究的，就赢得众人的尊敬和向往。力量薄弱的，或者比较简单的就显得处境越来越狭窄、困难。当然我们情愿朋友越来越多，做事有人帮忙，说话有人听，有事人家过问。反之办事简单、随便、不认真。另有一个情况，不但如上述随便，甚至是过河拆桥，我村有两户是，撒水泡了自己的田后，就不闭坝塘的水，第二天别人没水泡田。至今我村张学明的田还没有水泡。一晚为了蓄够水泡田，塘坝的闸阀用锁锁起来，但还是有人把铁丝剪开把水放了。此处所述就是不顾别人，总是以自己为中心。这种人到头来只会弄得自己身边的朋友、同事一个个的离开自己，这种人就遭殃了，就真的孤单了。

2007 年 5 月 3 日　农历三月十七日　星期四　晴

收小麦，今天我家收小麦。由于交通不便，麦把只能用人工一背一背地背回家。由于山地远、天气热，人在阳光暴晒下坚持做这活计难度还是大。我们二老人背了一整天，总算把山地的麦把背完了。这也是个艰巨任务。

麦子是用车子碾。几家儿媳息工回来都出来帮忙，麦子虽多，但由于用车子碾，在大家的努力下，还是把一个整天的活计攻下。

几家儿媳白天是协助侄儿张学才家栽秧。稻田面积不算多，但由于分散，所以做起来耽搁大，还是忙了整天。

生活待遇还是要用心。不论田面积多少，都得付代价做些准备。就是买些上等的好菜，鸡、鱼、鲜猪肉，好好宴请村中朋友。因为我们请客找工一年一次也是难得。当然鸡肉一般是自己所有。总而言之，搞一次使工，生活待遇要能使别人满意，自己主人家也满意。

2007年5月4日　农历三月十八日　星期五　晴

割麦子。四儿张学德因今年时常参与机动车培训，至今麦子还没有割完。自己应尽父母之责任，所以我们二老人抽空协助四儿媳妇割一天的麦子。我们去后，三儿张学忠也来帮忙。由于大家辛勤努力，终于用一个上午的时间，把整块麦地割完了。四儿媳王凤仙说，假如你们不来帮忙，仅我一人来割，就需三天的时间才能割完。所以一个人做起来实在困难，但是几个人组织起来，就不难了。

我家种有一块旱苞谷，由于下了两次透雨，苞谷也长有4叶了，杂草也长绿了，需要薅锄除草，所以下午转入薅锄苞谷。由于晴天利于薅锄。效力还是好，还是可以。自己也很满意。

2007年5月5日　农历三月十九日　星期六　晴

卖麦子。农民手中的用钱比较紧，特别是一年中的农用生产垫本更需要的多，加之平时的零用钱，随时都要用钱。所以当麦子刚收上场整理好，就得把大部分运送到市场上销售而用于生产生活。昨晚侄儿杨明来找三儿学忠联系车子上街帮他家拉运农用化肥。借此机会，我们父儿哥弟几家相约上街，卖粮办事。

为了安全，必须等到下午2:00后出发。中午时，就听到消息说今天街上严重堵车。随后我们又推迟到下午3:30才发车。在路上时，我们怕堵车，都是提心吊胆。边走边打电话，探听消息。我们车子到街上时，街上买卖人几乎都散完了。铺子也都关了铺门。幸好收购我们麦子的老板是我们熟识的人。叫他收购我们的麦子。今天收购麦子，单价他给我们4.2元每公斤。我出售的麦子是255公斤。我们村两农户，一家卖得800元，一家卖得700元。昨天我们拉运麦子的这张车总共是拉运9户的麦子，重量可能有3吨左右。回来时，是拉运46包化肥，以及其他人员和个体货物，重量有3.5吨左右。

  小评论：由于交警堵车，我们需要上街买物和小菜也买不成了，又修车，我们在街上时，天已黑了。由于往返都是重车，所以往返途中，车子的胎都通气了。在街上通气，倒是方便。因为街上到处都是汽车修理厂。麻烦的就是在回途中，时间约8点多钟了，我们一行12人中又没一人带手电筒，由于没有亮，没法换轮胎。又隔村寨远。三儿学忠夜里带上一人员到他村找手电筒，五儿张学祥急中生智，他利用车上的电瓶，接后灯照亮抢修车。车上的人夸说道，"啊，幸好你们是能手。困难也难不住你们！"熟识的亲戚朋友的摩托车路过此地，都停下自己的摩托车，并用摩托车前灯照明帮助我们。不需多少时间，我们的车换好了后轮。抢修车的经过，我们学到了一个功课，就是人人都相助帮忙。

2007年5月6日 农历三月二十日 星期日 晴

  集会活动。今天礼拜由柿花箐村王兴志主持。读经由柿花箐村负责。献诗，全体唱诗班，7男7女，合计14人。

2007年5月8日 农历三月二十二日 星期二 晴

  栽烤烟。姑爷张会明，以及我家的小女儿是柿花箐居民。柿花箐村是我东村乡立为重点栽烤烟的村寨。乡政府、烟站也立为重点对象，也做了设施建设。所以有关政府领导多次强调，叫栽烤烟农户抓紧时间节令，争取能在6—7天内把烤烟栽下。所以栽烤烟的农户，家家户户忙于栽烤烟。姑爷家昨天带信来，叫今天我们协助帮忙一天。今天一早我们吃过早饭，喂好自己的鸡猪，就赶往姑爷家帮忙。我们到他家后，吃过他家的早饭，喝够水，就投入栽烤烟。幸好，我大哥的大女儿也下来帮忙。我们凑够5个劳动力。姑爷家计划栽烤烟3000株。经过我们5人的劳动，今天已栽下1000株。上午栽烤烟以及人畜饮水，全村的总蓄水池已用完了。要等今晚积蓄才有足够的用水。吃过晚饭后，姑爷用摩托车把我们送回到芭蕉箐村。

村民龙福祥、我家几个哥弟也联合拉运麦把回到家,统一用车子碾好,几家联合收麦子,一直忙到深夜。

2007年5月9日　农历三月二十三日　星期三　晴

我村小组召集临时会议。研究稻田用水如何使用和管理好,以便保证今年稻谷的稳产丰收。由于我村的小型坝塘太小,没有足够的用水,没下透雨之前,稻田用水都比较紧缺。没有安排放水的次序,始终没有头绪。为了安定一个局势,三儿张学忠就挨家挨户请各户今晚未天黑之前统统集中到教会场院,开会商讨研究确定。

会议确定由我村两名有名望的村民,张学明、龙兴明主管负责。龙兴明负责田坝一片。要管到河涨大水的时候。这两名管水放水人员的酬劳待遇确定是每天误工费15—20元。暂时每家拿出10元,10天后就得付点钱给管水员。不够部分今后研究解决。5户年老的农户就不要他们再交了。这5户就是张文杰、龙应光、潘兴德、张正德、张正文。

管水规定:不允许私人私自放水,统一由管水员管理。不允许与管水员吵架、骂人,有话有议找大家平等处理。此协议从明天吃过早饭后生效施行。

2007年5月10日　农历三月二十四日　星期四　晴

继续评论,昨天我村晚上开会研究如何管好水,用好水会议。没有参加会议的有9人;在外边打工的有7人。到会代表有20人。或许会有两三人没有在家。

比较好的一个方面是:村上有什么事,有什么任务,有些什么需要,村民大部分是积极、关心、配合、支持,而且在会上积极主动地发表自己的看法和建议,都宁愿成功和实现,都宁愿大家好。这是大局。

另外一个情况就不同于上述情况:本村或者本民族有什么事工或有

什么任务，反正是与我无关，即使是大家都认同，我就是不参与；我只要组织照顾，就是不要组织纪律。这个情况就是一种消极因素，有碍于民族的团结和发展。这种消极因素不论在一个国家、一个地区，或一个民族都是存在的。这种消极因素只有靠法，到了一定的时候，他想不通也拉着他走了。

2007年5月11日　农历三月二十五日　星期五　晴

开苞谷沟点苞谷。当前农活的中心工作是开苞谷沟点苞谷。原先的种法是跟牛粪的，放化肥的，起码都是要组织一下劳动力，跟牛点速度就快，有些地面积大，所以一架犁牛就需要8个劳动力。

而现在普遍先开好沟，自己两个劳动力也可操作，分几天来完成。这样就不争劳动力，人员多少都可做活。采取这种方法是很便利。

今天我家父儿五户都出动。儿两户点苞谷。四儿张学德家使一架犁开沟，连我老人的耕地也一便手趁时趁牛把沟开完了。今天我们种苞谷是在山顶一片种。这一片与麻栎树村接界，到处都忙于拉粪料、开沟、点苞谷。

我自己的农活是，把所要盖苞谷的粪草摆匀到地里待点苞谷用。经过第一个整天的工作努力，到晚息工时，终于把两块地的肥料摆放完了。当然经过努力获胜而加速了当天工作。

2007年5月12日　农历三月二十六日　星期六　阴

种苞谷。全村家家户户都忙于抢时间、抢节令种玉米。

今天的农活工作困难就是种苞谷的农用化肥，没有车子给我们送到山顶，自己背数量实在有限，山地路途又较远。当我们刚吃过早饭，就有我一个姑爷王兴理，柿花箐人，跟我家是远房亲戚，开来一张小拖拉机，送侄儿张学光家的小麦脱粒机下来，空车回去。所以把我们的困难告诉他后，他把我家父儿几家的化肥送到了山顶的耕地，这是好运，是良机。今天的劳动活计情况是通过一天的辛勤努力且效力非常之好。几乎两天的活计，一天就做完了。自己也感到非常之满意。

2007年5月13日　农历三月二十七日　星期日　阴

主日集会崇拜。主持人张正文，读经龙兴德执事。讲道人员安排柿花箐村王汉高。第二讲道人员安排石桩村潘正德。

2007年5月14日　农历三月二十八日　星期一　阴

点种苞谷。村村寨寨、家家户户起早摸黑忙于点种苞谷。各家的农事工作不尽相同，有的忙于往山地运送肥料，有的忙于开苞谷沟，大部分劳动力做准备工作，或占着比较优势的交通和其他的优势条件已点种几天了，而且进度也比较快。

少数的农户山地里还有少量的麦地没有收完，当然是拥有较大面积的麦地了，据说有的农户的麦地是收得上吨的麦子，今年麦子市价又高。

种苞谷，今天我两老人是种山脚地的苞谷。预计要两天才能种完山脚的地块，经我们努力奋战，终于用一天的时间完成了山脚的面积。当然自己思想就轻松了。当前的农事进度比较快，当然优势条件是有大小车辆机械动力。一年来，附近几个村的农户，深有体会认知：一个农户是全靠农用车协助生产为主要动力，自己没有机械动力的农户，就被远远地甩于后边了。所以今年附近几个村寨就大量购置车辆和小拖拉机。

2007年5月15日　农历三月二十九日　星期二　阴

赶集。今天15号，是东村街天。好长一段时间没有上街了。每隔一段时间都需要上街买几样日用品。起先，我想我上街要好大的精神才能走到街上。一心想，若有青年人骑摩托车赶上我，能把我带到街上就好了。我这样想，没有走几步，真的，摩托车响声从我后边赶上来了，原来是张正福，他一到我跟前，就停下车，问我你上街吗？我说：是。

他说那么快上车，我说太好了！有人把我带上街，我思想这才轻松下来。不要几分钟，我们就到了中途大石桥村，便把摩托车寄存在石桥，从石桥又乘坐三轮摩托车上街，从石桥到了街上，路费每人还要一元钱呢。自己有摩托车，而只是到达中途改为乘坐他人的车。原因是防备交警堵车。到了街上办完事后，又乘坐万宝山村王进东的两缸车沿东鸡公路到柿花箐村又转下到我们村，时间还早。大约吃过早饭后，我们就到了家。

中、下午的时间又转入点种苞谷。我家儿媳们有的已点种了苞谷地面积的 80% 了。

2007 年 5 月 16 日　农历三月三十日　星期三　阴雨

今天仍然计划种植苞谷。大面积推进同时，又考虑到姑爷女儿家也是人手单，又是栽烤烟季节。天亮一时，天色阴沉下来，云雾也恐怖地笼罩下来，眼看就要下雨了。不时果真下起雨来，而且下得很透。几乎一天都下着中雨，我们只好停下农活。

老伴她不管下雨不下雨，下雨就是栽烤烟的天气，天晴还没有空，趁下雨之际，再帮女儿栽烤烟一天，所以带好雨具赶往女儿家去帮忙。具体情况是：趁有雨水之际，赶紧把早已育好的烟秧移栽到地块塘里，雨水天，不方便盖薄膜，今天栽好，晴天盖上薄膜就可以。今天的工作真是一天都被雨淋耽误了。

2007 年 5 月 17 日　农历四月初一　星期四　雨

种苞谷。吃过早饭，我们背农用化肥往山地种苞谷。天色看起来会转晴。在地里工作了一个多小时后，又下起雨来。雨一个整天几乎都下个不停，我们也不停地忙于点种苞谷。争时间，抢节令。今天的种苞谷农活几乎全村出动。大家在地里干活儿，因一个整天的下雨天气，所以息工的早晚就不同。

我村公路未建好，影响正常运输。中午时，因种苞谷的化肥不够用，所以中午我回来背化肥时，龙荣才的农用车停放在教会场院上，车上的化肥水泥就下到教会接待房门口。吃过晚饭后，村民龙福祥用小马车上到教会场院里来拉运水泥瓦时，我便问，你们上街买化肥、水泥瓦，是今早出去还是吃过早饭出去呢？他说：15号下午就出去买物资了，因挨晚下雨回不来而停放在山背后，今天已是第三天了，才把它开回来。是啊，昨天、今天都是雨天为何能去呢？他们告诉我，我才知道车子出去已是三天才把它开回来，公路未建设好，真麻烦。

2007年5月18日　农历四月初二　星期五　阴

点种苞谷。今天种苞谷已是第五天了。今天的天气虽是阴天，但幸好不下雨，最适合从事农业劳动。今天种苞谷的地是沙石地，一般难度大一点，虽然刚收割完小麦，但是地里的杂草还是多，不利于点种。影响种苞谷的进度。但经我们尽最大的努力，今天点种苞谷进度可以，还完成了很多的山地面积，自己感到非常的满意。

几天的点种苞谷，全村的情况是大力地种，大面积地种。家家户户趁下透雨之际，早出工，晚息工。有充分准备的农户必然赶在先，必然要先种完。今天的点种中，有的为赶时间、抵面积，就采取跟牛点，这种方式当然快，只不过是效果稍不及人工一点，用人工较好，只不过是慢一点。村民种苞谷，有一部分是为苗出齐，所以干脆不要底肥，要待薅头遍时才追化肥。这种方式应是效力差一点，又长得慢。村民种苞谷，还有一个情况，就是不要苞谷新面种，年年只要老面种。老面种的苞谷，当然鸡猪更肯吃，但是产量就远不及新面种了，新面种又可栽。在生长期又不易倒，不过这个情况，只有一两户保持这种情况了。

2007年5月19日　农历四月初三　星期六　晴

种苞谷。今年雨水来得早，就推动着点种苞谷的繁忙。全民满有信心，精神十足，早出晚归地忙于点种。每天的劳动进度效力很高很好，因先用牛犁开好沟，再用人工点种苞谷，就比较认真细致。所以每天的工作量和效果都比较好，令人满意。昨天今天，又晴开，非常利于我们从事于农活生产。

我自己的农活工作仍然吃过早饭，就忙于往山地里种苞谷，地陡、含石沙大，每天劳动中，有一定的难度，但我们信心十足坚持农活劳动，每天的劳动效力保持又高又好，自己也满意。

购置小钢磨，我家大儿、三儿都备有小型碎糠机，一台动力是小柴油机。一台动力是电动，使用的时间，已有20多年了，不幸两台都因我碎糠打面而损坏了，已暂停了三四天了，喂猪的面随时都要打。今儿三儿张学忠开一张农用车到款庄马市场买一台打面碎糠机，300多元。下午的时间上路购置，我们息工时回到家，买回一台我们的心就乐了。我家两台机器是父儿五户所用。

2007年5月20日　农历四月初四　星期日　晴

集会礼拜。主持集会，诗班长：王兴仁，读经人：苏万德。唱诗班献诗情况是：7男9女，合计16人，并且都是芭蕉箐村人员。每个礼拜天都安排有一个自然村小组人员献诗。今天是安排我芭蕉箐村献诗，我村献诗人员有22人。

2007年5月21日　农历四月初五　星期一　晴

参加机动车培训的有趣事儿。四儿张学德5月20日在集会上见证的。这次参加机动车培训的经过是这样。自己对本地区和我们民族有一种负担和压力。虽然自己有着农用车，已玩了多年的车，现已玩了两张车了。为了今后工作和生产的更方便和顺利所以非参加机动车培训考取驾驶证不可。从3月开始到5月刚好3个月的时间参与培训。培训中，名是参与培训，实际是培训官叫我培训教练他人一段时间,3个月中经过考理论、通过考场、人考三关。每考一关，思想都有紧张。每要过一关我想必是他人先考，看他们怎样做，我就怎样做，不料每考一场都先叫我的名字，这就看不成了。

在我们东村乡市镇时，乡政府工作人员一见我都向我打招呼，并且都是客客气气地。教练官便问我，你是什么人？怎么什么人见你都向你打招呼？四儿开玩笑答道我是苗族。路考，其他人员是3—5公里的里程，而四儿学德的里程不到1公里就免了。四儿学德教练他人时，所有的学员都称呼四儿学德为"张师"，这样一来，教练官也称四儿学德为"张师"，3个月的经过发生了很多有趣的事。

2007年5月22日　农历四月初六　星期二　晴

赶东村街子。每逢带2、5、8的日子都是街天，每隔一段时间都需要上街，买些日用品。特别是春播开始之际，都需要买些农用工具补充原有的农具。步行要两个小时的时间才能走到街上。今天，我刚走上5分钟，青年龙荣祥骑摩托车赶上我，他知道我要上街，便停车说"挤点就挤点，上车，我们走。"他的摩托车已拉上一包小麦了。我便说："行不行啊？"他说"试试"，就一直把我拉上街。回来时，张约瑟又用摩托车一直把我拉到家。现在太方便了。几年前，上街就需要一天了。而现在是摩托车世界，上街只需要三个小时，事情就办好了。

建礼拜堂一组的事工情况是：今天开始贴外墙瓷砖。今天的建房人员有6人，一段时间以来都是些技术活儿了。所以人员就少些。

其他村民的农活仍然是继续点种苞谷，可能80%的农户结束点种了，再待10多天，又要转入薅锄了。有的农户点种苞谷还需要4—5天才能结束。

2007年5月23日　农历四月初七　星期三　晴

协助姑爷女儿点种苞谷。他家地面积广而多，加之今年又建集会圣殿，又是农忙季节，自己种完后应抽空时间协助姑爷女儿家种苞谷。要是不支持、不帮忙，他家的农事太多，实在困难，自己作为父母就应当承担自己能尽的职责。农事上给些支持帮助，儿女们思想上也能轻松些。不但今天支持，还得协助一段时间的农活哩。

建殿的一组工作情况是，昨天今天都是贴瓷砖，由于农事大忙季节，每天都是只凑够5—6人，坚持工作，今天息工时又出一张车到鸡街拉运吊房顶材料。他们回到家时已是夜10点钟了。建殿工作很辛苦，又是农忙的季节，但仍然有着吃苦耐劳的建殿工人，辛勤努力地工作着。

2007年5月24日　农历四月初八　星期四　阴

建圣殿。建柿花箐早晚集会点，圣殿由于他们本村人员极少，建集会圣殿实在存在很多困难，所以我们芭蕉箐村小组就主动协助帮忙支持。近段时间转入粉墙，贴瓷砖。又是农忙季节，建殿又是技术活儿，所以建房人员自然就少些。今天出动人员有9人，连一人员煮饭就有10人。今天的建房工序分为三个小组，一组粉墙，2人，贴瓷砖两组，每组2人，我们3人负责供3个小组所需的灰泥就是灰浆。劳动工作中，大家很高兴！虽然很辛苦，但是我们越工作越喜乐，所以劳动中，有说有笑很开心。

小评：我们教会建柿花箐村集会圣殿没有积累，都是白手起家。建房材料都是做赊，要待开堂庆典后有奉献款再付给建房材料费。所以建盖圣殿的工人都是由教会组织人员与义务工了，建房工人就不再给待遇工资了。教会出劳动力自己建盖就能省下一笔巨款，减轻教会负担。所以几个月来的建殿劳动力都是奉献自由出工了。一天凑得多少劳动力，就做多少活计。

2007年5月25日　农历四月初九　星期五　晴

建房人员今天又7人，连一人煮饭有8人。今天建房任务是集中精力突击贴外墙的瓷砖。每道工序都有它的难处，因为有部分工序是高处作业，就慢些。不管怎么样，总而言之，尽时尽力，努力建房，准备一口气一直坚持到建房完工为止。

诗班晚间活动，6月10日定为开堂庆典活动时间，所以不但白天忙于建殿，诗班人员随着开堂时间的临近，也忙于练诗，排练节目，舞蹈，准备开堂庆典赞美活动。这次的庆典活动人员，可能主要就靠着柿花箐、芭蕉箐两个自然村的诗班人员了，因为路途近，方便活动。

今天晚上诗班的活动情况是，我村出动6人，乘坐两张摩托车往柿花箐集会点排练节目。他们已排练了几个晚上了，据说，效果很好，所以正准备两个组联合排练，愿他们取得成功。

2007年5月26日　农历四月初十　星期六　晴

薅洋芋。今年雨水来得那么早，种下的洋芋已长得好旺了。再不抓紧时间薅锄，就没有法薅锄了。今天我们薅时，发现有部分洋芋已凸土了。可能到农历五月底就可挖到洋芋做菜了。近几天内，有的农户薅苞谷，有的薅洋芋。大部分的农户正忙于种苞谷，有的还在忙于收着地麦哩。正因为雨水来得早，所以什么农活都催逼着人。随着活计的增多，我们也乐于积极地完成各种农活工作。因为那是我们的本分工作。农忙是处于一个季度，该种该收，该清理的一些事务都处在一个时候，需要料理清白。所以农忙就是多种多项的农事，都应在短时间忙个结束。

不但忙自己的，自己的亲戚朋友有困难也还得关顾，比如我家几天以来都忙于协助姑爷、姑娘家点种任务。事务催逼着人。但当我们处理好一些人际关系后，我们的心灵就感到很喜乐和有意义了。这也可能就是我们真正有意义的人生了。

2007年5月27日　农历四月十一日　星期日　晴

群体村民找猪食草活动。由于雨水来得早，我们接触的村队社地，满山地猪食草已长2尺旺了。（庄稼还没有种下，地里的猪食草长得那么旺了。）村民知道此情况，相约开大车到那里割猪食草拉运回来。情况是：开车人自愿开车出去，协助大家拉运猪食草，而不收大家钱。自己面下也有份。路途也不远，可能一公里多，由于草旺，不要多少时间，村民已割够、割好而拉运回来。小小的活动，充满着民族的关爱团结。

2007年5月28日　农历四月十二日　星期一　晴

建圣殿。几天以来的建殿工序，是粉刷、贴瓷砖、清理房前的废材料、搭梯架、拆木板、备灰浆、供料子。每天的建房工效都很好、较高、使人满意，但是不论建房人员有多少，都得靠技术工。我们的弱点是技术人员少，就局限了工作的开展和进度。

今天我们两老人参与建房，做活时筛沙。平时筛沙，这工作活计很容易做，把铁筛斜靠起，用铁铲子铲沙，一铲铲放入铁筛里，做起来很容易。但因昨晚下了一场大雨后，今天的筛沙可不容易了，一人铲沙，一人用木棒硬拷打铁筛而筛沙。今天这工作做起来可累人了，因沙含水分过重。

人员：柿花箐组9人，芭蕉箐9人，合计18人。当我们息工时，乘坐了张摩托车回家。村民的工作农活中心是又种又薅，种是劳动管理单薄的，或是占有优势条件就是耕地面积较多的农户仍然还没有种完。薅锄是雨水来得早，种有早苞谷的农户，需要薅锄早苞谷，所以说，又种又收，都是挤在一个时候。

2007年5月29日　农历四月十三日　星期二　晴

建圣殿虽然是农忙季节，但已建的圣殿即将完工投入使用，所以农活再忙也抽调技术工配合教会骨干分子及教牧人员组合一支奉献队伍，力争在短期内完成，能早日投入使用。所以几天以来都坚持建房。由于今天的建房人员多，所以建房的工序虽多，我们也是几乎全面突击。我们的工序是，有的吊顶，有的贴瓷砖，有的扩场，有的供我们自己设计、自己施工，基本符合现代建房水平和要求，令人满意，雄伟壮观，在乡村民族村寨能有这小小的建设，这也可以说是高科技手段的创举之一。

人员情况，柿花箐组11人，芭蕉箐组10人，合21人，另有3人煮饭。饭食安排是每天有午餐和晚饭，当我们吃过晚饭后，稍休息一会儿，喝够水，我们便乘坐4张摩托车回家，到家时太阳刚好落山。此项建房工作从始至终都很活跃。

2007年5月30日　农历四月十四日　星期三　晴

建圣殿。建圣殿已开展3个月的时间了。力求今天完工。因明天5月31号要举行竣工庆典活动，所以今天的建房工项目很多，如贴瓷砖、吊扣板，请场院安设灯具，粉墙等，几乎全面着手突击。经大家齐心努力，几乎全部做完，只有窗玻璃还没有来得及贴，所以吃了晚饭后，青年们纷纷提出，今晚我们加班。吃完饭后，果真留下加班一个晚上。经一个整天的忙碌工作，虽然建房工程还没有彻底完成。明天早上再加班一个早上就可不误白天的竣工庆典感恩赞美活动了。

殿的造价可能是5万元左右。今天基本完工了，我们非常高兴满意，我们自己投资、自己设计，能有这样水平，能有这点式样，真是感恩，因为柿花箐村在这一片地区是文化历史悠久的村寨，房价再低就不可能了。房的造价即使达到5万—6万元，也很值得、很应该、很好！

2007年5月31日　农历四月十五日　星期四　晴

柿花箐圣殿建成，5月31日全教会集会庆典感恩。这个日子原是韩国团体单位给我们安排的。说到5月31日，要下来和我们做献堂礼拜，我们也只好依从他们的时间，我们也告诉大家到今天31号集会庆典献堂。所以几天以来我们的建堂工作赶时间，一直赶到今早都还没做完。韩国两位老师来到了，是两位女士，她们说，我们要来和你们一起做献堂礼拜。到今天你们都还没有做好啊？那么你们做好后，我们再来和你们献堂，说说后，她们就开车走了。

2007年6月1日　农历四月十六日　星期五　晴

建圣殿。昨天我们教会建圣殿做初步竣工感恩礼拜活动。6月10号我堂定为献堂节期。所以昨天的饭食还余剩些，部分职员提出，还余剩些饭菜，我们再坚持做些扫尾工作，完善建房工程，并趁有机会之际，我们再扩场，做迎接6月10号的献堂礼拜集会的方便。知道这信息的部分信徒就响应，积极出工协助。所以今天出工参与劳动的人员达15人。大部分的人员处理圣殿尖顶安十字架的贴瓷砖部位，其余人员挖土方填扩场。可能准备工作都需要几天的工夫呢。

村民大部分的农活计，现在正式转入农忙大薅锄季节，今天我们在薅锄中，由于太阳暴晒，可辛苦。都是凭坚持耐劳的吃苦精神，完成每天的农活任务。这是外边的工作，早晚还有家务工作，就是早晚喂好自己的鸡猪，一户农人家，一个农夫的工作可多哩。

2007年6月2日　农历四月十七日　星期六　晴

赶集。2号是东村街，需要上街采购自用的物品。一早我就准备好后上路，龙荣祥骑摩托车上街卖几只鸡，他在我们村边赶上我，便停车让我骑上，不时我们就到了街上。他卖鸡的情况是，鸡的数量有四五只，他的要价是公鸡要20元一公斤，母鸡要18元一公斤，但人家给价给到17元一公斤，他便把所有母鸡都卖了，此时还剩下那只公鸡，我便上街办我的事儿去了。自己的事办好后，我又乘坐万宝山村张成福家的货车回家，路线是往东鸡公路而回。

中午和下午的农活工作是转入苞谷薅锄。几天以来都是大晴天，就是好进行薅锄。全村农户都忙于薅锄。

2007年6月3日　农历四月十八日　星期日　晴

献堂礼拜。6月3号有韩国传教士相约和我们献堂礼拜。一早我堂我村人员乘坐一张农用车前往参加会务工作和接待客人。我们从早上9：00一直等到下午1：30客人才到，因他们是从昆明而来，据说在途中又耽搁了一个小时。他们到时我们诗班人员和全体信徒排队唱欢迎歌拍手欢迎他们的到来。招待他们吃过早饭后参加我们中午礼拜。

2007年6月4日　农历四月十九日　星期一　晴

接待工作。今天有宣教士5人路过我们教会。知道此消息，我们教会便给他们做好早饭，等候他们的到来。至于早饭的各样鲜菜是这样安排的，准备买鱼肉3公斤，活鸡两只，鲜猪肉3公斤和其他小菜。买菜的钱是四儿张学德垫出来的。在和那些传教士沟通中，翻译员的口音我们大部分人听不明白。所以造成她们说的我们不懂，我们说的她们不了解。

2007年6月5日　农历四月二十日　星期二　晴

薅苞谷。全村家家户户都忙于薅锄苞谷。大晴天，大薅锄，大忙碌，进度效力很好。一天时间我们已做了很多农活（指土地面积），经一天的努力约薅锄了4亩土地。雨天就薅不了那么多了。当然是晴天出活计。

我村参加机动车培训情况，我村参加培训的有3人，张学德是安排在先，已通过了三考场，就是理论考、路考、人考三关，已取得了完满成功。学忠、荣祥已完成了二考，还剩下路考。各县、各地区的机动车培训很简单，各县分作几个片，一年两次地培训，时间不长就可完成了。而现在就越来越严谨。正规的培训，考场都是全省全市统一布置安排。今天他俩回到家，把事情的经过都告诉了关心的朋友，还说到，当每个学员上车接受考核时，不但是接受考核的那个学员，连同队的成员都为被考员担忧和紧张。这次的考核，落考了一位，原因是车轮压着实线。

考员们纷纷议论说："讲运气，都讲运气啊。"

2007年6月6日　农历四月二十一日　星期三　晴

从事农活工作。薅锄农活事务进度之快，田里的稻谷长势一片喜人；山地里的洋芋开花一片白色。每天的劳动工作都是信心百倍，力上加力，不知累，突飞猛进地投入大春的薅锄战役任务，所以点种刚结束就转入薅锄，而进度这么快。

2007年6月7日　农历四月二十二日　星期四　晴

薅锄工作，我们已抓了一段时间。由于多日的晴天，所以薅锄速度比较快。少部分土地面积扩不开，面积少的农户几乎已薅完了。薅完的农户，就要转入其他的农活或转入田地间的管理。所以就说：种是三分，管理是七分。可是农活的管理也不轻松。但不论是什么农活，我们都乐意去做，去完成。因为是我们的本分工作。

唱诗班活动：6月10号是柿花箐集会点，献堂感恩礼拜，或说是献堂庆典礼拜。所以本教会前个礼拜安排唱诗班人员今天集中到柿花箐集会点练，所以早上诗班人员陆续到达场院集中而乘摩托车前往参与活动。

唱诗班献堂当天的工作也够多够忙。不过几年来的过节献唱程序我们也精简一些内容了。当天所有来参加的堂点人员都需排队唱欢迎歌而迎接。饭席时也要参加服务，客人走时也要相送。

2007年6月8日　农历四月二十三日　星期五　晴

砌灶（打灶）。五儿张学祥今天砌灶。是新式灶，这种新式灶很少见，也很少使用。曾有人使用过，使用很方便，有三个功能，就是煮菜、蒸饭、烧开水三样。它的结构是用直径120厘米的薄铁管3节，每节长度320厘米，前边一节，每边各一节，把这3节薄铁管焊接成一条，节节相通；同时又焊有蒸气管孔，用作做蒸饭。同时又安有开关龙头而倒开水。所以一口灶就可三用。使用中很理想，是当前的一种新式灶。曾有人来帮我们做，连材料收费500多元，而我们自己做，材料可能会要180元到200元，自己做就可省300元了，所以我们也应该积极地学习和掌握科学技术。

五儿通过自学，他可以搞修理车辆、摩托车，现在又搞起建筑，真是了不起。

2007年6月9日　农历四月二十四日　星期六　晴

明天是我们教会柿花箐聚会点建起新圣堂而要献堂感恩礼拜。所以不但今天忙于从事各种事物准备，运送烧柴，从芭蕉箐大教会往柿花箐集会点运送炊具、饭菜、米肉，以及明天省会场上所要坐的长椅子。这次献堂肉食的准备和奉献情况是，活猪柿花箐本村奉献3头，芭蕉箐村奉献2头，是张文杰1头、四儿张学德1头，两村凑得5头。鱼肉是街市上买，活鸡也是街市上买。碗筷物资昨天今天每天送一车，今天顺便拉运一车货物，以便到现场工地参与摆设场地。今天我村出动人员30多人，包括诗班人员协助柿花箐小组承办这次献堂庆典活动事务。我自己是协助文化组，写写场所标语，摆设会场。事务工作也比较多，杀鸡洗鸡，砌临时灶，写贴标语等其他事务，我们教会全体人员整整忙了一个整天。吃过晚饭后，我村人员分乘7辆摩托车回家。

2007年6月10日　农历四月二十五日　星期日　阴雨

献堂感恩礼拜。今天我们教会的圣工活动概况是：由于选房基地没有按教会领导的建设和要求，也没有按广大信徒的心意看法和意愿而建房，厂房土基太狭窄而造成今天圣会的一些困难。一个困难是场窄，今天的聚会情形是一大长条线的场地，主持台的主持、指挥、现场音效不佳。二个困难是由于场地窄，十分之一的会众的座席是背对着主持台。三个困难是观众集会情形由于窄而太长，使集会的信徒感受不到亲热关怀、友爱、团契、温暖。

2007年6月11日　农历四月二十六日　星期一　阴

送云南大学两位老师出村。原说他俩明天中下午在校有课程要上，必须早8：30到东鸡路候车，我起床起得迟，都不见两位老师过家门口。我的意思是不论时间早迟，我们能帮得上忙的，都应协助，要帮忙。所以我以为两位老师怕连累我们而悄悄过家门而上路了。不料约9：00许，两位老师才过来，我们当然为他们着急，快找五儿学祥用摩托车送他们，几分钟的时间，怎么钟老师还没来？据说他找龙荣祥去了，我没走多远，见他回来了，我们赶紧催他们上路，因刚下过雨，所以两张摩托车送他们。

五儿学祥回家时我便问，他俩都赶上车的时间了吗？学祥说，赶是赶上了，就是后一张摩托车不见到达而推迟一点，我们的心才安下来。

村民农活，仍忙于薅锄，劳动强的，耕地面积少的，早已结束一遍苞谷的薅锄了。但劳动力弱的，耕地太多的农户，薅锄只是完成了一半。有些庄稼地，由于雨水来得早，而所种下的庄稼，又种得迟，这样给薅锄带来速度的缓慢和推迟，所以情况不一。

2007年6月12日　农历四月二十七日　星期二　雨

挖地栽棘子。原撒有的棘秧，还没有栽下，趁今天雨水天气，挖地栽下，果园地边，挖成地，栽上棘子，又是薅锄果园地，又是栽棘子，都是极有利于果树的生长和今年将要受益的。一个上午和中午的时间，忙于整理地块。中午时，雨下大了，只好停下休息，幸好挨近家门，以便避雨和休息。头遍苞谷锄完了，不论下雨天晴，只是地里走走观察庄稼长势，看看二道苞谷是否可以进行薅锄了。今天下午一趟，长势可以，很快就可以薅锄二道了。

吃过晚饭后，栽好5棵春材树。春材树长势快，长大后可供作家具用材，也可出售，几年来从事于农业的，经济价值远远不如种植林木的价值，出售林材的农户，价值是几十万元。我们一般农户的年收入是2000元，多的农户可达7000—8000元（指苗族农户），按8000元计算，10年也只收入80000元，所以有林木出售的农户经济效益是巨大的。从事于农业的，一辈子也不如人家出售一片树木。

2007年6月13日　农历四月二十八日　星期三　晴

五儿张学祥今天排白薯，今年计划排一亩地的白薯。历年也是排，少量排。据我们下村（汉族，杨嘎哩）许国华家去年排白薯，拉运上昆明市出售，批发价是小的0.80元一公斤，大的1元。去年他家排白薯，全年卖得40000元，这个数目也是个大数目。根据上述情况，张学祥搞试点犹有希望，如成功，明年就大量地排，增加农户排，改变我们的经济状况。

村民侄儿张学光今天的农活事工是从事果园管理，约200棵有栗子包，据介绍喷打硼肥即可解决。硼肥历年供销社供应价180元一包，而今年已改装了，装成400克一小袋了，很适合农用了。

2007年6月14日　农历四月二十九日　星期四　晴

探亲。姑娘嫁在嵩明县牧羊街凸董箐村（苗族），将近半年的时间我们没有来往了，很是想念。趁薅锄完头遍苞谷，抽时间去探亲一转。

老伴摘得一小背箩早桃和一点杨梅，再带上10多公斤麦种去给姑娘留作种。东西稍重，需要我送她一程到鸡街再搭客车前往。我们到东鸡公路搭一张拖拉机上街，时间还早，我们在街上停留一会儿吃上点东西再到站上候车，约等了40分钟，客车才上来，我便招呼车停下。上车付了一人的车票15元，我便下车，望客车开走了，我才回到鸡街上，赶几转街就回家。刚到街上，就遇到五儿张学祥，他讲他的事办完了要回家了。我就不再赶街了，和他乘坐摩托车回家了，回到家已是中午

12：30了。

下午的农活是板栗秧地锄草。因雨水来得早,所以地里草也长得旺了,今天已锄了一部分,还没来得及上化肥。

2007年6月15日　农历五月初一　星期五　晴

村民活动。我村参加机动车培训的三学员,学德早已完成学习和考试,现在待时领驾驶证。三学员分作两批培训和考试,今天张学忠、龙荣祥接到通知,两学员出去参加科三路考。所以一早他俩骑摩托车出去参加考核。

村民活动二,今早我村张正福、陆兴祥两家卖活猪。张正福卖两头,要价一公斤8.5元,称后计算卖得1300元。陆兴祥家卖猪有5头,每头约重量90公斤,前几天就有人来给价一公斤9.5元,今早没有称重,5头猪卖价4000元,所谓给过一公斤9.5元,因猪生发好,但今早没有讲公斤头,年轻小伙子都说亏多了。

小评：历史的挫折教训了我们,使我们比较地聪明起来了。所以我们要吸取教训,改进我们的工作。

2007年6月16日　农历五月初二　星期六　晴

薅锄。板栗秧木。育下6公斤种,出芽率比较高,不过遭松鼠吃了一部分,今天薅锄施化肥、清点株数,有250多株。250株不算多,但按6公斤种计算,卖栗子6公斤×5元/公斤=30元,但现在的市场价是每棵可卖1元钱,现有250株,可卖得250元。目前市场出售的板栗苗木是品质低长势瘦弱,需要栽好后再嫁接。而我们自己育下的是良种,大、早、有膏色,就是有光泽,选好而育下,不必嫁接。原来的街市场价格每株好、肥、壮的可卖价0.5元,而我刚育下,就知道今年板栗秧木卖1元,而树大有一人高的,肥大的还可卖3元1株哩。

上述事理,是广阔天地,是大有作为。我们要珍惜光阴,珍惜财富,利用好我们身边的财源，从小事做起。

2007年6月17日　农历五月初三　星期日　晴

6月15日发生一个撒谎的故事。有一位苗族传教士，来自江西，多半住在水平子（苗族）村。张××由于起嫉妒之心，随便撒了个谎，意思要把传教士吓跑。时间约11：30，他说，你在柿花箐村讲道，让人家禁烟，人家不得就到派出所，今天祖库村委会柿花箐村有一人也在其中，领着派出所干警来抓你了，你快跑，快快跑。张传道员被吓了，不知往哪里跑才好。中午12：00时，五儿张学祥给张传道员打电话说礼拜六晚的聚会和主日聚会请你来讲道。他从电话里说，祖库村委、柿花箐领着派出所来抓我，分分钟我就被抓走了，我不能前来了，你告诉长老（指张正文）。分分钟的时间，一传十十传百（通过手机），这个坏信息在几个自然村传开。我们真是纳闷，想不开，便打电话问县公安局、乡派出所，你们公安为什么听假谣，随便下乡抓人？为什么把我们置于死地？有什么情况，应该是先到教堂来了解了解嘛。我们太冲动了，太气愤了！县公安、乡派出所回来电话说：没有嘛！没有这个情况嘛！等我调查了解。事情过了一个晚上和一个早上，我们才把事情弄明白。原来是张××编的撒谎故事。

时间能说明一切，撒谎的故事，最后还是害了自己（年龄约68岁）。自己在民众心中是真假不分，善恶分不清，说话很随便，真真假假，不值分文。

2007年6月18日　农历五月初四　星期一　晴

众人以为美的事，要留心去做。寻甸县鸡街乡则鲁箐建殿。6月10号，柿花箐献堂的时候，派人来联系说：他们没有技术工，请协助帮忙。无论如何都支持一下。

昨晚聚会时，相约几位青年技术工明天到建房现场看看情况如何，所以今早龙兴德执事开着他自己的两缸车一人先走了。随后张学祥、传学又乘坐一张摩托车随后也赶往建房工地去了。今天我村不约而同去的有3人。

今天我们教会人员采访回来的具体情况是建房的设计人员是从富民大营聘请过来担任技术设计师的一名师傅。师傅再聘请来一技术工。技术工就有2人。今天在工地上的他们本村人员有8人。建房工地工序活计是支架地梁模板。他们已工作了几天,地梁模板今天结束,明天或后天就可以砌砖墙了。我们教会的考虑是如果他们需要,我们就准备支持他们几位技术工。

2007年6月19日　农历五月初五　星期二　晴

协助姑爷小女儿家薅苞谷。昨晚几家儿媳妇相约今天协助我家小女儿家薅苞谷,我们自己的地不多,又有时间薅锄,所以早就自己薅完了。姑爷家耕地多,加上今天农忙季节,又忙着盖圣殿,所以一些农活还没有做完。几家儿媳知道就在昨晚相约好,吃过早饭,在家的人员齐出动协助帮忙一天。今天工作劳动的情况效力很好。由于天晴,地里的杂草也不深,所以进度就快,效力就高。今天的工作也多,我们一边薅锄苞谷,又有部分在学校念书的学生放假。需要去接回家。所以到了下午2:30我们又安排两张摩托车到祖库小学去接孩子们回家。

今天我们组织的劳动力人员情况是由于部分人员没有在家,所以我们在家的人员凑够6人,姑爷家2人,合计8人,经一个整天的努力,终于把他家的全部山地苞谷地给薅完了,但是时间是晚晚的了。路途又远,我们回到家时,太阳也落山了。

2007年6月20日　农历五月初六　星期三　阴雨

到鸡街接老伴回家。她到嵩明县凸董箐探亲已是7天了,今天是鸡街天,车辆多,方便人际工作、活动。今天她必定回来。我打定主意上街协助她，使她更加方便。要上街，昨晚我就料理好家务，也做了一些充分的准备。天一亮我就起床，喂好鸡猪后我就准备上路。时间越早越好，到东鸡公路候车。由于时间过早，行车太少，我一直步行走过的柿花箐村、水平子村、凹口村三个村寨都没有运送行人的车辆。我走过大凹口后就坐下来候车。随即麻栎树村一张小拖拉机开来，我就招呼坐上到街。到了街上，就赶往车站路口候车。等了约10分钟后，客车就到站来了。老伴下车后，我们上街吃了点米线。在街上休息一会儿，我们就坐上麻栎树村的小拖拉机回家，一路上小拖拉机快速行驶，途中下起小雨来，幸好有雨具。从街上回来到终点，步行就需要3个小时，今天的车费一个单边人只收2元钱。我们2人付给5元钱，驾驶员只收我们每人2元钱，他们多客气，令我们满意高兴。

2007年6月21日　农历五月初七　星期四　多云转雨

教会活动。本村唱诗班自养活动，历年搞农业生产。原有信徒给唱诗班耕地约有四亩山地，种上玉米需要薅锄。昨晚在聚会上报告后，众信徒纷纷要求今天就集中劳动力，突击一下。所以诗班长一早就乘坐摩托车上街买好小菜而用于今天的晚饭用菜。当我们吃过早饭时，天阴沉下来，并且下起小雨来。苞谷地草也长深了，如天气转变为中雨天气就必然会影响今天诗班薅锄苞谷的进度。所以劳动力的出动人员达25人。大家齐心努力奋战，不到晚的时候，我们就完成了4亩苞谷地的薅锄。

评论：25人工作劳动在一片山地里，也可说是声势浩大，效力也相当好，并且充满着团契友爱精神。当天劳动中为提高团队的喜乐生活，还买回每人2支冰棒享受。特别是晚饭的丰足筵席，显示苗族生活的提高，大家非常高兴，晚饭前后的时间聚集谈论，有说有笑，议论一些新的课题，农业的未来。

2007 年 6 月 22 日　农历五月初八　星期五　晴

薅锄苞谷二道的新一天。今天所薅锄的山地特点是，地势太陡，天气又太干燥，多天没有下透雨，气候又是太阳暴晒。地势陡之地，又是在劳动中，甚至难以站立，在这种条件下劳动工作真是难以坚持。幸好有两位姑娘回娘家探亲帮忙，所以再难的农活，也不觉得了。耕耘这种山地，真是条件差，实在是难以从事农活劳动。不过险陡的部分也不多。

因所栽下栽活的两行板栗苗木已长大成林，附带条件是护理所栽下的这 30 多株板栗苗木，自己也上年纪了，果树也快长大成材，今后只需管好果树，自然有效益，所以现今的劳动付出虽艰苦，但是希望在后头，而且应当很快改变现时的生产、生活状态而享受。

村民有部分消极的农活计情况是山地扩得开的农户，山地开得很广很多，土地面积那么宽广，而自己的农业垫本和自己的劳动力那么脆弱，地面积多投资投劳大，但始终效力不够好。薅锄也薅不在时候上，每一个环节的工作都应按时完成。

2007 年 6 月 23 日　农历五月初九　星期六　晴

送姑娘返程。姑娘在我们父母家帮忙已是两天的时间了，应赶回家，料理家务和农事活计了。从我们家门口到鸡街集市客车站需要步行 3 个多小时。所以派五儿张学祥用摩托车接送。昨晚张学祥从他小舅家（水平子）开下来一张小拖拉机运载他家的几位客人来吃饭。今早需要送上水平子村。趁此机会我的女儿也坐上，连同我家所要上祭天山薅锄苞谷的农用化肥也抬上车，以便白天之用。到了水平子村，再用摩托车把女儿送到鸡街，送上车才返程回家。

中午的农活计工作情况是：薅锄苞谷的化肥早上就送到地边，我们吃过早饭就带上工具上到山地薅锄二道苞谷。山地面积虽多，在阳光之暴晒下，我们仍然尽了最大的努力，扎扎实实地劳动了一个整天，终于挨晚的时间，完成了当天的工作活计任务。

2007年6月24日　农历五月初十　星期日　晴

聚会礼拜，主持人万宝山村张成读经。

2007年6月25日　农历五月十一日　星期一　晴转雨

机动车培训。我村参加培训的3人，学德1人前不久已完成学习和考核宣告结束。还有张学忠、龙荣祥2人又编为另一个组，至今还没有考核结束。今天电话通知集中参与路考，所以今天他们去参与考核，愿他们俩在这次考试中取得圆满成功。

村民的农事薅苞谷，张正才家的亲戚已结束了苞谷二道的薅锄，所以他的亲戚今天集中劳动力来协助薅苞谷。他家今天的劳动力达9人。9人薅锄，当然快，劳动场地就在房前后，就方便多了。由于挨晚时，眼看就要下雨了。因已晴多日了。他们也就息工了。

我家我俩老人今天是进行薅苞谷的第三天，由于是晴天，今天的劳动效力也是比较好，挨晚时，看天色要下雨，我们趁时息工了。

2007年6月26日　农历五月十二日　星期二　晴

锄苞谷，今天是锄二道苞谷的第四天，昨天晚上下过一场中雨，薅锄进度稍微慢了一点，因刚下过雨，泥土稍微烂一点。幸好，今天所薅的这块山地是砂土，又是今天吃过早饭后，天气就晴开而且是大晴天，所以到了中午就很适应薅锄了。抓天气，抓时间，再累我们也几乎坚持到太阳快落山的时候才息工回家煮饭、休息。今天的劳动也是较快较好较多。

2007年6月27日　农历五月十三日　星期三　晴

学好知识，用好科学。上午9：30，我到地里拔菜回来做早饭。回到家时老伴急匆匆地对我说，龙荣才病倒了，叫你快去为他祷告。张传道员也在我村，我去找他，也请他为这病人祷告。当时我领张传道员到他家病人床前，为病人做了两个祷告。当时病人的情况是又吐，又哼，翻扭身子，难以安宁，情况紧急。张传道员我俩陪着他家人看了一会儿，好像可以平静些，我便叫张传道员，我们回去吃早饭吧，他说：你去，我在这里看一下情况。我就先回家了。

吃晚饭的时候，张传道员把此病人今天事后的经过叙述了，我第三次祷告后，没效果，我就断定说不是祷告的事项，把他（病人）赶紧送往医院检查诊断。此时病人情况是手、足、脸部已僵冷，只有心口跳动。旁人劝止了祷告，赶紧送往款庄街医院抢救，做手术后得出结论，中毒，险些就没有人了。情况是因生疱，昨晚夜9：00擦上甲安宁（农药）而中毒，今后要吸取教训，提防，不得乱用农药。

2007年6月28日　农历五月十四日　星期四　晴

家族活动。村民龙兴明家不慎因农药中毒3人，原因是身上起小疱，又痒又痛，不懂而擦上甲安宁后造成3人中毒，而后第三人造成重伤，幸好有人知道送往医院就诊抢救，诊断是农药中毒。家人中毒时轮流每人都是两三天的病程，导致把农忙的生产拖延了。第三人被送往医院抢救脱险之后，家族亲友知道后，今天远近亲友赶来看望，并协助他家的薅锄生产。今天协助劳动薅锄的人员有12人。平时我们家人夫妇二人的一天进度效力都相当高、快、多、好。所以今天他们的薅锄也是广，薅锄了一大盘庄稼，显示了民族家族的团结和关爱。

村民龙荣祥参与机动车培训科目三考试，落考的情况：这次的考场是整个昆明市统一安排部署的，这次是安排在嵩明县，在考场考试时，现场出现不能超车的情况，超车就取消考权，就落考了。此时我们很多人久久不能平静下来。我就问参学人员，究竟现场应怎样处理呢？他们说：教练训练时，就是命令你在这种情况下超车，但是在考场上，你就不能按教练教的方法做了。我们听听也是矛盾，世间矛盾事物太多太多，我们真是难以应付。

2007年6月29日　农历五月十五日　星期五　晴

村民薅锄的农活计。由于山地的多少，劳动力的多少、强弱、平时事务的耽误，如村民张××因没有钱买化肥，一对夫妇出去打工（附近），替人家薅苞谷2人3天，每天每人得工价20元。3天得钱120元，买2袋化肥后才又进行薅锄。全村村民的农用化肥，自己有能力的就做买，没有钱的做赊，有的边打工边买了用。这样一个村民的劳动生产进度就实在无法保持平衡。到今天有的二遍薅锄已结束，有的薅锄了一半，有的薅锄了80%，情况不一。

我自己的情况是：从开始进行薅锄二遍苞谷的第一天起，接连进行薅锄，到今天整薅锄了6天，已结束了今年二遍苞谷的薅锄。不过我们是早出晚归，每天的劳动进度都力求强度高、快、好，扎扎实实辛苦工作劳动了整6天的功夫，今天到了中下午，就转入其他的农务事工了，所以到杨梅果园地薅锄和追肥。

2007年6月30日　农历五月十六日　星期六　晴

理红薯墒，红薯是自食自用、喂猪比较方便的一种农作物。产红薯的地区还可以卖到高价。在我们附近的村农户，有的产值甚至还高过玉米（苞谷）的年产值。可惜自己的土地太有限，没有门路经营从商。所以自己只要少量地排种上一点供自食和喂牲畜之用。今天趁锄完二道苞谷之际，又趁天晴，理好墒墒，以便一下雨就剪排一下，了结这项农事项目。虽然地是不多的一块，可因多天没有下雨了，气候干燥，在阳光暴晒下整理地块，这小小的农事活计做好做完也实在不容易。再多再难的活计，是一个农夫的本分，天长日久，我们已习惯了，虽苦累，也是舒服轻松的，因为我们完成了当天的劳动任务。

村民龙兴珍、王凤仙今天上柿花箐村协助王继荣家锄苞谷，王继荣进云南神学院参加神学班，神学班的学历是3年，今年是头一年。此学员已有家庭和孩子，也有生产，他参与学习，他的家务、劳动生产有时就需要帮助，需要关爱。多半事工由柿花箐小组照管和负担，当然他的自然村也可以伸出关怀的手来帮助，让他能安心学好知识。

2007年7月1日　农历五月十七日　星期日　晴

我村教会小小的活动。几天中有村民龙荣才因农药中毒住入医院。虽然我村小组人员少，经济力量也薄弱，时候又是五月。俗语说：五荒六月，意思是说，五六月粮吃完，钱也用完之际。特别是农业生产垫本投资大。如有需要献钱献粮，需要投资举行救死扶伤，需要慈善事业，力量就有限，我村小组有一个小号召捐一点爱心，安排看望龙荣才。安排于晚礼拜聚会中，当晚礼拜后，奉献村有7户乐捐，捐得60元，和当天济贫捐款的50元，两项合计110元，作为教会的小小心意，帮助他家作为安慰。

2007年7月2日　农历五月十八日　星期一　晴

赶鸡街。吃过早饭，我们喂好鸡猪就到水平子村候车上街。由于我县东村出过些车祸，曾进行过几个县联合堵车，所以附近的几个县、集市场的交通管理时常严严松松。今天上街的村民很大部分都备有摩托车，大、中、小型车辆以及农用车，据说一般车辆都不敢上街。因为人们都说：万一车辆被堵，就连车卖了也不够交罚款，这样自然只有极少量有证件的车辆才敢上街，而且都说不准拉人。所以车拉人都是悄悄偷运，这就使上市场的车辆、客车太拥挤了。整个车厢、车棚干上、车辆边上都站满了人。虽然危险性不大，因驾驶员都是老手，又是大车，又是大平坦公路，路边又宽。只不过是说，乘车人实在太拥挤，坐车都需很大精神，坐车也得出力气。

小评：应因地制宜，不要把普及机械学习和应用于生活生产实践对立起来，农业生产力发展也需要配备各种机械配套应用。假若没有机械的装备，就制约着农业生产的发展进步，一张农用车的利润远远不及矿山一张农用车的利润，山村民族村寨农用车、机动车和交通养路费只适当、少量地收缴一点。当然我们是愿意缴纳，是喜欢，也是应该。

2007年7月3日　农历五月十九日　星期二　晴

昆明市民宗局赵局长、富民县统战部领导、东村乡乡长李乡长和其他10多人乘坐四张小车，中午1:30到我们教会广场考察落实建设项目。今天的工作落实的项目有两项：①市民宗局赵局长对我村的人畜饮水做了项目定案，安排给8万元；②公路铺砂（指我村）经费安排给5万元，但要待2008年3月份经费就位。赵局长并给石桥村委杨德聪、刘寻武做了工作事项的交代。到时好好抓这两项建设。按质按量实施，到时，我下来验收工程。

2007年7月4日　农历五月二十日　星期三　晴

从事于农活，清理畜圈，畜圈粪垫满后需出圈粪，好关牲口。这项农活也是强劳动力的农活，经一个上午的时间努力，已做完了这项工作。

学习，农活的薅锄已结束，多天也没有下透雨，气候干燥，日光暴晒，有农活事务，早晚时间多忙碌料理。趁农活稍松之际，抽时间安静读书报、默想、享享阅读书刊之乐。特别是我们讲员，学习的时间应是更多。使我们的知识、见识的东西更多。

2007年7月5日　农历五月二十一日　星期四　晴

教会工作活动。我们教会初步研究确定办一期短期培训班。时间为20天。

2007年7月6日　农历五月二十二日　星期五　晴

锄苞谷。女儿家的苞谷还没有锄完，一是耕地多，二是由于天干少雨，苞谷苗也小，就推迟下来，农活积多，人手单薄，农事任务重，实在难以完成。在此情况下，老伴就主动抽出时间到柿花箐村帮助女儿家锄苞谷。老伴年龄虽上60了，但在薅锄上是能手。所以她自己也帮忙，女儿家也常信任她，靠她，平时也形成喜好相助，常来往、常相助的家规生活。在这种常相顾的情况下，有时只有放下自己手中的工作，这原是也应该，因为是亲戚的关系，也应当有密切关系相助的精神。

小评：农活是我们农夫自己义不容辞的工作职责。事事、时时要酌量自己的能力而工作。比如农事的薅锄事务的繁重，自己就得主动积极地从事于劳动。这样就能事事处在主动、容易完成的把握中，再难的事，再多的农活，都变成小事、容易的事，所以完全取决于我们自己。其次还要关顾别人。

2007年7月7日　农历五月二十三日　星期六　晴

排红薯（又称为白薯，因有红、白、干芯、水芯等多种）。昨天一个下午，我在地里排红薯，吃过晚饭时因教会有事工，就与浇水同工乘摩托车走远了，薯秧工具还摆在地里，没时间收取。所以今天就来着手清理这项农活事工。此项农活虽是不多的一点，还是得做一下。首先剪好薯秧，2人再按序排好，因昨天已工作了一段时间，加之薯秧也就在地边，所以我们轻易地做好了这项农活。

村民农活也是抓紧时机排好自己的白薯，因今年的年时气候是虽雨水来得早，但是很少雨，农地的庄稼几乎都难以成长，时间长达一个多月的时间，所以几天以来只够农田、农地的庄稼用水。趁此好排红薯之际，所需排的农户，家家户户几天以来，都忙于排白薯，耕地远近的农户出动大大小小的车辆运载物资往远近的山地排白薯。

村民农活有的趁有晴有下雨的天气，把山里看好的年烧柴，用大车拉运回家，有的一户人家一天工夫往山里拉运回几车烧柴，可见机械动力相当轻省。啊！我们的民族生产生活改进了很多。

2007年7月8日　农历五月二十四日　星期日　晴

储备短期培训班会议。今天礼拜散后，我们教会有关培训班的事召集各自然村、集会点的负责人研讨这次的办短期培训班承办的各项事工的再次落实，通知各自然村的集会点负责人2—3人参与学习。原先预计安排是2007年7月18日开学，学期时间为20天。今天研究后，因课程的需要，我们确定再提前两天开学，所以确定7月16号开学。今天的会议确定事项如下：

①炊事工作，由我芭蕉箐村组分班负责。

②下达短期培训班通知到各自然村。

③确定本届短期学习所要教授的科目，以及由张明生老师主讲，助手张学德协助讲课。

其他的事工有：出动一张大车拉运一车石砂垫场所。出动5—6人为这次的吃米捡米，清理用米。4人员为今晚的义工人员煮饭。

吃过晚饭，安排了张摩托车运送石桩代表，以及我们教会教牧人员，一边去通知包铺箐代表，到时候人员来参加学习，所以今晚我们7人分乘了几张摩托车前往执行任务。

2007年7月9日　农历五月二十五日　星期一　阴

锄苞谷。柿花箐村的姑爷的苞谷（玉米）二道还有大面积没有薅锄完，昨天下来教堂做礼拜时叫我们女儿、儿媳协助帮忙。又是自己亲人，当然我们要相约组织协助、帮忙，我们就积极准备。一早吃过饭，喂好个人自己的鸡猪后，相约女儿、儿媳前去帮忙。他家的苞谷地是多块连片，面积约有5亩，由于土地松软，薅过头道，所以今天的劳动效果比较高、快、好，广薅了一大片庄稼。经我们12人辛苦一天的努力奋战劳动，终于到晚息工时，已完成了大片土地的薅锄任务。为了方便我们回家，他家为我们做好饭送到地里来，迁就我们。我们吃过晚饭，因天色即将要下雨，我们就争先恐后地往下坡赶路回家，幸好雨量也小，我们很快就到了家，再喂好鸡猪，就是一天的工夫了。

2007年7月10日　农历五月二十六日　星期二　中雨

中雨天气，早已等待此天气的到来。一个农夫的庄稼，最适应的天气，要有晴天，也需要庄稼足够的用水，就是需要下雨，特别是山地。稻田用水也得管好，随时供给用水。

稻田没有足够用水的村社，就更应抓住下中雨的天气放好田水。所以老伴吃过早饭后，带着小孙儿下到田里放水，下雨天，找水放水的人少，容易放到水。天晴找水，放水的人多，就不方便，所以趁下雨天气，就得放足稻田用水。情况这样，又下雨，所以马上就放够，放好。

我自己的活计，也趁下雨天气，打着雨伞披着棕衣往庄稼地走走，看看果园。找找果树秧木，也看看刚栽下的果树的长势，情况如何？视察庄稼一片长势可喜，庄稼果树长势良好，大有希望。随时走动，看望庄稼、果树，以便随时掌握农作物的各种情况，以便管理。

2007年7月11日　农历五月二十七日　星期三　晴

村民的农活计，仍继续薅锄苞谷，张××两户，一户四口人，今天仍出动4个劳动力，农活的薅锄至今仍没有锄完，可能还需多天才能锄完。一户4口人，今天出动劳动力一人。他们的工作劳动没有时间性，什么时候完成都行。生成效力如何都行，没有表扬，没有竞争，没有活力。

我自己的农活事工，上午是田间管理，割除地道，埂边草。下午的活计转入栽树，趁雨水季节，该栽的树苗，要安排时间栽好，尽上最大努力，已栽下5棵核桃树，22棵白枝树，合计27棵。栽树评论：树木的用途很多很广，很多建设都需要木材，随着社会的发展和进步，木材显得越来越缺乏。价值也越来越高，比如中国就有5000个矿山，目前乡村的树木就是流入矿山之用，可喜自己没有再用荒山栽树，尽管山地有限，都要栽上些树木，一年栽上几棵，以后才有希望和日子的改善，所以我们当有远见。

2007 年 7 月 12 日　农历五月二十八日　星期四　阴雨

教会事宜。每到夏季雨水天，我村通往东鸡公路的村公路，不同程度被洪水冲刷，教会就得随时维修，保证道路的通畅（因我村公路是土路）。维修的数量是根据大雨冲刷的程度而定。或是每年雨水到来之际和每年雨水刚过的季节都必须维修。由于村上无能力维修，也不重视。我村这段路里程有 3.5 公里，每年教会维修的劳动力达 60 个工才基本维修好。

今年雨水也把一些路段冲坏了，需要维修。昨晚集会上，青年们相约出些义务工，维修公路。今天到公路上填路面的人员有 9 人。由于人员少，为完成任务，我们只得延长时间，尽时尽力而工作，一直工作到晚，才息工。今天的活计，都是强劳动力的活计。今天所处理的路段也比较长，路段被洪水冲坏的路段，几乎都全修好。

2007 年 7 月 13 日　农历五月二十九日　星期五　阴

诗班组锄苞谷。教会诗班成员，为自养、学习、建设、活动、关爱、探访、相爱、团契的需要，每年需要经费 2000 元左右于诗班工作的活动。仅仅靠奉献，远远低于开支的需要。

为了自养的需要，我们的唱诗班长时间以来种地而自养。头道苞谷早已锄完。今天号召一声，不论是唱诗班，是信徒，凡是本村信徒，能支持的都请支持一下，突击一下，争取一天锄完。

今天我们的活动基本情况是，由于大部分村民的薅锄已完毕，又是教会事工，当然大家都很喜欢赞助。通过一号召，今天所出动的劳动力很多。因不下雨，所以进度很快，地面积约有 4 亩，但一个上午、中午的时间我们已结束了薅锄工作。

帮助信徒薅锄，由于息工的时间还早，信徒张正福家的二道苞谷还没有锄完，我们小组就一趁时间还早，二趁劳动力多，就协助他家薅锄。由于劳动力多，我们帮助他家薅锄了两亩地苞谷。由于薅锄苞谷的农用化肥不够当天之用量，我们也就只好息工了。因教会小组为大家煮饭，所以我们就喜喜欢欢回去吃饭。

2007年7月14日　农历六月初一　星期六　晴

教会事工，修理摄像机。我们教会早已购置有摄像机，为教会事工服务，已是多年服务教会的项目之一。因使用多年之故，突现故障，不能正常投入教会事工服务。今天安排张学忠抽空带上昆明市修理电子中心服务部修理。承诺收修理费多少元，几时能修好，从电话告知我们，以便我们上昆明去领取。由于摩托车都外出，时间紧迫，只好步行两个小时到东村城客车上昆明市办理。回来时，从昆明打来电话，叫摩托车到东村街客运站接回。

摄像，此服务项目，目前是我们山区民族教会的高科技文化服务、交流项目。此项目我们已进行了多年的学习、操作、使用，也赢得政府有关部门的好评、鼓励。

几年来，科技机械的普及学习，应用于我们民族山寨的生产生活中，几年来变化很大，交通工具的普及，公路交通得到政府的关心支持，有所改造和完善。芭蕉箐村可说是农村交通机械普及的一例。

2007年7月15日　农历六月初二　星期日　晴

教会事工。我们芭蕉箐教会为办圣经短期培训班而储备学习材料，伙食的安排，事务的安排，储备事工里外的联系等等。

买米，这次的义工用米约需600公斤。白天的集会礼拜散后，安排开一张大车往鸡街买米。所以顺路的信徒都乘上我们买米的车回家。有来自黑山教会的诗班长就一直乘坐到他们村的山脚才下车，约8公里路。

2007年7月16日　农历六月初三　星期一　晴

芭蕉箐教会圣经培训班开学典礼原有安排，但有远处来的老师要参与我们的开学典礼。

2007年7月17日　农历六月初四　星期二　晴

圣经班短期培训班，今天已正式进行授课的第一天。当然主办权是我们芭蕉箐教会。授课老师也是本教会人员和聘请合法人员讲课，我们每天的课程安排是每天上午4节课，下午4节课，每天8节课程。

村民事工。我村7户开一辆两缸车到野外山地割猪食草，里程约有两公里，他们开车出去，不时就割够、割好，满载而回。运载回教会场院后，各家各户慢慢搬运回个人家里。这是民族的团结、生活生产的改进，文明的见证。

2007年7月18日　农历六月初五　星期三　晴

圣经短期培训班。

2007年7月19日　农历六月初六　星期四　阴雨

圣经培训班学习。今天是上课学习的第三天。

救死扶伤。学员有一小女孩王雄仙原患有阑尾炎，医院诊断过，说：要待长成才割除，今天挨晚，病突然复发。我们教会从电话中与家长联系。我们用摩托车送往东鸡公路。女孩家长也过来再找一张小车，从柿花箐送往款庄马街医院治疗。今天的天气，一个整天都下着中雨，我们教会处理就医这事困难大了，我村山路又是土路。此事终于顺利办完。

2007年7月21日　农历六月初八　星期六　阴

圣经短训班听课，今天是第五天。

2007 年 7 月 22 日　农历六月初九　星期日　晴

崇拜活动，今天的我堂聚集活动。

2007 年 7 月 23 日　农历六月初十　星期一　雨

办培训。圣经短期学经班的后勤服务工作情况是：本教会（芭蕉箐）由于协建，柿花箐小组活动的圣殿耗尽了财力物力。这次的圣经短期培训班的时间又是五荒六月，生活虽艰苦一点，大家也很理解。

2007 年 7 月 24 日　农历六月十一日　星期二　阴

自力更生。圣经短期培训班，已进行了八天的学习。

2007 年 7 月 25 日　农历六月十二日　星期三　中雨

救灾防洪。由于 10 多天的大中小雨，连日的雨水天气，到今天农田、山地、道路、地埂、家产不同程度地发生灾情。地埂有的垮倒了，箐沟坡地，几处的滑坡冲流，冲坏箐边的苞谷地，村民恐惧心慌。箐沟道路地边洪水量逐日地增大，眼看人心惶惶，村边、路上成群的村民互相报大小的灾情。公路村外的箐沟流石沙把道路阻塞了。村民龙兴明提心吊胆，因房后山地洪水直冲房脚，一天都站立家门前看守自己的房屋。眼看一片灾情普遍出现，目前造成的灾情，一时无法弥补。幸好，阴雨天气也中止了。此时村民的心才乐下来。

2007 年 7 月 26 日　农历六月十三日　星期四　晴

村民的农活计工作，家家户户都忙于清理庄稼、受洪灾的农田农地。公路阻塞，通往外处的一道箐沟，被流石沙堆积而阻塞，要待晴后才能排除。

2007年7月27日　农历六月十四日　星期五　晴

教会圣经短期培训班。学习科目有：圣经、保罗书信、圣经人物学、工人收割培训、音乐、苗文。今天下午最后一节课，教苗文。我感到很有兴趣，很感动，很有收获体会。老师是本堂青年诗班长张正福，今天是第三节课，前两节课是教苗文的大小字母。今天的课程是练习熟读大小字母，并且一个班的每个学员都学习组词、组字。大家在组词、组字中闹了很多笑话。

评论：学苗文这一科目，是很有必要。一开始学的时候，几乎80%的苗民都不懂苗文了。原因是为了方便使用而转去学汉文了。所以大部分都已渐渐忘了。懂苗文，用苗文的人是因为没有机会读书而学苗文，用苗文。我们几节课学苗文的情况是很好，进步很快，青年人几乎一学就懂，就能换音组字。几天的学习中，学员的学习情绪很高。

2007年7月28日　农历六月十五日　星期六　阴

圣经短训班从7月16日至今28日是13天，按原先计划需20天。教授学习时间至此，有些学生因这段时间有这小小的洪灾，农田、农地、家园需要照管和护理；有些学员是刚成家的农户，单人独户，田间管理也很重要。我们教会部分人员商讨，为方方面面工作互不影响，今天下午临时会议确定短训班暂停，使今后学员也热心参与学习。

2007年7月29日　农历六月十六日　星期日　阴

主日崇拜活动。主持人万宝山，村诗班长王兴仁；读经，本村杨兴友。

2007年7月30日　农历六月十七日　星期一　雨

农杂活。村民各忙于自己的农杂活，有的打稻谷、苞谷的农药，有的除红薯地的杂草，有的挖洋芋，有的挖自己农地的通路，有的种荞子，有的割猪食草，有的割田埂草，几乎全村人已转入农田农地的管理。特别一段时间中，有着一小洪灾，农田的放水沟几乎都被泥埋没了，所以稻田还需放一段时间的水。得自己清理稻田的水沟，有的水沟被山洪水冲垮，在年内根本无法修复投入使用。工程大的水沟，只有待大春收割后，村上统一安排部署了。农户挖洋芋，是用于做菜喂猪，今天在挖洋芋中还下了两场大雨。有雨时避雨，雨停后又工作。20多天以来，已进入雨水天气了，所以几天中农活都比较间断。

年轻壮年人，每年一到雨水季节，就忙于往野地跑找鸡枞。鸡枞上市价可卖70—80元，中期价卖一公斤40—50元。后期价卖一公斤15—20元。有的年收入可达1000元，少的可得300—500元。所以一到雨水季节，山野里来往找寻鸡枞的人很多，山野地都被踩成小路。

2007年7月31日　农历六月十八日　星期二　雨

张传道员一段时间的传道事工，都得到我们教会青年员工的陪伴。特别在交通工具上，都做了些支持、协助。有些路段行程达50多公里，往返100多公里，都已给了方便。今天他的行程要达万宝山村，要我带他一段路程，我便带他行走一个小时的路程后又返回家再从事农活，挖洋芋，用于喂猪、做菜。

取摄像机，我们教会十年前已购置有摄像机，为教会文化生活科技服务，起到了较大的推动作用。由于使用多年，已发现机体内有磨损，前几天送往昆明修理。现在打来电话，通知我方上昆明取。所以学忠上昆明取摄像机。晚上学忠打来电话叫一张摩托车来东村接他回家，今晚学忠、学祥回到家里，天将黑了。我村交通公路、交通工具、大小车辆、物质生活、机械动力可说先行一步。比如说今年我村机动车驾驶员培训，就有3人参加，2人已领驾驶证了。

2007年8月1日　农历六月十九日　星期三　晴

公路维修。我村公路由于没有得到政府给公路铺石砂的经费，现在仍然是土路。20多天的大中小雨天气，公路有些路段被滑坡洪泥埋阻，有些路段被山洪水冲刷，影响交通。我们教会趁雨水天气，又趁农闲季节，抢修几天公路。因为再待两个月就要收割了，现在都在挖洋芋了，所以要保持我村公路随时畅通。今天我们相约从事维修公路埋没的路段，我们工作起来都比较费力。又不时整整泥泞烂泥，工作较慢较费力。

我村户口有35户，每户一人，应到35人，不过这是临时招呼，出临时工，所以今天我们村出工的劳动力有16人。反正是雨天，别样的农活不便于展开，就雨天处理一部分事工。我村公路一到雨天，就随时倒塌，被洪水冲刷或是洪泥流沙埋填路面。维修地方交通公路是我们教会一项长期为社会人群服务的事工。

2007年8月2日　农历六月二十日　星期四　雨

继续维修我村交通公路。今年的年时气候是，前少雨，后多雨，造成田间地角公路不同程度的受灾，轻微的洪灾可修复。所以我村趁雨天，趁庄稼还没有成熟，就得把公路修好，以便拉运大春作物。昨天今天我村从事于填埋道路。今天填埋公路效果很快很好，修复的公路约长一公里多，从外面一直修进村里。为完成修路任务，今天出工的劳动力有18人。

村民赶街。雨天上行，很费力费时。一早上好不容易走到山脚乘坐马车。在集市场上，办完事又乘坐小马车回到山脚步行回家，回到家时，已是晚5点了。所以上街几乎就用去了一个整天。如是晴天，又有上街的车子，一个人上街办完事务而回到家，一般时间是吃早饭前后，还可做半天农活。所以没有上街的车子，一般就得要一天的工夫了。

2007年8月3日　农历六月二十一日　星期五　雨

送行。张传道员在我们教会传道已有二十多天了。他要参与明天旋窝塘教会的祷告会，礼拜五报到，今天他要启程。所以，青年张约兴用摩托车送他前往。他支持我们教会办圣经短期培训班600元，打印资料费250元，合计850元。而我们只有帮助他300元。当他要出发时，我们大家到教会场院来围观送行。我们招呼大家进祷告屋做临别祷告，送他上车互相打招呼就离别了。

村民农活工作。有的到农田里薅拔秕子，割埂草。有的农户到地里、到山野里割猪食草，多半是到自己的农地里割除地里的猪食草，地里的杂草也被割除了，猪食草也割来了。这是我们农户几乎每天的首项家务农活。这项工作，多半是妇女们来做。当然如果量大，或路途遥远，就得一家人都出动完成。

村民的农活，一段时间，都比较轻松了。只是不时到庄稼地里走走，地里的杂草长旺长高长深了，就得割除。地边的杂草也割除了，垫圈草也割回来了，就是说一举两得。

2007年8月4日　农历六月二十二日　星期六　晴

我们吃过早饭，王××对我们说：你们接待错人了，这个张传道员是个大坏人，是专门做坏事的，你们支持了他！提出了两个方案。一是我们作很多假案，加他很多罪名，并向当地派出所报案，让公安人员来抓捕他，把他置于死地。二是我们私自把他监禁起来，通知地方拿钱来，我们才释放。另外，此人对他本村人挨家挨户造谣说，提防烂坏人要来骗走你们的姑娘了。全部手机、座机快快关闭提防（此情报他本村人提供），造成一整村人心惶惶。他盲目给村民制造紧张空气，村民不得安宁。

评论：这种人，社会人群中实在很少见、少有，这种粗鲁的举动太不值得，到头来是害谁呢？只能害自己。你想，你周围的人，谁能信任你呢，太不值得！

2007年8月5日　农历六月二十三日　星期日　晴

礼拜活动。

2007年8月6日　农历六月二十四日　星期一　晴

挖洋芋。我村民当前的农活中心工作已转为挖洋芋。我村农民出动两张大车拉运挖好的洋芋。虽然运量不大，但自己有大车，几家拼凑，就够拉运了，另一张大车早上开往东村集市上检修加油后，才回来地里拉运已挖好的洋芋。

农用车。农用车在我们的生产生活之中，显得越来越重要和普及，越来越成为我们现代的生产交通工具。不管货物多少，为了方便，都采取动用车辆的方式。我自己的农活是薅锄红薯，趁大晴天，把所排下的红薯薅完。前些天的天气，已下了十多天的中大小雨。昨天和今天总算晴开了，很适应薅锄白薯。所以村民们都忙于薅锄白薯。大约五到六户村民，到附近打工，协助外队薅锄白薯。今天是刚开始的第一天，他们还要去多天。当然是日结工钱，每天得70元。他们有的一户就出动两个劳动力。

2007年8月7日　农历六月二十五日　星期二　晴

赶鸡街。我家女儿四户出一张大车拉运我家出售的货物，有八捆竹子、两背篓苹果、一背篓梨、几袋饮料瓶、装箱纸板、20公斤废铁，出售情况是竹子每捆10元，8捆卖得80元，饮料瓶每公斤4元，纸板每公斤卖0.30元，废铁每公斤卖1.10元，苹果和梨是卖批发价给人家。我自己3捆竹子卖得30元，饮料瓶卖得31元，水泥袋卖得13元，纸板卖得4元，总和78元。

近来我们销售物资，差不多一到就按批发价出售。所以一到街上不需要多少时候我们就卖完了。我们买好自己的日用品回到家时，时间还是下午4：00。村民龙兴明家也是出动一张车到鸡街销售竹子，村民龙兴德也是乘坐一张车，拉运几包苞谷到鸡街出售，卖价可能卖一公斤1.40元。村民一部分是从事于打工，到附近村队替人家薅锄苞谷和白薯，据他们说，昨天今天刚开始，打工的农活要一段时间才能完成。

打工目前在我村是已形成了一种行业了。有时，是还未完成自己的农活，就往外打工了。

2007年8月8日　农历六月二十六日　星期三　晴

挖洋芋，村民已开始挖洋芋了。因等着洋芋喂牲口、喂猪。待挖完了，就要准备种子种冬萝卜了。所以我家儿媳几家出动一张大车拉运货物、挖洋芋，几家联合起来，就够拉运了。

我家开始下栗子了。昨天今天我家父儿几家不但挖洋芋，还下了些板栗，拉运回来。早板栗少，迟板栗也少。农历七月份下的约占80%，我自己的农活几乎整天都在栗园下栗子。从早到晚整整忙了一天。自己已上年纪了，板栗树又高，所以工作一天还是够累人哩，但什么活计，当想到收益，就不觉得累了。

村民部分农户仍从事于打工，替他人薅锄白薯。这活计还是不容易，不论天晴下雨，都得忙一个整天，早上8点钟出工，晚上要工作到下午6点从地里息工回来。昨晚他们息工回家进村时，略略看得清楚是他们。

2007年8月9日　农历六月二十七日　星期四　晴

挖洋芋。父儿4户出动一张大车继续挖洋芋。一是要喂牲口、喂猪，二是挖了洋芋后，就接着点播冬萝卜，或是种上甜萝卜。所以几天来，村民都是忙于挖洋芋。我自己也是趁有车子，就和儿媳们乘车到地里挖洋芋，耕地也集中在一片地里。自己虽不种萝卜，但以后挖洋芋要用人工背回来就费力多了，所以趁有车之际，就和他们一起去挖。这也是好机遇。

村民部分往外打工的仍往外打工。有的是常年在外打工，多半是在远近的砖瓦厂打工。有的是在昆明装卸货物的车站上，当然是临时工。长年在外的是极少数。多半是在家务农，待农闲或是待把自己的农活做完之际，在近处，早出晚归地做临时工。这段时间等于是农闲季节，幸好还是有人在找工。在近处打工的活计还是多，有的是找工栽桉树。

评论：究竟是往外打工呢？还是在近处做些临时工呢？还是终身从事于自己的农活呢？

2007年8月10日　农历六月二十八日　星期五　晴

挖洋芋。今天儿媳几家突击，联合劳动力挖学忠家的，因为要等着把洋芋挖完，就要种上冬萝卜，所以几家拼凑劳动力突击，争取用一天的时间把它挖完，好安排种上小春作物。今天经大家努力奋战，终于到晚就完成了整块地的挖洋芋任务。村民龙兴明家也是出动一张大车，挖他家的洋芋。他家是自己挖，自己挖就力量小一点。但是自己有车子，情愿不管货物的大小，都要用车子。早上拉运肥料到地里，白天挖洋芋，到晚就拉运洋芋回家。

老伴协助女儿、姑爷家揎烤烟，他家种的烤烟面积也多，今天所揎的是第三窑，大约只完成了三十分之一。栽烤烟，是比较忙人，烤烟的工序太多，时间紧、劳动力紧，老伴是今年头一次帮忙，事务是比较多的，再等几天，我也要下栗子了。一下栗子，我家就帮不了他们的忙了。

龙兴德家的两缸车，已待拉运自己的洋芋了，可就是启动不起来。三儿学忠他们吃完饭，一伙青年开着一张车拉，他们用了些时间才成功。

2007年8月11日　农历六月二十九日　星期六　晴

协助女儿家编烤烟。已烤好的要出在一边，从地里揎回家的又要编好，放到烤房里烘烤，所以又要出，又要装，真是忙人。昨天老伴知道他家的农事繁忙，所以今天仍吃过早饭就赶时间到他家帮忙。今天的农事情况是把家里已烤好的放置一边，息工时，还得步行一个多小时才到家。回到家时，还得忙一时的家务事，就是喂鸡猪。礼拜六时，还得抽时间洗洗衣服，不论天晴、下雨都得洗些衣服。

我自己的农活是管理桃秧苗木，杂草长深长旺了，就得锄杂草。今年育有 400 多株，准备自己留 100 株，余剩的还可供市场需要的农户。每棵苗木可卖价 0.5 元或 1 元，嫁接后每株可卖 2 元或 3 元。卖钱、不卖钱，一个农夫都得做些事工。当然自己心中自有一设想，我准备嫁接一批冬桃供市场的需求，或是供自己身边的一些亲属朋友，赚钱不赚钱都有一定的价值。

2007 年 8 月 12 日　农历六月三十日　星期日　阴雨

目前政府对农村居民最低生活保障暂行办法。政策最低生活有关规定收入情况及人口调查审核，现将本辖区内达到领取农村最低生活保障金的人公示如下：

我石桥村委名额 40 名，再下达我芭蕉菁村名额 20 名，下达我村农户是：龙兴华 1 人，龙应光 1 人，杨德文 1 人，潘兴德 1 人，潘志明 1 人，杨天祥 1 人，张正德 2 人，张学金 2 人，张学会 2 人，张学华 2 人，张学祥 1 人，张正福 1 人，张学志 2 人，杨兴有 1 人，张文杰 1 人。

石桥村委：芭蕉菁村

上述人员政府按最低生活保障给补助金。据说，每人每月给 40 元。每人每天得 1.33 元，一餐合 0.65 元，这也很好，因为我们自己也能够自理一点。所以政府能够给这一点我们也不嫌少。望政府能主动地给我们贫困地区人民多一些关爱。

2007年8月13日　农历七月初一　星期一　晴

　　从事于农杂活、栽果根。果根的栽排方法有两种，第一种是把剪下来的果藤排入土里，7天后就滋根长叶而活；第二种是做育秧，就是把剪下来的果藤先放到育秧袋里，让它成活后再移栽到埂地里。栽下大约7—8年可受益。今天栽下20塘，一部分是移栽，一部分是现剪现排下。第二种方法是需要雨水天才能成活。市场销售价一般可卖一公斤2—3元。一个上午的农活计是板栗地里走一趟，视察早板栗成熟情况。时间过得真快，转眼之间，收板栗季节即将开始了。已有几棵可以下了，而且发现板栗成熟期，每年都在提前。收板栗季节从开始收到结束需要一个整月的时间。

　　村民有部分青年往野外寻找马蜂、苍蝇蜂，从事于这小小的行业，真是上心，几乎一到6月至9月份，都从早到晚往野外跑。路途不论远近，他们三三两两乘坐一张摩托车就去了。目前市场销售价也比较高，达一公斤30—40元。他们的年收入可达1000元哩。

2007年8月14日　农历七月初二　星期二　晴

　　种荞子。今天学忠、学祥两家哥弟联合使一架牛点种苦荞。跟牛点，速度就比较快，2人使牛，2人随犁牛点种，是比较方便。苦荞用途比较广，我们乡村农户多半是用来喂猪，是比较好的粮食。社会上有人用来做荞糕，市场上苦荞面卖大米的价哩。每年把洋芋挖完后，就要抓紧时间把荞子种下，荞子作物是比较增产增收的农作物，也是农户主产粮食之一。今天儿媳两家种完荞子，时间还早。

　　村民的农活，大部分也是挖洋芋，因为要种荞子、种冬甜萝卜。由于我村购置农用车5辆。一般运输货物是由大车运输。农户的小马车就很少用了。我村小马车现在可能有6张。小马车是方便个体户用于务农，但是数量大就得用大车，数量少又不适用大车。所以农户当前挖洋芋有些困难，可能要挖几天，累积成多动用大车拉运。

我自己的农活计是离栗子，因为明天是 15 号，是上东村街，所以已下的栗子不论多少都得离好待明天街天运上市场销售。据说，今年早板栗上市，卖价仍一公斤 5 元。5 元是比较好的了。

2007 年 8 月 15 日　农历七月初三　星期三　晴

今天 8 月 15 日是街天，我家父儿五户乘坐三儿学忠家两张车上街销售板栗、苹果、鸡，5∶00 我们出发。到了石桥村时，天亮了。上街卖后，乘车在回途中到了石桥村的山后，突然前面 30 米外有一摩托车对准我们大车头飞扑过来。三儿学忠见到此紧急情况，赶紧把车方向打向大路外边。三儿媳坐在驾驶室里也被吓坏而尖叫出声。我们的车头终于错开了摩托碰击。不料摩托车仍猛砸我们大车的尾部后轮胎上，造成摩托车和车上的一对夫妇倒作一堆。我大儿学全从我们大车上飞身跳下，把压在他们身上的摩托车扶起来，让他俩从地上爬起来。

然后他向我们好好地说："我们的摩托车伤了，人也伤了，凭你恭心帮助我一点。"学忠问："你要多少？"他又说："你说。"学忠说："不应是我的责任，但是你说你要我恭心给，我就给你 100 元，作为自己的赞助心意。"双方都了事平息了，但是对方叫我方把他受伤的妻子送往卫生室打针时，妻子的妹夫来了，因当时她打了电话。他一来就盯着我们，说："你们的货车为什么带人？"现场他方输理，我的大车不应负任何责任。他不理睬，意思要从我们弱小的苗民身上大捞一把，狠狠往死里整，他以为我们所开的车子都是黑车。并说，你我说不算数，要派出所干警来判断。我们只好打电话叫东村派出所来解决。东村派出所的答复只是说，因他们有事，来不了，我们便请石桥村委来协助解决。石桥村委也不来。我们只好向富民县公安领导请求。在富民县城公安领导的催促下，东村派出所只好依命上来给我们解决。东村派出所干警到下边公路现场量路，又向我们双方要驾驶证、行车证，我一一拿出给警官看，摩托车主竟什么证件都拿不出来，警官便骂说，前不久你才出事，今天也出事。之后我们把大车掉头，把摩托车揪到大车上拉往东村派出所。警官严厉说，你家（摩托车主）不戴头盔，每人罚50元，今天的出事每人罚2000元，我开单子给你，你到富民交警交4100元后，再来东村提取你的摩托车。

骑摩托车者说，他的时速是50马力，他自己不敢刹车而造成此事故。此行动很不理智，注意交通安全，是最起码的知识，这样的行动出了事，还想怪他人，真是怪不着别人，到头来后果只有归到自己的头上。

2007年8月16日　农历七月初四　星期四　晴

社会活动。今天我东村乡所有的村社承办全东村乡摩托车落户。全乡所有没有落户的摩托车，统统安排这次给予承办落户手续。全东村乡承办就怕人太多而拥挤，一天到晚都办不了。所以一早青年小伙子们就骑上自己的摩托车前往东村派出所等候承办落户。今天东村乡承办落户摩托车的情况是人太多太多，不但是我们几家苗民没有落户，汉族村社的人员也很多。今天承办的情况是有的购买时的证件不齐全，还是落不了户。

评论：政府有关交通部门负责给我们摩托车落户，对我们来说是极好的政策。摩托车落户，原来要到富民县县城交警大队承办，而落一张摩托车户，需要700—800元，而且好不容易才办好一张车。摩托车落户和考驾驶证的问题，我们曾向当地公安机关反映过情况，一般农户都已购置一张摩托车，但考取摩托车驾驶证考理论就是个难关了。请求政府有关单位考虑如何给我们村民解决。这次给摩托车落户，可能就是这难题的答复对策了。

2007年8月17日　农历七月初五　星期五　晴转雨

摩托车落户。昨天是优先承办有证件的农户，昨天没办的或是证件失落的就摆到今天来办。没有证件的，或是证件遗失的只要当地派出所给一个证明就仍然可以给予办理落户手续。五儿张学祥就因证件不齐全只好到今天来补办。昨天一个东村乡，大部分的农户已办好了摩托车的落户手续，所以今天大约中午时候办落户的人员都已回到了家。

村民侄儿张学光的农活计是挖洋芋，张学会、张学忠、张学德四哥弟的活计仍是挖洋芋。龙兴明家也是出动一张大车挖洋芋，挖自己的。因村乡亲属关系，所以到晚上时，他家不但是拉运自己的，还主动协助帮上述四哥弟的洋芋都装上，成一大车，就是5家的洋芋做一大车拉运回来。由于息工时下了一阵大雨，所以当这张车拉洋芋回家时，有些路段很滑，他们好不容易才把车开进村。车子只好停放在教会的场院上，待明天各家来处理各家的洋芋。

2007年8月18日 农历七月初六 星期六 雨

送孙女张多加上昆明学校读中专。昨晚、今早都下着雨，我村接通东鸡公路的路段还没得到政府的帮助铺成石砂路面，所以当下雨或是雨水天气，人只能步行上街。山区贫困，困难仍然存在。

评论：现代交通工具这么发达、这么普及，已被广泛应用于人们的生产生活，已成为人们日常生活必不可少的工具。乡村一般都已配备有摩托车，旧车还不要，一般还要高级车、新车、多功能车。

我村接通东鸡公路，路段里程只有3.5公里。我村人员稀少，路线长，加之人类社会哪里都有矛盾，要做一件好事真是不容易。服务社会、服务人群、爱人如己永远是我们人生的目标。历年我们用人工挖一方石砂用于铺公路路面，费了很大的精力铺了一公里的路面。几个人实在无法完成3公里多的路面，只好罢了，等待政府的援助。在这样的情况下，孙女多加要到东村客运站坐客车上昆明读书，由于下雨，自己有摩托车也只能步行两个多小时的泥泞路，摸黑赶到东村乘坐头趟车前往昆明学校念书。真是山区什么困难都有，政府如能留意，不要多少力量就能解决。望政府能关爱人民。

2007 年 8 月 19 日　农历七月初七　星期日　晴

一、礼拜活动，主持人由柿花箐村主持

二、读经，柿花箐王汉高

三、唱诗班献诗，5 男 8 女，合 13 人

四、讲道

2007 年 8 月 20 日　农历七月初八　星期一　晴

村民活动。我村通往田坝的山路多处被洪水冲刷，多处路面被阻塞。再等十多天，全村收稻谷、拉运苞谷的通路要修好使用。所以我们动员全体村民投工投劳把这条道路修好，保证收大春作物道路的畅通。今天再动员突击一天。由于农事也繁忙，特别是村民忙于挖洋芋，急于种上冬瓜和种下冬萝卜，所以今天挖修公路的人员仅出动 12 个劳动力。今天维修公路仍没有完成。

评论：我村交通路道由于今年的雨量情况是前少雨后多雨，造成道路多处被冲坏，土方倒塌阻塞路道。我村总共有 35 户，我村 6 位老人一般不分配劳动任务。村上有什么劳动任务，应当出动占比例 80% 的农户，每户一人，至少应有 28 人参与义务劳动。当然农户有些农活，或者是其他工作特殊，我们也理解。有少数人，集体主义观念很薄弱，只要组织照顾，不要组织纪律。

2007 年 8 月 21 日　农历七月初九　星期二　晴

收板栗季节、下栗子。进入下板栗季节，我们的农活更加忙碌起来，由于板栗树多，成了百株千株，早板栗自然形成数量也多。中、迟板栗，自然数量也大。所以从开始到收完栗子，都是繁忙工作，但又是最有价值、人最喜欢做的活计。今天早上到吃早饭的时间下完一棵栗子树的栗子，我们二人（我和老伴）忙了一个整天下了 3 棵板栗的栗子。板栗树又高，树上枝叶又密，好不容易才下完一棵。下完拾完并背回家，人们

都已吃了晚饭，我们才烧火煮饭哩。

村民的农活计仍是挖洋芋。昨晚下了点雨，张正才的三缸农用车要开到山头拉运当天挖的洋芋回来，开到村头龙福家门口就费了些精神，好不容易才突破这道小坡的关口。今后，我村道路建设要加强，逐年改造、改良，早日使我村的车辆不论下雨天晴，进出方便，随时有货物，随时可进出，使我们村上的运输任务不受影响。

2007年8月22日　农历七月初十　星期三　晴

赶东村街。四、五儿媳要上街卖点黄瓜、苹果，东村街买卖货物都是赶早街。去年我家去款庄马街卖板栗，开了一张三缸大车，到马街销售栗子以后，我们折回家5公里路程，回到大石桥村时，天才亮明哩。今早两位儿媳早5：00就出发了，到了柿花箐村时天才亮，再从柿花箐村乘坐小马车上街。上街卖卖东西、买好物品再乘坐柿花箐村王兴理家的小拖拉机到柿花箐村，从上边步行回家，我们刚好吃过早饭出工。

评论：山区什么困难都有，村民上街真是费力、辛苦，顺公路大道的村庄，凡是到街天，都有大小车辆为人群服务。但偏僻村寨条件就有差距了。大量板栗上市或是大小春粮食上市时我们就随货物的多少安排车辆，上街的村民就方便了。不过大部分的时间，村民自己的货物100公斤左右的，就用自己的摩托车载运，这样来解决，也很方便。

2007年8月23日　农历七月十一日　星期四　晴

种地。自己有块洋芋地，洋芋已挖完了，随手种上点种子，为了简便，用人工撒播后，并用人工倒一遍，用人工当然又快又累人。不到中午的时候，我们就完成了任务，在息工回家时，还得背一背落叶回来垫圈。

下午时，转入下栗子。由于晴天很有利于下栗子，捡栗子也好，上树也方便，晴天就出活计。经一个下午的辛勤忙碌，栗子树已下了4棵，栗子包下得5背。栗子树，现在情况是平均每棵下得一背箩的栗子包。这项收板栗活计，又累又忙人，人们都几乎吃了晚饭，自己还没吃饭哩。每天不但做早晚饭吃、喂鸡猪，还得抽空割猪食草、砍猪食草。我们已到农忙季节。不过越忙越好，证明我们的工作很有成绩。

村民龙兴祥家的农活计是用他家的两缸车拉运石砂铺设房前后的路。因他家箐沟处上方山石滑坡，道路被埋没阻塞。村乡公路、工程大的就由村或是教会来处理和维修，属于个体户的就由个体或私人自行解决。石砂昨天已拉运进村，但昨晚下雨，只好停在教会场上，待今天来处理。

2007年8月24日　农历七月十二日　星期五　晴

我村村民王××的妹子王秀莲先嫁到寻甸县先锋镇。因夫死亡，又改嫁到禄劝县，因组合婚的双方都有孩子，她分别对待男方的孩子，男方说几句就不得了，舅王××也不得了，设个诡计，私把他妹子王秀莲藏了。夫方来找寻几回都说不见，有一次妹在舅王××家，夫方来找寻就赶紧叫他妹子不要再回家了，等夫方走了再回来。后来王××把妹给了普××做妻。2007年8月23日晚5—6点时，我村龙××路过普××门前，王秀莲她四姐也过她家门，顺便来看她。到了她家门口，便喊叫，五妹，五妹你在不在家？喊了几次没有动静。此时她正被普××用脚紧紧踩压在墙角下毒打。门外不停地喊着。普××听见门外的喊声才松了他的脚。她四姐冲了进去，把她连拖带拉救出来，衣裤、鞋被脱得光光的，嘴被衣物塞着，已被折磨得不像个人了。我村支党员龙应光、他儿龙兴福和一汉族妇女也赶到现场，龙应光劝说：别打，打死是要犯法的。后来才住了手，真是可怜的人啊。

2007年8月25日　农历七月十三日　星期六　雨

赶鸡街，卖竹子。我家父儿五户相约砍得12捆竹子，用学忠家的农用车拉运上鸡街销售，卖得 135 元，平均每捆 11.50 元。今天经营办理的事工中，有一不幸的事。今天计划销售几棵竹子，不够部分再带上 12 公斤栗子，变卖后，准备买一点米回来生活。我一点都没有提防，栗子卖价每公斤 7 元，12 公斤应卖 84 元，买主付给我 100 元，我应补他 16 元。这 100 元拿到儿媳他们吃早饭处，我老伴就说，就怕今天卖栗子拿到假币，说着拿出来给大家看，都说是假币，不是红色，带白色，没有暗头像，没有金线，据大家说，都可辨别。此时饭店的主妇在一旁说："你们的老人来卖东西，你们要到现场协助看看真不真。"和我坐一起的（汉族）中年妇女又对我说（或教我说）：人家给你 100 元，叫你补，你就说，我没有零钱补你，请你给零钱。

评论：一出事或者一有事，显得人们对我们都有同情感，显得人们都关心我们，指教我们。寻甸县、鸡街假币最多，真是难以提防。富民县东村乡就很少有假币。

2007 年 8 月 26 日　农历七月十四日　星期日　晴
礼拜聚会活动。

2007 年 8 月 27 日　农历七月十五日　星期一　晴
下栗子。由于连日以来不时都有雨，板栗园坡陡，下雨天气泥滑，上树、捡栗子，工作起来始终困难，速度慢、效率低。一天的工作劳动都是在这种情况下进行。

今天的劳动效果非常之高，下了的板栗棵数或是已收回家的栗子包数都多于往日的数量。劳动中三儿张学忠还主动协助我下了一大棵板栗树，自己觉得当天的功效高，三儿也主动帮忙。所以从内心有着一种感动，我们自己也尽最大努力，争分夺秒早出晚归，尽时尽力而工作，力求早日早时完成。

村民极少部分向外打工度日，近日，村民又向外地捡找栗子。这已形成他们的一种喜好，工作效益高过一般的打工工资。据说，捡找栗子，当天收入高达数百元，现在向外捡找栗子的人太广太多，但仍然每天最少能捡到 4—5 公斤，也合 20 多元。

2007 年 8 月 28 日　农历七月十六日　星期二　晴

接待服侍工作。今早 9:00 有消息说，有宣教士、闫志师和随行学员一行 6 人探访我们教会。今早吃早饭时到达我们教会。

上午 11:00，他们果真到来了，闫志师和一青年姊妹是来自云南大理州，白族，3 名苗族姑娘分别来自禄劝县大水塘教会、我县莫依龙教会，1 名是柿花箐的。他们到来，我向他们打招呼，又向他们说："你们吃了早饭没有？"他们说："还没呢。"幸好我四儿媳赶东村街刚回到家，从街上已买回自用的冰鱼和小菜。我们便临时组织力量，几个人分分工，煮饭做菜，我跑到山地里摘豆。四侄儿张学才妻也知道有来客而主动上来帮忙。几个人忙碌了一个时候才把饭做好。请他们吃了早饭后，由于农活忙碌，我们便向他们打招呼，就是说，你们休息好，晚上我们聚会、敬拜神。随后给他们准备些零食、板栗、苹果、核桃，然后转入我们的农活。当然挨晚要按时给他们做饭，也特为他们买回鲜猪肉，保证他们满意。

2007 年 8 月 29 日　农历七月十七日　星期三　晴

送行学道班。他们在我们教会停留了一天，昨晚已说好，今天一早他们就要起程前往禄劝县大水塘教会。昨晚我们考虑安排 5 张摩托车送他们一行 7 人前往。一个单边就需要 2 个小时，往返需要 4 个小时，我们做了安排布置。昨晚已讲好不吃早餐，他们一早就要起程。所以我们一早就找好 5 张摩托车，到教会场院来等候。我并告诉闫志师说，"我们安排 5 张摩托车送你们前往，你们几时要起程，时间由你。"他说："好。"不料，他们起床洗脸刷牙后又举行早祷灵修才收拾他们的东西和背包。到教会广场和我们一一握手告别后，他们上车走了。中午时，送行的已回到家，我便问："你们把他们送到哪里？"答道："只送到东村街集市场。"我说："为什么？"他们说："他们只要我们送到东村，他们另租车前往。"

评论：我们已费了心思准备付出代价把他们一直送达目的地，也是心甘情愿。他们要另租车，他们若有钱就给我们吧，他们没有和我们想在一处，我竟为他们费了些心思，却半途而废。可能他们是出于好意，不麻烦我们。

2007年8月30日　农历七月十八日　星期四　晴

政协东村乡政府委员活动。昨前天听到口头通知，30号上午9：00到东村乡开会。今早8：00时，四儿张学德用摩托车把我送到东村乡政府大门口。我便走进乡政府大院，工作人员向我打招呼，我便问："有会议吗？"答道："有，上午9点40分。"工作人员把我让进乡党委办公室，给我倒好开水。我在那里喝水，休息了很久，我心里渐渐纳闷起来了：为什么没有动静？是否有会议？我再向那向我打招呼的工作人员问道："怎么样，有会议吗？"他还说有，是县政协到我乡活动，县政协李永芳主席还没有到，他们很快就到了，要等他们到来才开会。我才明白。

张副乡长也会见了我，并说："县政协安排了县政协委员到西藏考察旅游，你去吗？"我问时间安排如何，他说是9月份，往返来回8天，每人交6000元费用。我说没有钱，副乡长说叫你们教会拿钱，我说我们教会也没有钱。

县政府主席李永芳到后，向我们围观的人员打了招呼，并给我说：今天我们政协活动主要是到东村乡考察今年东村收购烤烟情况，边说边安排上车到东村烟站进行现场考察。随后乘车回到东村乡政府，在办公室说了40分钟的烤烟收购以及晚收购工作和明年栽种烤烟的指导思想。

评论：政府邀请参加政协活动，是领导对我们的信任和关爱的具体表现，但我自己的落后想法是，都不必要，请我到东村乡政府吃一餐饭，自感是一种负担，请吃一餐饭，我吃得饱，但跑得够受累。我下到乡政府需要两个多小时，而回家就得花费4个小时了，而且没安排误工补贴，往返也没给路费。

2007年8月31日　农历七月十九日　星期五　晴

下栗子。从农历七月十五—八月十五日是整整辛勤忙碌一个整月的时间，几天中，下收板栗是最忙碌的中期季节，又要按时收下，又要离栗子，又要去市场销售。一下需要忙外边的板栗园地的活计，一下又要离该出售的部分。所以工作是比较繁忙的，今天一个上午的时间是下外边的栗子，中下午的时间又转入离栗子，因计划9月2号需要出售前部分的。

村民的农活是非常忙碌，当前我们的农活是多种中心，又要下栗子，又要割谷子，已进入收割谷子的繁忙季节了。今天大儿张学全家是需要割田里的谷子，而三儿张学忠家是需要开车到山地里下栗子，我的农活计又是需赶时间离栗子，平时我们都可协助帮忙，但处在这种繁忙的情况下，无奈，只好各人自己忙，做得了多少算多少。几乎一个村子都这样地忙碌工作着。这样分头工作有一个好处，就是虽然忙碌辛苦，但是效率比较快、好。

2007年9月1日　农历七月二十日　星期六　多雨

割谷子。大儿张学全昨天割谷子，由于劳动力紧而没有人帮忙，所以3工田稻谷，昨天2人忙碌了一个整天，只割了1.5工。村乡亲属知道后，今早相约计划出工8个劳动力，一个早上把昨天割剩下的割完回来吃早饭，不料刚出工就下起中雨来，一下就下了一个早上，刚到田里的劳动力每人割了三四把，没法工作，在田里避了一个时候的雨。吃过早饭后，大家继续割谷子，今天的割谷子，都是连着雨割，由于一个整天都下着雨，工作起来都有一定的困难，所以还是忙了个整天。

我的农活是在屋里离栗子，一个整天都有雨，我也需在屋里劳动。真是幸运，今天的劳动功效2人从早忙到晚可能离得栗子100公斤，预计混合价可值每公斤5元，100公斤合500元。

2007年9月2日　农历七月二十一日　星期日　雨

礼拜聚会。今天的聚会情况是：

一、礼拜主持：万宝山村的张成友。

二、读经人：万宝山聚会点的王兴仁。

三、诗班献诗，人员情况，4男6女，合计10人。

四、讲道：王汉奎。

五、自然村献诗：芭蕉箐村献诗，人员情况：9男12女，合21人。

2007年9月3日　农历七月二十二日　星期一　阴

下栗子。连日以来都是有雨天气，远近地里的板栗包，需要用车子运回，但由于道路泥泞，车子无法行驶，只好用人工运送。今天所要下的栗子，只好用人工背回，幸好数量不大。准备用一个上午的时间下栗子，下得两竹箩就背回来，而路程不是几步就可回到家，因为从我们的山顶板栗园回到家，从小路走，路程都是一公里多，绕边就有两公里多路了。所以近代的生产或是运输都是利用现代的交通工具了，用人工就慢得多，而且费时费力。下午转入离栗子，离栗子速度就比较慢了，因只得用人工慢慢地，一个一个地离。因现代的人类都讲究新鲜，讲颜色，讲鲜，所以离栗子的场地都得讲究，卫生没有泥。所以我们的劳动生产都得适应现代人类的需求和需要。

评论：果粮价的比较。村民杨得文有7棵板栗树，一棵占地方12平方米，今年初下第一棵，卖得100元，这12平方米的耕地如种上苞谷，田地陡，瘦，土层浅，产苞谷10公斤，卖得12元，所以果粮的差价很大，而且栽果树的代价和投资都少于种粮，我村现有板栗树的农户还很少，而且数量也较少，如果能再多一点就好了，希望就大了。

2007年9月4日　农历七月二十三日　星期二　雨

下栗子。几天以来的农活中心工作是下栗子、离栗子，同一个时间，有的栗子该下，又要按先后把下的栗子离好，到了街天就得运到市场销售。一个上午的时间，到山顶板栗园下栗子，尽最大努力下得一背箩，6口袋包从果地背回家就实在费力。幸好五儿学祥向他亲舅借来一张小拖拉机，晚上把下好在地的栗子包袋拉运回来，明天就趁机用这一张小拖拉机把我们的栗子拉运上市销售。

下午抓紧时间，转入离栗子，明天计划卖栗子，所以我们一个劲地离栗子。一个上午的时间和一个夜晚的时间都忙于离栗子，一直忙碌到深夜。我家父儿五户都是各自忙碌着离栗子，要上市销售栗子。由于10多天都是阴雨天气，土路泥泞，车子都出不去，我们都一直着急。货物需要运输，这道路情况就严重地制约着我村的交通、生产、生活的工作和发展。

挨晚，因路泥泞，一车的物资分作两车，拉上东鸡公路，计划今晚运一车上公路，明早再运一车上东鸡公路，再两车拼凑成一车上街销售。

2007年9月5日　农历七月二十四日　星期三　雨

卖栗子。街市上买卖栗子的时间近年提早了，几乎在4点就开始交易了，所以我们也只好随着时间的提早而4点钟出车上路了。由于道路泥泞，我们早早给车轮套上防滑链，一路顺利到达东村街。历年的板栗价可卖到每公斤6元左右，而今年就有所降低，只能卖到每公斤5元左右。

历年我家父儿五户是各家先称好各家的板栗数量，然后拼合在一起集体销售，而今年是各自销售。今天我们上市销售的情况是：大儿学全家混合价卖一公斤5元，学忠家卖一公斤4.7元。我自己销售的情况是板栗分成大号、中号两个等级，大号204.5公斤，卖价一公斤5.30元，204.5公斤×5.3元／公斤，合1083元，中号板栗70公斤×4.5元／公斤，合315元，两个等级卖得1398元。村民龙兴德家卖板栗的情况是：板栗有30多公斤，卖价是每公斤4.50元。村民龙兴祥家骑摩托车上街，3点钟就到了街上，他家每公斤栗子可卖到5.5元，我家正在路途中，他就从手机电话中告知我们了，也使我们掌握市价。

全村把板栗销售后，我们便进牛肉馆吃了早饭，每人吃了8元钱，随后，我们各自买好东西就乘车回家了，时间还早，大约早晨11点。

2007年9月6日　农历七月二十五日　星期四　阴

下栗子。早板栗少，迟板栗也少，中期的板栗数量就多，所以这段时间该下的栗子数量就多，下栗子的工作也得跟上。所谓早迟板栗，是根据成熟期的早迟而定。几天以来的收板栗活计，又要下又要离，一天的时间不知是忙外边的下板栗还是在屋里离栗子，所以采取白天忙外边的活计，就是下栗子，而晚间又加班离栗子。幸好，今天四儿、五儿媳妇们积极主动地出工协助帮忙下栗子，这样工作进度就加快了，我的工作就轻省了。几天的工作，天天下栗子，越下越多，因为到中期时大部分已成熟了。晚间离栗子，四儿媳、五儿媳照样出工协助帮忙离栗子，今晚我们6人离栗子，工作到深夜，大约离得80公斤，约计价值80公斤×5元／公斤=400元。

村民王××夫妇有一棵核桃树被人偷砍了，并且砍成柴料就堆在树桩上，是昨天发生的事，今天母子二人到东村乡政府报案，求政府给予解决。乡政府负责人说，既然发生此案，必须也告诉你们村民，所以今天黄昏时母子从东村乡回来时便走到我四儿张学德家里来诉说。

2007 年 9 月 7 日　农历七月二十六日　星期五　阴转晴

下栗子。本来明天 8 号是去东村街，计划卖栗子，就得今天白天夜晚集中精力离栗子，但天天下栗子，每天都有该下的，所以只好白天忙于外边的活计，晚间才转入离栗子。

晚间离栗子，只打主意晚间离得多少就卖多少。晚间我离之时，大儿张学全、四儿、五儿之儿媳等 6 人都出工（晚工）帮忙。经一个晚间的奋战努力，栗子离得 182 公斤，把该离的部分都离了。

小评：家人亲属朋友相处、帮忙，最主要是需主动关爱、相顾。找工、请人帮忙也请不了那么多，自己也不愿多麻烦别人。

2007 年 9 月 8 日　农历七月二十七日　星期六　晴

卖栗子。一段时间以来，都是雨水天气，使我们上街销售货物真是成了难题。大小车辆上街真是困难重重。为了变卖已离好的栗子，我们给车辆套上防滑链，4：00，我们已乘车上路，我们一路顺利到达了东村乡，买卖板栗人员早已交易了。今天板栗市价是上等板栗卖一公斤 6.00—6.50 元，一般的卖一公斤 4.8—5 元。我家父儿 4 户坚持要价，混合价一公斤 5 元，我们卖了板栗后天都没有亮呢，而只有四儿张学德是最后卖，买卖板栗人员人山人海，就是很不给价，一般市价只给一公斤 4.50 元，真是没法，最后有人给一公斤 4.80 元，我们真是没有心肠，就把四儿张学德家的板栗卖了。

今年天气晴天很少，全村掼谷子的收割季节到来，父儿几家商量买了一台稻谷脱粒机（价 1160 元），拉运回家准备投入收割稻谷。

今天我自己销售板栗的情况是板栗重量 182 公斤 ×5 元／公斤，得 910 元，这是一个上午的工作。中下午的时间，用刚买回的稻谷脱粒机掼大儿张学全家的谷子，由于长时间的下雨天气，自己有着大小车子竟用不上，因为道路太泥泞了，只好用一对犁牛套车，把掼下来的谷子，一次四至五包地用牛拉上来。

2007 年 9 月 9 日　农历七月二十八日　星期日　阴有雨

我们教会聚会活动。

一、主持人：水平子张某荣。

二、讲道。

三、诗班献诗：5 男 11 女，合计 16 人。

四、休会祷告：执事王继光。

2007 年 9 月 10 日　农历七月二十九日　星期一　阴有雨

下栗子。任务艰巨繁多，所以不论是晴天或是雨天，都得下栗子，为了早日完成这项农事活计，所以只好一天从早忙碌到晚。今天劳动中，难度可不小，因有雨，又要上树下栗子，板栗园地，地形又陡又泥泞，每走出一步，都得提防滑跌。工作条件虽艰苦，幸好我老伴是劳动能手，我上树下栗子，她也上树，只是树比较高的、最难的留给我来做，对一般的农活，她可真是劳动能手，这样我的农活任务就轻松多了。

由于下栗子任务多，时间紧，不时又要收割田里的稻谷，所以儿媳们能抽出时间也主动协助帮忙下栗子，今天三儿媳、四儿媳他们两家，4 人也出工帮忙下栗子，大儿张学全知道后，也到祭天山板栗园地帮忙背一转栗子回来，由于下雨车子上不去，只得用人工背回家。我们分工分片下栗子，一直忙到很晚才息工。

2007 年 9 月 11 日　农历八月初一　星期二　晴

下栗子。今天该下的栗子数量较多，想告诉儿媳再支持一天，就可完成 90% 了。老伴说，不行，今天五儿张学祥家准备割谷子，我说，那么你去帮忙五儿家割谷子，我自己下栗子，想着自己有多少活计就尽自己的能力去做，我们常说，我们希望有外援，但不能依赖他，我们的力量要放在什么基点上呢？要放在自己力量的基点上，叫作自力更生。自己人手单，就得多忙了，所以喂鸡猪的晚时间都利用于下栗子，把外面的农活做完以后再来料理家务事。

五儿张学祥家割谷子，稻田面积有3工田，我家父儿五户出动9人劳动力，3工田可说是轻松地完成了任务。张学会家也是割谷子，他家的田面积有4工田，但今天割谷子只有3人，所以当我家五儿张学祥割完后，我家儿媳们主动协助帮忙他家割谷子，他家本来要两天才能割完。我家父儿五户也真是尽了很大努力，终于把他家的谷子全割完了。不幸的有一事，当我们帮他家割完之后，女方十分感谢我们，但男方张学会竟冷视我们的帮忙，一声不谢，不但不谢，还一句话都不答。我们在心中真是纳闷，不知是为什么，但总有一天要明白，因为时间能说明一切。

2007年9月12日　农历八月初二　星期三　晴

卖栗子。夜晚3点多钟我们出车，我家父儿三家，学忠学德三户，以及侄儿张学才、张学会、张学志、张学明几家到东村销售我们本土自产的栗子，张学才家卖山野里的马蜂，可能每公斤售价是40元。

今早我们到东村集市销售板栗，是最拥挤的一个街天，板栗商场那么宽广，人山人海，拥挤到车辆都实在难以开进销售场院，而改换一个路口才开进去。今天所要销售的板栗数量大，所以历来街天一般一公斤卖5元的，今天只卖一公斤4.5元。我自己捡成大号、中号两个等级，大号83.5公斤×5.1元/公斤，得426元，中号17.5公斤×3.2元/公斤，得56元，混合价合一公斤板栗4.8元，比历来街天价格有所下降。

今天发生两件事，一是张大卫丢失了约20公斤板栗，约价90元，核桃10公斤，价合100元。原因是张学明家的栗子分成两份，一份由我们大车运送上街，丢失的这一份是张大卫骑摩托车到了街上就从摩托车上卸下，随后他就走开，寻我们的大车而被人拿走。

第二件事是我们卖完栗子后，我们的大车要从销售场院出来时两边都挤满了卖板栗的人员，张学德指挥张学忠把车开去场院大门时，有一人的栗子随他摆放在夹边窄处，学德在车前指挥，叫他移动让一点，那人既不理睬我们，而且说你碾嘛你碾嘛，随后我们的车轮倒时推擦到了，但没有撒，那人就不得了，连喊带叫着跳上我们的车门并把我们的车钥匙拿走。我们买好自己的东西到那人家门口要他不给，学忠说我的车也不开了，停放在你家门口，几时我们来开，时间不定，丢失了你负责，那人想想便怕了，才还给我们。

评论：人是需要不断地学习才能跟得上形势，不学习就要落后，社会上形形色色什么人都有，我们相信，大多数人是好的，或是比较好的，但也需不断地学习。比如今天车辆进出场院大门这样的拥挤，很多陌生人都互相关心，主动指挥我们的车，因为交通阻塞，影响他人也影响自己，宁愿早一分钟畅通，所以大家都在关心。而有些人，他就不这样想，宁愿人家倒霉，所以遇上此情况，他就要故意刁难或是故意找机会骗人家。

2007年9月13日　农历八月初三　星期四　晴

掼谷子。今天三儿张学忠家掼谷子，今年收割季节几乎没有晴天，人工掼谷子难度大，我家父儿五家商量买了一台动力稻谷脱粒机，是一台多功能脱粒机，掼谷子时一次扬净，看起来优越，使用起来动力很强，田里没有电，就用小型柴油机。当然要点油钱，但轻松多了，我村先后购置了四台稻谷脱粒机，两台是用脚，两台是用小型柴油机。减轻了劳动强度，不论天晴阴天照常可收稻谷，虽然收割季节雨量多不利于收割，但此不利的环境促使我们的生产收割方式又推进了一步。

近段时间我村的村民农活中心工作又转入收割稻谷，每天都三四户又收又割，所以几天以来劳动力都比较紧，所以不但本村农户出动，附近村寨的亲属都三三两两地前来协助我们村的稻谷收割。

我自己由于收板栗的任务艰巨，所以儿媳们也不要我参与收割了，所以我天天就从事下板栗离栗子，由于晴天就很利于我下栗子，经一天的辛勤劳动，今天的劳动功效也比较好，老伴我俩边下边捡拾边背回家，早上不算，中、下午的时间已收获得 6 背箩栗子包。晚饭，三儿学忠收掼谷子，他家使工，就和他家吃饭。

2007 年 9 月 14 日　农历八月初四　星期五　晴

村寨活动，今年收稻谷。由于雨量过多，道路泥泞，交通也不便，我村有 5 张大车，但在这种天气，用不上大车。几天中所收回来的稻谷，用小马车和犁牛一车一车地拉回来。今天的农活计仍然继续掼谷子，从昨晚到今天仍是中雨天气，所以村农户部分相约修路，使田里的稻谷顺利拉运回家。今天出工修路的人员有 6 人，田里淤泥深，需要挖除，6 人工作一天也做了好些工作。

大儿张学全上昆明学校给张多加送点生活费，因昨晚我们正在三儿学忠家吃晚饭时（三儿家掼谷子），张多加打电话叫给她送点生活费去。历次送张多加上昆明都赶头趟车（早 6 点钟，从东村开往昆明，天还没有亮呢），而今早由于下着雨，所以大概早 7 点钟才从家里骑摩托车到东村客运站搭客车前往昆明。

我自己的农杂活，虽然一天都有小雨，仍坚持离栗子，下午后，又到栗园下了两棵板栗树。

2007 年 9 月 15 日　农历八月初五　星期六　雨

早上 8 点时分收到口头信，说今晚款庄圣经班师生一行 10 多人准备走访、宣道到我芭蕉箐教会，先告知我们，使我们有所准备。

由于农活事工的繁忙，大部分的农户人员得从事于割谷子、掼谷子、下板栗、离栗子，上街卖栗子的都几乎已回到家了，所以有些事工只好自己多忙忙。所以我准备上、中午的时间，抓紧时间下栗子，到中下午的时间转入打扫教会场院卫生，烧好所要用的开水以及接待来客。在料理自己的事务中始终烦躁，因自己的农活需要按时完成，同时教会的接待工作也得做好，所以我忙于自己的农活事工时想着教会的接待工作，生怕来客一下就到来,而自己还没有做好准备。幸好从款庄圣经班回来报信的学员龙学祥主动协助我们打扫大礼拜堂,我和老伴打扫场院,整理住宿的三个房间垫盖的被套。

来客的晚饭由龙兴德执事负责,因他家今天使工割谷子,饭食就有充足的准备,他自己也愿意为教会尽上自己一点职责,所以他积极主动地给来客做饭。来客一行23人,很晚,天将黑的时候才到来,安排他们放下背包后就请他们到龙兴德执事家就餐。

2007年9月16日　农历八月初六　星期日　晴

礼拜聚会活动。主持人——石桩村潘正德,读经由石桩村读。唱诗班情况是4男9女,合计13人。讲道,由来自款庄圣经班的师生讲,礼拜六晚的聚会、主日早礼拜、中午的集会讲道,我们教会聘请他们试行讲道。一位授课老师和一位同学讲,其中一青年女学生讲道,人是小小的,她的普通话可以,看出她有一定的文化知识,我们认为讲得可以。

村民张××请我五儿张学祥带他上昆明找长女,因长女在昆明打小工,打电话多次催她回家她不回,父母担心女儿进入社会受不良风气影响,找到后在返程途中至厂口小埂路道有凹坑,有一张130小货车满载竹子,前轮陷入凹坑处,造成进退两难而交通被阻塞。路上大小车辆已停下的有一公里长。此时130驾驶员求,就连很多客车驾驶员也求,大东风车驾驶员把这张车拖开,疏通道路,让所有的车辆得以疏通行驶,但大东风车驾驶员一直都没有答应,就说,我的载重是20多吨。在那里耽搁了半天,大东风车的驾驶员要给他100元才拖,最后说成50元,才把这张130车拖走,在那里时天就已黑了,回到家已是夜10点钟了。

评论:现在社会的风气这么低落,就连这小小的差事都不愿做,做不动,可见人类道德不是进步而是倒退,是退化。

2007 年 9 月 17 日　农历八月初七　星期一　阴雨

下栗子。尽管下雨，路滑，由于时间紧，任务多，所以仍从事于下栗子、收板栗，在这环境坚持农事活计，真是难度大，但通过付出些时间、功夫、努力，一天还是完成了些农事活计。

虽然一天都是下雨天气，但农活任务多，时间紧，侄儿张学明只好雨天也坚持割谷子。他家的 4.5 工田，由于下雨，加之出工劳动人员也少，经一天的辛勤劳动，也没有割完。

中下午时间，计划 18 号是东村街天，要出售栗子，所以能抽出时间的儿媳们都互相帮忙离栗子，不但是白天离，晚间也集中劳动力离，还一直忙到深夜。看看雨下大了，就决定存留到第二街再出售，所以就宣布息工，反正雨下大了，车子出不去。

2007 年 9 月 18 日　农历八月初八　星期二　晴

五儿张学祥家掼谷子。由于一段时间都是雨水天气，今天虽是大晴天，但是运输谷子回家的道路仍是泥泞，自己有大车，用不上，今年收稻谷季节雨量过多，我村的农民只好用犁牛拉稻谷回家。五儿张学祥今天掼谷子，是跟他舅舅家借来一张小型拖拉机来拉运稻谷，村民看见竟说：小拖拉机开来有什么意思，吃不开。这现产的小型拖拉机虽载运量小，但比起原产的小拖拉机先进多了，原产的小拖拉机，坡陡路滑就走不了，但现产的小拖拉机，时速几乎能与一般车辆相等，坡陡、路滑比原产的都行。今天拉运谷子，因路滑，我们又给拖拉机套上防滑链，所以今天的谷子运输工作很出色，工效高。不但拉运自己的，村民张学会也是掼谷子，他家的劳动力、人手单，所以也协助他家拉运了两趟，在一般机动车不能完成的情况下，小拖拉机今天的运输可算得是出色地完成了运输任务。

评论：情况是在变化，形势是在发展，今年遇到收割季节时雨量过多，造成稻谷运输的困难，我们还是有所突破、有所前进，胜过有所不利的种种环境条件的限制而完成收割任务。

2007年9月19日　农历八月初九　星期三　晴

卖栗子。昨天18号是东村街天,原来是计划昨天到东村街销售栗子,由于几天都是雨水天气,车子无法行驶,所以只好把应当销售的栗子摆下来,到下一街22号再卖。但想想节期将近（中秋节）,当销售的物资应尽量推前,那么昨天18号东村街天,而今天19号又是款庄、马街街天,昨天的中下午已是大晴天了,车子行驶可说是没有问题了,所以我家父儿四户出动一张两缸车拉运栗子准备上马街销售。夜晚2:00我们就出车上马街,一路顺利,4:00我们的车子已到达马街,怎么一点动静也没有？我们便向街上的人问栗子在哪里卖,回答说就在这里卖,时间还早,要到早6:00才经商呢。因马街没有灯光,我们便把物资下好并摆好,随后买栗子老板就与我们讨价还价,我们不多要,价格只要与东村街差不多我们就卖了。我的情况是大栗子285公斤×5.10元/公斤=1453元,中等91公斤×3.50元/公斤=318元,大中等两个等级共得1771元。我们父儿几户卖完板栗,车行驶了40分钟到了祖库村,天就亮明了。

评论：由于公路铺石砂还没有得到解决,我村接通东鸡公路的里程只有3.5公里,一下雨,车子就走不了,严重地制约着我村生产生活和经济的发展,有要销售的物资还得待有好的天气才能销售得了。所以我村交通公路急需铺砂,好促进发展生产。

2007年9月20日　农历八月初十　星期四　晴

侄儿张学光家掼谷子。稻田的面积3工田,今天只有他家掼谷子,所以劳动力富余。运输稻谷是由姑爷柿花箐王新里来协助,一天一家掼就方便,如果出现一天多家掼就争劳动力了。掼谷子所用之工具的进步改进,原来使用掼槽,又是用人工掼,后又采用脚踏踩板的打谷机,现代又采用小型柴油机做动力脱粒稻谷,所以几年来都有改进和进步,这样就减轻了我们的劳动强度，同时又加快了劳动工效。

我自己的农活仍是离栗子。上午的农活是扳苞谷，一个月前苞谷已喂牲口完了，一段时间以来边下栗子边到地里扳苞谷，供给鸡猪每天的用粮，所以把苞谷从地里弄到家晒好再转入离栗子。

村民的农活中心也仍是掼谷子、收谷子。掼谷子、收谷子都涉及劳动力，稻田收谷子时要得力的劳动力，不论是用人工，还是用机械。一天中，运送谷子回家时，不论是用车辆或是用小马车拉运的都得按时运送，运送任务也是艰巨。

2007年9月21日　农历八月十一日　星期五　晴

掼谷子。村民侄儿张学明家掼谷子，出动两张掼槽。一台机动力稻谷脱粒机，田的面积有4.5工，约有两亩田。今天的天气是大晴天，极有利于掼谷子，运输仍是小拖拉机来协助。今天的劳动力比较集中，所以工作量就轻松些。由于耕田在山脚，所以农活工作仍是到晚才完成息工回家吃饭。

村民龙兴德家的农活是挖洋芋。由于农活事务多，所以近来挖洋芋是利用耕牛犁。就犁一沟，把犁出来的洋芋捡完后再犁第二沟，捡洋芋的人就得多要些了，多要些人就捡得快，几年来一般农户都采取这种方式了，这样进度快，效率高。今天他家出动一张大车拉运洋芋，用一架牛犁洋芋，所以今晚很早他家就息工了。

我自己的农活仍是坚持离尾栗子。所剩下的尾栗子数量虽不多了，但也得清理完。老伴我们二人也整整忙碌了半天，大约离得大栗子40公斤，中等栗子30多公斤，价值可能有280元。一年收板栗农活到今天总算结束了，待明天卖掉这70多公斤，就完成了一年收板栗的农活任务了。

2007年9月22日　农历八月十二日　星期六　晴

卖栗子。东村街集市销售栗子的交易越来越提早，我们也跟着提早，昨晚预计时间夜2：00发车前往，但到了2：00时，大家还没有起床。等大家到齐可能时间是3：20了，在路上时，由于不耽搁，约4：30我们就到了街上。今天东村街板栗市价略提高一点。据今天我的销售情况是：大号板栗46公斤×5.7元／公斤=262元，中号板栗37公斤×4元／公斤=148元，混合价几乎5元。

今天我村上街卖板栗、卖鸡、卖核桃的人员比较多，因为挨近中秋节了，所以上街买卖货物的人员比较多。介绍些物价、鸡价，我们先到街上的人（指我村）鸡价卖一公斤34元，后到街的（指别村）鸡价卖一公斤38元，核桃先到街上的（仍指我村）卖一公斤9元，后到街上的只卖一公斤5—6元。

中下午的时间转入四儿张学德家掼谷子。稻田面积2.5工田，稻田面又小，田块又在附近，打谷又采用小柴油机作动力，工作起来就比较轻省。掼完时间还早，我家父儿、儿媳就趁机又开学忠家的两缸车到山腰地里协助四儿学德家扳苞谷，现在板栗收完、稻谷收完之际，农活中心工作又要转入收苞谷和扳苞谷了。历年我家父儿收苞谷是采用联合行动，凡是山地交通方便的地方，生产进度都是比较快的。

2007年9月23日　农历八月十三日　星期日　晴

礼拜集会活动：

一、主持圣会：柿花箐张会云，读经柿花箐村

二、讲道，由我村参与款庄圣经班学习的龙学祥、龙荣福。

2007年9月24日　农历八月十四日　星期一　晴

赶鸡街。中秋节即将到来，村民们都在积极地做准备，龙兴德出动一张车拉运竹子到鸡街出售，称之小白竹，市价今天卖一棵1元钱。卖后他们又趁有车，花1480元钱买得一台两用碾米磨面机运回家，是村民龙兴德、龙兴华凑钱买的。中秋节将到，潘××上街买衣物准备用200

元买来送亲属，但没有买成。

三儿张学忠家扳苞谷。今天由于劳动力分散，只有大儿张学全和儿媳帮忙，人员只有4人，但劳动功效仍很好，扳到晚，还是载一重车苞谷回家，回到家再做晚饭。

五儿张学祥是砌砖柱，准备挂苞谷了，砌在一房楼上，一天砌四棵砖柱。

2007年9月25日　农历八月十五日　星期二　雨

中秋节。自己还有13公斤尾栗，请四儿张学德上街帮我卖一下，所要卖栗子、鸡和其他货物都得夜3—4点钟就出发了，上街的都是骑乘自己的摩托车，今天所卖的栗子也小了，价也更低了，我卖的情况是13公斤×4元／公斤＝52元。接到东村派出所的口信，说叫我今天25号到东村派出所拿一点中秋节礼物，四儿张学德上街就请他给我领一下。谢谢政府的关心，他们安排给我14个小月饼、一对大月饼、一袋15公斤大米。每年中秋节，由县公安局给一袋中秋月饼，春节安排给100元作为春节零用钱。中秋节，政府安排给村民一户一袋米，每袋重量有15公斤，我村通知各户上街领取。

2007年9月26日　农历八月十六日　星期三　晴

五儿张学祥扳苞谷，出动一张大车。父儿五户9个劳动力，工地、芭蕉箐山地分为三个大片区，即山脚、山腰、山顶，今天是在山脚这个片区扳。经一天的努力，扳得一大车苞谷，挨晚满载一重车苞谷拉运回家。

评论：此路段的里程约有一公里，原来的种地方式都是靠人背马驮，不论是种或是收，都需漫长的时间。

2007年9月27日　农历八月十七日　星期四　阴雨

扳苞谷。指从苞谷杆上把苞谷扳下来，再用人工或是大小车辆运到家中，白天忙外边的农活，晚间在家中撕苞谷，几年来都采用这种方式。

今天原先计划是清早集中劳动力突击扳完四儿张学德家的苞谷，吃过早饭后又集中劳动力扳大儿张学全家的苞谷。清早开出一张车拉运苞谷，我们刚刚工作一时，苞谷已扳了几背后，不料天阴沉沉的并且下起中雨来了，而且下的时间长，车子只得冲锋似的开返回来，车上已扳得的苞谷也不多，我们也只好撤退回家，把已扳得的撕完，便吃早饭。

吃过早饭，原先计划的农活是扳大儿张学全家的苞谷，但由于下雨车子走不了，我们只好干脆停下，各家在附近地里各人自扳得多少，就算多少，就没有父儿五户统一行动。

2007年9月28日　农历八月十八日　星期五　晴转雨

扳苞谷。吃过早饭，儿媳们商量要协助扳我们两位老人家的苞谷。我事先也没有做好使工准备，事已确定了，五儿张学祥上东村街去了，只好打电话问，如果此时他还在街上，就请他一并从街上买回鸡肉鱼肉供我使工用。打电话时，他已回到我们后山的山顶了，幸好柿花箐有供给冰鸡、鱼肉，五儿便帮忙买回供使工之用。我家父儿五户有10个劳动力，但由于侄儿张学才家攒谷子，人家也没有请到，我家刚买回电动稻谷脱粒机，自己人掌握自己的机器，所以就去了两个人，那帮我扳苞谷的劳动力就只有8人了。幸好路途近一点，这块山地交通不便，只好边扳边用人工背回家，又是背下坡，就省力一些，挨晚因打雷下雨，我们只好息工吃饭。

送两个孙男孙女上学。两个孙男孙女因学校没有放假（指中秋节晚），所以今晚请假回来，吃完饭仍需返校上课，今晚又下了大雨，所以几个儿子儿媳推选摩托车能手，把两个孩子送返校上课，后推选五儿张学祥用摩托车把两个孩子送往祖库小学。

2007年9月29日　农历八月十九日　星期六　阴

张学全家扳苞谷。大儿张学全安排叫我们父儿五户联合行动支持他家扳苞谷，这块苞谷地是在我村山顶上，需要车辆运载苞谷。昨晚刚下过雨，今天出车，路又滑又困难又危险，但是工作的需要也就出车。一路上车子顺利到达目的地，整块地已收了80%。挨晚，天黑沉沉的，不时远地又打起雷来，怕雨下大了，车子从山地里回不了家，我们也只好撤退回家。此时我们的车已是重车了，路虽滑但是也顺利安全地到了家，车停在教会场院上，还需用人工背到家中，我们一是趁时间早，二是趁有劳动力，便把这一车苞谷背完。

晚饭安排是，由大儿张学全给大家做饭。石桥村委6工作人员也因在我村工作，今晚也在我村吃饭，所以就由大儿张学全做大家的晚饭。实际石桥村委领导和这些工作人员也安排带有伙食来，鱼、牛肉做在一起，我们便大家分享。我们吃过饭后，村委领导干部还继续工作到天黑，才乘坐摩托车走了。

2007年9月30日　农历八月二十日　星期日　晴

上午举行崇拜活动。今天的圣会活动是我村和芭蕉箐村主持，由张翠英给会众读经。

下午学德号召组织信徒修水管。不知为什么，我村始终无法供给人畜饮水，造成村民很大的误会，误以为互相破坏，迫使饮水困难，加之我村饮水钢管年代已久，有的水管已是七脱八烂了。四儿张学德领我村6个人员查获阻塞之处，清理排除管道内的阻塞，这才使真相大白，人畜饮水畅通，彻底解决了我村民的用水问题。

2007年10月1日　农历八月二十一日　星期一　早晴晚雨

扳苞谷。三儿张学忠家扳苞谷，地址是在我村的后山头，因交通不便，我家父儿五户组织劳动力出击。我家五户10个劳动力，加之大儿的孩子也放假回家参与农活劳动，所以有 12 个劳动力，路途远，山路陡，走一趟背苞谷回到家都得休息一会儿，今天这项工作可不容易，幸好劳动力充足，天晴，人工背下坡，始终容易，经大家的辛勤努力，终于完成了这块地的扳苞谷任务，休息吃完饭，天已黑了。

村民老队长（党员），他是独人生活，劳动任务也繁重，今天他的亲属姑娘、姑爷也赶来协助扳苞谷，他家今天的劳动力有 6 人，他家的农活劳动条件比我家好得多，因为山地就在房后，背苞谷一转到家也不要多少时间。他家的路途近，所以进度当然比我们快得多，所以他们边扳边撕边背回家，还连地里的苞谷草都砍完，并且堆好。

整个村民的收苞谷工作非常之忙碌，大小车辆都已出动，甚至摩托车也用上了。农户劳动强的、数量多的就用大车拉运，数量少的、力量薄弱的就用自己的摩托车搬运，因为速度快，耗油量也少，一张摩托车一天也做了很多工作。用小马车拉运的很少了。

2007 年 10 月 2 日　农历八月二十二日　星期二　晴

砍苞谷。苞谷早期用手可以很容易地（从）苞谷杆上扳下来，但时间一久，用手就不能扳下来，此时就要用镰刀把苞谷砍下来拉运回家，晚间专门撕，这样提高工效，省时间，省劳动力。

历年收苞谷，成熟到哪里，就收、扳到哪里，今年苞谷有病，有的早已枯槁了，所以只有砍。苞谷早枯，野草也长得茂盛，所以进地里收苞谷已成了困难，进度受到限制，只有进入地里，边割除杂草边砍苞谷，一天的劳动真是累人。今天山脚的一块已砍完了，因昨晚下了中雨，只得待一两天，等天晴后车子再下去拉运回来。

村民龙兴福叫一帮人给他家扳苞谷，我已在前面篇幅阐述过，就是我们希望有外援，但不能依赖它，我们的力量要放在什么基点上呢？就是要放在自己力量的基点上，叫作自力更生，或说量力而行。

评论：世间或许有很多人，对别人的依赖思想很强，什么都不想主动，对自己的家人啊、自己的亲属啊，总是依赖性太大，比如我村就有4户。薅苞谷、扳苞谷，自己不做，总是要等到一个时候，才挨家挨户叫请去帮他家做。可能这种人，自己头脑里的科学成分很少，也很少明白事理。我们什么工作都不应连累他人，反而应对他人的工作有所贡献和支持。

2007年10月3日　农历八月二十三日　星期三　晴

五儿张学祥家扳苞谷。山脚地的苞谷前次已收了80%多的面积，今天他家计划是自己去扳。学忠安排，叫我们两位老人协助扳一下，顺便把我已扳好堆放在地里的苞谷拉运上来。五儿给他小舅借来一张小拖拉机来拉运苞谷，在拉运过程中，虽有的路段路滑，但仍克服了。一天劳动在暴晒下，虽很辛苦，但通过辛勤劳动，终于顺利完成了光荣任务。我们的劳动力有5人。山脚的山地苞谷已全部扳完。

村民王圣德家扳苞谷，他家苞谷地是属山顶的一个片区，劳动力6人，经一天的劳动所扳获的苞谷数量达3吨，他们工作到晚满载一重车回村，因房前后路滑，车子进到教会场地套上防滑链后又拉运到他家去。

2007年10月4日　农历八月二十四日　星期四　晴

种萝卜，整理地块。首先把苞谷扳掉，再除尽地中的杂草，平整好地，再撒上萝卜种子，或稍微撒上些农用化肥，再轻轻扒整地面，使萝卜种子被盖上一层浅土即可。清除地里的杂草和整好地块就用去了一个上午的时间。

萝卜之用途：种了供喂牲口和人之食用，目前萝卜的用途有所推广，品种也有所改进，即甜萝卜。有的地区还可加工而高价销售。而我们自己少量地种上一点解决自己的食用和供自己喂牲口而用，每家不论多少都要种上一点，特别牲口多的农户更要多种上一些。

三儿张学忠家仍继续扳苞谷，出动一张大车，五儿学祥也出动两个劳动力协助扳苞谷，两个孙男孙女也帮忙，所以有 6 个人工作。今天扳的苞谷是第三个片区，就是山顶片区，片区的耕地交通就方便了，不论劳动人员多少都能获高效益，又因晴天，所以条件就比较好，工作效力也高。

村民张××扳苞谷，劳动力分散，交通不便，且在前面叙述过，他们的农活劳动似乎没有时间性，不论是种或是收割，时间性不强，集体主义观念不强，如有交通建设，需要占用着他的一点耕地也可能商量不了，导致他们的人生、生产、生活反而倒退了一步，所以扳下来的苞谷可能要一段很长的时间才能搬运到家来。

2007 年 10 月 5 日　农历八月二十五日　星期五　晴

大儿张学全家扳苞谷，所以一早上街买今天所需用之食品，主要是买一两公斤鲜猪肉和三公斤鲜鱼肉，和白天晌午所用之饼子。由于几乎 80% 的农户都已购置有摩托车，所以吃早饭时候他家就把所需之物品买回来了。白天要我家父儿五户出动协助大儿家扳苞谷，此时，三儿学忠的车子已上街拉运建房材料去了，所以我们便给他打电话说回来后，你的车子开到大儿家的苞谷地来，我们已计划今天是扳张学全家的苞谷。今天我家的劳动力有 11 人，因孙儿孙女参与我们扳苞谷。今天的劳动功效也较好，扳到晚已扳得两车苞谷。

我自己的农活工作是秧板栗秧。去年育下 6 公斤板栗，今年计划秧育 4 公斤。自己栽下的已满足数目，只不过是自己从事于栽果木，准备提供亲朋密友之需要，或者提供市场的需求。往年好的树大的卖到一株 3—5 元，当然小的或者是一般的也可卖到一株 1 元。板栗目前不论是栽下的树苗木或是板栗的年产量都相当大，不过它的优势就是出国物资，所以得加大投资和管理，提高效益。

2007年10月6日　农历八月二十六日　星期六　晴

赶鸡街。今天我村赶鸡街的人员比较多，有的到街上出卖苞谷，有的上街买今天所需要的婚礼品，备冬腊之用，这段时期买价格便宜一点，到冬腊月物价就上涨了。我村张学明家买回一只柜子，侄儿张学光也买一只，早上上街拉运五儿张学祥家的7包玉米上街出售，据他说，卖价情况是一公斤1.60元，他家7包卖得450元。回来时就拉着两家侄儿的婚礼品回家。

两个县的粮价情况是：富民县东村街的苞谷价目前每公斤卖1.40元，而寻甸县鸡街镇苞谷价目前可卖到一公斤1.60元。因为富民东村是苞谷主产地区，而寻甸县鸡街镇地区的主产是烤烟，所以他们的苞谷就少，他们的用粮（指苞谷）都是靠外地去供进市场，而且是买粮老板到市场上来收购，他拉到外地，必然还要提高1角，所以两个县的粮价基本情况就是这样。

注：东村街卖苞谷，不论数量大小几称，称过后，几下下就可以清算而拿到钱，而鸡街是要拿到市场摆着卖，要好一个时候讨价还价，所以很麻烦。

2007年10月7日　农历八月二十七日　星期日　晴

今天的集会活动，叙述一事。

今天礼拜讲道原先安排是石桩村的女执事杨兴秀，我芭蕉箐村的琴师龙学华，后因讲道责任重大而又转交于我叫我讲道。又因今天的集会中我要主持圣餐礼拜，我又转交四儿张学德，由他讲道。今天礼拜程序是由万宝山村王××主持，进行到讲道时，主持人王××宣布龙学华讲道时，我即站起报告说我村的讲道人是安排给张学德讲，主持人即在讲台上答道说我不管你们交不交、分不分工。随后他另外随意请王汉高讲道，王汉高也上台讲了道。

评论：主持人是受教会委托，按原先安排的程序即讲道人员按名请客——上台按程序进行各项圣工项目，但今天的主持人王××既不按程序请客，又擅自随己意另作一样安排。

2007年10月8日　农历八月二十八日　星期一　晴

我村生机活力一片新气象。农户从板栗不同程度地已获取收入，据说，有的勤快农户仅仅到外地捡拾栗子，所卖得的钱都上700—800，或是上千元哩。村民杨兴明今年种植的烤烟已售完，而今天交了烤烟买回一台铁风箱，用自己的摩托车拉回村，从小小的事工已获数千元，或获科技、技巧能力，青年伙子们一心向科技攀登，他们也曾演习一张摩托车运载乘坐4人。

我家父儿五户因农务之需而一年购置一台农用机械。几天中有晴天，我们非常忙碌，我们边扳边撕，边用玉米脱粒机打苞谷，打下来的籽粒又要到晒场上晒，早晚打粮收粮，当然大部分要喂牲口，也需要上市销售。

机动车训练培训人员，我村30多户人家，就有3人参与机动车培训，大小车辆机械动力，摄像录制，复制录像带，摩托车修理工艺。

养殖业：张学明开始自养公猪，供本村之用，杨兴有、龙兴明、龙兴德等一些农户开始自己育板栗秧苗木提供以后之用，所以农村是大有作为。

2007年10月9日　农历八月二十九日　星期二　晴

祖库小学今天召开小学生家长会议，我村有4个小孩在祖库小学读书，其中我家就有3个，学校每年都安排开一次家长会议，所以我村4个家长吃过早饭后相约集中在教会场院乘摩托车前往参与会议。

评论：校区召开小学生家长会议是好事，老师对学生或是家长有什么要求，或是有什么话互相转告更为方便，相互交谈使老师对学生或家长有所了解和谅解，还能促进工作。学校历年有所反映，比如说教学的政策有两减一免，叫家长到学校签名，签了名后，到现在仍领不到那些款。虽然家长的这些盼望一时得不到解决，但安排有家长会议比起没有家长会议要好得多，今天的小学生家长会议可能是上午的时间，大约中午他们就回到家务农干活了。

整个村子仍轰轰烈烈地突击农业生产，大小车辆都出动搬运苞谷，都是赶早摸黑地抢收庄稼，都望收种早日完成。

2007年10月10日　农历八月三十日　星期三　晴

记述一事，我村龙学华的摩托车，2号东村街天被东村派出所干警堵车收缴罚款。

10月2号发生的这事，我们都没听见讲说，昨天我们吃过早饭，大家聚集在门前休息喝开水时，儿媳们才讲说此事，情况是龙学华的摩托车连他自己乘坐上3人，行驶至老干山，刚到东村街处就被堵收缴罚款，据说是超载，又没有驾驶证件，所以收缴摩托车，要罚2000元，并要拘留15天。事后我们打电话问富民县公安局这情况可不可以再从轻处理，县上公安局从电话上答复说，处罚2000元以下的罚款合情合理，新的交通法就是这样。我们想2000元是太高了，2000元重买一张半新不旧的摩托车都可以了，一户农户一般一年只苦得回来1000元。

8号东村街天，我的姑爷张会明乘坐一张摩托车行驶至小松园村中，万宝山（指禄劝县）处一张摩托车从他后头飞驶过来，随即一下把他冲飞倒地，人、车各飞到一处。而把他冲飞倒地的肇事者，开足马力逃往东村街上去了。幸好肇事者是邻近村舍熟识人，到街上叫他帮修车，他不但不赔礼道歉，反而抵赖否认，最后当场目睹者见证，他才哑口无言，最后只给我姑爷20元钱作为赔偿。

维持交通正常行驶，80%的交通行驶人员是比较讲究文明行车的，但是少部分人行为举止就比较粗野了，不懂礼貌，不懂规矩，什么事乱来，不讲理。为了社会大局的稳定，为了人身的安全保障，我们得服从交通法的新规定，以保障社会风气的安宁。

2007年10月11日　农历九月初一　星期四　晴

打印邀请信。11月11日，定为我们芭蕉箐教会的感恩节，到现在我堂的邀请信还没有打好和发出，所以今天三儿张学忠乘摩托车跑往寻甸县鸡街镇请街上服务处用电脑打一下，中午时，张学忠才上街办此小事。我也顺便叫他帮助复印两份材料。目前电脑已成为人们日常生活工作的工具之一。

我富民县基督教款庄圣经班将于10月13日举行结业感恩典礼，我们教会就趁全县教牧人员集中之际发递我堂的邀请信，所以今天赶往鸡街打印邀请信。明天就请各教会的负责人于下午5：00到款庄圣经班参与庆典感恩。

我村的农活仍是轰轰烈烈的收种工作，一有晴天，大小车辆，甚至摩托车都参与拉运苞谷。

2007年10月12日　农历九月初二　星期五　晴

参与富民首届圣经班毕业典礼。我们教会执事王继光、龙兴德，信徒代表王汉高，下午4：30已到达款庄圣经班校园地，那里的教会管事人员和负责人接待我们并领上二楼接待室，并给我们倒上茶水。

2007年10月13日　农历九月初三　星期六　阴

富民县首届圣经班毕业典礼感恩礼拜。张文洪老师主持礼拜聚会，龙升武老师读经，随后请28名圣经班毕业生上台献诗。龙耀光老师讲道（县三自牧师）。

县传道员龙德寿颁发学员毕业证书，请所有学员上台，龙耀光牧师协助颁发。颁发给这28名首届毕业生的纪念品和礼品，是每人一套工具书——价值250元，并与每个毕业生握手。随后教师讲话，学生代表讲话，在此我有一个感动，就是学生讲话中，内容精彩动听，学术高深，看得出有一定的学术知识，这使我们看见知识的重要。给富民县12所基督教教会负责人颁发纪念品，请我们上台列队，他们教会以及张文洪老师发给我们每人一本笔记本作为谢意。

龙才高作办这期培训班经费收支情况的报告，经费高达56000多元。王子福传道员作休会祷告，西山教会长老龙圣德作事工报告，并布置就餐工作次序，就餐席，又请我作谢饭祷告。吃过早饭后，我们各堂负责人便到马街镇乘车返回各自的教会。

2007年10月14日　农历九月初四　星期日　阴

今天是教会礼拜。

2007年10月15日　农历九月初五　星期一　阴雨

阴雨天气已有5天的时间了，今天是东村街天，需要上街办事情的农户，有的步行上街，有的乘摩托车上街。从我村往东上坡要走3.5公里的路程才到达东鸡公路，不论是步行，还是乘坐摩托车，每遇到阴雨天气，就可不容易了，最难行在这3.5公里土路上。每行驶一段路，摩托车就难以滚动了，只得停下来把车轮上的泥清除后再行驶，这样不论往返都很麻烦，所以一般有大事的才上街，一般小事就不上街了。今天是要买蚕豆种，需要变卖二三十公斤核桃的才上街。

村农户，一般的只好停止农活转入其他杂活，挖地角，栽冬菜，割猪食草，喂牛草。一部分农户，不管下不下雨，一直忙于扳苞谷、收苞谷，一天收得多少就要多少。晴天收远地里的苞谷，阴雨天就收近处的。俗语说，笨鸟先飞，张学志劳动力弱，时常有病，天将黑了，他的妻子还背着篮子往山地里去扳苞谷。我劝她说，息工了，她说雨水多，倒地的苞谷太多，容易烂，所以要抓时间赶紧收回。所以有的农户明白事理，抢收抢种，争取早完成收种任务，而少部分的农户，他们的农活劳动就没有时间性，收种速度就慢得多。

2007年10月16日　农历九月初六　星期二　阴

机动车到鸡街落户。三儿张学忠有一张两缸车（农用），因富民落不了户（不给予落户），所以今儿四儿张学德和五儿张学祥开这张农用车到鸡街镇落户。道路泥泞烂滑，我们就套上防滑链上路。路滑，就是我村公路到东鸡公路这3.5公里土路，上达东鸡公路就没事了。到了鸡街上，负责协助承办落户的熟友人就在街口等着我们了，他的摩托车开在我们的大车前，作为领队员。我们靠领队员协助承办落户手续，有什么难题，他就协助办理了，所以靠熟识朋友的帮忙，承办的一切手续就顺利办完毕。所需的落户手续费用今天支付了3700元。

评语：在世间，多少事务就是靠关系、朋友、亲属帮大忙，在人生中结交朋友很重要，我们自己也很愿意交朋友，这不是我们贪图什么，爱人是我们生命的成分。

2007年10月17日　农历九月初七　星期三　阴

给一对夫妻离婚。前面报道过我村王××许给×××为妻，双方同意就轻易合婚，一年多的时间，男方恶待女方，连女方的10岁小女孩都被提起头发从高处砸在水泥地板上。多次毒打，使女方痛苦不堪。王××几次寻机脱离没法成功，我村的杨××充当这人的黑帮手，当王××逃离到她老家寻甸县先锋镇龙潭箐，我村的杨××电话就寻到那里了。说明有些人愿当人的黑帮手，只要钱不要理。

这事有公道头脑的人士都放在自己的心上，愿付上代价，使挣扎在死亡线上的人重见到光明，所以今天为平息此事而招呼王的后家代表3人，石桥村委主任杨德聪、刘寻武2人，我村有关人士8人等13人到×××家解决。村委主任杨德聪说你俩同居看来是不可能的事了，既然如此，我们就给你俩分家，王的财产全部归还她，至于你打伤她的小女孩一事，你要付给她（指妻方）250元作为赔偿，她的小牛被你卖了，就还她的小牛钱300元就行了，这是我村石桥村委的勒令。250元的赔偿费还欠100元拿不出来，杨主任叫他装4袋谷子给她了事。此事就这样平息了，人们的心这才平稳了。

2007年10月18日　农历九月初八　星期四　阴

赶鸡街。村民杨天友到鸡街卖苞谷，共5包，每包约40公斤，今天的卖价是一公斤1.6元，预计200公斤×1.6元／公斤＝320元。村民三儿张学忠因到鸡街镇落车户口，有些手续还没办完，有些款还没有付清，今天到鸡街补交一下，今天补交数额是600元。

道路阻塞，情况是东鸡公路，从鸡街街口接通富民交界处，整条线路动工挖机凹处填土，高处降低，开动大工程，做浇黑色路面前的工程准备，加之一段时间都是阴雨天气，所以路上的行车比较困难。大车四缸车，往返都要些时间，所有上路的摩托车几乎都跌跤。这是一时的困难，雨水天气即将过去，秋天、冬天都干燥，加之东鸡公路原先计划是换年就要浇黑色路面了，所以现在是大规模改造中。

我家儿媳们在忙于种田麦。由于雨量多，田烂，收种农活繁多，所以水田种麦，只好随便应付一下，就不细工了，俗语说，种在地，偿在天。

村民龙福祥家的农活计是扳苞谷，由于山腰的山地交通不便，只得用马驮人背，幸好交通不便的山地也很少，费力也没有多少。

2007年10月19日　农历九月初九　星期五　阴

种麦子。阴雨天气，不利于收苞谷，近处地块的苞谷几乎已收完了，远地就是后山顶上的苞谷，只能待天晴，大车去拉运回来。幸好有的农户在近处撕、扳，大家都争分夺秒抢节令。由于农事繁多，就是阴雨天气都得播撒麦子，大面积的地块，就待天晴，用牛犁而人跟牛点，地面积小的或是零碎的、地陡的，只得用人工挖，所以趁阴雨天气抓紧时间把零碎的挖完，待天气晴就抓大面积。村农户几天以来有的扳苞谷，有的种地麦，都是集中精力时间而劳动，当然功效都很好。

我自己的农活是收苞谷草。已扳了、撕了的就要把草砍好、捆好、收好，准备种上麦子，工作进行中，不但砍草，草长深处还得割草，才利于犁地，所以昨天今天都接着砍苞谷草，由于地里草深，收草始终进度慢。

接上学的娃娃。我村现有 4 名在祖库小学读书的小孩，路程有 7 公里，娃娃又小，所以不论晴天下雨都得接送，天晴用摩托车就方便，速度也快。一到下雨只得用小马车来接。

2007 年 10 月 20 日　农历九月初十　星期六　晴

收苞谷草。阴雨天气已有整 11 天了，不利于收草也不利于收苞谷，房前后的道路已是泥泞难行，阻碍收种进度，尽管不利收庄稼，农夫们仍坚持小面积砍苞谷、撕苞谷、撒豌豆、种麦子。幸好是早晚、夜间有雨，白天阴天无雨，利于我们农地劳动。

我自己的农地劳动活计是收苞谷草。虽然是阴雨天气，不利于收草，因苞谷草未干而大堆堆积就容易霉烂，牲口不食，但几年来的情况是，大部分农户，山地面积增扩了，而牛少了，一般的苞谷草都用之不尽。耕地待收了草后，就种上小麦。所以自己牛少的，酌量用不了的，就不管它干湿都收一部分，这样推进生产进度，又减轻劳动任务。由于杂草也茂盛，所以收一块地里的草都得要 4—5 天才能结束。

村民龙兴德家的农活工作仍坚持扳苞谷。由于阴雨天气，又是交通不便，硬用人工劳动力扳背，一箩一箩地背回家，幸好离家不远，虽然费时费力，但工作起来也快。自己的农活任务就不计较功效高低，反而一有时间就往地里忙，一天能做多少就做多少，做了一点思想就轻松一点。

2007年10月21日　农历九月十一日　星期日　阴

礼拜聚会。

2007年10月22日　农历九月十二日　星期一　阴转晴

种麦子。村民家家户户忙于点种小春作物，天晴了，不论是收是种都大方便了。晴开了，又是个天地，人们就可以按自己的计划从事于农活劳动，而不受限制了。所以一个田坝，家家都忙于种蚕豆、种小麦、犁田，山地没有种完的就趁此天气抓紧种地麦（指零星地）。天晴了，一个村农户就活跃起来了，再晴几天就可以大规模地收苞谷，出动大车拉运山顶山地的苞谷了，由于雨量多，倒地的苞谷可能霉烂一部分了，一段时间以来就是急待天晴，现在晴了就好了。

五儿张学祥的工作是上街买棉被给娃娃盖。由于雨天是整整12天的时间，气温大大下降，夜间太冷，所以校区老师带信来，特别是娃娃太小，垫盖单薄，小娃娃又单独睡，所以叫家长垫盖不够的要增加，所以五儿张学祥今天上街买被给自己的娃娃盖。早上路太泥泞，但有任务也不管了，也上街了。

2007年10月23日　农历九月十三日　星期二　晴

东村乡文化站王杰宏2人今天吃过早饭后到我村摄像，他与我们同是苗族，又是熟识人，我便问他，你搞什么资料，他说我们要把每个村寨都录入电脑，使今后各个村寨都有。随后我又问你们摄哪方面的资料，他又说一般的，村里的飞禽走兽、风景，建筑房屋场所，整个村庄他们都走一趟。当他们要到我家里来摄时，我说玩到晚再走吧，他说我们走了，因我们还要到其他的村子，我就说那么就不留你们了。

村民的农活中心仍是收苞谷种种小麦，其次是打粮晒粮，因大部分的村民都还欠化肥款，需要还债。有的村民购置摩托车，有的农户是赊欠两年三年还清，所以天气晴开，整个村民边搞农业生产，早晚抓空打粮，把粮晒好，再转入农地收苞谷或种小麦，所以晒粮也就拥挤起来。我家父儿打粮一般用一个早上的时间就可以，吃过早饭就可忙山地的农活计了，而侄儿张学边打粮打到下午，当我息工回家时，他家才出工到地里，可能他家打的数量大。

2007年10月24日　农历九月十四日　星期三　晴

邪恶有所活动。10月17号公众判决一对不合法的夫妻，又是没有办合法手续的婚姻。石桥村委会主任杨德聪判决并给他俩分产业各归各方，既然没法合婚，就给你俩分家业，宣告结束，从今日我们宣判起，就不存在夫妻关系，已作了明确公证。

今天情况是，我们在赶鸡街市场上，普××（男）领着一个陪伴跟踪王××。王××发现后赶紧躲开，并提心吊胆，生怕再被人家毒打。

我村的一个人杨××，这个人的手机电话随时找寻打探消息而告知普××到处捉拿女方，而很容易找到女方。今天我们在鸡街上也目睹着他们的举动。前面我们叙述过，这种人生只要钱不要理，只要自己宁愿牺牲自己的同胞，这种人丝毫不懂情理，也不守信用，也没有信用，还自以为聪明能干。

我们现在注视事态的发展，情况如再恶化，我们就要采取措施，坚决站在广大人民一边，狠狠打击人民的敌人，显示一切权利属于人民。

2007年10月25日　农历九月十五日　星期四　晴

村民王才明家扳撕苞谷。找本村小工协助扳苞谷，以便扳和撕，人工背到云南大学基房后，用小拖拉机拉运回家，出动人员共12人。今天的劳动情况是撕苞谷连砍苞谷草，12个劳动力今天已收了一大片，地面积约有5亩，只是还有两块地的草没有收完，劳动效率也算为好。

小评：俗语说，打铁靠本身硬。总是依赖他人而从事于农活生产，试想个个依赖别人给我做活，那么谁给谁做呢？依赖性强，和从来不望别人来帮忙，而自己积极主动，并且时间性很强的农夫，后果必然是两样。他们还误以为是团结友好，互相帮忙，还以为自己更成熟，其实不然。我们自己又不是残疾人，俗语说笨鸟先飞，所以什么工作活计都应积极主动去做，积极完成自己的工作活计，不给别人增加负担。

村民赶东村街，防堵车，夜里鸡还叫头遍他们已出车了，他们上街卖核桃，今天市价卖一公斤7元。

2007年10月26日　农历九月十六日　星期五　晴

砍苞谷。三儿张学忠砍苞谷，所谓砍苞谷是指苞谷杆站在山地里已早干了，所以就得用镰刀砍下苞谷。今天我家父儿有9个劳动力，从地里背苞谷到车子上相距200米，又是背上坡，劳动条件虽不便利，但工作的效果比较好。9人搬运苞谷，又是边砍边背，上午到中午搬得一车，下午又砍得一车，就是一天连砍带背，砍得两车，虽然交通不便，但工作的效率还是可以，经一天的劳动活计，我们感到满意。

我家的农活劳动情况是父儿五户有时要砍或扳苞谷，需要联合集中劳动力，就联合行动。平时不需要集中的就不集中，这就看情况，工作到最后，工作的工天也不计较多少，不过大部分时间是分头劳动，应该说劳动工效更高。

2007年10月27日　农历九月十七日　星期六　晴

点种麦子。我家今天种麦子，张学全、张学忠、张学德3家儿媳出动7人协助，一架犁牛，2人使牛，2人跟牛点，3人用人工挖牛犁不到之处。地陡，地里又栽有果树，山地面积约有4亩，耕作这样的坡地，是比较累人，因在陡坡地上犁地，劳动强度就比较大。

生活待遇安排是早上请四儿张学德乘摩托车往鸡街买食用品：

1. 鲜鱼4公斤×14元／公斤＝56元
2. 啤酒6罐×3元／罐＝18元

3. 凉菜 2.5 公斤 ×6 元／公斤 =15 元
4. 晌午食用饼干 2 公斤 ×7 元／公斤 =14 元
5. 雪碧汽水 2 瓶 ×5 元／瓶 =10 元
6. 小菜两样，合价 5 元
7. 车费油安排 10 元
8. 鱼腌菜 7.5 元
合计 135.5 元

2007 年 10 月 28 日　农历九月十八日　星期日　晴

礼拜聚会。

下午休会后，我家父儿五户有两张摩托车，孙子、孙女 4 人返校读书，其中 1 人是送往东村中学。不管天气下雨都要接送返校，因娃娃刚七八岁。

2007 年 10 月 29 日　农历九月十九日　星期一　晴

分散、集中、突出的农活巧技。父、儿媳农活繁多，时间紧迫。为尽早完成收种任务，一个上午的时间，父、儿媳各自分头，担负自己的当天工作。下午先完成的家户再转入协助别的家户完成任务。所以先早三儿学忠用一架犁牛而跟牛点麦子。大儿学全家的农活计是到地里砍苞谷草，准备种麦子。四儿学德和我是砍苞谷收苞谷到地边堆积好后，用大车拉运回家。三儿学忠不但是使牛点种麦子，还负责帮村里王圣德拉运扳好的苞谷，可见一个人是几处忙碌帮忙。自己的大车早上拉运自己点种麦子所需的麦种工具、农用化肥到地里后，再开到叫去帮助拉苞谷的他人地里，让人家扳够、扳完后再去把车开回他家，这样自己的农活也做了，他人的农事也同时做好了。

第三趟是拉运我家的，此时我家父儿五户集中劳动力在四儿家的整块苞谷地，我们有的扳，有的从地里背，到达车路边，以便上车，地面积虽大，但由于劳动力集中，就不难而很快就背完，又一便七手八脚上好车。

小评：分头活动就在于个人责任心强，集中优越在于强弱配搭而大家都能完成任务。

2007年10月30日　农历九月二十日　星期二　晴

28号我们教会通报，星期二在柿花箐集会点礼拜感恩、赞美活动。聚会内容是：因资助我柿花箐集会点8000元建殿的韩传教士、李东伯老师前来参与庆典，我们教会陪他们聚会礼拜。

2007年10月31日　农历九月二十一日　星期三　晴

种豌豆。先割除山地的苞谷草，第二道又割除山地中的杂草，再用人工一锄一锄地挖倒耕地。因山地地势险陡，又零碎，不便用牛犁，这样的活计真是太累人，阳光又暴晒，肚子又饿，虽然艰苦，但劳动任务繁重，所以我们二老人一直坚持到很晚时才息工。

大儿张学全家今天的农活计仍是坚持扳苞谷，今天的扳苞谷是最后一天了，今天的劳动工效仍很好，2人扳得一大车苞谷。三儿张学忠家的农活计是种小麦。出动劳动力四人，一架犁牛，跟牛点，当然劳动工效更高，耕地又平整，山地又疏松，人扶犁也较轻松些。三儿张学忠的农活工作量小一点，那么他家就给我们父儿五户煮饭，每天都是这样，谁的农活工作量小一点，谁就主动给大家煮饭，这样做既节省时间，又节省劳动力，又方便大家。

我家不论是分头做活，还是联合，有一个好的特点，那就是活计做到晚谁还没有完成，那么大家就主动来协助一下，能完成的就把它做完。因为耕地就连片，连在山顶上，加之拉运农具，一家五户乘坐一张车。所以情愿大家一起息工乘车回家。

2007年11月1日　农历九月二十二日　星期四　阴

种麦子。四儿张学德家种麦子，仍4个劳动力，出动一架犁牛，2人使牛和扶犁，2妇女跟牛放种，这样方便，劳动功效也很高，几乎全部农户都是跟牛点。

四儿学德今天要种麦子，早上的准备工作很忙碌。四儿一边拌麦种、拌化肥，一边喂好犁牛。四儿媳妇一边煮饭一边上车，因地里的农家粪数量还不够，还需要一车肥料，所以四儿媳妇独自一人上一车肥料，也是不简单的，本来上车都是男人的活计，都是劳动强度大的。再说种麦子，都是要使工，一使工就还得准备使工生活待遇。比如种麦子或是扳苞谷，涉及十多个劳动力，那么待遇工作就得煮好肉、杀鸡、做饭，使工这天，主人家这些事务是太忙碌了。所以收种使工是付出极大的代价的。

唱诗班晚间的练诗情况是：龙荣才主持，诗班人员情况是5男15女，合计20人。传统节日感恩节，今年我们教会是定于2007年11月11日上午11：30举行感恩崇拜。唱诗班的工作也显得重要和繁忙，所以诗班们把此项练诗、唱诗放于肩上。

2007年11月2日　农历九月二十三日　星期五　阴

卖苞谷（出售玉米）。村民龙兴祥已晒好30包玉米，需要出售。昨晚装好粮包，上好车，并把车开到上边来，停在教会场院上，怕昨晚有雨，车子上不来，所以这样准备好。今天凌晨出车，防堵车，因他还没有拿到驾驶证（目前在教练中），没有证件的车辆，天亮就得到街上，卖了东西后，赶紧折头。变卖苞谷情况是30包苞谷，单价一公斤1.52元，卖得1999.80元。去年粮价是一公斤1.20元，而今年一公斤提升0.30元，但今年年初少雨，苞谷又遭遇瘟疫，年产量可能减少三分之一。

村民龙兴明今天的农活计是收苞谷草，第一遍砍收了苞谷草后，二遍又割除杂草，才得点播小麦。今天他出工4个劳动力，收了两块地里的杂草，边收草，边在自己的草地里放牧牲口。今年杂草比较茂盛，非得割除后才能耕犁。他家今天的收草活计都是为明天种小麦做准备，虽然4个劳动力，但还没有彻底割完，估计再一个早上就可以收完，不影响白天的种麦活计。

我自己的农活计是种小麦，是栗园里点播，有果树的园地，庄稼就很少有收成，但目的是薅锄果树地的杂草。

2007年11月3日　农历九月二十四日　星期六　阴

侄儿张××家扳苞谷，出动劳动力十多人，一张小型拖拉机。由于人员少，扳满一小拖拉机苞谷，整整花了一天。他们息工回来时，天将黑了。

小评：侄儿张××本人患贫血症，几年来已不能下地干活，又差账，两条小牛也被人拉走了，房子也倒了，生产工作也没有时间性。

2007年11月4日　农历九月二十五日　星期日　晴

侄儿张学志上昆明医院就诊，情况是：我们地方款庄马街医院介绍到昆明市第三医院就诊，初诊医生说你们需要押金10万元，患者需要换肺，但90%没有把握。市第三医院又把他们介绍到另一个医院，我求医生帮我们找到此医院，医生们就帮忙给打了个电话，叫来一张救护车来接他们，第二家医院和第一家医院诊断得出的结论一致，院长便说：你们都是贫困地区、贫困民族，患者希望不大，你们领回家算了。他们就照医生所说的话，昨天进城，今天出院，张学光把学才、学志送上客车后，学光再折到第二医院结账（因押金已交了500元）。病患者张学志、护员张学才他俩乘坐家里派去东村车站接他俩的小拖拉机回到家，时候已晚，约晚6：00了。病患者病情一下传开，附近的几个村寨亲属朋友都聚集来看望，表示关爱。

2007年11月5日　农历九月二十六日　星期一　晴

一天赶两个街天。富民县的东村街天，几乎拂晓就有人赶集了，因三个县的交易市场很多黑车上市交易卖粮，收购粮店很多，很方便民众。而寻甸县鸡街镇的赶街时间就大不相同了，几乎要中午12∶00时才有人摆摊。鸡街是赶晚街，也是寻甸、禄劝、富民三县的交易市场，等三个地方的人员到来就需要一个时候，所以自然形成要赶晚街。

今天是富民县东村的街子天，又是寻甸县的鸡街天。我村农户需要到东村卖苞谷，又需要到鸡街买东西。所以天拂晓时，我们就出动拉运6户的苞谷下东村出售，卖了苞谷，买了东西后，我们的车又开往寻甸县的鸡街去。我们的车子一路顺利到达街上，正好合适，人们正在忙于摆摊。

今晚在鸡街上，我们的人员在纪律上有一情况。就是有些妇人上街买东西，几个小时都不回来，让我们在车上等。我真是等得太气愤了，一群人，不论有组织或无组织，都应有个时间性。什么都应有个分寸。

2007年11月6日　农历九月二十七日　星期二　晴

开东村乡干部大会。昨晚接到我石桥村委打来的电话，通知所有县政协委员参与东村乡干部大会。今早11点11分我正用餐，石桥村委又来电话催促参加会议。吃过早饭，四儿学德用摩托车把我一直送到东村乡政府，时间12∶00，人还没来齐。在今天的会议中，内容有听取县上有关领导讲话，东村乡政府、乡人大有关过去3年的工作报告，有关换届的人事之要求，有关上任领导的个人讲话和上任领导的评议，在工作中，做得优秀、良好、一般和比较差，都发给表格，叫每个代表给予评价，在表格上写下评议。会后，乡领导没有安排晚餐，我们石桥村委杨主任告知我要晚餐后才回家。石桥村委既有安排，我们就只有依从。晚餐是我石桥村委安排所有石桥村委的工作人员上东村街就餐。

吃过晚饭，我到餐馆门口瞭望，我大儿张学全向我招手示意，叫我出门一道走了。我便向所有就餐的领导和工作人员打招呼，叫他们慢吃我先走了。因我大儿张学全在门外街上，等孙女多加和我，他们知道后，刘和所有人员都客气而很喜欢地强留我的亲人和他们吃饭，并又添买些菜，在饭席上我又向他们介绍这就是我孙女，在昆明读中专的多加。在场的领导问她，你读什么中专，什么专科，孙女答道，是幼师专科。在场的领导相互告知，说芭蕉箐村就是她的文化学识高了。随后我孙女又给他们一一添饭，他们都很喜欢，他们还没有吃晚饭，但因天将晚了，我们的路程又远，我就主动向他们打招呼告别而先回来了。

对上述参与我东村乡政府干部会议的小评，政府这样的关心我们是一种政治待遇，是好事，是一种鼓励，是表示尊重，我们表示感谢。但人家那样开会耽搁一天，人家是吃着国家的工资，而且人家是屁股冒烟儿分分钟时间就到目的地。而我们自己与国家干部相比是天壤之别，今天耽搁一天，晚饭到哪里吃还晓不得，而要走4个小时才能走到家门，幸好村委安排晚饭。

2007年11月7日　农历九月二十八日　星期三　晴

殡葬，基督教礼仪。侄儿张××患心脏等三种疾病，需押金10万元，而90%没有把握。导致人命和经济的损失，他们一概不负责，并且要火化。所以学志4号进城5号出院，于今天7号上午11:00永离人世间，下午3:00举行离别礼拜。我主持丧礼、礼拜。

2007年11月8日　农历九月二十九日　星期四　晴

购置车辆。11月5日，四儿学德跟熟识朋友饶文权（汉族）买回一张两缸车，半新不旧，价格商定11000元，而现在叫付给8000元，两年付清。今天东村街，我们出售苞谷粮，重量约有1吨。今天的市场卖价一公斤1.53元粮。今天我们乘坐这张车拉运货物，天亮后我们才出车，到了街上，村民王光耀说这下我村有证件的车子上街就不受限制了，又因我村3人员参加机动车培训，学德是第一个取得驾驶证。

教会唱诗班几天的活动事工。11月11日是我们教会的感恩节，今天已是11月8号了，到今天唱诗班已开展练诗活动三天了。他们的练诗工作安排是一天的早、中、下午、晚间，都按时间进行，人员有40人，其中男11人，女29人。明天晚上将给他们一个晚间的休假，礼拜六早上集中工作活动到星期天晚间，礼拜散后而结束工作。

2007年11月9日　农历九月三十日　星期五　晴

过感恩节准备工作。本堂的准备工作，唱诗班从星期二就集中学习和练诗，而教牧信徒需要从礼拜五、六集中而从事做准备。我们有的填补修路，有的杀鸡宰猪，礼拜二杀一头猪供本堂唱诗班食用，今天宰的这一头猪重量约有120公斤，买回的肉鸡82.5公斤×9元／公斤，合计742.5元，32只。有的打扫教会场院，有的架设饮水管，又有炊事服务一组。本堂唱诗班工作活动情况是积极唱歌练诗，排练舞蹈，儿童也排练舞蹈动作。

村民侄儿张××使工扳苞谷，小拖拉机拉运苞谷两趟，他家有4劳动力，耕地面积一般，不算多。

2007年11月10日　农历十月初一　星期六　晴

过感恩节准备工作到昨天已经进行了一整天，今天仍要进一步完善。今天的事就是要通知到教会的所有村寨和信徒。因为所要奉献的活猪和鸡都需要在今天全部宰杀做成解食肉而送到教会来，并做好晚饭接待远来的宾客，所以各自然村有奉献的需要忙碌到中午才能做好，而下午都要把做好的食物送到教会来按顺序排放好。

炊事组的工作也比较忙碌，为服务好这次感恩节大会的后勤工作而要从礼拜六白天一直忙到深夜，把需要的数量做好做够，以预防来客太多不够。该洗的菜、碗、筷数量很多，该烧的开水也很多。另外就是服侍本堂唱诗班每天的食物供给要保障。

物资的购置项目如下：

一、买肉鸡 32 只，82.5 公斤，每公斤 9 元，合计 742.5 元；

二、信徒贡献的肉鸡 20 只，肉鸡共计 52 只；

三、买米 300 公斤，每公斤 3 元，合计 900 元；

四、信徒奉献活猪 6 头；

五、买鲜鱼 106 公斤，每公斤 9 元，合计 954 元。

以上购置项目总支出 13630.50。

2007 年 11 月 11 日　农历十月初二　星期日　晴

感恩圣会当天接待工作繁重，因此本堂工作人员需要天亮就吃饭准备。两个小时有上千人要接待，又要安排就座，又要安排用饭，所以唱诗班和我们都非常忙碌。11 点整开始礼拜。

2007 年 11 月 12 日　农历十月初三　星期一　晴

今早村民张正文、大儿张学全、五儿张学祥 3 户卖肥猪，活猪按每公斤 12 元计价，张正文长子张学全大小两头猪卖得每公斤 19 元，张正文五子张学祥两头猪按每公斤 12 元计价，卖得 2300 元，张正文一头黑猪不称公斤两，估计毛重 120 公斤，只给价 1000 元。

我村唱诗班为自给，种有 5 亩苞谷，过了感恩节，趁教会还余有饭菜，今天全体工作人员出动扳运苞谷。经过一天的辛苦，总共扳运了两平车苞谷，为了方便，在地里一边扳一边撕好，最后拉回来。

2007 年 11 月 13 日　农历十月初四　星期二　晴

张学祥今天参加摩托车驾驶学习，学期是 5 天，到富民县城报名，学费是每个学员 500 元。学期自本日到 11 月 15 号，整整 4 天。摩托车学习的目的是领取驾驶证，因为现在摩托车管理得越来越严，他的摩托车被收缴过一次，要求交500元罚款才能取回，我就主动到派出所求饶，最后减了300元，实收我们200元罚款。按规定每次罚款是500到2000元，收缴一次就相当于交了一次摩托车教练费，甚至还更多。所以趁早去参加摩托车驾驶学习，领取驾驶证。论起摩托车驾驶，他已经很熟练了，车都玩了好几张了，不但会驾驶，甚至已经从事摩托车修理工作了。我村现有摩托车24张，已经落了户，但都没有办理驾驶证，他是第一个办的。

没有收完苞谷的农户正在忙于收苞谷，出动4张大车、1张小拖拉机、1张摩托车运苞谷。有的农户地多，是一般农户的几倍，所以收苞谷要多费些时候。

2007年11月14日　农历十月初五　星期三　晴

县公安局到访，主要了解我们芭蕉箐教会在政策开放以来的发展史，具体问题有：有哪些教牧人员；第一所教堂的造价是多少；第二所圣殿的造价是多少；第一所礼拜堂的造价是多少；外援的情况如何。我说，第二所礼拜堂的造价是80000元，小工的数量是3000多个。他们又给我照了3个相，礼拜圣殿也照了几个相，照完就走了，他们共3人，两男一女。

村民仍然在地里收苞谷。今天有四户出动大车扳运苞谷，由于不找工自己扳，所以扳了一整天。一家扳了一车，他们息工时，时间已很晚了。数量大的就用大车，数量少的就用摩托车，用摩托车的今天有两户。

小评：现在搞农业生产都必须配备机动车了，因为山顶的耕地路程都是2公里多，路程远，苞谷数量大，所以必须配备机械车辆了。几年前搞农业生产运输用小马车，现在事物在发展进步，需运输的东西数量大，所以非得用大车运送，省时间，省劳动力。

神圣与世俗　**富民县东村镇芭蕉菁村苗族村民日志**

2007年11月15日　农历十月初六　星期四　阴

村民杨兴明今天用摩托车驮运两篮子柿花去卖。今天的市价是每公斤0.6元，几天前街前的卖价是每公斤0.8元，前街的卖价是每公斤0.7元。据说运到北京每公斤可以卖60元哩！由于市价过低，今年卖到这街只卖得150元。据说柿花在市场上很多，所以价格提升不了。不过幸好是用摩托车运，所以就快，等吃早饭的时候，他已经到家了，不误农活。

我家的农活是收荞子。荞子种在板栗园里，所以高低不均匀，不过80%都比较好。两人割了一天，不休息地干活，都还没有割完，尽最大的努力，今天已经割了80%，计划明天再割一天，把它割完，好晒好打好收。

五儿张学祥家割红薯藤。计划18号就要挖了给他们托运上昆明批发。在昆明批发价格比较高，据说去年昆明的价格，大的一公斤1.20元，小的一公斤0.8元。五儿学祥今年试种，与他们联系后让8号挖，所以这几天都忙于割红薯藤。

2007年11月16日　农历十月初七　星期五　晴

姑爷家叫人带信来说他家扳苞谷要我帮忙，所以吃过早饭，四儿学德用摩托车把我送到柿花菁姑爷家。他家刚好要出工，到地里比较远，有两公里，小马车只能走到半路，所以今天我们的分工是3人砍苞谷，2人赶马车驮。我在地里装苞谷，我们有6人收苞谷，就是用马驮到半路通小马车的地方。

我们一天的劳动活动工效非常高和好，这么大块山地有3亩，我们连搬带用马驮到半路，干完真是不容易。我们6人估计要两天才搬完。但经过一天的辛苦，终于搬完这一大块地，我们都感到高兴和轻松。吃过晚饭姑爷就用摩托车把我俩送回家。天色已经晚了。

小评：为发展农业生产，提高我们的生活水平，改善我们的劳动条件，交通不便的地方要通路，小马车路要改为大车路，小马车要改为机动车，人背要改为马驮，很多时候很多事工，大村寨搞起建设来难度比小村寨大多了，问题何在？

2007年11月17日　农历十月初八　星期六　晴

我和我儿子共五户在五儿家吃早饭，侄儿张学明媳妇问："我们姊妹俩要赶鸡街，她来过你家没有？"我们回答说没有看见。我们顺便就告诉她，我们要上鸡街，吃过早饭，我们就走。侄儿张学明媳妇说，那么我先回家料理家务等你们。我们吃过早饭，她已经在场上候车了。车上有6人。车子上街的目的是拉空心砖，五儿学祥计划盖圈，所以要赶街拉一车砖回来。

吃过晚饭，龙保罗、五儿张学祥拼合红薯找人拉上昆明批发，往年批发价是大的可卖一公斤1.2元，小的可卖一公斤0.8元。村民张美花今天拉了一小拖拉机红薯到鸡街批发，大小混合一公斤0.8元。今天总共卖得180元。我村红薯今年才试种，鸡街可卖一公斤0.8元，怕销量小，如果销量好，下年扩种，就非得上昆明批发。

2007年11月18日　农历十月初九　星期日　晴

今天参与富民县赤鹫、筲箕凹基督教会感恩节庆典活动。昨晚教会全体诗班做好动员，本来确定早晨5点时在东鸡公路柿花箐新村路段候车前往，但是听说前天堵车到晚上12点，所以我们只能提前到4点出发，预计天亮到达。因为是夜间出车，为避免一切风险，我们把车篷都蒙上帆布。两个小时后，车忽然停了，说已经到达筲箕凹村对面山了，由于时间还早，故意停车原地休息。我们在公路上烧大火供大家取暖，太阳出来以后，我们继续出发到达目的地报到。休息一会儿，我们就餐。

2007年11月19日　农历十月初十　星期一　晴

龙保罗、张学祥两人拼凑一车红薯上昆明批发出售的情况。由于时间可能还早，就是说还不到时候，批发的人太少，大部分是做零售，每公斤零售0.5元，一车红薯由于价低，只卖得1400元。付给人家车费400元，开支伙食费220元，管理费80元，合计700元，最后还余700元。两户平分，每户得350元。可能这次是红薯的卖价最低的一次了。红薯也不够一车的数量，差几百公斤。

每户排红薯约一亩，一亩就是收获350元，与种玉米比较，要高于种玉米的收入200元。一亩地种玉米可能有100公斤，价格按今年市价可卖得150元。所得的结论是，种红薯的价值高于种玉米，而且不要山地肥沃，只要红土地就行。

村民们这几天非常忙碌，有的挖洋芋使用牛犁，用多人随犁种而捡。有的忙于收苞谷，几天以来都是晴天，所以很有利于收苞谷。没有收完苞谷的，一种情况是种的面积大，是他人的几倍，都收完就得多些时间；另一种情况就是人手少，劳动力弱，或者时间观念不强。

2007年11月20日　农历十月十一日　星期二　晴

村民清早卖肥猪。侄儿张学道卖一头白猪，卖价讲成每公斤12.5元，称得130公斤，合计挣得人民币1625元。杨天友出售一头大母猪，约重140公斤，母猪价格就低了，一头就是给1200元也就卖了。

小评：往年卖肥猪，只讲头数，不讲公斤两。今年，特别是近段时间卖肥猪的农户都按公斤两讲价，讲好价才做称量，然后按公斤两卖。这种方法双方都不亏，就是走明路。

唱诗班晚间活动，走自养道路。我们本村诗班种有5亩苞谷地，苞谷已经扳回来7天了，就是没有功夫把它打出来（指脱粒）。今晚安排时间，用一个夜晚把它全都打完，以便于晒干后卖钱作为唱诗班的活动之用。我们唱诗班即将参与附近各地教会的感恩节活动，所以今晚我们出动14人，一次打完所有苞谷，明天好晒。今晚我们的劳动时间有两个多小时。

张学全家晚间撕苞谷，当我们打完诗班苞谷息工后，我们家父子又集中劳动力协助大儿张学全家撕苞谷，虽然最后没有全撕完，但也撕了约70%。

2007年11月21日　农历十月十二日　星期三　晴

收苞谷草。收了苞谷后，种上小麦的山地面积少，大部分山地是冬闲地，所以收回来苞谷后，苞谷草还未来得及收整。当收完苞谷后，还得花时间收苞谷草。苞谷草收成捆或堆，收好后可以喂牛、垫圈。远地的就不往家拿了，收完后就在地里烧了。因为农户现在一般都没有多少牲口，所以苞谷草大多都烧了。今天开始收割苞谷草，这项工作做起来也有难度，原因是山地里种着果树，所以只得一小堆一小堆的烧，以便保护果树。不过地里有果树的不多，大部分都是冬闲地。冬闲地也要整理好，待大春好播种。整理冬闲地已是目前农户的一项中心工作。

村民的农杂活也很多。有的仍坚持扳收苞谷，打苞谷，收苞谷，晒苞谷，卖苞谷。有的需要还账，有的忙于办婚喜事嫁妆用品。今晚已计划明天用一张车子到东村街拉运婚嫁物品哩！冬腊月办婚喜事的逐渐多了，所以我们的农杂活很多很忙。

2007年11月22日　农历十月十三日　星期四　晴

昆明审车。四儿张学德需审车。他昨晚相约学忠、学祥他们3人去昆明审车。白天车辆拥挤，所以凌晨3点他们就出发了。3小时后到达昆明审车处时天还没有亮。不过这时协助审车的服务员就来收钱了，他让交150元或200元钱，他就可以代你审车，这样简单容易。如果是自己去，难度大，零件这也不行那也不行，必须要花两三百元钱。服务员代审的话，就不用那么麻烦，也可以省钱。我们还没有上昆明审车，熟识的朋友就已经把审车的情况告诉我们了。协助审车的服务员这样协助审车当然好多了，又方便我们山村民族。他们审车的回到家是8点，天已经黑了。

村民今天出动两张大车上街卖苞谷，今天卖价是一公斤1.52元。苞谷好，晒干，可卖一公斤1.5元。

2007年11月23日　农历十月十四日　星期五　晴

协助姑爷家撕苞谷。姑爷家耕地多，所搬回家的苞谷接连两天都堆在房间里，需要协助撕苞谷。所以今天一早我们到他家帮忙。

到了他家不是忙于撕苞谷，而是先忙地里的农活，因为房间里的农活可用几个夜晚完成，所以白天就忙地里的。我们白天就把地里的接二连三的搬回家，夜晚就撕搬回来的苞谷。整两天都在姑爷家帮忙，到今晚我们才回家。吃过晚饭，姑爷用摩托车送我们回的家。

五儿张学祥因需要盖圈，上个街天拉运了一车空心砖，今天是鸡街天，准备继续拉第二车。前街空心砖的价格为1.1元一个，今天第二车又提了一角钱，就是1.2元一个。前不久每包水泥价格为13.5元，而现在猛涨到18.5元。每包涨了5元。

2007年11月24日　农历十月十五日　星期六　晴

砍苞谷草。村民张学全今天的农活是收苞谷草。大部分村民已收完地里的苞谷，该种的地麦也已种下。还有部分是冬闲地。凡是冬闲地都需要冬季翻犁一遍以待下年播种。所以趁农活不多的时候就得赶紧收草耕耘、整理冬闲地，打好下一年丰收的基础。今天是头一天收草，收草工序也有一定的难度。比如砍草打成捆，又要送到地边堆成堆以便于管理。搬运或背到适当的地点又涉及路途的远近。因此这样的工作就得要多些时间才能做好做完。

割荞子。四儿张学德今天的农活是割荞子。洋芋挖出后，有的山地要种上冬萝卜，有的要种荞子。荞子成熟期比较短，6月挖出洋芋，约7月种上荞子，经过八九月，10月初就可以割荞子了。荞子和麦子是供应市场的。荞子面目前在市场上可以卖大米的价格，是比较增产的农作物之一。

2007年11月25日　农历十月十六日　星期日　晴

今天，我们教会崇拜活动。

2007年11月26日　农历十月十七日　星期一　阴

扳苞谷。侄儿张学光今天安排农活扳苞谷，出动8人。一张车子扳运苞谷，上早拉运一车粪料到山地里，中下午扳苞谷，8人扳够一车苞谷，也得要一天工夫。当他们息工回家时，也扳得一大车苞谷。一般的农户早已扳完苞谷了。关键在于配备有农用机动车运输与用小马车拉运，还有耕地多与少的关系。

收荞子。我家原先计划到山地收苞谷草，出工时，天色阴沉沉下来，眼看将有雨了。我们附近地里都割有晒好的荞子，我们只好转入收荞子，叫四儿学德把他的车开到山地装运荞子，我的只装满半车。把三儿学忠家的荞子也装上，两家的荞子刚好装满一大车。因三儿学忠和儿媳到嵩明县凸董箐（苗族）父母家帮忙挖洋芋去了。作为父母应尽自己的所能，尽自己的职责做一些护理工作，再累再忙、付上再大的代价也要把自己和三儿学忠家的荞子收完。工作中，真是付上最大代价，又出大力，工作时间又到天黑。幸好五儿媳知道后，天黑时也出来帮忙打荞子，终于结束了当天的农活工作。

小评：人生中，作为父母，心肠、胸怀应宽广，特别是上了年纪的老人，儿女和他人免不了有照顾不及之处。应本着心怀宽广，安静，以自己的职责，为组织、民族、同胞、家人、儿女，尽自己老人的职责。人生中，若是以恶报恶、以牙还牙，这种人生就失去了意义。

2007 年 11 月 27 日　农历十月十八日　星期二　阴

收苞谷。村民龙兴华家扳苞谷。他家父儿 3 户出动劳动力 6 人。苞谷地的面积 2.5 亩，所扳获得数量有一大车。他们整整忙碌了一天的工夫，终于完成了任务。小评：他家的苞谷扳到现在，是由于土地广、面积大，当然收获也多。

我家的农地活计是收苞谷草。今年的苞谷由于遭瘟，早枯，又遭风灾，所以苞谷草倒平地，割草、理捆、背往地上堆集以便管理。这活计做起来速度可真慢了。今一天的辛苦工作努力，只收完了一块地里的草。所谓收草，是先收完地里的草，然后耕耘翻犁一道待将来好播种。一般的农户的耕地种上 60% 的面积成麦地；40% 的面积翻犁一道待播种，所以当收完苞谷，还得整理冬闲地。

侄儿张学光给女儿打嫁妆，请自己哥弟张学明、张学才，已从事木活 3 天了，要做装粮用的扎柜。由于生产有所发展、生活有所提高，所以出嫁女儿的农户，都逐渐讲究起来了。嫁妆物品价值都上千元哩。

2007 年 11 月 28 日　农历十月十九日　星期三　晴

赶东村街。村民昨晚已走访找车拉运苞谷上市交易。我村需要出售的粮食，需要几张车拉运才能解决，后出动三张大车才拉运完。天拂晓时出动两张，天亮后又出动四儿张学德这张，三张车都是拉运苞谷。今天苞谷的销售价，有的给一公斤 1.55 元，有的给一公斤 1.57 元。我们就卖给一公斤 1.57 元的收粮店。张学全 22 袋按一公斤 1.57 元，计卖得 1400 元。我们 4 户乘坐一张车，所卖的粮食就按一公斤 1.55 元出售。返途情况：连驾驶员我们有 7 人乘坐一张车，车货拉运 20 包水泥，一张 300 元的台桌。

小评：父母之爱，不惜一切代价给自己的女儿买上高档的用品。手机、音乐器、电视、高档台桌。车上的这些用品，都是给自己的女儿买的。作为父母宠爱儿女，作为儿女也当孝敬父母。

2007年11月29日　农历十月二十日　星期四　阴

我村民张学祥因需建圈房而在他家住房边的电杆上边的小平地处破土施工，房地基涉及杨光才的两小棵刚栽下的小树。杨光才因出外，张学祥打电话给他协商：我因建房，要迁动你的两棵果树，现在打电话与你协商。从电话回复说：整块场地是我已出钱买下的，是属我的，谁也不可动锄！

三儿学忠知道情况后，再打电话与杨光才协商说，我问问你关于我兄弟学祥要盖圈房的地基，你的意见如何，我们可不可以与你协商？从电话回答说："谁当官，就由谁说为是吗？不行，是我先买下的，我家就是常被你家欺负的。你家是霸占我家的土地。"

学忠又说："我不曾得罪你，也不随便骂人。我们用和平的方式协商行不行？你说你已买下，有证据吗？"他回复说："有。"学忠说："那么你回来把档案拿出来作证行吗？"他说："行。"

2007年11月30日　农历十月二十一日　星期五　阴

建房。五儿建圈房，先破土挖房基两天，房基本已挖好。由于村民杨光才不迁走，就说是他家的地盘，不准在那里盖，我们只好另造房基。所以我家父儿5户10个劳动力又重新另挖地基，昨天今天两天20个劳动力才挖好，明天就可以建房砌空心砖了。

小评：芭蕉箐村造房地基从来没有买卖过。自古以来，谁喜欢在哪里建房就建，没有任何限制和约束；只要不占耕地面积就行。而杨光才这次他说这也是我，那也是我，并且是我出钱买过的。这些粗鲁话都是闭眼说瞎话，都讲些无中生有的话，存心恶毒，这些情况在我们苗族村寨是罕见罕有，不开化的民族，都懂得一般的道理，就是说讲理。

问题何在，是被××村主任带坏了，因与他有亲戚关系。村主任执政20多年，都是倒退不前，没有一项设施，反而生产队的加工房也被拆卖了。村提留款每年有2500元到现在没有分文的结余。正待革新改进。

2007年12月1日　农历十月二十二日　星期六　晴

建房。五儿张学祥，前年、去年是建和扩建住房。今年又是扩建和完善畜圈房，前天和昨天用两天的时间挖房基和平整房基。今天的中下午已开始砌房基脚砖。建房的小小工程，房间有三间，高度已砌起三层，今天建房人员仍11人。

我们生活建设上，有什么事工，都可以从事工作。打铁、木匠活、建筑工、会计、建房施工、摄像、开车、修车、教练培训。例子，今年我村3人参加机动车培训，四儿张学德学员反被请去协助教练。就是代替教练管教新学员，学员个个称四儿张学德为张师傅，老教管也只好跟学员称呼张师傅，而且东村政府很多工作人员见四儿张学德都向之打招呼，引起老教管的稀奇而说：你是什么人？个个熟识你？富民县统战部领导也曾评议说：我富民县、基督教，小水井村龙绍荣，大水井村龙升武，芭蕉箐张学德是高科技人员，劳动工具是车辆、摄像、操电脑、录制影带光盘……

2007年12月2日　农历十月二十三日　星期日　阴

进入神学院。我芭蕉箐村男青年龙荣福今年10月13日刚从富民基督教首届欵庄圣经班毕业回家，又接受来自东北某神学院的呼招前往参与学习培训。招生简章内容：接受两年神学教育，毕业回家，仍然服侍本教会事工。往返车旅费由神学院负责，参与学习者要求体检符合要求。接到电话通知，必须11月30日到达昆明，夜晚8:00时乘坐火车起程，三天三夜到达北京，再转来东北学院、途中无向导，接送有人安排。

参与学习者情况：初报名时，他很开心，这是机遇，良机。再不参与学习，失去学习的良机就完了。正式接到通知时，思想非常之斗争，不去呢，机会实在难得，去呢，困难重重。自己身边又没有一个伴，里程是几天几夜的火车。中国气候最冷的就是东北三省。我从春城到东北冰城是否能坚持两年呢，思想非常之斗争。只因已买下火车票再难也就去吧！30 日晚 8：00 打来电话说：我已坐上火车，乘坐的列车已从昆明起程了。

我们将这些情况告诉他妈妈，他妈妈哭了，我们也哭了。因从来没有上过昆明的孩子，竟要走远程到东三省学习。我们一时为他而难过、同情。

2007 年 12 月 3 日　农历十月二十四日　星期一　阴

我村村民龙荣福响应呼召参与东北某神学院学习培训。于 11 月 30 日晚 8：00 乘火车离开昆明。我们叫他到达目的地回个电话。昨晚，他打来电话说，我已安全到达目的地了，请你们放心，也告诉我妈妈。

五儿张学祥建圈房。11 月 29 日开工挖房地基，30 日平整房地基，1 号、3 号两天开始砌砖块；预计要两三天才能结束。今天是正式砌墙砖。今天所砌的墙脚已一人多高，层数已是第十层（空心砖）。今天的劳动人员有 12 人，因有邻舍村民 2 人来协助帮忙、我家父儿五户 10 人，合计 12 人工作。4 人为技术工。

2007 年 12 月 4 日　农历十月二十五日　星期二　阴

侄儿张学卫的女儿，跟温州小群教会外串活动。是学习呢？是实习呢？是小工呢？是有工资呢？情况不明。今天回家，他们停车，他们一伙自称是家庭教会，村里一伙到教会场地来迎接，并接领下他家的私人住房。外来这些人员停留的情况是：中午 12：00 他们到来。下午 4：00，小客车走了。下午 6：00，我们熟识的亲戚 6 人乘坐两张摩托车［是来自寻甸县、肥草箐村（苗族）］到侄儿张学卫家来，也可能是来看望小孙女儿。

2007 年 12 月 5 日　农历十月二十六日　星期三　晴

婚事建房。村民陆学华的结婚期订于 12 月 28 日。婚礼要有新郎新妇的专间房、方便陪伴新婚夫妇的一群青年的喜乐活动场所。有能力的村民都得积极地建造，所以要承办婚喜事的农户，不但要准备婚喜事的各种费用，还得修理扩建房间和增设住房，方便这次婚礼宴席之用。几天以来，他忙碌于建房。拉运建房材料（空心砖），拆旧房，整理房基，砌墙脚石，计划用几天的工夫把砖房建好。村里的亲属也出来协助帮忙，所以即将造成。由于工作之需，他家原先从不喜好建筑，到现在有不同程度大小的建筑。俗语，形势所迫。俗语又说：路是人走出来的。

村民多有从事于建筑住房的，所以几天以来车辆都忙于拉运建房材料。今天拉运村民龙保罗的建房材料。一张车往东村镇拉运建房所用之钢材；另一张车往鸡子拉运建房的空心砖。村民杨兴明为他的兄弟杨兴友建住房，拉运建房材料用的是亲友的一张小拖拉机，不知他是怎么想，应是出动大车，大车拉运一两车就够了，大家都应从多快好省而着想。

2007年12月6日　农历十月二十七日　星期四　晴

社会矛盾。芭蕉箐村村民张学祥以及一些村民农户积极响应政府的交通规则管理制度，参加机动车、摩托车教练培训。村民张学祥因报名参与摩托车驾驶培训，12月4号参与富民县城摩托车理论考试。在回途中，晚8：00行经东村派出所时，被东村派出所收缴，并要罚款。这次的罚款是第二次了。上次过富民县城参与摩托车理论考试（柿花箐村）被交警堵车收缴两张摩托车，就被罚款。

老实人吃亏。在乡村，大小车辆，不办证的，交通不受管理，而响应政府号召，出来办证的，一出来就被堵还罚巨款。

2007年12月7日　农历十月二十八日　星期五　晴

村民建房。龙学华、杨兴友两户建的是人住房，而且是建了用于婚喜事用。龙学华家今天基本建好。休整几天后，就可以搬入使用。由于亲族朋友劳动力多，所以建房各边工序就比较轻松。拉运建房材料，自己也有着农用车，就比较方便，所以建房进度就快。杨兴友建房情况是为结婚成家后住房。他家拉运建房材料，是自己亲戚主动开来一张小型拖拉机，拉运空心砖，空心砖是从大平地村买。小拖拉机每天拉运三转，每车拉运100块（个）空心砖。

我村建房情况是：两户已建成，后两户积极拉运建房材料，现在基本已拉运完，几天中即将动工。

2007年12月8日　农历十月二十九日　星期六　晴

赶东村街。教会出售苞谷，我们教会感恩节。信徒奉献的粮食苞谷，需要变卖，今天安排拉运上市出售。今天市场的收购价是给一公斤1.60元，我们教会的苞谷数量有1228公斤，所得为1965元。从事人员情况是：晒粮、收粮、装粮、上车、下车、称粮，共有5人。只安排一早餐。

我村民的农事作业仍是卖苞谷。他们也是出动一张大车拉运苞谷上街出售，据说他们的卖价是一公斤1.53元。由于防堵车，所以几乎天亮时他们就到了街市上。

返途，安排工作是运载建房材料，运细砂。这天的农务事工比较便利，我们变卖了教会的苞谷，上街办好了自己的事，也协助建房的农户运输了建房的材料。

2007年12月9日　农历十月三十　星期日　晴

教会活动。我们芭蕉箐教会被邀请参与富民县东片款庄朵木得教会庆典年度感恩佳节活动。我们教会活动情况是，同一天被两县两个教会邀请参与庆典，另一县是禄劝县大旋塘教会。我们教会只好安排分为两队参与庆典感恩献唱。我们芭蕉箐村小组被安排参与朵木得教会过感恩节，在出车前往中，我们付出代价是山太高、太陡，路太窄、太弯曲，山路路线太长，达两三个小时，从山脚爬到山顶才到达目的地，他们教会诗班排队唱欢迎歌迎接我们团队。

感受：在参与过感恩节中我有许多的感受和见识。一个感受，是有几个团队的诗班，献唱时，歌词、音乐，献唱水平非常之优美动听，真是唱出现代的水平。把会众带上云天。二个感受，是县委统战部领导高度评价和肯定，中、下午欣赏各教会诗班所献上的音乐。三个感受，来自昆明的一对夫妻所作的美好见证，就是当他们唱诗时，边唱边作见证。说六年前他们来到苗族中认识了耶稣。就是说：他们真不知道，苗家住在高寒山区、生活过得那么艰苦朴素，为什么信耶稣信得起来？他们真感稀奇。所以他们要亲自深入看个究竟，拜访他们；苗家生活过得非常简朴，但是他们满面笑容，生活过得这么开心，并把到舍下来的，不认识的人当作客人来接待来服侍。

2007 年 12 月 10 日　农历十一月初一　星期一　晴

龙福祥家建房。是属于扩建，并安设太阳能、洗澡间设备。几天以来整理房基。工作情况是由于房地基受限制，建盖中难度大一点，在积极处理中，就花费一些功夫和时间。今天的工序开始砌几层墙角砖。

建房工序是属于包工建盖，主户协商订成包工建盖。主户也不再负责生活待遇，但主户要负责两餐伙食，就是开工的那一天和完工的那一天。主户也要负责一部分临时工。

2007 年 12 月 11 日　农历十一月初二　星期二　晴

做棺木。也称寿材，侄儿张学华久病不愈，反而病情恶化，看来没有希望了，离开世间就在眼前。张学华哥弟6人。最年轻的老六张学志因患心脏病11月7号离开了人世间。张学华是老三，看来也时候无多了。所以他家哥弟相约，也只好赶紧给他做棺木以备不时之需。大哥、四哥会干木工，所以把他俩请来做棺木。今天是做木工的第二天了。

2007年12月12日　农历十一月初三　星期三　晴

建房。今天我小组仍进行建房施工，建房户主龙福祥他家父儿2人积极配合协助我们建房。今天的工序已砌高达四平墙，就是一楼砌完。下一步工作将转入支模、搭壳子板浇二楼楼板。

评论：这小小的建房工程都是建新形式的住房；同时又设洗澡间，都是我们自己设计、自己施工建盖，都是作为试验，待有所突破，为今后打下基础。建房人员，昨天有8人，今天有9人。

村民龙兴德家的农活计是为婚喜事做各项准备工作。不但要为做婚喜事的生活待遇做准备，同时也要做住宿准备，一家人要安排几十人的住宿可真是难题了。依照苗家远古风俗，只好预先到松林搂松落叶备好。到办婚正客的那晚，两个房间地下铺满松叶，来客原地一排排地睡了。当然垫盖的被子要尽量安排。今天龙兴德亲属帮忙搂松叶，一天拉运回来两大车。准备工作也几乎齐备。

2007年12月13日　农历十一月初四　星期四　晴

半夜远程送产妇。昨晚11：00村邻王圣德来叫门说请帮他家忙，送二女儿往款庄马街医院生孩子。四儿接受送产妇任务，检查车辆安全后，等产妇送到就准备出车。从我村芭蕉箐到款庄马街医院，车子行程刚好一个小时，往返两个小时。四儿张学德把他们送至款庄医院门口后，等他们下车后就返程了。当学德返程一公里路到李树村，他们在医院就生下孩子了，是一个男孩，今天都还没有出院。

今日我村建房事工活动情况是，一早出一张车到柿花箐村拉运浇顶模板。第二张车安排到东村拉运建房浇楼顶细砂。第一张车到柿花箐村拉运模板时在返途一公里到柿花箐新村时突然发动机零件坏了，从途中打回来电话，叫五儿学祥到现场检修，但检修灵活器已损坏，需要到东村街换新零件。又打来电话叫第三张车，龙荣祥拉第一张车往东村街修换零件。修好后，三张车又拉运建房材料细砂（人工砂）回。因为接连有两三户要建房，所以正需要拉运建房物资。

2007年12月14日　农历十一月初五　星期五　晴

建房。村民龙福祥家建房，今天建房的工序是支模，搭壳子板、拉钢筋、做圈梁、扎圈梁钢筋。各边工序做好，要些时间要些工夫，可真费力费时，好不容易才做了80%的工程。还得用2个上午的时间扎好钢筋，用一个下午的时间浇好一楼。建房工程原先为方便主户和建房队，所以做包工包建，但我们建房到今天，建房主不过意，所以几天以来开始供午餐，今天又开始提供早饭。主人家既然主动提供这样的待遇，我们也就不推辞了。

村民的农活计，龙珍美、龙兴明两户收荞子。数量也多，各家用一张大车都装得满满的，两大车拉运回家利用家里的晒场打收荞子。

村民龙兴华是参加自己的亲属婚宴席，一早就夫妻两人开着一张大车拉运礼品而去，礼品安排是一只柜子、一只箱子、一头小猪。他家的亲属居住于款庄莫依龙村和荞地山村（苗族），苗家的婚宴是一天，重要的亲戚要吃4餐饭，过两个夜，才走了一起喜事。

2007年12月15日　农历十一月初六　星期六　晴

建房浇灌一楼。今天的户主龙福祥建房浇楼工程顺利完成，一早我们建房人员就忙碌起来，扎浇楼钢筋，围边壳子板。我们从早上一直忙碌到中午才完成各边工序。

下午浇楼工序情况：村子农户浇楼情况是形成规律。那就是按工程规模的大小，需要劳动力的多少，由建房主人找请，所找来的这些人员就不付给工钱，不但不付工钱，反而还得为主人家送一点礼，表示祝贺支持，再说，所请来的这些人员都是自己的亲属朋友，建房都是依照这风俗规律而行。今天浇房楼的工作人员约有40人。晚餐不但有当天的工作人员，还请村邻居、亲戚朋友都来就餐和祝贺。

小评论，今天的建房浇楼：叙述两件事，一件事是：上午的支模、做壳子板。先是由学忠、学德、学祥他们3人来做这些建房技术工。但到后来由于建房任务繁多，所以我们参与建房的人员也积极配合，下手协助，这样工作效率就快了。这样我们结论说：通过学习和实践，我们也学到一些工艺了。二件事是，建房主人龙福祥家这餐晚饭，特别讲究，为我们建房人员和村邻舍朋友办好宴席，有鱼肉、鸡肉、饮料、汽水、啤酒，各人尽情饮用。

2007年12月16日　农历十一月初七　星期日　晴

圣诞节庆典活动。参与昆明市五华区大平滩教会圣诞、感恩两节期的庆典活动，当然是在邀请下参与庆典过节。我们教会乘车前往的情况是，我芭蕉箐村出动两张大车，一张拉运寻甸县则鲁箐教会的诗班人员，第二张拉运我们芭蕉箐教会的诗班人员。因为我们邻近县，被请协助他们工作。

小评论：参与苗家教会过年圣诞和过感恩节的受阻难关是堵车。

2007年12月17日　农历十一月初八　星期一　阴

晒粮收粮的农活计。四儿学德今早打粮（苞谷）准备晒粮。经一个早上打好并打晒于场上。突想起他妹托办的事，急于上街办事，不料一个整天，天都阴沉沉的，下午时不但不晴还打起雨点来了。眼看有雨，学德又上街去了，此时学忠儿媳跑来打粮收粮，我们两老人也出来协助，人多力量大，不时我们把晒在场上的粮收完收好，并把一大堆摆放于场上的苞谷理清白。

修车。昨晚我们教会诗班乘坐的一张货车回途至我村山后中，突然前灯瞎了，发动机的水箱也全部烧干了，发动机被烧得冒烟子，眼看恐怕烧坏了。我们只好停放在路旁，待今天去检验是否被烧坏了。吃过早饭，车主和另一驾驶员到现场检查是什么情况。通过检查，没问题，接通前灯线就行了。原因是车主对车保养生疏一点。

2007年12月18日　农历十一月初九　星期二　晴

摩托车培训。五儿张学祥参与摩托车培训，前次已参与理论考，昨天和今天是到富民县城参与路考。上次和这次都已考取。据说还有后两次考试，就可完结学习和考核任务。

评论：我村有摩托车的农户是27户，但这次张学祥是首次一人参与报考和学习。摩托车培训是我们一个难题，因村民大部分都不识字，议论中都说怕考理论，所以说到参加学习和考核，大都灰心、失望，勇气不大，但是形势所迫，办齐全自己的车证件很有必要。交通法规越来越紧，往往就是这些贫困民族吃亏。所以参与大小机动车训练也是一项重要建设。我们只有积极地参与学习和考核，取得合法手续。

2007年12月19日　农历十一月初十　星期三　晴

建房。村民杨兴明建房，只建住房。工作之需，形势之迫，一个民族村寨一个家族都已自然形成有自己的建筑队来处理本村寨的建房工程。幸好都是些小工程，在实行、实践中已有一部分村民喜欢请去协助帮忙，当然是讲定是点工，或是包工。这户是讲成包工，砌好一个空心砖0.50元，一个房子砌好盖完，按整个房子的砖块数量计标。今天的建房是头一天，他家要求很简单，所以预计五六天可以盖好。村民龙福祥家拉运建房扩门场石，是近处拉，一天也拉运了很多，也做了些活计。

小评：农夫们很勤俭节约，自己能做的农活计都尽上自己所能。一是尽量不麻烦他人。二是尽量节约经费，是比较好的一方面。三是农夫们有着吃苦耐劳的精神。任何艰苦的农活不计较，已养成习惯了。

2007年12月20日　农历十一月十一日　星期四　晴

建房。村民杨兴明建房，材料空心砖。建房今天是第二天。昨天的建房人员是3人，今天是7人。经一整天的辛勤努力，我们砌房墙的高度已砌完一楼。建房小小的工程，已计划有一楼二楼，房顶计划用水泥瓦盖。

技术工的紧缺。这家也需技术工，我们正在施工中，村民龙兴德也因待筑房要办婚喜事，而叫学忠、学德、学祥也去帮他家粉墙。我们只好留下学忠、学德掌握建房技术，而学祥一人到龙兴德家参加粉墙。

小评：随着社会的发展和需要，人们平时的生活、工作已形成常识，也随着工作建设的需求，社会、民族、人际中涌现出科技智力人才，适应社会和人民的生产和建设之需。以往人们的生活中，都是投师，求师，而现在科学知识普及和应用，很多事工、建筑项目、简修机械已是我们平时日常生活了。俗语说：路是人走出来的，通过实践和学习，很多事工已成为我们平时日常工作了。

2007年12月21日　农历十一月十二日　星期五　晴

三女儿、姑爷订孙女婚事，住于嵩明县白邑乡三转弯村委凸董箐（苗族）村。村民姑爷龙学祥订婚事，"压八字"（是新郎给女子办设婚嫁妆交礼钱的日子）。作为父母的我们被请赴席。我家父儿5户，留下五儿张学祥看门喂牲口，我家父儿四户8人和柿花箐姑爷家2人共10人和有关亲属12人乘坐一张大车前往。中午12:00时，我们出车，行程一路顺利，4个小时我们已到达嵩明县白邑乡凸董箐村姑爷女儿家了。他家正为这订婚宴席做饭煮菜。

订婚宴席情况是：宾客、邻舍、亲属来庆贺支持的有72户。礼物分别为苞谷50公斤、人民币1415元，新郎交给女方办嫁妆的人民币1200元。女方退40元还新郎作为留情意，混嫁妆应是1160元。晚宴情况是：来客和有关亲属密友全部坐好，分享餐礼就是这晚餐的鸡肉，所有好吃的鸡肉、头、脚、肚、腿的部分全部留下，在场的人员每人分给一件，作为晚餐礼品，或是把新郎带来的礼品糖果每人分给几个大家分享。最后由女方的父母向新郎方商定婚礼，要钱，或是要一头肥猪作为订婚决议，或是讲订婚讨嫁日期时间，就可了此事。

2007年12月22日　农历十一月十三日　星期六　晴

参与姑爷女儿订孙女的婚喜事完毕之后，没有工夫停留在他家做客，或是顺便协助他家干一些农杂一天。我们因村里农户托我们包工建房的工程还没有完结，明天23号又要参与寻甸县肥草箐教会过圣诞、感恩两个节期同庆，所以我们只好向姑爷家讲清楚而返程了。

满载姑爷、女儿、亲属的深情厚谊返程回家，这次的探亲，贺婚喜事，我们仿佛到了另外一个天地，当地政府高度地重视关怀着人民的兴衰。积极采取强有力的措施扶贫。所有的村民，政府安排他们各家各户把牲畜圈房盖好，不论工程的大小，盖好后，叫政府有关部门来验收后，建盖的建房材料由政府支付。每户给他们200株核桃秧苗木（每株价值12元，200株×12元/株=2400元）。据他们介绍，政府开动大工程，用推土机为村民改平山地，要种上核桃。沼气建设，号召人们建沼气，建好之后，不要人们出分文钱。

我们回来时，姑爷家又给57棵核桃秧苗木，价值合684元哩。当然欢欢喜喜领受亲属之爱而结束这次的探亲。

2007年12月23日　农历十一月十四日　星期日　晴

参与寻甸县肥草箐基督教会过圣诞、感恩两节期同庆礼拜活动。肥草箐教会坐落在我们教会的东南方向，车需行驶3个多小时，又要绕道通过鸡街再转向南方向去。位置在可渡、可郎方向。为避开堵车，所以要参与肥草箐教会过节期的大小车辆不但要蒙上车帆布，还需在天未亮之前走过鸡街。所以我们教会诗班的车子行驶过鸡街后，天才亮明。我们的车子顺利到达。他们教会诗班排队唱诗欢迎我们的到来。

圣会的基本情况：活动规模，是寻甸县富民县等13个团队教会聚会感恩活动。今天的献唱、舞蹈、奉献仪式等，主角是本堂诗班，他们在本堂教会诗班出场献歌献舞蹈都分别做 4 次登场演唱。

2007 年 12 月 24 日　农历十一月十五日　星期一　晴

建房子。村民杨兴友的哥哥杨兴明为他建房，用于结婚，建房材料使用空心砖，是为节约起见。建房方式，采用包工。经我们三天起早摸黑努力奋战，今天的砌砖安房楼的木料和安房梁木以及安房水泥瓦已经钉好。整个建房工程，他家只留下一项，就是浇一楼地板的工序，没有包给我们，他家要留下自己做。

小评：建房工程我们尽量努力，力争省时间、省劳动力把它建成建好。力求主人家和他人以及我们建房人员三方满意。建房工序中也力求不偷工、不减料、保证质量，再说建房主人家与我们是哥弟亲属。三天的工序中，建房人员，每天有 6—7 人，这家建房，我们建房人平均工资小工达每天 28 元，技术工每天 30 元，二三十元一个小工的工资不算高。但我们是本着学习锻炼，本着为亲属服务，本着取信于民，本着向科技进军，本着爱人如己，本着服务人群工作的。

2007 年 12 月 25 日　农历十一月十六日　星期二　晴

建房。村民张学才为大儿张约荣建住房，是为结婚成家。而女方父母提出条件，要求先盖好住房，然后才讨论他女儿，是为自己女儿好，免得出嫁还要大操劳受累。同时他因着下年就要结婚，迫使他安排经费建盖住房。几天中已破土施工，挖房基运建房材料，所以几天来渐渐进入建房工序中。今天挖整房基人员 7 人，出动一张大车拉运建房材空心砖。明天安排两张车拉运砖块，保障供给建房材料。他家的建房方式是自己建盖，因为原来自己也搞过，小小的建筑，所以也有把握，就不再找请他人建盖了。

2007年12月26日　农历十一月十七日　星期三　晴

教会研讨事工。我们芭蕉箐教会由于村寨散，教职也少，教会事工实在没有办法处理得周到完善。加之年关也将来临，下年的教会工作，牧养工作也待研究整顿而推动工作。我村小组人员较多，至于教会事工的整顿必须先提出方案供教会协商采纳。原先计划，我小组在今晚的聚会时探讨。

研讨会小组人员情况是男12人，女17人，合计29人。会议研讨内容如下：

1．增补两名女执事。提名，张秀敏、龙圣英。

2．推荐一名传道人。提两名，选一人，投票。

3．另选一名诗班长。提名张正福或龙学祥。

4．研讨。维修教会住房圣殿的规模，工程大小。

5．如何安排今年的济贫捐款项目。

结论：由于数目少，可能只出50元或100元帮助病患者就医或住院。议案得出结论提交教会采纳，征集广大信徒建议和要求。推动下年工作。

2007年12月27日　农历十一月十八日　星期四　晴

办婚喜事。12月28号是村民龙兴德给大儿龙学华娶媳妇的喜日子。明天新郎和娶媳有关人员，就要起程往新妇家办理娶婚礼仪。所以，娶亲户主今天就为办婚喜事忙碌起来。杀猪宰牛备办婚宴席之物。事务很多，幸好亲属邻居有关人员都来帮忙协助。当然一个家庭是把一年中的农业生产和其他的项目收入都积累而用于今年要承办的婚喜事。

小评：生活的改善提高，各民族的婚喜事礼仪也随之提高隆重，婚宴席生活待遇也随之提高和竞争。这是民族风情的大局，当然好，赢得众民的喜乐。另一种情况，办婚事那么简单，以往有些民族教师，有工资有能力有条件，但通过他们办婚宴席，令人感到受到亏待，又请客又舍不得花钱。此情况当然有，不过是属比较少。上述第一种情况是他们所付出的代价过了自己的力量。

2007年12月28日　农历十一月十九日　星期五　阴

娶媳妇。诗班琴师龙学华结婚娶媳妇的日期到了，12月29日是婚宴时间，所以今天28号新郎和有关参与讨媳妇的人，并和领娶亲的主领负责人就要领队到达新娘家交礼，并在新娘家过夜。所以今早办婚事的主人家龙兴德一家就忙碌起来，不但要准备娶亲礼品，还得给一行娶亲人员做饭。一行娶亲人员情况是：到新娘家交礼和负责办领取新娘主领1人，新郎1人，新郎陪伴9人，驾驶员1人，摄像1人，共13人。办婚事户主双方的父母和有关亲属都来协助指导，帮忙人员就有五六桌人吃饭。我也被请去特为此娶亲媳妇献上祷告。所谓唱诗祷告，是娶亲的一切工作已准备好，将出发之际，宣召唱诗祷告再出发。所有观众随队到村头围观。

2007年12月29日　农历十一月二十日　星期六　阴

结婚，村民龙学华结婚礼仪。今天是娶亲返程。一早从新娘家打来电话说请讨媳妇主人家再开来一张货车。因嫁妆还需要一张车，昨天配两张车，今天再增配一张车，计划三张货车拉运嫁妆，一张客车载运新郎新妇和送亲人员。行程情况：客车载运新郎新妇往东村镇市装扮插花后又折回东鸡公路而开往芭蕉箐村，运载新郎新妇的客车进我村时，时间约下午5：00许，运载新郎新妇的客车和三张运载嫁妆的车辆都停放于教会场院上休息整顿，客车也只把新婚夫妇以及陪伴随行人员送至我们教会场上。

教会唱诗班们排队唱欢迎歌迎接新婚夫妇的归来。一对新婚夫妇分发给唱诗班每人4—5个水果糖表示谢意。此时所有来客们夹道围观，由讨新妇户主早已安排的两青年女子在村口迎接新妇，陪着新郎新妇一直进入内屋（原先安排好的房间）。此时娶亲告一段落。

2007年12月30日　农历十一月二十一日　星期日　晴

昨晚的婚礼见证崇拜、祝贺完全是围绕一对新婚夫妇。

主管婚礼事报告礼品情况是：

1. 粮食360公斤。其中大米270公斤，苞谷90公斤
2. 酒7瓶
3. 婚宴来客140户
4. 总共礼钱12785.00元

小评：我芭蕉箐村婚事来礼上万元是首次，是第一家。这也是一种势力的竞争。新妇娘家打发的嫁妆三张货车拉运价值高的有三件：①一台彩电；②一台洗衣机；③一张新摩托车。嫁妆价值当然也是上万元。

2007年12月31日　农历十一月二十二日　星期一　阴

参与则鲁箐建圣殿。则鲁箐圣殿是寻甸县鸡街乡黑山脚35户的苗族村因蒙恩有外援，引进8万元建的，据韩国宣教士布置，建圣殿如超出这8万元，叫他们则鲁箐找借款盖好。超出部分，他们也愿意考虑承担。

造圣殿工作开展快有一年了，而现在韩国传教士要求竣工典礼时间订于2008年1月8号。时间紧迫，他们也只好向我们教会求援，协助几天贴瓷砖，因他们小村寨人员稀少，建筑事工紧迫。

我们接受任务后，相约得10人乘坐5张摩托车前往支持。工作一天，效力并不为好，因今天的天气格外寒冷，又加之北风刺骨。我们也只好工作一时，烤火取暖一时，工作时间不如烤火时间长，所以自然就形成几乎工作量只有半天。加之我们有10人，但只有5人比较熟悉活计。我们其他的人员只好从事于杂活、拌灰浆、供造房料子、递材料、提灰浆。本着为此圣工添砖加瓦，尽上自己所能。

2008年
村民日志

2008年1月1日　农历十一月二十三日　星期二　阴

造房。张学才为大儿张约荣造住房，因今年将要结婚，所以先造好住房。造房人员少，技术工少，挖房基、砌石脚、找平都需要技术工。今天的造房工序已正式完成，砌房墙、造房基的工序速度慢些，砌砖墙只要技术工、造房料子供上，速度就快了。农户龙福祥家的造房工序是拆模板。从浇房楼到昨天已有20多天了，所以需要拆模，又需要浇地板，今天的造房任务主要是浇地板。造房人员有7人，造房工效较佳，完成了浇地板后，再坚持把二楼上的房栏杆砌好，房栏杆砌好天也晚了，我们才息工。

造圣殿。我们教会协助寻甸县则鲁箐（苗族村）造圣殿。昨天出动劳动力10人，今有5人。我们教会支持他们造圣殿的物资为大米40公斤、猪肉7公斤，数量不多，只是想为此圣工添一砖一瓦。

2008年1月2日　农历十一月二十四日　星期三　晴

圣诞节，我们芭蕉箐村小组过圣诞节。圣诞节是每年的公历12月25日，是国际固定的日期。由于乡村民族教会过传统感恩节很隆重，每个教会只好提前或推后过圣诞节。我们小组就商量定于今晚过圣诞节。今晚的圣会上，几乎家家户户都献上诗歌和赞美来见证这一盛事。

小评：在小组的庆典上分享圣诞礼物的规模有所扩大，超越历年之规模，各信徒家户的礼品样品很多很齐全。

1月2号是东村街天，很多信徒都已经上街买物品准备过圣诞节了。

2008年1月3日　农历十一月二十五日　星期四　晴

造房，张学才侄儿家造房。造房的工序复杂活计多，要砌砖墙、要搬运料子、要拌灰浆。总而言之，砌砖房的人要什么就要保证供给什么。我们砌砖墙到中午时，眼看砖块不够使到晚上，四儿学德说："不够用到晚上，我再去拉一车，保证明天的供给。"所以学德出车到鸡街拉了一车砖回来。我们砌墙砌到晚上，然后又去下了一车造房的料子。下完后，天刚黑，我们再息工休息吃饭。这就是一天的造房活计了。

村民卖竹子。有人与我村农户订购竹子（小白竹），村里龙应华、龙兴德、龙福祥3户昨天今天都忙着砍竹子，他们签了2000棵的合同，每棵0.70元。

2008年1月4日　农历十一月二十六日　星期五　晴

领取摩托车驾驶证。五儿张学祥首批参加了摩托车驾驶证的考试。经过了三轮考试，理论考、考场、路考，已顺利通过。今天是1月4号，已考取的学员到富民县城有关部门领取驾驶证，中午12时到达县城，待到下午2时上班时才领到驾驶证。费用达800元，加之被东村派出所罚的200元，总和1000元，那是因为出去办证被罚，办合法证件是要付出代价的。

村民张学才造房。几天以来都忙于造房，昨天有造房人员13人，今天有14人。每天造房都是一边拉运造房材料，一边砌砖墙，高度已到安钢窗钢门圈梁的位置。村民来协助，是吃过早饭后出工，一直工作到天黑的。

2008年1月5日　农历十一月二十七日　星期六　晴

我们吃过早饭后，禄劝县万宝山村苏天友等2人乘坐摩托车来我们家，请我们帮忙摄像。我便问，办喜事啊？他说："我们村的村主任不通过群众的意见就与村委会多人砍伐大量木材，被我拦下留在现场，我们村村民每户一人白天黑夜在现场看守。而政府有关部门人员还要待三四天才来解决，我们已守了很多天了，叫你们来录摄一下现场树木数量后，我们便把木料收集起来，不再守了。以后丢失就是他们不行，我们已有证据，这样可以防止情况变动。"既然他们有需要，我们就不好推辞，于是安排了摄像人员随行。现场情况：采伐木料很多，已断好的木料用人工抬到公路边来了。木料有195节。全村每户出动一个劳动力在现场白天黑夜地守着木料，满山遍野的铺盖行李摆于野外，他们的意思是向有关人员要一点误工补贴。既然砍了，就卖钱了。

2008年1月6日　农历十一月二十八日　星期日　晴

村民张约瑟到外地参加学习和实行传教。2007年12月11日，他从外地领来一位同工，是姓李的弟兄，福建省人。从他俩到来到今天离开刚好是25天的时间。

2008年1月7日　农历十一月二十九日　星期一　晴

记述我们教会过圣诞节。不论大小教会，或是集会点都要庆典纪念。昨天为了过好节日，集会时间都用于排练圣诞节目，我们芭蕉箐村小组排练了一个圣剧，题目是《第四个博大》。

2008年1月8日　农历十二月初一　星期二　晴

造房，白天建房。一大早村民都上街购买婚事礼品和相关的年节用品。办完该办的事务，各随自己的方便乘坐各种车辆回到家后，再转入各自的建房工作。村民龙福祥家的建房工事已造好，昨天今天开始粉墙，墙粉好后，又要安装太阳能。等这户安装好后，我村已有2户安装太阳能了。这些建设项目、设备，用于人们的平时生活卫生之用，只有来年扩建。

运建房材料。一段时间以来，由于建房工程多，所以建房材料供不应求。建房农户，运回材料就建房，材料中断就停工待料子。几天以来每天出动两张车拉运料子供建房。一般每天不管远近都得拉运两转才供应得上建房的需要。

村农户其他的农杂活是找烧柴，用人工背，交通方便的农户是开大车拉运烧柴。有的是犁抄冬闲地，一般农户都还没有犁完。

2008 年 1 月 9 日　农历十二月初二　星期三　晴

栽核桃树。今天东村乡石桥村委杨德聪主任等 3 男 1 女乘坐一小车到芭蕉箐教会场来与四儿学德联系栽种核桃树一事。原先我村少部分农户已做了一个计划并向政府有关部门请求帮助解决供给核桃树苗木。今天领导干部来指示安排的情况是，树苗木数量不限，就是有两个要求：一个是要求连片栽，一个是尽你所能挖得多少树苗塘，就按你所挖的塘数供应树苗。树苗木价格每株 7 元钱，政府负责 5 元，你自己出 2 元。得知情况后，我便到山地挖树苗塘响应政府号召。栽核桃树，我今年已纳入计划，不论是从外买树苗，或是自己育秧苗木自己嫁接，计划栽 100 株，用一年或两年完成。而村民的情况经今晚四儿学德挨家挨户统计发现，只有 21 户响应栽核桃树。

评论：我村的农户，农作物早已种好了，再没有空地栽了，有的农户不留意，以为自己没有能力，种点农作物就行了。经过实践证明，果、林、木经济价值比粮食强多了，果、木投资很少但比起粮食经济价值是双倍数呢，果、树、木都得重视哩。

2008 年 1 月 10 日　农历十二月初三　星期四　晴

挖塘，栽核桃树。我村三分之二的农户积极挖塘栽核桃树，响应政府的号召，村民都愿意栽，而且要栽在好地里，因为附近的村社已受益，已尝到甜头了。我们都知道：一般一棵就可卖上千元哩。所以只要政府一号召，村民当然喜欢。所以今早我石桥村委领导上来了 4 个人指导村民挖塘，主要是帮助我们量好株距行距，定桩让我们好挖。所以白天，有空的农户都忙于挖树苗木塘。全村村民几乎都栽在好地里。石桥村委领导在四儿学德家吃过早饭后，因山里采伐过木料，还留着大量的烧柴，所以村委领导叫四儿张学德协助拉一车柴到石桥村委做烧柴。运气不好，车子到石桥村前的坡中时因用力过猛，传动轴断了，村委领导和四儿学德到东村镇上买车轴换上，才恢复工作。

2008 年 1 月 11 日　农历十二月初四　星期五　晴

建房。村民张学才家建房，几天中由于建房物资紧缺，所以边运输建房材料边建房，几天中料子已经拉运够了，所以这几天都有活计可做了，昨天今天都忙于建房。昨天要好木料，今天砌楼上房子的砖块。建房人员有 8 人。村民龙福祥家的房子已砌好，已开始粉墙，房间大大小小共有 3 间，技术人员少，每天有 3 人从事粉墙。原先的土基房粉墙是一种粉法，而现在的砖墙又是另一种粉法，当然现在这种粉法好多了，技术标准要求高。现代住房建筑工程，我们几乎是刚刚起步，但是已形成我们的日常工作了。有话说：科学并不是神秘的，是人人都可学习和掌握的。

村民大部分的农活工作是广挖树塘准备栽核桃树，农夫们的积极性很高，既然有了项目，就积极主动地挖塘，我们全村投入挖树苗木塘，有一难处，人到麦地里挖塘，麦子被踩，糟蹋的实在不好看，但要富裕就不管了，就得付上代价。

2008 年 1 月 12 日　农历十二月初五　星期六　晴

赶东村街。村民杨天祥昨天晚上来找车帮他家拉运苞谷上市出售。所以晚上的时候车子就开到了下边场上装好苞谷。货物又开上来停放在车房里，待天亮后出车上街。

防堵车。没有办证件的大小车辆在早晨 5：00 就出车上路，去赶早街了。我们办有证件的车辆等天亮后慢慢准备上路赶街。我们乘坐三儿学忠的二缸车去，由于拉运着两三户的苞谷，所以是重车了。我们坐在货车上的人员有 7 人，都坐于车篷上了。今天市场上的苞谷，粮管所的收购价是 1.63 元每公斤。苞谷数量最多的是杨天祥，他家的苞谷有 23 包。

由于怕堵车严重，货车和无证件的车辆早已停止拉运乘客了。人们为了生存，大量农户恢复了马拉车，拉运赶街人而收钱。广宽山区的人民恢复一户赶一只马拉着车上街，造成市场拥挤情况的是大小车辆，马、驴、骡满街拉着车，满街成队的机动车，各朝不同的方向行驶，又没有交通管理人员在现场指挥，秩序一片混乱，中午时才出现一名公安人员现场指挥，才慢慢从混乱恢复正常有序。

小评：社会、市场公众场所、拥挤路段，应引起有关部门领导的高度注视，采取强有力的措施疏通维持秩序，每一个集市街，都应安排有执勤人员维持街边秩序。

2008年1月13日　农历十二月初六　星期日　晴

我们教会事工活动——砍烧柴。由于外村社山村有大量采伐木料，摆在山中的不成材的、不要的树枝满山遍野。我们教会每年都需要烧柴，趁此之际，我们教会相约共15人开了张机动车去拉运烧柴。里程约有2公里，早饭由教会单位安排。中午过正常家教礼拜，并劈饼纪念主耶稣礼拜休会后，我们的事工又转入破柴，堆理成堆，我们整整用了一个晚间的工夫才把3车的烧柴破好、堆好。小组的生计活动，声势浩大，是社会上不可能有的一种能力，都讲奉献精神，讲爱心，讲付出，而且是没有时间性的。

2008年1月14日　农历十二月初七　星期一　晴

挖果木苗塘。石桥村委领导安排部署在几天中要抓紧挖果木苗塘，一两天村委领导就会来一转检查挖果苗塘进度情况，今天杨德聪主任一早就来我们村视察挖塘情况。到果园地视察后说，挖的果塘很可以。当他们要走的时候说：赶紧把塘挖好，明后天，果苗木秧就要到了。所以今天大部分的村民都在忙着挖树苗木塘。要求尽快把塘挖备好，就等树秧木了。

村民龙福祥家建房。几天中的建房活计仍是粉墙，由于人员少，今天粉墙人员只有三儿学忠一人。另外一项事工是建好住房之后把太阳能安好。

2008年1月15日　农历十二月初八　星期二　晴

建堂庆典活动。我们教会被请去参加寻甸县鸡街乡则鲁箐村（苗族）建堂竣工庆典活动。我们教会分为四个自然村寨，安排了一张大车，一路运载信徒前往参与庆典。几个自然村的信徒在各自村路口候车。则鲁箐教会坐落于我们芭蕉箐的东偏北方向，里程有6公里，大黑山脚下。庆典的概况是：因为要等待韩教士的到来，所以从早一直等到下午2：00才到来，等他们吃过早饭，又花了些时候。原因是他们支持投资了8万元建成建堂，所以只得尊重他们。虽然我们崇拜事项很多，时间又极有限，也只好耐心等待，依从人家的时间办好对外来的友谊团契。圣会开幕时，3个教会唱诗班上台唱迎宾歌，共60人上台迎宾，宾客们都很感兴趣。10多个献唱团队有来自富民县县城的，有来自永定县城教会的，大约有30人，他们献上的节目也有三四个，包括歌舞表演。韩国团队30余人也请他们上台献唱，请他们讲课，讲得很好，使我也深受感动而流泪。

今天的建殿竣工庆典奉献了大米182公斤，人民币当天奉献了5400元，韩国传教士奉献10000元。他们不等我们休息，坐着两张客车上昆明去了。

2008年1月16日　农历十二月初九　星期三　阴

忙着办喜事。侄儿张学光忙于给自己的长女张存英办出嫁的喜事，今天他哥弟几家忙着杀猪宰禽，为明后天的婚嫁做准备。由于事务很多，所以得提前一天做准备。今天的工作是杀4头猪和宰鸡，只有两位儿媳妇忙着杀鸡，还有一组人员开着一张小拖拉机上鸡街买物资。

村民龙福祥家建房。今天的工序是安太阳能和地下管道，并浇房门前的走边板，安装灯线。工程量大，或许劳动强度最大的一项就是拌灰浆，供灰浆，机平场面。这项事工几乎用去整天时间的70%。今天的劳动力有9人。

晚间教会集会活动。过好晚间的宗教生活后，青年和儿媳们为过好春节和参与婚喜事的庆典祝贺，在积极地排练舞蹈节目，不论人员到了多少，都珍惜时间，用一段时间操练学习。

2008年1月17日　农历十二月初十　星期四　晴

婚喜事准备工作。村民龙荣才1月19日结婚。所以今天是该忙着做准备了。非常感谢上帝赐福，虽量力而行，今天共宰杀5头猪，讨媳妇需要送1头，自己办这次婚宴需要用4头，还得杀鸡洗鱼，所以事务很多，帮忙人员出来协助帮忙了。今天的工作几乎忙了一整天。这些讨新妇礼品也随着社会形势的发展和习俗有增无减，真是需要大车拉运哩，幸好就在村里娶，还真是省事轻松多了。准备工作也齐了，只待明天的到来。

村民农活工作，砍竹子、卖竹子。今早有一起买竹子的来联系，是下村（汉族村）熟识的人来联系、面谈，买主主动给竹子定价，每棵竹子大的给1元一棵，小的给0.70元一棵，砍竹子任务下达给我们3户，每户各下达数量，分别为杨家砍200棵，龙福祥砍100棵，我家砍300棵，准备试头一车，如果竹子好，再通知继续多砍，时间从今天算起到第三天来拉。

2008年1月18日　农历十二月十一日　星期五　晴

婚嫁宴席。今晚出席孙龙、张翠英的婚礼。准备工作已进行几天了，今天正式开始，今晚的婚宴所有的来客都得赶到参与，那么服侍工作也得跟上，力求让宾客满意，也力求宽待来客，所以尽力加大这婚宴的投入。特点：大部分的来客，今晚吃了一餐，当夜就骑摩托车走了。由于冬季办婚喜事的很多而且又拥挤，有的来客第二天要赶往另一头客房，有的一天两个晚上夫妻还得分头赴婚宴哩，所以几乎60%的宾客只吃一餐就走了。所预备的宴席很丰盛，今早的宴席满桌都是好菜，食用之人又少，加之晚餐又要赴席往婚娶的一户。因为讨嫁都在村里，平时一个婚嫁都要吃上两三天，而这次的婚娶都在村里，所以出嫁这户吃两餐就过了。

2008年1月19日　农历十二月十二日　星期六　晴

娶媳妇。今天是村民也是教会诗班长龙荣才喜庆的日子，今天的婚礼仪式要从新娘家接新娘回新郎家。由于新郎新娘都在村里，相距约300米，所以只用两张大车拉运嫁妆，新郎新妇和陪伴就不必乘坐车子了。走不时就到新郎家了。

晚间的婚礼聚会礼拜几乎围绕一对新婚夫妇而向上主感恩，也特别为一对新郎新妇献上祝问，或有关婚礼的诗歌、歌舞，庆贺这一对夫妇今晚的成婚。又叫一对新婚夫妇上台，面向观众，诗班人员一男一女分别向夫妇宣读圣经有关对婚姻的教导，叫他俩遵行。然后向观众简述这一对夫妇在唱诗班，在教会的工作成绩，并发给礼品作为成婚留念。教会单位也安排礼品送给一对新夫妇作为结婚留念。一对新婚夫妇也分别送了礼品给诗班和教会来表达谢意，新婚妻送给教会一床棉被，新婚夫送给教会100元。

2008年1月20日　农历十二月十三日　星期日　晴

销售竹子。马街镇沈家村有专业种植蔬菜的村民向我们购买竹子。一运输车的数量达五六百棵，到我们村来砍伐。我是给数目300棵，龙福祥家给100棵，杨天友家给200棵，买主给大的小白竹1元一棵，小的0.70元一棵。给3天的时间砍竹子，到今天已有三天了，所以一早就开来一张130车，起先我以为是来买肥猪的，后来，切实就是来拉我们砍的竹子。我自己的情况是大的砍得33捆，小的砍得7捆，他家（指买主）给价情况是，33捆，每捆绑10棵，33×10元＝330元，小的7捆×0.50元＝35元（小的只给每棵0.50元是合情合理，是买主给的，我自己喜欢也同意）。买竹子老板的车小，所以把每棵竹子断成两节，使之好上车，好拉运。这样，就从早忙到中午才装好车。我卖得的情况是父儿3户合并砍，卖得365元。数量稍大的就是我家了。

2008年1月21日　农历十二月十四日　星期一　晴

我们村村民活动事项栽种核桃树。参与种植的农户有22户，看来农户们的积极性都比较高，能够主动地去栽种。有一部分农户栽核桃树是栽在麦园地里，从挖塘放基肥到栽下树苗木都比较认真，已按质按量做好、栽好。关于薄弱环节：因我村今年是初次安排，属于随便给一点的，没有被立为重点对象。按我们的计划是都想要栽上两三百株，至少都要栽上100株。就连我自己计划都要栽上100株，但分树苗木的时候，只给了20株，那就远远供不应求，只好是政府给多少，我们就栽多少，不够的部分，就自己想办法，两年扩栽。今天我栽下16株，是原已挖好了树苗塘，工作条件比较困难。栽树用水是往低处挑，背到山上的地里面栽，路途又远，又上坡，所以工作下来就比较困难一些。

树苗木上边政府给的太少，幸好我今年有已育好嫁接好的核桃苗木20株，亲属家又给我50株，已满足。

2008年1月22日　农历十二月十五日　星期二　晴

赶东街村。村民一部分是上街买卖些日用品，有的是带自己的孩子上街，买些自己孩子所喜欢的衣物，有的还需要上街买婚喜事之礼品，还需要送礼，因为一年中的婚喜事还没有结束，有的婚喜事还安排到明年的正月哩，不过始终是少数了。今天上街需要办的事务不多，我们上街的人员乘坐四儿学德的车，四儿学德又是我石桥村委的护林人员，乡上又安排有我东村乡的护林人员会议，又要等到下午1∶00才开会。会议要开一个小时,所以我们在街上等学德的车,等了些时候,回途的时候开快车,又是空车,所以不时我们就到了家。

村民不上街的农户仍坚持抓紧时间栽种上边政府安排给的核桃树苗木。他们争分夺秒地工作,直到栽完树苗木才息工回家,回家时,天色已是很晚了。

2008 年 1 月 23 日　农历十二月十六日　星期三　晴

杀过年猪。临近年关了,年关工作也比较多,杀过年猪就是一项准备工作,还得几家相约宰过年猪,几家联合可省时间,省劳动力。今天我们村就有 8 户村民宰过年猪,并到附近村寨又是请客,又是打电话,请亲属前来吃晚餐,他们都谢绝了,说是宰猪,所以没有请来一个客人,我们只好自己吃晚餐。

栽核桃树。四儿学德家的核桃树苗已挖了 40 多塘,但还没来得及栽下。今天我家父儿四户宰猪,四儿叫我帮忙把树苗木栽一下,完成此项任务。所以我们吃过早饭,用汽车把栽树苗木所用的水一道用大铁桶、塑料桶装够,从家里拉往山地里栽树苗的地方。经过一天的辛勤工作,已栽下 40 株,栽好并浇够水。

2008 年 1 月 24 日　农历十二月十七日　星期四　晴

栽核桃树。四儿学德昨天栽下核桃树 40 株,因有 10 多个树塘还没有下好肥料和肥土,所以今天坚持把这 10 多塘树苗整好并栽好。由于交通方便和自己有车,所以栽树苗用水都从家里一便用大铁桶和塑料桶拉运到山地里去浇灌树苗。我也趁此之际,一便把我栽在山地中的树浇好水。这些繁重的体力劳动,已逐步运用机械了,当然轻省多了,又省时间。

村民侄儿张学才家栽完了核桃树木,今天就已转入建房。一段时间以来,由于婚喜事多,加之要完成栽核桃树任务,所以只好把建房事工停了下来，待办完婚喜事和完成栽果树任务后，又转到建房，由于事工之多，建房人员也很少，所以建房速度很慢。

2008年1月25日　农历十二月十八日　星期五　晴

赶东街村。年关越来越近了，村民们正忙着变卖自己的农副产品。有的变卖苞谷，今天的市场粮价仍卖一公斤1.60元；有的卖阉鸡，今天街市价阉鸡卖一公斤30元，我有一只3公斤重的，卖得90元。挨近过年，阉鸡是卖到一公斤35—40元的，已过的中秋节，阉鸡是卖到一公斤38—40元哩。（卖鸡一事是因为有熟识的公务人员需要，为了今后的工作和友谊，所以价格就适当低一点。）

县果木科技咨询站今天到东村街市场宣传嫁接优良核桃，边宣传边给农户送来很多桃箭（桃枝芽），供广大农户嫁接之用而不收钱，四儿张学德要得一把。可惜，我今天没有上街，要是我上去了，就必须得要一些，因我正准备大量嫁接冬桃，自己也需要，多余部分准备供应市场给需要用的人。赚钱不赚钱无所谓，关键这是自己的喜好，俗话说干哪行爱哪行。

2008年1月26日　农历十二月十九日　星期六　阴雨

建房。侄儿张学才建房。这一段时间，由于婚事很多，加之要完成上级石桥村下达的种植核桃树任务，所以他家的建房事工暂停了几天，待其他工作完毕之际，就把他家的房子盖一下。房子的结构是砖木结构。几天中，房上的梁木和房上的一道人字木也做好了，今天他家盖房又是找工，又是请客，参加他家建房落成庆典。上午的时候吃过早饭，集中劳动力就先把房上的梁木以及人字木安好，才钉水泥瓦。建房工序多，而且今天又下起一阵雨来，大家又是休息又是避雨，时间约有一个小时。待雨过后，大家又坚持把房盖好，才息工吃饭。由于下过雨，晚饭席只好摆设于屋里，只摆得下三桌，当我们头席三桌吃完后天已黑了。

小结论：建房盖屋，请客是已形成民族风情。对于亲友的起房盖屋，我们也应有所表示，应尽上自己所能，送上一桌礼表示关爱支持。一个薄弱环节：时间观念弱，吃头席饭时天已黑。有从事教育行业的亲戚，天黑了，又下着小雨，要赶路乘摩托车回款庄圣经班。时间、事工是由人掌握，是由人安排的，什么都得讲时间性。

2008年1月27日　农历十二月二十日　星期日　雨

婚喜事多。昨天今天有中雨，村民龙兴明、张学全、张学忠三户因婚姻娶嫁之事，都赶赴婚席，在嵩明县药灵山亲戚那边作头客席而在外。老伴因婚席陪着姑爷女儿乘摩托车前往禄劝县九龙三哨旋窝塘（苗族）参与婚席并帮忙。婚喜事，可真是人生大事，路途之遥远，交通之不便，又像昨天今天突如其来的雨天，给行走在外的旅客带来重重困难和不便。

教会集会活动。

2008年1月28日　农历十二月二十一日　星期一　晴

改造果园。我家原有一园苹果已挂果10多年了，由于我们所处之地海拔低，果树和果子容易生虫（或者遭虫害），近几年来经济效益很低，准备把苹果树砍了，另栽上冬桃，或是核桃树或是大树杨梅，所以几天以来，我一边栽核桃树，一边砍苹果树，果树也长大了，一般果树直径有2.2分米，每砍一棵都砍得些烧柴，当然费时费力。

社会事宜活动——县国保大队春节慰问。今早11：00时接到富民县公安国保大队的电话说："我是县国保大队，你是张长老张正文吗？"我答："是。"对方又问："你收到我们的信没有？"我说："没有。"电话接着说："请你上到东鸡公路柿花箐村路岔口等我们，因为下雨，我们的车子下不来你处。"我又说："我还没有吃饭呢，等我吃了饭上来路口等你们。"我又问："你们现在在哪里？""我们现在在东村镇上。"他们回答。然后我们双方便说："好，就这样吧。"我吃过饭，喂好鸡猪，就赶紧上到路口，他们比我早几分钟，我们双方互相打了招呼，他们给我送来春节礼品，一袋重4公斤的水果糖，约值价32元，一盒鸡蛋糕约值18元，两样约值50元。每年春节县公安安排的礼物是100元，几乎是固定的，他们2人来送礼就给100元，只是一人来送礼就只给50元，今天所送的礼也只值50元。

评论：我们也不望他们给，既然政府领导安排给，这是领导的关心。我们当然感谢领导，当然接受他们的关怀。

2008年1月29日　农历十二月二十二日　星期二　晴

嫁接果木。25号东村街上，富民县有关果树资讯站服务部到东村集市场宣传，并在大街大市供给农户们桃箭，四儿学德跟他们要得一把，至今我还没有嫁接完，所以抽空今天嫁接，早上中午的时候嫁接。秧苗木情况是：小桃树秧育好在地里，待嫁接好后，等待成活，再移栽于山地里，或是待明年栽树苗季节，拿到市场出售。

县统战部安排工作。下午4:00时接县统战部打来电话，明天30号，县统战部到我东村乡政府来慰问基督教和佛教有关人士，叫我们通知东村乡的中民、祖库、石桥3个村委的神职人员，明天下午2:00到东村集中。我们也尽力通知了大部分人员，因时间有限实在无法通知好，只好看领导的安排了。

2008年1月30日　农历十二月二十三日　星期三　晴

县统战局杨局长今天到富民东片，对散旦、款庄、东村3个乡镇有关基督教会、佛教相关人士慰问。我们东村乡镇，通知下午2:00集中到东村乡政府等候统战部领导的到来。我吃过早饭，早10:00时我便出发慢慢前行，大约12:30时我已赶到东村乡政府了。我们等了一个多小时后，县统战部领导才到来。原先的计划是先慰问款庄乡，但据领导说，先到款庄但人员没来齐，于是他们打电话问东村人员来齐了没有？

我们代表人员说我们人员都来齐了，都在等着你们领导到来。所以县统战部领导就先下来东村会见我们有关人员，先给我们作了简短的讲话和问候，然后发给我们礼品——每人一床棉被为春节礼物。今天东街乡基督代表人士 7 人到了 5 人，2 人没有到场，所以县统战局托我们的人带去给佛教人员两位一老一中年纪的女士。政府安排给我们的礼品价值约值 150 元。

2008 年 1 月 31 日　农历十二月二十四日　星期四　晴

嫁接果木。一年之计在于春，嫁接果木的季节，农户们不同程度移栽果木树，重点移栽核桃树和板栗秧苗木。嫁接果木共核桃树、桃树、板栗树 3 个品种。村民大部分是扩栽核桃树和扩栽板栗树，并嫁接板栗树和修剪果树。我自己培植果树情况是：重点育核桃树秧苗木，去年栽育好，今年开始嫁接，今年成活后，明年再移栽于山地，所以今天开始嫁接核桃树和秧育过的树苗木。

小评论：木材和果木树，越来越被农夫们重视起来，因为各地区、各村寨的农户尝到了果木树的甜头。从我自己来说：果木树虽然不多，也实在没有能力管好，但是经济效益始终是农作物的几倍，目前这些果树效益都被人们所了解和掌握，所以谈到种植果树时，就算不宣传人们都会积极主动地学习和搞起来，当然有政府倡导，积极性就更大，效果就更好。目前农户们正积极向着果木树投资投劳。

2008 年 2 月 1 日　农历十二月二十五日　星期五　晴

抄犁山地。由于农事很多，村里建房占去了大部分时间，一般农闲地都还没有来得及抄犁。加之今冬没有雨量，冬闲地都已板埂了。幸好，1 月 27 日有下透雨；冬闲地没有犁完的农户，几天以来都在忙着犁抄地。今天三儿学忠到山地抄地，每次抄犁山地，都需要两三天才抄犁得完。

培育果秧苗木。今年重点培育果木的两个品种就是核桃树和桃树，今年的工作主要是嫁接。昨天今天开始嫁接核桃树，已嫁接了60株。出于自己的喜好，所以几天来一直在培育果苗木，越干越欢。

村民卖竹子。杨天友、潘兴德两户出售竹子，买主来自寻甸县鸡街坝子，买竹子是用于搭棚架。杨天友所砍的数量可能是400棵，潘兴德砍的数量有200棵，价格可能是每棵0.80元。他整装了半天，傍晚已装好，车子拉运着走了。

2008年2月2日　农历十二月二十六日　星期六　晴

赶东村街。农历十二月二十六日，离年三十晚还剩4天了。春节是人们隆重喜庆欢度的佳节，也是生活日用品最畅销的日子。我们农村的农副产品特有的就是蔬菜、水果、核桃、土鸡、豌豆等。

卖阉鸡。我家有两只阉鸡，前几天已卖了一只，今天计划卖第二只，重量有3.8公斤，要价一公斤40元。早上一个人来只给价一公斤35元。后来又一个人来，真的要给我买了。我便说："40元，我破你一元，我只要你一公斤39元。"买主叫我们复称有3.8公斤×39元／公斤＝148.2元。我说："只要你148元。"发现这位买主很老实很讲信用，我算得多少就是多少，他以我算，他不复算。我们卖两只鸡给他，两只鸡共计235.70元，他又添上0.30元，凑整数236元给我们。一般买主零头有1—2元，或有0.7元或是0.8元他都不给你了。这些好心人真是世上太少见。买后我问他："你是买了自用，或是买了送人？"他说："我是要买了送人的，要买很多的送人。"（很可能他是某单位上的人员，是奉差派的）村民龙兴明家今天卖10多只鸡，一般价是一公斤28—36元。总卖得800多元。

2008年2月3日　农历十二月二十七日　星期日　晴

主日集会活动。主持人、执事龙兴德，读经人张学德，唱诗班献诗，人员情况为5男9女共14人，都属于本村。

2008年2月4日　农历十二月二十八日　星期一　晴

犁冬闲地。我村农民一部分冬闲地还没有来得及抄犁，幸好刚下过透雨，很多农夫一段时间里都忙于抄犁山地，我父儿五户有一架犁牛每天轮流抄犁地，今天是四儿学德家犁山地，每家犁一天就犁完了。在芭蕉箐村我家的耕地算是最少的一户了，其他的农户起码要犁两三天才能犁完。

侄儿张学会家今天是找工挖洋芋。现在挖洋芋的方式都是用牛犁，找工，每犁过一沟，用人工捡过后，再犁第二沟，用这种方法就算需要的人多，也不会耽搁时间，这种方法已用了多年了。

修机械配件。过年乡村农户们家家户户都要碾米粑粑。过去都是用人工舂制而成的，比较费力，而现在社会进步了，人们都已采用小机器碾压而制成。去年买回一台小米粑粑机，只用了一年就损坏了（可能买的是次品），所以挨年了，三儿、五儿今天送上马街抢修一下，准备碾制米粑粑了。吃过早饭后，几个儿子商量后才行动，骑摩托车速度快，下午三四点的时候，他们就回到了家，配件费付出40元哩。据说机器的寿命都是可能只用一两次。

2008年2月5日　农历十二月二十九日　星期二　晴

碾压米粑粑过老年。乡村习俗几乎家家户户舂制压米粑粑。这种习俗从远古保留至今。我村为做好这项事工，从昨天起已在做准备，修检机器，安装机器，我村从去年已开始使用两台。历年是用一台机器，还服务到柿花箐村。这项年节事工需要一两天才能完成。我村今天用上午的时间做准备，洗米蒸好饭，中午和下午的时间碾压粑粑。以前，这项事工很累人，效率也很低，又爱做又怕做，而今天社会进步了，几乎难做的都已采用机械了，又方便效率又高，质量又好，人们爱用。今天我们用一个中下午的时间已做好8户的粑粑，其他的村农户是因为没有准备就没有参与。

年三十晚的用品。明天是老年三十晚了，一般肉类自己家里都已有了，大部分农户都强调好好过年。一般农户都要上街买鱼、买孩童的一些玩具、买水果一类物品。所以一部分村民今天上街办过年用的物资。水果昨天有外地老板拉一大车来供应了。

2008年2月6日 农历十二月三十 星期三 晴

春节事工在忙忙碌碌进行。一早石桥村委会领导打来电话说因政府的关怀，安排给我村一些春节年关物资，分别为10袋米，每袋15公斤，衣物3包。我们开着一张大车上东村街，一便春游，领上四个孙女孙子上街游玩，一便买过节饮料，孙子孙女在街上游玩吃米线、吃冰棒。一个多小时后，我们便从东村街回到石桥村委领取冬季救济米和衣物，然后乘车一路顺风回到家。

春席的准备工作。我民族的原习俗，都是随便过节的，后代情况则是随着生活的改善和提高，不论是婚宴席，还是年三十晚的饭席都逐渐讲究了，都要做些充分的准备，自己有的或是没有的，都要配备齐全。主要的上等菜类就是鲜猪肉、鸡、鱼。几乎80%的农户有如此追求，并且附近邻近的亲戚朋友都要互相请客，力求分享大家庭的温暖。

2008年2月7日 农历正月初一 星期四 晴

春节活动。我们教会有请正月初一集会礼拜恩典，如有需求都来参与正月初一礼拜活动。

花山节。正月初一、二，附近的几个苗族山寨青年男女成群结队流向万宝山，到山顶的火山风景区游玩。

小评语：不论是宴席、宴乐、旅游、度假、探亲，都应有健康、意义、目标。就旅游来说，能有机会和时间欣赏大地山川的美景，又能给我们增加见识和学问，那该多好啊。

2008年2月8日　农历正月初二　星期五　晴

苗族春节习俗。在正月初一、二这两天，苗民们都喜欢跋山涉水，射猎打鸟，野外运动。随着时代的变迁，野生动物飞禽走兽极稀少了，但苗民仍将这些习俗保留至今，根深蒂固。而这原因是远古时代苗汉战争所带来的创伤，古时正月初一的时候苗民借口到野外打禽射猎，实际是到汉家找苗王。今天我村男青年四五个人相约带上猎狗猎枪，开一张大车前往目的地打猎游玩，一些男孩也随着前往游玩。目的地是中民晓单，回来时，猎得一只箐鸡。所谓收获是极微薄的，人们不过是贪图运动、欣赏野外天地的美景和旅游之兴趣和喜好罢了。

温泉沐浴。温泉沐浴的地点在普渡河江边，距离我村有10多公里，从我村往西南走可到达。今天我村仍有一小部分村民前往洗澡。这也是我村民常进行的活动，而现在由于稍微有了一些设施，每人收一元钱，所以很少有人去沐浴，加之本村村民已有了两座太阳能了。

2008年2月9日　农历正月初三　星期六　晴

孙儿张约翰求婚、订婚。一对男女青年相识相恋已有一年了，只不过双方是同一个姓，都姓张，苗家习俗不能同一个姓结婚。但是时代变了，这些传统已难以保留了，张张、王王同一个姓都已开亲了，屡见不鲜。所以昨晚张约翰派龙荣才、张学祥2人做媒人，带着求婚礼到柿花箐村张家求婚，求婚的礼仪习俗得看情况，有的有明确的答复，给或是不给，有的情况是今晚不讲，女儿的父母只说：待我们问问女儿，她同意不同意，她去不去，我们再回复你们。这是头一晚的报信，明早还得第二次到她家，看看姑娘意见如何。今早做媒人的到她家（指姑娘的父母），她家一样也没有讲，但是已把初次到她家的订婚礼物收起，这样就知道这一家父母、姑娘同意了，这是头一步的求婚，订婚工作已定基了。今天父母和一对初定婚的夫妇欢欢喜喜都上街，赶正月初三的新街（指鸡街）。原先已听闻姑娘父母议论说，他家虽然不信教，但是他家的姑娘只给信教的。因为信教的有保证，从生活中已经了解了一些情况。

2008年2月10日　农历正月初四　星期日　晴

正月初四。2008年正月头一个礼拜活动。

2008年2月11日　农历正月初五　星期一　晴

婚喜事多。今天三儿张学德出车协助我四姐、四姐夫讨儿媳妇。是到禄劝县西龙大平地苗族村讨，新郎陪伴是请我村男青年4人参与。今天的娶亲喜事是：把讨媳妇的礼以及新郎和陪伴送到新娘家，今晚的礼仪是要在新娘家过夜，而明天吃过早饭，再从新娘家回新郎家。路途里程有20多公里（指一个单边），方向就在西边，我们对面，略略可看到他们的村庄。今天的主要任务是去交娶亲礼品和参加他家的婚席。

2008年2月12日　农历正月初六　星期二　晴

婚喜事。我四姐夫、四姐家讨小儿媳妇。来客情况：来客共有128人，几乎所有亲戚代表都已到来，并且送交娶亲之礼。据晚席公布礼币达5000元。至于晚间的婚礼见证会，是张继华主持婚礼，唱诗班为一对新婚夫妇献歌献祝词、献纪念品留念。

记述村里一桩邪恶事件。我村村民侄儿杨兴明有一妹妹，今天给杨兴明送来一小拖拉机空心砖材料，进村后，经过×××的门场院，一下子被杨××用木料、堵物等把小拖拉机团团包围了，不许小拖拉机进退，并说，不许你家过路，就不许。×××问道，你要多少钱？原先他们两户的房基地都已经过双方协商同意，并且用一块小耕地调换，取得同意后建一小空心砖房，而今天突然发生此恶霸行动，真是太稀罕少见。事态仍在发展中，且看后续发展。

评语：现时代潮流，有些中青年人真是无法无天，事事以自己为中心，目中无人，一心以自己为中心，他注定是要失败的。

2008年2月13日　农历正月初七　星期三　阴转晴

做客。昨天的娶婚礼，正客席宴持续到今天，一般的来客参与婚席一餐两餐就可以散客回家，但作为人家的三舅，能留下的就放下自己的工作而安心地在四姐家陪着他家做客。所能留下的、相识的亲朋密友10多人坐在一起，吃零碎糖食，聊起天来，一亲戚便滔滔不绝地讲述起来。他说："我从来不向别人提说我痛苦的婚事，4年来我妻子的父母，真是苦待我。我娶了我的妻子后，现在已给我生下一个小女孩，但对于我们夫妻的工作生活，我没有丝毫的权利，我娶回我的媳妇，她爹来我家要领他女儿回娘家，当我面不提说，只对他女儿说了我先把你的东西拉回家，明早上我再来拉你，这样就把他的女儿拉回他家去了。我俩分居已3年了，每次去把她领回家只住几天就走了，一去就不回来了。每次去领回都叫我送礼，3年我已送了9对鸡了，加之我的妻子时常又恶待我，这样我真是没有办法安心工作和生活。"

评语：谁知世上竟有这样邪恶、不懂事理、不讲情理、惨无人道、鼠目寸光的人，是我的反面教材。

2008年2月14日　农历正月初八　星期四　阴转晴

村民学忠的机动车，出车协助麻栎树村民搞基建。前方已拉了两车，仍不够。昨天今天都是出车拉运石料子供建设之用，路道里程一个单边约有20公里。

四儿张学德昨天、今天协助柿花箐村民拉运畜圈粪到山地，备耕之用。因是我村村民张文杰自己的姑爷、女儿的肥料，所以就是从我村拉运到柿花箐村的山地中。一天拉一趟，因为人员单，上够一车货物，需要些时候和劳力。

抄犁地。侄儿张学光家的农活计是犁抄冬闲地，他家的农活重点是投资投劳于栽培管理果树，结束了果园的栽植、嫁接、修剪后，几天时间又转入抄犁冬闲地。

我自己的农活工作是嫁接果木，春节前后已开始嫁接，至今还没有结束。自己的管理果木工作是漫长的农活工作，也是出自自己的喜好，现在即将转入嫁接冬桃。

2008 年 2 月 15 日　农历正月初九　星期五　阴转晴

村民学忠出车拉运石砂，是协助麻栎树村村民张××拉运石砂搞个体基本建设。几天以来是用于私人交通路道的建设。交通路道建设，不但集体单位搞，私人交通路道也是重要建设的项目之一。随着社会的发展和进步，个体户的农业生产和搞基建都离不开交通，部分村农户已认识到了交通的重要性，所以在积极主动修建个体交通道路，特别是购置有机械动力、农用中小型拖拉机的农户，就自己投资投劳，从事路道建设。

赶街。今天 2 月 15 号，东村、鸡街、两头街的村民大部分是上街买卖货物，有的卖苞谷，但数量少了，一般村农户用摩托车拉两小包上街变卖。苞谷现在只卖一公斤 1.60 元。

2008 年 2 月 16 日　农历正月初十　星期六　晴

办婚宴席。村民杨兴明为兄弟办求婚席。昨晚他家就挨家挨户请客，补席。昨晚我们芭蕉箐村 36 户都被邀请来做客了，被请的还有来自寻甸县的大水井村（舅舅三户、苗族）、来自附近的寻甸拉利村、我们富民县柿花箐、麻栎树村、则鲁箐等 6 个自然村的 100 多户村民。今晚他家的求婚席收到礼钱 1000 多元和若干苞谷和米。

评语：原先办求婚席，规模较小，参与人员也少，伙食也简单地吃一餐，吃过晚饭后，又有一个晚会。因为来客也多，所做的鸡也很多，所以他家主要的亲戚和邻居方便的都送一对或是一只作为礼物。吃过后有个任务就是在席的人员中，由主人定或是大家选定两个人做媒人帮忙去问儿媳妇（求婚）哪天出发。先从自己的亲戚家里找对象，或是男女青年对象早已找好，或是相识了。看情况而定，这就完成了求婚席了。

2008年2月17日　农历正月十一日　星期日　阴转晴
礼拜活动。

2008年2月18日　农历正月十二日　星期一　阴雨
交电话费。2007年12月18日，五儿学祥到富民县城参加摩托车培训时，从县城买回两台PST601无线桌面电话，用至2008年2月17日，已停机，需要到东村镇邮电所交话费才恢复使用（两个月就用去了180元的话费），所以今天我拿着钱上街去交两户话费。从我村上街步行需要两个多小时才能到市镇。我走到村头，村民杨天祥就用摩托车把我送到那边的山头，我又步行到山脚，他又赶上我，就用他的摩托车一直把我送到街上。办完事后刚要回程，又有熟识人——水平子村张绍林用他的小拖拉机从街上把我一直送到我们山顶，是顺着东街公路上来，我便谢谢他，并按平时的里程付给他油钱5元，他谢绝了，没有收我的路费。

2008年2月19日　农历正月十三日　星期二　多云
婚喜事很多。本村村民杨天友给女儿办婚喜事收礼席，所谓收礼席，就是一对新婚夫妇订婚后，特定一个日子，由夫方给女方购置嫁妆礼品用钱。在这个日子，要请有关亲戚密友集体补席，而称收礼席。现在情况不同了，随着社会的进步和生活的改善，在婚礼上不论求婚、订婚，还是收礼规模都在扩大，也变得更加隆重。所以村民杨天友给女儿办收礼席从昨天延续到今早，吃了早饭为3席，他家给女儿办收礼（交嫁礼）总收来之钱礼为1000多元，活鸡若干对。

下午参与另一户的出嫁婚礼。是附近的麻栎树村张继学家出嫁女儿的婚礼。他家没有请到我，只是我家办婚礼席的时候人家先已送了礼，所以到人家办时，自己也应当还人家的情礼，所以今晚也抽时间参与亲戚的婚礼。这就是我们最起码的情理。

2008年2月20日　农历正月十四日　星期三　晴

记述一桩偷窃案。昨晚8：00，我大儿媳过来喂牛，来时没有照手电筒，到牛房门前才照手电筒，把干草倒入牛食盒时，突然发现有个人在拴她家的母牛，已拴好了并忙着偷她家的小牛。看见此光景她赶紧把门关好，并上好门外的门闩，过来叫人。等叫人过去看时，中门已开开，贼人已跑了。我们便分两路，往东北和东南两个小路追寻一公里路，什么动静也没有。追寻的人员回来时，我们便仔细分析，作案贼人有两人，一人放哨，我大儿媳过来时，放哨的没有发觉，等有电筒亮光时，放哨的才发现，可是来不及喊那贼了，等我儿媳关好门，走过来叫人时，放哨贼人赶紧过来开开门，叫房内贼赶紧跑开。

2008年2月21日　农历正月十五日　星期四　晴

过节。我们有过正月十五的习俗，老年三十晚团聚不了的，正月十五来弥补，就是家人的团聚，或是家人亲属之间远的亲戚，所以年三十晚（指过年）互相来往团聚。过年时走访、探亲。过年时在那头过了，那么正月十五就应邀请来我这方过节了。特别是嫁出的女儿和父母之间的来往，或者，有亲人参加工作，在单位上和家人父母之间的来往少了，就在节期上趁休假探亲走访。

今晚十五日。我家父儿五户又被小女儿姑爷请上柿花箐他家吃饭并过正月十五，我家父儿五户乘坐5张摩托车去补席。近处村村寨寨都是如此来来往往补席过节，共度节日。至于生活待遇的情况：自己请客的，生活待遇上就要讲究些，自己过节，那就随便一点。

2008年2月22日　农历正月十六日　星期五　晴

赶集。赶东村街，大儿学全家卖600公斤苞谷，今天我们进入街上的第一家收粮店,他只给一公斤1.58元(600公斤×1.58元/公斤=948元),随后又有一位我们熟识的老板向我们说:"你们卖多少一公斤?"我们说:"我们只卖一公斤1.58元。"他说:"以后你们有粮送到我这里来,我给你们一公斤1.60元都行。"今天粮价低卖了两分,做个教训,以后要先问问几家收粮老板,再卖也不迟。在回途的时候,我们的车在砂厂等了约三个小时,才打够我们拉运的数量,幸好到石砂厂拉运材料的车辆是排队的,在场上等料子的车辆有6辆。如果建房材料不紧,我们一进石厂就拉到料子,回到家的时间还很早,可是由于在石厂耽搁,我们把建房料子送到柿花箐用户后,再折回家时大约已经下午4:00了。

五儿学祥的打工活是协助小松园一家修理摩托车的小老板修摩托车,已干了30天了。老板曾应许说,要给学祥的报酬比其他的小工工资多一点。

2008年2月23日　农历正月十七日　星期六　晴

加工人寿木(或做棺木)。村民张××去年老伴离开世间,跟我大儿学全借用了一口棺木,他家找村里会做木活手艺的张学才、张学明、张学忠几个人去协助他家做棺木,而且还要赔大儿张学全。今天是给他家做棺木的第一天。有关借用棺木这一事项,棺木的价值相差很大,材料好的,标准的一口价值可达1300—1500元,质量较差的,不符合规格要求的价值可能只达600—700元。今后,最好是双方评估价格多少,付钱或是做借,而且还要保证今后赔棺木时,材料要求几乎差不多相等。我村有史以来都采取借用而以后做棺木赔还的方法,材料质量不相等,矛盾在于人们评估、推理、见识有差别。

我家儿媳三户正月十五、十六日碾压米粑粑。因为自己的女儿从嵩明县凸董箐村回来探亲,看望我们做父母的,所以做点米粑粑给她带回家。现在都已用机器碾压制成了,很轻省,又好玩,又快,不但我们坝区人民喜欢做,就是高寒山区人民都很喜欢做,所以我们父儿三家今天做粑粑。

2008年2月24日　农历正月十八日　星期日　晴
教会活动。参与寻甸县凹口村献堂感恩礼拜。

2008年2月25日　农历正月十九日　星期一　晴
　　村民送孩子上学。吃过早饭，一张大车、两张摩托车送孩子们上学，孩子们又小，路程又远，约有6公里，所以孩子们忙于准备各人的学习用具和各人垫盖的被窝，准备好后相约前往。有的把孩子送到祖库小学校后，顺便上东村街买一下谷种，因为很快就要撒小秧了。有的送孩子到校园办完孩子的吃住手续后，就乘坐摩托车回家转入其他农杂活计。孙子张荣光是他爸爸骑摩托车送到东村中学的。据说，他还没有完成假期作业，所以老师叫回来做好作业再返校，到祖库小学的娃娃孙张良也是回来做好作业后，挨晚才又乘摩托车返校园。
　　村民张正华拉运肥料到我们后山山顶的耕地，是拉运到他妈妈家地里的。中下午转入砍柴，因地皮早已砍放有烧柴，两人砍够一车柴，也要些时候。当他家的车回来到我地边时，我便收拾工具，叫他停车载我一程，我们一起息工回家了。由于农活很多，所以采取早晚近处做活计，而白天做远处的活计的办法。村民今天大部分都是上街，一部分是卖鸡。

2008年2月26日　农历正月二十日　星期二　晴
　　交养路费。四儿学德交的养路费已到期了，所以相约荣才、学祥他们一早出车到富民县城有关部门交养路费。刚才打来电话说没有得办，可能是因为拥挤。要待明天才得办好，所以只好在县城住宿了。
　　评论：养农用车。现代农夫搞农业生产，像运粪料、收割庄稼、运建房材料都力求机械。因我们有的村社、山场和耕地路途遥远。如没有农用机动车支农，就没法搞好生产。乡村农夫普遍存在的情况就是，买得起车，而养不起车，这是实际存在的问题。像农用拖拉机、两缸车，年税就要 2500 元，但一年中也很少拉运货物，因为车多货物少。政府有关部门应当有所理解，城市和乡村、矿山与农区、发达地区和贫困山区，做生意和务农有所区别。就拿我们务农来讲，农用车我自己用，一年中适当地交纳给国家政府两三百元就行了呗？而且各县相差很大，如像寻甸县两缸农用车收养路费 1500 元，而富民县收税 2500 元，就是相差 1000 元。我们想办法把自己的农用车户口转到寻甸县落户，交税就少 1000 元了。

2008 年 2 月 27 日　农历正月二十一日　星期三　阴

车落户口。四儿张学德给下村绕文权买一张拖拉机两缸车，买价 12000 元，需要转户口，所以到富民县城转户口。关于昨晚的住宿，幸好遇到县统战部领导，他就强留他们三人安排到县爱国会办公室住宿，龙建光牧师和龙德寿传道员也在三自办公室，所以住在三自办公室。这次进城办车转户口，交办转户口手续费用 1200 元。手续太多，两天才办好。今晚回到家已是夜晚 8：00 了。

自己的农活计——整理耕地。冬间没有种上麦子的地，苞谷草都还留站在地里，四周的杂草和地中的乱草都得清理收集成堆，烧后才有利于今年大春的点播。由于坡陡，劳动工作只得慢慢进行。陡山地都是临时耕作的零星地，目的是护理地里的果树，待果树受益后就退耕还林。据现在我们所掌握的基本情况，果、林、木的经济效益始终高过农业经济效益。所以，初栽上果树的零星地暂时耕作几年。这些活计，工作起来费时费力，都望今后果木的受益。

2008 年 2 月 28 日　农历正月二十二日　星期四　阴有雪

运建房材料。村民龙兴群建牲畜圈，自己有农用车，便可自己慢慢拉运空心砖建房材料。现代建房的方式和材料都已大大的改进，原来的旧方式是全用木料，7—8年屋基上几层木头就已腐坏了，所以7—8年就得翻旧盖新，这样在住房上，人非常麻烦也很忙。近代的建房就比较讲究了，不论人住房或是畜圈房，建房材料都已选用红砖或是空心砖。可以说现代的人们建房都已采用一次性的材料了。现代人类的工作、生产、生活、建筑、科技、卫生都在突飞猛进地发展着，而且很普及。各村、各寨、各家都已自然而然地涌现出智力人才，担负着自己民族地区的建设事业的责任。

建房事业。村民多半是自己处理，自己建盖。人房或是要求比较规范比较标准的建筑，要求自己民族的技术人员建盖。我们苗族在某些方面有着飞跃的进步和发展，如学习操作电脑，广泛应用机械动力。

2008年2月29日　农历正月二十三日　星期五　雪

昆明残疾医院医生一行4人乘一小车专程来看病者侄儿张学华，由于昨晚挨晚就下雨下雪，土地泥烂，车子下不来，只好停车于麻栎树村侄儿张丛光家（苗族）。一人守车，医生下来3人。张学华已患病2年多了，病情非常严重，患病者受尽苦头，服侍的家人也苦够了。在实在无奈的情况下，侄儿张学卫给残疾医院负责人打电话，叫医生他们下来我们村给张学华看看病。昨晚医生到了，就给侄儿洗洗身子，搽搽药，并给贴膏药。此时，家人更看得清楚，病者皮包着骨头，背下部有一根骨头已露在外了，三儿媳看清此光景，非常害怕！昨晚医生们就在我们这里住宿。今早叫孙子张约瑟他们用辆摩托车送医生们到麻栎树村他们小车那里。由于昨晚整夜下雪，他们到麻栎树村后，休息并玩了一大个时候才又乘小车回昆明残疾医院去了。这残疾医院是由外国几家教会联合投资开办的。

2008年3月1日　农历正月二十四日　星期六　晴

殡葬礼。侄儿张学华因久病，耗尽气力而于今早8时许与人世离别。孙儿张约瑟从电话中告知有关的亲戚朋友。我们积极准备有关下葬的一切事工，青年人相约一早把下葬的坑挖好才回来吃早饭。吃过早饭就是等远方的亲属到来，远方的亲属来自寻甸的先锋镇、龙潭箐（苗族）、款庄大黄栎树。我们等到下午4：00时，他们才到来。亲戚还没有到齐，为争取时间，我们就举行离别礼拜。孙儿张约瑟来家请我主持离别礼拜。请来自远方的申老师讲道。

殡葬情况：离别礼拜结束后，死者家属亲友村民陪送殡葬上坟场，众人围坐于坟坑周边，把死者抬放于坟坑后，我们唱诗。亲友离别歌，祷告，撒土（意思求上主纪念死者灵魂到时复活升天，得享永福），到坟场地送别的亲友邻舍人员计76人。

2008年3月2日　农历正月二十五日　星期日　晴

主领圣会：王继光执事；唱诗班献诗人员情况：5男7女，合计12人；讲道：请来自昭通地区的申老师讲道。吃饼喝杯标记耶稣（就是圣餐礼）。今天领圣餐人数：77人。

教会附设教会事工研讨会，到会人员：7人。研究事项：处理2007年济贫捐款，落实到各个自然村，原已有方案，确定9号发放。我教会准备增补礼拜长1人、传道员1人、执事2人。9号礼拜天投票选举产生，定于3月30号，我们教会乘客车前往嵩明县药灵山，参加教会庆典建新堂开堂典礼。确定按全县协议：2008年1—12月每月捐1元补助，作为富民县款庄圣经办教育经费。

2008年3月3日　农历正月二十六日　星期一　晴

某宣教团队四人包括孙张约瑟3月1日来看望侄儿张学华。他们在我们这里停留了3天，今天早晨启程往款庄对面朵木得教会方向去了。对他们到来的小结：他们积极参与我们的各项圣工活动，他们所称的申老师，在学识、讲道、表达能力等方面都赢得我们的好评，众人的感受是爱听。他们的到来对我们是有帮助的。

我们教会为自养而耕耘农地，面积有4亩，到目前还没有来得及抄犁，所以教会同工们相约今天出动两架耕犁6人去清理地里的乱草，收集成堆，以后待烧。自养已开展了十多年了，虽然年收入只有1000多元，但在生活工作中几乎自给自足，解决了很多困难，特别是一年中的外出活动经费。

2008年3月6日　农历正月二十九日　星期四　阴有雨

泡秧田。我村村民进入泡秧田季节了。时间虽然还早，但应该提早做充分准备，提早节令播撒稻谷秧，为创造大春稻谷增产做好积极准备。儿媳妇都忙于泡秧田。昨天泡了三儿学忠家的，今天泡了大儿学全和五儿学祥两家的。田已泡了，谷种也浸泡了，狠抓时间，到时准备把谷秧撒下并管好，为大春增产打好基础。

村民机动车落户。富民机动车每年养路费要缴纳2600元，而寻甸回族彝族自治县缴费是1600元，相差1000元。所以我们村两张车前久已落了一张，5号四儿张学德也到寻甸县鸡街乡落户，从富民县转移到寻甸县，在富民办转移手续费800元，总共缴纳了2000元。

小评：我们自己是富民县人，但为节约经费已转落入寻甸县的户口，因为我们两县是临近县。如果两县的税收相等，就不必办这些手续了。

2008年3月7日　农历正月三十日　星期五　晴

建房。村民龙应华为利于养鸡猪起见，正准备搬迁到我村背后的山地坡居住。连日来忙于拉运建房材料。建房料子已拉够，已转入建房中。住房还没有建好，人已搬迁到建房工地住宿了。早晚回来喂鸡猪，而白天在工地上做建房活计。

评语：一般大村子，时常出现鸡猪瘟。如果场地宽，可以分散做几个小自然村，这也可防止鸡猪瘟传染。当然太分散也不好，因为用电照明、饮水也不方便。不论搬迁规模大小都要考虑才可行。

村民王××找村里张正才家的车往山里运送圈粪料。可能他家是找工上粪，所以装车快，一下子就装满一车。这张车拉运的数量多，车速也快，所以一天就运送了四趟，并且都是重车，总共可能收费：30元／次×4次=120元。我家父儿几口也是拉运圈粪，我村山地多半又是连片，都是在我村山后，就是与柿花箐、麻栎树两村接界处。所以，我一有空就把圈粪往山地运送堆放好，以便播种时之用。

2008年3月8日　农历二月初一　星期六　晴

赶集（赶东村街）。村民杨光德乘自己的小微型车上街卖青豌豆。目前青豌豆可能会卖到一公斤12—15元。原来市价是在一公斤1元左右，但是前几天就是2月29号这晚下雪，青豌豆和地里出穗的小麦都已冻坏了。所以，不论是青豌豆还是小麦的价格必然上涨。村民杨光德买小微型车的评语：科学知识，动力机械，科技是第一生产力。农村要改变，生产要发展，生活要富裕，就必备和拥有这些生产力。另一方面，是购置这些机械动力配套用于农业生产，是农业生产之需要，又是出于个人之喜好。虽然购置、维修、配件必然付出大代价，但就是爱好学习和提高生产力也是一种享受。

2008年3月9日　农历二月初二　星期日　阴

教会聚会礼拜活动。

2008年3月10日　农历二月初三　星期一　晴

修理农具。三儿张学忠打了一张耙，原先的设备都有，但因使用多年，在今年泡秧田时被损坏，需要修理完善以备耕种大面积田块时用。所以刚泡完秧田，有空就把农具修理好。昨天今天一个人已在进行修理工作，但由于一个人，所以还没有做好，可能两天才能完工。

小评：家族或是哥弟必须配合一套农具，到耕种时，小组或是父儿组成小单位而联合行动互助耕种，这样很好，有利于农业生产。这种方式我们已实行了多年，是自然形成的，必须形成组织才能完成收种和点播的繁重任务。好的一个情况是，历年点播季节约60%的农产品可以按质按量按时快速完成点播任务，较差的一方面是由于劳动力单薄，或是缺耕牛，或是无法组织劳动力，对点播任务造成较大影响，没有时间性，所以推迟了节令和任务，需尽快改进。

2008年3月11日　农历二月初四　星期二　晴

撒稻谷秧。今天三儿四儿张学忠、张学德两家撒稻谷秧。父儿5户出动劳动力撒秧盖秧。撒秧盖秧都已采取科技方法了，过去是撒水秧。那种（老）方法是比较难于管理，小秧又长得慢，需要45天才够栽。而现在撒干秧，先理好墒块后撒上谷种，并盖上薄膜，秧田水保持不要漫墒面，待小秧发青后，约有3—4叶时，揭开薄膜让秧苗风吹日晒，待秧苗肥壮后再移栽于水田中，利于秧苗的成长。现在育秧的方法还是比较有把握的。当然是在摸索了些年，付出了些代价才掌握了现代这些科学技能的。

村民龙应华的活计是建房。由于搬迁新地基，所以人住房、牲畜房用了好一段时间才建好，搬迁是为了独家村好养鸡猪而不容易害传染瘟病。另一方面，或许有些人是太自私，一村子人不符合自己的心意，早出晚归不愿意多见人，自己总是冷视别人，仇视别人，日子久了干脆来一个搬迁，搬到另一个僻静而时常见不到人的隐蔽地方住好。

2008年3月12日　农历二月初五　星期三　晴

撒秧。今天大儿张学全和五儿张学祥两家撒秧盖秧盖薄膜。每撒两家都是集中劳动力突击劳动，这样利于担负繁重体力劳动。我父儿很早就形成小个体单位，联合行动，协助帮忙，从不计较工天的多或少，这样极有利于我们的生产,也只有利用这种方法来满足和解决各家的困难而达到生产进度的基本平衡。

下午抄犁地。我有一果园地,需要改为耕地,已进行了工程。把老果树砍成烧柴后,乱枝杂草已收集整理成堆烧尽。需要把园地犁过一遍,这样有利于点种苞谷。一个上午撒盖好秧苗后,叫儿子们帮我翻犁一遍,由于近来都有小雨,所以很有利于耕犁。一对耕牛也很得力,不一会儿就耕完了,可真省力省时。

犁地评语:挖当然比牛犁好,但是如果没有耕牛来翻犁,硬用人工挖的话,劳动强度大而且费时费力,起码要20多天才能挖得完。现在地里的活计只要人工把大土块用锄头打碎后就好播种了。

2008年3月13日　农历二月初六　星期四　晴

选举我村村主任。我村20多年前,由于不够民主,村主任专权20多年,方方面面受到不良的影响。比如村上有提留款,每年村款1500元,但提留了20多年,至今没有1元的存款,这不是一件小事。今年我村来了一个较大的整顿,整顿项目如下:

一、选举我村村主任,张学德担任村主任。

二、今天宣布把个体户原来私有的板栗(原先收缴归公的)下放到原先的个体户。

三、我生产队培植的4亩板栗树,全部下放到个体户,我村39户人家,每户分得2株,39户×2株/户=78株。

四、选举稻田放水的管水员为龙兴明、张学才两人。

五、抽签安排今年大春的稻田泡田栽秧顺序。

今年我村的会议是石桥村委领导杨德聪主任和下边3个职员等4人在场召开的。对于会议结果,大家都非常高兴满意,觉得我们现在真是要当家做主了,大家都觉得我们今天的会议开得非常好,很有希望。

2008年3月14日　农历二月初七　星期五　晴

拉运。村民龙福祥家往山地运送肥料，找三儿张学忠两缸车拉运。他家山地多，牲畜也多，劳动力也强。一天赶时间装满4大车肥料并运送到山地里。一天装满4车是需要强劳动力的。从村里运送到山顶，里程约有2公里。两缸拖拉机马力很大，载重坡陡都没有问题，所以既然找车就尽最大努力而完成4车的拉运。村民侄儿张学光家也是找车拉运肥料，是他姑爷龙荣才协助帮忙运送的，由于劳动力少，所以尽最大努力，也只完成了3车，还包括早上运送的一趟。四儿张学德是协助麻栎树村杨华先拉运建房材料，早上跑了一趟，白天又跑了第二趟，到鸡街坝子拉运空心砖。芭蕉箐一个整村出动4张车争先恐后往山地里运送肥料，4张车包括一张拉运到住房新基地的车子。几天以来几乎所有村民都忙于往山地运送肥料，准备点播洋芋。据说有的农户已播下洋芋了。

2008年3月15日　农历二月初八　星期六　晴

村民的农活计仍进行撒秧，盖薄膜。这是我村的中心工作，撒秧，盖秧的工作是不互相影响的，所以秧田泡出来的农户就尽量撒播，劳动力单薄的农户就得几家哥弟或是亲属相约拼凑劳动力相互帮助而完成撒秧盖秧任务。

建房。村民龙兴明家前几天的工作是拉建房材料，现建房材料已拉够，近几天已转入砌砖墙，砌了三天，砖墙高度也够了。将转入清理大小房木梁，待理好房木梁并安好，就可盖上水泥瓦了。

小评：村里60%的农户几年来都一直忙于建住房建圈房，用空心砖盖虽然费钱，但很理想，还很耐用。几乎村村寨寨都用这种方式。

2008年3月16日　农历二月初九　星期日　晴

教会礼拜活动：万宝山村主持礼拜和读经；唱诗班献诗人员情况：5男10女，共15人；自然村小组，芭蕉箐村献诗人员8男13女，合计

21人；讲经：张学祥。

2008年3月17日　农历二月初十　星期一　晴

建房。村民龙兴明依然进行建牲畜圈的事工，建房材料还欠缺200个空心砖，昨晚礼拜散后，出车到鸡街拉回一车空心砖，今天才接着砌砖块。有人清理房上的积水。每天有6—7人建房，由于建房人员少，还需要一两天才能结束。

建牲畜圈。由于是小工程，所以村乡亲属凭喜欢自愿出工帮忙建房。每天凑得多少劳动力就算多少，不计工天，盖好就行。

小评论：龙兴明家是几乎年年都有大小建设，几年中，购置车辆，建盖沐浴室，四五千元，购置车辆达9000多元，购置加工机械3000元。今年给儿子承办婚事又达万元。

晚赴婚席。我村民有6—7户参与麻栎树村张丛光给长女操办的订婚席，订婚原来是小搞搞，而现在随着形势的发展，渐渐隆重起来了。几乎村村寨寨都隆重起来，大请客，伙食要吃三餐。可惜没有组织，所以都是各户步行而上去赴宴，而且时间也晚了。

2008年3月18日　农历二月十一日　星期二　晴

运输农家肥。水平子村昨晚打来电话叫我们出动两张车协助他们拉运肥料到山地里准备种洋芋。四儿张学德约上张正才，他俩出动两张车，今天一早就出车到水平子王家拉运农家肥料。由于他们有所准备，而且又找够了劳动力，所以经一个早上到中午就完成了任务而回来。

结语：水平子村（苗族）王家王××每年都请我们的车子帮忙运送农家肥到地里。这种信任，也可说是可贵难得，他们对我们平时都很信任尊重，一有事工都积极热情的联系，这种风气很好，当然也是一种美德。

挖地。我改造的果地，把果树毁了，另改成耕地，已犁过一次。牛犁不到处就用人工挖，多年没有耕耘，地板，土硬，天干。每挖一锄都比较费力，一天做不了多少活计，又累人，但是自己的农活工作，尽管没有挖完，也不计较。每天息工，因为时间晚，都筋疲力尽。用这种干劲坚持到底，大难事也变成容易之事了。

2008 年 3 月 19 日　农历二月十二日　　星期三　晴

交提留。我富民县圣经班，毕业典礼，感恩礼拜的研讨晚会。研究事项中之一就是办好我县圣经班欠缺 5 万元。代表们充分发表意见。最后得到全县 12 所基督教会代表们的充分肯定，克服困难，把圣经班坚持办下去，并且越办越好。每年办圣经班所欠的 5 万元，作这样来解决：我县有信徒 5000 人，每人一个月拿出 1 元钱，一个月我们有 5000 元，全年全县我们就有 5 万元了，这样就解决了办圣经班每年所需的 5 万元了。我们教会也做了动员，并也做了说明，由信徒的方便，可以按每个月，或者按季度，或是半年，或是全年一次缴纳好，清清白白，简简单单。信息一传开，信徒纷纷捐来，总共有 500 元。我们教会财经员张学忠和张学祥今天吃过早饭乘摩托车前往款庄马街圣经班校院送去经费。趁上马街之际，又上马街复印了些资料，以便用时方便。

2008 年 3 月 20 日　农历二月十三日　　星期四　晴

填表册。我县政府有关政策要布置给我富民县 12 所基督教会长老办"长老证"，所以，昨天今天我县传经员龙德青打来信息电话，通知富民县东片马街、东村几个教会集中到马街圣经班处填表。在填表过程中，表格需有所属教会负责人批示和简短附言，并盖上教会公章。我们只好往家里打电话，叫财经员张学忠把公章送来马街。2 个小时后，四儿张学忠就送来了。填了表后，圣经班的生活服务组又请我们填表人员吃饭。交通会后，龙升战老师请我们教会苏天龙、张有知、张正文三位长老和张学忠、张学德 5 人留后开长达 3 小时的交通会。他作了重要的讲话和指示并部署了工作。我们教会人员是乘坐四儿张学德的两缸车。回途中，到上郎当田时，不幸车右前轮被一颗铁钉扎通了轮胎，只好又向家里打电话，叫三儿学忠把工具带来，换胎，在路上又耽搁了一个多小时。

2008年3月21日　农历二月十四日　星期五　晴

村民农事中心工作是点播洋芋，所以几天以来都出动几张大车往山地运送肥料。我村最低海拔1400米，出产稻谷、花生等农作物，最高处约海拔1800米，出产高寒农作物苞谷、荞子、洋芋、燕麦、莜麦。所以自然形成山脚出产稻谷，而山顶出产燕麦、莜麦的局面，垂直线高达500—600米，里程有4公里，所以运送农用肥料和粮食非配备农用车不可。生产需要这些建设和设备，而生活工作中也恰好具备这些条件。

村民参与开校区家长会议。所有学生家长吃过早饭就乘摩托车前往参与校区会议。会议内容是全校8名学生不做作业，所以，学校老师召集学生家长向家长通报，希望老师和学生家长都监督，让学生能按质按量完成所布置的作业，促进学生稳步长进学好知识，开了半天的校区会议。

2008年3月22日　农历二月十五日　星期六　阴雨

学习。阴雨天气，农夫不利于开展农活，趁此良机，阅读学习材料，特别是一个教会施教人员，要多有知识、见识和体验。基督教每年的复活节是固定的，是这样推算的，每年春分后的第一个圆月是复活节，今年2月20日是春分。明天是3月23日旧历二月十六，刚好月圆，所以按此推论，3月23日，礼拜天，就是今年的复活节，星期四是耶稣的受难节。

2008年3月23日　农历二月十六日　星期日　晴

礼拜活动。

2008年3月24日　农历二月十七日　星期一　晴

协助水平子拉运肥料。水平子村王××昨晚打来电话，叫四儿学德协助拉运肥料，四儿学德因为开会，所以安排五儿学祥开四儿的车前去帮忙完成任务，早上就出车上去拉运。今天工作的情况是：有4户拉运，一户拉运一车，就是一天运送了4趟车。农户补助车油费情况：4户凭喜欢给了一百零点，可能车油耗费差欠60元，自己也不好意思要，人家也是凭喜欢，很多情况是，只有人家多给你。俗语说，不图一次，图二次。讲信用，讲关系，我们也得付出代价，付出辛苦，虽然吃亏，也值得。

村民张正才父儿两家种洋芋。吃过早饭就出车，拉运农具和洋芋种还有人员上山种洋芋。由于山地比较平整大块，耕牛也得力，所以一天的时间里，劳力充足可以耕种三四家的洋芋。一天的工作量就看需要，有已准备好或是连片的，或是有亲戚关系就可以大中小联合突击。他家今天可能是父儿两家联合突击，所以中午过后就开车回来了。

2008年3月25日　农历二月十八日　星期二　晴，晚间有雨

森林政策严紧，四儿张学德参加林业会议，因他是护林员，昨天今天两天会议，就是石村村民砍了一车干柴，这一车罚款8000元。然而交不起，车子被扣着，哪天交清，哪天来开车。又有几户砍着几棵，堆放于公路边，我石桥村委会林业人员向他说，你收起来，他不但不收，反而又从山里砍回了3棵，也是堆放在那里。这下林业局来见了，就罚他6000元，砍树的人磕头求饶，都不行，反正越求他越多罚，情况就是这么样。

评论：犯错误不论大小都是中国人，都属于人民内部矛盾，都应本着惩前毖后，治病救人的方针，适当地罚几百元，都还得看情况，如情况太严重的，或者是经多次劝阻而故犯的，才罚巨款。想来一般人都会听话的，应当好话说在前。不能来不来就讲罚款，最好的办法就是罚款，

别的好办法就再没有了,好像以理服人的政策太软了。有话说,取信于民,赢得人心的政策就用不上吗?中国是历史悠久的文明古国,我们应当继承这些优良传统。

2008年3月26日　农历二月十九日　星期三　晴

接待县统战部对我们教会指导人员,昨天已打来电话,县统战部今天到东村乡芭蕉箐指导工作。今早领导打来电话问因昨晚有雨,昨天的工作安排是否可行?我从电话上告诉领导说,你们的工作行程先路过水平子、柿花箐村,再到我芭蕉箐教堂,路是没有问题的,因为是大公路。他又问,那么下来芭蕉箐村呢?(又因是土路)我又说,白天会晴开,下午时,你们下来就没问题了。我吃过早饭,做些准备工作,先烧好两壶开水,再打扫接待室。因要迎接县领导的到来,往远处就不敢走,只是在近处做农活,一直等到下午4:30他们才到来。县国保大队1人,统战2人,驾驶员1人等4人。东村乡宗教管理人员王继宪和书记等3人。就是一行两张小车,7人。领导做了工作指点和安排,时间长达50分钟,然后他们就告别往回走了。

2008年3月27日　农历二月二十日　星期四　晴

种洋芋。几天以来,村民家家户户都忙于种洋芋。今天我家父儿5户种洋芋的情况是这样,原先准备的工作还不怎么充分,但有的已准备好,说一声,我们就种了。自己有着大车,肥料拉上还没装满,儿媳连上肥料、化肥、籽种、农具和人工一车拉走,真是声势浩大。今天我家父儿5户种洋芋,耕地又集中连片,山地又平整,一架耕牛也得力,每家所种的面积又少,一天就种完了3.5户的地面积。全村一天点种的情况是,共有八户种完。是以哥弟、父儿、亲族配合而种下的,因为涉及很多劳动力,比如,一架牛就需要7个劳动力。

唱诗班晚间练唱活动。因为3月30号这天,我们教会被邀请参与嵩明县药灵山教会献堂礼拜。今晚唱诗练诗的人员情况是男生 13 人女生 20 人，合有 33 人。

2008 年 3 月 28 日　农历二月二十一日　星期五　晴

赶集，赶鸡街。一段时间没有上街了，平时生活中需要上街买点日用品和买点食用小菜。平时上街也是一种旅游，欣赏和享受。记述堵车一事，情况是这样的，寻甸县和富民县邻近交界两县的亲朋、密友、熟识人平时来往相处。鸡街小黑山村张龙有一张四缸车，长年帮我们邻近的几个苗族自然村拉运建房材料和所需上市的粮食、货物。每到鸡街天是固定在柿花箐运送物资，协助苗民拉苞谷上市，而晚上又协助苗民满载农用化肥送回村。这天在街上，一天不见公安、交警，下午 4:00 时，这张车满载农用化肥和人员准备回家，走到街口边加油站的地方，交警车突然出现并拦截住我们的货车，把车钥匙和驾驶证拿走了，并清点我们车上的人员共 35 人，随后看看车上的农用物资太多，才还给驾驶员车钥匙。他们（交警）对驾驶员说，到 4 月 1 号，你下来交代。随后我们的车子照原样拉运回柿花箐村。

评语：现世道，难道农夫的货物装上车拉远行驶一个小时，车运到街上，要农夫慢慢步行上街。试想天下哪有此道理？应是连货物和人员一起同时到街，各人办理自己的货物的嘛。历史不能倒退到人背马驮的年代了，在有车后人们都需要乘车了。严管驾驶证件齐全才允许开车就行，因为人们都要生存，要生活。

2008 年 3 月 29 日　农历二月二十二日　星期六　晴

拉运农地肥料。水平子农户打来电话，叫出车协助拉运农地的农家肥料。电话是打给四儿张学德的。但四儿又担任本村村主任和石桥村委会的林业员，一段时间的会议和管林业事务很多，所以他叫村民张正才出车去替自己完成任务，当然每车的运费多少就归出车人员。

评论：原来我们也不晓得鸡街那边找来的车子运送肥料每一车就收费70元，但我们只是叫他们喜欢给，给多少要多少。有的农户最高的是给到45元一车。想想是个难题，那些农户也太不自觉，外人收费70元，那么你付给我们的车费就是给我们50元一车嘛！这就是我们常说，老实人吃亏。今后的改进方法是，应该把情况说在明处，每车收多少？路途多的多收多少，太近的房前后的又可少收多少，以此来加以改进。

2008年3月30日　农历二月二十三日　星期日　晴

参与了嵩明县药灵山教会（苗族）献堂礼拜活动。自己有着（本村）6张农用车，由于堵车越来越紧，我们只好外地请来4张小车，运载我们教会诗班人员前往参与庆贺。昨天早晨5：00时我们启程前往，是从鸡街经过柯渡、可郎、牧羊、阿子营、杨街、嵩明、小街、牛足村，再往北方向，上山路到山腰就到药灵山教会。早9：30时我们就已到达，路上已行驶了四个半小时。药灵山教堂建筑工程很大，殿房建成一楼一底，非常雄伟、华丽、壮观。殿房造价40万元之多。邀请参与庆典县区情况是，昆明市五华区、嵩明县、寻甸县、富民县等22个堂点教会和诗班人员。举行献堂礼拜是在堂内举行，因为殿长达7大间。圣会从中午12：00时开始进行各项目到下午4：40才完毕。当天奉献结果：①各教会赞助金达7000元。②当天奉献是7000多元，两项合计达14000元。

评语：我们的驾驶员（汉族，未信神）问我说，是不是政府拨钱给他们盖？我说，政府不给钱。

2008年3月31日　农历二月二十四日　星期一　晴

村民农活工作情况是：我家大儿张学全家今天割大麦，大麦是种于稻田里，当然播种日期也就早一段时间了，麦子早，播种时间也早，又要准备泡稻田了。历年的大田块，就安排先泡田，因我家这块田面积是有六工田，所以也要赶在先，因此大麦熟得差不多的时候就要割了。父儿媳我们一有联合劳动时，主家就要为大家煮饭。今晚大儿媳也是为我们煮饭，这是为酬报，也是为方便大家，又省劳动力，又省时间。

农林工作。四儿张学德的工作是我石桥村委会的护林人员，一段时间以来几乎都是往外跑，早出晚归，幸好是自己有着摩托车，几时要走就走很方便。报酬情况是，每个月给工资400元，一天是13.30元。农田农地干劳动，一般是开20元一个小工。这样算可就低了，但一个林业员，也有些时间是工作松动的，400元是低，但比起我们一个农夫来还是高的，就一个农夫100元也是个极大的数字。

2008年4月1日　农历二月二十五日　星期二　晴

卖小猪。我俩老人有7只小猪，有人来求叫卖两头给他养。我说，小猪还太小，我还要喂几天才卖。再说，小猪卖价也不稳定，人来给价，一般给价是活猪一公斤40元，我村村民张正才是卖一公斤50元的，外队麻栎树村讲现在小猪卖一公斤60元，所以，等有一个统一的卖价才卖。买主又说：小猪小才值钱，猪大价就低了，卖两小头给我。刚才我们讲卖价要一公斤55元，她说：一公斤50元算了。上村下李，熟识人，我们不好得多要价。五儿学祥说，50就50了，因为都是熟识人。两头小猪称计22公斤×50元/公斤=1100元。卖小猪另一个情况是，本村××家跟张约瑟家买猪，我侄儿张学华死了，留下妻子和二子，他家不晓得猪市价。杨××给他家买小猪时，他完全掌握市价，他买的时候问说，你家要多少一公斤活猪，寡母不懂市价，只说我要一公斤20元，3头小猪称得60公斤×20元/公斤=1200元。这个情况，只卖我们的一半价。这种出头人随便戏弄寡妇，假冒伪善师傅，可见他们的心地是这样。

2008年4月2日　农历二月二十六日　星期三　晴

我们村小组昨晚召集会议，研讨山场、山林折价，最少按0.50元/亩×总的面积,(每户)按50年计算，交费于自己生产队。4月3号我全村，每户一人到山林现场核实,这是第一个项目。第二个项目,今天全村每户出动一人,下到田坝,挖补雨水天倒塌坏了的水沟。上午的时间,一般村民都上街变卖农副产品。有的卖苞谷,当然数量少了,有的卖香椿,今天市场物价物资情况是,苞谷卖到一公斤1.80元,香椿之前卖一公斤15元,今天只卖一公斤5元。下午的农活工作是按昨晚会议所研究确定的决议,每户一人开新沟,准备泡田,头泡田农活顺利进行。通过昨晚会议,大家充分发表意见,只有依从昨晚的两项决议执行完成。通过大家提高认识就积极出工协助,完成此项目。昨晚会议研究事项还有关于差欠工天的农户,工作中,如果你差一个农工就付给村上10元钱做找补。所以,全村忙了一整天。我村上年纪的与义务工就全免了。

2008年4月3日　农历二月二十七日　星期四　晴

调整山场山林。从中央有政策调整山场,到落实面积,折算成总。今天是初次全村参与调整山场,基本调整完毕。调整的方式,采取最简便的方法,只是把集体原有留下的公山围片补给较弱的农户。全村大部分农户都有不同程度的调整,但始终是轻微的调整,远远满足不了村民的需要,但也比没有调整时好得多。原来山场最少的农户已得到增补一点,就这样完成了这次的调整山场工作事项。

评论:我们芭蕉箐村的公山下达到村农户没有搭配好,造成一部分的农户山场山林使不尽,用不完,而一部分的村农户的山场山林太窄,无法发展生产改善生活,一村贫富差距越拉越大,使生产生活造成发展不平衡,现在初次调整,就有所改进。这次调整山场有极个别的人员思想落后,自己的山林场界占着优势,就不管他人的死活,有调整政策,脸就变了色,说起话来,实在太难听了!这种人生真是活得没有意义,对社会、对自己的民族、对自己的家族没有什么贡献,一心要过一种自私生活,甚至还想过一种损公肥私的人生,幸好世上这种人是极少。想来,这种方式人生不会有好收成。

2008 年 4 月 4 日　农历二月二十八日　星期五　晴

村农活工作——摘青豌豆角。种有青豌豆的农户有龙珍美、张正才、龙兴祥、王才明、张会成 5 户。青豌豆刚上市时，价格只在一公斤 1 元，但自从受冻灾后，苞谷降到一公斤 1.58 元，而豌豆由一公斤 1.0 元提升到一公斤 2.70 元。有豌豆的农户都抓紧时间摘豌豆，早出晚归，忙忙碌碌，赶 4 月 5 号的东村街天。

评语：有俗话说，种在地，赏在天。物价真是无法操在手里，完全由不得人做主。

2008 年 4 月 5 日　农历二月二十九日　星期六　晴

卖豌豆。种有豌豆的农户今天运上东村街出售，销售青豌豆不同于其他物资，街市价不论高低，所以上街的农产品，先到街的几句话就讲成，开始收购，后上街的就跟着出售，而且随处都有收购老板，哪里合法就哪里销售。这种方式收购，变卖速度就快，数量不论多少，很快就可销售完。运输情况是，数量多的农户用小拖拉机拉运，数量少的农户就自己用摩托车运送，也是很方便。

其他的村民农活仍是往山地运送粪料。侄儿张学光请姑爷龙荣才协助用车子运送。工作中，由于劳动力单薄，一天的时间只装满两车。原因是车路没有通到家门口，是人工从家门前一背一背地背到车路上来。

2008 年 4 月 6 日　农历三月初一　星期日　晴

教会礼拜活动，我村杨兴明主持今天圣会，张学德读经。

2008 年 4 月 7 日　农历三月初二　星期一　晴

拉运搬迁货物。四儿张学德协助他哥潘××（四儿媳的姐夫）到寻甸县柯渡镇拉运房产回凹口村（苗族），位置就在水平子北边一公里处。因他家原先是在柯渡镇，而现在需要搬迁回来，所以今早打来电话，叫四儿学德开车去协助拉东西。四儿张学德吃过早饭，开车上柿花箐，执事王继光他俩人同去，从我们这里到寻甸柯渡镇，一个单程行驶两个小时就可到达。他们到后，吃饭、喝够水，休息一阵，然后装上家具货物，一起回来。到凹口村下完东西，吃过晚饭，就回来，到家时，天刚黑。

我村农活计。有青豌豆的农户整天忙于摘豌豆。豌豆前街的市价是卖一公斤2.60元，因价较高，卖1公斤青豌豆等于卖2公斤干麦子。

2008年4月10日　农历三月初五　星期四　晴

我家的农杂活工作是泡田。大儿张学全家田里的大麦已收了，就要抓紧时间把田泡了，以便到时栽秧。今天的泡田活计，出动一架犁牛，二人使牛，五人打埂子，按需要三人就可把田埂扶好，但我们民族的风俗风情是只要是泡田、栽秧和重活儿，村民亲属就自动协助帮忙。都来帮忙，那么人数就不限，而到他人泡田时也要记起而还工，协助他人干活。这就是男劳动一组的活计。

割小麦的组当然是父儿5户分成两组，第二组就是由妇女三三两两组成割麦组，是自然形成的，分成一个组或是分成两个组，工作效率必然是高。工作中，几天以来都是在太阳暴晒下收割麦子。晚饭安排是由大儿张学全家给大家做饭，因为他家泡田，所以就由他家做饭，这是已形成了的一种习俗，哪家干活就主动给大家煮饭，目的是让大家多有一个劳动力，好在地里工作。

2008年4月11日　农历三月初六　星期五　晴

建沼气。今年政府号召我芭蕉箐村建沼气。动员计划中有10户报名建沼气。政府的建沼气工作部署是这样的，建一口沼气的经费是1500元，500元是农户自己筹，政府计划帮助1000元。但实施中安排是这样，建设中，建沼气所用的料子由农户自己想办法建，待你自己建好，由政府领导验收后，合格再付给建沼气的农户1000元的建沼气料子费用。有关政府领导指示安排工作中，叫计划建沼气的农户，赶紧把建沼气的坑挖好，并把建沼气用的料子买好，拉运回村待建时之用。建沼气工程进行中，幸好两家姑爷女儿回来探访，于是叫他们今天停留一天，并把沼气坑挖好。挖一天的功效情况是：姑爷女儿我们4人挖一天，可能完成了三分之一的工程，还需三几天才能挖好。村民计划建沼气的农户也尽量抽时间挖沼气塘，平时安排时间把它挖好，到建的时候才方便。

2008年4月12日　农历三月初七　星期六　晴

探亲。姑爷和女儿并三儿媳之父一行四人4月9号从嵩明县白邑乡三湾村凸董（苗族）来探亲，4月9号他们到来，停留了两天帮忙农活，协助挖沼气坑。今天他们准备回家。他们的住址是在东南方向，三儿学忠和五儿学祥用两辆摩托车把他们送到寻甸县鸡街镇客车站内。客车从我们村送到鸡街需一个小时，再从鸡街坐客车到嵩明牧羊镇又要一个半小时。

农杂活。村民的农杂活计是多中心工作，有的村民忙于泡田，有的忙于割麦子，拉运蚕豆，背麦子，掼麦子，碎麦秆糠。全村的割麦、收麦都已开始了。幸好都是利用车子碾压的办法，所以不论数量多或少都比较方便又省时间。几天以来都采取边割边收的方法，因为全村晒场少，就得珍惜时间，晒场利用得好就不拥挤。历年也不拥挤，因为我们利用车子碾压，先碾压好了的就收或堆扒到场边上，让第二家第三家碾压，所以一般不会拥挤，很有次序。

2008年4月13日　农历三月初八　星期日　晴

过礼拜生活。

2008年4月14日　农历三月初九　星期一　晴

割麦子季节。时间进入三月初九，今年割麦季节开始了。历年割麦是根据海拔高低成熟程度而收割的。今年的情况有所变动，就是山脚、山腰、山顶同时黄了，村民又是割山脚的，又是割山顶的。大儿张学全家今天是割山顶的地麦，天拂晓时就开着摩托车去山地割麦去了。一直工作到中午12：00才回家，做饭，喂猪。吃过饭返回割地麦，一直割麦到深夜11：00才乘摩托车回家休息。三月初九虽然月光还弱，但是农事之多，收麦工作之繁忙，自己就要主动，力求打主动战，早日完成收割小麦的任务。收小麦要边割边晒，边掼，边碎糠，所以很繁忙。

四儿张学德的农活工作是开工挖坑建沼气。这活儿强度大，都是需要强劳动力，幸好地势低，所以挖起来也快，可能已挖了三分之二，预计再挖一天的工夫就可完成。村里的农活，多半是割大麦和小麦，村民龙兴祥家也是从天刚亮一直割大麦到今天中午，已完成一块山地里的大麦。

2008年4月15日　农历三月初十　星期二　晴

买箐鸡育子。育子：指野箐鸡刚孵出蛋时的几天，把小雏鸡拿回家里来，把小箐鸡养家了以后，用这育子到山里把野箐鸡引来，让它自行进入先安好的扣子然后勒住。一只野箐鸡可卖到50元钱，用这种方法勒拿野鸡的人会上瘾。这种家育子要500元才可以买到。昨晚凹口村潘××他们2人乘摩托车来向我大儿张学全买，大儿舍不得卖。潘××左求右求，叫卖给他们，大儿不卖，他们只好乘摩托车走了。今晚他们3人乘摩托车又来求箐鸡育子，大儿养育得一只，四儿学德也养育有。今晚他们又来向大儿求叫卖给，又向四儿学德求叫卖给。四儿学德养育有两只，只是一只是去年已养育的，称为大鸡，一只是今年才养的，称为小鸡。

小结：喜好养育野箐鸡的爱好者是这样上瘾，买主为能买到就愿出高价。而养育者，就是养育有两只，都舍不得卖一只给别人，双方都是这样的上瘾。按经济价值600元，也不为高，因为每只野箐鸡能卖50元，

12只就可把本钱拿回来了。

2008年4月16日　农历三月十一日　星期三　晴

村民农活真忙。泡田的农户有杨兴明、龙兴明两户。泡田的农户尽量按原先的抽签次序，原主还没收割田麦或是有特殊情况，也可灵活变动。每天按人口多少，田块面积的多少而轮着泡田。割麦收麦，一部分村民已开始收麦子了。工作中安排是上午割麦子，下午如有割好晒好的麦子，就用车子拉运回家，摆平放于场上，再用车子碾压，利用这种方法又省时又省工。五儿张学祥就是上午割麦子，几天以来都是几家儿媳互助联合割麦收麦，而哪家做活就由哪家给我们父儿五家做饭。做工情况是：几乎一个整天忙于割麦，收工息工时，就趁有劳动力拉运一车麦子回家，吃过晚饭，再用车碾压，集中劳动力，不时就收完一场麦子了。

2008年4月17日　农历三月十二日　星期四　晴

建沼气。四儿学德昨天今天接连挖建沼气坑，昨天今天挖好大坑，今天下午转入挖小坑。因建沼气，有一大一小两坑。这工序强度大，都需要强劳动力，要求尺寸是：大坑宽度3米、深度2米，小坑宽度1.5米，深度仍是2米。四儿建的地方，原是填土方，土层泡，就省力些，难度就是挖起来的泥土要一铲一铲地从坑里往外抛掷，所以讲需要强劳动力。

五儿张学祥修摩托车，修自己的。因已使用多年了，要拆修内燃机和配件。五儿的维修摩托车技能，因他没有学习过，也没有培训过，属自学成才。常有人找他修车，有时一动就解决问题。

建房。村民侄儿张学道建圈房，他家建房是采用赊造，是找人先说好，开车人垫出本，包购，拉运，年满给息多少，10个月为一年，讲好到期连本带利一次或两次付给。所以叫他小舅过来帮建，他小舅家在寻甸县的肥草箐，是在我们的东南方向，需要5—6天才能建好。

2008年4月18日　农历三月十三日　星期五　晴

赶集。赶东村街，18号是街天，大儿张学全和儿媳步行上街。他自己有一张摩托车，但他不识字，难以参加培训和考取驾驶证，没有执照和驾驶证，万一被堵就要罚款500元，所以干脆步行上街。今天上街还买回一包正大饲料，乘人家的小车到柿花箐，又走下来。

如不防堵车，乘摩托车上街的话，据说一个单程只烧1元钱的油，往返只需2元钱。

纺麻线。老伴昨天和今天纺麻线做民族服装。这种工序很难做，而且费时费力。做民族服装，就图民族办喜事，或是过年过节之用。由于时代的变迁，民族服装很长时间不做，而近代儿媳们又兴起纺麻线，用灰（火塘的）煮麻线，纺线，织麻布。儿媳们去年今年都在纺线织布，老伴也好奇起来，跟着做了起来，很费力，但是她们很上心很感兴趣，既然感兴趣，就不怕麻烦。

2008年4月19日　农历三月十四日　星期六　晴

泡田。四儿学德按序泡田，学德的田块有大小两块，分为两个地区。因面积小，所以用今天一个早上把面积少的这一块田泡掉。今早泡田的工序情况是，出动一架耕牛，二人使牛，一人管水，放水，我们父儿三人打埂子。田的面积约有一工田，数量不多，但农田用水有限，等了一些时候，所以还是用了一早上的时间才把田泡完泡好。我村农活工作情况是凡是割小麦、泡田、栽秧都需要找工，或是父儿、村友联合，拼凑劳动力才好完成农活任务。近代生活待遇有了很大的提高，煮饭、做菜，都是尽自己所能而服务，必要时，还要上街买些新鲜菜或是冻鱼，力求很好地酬谢帮忙人员。

建沼气。建沼气的村民开展此项工程一个礼拜（7天）了，到今天10户已挖好了坑池。有待安排拉运建沼气材料和等建沼气师傅来建了。我们已完成了建沼气的头一个项目。

2008 年 4 月 20 日　农历三月十五日　星期日　晴

过礼拜生活。

2008 年 4 月 21 日　农历三月十六日　星期一　晴

以身试法。因我们山林、山场刚刚核实，统计面积落实到户的第二天就是 4 月 10 日星期三，县林业局把已离世老人的山场林划一片给侄儿张学光作为责任山。而村里村民 ××× 觉得太可惜，要砍伐两棵冬瓜树卖。因 9 号还没有核实完，10 号继续核实。此时，县林业局人员发现这两棵树了。处罚情况是：什么时候，他去动这两棵树，就要现场抓捕他，并要处罚他 4000 元。

评论：今天县林业局人员 3 人，东村乡林业员 1 人又到我们村来，搞调查，就是关注着这两棵已砍倒的树。此事发生后，已形成灾祸。谁不知林业政策的严紧，不讲处罚 4000 元，就是处罚 400 元，在我们来说也是个大数目。今天县林业局人员和东村乡 1 个林业员一行人乘坐一张小车进村时，我便问儿子们说，林业人员进村是游玩吗？还是有什么事？儿子们才把此情况告诉我。

2008 年 4 月 22 日　农历三月十七日　星期二　晴

村民的农活事务。张志明家的农活是栽秧。田的面积有 3 工，秧苗是撒在本村的岭干田，拔秧有 7 人，由 1 人用摩托车供秧，由我们村拉运到山脚田坝，栽秧人员有 7 人，合计 15 人为一个组。三儿张学忠的农活计是泡田，出动劳动力情况是 2 人使牛，我们父儿三人理水和打埂子。今天我们泡的这一片田称为鹧鸪箐，这一片田因没有建设水坝塘或是蓄水池，所以泡田时就比较费力了。就等那股小水慢慢浸田，水漫一沟就犁一沟。一天就这么等水，所以一天尽最大努力，只能泡完一工田。如水不限量，一家犁牛（壮牛）可泡田三工。今天我们泡好一工田，几乎用了一整天的时间。但只要先泡好一块，就可以用这块田做蓄水池了。

没有建好水池的田块每年泡田，就是这么费时费力。栽秧另有一组，就是杨光木这户。不论是劳动力或是生活待遇都比较困难些，平时人际关系也待搞好和改进。

2008年4月23日　农历三月十八日　星期三　晴

栽秧。村民张学会、会成父儿3户栽秧。田块面积有4工，劳动力人员情况是8人拔秧和供秧，从村里拉运下来到山脚田坝里。栽秧人员有10人，共18人组成一个大组。劳动人员情况是凡属他家的亲戚无论远近都特请来协助栽秧，一是帮忙，二是特请来赴宴，好好的酬谢亲属朋友们。所以每到栽秧季节都要尽力而付一次代价，愿亲友们都能到来帮忙。

我家父儿五户从事于农活工作情况是，由于栽秧已开始了，自己的割麦、收麦、泡田活计都要用早晚的时间来做。而白天就得出工协助他人的拔秧栽秧活计。所以我家四儿子们，早上虽气候冷但也得赶牛到田里泡田。乡村的农田山地都比较分散，路途里程到田里至少都有1公里，又没有蓄水池，一泡田都有困难，白天的农活要利用早晚的时间完成，其他时间还得帮其他村民栽秧。四儿媳就利用早上的时间帮我俩老人割地麦，经一早上的时间，尽时尽力割得了多少算多少，而我老伴就给大家煮饭。泡田的、割麦子的，到吃早饭时间就回家吃饭，当然要一个大早上的时候。

2008年4月24日　农历三月十九日　星期四　晴

今晚富民县款庄圣经班西山教会负责人龙圣华、长老龙才高二人乘一张摩托车来我们教会，联系教会事工。情况是：2006年款庄圣经班的房址建好后，2007年度佛教徒在此地址主要视观方向南方相隔20米处，立起庙基石脚。此事发生后，富民县统战部领导采取基督教和佛教两方都要支持的方法，所以情况一直都没有得到解决。幸好4月16日，市有关领导下乡走访，叫龙圣华在款庄乡政府门口等他们的到来。龙圣华接着安排就餐，双方在沟通中，市有关领导问龙圣华说，你们有没有什么需要我们给你们解决的问题？龙圣华趁机就把此事告诉市有关领导。市政府领导安排部署叫龙圣华他们把发生的事写成书面材料，要么叫佛教徒赔偿我们基督教的建房费用40万，要么叫佛教徒选建房地址另搬迁重新盖，所以今晚款庄圣经班他俩负责人来我们教会通知并盖公章。他俩喝一会开水就乘摩托车走了，预计4月30日他俩要到市政府有关领导处递交书面材料。

2008年4月25日　农历三月二十日　星期五　晴

村民农活事务，泡田、栽秧、割小麦和收麦。

泡田。村民张学忠泡田，仍然在我村的鹩鸪箐这个片泡田。面积不多，每天泡一工田，困难在于这个片区没有建蓄水池。一个整天就泡一工田，因要等水慢慢浸透，就形成耗时耗费劳动力的局面，幸好是耕牛健壮得力，耕犁起来也快，可以按计划进行。

栽秧。四儿学德家栽秧，同一天三儿学忠家泡田，而婆儿媳5人栽秧，今天栽秧的面积有2工田。由四儿张学德家给我们全家父儿5户煮饭做菜。所谓煮饭，逐年讲究起来了，已形成饭席，有能力的要有三酒三肉，就是猪肉、鱼肉、鸡肉，所以大家也很喜欢。

接学生回家。每到礼拜五，我村有孩子上学的，都要安排两张摩托车到祖库小学接娃娃回家，读初中的就得到东村接送。孙女张多加也请假回家，帮助父母栽秧，中午12时从黄土坡乘车回东村，预计下午3时到达东村，大儿学全干活到下午2点，又乘摩托车到东村接多加回家。

2008年4月26日　农历三月二十一日　星期六　晴

村四农户栽秧，就是龙应光、龙福祥、张正福、张学全。记述张学全栽秧事工。出动人员共18人为一个组，分别为7人拔秧，其中1人供秧，11人栽秧。栽秧面积有3工田，约下午5点时已栽完。生活待遇当然力求高档。两酒是啤酒、高档饮料，5元一瓶的。三肉是鲜猪肉、鱼肉、鸡肉。一餐饮食开支经费300多元，参与农活栽秧人员高兴满意。

评语：一餐伙食可勤俭，也可以付出一定的价，不计亏损。

记述栽秧。年轻夫妇张××是劳力单薄并孤独的一户，男的拔秧和供秧，女的栽秧，田的面积是一工田，栽了两天才栽完，也无人帮忙和协助。因他的家族没有能力组织和关心，更无法满足一个大家族的温暖而造成四分五裂的局面。关键在于，没有集体主义的观念。望这些家族能觉悟，而能为很多人而活着，过一个真正有意义的人生。

2008年4月27日　农历三月二十二日　星期日　晴

农事准备工作：三儿学忠因明天计划栽秧，所以今天得开一张车上街买食品用于栽秧。购买明天栽秧食物经费有300多元。

建设事工。因建沼气，从昨天用一张车开始拉运沼气料子，就是水泥、公分石、人工砂。按需要供料子，刚开始时一天拉运一转。

2008年4月28日　农历三月二十三日　星期一　晴

栽秧。三儿张学忠家栽秧。栽秧主人家已做了一番准备工作，就是伙食待遇。劳动力出动情况是：仍有19人，分别为12人栽秧、6人拔秧、1人供秧。今天栽秧田的面积是3.5工，乡村土地是比较分散的，栽秧人员到田里劳动，里程几乎有一公里。生活待遇情况，一两桌人，开支待遇伙食，仍力求尽自己所能。尽上自己心意，酬谢自己的亲友，为亲戚们摆上两酒三肉，即新鲜牛肉、鸡肉、鲜鱼肉。当然大部分时间是自己心甘情愿这样酬谢亲友们，而自己也非常喜乐、高兴。觉得爱亲友，自己也尽上一份力量。按情理推理也应当这样爱亲友、爱邻舍。平时一个小工工资是20—30元。亲友们关爱来协助栽秧，我们不必给人家工资。即使付给人家，人家也不会要，那么就开支一桌在生活待遇上，人家也好，自己也好。这是比较好的一方面的情况。

运输材料。我村因计划建沼气10个，所以从前天开始就陆续运送建沼气材料。四儿张学德负责运输建沼气的材料，他又是负担石桥村委会的护林员，今天在东村乡政府里又有林业会议，需要参加会议。所以，他运输了一趟就吃早饭。吃过早饭又开大车出席乡林业会。回来时，又运输材料回来，至今已完成两户的材料。

2008年4月29日　农历三月二十四日　星期二　阴天

卖小猪。四儿张学德今晚卖四对小猪。小猪前不久市场价卖到一公斤40—50元。现在市场价好的品种卖到一公斤25元，次等的卖到一公斤20元。今晚临近村杨嘎哩汉族王家婆和儿媳上来找我村买猪。她俩婆媳一村子都看选过来，寻找到四儿媳家来，四儿学德家有10头小猪，买主就选上，都说好。婆母称得一小对，重量称得23.5公斤×30元/公斤，合705元。儿媳称得一对，重量称得21.5公斤×30元/公斤，合645元。两对四头合1350元，但买主都说没有带钱，明天送猪篓来时再付钱给你们。我们也放心，因为我们都是村里熟识人，平时也很讲信用。

另外村农活。侄儿张学才、张学全两家联合栽秧。因为一家只有3工田，两家拼起来栽也只有6工田，所以干脆两家联合起来栽，出动劳动力18人，分别为8人拔秧，10人栽秧。生活待遇可以，因为历年也很讲究。

四儿学德仍拉运建沼气物资，一早就出车，但因建设之多，所以料子比较拥挤，几乎中午12:00时才回到家，都说料子紧张。

2008年4月30日　农历三月二十五日　星期三　晴

村民农活，龙应华家的农活计，泡田。今天泡的田块面积有3.5工，出动两架犁牛，今天所泡的田块用水就利用得到蓄水坝塘，泡田时就很方便，可说是有足够的用水，可以按计划、按时完成，息工早。

栽秧。侄儿张学明家栽秧。今天栽秧的田面积有4.5工。出动劳动力14人，分别是6人拔秧、供秧，8位妇女栽秧。今天栽秧缺少了两人，可能是因为平时投入少，所以他家栽秧时未还工的就少，造成栽秧人员负担重，一直栽不完，很晚才息工。

卖小猪。今晚，山脚杨嘎哩村的上来我们村买小猪，因昨晚就有两户来买得两对小猪了，他们村里知道，所以又有两户上来买。今晚我们卖小猪的情况是：四儿媳卖了3头，重量27.7公斤×30元／公斤＝831元，我们俩老人也卖了3头，称得34公斤×30元／公斤＝1020元。

五儿学祥家割田麦。因等着泡田栽秧，所以我们二老人也出动帮忙，一共4人，我们用了半天的时间才割完，因等着要泡田，我们又把麦秆背到车路边来，晒在路边的地里，以便晒干后好拉回家。

2008年5月1日　农历三月二十六日　星期四　晴

泡田，村民张学祥家泡田，田面积有3工田。应早已栽下秧苗，只因今年种上小麦，就推迟了节令，到昨天才割完小麦，而计划今天把田泡好，明天栽秧。劳动工序比较顺利，平时多缺水，而今天天一亮，田里就放满水，是水等人，而不是人等水。3工田，用一架牛，是吃力而需要忙一点的，用两架耕牛就轻松些，我们就用了两架耕牛，下午2点，我们息工回家吃晚饭。劳动力情况是使牛4人，打扶埂子4人，合计8人，帮助的有4人，是凭喜欢支持。五儿是修理工，所以平时朋友也多，人家知道就来帮忙。人家喜欢帮助，我们只有欢迎领受。

栽秧农户有两户，是杨天友、龙应华两家，每户劳动力数量都相等，拔秧人员每组7—8人，栽秧每户有10个劳动力，劳动力组织情况是本村或附近村寨亲属都来帮忙，生活待遇情况可以，中等水平。

2008 年 5 月 2 日　农历三月二十七日　星期五　晴

栽秧，五儿张学祥家栽秧。面积 3 工田，出动劳动力 23 人，分别为 11 人拔秧，1 人供秧，11 个妇女栽秧。今天栽秧的农活就比较轻松，按田面积 3 工田，6—8 人就可以栽完，今天凑够 23 个劳动力就很轻松了。每天的农活计是凭喜好而凑成劳动力的，凑得多少劳动力，就要多少劳动力。由于凑得 23 人来栽 3 工田，所以今天就算是最轻松的一天了。生活待遇情况是，3 桌人吃饭，开支经费 360 元，平均每桌合 120 元。

泡田，侄儿张学光家泡田，面积仍是 3 工田。犁牛使用 2 架，4 人使牛，4 人打扶埂子。今天，他们的用水就困难些，虽然两股水集中，水量也大，但是始终因田块太干，开裂缝就比较费水，当我们栽秧息工回家时，泡田的一组，头道犁都没有犁完。原因就是缺水，需要等水。

2008 年 5 月 3 日　农历三月二十八日　星期六　晴

栽秧，侄儿张学光家栽秧。田面积有 3 工，栽秧人员有 12 人，拔秧人员 8 人，3 工田栽了一整天。吃过晚饭后还要送村里的娃娃们到祖库小学住校念书。送孩子们上学时，天色已经很晚了。晚上做礼拜时，我就问侄儿张学光为何 12 人栽了 3 工田，栽到很晚的时间？四儿媳王凤仙便说，因为他家拉线。拉线，就是栽秧人员照着路线而栽秧。

评语：栽秧拉线或不拉线，可能关系不大。至于栽秧拉线，很早集体化时就搞过，都拉过线，都不特别。不过有时增产，有时减产，实践经验证明，是出在天年，所以俗话说，种在地，赏在天。

收麦，全体村民轰轰烈烈地忙于收麦、割麦活计。几天都处于高温暴晒的天气中，觉察到有透雨将临的时候，所以有的白天换工栽秧，有的割麦、收麦，晚间仍打麦碎糠，忙碌到深夜。我家白天是帮忙栽五儿张学祥家的秧。吃过晚饭后又转入收麦、割麦，幸好有姑爷、女儿等，我们 6 人背两转，就背回 12 背山麦，晚间便打好、收好。

2008年5月4日　农历三月二十九日　星期日　雨

用水纠纷案。我芭蕉箐村的田用水主要有两股，一股就出自村中的小坝塘，第二股水称为鹧鸪箐水。这第二股水是我村的主要田用水，地处苗汉两村交界处，此处有汉族四块田共4工，杨嘎哩大水库三年不蓄水，而田处交界的农户，年年与我村争水打架。他们对此箐水既无毫厘的权力，现又想独占此水用权，在此箐里筑起一道蓄水坝（是因我村村主任幼稚软弱、放松权力无能所致）。5月3日，孙玉培不许我村民用，就把鹧鸪箐田边水道沟主道挖断、挖坏。所以今日4点三儿学忠领七八个青年人去与他讲理，他们不但不讲理，还把我们的人员打伤2人。今天下午3：00时，孙玉培又领10多人进我村，就说我三儿为什么要领10多人到他家闹事，并且每人手里都拿着大木棍示威。此时，我们也只好向当地派出所报警。情况紧急，我们请求公安人员帮助调解。约下午5：00公安人员到达我村时，孙玉培等人已走了，并说叫你村用水户快拿一串炮仗到我家挂完。公安人员、村主任和2个工作人员并石桥村委会杨德聪主任，一行四人到来听听情况后，也只好领四儿张学德和我们到孙玉培家（他家住在水库上），听双方讲述情况后，只说明天（5月5号）到石桥村委会来调解。折回来路过我村到对面他们停车处，乘车回东村派出所去了。今一天都是雨天。

2008年5月5日　农历四月初一　星期一　阴雨

种苞谷，农历四月初一，也就是今天，已经开始种玉米了。今年雨水来得早，地里的麦子大约收了70%，麦把还摆在地里，刚刚栽完稻谷，种玉米的工作还没有准备好就有透雨，趁此机会，就全村出动忙着种苞谷。有耕牛、有劳动力的农户就跟牛点，没有耕牛和劳动力少的农户就用人工点，我自己也是用人工点，用耕牛种的就快，一天就能点播大片土地。二天薅锄也便利，省时省力，人工种的只是种一点点，土地零碎的只有用人工点，当然人工点的部分是极少数。另一个情况是，如像村民杨光德一是没有耕牛，二是劳动力单薄，就是大面积耕地，也只有用人工点种了，如此情况很少。

2008年5月6日　农历四月初二　星期二　晴

种苞谷，趁刚下透雨，土地滋润，点种苞谷。由于雨水来得早，一些准备工作都还没来得及做完就要点种，因此又要购买种苞谷所要用的基肥、底肥。我们只得边购买农用化肥边点种苞谷，今早拉回来一小拖拉机化肥，今晚又拉回来一大车化肥。农用化肥逐年逐年都在涨价，尿素原价是卖80元一包，现在已涨到92元，碳氨原价卖20多元一包，现在市价涨到36元一包。幸好市镇、地方都设有赊销老板，赊购情况是赊销1000元化肥一年收息是100元，现在赊销到卖苞谷时还账，这样我们就有办法按时种播大春作物，可能会有70%的农户化肥都是赊销的。原因：一般农户年收入也高，但很多用于基本建设和机械动力、大小车辆购置，所以一时农业垫本都还需赊销赊购。

小结论：今天全村种苞谷的情况是效力很好，很高，都大面积的种，进度快，有的农户甚至点种到晚才息工。

2008年5月7日　农历四月初三　星期三　晴

多中心农活，割麦、收麦、种苞谷、碎糠。按情理应是先收麦子，待收了麦子再种苞谷，一样一样的有步骤、有计划地进行。但因碰巧有透雨就自然形成几种工作、活计需要同时进行，边收小麦边准备种大春作物。把收小麦事工摆起来，反正下雨天气就不利于收小麦。起码要晴几天以后，待小麦晒干后，再继续收割小麦。所以当前村村寨寨家家户户都忙于种早苞谷。特别有冬闲地的农户更喜欢，更忙于种早苞谷。少部分的农户是已准备好，有透雨就种苞谷。另一种情况是还没有准备好，但是如果有透雨就临时准备，自己有着农用车，交通倒也方便，就是临时点种苞谷都来得及。因为他们已配备得有优势的条件和设备，这是大局。

2008年5月8日　农历四月初四　星期四　晴

8号是东村街，上街买点小菜。一段时间没有赶集了，生活日用品、一般农用小菜，二三月天都是靠市场供应维持生活。我们乘坐自己的农用车，一边上街购买日用品，一边拉运建沼气建材和人工砂。社会进步了，人们生活也得到改善了，至于上街办事务，几乎不影响一天的农务生产，二三个钟头就可办完上街的事务工作，回到家仍可以完成一天的农活工作任务。

今天中午的工作是继续点种苞谷。趁机趁时趁早节令，抢点种。春播农忙工作任务繁重，几乎所有的时间都用于农业生产。劳动工作进度情况是，我们本着不讲一天的劳动力情况如何，反正一有空就用于点种的原则，早点完成大春的点种任务。先不讲我们耕地不多的农户，耕地多的农户就得更加勤快，当然也靠机械条件，自己有一架得力的耕牛和薅锄的话，都是占着优势的，人工种的能种下多少就种多少。

2008年5月9日　农历四月初五　星期五　多云

多中心的繁忙农活。由于雨水来得早，几样农活就处在一个时候上，需要同时进行多种农活工作，是非常关键的，各样的农活都讲关键，讲时候，讲效益。地麦没有割完的农户还很多，一有透雨，有冬闲地的农户，也需趁机点种。几天中，我们的工作情况是，白天忙于地里的农活工作，就是割收麦子，晚间和夜里又趁有灯光有动力机械，打麦收麦、碎糠，虽忙到深夜但效力很高。儿媳、村民们都说，几天的工作中我们可太累了，一天的工作量等于两天了。下午刮起北风，我们便知道，天气即将变化，或许又有雨了。所以晒场堆积着的该收的地麦，该碎的麦糠我们就开动所有的动力机械开始工作。机械效力很快，大约工作了一个多小时，就碎完了场上所堆积的麦秆草。现在劳动工作就讲关键、讲机械、讲动力，这是积极方面。至于消极方面，有的农户，生产力就低了，谈不上时候、关键、效益，比如劳动力单薄，没有机械动力设备，劳动工作没有时间性，平时的劳动工作中心不突出。

2008年5月10日　农历四月初六　星期六　阴

种苞谷，全村投入点种。已拉够山地肥的农户，就接连点种苞谷，有的积极往山地运送肥料，昨天用耕牛开沟，今天点种的农活事工情况是用人工播种后盖塘。我家四户儿媳，也和全村一道忙于点种苞谷。工作效力情况：至少每户都已种好一亩以上，有的可轻松地种好两亩山地。今天所种的山地是在我们村的山顶，因有一部分是冬闲地，有利于点种，有的农户虽也种上麦子，但已收完。不但收完，还点种下苞谷了，白天上午的农活计都忙于种苞谷。

下午收麦子。昨天三儿学忠、四儿学德已割完的地麦，拉回家搁置在车厢里，今天出工时，翻斗倒于场上，挨晚转入碾麦（是把麦捆摆于场上用车轮碾压，这样速度快）。

运送肥料。村民张会学找三儿学忠的大车往山地运送肥料，就是我村称之祭天山的山顶。

2008年5月11日　农历四月初七　星期日　晴

礼拜活动，我们教会聚会礼拜活动。

下午我们小组的农活事工活动。为了自养，我们小组有农地三亩，历年都是种苞谷。我们计划散礼拜后，把这三亩地种一下苞谷。休会后，我们出动两架耕牛，28人，3人留下煮饭。从下午2点工作到6点，就种完这3亩地，由于交通方便，我们往返都乘坐农用车。

2008年5月12日　农历四月初八　星期一　雨

种苞谷，全体村民家家户户正式投入中心工作，种苞谷。不论远近的农地，大部分的农地，交通都比较方便。看劳动工作中需要什么物资，数量大的就用大车供给，数量少的，不论是集体（教会）或是个体，就用摩托车供应农用物资，都比较方便，几天的劳动进度比较快，真是令人兴奋。

气候，风调雨顺，5月4号、5号接连下了三天的透雨。今天12号又接连下起小雨来，眼看雾气大，即将又有透雨的可能了。农历刚进入四月初八，就迎来阴雨天气，极利于我们点种大春作物，真是可喜的丰收景象。

村务事宜安排是，抓紧时间把大春点种搞完。第二建设项目就要转入我村公路铺石砂。所以，时间紧，任务多，得力争把大春点种工作结束。

建沼气工程。四儿张学德仍坚持运输建沼气的材料，今天拉运的建沼气料子是水泥，数量3吨。

2008年5月13日　农历四月初九　星期二　阴

割麦子，村民龙福祥家的农活是割麦子。村民几乎已割完地麦了，但村民龙福祥家的地麦还需要3—4天才能割完。是因山场山地扩得开，耕地占优势，几乎有我们的3—4倍了，所以麦子至今还没有割完。

背驮地麦。他家边割边用人工马驮回家，因地麦在我村上边七八百米处，交通不方便，麦地面积大，没有通车路，就得用人背马驮回家。他家刚刚开始割。2人坚持在地里割麦子，1人用马驮，搬运回家。

村民抓机遇，赶时间种苞谷，就是趁雨水来得早。几天的农活劳动，都是大面积的点种，而且进度效力比较好。点种情况，一般是先开沟，后用人工放种再覆盖上泥土，还有少部分是耕牛点种。两种方式都可以，都好。我家两老人也是种苞谷，先用人工把肥料背送到地里，再种苞谷。从家到地里约700米，再送农用物资到地里，得要一个时候。今天种下的苞谷地面积约有1.5亩，当然是尽了自己最大的努力，而且劳动工作到很晚才息工。

2008年5月14日　农历四月初十　星期三　阴雨

种苞谷。全村全民投入大面积的点种，风调雨顺。从5月9日以来就已阴天了，不时又下起小雨滋润土地，十分有利于农夫的大春点种。村民抢时间，抓机遇，每天在地里劳动工作时间长达8个小时，几天的劳动仍保持早出工，晚收工，力求早日完成点种。儿媳们4户出动一架犁车到山地里开沟点种苞谷，联合出动，统一开沟，不论耕地的大小、多少，开完后再转入各户自己点种。集中连片的耕地得工作到晚，任务重的农户，再协助完成，这样协助帮忙，我们是已养成习惯了。每天劳动进度情况是：每天每个强劳动力都可点种一亩苞谷地。我自己点种苞谷的情况是：今天所点种的仍是昨天点种的这块。土地的耕耘、播种、薅锄、管理是我们本分的工作。我们自己的本分农活各道工序，我们认真做。路远、地陡，我们仍用化肥和农家肥料配合使用，尽力尽责，付出辛勤，做好大春的点种任务。

2008年5月15日　农历四月十一日　星期四　雨

阴雨天，坚持点种工作。昨晚、今早都下着雨，一直下到中午11点。雨住，我们仍然坚持点种苞谷。刚下过雨，我村在山顶片区点种苞谷的农户，困难就大了。平时只有小雨，交通不受阻塞，在点种时，需要什么物资，大小车辆保障供应，而今天雨下大了，车辆受阻，点种农用化肥，只得用人工一背一背的背到山顶的地里，这就费力多了。幸好只有少数农户没有种完，费力也是极少数了。我家今天种山脚的一块地了，我们种苞谷先种山顶的地块，然后再种山腰的地块，第三再种山脚的地块。原因山顶的地块海拔高，温度低。先种山顶的地块，和种山脚的地块时间相隔一个月，但成熟时是一个时候。所以，我们往往要先种山顶地块的，再种山脚的，我家已经种到山脚了。

2008 年 5 月 16 日　农历四月十二日　星期五　雨

农事活动。点种进行一段时间的情况是，没有种下、耕地面积多一点的是三儿学忠家，每天所用的农用化肥需要一两包，但是昨天和今天都有雨，而且越下越大，一天的雨量有所延长，远途的农用物资，实在没有办法运输。五儿学祥帮他用摩托车带两包化肥送到祭天山的农地里。路途远，或是下雨路泥烂，或是路上崎岖坎坷，或是远程送亲友，就请学祥负责，他人不能做的，他就可胜任。我自己的农活计是点种苞谷，今天劳动工作地是山脚耕作片区，昨天、今天尽最大的努力已完成了山腰、山顶、山脚三个片区。从下透雨，5 月 5 日开始点种，今天 5 月 16 日整整 11 天，我自己是整整点种了 7 天，苞谷种种下 8 公斤，已完成了大面积的地块了。而余下的是地边、地角，零碎的，或是少量扩种的，都要些时间、功夫来处理。完成大春点种任务的农户，到今天可能有 50% 左右。没有种完的农户情况是：由于耕地面积太多太广，一时实在无法种完，其次是没有耕牛的，或是劳动力单薄的。昨天今天都是中到大雨的天气，就影响了点种苞谷的进度，大局是要天气晴开了，才便于点种。

2008 年 5 月 17 日　农历四月十三日　星期六　中雨

下雨天，很多农户都因点种任务之艰巨而一人吃完早饭就出工到地里干活去了。三儿学忠也请五儿学祥帮助用摩托车把两包农用肥送到山地里种苞谷去了。从早到晚都下着中雨，使得人们力不从心，点种的多种农事务摆搁着，却无法开展工作。有的已到地里，准备进行各种农活劳动。但今天的雨从早一直延续到下午 5 点才住，并且田边地角都已涨了水。我们到地里工作了一个小时，实在无法进行工作，也只好收拾工具回家，转入学习、备课。特别是一个教牧人员，应有一些时间的学习和准备。

支持四川地震灾区。中午 12 点，我富民县基督教负责人龙德寿传道员来电话说，市基督教领导召开紧急会议，号召全市基督教人士对四川 5 月 12 日下午 2 点多发生的 7.8 级强烈地震进行献爱心活动。从现在征集到 6 月 1 日各塘负责人派人送到富民县城，再转交昆明市基督教会统一寄往灾区人民，告之大家参与献爱心活动。

2008 年 5 月 18 日　农历四月十四日　星期日　雨

教会事工活动，按平常的礼拜举行崇拜。

2008 年 5 月 19 日　农历四月十五日　星期一　阴

种花生。我们地处海拔 1400 米处，出产花生、稻谷，也出产半山区作物，还出产零山区作物燕麦。花生虽然种的数量不多，面积不大，但是可以种一点为自己食用和预备招待来客之用。所以，我们村民都要种，因为我们的亲朋密友都住在山区，所以要种些土产而预备待客之用。籽种约种下一公斤。

村民一般的农活是种苞谷。张全成家是种山脚下的一个片区，面积约有 3 亩，为赶时间和节令，他家今年是用耕牛点，耕牛点要 3 个人就可以，一人扶犁，一人点种，一人点放化肥。耕牛点比人工点快着几倍。今天晴开了，不论做什么农活都好做、都方便、都轻松得多。

2008 年 5 月 20 日　农历四月十六日　星期二　晴

打工。邻近村杨嘎哩来我村叫给他们找工去协助点种苞谷。自己的大面积点种后，抽几天协助别人也是找点零用钱。每天 8 点出工，晚上 6:30—7:00 息工，酬报给 30 元一天，不供吃。并且说，9 点到山地里。我们今天 8 点出发，到达山地时间是 9:30，他已上来放着化肥等我们，我们到时，他家看看他的手机，并说，时间已经是 9:30 了（意思是有点不高兴）。今天的劳动工效情况是，我们三人和主人家两人共种了一整天的苞谷，那地大到三指山连起来组成，面积大到苞谷种要 50 公斤才种得满，地势陡到人勉强上下地里做活。工作效力：手上活计一个人可以做到二三人的活儿，平时我们一人可以种下一公斤苞谷籽。今天我们5人种下10公斤，平均一人2公斤。我们非常满意自己的劳动效率，他们使工使到时间很晚才给息工。我们感到不满意，他家吃晌午饭，没请我们吃饭，更没有下情谊。以后我们不再帮他。

2008年5月21日　农历四月十七日　星期三　晴

打工，是他人的需要，也是我们的需要。当然我们也是熟识，为有关系之乡人服务。昨天打工时，熟识的郑文景也求我们帮他家点苞谷，联系时说他家需要9个劳动人员，但因我村民大部分还没完成点种，叫我给他家找工，我便跑了全村去联系人，只约得8人，当晚我从电话告诉他。今天我们8人早上8:00出工，一行8人往下走，8:25到了他家，我们休息片刻，和他家一起背好一天地里的用水和工具。整体劳动工作的情况是：我们所种的苞谷地面积可能有40亩左右，地的上方20%是石头地，石头很多，每盖好一塘苞谷后，都要三四锄才能盖好。整天工作中，效率很高，很好。我们感到很满意，地里人家也肯定很高兴。我们可能做到晚上7:00才息工，我们双方表现都欢欢喜喜的。

评语：当时我们息工时，主人家付给我们劳动报酬，8人×30元/人=240元，由我负责发给我们的组员，并且说，没有点完的，也还是请你们帮忙协助点完。我们也只好说"行，行！"不过要等他家买回来农用化肥。

2008年5月22日　农历四月十八日　星期四　晴

救死扶伤。村民龙兴华找本村张正才协助点苞谷，在我村侧面山顶地块里种苞谷，下午2:00息工时，乘摩托车刚从地里回家，没有走多远，因路窄而摩托车翻倒于地，掼脱了左手桡骨与尺骨脱节。他们找了一个草药医生给他斗了一下，就住在麻栎树村，消息传进村里也传到我们耳朵中来。五儿张学祥和他几个哥弟讨论一下，决定我们明早上麻栎树村看望并主动领上东村镇医院照投射检查。他俩乘摩托车上麻栎树找人，我们大车在后跟随，到麻栎树他们便招手示意我们大车停住，让他坐进驾驶室。到了东村街，我们6人跟随检查并照光投射，果真他们没整好，照片清清楚楚，段院长帮我们斗好。到医院透射，起先有些人就冷视我们，但我们坚持按情理办事，不但我们这样做，而且大儿张学全主动负担早餐100元，四儿学德也关怀伤者，给他50元，我自己也给他20元，我家一行5人和村民一人亲自到医院陪诊。尽管有时被人误会了，但我们明白事理，已正确处理这件事，已尽我们该尽的责任和义务，我们感到高兴。

2008年5月23日　农历四月十九日　星期五　晴
教会年节活动。

2008年5月24日　农历四月二十日　星期六　晴
培训慕道友（受洗培训）。

2008年5月25日　农历四月二十一日　星期日　晴
教会半年感恩活动。

2008年5月26日　农历四月二十二日　星期一　晴
建沼气。昨天已拉回来建沼气的工具和建沼气的师傅，所以今天我们开始建第一个井。劳动力组织情况是，由所要建沼气的农户联合劳动力互相帮忙，人员有12人。劳动工作强度情况是：拌灰浆、上灰浆、挑灰浆都需要强劳动力来做，我们12个劳动力，除2位儿媳和我自己以外，都是年轻力壮的小伙子。劳动力虽少，但他们仍然完成了建沼气任务，并且还早早息工。建沼气情况是不论劳动力多少，都要保持每天建一个，但即使今天建好，后天也要拆模板，就是当天拆模板，当天支模板也要负责建好，也就是说，3天建一口沼气。

拉运建沼气材料。由于建沼气材料还欠缺，所以吃了晚饭后张学忠、张学德、龙学祥他们3人相约出车拉运建沼气材料。当他们回到家时，已是晚10点。

村民农活是务农，就是没有点种完的继续点种苞谷，早已结束点种的就开始薅锄了。

2008年5月27日　农历四月二十三日　星期二　晴

建沼气，一天建一个。每建好一井，需要3天。昨天开始，今天已是第二天了。头一天的浇灌灰浆，需要很多的劳动力，后两天就很随便了，一两个劳动力就可陪建沼气师傅了，主要是供建材料。

拉运建沼气材料。早上一趟拉运公分石，吃过早饭，第二趟拉运细砂，就是人工砂，因农活事务也多，所以边运边建，今天出动两张车拉运。

挖沼气坑。三儿张学忠今天开始挖，强劳动力都需要7—8个工天才能挖好。由于时间紧任务重，所以不仅白天挖，夜间都还要加班挖，因白天有时还要出车拉运建材。

薅苞谷。村民龙兴明家今天哥弟姐三家联合互助锄苞谷。出动的劳动力有8人，由于耕地平整，土质泡，所以薅锄的效率很高。薅锄了4—5亩苞谷地，由于珍惜时间，珍惜劳动力，所以他们息工的很晚。

赶鸡街。村民一部分是赶鸡街，我们有的建沼气，使工，所以上街买小菜，有的上街买小麦面粉。今天我家和儿媳买回一包，重量是40公斤，两家平分，一户得20公斤，单价甲级面粉是一公斤3元。

2008年5月28日　农历四月二十四日　星期三　晴

建沼气，今天我家建沼气。劳动力组织情况是，原先我们相约说，所有要建沼气的农户联合互相帮忙建。有15人参与建沼气，昨前天建四儿张学德家的，今天建我家的。评论：建沼气需要很多劳动力，拌灰浆、上灰浆、挑灰浆都需要强劳动力来做，就如浇楼房一样的工序，不管劳动力多少都要一次性浇完，人员多一点就轻省，人员少就要多忙一点。团结互助很好，村邻舍亲戚友人很讲信用，知道你有事就主动协助帮忙，而不计报酬。有的他人找到，或有事请到，始终都消极一点，或是责任心也不强，好像怕吃亏爱占便宜，幸好只是极少数。

点种苞谷。村民侄儿张学道家种苞谷，因耕地宽广，一时种不完。土地宽广一时种不完是好事，但要种好、管好。俗语说，种是三分，管是七分。所以不但要种好，也要管好。日志里我们写到有的农户最大的弱点是劳动工作没有时间性，喜欢什么时候出工就什么时候出工，这是无论是事还是人都有的弱点。在军事上，时间性很重要，农事务也是如此道理，下种、薅锄、管理都必须跟上时候和节令。

2008年5月29日　农历四月二十五日　星期四　晴

建沼气。几天里已建起的，需要一至二人供材料。建沼气师傅他要什么材料，就要保障供给，今天我一个人负责，是比较忙些。自己年纪也大了，不过我很喜好农业，果林木，培植花草。三儿学忠也计划建沼气，所以昨天、今天忙于挖沼气坑。由于时间紧任务重，所以我家父儿、儿媳看看情况，儿媳父儿几家都来协助帮忙。今天的劳动力有8—9人，两儿出车拉运建材，而晚时尽力参与挖沼气坑。建沼气生活待遇情况，村邻亲友积极的支持协助帮忙，我们自己也不需发给他们劳动报酬，所以尽力在生活待遇上给予亲友关怀，就是在我们的生活酬谢上开支多一些，这是很应该的，平时该节约的就应节约，该开支的自己也可以享受一下。

村民农活大部分已投入薅锄苞谷。天气非常适合，因为下一次透雨就要晴多天，所以我们就趁机抓紧时间进行薅锄。由于耕地泡，又有晴天，所以薅锄进度比较快。

2008年5月30日　农历四月二十六日　星期五　阴

建沼气。五儿学祥家建沼气，这是我们村第三家建的了，起先因昨晚下雨，我们担心道路泥烂，或是白天有雨，影响今天的施工。幸好，没有下雨，但运输材料和模铁板，只好用人工背，用肩抬。几天建沼气都是集中劳动力，男男女女包括建沼气的村农户都积极参与支持。今天的劳动力有15人，劳动中个个积极主动，齐心协力，这种干劲真是招之即来，来之能战，当然这也是为完成某种事工任务而献出的精神的行动。生活待遇情况，一般的事工待遇是不讲究的，但是友人关系中，有的也得讲究。所以人际关系中，一般人都很讲信用，就是道路建设工程，也得尽上自己的力量，尽上自己的所能来酬谢亲友和同工们。三儿学忠的活计是挖沼气坑。

农村户仍在进行薅锄，村民龙兴明哥弟几家联合投入薅锄。薅锄的方式是采取还工方式，几家相约，拼凑劳动力而突击的方法，力量大，当然效果好，容易完成。已形成习惯，今后也要采取这种方式。

2008年5月31日　农历四月二十七日　星期六　晴

拉运建材。我村民近段时间都忙于建沼气，学忠、学德两张车，供应沼气料子，每天两张车得跑一到二趟，保障供给建设所需之材料数量。

粉刷沼气。今天是粉刷我家的沼气，粉刷由一个劳动力拌灰浆供料子就可以，由一个劳动力负责供给所要材料，很合适。

老伴也投入薅洋芋和薅苞谷，由于我自己在家供灰浆粉刷沼气池，老伴独自一人到山地薅洋芋。由于山顶的耕地，地泡，地平，又是好天气，很有利于进行薅锄，老伴又是劳动能手，一天的薅锄尽最大努力，可以完成很多人的活计，人都有特长，各人特长不尽相同，农事繁忙季节，各人都尽量发挥自己的才能。

村农活两项中心活计，就是农事薅锄和建沼气，两项活计同时都要抓好、做好。建沼气的农户虽然不多，但是每涉及浇灌灰浆那一天，多少都得拼凑够5个强劳动力来完成，如果人少了些，就费力些。全村已轰轰烈烈地进行农活薅锄，进度很快。

2008年6月1日　农历四月二十八日　星期日　晴

正常过宗教生活。

2008年6月2日　农历四月二十九日　星期一　晴

进行当前两项中心工作，就是建沼气和农活薅锄。建沼气，五儿正在进行建沼气扫尾工程，就是粉刷，也就是由五儿一人供灰浆和建沼气料子，料子要从大场背到村头他家，幸好他是用摩托车拉运，还是省力、省时的，终是完成了扫尾工程。村民龙兴明、龙兴祥、姐夫张志明四户联合拼凑劳动力薅锄苞谷。今天已薅锄了龙兴祥家的一大块，而挨晚又转入薅龙兴明家的，后这一家薅锄苞谷地约1.5亩，劳动力人员共8人，由于进度快，所以他们就早早息工了。其他的村农户薅锄只是各自行动，自己尽自己所能，薅锄得了多少就算多少。一般是先从山顶的耕地薅锄下来，所以山顶片区的耕地已快薅完了，抓紧时间薅锄起来可真是快。

2008年6月3日　农历四月三十日　星期二　晴

送救灾款。四川汶川地震受灾政府及昆明市基督教协会发出的为四川汶川地震受灾献爱心活动，我们富民县基督教会号召教会统一在6月3号把救灾款送到富民县城三自爱国会办公室，全县信徒捐款再由三自领导送到市协会再转红十字会送往灾区。救灾款今天送到县城，此献爱心活动一些基本情况是：小水井教会爱心捐款是10000元，永定县教会5000多元，朵木得教会2000多元，西山教会400元，芭蕉菁教会600元，全县爱心收齐约有50000元。按富民总共50000元，计算整个昆明四区

8 县可能会有 40 万元。支援灾区，市三自教会领导是这样计划的，当四川汶川地震受灾消息传开，市大教会拿出 10 万元已经送往灾区，现在整个昆明市四区 8 县收齐后，要先还 10 万元的，超过这 10 万元的数目再送往灾区教会。

教会委托五儿学祥一人乘摩托车把救灾款送往县城。这是学祥进城办的第一件事。第二件事是我大儿学全托学祥到昆明给孙女张多加买个手机，她在昆明某校中专读书，从事幼师培训，而现在父母安排买一个手机给她。学祥到昆明市，时间是下午 2 点，从昆明黄土坡又乘摩托回家。

2008 年 6 月 4 日　　农历五月初一　　星期三　　阴天有雨

薅锄苞谷。建沼气的情况是建一个需要 3 天。头一天需要集中劳动力，第二天，由一人供料子就可以。而其他的村民就要抓紧时间薅锄。建沼气工程完毕和薅锄完毕后，就要转入我村公路铺石砂的工作了，所以时间就比较紧，事务也比较多。今天我们薅锄就得早出晚归，也很少休息，几乎所有的时间都集中在薅锄上。下午 5 点下雨，我们就趁避雨回家来煮晚饭，喂好自己的鸡、猪后，又赶紧回到地里薅锄，一直忙到天将黑时才息工。村民张志明、张正才、龙兴明、龙兴祥他们几家哥弟姐夫 5 户核心小组，仍然坚持联合互助，集中劳动力进行薅锄。

小结：农业生产不论是单干还是联合，都各有自己的优势，不管怎样行动，劳动进度很快很好，就像是在比赛，雨量和天气也相当适合我们进行薅锄，所以再薅锄几天就可以完成头遍苞谷薅锄了。

2008 年 6 月 5 日　　农历五月初二　　星期四　　雨

村务事宜——维修我村公路。当前村里农活计多，一人要努力做几人的活，争取早日完成大春的薅锄，但昨晚和今天一直下着雨，不利于从事于农活工作。村上有号召，利用雨天维修我村公路，保障我村公路的畅通，支持农业生产和建设运输。按石桥村委会的部署和要求，在未铺石砂前需要把防洪沟挖好，所以我村就利用雨天去挖公路的防洪沟。今天出动的劳动力有13人，路线长，人员少，挖起来难度大，人工人力太有限，但我们本着尽上自己的一份努力，做得了多少就做多少的原则工作。

小结：村民不论是信教还是没有信教，都能积极配合社会人群，配合对方的建设和团结，能起到积极带头作用，推动民族和地区的改变和进步。反之，有的人一生就是自私自利，甚至损公肥私，也就是只要组织照顾，不要组织纪律。村上有什么事工、有什么号召与他无关，他的人生就是小气、怪气，俗话说青蛙在井底看天就有簸箕大。

2008年6月6日　农历五月初三　星期五　晴

建我村沼气，今天是建村民龙兴明家的沼气，是我村的第六个。昨天一整天的下雨，所以建沼气的师傅已回家，走时叫我们不要等他，叫我们起动做好。已建起的5个都是师傅在旁指导和扎钢筋、粉刷，我们下手做起，所以师傅对我们比较放心，于是他叫我们做起。经一天的辛勤劳动，终于完成了第5井。出动劳动力有17人，生活待遇，他家也是尽力酬谢大家，使大家满意，所以好菜摆满桌，当然有上等好菜，鸡、鱼和鲜菜，啤酒饮料喜欢喝的都喝个够。

村民其他农活是，仍然坚持进行薅锄。天气今天晴开，大有利于进行薅锄，一般村民进度是比较快。困难在于有些村民劳动力单薄，或是有些寡妇，我村就有3个，只好摆后，再解决。

2008年6月7日　农历五月初四　星期六　晴

薅苞谷，村民的农事活计仍然是进行薅锄。我村薅锄情况是80%的农户各自进行薅锄，而20%的农户有时互助进行薅锄，各自选择优势条件，坚持早出工、晚息工或是坚持天天出工，或是工作中争分夺秒。一人一天的效力可等于几人的劳动力，今天我家已薅完头道苞谷，付出了13个劳动力完成。村农户薅锄的情况，有的已完成了三分之二，有的已完成了50%，有的已完成了70%，进度有所不同。关键在于计划的不同和耕地的多与少，所以薅锄结束的时候也就不同。互助合作一组的情况是他们天天同心合力坚持合作，据他说，那样能调动一切积极因素，他们从开始的第一天就坚持到现在。当然他们也有他们的优势，有他们的办法。

2008年6月8日　农历五月初五　星期日　晴

端午节是旧历五月初五，是乡村较隆重的节日。为过好节气，村农户都做些生活准备，办一餐好席满足家人的喜乐和满足。小学、中学都已经从昨前天开始放假，让学生和家人团聚过节，星期一也就是6月9号复课。村乡邻友、远近亲戚都互相打电话请客，能否前往都已从电话中联系说明，过早饭一顿的饭席，这就是乡村农户常过的端午节。

自养活动：我们小组种有4亩苞谷地，我们休会后出动劳动力23人经过3小时的辛勤努力劳动，已完成我们小组的头道苞谷薅锄。家里留下三人给大家做饭煮菜。

2008年6月9日　农历五月初六　星期一　晴

建沼气。今天我村民建沼气，户主是龙兴祥，是我村第七个。今天的劳动强度很大，工作活计中几乎个个都已流汗，幸好几乎都是强劳动力，都能胜任。今天出动的劳动力有15人，建沼气到第六个和第七个是我们村民自己动手建了。建沼气师傅几天中都回家，叫我们自己动手建，因他（师傅）的模板在我村上，我们自己动手建已是第二个了。今天的生活待遇也是比较讲究的，肉类有鸡鱼猪三鲜肉，酒有啤酒、饮料。劳动强度大，但是生活待遇令我们感到非常的满意。

村民农活都是从事于薅锄。人的能力有大小，人的长处都不尽相同。

有的较省劳力就可以做很多活计，或做了大块面积，但也有的一天工夫只做了一点点。尽管能力不一，但俗话说，笨鸟先飞，所以自己是早出工，晚息工，把所有的时间都集中在农业生产上，加之老伴就是薅锄生产能手，所以什么先决条件、什么优势都用上了。头道苞谷薅锄已完成，我们很讲时间性。

2008年6月10日　农历五月初七　星期二　晴

参与教职员培训。我县安排参与昆明市教职员培训，我县是张文洪、张荣春和四儿张学德3人参与学习。学期为4天，来回6天，是短期培训，培训地点安排于昆明市白沙河党校里边。四儿张学德租他妻子姐夫家的小车乘上昆明，途中与两学员联系同上昆明寻找学习地点。今天一早五儿学祥送四儿上柿花箐候车。

村民事工，今天有的村民到附近村寨打临时工，帮人家薅锄苞谷。工资待遇每人每天30元，不供吃，也就是包干工。今天下去了6人，因联系需要6人。今天是开始的第一天，时间一进入薅锄，很多村很多人都需要找工薅锄。前面我已写到，有人一块地竟种下30公斤苞谷种。所以自己薅锄，就实在薅不完，都是找工点种和薅锄。

建沼气一组的事工。建沼气第三天就拆模板，当天又架支另一个沼气模板，明天就是11号，又该浇另一个模板了。如果建沼气材料不够的话，就准备在先，因两家料子差别不大，所以今天下午晴开，就出动两张车子拉运料子回来。

2008年6月11日　农历五月初八　星期三　阴晚有雨

建沼气。今天村民张会成家建沼气，是我们村建沼气的第八个了。建沼气师傅建起5井后，就走了，走时叫我们自己动手做起。所以他走后，我们已经建了三井了。建沼气人员每天保持在15人左右，不包括煮饭人员。自从建沼气，我们都已经商定说成，建沼气的农户互助帮忙。

伙食由建沼气的农户负责一餐，就是晚饭。

村民农事，仍进行薅锄。农地多的农户一时还没法薅锄完，农地少的农户几乎都已薅锄完。我自己农地也少，所以已薅锄完了头道苞谷。今天已经开始薅锄二道苞谷了，今天所薅锄的苞谷地约有一亩山地。人的能力有大小，自己约定自己的劳力要早早薅锄，俗语说："笨鸟先飞"，所以我们要打主动战而不落在他人的后头。

打工。我村每天有少量人员从事打工，一种情况是劳动力多，一种情况是自己农地少，已经薅锄完。

2008 年 6 月 12 日　农历五月初九　星期四　晴

排红薯。刚薅完头道苞谷，排红薯的季节又到了。刚过的 2007 年红薯在昆明市价不算高，一般只卖一公斤 0.5 元，原因是种红薯的农户有所增加，五儿学祥去年开始种，情况是经济收入始终高过苞谷。不管怎么样，都种上一些为好。五儿学祥排红薯，四儿媳和我老伴也随着去帮忙。昨晚和夜间下了中到大雨，但幸好白天晴开了，不论做什么活计，都好进行。

栽核桃树。我自己是栽种核桃树，栽种季节是春季和夏季。主要栽于春季，但为逐年扩大数量，所以雨水季节也少量的栽上些，栽核桃树是我自己重点的一个新项目。核桃目前市价情况是，早核桃可以卖到一公斤 13 元，价格是比较理想的。几年来又是国家政策支持的重点项目，目前我们东村乡经济效益比较高而且又稳的两个项目就是板栗和核桃了。

村民农户仍是从事于薅锄苞谷，少数的农户已完成了头道，而将开始薅锄二道苞谷了。

2008 年 6 月 13 日　农历五月初十　星期五　晴

建沼气。张学光家是我村建沼气的第 9 户，我们自己动手建的第 4

个了。建沼气原来的报名户有10户,但因有的农户担忧没有钱建,就退了。所以我村已完成数目,剩下的就是等师父上来粉刷了。人员情况:今天出动的劳动力有20多人,是建沼气人数最多的一天了。由于他家没有场子,所以只好在我们教会场院拌灰浆,拌好后再挑下去。从教会场院到他家距离约有40米远。考虑完成当天任务,时间会推迟,幸好劳动力很多,所以工作中的劳动强度虽大,但是还是轻省。时间不晚,我们已经完成了建沼气任务而息工吃饭。生活待遇情况,从头开始建沼气的农户就讲究起来,就是好好办伙食而酬谢亲友邻舍。这也合乎情理,不给亲友工天钱,那么生活待遇适当提高,办好一点酬谢大家就理所应当。

2008年6月14日 农历五月十一日 星期六 晴

上鸡街买农用化肥。几个自然村,就是万宝山、水平子、柿花箐、麻栎树、芭蕉箐都准备上街买化肥,我们乘坐各种车辆上街。先到卖化肥的转销店打听销售的价格。尿素价一包卖到108元和110元,我们村民有的不管它卖到多少都买回家用于农业生产。我们有的看看价格猛涨到110元,就没有买了,乘空车回家。意思说,涨到高峰期了,等着看,很快会跌价了,所以我们就没有买。我们因有执事继光给别人帮销化肥,尿素一包只收102元,女儿就买了11包拉回备用。

评语:农用化肥原销售价是81元一包,后又卖到92元,一个月后的今天就上涨到110元,已形成乱涨价、滥涨价的现象。按我们的推理逻辑,一个有着强大文明悠久历史的文明国家,应当有着物价稳定的市场。而且应当是各行各业支援农业。工业产品不受限,而农业受时间和季节的限制。工厂加班加工,产品就出来了,而农作物一年只有一个春、一个夏,农业应得到各行各业的支持。

2008年6月15日 农历五月十二日 星期日 雨天

过礼拜生活。

2008 年 6 月 16 日　农历五月十三日　星期一　雨天

学习。雨水天，今天一整天下着中雨，不宜从事农业活计工作，再说村乡的一个农夫，真是没有学习的时间，下起雨来就是我们学习的良机，教会很多的事工和工作也实在抽不出写总结的时间。趁雨天写写教会事工的总结向有关教会领导汇报，搞教会工作也不是那么一帆风顺的，甚至有些事工、有些聚会点的情况复杂，始终难于管理。今天我写教会某些事工的总结，还没有写好，有些内容写掉了，等下次再完善写好。不过稿子就用这稿子了。今天把材料稿子打好，再请同工看一下，是否写得完整，再补充某些方面就可以。

2008 年 6 月 17 日　农历五月十四日　星期二　雨

薅锄苞谷。一个上午下着雨，不宜出去劳动。中午和下午就住了雨。刚下过雨，泥烂不利于农事劳动，但为争取时间，早日薅锄完两次苞谷，所以仍出去进行农地薅锄。经一个中下午的薅锄，薅锄了一亩山地，这是老伴的农活计。

村民的农活计，是排红薯，因从 15 号至今天 17 号整下了三天两夜的雨，是排红薯的好天气。几乎村村寨寨、家家户户都忙于排红薯，数量多的是五儿学祥家，他家排红薯的山地有两亩。我们村的农户有的排红薯已是多天了，秧苗育得多的，就可一次性排完，有的农户秧苗育得少，就需要几天才能排够和排完，一般都要几天几次才能完成。

栽核桃树。我自己农活计是栽核桃树，自己育有秧苗木，数量也多，就是自己的山场山地太窄，容纳不了多少（栽不下多少）。经一个下午的时间，挖树苗木背到山地到栽好，才 9 株，是先已嫁接好在秧苗地里然后成活再移栽到山地里的。

2008 年 6 月 18 日　农历五月十五日　星期三　晴

村民农活，仍继续进行薅锄。今天的天气已晴开了，适合我们开展各种农活计。村民都忙于农地薅锄，耕地多的农户头遍苞谷的薅锄还需要一段时间。我自己的农活也是忙于锄苞谷，自己的耕地很少，所以完成了头遍，二次苞谷已锄两天了。耕地面积不论多或少都应尽时尽力早日完成，所以我们想尽一切办法，利用所有时间早出晚归，趁有晴天、趁农地里的杂草还小。所以要完成某种事工得讲技巧、讲观点、讲火色、讲时间性。农忙季节，农户们各自自由出工，但仍形成类似竞争的现象，是自然形成的，个个不愿落在人家后头。不良倾向：又有少量个别的农户，在农业生产力上没有竞争力，出工、薅锄上没有时间性，什么时候出工都行，喜欢做什么活就做什么活，没有中心和时间性，当然效力就差了。

看病就医。村民张会学之妻病倒已是多天了。今天请他兄弟张会成开他的摩托车送到东村镇医院就医。据说是妇科病，月经不调等等。因刚下过中雨，道路非常泥烂，摩托车行驶困难大，要从我村上到东鸡公路才好。因病情严重病倒多天不起床了，所以有病就要就医，早日康复，搞好自己的农业生产。

2008年6月19日　农历五月十六日　星期四　晴

村农活仍进行薅锄。昨天今天天气已晴开，很利于农地薅锄。我们抓住薅锄的良机，就是趁天晴，又是趁地里的杂草还小，赶紧把农地的薅锄抓好、锄完，所以我们仍早出晚归，尽量把所有的时间都集中在农业的薅锄上。这样就省力省时间，要尽我们自己所能抓好生产。全村几乎是一个情况。

打工。村农户少部分已开始在附近村寨打工，薅苞谷，排红薯，按理应先把自己的农事做完，再朝外打工。可能是打工替他人排白薯，因排白薯就讲时候，刚下过雨，土地湿润，是排白薯的良机。这是一个情况，可能有的村民还欠化肥，所以投工找点钱买化肥。

2008 年 6 月 20 日　农历五月十七日　星期五　晴

赶鸡街。大儿学全、三儿学忠到鸡街卖竹子，卖废旧铁。竹子买主极少，只卖了五捆换背篓。卖废旧铁的情况，几年前废旧铁好的卖到一公斤 1.5 元，生铁几年都只卖一公斤 1 元。今年物价上涨，废旧铁价格卖到一公斤 3.4 元。今天大儿张学全卖一张废摩托车和一张小胶轮车，共卖得人民币 400 多元。化肥仍在涨价，不但是涨价，而是大涨猛涨，后期尿素涨到一包 120 元。在这种情况下，农民们只好可不买的就不买（是指原已买有的，只是数量差一点的），需要买的就少买、少用。

村农活，大部分的村民，仍在坚持农地薅锄。规模大大小小地开展，互助有组织的，或是个体单干的都在轰轰烈烈地进行着。有组织的，是亲戚关系、家族关系，自然需要这样来表达关爱，表达亲友密切关系，这也使他们的亲密感得以满足、建立、延续和发展。这种状态从农地薅锄开始到农地薅锄结束都保持，当然是好。

2008 年 6 月 21 日　农历五月十八日　星期六　晴

建沼气。今天我村建沼气的农户，进行扫尾工程，就是粉刷。建沼气的师傅回家已是多天，昨晚又增加一位师傅，他们来了两位。据说，县上有会议，就是我省其他县因清扫沼气毒死 2 个人员。因此事，县办沼气领导特别召开会议提出要求和严格指导，所以耽搁了多天。建沼气师傅领我们建起五个，他走后，我们自己拿他的模板做起了四个。我村首次建沼气，就是有 5 户建起。因师傅们的到来，我们陪同人员二三人也随着忙碌起来，师傅要什么物资，我们就供上。今天他们二人粉刷，已粉刷了 5 个，可能明天会粉刷得完。

村农户仍抓我们的农地薅锄。由于已晴了 3 天了，所以很适于农地薅锄。村民们都争先恐后地抓薅锄，大部分的村民劳动进度很快。互相帮忙干薅锄。亲属、父母关系的一段时间以来，在本村或附近几个村都有互相帮忙薅锄苞谷。今天，张正才的妻子、父母和他大姐，就是我家大儿媳，他们四人协助薅苞谷，张正才家6人联合薅锄了约三亩苞谷地。

2008年6月22日　农历五月十九日　星期日　晴

聚会礼拜活动。

2008年6月23日　农历五月二十日　星期一　晴

村民的沼气建造工程已完毕。下步粉刷和处理细节的小事工多而复杂，不但两位建沼气师傅动手工作，而且一部分粉刷我们也要动手做了，还有两三人是随时跟着师傅，人家需要什么物资就要找好，保障供给。吃过早饭，又安排一张车子到石桥村委拉运沼气的炊具。

我村原先建沼气的计划数是10户，后来落实有9户建，但炊具只拉到7户，还差两户的炊具。出车后，就下起了一阵大雨，幸好挨晚雨住，车子才回得来。因我们的道路是土路，当然是有困难的。我们处在什么环境，就在什么环境下生活、锻炼、工作、挣扎，所以我们就能在任何艰苦的条件下坚持工作或生活，也就是说，失败是成功之母。即使是贫困山区，我们也仍爱我们的山寨，要改造我们的山寨。创造我们自己身边的"香港"，有我们自己的特点，有我们自己的优势。

2008年6月24日　农历五月二十一日　星期二　晴

村民农事仍然抓农地庄稼的薅锄。仍然早出晚归。虽然劳动又苦又累，但始终是精神饱满，干劲十足。因为我们对年终的收获充满着信心。所以，我们在劳动中的每一个环节都很重视，按质按量完成。搞农业不同于其他的事工，时间和节令非常之关键。几天以来的农事情况真令人发慌。头次苞谷还没有薅完的农户，地里的杂草长旺了，雨水量逐渐多了起来，种下的庄稼如果薅不出来，或是薅不在时候上，或是时间推迟了，直接关系到收成的好坏。所以时间节令是非常关键的。平时掌握这环节的农夫不多。

建沼气一组的事工,从今天以后就逐渐减少了,因为先建的几乎完善了,事工也渐渐少下来,不要几天,可能全村9户的沼气就全部建好了。

2008年6月25日　农历五月二十二日　星期三　晴

建沼气。我家父儿四户已建好,今天我们父儿四户开始往沼气池装粪。由于需要的粪料数量大,为完成任务,所以清早我们就动手背粪料。所需的数量很多,我们两口子背了个整天才完成,真够累。上午和中午我家父儿四户背粪装粪,因建沼气的师傅明天要回家,所以下午要把我家父儿四户的沼气线管拉好。由于赶着时间拉线、安线,一直忙到夜间,安了3户的线。五儿学祥家的只有明早再完成。

村民的农活中心仍然是薅锄。大部分的农户耕地很多、分布很广,一时不能完成,还要些时候,要些劳动力,还得付出很多努力和辛勤。

打工。耕地少的农户,几天以来,仍继续出动打工。在不影响自己农活的情况下,都愿艰苦耐劳为谋生奋斗、工作、劳动。很多时候,很多事工都需要我们付出极大的努力和劳动,我们有信心,都懂得"先苦后甜"的道理。

2008年6月26日　农历五月二十三日　星期四　晴

开林业会议。四儿学德是林业员,今天东村乡召开林业会议,进行学习和考核。按原先计划是一个季度要考核一次,今天的考试已是两个季度了,是考口试,每个林业员都要参与考试,就是要林业员明确自己的职责和任务。当有任务和事工时,应放弃自己的利益,服从组织和调动。一个季度活动一次,是由县林业局领导统一领导布置安排。每一个乡镇活动的时间是一天,可能上午11：00到镇上报到,活动到下午5：00才休会。

村里的农活事务，一组从事于建沼气，着手供料、完善、扫尾、清理、结尾等。一组从事于农活薅锄，任务很艰巨，我们只有集中劳动力，并把时间都用于农地薅锄。虽苦，但心不苦，我们乐于从事农业生产，甚至我们越干越欢，因为是我们的职责又是我们的喜好，因为胜利是我们的希望，所以不管每天所付出的是何等的努力或辛苦，我们从来不叫苦。

2008 年 6 月 27 日　农历五月二十四日　星期五　晴

砌灶台。沼气建成了，装粪是 25 号，今天已有两天了，据说，装粪 3 天就可产气了。所以我们也要积极的准备做好各项事工。我和四儿学德二人合力砌灶台，四儿学德设计式样和砌工，我拌灰浆，供料子，两人整整忙了一天，四儿学德为了做好、做完还加夜班，一直到把灶台做好。在做的过程中，我们都是精益求精的，所以我们都非常满意。小结：从建沼气工程到拉线、安装沼气锅、砌灶台，建沼气师傅只是技术指导工程的各环，细节几乎都是由我们学习来做的，虽然受苦受累，出了些力，流了些汗，但我们已学得点技术。我村建起 9 个沼气池，师傅只是做完 3—4 个沼气池，剩下的 5 个沼气池都是由我们来做、来扫尾了。

村民农事，大部分仍坚持农事薅锄劳动。大局是可喜的，是大有希望的，劳动进度之猛，效率之高，事工列入计划安排。村民弱的环节是极少的农户耕地多、种的广，但由于见识之缺乏，生产力之脆弱，从根本上来说实在无能力管好，获高效益。俗语说："广种薄收。"何况效力极低。

2008 年 6 月 28 日　农历五月二十五日　星期六　晴

我村农活的中心仍是农地薅锄。大部分是各个自由出工，尽自己的所能而劳动着。有家族关系相处得好的农户往往联合行动，互助帮忙。村民龙兴明家薅头道苞谷是联合行动，薅锄二道苞谷，还是联合互助。今天他家薅苞谷，劳动力有 8 人。

小结：相互帮忙的优良传统应继续发扬，而体现民族、人类之关爱美德，满足人类心灵生命的真正需要。人类最大的需要就是爱，人们都迫切地需要人来爱我们。

2008年6月29日　农历五月二十六日　星期日　晴

过礼拜崇敬生活。礼拜由水平子村张建荣主持，读经文也是由水平子村读。

小组自养农务活计。我们村教会小组种了3亩苞谷，已薅锄了头道。今天礼拜休会后，我们计划薅锄二道。下午3：00时，我们出动一张农用车，拉运化肥和劳动力前往山地进行薅锄。我们出动22人和多张摩托车前往。沿途地里的农夫都望着我们，我们声势浩大，像是表演给人们观看，小小的活动显示一种活力。劳动中，为满足团契，又给组员每人买上一支冰棒。生活晚餐安排是，四位妇女煮饭，我们在地里劳动还没结束时，煮饭人员打电话来叫吃饭。我们便说，我们一便把整块地薅完再息工回来，当我们回来吃饭时，有说有笑真开心。

2008年6月30日　农历五月二十七日　星期一　晴

我今天早上到地里背草垫圈。发现村民王才明家6块山地组合的约有5亩的苞谷地已薅得清清白白。当我经过此地段时，恰巧他家妇人赶上我来，我便问她："哎呀，我天天从这里经过，你家都还没有薅，怎么一下子，你家这大块苞谷地就把它薅清白了？"她说："我家昨天（礼拜天）请村邻舍帮忙薅的。"我听了便产生不舒服感，因为他人的时间和工作比我们自己的重要得多。

小结：我们自己的生产建设或是住房建设，或是什么事工，都是要本着自己的力量，也就是说量力而行，或是说，走自力更生道路，若是事事观望他人帮忙、事事等人来给自己做，那就自然养成依赖性太大、或太强的习惯了。自己没有主动性，想事事他人能来给我做就好了。我们的人生不要造成很多人的麻烦和负担，若是能做，要使很多人都爱、喜悦我们才对。

村民农活计，仍从事于农地薅锄。进度情况是小，几家农户已完成了今年农地的薅锄，一部分已完成了40%，大部分二道薅了少部分。

2008年7月1日　农历五月二十八日　星期二　阴

我村生计活动，仍在进行农地薅锄。我自己已薅锄结束了，多天务农活计已转入田间和农地管理，俗语说：种下了三分，管理是七分。的确，管理的工作也多。地边的杂草长旺，长进地里挤住庄稼，需要看管割除。所以薅锄完毕，已转入管理和进行农杂活，农夫的农地、农活，农事多多，所有的时间几乎都消磨于农事。薅锄苞谷，自己薅锄完之后，协助姑爷女儿家薅锄苞谷。他家的耕地比较多，一时薅锄不完。作为父母，就应当尽上自己的职责和义务，自己也能做到，又不影响自己的农活生产。我们每年都投上些工。四儿学德家今天锄苞谷，大儿家3人，学祥家2人等七人，联合协助四儿家锄苞谷，连大儿家的苞谷地、两家的地都给薅完了，挨晚四儿媳先回家给我们一个大家庭做饭。事务很多和劳动力欠缺，我们就采取这种方式节约时间、节约劳动力，工作任务也完成了，饭也做好了。起先我们各人自己薅，到最后两家或是三家还没有锄完，由父儿几户共同来完成。今天，我家父儿几家已完成了2008年度的农业生产薅锄任务。

2008年7月2日　农历五月二十九日　星期三　晴

检修沼气。我村农户所建的沼气，初安装了5户试用，有4户沼气已投入正式使用，几乎都已成功，好用。但有一池怎么也不能点燃，我们便打开盖子，加粪，然后再把池盖封还原，每打开加粪封盖要3天才产气，花了一个上午的时间，才检修完毕。

村民杨××家薅苞谷。年轻人劳动进度迟缓、工作责任心弱、劳动没有时间性，喜欢几时出工就几时出工、喜欢做什么就做什么，突不出中心、依赖性强，对组织纪律观念淡薄，以自我为中心，身边没有几个朋友，前途没有什么希望。

2008年7月3日　农历六月初一　星期四　阴有雨

县上办行车证。五儿学祥相约四儿学德到富民县县城办摩托车行车证。他俩吃过早饭起行到富民办证。办证时收费35元。他俩经过款庄、散旦、小水井插富民东元而进入富民，回来时已是下午6：00了。

外队人员进入我村山场栽种桉树引起麻烦，还未得到解决。我村村民杨××等两户拍卖荒山，转让他人借租20年栽桉树。昨天栽树人用一张小马车拉化肥到此地栽桉树，不晓得为何，小马车无人管，拉着车进入张学光苞谷地，苞谷已长发到一米多高了，小马车整块地转了个大圈，碾断了450株苞谷。事后，学光叫那人赔偿100多元，那人说赔偿50元，我们便叫我们石桥村委领导今天到现场协调解决。石桥村委杨主任和刘寻武等3人到现场，了解情况后，只说"他们已私了了"就走了。此事未得到圆满解决。

2008年7月4日　农历六月初二　星期五　雨

雨天气，学习的良机。享人生游乐休闲之福，农夫、农事天天交织在一起，消磨了我们的光阴良机。按人的生理应当是7天休息一天来满足人生理的需要，就是平时也应有适当的休息，这是一种享受、一种快乐，但我们往往有福不会享福，而把自己置于沉重劳苦的境地。雨天之际，学习一下，很有必要、很值得。由于农事很多，多少知识、规律、定律，自己经历的有价值的事物都没有整理、搜集、记录，甚至教会的一些重要的建设社工都没有写日记，所以抽时间学习、写写该写的教会事工总结。一个教牧人员参与施教，应随时充实我们的知识和见识。把学到的知识和在生活实践中积累的体验都应用到我们的讲章中，使我们的讲道具有说服力，这是一层内容。其次是，身教强于言教，施教要从我们自己做起，力求无可指责，使我们在众人中有好的形象。即使我们讲道讲得不好，人家也无可说我们的不是。所以，我们应时时搞好学习。

2008年7月5日　农历六月初三　星期六　雨

村民张学全给女儿张多加汇升学报考费款。前天张多加从昆明中专院校打回来电话，说："我的中专学业即将结业，有机会参与师范大学升考，报考费要200元，现在请问，我是否可参与师范大学报考？"我们家里人给她的回复是说：只要你有能力、有勇气就可参与报考。师范大学的学业据说成绩好的要两年，成绩差的需要两年半，目的是受深造，也考取教师证，今后方便工作。所以，学全一早上东村街给张多加汇报考费，汇了300元，意即给女儿200元作为报考费，100元给女儿零用钱。

小结：知识是人类第一大财富，有了知识就可获取人类财富。又有话说：社会主义是天堂，没有文化不能上，也突出文化的重要性。特别是现在知识更广泛地用在人们的工作和生活中，显得越来越普及和重要。同时，文化知识也是我们的第一生产力，已成为人们的共识。学好文化知识，在我们贫困民族山区，可真是一件大难的事。比如孙女读中专每年的学费和生活费就要四五千元，在我们看来可真是个天大的数目。在我们乡村，一般的农户年收入是两千元，怎么应付这么大的数字呢？

2008年7月6日　农历六月初四　星期日　阴天

主日礼拜。

2008年7月7日　农历六月初五　星期一　晴

村民农活，仍进行农地薅锄。已有5天是雨天了，农地的薅锄已停了四五天了，昨天、今天晴开了。所以村农活又忙碌起来，农地薅锄没有薅完的农户还有80%。从薅锄开始到末尾都有联合互助，也有个体户为单位进行农地薅锄,前面论述到农地薅锄有联合互助帮忙的必要性。借此篇幅记述以个体从事薅锄的农户,自己不欠他人的工天,不需还工。每天尽上自己所能从事于劳动,尽量早出晚归,把所有的时间都用于农活的薅锄,有计划有步骤地坚持农地劳动。当薅锄完成时,雨天到了,而没有薅锄完的其他农地,杂草长旺了,人家正好忙碌,而自己已可轻松了。

协助学志妻锄苞谷。今天儿媳们几家相约组织凑得7人帮伫儿学志妻锄苞谷。经一天的辛勤努力,7人的劳动工作量还是极有限,没有锄完。虽然没有锄完,也总比没有人帮好,对学志妻也是从物质到心灵的一种帮助和安慰。

2008年7月8日　农历六月初六　星期二　晴

农地管理。薅锄结束了,田边地角杂草长旺、长深了,需要割除,地中的猪食草也随着长密了。每天必须到地里割一两背箩喂猪又喂牲口,这样既加强了农地管理也护理了自己的牲口。我们地处低海拔处,地里杂草很容易长茂盛,耕地又多,所以农地管理也是一项事工。今天我从事农杂活,又割草,又到山地里捡了一个上午的石头(地里石头多的,要逐年捡除),下午又薅板栗秧苗木,因草深和需要追肥促壮。

村民张学志出车上东村街卖鸡。市价今天阉鸡卖一公斤30元,他卖两只阉鸡,一只卖得2.4公斤×30元/公斤=72元,另一只卖得2公斤×22元/公斤=44元,合计116元。回来时拉运一车石料子、细人工砂,因建沼气还余有点料子,准备打门前地板。

2008年7月9日　农历六月初七　星期三　晴

村农事活计,协助姑爷、女儿家运输建材和卸单货。他家因需要建厨房,所以前晚上打来电话叫帮拉运建厨房材料空心砖,并叫我们父母也去帮助卸下货。所以我们吃过早饭,就乘车上柿花箐村去帮忙。建材料子还没有运回来之时,先搞一些农杂活,到村外挖运粉刷泥土和他家修建烤房用泥,挖运回来 4 小马车后,运输空心砖的车才回来。我们接着就回来卸下车货,因村中不通车路,我们就用小马车,慢慢又拉运进村中,经两个多小时才搬运完第一车。下午 6:00 第二车运到,我们 5 人连同驾驶员下完第二车货后,吃过饭,乘车回来时间已是晚 6:30 时,这才完成了一天的劳动工作。

晚间教会探访活动。原先安排 7 月 9 号分两个组,每组 4 人员,目标:万宝山村、石桩村参与活动,并走访、座谈、交流团契。晚 7:00 时我们分队乘摩托车前往,我们分队往东再转向南方向上越翻过大黑山顶而下到中民,来到石桩村与石桩聚会点,负责人潘文清家走访座谈。交流座谈内容,一是如何负责拟聚会点的牧羊;二是你村对我们教会和县教会领导有什么愿望和要求?我们座谈的时间长达 2 个半小时,得出他们的困难,待转县教会领导和县统战部给予答复和解决。我们组员 3 人乘坐一张摩托车,经过非常崎岖难行的山野高峰险路,往返行程,按摩托车仪表计标行程 30 公里,圆满地完成了这次的探访工作。

2008 年 7 月 10 日 农历六月初八 星期四 晴

打工谋生。我村民的薅锄已将近结束,部分已经结束了农地薅锄的农户,一段时间以来,每天有一两起 3—4 人,或是 5—6 人,就在附近山前后,帮他人排红薯,薅农地苞谷。出工时间是每天早上 8:00 出工,晚 7:00 时息工回家,就是每天往返连在途中的时间 11 个小时。工资待遇,干工,每天不就餐,付给 30 元。

今天大儿媳一组 6 人,组成一起,到山背后,给下村饶家锄苞谷。

文艺活动。今早 8:00 时,我石桥村委领导刘寻武等 3 人乘摩托车上来我村,交托一个任务给我们,就是建国 59 周年庆祝活动,仍像 2007 年东村人民代表大会,要各个村委安排文艺队到乡演出。如成绩优良,还可推荐到县演出。叫我村组织文艺队,用 10 多天的功夫做好准备。

到时候，通知我们出席，他们上来联系此事，并在我四儿学德家吃早饭，喝水休息个够，3人乘两张摩托车上达东鸡公路，而回石桥村委去了。

2008年7月11日　农历六月初九　星期五　阴

雨天，村农活仍活跃开展。从早至中午12∶00时，天色雾气沉沉。村民仍正常进行农务劳动。放牧到农地割猪食草，到山地里挖洋芋做菜，年轻小伙到山野找鸡枞，今早卖得人民币8元，每天都有小小的收入。孙儿张荣光正准备在假期找到校读书的零用钱，在假期约可收入两三百元，几乎已形成一项固定行业。找鸡枞时间可长达4个月，没有上学的孩子，借4个月时间可拿回上千元哩。所以每进入6月份，人们就找鸡枞谋生。

部分村民完善沼气设备。为方便、完善，逐渐把人畜粪便利用到沼气池，充实能源，更好发挥效力。所以一段时间，我们在进行改造。加之建沼气还余少量建材，我们要珍惜，要用好，要做好，所以部分村民着手进行工作，有的已完结，有的正进行，有的还没有能力完善。还待时间和条件允许。

2008年7月12日　农历六月初十　星期六　阴有小雨

承办主日学班。主日学班就等于现在的"学前班"，就是为上学读书打基础，就是为培养人才，多方面地训练他们、锻炼他们，尤其是教学苗文，现在很多青年不识苗文了。为了保持苗家懂两种语言和两种文字，保持苗民的传统特色，所以很有必要组织主日学班，就是利用礼拜天把孩子集中起来，教学苗文、民族舞蹈。教会研究确定从7月6日这个礼拜天开始活动，前礼拜儿童已集会试教训练。今天礼拜六儿童们情绪可真高，吃过饭就从远近的村寨相约而来，到教会场地来等待培训，教员没有来上课，因没有安排，只是安排了主日礼拜的活动课程项目。有个特别好的情况，就是年龄大的儿童，比如孙女张秀芬就起来上台、教歌、教圣经，儿童特别感兴趣，主动行动，表现出需要、喜好、迫切感。所以说，只有落后的思想而没有落后的地区，儿童们为学好知识，学好歌舞文艺，这样辛勤，我们也很感动。

2008 年 7 月 13 日　农历六月十一日　星期日　晴
礼拜活动。

2008 年 7 月 14 日　农历六月十二日　星期一　晴
村民互助锄苞谷。第一组是教会，人员有 6 人，昨晚在集会处时，相约到外队万宝山村协助张成友家薅苞谷。今天的活动是今年开展的慈善活动工作的第一天，他们都干得很欢。我们计划趁我们的农活已经完结，山区苗民大面积的农地还没有薅锄出来，我们抽几天接连到万宝山村协助几户残疾人薅苞谷。第二组，是侄儿张学道家，他家耕地广而且又散，劳动责任心弱，时间观念淡薄，实在无法完成。所以今天他家组织得 8 个劳动力突击薅苞谷，经一天的薅锄，约完成了 4 亩山地。第三组是村民龙福祥家，耕地多，山场广，逐年扩开已种下苞谷，也需要很多劳动力和时间才能完成。今天他家亲戚姑爷、女儿添有 7 人一组来帮忙。

小结：团结互助、相爱和睦是我们中华民族的传统美德，我们要保持和发扬，也是人类社会需要的风气，但在另外一方面，我们的工作、生活、建设和人生也不要妨碍他人，成为他人的一种负担和麻烦，反而我们的人生要成就他人的幸福和快乐。

2008 年 7 月 15 日　农历六月十三日　星期二　晴
运建材。村民龙保罗因建沼气，安设炊具的房间还不妥当，要整理房间，所以需要先浇好房间地板，再砌灶台而摆设炊具，需要石料子和水泥，所以四儿出车到东村，以便上街买东西，折回来时又到石厂拉料子回来，协助龙保罗家拉运。其他的村民，大部分已转入田间农地管理，有的到苞谷地打农药，治铁锈病。有的转入建房，村民张治明需建畜圈，所以一段时间挖建房地基。由于地处陡坡，挖畜圈房已花了4天的功夫。建房都要建现代式的，用空心砖做建材。

2008年7月16日　农历六月十四日　星期三　晴

我村因建沼气还欠两套炊具，与地方政府和建沼气师傅联系，说7月16号他领我们到富民县城去领。今天我村一行5人乘坐摩托车4张前往富民县，其中因为3张还没有办好驾驶证被收缴了两张。

我村小组协助残疾人薅苞谷。教会我村小组，吃过早饭相约到万宝山村，帮助龙周学家薅锄苞谷。我村出动劳动力8人，他村2人和他主人家2人共12人出勤，经一个整天的辛勤劳动和努力，把他家农地全部的苞谷已给薅锄完了。

小结：团结、互助、关爱是教会的生命力，人际中必须有这些关爱活动事项，是人之所要，也是传扬真道的活动。

2008年7月17日　农历六月十五日　星期四　晴

建厨房，姑爷女儿建厨房。姑爷女儿打来电话，叫我们支持他家建厨房。昨天因我们有事，到县上领沼气炊具，所以叫他家推迟到今天，又集中劳动力再建盖。今天我家父儿4人，他村哥弟2人，和他主人家1人，总共7人为一个建筑队，是临时组合。施工情况，今天把小厨房砌好，又把正房平台栏土砖墙砌好。

小结：在高科技的社会生活中，不论是什么地区和民族都有本地方的技术人才，多半是没有参与过培训和学习锻炼，而是由于喜欢，自学成才，能预算建设中的工程规模大小，建材料子预算和数量，而且在学习和建设实践中比较优越。

下午时间，我村昨天进城领沼气炊具的农户到我石桥村委会要求承担摩托车被收缴的一部分责任。石桥村委会的答复是，供给沼气炊具是各级政府的责任，但你们等不得，自己进城领，是你们自己闯出的祸。被收缴摩托车者说："我的沼气池已建好，而且已装好料子多天了，沼气炊具是等着用，再不用我的料子就废了。"此事就没有得到解决。

2008年7月18日 农历六月十六日 星期五 晴

我村活动事项，进县城办摩托车行车证，其次是被收缴摩托车的农户，仍得到县城交警队交罚款。事后的经过是这样：龙荣祥原有大车驾驶证的这一户交罚款400元，而侄儿张学光这一户原先叫交纳罚款1200元，但经求饶求从轻处理，后说成500元。办摩托车行车证的农户情况是，今天我村去了四户，即张正才、龙学祥、张约翰、张会明四户，都已办成，收费每张是30多元。

小结：应当承认差别，发达地区和闭塞高寒山区，发达地区与贫困地区，城市与乡村，都存在着差距，而且发达地区与贫困山区的贫富差距越拉越大。养一张摩托车，办证件、交养路费、考驾驶证件，大部分都能做到，但极少数民族中，考驾驶证就比上天难了，不讲识字，就是公话（汉语）都听不懂，考驾驶证，考理论，根本就没有办法。再说，一个农夫有一张摩托车也不是要天天跑进县城。一个农民办不起证件也影响不了大局。活套一点，适当罚一点，再不合法也是你的人民。有些情况求分别对待，从宽处理就好了。

2008年7月19日 农历六月十七日 星期六 晴

村民事工活动。龙福祥家是完善沼气，浇厨房地板，砌灶台改炊具。他家自己筹备人力物力，自己施工建造。龙福祥家几乎逐年都有大小建房事工，年收入基本可以应付这些建设需求。村民龙兴华家的建房事工是趁农事完毕之际，拆房建房，就是把原建的土墙拆除再用空心砖建盖新式的，把原来不规范的拆除，改直自己的通路，所以忙于拆房，运送墙废土，运进建房材料。

村主任、林业员张学德今天有会议，就是按季度以乡为单位，有时是县上挂帅，统一活动，巡山或是安排当天的林业会议。下午4：00散会，又赶往参加县统战部安排的基督款庄圣经班院校临时会议，参与会议人员是各堂教会的部分人员。会议通报的内容是：富民县款庄圣经班院校住址，县统战部已批示准许。基督教、佛教同时同一个地点同建两个教派的住房，这是2007年的事了，富民东片的基督教人员大大不喜悦，但又没有办法。会议时间可能长达3个小时。学德在回途中，天已黑了。

2008年7月20日　农历六月十八日　星期日　晴

礼拜聚会活动。崇拜圣工项目中，近期所增加的两个项目，即"主日学"和"赞美队"。主日学，就是把可能聚集得起来的儿童聚集到教会来，推荐老师来带领他们，引导他们学习知识，教他们歌唱、舞蹈、锻炼他们上台献歌舞的胆量、本领、水平，使他们产生对学习的兴趣。利用礼拜天这天来锻炼学习，使他们从小就有学习知识的基础，也就是打下知识的基础和有所认识，孩子们的学习情绪很高很迫切。教会研究有此项圣工呼召，利用礼拜天活动一下，但礼拜六这天他们吃过早饭就相约结队往礼拜堂来了。没有教员，年纪大的就主动上台当老师教起歌来，情绪可好。赞美队，即由唱诗班推荐出有献唱恩赐的男女青年负责那天的聚会，台上的献唱音乐，是上台排队自唱或是主领会众唱诗。选诗，配上优美动听的乐曲。有时用歌舞献上，赢得会众的兴趣。人生都是劳苦愁烦，孤独寂寞，所以都愿来礼拜，欣赏音乐舞蹈，满足自己的需求和喜乐。

2008年7月21日　农历六月十九日　星期一　晴

办行车证。村民龙保罗一年一度的办证换证时间到，我村民也分批分期到县城办行车证。因大部分村民的摩托车证件、驾驶证都还没有办齐全，往往进县城办行车证，都被收缴罚款吃亏。为了确保安全，龙保罗就请五儿张学祥帮忙乘摩托车进城办证件，因我村仅有张学祥摩托车证件齐全，所以就托他帮忙。

小评：这种请人帮忙的做法好，付出的代价极小，自己的事又办好了又安全。苗民最大弱点就是自己又不会做，又不愿请自己相信的朋友亲戚协助帮忙，好像请他人办事，自己脸面就小了、不光彩了似的。多少事情就在这方面受苦吃亏，交通规则自己不懂，但其他人多少懂些。

7月18日我村进城办事被交警收缴罚款一事，没有证件的这户罚款1200元，后说成500元，有大车驾驶证的这户是交了400元。你请人家帮忙办事，人家的误工，凭你自己喜欢付上几十元，或是喜欢就给人家100元。人家也喜欢，你自己也好，都不会亏损上几百元。还有一种弱点，是有偏见，私心重，就是一心冷视他人，请人家帮忙不情愿人家要我工钱，自己也不情愿给人家工钱，只好自己冒险，试试，后果如何，就承担吧。幸好这种情况很少。

2008年7月22日 农历六月二十日 星期二 雨

乡镇、村委节日活动工作安排是，中国共产党成立87周年纪念活动，安排"首届新农村文艺汇演"，我东村乡石桥村委考虑，把此项新农村文艺演出任务交付给我村。接到通知，各村委文艺组于今天7月22日晚集中到东村，准备晚席参与演出。我村准备情况是，参与舞蹈演出人员6人。由村主任张学德领队到石桥村委，再到东村乡报到。

总结：此"首届新农村文艺汇演"是件大好事，体现了地方政府对我们民族的关怀和信任，我们应当感谢他们。他们既信任我们，交托我们，我们就要力求做好。自己处境情况，没有什么说的，民族人员一般的学识是初小一二年级。平时也没有什么学习和锻炼，更没有上过什么舞台和讲过话。一下叫上成百上千人的大会台上献唱献舞真是一件大难的事，想来丝毫没有成就可言。顺便做个小小的见证，2007年3月28

日，我东村乡开人民代表大会，我石桥村委也是托我村代表石桥村委文艺队献唱，我当时是列席代表。为此文艺演出，我是很有负担，因我们是民族宗教区的负责人，假如这次演唱失败了，我们自己的脸也不光彩。我村队员上台，由主领队员向政府领导同志和参加会议代表为这次代表大会的胜利召开献词和祝贺后，再献唱、献歌舞。歌词题目："中国心"，内容："远隔千山万水凝结一颗中国心，心心相印，齐心努力，兴旺福音，踏上征程，身披月色。头顶繁星，要给那黑暗的房屋点亮一盏新灯，给那56个民族带去和平。我们拥有一颗赤诚的中国心，爱民族、爱同胞、爱地上的每一个人。"音乐优美动听，随着舞蹈的配合，在场的人们深受感动。那次文艺晚会县上文化局的领导参与和评奖，都说这首歌太好了，评给最高分数和给予一等奖励。当时的三种等级是，一等奖300元，二等奖250元，三等奖200元。

2008年7月23日　农历六月二十一日　星期三　晴

实行宣道传教的一组地方苗民学生，是禄劝县旋窝塘圣经班学员，一行7人，昨晚走访宣道到我们教会来，我堂接待安排，住宿食用给予方便和送行。晚间召集礼拜，给他们讲道是接待内容之一，让他们讲讲道，实习。今早我们教会给他们做饭，以及提供一切的需要和服务。他们早上的侍奉工作是，有早祷、灵修以及早晨礼拜。我教堂6名人员也陪坐参与礼拜，表示支持关心渴慕同心。

送行。吃过早饭，他们需要送行，需我们给他们向导，领他们到达我们的石桥村。三儿学忠给予他们方便，准备用车子送他们到达那里，他们说：为了安全，我们步行了。（因昨天下过雨）我们答应用车子送他们，就到达东鸡大公路了。后来学忠领他们走小直路，翻山下山经过还记得村（汉族），再向上走到大石桥村。

评语：他们的到来是先经过我们教会的几个所属聚会点，所以在讲道中，都涉及我们的弱点和不足之处。来自下边的毁谤话，有的正确，有的错误，甚至有的极落后和反动，不一定都对。

2008年7月24日　农历六月二十二日　星期四　晴

建房。村民龙兴华趁农事闲时，趁有财力之际，抓紧时机扩建住户，增设自己的客房接待室，完善农户设施建设。这是村农户最起码的建设和需要，所以几天中都忙于建房，今天的建房事工比较多，又要砌砖墙，又要理九根木料做房上用梁木。劳动力人员情况是：他家哥弟和村亲戚凑够6人合作建房，经整天的辛勤努力，已建好了一楼一底的小接待室。

小结：有史以来，由于条件的限制，制约着我们的建设和发展，民族生活建设和发展仍处于缓慢阶段。至今住房和温饱大事几乎还没有得到彻底地解决和改善，所以哪里讲得到高档住房家具、商品、服装？农业劳动、生产、生活中，对各种自然灾害抵御能力弱，甚至没有。所以一时没有能力从事于完善住房。

拉运建房材料，四儿张学德协助亲友拉运建房材料。不论往寻甸县鸡街拉运，还是往富民东村拉运，一般可拉运两趟，今天拉运一趟，因只需一车数量。

村民挖洋芋。村民已进入挖洋芋季节了，每天都有3—4户挖洋芋。刚开始挖，数量不多，所以只是用人工背，或是用小马车拉运。

2008年7月25日　农历六月二十三日　星期五　晴

赶东村街。四儿学德和三儿媳、五儿媳需要上街卖鸡，以便买回自己的用品，四儿他们开一张大车上街，一早就上街办事。

我们在家里的农事工作，每天要上山地挖洋芋，供自己每天的食用和喂猪之用量。挖洋芋，用人工背就很费力，山高路远坡陡，此时想起，四儿的大车已出外上街。老伴就打电话告诉四儿说："我挖好洋芋放在公路边，你几时回来，就把我的洋芋放在车上，帮我拉运回来。"因为公路就通过我们的地边。四儿从电话说，知道了。所以当他们回来时，就把我的洋芋也拉运回来。

结论：我们曾论述到，只有落后的思想，没有落后的地区。就如我们贫穷民族山寨的芭蕉箐村，闭塞偏僻，寂寞、落后，也能有这小小的变化和发展。是党和政府的关怀和领导。

2008年7月26日　农历六月二十四日　星期六　晴

村民张某某、杨某某、杨某某三户前往25公里远的六块斗牛场游玩。昨晚下过几阵中雨，山路泥泞坎坷，他们乘摩托车前往，可真费力，他们要走出4公里外，才能到达大公路。六块斗牛场位置在我村的西方向，是禄劝县的六块坝区。斗牛场地是临时安排的场地。

评语：这是乡村盛行的民族风情活动。每年一处场所举行过多次，甚至越搞越浓，规模越大，远途的喜好者都乘车赶来参与活动游玩，用大车拉着斗牛来参与，他们所付出的代价真不小，不容易。喜好的民族、人士不管远近都赶来参与活动，特别是年轻的男女青年又是找对象良机，他们相约或是不约而同前往，成群结队，人山人海，亲族、朋友、恋爱的对象青年男女，在场会上享点午餐和零食，互相送点情意留念。另一种人生，就是我们自己，和我们本村参与这种活动的人员，我们的生命不同，喜好不同，我们自己也喜好参与社会服务活动，喜欢和教会的团契、交流、聚会，分享自己的学习心得。感受、蒙祝福的体验，以及共同的生活的关爱，这才是我们的喜好，是有意义的活动。

2008年7月27日　农历六月二十五日　星期日　晴

礼拜天的崇敬神的聚会生活。

2008年7月28日　农历六月二十六日　星期一　晴

东村街天。五儿媳上街卖黄瓜，每街能摘到20多公斤，每公斤黄瓜可卖到1元钱，每个街子天可卖20多元。由于交通的便利，乘摩托车上街买卖货物很方便。办完事后，回到家，时间一般是中午 12：00，不影响白天的事工。三儿学忠带孙女上街就医，打针，一般重感冒打一针，开点药片，服用一两次感冒药即解决。由于自己有大小车辆，很方便，中午即回到家，再进行农杂活。中午大儿岳父打来电话，说叫他二姑爷张正才开大车到祖库郎当田，拉他家的小拖拉机，因他溜空挡，车头开出路下边去。所有他家的亲戚，有大车的两家上街还没有回来，所以帮不了他们的忙。没有办法，只好让他们自行想办法了。

村民的活计仍是上山地里挖洋芋，用大车拉回。

2008 年 7 月 29 日　农历六月二十七日　星期二　晴

村民农杂活，大部分是挖洋芋。目前洋芋数量少，供农户每天的食用和供喂猪的数量，由于每天需要的数量小，又是雨天，所以我们村每天用人工从山地一背一背地背下来。山地路途遥远，最近的山地路道，一个单道至少都有一公里的山路，每天都消耗我们大量劳动力和时间。一部分村民的农活计是割垫圈草，或是搂落叶做垫圈草。一是雨天圈烂，二是农地需要肥料。村民龙福祥家是赶着小马车到 2 公里外的地方割垫圈草。由于路远，一天只拉回来一小马车。大部分村民的垫圈草是二三月干天时已搂好，找够，堆于房间里，雨水天气，畜圈烂时就用现成的了。薅锄红薯（白薯），村民张学祥的农活几天以来是薅锄白薯，由于农事之多之繁忙，白薯还没有薅锄完，幸好有晴天，好进行薅锄。

2008 年 7 月 30 日　农历六月二十八日　星期三　晴

村里农活计仍是多多，当前的农活计是多中心，有的是割除地边杂草，有的是割除地里猪食草，由于海拔低气候热，地里虽已薅锄杂草一二道，并且已割除一道猪食草了，但因时处雨水季节，不长时间草又长茂盛了。地里杂草不割除就会消耗地里的庄稼养料，影响收成，所以非得把它割除，这活计可多哩，就是一项中心工作。

运送肥料。有的村民忙于往山地运送肥料。因挖了地里的洋芋后，就要忙于播种秋收和点种冬甜萝卜，所以趁每天到山地挖洋芋时，就用小马车运送着肥料，这样等到要用时，数量就够了。村民杨天光今天就用小马车运送肥料备将来播种秋季作物之用。

　　小结：平时运送肥料，是个好办法，俗语说：凑毛成毡，就是这道理。另外一种方法也很好。村里大车多多，不必费这么苦力，几时要用肥料，说一声，用大车拉运，一车是两三吨，你有多少肥料，一车付给车费二三十元钱，省事、省力多了，又简单，每块地几乎都通车路。有福要享福，有些人就是不会享福，话说转来，人生该省要省，该开支要开支，要活套，不要苦待自己。

2008年7月31日　农历六月二十九日　星期四　晴

　　参与石桥村委会过八一建军节。每年八一建军节的庆典，我石桥村委会召集所有石桥村委会大小干部以及林业员参与过节活动。我村林业员和正副村主任就被请到参与过节。内容是办一餐晚饭，请所有的军属烈属吃一顿晚饭，并请东村乡政府代表参加，饭前请领导做简短讲话。大概主要内容就是请吃饭。不过据说很简朴。

　　小结：人们都望领导的关心，请吃一餐饭也好，但如果财力薄弱，人民也不望着。意思就是说，不办就不办，办了就得付上代价，就弄得比较好些。

　　村民侄儿张学华（已逝世）之妻建畜圈。三儿学忠、四儿学德出动两张车拉运建房材料，三儿学忠到鸡街拉运两车空心砖，已拉运了两趟，每车拉200块，两趟拉回来400块。四儿张学德拉回来一车人工细石砂，原先也只是计划，一车也够。

　　村民大部分是挖洋芋。由于小数量小面积的挖，所以费时费力。一般是用人工背和用摩托车拉运。

2008年8月1日　农历七月初一　星期五　晴

赶鸡街。村民赶鸡街，有的卖苹果，有的卖梨，有的卖黄瓜，有的卖废纸板、废饮料瓶。今天我村上街的5户，苹果、梨、黄瓜一般卖一公斤1元，一般每户卖得20多元。四儿张学德的事工是上街拉运建房材料。准备拆除土基房，换上空心砖。趁农闲之际把建房料子拉够。所以平时车子上街就把料子拉运好，待时机成熟，建盖时，料子齐备就方便，可顺利进行事工。建房储备经费情况是，四儿媳已准备把养猪结存的余款投用于建房。经一年的结存有存款1500元。我自己也是上街，顺便卖几个水泥袋和废饮料瓶子、酒瓶，得17元，今天的开支达29元。

结语：学习知足常乐，人生中，有时非常方便富裕，也有时非常穷乏困难，处境寂寞。如何看待，如何生活？

2008年8月2日　农历七月初二　星期六　晴

村里的事工。四儿媳上东村街卖黄瓜，前一段时间的街天黄瓜可卖到一公斤1元，而今天黄瓜的批发价只卖一公斤0.7元了。今天四儿媳家卖得30元。儿媳乘摩托车上街，办完事后乘车回到家时，已是中午12：00了。

民族对打雀猎鸟的喜欢与天性，这是我们苗民在远古历史中由于种种原因造成的，苗民多生活于深山老林，祖祖辈辈靠打猎为生。现在因条件有所好转和社会进步，过上定居生活，靠农业生产养生，仍存在着这种天性和喜欢。村民诗班班长正福今天出外，到石桥村附近打雀猎鸟，多半是猎斑鸠，斑鸠每只拿到镇食馆可卖得10元。猎取两天得120元，每天得60元。

小结：苗民因对这活动的喜好，就不计获利的大小，也不计较所付出的代价大小，是我们生活中的喜好。每个村寨的苗民都有很多人喜好这野外活动。

2008 年 8 月 3 日　农历七月初三　星期日　晴

礼拜天祭神活动。

2008 年 8 月 4 日　农历七月初四　星期一　晴

人员流动。送亲戚往远程搭客车返回家。三儿媳爸爸住嵩明县凸董箐村（苗族），8月1号参与水平子家庭教会禁食祷告会，昨天下来三儿家，就是他女儿家来顺道探亲，今天，需返程回家。我家的亲戚亲属都在凸董箐，所以三儿、姑爷、两位孙女顺便就一道乘客车前往探亲。因前不久已打来电话，叫孙儿、孙女们在假期到他们那里度假玩玩。所以今早用两张摩托车把他们送往北方10多公里的寻甸县鸡街镇搭客车，再到东南方的牧羊街而回凸董箐。

运输事工。我村出动两张车，一张拉运本村的建房材料，就是水泥和水泥瓦，是到鸡街拉运，一天跑一趟。另一张车是水平子家庭教会找来拉柴火，是从石桥山拉送到水平子村。村民有的建畜圈房。三侄儿媳家建圈房。今天的工序砌砖墙，昨天砌房脚石。

2008 年 8 月 5 日　农历七月初五　星期二　雨

县基督教召开三自委员会扩大会议。接县三自委员会通知，今天上午12时到县城报到，统一就餐开会。我教会参与开会人员情况，石桥村张有和、柿花箐村王继荣（神学生）、张学德（传道员候选人）、张正文四人。会议内容：党政对各宗教界提出指示和要求，在8月8日，奥运会在我国首都召开，这是我们人民的一件大喜事，那么就要求我们各自稳定，自己教会也政治稳定。具体措施是：

1. 奥运期间，如有外来人员要采访教会或个人，不得自由采访，必须取得有关政府部门的同意和陪同，和本人的同意，并且在指定的时间和地点按规定进行采访。

2. 如有外来捐赠款，有附带条件的，一律不准接受，如不带任何条件的可以收下。

3. 筹备我县基督教三自换届领导的商讨和议案。

4. 各地区教会所需增补教职员，必须按有关规定和条件推荐选举。

5. 教会和所属聚会点，相互理好关系和接受领导。

决议一项：全县 12 所基督教会在 8 月底捐资一次，送往县三自办公室作为我县三自工作启动之费用。

2008 年 8 月 6 日　农历七月初六　星期三　晴

殡葬村民。杨德文，此老人长时间体弱多病。几年前已丧老伴，劳苦、孤单、寂寞度日。昨天下午 4 时背一背烧柴回来到村道的箐沟时，身体气息实在不行而放在那里，回家休息片刻，仍去把柴背回家。5 时许已离开人间。殡葬仪式，给死者举行追思礼拜，做讲道、追思家属代表讲话，给死者和家属安慰祷告求谢。然后出殡上山安葬。由于料理殡仪和等远亲戚的到来，时间推迟至下午 3：30 时才出殡，刚要出村时，倾盆大雨来了，我便叫他们停放于教会厨房前避雨，雨停时再抬送上山。绕山转路 2 公里而到达他家的坟地。安葬好后回家吃饭。饭席情况：他家为酬谢一切到来的亲戚友人，以及邻舍乡亲而办饭席。我们的评价是很好，是已尽了自己最大的财力、物力和所能。我们表示很满意。

小评：死者生于 1926 年，死于 2008 年 8 月 6 日下午 5 时，终生寿数，享年 82 岁。

2008 年 8 月 7 日　农历七月初七　星期四　阴转多云

村农事活动。中心活计，从事于割除庄稼地里的杂草。可真是几个月来的中心农活。所割除的杂草供每天的猪食用和喂牲口之用，牛羊多的农户，每天由人赶出去放牧。数量少的农户，只好关在圈里，每天割草回来喂，所以需要的数量就多。其次的农活是挖洋芋，由于村里有了机动车，所以马车就少了。每天供给人畜之用的洋芋就用人工挖再背回来，挖一天的数量可够用三天四天的了，这也是一段时间的中心工作。村里另一项农活计是下栗子（板栗），从农历七月十五到八月十五整一个月的时间是下栗子。

今天是农历七月初七，立秋节令，早板栗是湖北早板栗，已成熟，村村寨寨有早板栗的农户都从事于下板栗、收板栗。今天我也是下栗子，由于早板栗少，只下得两只篮子。

2008年8月8日　农历七月初八　星期五　阴

村民事工活动。有的上街卖黄瓜，有的挖洋芋，有的到野外割垫畜圈草，有的到野外猎取雀鸟做小谋生，有的到郊野找马蜂。

随着社会的发展、民族的进步，也随着现代的交通工具摩托车等的发展，活动区域也就不受限制，就更有利于游玩享受。村里有此喜好的苗族青年们，越干越欢、上瘾、觉得有趣，常常从事于此活动，不计较效益如何。我自己的事工是协助女儿、姑爷，揎烤烟，编烤烟。栽种烤烟的农户，时间紧、任务重、事情多，比如栽种、管理、防治病虫害，到烘烤季节，揎烤烟、编烟、出烟、上挂烟，4人忙了一个整天，才完成了事工活计。

村农事运输事工。村民张正才受委托协助柿花箐王松柏家运输农地物资，从柿花箐拉运一趟农家粪到他们村上边的东鸡公路边的地里，再从地里拉运一趟洋芋回村。付给车油费每趟50元，两趟付给100元。

2008年8月9日　农历七月初九　星期六　晴

村里农杂活计多多繁忙。一项中心是农地管理，任务比较重的是割除地边和地里的杂草，既是为不影响庄稼的收成，也是供给牲口和喂猪的每天的用量。此项农活计工作是当前村里的一项主要事工。由于政策的开放，和各村农户的山场农地的逐年增扩，农地扩宽了，牧区草场逐年缩小，不利于民族的牧养事业，困难越来越突出，生态也随之无法平衡。现在村农户牧养的情况是，少部分的农户牲口仍是放牧到野外，而大部分的农户的牲畜数量少，只好关在畜圈里，靠每天到郊野地里割草养活，这是主要的一项长期活计。另一项农活计是割垫圈草，畜圈肥料，农地之需要，加之由于我们村已建起了沼气池，所以也需要农家粪的投入，搂叶、割草垫圈，就成了一项日常之事工。我自己的农活计工作也是到一公里外的野外搂枯草、落叶做垫圈草，由于路途远，上早先找回垫圈草，然后再转入其他的农杂活。下午到农地里割除猪食草，由于地里的猪食草长得很茂盛，所以不时已割够了，每天得割两背。

2008年8月10日　农历七月初十　星期日　阴

礼拜活动。

2008年8月11日　农历七月十一日　星期一　晴

村务事宜，村民张学德协助柿花箐村王继光执事拉运建房材料。由于他有建房财力，在农闲季节抓紧时机建房。拉运建房材料情况是，今天到鸡街拉运了一趟空心砖，准备建畜圈房，第二趟车子到东村乐在村准备拉运一车红砖。按计划如果每块红砖0.15元，就用红砖建盖，如超过了0.15元就不买了。到了砖场，每块砖要价0.17元，后来只拉运一车人工细砂回来。

村农活，挖洋芋。我们因有大车出外，父儿3户就趁此机会到山地挖洋芋，割猪食草，放于公路边等车子回来时好运回家。大儿学全、三儿学忠和我自己又挖洋芋，又割猪食草，我自己约挖得100公斤洋芋。村民龙兴明家也是出动大车挖洋芋，也是挖获一大车。

2008年8月12日　农历七月十二日　星期二　晴

村民猎游玩艺活动。一是民族的喜好特色，二是谋生享受。此玩艺活动长期形成民族的爱好活动，男青年们三三两两乘摩托车出外活动，有时连猎狗都由一个人抱着骑上摩托车而前往猎区。一段时间以来，他们都从事于此活动，今天仍乘摩托车前往，早出晚归。每天上午8时他们就出发了，猎游场区是坝区的田垛。因早稻谷已成熟，据说，有的田地稻谷已割了、掼了，所以有不少雀鸟和斑鸠，都寻早稻而食，而我们就此时机而猎取。今天的战果情况是：有两组，甲组2人为一队活动。经一天的辛勤努力，获利比较成功。2人一天获取15只斑鸠，价值10元／只×15只=150元，平均每人得75元。乙队3人，猎取4只斑鸠，就是获得40元，摩托车油安排10元，就是每人平均10元。

村民农活计，砍竹子。我自己拥有不少竹子园，每年进入农历八月份，是销售竹子的季节。三儿学忠安排砍竹子，运到鸡街市场销售。俗语说："五荒六月"，就是乡村农夫生活最困难季节。所以每到砍竹子的季节，就运上市场销售而维持农夫生活。我家父儿、学忠、学全、我自己砍得14捆准备上市销售。

2008年8月13日　农历七月十三日　星期三　晴

卖竹子。清早把竹子装上车，捆扎好，要上街的父儿加上村亲友乘坐上车的人员有9人。由于奥运会期间，堵车非常严重，上街的路段都设有两道堵口站。

通过第一道堵口站，我们是这样处理，快要到堵口站时，我们全部人员下车走路，车子飞速前行，而我们人员慢慢步行，通过堵口站（此堵口是寻甸县与富民县两县的交界处，称丫口）我们已发现，交警注视着我们，并有一人员跑到山那面注视着我们上车（可能此时已与街上的公安交警通电话说，已有一张货车，车上带有人上街来了，20—30分钟就可到达街上来了，你们注视着）。因堵车不幸的事发生了，刚要到第二堵口站时，开车人我三儿学忠叫孙儿张荣光跑在车前，而车子慢慢跟在后行。走过一小段路（意思发现交警就告诉我们后边的车），交警队不是站立在那里值班，而是乘交警车飞来拦截我们车头，因地形有山、路弯，突然警车出现 20—30 米前，随后三儿学忠的驾驶证件一切被警官拿走了，并说把你们的车开进我们鸡街派出所。我们只好照办。车子开进派出所停放在那里，我们的人员 7—8 人也只好到鸡街派出所，坐在院内外等候处理。太阳暴晒下，人受不了，只好到大门内靠两边坐在地板上乘凉。小警车开进院子来了，恶狠狠地望着我们，并对我的女儿说，让开车的来！随后判决叫我们交罚款 1000 元，1000 元在我们穷民族农夫实在是个大数字，不讲交 1000 元，有时候就是交 100 元身上都没有。后来实在没有办法了，我们对警官说，等我们回去想办法而回来了。由于没有了车子，我们 7—8 人分坐三起回家，有的乘坐别人的车回家，有的步行 3 个小时路程才回到家。

卖竹子。总共有 14 捆买主给到 150 元，我们就卖了。因我们的车被罚 1000 元，大儿建议，我们自己不花钱了。150 元就全部给三儿学忠拿去交车罚款。大儿学全身边带有 5 元上街，也带自己孩子上街。最后一样东西也没有买成而空手回家。真是有苦无处诉说！

2008 年 8 月 14 日　农历七月十四日　星期四　晴

村农活挖洋芋。吃过早饭，我们大家庭父儿五户乘坐一张大车到山地劳动挖洋芋。车子送我们到地里挖洋芋后，又有它的运输任务，是要协助柿花箐村王继光执事拉运建房材料，到寻甸县鸡街镇拉运，还差一车，车子跑一趟就可以完成。中下午时候，车子就可以回到山地里运送我们的洋芋回家。运送建房材料，途中有一段险路，是因大东风车（重车）把 10 米的路面压垮压烂而造成，车子通过此路段时又危险又吃力。幸好这几天没有下雨还比较好些。挖洋芋的工效情况是：我自己有小女儿来帮忙，所以 3 人挖得 7 包。儿媳们也是挖得 5—6 包，父儿 5 户挖的数量，加之每户都割得猪食草 1—2 背，还是满载一车回家。由于天晴，又是准备种冬荞、甜萝卜，所以村里居民都是出动大车运送洋芋，如像龙荣才、张正才父儿、哥弟联合成小组行动，便于劳动和运送。

2008年8月15日　农历七月十五日　星期五　晴

村民侄儿张学才卖马蜂。今天是东村街，我们苗民的猎游玩艺活动中，有一项活动是找马蜂。马蜂大体的概括是，正月中由一个蜂子飞来飞去，在野地或是山间找到土洞后，再飞到树林里找枯树头或是树皮，啃咬细叼回洞里做窝做盘生儿。下子生儿长到有翅膀能飞的过程需要15天，慢慢地发展到众多飞马蜂时，又从窝里飞旋到300—500米远的树尖上筑第二次窝。这时做蜂包，筑盘下子生长就比较快，不像头一次筑窝慢。食用蜂儿价格很贵，而且逐年提高。

今天侄儿张学才，取一包的盘上东村街市场销售。一公斤蜂儿卖到70元。这包马蜂儿有2.5公斤，卖得175元。

结语：苗民的猎游、玩耍、享受是一种浓厚的特色风情。由于长时期的从事于喜好作业，所以对各种飞禽走兽的生长、活动就熟习和掌握了规律。这种猎游玩艺喜好，不但是苗民的活动，近代发展到各种民族、厂矿、公安都喜好。

村农事仍是挖洋芋。几天中村里都出动大小车辆从事于运输。有的运送农家粪料到山地准备种冬季作物，荞子、冬甜萝卜。晚上又满载洋芋回村。真是忙忙碌碌。

2008年8月16日　农历七月十六日　星期六　阴

村民张约瑟参与的传福音团队昨晚到我们村来，去了张约瑟家。他们一行四人到来，又分为两个团队，2男2女。1人和孙儿张约瑟是一个团队，1男2女又是另一个团队。他们工作的情况是：参与全国基督教团队，当四川发生地震后，有的参与红十字会工作，积极参与各种救灾工作。近段时间休假回昆明，在休假期间，孙儿张约瑟先回家来探亲，所以他的团队人员也来这里度假。假期满后，他们团队仍要回四川都江堰灾区继续工作。全国基督教联合团队已在四川都江堰定点，要开展连续三年的救灾工作。据初步的工作开展看来，效果很好，已得到很多人的了解和好评。今晚聚会礼拜中，也请他们讲道和指导主日学班，给儿童班上课辅导，孩子们都很喜欢。

2008 年 8 月 17 日　农历七月十七日　星期日　晴
教会事工活动。

2008 年 8 月 18 日　农历七月十八日　星期一　晴
卖板栗。早板栗（湖北板栗）因株数少，只得 10 公斤，售价 5 元／公斤 ×10 公斤 =50 元，是我自己的。几个品种的价格情况是：湖北板栗卖一公斤 5—6 元，本地板栗（又称老品种）每公斤可卖得 8.5 元，每到农历七月十五到八月十五是下板栗、收板栗、卖板栗的一个整月。三儿学忠家今年的湖北板栗卖得 20 公斤 ×5 元／公斤 =100 元。孙儿张约荣卖核桃，数量 10 公斤，卖价一公斤 15 元，卖得 150 元。当前核桃市价很理想，比较优先。目前核桃引起农户普遍的重视并投入种植。

2008 年 8 月 19 日　农历七月十九日　星期二　晴
我村农活工作中的一项是挖洋芋。父儿张治明、张正才、龙兴明 3 户出动一张三缸车，拉运 3 户的洋芋。他们是哥弟姊妹联合互助。用一架牛犁翻洋芋，用人工挖捡就慢了，所以要用牛犁，人跟在后面捡。用这种方法很快，就是要凑够劳动力。他们一天的工作效果都在 3 吨左右，挨晚满载一车回家。

第二项事工是猎捕雀鸟。这是几天中我村里最活跃的一项事工。中少年们，也越干越活跃，越干越欢，从不计较效益高低。每天二三人组成一队从事活动，每一天的工作效益忽高忽低，是一种谋生，一种民族风情喜好，一种玩艺，也是一种享受。我自己的农事活计是，父儿四人协助女儿姑爷家浇地板。搬运一车人工细砂，劳动人员 6 人，同时搬运石砂和浇地板。几年来，一般的建房和浇水泥地板，晒场，都已是我们自己的日常事工。村村寨寨趁农闲季节都在忙于搞基本建设。

2008年8月20日　农历七月二十日　星期三　晴

接石桥村委会杨德聪书记打来电话，内容是芭蕉箐公路（从我村接通东鸡公路）铺石砂工程即将动工。东村乡政府书记和张乡长、朱彩贵（管土地、公路）三人乘坐一张小车。石桥村委杨德聪主任和铺公路老板乘坐老板小车，进我村调研核实铺公路石砂工程，并确定工程方案。我村建设工程，原方案是二项，昆明市宗教局赵处长批示第一项公路铺石砂经费5万元。第二项是解决我芭蕉箐苗族村的人畜饮水问题的工程，总长度为800米，计划一寸钢管，批示给8万元解决引水钢管的问题。东村乡政府领导今天到来，对此两项建设事项已做调整，把这两个项目拼合为一个项目，就是集中资费用于公路，一次性地改造好公路，路段窄的要扩。

路面铺砂。原先工程是从东鸡公路一直铺进村，而今天项目改为路面铺石砂，一直铺到云南大学民族考察基地场院。政府官员定项目后，就开车返回东村乡政府和石桥村委会去了。

2008年8月21日　农历七月二十一日　星期四　晴

接受我村公路铺石砂任务。昨天接乡石桥村委任务，21—23号3天时间，把我村公路的背沟（防洪沟）挖好，以便进行铺砂。今早和中午铺砂老板和石桥村委杨德聪主任就乘车跑来我村两趟，昨天是说给我村三天的时间，而今天又来说，只给我们村两天的时间，所以要提前一天动工了。今天我村出动挖公路防洪沟的劳动力情况是：我村总共有41户，每户出动一个劳动力，应到41人，而今天出工的农户30人，就是30户。今天我村从柿花箐路口清理下来，约清理了一公里。

人员流动。和我孙儿张约瑟来我村的福音团队，由一男两女三人组成。今天由孙儿张约瑟用摩托车送到东村镇市客车站，走往寻甸县板桥山区、彝族山区教会区域去了。路线是：步行先走到黑山教会，再由黑山白彝族教会派出向导带路乘客车前往寻甸县板桥山区。

2008年8月22日　农历七月二十二日　星期五　晴

为我村公路铺石砂前期工程做准备。东村乡政府副乡长以及石桥村委下达任务给我村，叫我村用两三天的时间，把长达3.5公里的路面防洪沟挖好，并清除路段两边旺盛的杂草。工作进展情况是：昨天30人清理路段长达一公里。今天是清理路段的第二天，出动劳动力33人，所清理的路段仍长达一公里，还需要明天一天，才能清理到村中，都已尽了很大的努力。

此铺路工程的评语：去年2007年7月3日，昆明市宗教局赵处长亲临我村，对我村公路的批示答复给5万元，作为铺路经费。针对解决我村人畜饮水问题全长800米的钢管、引水工程线路，答应给8万元经费作为铺石砂费用。据昨前天东村乡副乡长的部署是准备把两个项目合并用于公路。

2008年8月23日　农历七月二十三日　星期六　晴

铺设我们芭蕉箐公路。上午10时，石桥村委杨德聪主任和铺设公路老板进我村来，并叫我们给他们做早饭。我们接受了做饭任务后，就杀鸡做饭。他们一行3人先乘坐一张小车到来，还有3位铺设公路的老板从后边来，就有6—7人要吃饭。饭做好后，后者3人还没有来到，我们就叫他们先来的先吃了。中午时，刘兴的大车给他们送油先到达我村。运送挖机的大车只送到东鸡公路。挖机从东鸡公路开下来，没有油了，我们又从我村里送两塑料桶柴油到山顶，供挖机开进我村。挖机进到村边时，我们就息工了。我村修整路面，今天挖防洪沟的劳动力有40人。修整路段是从云南大学场院修整出来，由于路面是属村前后的路段。修整就认真些，我们自己当然很满意。劳动强度大，村民王××家就主动给大家煮稀饭，中午时，我们休息，喝水吃饭。

2008年8月24日　农历七月二十四日　星期日　晴
礼拜天聚会活动。

2008年8月25日　农历七月二十五日　星期一　晴
维修我村公路。从我村中修到山脚田坝中。田坝里的稻谷已成熟了，很快要割谷掼回家了。由于从村中到田坝的车路是土泥路，每年的雨水季节，路面都会被洪水冲刷，在未收稻谷之前，整条线路都需要检查修复，才能投入使用。全村出动劳动力30多人。

我村公路接通东鸡公路铺石砂的工程。昨天工作至下午3时，因挖机出故障，停机待修机换零件。为不影响公路铺砂进度和任务，昨晚铺路老板和开挖机人员连夜上昆明拿挖机零件，计划吃过早饭就可装好进行正常工作。中午12时打来电话，说昨晚他们全部人员都上昆明拿挖机零件，另外安排上昆明买6节公路涵管。所以我们接到电话后，我村6个劳动力乘摩托车到我村公路安涵管处下涵管。

维修我村公路和铺设石砂。我村大小干部和村民情绪很高并且很热心。所以他们不但下了涵管，还挖好坑把6节公路涵管都安好。这些活计都是强劳动的活计，他们都没有计较，都当成自己的事来完成。

2008年8月26日　农历七月二十六日　星期二　晴
扩建蓄水池。芭蕉箐村人畜饮水历年有所欠缺，特别是农田用水，还没有彻底得到解决。今年昆明市政府和富民县政府解决我村饮水钢管资费8万元。我村公路铺砂资费5万元。目前饮水工程，地方政府有所改变了，规模缩小了，安排我们新建一个5米（直径）的人畜饮水池。我村劳动力的投入情况是，每天出动劳动力30多人，分为两个组，从昨天开始到今天，男强劳动力挖建储水池的根基。另一个组大部分劳动力，集中精力投入维修我村拉运稻谷回村的车路。

村农活。我自己的农事是下栗子，有姑爷、女儿前来帮忙，4人经一天的辛勤努力，下了8棵栗子树，捡拾得10背篓。

人员流动。孙儿张约瑟领回家的传福音团队，8月21日送走了由1男2女3人组成的团队。和孙儿张约瑟2人组成的团队今天乘摩托车到附近山村去了。

2008年8月27日　农历七月二十七日　星期三　雨

游猎玩艺活动。我们苗民的游猎活动几乎是苗民喜好的特色并且常从事的活动。玩的真是上瘾，越干越欢越有趣。我村青年5人吃过早饭，就忙于上路前往附近去猎鸟。昨晚夜间下过几场大中雨，车路很泥烂，但他们仍然骑摩托车上路，付出的代价可真是不小。

我村主要劳动力仍然挖蓄水池地基。昨天开始动工，今天仍然坚持。但因下午2时下起大雨来，时间约两个小时，迫使在工地上的村民，不好进行工作，只好停工回家。出动劳动力情况是：全村有20多人参与施工，蓄水池工程情况是，直径5米，深2米。

我村首项建设任务是协助铺公路石砂老板铺路面石砂。因挖机有故障，已修理了三天，挖机故障主要是修配零件，可能上昆明两次买零件才能修复。今天下午4时修好，又用小车送修理挖机的师傅上到东鸡公路才又折回到工地上来，往返可能用了三个小时的时间，因为路里程是有3.5公里。回到中途挖机开着灯回来了。因我村民也待挖机几时修好，他们几时就动工，所以我村人员劳动力就得跟上，扒石砂、平路面是用我们人工的。

2008年8月28日　农历七月二十八日　星期四　雨

接受采访。今天下午5：30云南广播电台一行2男2女四名记者、我东村乡副乡长、一驾驶员等6人乘坐我乡政府小车到我村采访。首先记者叫我们简述我村概况、民族风情，以及与其他民族不同的是些什么？我便答道，团结友爱，应当是强过其他民族。比如说，苗族两个陌生人在路上相遇，都要向对方招呼，并问你到哪里去？第二个特点是苗家村寨人到外边附近，一般不用锁门，因为我们一般都很讲信用，互相尊重。第三个特点，我们苗民一般都能歌善舞，喜好运动。记者问：云南大学在你村设民族考察基地，你认为有价值的考察是什么？

我答：云南大学老师我不知道，作为我自己来说，我们的信仰是值得采访的，因为我们苗民有很大的改变和进步。记者又问：你们喜欢以后有很多人到你们这里来旅游吗？我说，我们愿意也欢迎！最后是请教会诗班献唱，他们评论说，虽然人员少，但是唱的比他们好（这是鼓励话）。我东村乡带队人员郑乡长和我们打招呼握手告别，乘车回东村乡政府去了。

2008年8月29日　农历七月二十九日　星期五　晴

铺设我村公路。昨天因下过中到大雨，路泥烂，拉运铺路石砂的车辆都是套上防滑链工作，所以比较费力。而今天已晴开了，车辆拉运石砂很方便，效力是比较好。三天铺路可达一公里了，是因几天中都有中到大雨天气，所以影响了铺路的进度。劳动力出动情况是，每天都保持全村劳动力30多人跟随车辆扒土石砂，平整公路。几天中的劳动时间是这样，8月24号开始动工，下午5时，挖机有故障而停机修理，都是到昆明买零件，25—27号3天修机换零件。昨天开始工作，但由于道路泥泞，进度慢，今天的天气晴开了，很便于工作，效力就高了。响午饭的安排是：每天村上或是煮稀饭或是烧洋芋供大家午餐。

2008年8月30日　农历七月三十日　星期六　晴

我村公路铺石砂。8月24日先开始铺石砂，是从我村铺往东鸡大公路，砂石场是在我们村边。由于路中途没有砂源，铺路砂源要从水平子砂场供下来。今天是铺石砂的第四天，又是从东鸡公路铺下山。由于从砂场到铺的路段里程长达2公里。车子每跑一趟，往返就得跑4公里。幸好，今天因工作进度的需要，又增加4张大东风车，那么挖机就供8张车上的装砂。劳动力情况是：我村出动劳动力38人，我们村民主要的任务是，车子拉运石砂倒堆于路面上，用人工扒撒、扒平路面。

2008年8月31日　农历八月初一　星期日　晴

铺设我芭蕉箐村车路，今天是工作进展的第五天。工作正常进行，昨天出动8张车拉运石砂，供路面铺砂用石，而今天减少两张车子。几天中都几乎发生冲突，冲突原因很简单。市政府安排给我村铺公路石砂，经费给5万元，地方政府和有关老板都关注这笔钱。在施工中，都想尽量节省财力物力，就是想多有一点结余。而我们自己的想法是，市政府所给的关怀，我们自己就要珍惜，用好、做好，用到实处。想法无法统一。假如，这笔钱交给我村来管，用来施工，就必然会减少这些争执了。而现在可说是我们的钱而交与他人来管，当然就有争执。

村民事工，送子女上学。由于并校，路程至少都有7公里（单边），家长接送子女上学，当然有负担，特别是5—6岁的学前班儿童，娃娃太小，住校父母照顾不到，真是一种负担和挂心。今天吃过早饭，张学忠出动一张大车把我村所有上学的儿童送到6公里外的祖库小学开学上课。

2008年9月1日　农历八月初二　星期一　晴

我村公路铺砂，今天我村铺车路进行到第六天。平时每天有8张大车拉运石砂，由于负责拉运石砂的老板与祖库村委讨要砂矿来供上段路的用砂，所以答应给祖库村委也铺一段路，8张车又分成两队，供两边的用砂。这样就分散了力量，所以我村的铺设路面用砂，只有5张车供，这样车子又少，拉运石砂的路里程又远，一个单边就有2公里多路程，铺设路面的进度就缓慢下来，这样就浪费了我们的劳动力。因我村每天组织劳动力 40 多人追随拉运石砂的车队铺路面石砂，而很长时间才到一张车，铺完一张车的石砂后，又要等很久才又来一张车。

评语：铺设我村公路，原先是安排在 7 月份，而现在 8 月份将完之际才动工铺设车路，这个时间安排得很不妥当。因为我们又要下栗子，又要收割稻谷，又要保持每天出动劳动力 30—40 人跟随拉运石砂的车铺路面石砂。安排在收割季节，我们的农活多，时间和劳动力都太紧。

2008 年 9 月 2 日　农历八月初三　星期二　晴

今早 7 时，我村仍出工到我村公路拉运石砂供铺路之用，人员也照常出工铺路，我村出动两张大车到水平子拉运石砂处拉运石砂，挖机也在砂矿上装车。随后老板的负责人说，今天才有你们两张车，不划算，你们拉着一趟，就回家，等明天再来。随后拉一转回来铺完，车子和人员就回家了。

村农活计，割谷子。趁公路停工一天，全村稻谷已成熟的农户，就抓紧时间割稻谷。张学全家割谷子，田的面积是 3 亩，割谷子有 10 个劳动力，经一天的辛勤劳动和努力已完成了任务。

村民龙兴德的农活计是掼谷子。田面积有 3 亩，往年收谷子，有晴天都是利用大车拉运谷子，而今年都有小雨，车子行驶就有困难，所以收稻谷干脆用小马车拉运。用小马车是费力一点，多拉运几次才能完成。

村民其他的农活，都忙于下栗子、收栗子，准备好上市销售。

2008 年 9 月 3 日　农历八月初四　星期三　阴雨

村路铺石砂，今天是第七天。今天拉运石砂供路面用砂的有 9 张大车。拉运石砂路途远，加之天气又不好，中午有中雨，不利于从事劳动和车子运输下货互相让路。挨晚时，一张大东风车下货时开在未铺石砂的前段泥泞路上，就实在无法退到已铺好石砂路边上来。都是因下大雨造成的受塞困难,幸好是时间也晚了,大东风车就停在路边过夜。我村出动人员仍保持30多人,以保证工地之需,所运到的石砂倒于路面,就要很快把它扒撒开,保持后来的车辆畅通。

每天拉运石砂的车少了,就浪费了劳动力,车子多了也是忙人,而今天的情况是很合适。

今天的工作虽有雨,不利于进行劳动,但整天的工作效益很好,很活跃。拉运石砂的车队每天的工作量又增了一趟,不论车队每天几时息工,扒石砂人员也陪着工作和息工,所以息工回到家时,天色已黑了。

2008年9月4日　农历八月初五　星期四　晴

我村公路建设,施工在进行中,今天是我村铺石砂的第八天。石砂拉运路途渐渐拉长,远达4.5公里(单边)。拉运石砂的车队有来自石桥村委和祖库村委会的两个村委会的车辆,总共8张车。要铺撒于路面的石砂数量也多,我们也动员村民积极行动起来,把铺撒3.5公里长的路面石砂的艰巨任务承担下来,都是自己义不容辞的任务,村民也都争先恐后前往参与。今天的铺路面石砂工程将近完成了全线路的60%了。人员出动情况是:通过动员、说服,村民也明白此铺路的光荣意义和重大任务,所以每天出动人员仍保持在38人左右。每天顺利进行工作和完成任务,村民有的主动挖自己的洋芋,挨中午时相约4—5人到山里找来干柴,把洋芋烧好,供中午休息大家吃午饭之用。每天也安排人员烧好开水,供工地之用,是比较活跃的。

2008年9月5日　农历八月初六　星期五　晴

销售板栗。我家父儿5户和村民张正福几户乘坐一张大车拉运几家的板栗到东村街市场销售。晚间我们离栗子到深夜10时,休息5个小时,晚3时我们就出车,开往东村街,要一个多小时才到街。今天板栗销售的情况是,由于栗子少,就卖混合价一公斤6.80元。我自己的情况是,栗子拣成大、中两个等级，卖价是：大号板栗卖7元／公斤×150公斤=1050元，中号80公斤×6.5元／公斤=520元，大中两个等级共卖得1570元。

小结：历年板栗价格低到一公斤5元左右。今年也曾降到一公斤5元，几街又提价，大号栗子可卖到一公斤7—8元，而今天街市价一般大号可卖到一公斤7元。据说，先到市场的有卖到一公斤8元的。卖板栗，现在不知为什么？每到集子天，半夜就买卖栗子了，还拥挤，热闹得很！我们卖了栗子天还没有亮呢。

2008年9月6日　农历八月初七　星期六　晴

我村铺设车路。此项公路建设得到了市、县、东村乡的立案，支持实施。所以，我们村民也是信心十足地开展铺设公路项目。自从2008年8月24号以来，至今天刚好是铺设公路的第十天。村民们从开始铺设路面以来，都是坚持出动参与我村公路的改造建设。这整十天的铺路义务劳动中，村民们情绪很高，每天都按时到教会场院乘车前往工地，进行扒砂。经10天早出晚归的辛勤努力，终于在下午5时，胜利完成了全线长达3.5公里的我村通往"东鸡公路"铺砂任务。此时全体村民的心才轻松下来。

我自己的农活计仍是下栗子。由于板栗地分散，分布又较远，所以每天的劳动工作量都较为低和缓慢。下板栗、收板栗，有个特点很奇妙，所有的板栗树，你栽下的数量上百棵，或是上千棵，它不会一个日期成熟，叫你一时之间下不完。数量不论有多少，它都分批分期成熟，叫你天天下栗子，都有该下的。

2008年9月7日　农历八月初八　星期日　晴

村务事宜：开工破土建水池。昨天9月6号已完成了我村铺设公路工程。所以从今天7号转入第二个建设项目，就是架设引水钢管工程。

此引水工程又需要有一个蓄水池。那么先得建起蓄水池，待架设引水管时，水有个交接处。今天开工挖水池基坑。

小结：圣工、事工都处理好，今天又是礼拜活动，又是村上有事工，只好同时同步完成两项，主管圣工的就从事于圣工负责服务活动，又组织部分人员从事于社会事工活动，保证供给，保证参与活动，服务好双项事工活动的需要。

2008年9月8日　农历八月初九　星期一　晴

吃过早饭，我就按日常工作到山地里下栗子。工作一时，三儿媳来到村后找我并喊："爹有人找你。"我便捡栗子背回家。原来是县国保大队队长以及随行人员4人乘坐小车到我家里来送中秋节礼物。礼物是一袋高档中秋节月饼，一包15公斤装的民政救济米。他们坐下交谈教会一段时间的工作情况，又问及韩国宣教士活动情况，又向我打听有关邻近县（寻甸县）则鲁箐开堂的圣况活动情况，有关开堂，韩国宣教士讲道内容。他们又问：从这里到则鲁箐（苗族村）要多少时间，怎么走法？我便一一地向他们告知。休息一时，他们乘车向我们介绍的方向（向东）而走了。

小结：有关政府主管部门，如县国保大队、县公安、县统战部对我们基督教人士的关心、指导和关爱活动很有必要，最起码互相认识、了解、来往、交流座谈都是关爱活动。特别是我们渴望政府给予政策性的关爱。该支持的要支持、该帮助的要帮助。但是关心我们个人是不解决问题的，要给一个民族、一个片区政策性的关心或是扶贫才能从根本上解决问题。但只能关心我们个人也好，比不关心要好。

2008年9月9日　农历八月初十　星期二　晴

村农活计忙，自己的农务事工是下栗子，工作场地是山顶片区。山顶片区离村、离家里程2.5公里，直道小路有1.5公里。历年村里没有建设事工，我们父儿几家开出一张大车，几家各户下一天栗子，刚好够拉运一车回家，而今年因村上有铺设公路和村里架设人畜饮水工程，大部分劳动力和时间都投入村里建设事业。我们个体户的农活以及下栗子就自然困难些。因为下栗子的日期实在是太有限，前后收板栗季节只有一个月的时间，而且白天到野外下栗子，晚间又要离栗子，而且隔两天又是街天。所以忙下、忙离、忙于送往市场销售，特别是板栗果树多的农户更是忙。幸好是自己的儿媳、姑爷、女儿掌握情况，活计多就主动协助帮忙投工投劳支持。比如栗子包下好、捡好、堆放于山地里，自己家里的人或是亲友有大小车辆过此路段时，说一声他们就拉送到家门来，在困难中行事，也是有出路的，也是有很多人愿意帮助我们的。

2008年9月10日　农历八月十一日　星期三　晴

过教师节。星期三，孩子们放学回到家。我们父母便问：你们为何礼拜三就放学回来了？孩子们说：老师们过教师节，所以放假；又说：我们学校里老师杀了一只羊，杀了一头猪，要过教师节，所以叫我们都回家了。

小评：老师过教师节，有肉食就忘记了自己身边的孩子。老师们的职责是办好教育，天天都和孩子们打交道，孩子们在老师眼中，应是关爱的对象，在方便的情况下，应当让孩子们也能享受到一点。有话说：人类最需要的是什么？答复是：人类最需要的不是别的而是爱。人们都需要有人爱我们，领导干部也好，普通工作人员也好，农民也好，要求在身边的人群留下好的形象。我们真正有意义的人生，应当是爱人爱己。

村农活计，下栗子。今天我家父儿4户到山顶板栗园下栗子。今天下栗子实在是个良机，平时儿子们劳力和时间都投到生产队的村上建设去了，而今天趁村里暂时停工，我们就抓住时间机会，到山里下栗子，几户一起下栗子就好安排车拉运，所以说是个良机。当然4户所下的栗子就够一张车子拉运，路里程也是比较远。再说挨晚时，哪家还没有捡完,还可以协助、帮助完成。

2008年9月11日　农历八月十二日　星期四　雨

村里事工活动,村里在校念书的孩子们需要返回校园读书。孩子们年龄有大有小,小的是学前班,年龄6—7岁,大的年龄是初小五年级。从我们村到学校有6—7公里,接送孩子上学也是一项辛苦的事。幸好现在的生活逐渐有所提高,大部分村民都已购置有摩托车,接送孩子也变得容易了。接送孩子的时间一般都是凌晨3—4时,是按孩子多少安排摩托车。儿童们上学,目前是家长们的一种负担。因幼小儿童,就是学前班6—7岁的娃娃都到7公里外的祖库小学住校,孩子们年龄太小,吃、住、睡、玩、生活都离不开父母的护理。一般学前儿童30—40人生活在一起,一位老师怎么能够护理周到呢?优点:民族孩童集中到大民族校园念书,他自然而然规规矩矩会听从老师的管教,学习成绩当然会好些。俗话说:"严师出高徒",再说,我们要学到文化,有知识,就要受得苦,就得付出代价,学好文化也不容易,我们也得去攀登、去征服、去实现。

2008年9月12日　农历八月十三日　星期五　阴转晴

早上卖板栗。要卖板栗都要用两三天的时间做准备,仍是白天下栗子,晚间坚持到深夜12时离栗子,数量多的时候还得靠儿媳们的支持协助,才能完成每天下栗子和离栗子任务,几乎是一成不变地这样工作着。每个晚间有两个小时的睡眠时间,有时甚至没有,夜间2时就得出车了,今晚也是夜2时出车,到了东村街,一般都是夜间做板栗交易买卖。今晚销售板栗的情况是:1.大号板栗250公斤×6.5元/公斤=1625元;2.中号板栗91公斤×4元/公斤=364元;两个等级合得1989元。

小结:卖了板栗有时天刚亮,有时天还没有亮,要赶街的话就等天亮了,如果不买东西了,就乘自己的农用车回家,回到家吃过早饭后又进行白天的下栗子工作。

中午农活,父儿四户仍乘车到山地里下栗子。父儿几户出动,都做一样的活计——下栗子,就好统一行动,到了山地后,各人各户下自己的,挨晚把各家的栗子包上,好用车拉运回家。这些农活数量很多,幸好配备有机动车运输。几乎可以说,我们的这些农活已半机械化了,否则怎么能完成这些事工呢?

2008 年 9 月 13 日　农历八月十四日　星期六　晴

村民中心农活计是掼谷子、割谷子、收板栗、离栗子。张学忠家的农活计是掼谷子,收稻谷是劳动强度很大的农活计,历年来为减轻劳动强度,提高工作效益,全村村民也随着社会的进步和人民生产生活的发展提高,购置了稻谷脱粒机,先购置的是人工脚踏板式,而去年和今年改进了,选购小型柴油机为动力的稻谷脱粒机。今天三儿张学忠掼谷子都利用柴油机动力打谷子,就轻省多了。所收稻谷的田面积 3.5 亩,用人工操作,拉运谷子用农用两缸车。生活待遇情况,尽自己所能,尽量在生活待遇上酬谢村社亲友,当然要有丰足的各种鲜肉食,如鱼、土鸡、猪鲜肉,高档饮料,宴请宾客答谢。

2008 年 9 月 14 日　农历八月十五日　星期日　晴

家人团聚过中秋节。小学生们都放假回家,在昆明学校读中专的孙女多加,昨晚也打回来电话,他们在昆明学校也同样放假过中秋节。做父母的,就有所考虑,在过节期间如何办好节期筵席,尽量满足亲人和孩子们,特别要买上高档的各种鲜肉、饮料;买上各种中秋月饼,在节期享受。家人、父儿媳有必要还得联合相约杀鸡做饭,考虑如何供给家人丰足的享受和满足。

总结:中秋节在乡村、社会、民族生活习俗中是普遍过的节日。历年的习俗,坝区产稻谷的苗族,自己的土产如板栗、花生、白薯、红薯等丰富的话，还得特别邀请高寒山区的亲戚朋友前来过节、团聚、交流、分享肉食，作为父母，在经济方便的情况下，要给女儿买上花裙子，让她们享受和喜乐。随着社会发展和进步，民族生活的改善和提高，我们的生活享受也得到保障和供给，所以年节活动就讲究享受。

送亲友返程。过了中秋节，要送亲友返程回家，我们准备两张摩托车把姑爷、女儿送到鸡街镇大公路搭客车回嵩明县凸董箐村，单人单边收费是16元，往返需要32元，2人需要64元。

2008年9月15日　农历八月十六日　星期一　晴

教会事工活动。信徒张国斌信耶稣已是多年了（是响石村，汉族），因年老体衰现考虑后事，已多次告知我们教会，要借着"中秋节"节期家人团聚之际，当着亲属、村乡、友人、教会负责人的面按自己心愿安排后事，到他与世人永别时，要求按教会（基督教）规矩举行殡葬仪式。具体情况，他已打成书面材料交与家人、儿媳、村乡、友人、教会各保存一份。我们教会也按他所请，教会教职员、执事、诗班长、信徒，两村11人按时到达他的酒席。酒席上，他尽力酬谢我们，饭桌上摆满了高档肉食、饮料供我们享受。吃过晚饭后，我们感谢了他，告别乘摩托车回来了。

村农事务。我家卖栗子，各等级的板栗价格是：大号100公斤×6.5元/公斤=650元；中号51公斤×5.1元/公斤=262元，两个等级合计卖得912元。

2008年9月16日　农历八月十七日　星期二　晴

村农活工作，有割谷子、掼谷子、下栗子、村建饮水、蓄水池。记述蓄水池建设，芭蕉箐自中华人民共和国成立以来，农田的用水还待解决，这也是我村主任期的愿望。感谢政府，今年迎来了好机遇，市、县政府领导关心支持给引水钢管和建水池的经费。建水池开工上马，挖基坑。为不浪费劳动力，今天我村人员3人先选择水池位置和破土施工。

村民农事掼谷子。侄子学华（已逝世）之妻掼谷子。使工中，多半是年轻人。谷子掼好以后，需要用人工背，从田边地脚背到山脚通马车的地方，再用小马车或大车运送回家。从村到田坝里的山路有一公里。从田里背到山脚通马车路的地方，约有200米。平时我们收谷子，人多，七手八脚，4—5个人背，背两趟就够一张马车，而今天掼谷子的都是些年轻人，也不主动协助赶马车的人背谷子。一个人背够一张马车，费时费力。她说道，我真是好苦啊。中午安排冰棒，也忘了给她，旁边人不过意，只说拿你的份吃，她不好意思，只说我不要。这便是今天农事的情况。

2008年9月17日　农历八月十八日　星期三　晴

下栗子，自己的收栗子工作很繁忙。每天要坚持下栗子，晚间还得加班离栗子。一段时间，外边的收板栗活动实在没有办法完成，真让人着急！二姑娘也经常来协助帮忙下栗子、捡栗子，看看不对劲，她就打电话叫她住嵩明县凸董箐村的姐夫一家过来帮助我，昨天今天姑爷帮下栗子，可真比我效率高多了。栗子在树上也养透了，下起来容易，所以经两天苦战，几个大片区的栗子被下完了。姑爷、女儿到来，白天下栗子，晚上加班离栗子，几个夜晚几家儿媳也过来帮忙离栗子才把大部分完成。我自己的思想也才轻松下来。

村农活。四儿张学德家的农活计是掼谷子。田面积2.5亩，田就在村子附近，所以工作起来就方便多了。实用工具，柴油机动力脱粒机。民族工作、生活习俗、工作活计，不论多或少，有关亲戚朋友、邻近村舍，知道的都愿意来帮忙，主人家也考虑在生活待遇上要尽力酬谢亲友，所以要办出特别的饭席，都少不了鲜鱼、猪肉、乌骨土鸡、高档酒、饮料，好好地酬谢亲戚们。四儿就是这么照办。儿媳们使工，我老了，就不管自己使工不使工，不再办伙食，尽管和儿媳享受就是了。真是享福，感谢上帝！

2008年9月18日　农历八月十九日　星期四　雨

卖栗子。凌晨3：00时，我们按时出车了。今天我家销售栗子的情况是，栗子等级分为大、中两个等级。今天的街市价，大号板栗一公斤6.5元，大号卖得人民币884元，中号板栗卖得380元，两个等级卖得1264元。销售了板栗，乘自己的农用车回到家中时天刚亮。

卖板栗小结：不知为什么，卖板栗、销售栗子，都是赶夜街，可能已经有5—6年的时间了，我们富民县东村街是夜里2—3点钟开始赶夜街，而据说赤鹫街是天刚黑就开始赶夜街了（销售板栗季节）。一个晚上到天亮，不利于远地，又没有购有农用车的农户。

村农事项——掼谷子。侄儿张学光、张学会、张学志三哥弟今天联合掼谷子。工具是动用脚踩、柴油动力打谷脱粒机。掼谷子是强度大的工作，需要强劳动力。幸好我村近年改进，从用人掼提高到用脚踏板脱粒机，再改进到用柴油小机作动力打谷脱粒，近年采用先进机械技术操作，这样减轻劳动强度，提高工效。今天打谷脱粒机两台，一台是脚踏板脱粒机，一台是柴油动力打谷脱粒机。动用机械工具，不论天晴或是阴天收稻谷就不受限制了。不幸的是当收完三家稻谷时就下起雨来，沿路泥泞，车子又重，就无法拉运稻谷回家。只好把车子和谷子留在山脚过夜，等天晴后再拉回家。

2008年9月19日　农历八月二十日　星期五　晴

村农活计，我自己几天的中心农活是离栗子（板栗）。今年的下栗子、收栗子工作比往年都忙碌。由于村上有公路、建蓄水池、架设引水钢管之工程。四儿的劳动力和工作都投到这些建设当中去了。几年中我的板栗都靠儿子们支持，但今年的下板栗、离板栗的大部分工作都得由我自己承担。总体情况是：板栗棵数很多，白天到山野下栗子、背栗子，都要一个时候才能完成。然后再捡完，这是白天的工作。离栗子就是晚上的工作。从天刚黑离到深夜一两点钟，是比较艰苦的活计，多半时间是离到深夜两三点钟，没有睡觉时间了，到了两三点钟就得出车赶往东村街集市销售板栗了。有时候卖完板栗，乘坐自己家的农用车回到家天刚亮呢。所以每到收、下栗子的时候都会特别的忙。

小结：我们的工作这样的忙碌、这样多是件大好事，我们越忙希望就越大，心里就越高兴。可惜一村子只是我家板栗多，我家就得多忙。假如一个苗族村都能这样忙碌起来就好了，不过全村现在的状态都在忙着发展种植板栗和核桃树，很快的将来就要改变了，就有很多活做不完。

2008年9月20日　农历八月二十一日　星期六　晴

村建水池施工已有一段时间，我村民都从事于建水池施工，就是挖水池基坑。初初破土施工容易些，当深度一米多了，把基坑泥土抬出井口就渐渐因为困难而慢起来了。村民们也不惜一切劳苦和代价坚持挖基坑，动员男劳动力积极参与协助支持此项建水池的艰巨任务。在工作实践中，劳动力多也不利于进行，只好每天需要多少劳动力，就按顺序安排轮流到工地挖基坑。这样工作起来，不浪费劳动力，而且也有时间看管自己家的活计，大家的思想也很轻松愉快！

村民农活计，收谷子。侄儿张学明家掼谷子，他家要收掼回家的谷子面积有5亩，为工作效力轻省、早点完成收谷子任务，所以还是借用我家的柴油动力脱粒机。使用两台动力脱粒机，这样效力相当好，人们的劳动当然轻省。拉运稻谷，由他家的三姑爷用小拖拉机拉运。近代的小拖拉机，功能效率很高、很好，跑得快，数量拉得多，用这种机械来运输协助当然轻省方便。

2008年9月21日　农历八月二十二日　星期日　晴

按常惯例，举行礼拜活动。

2008 年 9 月 22 日　农历八月二十三日　星期一　晴

村务事宜仍是坚持建水池事工。今天出动劳动力 5 人。清理基坑和砍伐木杆子，搭浇池顶盖，大部分的时间和劳动力都用在木杆子上，支撑木板和顶杆，安好部分。

村民农活是掼谷子。有侄儿张学才、村民杨兴祥两家掼收谷子。近几年由于社会进步了，人民生活生产也逐步得到了提高，几年前掼谷子，都是劳动强度大的农活，而现在已得到改善和提高。首先是买脚踏板式的掼谷机，而现在又换成了装有柴油机的脱粒机，所以人们劳动起来就轻省多了。拉运稻谷回家，路途是要从山脚拉运上山回到家中。晴天就用大车，而雨天或是泥路烂，就用小马车拉运回来。

村民侄儿张学进家是割谷子。他的生产可说是广种薄收。就是土地宽广、扩得开、种得多。薄弱点就是组织性弱、工作性差。或许一天的劳动任务再多半天也无法完成。

2008 年 9 月 23 日　农历八月二十四日　星期二　晴

我村建设饮水工程。饮水线路全长 900 米，线路进村中需要设有直径 5 米、深度 2 米的人畜饮水的蓄水池供田地农用水和人畜用水，一段时间，我村民都从事于建设水池。在设计和建造中，为了安全和卫生，需要浇上顶盖。今天的工序是连支搭模板和顶杆。由于工程小和劳动力多，所以在安好顶杆和模板后，一并进行了浇顶盖。工序进行中，材料也好运，用水也方便，所以工作起来也顺利和方便，经一天的辛苦努力，就完成了这些事项。

小结：田地用水和牲畜饮水，是我村主任时期的困难和需要，都是亟待解决的大事，经我们村上有关人员和政协上写提案请求给予解决，加之云南大学考察民族基地也设于我村上，所以政府各级领导也有所考虑和安排。今年建好后，田地用水和人畜饮水就有了保障和希望。历年待解决的问题已得到了初步解决，很感谢各级政府的好领导。

2008年9月24日　农历八月二十五日　星期三　晴

村民张学祥挖洋芋。学祥之妻是水平子村民。由于张学祥家几年来都有大小的人、畜住房建设，现在还欠建房材料款2000元，需要凑款还债。因着父母之关怀、支持，所以张学祥的岳父主动让出土地，约有0.5亩，让姑爷女儿种上洋芋，变卖还债。今天挖洋芋的情况是：我们出动一架犁牛，10个劳动力，2人使牛，8个人跟在后面捡洋芋。注：挖洋芋，用人工实在太慢，费时费力，所以近代挖洋芋，都是采取用牛力，而人跟在后面捡。用这种方法来提高效率，同时省时省力。今天挖洋芋的结果是，挖了总共30多包，每包约35公斤。35公斤/包×30包=1050公斤。单价为一公斤0.6元，合计为630元。

结语：小小的农业、小小的付出就可以得500—600元。一个小农户，大约农业产值有：苞谷收入1000元；甜瓜500元；白薯500元；养殖业（养猪）1000元；卖板栗1500元；最起码也有五六千元的收入。一个农户欠债一两千元，是完全有能力偿还的。这收入可能还是保守估计了，所以农村农业是大有作为的。

2008年9月25日　农历八月二十六日　星期四　晴

销售板栗。每到街天，我们午夜2：00就得出车了。不知为何，每到销售板栗季节，总是赶夜街。一般午夜2点就开始买卖板栗。今天我们家父儿4人乘车上街销售板栗，今天的情况是：大号（等级）：63公斤×6元/公斤=380元，中号（等级）：70公斤×5元/公斤=350元，两个等级共卖得730元。

销售板栗全年的情况是：第一次：50公斤×5元/公斤=250元；第二次：大号150公斤×7元/公斤=1050元、中号80公斤×6.5元/公斤=520元，合计1570元；第三次：大号250公斤×6.5元/公斤=1625元、中号91公斤×4元/公斤=364元，合计1989元；第四次：大号100公斤×6.5元/公斤=650元、中号51公斤×5.1元/公

斤 =262 元，合计 912 元；第五次：大号卖得 884 元、中号卖得 262 元，合计 1146 元；第六次合计 1040 元；第七次合计 730 元。合计全年收入 7637 元。

2008 年 9 月 26 日　农历八月二十七日　星期五　雨

安装引水钢管。蓄水池已建好，工程老板以及地方领导布置今天架设引水钢管。吃过早饭，全村男劳动力行动起来，都到教会场院来抬钢管到引水源架支安装。刚工作起来，几乎就下起小雨来，真是不利于野外操作劳动。草丛茂盛、露水大，但由于架设钢管的任务艰巨，大家只好冒着雨坚持劳动。幸好抬钢管的人员多，其余人还是避雨，烤火取暖，保证供给安装之用就行。安装钢管人员也没带雨具，中午也只好回家休息烤火取暖。一天在小雨中坚持工作，克服了重重困难，虽然还欠缺一些钢管的接头和部分到村农户家的钢管还没有安装完成，但已将全线 800 多米引水管子安装完。

评语：整项架设引水工程项目，大部分时间劳动，挖蓄水池坑多是由我村的劳动力陪同老板派来的工作人员劳动，但人家是每天都有工资，我们的人员就没有。应该说整个引水项目都已经承包给老板，挖水池应由我村负责，其他多余的时间和劳动力就不应该由我村来承担。

2008 年 9 月 27 日　农历八月二十八日　星期六　晴

扳苞谷。父子几户协助姑爷女儿家扳苞谷。每年一到收苞谷季节，女儿家都要请我们家族帮忙。有 10 多亩连片的大面积耕地。离家的路程有一公里，地势又是坡地，每次招工伙食开支又高。既然付出代价，就找够劳动力，每块地一次性完成。集体工作中的情况是：人员 10 人把苞谷搬到地边通小马车处，由马车运送。6 人赶马车，经过坡路拉送回家，这些大农活计工作起来真的是不容易，费时费力。为不影响劳动任务的完成，他家自己提早一天扳苞谷，堆于地里，所以我们工作起来就省时省力。生活待遇情况是：晌午供给每个人3支冰棒，分享一袋饼干和开水。晚饭伙食待遇情况是：有高档肉食待遇、饮料、土鸡、乌骨鸡、新鲜肉、鲜猪肉，且数量很多。

评语：这种付代价的待遇很好。因为能推动民族的进步和改良，据说目前大村苗族村寨办婚宴喜事和使工待遇太随便和简单化。我们就有责任推进和改良这种不良风气，提高人生待遇。因为我们又不给亲友们工资，在生活上提高点待遇是应该的。

2008年9月28日　农历八月二十九日　星期日　阴天

礼拜聚会活动。

2008年9月29日　农历九月初一　星期一　晴

受询问笔录。9月1号在我村铺设公路中，我村与一位汉族村民发生冲突，那人多次侵犯我村山权，占用山、木材，为扩大和巩固势力，对我村有关人员说话的时候都是说些大话、强制人的话、吓人的话。这天在给我们拉铺沙时，与我村发生冲突，我村人员趁此机会，好好教训了他一顿。可能他报了案，今天东村派出所来电话叫我们到祖库村委接受询问、笔录。

2008年9月30日　农历九月初二　星期二　晴

赶鸡街。学生放假7天，也就是一个礼拜，东村中学也放假，几个村委的小学也放假7天，孙女张多加在昆明读中专也趁机回来了一趟，孩子放假期间都想上街买衣服和游玩。货车不准载人，只好开出两辆农用车，用驾驶室载孩子们上街。父母和孩子们上街买了些衣物回来。据说裤子一条30元，张多加也买了一条裤子，70多元。两辆大车反正也需要拉建设材料，所以他们赶了街、买了东西，就拉着建筑材料回来。不但我们上街，村民也有很多上街买家具和衣物的。

村民张学祥、张学全家的农活是犁田。犁田后准备种冬苦菜，是朋友介绍的。用田种冬苦菜的效益超过了种蚕豆和小麦、大麦。每公斤冬苦菜卖价0.3元，超过种其他作物，所以准备试种。今天两哥弟相约用一架犁牛把两家的大六工田全部犁好，并在坝田待几天，还得犁第二次，这样更好。

2008年10月1日　农历九月初三　星期三　晴

村民的中心活动是扳苞谷，挖洋芋。有的运送农家粪到山地里。五儿张学祥扳苞谷是扳山脚的一个片区，原来的计划是用两天的时间扳苞谷，然后用大车一车拉运回家，但经一天的辛勤努力，挨晚就已完成，所以开大卡车下山脚，装好后一车拉送回家。

小结：2人一天扳够一大车苞谷，是付出了很大的代价，很辛苦，很不容易的。不过苞谷比往年好，搬起来也快，数量多，装满一大车也比较容易。挖洋芋。大哥家的三儿媳妇（丈夫已逝世）今天招工挖洋芋。挖洋芋有很大的改进，不再用人工，而是用牛犁，很多人跟着捡，这样子很快，并且不用拉运回家，而是拉送到东鸡大公路亲戚家里。有大东风车时常收购。现在洋芋每公斤的价格为0.6元，很方便、很理想。可能明年沿公路线的苗族村寨所有的苞谷地也要改种洋芋了。当然是因为洋芋经济价值高过种苞谷和杂粮。

2008年10月2日　农历九月初四　星期四　晴

村务事宜。扫尾建设我村人畜饮水蓄水池。建水池的技术人员这两天回家休假，已停工多天了。工程需要扫尾完工一下，就是蓄水池里外需要粉刷一下，今天建水池的技术人员已来到，我村村民也积极协助，宁愿早日建好完工，投入使用。今天我村民七人参与投工投劳。有的拌灰浆、供料子，有的从大村场院这边用摩托车拉送细砂到水池基地供料。经一个整天的辛勤努力，完成了蓄水池项目的扫尾工程。为了庆贺，青年男子们相约办饭席,好好待客、作乐。整个饭席上有说有笑,直到天黑才离席,高高兴兴地回家。

村民农活。杨光德家扳苞谷,今天已扳到了一亩苞谷地,扳完、背完并把苞谷秆砍倒。小年轻人,干起活来可真快,能干、出色。可是几年来的农事收获不佳、不理想,效率低,几乎失败。

小结:农夫、农事不同于其他的事理,种庄稼有规律、季节、气候管束。非按着这些气候定律种庄稼不可,种早了不行,种迟了也不行。

2008年10月3日 农历九月初五 星期五 晴

今天为庆祝我芭蕉箐村2008年度道路铺设工程、人畜蓄水池建设、架设钢管(全线长达900米)全项工程扫尾竣工办饭席,请乡水保站领导、石桥村委杨德聪主任、工程老板、朱师一级工程师一组人员6人参席。生活待遇的安排是:办两桌酒席共花了300元。村上建设工程,也是四儿张学德负责承办,万里长征,不知道怎么走,我村这些建设从开始施工到竣工,有关人员的来往、吃住都由他负责。村主任职务,刚接手都是白手起家。村上的老账目,分文也没有转交给他,这些费用都是他自己承担着,这些开支又告诉谁呢?说了又好像是他在跟别人要。饭席承办情况是:我自己也使工,所以我拿出300元,四儿张学德拿出200元,合计500元来办今天的竣工宴席。宴席情况是:我们的饭席人员有三桌,在宴席上,我们很高兴,彼此敬酒、祝贺。在饭席上,不管怎么做,都好像表达不了自己的谢意似的。

我自己的农活,扳苞谷。出动一张农用车,10个劳动力,已扳了山地三亩,已扳获两间房子的苞谷包,待在屋里慢慢撕。

2008年10月4日 农历九月初六 星期六 雨

拉运建房材料空心砖。我村民原来建盖的瓦房,就是土木结构,大部分现已成危房,所以需要拆除土墙,换上空心砖。几年来有的农户已拆除了土墙，换上了空心砖。我家的三间房都需要换了，运输建房材料，都是往鸡街那边拉运。今天天刚亮就下起中雨来，不利于搞农地里的活计，四儿张学德就出车到鸡街拉运材料。趁雨天拉运料子，同时还因为建房料子还没有大涨价。每块砖头已涨了0.05元，到年关的话，价格会涨得更高。所以车子上街就要拉建房材料回来，农闲时也要把计划的数量拉运好，建房时就方便。我村的公路铺设好了，就是从我村接通鸡街大公路的路段，历年出车拉运货物，要选在天晴的时候。现在村公路铺设好了，几时想出车就出车，就不再受气候条件的限制了。

自己的农活计是扳苞谷。昨天，姑爷女儿、儿媳们协助帮忙，把远近的山地苞谷扳堆放于房屋里，今天有雨就在屋里撕苞谷。

2008年10月5日　农历九月初七　星期日　阴

礼拜天圣会活动情况。

2008年10月6日　农历九月初八　星期一　晴

村民张学德拉运建房材料。建房材料已拉运一段时间了，计划多拉存好，防备年关材料涨价。今天是鸡街，一面是赶集，一面是拉运建房材料，跟往常一样是一举两得。他们赶鸡街，张学全卖8公斤板栗，每公斤卖5元，8公斤×5元／公斤=40元。富民款庄地区的板栗已经卖完了，而寻甸县的鸡街坝子正是销售板栗季节。因为鸡街的海拔高于款庄地区，所以我们有零星的一点都会拿到鸡街销售。

村民张正才、张学全两家的活计是开着张正才的三张大车去麻栎树村协助外母家挖洋芋。从麻栎树村到山地的里程有1.5公里，挖洋芋数量又多，都是需要大车运送。条件优势就是他们就在大公路边，销售很方便，运送到家老板就来家里购买了，价格还可以，每公斤洋芋现在是卖0.6元。

2008年10月7日　农历九月初九　星期二　晴

交医疗保险费。今早我石桥村委刘寻武（男）、彭启珍（女）来我村收纳医疗保险费。历年每人交10元，今年每人交20元，我家两口子交了40元。据说国家会在每个人头上补贴80元，加上你自己交的20元，总共100元，投在医疗保险上。

小评：事后我思想很斗争，我想我们不必投出这笔钱。当然自己也知道，管他有用无用，自己是国家的公民，政府有号召一定要响应。此项工作就是一个人有病大家帮忙医。救死扶伤是我们中华民族的传统美德，我们不但要支持，还要创新，这也可能是在实践中。时代改变了，疾病也多起来了，不但我们要参加医疗保险，政府也应当积极的组织大家参加了，医疗保险公司，也要积极主动的支持。

2008年10月8日　农历九月初十　星期三　阴

农村活计忙碌。三儿学忠一早天刚亮就赶往东村街，卖19公斤核桃。他家的卖价是一公斤8元，19公斤×8元／公斤＝152元。

卖核桃小结：一年来核桃的销售价格，先上市的，价格卖到一公斤15—16元，一般都保持在一公斤10—12元。核桃数量目前市场不算多，但目前市场价格比较稳，销路也好。广大农村目前种植核桃的情况是：已受益的农户，几乎山区民族村村寨寨都有，大部分农户倾向种植核桃树木，而且又是国家重点扶持的重点项目之一。几年来，由嵩明重点培养、嫁接核桃秧苗，供邻近几个县使用，所以种植核桃树，很有希望、很有前途。原来种植果树是要动员、号召、鼓励的，而现在是争先恐后地栽。有的已在大面积的土地上种植了核桃树。目前，板栗树和核桃树是我们山区民族的摇钱树，民族已开始重视种果树了，因为已经尝到了甜头，所以种植核桃是我们农户的重点项目。

村民农活计，家家户户忙于扳苞谷、撕苞谷。就形成白天忙外面的活计，晚上忙屋里的，要一直忙到收种结束。

2008 年 10 月 9 日　农历九月十一日　星期四　晴有雨

协助寡妇（张学志之妻）。今天来自万宝山村、柿花菁村的亲属和我们本村 10 人帮她家收苞谷。人多进度快，先从对门的山上收起，下午又收村对门的耕地的苞谷。先收山地苞谷的时候，交通方便，就用小拖拉机来拉运。扳到近处村对门的这一片区时，由于交通不便，就用人工背。幸好离村子只有 200 米。村对门的这块地还没扳完就下起大雨来，他们只好停工，休息吃晚饭。

小结：寡妇的农业生产是够负担的，又多又复杂。一个人又要收、又要种，又要忙外面的、又要忙屋里的，处于这种灾难之下，只有靠自己的亲戚朋友帮忙协助了，多的部分靠亲戚朋友帮忙完成，少的部分就只能靠自己了。不管怎么说、怎么做，反正就是困难，就是心灵的创伤，不但人孤苦寂寞，而且心里孤苦。

2008 年 10 月 10 日　农历九月十二日　星期五　晴

县统战部召开紧急会议。昨晚，县统战部工作人员郑兆莹打来电话通知今天到县基督教会议室开会，我们村中午 12 点以前到达开会地点，安排统一就餐后，下午开会。开会内容：县统战部领导说："昨天我们到市里开了紧急会议，就是要调研中国境内基督教徒的准确数目有多少，昨天打电话的时候都来不及告诉你们今天要开什么会。今天会议的议程一是找你们来座谈各个教会的管理情况以及教会对政府有些什么要求，二是基督人口普查登记。"

普查统计，登记入册。只要读圣经，不管是合法、非法、没有合法手续，都是这次登记的对象，讲解了一个下午的时间。我们休会安排吃晚餐。天黑时，我们自理交通工具，回到家时，已是夜里 11:10 了。

2008 年 10 月 11 日　农历九月十三日　星期六　晴

村民活动，张学祥购置摩托车。在小松园车老板张工家的摩托车行购置得一张嘉陵牌摩托车，价格是 5300 元。经济来源情况是：把原来购有的摩托车变卖得 2000 元，然后凑钱买的，可能还欠了不少部分。

小结：社会的发展进步，也推动民族地区生活水平的提高，村民大部分已购置有大、小车辆。社会物质生活建设和享受，都形成在竞争中。这一切都显现生机活力。应勤俭节约，艰苦创业。富裕时，要当困苦时过，这是中华民族的美德。很多青年人都喜欢新车，用过一两年就要换新的，这就形成不良倾向，什么都要量力而行，要保持勤俭节约的好风气。

2008 年 10 月 12 日　农历九月十四日　星期日　阴

礼拜活动。

2008 年 10 月 13 日　农历九月十五日　星期一　晴

村民中心工作，扳苞谷。几天的农计活都是扳苞谷。我村劳动的基地分为山顶、山腰、山脚三个片区。村子前后的耕地，交通不便，所以扳苞谷的时候要用人工背，近处的地比较少，大多数村民的地都是在 300 米或一公里路以外，村民在这一片区收玉米的速度就慢，不过这一片区也快收完了。我自己也是收这个片区大概 1.5 亩的苞谷地，已背回 14 箩筐苞谷，一天中必须付出很多辛苦劳动，幸好是从上往下背，还是容易些。村民张学全扳苞谷是在山顶这个片区，他家两人扳好并装好袋子，堆于路边。打算回来的时候跟车子说一声，让车子拉运回来。二人经过一天的辛勤努力也是扳了一车的苞谷，当然所付出的劳动就更高些。车子拉运回村，再从车上一背一背的背回家，背了一个深夜才把一车苞谷背完。

小结：全村人员，家家户户，交通方便的地方都用大、小车来运载苞谷回家，但有的仍用小马车来拉运粮食。评论：小马车拉运货物，一天时间，伤马累人，里程又远，找大车拉运，简简单单，数量又多。一个大车只收车费 30 元（相当于一个小工）。有人一重货车货出 30 元都不愿意，要用小马车要拉运两天。这就是我们的推理。另一种解释，可能苗家人的小气、怪气就在此，好像找来了你的大车，我自己就很没面子，所以我累死也不找你的大车，到头来，是自己苦了自己。

2008 年 10 月 14 日　农历九月十六日　星期二　晴

农村活计，扳苞谷。村民张学忠家扳苞谷，耕地面积约有三亩。出动劳动力 10 人，出动两张大车。劳动工作的难处是因为从地边的车路下到地里约 300 米，背苞谷上来又得上坡，每背一篮苞谷就必须休息一趟，所以三亩地也是忙了一天才完成。扳获两大车苞谷包。生活待遇安排是：白天晌午用糖饼、开水，晚饭酬谢待遇有猪肉、鸡肉。据说几个人的开支仍有 200 元。

小结：生活待遇适当提高一点是要付出代价，但也是一种享受，也可以推动良好的社会、民族风气。我们要力求推动社会、民族风气的进步和改良，拥有完美人生。

2008 年 10 月 15 日　农历九月十七日　星期三　晴

农村活计。我们父子几个商议今天扳我们老人的苞谷。昨晚儿媳们确定用早上的时间帮我们家的苞谷扳完，而后改为各自单独行动，完成自己该做的部分。经一个早上的努力，我们父子 5 户，10 个劳动力，留下一个煮饭，9 人扳苞谷。9 人又分为 4 人扳苞谷，5 人背苞谷。我们背了五六趟，总共背了 30 背苞谷。进度情况：已完成了山脚和山腰的两个片区，还剩山顶的一个片区了。由于气候海拔的关系，我们先点的是山顶的玉米，结果是山脚的先熟。

教会事工、活动。10 月 10 号县统战部所下达的普查登记信徒人数任务，今晚我们把表格送到张执事那里，叫他负责统计。中民村委是村寨民族众多的半山区。交通道路还未改造好，路里程单边就是 20 多公里，往返就有 40 多公里。路途中，有大烂泥塘，摩托车也只好从泥塘里冲过，山路上石头大，摩托车颠簸抖动大，真不容易。

普查登记一个东村乡，地区宽广，需要有人来分头工作，又需要些时间，有些派别又不给登记，真是困难重重，政府又不给我们分文的报酬。

2008 年 10 月 16 日　农历九月十八日　星期四　晴

村民种麦子。张正才种麦子，一架犁牛、一个人使犁一人拉牛、一人放种、一人打杂，就是需要什么供什么，4 人联合种麦。耕地面积有 3.2 亩。农户劳动真辛苦，地陡，扶犁劳动强度大，所以扶犁需要体力强的青壮年劳动力来做，几个小时犁完一块山地，好不容易，种麦还得耙一下，保证麦种的发芽率高，所以山地耕耘工作确实是辛苦的工作，农夫们也只有兢兢业业创业，待丰收、待享受。

村民农事多多。我自己的农务劳动是，白天砍苞谷草，并背到地边，堆积罩好。收好草是喂养牲畜之用和日后用作垫圈草，这是白天的活计，晚间撕苞谷。白天做外面的活计，晚上又是做家里的活计。农活工作繁忙多多，但是我们工作一天就等于两天的活计了，所以我们宁愿多忙忙，也要争取早日完成秋收秋种的光荣任务。

2008 年 10 月 17 日　农历九月十九日　星期五　晴

村农活中心工作是扳苞谷、砍收苞谷草、种地麦。村民张学全、张学忠两户联合组织种地麦。为同时种下、种好两户的地麦，所以从早上就开始种地麦。由于耕牛长时间没有耕地了，所以犁起地来还得要强劳动力呢。工作安排是：早上使一架耕犁，人跟在牛后面点麦种，早上完成附近的一户。吃过饭后，又到山顶片区耕种。点种麦子是这样安排的，边收边种，就是收了一块地后，就把麦子种下，这种收完种完的方式，是村村寨寨都采用的方式。

村建房工作。运输建房材料。四儿学德每天出车两趟拉运建房材料，从鸡街拉运到我们芭蕉箐村，因我村每年度有两户建房，有的是拆土换砖，有的是新建。每户建房的砖块需要2000到4000块，根据房屋的大小而定。根据历年的经验，趁物价还没有上涨，就把建房材料购买了，等到建房季节物价上涨时，我们的建房材料也准备得差不多了。

全体村民的农活，几乎相同，只记一户或一桩为例。

2008年10月18日　农历九月二十日　星期六　晴

村农活计，卖核桃。自产有核桃树一棵，拾捡得20公斤，今天的市场价格，单价可卖一公斤12元，12元／公斤×20公斤＝240元。经过概况是：我和老伴背着核桃在夜里5点出发，走了两个多小时的夜路。过山梁再下到山脚，东方发白而渐渐天明。由于销售板栗的季节过了，所以人们不再赶夜街了，早晨没有车辆上街，我们就只有步行上街。

交警堵车，载人上街的大小车辆，来往似蚂蚁的行列已消散。上街办完事以后，需要乘车回家的乘客沿街寻找车子回家，被堵收缴的摩托车被交警警队驾驶成队归来，开进东村派出所。人们都发愁，我们怎么回家呢？以往来街上办完事，可以坐大、小车辆回家。吃过早饭，人们都可以从事农业生产了，而今天就成了难题，我们只好乘马车回到山脚，从还记得村（汉族村）步行到山上。付出很大，爬山回到家时已经是下午2点。我们从事农业生产的时间，当天只剩下4个小时了。

结论：不堵车，载人车辆行列来往奔驰如蚂蚁。而今天堵车，一张小车都不敢跑。乡村都办不齐全证件，而政府的政策只是会罚款，建议政府还是要从教育着手，让广大人民参与到学习和管好当地的交通安全中来。

2008年10月19日　农历九月二十一日　星期日　晴

礼拜圣会。

2008年10月20日　农历九月二十二日　星期一　晴

普查基督教登记上册,我们教会接受县统战部交给的重担。几天以来,分工包片负责,昨天的聚会上,部分片区已交来,中民村委会片区未交。所以从昨天到今天花时间来整理好,并收集到教会来。待10月22日全县统一交到县级基督教三自办公室。东村乡芭蕉箐教会所管辖的区域范围达30多公里,下乡调研工作,困难重重。我们基督教会所登记的表格又要通过村委会盖章,昨天中民村委的负责人,用了一天的时间找人盖章,没有找到,教会又到他那里去取表格。共同联系找人,还是没有找到,后来才知道是在东村街上,只好叫其负责人今晚回村委会盖好公章,明早8点准时在东村街交与我们,好送往县统战部。此项工作张学德忙的比较多,跑中民这一片区,一个单边路程就有20多公里,夜深了他才回到家。

2008年10月21日　农历九月二十三日　星期二　晴

种麦子。我家种麦子,父子5户联合行动,协助我们两个老人种麦子。出动一架犁牛、10个劳动力,今天劳动功效高,完成种地面积5亩。

全村的农活中心任务是扳苞谷和种麦子。以我家为例,山地,地形陡,地里栽有果树,又有地埂,也有些石头,所以耕地时有一定的难度。劳动组织情况是:2人使牛,1人跟牛点种,7人用人工;牛犁不到的地方,就用人工挖,工作中我们干劲十足、情绪高。一天工作中,有说有笑,山野中充满欢笑声。笑声里是大家庭的温暖,是家族之互助互爱,笑声引来很大的希望和幸福。午餐(晌午)安排每人一个高档荞饼,价值1.7元,不够的话,自己个人再取。晚餐情况是尽力从伙食酬谢儿媳们,都需有三鲜肉,即鱼、鸡肉、猪肉做主菜。

教会事工。县统战部交给我们教会登记信徒表册,按原定日期今天到富民县县城交表格。

2008年10月22日　农历九月二十四日　星期三　晴

村农活，扳苞谷，村民张学祥扳苞谷。开三儿学忠的两辆车去拉苞谷，什么都要趁机趁时，用好时机，也用好财力物力。所以，车开往地里的时候，就上上一车农家粪拉到地里去，准备种麦子。下午时间，扳苞谷拉运回家，不过两人就要多辛苦、多忙些才能扳够一车苞谷。

农活小结：地较为分散且离车路较远的山地，需要大家协助才能完成的工作，我们家族或者是父子几户，就得联合行动。如果车路是通到地里的，那么自己就可以做得完，就不必组织劳动力，自己做，看情况合理安排。

建沼气，今天结账。今天石桥村杨主任打来电话，通知我村建沼气的9户农户，下午2点到石桥村委结账。集体的情况是：建沼气的农户，政府补贴1000元，而农户自己负担1000元，一个沼气池造价2000元。

小结：我们民族、穷山寨、偏僻山村，由于种种条件限制着我们经济的发展。就目前，仅仅解决了温饱，与发达民族和地区，还有很大差距，望人民政府给予扶贫政策，也给予关怀。建沼气是政府的投资项目，怎么不免我们呢？政府应该主动地做一些关爱活动。

2008年10月23日　农历九月二十五日　星期四　晴

扳苞谷，村民张学德扳苞谷，是到山顶片区扳。任务艰巨、人员少，父子几户，今天是分头做工。大儿学全家种麦子，一架犁牛，需要4人，2人使牛，2人点麦种。三儿学德的活计是砍苞谷草，父子几户总有一户种麦子。收种节令紧任务就重，就必须抓紧时间而且利用好劳动力，力求早日完成秋季的收种工作。

老伴早上是协助女儿家点麦子，是跟牛点。到她家那里，女儿劝老伴说，我一个人点麦子没问题，我们可以完成任务，你赶紧去帮四哥家扳苞谷。于是老伴就回来帮四儿学德扳苞谷。从山地背到地边的车站，约有100米。活儿又多又忙，从家里背粪到地里，又从地里背苞谷到车站并装上车拉回家,往返都背,地面积有两亩。3人连扳、背上车,用一天的时间做完这活计可真是不容易呢。

小结:活计多,时间紧,我们只有加倍努力工作,几天的工作情况、进度,效率特别快,干劲也十足。

2008年10月24日　农历九月二十六日　星期五　雨

村民中心农活,同样是边收边种。就是收完苞谷,就把苞谷草砍倒,堆放到地边罩好,然后就开始种麦子,这样的话,收完也就种完了。所有村民几乎都是采用这种方式。村民张学忠家已准备了多天,今天安排种麦子。由于劳动力单薄,所以两户联合,轮流种小麦。地面积有三亩,坡也不算陡,不用花很多时间就可以种完,最大的困难就是中午后就下起小雨来,而且越下越大,一下就是三四个小时,一直下到天黑,所以在地里劳动的人们都要辛苦些。我自己的农活是打苞谷(脱粒),把几天来撕好的苞谷堆在晒场上,有的是已经晒了很多天,一早看着天气将有雨,我们就赶紧用玉米脱粒机打苞谷,打好、装好,防备雨水的到来,幸好数量不多,晒场挨着教堂住房设备,也方便就地堆放。几年来村民的农用机械工具比较普及,所以抢天气打粮,又方便又快。

村民张学德的事工活计是拉运建房材料。侄儿张学友请他协助拉运苞谷到鸡街出售,可卖到一公斤1.8元,回来的时候又拉运建房材料。

2008年10月25日　农历九月二十七日　星期六　雨

村民农活,栽冬苦菜。雨水天气,其他的农活都不好开展,幸好我村有部分农户打算种冬苦菜。冬苦菜是经济作物,准备拉往昆明市场批发。据介绍,种冬苦菜,经济效益高于农作物。今天下雨,就是栽冬苦菜的好时机。所以张学全联合四兄弟相约一起栽冬苦菜。4户田面积,有12个工田,也就是有5亩田,分布为3个片区,经一天的努力劳动,完成了11个工田。在劳动中,我们信心十足,丰收在望。今年我们村6

户试种了甜瓜，效益很好。试种的农副产品都是成功的。随着社会的进步和发展，也牵引着我们农业生产的创新和提高。今天我们父子5户，10人栽了11工田（5亩），也是创了新纪录。具体的劳动程序是：开沟、打塘、放农用化肥、放秧苗、栽好。工序很多，一天要做完这些活计，还是不容易，都要付出代价的。

2008年10月26日　农历九月二十八日　星期日　阴

教会过宗教生活，我们按教会的常规举办聚会礼拜。

2008年10月27日　农历九月二十九日　星期一　阴

村民杨天光家扳苞谷，扳山顶片区，一人在地里扳苞谷，然后男人用小马驮回家，一天能扳5趟，数量不算多，但可真的算得上是伤马累人。

小结：俗语说笨鸟先飞，又说穷人想穷办法。尽管一天驮的数量不多，但是积少成多，多用几天时间，数量就多了。本着自己有多少能力就做多少活计的原则，这是最好的办法。另一种计策，何必费时费力，自己苦自己，也该让自己享享福。一个人扳、一个人驮很费力气，倒不如两个人一起在地里扳，扳好了请村里的大车跑一趟，开给人家30元钱，分分钟就可以跑一趟，省时省力。大车拉运一趟，够你小马驮好多天了。有话说，有福不会享，我们要体力劳动，同时也需要脑力劳动。人力和机械差距就大了，村子里的车子多，请得着呢。只要你说一声，事就成了。

2008年10月28日　农历九月三十日　星期二　阴

农村活计，种麦子。王才明家种地麦，出动3架犁，8人跟牛点。地面积5亩，已用了整天，也付出了代价，因为地陡、草深、多石，难度大。

小结：很多农夫从事农业生产是量力而行，是靠自己的双手，很少请人来帮忙，不管自己的劳动是多是少。但有很少人员在很少情况下，观望性大、依赖性大、没有主动，都希望别人给他做，自己又没有能力耕耘，都喜欢别人来帮助他，这是一种缺点。另一种缺点是，在生活待遇上不会更新，过于简单、随便。好的情况是，张学祥家种地麦，一架犁牛，2人扶犁，2人跟在后面点种。地面积为2亩，是山地，但不陡。三儿、五儿相互协助换工，生活不关乎好丑，因为是兄弟。自己完全有能力从事生产活动，完全放在自己力量的基点上，叫作自力更生，就不存在生活如何开支的问题。

唱诗活动。晚间，为参与款庄圣经班年度过感恩节活动，练诗学习准备，参与练诗学习的人员情况是：男士8人，女士23人。学习时间为晚8：00—10：00。

2008年10月29日　农历十月初一　星期三　阴

砍苞谷草，准备种地麦。村民张学德家收苞谷草，具体的程序是：先把苞谷搬完，然后砍除苞谷草，堆放于地边罩好，接着砍除地里的杂草。因为海拔高、气温低，地里的杂草长得很茂盛，所以必须使用人工割除，仅砍苞谷草和割杂草，昨天就出动了两个劳动力割了一天，今天仍然出动3个劳动力，才把这块地里的苞谷草和杂草割完。今天的农杂活也可真的不容易。村民张学全家的活计也是砍苞谷草，出动了3人，耕地面积有2亩。是山顶片区，时间紧，节令逼人。事务多，劳动力有限，只得每天出动多的时间，早出晚归。劳动工作中也尽量少休息。气候又非常的适宜人们工作劳动，既不晴又不下雨，所以尽管时间干得有点长也不觉得累。我们的劳动效率非常之高，几乎是一个人可以完成两个劳动力的任务。还不只是白天的活计，苞谷没有撕完的农户，晚间还要加班撕苞谷。几年来农户的农活事务多、时间紧，就要不惜一切代价来完成的。

2008年10月30日　农历十月初二　星期四　阴

赶鸡街。村民一部分赶鸡街，有的出售苞谷、有的卖红薯、有的卖大麦种。

情况是村民杨某某卖苞谷，粮食有10多袋，找了一辆小型拖拉机。在这边上坡的时候，因为山路陡，拖拉机马力小上不去，只好用人工把苞谷背到路平处再装上小拖拉机前行，实在是伤机费事。

评论：村里的机动车有5—6张，每到街天，都会有车子到街上去。几袋苞谷，昨晚问一声哪家车子上街，请帮忙拉一下，一袋苞谷给1—2块钱的油钱，就可以简简单单地把事情做好。他就不愿这样做，一意孤行，就是不合群，你先进，我瞧不起，我就是老牛拉破车，哪里晚哪里息，我都情愿。

村民卖红薯。村民张学德出售红薯，数量为140公斤，按批发价0.7元/公斤×140公斤=98元。零售价卖到1元或1.5元。宁愿批发，简单省时省力，一般有人批发，我们都卖，我们图数量多。

教会买过年度感恩节用米。由张学德开一辆大车到鸡街买米。花费660公斤×2.75元/公斤=1815元。

2008年10月31日　农历十月初三　星期五　阴

村民中心农活，扳苞谷、种小麦。出动大小车辆运送苞谷回家。张学德家种小麦，山地约有4亩，分为两个片区。为减轻劳动任务，当天提早完工，出动了两架犁牛，去哪个片区种麦，是按劳动力合理安排的，显示农村劳动的生机活力。出动6个劳动力，每架犁后面3人，2人使牛，1人跟在后面点麦子。由于山地平稳，耕牛壮且力大，多烦的农活计，也就轻松多了。

记述一户的正常日程，表达一村的正气活力、生机勃勃。农村是广阔天地，是大有作为，是不断地有所创新、有所突破、有所进步的地方，历史赋予我们去攀登高处。

村民杨某某扳苞谷。他家是找工、亲戚帮忙，找请的是一辆小的拖拉机，一天拉六七趟，别人都已经收工了，他们的劳动还在进行中。结论：人们的生活行程中，可说是多快好省。从人工推进到几乎是半机械化、电气化的行程，而有的人却甘愿落伍，把自己置于孤单寂寞、说话没人听、做事没人帮的地步。

新时尚的人生，都应力求与众人和睦，与众人为友，甚至他人的幸福是基于我们的关爱。

2008年11月1日　农历十月初四　星期六　阴雨

村事务工作，洗涤衣物。村民农活闲时不分时候，什么时候该洗衣物就随时洗。农忙时，一般时间就在星期六这天来做洗衣物的工作，是规律性的，是习俗、是自然形成的。今天是阴雨天气，不时还有中雨。不是洗涤衣物的最佳时机，但不少农妇还是披着雨具在洗涤衣物。之所以总在今天来洗涤衣物，是因为明天是礼拜天，这天都休息了，轻松了。

村民种地麦。今天的农活事工，有的仍种地麦，工作效率就不佳，因为是阴雨天气，难度大。长时间下着雨，不利于耕种。幸好这是极少的情况。大部已快结束，胜利在望。

2008年11月2日　农历十月初五　星期日　阴

教会事工活动。

2008年11月3日　农历十月初六　星期一　晴

过节准备工作。购置扩音设备，历年所使用的扩音设备需要更新，我们的人员已到县城选好，又是介绍到昆明某处某公司购买。今天张学祥、张约荣上昆明购买，已买回价值600元的一台，准备年度感恩节之用。二项事工。张学忠出一辆大车上款庄马街买节日用品以及联系鲜鱼、活鸡怎样供应？是老板送来呢还是我们到街上拿？先要联系好，保证各项食物的数量够节日的供给和使用，所以进入礼拜一二几乎就要开始忙起，一到街天，需要买的物资就要分批分期地买好，要在几个街天才买够。今天学忠就上街联系，我们要的鲜鱼、活鸡数量大概有 100 公斤，价格能便宜多少，并叫他 9 号供应给我们。

我自己的农活计是收甜瓜。今年试种一筒种，价格是 85 元一筒种，今天收堆于地边的车路上，拉运时候方便，数量约有 400 公斤。去年的批发价格是一公斤 0.4 元，而今年每公斤降了 0.05 元，今年的批发价一公斤只卖 0.35 元，挨年关（春节）的时候，可能会提升一小点。预计 400 公斤 ×0.35 元／公斤 =140 元，全年能收 500—600 公斤。

2008 年 11 月 4 日　农历十月初七　星期二　雨

诗班学习活动。11 月 9 号定为我们教会的年度感恩节。时间过得快，诗班的训练任务也比较艰巨。尤其是，诗班的人员有的年龄小，大部分是文盲，学起歌舞来就有一定的难度，所以要提早学习，原先计划礼拜二排练舞蹈的学员先来排练，然后再转入诗歌。

2008 年 11 月 5 日　农历十月初八　星期三　阴

唱诗班，练诗，练舞蹈。昨天的工作是排练舞蹈，经一天的学习排练，基本成熟，所以诗班今天的工作转入练习诗歌。学习唱诗歌也有难处，比如，有的人员平时参加学习，有的人员平时不参加学习，所以还是有差距，要做好感恩节序幕，就要花 4—5 天的时间来学习和排练好节目。今天的学习仍安排有唱诗和排歌舞。人员情况是，今天已到来 40 多人，学员们的情绪都很高，特别是女学员都很擅长舞蹈，苗家姑娘从来都很擅长舞蹈。

生活服务组。今天的事工安排是由张学全、张学会、龙兴华 3 户来负责，每天做早晚两餐。

小结：感恩节工作，几年来有很大的改变和进步。以前唱诗班排练歌舞，都要自己带行李、粮食和饭菜。工作一个星期就吃一餐两餐肉，由诗班成员自己买。教会仅仅安排给唱诗班煮饭服务。现在的改进是，吃、住、用由教会负责，排练的这5天，由教会出钱杀一头猪供大家吃用，并且这期间的生活服务，由教会统一安排专人负责。

2008年11月6日　农历十月初九　星期四　晴

唱诗班编排歌舞节目。苗家的歌舞大多是自己编创、排练。有的是流行歌曲，自己配上几个动作、配上舞蹈。过节的时候或是在宴席上，也是类似的传统性的编创、排练节目。今天早上和中午的时间用于练诗和排练舞蹈，几乎熟识。因苗家姑娘一般都喜好舞蹈，所以学起来的时候都很好学。其次是为了学得好学得快，诗班领先的已选歌试舞打下基础，当唱诗班活动时，就可以用现成的，用这样的方法来提高效率。一天的活动，在整个感恩节所要用的诗都要复习几遍，有关迎宾客的、圣会上所要献唱的以及送宾客的，所以唱诗班的工作任务还是蛮重要的。晚间仍然坚持学习了2个小时的时间，今天唱诗班的人员总数已达到了45人。老年诗班人员活动，为在感恩节圣会上也献诗歌，所以三个自然村即水平子、柿花箐、芭蕉箐的中老年人今晚组成合唱团，人员共41人。学一段时间，又上台试唱，效果很好。

2008年11月7日　农历十月初十　星期五　晴

宰鸡杀猪，准备过感恩节的用菜。买回来82公斤活鸡，每公斤的单价是14元，合人民币1148元。动员村里信徒来帮忙，有的杀猪、有的杀鸡做菜、有的打扫场院、有的洗碗。信徒奉献猪，我村芭蕉箐奉献了5.5头，柿花箐有3头，合计总共有8.5头。

唱诗班工作。为感恩节圣会上能表演好，诗班们积极地学习再学习。他们的工作从礼拜二就开始，今天是第四天。历年礼拜五下午，要放一晚上的假，使诗班人员都回家拿自己的衣服。今年的计划是这样的，准备过节那天穿统一的服装,所以下午 4:00 提前吃晚饭,好让大家回去拿自己的衣服和用品。晚间活动,中年妇女也利用晚间时间来排练舞蹈,她们很喜好、很开心,一直到晚上 10:00 才休会。男子也是如此,利用晚间的时间来排练,准备在礼拜天晚上演出,内容为圣经故事或小故事大道理的圣剧。

2008 年 11 月 8 日　农历十月十一日　星期六　晴

节日的临近,使得准备工作也更加忙碌起来,特别是昨天很忙,今天更忙。今天的一项任务是买鲜鱼,所以一大早学忠就开着大车到街上去买鱼,准备中午 12:00 以前洗好、做好,供明天感恩节使用的方便。感恩节服务工作,从今天正式开始。打扫场院不妥之处,洗碗具、洗菜的服务员也从今天开始工作。以前交通不方便的时候,每到过感恩节的礼拜六,就有三四个教会的诗班人员提前到来,所以还要做好迎宾接待的饭菜。现在交通方便了,如果当天能赶着过来的就当天坐车过来,所以礼拜六只是为本堂的人员和一部分唱诗人员服务。

晚间礼拜集会活动。情况是本堂对宾客的到来要欢迎,所以本堂的唱诗班要献上欢迎歌和迎宾舞,诗班人员个个兴高采烈,满面笑容。主领人男女二人从队伍里走出来,站在唱诗班的最前面,领唱迎宾曲,使人们都受感动、喜乐。

2008 年 11 月 9 日　农历十月十二日　星期日　晴

盛况:嵩明县、寻甸县、禄劝县、富民县、昆明市五华区的 14 个教会团队到来。政府单位有:富民县统战部领导、县公安国保大队夏丛林、地方东村乡副乡长王景宏、石桥村村委会杨主任和群体 5 个工作人员共 13 人到会。在未开礼拜之前,县统战部领导作了长达一个半小时的讲话。

2008 年 11 月 10 日　农历十月十三日　星期一　晴

我们教会小组自养活动。我村小组种有 3 亩苞谷待收,趁过感恩节还剩余有饭菜,我们利用这时机扳一下地里的苞谷。我们出动了一张农用大车和小组 30 多人扳收小组苞谷。由于自己配备有交通工具,所以我们带上工具烧开水,到地里供应开水。所收获的苞谷装满了整张车。小小活计也是声势浩大。生活服务安排:留下 3 人煮饭做菜。吃过晚饭,大家仍然坚持把今天所扳回来的苞谷撕完。所以晚间时,用炉子生着大火。工作劳动时,青年们互相轮流烤火取暖,直到深夜坚持把这车苞谷撕完。

小结:一个教会、一个团队、一个教会集会点都必须有自养能力。经济来源靠大家奉献、靠小组从事于农业生产而获得。我们要工作、要活动、要生活,都离不开经费。我小组的小小农业生产,历年的收入大概有 1500—2000 元。用于诗班出外活动、购买音乐器材和小组生活。

2008 年 11 月 11 日　农历十月十四日　星期二　晴

我村小组农事活动。我村小组的苞谷昨日经大家的辛勤努力已经扳完,昨晚上还把扳回家的苞谷全部撕掉。昨天已商讨好,今天大家再辛苦一早上,把昨晚撕好的苞谷全部脱粒,趁天晴晒好。计划用 3 台苞谷脱粒机,用一个早上的时间把全部苞谷打好,并扒开晒好在场上。

村农活计。吃过早饭,张学祥家挖白薯。农地里的玉米已收完,现在大部分的农活计都要转入销售甜瓜、白薯。我父子 5 户帮助张学祥家收白薯。销路是计划拉到昆明批发。据说,目前的售价是分为大小两个等级,大的市价为一公斤 1 块钱,小的为一公斤 0.6 元。

村民农活。大部分村民仍在忙于收地里的苞谷,一时是收不完的,因为面积宽广。农村活计另一个中心就是打粮(脱粒)、晒粮、卖粮。作为一个信徒要参加地方教会感恩奉献,作为一般村民要打粮、晒粮、卖粮、还贷款。时间进入冬腊月,婚喜事就渐渐多了起来,所以每一家都要准备好充实的钱财，当前农民也要大量购置各种大小车辆。

2008年11月12日　农历十月十五日　星期三　晴

村民农活，砍苞谷草、打粮、晒粮、挖红薯。张学祥家继续挖红薯，要赶时间，争取在短时间内挖好，便于销售。请村里亲友也支持，所以今天亲友来了3人，我家父子有11人，劳动力凑够14人。在劳动中，我们有的挖、有的捡、有的背到路边，方便上车。从地里背到车路边大概有200米，背红薯还是需要强劳动力，幸好背下来的是下坡路，省力些。由于时间紧、农活任务重，在地里整忙了一天。到很晚时，我们才收工乘坐农用车回家。

小结：为发展经济，我村部分村民试种甜瓜，有的还比较成功。我们到地里一段时间，下边杨嘎哩村（汉族）就有人来地里联系，甜瓜的批发价是多少？每公斤0.4元行不行？后来说成是我们拉到东村镇过磅称给一公斤0.45元。所以我们计划先挖红薯卖了，再来卖甜瓜。卖红薯今晚要连夜拉到昆明市场上批发，后因红薯没挖完，车子也没有装满，所以时间推迟到明晚再运上昆明销售。

2008年11月13日　农历十月十六日　星期四　晴

挖红薯，村民张学祥挖红薯。今天我们的劳动力有13人，为早点挖完，吃过早饭后，大约上午10点我们就出发了，因要赶时间挖好、装好，计划待天黑后就开夜车上昆明批发红薯。红薯是种在山脚，我们挖完了拉运回家。他们就把三天的红薯凑了一大车，上车装好后，就开往昆明去了，计划到东村街吃晚饭。我们在家的劳动力，由于时间还早，就相约再协助张学祥家扳苞谷，是到山地里去扳，我们连砍连背，背了两转，就收完了这两块地的苞谷，息工吃晚饭。唱诗班晚间练诗活动，11月9日我教会过感恩节，下周11月16日又迎来款庄教堂的年度感恩节。历年富民东片7所教会每到年度过感恩节，都要相互邀请参与过节庆礼拜，我们也被邀请参加教会的感恩节，所以我们教会的诗班就利用星期四晚上的时间来练习。虽然诗班时时唱诗，但每到外面演出的时候都会集中训练。今晚诗班人员到来的情况是：男士14人，女士27人，合计41人。学习时间为13：30—14：00。

2008年11月14日　农历十月十七日　星期五　晴

村农活，地里背甜瓜。张学忠家准备把甜瓜拉到东村镇去卖。我们刚背了一两趟，就发生了一桩事。有一个祖库村的人到山脚来，求我们出一趟车帮他拉苞谷，是从我们山后拉到祖库村。我们讲，忙不过来，我们要把甜瓜拉到昆明市场批发，我们村还有4张车，你可以找他们帮你拉苞谷。他说请你们帮忙打个电话找找，我们就帮忙找，结果电话没打通。我们就跟他说，我们村子车多呢，你自己去找。挨晚，我们装好车上到我们村来时，他是找到了一张，但是因为车子出故障了，走不了，他再次来求学德帮他们家拉。我就对学德说，那人从早上就找车子，到现在还没找好，肯定是没办法了，你就出车协助他吧。车费早上讲好的是140元，路程单边10公里，往返20公里。车子开进他们村子实在难行。好不容易把车子开到他家，到家以后踏进房子他就不出来会面了，只是叫妇人来说车费用不着那么多。学德指着她男人说，你问他，是不是实在不想给车费？我实在不是要来拿你这点钱，本来我是不愿来的，看你没办法才出面帮你的。

小结：祖库村那么多车子一张都找不着，跑来我石桥村委芭蕉箐村找车子。自己和人家讲定的工价，要兑现、讲信用，可是世上就是有这样的人。

2008年11月15日　农历十月十八日　星期六　晴

村活动，背甜瓜、销售甜瓜。我村有5户试种甜瓜，有3户比较成功。村农户张学忠家收获甜瓜一大车，昨晚拉到东村镇批发，数量有2500

公斤，批发价每公斤是 0.45 元，卖得人民币 1125 元。昨天一整天用人工背装满一大车。而今天从早上就开始忙起，经大家的努力，终于用一早上的时间完成了村民龙福祥家的，装满一大车从山脚拉回家吃饭。中午，种甜瓜的农户全部出动协助背瓜，从地里背到路边装上车，今天从早到晚背完了两户人家的甜瓜，早上完成了一车，中午和挨晚又装了两车，一天就完成了三车。此时天将黑了，与收瓜老板联系好拉运到东村街市批发。过磅称，幸好有采石场大称，过磅是连车子一起，就比较方便，称计数量后，回到家已是晚上 11：00 了。

2008 年 11 月 16 日　农历十月十九日　星期日　晴

教会活动，参与款庄乡莫依龙教会过年度感恩节。

村农活。我村礼拜休会后，装上一车甜瓜到东村街批发。集体的行动是，开一张大车到山脚，用人工把甜瓜从地里背到路边，然后把甜瓜装上大车。由于种甜瓜的农户都愿意来帮忙协助，从地里背上来连带上车，忙一时就装了一大车拉到东村街去卖。价格情况是：昨天的价格给每公斤 0.45 元，而今天收甜瓜的老板自愿出价 0.48 元每公斤，每公斤提高 3 分。昨天我们已经交了两车，每车的数量 3 吨左右，两车我们就少得了 200 元，可能还要上涨。今年我村 5 户试种，5 户已获得 4600 元，我们尝到了甜头，都说我们种少了，明年重来。平均每户 900 元，效益是玉米的两倍以上。

2008 年 11 月 17 日　农历十月二十日　星期一　晴

村民活动，销售苞谷。卖苞谷已形成一项中心任务。今天我村村民出动两张大车拉运苞谷到鸡街销售，是卖议价，摆到卖粮食市场销售，好的、晒干的，可卖到每公斤 1.7 元或 1.8 元。很多村民是利用摩托车拉运苞谷上市销售，一次可拉运两大包，因要销售的数量不多，所以就采用摩托车拉运的方式。农户销售苞谷是要用来还账，农用化肥是欠款的大部分，其次是购买摩托车都是赊欠。

村民农活，其他的村民农活仍然是扳苞谷，挖红薯、打粮晒粮。村民张学忠家是割麦子。7月份挖了洋芋以后，再种上冬萝卜或者麦子，7月种下10月就熟了，就是120天的时间。所以种麦子的农户已经在割麦子了，学忠家种麦子的面积有一亩。

我自己的农活是扳苞谷。面积有两亩，早时候就应该扳了，由于之前一直协助儿媳们挖红薯、背甜瓜，一帮就是一个礼拜。今天才得以去清理我自己的事务，三儿学忠上山地割麦子，开他家的两张车去协助我拉苞谷，以完成全年任务。

2008年11月18日　农历十月二十一日　星期二　晴

人生大事。龙兴珍生二胎，历年苗家生孩子都在家里生，现在，政府要求到地方医院生，才给登记户口，有户口，才有享受教育的权利，我们苗家也只好依照政策到医院生产。学忠一早整理好家务，就叫张学祥载他到东村街医院，因张学祥对摩托车驾驶很熟练，是能手，所以托他帮忙送往东村街医院，到了医院，由于难产，又转到了款庄马街医院，约中午时就脱险生了孩子。

小结：苗族生孩子，历来都是自己处理，一般都不上医院，而现在不上医院生产就上不了户口，没有户口，就享受不了权益，这样人们只好进医院了。进医院生产的情况是，一般是产妇收费600元，难产的话就需要1000—2000元。本来自己可以的事，只能上医院缴纳这1000多块钱。

2008年11月19日　农历十月二十二日　星期三　阴雨

村农活扳苞谷。大儿学全家扳苞谷，今天的天气格外寒冷，他因为自己家的农活还没干完而坚持工作。作为父母，知道儿媳家的农活计没做完，就应当主动地帮助儿女做自己力所能及的事。四儿媳、五儿媳也都愿意放下自己家的农活来帮老大家扳苞谷。我们工作至中午，不但寒冷，还下起雨来。我们搬的苞谷，需要用人工背200米才到路边，挨晚，雨还是没停，所以还得背着原先的苞谷走出150米才到村里修好的公路。此时，四儿张学德拉运建房材料回来，所以让他把拉回来的砂子卸了以后又到山上去拉运苞谷。车货、劳动人员一起载着回家，真是轻便省事。

小结：团结就是力量，团结互助是民族的特点，又是亲戚自觉主动帮忙，这是我们民族长期的传统美德，难能可贵。

2008年11月20日　农历十月二十三日　星期四　晴

村民张学全家继续扳苞谷。吃早饭的时候，舅舅打来电话说，你家今天还扳苞谷吗？儿媳说是，舅舅就说，那我们今天就来帮你家扳一天。所以今天出动了一辆大车和一辆小拖拉机拉运苞谷。劳动人员有10人，由于劳动力强，不下雨，车子就直接开到了路边，从地里背出来到车路边大概100米，就轻省多了。由于昨天已经扳了一部分，所以今天到中午的时候，我们就把地里的苞谷扳完了。趁有劳动力和时间，我们就帮着张学全家撕苞谷，把昨天拉回来的和今天拉回来的撕了一大半，舅家帮了一晚上息工才回去。

唱诗班晚间活动。因为这个礼拜天就是23号，我堂唱诗班被邀请参加朵木得教会、昆明五华区、大平滩教会过感恩节庆典活动，我堂唱诗班只得分为两队前往。所以今天晚上诗班分为两组学习，一组在柿花箐点学习，另一组仍在芭蕉箐教堂练诗，我村和麻栎树村仍在芭蕉箐教会学习。人员：男士11人，女士11人，合计22人。

2008年11月21日　农历十月二十四日　星期五　晴

出院。三儿媳龙兴珍11月18号进医院生孩子，到今天是第四天，准备今天中午办出院手续。一件使人不爽的事发生了。18号儿媳进医院生孩子，当生下时护士医生说，你生的是个男孩。住院的四天期满，当我们办出院手续的时候，医生突然说我们看错了，你生的是个女孩，并且把有关单子的男孩涂改成女孩。当生下男孩的消息传到家中，父子五户很高兴，出院时，男孩改成了女孩，也真是女孩，把我们都搞糊涂了，当时娃娃生下来，医生护士都认定是个男孩，而四天后居然变成了女孩。真的是医生看错了吗？还是医生戏弄我们，用别人的女孩换了我们的男孩呢？真是百思不得其解。自己的孩子无论是男是女，我们都不嫌弃，我们只要自己的。不要是别人的孩子换给我们，别人的孩子又不似我们。我的老伴气得吃不下饭，我们的心情也无法平静下来。后来，考虑当时医院就只有一个产妇，我们刚生下的婴儿也很像四天大，这样想来我们的心情才平静下来。

2008年11月22日　农历十月二十五日　星期六　晴

基督教大理州神学院祷告事工团队闫老师一行4人，今天到东村乡模枝小教会点宣传服侍教会。当我们到了东村街，得知大理州神学院闫老师要来芭蕉箐教会走访交流看望。在街上，他们团队成员找到我，问道：你的事情办好了没有？我说：办好了。他们向我们介绍说，闫老师要到你们那里去，并且已经请了一张面包车到芭蕉箐村。我们相互找齐了人员，就乘小车直往东鸡公路从南往北行驶到柿花箐，又沿我村公路从祭天山转下进到芭蕉箐。他们请送我们的这张小车，付给车费60元，我们有6人乘坐。

接待。对他们的到来，我们表示热烈欢迎，打开我们教会的接待室、备好开水，给他们些零食分享。接着就煮肉给他们吃，并叫他们随地休息。

晚间聚会。星期六晚是聚会礼拜，在晚会上，我们请他们讲经、献诗。讲经是安排两位姊妹试讲。一位是苗家姑娘，一位是汉族，后一位是作见证。我们很满意，对听众的启发性很好，也很受感动。

2008 年 11 月 23 日　农历十月二十六日　星期日　晴

教会活动，参与肢体教会庆典"圣诞"感恩两节同庆。就是款庄、朵木得、五华区、大平滩教会节日庆典。

2008 年 11 月 24 日　农历十月二十七日　星期一　晴

教会活动。参与富民县款庄圣经班第二届毕业典礼。昨天接到通知，每所教会、教职人员、信徒代表三四人参加庆典礼拜，并在下午安排有座谈会。在庆典活动上，有学生代表讲话、有老师代表讲话，又有大黄栎树教会特为此届毕业生各人奖赠礼品留念，并在大会上演出精彩的舞蹈祝贺。圣经班学习的内容有语文、圣经、诗歌、政治、历史、苗文等课程。学期为一年，教授对象是青年。

经费情况是：生活材料费用开支于老师工资、活动等，一年达 60000 元。经济来源：富民县有 5000 信徒，号召每人每月提交 1 元。按 10 月就有 50000 元了（这是计划数）。其次是少量外援（未知数），可能省市也有少量的资助。

座谈会。由于事工多，未能完成座谈会，待以后有机会再座谈。座谈题目，当然是如何办好圣经班。

2008 年 11 月 25 日　农历十月二十八日　星期二　晴

村民事工，出售苞谷。村民张学全几天已经晒得 1300 公斤，需要运到街上去卖。粮食的市场价格是一公斤 1.5 元，1300 公斤 ×1.5 元／公斤 =1950 元。村民一部分还是忙于打粮食、晒粮食和卖粮食，由于数量少，他们就用自己的摩托车来运载，每张摩托车驮运两包。

打工。村民有的到附近的农地打打工。一段时间以来，外队的人需要小工来砍苞谷草、挖红薯、背甜瓜等。每天每人还是 30 元。

我自己的农活计是打粮和晒粮，数量得 300 公斤，每晒好一场粮需要 3—4 天的工夫。

小评：村民忙于打粮晒粮。找工给钱是当前农村农户的一项中心任务。上述今天苞谷卖得1950元的村民张学全是给孙女张多加准备学费。张多加现在是幼师行中，实习期又是一年，又将升学读大专，年学费就需3000多元。一个小农户，全年的收入也就是两三千元，供一个子女上学，也得倾家荡产哩。一般的农户需要还账，欠款一般就是农用化肥，其次是购置摩托车。买摩托已经形成高潮，一个农户买摩托需要两年的时间才能付清。

2008年11月26日　农历十月二十九日　星期三　晴

扳苞谷。村农户张学光家是在山上片区扳苞谷。由于面积多、山地广，是我们耕地少农户的好多倍，所以一时没有办法收完，需要很多的劳动力和时间。自己尽了最大的努力，始终还是效率低，耕地的路途又远，加之没有运输工具，交通也不方便。

打苞谷。全村已形成中心，因为晒场有限，按量随时打粮。使晒场天天有粮食晒。

晒场。全村只有教会、云南大学基地两个晒场，远远不能满足全村的需要。幸好大部分农户的人畜住房已经浇上了平顶，可以做晒场，这就解决了很大的困难。又有部分村民买塑料纸、塑料布做晒场，也解决了一部分问题。

村民部分的农活是挖红薯。数量不多，只是自己用，或是把少量的拉运到市场上销售。由于快到冬天了，自己吃的就要储存好，所以有红薯的农户都忙于挖红薯。储存的方法是挖窑洞，或平或直都可以，放在里面防止冻坏腐烂，保鲜期达5—6个月。

农活小结：因上述农事多而推迟，不能很快完成。这是一种情况，另一种情况是，再多再难的农事，只要村子亲友们团结协助，就什么困难都能克服。我们就是种种困难中行事做人，大难事也变成轻松的事了，比如说，农事多交通又不方便的情况下，由于齐心协力，不计报酬，在这种情况下效力就较好。当然，我们配备农用车就轻省多了。

2008年11月27日　农历十月三十日　星期四　晴

村民农活是拉运苞谷。村民杨德光由于父母承租本村委大木板村山地耕耘，时间已有十多年了。那边土地宽广、土地扩得开，真是广种薄收。所以他家就在这边和那边（称为"三股水"）两边种有农地，收粮食是两边收。昨晚打来电话，叫张学德协助他拉苞谷。总共是68包，已打好（指已脱粒），并且有一半已经晒好，所以一半粮食拉回来到半路粮店就卖了，另一半仍然拉回来晒干又卖。车费学德要150元，路程的情况是：一个单边的里程是20公里，往返40公里。结论：苗家的习俗是很讲究客气。车费要150元，就是指300元了。意思是只好要一半，苗家的习俗是你还要恭心添补上一点，150元或是200元或是250元或是300元。而现在的苗家年轻人不懂事理，又不讲文明，只爱占小便宜，只关心自己的收入。今天这车苞谷有68包，一个单边收完会有80包或100包，按80包计算，40公斤／包×80包=3200公斤，3200公斤×1.5元／公斤=5120元，是一个单边的收入，两边的收入加起来就有1万多元，单单玉米收入就这么多。你请人家拉苞谷，几百块钱应该给人家。俗语说，不图一次，要图二次，又说一回生二回熟。再说去拉运苞谷的这条路是非常危险的，一般驾驶员不会帮你拉运，是熟人、讲信用的人才会帮你。先去给你拉运货物的，去了一趟就不再去第二趟，说明那山路是非常之危险，你要有良心，合情理的给人家。

2008年11月28日　农历十一月初一　星期五　晴

买苞谷种。我自己的农活，上街买苞谷种，历年就是在买苞谷种的时候买不到好的品种而吃亏。今年采取措施，早早把种子买下、预备好，是下年丰收的一个重要因素。

历年的教训就是，别人买苞谷的时候，我不忙，有时候迎来好运气，一样的品种，在先买的是价高，后买的价低。但大部分情况是，到最后买，好的品种就买不到了。今年吸取教训，不管价格高低，先把粮种买好，把握好良种这一关。据说25号街买苞谷种的人特别拥挤，卖苞谷种的多是销售处，但是由于抢购良种的人太多，后来只好排队买。听了这消息，自己也该去买好。所以我到街市上卖种子的店看，情况很好，粮种目前的情况是多多有余，不过还是应该先买好。把好来年增收的每一个重要环节。不但是自己这样做，还应该告诉亲人也行动起来，推动我们民族和地区也把握时机，时时打主动战。

2008年11月29日　农历十一月初二　星期六　晴

村事工记录。销售苞谷，我村出动三张农用车拉运苞谷、红薯、小猪到市场上销售。销售物资的市场价格情况是：苞谷每公斤1.6元；红薯大的、好的一公斤1元，小的一公斤0.7元，小猪卖一公斤10元。村民出售苞谷，鸡街市价高，东村街市价低，小账不可细算。1公斤玉米1角，10公斤就是1元，1000公斤就有100元。今天村农户龙应华父子两户拉运苞谷，装满一大车上市，有4000多公斤，其他数量少的村民就是赚一点零花钱，随时需要用钱的时候临时出售。

村民张学友的农活事工是请四儿学德出车拉运小猪到街上卖。回来的时候帮他家拉运建房材料。事后的经过是：猪市价是一公斤10元，而他自己一公斤9元就卖了，他家的猪个头小，每头约重18公斤，18公斤／头×4头×9元／公斤=648元。回来的时候，车子拉运200元的建房材料空心砖200块回来。

我自己是上街买书柜。书籍多，平时存放于柜子里，用到的时候不易翻找到。找资料书刊，费时费力。自己已经想了多年了，经济方便的情况下，买个书柜存放书籍，又方便找又卫生，又好收存，所以买了一个三层高的书柜，价格是150元。

2008年11月30日　农历十一月初三　星期日　阴

人生大事。二女儿嫁给了嵩明县凸董箐村人（苗族），她哥哥的嫂子患癌症多年，患病部位是一只脚的大拇指上，医生曾给割除，又转移到体内，情况逐渐恶化。后期只好又进医院抢救，医生告知这是不治之症，他们只好出院回家。在这悲痛万分、束手无策的情况下只得给亲友打电话，把自己的不幸与亲友分担。也给我们打了电话，但我们已走远了，我陪教会诗班到款庄、大黄栎树村教会过感恩节去了。三儿、五儿在家里接到这不幸的消息后，只好替我到凸董箐村看望受难的亲戚。陪亲戚谈了一个多小时，并给100块钱作为慰问，随后与他们告别乘坐摩托车回家。从我们村到嵩明县凸董箐村一个单边的里程是80多公里，往返160多公里，到家时已经是6：00了，付出辛劳完成了一次探亲工作。

小结：俗语说，千里送鹅毛，礼轻情意重，深刻体现了民族感情之深厚，是我们应当发展和保留的民族感情。

2008年12月1日　农历十一月初四　星期一　晴

村小组教会事工，打苞谷（过风箱扬净）。小组为自养种有3亩玉米（苞谷）已晒好，过了风箱就可拉运上市销售。张学德上午的时间开车上山地拉运他自己的麦子回家后，下午的时间又一个人打扬小组的苞谷，准备拉运上市销售。情况是小组的苞谷原已晒好，收堆放到房间里，要打扬就需要从房间里一桶一桶地用人工倒于大场上，大约有1500公斤，仅抬完倒于场上，都是男强劳动力的活计。四儿学德一个人，不计较代价、时间、报酬，甘愿为小组付出这样辛苦的代价。

2008年12月2日　农历十一月初五　星期二　晴

引水工程，村公路铺砂工程交工庆贺。昨晚，石桥村委会工作人员上来通知我村，进行有关引水、铺公路工程交工涉及市、县、乡、有关政府领导同志以及我全村共餐的准备和服务工作。今早天刚亮，10位服务员就忙碌起来，宰鸡杀羊，做饭煮菜，又准备送各级政府领导的礼物。买阉鸡13只，后因不够而再增加3只。晚饭，准备一餐。有些领导来得很迟，三四点时才到来，他们走访视察引水和蓄水池后，才回来休息等晚饭吃。来客有市、县、乡领导、承包工程老板，小吉普车和面包车共有8张。所到来的各级政府官员，包括石桥村委会共44人，分为5桌吃饭。市政府的赵处长也到来，地方政府向市政府赵处长反映，求再给点款，因有关已投资建成的工程还差点款。市赵处长在会上表态，再给10000元。在会上也向各级政府领导表态，到2009年9月以前处理我芭蕉箐欠道路硬化设施款。

小结：政府给我村引水和铺路两项的建设款，去年市赵处长批示引水8万元，公路5万元，两项合计给13万元，据今年施工，县统战部领导说给了15万。今天工程验收交工，又许诺再给1万元。

2008年12月3日　农历十一月初六　星期三　阴天

村民事工。村民龙兴祥卖肥猪，是6头，70公斤左右，每头给700元，700元／头×6头=4200元。价讲成后，赶到教会场院来上车，村里我家一些年轻人协助上车，最后两头猪折头往回跑，五儿学祥双手各拉住一头。引起大家发笑，赢得大家喝彩。买猪家称赞说："啊，老五可真行，力又大。"

小结：龙兴祥之妻是养猪能手，养的头数又多，粮食也多，是全村能手。

2008年12月4日　农历十一月初七　星期四　阴天

销售教会和我们小组苞谷。四儿学德、五儿学祥开一张车子拉运小组和教会苞谷上市销售。到购粮店称计量的情况是：小组苞谷称计量得2150公斤×1.2元／公斤=2580元，教会1175公斤×1.3元／公斤=1410元。事工的协定是，小组的苞谷按收粮店的称计量，而每公斤按 1.2 元计算。如每公斤苞谷能卖到 1.40 元，或是 1.35 元，多余部分就做误工补贴和车运费钱。所以打粮（指过风箱）扬净、装包、上下车，称计量就由他俩负责承担。他们的车子今天跑了两趟，已完成了此项事工。

小结：物价忽高忽低。一个月前苞谷每公斤卖 1.80 元，中期能卖 1.60 元，现在市场只卖 1.40 元，而农用化肥，今年物价上涨高峰期，尿素卖到 120 元一包，前街天 12 月 2 号尿素据说是卖到 82.84 元一包，今天我亲自去问，尿素卖价是 88 元一包，另一种是 90 元一包。农用化肥时常涨价，而农民的粮价时常下降，低了又低。应当有一个稳定的物价。特别是粮价、肉价应当稳定。我们农夫的心态是粮价再低，也无奈，自己的粮多或少，只有变卖一些还欠账。愿政府也主动地关心农业、支持农业。

2008 年 12 月 5 日　农历十一月初八　星期五　阴冷

卖苞谷。村民今日是鸡街、东村街两头赶。大部分村民是拉运苞谷到寻甸县鸡街镇市场销售。特点：富民县东村街几乎天亮就有人赶集了，每年农历八月份，销售板栗季节是赶夜街。有时我们卖了板栗回到家天才亮明，而寻甸县的鸡街集市赶得很迟，几乎中午 12：00 时摊子都还没摆好，有时我们赶了东村街后，再去赶鸡街都很合适。粮价情况，富民东村街私人办的粮店（指收购）几乎是每一个街市场都有，价格是死套子，粮价定在那里，你喜欢就卖给他。几时到就称计量算钱给你，很快、很方便。鸡街的情况就不同了。粮食运到市场后，随地排队摆好，多半是卖给个体户喂猪，或者是卖给酒坊，所以买的数量不大，买卖人讨价还价。时间要上中午时间才进到交易，需要一些时间才能交易成。不过一公斤粮价比东村街高 0.10 元或 0.20 元。村民卖粮都流往鸡街市场去了。两个街市粮价情况是：东村苞谷卖一公斤 1.42 元，而鸡街市场粮价是一公斤 1.50 元。我家两张农用车也到鸡街拉运建房材料，是赶了街，买好了东西才拉运建房物资回来。

2008年12月6日　农历十一月初九　星期六　阴

办筵席，延亲客，村民张学忠添生二胎女儿。是11月18日生产，23天以来，远近的亲戚朋友送祝米、送礼上门祝贺者很多。为酬谢亲戚村乡邻舍的深切关怀，三儿学忠办一餐筵席酬谢亲友们。一早父儿五户儿媳也积极支持配合，杀鸡洗鱼做菜，忙碌起来，村里亲人也出来协助帮忙。杀鸡洗鱼工作四五人就忙了半天工夫。亲友邻舍送来的祝贺礼，交托由孙子张约荣登记，吃过饭后向所来赴席的亲戚公布。拜访祝贺亲戚达29户。鸡蛋礼704个，大米74公斤，小毛毯3件，红糖4公斤，白砂糖1公斤，衣物10件，人民币705元。

小结：生添小孩而迎来亲戚友人的关爱祝贺，是苗民的好风俗，它显示苗民文明新风尚的兴起，也显示苗民心灵之美、团契友爱，也显示我们物质生活得到改善提高。这种文明的新风俗我们要保留和发扬，因为它是民族生活关爱的需要，人类生活最缺乏、最需要的就是爱，我们需要他人来关心我们，来爱我们，所以风俗不但要保留，还得发扬。

2008年12月7日　农历十一月初十日　星期日　阴

参与过年度圣诞、感恩节日活动。

2008年12月8日　农历十一月十一日　星期一　晴

抄冬闲地。村农活事务，已转入抄犁冬闲地和建人、畜住房，打粮、晒粮、卖粮。我自己的事工，是姑爷和女儿来协助我抄犁山地。冬季所有的闲地都得抄犁好过冬，这样有利于下年的耕种。因我们是上下两村，很利于协助帮忙。再说，一些繁重的农活计，都靠儿媳、姑爷女儿的帮忙。今天抄犁的耕地面积有3亩，都是栽有板栗木的山地，庄稼收成效力低一点，目前的是薅锄果木，促成果木效力好一点，所以效力是庄稼收获一点，果木收入一点。果园耕地能种苞谷的地，都要抄犁，今天又教一条小牛抄犁地，3亩地也是用了一天的工夫。煮饭，姑爷女儿来帮助犁地，自己就得为儿女们煮饭。是在家里做好，背到山地里，要吃时，热一下就可以。

建房事工情况是，村民张学友、张学光、张志明、张志文、张学德五户扩建、修建，现在都已破土施工。

2008年12月9日　农历十一月十二日　星期二　晴

村民建的土木结构房，后墙倒塌了一堵，干脆拆除土基，换上空心砖。村民张正文、张学德父儿两户住一房三间瓦房，两间耳房，要拆除换上空心砖，就得先拆除房皮瓦片，然后再往下拆土基。所以今天拆房上的瓦片。劳动力我家父儿5户有10个劳动力，但因大儿媳的爸爸妈妈叫大儿家帮忙犁地捡洋芋去了，四儿学德又出车帮村里邻舍拉运建房材料去了。我们在家里的只有7个劳动力，我们本着有多少人就做多少活计。建房做活，在生活上也得做些准备工作。四儿学德我们两家联合拆修，计划一户杀一头猪，就可以完成建房工程了，用完还不够的话，再想办法，所以昨天学德家先宰一头猪。用到中期，我再用一头，一是劳动力少，二是因高处作业，所以拆一天还没有拆完旧房，事务多，难度大，屋里的家具又要搬迁，又要拆房，所以农夫都说情愿盖新房，不情愿拆修旧房。

小结：建房是农户的基本建设，搞建房就涉及很多人力物力，得付出很大代价，真是费时费力。尤其是起房盖屋是民族乡村普遍的建设。邻近的几个县住房建设发展也不平衡，在我们周边的寻甸县，政府对民族人民的住房高度重视，已投入巨款帮民族人民建好住房，叫你搬迁进新房去住就行了。

2008年12月10日　农历十一月十三日　星期三　晴

婚喜事。教会参与婚喜事，村邻舍熟识亲友邀请教会以及唱诗班参与庆典活动。亲戚张绍荣（水平子村苗族）因嫁女儿，为了隆重，特邀请我们教会和唱诗班人员参与庆典婚礼。教会参与婚礼情况是：诗班参与前往报到，教会安排礼是100元，20公斤米。唱诗班参与婚礼主要的任务是在新郎到来时唱欢迎歌，夹道欢迎新郎的到来是第一项工作，二是在婚礼中，诗班站主角向一对新婚夫妇唱祝福歌，又向一对新婚夫妇宣读祝贺词，还有向一对夫妇赠送礼物留念，叫一对夫妇上台领受。一对新婚夫妇也要表示谢意，分别给教会和唱诗班礼物和钱作为留念。礼拜中，主领人要请婚主人家讲话，大意为感谢大家对自己的支持和送礼，也请客人们多住几天再走。

管婚筵执事，向会众公布婚筵来礼情况。来客送礼是：来客211户；7只柜子；沙发1条；花裙3件；毛毯7床；酒11公斤；人民币12340元。

结论：教会被邀请，我们就力求把圣工做好，从唱诗，到献祝词、献舞蹈，是比较精彩的，赢得了会众和主人家的满意！

2008年12月11日　农历十一月十四日　星期四　阴转晴

卖苞谷。村民中心工作是卖苞谷和建房，婚喜事很多。卖苞谷是不论卖的多少都各自出动大小车辆运载到鸡街市场销售。今日的苞谷价是一公斤1.50元。

建房。有4户，就是侄儿张学友和张志明，我家父儿两户。侄儿张学友家的建房工程是昨天今天开始砌砖墙，已砌一人多高了。砌砖人员有六七人，包括用小车搬运建房材料，是从村里运到村对门园地里。我自己的建房情况是要拆除土基，换砌成空心砖。昨天今天已开始拆墙，人员有11个劳动力，姑爷女儿也来帮忙。出动两张大车运载烂泥，把拆下来的土基用人工装上大车拉运到100米以外的箐沟里，这个活可真不容易哩。每上好一车泥土要好一个时候，昨天今天已拆除两间，还没有拆完。

村民婚喜事活动。今天我家父儿五户有一头客席,由于搞建房,我们只好派出五儿学祥作代表,把我们5户的礼送去报到。里途行程,一个单边约有50公里,是今天去赴席过夜而明天折回来,乘着自己的摩托车而去。

2008年12月12日　农历十一月十五日　星期五　晴

村民事工,从事于建房。我家仍在拆除旧房工作中。虽出动两张大车,一张拉出,装第二车,交替拉运旧墙土。但由于劳动力少,用人工上车,所以速度慢,劳动强度大,很费力,进度慢,幸好废墟土是倒填于车路边的箐沟里。又准备扩建做教会的停车场。历年我们教会过感恩节,外地请来的团队的车辆,大小车辆10多张,真是难于摆放,成了我们教会团队的一件难事,心中想着非得排除这一项困难。几天的填箐沟越做越欢,不论个人或是团体都是要做一些有利于社会、地区、民族复兴建设推动的事宜。

村民张学友建房的事工是忙于砌砖墙。每天出动的劳动力有10—12人,包括运送建房材料,是从村中运送到村对门场地新扩建。技术人员相对缺乏些,几年的实践中,都是由好学的年轻人从建筑实践中边学习边应用,民族技术人员一般都是自学成才的。建筑中,建房材料是边运边建筑,今天挨晚上,建房材料几乎已用完,要停工几天,待建房材料拉运回来再继续砌砖墙。

2008年12月13日　农历十一月十六日　星期六　晴

村民张正文、张学德两户建房,是拆旧换新材料,仍用一张大车运送旧墙土。

劳动力今天有16人,包括2人煮饭,2—3人拆墙,10人上车。工作难度很大,因为边拆旧墙土边上车,所以灰尘太大,在这种艰苦的情况下大家也只有坚持忍耐，来完成自己应尽的责任。劳动中，亲友的友爱情绪很高，他们在传递土基和土块上车时，越干越欢，越干越起劲，精神饱满。他们是一伙青壮年轻人，每上满一车旧废土，就得休息片刻，或是喝喝水，减轻劳动强度。

小结：我们工作时，能赢得亲戚友人同情支持，我们很荣幸，同时也是一种享受。

2008年12月14日　农历十一月十七日　星期日　晴

年节活动。今天我们教会被邀请参与大水井聚会点过年度对话，感恩同庆礼拜活动。

2008年12月15日　农历十一月十八日　星期一　晴

村民事工记。建房。有的拉运建房用材，有的砌砖墙，有的拆旧房，拉运旧墙废土。村民张正文、张学德的建房工事是联合建房拆旧换新砖，拆旧墙、拉运旧墙废土整整忙了6天，今天下午就平整了墙脚本石基，明天就可以开始砌砖墙了。人员劳动力组织情况是16人，包括2人煮饭，劳动力都是精干的一些中青年男子，拆房工作正需要能干的年轻人参与。

献爱心活动。在建房中，亲友都甘愿放下自己的农活前来支持帮忙，作为自己应尽的职责和关爱，有亲友们关爱和支持，我们自己也感到很乐观和荣幸。生活安排，既然亲友们热情关顾支持，自己也应尽上自己所能，在生活待遇上给予款待。起码要让亲友们能尽情享受。当然自己力量也有限，总而言之尽上自己所能。

2008年12月16日　农历十一月十九日　星期二　晴

建房。村民中心工作仍是建房事工。村民张学友原先建房材料供应不上，暂停两天，待料子供上再继续砌砖墙，建房规模稍大，建房材料也还没有备够，所以只好边拉运材料，边砌砖墙，看料子运来多少。建房已进行了六七天的工夫了,每一个建房组弱点都相似,就是技术工少,影响了砌砖墙的进展。我自己建房工序是今天开始砌砖墙。劳动力人员有12人,1人煮饭,3人砌砖墙,2人拌灰浆,1人供灰浆,1人拉运建房材料,2人供应砖块,2人打杂活。今天砌砖墙进度情况:整三间大房和一间耳房已砌起两层。砌房的第一天工序就慢一些,因砌墙脚本时,要下水平线,吊线设计房角的准尺线。所以就花了一些时间。建房第三家是侄儿村民张学光,因来年准备办儿子婚礼,所以准备扩建住房,但建房工程较小,只建两个小房间,今天下石脚。

婚喜事。村民80%的农户被请参与上村麻栎树村张丛光的嫁女儿婚席。据说,来客达220户,席菜有12个,可惜厨师技术差些,香味不来,很可能调料没有买好,或是厨师不得力。

2008年12月17日　农历十一月二十日　星期三　晴

村民事工,忙于建房。趁冬闲之际,抓紧时机维修住房。我家父儿两户的建房进度情况,昨天和今天已砌起五层高,村亲友有4人来帮忙,合有14个劳动力。我们本着有多少人就做多少活计,增添一个人员就增加一份智力。昨天的建房供材料是用人工背或是挑送进屋里砌砖墙,而今天诗班琴师张正福也来帮忙,拌灰浆,供料子,背砖块,发现很费力,他就建议用大车运送,原先已运回来的砖块已堆成很高的一大堆,把车子开至砖堆脚,用车子当梯子,又好下高处的砖块。一便手堆于车厢内,距离约有80米,这就又省力,又提高工效,又不忙人,所以增加一个人员,就增添一份智力。俗语说,路是人走出来的。

小结:苗民远古习俗建房,几乎全体村民关注支持,投工投劳协助,而现在情况有所不同,人口增多了,人们的活计也随着增多了。

2008年12月18日　农历十一月二十一日　星期四　晴

婚喜事活动。参与亲戚的婚喜事祝贺婚礼。我们三个自然村,柿花箐、麻栎树、芭蕉箐凑有5人前往参与婚席。姑爷王汉高（柿花箐）用一张小拖拉机把我们送到鸡街搭客班车前往，终点站是牧羊街。我们下车后，就在牧羊街（嵩明县）休息吃早饭和赶集（赶街），因今天又是牧羊街子天。去婚席就有几户亲戚客人，起码每家亲戚都要给他们买上点果糖作为礼物。我三姐又是高年龄，又是多病寡妇，至少也要买上软食糖类给她为挂念。姑爷之父母也要考虑买上一点，特别是年中的中秋节，更是要为他们送去地方的特产，板栗、柿花、花生都是要给一点。在参与婚喜事的时候，到了人家的村里，当然也得考虑。到了承办婚嫁的姑爷龙顺泽（我三姐的长儿，我们称之为姑爷）家报到，以100元为小小的礼，大儿张学全托我送去礼也是100元。

2008年12月19日　农历十一月二十二日　星期五　晴

参加婚喜事，亲戚邀请参与婚嫁喜事，赴嵩明县白邑乡镇，三转弯，凸董箐村（苗族）亲戚，三姐夫龙开化之大儿家嫁女儿婚席。嫁娶情况，嫁娶就在本村，嫁娶两户又是我们的亲戚，所以两户就得赴席庆贺。顺泽嫁女儿来客的户数是201户。所收到的礼品有：沙发一条，毛衣4件，毛毯6件，棉被6床，茶壶两只，水果粮27包以及很多家庭用具等。人民币12340元。嫁妆礼品，家具中还给一辆新摩托车，包括需要办证件的用钱都已安排给，价值都在六七千元。婚礼、晚礼拜教会唱诗歌，献唱有关新婚夫妇的祝贺，同时新婚夫妇和陪伴人员也要献诗赞美上帝。

2008年12月20日　农历十一月二十三日　星期六　晴

参与亲戚的婚喜事后返程。我们一行5人天刚亮就从他们村里下山。那里的山路石头大崎岖难行。经过一小时的下坡步行，来到了嵩明牧羊街，客车招呼站候车是从东南方向走往西北方向。叙述途中一件事，人们在日常生活中，通信设备越来越显得必要。早上我们起程时已向家里打了电话，叫熟人们如方便，来车子到鸡街上接我们做客的5人，我们已从鸡街的方向回来了。我们乘客车回到寻甸县的鸡街上，看看街上的两处客车站，竟没有什么人。推测啊，没有什么人来接我们。既有，必然家里来的人应该先到，既然没有人来接我，我们就不必停留了。走吧，往回走，走了10多公里路，又有背娃娃的妇女，各自又背自己的东西，很费劲，我们刚要过鸡街坝子时，四儿学德上街拉建房材料时，我们乘坐的客车从旁边驶过了，没有注意到，学德还以为我们没有回来到，反倒在街上等了两个小时，才开车回来，在中途赶上了我们。我们才爬上车回来。

小结：小小的人际生活小小的事，教育了我们，什么都要多问一个为什么？要多思考，同时也要有忍耐心。不要急躁。要守时，既然约定了时间，早迟人家都会到来。所以老了都还得学习忍耐，自己也要主动询问和打电话。

2008年12月21日　农历十一月二十四日　星期日　晴

教会事工献爱心活动。嵩明县所属的龙嘴石集会点建礼拜堂，此集会点2007年就动工安房地基，被嵩明县统战部、县公安以违法为由拆除基石脚。原先已批示取得合法手续，因有人唆使政府官员为他们出气而做。通过反复几次核实才继续开工施建。邻近附近的集体有需要。

自己刚度过年度感恩节，几乎用尽了教会的财力物力，尽管自己在困难中，仍拿出400元前去慰问建殿中的龙嘴石聚会点。慰问面虽极为微小，但我们本着雪中送炭，也送去一份温暖。此聚会点，大概地址知道一点，但不知究竟往哪条路走，打个电话请问邻近的朵木得教会，执事张志荣打来电话，你们来我家，我当你们的向导领路，所以我们教会一行4人，一起到张志荣家吃早饭，又由他领队再到达那里。拜访了他们后，和他们分手告别向西下山，到了山脚过了河，就插着昆东公路而转向北方向回来了，完成了我们教会一次小小的探访工作。

2008年12月22日　农历十一月二十五日　星期一　晴

建房，村民张正文、张学德建房，翻旧换砖。从开始拆除旧墙土到完工盖瓦整个过程已用了半个月的时间，就是15天的时间。村民的支持，村乡邻居也关注我们的建设和需要，所以今天都突击来帮助，人员既达30多人，配合我家劳动力，就有40多人工作协力盖房。生活服务情况是，户主也郑重考虑今天要尽力在生活待遇上酬谢乡亲们的支持，所以在今天伙食上，要增几个小菜。当然猪肉、鸡肉、蛋汤是不可少的。不但户主考虑，就连哥弟亲姐妹都要尽力支持，所以不但户主一个早上就开始忙碌于杀鸡做菜，哥弟亲友也为支持而杀鸡忙起来。不但家里忙，还得外边忙，如饮料、啤酒不够了，还得一张摩托车上街或是到附近销售点购买哩。盖房情况由于人员多，盖房事工也多，就分成几个小组来担负。盖房撒瓦由一部分人来做，而多余部分或技术工就给我家砌三间大瓦房内的隔墙壁，给我挖深，平整场院。虽然事工多，但由于人员多，建房事也就轻松了，容易了。

2008年12月23日　农历十一月二十六日　星期二　晴

宣教士。熟识教士翰老师（贵州，苗传道员）原迁居散旦乡白水塘苗族村，因生计回贵州后，又重返云南参加宣教队。因熟识关系主动安排从昆明来我片我们教会传见，他领队，一行3人。昨前晚在麻栎树村集会点，今早由麻栎树两青年人用摩托车把他们3人送到我们教会来。他们的到来，就是要讲道，听道只安排于晚间。昨晚的讲道听道效果很好，从讲道人到听众情绪很好，大家精神饱满，集中精力听好道。讲道是由一位来自辽宁省的王老师讲，又由一位来自禄劝县的苏州潘同工翻译为苗语。翻译中，可能他们已锻炼学习一段时间了，因为很熟练。

2008年12月24日　农历十一月二十七日　星期三　晴

翰老师宣教队3人组成的福音队，完成事工后，离开我们而回昆明。

我们需要送行，安排张学祥、龙保罗用摩托车送往东村镇市客车站，坐车上昆明。昨天晚上已说定早7：00就要离开这里。我们教会要依遵他们的工作日程安排，提供送行服务。接待外来人员是教会理所当然要做的服务项目之一。

2008年12月25日　农历十一月二十八日　星期四　晴

村民建房，我家已完工，张学友家也将完工，张学光正在砌砖墙中，张志明今天开始拆旧墙土。拆旧房换空心砖，修建住房是我村中的一项中心事工。劳动力组织情况，由于我村有5户建房，就涉及很多劳动力，虽然自由出工，但每一组建房人员都不少于10人了。建房材料，每一户都几乎把建材拉够后，才又转入建房。建房过程中，不够部分几次欠缺，用完再临时供应，5户建房情况，3户修建旧房，2户是属新建，是破土施工，平整建房基地，都得花一段时间。一段时间中，都忙于建房。

村农活，协助他队人员拉运建房材料。姑爷家柿花箐村去年政府号召每户建沼气，他们不建。今年政府又帮助他们建新灶，材料需要红砖，但数量也需要不多，所以他们哥弟相约拉运一车红砖，四哥弟分了砌新灶。叫四儿学德协助他们拉运。时间需要赶在吃早饭时候就必须拉运到家，因为等用。今早天未亮，学德就出车了。当然按时拉运到家，保障供给。

医疗工作。张学忠家按政府安排给生二胎。快要满月了，诊所通知要打防疫针。学忠只好开出大车，他俩到诊所给婴孩打了防疫针后，又上街买了些日用品回来，约5：00就回到家。

我自己的农活。我到山顶背冬甜萝卜回来喂猪，我刚拔满一箩时，四儿学忠的大车从地边过路，我就招呼叫他停车，我背萝卜上车，不时就顺山转而回到家。

2008年12月26日　农历十一月二十九日　星期五　晴

村民农活事工，建房。张学友家今天的建房事工是一个上午清理房上梁木并安好，接着下午的时间转放盖房。材料是水泥瓦，规模是四大间。由于只用一个下午的时间，所以只盖了三大间，还有一间没有盖完，约还需明天一天就可完工。第二户是侄儿张学光家。房造价约需六七千元。第三户村民张志明的建房情况是维修旧房，拆旧房土基，换空心砖材料。拆房旧土基今天是第二天。今天有10多人的劳动力拆运房土，用大车拉运房土，整天拉运了6车。还没有拆完，还需一天的时间才能拆完。

建房小结：第二户的建盖工程是一楼乡村小农户建平房浇顶的晒场，是近代比较理想的，又美观又能做晒场，一举两得。近代建筑属先进思想，是有远见，我们应发扬。村民其他的农户杨天友、杨天祥、杨天光、龙兴华、张学明、潘兴德、张正德、张学道八九户卖竹子，有人从鸡街坝子过来订购，叫他们砍够数目，打电话给他们，他们就来付钱。拉运竹子价格情况：原先讲成，有一户是讲定给1元一棵，其他只给0.90元一棵，而今天龙兴华家砍得150棵，只给100元，那50棵就说不合格，就不给钱了，却全拉走了。

2008年12月27日　农历十二月初一　星期六　晴

村民张学友建房。昨天已盖了三间房，今天盖房四间，安梁木是比较简便的，安好了房梁木就可盖撒房皮上的水泥瓦了，但今天他们几乎用去了上中午的时间才安好房上梁木，用下午的时间盖好了第四间。

小结：房上梁木，有的是把木料做成人字木而抬上房顶扣紧搭成，用这种方式比较好。而我们乡村小平民，一般为方便简单，把房墙砌好放上横木要梁就撒扒瓦块了。这样又简单又快，而今天他们用了一个时候才做好。可能他们的技术工太少，在技术上不得力而影响进度。

村里另一事工是运输物资，协助隔壁村队棉花箐村（苗族）王松柏往东村街拉运化肥。今天中午就出车了,到了夜晚10:30时都不见车子回家,我们家里人等到10:40车子才回来,我便问,怎么会耽搁到这个时候。儿说,王松柏的姑娘会回来,所以叫等到晚上7:00最后一趟客车,不见从昆明市回来的再运化肥回家。现在通信这么普及发达,就连一个小放牧孩都已玩着手机。一个退休有工资的老师,也应跟上形势。

2008年12月28日　农历十二月初二　星期日　晴

教会活动,参与寻甸县则鲁箐教会献堂礼拜庆典。

2008年12月29日　农历十二月初三　星期一　晴

村民事工活计,出售苞谷。富民县东村街镇市苞谷市价稳定在一公斤1.45元,而寻甸县鸡街市苞谷价是市场议价可卖到一公斤1.6元或一公斤1.7元,由于鸡街粮价高于东村街2.25角(每公斤),所以每个自然村寨大小车辆,小型拖拉机、摩托车运载苞谷陆续运往鸡街销售。今天鸡街市场玉米比历街天已多五六倍,已足够满足市民的需用量。历街苞谷销售情况是每街到下多少,就买下多少,因此供不应求。而今天已满足市场的需要,但是粮价仍保持一公斤1.5—1.6元。举例两户卖粮情况:张学全出售苞谷:398公斤×1.60元/公斤=636.80元,我自己468公斤×1.60元/公斤=748.8元。村民张学忠出车协助我们拉运苞谷上市,就是这两户。他自己出车到街市,目的是上街买一只小牛拉回来养,已买到,价格是两岁小牛1500元,而再买上他家年用的化肥10包拉回来。其次是有会议,参加会议人员,社队的村主任、党员参加,会议内容不详。开完会议,学德用摩托车把老党员陆××带回村来。我对老伴说,陆××今天乘坐摩托车,可能是首次哩。人间很多福乐,或许他们很少享受到。

2008年12月30日　农历十二月初四　星期二　晴

村民农活，抄冬闲地。王光辉抄冬闲地。没有种上小麦的闲地，冬季都要把它抄犁翻晒而过冬，有利于点种大春作物，与农业慧性有着很大关系。大部分农夫，在刚种完小麦时，就接着把冬闲地犁完之后，才又转入其他的农活工作，或是从事于搞建房。部分的农户，由于没有耕地，或是人手单就得等待时机，又或是劳动力方便时，再抄犁山地。今日抄犁的坡地面积约有3亩，庄稼出种就不如平地出种。他家耕犁这3亩山地，又是使独牛犁。独牛犁山地，也没有问题，当然使独牛，没有用两头牛犁的效果好，这情况也很少。

预算造价。晚间柿花箐村（苗族）王光学父子2人乘摩托车下来家里，请张学德、张学祥帮他家预算建房造价。他要建住房，各种建房材料需要多少，砖块、钢筋、水泥、工夫、公分石、细砂等。预算结果，材料费需要9000元，不连建筑工资。又探讨道，是承包工程呢？还是点工呢？是干工呢？是供吃呢？甲方说：干工每个工给35元。乙方说：你供吃，每个工天，你给15元就行。甲方说：每个工我要给35元，乙方说，不必，给15元就行。最后乙方说：35元多了，15元又少了，我们就说20元吧。双方都是客客气气的，不好讲，可能甲方愿意给30元一个建筑工。因都是熟识，又是熟识友人，又是教内友人。

2008年12月31日　农历十二月初五　星期三　晴

探访病人。嵩明县凸董箐女儿姑爷的长女患阑尾炎，已诊断属实。昨天到嵩明县白邑镇医院动手术。姑爷女儿打来电话告知，作为父母应当趁此际赶往医院看望，安排张学祥用摩托车带老伴前往看望。原先已为姑爷女儿买好一个座机电话，顺便送去。早上8：00准备好起程，从东村马街、散旦、厂口又转向东，经过嵩明、鼠街、阿了宫街，又转向东南嵩明方向，再行驶20多公里就到了嵩明白邑镇医院。从家里走出到白邑镇医院看小孙女，单边里程用摩托车计算，有八九公里，往返就十七八公里。

  小结：看望小孙女，我们父儿几家凑得350元，为她送去，俗语说，千里送鹅毛，礼轻情意重。去医院看望她，是亲族友人的关爱行动，或许是给她送去一份安慰和鼓励。总而言之，尽上自己所能，是应该的。

2009年
村民日志

2009年1月1日　农历十二月初六　星期四　晴

村民张志明建房。工程情况是维修，拆除旧危房，拆除整三大间瓦房的旧墙土。准备整间（三大间）换成新材料，空心砖。由于土木结构往往管理不当而后墙倒塌，所以使用砖块，使后墙耐雨水的浸湿。

砌砖块。之前已用了一段时间拆除旧墙土。今天开始砌砖块。劳动力有8人，技术人员3人。工序因墙角基石已平，砌砖块开始砌到高层。头一天的工序慢一些，从第二天起，如果劳动力充实，又有自己的技术人员就方便，就要快一些，工序进度就由得自己。

小结：俗语说，打铁靠本身硬。不论做什么事工，有着自己人才能不求人，就方便，就省事，就便于开展。而自己缺乏人才，就得事事求人。或是不求人也行，等待亲戚友人的支持帮忙，工作进度就慢，就不依安排。你主动找人呢，又没钱给人家工资。反正是上下两难。

历年的办法是，在这种情况下，你承包给村里的建筑队，讲定多少钱，要砖块数量，或按房间算，总之方案很多，采取哪种方式都可以。而这种情况是等待村里的亲乡、友人的赞助，自愿出工来帮忙。时间只有推迟，慢慢来。

2009年1月2日　农历十二月初七　星期五　雨

吃过早饭，我先上到山地里背一背篓萝卜回来喂猪。从村里上到地里，有一公里多路程。拔够回家已经是下午3点多钟了，天色阴沉下来，接着就下起小雨来。

此时，场院走过来两位陌生人。我先打招呼，说："来来来，进来烤火（因天很冷）。"我安排他俩坐下。接着我到屋外拿来柴火，烧火给他俩取暖。我又说："我给你俩倒上开水。"对方说"不要"。烤了火后，他俩又说："给我们几个烧洋芋吃。"我说"有"，便上楼拿来洋芋，给他们烧好，请他们吃。

随后，他俩说：我们是来买竹子的，买去搭架棚来栽花。我便告诉他们，村里竹子很多，几乎家家户户都有。你们去问去找，都有。他俩去一趟就回来说，找不着人。随后对我说，买竹子一事就托你帮忙了。

他们说："你要1.2元一棵竹子。你们村里是卖1元一棵，我们就给你1.1元一棵吧。"我便说："我要你们1.2元一棵，是我家的竹子比他人的远，要给你们选好、砍好，并从箐沟里抬上来堆放到这里的场院。你们的大车才有办法进来。"我又说，"少了1.2元一棵，我就不来砍了。因为抬竹子很重，要统统集中抬到场院来。"他俩听听我的口气，想想又说，"行，行。1.2元就1.2元。你尽力在短期内砍好，就给我们个电话，我们的大车就过来拉了。"随后问我家的电话号码，记起又给我竹子的定钱300元。又说竹子的规格，太大太小都不要，砍中号就行了。随后乘摩托车返程了，时间已是晚5点了。

2009年1月3日　农历十二月初八　星期六　晴

昨天砍竹子的合同已订好。今天我家儿子、媳妇等四人动工砍起来。经一天的辛勤工作和劳动，约砍得200棵，价值200元。刚下过雨，人工作起来，始终因路滑速慢而影响工作进度。

村里人员参与亲戚的婚娶喜事。教会老诗班长王兴仁今晚娶婚席，是万宝山村人，邀请教会诗班人员参与祝婚喜庆活动。诗班人员在婚礼、礼拜中扮演重要角色。为承办婚事的户主及一对新婚夫妇感恩而献歌，献祝词，宣道贺词。祝贺一对新婚夫妇并要赠送礼品作为留念。诗班在婚礼、礼拜中工作很多。所以抽几个晚上的时间做准备。今天吃过早饭后，就需要集中到办婚事的人家做一个下午的准备工作。当新婚夫妇从娘家归来时，还要夹道唱歌欢迎（表示欢迎一对夫妇的到来）。在晚上的婚礼拜上，还要请年轻妇女们献上歌和舞蹈，为谢神恩，和为祝福一对夫妇成婚等等。

我村里其次的事工，是卖猪。杨天祥卖三头，重量约每头50公斤，三头给价1360元就卖了。我自己卖了一小头，重量约有70公斤，买猪老板给价705元，我也卖了。约每公斤活猪只卖10元，是有点吃亏，不管了，卖掉算了。

2009年1月4日　农历十二月初九　星期日　晴

昨天王兴仁的娶婚席还没有散客。但因今天是礼拜天，又是年终感恩赞美主日，所以号召我村人员都回来做礼拜。

2009年1月5日　农历十二月初十　星期一　晴

侄儿张学光，因明年要给他的长子张约翰办娶婚喜事，所以安排今年扩建住房。建房工程情况是大小为两间，计划是盖平顶房，一是美观，二是利用做晒场。小小工程，造价也大。三天的工序是支搭模板，今天已完成搭模板的工序，明天就可扎模板钢筋。预计明天下午或是后天，就可浇灰浆泥楼了。

因浇房顶用建材，安排三张农用车拉运材料——公分石、人工细砂、钢筋水泥、橡胶小桶。出动三张大车，拉运两趟。

小结：建房工程，是属于有远见的，先进的，适应现代的式样和需要。弱点是缺少技术指导，没有找正规搞过设计的和从事建筑实践的技术工。在施工和建房材料上可能计划不够，增加建房造价负担。

浇灌房楼顶，模板（钢筋）是借足要用的量。还不到浇楼板时，早早已借来。钢板是每个平方每天0.4元。预计浇顶到拆模需要30多天，楼板大约会有40个平方，每天租费达16元，增加了建房的造价，因为30天合计480元。搞什么建设事工，都得投师请教。

2009年1月6日　农历十二月十一日　星期二　晴

今天有教会来访，交流和分享神的恩典。下午5点，由朵木得教会老执事王自聪带来一位来自禄丰县大德教会（苗族）的潘执事。到款庄朵木得村来参与婚喜事，借此机会，特来拜访我们芭蕉箐教会。

2009年1月7日　农历十二月十二日　星期三　晴

张志明建房事工，今天盖房撒瓦。多年的危房，极是单薄，为了翻修已蓄金蓄力几年，再不能推迟。只好安排农闲季节动工翻修，拆除旧墙土，换上新材空心砖。今天工序集中在劳动力传递瓦片，送上房皮，由部分人员撒于房顶上。

包括炊事组在内，劳动力共20多人。考虑时间、劳动力、财力有余，就增加建设项目。是亲戚友人提出的方案，趁有人力、物力、时机之际，一便帮他家浇好水泥地板。小小贫困高山苗族村，什么技术人员都有，有什么建设事工，一便顺手办了，真是难能可贵的民族精神。浇地板，已形成全体村民的需要，一是建设的需要，二是美观卫生的需要。

建房翻修成本情况是买1700块空心砖、水泥28袋，人工细砂3车，造价7000元，浇好三间大楼房地板。今天的造房活计到晚就完成了。这是我村建房的第四户。弱点在于，在整个建房过程中，没有聘请技术主管监督建房质量，亲友都凭各人喜好来帮忙。没有技术人员参与施工，所以高处的石墙没有砌好。或者说，不着重技术，所以没有砌好。这就是教训，要注重技术。

2009年1月8日　农历十二月十三日　星期四　晴

我村村民，也是我的侄儿，张学光，来年将承办长子张约翰的娶婚喜事。人生大事，承办婚事，起房盖屋，都得同时进行。为减轻负担，所以先把住房建好，来年再集中财力和物力承办婚事。建房工程，一楼一底，小小工程，预计造价是10000元，对小小农户也算是个大数目。

今天的建房事工是浇楼顶。由于山村没有堆放建房材料的场地，就堆在教会的场地，距建房基地有40多米。所以，在人工挑灰浆泥的过程中都要耗时费力些。劳动力情况是，强劳动力有24人，5人扎钢筋，19人搅拌灰浆和担送灰浆灌到浇圈梁楼板。

上午在忙浇楼钢筋。一直等到下午2点半时，我们才开始搅拌灰泥浆，浇灌楼板。这个工序是硬功夫，从搅拌灰浆，挑送到灌楼，都是强劳动力的活计。幸好劳动力众多，从下午3点一直工作到晚7点，仍留下少部分人员平整楼房，大部分人员就息工吃晚饭。

为酬谢亲友们的支持和帮助，主人家在晚餐席上尽力招待服务。所以晚餐席上仍保持有鸡肉、鲜猪肉、鲜鱼肉、高档饮料，使亲友们尽情享受。

2009年1月9日　农历十二月十四日　星期五　阴

村民建筑组承包了一个建房小工程。房主柿花箐村王学光要建住房，把一楼浇成平顶房，用材有圈梁、钢筋、混凝土。要盖成的式样是新式样。砖块、水泥、钢窗钢门、扎楼钢筋、建筑费用一概承包，为12000元。建房工程承包为干工，只供两餐，第一餐是开地基的那一天，第二餐是浇楼板那天。

运建房材料，包工当然顺带采购、运输建房材料，一段时间是从事拉运建房材料。可能已拉够。所以，今天建房开工的第一天，工序是破土施工、挖墙脚沟、安放房脚石、并平整墙角石面、垫好墙角石基。在人员组织方面，从建房开工到完成计划，共五人来完成，施工中合理使用劳动力。

小结：初步形成民族自己的建筑队，处处兴起，能赢得民众的信任和使用。这些年轻人，没有进过专业学校培训，更没有经过实践锻炼，却又是多面手，能从事机械修理和各种大小车辆的维修，也能开展乡村、民族生产生活中的科技普及工作。

2009年1月10日　农历十二月十五日　星期六　阴冷

村民搞建筑小组的施工情况是，昨天破土施工，挖房基石脚，并安砌石脚，再平浇好墙石脚。今天的第二天施工，开始砌砖墙。经一天的辛勤努力，石砖墙已砌高达五层砖块。

建房供材料情况是，由于场地窄小，边用边供，保障供给。所以早上出两张车子拉运建房材料，吃过早饭后又转入参与砌砖墙。

承包建房工程款有一张100元伪币。房主说，都是真票子，可能在洗衣服时刷伤了钱币的光泽面。在到东村镇市进建材时，顺便拿到银行验钞机检验真伪。拿到银行三张检验机检验，都没有问题。随后，银行一工作人员说，票子与真票子一模一样，但从票子的号码已发现是假票子，所以，我们开一张单子给你，假票子我们没收了。

人们都说，当真伪票子难以检验时，就用电脑仪器来检测。以仪器测验为实。而这些人不以仪器为准，要以人为检验为是，真使人疑惑。假如是张真票子，但是他起贪心，来个鬼主意，就给你说成是张假票子而拿走了。开一张没收假票单给你，在这种情况下，有多人来证明电脑仪器都检验是真票子，而你一个人说是假的就拿走，太没有说服力了，太不合情理了。

2009年1月11日　农历十二月十六日　星期日　阴冷

今天开会进行教会年终工作总结，并讨论下年工作思路。借着今早9点至中午12点的时间，畅所欲言，回顾一年的时光和工作。参加会议的人有张秀敏，芭蕉箐村代表，以及张正文、张学全、张学德、张学祥、杨兴明、张会学、张正德、龙圣英等共十人。回顾一年的工作情况，主要有几件重要事情。

一、2008年5月25日，给新教徒即慕道友施洗，共16人。同天进行年中小春感恩，奉献了大米12公斤，麦子109公斤，人民币1091.06元。

二、2008年10月26日，年度感恩，感恩节伙食乐捐和现金情况是，大米37公斤，腊肉6公斤，人民币3902.00元。年度感恩节的正式时间是2008年11月9日，星期天，上午11点半。当天的奉献情况是麦子8公斤，大米110公斤，若干苞谷。政府部门支援现金1200元。东村乡政府和水保站共500元，县国保大队200元，石桥村委会200元。嵩明、富民的四个教会支持650元。当天奉献金额3746.9元，总合计5496元。

三、支持寻甸则鲁箐建殿200元，支持嵩明龙嘴石建圣殿400元，合计600元。

四、支持各地教会感恩节，六所教会每所教会100元，合计600元。

五、支持灾区汶川600元。

六、年度感恩节收支两项超出1000多元。

2009年工作思路如下：

一、本教会坚持保证宣传组四人，按月按季度到各个集会点讲道，车费由教会统一负责。

二、来年信徒承办婚事，由户主报告教会，再由教会负责人转告诗班人员和信徒，全教会人员都参与庆贺。

三、济贫工作项目，全年不分季节，按困难情况安排，数目视情况而定。

四、来年参与各地教会过节，礼物和外出车费由教会负责。

2009年1月12日　农历十二月十七日　星期一　阴有雨

张学祥和诗班琴师张正福乘摩托车到富民县城交车养费。结果是只收购置税，而车养费是自今年以后一并就加在车油上了。现在交通部门这样来处理车辆税收比较好。什么车辆，都能征收到税收。交付了购置税后，他俩又乘摩托车上昆明市旧货市场购买二手手机，买到一个价值120元的。付出代价上昆明买，当然购买多功能的。

建房小组工地是柿花箐村，今早从我村拉运一车木杆和木板上柿花箐村工地。中午又出车到东村街上拉运一车水泥共40包，一道钢筋门和两道钢窗。由于中午下了一小阵雨，当车子进村时，有些路段有泥有水很危险。幸好村道路一个月前已浇了水泥地板，不过路面太窄，始终是危险路。

2009 年 1 月 13 日　农历十二月十八日　星期二　阴

村务事宜。写我村选区，会议提案。案由：要求政府帮助我村建成度假庄。

东村乡政府将于 2009 年 1 月 14 日至 15 日召开东村乡第十一届人民代表大会第二次会议，会期两天。

每个选区代表限定提一事一案。去年我选区提建通信接收塔，已得到采纳、立案承办、建成。每年人代会上，选区代表都要为本选区人民提上一事议案。根据民族的风情特色、交通、风景、文化、农业特产等，写出的特有优势条件如下。

1. 云南大学考察基地建于我村。

2. 云南大学考察民族文化资料，现已投稿于北京，已在出版中。

3. 交通公路方面，石沙已从正规公路"东鸡公路"铺进村，直通云南大学基地院门口。

4. 基督教教堂情况是，芭蕉箐点是国际窗口，广州、中国台湾、中国香港及新加坡和美国的友人，曾拜访过此地。

5. 芭蕉箐是中国基督教民族牧师、殉道者王志明的故乡。

6. 芭蕉箐是科技竞赛的比赛园地——一辆摩托车运载四个成年人表演。

7. 农业土特产区，在高海拔和低海拔地区的气候条件下才比较适宜生长的土产——土瓜、甘蔗、花生、青稞、燕麦、麦子，我村都有出产。

具有以上七大优势的芭蕉箐，为引进国外来客，投资开发民族文化风情特区，请求各级政府引起高度重视、支持、帮助投资，把我村建成现代度假村、新貌村。

2009 年 1 月 14 日　农历十二月十九日　星期三　阴冷

今天参加地方政府会议，我东村乡第十一届人民代表大会第二次会议。会议共两天。我接到列席代表通知。儿子张学德是我选区代表，我是列席代表。会议报到时间是中午12点至下午1点，全体参会人员在乡机关大会议室前报到，领取会议资料。下午1点到2点，开预备会议，内容如下。

1. 资格审查委员会代表，做变动情况的说明。

2. 通过大会议程。

3. 选举大会秘书长。

4. 通过大会议案审查委员会主任和委员的名单。

下午2点到3点，主席团第一次会议。

1. 推荐大会主席团成员1名，提交一次全会选举，决定选举仪式。

2. 通过大会主席名单。

3. 决定大会秘书长人选。

4. 通过东村乡第十一届人大二次会议议程。

5. 决定本次会议议案截止时间。

6. 通过各代表团团长名单。

下午3点到5点，第一次全体会议。

1. 大会开幕式。

2. 选举乡人大主席团成员1名。

3. 听取东村乡十一届人民政府乡长杨正明作政府工作报告。

4. 听取东村乡十一届人大主席李云松作人大工作报告。

5. 听取东村乡十一届人民政府副乡长韩东华作议案办理情况报告。

6. 听取东村乡财政所所长毕新伟作财政报告。

今早到东村乡政府参加会议，由于时间还早，还没有开会，会议人员也还没有来齐，就随便看看乡政府左右侧的有关我乡今后的发展建设目标和蓝图以及一些项目的内容，我很高兴项目中发现了"要开发芭蕉箐民族风情区"。自己和政府领导竟会想在一起，说在一起。

政府的工作报告中，已提到东村乡的中民、杜朗的乡村公路硬化已安排于先，政府工作中，我芭蕉箐的村公路只提到安排村内的公路硬化。

2009 年 1 月 15 日　农历十二月二十日　星期四　阴

政府工作议程会议内容如下。

上午 8：30 到 11：30，审议政府、财政、人大议案办理情况的报告。

下午 2：30 到 3：00：

1. 逐项通过政府、财政、人大工作报告的决议。

2. 听取和通过议案审查报告。

3. 大会闭幕。

下午 5：00，全体参会人员就餐。

下午 6：00，送部分代表回家。

小结：交通工具，我们是自理。我们是乘坐自己的农用车，途中又满载建房用的石砂回家，因我们的建筑队忙于建筑中。

县统战部下乡慰问宗教界人士。下午 4 点他们到来，原先已打电话来，约定于乡政府相会。他们送来了慰问品，我东村乡基督教堂受慰问的人士有 7 人，是教会所属下各自然村的聚会点的负责人。慰问品是，每人一床垫单，套子里装有四件。感谢政府领导对我们的关心。

2009 年 1 月 16 日　农历十二月二十一日　星期五　晴

我村农活事工多。一组从事于搞建筑的事工，工地在柿花箐村，给个体户建房。建房事工活计是，昨天支模板，今天扎楼板钢筋。操作中，12 圆钢筋差 3 根用于做海底梁的。需买回再浇楼板灰泥，后天又是礼拜天。休假两天，到礼拜一再进行浇楼板。由于交通工具方便，所以建房工人，都方便自己早出晚归回家。

卖粮一组，村里出一张农用车，运载苞谷到寻甸县鸡街市场销售。据说市价仍卖一公斤 1.5—1.6 元。不知为什么，天黑以后，车子才回村来。

婚事喜事也多。一个时间，一个晚上，附近上下两村，就有两户亲戚嫁女儿。所以，有的亲友只好先到一户报到吃饭后，又转向第二家吃饭，也很忙。

事务工作多多。中午时，嵩明县凸董箐（苗族）亲友打来电话，通知我三姐病危中，非常想念我，正等待我到床前看望她。接到信息后，不知如何是好。万宝山的婚宴席又是一户寡妇。教会特安排我代表教会，带教会一点心意，前往祝贺婚宴。另一方面，我三姐又是在病危中，想前往看望。只是儿子们都在建房工程中，没有人能代替我前去。所以只好晚上赴婚席，而明天再往嵩明看望我三姐。

2009年1月17日　农历十二月二十二日　星期六　晴

国家政府扶贫项目之一，是种植核桃树。我东村乡重点扶持的是两个村委会，就是中民、祖库两个村委会。对于石桥村委会，只是零星地给一些安排，数量极少。拿到核桃秧苗的村民，今天已开始栽核桃。

我村栽核桃树情况是，今年原定计划是500株。去年是先发树苗，然后每棵苗木再收2元。为了使农户栽下苗木有责任心，今年就采取先收这2元，然后再发树苗。有些农户就说，既然要先收钱，我们就不要了。所以计划数就下降了，落实数只是320株。

小结：每棵树苗需要收2元钱，有些农户就不要了，可见思想会落后。一种可能的想法是，政府送栽，我就要，而政府卖给我，我就不要。另一种可能是鼠目寸光的观念，以为是政府已送农户栽，但是村主任来个鬼主意，骗我们农户这2元钱，要收归他自己。这些想法都属未开化的，多数农民少有这种想法了。我们的思想要开放，事事要力求做村寨、民族和地区的先锋队，甚至要推动民族前进。这就是我们的目标。

2009年1月18日　农历十二月二十三日　星期日　晴

今天举行年终感恩礼拜。下礼拜的礼拜日是年三十，年节事工多，年终感恩礼拜就提前了，用今天日间庆祝年节，进行赞美。

县国保大队慰问教会人员。县国保大队早已打来电话，告知1月18

号将到我家看望和慰问我。今天，他们给我送来节日礼品，一箱苹果重量1.5公斤，柑5公斤，苹果价约一公斤5元，椪柑价约一公斤2元，两箱价值约42.5元。我们也为了有所表示，给他们两人每人一只阉鸡，每只价值约100元，两只价值200元。

2009年1月19日　农历十二月二十四日　星期一　晴

今天，张正文、张学忠、张荣光（麻栎树村的）3户6人分成三队，前往嵩明县白邑乡凸董箐村探亲。本来安排乘坐一张农用车前往。由于严堵货车载客，只好分成三组前往，货车只利用驾驶室坐人，就是一户，而其他两户分两队，各自前往嵩明。

我自己还幸运，我两老人刚爬到山顶时，五儿学祥开着摩托车先沿着村公路绕到山顶，来载我们两老人。

由于五儿张学祥用摩托车载我们，所以很快就把我们送到鸡街客车招呼站。我们刚坐下，头趟客车就来了。我们就上车前进，行驶快到可郎岩哨峰时，车队受阻暂停，堵车路段长达七八百米。原来是一张大东风车从北方开往昆明，一张小面包车从昆明开往北方，在一处小山急转弯处相撞而把小车头撞飞了。事故原因是小车飞速砸于大东风车的侧边上，幸好没有伤人。我们乘坐的客车耽搁了40多分钟。

到了途中的牧羊场，我们下车休息吃早饭后再转向东方，去凸董箐村要往山里爬，下午1点半才到了嵩明凸董箐村。

2009年1月20日　农历十二月二十五日　星期二　阴天

春节即将到来，年节工作也忙碌起来。宰猪请客。我张家三哥弟（张正明已死）张正德、张正文等儿子儿媳家共11户，都在忙着宰猪，哥弟媳妇们杀猪相互请客吃饭。有侄儿、哥弟6户，相约用一天的时间来宰过年猪，并请我们吃饭。

民族习俗风情是沿革变迁的。人口少的时候，相互请客为友善互爱。

中间二十多年，年节活动，宰猪过年，仍相互请客。但是这样得花费很多的人力、物力和财力，全村协商，各个大家族，如张家、潘家、龙家相互请客就行，不必麻烦全村的人。这样实行了一段时间，还是觉得麻烦。再改小，就父子、兄弟姐妹相互请客就行了。这样实行了大约十年左右。而今年突然又感到大家族还是要团结、交通、共享一年劳动所得的恩典。所以，我们张家两个大哥二哥的六户侄儿，又重新开始请客吃饭（过年杀猪饭）。婚喜事是另外承办，婚喜事大小礼仪就包括请客，村民都送礼表示祝贺。年节、宰猪时请客吃饭，应该说是新风尚、新道德、新习俗，家族团聚、家人团聚的做法，是要保留发扬的。

2009年1月21日　农历十二月二十六日　星期三　阴天

探亲返程。三户六人从嵩明县凸董箐返程。货车不准违法带人，万一被抓到就要罚款。试想，自己有车不坐，要分成几组几对。自己家的农用车烧油空跑，却非要分一些人去坐大客车回家。年节车费涨价，而且非常拥挤。年关坐客车回家是件大难事。家人和亲友在一起讨论了一下，最后还是打算坐客车回家。早晨5点出车，并把这件事放在祷告上。行车两个小时经过阿子营，再到鼠街时，天已经亮了。

禁止货车载人，想来是永远办不到的。贫困民族地区和山区，又没有客车进入山寨服务。高寒山区人民的生存活动，从高山寨到几十里以外的集市镇，去城镇出售粮食或买回化肥，都是用货车拉运。试想，天下哪有农夫不乘坐货车的呢？哪有买车不坐车的道理呢？哪有买车不用车的人呢？

建议政府只规定一个开车的人要经过正规的训练，证件必须齐全。这当然非常重要，要管理、要强制。为交通行驶安全，非得有严谨的交通规则，但也要允许货车载人。

2009 年 1 月 22 日　农历十二月二十七日　星期四　晴

年节赶集活动。村民为过年准备的土鸡、阉鸡都要在年关的街天统统拿到街上去卖。有鸡的农户，自己坐农用车、摩托车运载货物到集市上销售。由于历年到年关时，土鸡都能卖个好价钱，所以农户们都把土鸡、阉鸡留到年关来卖。今年土鸡、阉鸡的价格是这样的：三公斤以上的阉鸡能卖到每公斤 40 块钱，2.5 公斤的鸡价格是每公斤 30 块；这是早上的情况，到了中午，价格还是会下降。因为农户们一般认为年关时鸡比较好卖，所以都把鸡留到年关，导致集市上的鸡太多了，价格就会下降。我们村的农户去卖鸡到天黑才回到家。所以说，什么东西都是要讲时机的，盼我们也能把握好的良机。

年节，街市有特别的新景象。年节的货物摆满街，上街的人群，人山人海。儿童、少年、青年男女、老年人和一般平时不上街的人员，今天都要上街为心中的情人和亲人买上年节礼品，享受一番。

我自己的感受是，我好像不参与庆贺似的，没有买什么物品。街上年节的货物花花绿绿摆满街，自己不需要什么，家人也没安排团聚。再说，年节的物品都在涨价，若自己确实需要的物资，等过完年降价了再买也是一样的。等过完年再吃大鱼大肉也是过年啊，也是香啊。如果家人团聚的时候，当然有必要买。有时候亲戚间相互拜访，就要特别付出代价地招待，就值得。所以要看时机。

2009 年 1 月 23 日　农历十二月二十八日　星期五　阴

年三十、春节就快到了。宰杀年猪、亲戚朋友相互请客、舂粑粑都是要做的准备工作。我们号召全村利用今天的时间舂粑粑。今天的工作情况是，我家主动向全村的人员服务。利用小柴油机作动力来压粑粑。全村 39 户，大部分都已经来压粑粑。还没来的，可能是不计划做了，也可能是还没准备好。

舂粑粑历来都是用人工，费时费力。全村要安排好几处舂，而且大概要两三天才能舂完。近四五年来，由于时代的进步，繁重的体力劳动逐步被机器代替，省时省力。配备机械的主户在给村民主动提供服务后，只收取微薄的钱做劳力费。

进步再进步，先进再先进。今天我们服务的项目是免费的。过年过节，大家都要欢乐，所以我们也实行免费服务，用机器为人民服务，也用人力为大家服务。

2009年1月24日　农历十二月二十九日　星期六　晴

主日班活动，教会把小孩子和学前班的孩子召集到教会来，使他们从教会办的主日学班里学到一些基本的知识。能读会唱，也学会简单的数学和乐理知识，使他们成为有用的人才。

今天召集两个自然村的13名孩童，利用礼拜天来学习、读经、唱歌、跳初级舞蹈。舞蹈是我民族喜欢的项目之一。学习情况是，经几节课的操练，学习成绩很好。尽管孩子们的年龄不一，有的是学前班、有的是五年级，但大家都非常好学，特别是民族舞蹈，可以说是学得非常好，非常成功。

但是，活跃民族乡村的文化是应该有所付出的。伙食安排，由礼拜长张会学家承担孩子们的早晚饭，如孩子多了或者是时间长了，教会会另作安排。

2009年1月25日　农历十二月三十日　星期日　晴

教会礼拜活动，特别是节日庆典就要安排一些特别节目，如主日班儿童赞美、唱诗班赞美、灵歌舞蹈、表演圣剧等。

今天刚好是个特别的日子。年三十晚上是过年佳节，又是复活日。所以会众们的心情也就随着非常的高兴。家人亲友都喜欢相互请客。家族、姻亲的双方父母，都相互主动请客，而最后确定不论在哪方承办饭席，双方的肉食、水果都要带到一处来，吃过饭席后，又要分享年节的水果。

自己的过节活动是，二姑爷和女儿家请我父子五户到柿花箐村赴席。大儿张学全的外母也请，我家只好分两头。大儿四口到外母家麻栎树村过节。我另外父子四户就到二姑爷家。二姑爷的哥哥家是汉苗组合，女方是禄丰县的，夫妻双方都在昆明打工，春节的时候就回来探亲，特主办这一宴席。两兄弟相约着请二人之妻的父母等，三方的父母团聚过节。在宴席上，大家都客客气气的，彼此打招呼，充满民族的团结友爱。

2009年1月26日　农历正月初一　星期一　阴冷

春节，是孩子们最喜乐的日子。父母们都给自己的孩子买上各种电动玩具。昨晚，年三十的晚上，是孩子们放各种各样的礼花炮最多的一个晚上。

教会人员的孩子们，按历年的习俗是，年三十的晚上都要聚会礼拜。当礼拜休会后，就到了点燃爆竹的时刻了。所有的信徒的孩子们的爆竹都要集中到教会场院来统一点燃，大家共同欣赏，共同欢乐。人们的生活得到了提高，爆竹的数量也得到了增加，人们真是好好享受了一番。孩子们还玩到今天，特别是爆竹一项，是放完了，再买来放。当然交通工具也很方便。所以每年的春节是孩子们过得最开心的日子。

春节活动事项还有种植果木，嫁接果木。春节本是度假、休息、走亲访友，享受收获的日子。但是为了民族的生存，我们就甘愿放弃休假，利用休息的时间来培育果木、嫁接果木，按自己的喜好，从事于工作。村里喜好果树的人员不多，但因着果木农户渐渐已获得较好的效益，影响着整个村寨也逐步开始重视果木，也栽起了果木。只不过不够胆大，大面积的种植果树，或是投资投劳的力度还太小。村民总是以粮为天，要使一些农户先受益，才会影响别人。

2009年1月27日　农历正月初二　星期二　晴

村农活比较有价值的就是从事种植果木。农地、山场宽广的农户，种起来就会容易些，因为利于选择果地。土地狭窄的农户就困难一些。选地、挖塘、背水、栽果树。水源比较远，交通又不方便，在这种情况下，就比较困难，速度较慢了。我家的地势非常陡，又种上了大麦，所以非常慢。我栽核桃树的情况是，昨天栽下11株，今天栽下10株，昨天是两个人一起栽，今天就我一个人，所以栽了10株也是尽了最大的努力了。

五儿张学祥的农活工作也是选地栽核桃，是计划栽于老荒山野地里，清除杂草，理成堆后，就可挖塘、移栽。清理荒山就需要几天的时间了，挖塘也需要几天的时间才能挖好。坡也很陡，要付出很大的代价。

办饭席。四儿张学德他有爱心，有奉献精神，今晚为我们父子五户准备饭席，还上街买了鲜鱼，还打电话请了姑爷和女儿下来。大家过得非常的喜乐，尽情地享受快乐。大家有说有笑吃晚饭，见证大家庭的幸福。

2009年1月28日　农历正月初三　星期三　晴

春节前我们教会研究决定，利用七天的时间办本堂短期培训班。

培训班的期限为七天，参加的学员人数不定，凡愿意学习的学员都可以来，年龄大小也不限。

2009年1月29日　农历正月初四　星期四　晴

培训班第二天的工作情况，授课老师聘请龙升武老师。又聘请四川成都神学院专科生张荣林，他是富民县者北乡麻地村委大斋塘苗寨村人。

2009年1月30日　农历正月初五　星期五　晴

孙女张多加返回昆明工作。大、中、小学还没有开学，孙女多加上的是中专学校，学制三年，而后一年是在幼儿园教书，所以她的春节只有十天。据说星期天就要开始上课。为了休息好，她礼拜五就要上昆明。她乘坐的从东村到昆明的班车是6点，所以早晨5点她父亲张学全就用摩托车送她到东村客运站。

小结：人们都知道文化知识的重要性，可惜自己实在没有能力进取，家里培养一个知识人员也实在不容易，都必须付出很大的代价，必须倾家荡产或者父子几户共同支付，这是极少数喜爱知识文化的苗民。大部分苗民都是文盲，主要原因是贫困，经济来源匮乏，根本支付不了孩子考取高等院校的费用。

2009 年 1 月 31 日　农历正月初六　星期六　晴

我们教会开办短期的培训班，从 1 月 28 日到 31 日整四天的培训。短短的四天时间，学员们学到了不少的功课和知识。

2009 年 2 月 1 日　农历正月初七　星期日　晴

2009 年正月初七是开年的第一个礼拜日。

2009 年 2 月 2 日　农历正月初八　星期一　晴

村民婚喜事多，有的是承办去年已定妥的，有的开始 2009 年度的求婚、订婚，已经在着手承办着。求婚订婚的有张学建、杨兴友两户，学建是要为儿子说婚，兴友是说婚。外来求婚，有来自款庄西山村的，来向村民王才明家姑娘求婚。另一户是来自款庄某村向我村张会学家姑娘求婚。两起都是双方原来就认识，因熟识而在一起。

村民杨天友正月二十四晚嫁女儿。我四儿学德媳妇的姐姐娶儿媳妇，去协助亲戚办娶婚事。正月初八晚讨媳妇，四儿学德有大车，又是亲戚，所以昨晚就出车，拉运办宴席的物资。昨天是出车到寻甸买物资，今天是到东村街拉运来客。我家父子五户也被请参加婚礼，所以我们都去了，留下一人看门，守牲口。

承办 2008 年的婚事，开展 2009 年的求婚、订婚，正月以来都忙于参加祝贺和送礼。我家参与婚宴席的送礼情况是，总收到人民币 23000 元。一般婚喜事礼是一万，这一户算是最多的。

2009年2月3日　农历正月初九　星期二　晴

村民王才明建房，是建住房。昨天前天找两张大车拉运建房材料回来，拉空心砖6000多块。他家的住址在我村西边约500米处。建房材料要从村中拉运回家，就费力了。幸好去年已挖通了小马车路，所以他家找来了两张小拖拉机，运送砖块。整整拉运了两天。建房事工很多，首先要把旧墙拆除，砌石脚，然后砌空心砖、红砖。空心砖在使用过程中技术难度比较大，一般五六人组合施工，功效就会快些。

这活计我们来做并不为难。因为技术就出于自己的手中，人员配搭方便、充实。自己身边亲戚朋友多，说起话来有人听，做起事来有人帮，即使是难事也有亲戚朋友关照。所以人生处世，大难事就变成小事了，这种人生，当然要有所付出。

县林业局召开县林业、山场执照权会议，所以林业员都集中到县城开会，发山场权证。四儿张学德也开车前往参加会议。我们与他通话。他说自己现在还在富民县城呢。他回到家已经很晚了。

2009年2月4日　农历正月初十　星期三　晴

村民张学建为儿子承办求婚宴席，所请的来客有43户，所送来的祝贺礼合人民币1514元。原来，承办求婚席，主人家都是请自己家特别亲的亲戚和自己本村的村民来参加，现在逐渐的有所扩大。在原来的基础上，还增加了宗教界的友好人士。既然被邀请到，谁都会考虑送上桌礼的，表示支持、祝贺。

我是被邀请到宴席晚会上进行讲解。今晚讲经，我是针对苗家教会普遍存在的信心软弱和很少有人愿意讲解的情况。圣经要求我们不但要听道，也要布道，也就是不但要我们口头讲，还要我们按圣经的要求去做。

村农活计，村民龙福祥家的农活是批发冬苦菜，批发价为每公斤0.7元，还没有砍完。他家招工有20人之多，卖得人民币1300元，是我村第一户开始种的。

2009年2月5日　农历正月十一日　星期四　晴

村民建房。村民龙兴祥扩建猪圈，由于养猪业的成功，因此就想多建猪圈，扩大养猪业，增加猪的养殖数。

几天中，边拉运建房材料边建房，今天村民张学忠、张学祥协助建房砌砖块。今天的施工情况是，挖平整房基，下水平，浇一层石脚。平整好后，就开始砌砖墙，由于人员少，婚喜事多，劳动力也分散。又因在柿花箐村建的房，明天也是要拆模板了，还有几处都有建房工地。只好每处的建房工地，有多少人就做多少活计。由于村村寨寨都有建房工程，所以四儿张学德的车子几乎是经常在拉运建房材料，每天保持运输两趟。

现在一部分农户忙于种植核桃树和嫁接核桃树。有些农户种植核桃树已经多年了，所以现在开始种植的只是少量了。目前我村种植果树的农户不多，所以发展农业和种好果木，需要一些时间才能带动全村走向富裕之路。

2009年2月6日　农历正月十二日　星期五　晴

村民王才明、龙兴祥、张会成家都忙于建房。张会成的建房事工整天忙于运输建筑材料，主要是空心砖和人工细砂。由于村中道路狭窄，堆放建筑材料的地方又不方便，所以只好把细砂堆放到教会的场院里，到用到的时候再到场院来拉。从教会到他家的距离有300米，这就费力了。今天幸好是他姐夫家开了一辆拖拉机来帮忙拉运细砂，数量约有5方，路程也远。一个小拖拉机一天能拉5方已经是尽了最大努力了，也因为是亲戚关系的缘故。小拖拉机拉近处的材料，大车拉远处的空心砖，每天大车都坚持跑两趟，保证供给。

一组搞建筑的，建房工地是在柿花箐，建房、浇房顶。保养期已满，所以今天安排拆模板，拆除模板后，还需粉刷、浇地板等程序。下午的事工是砌房楼上的围墙。近代村民都喜欢浇楼房平顶，又美观又可以做农用晒场，很优越。很多村民都情愿多投资、增设备，改善住房和建好自己的农用晒场。

2009年2月7日　农历正月十三日　星期六　晴

村民张会成、王才明、龙兴祥建房。有两户的房子已经建了一段时间，几乎快建好了。张会成家的情况是这样的，建一房分为两间，一间用来做厨房，另一间用来让父母住。厨房要新建。父母的住房是原来就有，现在要把它加高加宽，安装上窗子，这样屋里就会比较亮堂，所以正正规规的要改造一下，已做了一段时间的备料准备，今天正式开始动工，砌石脚、下水平、平整石脚。

建房小工程的安排是：自己的力量也单薄，而建房又需要耗费很多的劳动力和时间，想想自己也没有能力完成，所以就将工程承包给村里一组搞建筑的建房队。

承包小工程情况是，建房工程从施工到建房完工，包括浇好住房地板，按整间住房所用去的建房砖块计算，按每块砖块0.5元算给建房的工资。建房采取这种方式当然好、当然轻省，既方便了自己又方便了对方。事务也简单。俗语说：木头锯断才好抬。所以处理人生很多事务，都可以采取很多方式。

2009年2月8日　农历正月十四日　星期日　晴

进入新的一年，为使教会工作正常健康发展，今天礼拜休会后，召集本教会教牧人员，长老、执事、传道员、礼拜长、诗班长、琴师，各自然村负责人等17人，开会研究我教会2009年的教会工作。

2009年2月9日　农历正月十五日　星期一　晴

村民赶集，赶鸡街（寻甸县）。我的侄儿张学才出售苞谷，数量有

1000多公斤，另外张学光有150公斤的苞谷，龙福祥100公斤苞谷，张正文100公斤苞谷，用四儿张学德的车拉运到鸡街上出售。

粮食的市价情况是，一般好的玉米可卖到每公斤1.6元至1.65元。我们全村村民，人家给到每公斤1.6元，我们就全部卖了，我们图的是时间快。张学才的一共卖了1600元。四儿张学德出售冬苦菜，数量是50公斤，他的要价是每公斤1.5元，人家给到每公斤1元，他家就卖了，卖了50元。

富民县的东村街每公斤苞谷只卖1.45元，而我们拉运到鸡街就可以卖到每公斤1.6元，100公斤就可以多出15元了，所以我们村村民不管粮食或多或少，都拉运到寻甸县的鸡街销售。所以富民挨近鸡街的村寨的粮食都流到鸡街市去了。

村民建房的一组建筑事工情况是，将就地形盖一幢长房，分为三间，每间长度为3.5米。由于建房的地势陡，硬加高下方的石脚而将就上方。

2009年2月10日　农历正月十六日　星期二　晴

建房一组在我村和柿花箐村都有建房工地。我村张会成的房屋已建了两天。高度已砌了七层，依房主的要求，停几天养墙，然后再加高。其实砖墙不必养墙，砖墙总高四米左右。再说村民建房是属于搞小工程。搞建筑的一代年轻人，他们掌握着一些事物的原理，都是通过实践经验而学习和开展的。

村里建房工程暂停几天，就转入柿花箐的建房工地。前几天已经拆除模板，现转入粉刷墙壁，安照明灯具和浇地板。建房工程不算大，但认真做、按技术规格做，还是得要几天的工夫哩。

我的侄儿张学才为长子承办2009年度的娶亲喜事，今晚原确定到女方承办"压八字"（到女方家交买嫁妆钱）。按苗家习俗，派出两名男子到女方家替新郎求婚。第一次到女方家求婚，若女方同意，就收下男方送来的礼品糖果等。第二次去女方家，双方约定一个日子，由这两位男媒人到娘家交办婚嫁妆的钱（称"压八字"）。第三次由男方主动到女方家，商定娶亲的日子。定妥后，到时就按情理、带齐全娶婚礼品到新娘家去娶亲。所以今晚四儿张学德开出大车运送婚礼品带新郎和陪伴的两人前往则鲁箐村（苗寨）承办新婚事。

2009年2月11日　农历正月十七日　星期三　晴

从事于搞建筑事工，昨天今天搞粉刷。随着时代的进步，人们生活水平不断地提高。所以住房也随着讲究起来。起先，有能力盖房子也只是想盖石棉瓦房就行了。而现在有所突破，盖砖块的都力求浇平顶房，又美观，又解决了自己的晒场，很方便。近来又有设计房内的粉刷和灯具，安排客房的招待室。

民族的生活习俗模仿性大，建房、科技、生活竞争力大。只要一有所突破，人们就会跟着学做起来了。苗家初建房是，蓄有力量、财力、物力后再建瓦房。而后来人们就采取有无能力都想办法跟着建房。所以现在民住房已开始。按质按量投师按规格要求来建房，是民族的一种起步和进步。而后继的人们就会跟着行动起来。

村民农活栽、管果木、核桃树，村民张学才在山顶片区栽有核桃树50株。栽下后需要按时浇水，但水源比较远，要利用现代交通工具，自己就有大车，再找四儿张学德借大洋铁桶，从家里就用浇管装满水，从村里拉运水桶上到山顶耕地里浇果树，真是太方便了，几乎是半机械化了。大难事，也是轻易了。

2009年2月12日　农历正月十八日　星期四　晴

从事于搞建房的一组今天的工作活计是继续粉刷墙壁。工地事是按需安排。他们一组人员是5人，工作量增多，又增加人员。工地事工的需要，今天分为两村、两工地，同时安排人员在两处建。我村张会成今天的建房事工是砌砖墙的第三天。原先砖墙已砌高七层，今天加高三层，就已高达十层。中下午又转入砌隔墙。因为四平墙高度和隔墙高度要达到一致,所以挡房楼梁木。

人员因事工的需要,增加2人,建房工地由5人组成。由于建房工程已作承包,所以在建房过程中,为争取时间尽量减轻建房代价。他们很少休息,在每天的建房中,只是喝喝水,又接着干起活来。这样当然节省时间。他们的建房事工,工作活计,做得很起劲,干劲十足。

接连一两周都有外堂邀请参与献堂庆典活动。本堂唱诗,每当有圣事任务,就得加强活动学习,必要时还得增加一个晚上的练诗学习。平时没有圣事任务,就每周有一晚活动。而今晚的练诗活动,是方便大家,为体恤诗班人员,所以练诗的场地又临时安排,叫诗班人员集中到柿花箐集会点练诗。

2009年2月13日 农历正月十九日 星期五 晴

村民事工活动,四儿张学德出车协助柿花箐村张某到禄劝县草海子(苗族村寨)拉运两条大黄牛回来。位置在我村的西北方向,有56公里。昨晚双方约定今早6点准时出车前往。今早他们没有按时来,早6点时,学德便打电话催他们上路。对方说,我们还没有起床哩。一直等到8点他们才到来,车子行驶两个钟头,10点就到了海子村。他们吃过早饭、休息、喝够水,就赶牛上车返回来。他们大约在那边休息到中午12点就启程回来了,约下午3点多就回到柿花箐村。

事工车的费用,他们安排往返车费给300元。苗家聘请驾驶员出车,或是讲定多少,或是双方都凭喜欢、凭恭心,多一点也行,少一点也行。这样处理,当然很好。方便的农户就应当考虑周到,按情理、行程给足。而不方便的农户按他力量的所能给车费。开车人不吃亏,因为在民族中,大部分人很讲信用、讲道德。不管是不是亲人,都情愿人家多找多请。人们在平时的实际生活中处事为人得当,就自然一百万个有信用。幸好是大多数人都很讲信用,讲信实。这就是民族的一个特点,都喜欢这样做。

2009年2月14日　农历正月二十日　星期六　晴

村民张会成建厨房和人住房。计划建住房，一次性建好，真不容易起头。所以一建时就设计，建为三间，一间为厨房，第二间计划给父亲作为住房，第三间作为客人接待室。建房工程是属小工程，承包出去每块砖（大砖、空心砖）0.5元。这间住房建起来，完工后，总用去多少砖而计算合多少钱，包括浇好地板。从2月7日开始建，用去5天的时间，可能浇地板还需要一天。经5天的辛勤努力，砌砖墙，清理房梁木，搭房梁木，撒、钉好房上水泥瓦，建房人员每天保持四至六人。由一人供灰浆，两人供砖块，三人砌墙。分工合作，分项负责。

生活待遇，包工程一般户主只要负责两餐，一餐就是开工的这一天，负责一餐，而完工后又负责一餐。而他家建房主户，磨不开情面。虽然建房工程已承包了，他家也时常为建房工人煮饭。苗家的习俗就是这样，不怕吃亏，情愿多服侍多付出，从不计较得失。俗语说，"不图一次么图二次"，也就是讲到信用了。俗语又说，"吃得亏在一处得"，这就是苗民一般的习俗。

2009年2月15日　农历正月二十一日　星期日　晴

西龙大平地教会建圣殿竣工，开堂庆典。位置在我村西边约有22公里，是禄劝县的苗族村寨，邀请我们教会教牧人员和全体唱诗班参与庆典。我们教会35人乘坐四儿的两张农用车前往参与礼拜奉献。参与庆典的有来自武定县、禄劝县、寻甸县、嵩明县、富民县五个县的教会等19个堂点的诗班，他们在庆典礼拜圣会上献了诗歌。主持大会的是本堂的传道员龙光福。

2009年2月16日　农历正月二十二日　星期一　晴

村民建房组的工地仍是我村和柿花箐村。今天仍前往柿花箐村建，事工仍是粉刷和贴墙面瓷砖。小组由六人组成，每天按工作的需要而合理分工，提高建房进度和质量。几天的施工，都属于技术工。不论是粉刷墙壁和贴墙面砖都对技术要求比较高。我们民族的特点是我们都是天才，就是没有投过师，都是从实践中学习，边学习，边实践。比如对机械一类的学习和掌握就是典型的例子。

部分劳动力单薄的人家没有能力，就干脆承包给搞建筑的一组来做。所以村里还没有建完，就有别的村舍请他们帮建房。工作繁重。幸好都是些小工程，时间再紧再忙也可以坚持。对大家也好，对自己也有利。有工作，有事做，就有意义，就有价值。所以我们情愿多服侍我们身边的邻居。多有付出而有利于社会有利于人群，那就证明我们的工作是有成绩的，也有一定成效。很多时候，很多事工我们自己觉得满意高兴，但不能依从我们自己的看法，更重要的是要他人对我们的工作做评价和论证，才是硬道理，才是真实。

2009年2月17日　农历正月二十三日　星期二　晴
外来友好人士韩国宣教士拜访我们教会。

2009年2月18日　农历正月二十四日　星期三　晴
村民杨天友嫁女儿杨光英，嫁于本乡祖库村委会水平子村（苗寨）龙正旺。今天是婚嫁喜庆日子。所以村舍帮忙的人员一早就已为他们的婚席服务事工忙碌起来了。因为生活服务场地需设于房外，方便于服务宾客，所以必须一早就忙碌起来，做好一切服务准备。

承办婚礼概况是：来客150户，所送的婚礼有柜子4只，棉被12床，毛毯4件，人民币7000元。民族的婚习已是全体村民的事工，大家都要参与庆贺支持。所以按自己的能力，大小方便而送一点心意礼物。承办婚席的主户也得考虑如何酬谢宾客，所以也得尽情按自己的所能或者超过自己的所能酬谢来客。

村事工方面的第二项事是，教会听课学习。有韩国宣教士安排到我们教会授基督教福音课。

2009年2月19日　农历正月二十五日　星期四　晴

教会送韩国宣教士前行传道。他们一行五人，主领翰（云南昭通人），韩国农牧师、朴老师（翻译普通话）、龙弟兄（翻译苗语）和翰弟兄的好友。今天的行程需要到散旦某教会宣道，昨晚商定一早7点他们就启程，我们教会仍然找车把他们送到东村街集市场的客运点再搭车往散旦街。接送专车由我们教会安排。凌晨6:30时，我们教会安排的车子就到了我们的场院待送客。7:00翰老师催他们上路，他们和我们一一地打招呼告别，表示谢意后，就乘车走了。

2009年2月20日　农历正月二十六日　星期五　晴

村民农活事工，有的清理冬闲地里的杂草，堆积待播种大春籽种，有的将圈粪堆积到村道公路边，便于上车，运往山地备耕种，有的砍儿菜，准备运往街市场上销售，有的搂树叶垫畜圈，有的抄冬闲地备二天下籽种。

村民张学才出圈粪。用小马或是用人工背到村道旁堆积，准备装上大车运往山地里种苞谷。由于是用人工，又是从村那头运到村这头来，所以比较费时费力，可能要用三天的功夫，才够装上大车一车数量。

村民张学明、张正文的农活是收理山地里的苞谷草、杂乱草，理收成堆，便于烧后种大春作物。张学明是清理山顶耕地片区的耕地，而我是清理山脚片区的耕地。

五儿张学祥家的农活计是到山脚下田坝里砍儿菜，由于数量少，所以只用摩托车拉运，准备拉运到鸡街销售，地方的街市销售数量小，就只能少量拉运上市场试销。

村民龙光德、龙福祥、杨光兴几户，连续几年来，自己也有壮耕牛，也有运气、福气，所以年年都有人找了去协助抄犁山地。工价是讲定，一架犁牛包括一人扶犁，一天给100元，所以替人犁地，年收入也达1000多元哩。

2009年2月21日　农历正月二十七日　星期六　晴

张学祥到鸡街卖儿菜。昨天砍得70公斤，今天拉运到鸡街出售。批发价人家给到一公斤0.50元，他就卖了。70公斤×0.5元／公斤＝35元。自己卖零售价，可卖到一公斤0.80元，或是1元。但是零卖，就得要一个工天，所以情愿销批发价，自己可以早有钱，又转入做别的活计。回到家时，大约中午12点。

村民龙福祥家的农活工作是砍儿菜、卖儿菜，据说已卖得1300公斤了。还有少部分现在长足了，不管它价格如何，都需要处理一下。今天砍得数量是一小拖拉机，约有400公斤，他家也只要100元，而批发给本村杨光友。杨光友有小拖拉机，又拉运到富民县城销售，零售价可卖到400元，除了本钱和车烧油钱100元，大约可赚200元。

水稻田里大春种稻谷而小春种上经济作物。儿菜不论每公斤销售价是0.3元、0.8元或是1元，都应该是超过粮食作物的价值。俗语说，种在地，赏在天。农夫都是讲机遇讲良机。

2009年2月22日　农历正月二十八日　星期日　晴

我堂教会参与荞地山（又名青草）集会点庆祝宗教开放三十周年感恩献堂礼拜活动。通知安排是：礼拜六是纪念宗教开放三十周年感恩礼拜，我们支委会参与礼拜六白天的感恩集会；22号礼拜天，是开堂献堂礼拜。

为了行程的安全，我们教会乘坐两张农用车凌晨4：30出车前往。天亮时我们已到达了目的地。由于时间还早，我们原地休息了四个小时才吃饭开礼拜。

2009年2月23日　农历正月二十九日　星期一　晴

村民张学全、张学祥两家砍儿菜运往昆明市销售。今天工作劳动情况是，我家父儿五户人员，村里亲友邻舍全都出来帮忙砍儿菜，劳动人员共计20人。

从田里砍儿菜，背到田边，距车路有100米。20人劳动，有的砍儿菜，有的收集放入篮子，有的背送到路边，有的装车，20人工作了四五个小时才砍完收完，装车拉运上山后回到村里吃晚饭。在吃晚饭之前，先装好车，约砍得儿菜两三千公斤。吃了晚饭后，他们四人都坐在驾驶室中，开车上昆明市去了，预计晚7点出车，约10点半到11点就可到达昆明市。到了昆明后，看看儿菜的销售情况如何，如果可以，再通知我们在家里的人员继续砍第二车儿菜。

村中村民的农活计情况是，有的仍忙于抄犁冬闲地，杨天友几天以来都是忙于抄犁山地，由于耕地面积多、耕地广，一时抄犁不完。耕地广、多的农户虽然艰苦，但是农地是我们农夫的命根子，所以他们也是忙惯了，耕地再多也不嫌麻烦，因为都靠耕地而生活。村侄儿张学明的农活也是抄犁山地。他已抄犁几天了。自己没有耕牛，靠给哥弟找，只好等人家犁完后，再找借而犁。

2009年2月24日　农历正月三十日　星期二　晴

今天村民卖儿菜。张学全、张学祥两家卖儿菜是拉上昆明市场批发了。昨晚进城，昨晚和今早销售儿菜。结果价格还不如在地方街市的销售价，是一公斤0.50元也卖，一公斤0.30元也卖，儿菜大约有2吨，就是2000公斤，卖得600元。除开车油钱500元，余剩100元，就是没有赚着什么钱。只不过是自己产有儿菜，不管值钱不值钱自己都得处理了。把自己的农田翻犁而准备泡田，种上大春作物。

由于外省四川、本省宜良等很多地区的蔬菜包括儿菜大量流入昆明市场，其中从四川进入昆明市运输蔬菜的大东风车，有时是十多辆二十辆，所以，一般卖一公斤1—2元的儿菜大跌价。白菜批发价是一公斤0.20元，儿菜批发价好的是一公斤0.80元。我们的儿菜给到一公斤0.30元或是一公斤0.50元，我们就卖了。

物价是行情，人家卖得，自己也卖得，自己也不计较什么。我侄儿张学道家的儿菜是批发给村杨光友不剔菜叶，每公斤0.25元，他们两家这生意也可以，想来双方都不吃亏。

2009年2月25日　农历二月初一　星期三　晴

今天，张学忠、张学德两家砍儿菜。两户有六工田，儿菜的价格虽然低，但也得卖了。今天两家儿媳砍儿菜，村邻舍亲友知道都来帮忙。由于亲朋密友关爱，都要来帮忙，人员竟达32人。不讲需要多少个劳动力才能完成，是讲大家都喜欢，放弃自己的农活来帮忙协助，不计较报酬。都以助人为乐为自己应尽的职责。车子出动两张，一张装儿菜，装满挨晚运往昆明市批发和零售；一张装剔下的儿菜叶，拉运回家，村乡朋友有需要的背去喂牲口。

劳动工作中，我们有的砍儿菜，有的坐下剔菜叶，有的背送到车路边，便于上车。这工作可不容易，幸好是我们人员众多，又是车辆运送，所以还是很轻省、很方便。村舍邻友都喜欢来帮忙，户主当然也有考虑，尽力酬谢大家。必须买上高档饮料、啤酒、鲜鱼肉。白天在田里劳动时，由于方便，也买上冰棒供大家分享。今天我家两儿媳砍儿菜，赢来村里邻舍的关心支持，真是显示民族人民的关爱大团结，显示民族人民的高尚美德和友爱精神，所以我们还得发扬。

2009年2月26日　农历二月初二　星期四　晴

村民张学忠、张学德拼凑一大车约有三吨儿菜，昨晚吃过晚饭后拉往昆明批发和零售。这次销售情况是：这一车儿菜比较肥大，比较好，几种价格都在卖。昨晚的批发价和零售价可达到一公斤0.70元。天亮后，销售价就低了，每公斤只卖 0.40 元或 0.50 元了。是在全省最大的批发市场整夜批发的，白天就会在全昆明市场供应了，也批运往全市其他地区销售。

三吨儿菜最终销售到吃早饭时才销售完。三吨儿菜卖得人民币 1300 多元，平均每公斤卖得 0.45 元。卖完儿菜后，他们再安排吃早饭，吃过早饭后，他们的大车又开到旧货市场，买得一台旧缝纫机，价格 200 元；又买四个沙发，每个 40 元，一车满载旧货从昆明拉运回来。

24 号卖头一车儿菜时，数量与今天的相等，但隔一天，所卖到的价，都不相同，都是讲机遇。昨前天是因外省四川、陕西，本省玉溪等多处地区的蔬菜涌入昆明市场，把昆明城的蔬菜价格都压垮了。而今天我们销售的价格就好一点，因为外地的蔬菜稍微少一点，价格就好一点，所以都讲机遇。

2009 年 2 月 27 日　农历二月初三　星期五　晴

村民张学明家砍儿菜，田的面积有一工半，今天的劳动力有 15 人。面积不多，但我们也是忙了一个整天。整块田的儿菜砍完剔完，又用人工背到车路边来，有的背，有的上车。从田块背到车路来，又有 100 多米远。大家辛勤地工作劳动坚持到活计做完，就跟着大车后面回家。由于大车装上儿菜，人就不坐上车了。

主户仍然必须付出开支，办好生活酬谢。所以中午仍然安排一袋食饼，每人两支冰棒，晚席仍有三种肉席菜和高档饮料。儿菜今年初初上市，市价是一公斤两三元。由于外省和很多地区的蔬菜都流入昆明市场，所以儿菜跌价，只有一公斤三四角，但是也得卖了。虽不赚钱，生活也得开支啊。

侄儿张学道也是砍儿菜。由于找工的开支大，他家就不找工，自己砍，小规模，小处理，一块田做几次砍，几次卖。也是计划拉往富民县城销售，一个县城，当然销售数量有限。不管情况如何，反正是卖出去。

2009年2月28日　农历二月初四　星期六　晴

村民张大卫有一车儿菜，请张学德、张学祥协助拉运上昆明批发零售。先已卖的几户，家里有没有砍完的儿菜也送给他卖了，约有几百公斤，也不要了，也送他家卖了，所以这车儿菜卖得690元。车费油钱安排300元。跑昆明的货车费用，一般收费是500元。头一两次，拉运自己的货物时，车油费用是400元，今天只收300元。我们村有四户趁我们农用车上昆明卖儿菜之机，就请车子开到昆明旧货市场买上些旧货和用品拉运回来，四户每户再给费用20元，所以是给了总的车油费380元。都是讲情义、讲帮助村里亲人，也是为自己民族服务。

今天所买回的旧货用品有两台缝纫机，一台价190元，另一台价200元；两个床架，一个新的床架，价格是300元，一张旧的床架，价格是100元；两个旧沙发，40元一个；一台茶桌80元；一张办公桌和一个座椅，合90元。他们在昆明城办了这些事务，也用去了些时间，所以回到家时，约是下午5点了。回到家，大家又下车上的货物，由于人多，不多时就下完了。

2009年3月1日　农历二月初五　星期日　晴

禄劝县旋窝塘教会半坡聚会点建堂，举行献堂庆典感恩礼拜，邀请我们芭蕉菁教会参与庆典礼拜活动。我堂接受邀请参与庆典活动，早晨5：00时准时从柿花菁出发。按情理早8：00出车也不晚，但由于货车不让运载乘客，为避免交警堵车，故意在夜里出发。半坡村聚会点在我们的西边30公里，我们用了三个小时，越过普渡河，再往西顺公路曲线，绕过三道梯曲线，再翻越西龙凹口，绕转到西山的背后面，顺道上一段山路，就到半坡村了。

半坡村集会点的唱诗班夹道欢迎我们教会。我们休息片刻，他们教会就安排吃早饭。在会上献诗的有14个教会单位。圣会奉献结果，腊肉100公斤，活肥猪5头，羊1只，各堂报到时交的赞助款600元和当天的奉献现金合计800元。他们教会的就餐，场所和次序安排得很有序。2000人不一会儿就吃完一餐饭食，不存在时间和场地窄的问题。

两个感人的深刻印象是，旋窝塘教会的圣乐队献唱的节目，光彩夺目。全队人员16人，不同号筒有11只，二中年妇女击鼓，一中年男子击大鼓，一人指挥，一男子弹奏手风琴，演奏了五首歌曲。

2009年3月2日　农历二月初六　星期一　晴

村民龙福祥家卖苞谷，请三儿张学忠家的两缸农用车拉运，数量有两吨又四百零四公斤。苞谷收购价现在是一公斤1.50元，他家苞谷卖得3606元。他家变卖苞谷后趁卖得了钱，又请了车子，就顺便买上今年的化肥拉运回来。车运费他家安排，往返都是运送货物，给了150元。

下午张学忠的事工是，村民张文杰的两个女儿嫁于邻近村柿花箐，两个女儿向父亲要一车农家粪料拉运上柿花箐村点种洋芋。下午又找三儿张学忠的大车帮运送这一车粪料上到柿花箐村的耕地。车费他家给50元。张学忠只收下40元，留下10元作为情意。

村民农活，泡秧田。张学全、张学祥两家年年都用一块秧田撒秧，所以今天两户泡秧田。四户儿媳每到泡秧田都互相帮忙。大儿媳王秀英、五儿媳张××以及四儿张学德理料用水，并协助打埂子，完成了今天的农务事。农家每到一进入农历二月初，就忙于泡秧撒秧，护理秧苗，准备大春作物的栽培了。所以当前我村的泡田、撒秧又是一项中心工作。

2009年3月3日　农历二月初七　星期二　晴

今天村民张学忠、张学德两家泡秧田，昨天是张学全、张学祥两家泡。哥弟轮流换工帮忙。四户儿媳昨天和今天已泡完，待明天就可以撒上稻谷粒了。从泡田到撒秧，安排是分为前后两户的做比较好。

当前节令进入农历二月初，全村自然形成接连泡田和撒稻谷秧。俗语说，一年之计在于春。现在要丰收就要撒好和育好秧苗。撒秧，育秧，我们都按现代方式操作。一般情况下已很有把握了，几乎都是成功的。全村几乎是刚刚开始，要一段时间才能做好、做完。

其次的农活事工是要准备种洋芋了。在种洋芋之前，得把农家粪料运送足够后再点洋芋。我村民有的正开始运送肥料到山地里待点排洋芋。今天张正德家聘请村里龙兴明家的农用车往山地里运送粪料，待运够后再点洋芋。

再次是打工。村里龙兴德、龙福祥两户几乎是长期有人来请去帮人家犁山地。今年是讲定价格，一架犁一天给100元，所以一有空就去给人家抄犁山地，10天就可得1000元了。据说，附近几个村寨都有人给人家抄犁山地，耕牛也得力，搞惯了，他们也喜欢去。

2009年3月4日　农历二月初八　星期三　晴

石桥村委通知学德吃过早饭，到石桥村委开会。接到电话通知，所以就得按时参加会议。村民也商定好，叫学德几天内拉一车水泥回来供应村里建房。所以，学德开大车到石桥村委开会。晚上休会后，到东村街上拉运水泥供村民建房。

会议内容是，研究核实我村村内道路硬化工程的规划和实施。去年，我村公路验收时，昆明市的赵处长批示答应在2009年9月底安排经费给我村浇村内公路，进行硬化。现在时间提前了半年，今天的会议就是专为此工程而召开石桥村委会议。

参加会议的人员有富民县领导干部、东村乡领导、石桥村委干部以及我村村主任张学德等20多人。会议确定情况是，市政府已拨给我村浇村内公路硬化经费10万元。会议上，领导发言说，10万元只能浇500米。当时向市政府要少了一点。确定给多少钱，就做多少活计，500米就500米，也做了。钱还没有到位，多时到就多时动工。

2009年3月5日　农历二月初九　星期四　晴

村民们赶鸡街。大部分村民都因要点种洋芋，需要农用化肥，所以就得变卖一点苞谷来买化肥。全村都需要上街变卖货物。配置有农用车的农户都忙于上街运输建房材料。天亮时，各种车辆，摩托车、小拖拉机、农用车都忙于赶集。今天寻甸县鸡街街天，又是富民县的东村街天，全村忙赶两头街。

叙述一下我们赶鸡街的乘客情况。自己购置车辆的农户也多，自己还没有能力购置车辆的农户也多。我家的两张农用车也上街拉运建房材料。在行程中，村里和附近村寨邻居有熟识的都上车赶街。我们也不推辞，不过由于严堵货车载客，只能把乘客带到中途就叫他们下车；或者前面的打来电话说有公安或交警巡逻，后边的车队就采取行动，全部人员下车或是有车辆就避开。这给我们造成很大的不便。比如，人们的货物已让大车拉运上街了，但人却步行上街。车到了街上，还得管理车上的货物，等货主慢慢地来到。

一户苗家的小拖拉机被一张大车倒车挤推到路边，挤压到了小拖拉机的油门。一分钟后，汽缸爆炸而熄火。事故发生在鸡街，我们进街的大路口上。街天，进出的大小车辆很多，又下着雨，人们都在这段路口候车，等着回家。我们需要乘坐这张小拖拉机的十人此时也到齐了，都在现场望着这事。随后，我们都拥向大车驾驶员，叫他下车来看小拖拉机的损伤。事故发生后，我方只提出叫他给我们修好，赔还我们。怀疑他能规规矩矩地给我们修车吗？难处，双方都是无证件，报警报案自己也没有行车证。最好由公安、交警处理妥当，事态等待解决。

2009年3月6日　农历二月初十　星期五　阴雨

村民张学忠领自己的女孩到医院看病。从昨天小孙女就发高烧，只是哭。今早天刚亮就开出大车上东村街医院看病。到了东村街医院不得看病。原因是有政策说，我村乡凡是1948年以前生的，已满60岁的老人，国家政府都给予免费体检，并且答应要给每位老人70元钱作为补助生活费用，东村院正在给60岁老人实行体检，所以三儿张学忠领娃娃去看病都被拒绝了，叫他到马街医院看病。于是我们就到马街乡镇看病，就费力大了。他看病后，又给我们买上要用的化肥拉运回来。

2009年3月7日　农历二月十一日　星期六　晴

今天撒稻谷秧的有龙福祥、张学道两户。他们经一天的辛勤忙碌，完成了撒秧的各道工序。什么工都讲技巧，讲时机。撒秧工序要提前出工。因为早上和中午宁静，风小或是没有风，有利于撒秧和盖上薄膜。如果你把时间推迟到下午，风就大了，就难于盖薄膜，工作起来难度就大，劳动效力就低，就得多要时间才能做好。所以每样事工都得把握时机，才能省时省力地做好。

有村民运输建房材料。本村购置有农用车，虽然数量不多，但是几乎时时都需要运输建房材料。因为本村农户有建房的需要，邻近村寨亲戚也有建房需要。互相之间很讲信用，几乎三天就需要拉运一两车建房材料。今天有两车建房材料，一车是给麻栎树村杨华忠拉运的，另一车是给我村龙保罗拉运的。几乎什么时间都有人来找请帮忙，时时都有事做。

2009年3月8日　农历二月十二日　星期日　晴

教会今天过宗教生活。

教会搞义务劳动。因教会原先砍有柴，堆于野外，需要背回教会里堆好。由于交通不便，就用人工背，两匹马驮。今天出去人员29人，包括3人煮饭，大家坚持到晚，完成了任务。

2009年3月9日　农历二月十三日　星期一　晴

今早石桥村委卫生员王正培步行到芭蕉箐村里，通知叫60岁以上的老人明天到东村医院进行免费体检。原先听说是政府安排每位上了60岁的老人，政府给70元并且体检。明天安排我石桥村委会的平田村、芭蕉箐两个自然村的老人体检。体检而不就医，有什么益处呢？我们的难处是，自己知道有病而实在无能力就医，不是自己有能力就医，但没有办法体检。政府考虑给60岁以上的老人体检，当然是关心。

事后，我们实在想不通。从我村到东村街，强劳动力走得紧，都得要走两个钟头，而我们就得要两个半小时或是三个小时才能走到街。我们去呢，益处不大，又要耽搁一天光阴，而且要费时费力。

几个人商谈确定不下来，再打电话问问石桥村委体检目的何在？随后，科技员小王接电话，说虽然不就医，既然是政府安排，你们还是去吧。我说，等我们考虑。我们苗民的心里话是，钢材要用就要用在斧口上，用在斧脑后益处不大，等于没有用。这种关心我们心里不乐意，不过等明天大家来商议。

2009年3月10日　农历二月十四日　星期二　晴

我村年龄上60岁的有9人，昨天9人都收到体检通知书。今天到东村医院接受体检的有4人，而我们没有去的有5人。人民都盼望政府能给人民一些关爱，但是只给体检，不给治疗，没有从根本来解决。只从表面做一点点，这关爱咱就不需要，所以我们有一部分人员干脆放弃了这关爱，就没有参加体检。

早上趁风平静，村民做农事活动，撒秧盖薄膜。村民张学才就是利用早上撒秧，盖好薄膜而白天又转入排洋芋。侄儿张学光家今天开始排山地的洋芋。数量不算多，一架犁牛不需要到晚就可排完。哥弟换工协助帮忙，从开始种的每一家起都得联合行动，这样便于还工，便于操作。

大部分村民都忙于往山地运送农家粪料，运送够就要点排洋芋了。村民6张大车都出动。村民张大卫家的粪料还要运送到外村队水平子村。因为有亲戚关系，准备还到水平子村排洋芋哩。

搞建筑一组的建房事工又开始建村民龙保罗家的畜圈房。由于自己没有手艺，就干脆承包给村里从事于搞建筑的一组。昨天今天已动工两天了，由于工程小，可能三四天就可建好。

2009年3月11日　农历二月十五日　星期三　晴

村民一部分人员赶鸡街，有的需要变卖苞谷买农用化肥，用于点种洋芋。他们有的用摩托车拉运，有的用拖拉机拉运。今天的苞谷销售价仍是一公斤1.6元到1.7元。

有的村民是卖小猪，龙兴祥、张学祥两户都是卖小猪，龙兴祥家是卖一对猪，张学祥家有五头。今天的小猪市价好的可卖到一公斤20元。这五头称得数量75公斤，共卖了1500元。小猪也长得好，所以一上市不时就已卖完。是聘请村里王光友家的小拖拉机运载上街，运送费我们帮补30元。

四儿张学德一直力求购置电脑设备。随着社会的进步和发展，电脑已成为人们平常生活中的工具。应用范围不单是机关单位，就是个体个人都需要它。

2009年3月12日　农历二月十六日　星期四　晴

9号接到东村邮电所打来电话，通知取书籍包裹。我们便答应待到12号街子天我们便上街领取。今天我们两位老人到东村邮电所取包裹。一到邮电所，我便说我要来领我的东西，营业员便问，你叫什么名字？我说我叫张正文。营业员说有，他叫我在领取单上签了名后就把包裹递给我了。

2009年3月13日　农历二月十七日　星期五　晴

村民忙于往山地运送粪料，也忙于点排洋芋。村里几张大车从早上就开始运送。早上运送一家的肥料，中午又运送一家的。有的农户的肥料有三车，所以几乎是时时运送，天天运送。因我村的山地都是在山顶片区，与邻近社队麻栎树、柿花箐两村接界连山。我村运送肥料从山脚运送到山顶的道路里程就有三公里。幸好我村有着六张大车，运送货物就比较轻省，省时省力。在机械动力设备上，我村是附近几个村寨中比较有优势的一个民族村。

张学全有一头肥猪，有买主几次来给价，都没有买成。今早有从东村街来的买主，猪价给到840元，他家就卖了。没有称量，只是双方作评估大约估价而出售。出售大小活猪，多半是我苗家吃亏了。因做买卖活猪生意的人，他们对猪的计量就比较掌握、比较了解，一头猪多少钱买下，他能赚得多少钱，他在暗中有所掌握。所以，应该说是我们吃亏。

苗民有着游山玩水、捕鸟猎物的民族风情特色喜好。过年节时是成群结队游乐。而现今我们教会的琴师张正福几乎是一年四季已成为专业。我便问他，你的喜好专业，大约每天的纯收入能有多少。他说大约每天能有60元钱。一般打工只能有30元，他就可以多得30元钱。

2009年3月14日　农历二月十八日　星期六　晴

村民张大卫、龙福祥因着在外村有亲戚关系，排洋芋就忙于水平子、麻栎树两村的耕地。有时人家的耕地多，又方便相谈，都有余力，能让能帮，所以我村这两户今天用我村大车拉运粪料、洋芋种、农用化肥、工具，到六公里外的水平子、麻栎树两村的山地点排洋芋。由于交通、车辆方便，昨晚车上好货，今天早上就出车了。驾驶员只需把货物运送到地里，车下了货后，由他们农户自行处理。

车运费是从我们村山脚运送到东边的大黑山脚一趟车给50元。张学忠农用车跑了两趟，给油钱100元。三儿张学忠给龙福祥家送了一车，也是送到大黑山脚，还没有给油钱。给钱要钱的方法，多半是由聘请的主户先付给钱，后由驾驶员收取。

打工一组的事工情况是给他人抄犁山地。昨天今天村农又被他人找请去挖红、白薯。昨天被找请的人员有12人，而今天有10人。工价仍保持30元一个工天。

2009年3月15日　农历二月十九日　星期日　晴

石桥村委会有政策叫母猪保险。参加母猪保险，每年交纳12元，如遇到母猪遭灾和死亡，保险公司就补助你1000元作为补偿。

自己一时没有12元，就没有参加保险。后知道不参加者，母猪国家年补助的140元就领不到手。国家政策是好，但是执行者和宣传者都是人，人总是有疏忽的地方。

2009年3月16日　农历二月二十日　星期一　晴

村民都是忙于种洋芋。我村排洋芋的山地又是在山顶片区，道路里程有三公里多。幸好我村农用大车有6张。几天以来，农家肥料已运够的农户，就哥弟乡亲组织联合排洋芋。

村农户杨天友家都是哥弟亲戚联合互助轮流换工帮忙种。劳动力组织情况是，不论是种一户或是几哥弟联合用一架犁牛，一天把几哥弟的耕地面积都种完。二人使牛，二人放种，二人点放化肥，一两人作为机动或是打杂人（就是工作中需要什么物资，随时保障供给）。所以一架犁牛不得少于七人。

有的农户在运送农资时喜欢驾驶小马车，哪天完成算哪天。进入高科技、农业半机械化的现代社会，农业生产也得改进、也得进步。利用农用大车运送肥料、运送粮食，方便多了，真是高工效。你一段时间才能做得完的活计，用大车省时省力。不应以自己的主观来看待事物，一针见血地说，有些人没有上好学，更无法与人交好，总是以自己为中心，觉得事事得依从我。

2009年3月17日　农历二月二十一日　星期二　晴

石桥村委会召开会议。四儿张学德是石桥村委的林业人员，又兼本村的村主任，今天到石桥村委会开会。按乡镇和村委会的工作布置，每月有事无事，都安排临时集中一两天，约15天集中一次。今天是到石桥村委集中会面，强调有关护林防火的长期工作的要求。

明天本乡的全部林业员又要集中到东村乡，传达上级的护林防火工作的指示和任务。乡镇、村委会的林业员，是全年工作制，特别是每年进入干燥季节，工作就多一点，任务就重，雨水季节就轻松。有会议、有事、有通知就必须服从上级的指示而参加会议或学习。

工资待遇是，月工资原先安排300元，到年底再补给300元。就是说，每月有600元，暂时只是发300元给你。如果到年底你的工作优秀还可以给一点奖金。政府这样做，是对林业员的鼓励。由于我东村乡的荒山已拍卖，大部分的山场已开成耕地，整个东村乡的山林山场缩小了，所以林业员的护林工作也还是比较轻松的。

2009年3月18日　农历二月二十二日　星期三　晴

我家父儿五户排洋芋。一个早上就忙于捡拾洋芋种。捡拾，装包，拌农用化肥并喂好犁牛。要点种洋芋，早饭必然也得提前。一个早上的时间，户户都忙于做准备。家家的洋芋种、化肥、工具、犁、人员，齐备后满载一重车，顺公路转上到山顶片区，实行劳动任务。我家五户共10个劳动力。四儿学德参与东村乡会议，三儿媳留在家看家并给我们煮饭。劳动情况是，8个人跟随一架犁牛，2人使牛，2人放种，2人点放粪。又是点种五户的地的面积，所以我们非常忙碌。有的户家肥料还欠缺，我们还得现凑供应，有时又要从地边把洋芋种背进地里，供给点种。忙了个整天，深感牛又累又饿。

用一天的时间就完成了父儿五户要种的洋芋的面积，说明我家的耕地面积实在极有限。

2009年3月19日　农历二月二十三日　星期四　晴

村里的建房事工时时兴起。村民龙兴福建畜圈房。由于只要扩建，也由于自己还有点能力，所以仍托三儿张学德的农用车，继续拉运畜圈房的材料。今天是接受拉运建房材料的第一天，又是第一车。拉运建房材料情况是，天刚亮出发，到中午10点时，就可回到家，可供每天的建房用材。由于交通道路的黑色路面在建设中，行车货物运输中，时常被阻塞，不能按时运送货物。东鸡公路可能整个2009年度都会受阻碍。

我们因着工作，因着过路，因着受阻，把受阻现场看在眼里，留在记忆里。在闲天不是街天，大小车辆也少，一个小时约有十多张车过路。想来车辆随来就让随时通过，这样很方便又不影响公路建设，双方又不互相影响。

2009年3月20日　农历二月二十四日　星期五　晴

教会中年妇女有意在教会歌舞蹈赞美舞台上，为荣耀神增添赞美项目，就是灵歌舞蹈。所以今天我们教会柿花箐小组从事于文化舞蹈文艺学习排练。苗民习俗，多半是喜好唱歌舞蹈，特别是苗家姑娘更是能歌善舞。因原来已学习排练过，有基础，这次活动训练的目的是为更为熟练。我们为彰显苗家文化艺术特色而准备节目、排练歌舞、录音、寻场地拍风景、拍录舞蹈。

由本教会诗班长和琴师协助和提供资料，所以张正福、张约瑟都参与活动。今天从事于编辑、排练歌舞、策划编戏，具体项目如下：排练歌舞蹈，有独唱、合唱；录音、摄像；选择风景区，确定于外县寻甸县鸡街乡新肖牧场草风景区，又名"仙人洞"；请莫依龙教会诗班长协助摄像。

2009年3月21日　农历二月二十五日　星期六　晴

教会春游活动，按昨天的计划，向东北方向，鸡街乡新肖牧场风景区（仙人洞）出发。人员、车辆行动情况是 30 多人，包括聘请的摄像师、本堂的诗班长、琴师、演员、信徒，乘坐 8 张摩托车、2 张小拖拉机前往，旅程单边有 25 公里。按昨天布置的方案，选了三个场地。组员们在工作场地献计献策，尽了自己恩赐的所能，为小组为本教会迈出新路子新台阶的第一步。组员们开始了苗民文化艺术的万里长征的新征程，大家都很满意高兴。时间长达两个小时的文艺汇演活动，还会进行摄像。

应整理、应用、发扬、保留，推进民族文艺知识文化的进步和发展。我们民族的文艺文化，很多时候没有利用，不用，就等于没有。我们从今以后要珍惜、利用、创作、更新，用精彩的文化风情特长来活跃我们民族的生活。

2009 年 3 月 22 日　农历二月二十六日　星期日　晴

接县三自基督教会的会议通知，内容如下：经富民县基督教"三自"爱国运动委员会研究，定于 2009 年 3 月 26 日至 29 日（星期四、五、六、日）进行新增教牧培训及按立圣礼。会期四天，请安排好工作，届时参加会议。

一、时间：3 月 26 日，中午 11 点以前报到，3 月 29 日散会。地点：基督教"三自"爱国会（爱国会已搬迁至永定镇永二村委会内，即富民县永定镇环城西路 32 号，永定镇人民政府对面）。

二、会议内容如下。

1．对新增礼拜长进行按立前培训。

2．举行按立圣礼。

3．其他工作安排。

三、参会人员是各教会负责人、新按立同工（由各教会负责通知我堂张正文、张会学、张秀敏、龙圣英）。来回车费由各教会自行解决，开会食宿统一安排。

2009年3月23日　农历二月二十七日　星期一　晴

建房事工运输忙。侄儿张学才家需要建畜圈，安排四儿张学德、龙荣才用两张农用车协助。因原有的木圈房已烂，需要改进完善。是形势所逼而建，也是待时机成熟，待村乡亲友的建房大小工程完工，又撒了稻秧，点种洋芋活计完成后，还未收割大小麦之际，扩建畜圈房。

村乡农夫事工活计多，又要给二儿办订婚，送礼交礼，承办婚喜事，又要务农，投农资，还要维修人畜住房。一家农户年收入也是极有限的。

2009年3月24日　农历二月二十八日　星期二　晴

接到东村乡石桥村委会通知，叫今天下午1点到我石桥村委会开会。我们吃过早饭，11：30时，我村代表张正文、张学德二人乘摩托车，顺山下往石桥村委会参加会议。

中午12:00我俩到达石桥村委会，村委工作人员热情向我俩打招呼，并给我们倒上水，叫喝水休息等候。约等到下午3：00时，东村乡政府才派来有关人员，工作人员诵读了我东村乡政府2009年度要求政府各个部门领导干部改进作风工作的相关文件。参会人员有石桥村委会的主任杨德聪、副主任刘寻武、四个在职职员和我石桥村的七个村小组的负责人。

填表册时，要对我东村乡的乡长、副乡长、书记、副书记以及其他所属的各个部门负责人，提出要求和建议。作为民族、宗教代表，我们也向我东村乡政府有关部门领导提出要求和建议。建议他们对边远民族人民多了解、关心，并且立下些重点，把贫困村寨作为扶贫攻坚战重点对象，做出试点，推动全面。特别是对有信仰民族的文化生活也要有所投入和关爱。

2009年3月25日　农历二月二十九日　星期三　晴

石桥村委卫生室布置工作，安排石桥村委七个自然村的所有婴儿，统一在3月25号集中到小松园卫生室，打预防针。三儿张学忠吃过早饭就开大车领二孙女前往小松园卫生站注射预防针。小松园卫生站在芭蕉箐去往东村街的中途。他们给我二孙女打了预防针后，趁开着大车出去，再到东村乡拉运农用化肥。

村农活工作是果园管理和修剪。我自己的农活工作是果树的管理，就这一项。冬季至春季，正月至二月，都得做一次清理、修剪、打枝、追肥。果树主要是板栗、杨梅树、黑桃三个品种。今天的果树管理主要是从板栗树上砍除寄生草，并清除板栗树上的枯干枝条。

2009年3月26日　农历二月三十日　星期四　晴

参与我富民县基督教12所教会增补各教会职员（礼拜长、执事）按立前的培训和学习。昨晚约定，要出席培训班的人员早晨6：30自理交通工具，前往东村镇客车站集中候车参加会议。由于社会的进步，交通的发达，苗家大多数都已购置有大小车辆、摩托车。所以远近活动就不再成为难事。5：30时，天刚亮，我们就各自安排行车到东村乡镇客车站，集中乘车前往富民县城的三自办公室报到。

途中款庄、东村两个乡镇教堂的参会人员9人同乘一张客车。我便对驾驶员说，我们是开会学习的，请你到富民县城永定第二村委会处停车让我们下车。一个驾驶员对道路、一般的单位地址是比较清楚的，所以他也就很负责地把我们送达目标地停车。

各教会分别报到签名登记。富民12所基督教堂的代表人员共80人，分别为要受培训并按立圣职的礼拜长、执事64人，各堂带队人员14人，三自教会领导2人。下午，富民县县长、公安局、县统战部门的张局长，也到我们培训班上来一一作了讲话、评价、指导、鼓舞、提出希望和建议。

2009年3月27日　农历三月初一　星期五　晴

这次的教牧学习班四天学习中，按我们基督教传统的习俗，早晚间仍然安排有集会，崇拜赞美，服侍礼拜。

2009 年 3 月 28 日　农历三月初二　星期六　晴

村民王××为长女承办订婚喜事。他家有关亲戚和我村的 38 户参加。办婚席两餐，今晚一餐，明早一餐。婚礼情况是，来客约有 50 户，来客送礼得 1010 元。女孩年龄据说已有 14 岁。结婚登记，都受年龄限制，年龄小了，登记不了。只能是求婚、订婚后，夫妻双方待到年龄满，再办登记手续。

每逢办婚喜事，亲朋密友众多。需要办婚席时，自然就有亲戚朋友的关注支持。我们是小村庄，就是不如大村子容易承办，特别是没有哥弟，又跟本村的人也不亲密的，就没有人帮了，就困难些。亲戚关系互相帮忙，担子就轻省了。亲戚关系都讲支持讲帮忙。

2009 年 3 月 29 日　农历三月初三　星期日　晴

富民县基督教 12 个教会 64 个增补圣职，今天举行按立圣礼仪式，地点是富民县永定福音堂。按立圣礼由王子文牧师主持。

2009 年 3 月 30 日　农历三月初四　星期一　晴

财经员张学忠上昆明购买摄像器材。我们教会原有文艺活动，歌舞文艺已停止了两年。大家有意重新活动，并整理记录。力求提高科技水平，并应用现代化工具，更新苗民文化知识，与时俱进。我们原先购置的是大相机，现在像带很难买到，不得不上昆明寻购。供应我们器材的商店已搬迁，原因是那地段因搞建设，动大工程。原来的电话也无法联系。我们只好上昆明百货大楼寻购。

随着社会的发展进步，我们教会的发展事业也得同步，也要适应社会的发展，我们也要发展我们文化的优势。要发展我们的民族文化文艺，先要有我们的志向。相信我们完全可以战胜一切困难，努力进取，努力实现。

2009年3月31日　农历三月初五　星期二　晴

校区召开一年一次的家长会议。不论是学前班，还是五六年级，都要参加校区召开的会议。我村有上学的孩子11户，按校区通知，我们能去的都要参加校区会议。会议内容，是校区老师把学生在学校的表现向学生家长汇报，以便使家长也掌握孩子的情况，双方配合共同把学生教育好。老师和学生家长也互相了解，家长对校园、老师有什么看法、有什么意见、有什么要求，也互相交谈，互相谅解。双方督促孩子，把学习搞好，共同搞好校风，提高教育质量。很有必要召开家长会议，也是我们的愿望。

2009年4月1日　农历三月初六　星期三　晴

农活已开始忙了，正忙于割大麦。我家割大麦已割了三天了。因大麦先成熟。姑爷、女儿在嵩明牧羊凸董箐（苗寨），也差使孙女过来帮忙收割大麦。大孙女17岁，二孙女6岁，还没有上学，离开父母从远程来，很乖不哭。孙女协助我们老人收割大麦，她们做这工作做得非常出色，小小年纪便能干起来，使我们敬佩。刚成年，就已锻炼成劳动能手了。这也可能是天才恩赐，不经锻炼，就自然懂得从事于劳动。

村民张学明砍烧柴。一家农户必须砍够一年的烧柴。砍烧柴，应在冬季就砍好砍够。因着农活繁多，一摆就摆到农历三月初才来砍。时间推迟也必须砍上一点，准备一户人家的用柴，还必须砍两三天才够用。砍好，堆于山林中，然后一背一背慢慢背回家中。

村民侄儿张学才家的农活计是建畜圈房。建房材料砖块已拉运回来两车，已备妥，待砌好房基就可以砌砖。昨天今天的活计是用小拖拉机到村子附近找建房石头，也几乎找够了，即将开工建房。

2009年4月2日　农历三月初七　星期四　晴

　　村民张学全昨天摘樱桃今天上市变卖。街子天是在东村街，但他家不赶东村街，而是乘摩托车拿到寻甸县鸡街销售。因为街天各种果子多，销售量就慢，所以他们能卖多少不管，只图销售快。大儿媳他俩一到街上，拿到卖小菜处卖。闲天卖小菜的人员也很多，卖各种各样的小菜。卖苞谷老板看见就向他俩买，批发价给到一公斤7元，他俩就卖掉了。昨天摘得11公斤，11公斤×7元/公斤=77元。

　　樱桃我村几乎家家都有。有樱桃的农户，如果想卖，就要驱赶雀鸟。再多樱桃，你不赶雀就被雀吃光了。今天大儿张学全卖樱桃，卖得77元。如果计算赶雀的工天就不划算了，因为起码要赶雀几天，一个小工计价是值30元，但本着一个农户人家，就不这样算了。出现在自己手中的财富，就不计较能卖多少了，卖多或是卖少，也得管理好一家农户的开支。财富不论是多或是少，也得管，也得处理。据我知道，赶雀的农户有龙兴祥、龙兴德、张大卫、张学全、杨光明五户。

2009年4月3日　农历三月初八　星期五　晴

　　村民张学才家建畜圈房，近一段时间，找石头砌房基石脚，已动工四天了。找毛石一天，挖房基一天，昨天砌房脚石。今天找平，下午开始砌砖（空心砖）。今天的工序，砌砖墙已砌起三层空心砖的高度。或许接连砌，明天就可砌好。今天有七个劳动力联合施工，二人掌握技术，二人供建房料子，二人连拌灰浆连供灰浆，一人筛沙子，把粗细筛开来，细砂浇灰缝，粗砂浇地板。既是合理使用，又有利于搞建筑。

　　我村畜圈房，已搞了多年，还没有完结。是因多方面的搞建筑，人住房、畜圈房、购置车辆、承办婚喜事、建沼气、购置农业机械、加工机械等，耗尽了所获的财力物力。一家农户年收入极有限，开支却没有限量。我们的建设所需，近期无法全部满足，需要漫长的年代才能慢慢搞好。

尽管如此，但我们有信心。

2009年4月4日　农历三月初九　星期六　晴

上昆明，我家父儿五户十人，包括四个孩子，上昆明旅游。相约一起的还有我们的亲戚王兴理（柿花箐）一家十人，包括六个孩子，乘坐一张大车、一辆摩托车，前往昆明市游玩，购置旧货物。有意带着孩子们参观昆明市区五华区和圆通山动物园，开阔孩子们的眼界，并促进孩子们学习科技文化。同时看望孙女张多加，她在昆明的中专幼师班。凡礼拜五、六、日三天都休息，所以就有机会陪我们旅游做向导，带我们完成市区几项目标的旅游点，购置完旧货物。购置旧货物情况是，购买得三张床架，一个茶几，一把椅子。计划要购置几个沙发的，但因旧货摊已卖空了，就没有买到。上昆明的目的还有购买摄像器材。常与我们联系，供给器材的公司，由于街道扩建的改造工程而搬迁无法联系到。购买摄像器材的圣工只好托在昆明工作的亲属帮忙订妥。

四人乘客车回东村镇，等我们的货车到达东村时，一切人员又乘我们的货车回村，我们的车子满载货物。我们要生存、要生活、要与社会发展相适应，就得有我们的思路，有我们的创新，利用我们身边的优势，进入社会，开阔我们的眼界。

2009年4月5日　农历三月初十　星期日　阴

礼拜天，我们都过宗教生活。

2009年4月6日　农历三月十一日　星期一　阴

村民张学德家卖小猪，猪价讲定活猪一公斤18元。小猪还差10多天满月。买主也是熟识人，买主太喜欢小猪，就是叫卖给他俩。他俩喜欢买，我们也就卖给他7头小猪。过秤后，按小猪称得的数量计算，算得1080元。

村民张学祥今天搞机械修理事工活动。麻栎树村（苗族）潘××，因拖拉机损坏，已有一段时间停车待修没有活动。几天中聘请张学祥帮检拆修复。经检验，压箱零件有磨损，叫他们家买回零件，再通知他去修。昨晚，打来电话说已买回零件，叫今天去帮。所以，早晨张学祥就乘摩托车到麻栎树村修配拖拉机零件。由于掌握有基础，所以按序装配，不需要多少时间，有几个小时的功夫就可修理好。

第一次拆机，检定磨损零件，他家安排给报酬60元，学祥只收50元。第二次就是今天的装修，他家又给50元，学祥也只收下40元。苗族都喜欢留下点情意。如果到街上修理处，修理不讲拆修，就一拆检都要你七八十或是一百多元。

2009年4月7日　农历三月十二日　星期二　晴

村农活泡田。村民龙福祥、杨天友的田，一块面积有二工田，另一块面积是一工田，两块合计是三工田，也就是一亩多。劳动力出勤，二人使牛，五人扶埂子，田水量小，田又不坐水，所以一泡田，田埂子周围就要人工扶上一层稀泥，好使它能坐水。另一户杨天友，泡田事工情况是使一架犁牛，二人使牛，三人扶埂子，今天泡田的两个组，完成泡田任务时，时候也不晚。

我村农田用水比较缺，所以当小春蚕豆割倒时，村农户就要抓紧时机。农田用水没有人用时，村农户就可以根据各自喜欢，想几时泡田就几时泡田，不必安排。但是如果等到正式泡田季节就得抽签编排次序，按次序挨次进行泡田。

2009年4月8日　农历三月十三日　星期三　晴

张正才、潘兴德往田里送粪。在还没有泡田之前，田里所需要的粪，必须运送到田里并且撒匀。等到田泡好，想几时栽秧就栽秧（插秧）。

张正才家有一张三缸大车，今天送一车粪到田坝山脚车站处，再从山脚背送到田里，还得走200米。他家有四个劳动力，田的面积有三工田，中午时送这车下去，并且坚持背完，当然工效高。用车子送，又背送到田里，又散完，当然一天劳动工效等于以前的几天了。

合作社时，没有车子，没有车路，我们从村里用人工背粪送到田坝里，强劳动力一天一人只能背七八趟。那时真是人背马驮。现在进步了，交通又方便，一村38户就有6张大车，现在人背马驮的情况是太少了，除非不通车路的地方，或是没有车子的农户。

2009年4月9日　农历三月十四日　星期四　晴

张志明家今天泡田，田面积有三工田。劳动力组织情况是，由于亲朋密友得力，三工田即出动三架犁牛，9个男劳动力，6人使牛，3人扶埂子。由于占大水沟，泡起田来，就比较方便，因有足够的用水。三工田，三架犁牛，真是大材小用。水方便，三架犁牛，劳动时间就比较宽松，几乎中下午的时间就已泡好了田。由于亲戚村乡朋友得力，即使不需要那么多的劳动力，人家喜欢来帮助你，当作来帮你，又当作来玩。当然这种民族风气是好，也是美德，是民族团结观念。

村上议案：旧村主任在职22年，每年有村上提留款1500元，但至今仅有200元。按推理每年1500元，年开支就用零头这500元，每年就有1000元的提留。那么22年×1000元／年＝22000元。学德主动提出我代管村主任已有三年了，过了三五年应变迁一下，我提出我们推选村主任。通过大家议案后，提出三人龙兴明、杨兴明、张学忠。选票发下各家。一天后收票，选举结果是龙兴明7票，杨兴明8票，张学忠23票。根据选票，张学忠当选为村主任。

2009年4月10日　农历三月十五日　星期五　晴

今天村民农活计主要是割大、小麦和泡田事工。村民张学全、张学祥两家泡田。两家稻田的面积有6工田，约两亩多。面积计法，有的地区计法 2.5 工田为一亩，有的计法是 3 工田为一亩。泡田组织情况是，出动 3 架犁牛，男劳动力 13 人，6 人使牛，7 人打埂子，4 家儿媳煮饭。人员总共 17 人。

按情理，不需要那么多的犁牛和人员。但是这是亲友们自愿来关爱、支持和帮助。村社亲友的农活事务，大家就是关注彼此，大家就是互相有着负担，总是喜欢这么做，尽上自己的情意，表达自己的情意。这是村民亲友的亲切观念。

另一方面是人家有事工时，自己尽上自己的所能关爱帮忙，那么，等到自己有事工时，人家又主动来帮忙协助，所以你自己关怀别人，到头来等于是为你自己做事。所以亲友们都积极投工于别人的事工上。

村亲密友们友爱关注帮忙，自己在使工时，也要有所考虑，在生活待遇上也尽情宽待亲友们的情意，作为酬报。另一个层面是当我们得到关爱时，我们都会留意，都是一种力量，是对我们的一种鼓励，我们都会寻机去酬报。

2009 年 4 月 11 日　农历三月十六日　星期六　晴

教会春游、表演歌舞蹈、摄像留影、制作光盘，投资投劳、献计献策，周内一个礼拜的时间，都已投入准备事工。原先计划用 4 月 12 日礼拜天这天来演，并摄录像作资料。昨晚计划好，今早上昆明购买摄像器材，中午 12∶00 时就可以回到家投入正式摄像。凌晨 4∶00 张学忠、张学祥乘坐自己的摩托车上昆明市去买摄像器材，到沙朗，几乎快进城了，天才亮明。下午 1∶30 时，买器材人员才回到家。自己编排节目程序，按我们的布置，安排文艺献唱献舞蹈，有独唱、三人合唱、四人合唱，还有背诵经文。

这次的文艺活动和拍摄录像活动的大标题是，福音复兴三十周年庆典见证分享活动。我们从下午 1∶30 开始，一直到下午 5∶00，才进行完我们的圣工活动。

社会在进步，事物在发展，我们的民族文化生活也要适应社会的发展。我们也要力求有我们自己的优势，有我们自己的特长。我们学习时，要有我们的新的要求、新的目标。我们一段时间的学习、操练就是为此目标，安排这次的摄像也是为此目的。我还发现天赋与恩赐，我小孙女领两个小孙儿编创一个舞蹈节目。排练节目的时间很短，但当演出时，节目很精彩，而且特别显眼。

2009年4月12日　农历三月十七日　星期日　晴

我们教会代表参与富民县东片西山基督教会举行的年度复活节、富民县圣经培训班开学典礼、新堂落成竣工典礼三项圣工庆典感恩崇拜活动。邀请信中邀请每个教会团体三到五人参与庆典。我们教会代表共6人，柿花箐村4人，我芭蕉箐2人，乘摩托车前往参与活动。

2009年4月13日　农历三月十八日　星期一　晴

4月11日，我们小组拍摄的录像，今天由张学忠送往厂口刻制光盘。因我三儿媳她妈生病进白邑（嵩明白邑）医院就医，三儿张学忠顺便送三儿媳到厂口，打电话叫那方的大舅骑摩托车到厂口来接三儿媳妇去看她的妈妈。

村农活计，割麦子和泡田。全村已正式开始收割大、小麦了。轮到泡田，就按泡田的编排号数去泡田。其他的村民，都忙于割麦子。村农户张学友、张学德两家泡田，张学友是泡山脚田坝的三工田，利用大沟水，比较方便。张学德是泡我们村对门的田块，面积有二工田，水也方便，由于蓄有小坝塘（蓄水池），需要多少就放多少。2人使牛，一架犁牛，3人打埂子。四儿媳、五儿媳也来帮忙一段时间，今天的农活工作也是比较顺利。

2009年4月14日　农历三月十九日　星期二　晴

村农活中心工作还是泡田和割麦子。今天泡农田的农户就有王才明、张志明、龙兴福、龙应光。三个片区都按编号泡田,所以每天都有三四户泡田,这样泡田进度也快。其他的农杂活,不但有农户割麦子,还有的农户在割油菜籽,打菜籽,背蚕豆,打蚕豆。所谓背,是指数量少,就背。如果数量多就得用车子拉运。这就看情况而定。

村农活割麦子的进度很快,特别是父儿、哥弟、婆媳关系相处好的,连日来,都讲协助帮忙,割麦、收麦子、打麦子。我家也不例外,哪家泡田打麦收麦,就由主家来煮饭。先是各家各人先完成自己的部分,而哪家数量多,或是落在后,大家再来帮忙。

打麦,收麦,只要背或是拉运来堆于场上,有车子的儿子们就积极主动地开出大车到场上来碾压麦子,不用人工来打了。用车子碾压麦子,效力更高了。村里有车的农户都喜欢、愿意帮助村农户碾压麦子,从来也不计较什么,大家都乐于助人。

2009年4月15日　农历三月二十日　星期三　晴

村农户都忙于购买或运输农用物资,化肥、籽种……积极组织财力物力准备大春农用物资。我自己由于建设修理房屋,建沼气,支持亲友们的红白喜事,开支达5000元,自己的生产资金有所短缺。由于政府的关怀,安排了低保、惠农两项补助,我今天上街取一下,两项共领到1330元。拿到钱,买好东西,正准备乘水平子村张建荣家的小拖拉机回家,车开动行驶60米时,县统战部领导他们的车子就赶上我们的。我们打招呼,为便于叫我领他们下乡,探访我东村基督教堂,我便丢下我的事工,陪领导安排工作。东村乡领导安排我们一组两桌人吃饭。工作行程,我们从东村街启程,向东南方向行驶十多公里,到达中民村委的包铺菁聚会点,再转向北六公里到达石桩聚会点(苗族),继续向北边行驶达鸡街的东鸡公路方向,再转南行驶,翻过凹口二公里,到达了水平子聚会点，再转向南边三公里就到达麻栎树聚会点。串村串了四个聚会点，一是看望大家，二是要了解聚会点增补教职员的情况，是否出于大家的心愿。到麻栎树工作完毕，把领导送走后，我就步行回家。

2009 年 4 月 16 日　农历三月二十一日　星期四　晴

村农户事工的中心工作是，割麦子，收麦子，泡田，栽秧，部分村民赶鸡街。当把田里的蚕豆、小麦、儿菜、油菜收完并且已把田泡了的农户，只要秧龄 40 天，或是秧苗长高四五寸时，就栽秧了。当小春作物收完这一季，全村就要集中精力忙于栽稻谷。农历四月份栽完稻谷，进入五月份就要忙于山地开沟并放粪料，尽力把山地整理好，几时下透雨，几时就种苞谷。一个季度，有一个中心工作，一样一样地做，一样一样地了。虽然忙，但很有序，因为一样一样的来。

收麦子情况。农夫们白天忙地里，就是收麦子、背麦。太晚交通不方便的地方，差不多下午时就要开始背麦子。交通便利的地方就用车子拉运。有晒场有机动车的农户就利用车子碾压麦子。白天仅仅忙地里，当麦子堆放于场上时，就用车碾压，就比较轻省、有效力。而且，我们又喜欢协助帮忙，我们父儿哥弟碾压，婆媳几家都来协助筛麦、收麦，直到扬净为止，这就自然形成一种团结的力量。

2009 年 4 月 17 日　农历三月二十二日　星期五　晴

村民张学忠家泡田，田的面积有四工田，等于一亩多。由于鹧鸪箐田片区没有建蓄水池，历年泡田都是由箐沟水，也就是靠本水慢慢浸泡。大小田块有四工田，由于水量小，四工田要三天的时间才能泡完。历年泡田时，田下边，七注深处就有一箐沟水，就是水位低了，实在没有办法使用。昨天张学忠花 360 元买了一台小型抽水机，就是要利用低位箐河水泡田，争取用一天的时间把四工田泡完。

吃过早饭后，用车子运送小机器和泡田农具，装好抽水机配套。开动机器，把低处的水送上坡，送到田里，充足泡田用水。历年用三天来泡田，而今天购置了一台小型抽水机，经过我们大家合作，用一天的时间就把这四工田泡好了。泡田人员我们有八人，四人使两架犁牛，四人打埂子。由于有了抽水机的帮忙，大家望在眼里乐在心里，村里过路的村人们也都夸"真好，真行"。

2009年4月18日　农历三月二十三日　星期六　阴雨

村民张学忠、张学德两家栽秧，是两家联合栽秧，也联合办伙食。稻田两田面积是六工田，也就是两亩或是两亩多。我们拔秧人员是10人，栽秧人员有12人，共22人，孩童7人，合39人。一天饭食、饮料、冰棒、鸡、鱼、鲜菜等，达四五百元。生产生活待遇简单、随便表达不出民族感情关爱；待遇高一点对村里农户又是一种促力、影响力。而且一随便又怕羞名。好坏都有难度，只好尽力而为。

找工栽秧要付给小工钱每天至少30元，一工田就需要40元。按理两户的田面积有5工田，5工田×40元／工田＝200元，就可栽好秧。为了体现民族的亲密友爱，体现民族生产的进步和发展，体现民族团结友爱、有福共享的民族亲友感情，我们都甘愿多付出代价。亲友帮忙做一天的活计事工，特为亲友们办一餐饭席而共同分享，增添民族友谊，促进亲友之间的友爱。

2009年4月19日　农历三月二十四日　星期日　晴

教会举行每个主日礼拜的正常宗教活动聚会。

2009年4月20日　农历三月二十五日　星期一　晴

村民张学全打箐鸡，是用已家养了的育子，带到山野外有野箐鸡的地方，把扣子支好，用家养了的育子引来野箐鸡，把它套入扣子。苗民有喜好猎捕兔子、箐鸡、野鸡的风情特色习俗。不论收获如何从不计较。

村舍中二三人，游猎的同时也欣赏了大自然天地之美景风光。

今天出外游乐，打箐鸡，经一天的寻找，努力勘探箐鸡源地，拿到一只箐鸡，约估价80元，是公鸡、大的、毛色好的；小的就只值一半价，就是40到45元。游玩猎鸟是我们苗民风情习俗，出于喜好，几乎全年按季节、节令捕获。由于上瘾，在我们劳动中、拔稻秧时都在夸都在讲，一天到晚都在说个不休，他们真是太感兴趣了。几天中，有来自寻甸县牛街白彝族二人来向我们侄儿张学才买一只箐鸡育子，他只卖500元，是很好的一只。昨前天我们在拔秧时，他们觉得太可惜了，说好的育子可卖到1000元哩，这项活动真是我们民族的风情。

2009年4月21日　农历三月二十六日　星期二　晴

村民的农活中心事工是割麦、泡田栽秧、点种苞谷。刚下过几整天雨，种苞谷节令还早，但点种苞谷又怕后期干没有雨。村民龙兴华家约有两亩地面积的苞谷，今天使一架犁牛，一人放种，一人放化肥。趁几天中有雨，就少量地点一点苞谷地。

论到天年气候气象，俗语说"三月下透雨，四月晒河底"。这些气候定律是比较准确的。那么三月下透雨就是有透雨，到了四月份就必然大晴少雨，屡试不爽。四月水量大的河都干完了，可见河底。气候预兆虽然如此，但我们农夫都得珍惜透雨。照常三月有透雨仍种下，时常有雨供给禾苗，后期就获得好收成。吸取历年的经验，有透雨就种上一点，即使失败也不要紧，费点籽种无关紧要。

2009年4月22日　农历三月二十七日　星期三　晴

村民张约瑟家泡田，由于去年他爸爸已死，所以村里大家都同情他家，今天泡田时，亲友邻舍出动三架犁牛帮他家泡田。因田块分为两个片区，有一丘田是在鹧鸪箐片区，水量小，劳动力宽裕、活计少。三工半田，安排两天完成，村亲友们又出动了三架犁牛来协助帮忙。

我家张学全、张学忠、张学祥知道后，就主动回家来，把小型抽水机用摩托车送到下边田坝里，把河里的水抽上来，供应泡田用水。这样使得两天的活计用一天的时间已完成。所谓两天的活计是说，本来是一天的活计，但因水量小，又没有设备，没有蓄水池，只是利用小股水慢慢浸泡，所以用两天的时间。如果有充足的水，就不必用两天的时间。

孙子张约瑟他爸爸在2008年3月1日已因病死亡，劳动力也不算强。作为亲友，作为教会肢体，我们就应主动关心，主动协助料理一些繁重的农活，特别是泡田栽秧的活计，因为这得出动很多劳动力才能完成。今天他家泡田由于缺水，我家几哥弟知道后，主动采取措施，出动抽水机和人力物力，支持解决人之忧。不等人家求，要本着自己能做的就积极主动尽上自己所能，关爱亲友关爱邻舍，可算是帮他家的忙，也解了愁。

2009年4月23日　农历三月二十八日　星期四　晴

村民忙于栽秧。今天有张学全、张学祥、龙兴德、张正德、杨天光五户栽秧。真是争先恐后忙个欢。我家哥弟两户张学全、张学祥栽秧。原先分配，搭配得一丘大六工田，等于两亩田，我们芭蕉箐最大的就是我家这块大六工田。今天我家栽秧，出动劳动力30个人员，拔秧15人，栽秧15人，煮饭人员是村舍亲友们知道而主动出来帮忙。生活待遇开支达400元，也尽情尽意满足亲友之需。我们小农户当然所付出的代价高。我们也尽力而为，生活开支当然不低于三四百元钱，都讲上等菜，鲜猪、鸡、鱼，而且数量很充足，要尽力满足大家。

总结使工、待客情况：亲友关爱、关注、支持，自己也得尽力服侍、尽力报答、尽力酬谢，不但头工做活，就是平时关系，都应当互相关心友善。我们都情愿讲信用、讲关爱、愿付出。

2009年4月24日　农历三月二十九日　星期五　晴

今天我们探访就医人员。我村村民杨秀美患病已一年多时间了，不但不好反而加重，情况越来越严重。他家在危急中，她朋友介绍到富民县城医院就医，住院已是十多天了。本小组献爱心活动，号召捐钱补助患者杨秀美，小组捐得300元。趁他家还没有出院，派代表二人到富民县城医院看望。张学忠、张学祥二人乘摩托车前往。据说明天出院。乘摩托车很方便，也很快，可能只要10元的油钱，今天下午1:30已回到家了，下午还搞了个农活计。

人们怕看病，住了院就不给出院。因为村民一般都已参加了医疗保险，病患者进院看病只住几天，医院得钱就少，所以医院好像大病小病，一进院就强迫要多住几天，十五天或是一个月才准出院。因为多住，住院费、药物也必然要多消耗，这样医院才能多拿到钱。二三十年前，进医院看病，是由得你，你要住或者你要出院由你，但现在就是要求你多住。

2009年4月25日　农历四月初一　星期六　晴

村民张会学领妻子到富民县城看病已有16天了，今天出院，乘中午12:00的客班车返回东村客车站。再打电话给他侄儿张正福，叫他用摩托车到东村客运站接回来。医疗结账情况是，他们一进医院，医院叫交押金2700元。参与医疗合作的农户，承担看病医疗费的45%，而医疗合作社就给55%。其他县份是村民负担30%，我县是村民负担45%。今天结账，退得押金1046元，付给医疗费就是1654元。国家负担55%，就应该是909.70元。

户主原先由于不明确参加医疗合作社的优越性，不想参加。四儿张学德再三动员他家参加医疗保险。这次进城看病，假如不参加医疗保险，就得多花这1000元了。户主深深体会到，参加社会医疗保险就是好，一人有病大家医，这是社会组织的好处。通过这次看病就医的事实，对我们民族人民的教育和启发很大，我们懂得了响应政策和号召的好处。总而言之，是为人民谋利益的，我们都得积极响应。

2009 年 4 月 26 日　农历四月初二　星期日　晴

每到礼拜天，是很喜悦的事，是心里渴望的事。

2009 年 4 月 27 日　农历四月初三　星期一　晴

村民农事多多，仍从事于泡田栽秧、割麦、打麦碎糠、背粪、背烧柴。每天都仍是有三四户栽秧，又是全村很多劳动力突击，联合互助帮忙。今天有张会成、张学道两户栽秧，其中村民张学道家是承包张学才家的田栽，可能是按每工田 40 元这个价格承包，面积有两工田，就是 80 元。

背粪是一项事工，由于地麦已割完，忙于把粪送到山地里堆好。几时有透雨就要点种玉米了。准备工作都得要一段时间，特别是交通不方便的地方，就更费力费时，得用人工背上山地，路途又远，路又陡，三月天的天气又是暴晒，劳动强度大。由于劳动条件限制，所以一天的工夫只背得五六趟。

村民张约瑟家栽秧，田的面积有四工半，等于有 2 亩。劳动力张约瑟，他爸爸去年已死亡，哥弟亲友就比较同情，所以每到泡田栽秧，家人亲友就都放在心里，都要来协助帮忙。劳动力出动，10 人拔秧，15 人栽秧，1 人供秧，合计 26 人。生活待遇，也尽量从生活上酬谢亲友们，有鲜鸡、鱼等上等菜。中午也供给每人两支冰棒，当然也尽了力量。

2009 年 4 月 28 日　农历四月初四　星期二　晴

村民张学忠有一窝小猪，有 8 只。今天用大车拉运上鸡街出售。一个月前，小猪卖到每公斤 25 元，而现在已跌到一公斤 11、12 元，8 只小猪按一公斤 12 元计算，共得 950 元。当天一到街，小猪就有买主，价给到一公斤 12 元，讲成就卖了。旁人都说："你卖得价了，到晚还卖不到这个价呢。"

由于大规模交通建设，富民县、寻甸县两县的交通要道，就是东鸡公路，正在进行浇黑色油路面。每天公路上班时，都禁止车辆通行，到晚下班时，车辆才能通行。但幸好有小路绕道，而车辆已顺利绕道通过。

　　张会学家泡田，田的面积有五工田，等于有二亩。据说，劳动力单薄，使两架牛，但打埝子，只有他爸爸一人扶埝子。平时，泡田用两架牛，最起码四五个劳动力打埝子都还忙呢。原因平时他不投工，所以当自己泡田，就没有人来还工，到头来，形成自己做事，没人来帮忙的局面。所以我们当关爱邻舍，等于是关爱自己了。

2009 年 4 月 29 日　农历四月初五　星期三　晴

　　村民张会学家栽秧，是父儿哥弟三户联合，田也联合成一大块。人员劳动力情况是，5 人拔秧，10 人栽秧，1 人用摩托车送秧。田的面积有六工田，等于二亩。人员只有我们的一半，我们栽秧达 30 多人，他家栽秧只有 16 人。人员一少栽秧就困难，由于人员过少，所以栽到天黑都没有栽完。

　　常言道，种瓜得瓜，种豆得豆，种什么就收什么，这是规律、是原则。百分之八十的农户，日子很好过，说话有人听，做事有人帮忙。每当做起活来，就有人愿来帮忙，这样难事变为小事，小事成为无事，重担也轻省了，这是一种人生观。有时我们会关心他人，而到我们有事要忙的时候，他人又主动地来关爱我们，所以，我们爱他人，实际就等于爱自己。

　　家家户户忙于打麦收麦，晚间全村又忙于碎糠，要喂牛、马、猪，所以麦秆都得全碎成糠，便于喂牲口。

2009 年 4 月 30 日　农历四月初六　星期四　晴

　　村民张学光家今天栽秧，稻田面积 3.5 工，也就是一亩多。劳动力是拔秧有 10 人，栽秧有 7 人，由 1 人供秧。他自己是管入全村稻田水，白天不论是哪一户，泡田或是栽秧，他不但管放好水，有空都尽量帮别户拔秧或是放水，他自己必然也参与栽他自己的秧。劳动力约有 20 人，他们栽完秧，回到家时已是下午4时了，吃晚饭，休息约到晚5点。

我村全村农户38户，栽秧栽到今天，约已栽了99%，全村大面积几乎已栽完。最后，还有一户还没有泡田，据说，他家忙不过来。如果忙得过来，那么全村栽秧就可关秧门了，就是全村2009年度的稻秧已栽完了。

今晚的练诗活动，是安排到柿花箐聚会点活动学习，原因是5月3日礼拜天是安排到柿花箐聚会点礼拜，所以练诗学习也就到柿花箐聚会处。我们小组是用四辆摩托车送我们小组人员。

2009年5月1日　农历四月初七　星期五　雨

村民们忙于抢收地麦，打麦。村民大部分已收完地麦，还有一部分仍忙于收麦。

以我家为例，五儿、三儿接连用一个晒场，用一张大车碾麦。五儿先碾，刚收完五儿家的麦子，并把麦秆碎完；第二家也碾好后，堆积一边，要筛。人们正忙于筛麦子，忙于碎麦秸秆时，就下起大雨来。一切农事工作只得停下来。

大小麦收完之际，农地边、山地里很杂乱，干草很多，需清除，堆积烧尽，便于点种大春作物。清理地里的杂乱草，便于耕耘锄，也便于庄稼的成长。

2009年5月2日　农历四月初八　星期六　晴

村民们赶东村街。现在是农活工作繁忙季节，又下过一场大雨，随着雨水来临之际，农夫们的工作也就更加繁忙起来。如有透雨，大春作物点种就要开始。一开始，就需要农用化肥，农夫们还得变卖麦子，才有钱买农用化肥，农事的准备工作也随着开始。

村民张正才出动一张三缸大车拉运村民张正才、张志明、龙应华、龙兴德、龙兴华、张学明、张学才、张学光等8户家的麦子上市变卖。

货物装满成一重车,真是幸遇东鸡公路黑色路面刚刚浇成,我们的三缸车行驶在黑色路面上,很快就到了东村街。

卖麦情况是,今天的麦价是一公斤1.85元。村民们卖的麦子,有6包、8包、12包、15包。按有15包麦的农户计算,15包×40公斤/包＝600公斤,600公斤×1.85元/公斤＝1110元。

买上农用化肥拉运回来作为大春用肥。农夫们的大小春之收入是一笔收入,但支出农业成本也高。收入也大,开支也大,年头结账,收支两抵,结余没有多少。

2009年5月3日　农历四月初九　星期日　晴

今天是5月3日,我们富民县基督教的每一个月的头一个礼拜是固定为圣餐礼拜。我们富民县东村乡芭蕉箐教会分为芭蕉箐、万宝山、柿花箐三个自然村。信徒要求一个月的圣餐礼拜,轮流下到各自然村的年老病者身边,让他们吃饼纪念主。这是前一个礼拜就当众宣布了的。

今早各自然村吃过早饭,就按各自然村远近的里程到柿花箐聚会点礼拜。现在交通工具方便多了,我村芭蕉箐人员大部分交通工具自理。礼拜是万宝山村王兴仁主持,读经由我村芭蕉箐张秀花读。

2009年5月4日　农历四月初十　星期一　晴

村民农活中心工作是为点种玉米而运送农家粪料、背粪、开沟(用牛犁开沟)。已备妥肥料的农户,都已进入正式点种苞谷的季节了。我自己也正式开始点种苞谷。劳动工作中,在山地,陡地始终慢一些,工作中始终困难些。经一整天的辛勤努力劳动,大约点种下一亩半山地。

全村点种苞谷,进展缓慢。因农事多多,有的收麦子,有的还没收完。有的刚栽完稻秧,几天时间就要转入点种苞谷,所以正在忙于运送肥料。有些农地交通还不方便,就得用人工背送,幸好是交通不方便的地也少,而大部分是交通方便的。有的农户忙于开山地沟,要先开一沟,然后放种、盖粪、丢化肥，再盖泡土，所以一村子点种步伐不一。不过运送肥料工作也很快，前后一两天的工夫就可以，因为是用大车运送。

晚间，我村召开村民会议，会议内容是有关政府安排给我村浇村道路硬化建设的事情。经费拨给石桥村委会 10 万元。据说 10 万元只够浇村道路 500 米。所以 10 万元是短缺了，有多少钱就做多少事。召集村民研究浇我村硬化道路的事情，是说交工庆典聚餐的伙食怎么办。是否由我村村民乐捐？村民有 44 户，只到了 22 户，所以没有做决定，只是向大家通知一下情况和任务。

2009 年 5 月 5 日　农历四月十一日　星期二　晴

村农活中心工作是点种玉米。我村农事活动情况是，大部分人几乎集中从山顶片区点种下来，就是说，先点种较远的山地。不但自己家附近的，邻近村寨亲戚，都来协助帮忙。

大儿张学全家的孙女张多加，在昆校读中专，毕业后在幼师实习中。外祖父外祖母为支持孙女张多加读昆校，让给土地耕耘。同时，农业生产上，也投工投劳，支持大儿张学全，好共同协力支持张多加念好书。所以今天外祖母、外祖父、小舅都来协助点苞谷。几天中还出动一架犁牛来开沟，便于点苞谷。

我自己的农活工作，也是从山顶片区忙起。先是打算人工开沟，幸好四儿张学德、五儿张学祥，今天也正准备到山顶地片区开地沟。一去，就主动先开我俩老人的山地，好极了。我准备从山地里回家背农用化肥和苞谷种去点种，我家父儿就在一个片区点种。路过三儿张学忠面前，他问我去干什么，我说，回家拿苞谷种和化肥。他便说，你来替我盖苞谷种，我乘摩托车回家帮你拿来。我说，好啊。我就替三儿盖苞谷。车子真快，大约 30 分钟摩托车跑一趟，就帮我把苞谷籽和农用化肥拿到山顶片区来了。三儿便对我说，你去点种你的苞谷，我来盖我的苞谷。记述这事是说，现代交通工具发达，已应用到农业生产上了，减轻了劳动强度，为农业服务提供了优先条件。

2009年5月6日　农历四月十二日　星期三　晴

我村发生一起纠纷案。我家有一片经济林木，主要是板栗树，从凹脚到山顶梁上，结的板栗（指北边）总共达100多公斤。最近两三年内与我村民龙××发生了冲突，他家采取恶式手段，砍树开荒强行填占。去年今年曾发生他家所开的地，接我的耕地处，把我家所栽上的核桃苗拔出或是破坏折断，这事发生了多次。

今天突然发生的情况是，我在这片荒山零星木上头，就是接我的板栗地处扩了20米。龙××因过路，看见我在我的地边扩点来耕地，他误以为我是在吞占他家的山场，他便凶狠地下毒心，采取强占措施，用一个晚上的时间，开来他的农用车，找来十多人把这片密林砍光，天亮前拉回家收好。

天亮后，儿子们送点苞谷所用的化肥经过此地，才发现这小片树已被砍光了。四儿张学德又是石桥村委会的林业员，怕事涉及大，告诉了东村乡。林业站长上来看看情况，他们来后，据说没有足够证据，只说算了。

2009年5月7日　农历四月十三日　星期四　晴

村纠纷案发展中。今天我在整理刚扩开的耕地，清理并打塘开沟（用人工），点种苞谷。昨天那个龙家，已砍我的树木83棵。昨天乡林业站长数点，地面积约四五分。已在现场做了拍照。今天，他家拼凑得有七八人，赶着一架犁牛，就来开刚砍除的这片山地，意思是以足够的力量来维护，以达成目的。

恩将仇报。自己对他，既无冤无仇，还曾施过关爱情意，善待果木树，嫁接果树，赠送果树秧苗木，有喜送礼祝贺，也属亲戚关系。我们的父母是亲兄妹关系，只因信仰不稳定而渐渐变坏，导致他没有人性，成为这样的人。他多年侵占了我的合法山场，还到处宣扬是我侵占他家山场，砍了他家的树等。

2009 年 5 月 8 日　农历四月十四日　星期五　晴

东村街天，我村出动一张大车，顺带几包大小麦出卖。小麦卖一公斤 1.85 元，大麦卖一公斤 1.4 元。都是为购买农用化肥、甜瓜种而变卖这些大小麦，这些农用物资都是等待使用的。

配合县统战部下乡考察宗教、派别情况。电话通知，叫我们教会负责人陪领导到汉族村响石村，了解信教中的三自信徒和家庭聚会活动情况，特别针对家庭聚会是否正常，合乎逻辑，是否有利于社会人际之美德。

结果是响石村家庭聚会处，有一家残疾人张××，原已通知过叫今天等候县统战领导的到来，结果他家的门已关上了，并且已将门外销了。再转到石桥村张××家处打听询问，也没有找到人。

2009 年 5 月 9 日　农历四月十五日　星期六　晴

村农事多多。虽然久晴不雨，按节令，5 月 5 号已进入立夏季节了。村村寨寨的农夫们都在忙于备耕备种的农事工作，而且越干越欢，因为那是一年之际劳动播种繁忙的季节。村农户们都忙于点种玉米，点种近代新引进的甜瓜，有的在挖甜瓜塘，有的点放肥料准备点种甜瓜。

我自己的农活工作是点种甜瓜，山地是坡地、陡地，又在太阳暴晒下劳动，较艰苦。经二人辛勤努力劳动了一个整天，完成了山脚下片区的地，面积约有一亩。

五儿张学祥的农事活儿是种苞谷，仍然是在山脚下点种，约有一亩半，年轻人点种苞谷就比我们老人效率高多了。在山脚这一个片区已工作了几天，先是种甜瓜，甜瓜种完了，所以今天就转入种苞谷，二人一直坚持工作，终于完成了这个片区。

村民张会成家的农活计是挖瓜塘，他家外祖父母也来帮忙。三人挖了一个整天，也是在这片区挖，到晚也是完成了两亩半山地。

2009年5月10日　农历四月十六日　星期日　晴

我们教会部署一项圣工，就是安排仓浦箐聚会点增补一名礼拜长和一位妇女执事。他们已推荐，有两份表格，需要送去，叫他们填写一下，往县上报。早上9点，我们教会四人乘两张摩托车前往。方向是从我村出发，往南边，经过石桥、大木板村、中民村委会，偏往东南方向。我们时速20公里，10点我们到了目的地仓浦箐。到达时，他们给我们做早饭。我们吃过早饭，休息够，喝够水，再参加他们白天礼拜。他们的李忠华执事主持礼拜，张学祥读经，苏天能讲道，我主持圣餐礼拜。礼拜休会后，他们仍然为参加礼拜人员做晚饭，请大家吃晚饭。饭席是当然摆满菜。因原先我们从电话中也联系过，所以他们特为我们做好准备。

我们离开那里出来的时候，到了瓦房来找方正才执事。他已搬迁往山脚下一公里多处，是深山老林里，好不容易才找到他家，他本人没有在家。把有关事工告诉他妻子，他回来时再转告他。交通不方便，我们的摩托车开到山脚，只能一人骑着上来，我们三人走小便道，出来到公路候车。幸好回来时，从石桥村委会一直到我们苗民柿花箐村的公路，是刚刚浇好的黑色路面，所以我们回到家时，太阳刚落山。

2009年5月11日　农历四月十七日　星期一　晴

村民农活计是点种苞谷，点种甜瓜，有的开沟打塘，正忙于点种苞谷的准备工作，是边种边准备。我自己的农活计是挖塘和点种甜瓜。由于山地太窄，所以打塘只好挖密一点。两人分头工作，老伴点种甜瓜。久晴不雨的天气，干燥炎热，阳光暴晒，为珍惜时间，我们很少休息，在地里劳动工作几乎早出晚归，突击播种。

久晴不雨，人们仍然辛勤为播好种而奔波忙碌着，是历年已有了经验教训，雨前播下的禾苗清秀，利于庄稼生长。而且农活已轻松了，给人们足够时间来料理农务活计。雨后播种，时间紧，任务重，农用物资（农家粪）一时无法顺利运送到地里。雨后路滑，运输操作劳动进度慢，有时还要一段时间，天才晴得开，就得耽误一些时间。近代的农活计已很有规律了，必须这样做，使农活轻省。

上述生产工作是代表性的，是家家户户都正忙于准备的。种植甜瓜是我村发展经济作物的一个新的项目，去年我村试种甜瓜的农户有5户，而今年扩展到20户，是已有进步已有所突破。

2009年5月12日　农历四月十八日　星期二　晴

县统战部部长从电话中通知我们教会负责人参与协调教会工作。参与人员有县统战部领导、小郑、一位驾驶员等三人，县国保大队二人，基督人士龙圣华、张学德等七人。

具体情况是，东村乡东在村委响石村（汉族）有信基督教，教徒十多人。由于受温州小群的影响，十多人分为两派别，三自教会和家庭集会。经龙圣华做工作，家庭聚会处的残疾人张建华表示愿意一村十多人合并为三自教会。另一个情况是，征求他们的意见，是归属款庄西山教会管辖呢，还是归属东村乡石桥芭蕉箐呢？为此情况，县统战部通知我们教会也到现场参与协调、掌握情况。结果今天到现场时情况变了。家庭集会说如果合并大权要交给他们，否则不必合并。协调工作难度大，几乎用去了整天的时间。他们的结论是，家庭集会要合并进三自教会，就得将大权交给他们，否则合并不了。政府有关人员只说："再给你们两个星期的时间考虑再答复我们。"

2009年5月13日　农历四月十九日　星期三　晴

村民张约瑟家收麦子，是请三儿张学忠的大车帮助运输。因麦子是种于山顶片区，张约瑟是我的侄孙，是家人，我们也很愿意协助帮忙他的农活工作。所以，不但协助帮忙拉运，还帮他家摆于晒场上，帮他家碾压好。他妈妈还工去了，打麦、收麦、筛麦，一般妇女来做就比较出活计，张约瑟两个哥弟来做就生疏些。老伴看在眼里放在心上，赶紧到场协助帮忙。用去很长时间，才做完收麦活计。

这段时间，不应没有收完麦子了，没收完原因是劳动力单薄，都没有能力（因三伯儿张学华已死）。麦子都没有种在时候上，等种下时，时节都已是太迟了，所以会有这几天收麦子的事。另一个情况除非是高寒山区，麦子种得早，它就是要推迟到现在成熟。不论是劳动力强弱，农业生产都讲季节，什么农事都应有时间性。年时不同，有些年时，透雨来得早些，万一没有收完麦子，就麻烦了。不过上述的情况是极少的。

2009年5月14日　农历四月二十日　星期四　晴

村民龙兴祥家点苞谷，出动劳动力7人，经一天的辛勤努力已种下7亩，点种的进度也是比较快的。这一组的农业生产几乎是长期联合互助帮忙，是家族、亲戚、哥弟、姐妹联合行动。他家的亲戚分布于麻栎树村、芭蕉箐村。今天点苞谷的农活，人员都是来自两个村的。这种互助帮忙的精神也很好，劳动力比较单薄或是老弱病残者都可顾及、都可保险。

另一方面的情况是，大部分村民喜欢单干。减轻生活待遇负担，也不用还他人的工天，劳动工作中早出晚归，劳动效率当然也高也好。所以应该说联合搞生产也好，或是没有必要就自己行动，慢慢种，效果当然也好。这就要看情况行事，征求村民亲戚密友的需要或是量力而行。

村民龙福祥种苞谷，劳动力4人，已点种下四亩山地，就等于1人已种下一亩地。生活就可以简便，劳动工效当然也高。

2009年5月15日　农历四月二十一日　星期五　晴

村农活中心仍然集中精力突击种山顶片区的苞谷，开始种，在后种都是山顶片区的耕地，这个片区的耕地可能占我村耕地的67%—70%面积，有的村农户就占有优势的广阔山场，随着农业生产的发展和经济的搞活，荒山生地面积也猛增，所以形成开始种和在后种，都是在这个片区种。

村民五伲儿媳王××寡妇，今天已种完这个片区，也是已完成了全年的苞谷点种任务。点种大春苞谷任务的完成，当然有关亲戚都关注她的生产和生活，该支持该协助都尽量地帮助了她，特别是她的父母和哥弟也是尽量地支持。

她今天很晚才收工回来，所以一般辛勤农民都比较熟悉农业生产和珍惜时间和劳动力，手上活计进度效率一般都比较高，一个人等于几个人的工作效率。

2009年5月16日　农历四月二十二日　星期六　晴

村民赶鸡街。我村村民乘摩托车、小型拖拉机上街。村民张学友到鸡街是卖小猪，小猪有6只。今天鸡街小猪市场价一般，比较好的可卖到一公斤10元。每只小猪重量也只有十多公斤，6只小猪卖得600多元。一早刚开年，小猪可卖到一公斤25元，而现在只卖原来的一半价。

四儿媳和我们二老人是上街买麦面，麦面价，原来面粉是一公斤3元。如果能买一包，一包重量是25公斤，只收每公斤2.8元，而今年就提升到一公斤3.5元。原来的情况是，我们生产队都自有面粉机而自己本队加工，现在发现我们从粮店买回的麦面粉，称为"特精粉"，口味好多了。我们尽了最大努力，也只是买上10多公斤。

我们赶鸡街是乘姑爷柿花箐王兴理家的小拖拉机上街。由于历年交警堵车，我们乘小拖拉机，在离鸡街还差300多米的地方，就得提前下车走路，提防交警堵车、罚款，交通行驶受限制、受阻碍，真麻烦，不方便。小拖拉机有时帮村邻拉粮食，拉小猪上街，还不敢拉运猪的主人哩。这些实际困难，政府有关人员应有所理解。

2009 年 5 月 17 日　农历四月二十三日　星期日　晴

今天，协调家庭集会问题。

2009 年 5 月 18 日　农历四月二十四日　星期一　雨

张大卫、杨天祥用摩托车运送麦子到东村街。一张摩托车运送两包，每包约重 40 公斤，两包重量 80 公斤 ×1.9 元／公斤 = 152 元。两户所卖的麦子，都在这个数目范围。

农夫们的农业生产成本很大。卖麦子一般都是急需用钱用于农业生产。播种时期也要钱，薅锄开始也要买农用化肥，农业生产管理期间也要买农药，所以开支比较大。农用物资也随时涨价，到头来收支两抵，结余就没有多少了。

其他村的农活是继续点种苞谷。80% 的农户已点种完，很快已是轻松了。几天中，点种的，只是零星的田边地角了。有时，点种大面积的还快，而点种零星的地块还慢，不过总要轻松。今天点种的农户有侄儿张学光家，方式都是哥弟相组织联合协助，又是在山顶片区，路途又远，又是大面积点种，当然有充足的劳动力更好。

2009 年 5 月 19 日　农历四月二十五日　星期二　雨

久晴不雨，5 月 1 号下了一整天雨后，直到昨天 18 号下午 3：30 时，才又下了 10 多分钟的大雨。接连在昨晚又下了一个半夜的雨。今天一直到中午几乎都下着雨，约到了下午 1：30 时，才停了雨。

待雨已久的村民活跃起来了。耕地少的农户已点完苞谷，还没种完苞谷的农户雨后充满信心，又开始忙碌起来。开挖地沟的农户就比较好操作，无论劳动力多或少都很方便。今天几乎全体村民都行动，刚下过透雨，农夫们满有信心，干劲十足地从事农业生产。

村民张学祥家是在山脚片区点种甜瓜，是晴天打塘，放好肥料，理好堆，待有透雨天，只要放下种就行。约有二亩地，用一天的工夫就种好。

大部分的村民土地不论多或少都比较看重季节、时间，着手大春播种，出色地完成了点种任务。没有完成的农户因有透雨的推动，也随着忙碌起来。几天的生产进度就更好。工作中，都是早出晚归，珍惜时间，力求早日种完。

2009年5月20日　农历四月二十六日　星期三　晴

张会学妻子因病几度到医院就医，出院，休养，仍不见好转。经亲友介绍，又到禄劝县医院检查，还介绍叫转到昆明大医院动手术。春播农业生产当然受影响，没有充足的劳动力和时间料理农务事工，5月18号又从禄劝医院回家，几天中尽自己所能料理农事工作，点种苞谷。五儿张学祥趁自己种完之际，抽时间，今天去帮助点苞谷。一有增援力量，双方信心、干劲更十足地从事于劳动。今天的劳动工效情况是，4人点种苞谷，又点种花生。一般强劳动，每人每天点种工效都保持在可以点种完一亩山地。

人们的生产生活都是量力而行。在人际生活中，工作劳动都实在无法统一。今天的点种苞谷，没有买回苞谷种，只是用去年种下的，等于是第二代，效力不怎么好，而且种苞谷时，没有施底肥。今年因为遭灾到医院治病，费钱费时费力，病情也不得痊愈，而历年也用老旧方式搞农业生产，已经有二三十年的历史了，很可能要第三代人才能改进。不知为什么，很可能与科技知识有关。我们自己每遇到失败，都总结失败原因，并且改进。

2009年5月21日　农历四月二十七日　星期四　晴

东村乡政府召开各村委村主任会议，时间一天，内容是当前我东村乡板栗树遭病虫害特别严重的问题。我东村乡板栗种植80年，达3万余亩，约70多万株，年产3000多吨，产值1500万元。近年来出现大面积受害枯死，林业部门统计，受损100多户，死亡800多株，造成直接经济损失20万元，受害板栗死亡率达75%。在我乡党委和人民政府的领导下，号召全乡人民立即行动起来，防治救灾，实施防治病虫害的多种方案和措施。

灯光诱杀是其中一种，在成虫期，利用成虫趋光的特点，晚上8点到早上6点，在板栗园采用频振式蓝光诱杀。灯下挖坑（直径约1米），铺膜做成临时性水盆，加满水后再用微量机油漂浮，封闭水面，傍晚开灯诱集，清晨捞出死虫，并捕杀未落入水中的活虫。

政府高度重视，积极提供防治板栗病虫害的措施。今天乡长在会议上答应购买这些设备，每套灯具补助100元，并争取省、市政府领导的支持。据说，灯具设备一套价格是900多元，我村40户，只有我家报名要，订钱暂交200元，买来灯具再补收。方法是好，可惜灯具太贵，农民买不起。政府关心应该关心到村委、到农户，落实到基层才行。

2009年5月22日　农历四月二十八日　星期五　晴

按东村乡政府领导的工作安排，登记各个村委各个自然村参与购买防板栗病虫害灯具的农户有多少户。统计好后，今天到村委或是乡政府汇报情况。三儿张学忠开两缸车到东村街，一是汇报情况，二是我们教会过半年感恩，又是按立6位执事，即石桥村、仓浦箐村、麻栎树村三村的6位执事，所以就需办两餐伙食，就是星期天早、晚各一餐，又买办伙食、用菜拉运回来。

为防板栗病虫害而买灯具，我村40户中，我家父儿5户计划买一罩，其他农户没有参与。原因是板栗株数不算多，是几十株，但是灯具就要费900多元，对于农户们来说，怎能值得买呢？如果村民五六户或是十户，合资买一罩也好，但也难组合，农夫们的生活成本也太大。所以在农业生产、果木树的防御病虫害方面，实在没有能力防御。据说，一盏灯，开灯一晚可以收集30亩板栗园的栽秧虫。栽秧虫，是指这些虫害发生在栽稻田秧苗季节上。那么，我们一个自然村，政府给一罩灯就可以解决了。

2009年5月23日　农历四月二十九日　星期六　晴

村民张会学种苞谷，是我们家族哥弟协助点种。劳动人员出动十多人帮助他家种苞谷，约点种了七八亩地。他家历年生产点种，一般只用点农家粪，所以点种苞谷也会节省几个劳动力。他家历年农业生产播种、点种需要选定日子，动用食粮也都得在月初开仓用粮，否则就不经用。他家今年长时期都在病患中，生产家事都已推迟了，都需要他人来帮助。本小组对这困难户也考虑过，但又怕我们行动时，他家还没决定时日，始终怕给别人造成困难。所以是我们迟误，但我们也不好主动行动。只好说我们对他人也管得不够。

一人有困难，需要他人来关怀、来帮助。自己也无能，也没有尽自己的全部所能来做些关怀工作，只做了点微薄的情意，就是当他家住院时，本小组（人员也不多）只做了小小的献爱心活动，捐得300元，派出二人代表到昆明医院看望，出动少量人员一两次的帮助割麦，点种苞谷。

2009年5月24日　农历五月初一　星期日　雨转晴

我们教会过半年感恩赞美活动。

2009年5月25日　农历五月初二　星期一　晴

我村道路从村中直达东鸡公路（富民至寻甸）。两县间公路有4公里。去年市政府解决了铺石砂路的经费，也已铺好。政府关心地投入，我村村民也勤劳配合，积极参与各级政府的投入，而建好我村公路。这小小的成就来之不易，需要珍惜，管好用好，对我们人民、社会事宜做贡献。

我村今天号召一户出动一个劳动力，对我村公路整段路线挖防洪沟。原先已挖好的，清除落叶、污泥、木渣，保持公路在进入雨水季节，得以保养和长期使用。全村42户，参与维修投工投劳的人员有24人，也就是等于有24户。

不论什么地区，或什么事物，在人群中，都难以得到一个统一的思想和看法。先进的事物，70%的人会表示支持、拥护、参与，20%的人会不支持也不反对，10%的人会表示反对和敌视，即使是在合乎情理的事物中也如此，因为他们个性强。在社会人际中，都有困难。我们只有在困难中行事，尽上自己的职能为人民服务。

2009年5月26日　农历五月初三　星期二　晴

村民农活计，点种黄豆。村民杨兴明今天使用一架犁牛点种黄豆，约有一亩山地。今年需要给他兄弟杨兴友办娶婚喜事，需要黄豆，就在山里一块地上种上黄豆。黄豆属于经济作物，价格连年都有所提高，黄豆、豌豆一般都卖一公斤3元左右。农民都说，农业生产成本太大，年收支两抵，几乎没有多少结余，所以要办婚喜事，自己能生产的就自己解决，比如花生、黄豆、洋芋片、土鸡，出于自己手中，就可省些钱了。能够自己产的就尽量想办法，自己没有的物资就去买。

大村子，如嵩明县凸董箐（苗族），我县小水井，办婚喜事，据说开支伙食达10000元，娶亲礼品价值又需5000元，两项合计15000元哩。当然我们小地方，小村庄，开支只达他们的一半。

村民张约瑟家种苞谷，使用一架犁牛，点种方式是跟牛点。当然这种方法快，但耕地瘦弱，很不出产，属于扩种了，有籽种就种上，能收多少就要多少。我们要珍惜土地。

2009年5月27日　农历五月初四　星期三　晴

晚5点，孙子孙女们都从学校里放假回来。我便问孩子们，怎么你们都回来啦？孩子们回答说，因为明天放假。我说，放什么假？孩子们说，因明天过节。五月初五是每年的端午节，孩子们这样说。我们便想，明天已是端午节。端午节,是乡村人们喜欢过的节,远近的乡亲、亲戚、友人都喜欢请客吃饭,家人都喜欢团聚一起,分享亲戚友人的情谊。

众所周知,节日佳节要走访探亲。由于电信事业的快速发展,亲戚友人都互相打电话请客,乡村学校老师都给孩子们放假回家团聚。平日礼拜六,远近的学生家长都用交通工具接送自己的孩子,而今天学校放假,孩子们也没有给家里人打电话,从祖库小学步行了7公里的路程回到家。孩子们年龄又小,由于天晴太阳的暴晒,公路路面也被晒烫了,竟走了7公里,真是不容易。

2009年5月28日 农历五月初五 星期四 晴

为过好节日,家家户户都得做些准备工作。从昨晚就忙于准备,有的杀鸡,有的一早就上街给家人、孩子们买上节日用品,特别是肉食,供一家享用。今天东村、鸡街都是街天,所以非常方便。又有交通工具,比如摩托车,几乎是普遍使用。节日,人们都喜欢上街买礼物。学校放假,学生一般都被带上街游玩,买物品和零食。

在赶集中,寻甸县、富民县人都说端午节两县学校都是放三天假。过节日,民族友人互相请客赴席,非常忙碌。村公路上,摩托车运送赴席友人而来来往往,显出过节气象。

村民张学全家两人因领到低保1500元,趁此机会,就安排搞自己的个人住房。张学全时常患病,又要供两个子女上学,住房也早已成为危房,待有能力需要维修。1500元不够,三间瓦房,换成空心砖,起码需要4000元哩。尽管建房经费不够,但暂时买上点建房材料搁着,也就是把材料、物力储备起来。

2009年5月29日 农历五月初六 星期五 小雨

村民张学全购买建房材料空心砖,计划数量1500块。昨天出动了3张大车拉运建房材料,每张拉运200块砖,3张×200块/张=600块砖。

昨天吃晚饭时约好三张车今早仍去拉运一趟。所以今早6点他们出车往鸡街拉运砖块，运输里程是一个单边有17公里，往返就有34公里。由于社会的进步，东鸡公路（寻甸县鸡街到富民县东村的公路）现已浇成黑色路面了，车辆行驶非常便利。

6点，他们出车，10点三张车子就运载建房砖回到了家。他坚持下完砖才休息吃早饭。中下午，已下起小雨来。久晴少雨，农历五月初六，这才是正式稳下起透雨来。眼看已有几天的雨水天气了，我们就忙于做些农事准备工作，就是到山地里把地边的苞谷草背些回来存好，以后垫圈用。有的上山搂落树叶，有的到地里补种。因天年雨量少，已种下的籽种，有部分就不出。

每当天气变化，将有雨水天气时，人们都有所预知，如风流气象、旋风的出现，风向突然从北向南扩等等，农家也比较熟知气象规律。

2009年5月30日　农历五月初七　星期六　阴

农历五月初五是端午节，乡村人民普遍庆祝，人员流动往来探亲的佳节，同时也是彼此分享生活中的关爱和幸福。我村地处海拔低、气候温和的地方，有特别的农作物土产，如花生、土瓜、甘蔗，三五月的桃、大树杨梅等。我们作为父母，也挂念远方的孙女们（女儿嫁于嵩明县、凸董箐的苗族）；小孙女们也念着我们的。我们也就带点早桃、大树杨梅到他们家中，也让他们得以品尝，享亲人之温暖。

28号，我送老伴经17公里到鸡街，到姑娘家做客一天。而今天又从那户乘客车达鸡街，姑爷原来已定好，今天用摩托车到鸡街接她回来，由于远近处的交通公路已逐年建好，所以老伴到了家，时间也只是中午12点。

此次探亲，小小活动，就如俗语说的"千里送鹅毛，礼轻情意重"。人际亲戚友人的关爱来往，往往就是如此道理，礼物虽小，但所付出的代价却大，人们也只有用这种方式来表达人间的友爱。

2009 年 5 月 31 日　农历五月初八　星期日　小雨
教会过礼拜宗教生活。

2009 年 6 月 1 日　农历五月初九　星期一　晴
学校过 6 月 1 日儿童节，祖库小学是我东村乡祖库村委和石桥村委两个村委会儿童集中读书的小学校。我石桥村委会仅是我芭蕉箐（苗族）的儿童在此读书。

祖库小学老师安排今天欢度 6 月 1 日的儿童节，安排有歌舞会，表演节目，学生苗族姑娘还特别排练歌舞蹈节目，学校里有三位苗族老师参与授课。苗族姑娘有舞蹈的特长，要她们在节日献舞蹈节目，只要把任务交给她们并给时间，到时，她们就可拿出节目来。学生的家长们都去欣赏歌舞欢乐节目。柿花箐村是开一张小型拖拉机运载孩子们的家长去，我们芭蕉箐村是张学忠和媳妇两人去观赏。

歌唱、舞蹈，在苗家可以说是有着悠久的历史，也是我们苗民的特长、喜好。

村民六农户组织挖扩修山通路。因村子上边有耕地没有车路，要改造扩修好使用摩托车运送地里的粮食回家。由他们六户使用。已出工昨天、今天两天了。

2009 年 6 月 2 日　农历五月初十　星期二　多云
村农活计，薅洋芋。趁苞谷还没有长齐、长高之时，农活计转入薅锄洋芋。由于雨量少和耕地的深浅、肥瘦、干湿不均匀之故，长势也就不一。进入洋芋薅锄已有几天了，几天中的农事工作中心就是薅锄洋芋。

村民龙兴德、张学光、张大卫、张学全等多户，都已从事于薅锄洋芋。历年的经验是面积多用牛犁沟（要使独牛犁），这样省事又快。犁后不妥之处再用人工理理就行。面积少的农户，当然要用人工薅锄。有的农户比较认真，所以他也要用人工薅锄。

5月21号动员号召预防板栗病虫害会议，号召购买1000元的灯具诱杀虫害，报名购买的农户要暂交订款200元。今天通知订购的农户到各个村委会领取，灯具价仍是1000元。各级政府有无补助款还不知道。灯具1000元，太昂贵。我家父儿五户，报名是买一罩。一户就得出200元。5户板栗年均收入1万元。试想，一个乡镇，一个村委会有几户买得起？

2009年6月3日　农历五月十一日　星期三　晴

村民张学道和他父亲张正德，到鸡街卖栗子。昨天二人摘得60公斤，今天的卖价是每公斤卖1.5元，1.5元／公斤×60公斤＝90元。

各行各业都在飞跃发展。市场上各种果子，香蕉、西瓜、早桃、栗子、大杨梅，数量很多。几天中都没有小雨，非常有利于销售水果。假如运气不好，遇着有雨天气，水果价格就不行，买果子的人就少。所以今天卖水果是良机。

我村的农活事工是继续薅锄洋芋。我村洋芋都是种于山顶片区，路途比较远。单人独立的寡妇，又有孩子，所以就更珍惜时间，都是早出晚归地坚持工作劳动。

我自己的农活计也是薅锄洋芋。三月有透雨，十月就干。雨量太少就影响洋芋的正常生长。气象规律说，三月下透雨，四月晒河床。所以四月份就雨量少，我们今天薅洋芋，洋芋大部分已在扬花期，还有少部分是刚刚出土，就是说长势不一。种洋芋地的面积有一亩多，经我们辛勤努力，到下午4点，我们已完成薅洋芋任务。

2009年6月4日　农历五月十二日　星期四　晴

教会唱诗班的基本任务是有年节活动、有邀请或是有接待工作就要每周礼拜二、四两个晚上排练诗和节目。如没有任务只是准备每周礼拜天崇拜时献诗，只占用星期四一个晚上排练就可以了。

潘正德是我们教会的人员，5月30日在广州培训学习中打来电话说，他们学校的神学生分成几个队，他也被安排带一队广州学员来拜访我们教会，唱诗班献唱和歌唱恩赐。接到电话，在礼拜天聚会礼拜中，我便号召所有的唱诗班要积极参与、练诗学习。平时本教会崇拜献诗由张正福主领，但诗班出外和对外事工由张约瑟主领、设计项目并严格培训。

约6月末的时候，他们校院师生就要来拜访我们教会。目的是相互勉励、取长补短、共同提高，促进内地和我们边远民族教会的友谊往来。

2009年6月5日　农历五月十三日　星期五　晴

我们民族有喜好游猎的习俗风情。历年每到农历五月份，箐鸡（野箐鸡）就可孵出小箐鸡，把一只小箐鸡在家养大，称育子；用育子把野箐鸡引来，用扣子勒住，就又抓到一只新的野箐鸡，好的就可卖到五六百元。值多少钱无所谓，问题是喜好。由于喜好就肯付出代价去找索，不管出工天多少，而且我们已有丰富的经验，在某一片山箐地带就有百分之八十的把握找得到。

今天我村张学德、杨光友和一位亲戚，他们三人相约去找索。现在就方便多了，远近都是乘摩托车去。方向是从我村往西走五公里，经过一条河就到了那山箐。只是箐鸡数量太少，因为找寻的人多，加之山林未得到保护，林区林场面积逐年缩小，实在不利飞禽走兽的生存。另一组二人张学会、张约荣，去寻甸县鸡街坝子找寻。找到三只，张约荣拿二只，张学全得一只。

不论有收获或无收获都是民族的一种游猎玩艺。前面论述到，在年高峰时，平均日收入达60元哩，超过我们找工、给他人薅锄苞谷的日工资30元。

2009年6月6日　农历五月十四日　星期六　晴

村里农户卖竹子，做烟杆材料，预定用于烤房烟杆。竹子材料的规格是，每根长为5市尺，每根给0.30元或0.35元。几乎全村村民都安排了个数字——你家砍多少根，他家砍多少根。购买烟杆三四千根，订购货主是邻近村杨嘎哩（汉族）的何玉林。给两天时间，即6月5日和6日砍好，准时在7日，大车开进村来拉运，并给竹子钱。竹子烟杆长度为5市尺，是中号竹子。一棵竹子可断得3根烟杆，3根×0.3元／根＝0.9元，就是一棵的价钱。

按市场价，逐年有所提价涨价。有话说水涨船高。我们乡村农民的物价也应随着有所提高。关键在于双方联系人，应讨价还价，先讲妥说好。小白竹市价应稳定于一棵1.00元或是一棵1.20元。

2009年6月7日　农历五月十五日　星期日　晴

教会过宗教生活，今天的活动情况是，我们教会，最近为方便老弱病残者参与活动，暂定一个月的圣餐礼拜下到一个自然村聚会点发领。第一个就是芭蕉箐村（大教堂），第二个是柿花箐村，第三个是万宝山村，我们教会今天的圣餐礼拜是到万宝山村举行。

2009年6月8日　农历五月十六日　星期一　晴

村民农活计，仍进行薅洋芋。一块地里生长的洋芋，耐潮处长势好，已在扬花期，干旱处是刚好出土，长势就不一。

从事于薅锄苞谷的农户情况是，农历五月十六仍处于缺雨期，农地里的庄稼长不起来，但由于耕地面积多，苗禾还小也管不了，陆续薅起。俗话说："笨鸟先飞。"所以什么工作我们都得打主动仗，这样在某种程度上也算减轻了我们的薅锄任务。

村民张学德的农活计是拉运水浇甜瓜，是用两个塑料桶，用摩托车运送去浇已种下的甜瓜。路程有一公里多，当然轻省。难处是地形陡，工作中困难些；另外一个困难是，大面积的浇灌费时费力。因雨水迟迟不来，只是无可奈何试浇一天。浇是浇得完，只是要多花时间多出力气。

其他村民的农活已轰轰烈烈地,不约而同地投入薅锄,都是早出晚归,珍惜一分一秒的时间投入农事,力争早日完成大春薅锄任务。

2009 年 6 月 9 日　农历五月十七日　星期二　晴

韩国宣教士大力投资投劳,对我国宣教和扶贫,开办慈善事业,援助中国。开办短期培训班,9 至 11 号,在禄劝县西龙村委大平地银凸山村开办了 3 天培训学经班。学员是附近两县几个邻近的苗族村,临时拼凑 15 至 20 人参与听道学习,本堂的教牧人员愿参与学习者不限。我们芭蕉菁教会人员张学德、张学祥二人参与学习听课,昨天晚上就应赶往银凸山村报到,但两人是今早 7∶00 时乘摩托车前去参与听课的。

2009 年 6 月 10 日　农历五月十八日　星期三　阴

村民活动,仍是薅锄苞谷,同时薅锄山顶、山腰、山脚三个片区的农地苞谷。全村几天以来就忙于薅锄苞谷,都是尽力而为,"笨鸟先飞",如村民杨光才家,为早日完成苞谷薅锄任务,也为完成当天应薅锄的面积,今早天刚亮就喂好鸡、猪,牵着牛,由于喜好雀鸟,又提了雀鸟,上地里干活去了。可见,都是打主动仗,都是早出晚归地从事于劳动。要胜任和完成一年的农事工作,就得付出这样的辛勤,这样吃苦耐劳的精神不可。

年轻人这样辛勤,这样吃苦耐劳,是很好的。并且,还应成为多面手,科技、技术人才,不但是劳动能手,也是高科技人员。现在的情况是,虽然进行正常的农事活动,但负担过重,精力分散,效力不佳。比如,一个农夫一天的农活事工任务很繁重,必须付出很多的辛劳和代价。而要上地里干活,拉着一头牛,提着两笼雀鸟,妻子带着劳动工具,还要背着一个养鸟专用的大纸箱,这就好像是多中心任务,就是过分的分散精力。

2009年6月11日　农历五月十九日　星期四　晴

6月9日，我们教会两学员参与培训学习，初步知晓了有关情况。今天，我们教会张学德、张学祥两人参与学习，完成了3天的听课学习任务而乘摩托车从70公里外赶回来。回到家时，天刚黑。这次授课老师来自香港，这位老教授已是高龄了，但讲起道来，精神很好，也讲得很清楚。

2009年6月12日　农历五月二十日　星期五　晴

昨天接到县三自爱国会的通知，叫各堂的三自委员今天上午11：00以前到县三自办公室报到，开县三自委员会会议，会议时间半天。早餐由会议统一安排。一早三儿张学忠用摩托车把我拉到东村镇客运站，我坐客车前往富民县三自办公室参加会议。会议内容：自从我县成立县基督教三自会以来，已有20多年，又经历了多灾多难的时期，两位老牧师蒙召离世，一位年轻牧师因车祸身亡，我县基督教领导机构需要调整换届，这次会议是召集各委员来县三自办领取代表表格，并交代推荐代表资格和要求。县统战部领导解释说，所有要推荐的代表，要能说能讲，能为大家献计献策，出得力，有贡献精神。各地区各教会的名额人数是：永定福音堂7人，冬瓜村教会3人，小水井教会7人，麦地冲教会6人，中干龙潭4人，迤干龙潭4人，笸箕凹教会7人，西山教会6人，大栎树教会6人，莫依龙教会5人，朵木得教会7人，芭蕉箐教会6人，县三自委员会2人。要求6月26日将全县代表名额送到县统战部。

2009年6月13日　农历五月二十一日　星期六　晴

村农活主要的活动有两项：一是薅锄苞谷，二是浇苞谷苗、甜瓜水。由于雨量稀少，农地里的庄稼难以生长，土壤含沙量大、土层浅，禾苗不是长大而是缩小。农夫们无奈，只好尽上自己的所能，都给禾苗浇起水来，已形成一个农活中心，我村几乎一半种甜瓜的农户都浇起水来了。

我家父儿五户，村民龙保罗、张学道、张学光，由于耕地用水的水源有远近，就自然形成不同的困难。用人工浇水，付出代价，还是无济于事，浇一次水，只管得了两三天。虽说浇水解决不了什么，但始终比不浇水好些。

2009年6月14日　农历五月二十二日　星期日　晴

今天礼拜集会，借此时机，安排我们教会推荐的6名基督教代表，并落实到基层聚会点。初步落实的情况是：中民仓浦箐聚会点1人苏金良，祖库村委柿花箐2人王继光、张秀舟，芭蕉箐自然村2人。另一项圣工活动是，我们教会我张正文、张学祥、安绍良同工，组成宣教队行驶单边30公里到我东村乡中民村委仓浦箐聚会点宣道，并发圣餐，纪念耶稣的受死。今天我们在仓浦箐聚会点，我的事工是主持发圣餐。张学祥、安绍良他们讲道。

2009年6月15日　农历五月二十三日　星期一　晴

村民王××参与摩托车驾驶培训，因他是禄劝县来我们芭蕉箐村上门成家，要参加摩托车培训，就需要到禄劝县县城报名，所以只好聘请有驾照的摩托车前往参与，就请了张学祥和他的摩托车参与协助。从我村到禄劝县城单边有63公里，他们在县城吃早餐，6人吃了20元，每人吃了3.30元。

随着社会的进步，人民生活的改善提高，乡村找工、使工的待遇有所提高和改变，聘请技术工都讲待遇，都讲误工补贴。再熟识的亲戚、村邻居、朋友，找工，特别是技术工，待遇也有讲究。即使你不开工钱，你也得安排生活待遇啊？现在的情况几乎是，你聘工又不给人家工资，又不给人家饭吃，难道不懂事理吗？能假装不懂事理或者是不负责任或是不讲信用？俗话说："能相处，就不怕吃亏。"

2009 年 6 月 16 日　农历五月二十四日　星期二　晴

村民张学祥被请去协助我地区小松园摩托车修理处老板张建华，到富民县城办两辆摩托车的手续。一辆摩托车是落户，另一辆是因他家刚出售，买主还没有办齐全证件，12 号被县交警堵车收缴，仍需到县城交警队交罚款，领取摩托车。请我五儿张学祥到富民县城协助。被收缴的摩托车车主也同去县城。收缴的摩托车交警队回复说，原先是他们承办罚款并还车，现在要由上级来处理，所以等上级通知后再通知车主。今天出差的待遇，车主叫五儿张学祥点菜，这餐伙食 2 人用去 83 元，误工补贴是车主付给五儿 50 元作为酬谢或是工资。修理老板张建华聘请我五儿张学祥出差办理，当然也要考虑当天酬谢，不过，还没有听说要给多少。总而言之，人家许诺过是要给的，只不过是时间早晚。

2009 年 6 月 17 日　农历五月二十五日　星期三　晴

村民张学德原先买的农用两缸车是 12000 元，是半新不旧的，从熟识的乡村朋友处买的。现这张车已使用了三年，车功能、动力、机械仍完好，仍可以继续使用。村乡熟识友人喜欢，就叫我们卖给他们。我们的要价仍是 12000 元，买主只给我们 11600 元，四儿张学德也同意了，就卖了。村买主是下坝村人，原先大合作社的时候，下坝、杨嘎哩两个汉族村和芭蕉箐苗族村是一个社队，所以都是熟识人。

目前，富民县东村镇到寻甸县鸡街的公路"东鸡公路"已浇成正规的黑色路面，货车又不许客运，为了要跟上形势，现在把大车卖了，买小车做客运，待经济好转，再购置大车用于建设运输。我们不但力求谋生，也要为自己地区、自己民族争光争气，体现我们国家繁荣富强，人民安居乐业的新貌，我们也不甘做一个落伍的人。

2009 年 6 月 18 日　农历五月二十六日　星期四　晴

我村村内道路硬化工程已得到市政府赵处长批示，答应给 10 万元。

石桥村委早已收到此款，现在是等农活点种完毕或是等锄完二道苞谷后，再施工浇村内道路。村内有两米险路，因雨季冲垮造成，在没有浇路之前需要处理这两米险路。我们昨晚开动员会，叫每户出动一个劳动力到村外找毛石拉运回来，把这两米险路砌好，所以今天出动18个劳动力到村外找石头回来砌。此险路是在我村村民龙兴德家的后墙，埂陡并且狭窄，妨碍施工，所以经一天的工作，都没有砌好。

村民大部分积极响应村里的号召，村里有什么号召，有什么事工任务，只要知道都愿意出来协助、帮忙、支持工作。而个别人就不同了，不论是什么事工，总是敌对，总是反对，因为他们反对先进，就是从说话、做事都能反映出来。

2009年6月19日　农历五月二十七日　星期五　晴

龙福祥有3头肥猪，今早东村的忠忠来买，猪每头约重80公斤，肥活猪的市价，每公斤卖10元，3头×80公斤／头=240公斤，240公斤×10元／公斤=2400元。买主给到2360元就卖了，少给了40元，40元无所谓。一户农人家现在能有2360元也是大好事，也不错了。俗话说"五荒六月"，就是农夫们最缺钱的季节。该变卖的已卖了，甚至有时还卖粮食呢。所以一家农户能收入2360元是大幸运了，是难得的机遇。

昨天修补的险路塌方，砌石墙还没有完工。今天仍出动15个劳动力，两张大车，拉运毛石砌塌方。由于久晴不雨的天气，人们都是在阳光暴晒下工作。今天的工作情况是，边找毛石边砌石坊，也几乎用去一个整天的时间。最后，经过两天的时间，奋战努力，总算是彻底修整好了。趁着雨水未来之前，薅锄了头道苞谷之际，村务事宜，该投工投劳的就该抓一下，特别是维护本村的公路。要保持全年，但也看工作量安排而定。

2009年6月20日　农历五月二十八日　星期六　晴

女儿嫁在嵩明县凸董箐村，今天要给孙女办出嫁事，因他们的山场已规划为国家育林区，所以办婚喜事的烧柴都得由我们亲戚友人支持。春节时已备好，准备雨季送去，今早把柴从山脚拉运上来搁着。劳动力人员的组织情况是我家父儿出动8人，因为要从山里背到车路上来，才便于上车。经一早上的时间，我们拉运了两车柴，是一张车来回跑了两趟，把堆于山里的两堆柴已拉运完。

村民张学全的住房倒了后墙，因使用多年已成了危房。由于全家的钱都集中供长女和二儿子上学，而把住房摆在次要的位置，待儿女读完书再考虑住房。今晚下午5：00，下了一整场大雨，浸湿了墙脚就倒塌下来。家人正在这间屋做饭，幸好要倒塌时，被家人发现而让开，就没有打着人。发现时是因为听到了动静并看到了掉泥土，能幸免于难。修房建房都望政府给点补助款。民住房的修建原来都有补助款，但是一般都很难要。幸好他家原先就是困难户，有低保收入。

2009年6月21日　农历五月二十九日　星期日　晴

孙儿张良、孙女张秀芳礼拜五19号读完祖库完小六年级，学校联系专车把他们送到东村中学考试，考了整三天的时间。今天我们家长需要开一张车到祖库小学接儿女们，并把孩子们的行李拿回家来。孩子们考完试，学校老师仍安排了专车，由东村中学送回祖库小学。由于我们派出的车子到东村检修耽搁了时间，等车到了祖库小学，孩子们由于不知道情况，已从祖库小学走了7公里路先回到了家。由于是将要下雨的天气，阳光暴晒，孩子们在这种天气下走了7公里路，也是比较辛苦的。

学好文化知识真是不容易，我们所付出的代价也真不少。比如孩子年龄又小，每星期五、星期天都要用摩托车接送。又是花钱。一个孩子几乎都是在学校里度过的，这个时间可以说是漫长的。尽管很艰苦、所付出的代价又那么大，但众所周知文化科技的重要性。我们也只有付出代价来获取知识，不管要付出的代价多大，我们也要把读书学文化当作一项首要的任务来完成。

2009年6月22日　农历五月三十日　星期一　雨

上午9点，东村乡政府电话通知，叫我芭蕉箐一名青年唱诗班人员明天到富民县城参加县文艺歌舞会比赛演出。我们接到电话便叫张约瑟准备去参加试唱和比赛。为打好这一仗，不但村主任转告他，我也亲自去找他并鼓励他，叫他眼光要开阔一点，把他所学到的歌唱水平都要发挥出来，一是为荣耀，二是为我们民族，三是为我们东村乡打好这一仗。

我们东村乡政府的宏伟目标已立为要开发我芭蕉箐民族风情。有关乡人员也询问过，乡政府领导还得再次到我们教会聚会时，来视察、核实、确定。张约瑟作为诗班长，所具备的条件是，参与宣道、培训和传道，几乎跑遍了整个中国大陆；歌唱水平高，善于独唱、边弹吉他边唱；善于唱苗语、汉语、韩语三种语言；善于用美声唱法等。

2009年6月23日　农历闰五月初一　星期二　阴

县上送表格，富民县基督教即将要换届，全县基督教各教会用两个礼拜天推荐代表，落实人员并填好代表表格，按要求6月25号以前，全县统一送到县统战部办公室。我芭蕉箐教会代表名额6人，我们教会已整理好，由张学德今天送往富民县统战部。到县城交表后，趁到县城之际，就顺便买了打印机。晚上5时，四儿张学德和孙儿回到了家，就安装电脑、打印机并试用打印。机件功能很好，工作正常顺利。

随着社会的进步，科技知识也在突飞猛进地发展，电脑科技已成为人们日常生活工作的工具。电脑的发展和应用，已是越来越普遍，并普及到人们的日常生活中。不论是国家政府、工厂单位，目前已成为人们广泛应用的生活工具。如像我们芭蕉箐村苗民农户，已有两台电脑了，我们在积极地攀登高科技。众所周知，科学并不是神秘的，是人人都可以学习和掌握。

2009年6月24日　农历闰五月初二　星期三　晴

今天我们村死了一个人。村民杨光德结婚已满三年，一对夫妻清贫相处，相依为命。只因老外母迷信，曾请过"西波"或"西卜"算过，嘱咐说："你的女儿结婚满三年时就要死了。"可能老外母把这话当作为真理并记在心里，因此借故姑爷待她女儿不好，要把她女儿领走，否则叫姑爷写下保命书。她口口声声就是说这句话。昨晚，双方父母把这对夫妇离婚还是合婚的问题，都已平息好、说好后离开休息了。可能是他人离开后，老外母重新把心底的这些话告诉姑爷，作为加强离婚的理由。天黑之前，杨光德告诉他哥哥杨光才说："我老外母外父说要把我的妻子领走了。并且我妻子也告诉我说她要走了，我俩生的小女孩留给我。"可能杨光德听这些话势头不对劲，真是没希望了，可能真是想不开，在夜里2点时，当着外母、妻子的面，拿下毒农药"百草枯"往外面跑了。事情发生后才到处喊人叫人来找，找着的时候已经喝完一瓶毒药。他家哥弟开来小拖拉机赶紧送往东村医院，到了医院医生打听情况就不接收了，他们只好又转到马街镇医院，医生们帮给打了氧气，叫他们赶紧拉回家。因为凡饮毒药者都难以抢救；只不过又分轻重，又分毒品的种类。所以他家只好转回家来。到家时，村民都去围观，为他伤心。主要亲人半天陪着他，守护在他身旁。下午约4∶00时，离开了人世间。村民都为这年轻死者悲伤难过，因为年纪轻轻的，就悲惨可怜地死亡。

俗语说：没有看见过也听见过，没有听见过也看见过。作为父母，应当胸怀宽广，对任何事物多加忍耐。万不能轻易地把一个年轻人置于死地，要关爱他人的生命，要信科学。要有见识，善于处理事务。

2009年6月25日　农历闰五月初三　星期四　晴

杨光德之死，等远处的亲属到来，一直等到中午12点多钟才到齐。他家办丧事奔波忙碌，双方的父母只得回家把要办葬礼用的一头大肥猪、一只大羯羊，用一张小拖拉机拉运到我芭蕉箐村来承办葬礼。安排有办饭席组，开水服务员等。

在出殡前，叫我领会众唱一首诗，简短叙述死者生前的德行，作为与死者离别。并鼓励会众以此事件作为鉴戒，珍惜我们的时光，在社会、民族事业上，用好我们的才能。出殡送行人员有52人。经3.5公里，到达山顶他家山场新坟地。

死者在这两三年生活中，已欠下14000元的巨款。据说，生活用品只有三餐用的米了。

为解决此巨额欠款，双方父母聘请我村民组长张学忠评判。评判结果是，女方父母负主要责任，承担此欠款的70%，死者父母负责30%；安葬费各负责50%。

2009年6月26日　农历闰五月初四　星期五　雨天

6月23到25日这三天的县歌赛，是由中央电视台组织安排进行。不但县上比赛选拔，还有市级比赛，最后到北京举行赛会。所召对象是青年。东乡人员代表3人，是东村中学2名教师和我村张约瑟。全县人员代表52人。比赛分为两批进行。白天、晚上，都是同时分为两批进行比赛。

这次的歌手比赛都是青年人，成绩优秀，有些高手，能说能唱，成绩突出。

2009年6月27日　农历闰五月初五　星期六　晴

村民赶鸡街卖小猪，卖栗子、果子。杨天友、张会成、张大卫、张美花、张学忠5户卖猪。猪价是大跌，去年最高价是小活猪卖到一公斤50元。从那高价的时候起，就一步一步跌价下来，而今又是下跌到小活猪一公斤4到7元。例如，张学忠家卖小猪，有5头，重量有50公斤。卖价讲定一公斤7.5元。50 公斤×7.5元/公斤=375.00元。而村民张美花家的小猪卖价是一公斤7.90元，每公斤比张学忠家又高着0.40

元,这就是最高价了。粮食、饲料都在涨价,而小猪是大跌价,而且有的小猪是卖都卖不成钱了。因为跌价,跌到三四元来,农夫们怎么能还养母猪和小猪呢?这是当前猪市价,跌价跌到底的危机。

村民张学祥卖栗子,是今早摘的,用摩托车送上街。买主给批发价,一公斤1.20元,就卖了。很好销售。又骑摩托车回来摘,又送到街,现在是卖一公斤2.00元。今日约卖得七八十元钱。果木市价形势大好,历年销售量很慢,而今年情况不同了。只要你一送到街市,就有多人给你买,给你批发,价格都保持在一公斤一元以上。所以农村现在已是大有作为。

2009年6月28日　农历闰五月初六　星期日　晴

村邻舍柿花箐苗族村,今早有人发现一头野猪游过境,他们就相约跟踪追击,经过我村对面的山岭,我们村民都出来站在门前看。我们没有信心捉到,就说何必耗费这么大的精神,再说野生动物太珍贵了、太稀少了,由它们生存吧。

下午3:30,柿花箐开来一张小拖拉机,停在我们教会场院里。据说,他们经一天的跟踪追击,终于在我们芭蕉箐下村杨嘎哩汉族村的村后山,捕获得野猪,体重五六十公斤。所以开来小拖拉机,来拉运野猪。

车停在我们场院里,人下车下杨嘎哩村去了。过了一段时间,打猎的人员上来了,却两手空空。我便跑到场上来问到,怎么啦?情况怎么样?他们说,因野猪咬着一个汉族人,所以打获的野猪,他们也不还我们了。我便说,很好,情愿我们不挨伤员的医疗费就好了。我再解释说,一进医院就要换上千元了。

还听说,他们还打电话请来东村派出所干警下来解决。据说也不好解决,又不是我们故意赶来咬他。现场情况是,因这汉族人好奇,当野猪跑过身边时,他就紧跟在后头跑,野猪发现后就折过头来咬伤他的屁股和大腿,情况就这样了。

2009年6月29日　农历闰五月初七　星期一　阴雨

全体村民农活中心工作是薅锄苞谷。雨下透了，地里的庄稼，两三天的时间，来一个大变样。农夫们也就精神十足，满有信心地从事于农地薅锄。由于耕地的不平衡，劳动的强弱差别，各人计划的不同，村民有的薅锄头批苞谷，有的薅锄二次了。我自己就是已薅锄二次，进行四天了。我们薅锄进度很快，或许几天以后，我们就可以薅锄完。

诗班长张正福，猎捕雀鸟谋生。今天出外13公里至本村委大木板村（汉族），路边山里发现两条大蛇，蛇撸落树叶，筑有一个大蛇窝。他们把两条毒蛇捕获后，蛇窝里有28个蛇蛋，他们把蛋留在蛇窝里。捕蛇后，送上马街销售，一条蛇有1.8公斤，另一条有1.4公斤，每公斤卖200元，应给640元。买主叫我们再让20元，卖得620元。8个人参与捕蛇，每人分得不到80元。此项危险作业，我们是初学习，经验还不多，机遇也很少，我们是见到就捕，不见就算了。据说毒蛇是收购而入药的。

2009年6月30日　农历闰五月初八　星期二　小雨

村民杨兴友求婚，订婚于款庄对方沙滩村（苗族村）。原先女方求男方，要娶男方，就是讨男子，只是杨兴友不同意。今天下午约4：00场院开来一张小拖拉机，我便搭话说，你们来客是要到哪里去？回答说，要到与我家姑娘讨婚的那家去。车上装有很多礼品，高档饮料、啤酒、糖果、送礼的一对土鸡等。我便带路，又协助他们背上些东西礼品，带他们到侄儿杨兴友家，幸好他也在家。他们都一一地谢我。他们又来背第二转礼品。杨兴友的哥嫂俩乘摩托车从外面回来在场上停车。我便问，杨兴友的外父、外母送很多礼来，是何缘故？他家才告诉我，是要来讨杨兴友去女方。可能新婚夫妇已商量好同意去女方家。

按原来的苗家婚娶习俗，一对夫妇不论是谁讨谁，定律是男方上门都是由男的一方先讨。承办婚事的代价都是男的一方负责。而现在不同了，如果女方需要讨娶男子，女方就主动承担办婚事的代价了，这是现代兴起的一项新婚俗。

2009年7月1日　农历闰五月初九　星期三　晴

村民有的种苞谷，有的在甜瓜地里喷除草净或是百草枯等农药，有的排红薯，有的是给甜瓜施肥或是追肥，点种时施有机肥，所以还要追肥。

村民龙兴福家的农活计，是种头次苞谷，打种面积有2亩。由于面积多，又没有施基肥，点种也迟着一段时间，所以几乎才出苗，因此进行头批，苞谷苗也还弱小。不过这是属于广种薄收。能收起多少无所谓。关键是开好地下年就能按时播种。所以是为下年打下基础，为下年的丰收创造条件。

村民龙保罗打除草净、百草枯。除农地里的杂草，喷洒除草剂，当然比起人工薅锄轻省多了。土地多的农户，就必须喷洒除草剂。否则，来不及薅锄。人工薅一部分，用药剂喷杀一部分。至于农地少的农户就不成问题。一是农地少，二是关键在于强劳动力，或是劳动能手，或许一人的工作量，等于几个人的工作量。

2009年7月2日　农历闰五月初十　星期四　晴

6月28号记述的捕野猪的事，持续恶化。当天事态的处理是说，通过地方的东村乡派出所出面协调说，你们所捕获的野猪，你们就给杨嘎哩人，野猪咬伤的伤员就医，医疗费就不要你们负责了，由他们已得野猪的负责，就这样算了。

几天以来，事态越搞越恶化。事过后可能是杨嘎哩有人报警，告柿花箐用一支火药枪打死野猪，叫县公安下来收缴这支火药枪。既然有政策要收缴枪支，那应该是公安人员进村查实收缴，但却是叫柿花箐两位在职的，一位是在祖库村委工作、一位是东村乡副乡长的苗族人员来收缴。他们说把枪支交上就了事。几天以来，事越搞越大，公安进村训话，交枪还不行，还要拘留，还要坐牢。事理是，枪支上缴就行了。苗家玩火药枪已有两百多年的历史，是民族的喜好。

2009 年 7 月 3 日　　农历闰五月十一日　　星期五　　晴

村民吃过早饭，都忙于赶鸡街。我们有的要上街卖小猪，有的是农用化肥还不够用，需要再购买一点。所以乘坐一张农用车上街。主要是拉运小猪上市场。五儿张学祥家也是卖小猪 5 头。他家有事，另开一张小拖拉机运送。大部分年轻的村民，乘坐自己的摩托车上街，不论是变卖粮食苞谷，还是上街买农用化肥，数量小的，就自己处理，数量多的，就得找大车运输。

大部分村民的事工是务农，薅锄苞谷。由于天气适应，又没有下雨，又没有晴天暴晒，所以非常利于农地工作，劳动顺利进行，效力特别好。

村民龙福祥家的农活计是排红薯，几天以来都是忙于排白薯、红薯，是大面积地排种。谋生是主要考虑。生产好以后，运送上昆明市场销售或是批发。

今天卖小猪的市场价格情况是，五儿张学祥卖 5 头，总重量 50 公斤，50 公斤 ×8 元／公斤 =400 元，是最高价了。

2009 年 7 月 4 日　　农历闰五月十二日　　星期六　　晴

村民张学德家死了一头大耕牛，是因喂麦秆糠而隔着，称之消化不良。经过六天的医治，始终没有效，今早都还活着，但吃过早饭就死了。历时遇到类似的困难，都有专人来处理和收购。只不过价格太低，只是稍微地付给你点钱。就是我们地方的熟识人，李天保（汉族），还记得村人。我们也只好给他打电话，他接电话后，叫我们把牛的血放掉，就如同杀牛一样，我们也只好照样做。

买牛主接到我们的电话后，开着一张大车很快就到来了。牛价只给 1300 元，我们讨价还价，你不给 2000 元，就给我们 1800 元，他就是给

1300元。我们便说,我们都是熟识人,不管怎么说,1500元你要给我们的。他也没有说什么,就付给我们1500元。人手单,四个人就抬一条大犁牛上车,幸好是车后门就搭在殿门的平台上,四人使劲抬上车。买主付清款,双方打过招呼,车就开走了。

一条耕牛活时价值五六千元,死了只给1500元。一家小农户,这损失可不小。

2009年7月5日　农历闰五月十三日　星期日　阴

教会召开第二季度会议。教会工作、管理机构安排有教务组、生活服务组、探访组、财金管理组、卫生组、青年义工组、祷告组七个。各组汇报第二个季度所开展的工作情况,都已进行了一些活动。共同的特点是,大家都觉得由于活动得少,所以效力就低。

讨论第二个项目,我富民县全县已举行短期培训,并且已按立了全县70位教牧人员需要进一步深造培训。按县三自推荐名额,重点是给县城永定福音堂、芭蕉箐两个教会,人员名额不限。我们研讨的结果是,推荐麻栎树村集会点的礼拜长张志学,其他教牧人员就实在不具备参加培训条件。如仓浦箐礼拜长苏金良是高中生,问题是人单手独,家里农事实在丢不了,因他是一个人生活。所以芭蕉箐教会推荐另一名学员参与市基督教培训班学习。

2009年7月6日　农历闰五月十四日　星期一　晴

我村三人进富民县城办事。张学祥是协助姑爷张会云到富民县城办摩托车证件。被聘请协助,是因张学祥的摩托车已办齐全了证件。出外能适应各种复杂局面,也是驾车能手,又是修理工。村民张会成是被小松园摩托车修理工张进仟聘请,驾一张摩托车进县城去落户口。张学德是到县城拿一张表来,给参加这次基督教培训的人员填表上报。

小工凡被聘请协助办事务者,当然安排有待遇和就餐。而办我们教会事工的，多半是义务，或者安排点往返的车费。乡村教会和民族教会艰苦，我们的工作和侍奉，都是奉献创业传道，而不同于发达地区和城市教会，事事有固定待遇薪水。

2009 年 7 月 7 日　农历闰五月十五日　星期二　晴

村民锄苞谷，100% 的农户都忙于锄苞谷。农夫们都尽上自己所能进行薅锄。天气有晴有雨，甚至晚间有雨，白天就晴开，非常有利于我们的薅锄工作。我们自己也尽上最大努力，早出晚归，几乎大部分时间都用到农业的薅锄上，所以劳动进度就比较快。

我自己在农业生产上，总是认为，笨鸟先飞，什么农活都应做在先。自己农地面积也少，约有 5 亩山地。由于抓得紧，早出晚归，几乎把所有的时间都投到农业生产上，所以薅锄到今天，已完成了 2009 年大春的薅锄任务。

我村的农业生产劳动进度，由于天气有晴有雨，所以非常利于农业生产的薅锄。连日来进度比较快，或许两三天后，三分之二的农户就可锄完二次苞谷。

另一种情况就是耕地不论是多还是少，总是要漫长的日子才能做完。工作、劳动、出动，都慢慢来，或劳动力就有强弱之别。工作、劳动效力当然有差距。

2009 年 7 月 8 日　农历闰五月十六日　星期三　晴

村民张明活、张正才父儿两户联合薅锄苞谷，是一个家族行动。出动一张三缸车拉运两户所要用的化肥和参与锄苞谷人员。工作劳动是到 3.5 公里外的祭天山山顶薅锄苞谷。10 个劳动力，所要薅锄的面积每户约有三亩，两户就有六亩耕地。由于天气适合，所以劳动进度效力也较好。他们完成这六亩山地的薅锄，息工时约下午 6：00，就乘车回到了家。这一个家族是长期联合行动，相互帮忙。

另一个组，六侄儿媳（寡妇）长时间坚持早出晚归地从事农业劳动。因这几天病倒了，就停止了一段时间的农业生产，她自己也非常着急，农活儿也摆下来。她家双方的亲戚知道了，就相约组织来帮助锄苞谷。人员有 14 个劳动力，经一天的辛勤努力，把她家所有的第二道苞谷全部薅锄完，给她家解决了大困难。

2009 年 7 月 9 日　农历闰五月十七日　星期四　晴

村民两人赶鸡街不慎身上装的钱都被盗。张正华之妻身上装有 100 元，在街上约到了中午才发现身上的衣服包包好像通了，再仔细看看才发现是被人通了，随即又想起，我的 100 元钱就是装在这个包包里面，仔细摸摸 100 元不在了，这时才发现钱被盗了。王凤仙的钱被盗，是因她买得些东西，又拿又抱，提着在街上走，她装钱的背包是朝后被人打开而盗走的，盗走后才发现。

上街钱被盗，十多年前这种情况是太多太多。由于人们的钱随时被盗，就开始非常警惕、警戒，而这些年间少了些。今天我村就有两人的钱被盗窃，说明我们还不够警惕。钱被盗窃，第一家是 100 元，第二家是 50 元，两家一共是被窃 150 元。

张学德因耕牛死亡，需要重新买上一小头。叫三儿张学忠开出一张大车上街买牛。结果因这街上市的牛少些，大牛价是要四五千元，小牛又太小，合自己心意的没有，就没有买而开着空车回来。

2009 年 7 月 10 日　农历闰五月十八日　星期五　晴

昨天今天有张学才、张约瑟、张美花三户六人替别人打工，薅锄苞谷的来家里找工。工作场地就在我村外边。不是薅锄一天，而是要薅几座大山，他们的耕地是广阔天地。由于土地宽广，所以下透雨后，地里的庄稼和杂草，一切都长旺了，就影响了薅锄进度。幸好是找工薅锄是点工，没有承包。劳动进度、快慢都不受影响。

劳动报酬是按历年的来，不吃饭，一个工天付给30元。一天工作10个钟头。早8：00出工，晚6：00息工，中午休息一下。打工赚钱我们是有的。自己薅锄完，或许有的打工得一点钱，还要买农用化肥，回来追肥（施肥）。有的趁薅锄完之际，就替人家打工薅锄苞谷，而找点零用钱。是短期的，临时几天，是活套子，喜欢打工几天就去几天。

2009年7月11日　农历闰五月十九日　星期六　晴

教会送学员参与昆明市基督教安排的教牧学培训班。我们芭蕉箐教会推荐麻栎树村张继学礼拜长参与一年时间的培训班，永定县城福音堂推荐有两个学员，也就是我富民县有三个学员。

永定福音堂闫姊妹，她家工作是在县城医院，家里有三张小车子，她家信主，她主动奉献，答应为我县送学员到禄劝县三云盘教牧班参与教牧培训。从富民县县城往北边走，里程有80公里。市基督教两会安排在那里开办。四儿张学德送我堂学员到富民县，和他们人员一便送去。

参加培训人员的学费是每人1000元，学员自己拿不出这1000元。教会只好借给学员拿去报名。教会特别是乡村民族教会，对教会的圣殿、住房、场院建设，投资比较大，涉及几十万元的投资。外来人员也不惜一切代价的投入，特别显著，而对智力人才的投资和付出就很少，甚至没有。今后教会的自身建设，对培养人才也得有所投资和付出，把这立为教会今后的重点建设。

2009年7月12日　农历闰五月二十日　星期日　雨

教会安排我们教牧同工乘摩托车，经一个单边20多公里的远程，到我们教会所管辖的东村乡中民村委仓浦箐集会点牧养，讲道，并发圣餐，祭祀上帝。上午10：00，我们一行三人，乘坐两张摩托车向东南方向的仓浦箐聚会点去。行驶了5公里，天就下起大雨来，乌云滚滚，十米二十米外，就看不清前面的路标。分分钟下起倾盆大雨来，幸好我们带足了雨衣雨具。此时，我们的队员提出，我们是往前呢？还是退后呢？我便说，大雨，时间必然不长。当我们行驶了12公里路程时，将近中民村委会，啊！那边竟然没有下雨，所以那里的乡村公路上，车子好奔驰。

石桩苗族村，也有3男7女信徒，参与我们聚会团契敬拜活动。讲道是请石桩村（苗族）参与广州某圣经班培训的神学生潘正德讲道。

天气的差异，忆起云南的十八怪，下雨就是十八怪之一。就是说山这边是下大雨，而山的那面又是一个晴朗的天地。

2009年7月13日　农历闰五月二十一日　星期一　晴

村民龙兴明家薅锄苞谷，出动一张三缸大车拉运化肥、人员和工具，是一个家族的联合行动。他家有4户相互联合协助薅锄。是一户一户的突击，也是合心组成。工作效率当然是高工效。所以薅锄的耕地面积当然不低于五六亩。劳动力组成情况是，4户10个劳动力。从装备到劳动力，都几乎是强劳动力。工作劳动场地，是乘车从村里爬上三五公里外的山头的耕地，进行劳动。情况是比较活跃有优势。

村民杨光才家薅锄苞谷，是自己力所不能及，处于被动的情况下而聘请自己的邻舍、亲戚来帮助、来支援。由于自己的农业生产已形成了这种习俗，主动性就很少，渐渐形成观望性大。什么工作慢慢来，堆积的农活事工，还是请亲戚帮忙，情愿这样了事。

自己的农活、本分工作，从来不耗等拖他人来做，更不愿意麻烦他人。因为他人的工作比我的工作重要，也比我的事工多，所以我们不愿连累他人。自己的农活再多也不难做，看你怎么做，我们从来也不怕苦，这就是我们的出发点。

2009年7月14日　农历闰五月二十二日　星期二　晴

张学德因死了耕牛，需要买一头小牛养起。今天哥弟俩骑摩托车到禄劝县翠华镇翠华街。此街是在我们村西北方向，路程单边有40多公里。

此街牛多，方便选择。

几年来，小牛都是高价，买得一小条荷兰牛（原来是进口），是大价钱，买成2960元，将近3000元。加40元的运费，刚好就是3000元。原先在街上说成运费40元是包送到山脚村。从电话中联系，拉运牛的大车将要到村时，我们又开出我们的大车到山脚拉运我们的小牛上来。到家时，已是下午5：00了。拉运牲口的大车是附近熟识人的，街街都到那边去拉运。所买的小牛是由他们拉运，张学德、张学祥哥弟就乘自己的摩托车，走普渡河桥而直走回来。绕道顺大公路里程单边有40多公里，而走直道回来有29公里。

张学全的住房已成为危房，因供二子女上学，而没有能力修建住房。一拖就推迟到现在。今年刚下雨，就倒塌了整堵后山花墙。趁薅锄完二道苞谷之际，准备拆除土墙换上空心砖墙。他家昨天今天，都忙于拆土墙。开始拆墙只有五人工作劳动，明天可能我家父儿五户全部劳动力都得出工协助了。

2009年7月15日　农历闰五月二十三日　星期三　晴

村民张学全建房，住房多年已成为危房，但由于历年积累的经费都集中用于供两个子女读书，现在仍然处于经济紧张中。房子已开始倒塌，还未来得及修建。建房材料，也几乎拉运够。又是大春作物已薅锄结束，趁农闲季节，准备用十多天修建一下。昨天今天都是集中劳动力拆土墙，拉运墙土。出动12个劳动力，拆墙工序约已拆除了一半。出动一张大车拉运砌砖墙用的人工细砂，堆于场院，拆除土墙就砌砖墙，待于施工。

建住房，我们虽然没有足够的建房经费，但我们有信心，我们在困难中行事，凡事努力做。

2009年7月16日　农历闰五月二十四日　星期四　晴

我们教会诗班长潘正德，蒙召到广州某神学培训班，参与培训学习。

学校安排分成几个团队，分批分期到云南山村民族教会考察调研。由潘正德带队，今天从广州直达云南昆明，再从昆明转到我们芭蕉箐教会。先走访潘正德的村寨石桩村，再到我们东村乡芭蕉箐村。

团队行程安排是，7月16日先到石桩村，预计19日星期天，再转到芭蕉箐大教会，来参与我们教会的主日礼拜活动。神学班前来我们教会拜访的主要目的是考察民族基督教文化以及苗族的宗教文化生活。

村民建住房工作，今天的建房事工，是拆除房皮上的瓦，拆除土墙，校正房梁木后再砌砖墙。今天15人联合行动，先拆除房皮瓦，再接上房柱子。可真是多年的危房，房柱子根部边柱、中柱有四根的根部已腐了一米了。先是锯除已腐的根部，再接上这一米。这些事工可不容易，幸好是有起重机，就是一般车子上用的。

村民打工，替他人薅锄苞谷，是人家来找的。工价仍是给30元。有的村民就放弃自己的农活，而朝外打工。农事的薅锄有时间性，薅不在时候上，就误了一年的收成了。

2009年7月17日　农历闰五月二十五日　星期五　晴

张学全的建房事工，是在拆旧墙土，拉运建房材料，施工中。早上出动两张大车拉运建房材料，一张到东村街拉运建房水泥，一张跑鸡街拉运打地板的人工砂。计划早上完成这两车建房料子，中午转入建房中的平整地基的事工。

人员出动17人，建正房柱、梁木，平整房地基。尤其背运砖块，这项工作可费力了，因为从下砖块的教会场院搬运到村民张学全家，约有200米，就是用人工硬背到建房基地。几天以来，都是在太阳暴晒下工作。

乡村俗语说："五荒六月"，就是形容乡村农夫们生活最困难的季节。建房虽然是形势所迫，建房经费也紧缺，但在六天的建房事工中，他家也尽情招待使工。安排午餐和晚饭，尽量安排有鲜猪肉、鸡肉、鱼肉。

幸好村哥弟、亲戚尽力支持。他妹子家是支持了一对肥猪，还给了一对土鸡，供建房饮食开支。

2009年7月18日　农历闰五月二十六日　星期六　晴

村民张学全家建住房。一个上午的时间平整墙脚水平线，因为各种建筑技术规格要求比较高。按技术规格要求施工，需要设计好。砌砖墙准备工作就用去一个上午的时间。中下午的时间开始砌砖墙。砌砖墙开始，就由一人供灰浆，三人负责技术，二人负责填灰缝，其他人员背运砖块和人工砂。从教会场院运送到200米外的建房场地，几天中的搬运事工越来越难，人工背几转就够累了。

搬运建房材料，有所突破，有所改进。由于建房工地交通不便，他家就采用摩托车拉运材料。原来人工搬运材料的人，分几个人员专门负责上车，又由两人在建房场地专门下车，两张摩托车来回运送。这下子速度、效力、数量可是太好了！这样繁重的体力劳动，都已变成轻松的活儿了。

俗语说：路子是人踩（走）出来的。历史经验证明，无论是什么事工，都需要通过劳动实践而得以改进，获得进步。

2009年7月19日　农历闰五月二十七日　星期日　晴

教会接待广州来客，神学生一行八人，五男三女。学生是：

汪志祥，安徽省，东至县，东至教会。

沈文军，内蒙古，呼和浩特市，老丈夫教会。

张明华，云南省，武定县，大箐教会。

张亚荣，河南省，周口市，商水县陶庄教会。

陈以布、罗子使，四川省凉山川甘洛县城关镇。

潘正德，云南省，富民县东村乡，芭蕉箐教会。

×××，云南省寻甸县，鸡街乡，黑山教会。

安排他们早餐前来我教会就餐，我们教会尽力酬谢宾客的到来，尽力在宾客到来时摆上好菜。中午 12：00 到下午 4：00，他们参与我们教会礼拜活动。神学生四人讲道。注：四人讲道，是因全体教会共餐而晚饭还没熟，所以故意推迟时间。

小结：有远客而来，为让大家喜乐和高兴，特意为全教会做席享受。远方来客的考察目的，主要是欣赏云贵高原山村民族教会的宗教文化生活和歌唱艺术水平。他们也非常高兴和满意！

2009 年 7 月 20 日　农历闰五月二十八日　星期一　晴

离别送行。广东某神学院学生一行八人，7 月 16 日已从广东直达昆明，再到达我们芭蕉箐教会。参观考察了我们教会的石桩、柿花箐、芭蕉箐三个自然村后，昨天参与我们教会礼拜活动，圆满结束了他们的行程，完成了考察事项和活动，前往麻栎树村进行考察。

我们教会给他们安排早饭。他们吃过早饭，休息，喝够水，我们有说有笑谈了一阵，真是说得开心高兴而满足。离别时，双方互相打招呼而挥手告别，我们把他们送到村外。

村民建房事工情况是，今天的劳动力比较集中。建房、拉运材料、拌灰浆，供建房材料，人员 20 人，煮饭 3 人，合计 23 人。昨天前天，砌起砖墙三层，今天砌起的砖墙高度是十三层，合计十五层。预计明天就可砌完砖墙。今天的事工是比较顺利和高效的。

村民张学道的农活工作是聘请亲友协助薅锄苞谷。因为土地宽广，薅锄时间推迟。劳动力过于分散，农事工作无法按时间、节令进行，只好依赖外援支持而维持农事。

2009 年 7 月 21 日　农历闰五月二十九日　星期二　晴

村民张学全建住房。村民、邻舍、亲友主动来协助帮忙，来支持建房的人员达 27 人。建房事工，效益情况是：集中精力砌砖墙。已是高处作业，由于有充实的劳动力，建房工效很高。整间大房分为两大间，后墙和两边的山花墙，用了三天的时间几乎已砌完。

建房从始至终都得到村邻舍以及亲戚友人的大力支持，虽然建房在经济上有欠缺，又是被动，在雨水季节建房，困难多多。万一建房施工中，处于多天雨水天气，当然难于施工，而且建房效力不佳。

现在的情况是，从拆房土墙到砌砖墙，前后只用了8天的时间。在这8天中，没有下大雨，影响建房进度。从始至终顺利地进行了整个建房过程。不但完成了建房工程的大局，而且今天趁有充实足够的劳动力之际，把房皮上的瓦都一并撤完，完成了建房的大局工程。

2009年7月22日　农历六月初一　星期三　阴转晴

我张家事工主要仍是建房。今天的建房事工是，砌房间隔墙，打地板（浇地板）。今天的建房事工非常艰巨。搬运建房材料，就是砖块和人工石砂，人工细砂，就已搬运了两车。搬运完料子，也砌好了一些隔墙。今天人员又少，只有13人，是平常的一半。不但要完成每天的建房事工任务，今天的建房事工，都涉及技术工。幸好，技术设计、施工等各方面人才，就出在自己手中，所以极方便。并且搞建筑已是平常生计，日常事工。

晚间加班浇地板。吃晚饭之前，把要浇地板的料子备好，浸透水。待吃过晚饭，喝够水就接着加夜班，打地板。各样事工技巧也掌握在自己手中，所以我们五人把备好的料子均匀扒平于两大间的房地板上，压好，踏平，摩好。打好地板，五人约用去了两个半小时的时间。

今天建房，是非常忙碌的一天，人员又少，事工艰巨繁多，时间紧，任务重。由于建房事工是我们平时的活计，我们已有丰富经验，能胜任，能攀登，能妥当处理。虽然任务艰巨，但通过努力，终于胜利完成了建房任务。

2009年7月23日　农历六月初二　星期四　晴

村农活计中心，转为农地、田间管理，就是割除农地埂和田埂的杂草。有的是薅锄白薯地杂草，有的是给农地喷农药"百草枯"代替薅锄，有的还在薅锄苞谷。

村民杨光友给农地喷农药"百草枯"。因为土地多，一时之间，不能及时薅锄完。给农地喷杂草药，以便控制杂草旺长。待人有充分的时间，再进行正常的农事薅锄，就是给自己创造有利的时机，把握农事的优势条件。这种方式，我们已试过，实行了两年了，效力很可以。他整天在山地喷农药，也算是先进办法，也可说是消极办法。

积极主动，优先的对策是笨鸟先飞，抓住时机、节令，也就是把握农事的各种良机。什么事工都讲主动，努力做在先，把握时机。比如薅锄苞谷，人家还没有薅锄我就动手，并且保持早出晚归。这样一来，我一天的工作，人家来做，就得要两天才能做完。这样等到人家来做，我就结束。地里边的杂草，不待它长旺盛，我早就薅锄了。这样时时把握良机。今年也是个例子，我们的薅锄结束了，他人的薅锄才刚刚开始。薅锄（指锄二道），你如抓得不及时，待地里的草长大了、长旺了才来进行薅锄，速度就慢了，效力就低了。什么都得讲把握良机。

2009年7月24日　农历六月初三　星期五　晴

村民张学德办港澳通行证。基督教某团队将在香港承办一批圣经短期培训班，面向中国云贵高原招学员，培训少数民族包括苗族宣教士，扩大传福音队伍。集体的时间还未确定。目前安排是，先办好港澳通行证。富民县手续已办好，今天需要到昆明市公安局办。前次到县公安办手续，付出的手续费是140多元。今天到市公安局办出国证，还没有领到港澳通行证，所以费用多少还未知道。

2009年7月25日　农历六月初四　星期六　晴

孙女张多加返回昆明中专院校，准备报考大专院校。孙女张多加7月22日从昆校回家，孙儿孙女有意在假期间团聚。二孙女住于嵩明县凸董箐村，用电话请过来参与度假，几天中孩子们举行了一些活动。

孙女张多加的中专学历，第三年是安排到幼师实习一年，实习期已满。实习幼师授课有微薄工资。她父母家里有建房事工，她回家帮补父母建房费1200元，又为孙儿孙女的度假探亲，买上礼品饼糖，又买回冰鱼，供大人小孩享受一番。而今天需要返回昆明学校学习，准备报考大专。她和来自嵩明凸董箐的两个孙女，她们三人从东村街乘客车到厂口途中分路，张多加直达昆明，二孙女转往嵩明。孙子张荣光用摩托车从家里把三个孙女送达东村客运站。

孙女张多加能有这小小的长进，也是党和政府的领导好。在短短的两天中，也抽时间探访患病的二外婆龙美秀，并且给她留下爱心30元作为安慰。

她回家停留了两天就走了，其原因是，学习经费困难，比如领取中专毕业证书就收费2000元，她还要升学读大专，所以她想边工边读，走自养的道路，就赶回昆明幼儿班授课去了。

2009年7月26日　农历六月初五　星期日　雨

追思教牧人员张志杰（富民县款庄大黄栎树教会人），7月21日，他因用电时不幸触电死亡。各地教会对死者的家属以及教会单位，要有所表示，同情、吊唁以及追思。此教牧人员在本教会推动革新，已做出重大贡献和成绩。他的死亡，是教会很大的损失。

2009年7月27日　农历六月初六　星期一　雨

村民到野外找拾鸡枞。一部分村民，每到拾取鸡枞的季节，就特地找拾。特别是读书的孩子们，在假期中，就得找拾鸡枞；变卖了以后，做上学期间的零用钱。孙儿张荣光，每天都要去找拾。收获情况不很好，平均每天早上可以拾获五六元，或许十元二十元，都讲运气，讲良机。

由于年时的变化，野外的鸡枞逐年减少，加之野外荒山大部分已开成农耕地，就很不利于找拾鸡枞了。由于逐年有所下降，所以市价就高。上等的、好的、肥的鸡枞，卖价是一公斤90元，中等价是一公斤80元，三等瘦弱小的，或是开开的，也就是次等，是卖一公斤30元。市价是好，可惜就是拾不到，说明野外还是太少，所以很难找拾到。

村民另有长年专以猎取雀鸟为生为业的。前些日子，据说，有时日收入高达100元以上。所以到现在农闲季节，他们仍然长期活动。去年一只斑鸠卖10元。销路是与馆子定好合同，猎取到就送去，就付钱。而今年一只斑鸠是给价15元。今年的销路是地方定一个点，用冰箱冰起，老板定时来按数量付钱。所以越来越方便我们了。

2009年7月28日　农历六月初七　星期二　晴

亲戚十多人，从款庄朵木得苗族村来看望我们。因我二嫂龙美秀体弱多病，已成重病，家人已发慌，故打电话告知舅舅家几户以及有关亲戚患者病重的情况。今天中午时，亲友10人组成一队探访组来看病者，他们到来陪着病者和我们交谈了一整天。

他们来访，必然安排爱心，50元、100元作为礼物。约70元／户×9户=630元。因他们村上有承包钛矿给老板采，村、乡都有分成。加之有公司来支持他们村上搞多项养殖业，很多人有机会在公司工作，多人有固定工资。据说每人有固定工资月800元，厂里发工资已发放了五六万元了。

吃过晚饭，我大姐夫和他的儿子龙寿荣，也到我家来看望我们，也给点方便礼物作为关怀，并介绍他们所办的养殖场的一些项目，建议我们可以使用养殖发酵饲料，或养殖野鸡等。我们也可以纳入他场管辖而投资起步，但也涉及六七千元的投资，所以暂且没有能力起步，可能还要待时机。

2009年7月29日　农历六月初八　星期三　晴

斗牛花山节是民族习俗，有着浓厚风情。农历七八月份，各地区反复举行多次的斗牛活动。大的会场还安排有赛马、人赛跑、青年歌舞会等。今天，我们地区在麻栎树与我村交界处举行斗牛会。人员赛跑的情况是，跑场人员有三四十人比赛。

由于民族斗牛的喜好太浓，一般时间是要待到农历八月份开始举行。由于喜好，就不论规模大小，都在陆续搞起。今天的斗牛节是地方小搞搞。一般规模大的斗牛节，有来自地方很广的人，人山人海，活动会场也设有多项节目活动。

村民张学祥，替他的大哥张学全，到富民县县城交警办交摩托车审车费，已付审车费160元。我村承办摩托车证件都请张学祥协助办理。他自己就是以修车为主业。

2009年7月30日　农历六月初九　星期四　晴

教会、小组活动，协助万宝山村苏天伦、苏万寿两户薅苞谷。我们教会小组初定9人，4男5女，协助信徒薅锄苞谷。约薅锄了7亩山地。农事薅锄推迟到现今，一户的原因是劳动力单薄，妇人体弱多病。另一户是因年老又要放牧牲口，一人长期放牧，所以农事薅锄推迟到现今。

另一种情况是，民族山区的农业生产，进步缓慢，因为什么事工都慢慢来。也或许这是一些山寨民族的生活习俗，早饭太迟，出工的时间就推迟，中午走到山地里已是12:00了，在地里工作三个小时，就得回家煮饭了。山地路远，往返都得要两个小时的时间。有的有病、体力虚弱，做一天活计要睡几天，或者因有病干脆不从事农事生产，这样也会拖下来。

我们小组举行关怀工作，是本着传福音，本着爱心，有困难相助，同时也是本着人道主义，世人都需要他人的关爱。

2009年7月31日　农历六月初十　星期五　阴雨

村中有从事于猎雀鸟为生的几位青年。今天有4位出外捕猎斑鸠。吃过大早饭后，约上午11：00，他们出发，目标是去我们石桥村委附近的山野捕猎雀鸟。收获情况是：4人捕获得9只斑鸠。约计价情况是：9只×15元／只=135元。每人平均分到33元。

我们苗族的游山好猎是民族的浓厚习俗，从不计较收获的多少。收获多少是次要，主要是民族的游山好猎习俗，也是一种享受、一种活动、一种锻炼。

民族猎艺的喜好，有时也强过打工。据说好手，日收入曾过百元哩。今天可获每人33元。而我们打工薅苞谷，一天付给30元钱。早7：00就得出工，息工要到晚6：00。相比起来，情愿猎鸟，又自由又喜乐又满足，几时息工就息工，多自在。

2009年8月1日　农历六月十一日　星期六　晴

村民下栗子。成熟最早的是"湖北板栗"，其他的品种，在这季节成熟的也有，不过数量极少。今日下栗子的农户有张学忠、张学德、张正文三户，由于数量少所以每户只下得一两篮子，就是有的下得一篮子，有的下得两篮子，有的是已下了，卖了。每年收板栗，下完"湖北板栗"，待几天就要开始下当地的板栗了，起码还需要半个月的时间，就是两个礼拜的时间。

板栗市价情况是，大号板栗卖一公斤9.5元，中号卖一公斤8.5元。每年市价都稳定在一公斤五六元以上。早板栗可卖8元，也可以算是高价。只是这品种不算为良种，所以各地区就没有扩栽和嫁接了，因此数量少。

村农活计，编织篮子。我自己三天以来一直编织篮子。将要下栗子、背栗子，很快也要扳苞谷了，每户农家都需要篮子。时常都使用，只使用一年，第二年就得重新编织了。所以趁农闲季节编织篮子，三天编得两个。

2009年8月2日　农历六月十二日　星期日　晴

今天礼拜聚会有来自富民县西片教会麦地冲教堂的礼拜长，诗班长。有一项特别事工信息到我们中间传达。有兰州市教会，张微博士（音乐教授），对于苗民教会有一发现，就是他所创作的"弥赛亚神曲""圣诗集"等，都被云南苗族教会大量订购，流入苗民教会。他心中疑虑，弥赛亚神曲起码要大专文凭而且要专业毕业生才能学习和唱好，这些圣诗集和弥赛亚神曲流入苗民手中是否有办法学习。为弄明白此疑问，2001年专程到我们云南、禄丰、武定、禄劝、富民等县来拜访苗民教会。他所出版的这些圣诗集、弥赛亚神曲，他们不但会唱而且唱得很好。

为再上一个台阶，4月26日在昆明三一圣堂培训音乐诗班部署明年的培训工作，计划2010年5月份到我们云南培训禄丰县，6月份培训我们富民苗民教会，就是要培训学习应用五线谱，再提高我们教会的歌唱水平。他要到来一事，昨晚到款庄朵木得教会传达，今天到我们芭蕉菁教会传达，今晚又准备到款庄西山教会告知。目的是，在明年6月份培训之前，各地教会诗班人员先行学起，先打下基础，迎接明年6月份的正式培训班。

2009年8月3日　农历六月十三日　星期一　晴

小松园村修摩托车的老板张建华，聘请五儿张学祥，协助他到富民县县城落新摩托车的户。由于双方关系好，所以时常被聘请跑长途到县城落摩托车户。也时常为苗民亲戚朋友跑富民县城交警处落摩托车户。村民张正华也是协助亲友——民办教师龙正娃跑寻甸县马街镇落摩托车户口，是自己已办齐全摩托驾照跑长途车。

张学祥时常被他人聘请协助办事，远途办事、修车、搞建筑技术工、购置车辆、远途接送客人。远途驾车也有把握，并且顺利。他人也好请他。

晚间，维修电脑。白天响石村（汉族）张建华打来电话，因他的电脑有故障，叫张学德晚上到他家去协助他看看是什么故障。结果是小故障，主要是请张学德到他那里去，教他制作光盘碟子。人家有事请到，就跑一趟，反正是乘摩托车。

2009年8月4日　农历六月十四日　星期二　阴雨

今天我村报考摩托车驾照的人员，接通知全东村乡参与训练的人员，到东村集中安排，接受学习指导。时间安排是上午到中午12：00，是石桥村委这一片区听课。内容是布置作业。并宣布12号集中学员，这天是正式考理论。

这次我村报考摩托车驾照的，有8人。这次是我村报考摩托车的第三批。第一次只有张学祥一人，第二次，两人参考。首次培训、参与学习、考理论、路考等，是比较难考的，逐步逐次就轻松些了。所以参与学习和考驾照的人员，就一次比一次有所增加。又有一人跑到嵩明县参加学习和考试，据说更是好考。

原先人们都是怕学和怕考理论，因为我们民族文化水平一般都是小学，所以怕考。而现在就好像轻松些了，所以参加报考的人员就多，据说这次整个东村乡参加学习和考试的人员达800人。

2009年8月5日　农历六月十五日　星期三　晴

村民事工，分为两组。第一组一人，收获情况是一天捕获得七只斑鸠。事前有人订购好，也就是讲定，每只给15元，7只×15元／只＝105元，就是一天可以收获105元。第二组两人，捕获得13只，13只×15元／只＝195元，195元÷2人＝97.5元／人。

一般讲定干工，不供吃，每个工天给30元。早8：00出工，晚6：

00 息工，就是每天工作 10 个小时，一个小时价值 3 元钱。而从事猎捕雀鸟的苗民，每个小时约可值 10 元钱。也就是从事于猎捕雀鸟的收获等于打工的三倍。

前几天，板栗一上市，每一公斤可卖七八元。我家今日下得 30 公斤，每公斤只有 4 元，几天中，价已跌了一半。三年前只有 10 公斤，每公斤可卖得 10 元，也卖得 100 元。今年有 30 公斤，30 公斤 ×4.00 元／公斤 =120 元。

2009 年 8 月 6 日　农历六月十六日　星期四　晴

给姑爷和女儿送糠料喂牲口。女儿在嵩明县凸董箐（苗族）高寒山区，养牲口、喂牲口的饲草都困难。前几天打来电话叫我们运送些糠饲料支援他家，原先叫今天送去，我们也就按时间送去。

一早派了摩托车送去。一张摩托车送 11 袋麦秸糠，一张摩托车载着人，从家里送到寻甸县鸡街搭客车前往。客车收费情况是，两人每人收 15 元，11 包麦秸糠收 20 元，共计 50 元。

亲族、朋友的关爱，是需要付出代价的。路远，运输物资需要出钱出力，但由于亲戚相关，那就不计较什么了。亲戚的友爱也是需要克服困难的。什么工作、什么事情都需要我们去努力、去争取、去创造条件，困难也就小了没有了，创业也是等待我们去创造条件，去争取。

村民杨光才卖小面包车，因为杨光德死后留下小车，小车也难以修复，所以干脆当作废铁卖了，价给到 1200 元。叫三儿张学忠的三缸车，拉到柿花箐新村大车路上，答应付给大车烧油钱 60 元，所以张学忠就开车送到王光祥那里。

2009 年 8 月 7 日　农历六月十七日　星期五　晴

村民张学德今天到昆明市公安部办港澳通行证。因香港将开办基督教培训班，原先安排是通知到的人员先办好港澳通行证，再凭港澳通行证往上报。办港澳通行证的前后经过是先从本县公安办起，再拿着县上的凭证，到市公安部门办理。办手续，幸好有县统战部领导的关心支持。前后两次上昆明办证都是亲自陪同，前往协助办证就省了不少事，我们轻省多了。前次在本县办收费100元。到昆明市办，今天收费300元。县、市两级办好总和400元。

村民猎捕雀鸟的收获情况：二人组成一组活动，一天的收获达19只斑鸠，19只×15元/只=285元，285元÷2人=142.5元/人。日收入，人平均达142.5。第二组，一人单独行动，捕获12只斑鸠，12只×15元/只=180元。也就是日收入达180元。他人打工，高价给30元，这180元等于他人打工6个工天。

2009年8月8日　农历六月十八日　星期六　晴

村民张学祥被麻栎树村王光亮聘请修理柴油机。由于时间紧，事务多，早晨6：00，他先上街变卖了板栗，回到家吃过早饭后，再赶往麻栎树村（苗族），帮亲戚王光亮家修理柴油机。

柴油机故障情况是，柴油机气缸垫子碾损导致机体水箱的水流入机油管内，直接导致柴油机不能启动，又流入气缸套内，导致启动不了。接受修理任务后，骑摩托车到东村街买回柴油机、气缸垫子，拆装，换上垫子，复装好就行。启动正常，恢复工作。修理报酬安排是虽然有亲戚关系，也付给50元为酬谢。

论科技、知识，有话说难者不会，会者不难。又有话说科学并不是神秘的，乃是人人都可学习和应用。随着科技水平快速发展，我们也学习和应用高科技，如摄像、机械动力、电脑、维修电器动力设备，搞建筑等。这些都已成为我们平常平时的工作。

2009年8月9日　农历六月十九日　星期日　晴

基督教会宗教生活，我们不但要牧养服务好本堂的教务，属本堂管辖的边远集会点，也得按月季度，下乡参与讲道服侍。

我们芭蕉箐所管辖的仓浦箐集会点，也恢复了每月一次讲道，发圣餐，纪念耶和华的受死活动。仓浦箐的里程，单边就有20公里，往返就有40公里。

今天的圣事活动是孙子张荣光驾摩托车，带我到那里工作。边远的乡村道路，崎岖，路面石头大，车辆只得慢行。今天的旅程，由于天晴，所以也是顺利，最后完成了布道任务。

青年交通会，我们教会青年信徒自动地组织青年团契交通会。是主日礼拜休会后，青组长号召，所有的青年工留下，交通学习一个小时的时间，仍然有唱诗祷告，交通座谈，解答圣经问答，已进行了两个月。在工作学习中，他们很开心，也很满意。他们仍要坚持学习。

2009年8月10日　农历六月二十日　星期一　晴

村民的杂活事工，有的挖洋芋，有的到昆明市打工，在饭店工作，有的捡找栗子，到外地捡找，有的找拾鸡枞。

捕猎雀鸟，一组三人组成一队活动，游猎捕获情况是：共获得13只斑鸠。13只×15元/只=195元，195元÷3人=65元/人，就是平均每人得65元。日所获等于打工两天多的报酬。

自己的农活计是编织篮子。趁农闲，苞谷还未成熟，就编织几只篮子，用于背苞谷和农用。我家父儿子女情况是四子二女，已是6户。想尽自己老人的职分，两个女儿家，每户编织一只篮子给他们用，尽了老人之所能。经一段时间，已编织得5只篮子。按6户计算，还要抽空编1只，就可完成任务。

家庭、家族、亲戚友人，社会关爱工作，我们做得很少了。人们都要他人来关爱我们，我们若留意，尽上自己所能，都可做些关怀。珍惜光阴，用智慧来数算自己的日子，力求给后人留下脚踪。

2009年8月11日　农历六月二十一日　星期二　晴

村民捡找栗子。里程约25到28公里，从我村走出向西南是叉河，是昆明滇池湖水下流与禄劝江汇集的地方，属于禄劝县管辖的区域。此地区种植的板栗遍满山野，由于海拔低，气温高，约已收了80%。

我村从事于捕猎雀鸟的人员从这里经过，知道情况后，三人今天仍乘驾摩托车，一早赶往那地方进行考察，并试捡找栗子。那地方一路上多处设有收购栗子人员。收获情况：每人收获百余元。

那里的人民很讲文明、良善、客气，我们去捡找栗子，他们只说，你们可以捡。只是我们还没有下过的，你们就不要捡，等我们下过后，你们再捡。

2009年8月12日　农历六月二十二日　星期三　晴

村民捕猎雀鸟。约有三分之一的村民喜好游猎捕捉雀鸟。农闲季节，我们村民有的从事于寻找马蜂，有的到外地找拾栗子。今天找寻栗子的就有几起，有一起四人仍然乘摩托车到远地叉河捡拾。收获情况是，一对母子捡拾，一天获95元，平均每人获得47元。另一对母子，拾找一天，平均每人得25元。另一组，两人组成捕捉斑鸠，获得7只，7只×15元／只＝105元,105元÷2人＝52.50元／人，也就是平均每人得52.5元。

不论从事什么事工，什么活动，不论收获多少，都有收获。一是我们喜好运动，二是为谋生，三是我们是生长在高山上，所以就是喜欢爬山、游玩、打猎。既然喜好，就不怕累。这就是我们民族的特长。一般喜好者，都是比较有把握，所以就形成我们的风情。

2009年8月13日　农历六月二十三日　星期四　晴

保险公司下乡到达我石桥村委，所以村委召开宣传保险的会议。各村村主任参加保险会议。会议讲到"意外"保险。比如几天前我石桥村委还记得村（汉族），有一妇人在板栗园拾得几朵菌子，拿回家炒吃后中毒。据说要 30000 元医院才接收，后也死了。

今天保险公司一是宣传，二是要兑现。在我石桥村委会上答应补偿这位吃菌毒死的妇人家 30000 元。会议散后，保险公司和我石桥村委领导要亲自送上给死亡者的家属。下午 2：00 会议召开，开完会安排晚饭，请所有参会人员吃晚饭。

政策越来越好。过去意外伤亡，有谁理睬你？而现在这位吃菌子毒死的妇人，保险公司补偿 30000 元，这可是前所未有的。

2009 年 8 月 14 日　农历六月二十四日　星期五　晴

今天有两三个小组猎鸟。一个组的活动情况是，父子二人组成一队，今天捕获得 7 只斑鸠。由于现在已跌价，每只斑鸠已跌到一公斤三四元钱。7 只 ×11 元／只 =77 元。每人有 38.5 元。

有一人在附近找拾栗子。捡了 7 公斤，每公斤价值 5 元，7 公斤就是 35 元。这是小小的计算。一天工作合币 35 元，也是强过在我们地方打工。

我家父儿五户的农活事工是挖洋芋、下栗子。农活劳动情况是，出动一张农用车，开到山顶片区，有的挖洋芋，有的下栗子。山顶海拔仍是在 2000 米以上，所以仍栽有大面积板栗。栗子树大小情况是，每棵下得一两篮子，树大的下得两篮子，树小的下得一篮子。

亚口村人请我村张正才的三缸大车，协助拉运斗牛到寻甸县鸡街新肖仙人洞的牛角场斗牛。那里人山人海，活动项目有斗牛、跳舞。斗牛一等奖是 500 元，二等奖 400 元。我村民张正才帮运载的这三头牛，获得二等奖，牛主得奖金 400 元，拿出 200 元来付车费，他自己还得 200 元。

斗牛，也就是我们民族地方的花山节的习俗。这种风气很浓，不论路途远近，都相约赶往参与活动，游玩，分享，也是青年男女谈恋爱的良机。斗牛风情，一个地区，一年活动多次，成为民族地区的盛会。

2009年8月15日　农历六月二十五日　星期六　阴

村民张学忠、张学祥两户挖洋芋。由于待干点种冬菜和冬季甜萝卜，所以儿媳四户出动一架犁牛，八个劳动力，挖洋芋。用牛犁，人工捡拾，只要犁过两遍就可以捡拾干净。用牛翻犁、捡拾，这种方式当然快，又省力，也就是高工效益，一天的工效等于几天了。一天的工夫就把学忠、学祥的洋芋翻犁捡完了。

生活安排上，既然哥弟4户联合行动，那么生活吃饭，也必然有所考虑和安排。他们两家为酬谢大家，买回活鸡两只，为大家预备晚饭，供大家庭享用。我们两位老人当然也被请赴席吃饭。

自己有着农用车，工作效益高。当然也要配置齐全运输工具。工作到晚，一车就把两家的洋芋、人员、工具都拉运回来了，顺利完成了一天的事工。

2009年8月16日　农历六月二十六日　星期日　阴

今天放牧于我村下边，在小龙潭边发现一条毒蛇。几人相约，准备捕捉，还可卖到钱。真是难于捕捉，蛇又大，又危险，又不好下手。看起来实在无机捕获之际，只得向蛇猛掷一石头。不料，打在蛇的头部致命之处，把蛇打死了。

打电话问问收购毒蛇的老板，我们捕获到一条毒蛇，可惜，已被我们打死了。老板回复说：啊，可惜了，不值钱了，活蛇就值钱，死蛇就不值钱了。不值钱你们也送来吧。我们只好送去。

结果，我们乘摩托车送到20公里的款庄马街，老板称称，蛇重2.5公斤。活毒蛇，老板给价一公斤200多元，而死蛇只给一公斤20元，所以老板称计，付给我们50元钱。

捕捉毒蛇，是我们初入手的学业。是遇到良机就捕捉。也不像猎捉雀鸟是我们的喜好。只是因毒蛇价值达一公斤200多元而冒险捉它。

蛇，有毒和无毒，我们大有识别力。今天我们捕捉未获成功，是因我们还未掌握捕捉蛇的一些技巧。而且也是一项危险事业，也就算免了。

2009年8月17日　农历六月二十七日　星期一　晴

村民张学祥给孙儿张约瑟摩托车装配零件。摩托车机体内机油耗尽，导致烧咬缸套活塞未能活动。摩托车故障确定，先是拆检核定已磨损机零件，以及烧咬零件。再骑上摩托车到东村乡买回零件，装配上。一次性的拆修装配顺利进行。用一个上午的时间，拆修、复装，顺利装完。孙儿张约瑟非常感激，拿出50元递给张学祥表示谢意，学祥多次推辞，不要他的钱。双方一个是要给，一个是不要，到最后，学祥也只好收下。

富民县统战部领导鼓励我们说，富民县基督教高科技基地就是小水井、大水井、芭蕉箐三个村，当然也是指向人。我村几户人家已应用着两部电脑，发挥电脑在人们生活中的各种功能。

今天动员我村民维修通田坝公路。因即将收割稻谷，从山脚田坝拉运谷子回村了。出动劳动力18人，包括4人清除饮水池污泥，因为多年沉积污泥影响饮水卫生。

2009年8月18日　农历六月二十八日　星期二　晴

村民张学忠下得50公斤栗子，需要运送上东村集市销售。约早晨5:00，乘坐摩托车上市。天还未亮，收购板栗的老板已收完栗子，已装包扎带，准备上车了。说明板栗太少，也说明老板深夜里已在收购板栗了。板栗少，原因是板栗好销售，所以不等到街子天才来收购，而是平时，就开车进村收购板栗，并且收购栗子的老板，开车到凹口处，就设有板栗收购处，早已收购了，所以到街子天才上市的栗子，数量就少。今天板栗卖价是一公斤6.5元，张学忠到街时，因为时候晚了一点，所以只卖一公斤6.30元。50公斤卖得352元。他回到家，我刚起床哩。

吃过早饭，我家父儿五户开出一张农用车，顺公路上到山顶片区果园地里。我家父儿五户，有的下栗子，有的跟牛种荞子（苦荞），有的挖洋芋，就是一户人家都忙于做两种活儿。我们真是忙个欢，忙个开心。因为我们可能一天就做了两天的活儿了。我们一直工作到晚，农用车满载五家货物回村。

2009年8月19日　农历六月二十九日　星期三　晴

下栗子的季节，所有有板栗树的农户都已开始忙碌起来。我家父儿五户就是全村的代表。家家儿媳都分给板栗树，享有所有权，所以都忙于下栗子，捡拾栗子，人工背栗子回家。下栗子时，又要保持尽量不分或少分果树尖枝，保证下年稳产。果树长高了，所以都是高处作业。数量很多，夫妇都得上树。高处作业搞惯了，树也长高了，长粗了，工作起来也不觉得难了。一般一天只能下完四五棵板栗树，果树有大小，小的可下得一篮子，大的可下得五篮子。

孙儿张荣光和孙女张秀芳游览昆明。因长孙女多加在昆明学校读中专，做实习幼师一年。她有七天的休假，所以孙儿孙女趁孙女张多加休假期间，上昆明游玩。8月16日上昆，在孙女多加那里玩了两天，他们游览了圆通山动物园、昆明翠湖，翠湖乘坐游船，十元钱坐三分钟。

今天游玩到中午12点时，才乘1点的客车回东村客运站，再乘自己原停放在那里的摩托车回家。回到家已是下午5点，完成了一次探访工作。

2009年8月20日　农历七月初一　星期四　晴

村民张学全、张志明、张学光、张美花四户，到寻甸县鸡街卖小猪。张学全家养得6头小猪，今天猪价是一公斤9元。6头小猪称得77公斤，获得人民币693元。小活猪近段是卖一公斤9元，好的可能就是卖到一公斤10元了，弱小的就只能卖一公斤6—7元，这就是现在的市场价格。

按市场发展规律，就是忽高忽低。活猪去年涨到一公斤50元。而今年就跌价，跌到一公斤4元，现在又升到一公斤8—9元。降到一定程度，它就要上升。所以养猪的农户不要灰心，不要动摇，马上猪市场又要涨价了，不过是要些时间，才能恢复上升。

村民张志明是上述参与卖猪的农户之一。他家今天又卖小猪，又卖洋芋，是用大车拉运到寻甸县鸡街销售。洋芋数量有300公斤，今天洋芋市场价是卖一公斤0.63元，300公斤卖得189元。

2009年8月21日　农历七月初二　星期五　晴

村民从事猎捕雀鸟，是两个组到三个组。长期喜好的活动，是民族的一种生活风情。由于喜好，就不讲收获效益情况如何，也可能是一种享受大自然的美景的好奇感。

第一个组，张××，张××，张××，三人组合成一个活动组。注：捕捉雀鸟是苗民风俗，现在面临的情况是政府收缴了苗民的枪支，野外的动物也稀少或是没有了。但苗民喜好游玩打猎，所以仍出外运动、打猎，只是我们只得捕捉雀鸟。

今天的活动收获情况是，三人一天共获得36只斑鸠。36只×15元／只=540元，540元÷3人=180元／人，就是三人平均每人分到180元。等于打工6天，比起打工强多了。

2009年8月22日　农历七月初三　星期六　晴

村民销售板栗。村民张正文栽有板栗树，已有成熟，现在离得板栗200公斤。今天凌晨3:00时，只因数量少，不够用大车拉运上市销售，改用了张摩托车拉运到东村街销售。上述200公斤是指我们俩老人的，父儿五户都有自己该销售的栗子。

市价销售情况是，混合价（大、中、小三个等级的栗子混合销售），以前是一公斤6.5元，今天是一公斤5.8元。200公斤卖得1160元，销售了板栗，回到家还睡一时，天才亮哩。

孙儿张约瑟家，是卖8公斤核桃。去年初挂果，有3公斤，而今年有所增长。他人是赶夜街。夜里核桃价是卖一公斤12—13元。而张约瑟是天亮后才到街,价格就低一点,只卖一公斤10元了。8公斤核桃卖得80元。

农家远古已形成"民以食为天"的观念,偏重粮食,却不知,现在的果木树的经济效益强过农作物。比如一公斤大米卖价是2.80元,苞谷卖价一公斤1.70—2.00元。而果木,板栗一公斤6—7,核桃是一公斤12—14元,所以果子价比粮价强多了。一家农户不但种农地,也要有优势的果木园地,才能过好生活。

2009年8月23日　农历七月初四　星期日　晴

我芭蕉箐基督教会今天召开教会事工研讨会,参加会议人员有万宝山村王兴仁执事,柿花箐村王继光执事,石桥村张××,信徒代表,芭蕉箐村张正文长老,传道员张学德,青年义工组张学祥,诗班长张正福,张约瑟,信徒代表张学明,张学才十人。研讨会有两个项目:1.维修教会礼拜堂的工程规模和资金来源,规划何年何时动工。2.商定今年2009年度的感恩节时间。

讨论研究结果:1.礼拜堂的拆建计划是,只要老礼拜堂的石脚地梁,拆旧建新,建成一楼一底两层楼房。二楼建做礼拜堂,一楼建做住房和接待室。经费来源初步计划是,教职员奉献5000元,普通信徒一户奉献1000元,其次是争取外援。圣殿建造计划总共需要大约40万元。2.商定年度感恩节。年度感恩节协商确定于2009年11月15日,农历九月二十九,星期日。我堂邀请参与庆典的堂点,仍是历年的12个教会。

2009年8月24日　农历七月初五　星期一　晴

村民送孩子们上学念书。我石桥村委会芭蕉箐村的几个孩子在祖库村委的祖库小学读书。现在在祖库小学已读完六年级,我家孙儿、孙女二人已转入东村中学读初一。今天通知开学,原先孩子们在祖库小学读书时，由于孩子小所以家长都坚持接送。今天开学，家长们就得送到东村中学。路途是七八公里。幸好道路和交通工具方便。要上学念书的孩子们，都集中于教会的场院里，待家长们送往学校。孩子们的准备工作已进行了多天，就是上街买好衣物和用品。

出发时，近处的，就是到祖库小学的，先乘摩托车走了以后，我家孙儿、孙女三人被送到东村中学念书。后来，远近往返都是用摩托车接送，又是顺东鸡公路奔驰，路面已铺成黑色路面了，所以很方便。

侄儿张学光，今天芭蕉箐村首家，已开始割稻谷了。当开割谷子门，就接二连三地有人割。劳动力情况是有12人割，哥弟亲戚友人协助割，是主动关爱协助。又是换工，就是哥弟互相协助，割别人的，而到你割谷子时，人家也出来帮助。在生活上，好好的酬谢他们，割谷子可随便，讲究打谷子这天的伙食。

2009年8月25日　农历七月初六　星期二　晴

村民出动大小车辆运载物资上市销售。村民大部分是卖栗子，有的是卖早核桃，有的是卖洋芋。几年来，都已形成夜街。一般凌晨三四点，我们就出车。我家父儿卖栗子，三家儿媳各家有一两袋栗子，重量有三四十公斤。

我自己卖板栗的情况是，栗子离得156公斤，栗子今天是卖一公斤6元，156公斤，卖得936元。在回途中，经过我村的山地，这里也有我家的板栗园地，所以父儿就停车于山地里，扎扎实实地在山地里工作了一天。父儿几户的农活工作，都是下栗子，挖洋芋。当息工的时候，我们的农用车满载货物回家，体现了农用车的优越性，显示机械动力代替了人工的繁重的体力劳动。

村民张正德家打谷子，稻田面积是1.5工。劳动力组织情况是，父儿、哥弟、姑爷、女儿家，组织凑得八人打谷子。几年来都已采用脚踏式的脱粒机。这样劳动工作比起用人工打谷子就轻省多了。运输是用小型拖拉机运送谷子回家。

2009年8月26日　农历七月初七　星期三　晴

今天的村民农活计事工，已形成多种中心工作，是已自然形成。我村民有的中心工作是下栗子，有的是离栗子，有的是割谷子，有的主要任务是打谷子，有的是猎捕雀鸟，所以一时之间就有多种农活中心工作。

我家父儿五户的农事工作，是五儿张学祥家割谷子。出动劳动力有11人，就是有一村邻舍友人也来支持割谷子。稻田的面积有3工田，也就是有一亩田。在太阳暴晒下，坚持劳动。所以我息了两个午间，第一个休息安排吃粮饼；第二个休息又是安排吃冰棒，每人两支。白天午间，安排吃糕点、饼干、冰棒，我们的习俗已进行四五年了。

村民龙兴德家打谷子，是趁他家族龙家给汉族杨正发家打谷子，打完之际，就叫他家组再给他家打，是采用小柴油机做动力脱粒。几乎全村都以这种方式脱粒。村民的劳动强度就减轻了。随着社会科学的发展和进步，我们苗民的生产和生活也不断地得到提高和改善。

2009年8月27日　农历七月初八　星期四　晴

村民家家户户忙于收割稻谷。到了收割季节，几乎全田坝的一片稻谷都成熟了。村民亲戚、家族们只好推让，安排割谷子的先后次序。村民张学全家割谷子。由于全村投入收割稻谷，为了快速，尽快收完收好大春稻谷，为活动方便，都尽量以家族哥弟形成小组，进行劳动工作。这样每个小组的劳动人员就少了。我家父儿组成自然小组，五户组成十个劳动力进行工作，6工田，竟用昨天、今天两个整天，完成了割谷子任务。

村民张学光家的农活计是打谷子，稻田的面积有3工田，也就是等于一亩。打、收情况是，用两台脱粒机，一台是小柴油机做动力，一台是人工脚踏式脱粒。

工作进行得稍慢些，可能一些青年人对农活劳动工作生疏，或者劳动积极性不够好，不够出色。

一段时间中，由于农活自然形成多中心，所以我们的劳动工效，只是力求高工效。不论是白天的农地活计，还是夜间的离栗子活儿，都等于一天需要完成两天的活儿，比如收栗子季节，白天要下栗子，晚间还得离栗子到深夜12:00或是夜1:00到2:00，有时，夜2:00到3:00，就要出车上街卖栗子了。

2009年8月28日　农历七月初九　星期五　雨

村民卖栗子的，有村民龙兴福、杨光友、我家父儿五户。由于交通方便，大小车都有，就比较便于工作。我自己今天的栗子销售情况是，两三天中，利用晚间的时间离得三小包，重量104公斤，市价仍卖一公斤6元，所以卖得624元，价值约每包板栗200多元。我家父儿五户，今天卖板栗，有两包以上的有三户，有一包半的有两户，都是可按每包卖到200多元计算。

历年的板栗都捡成大、中、小三个等级，大的可卖到一公斤5—6元，中号一般卖一公斤3.5到4元，小号可卖到一公斤2.8到3元，三个等级混合价可值一公斤4.5元。

而今年，情况有所变化，不知为何，一个街市的板栗统统都是卖混合价，不分等级。已过的三个街天的市价情况是，头一个街天板栗卖一公斤6.30元，第二、三个街天，仍保持在一公斤6元。以此论断，板栗比往年价有所上升，有所平稳。

村民接送儿女上学，星期天晚要送儿女上学，星期五下午3:00学校放学时，各村各户就得准备到学校接儿女回家。这学期我村又增二人到东村中学读书，所以接送儿女上学，有的要送到祖库小学，有的要送到东村中学。好像加重了负担，但是学文化很重要，我们也得把学文化当作重要事工来做，也是我们父母之神圣职责。

2009年8月29日　农历七月初十　星期六　雨

龙兴华、张学祥，潘××三户打谷子。张学祥家打谷子，稻田的面积3.5工，出动两台柴油机做动力，给稻谷脱粒，打收谷子。

为了自养，维修圣殿，我们教会、我们小组必须有自养经费。所以就得开展一些自养事项工作。维修圣殿，就必须有经济收入，集体打工就是项目之一。计划收稻谷、收苞谷的季节，在近处都可引进一些资金。奉献钱是有限，但如果奉献些工天，就容易些。计划教会集体活动可引回些钱，其次是个人奉献，教职员也奉献大头。

早上，我们也积极参与教会活动事项，我们小组给人家割谷子。情况是，给人家割谷子，田的面积是7工，也就是等于两亩半。双方讲定，承包收割谷子、打谷子、背回家，包括把稻谷草捆好，给我们600元。劳动力有14人，割好谷子，就用两个早上的时间来完成。

2009年8月30日　农历七月十一日　星期日　晴

教会自养活动，替他人割谷子，原先与他人讲定割谷子一事，只因农事太多，所以一天都当两天用。故清早都得做一天的活儿，所以小组号召今早集中劳动力割谷子。这样做不误自己的农事，别人的活儿做好了，自己的农活也能做好。劳动力组织人员出动17人，用两个早上已完成6工田稻谷的收割任务。

中午12：00到下午2：30礼拜。礼拜散后，教职员、诗班长、信徒代表，研究教会事工，就是有关圣经苗文版，已出版印刷。云南苗族教会将于2009年9月5日集中于禄丰县大庆教会庆典感恩。通知各地教会两到三人前往，参与庆典感恩活动。

研究教会事工的结果是，要参与感恩，必然要准备送礼。因为新旧约圣经翻译成苗文版，用了二三十年的时间，各地区教会已做了大量支持工作，现已完成，自己也应当有所表示，大家商量确定拿5000元，去表示赞助和支持。前去的人员确定长老一人，礼拜长一人，两个驾驶员。

四人分乘两张摩托车前往参与庆典。

2009年8月31日　农历七月十二日　星期一　晴转大雨

　　村民龙兴华、张学祥、张学全三户打谷子，龙福祥、王光才、张正华、张约瑟四户割谷子。由于农事很多，时间紧迫，我们村民为了尽快收完稻谷，全村就自然形成小组进行工作。全村推进快速抓好收割工作，所以一天中，就有几起是割谷子，几起打谷子，全面出动，突击收割。

　　全村分成小组活动，当然快，当然好。几天的收谷子困难是，29日晚下大雨，下雨的时间又长，所以不便于用大车拉运谷子回家，打谷子的农户，用不上大车，还得赶我村里的小马车协助拉谷子。这样就费时费力一点。不过工作起来，小马车也快，也不影响拉运谷子的时间和任务。

　　劳动效益价值情况是，张学会打谷子，使用两台柴油机做动力脱粒，每台机器仅两个男劳动力。这一组较为精干、出色，息工也息得早。其他小组，效力比较低，比较慢，出工也出得迟，息工也息得晚。好像难度大，效力不佳，劳动责任心弱。

2009年9月1日　农历七月十三日　星期二　晴

　　村民张正才家打谷子，是父儿并在一起，有4工田，出动两台稻谷脱粒机，两台都是用小柴油机做动力。出动劳动力十人，每台脱粒机五人，两张小胶轮车拉运谷子。由于想早日收完稻谷，所以几乎是全面推进，大组再划分为两个小组，利于多组活动，全面推进，快收稻谷。情愿人员多忙，使工作效力高。不论人员多或少，现代都已采用动力柴油机做动力，这样就可减轻劳动强度。也可不必选日子，就是晴天或是阴天，都坚持工作，打收谷子。打收谷子困难，是由于车路没有铺好。收谷子季节都是雨水天，自己购置有农用车，但土路泥泞，有着大车，也用不上，只得找两张胶轮车，用马力拉运谷子上山回家。这就是我们拉运谷子进度受运输的制约。

由于村农事的繁忙众多，所以一天中就有几户割谷子。村民处在这种情况，一天中，夫妻就得分头去两户还工。人家先帮了自己，到人家割谷子或者是打谷子也得去还工。幸好这种情况也是少，村民张学全家就是今天夫妻分头还工。

人际关系处理好，今后的大小事务，都有人关注支持与帮忙。这也有关人生意义和价值，所以我们应时时关注，时时搞好人际关系。这样，我们身边的亲朋密友就能越来越多，我们的人生就有意义了。

2009年9月2日　农历七月十四日　星期三　晴

杨天友、杨天光、龙兴明、张学明、张学才、张正文、张学忠、张学德、张学祥、龙保罗10户出售栗子。销售板栗市街很热闹。我们远程的农户凌晨3：00已乘大小车辆上街了。路上以及销售板栗的街上，都是人山人海，热闹极了。整一条街，拥挤到大车进出都极困难。

我自己卖板栗情况是，栗子离得206公斤，卖价是一公斤5.70元，卖得1174.00元。是混合价，就是不分等级，栗子大小混合装。我自己栗子的包数有5包，平均每包价值200多元。其他村民每户的栗子，最少的都有一包，一般的农户都是离得两三包，价值都在400到600元。只一个街天就可有这收入，这是一个早上时间的活计。

村小组中下午替他人打谷子。原先订合同，给人家割七工田稻谷，连割打，给我们600元。本村张正福也承包1工田，给我小组打谷子，也是答应给我们100元。劳动力15人出勤，出动两台柴油机做稻谷脱粒机。大家辛勤地劳动了一个整天，终于完成了这项活动任务。

2009年9月3日　农历七月十五日　星期四　晴转雨

村民打谷子有两户，龙福祥、杨光才。农活工作进行中，下午就下一场大雨，实在不利于打收谷子。幸好是利用机械做动力，打谷脱粒，就克服了困难。

收割稻谷的田面积是 3 工，也就是有一亩水田。今天人工打谷子，很少用机械动力。组织也薄弱一点，所以在生产劳动中就困难一些。所收的稻谷田的面积只有两工田，劳动力组织人员有 6 人。

农户张学明家的农活计是割谷子，劳动力有 8 人，所需要收割的稻谷田的面积有 4.5 工，也就是一亩半。每开展一项事工，完成一项农业事工，都必须付出艰苦辛勤的劳动。劳动方式，随着年代变化，都有所变革和进步。原先的方式是，大组活动或是家族活动。而现在由于农业生产的任务繁重、艰巨，方式就有所改变，就是由大组再分为小组，小组再分为核心小组。这种方式，农业生产中，虽然劳动力稀少，任务重，但好在农业生产不限在局部的每天的收割工作，有多起活动，生产进度就快多了。

2009 年 9 月 4 日　农历七月十六日　星期五　晴

我村小组活动，原先订合同，给村民打谷子，1 工田连割带打下来，讲定给 100 元钱。村民杨兴明 2 工田，张学德 2 工田，出动 15 人。杨兴明会给我小组 200 元钱，张学德会给我们小组 300 元，两户所获 500 元。

村民张学忠家也是打谷子，稻田面积 4 工田，是哥弟互相帮忙自己打。由于小组开展事工，所以这户的劳动力就少了，只有七人互助打谷子，用一台小柴油机做动力脱粒。

生活待遇上，由于自己方便，所以就为全体组员做饭，供大家享一顿美餐，是特办宴席待客而表示对组员们的关怀和鼓励，也是一种献爱心活动，是我们基督教徒的美德。

2009 年 9 月 5 日　农历七月十七日　星期六　晴

接到昆明市基督教协会会长王子文牧师的通知，每个教会教牧职员两到三人，到禄丰县大箐教会，参与《苗文新旧约圣训》发行仪式庆典感恩大会。我们教会推荐张正文、张学祥、张会学、龙荣才四人前去参与庆典。早6：00我们乘坐两张摩托车前去参与庆典。路途很是遥远，我们的摩托车行驶了四个小时，里程达101公里，往返就有202公里。方向是从我村往西南方向。

心想为何这大盛会安排于禄丰县大箐教会？当我们到了禄丰县大箐教会时，就一目了然了。啊，原来是他们的教会圣殿场院适合这种圣会使用。圣殿规模宏大、美观，省市基督教两会对各县区的教会建设，是有所掌握和安排的。

今天参与的禄丰县大箐教会的百年盛典暨苗文圣经发行仪式是云南苗族的一件大喜事。借此圣事也引起各界人士对苗民信仰的高度重视和好评，我自己也深受感动。第一个感动的是苗民诗班的献唱仍保持美声唱法，能使会众感动流泪。第二个是这本苗文圣经印刷，每本纸张费用达94元，竟被爱德基金全付上。

2009年9月6日　农历七月十八日　星期日　晴

礼拜天聚会的重要环节是向本堂传达昨天参与省市基督教两会安排的百年盛典的情况。苗文圣经发行仪式庆典会安排在云南省禄丰县大箐教会，讲讲对庆典活动的圣会的体会。

2009年9月7日　农历七月十九日　星期一　晴

村民农活计是，挖洋芋，打谷子，变卖栗子，再进行一些农杂活计。村民龙应华、龙兴华父儿两户挖洋芋，用牛翻犁，每犁一沟，耕牛停站，待人工捡完一沟里的洋芋，再犁第二沟。每架犁牛都不能少于六七人。人员多，工作效率就高。父儿或是村乡哥弟，这样联合协助，便于更好更有效力地从事于农活计，而完成农活计任务。

在团结互助，增强劳动力，提高工效，争取早日完成劳动生产任务一方面，做得是比较好的，应当发扬和保持。另外不足的一方面是，有些人自然养成观望性大，事事想依赖他人的帮忙，自己渐渐就失去了主动性、自觉性。而且观望性越来越大，这样，慢慢就变得专赖他人帮忙。这种情况有，但幸好还是极少极少的。

其他村的农活仍是忙于下栗子。几乎是天天下，时时下，有三分之一农户在做。白天下栗子，晚间还得忙于在屋里剥栗子。三四天里就有个街天了，也就是三四天就要上街卖栗子，所以白天是忙外边的活儿，而晚间就得忙屋里的活儿。虽然很忙很累，但是这是自己的工作，我们年年忙、时时忙也就搞习惯了。

2009年9月8日　农历七月二十日　星期二　晴

补记一事，因9月5日所要报到的事工内容多。村民龙美秀因体弱多病，于2009年9月4日晚间8:00离开人世间。亲戚听闻都前往她家看望，表示同情悼念。

葬礼情况是，告知双方所有的亲戚都前来参与此悼念追思，为死者举行追思礼拜和悼念，礼拜中多人为死者讲了话。送殡安葬，是晚3:30时出殡，但时间推迟，想是很难履行安葬程序，料理事务。此丧事，到来的村乡亲友送的礼金，听说达人民币2800元。主领此丧事是由新兴起的家庭聚会主办。所请来的亲友极多，送殡安葬时间推迟到下午三四点时，远程的亲戚还急待赶回家哩。

不论是红白喜事，都得量力而行，都应从简承办，而没有必要大请客。我们苗民丧事的习俗，历来都是从简，不麻烦亲戚，加重别人的负担。比如，初订婚的孙儿之外父母也请来，他们是高寒山区的贫困苗民，试想人家拿什么礼来赴你的丧事席呢？所以，应该按我们苗民历来的习俗尽量从简办丧事。

2009年9月9日　农历七月二十一日　星期三　晴

村民建沼气工程。去年建沼气的农户有9户，今年政府给我们石桥村委会建沼气的名额是 40 个。按石桥村委的照顾和安排,让我们芭蕉箐村民优先报名,我们村仍是只有 9 户报名建。

按政府的安排,现在已催建,所以我们村建沼气的农户也得按上级领导的安排行动起来。历年我们的沼气是自己慢慢地挖沼气坑,而现在都在催建,大儿张学全也要建,由于时间紧迫,所以哥弟几户都出来帮忙挖基坑。建沼气还是有一定的难度,就是一进挖不起来,每人建一进都需要一些劳力和时间才能挖好,所以我村要建沼气的农户,一有空就都在挖基坑,积极准备修建。

使用沼气的村民,都觉得很好很方便。上级政府下达给我们石桥村委的数目是 40 个,石桥村委也尽量让我村优先。但村民的反应,看起来很消极,情绪低落,可能是科学思想观念弱,比较落后,对新鲜事物不感兴趣。我村 36 户人家,去年建 9 户,今年仍是建 9 户,两年有 18 户建。这种局面需要政府大力度支持推进改变。

2009 年 9 月 10 日　农历七月二十二日　星期四　晴

9 月 5 日,省市基督教两会安排在云南禄丰县大箐教会举行发行苗文仪式后,通知各县区需要苗文圣经的苗族教会,就到云南省基督两会领取。款庄朵木得教会已提前把富民东片教会的苗文圣经统一领回来,放于款庄圣经班里,地方各教会只需到款庄圣经班那里取就行。

我们教会,张学德、张学祥,今天到款庄圣经学校,领到 50 本。据亚洲圣经公会刘博士说,中国大花苗信徒有五万多人,那么每人一本就需要五万本。但是苗文圣经初版只印刷了一万本,只得各地区,各教会,先给一部分,待以后再版,再供给。

运费情况是,圣经书价、圣经公会和爱德基金会已全付上,但是从南京运至昆明,每本圣经需要帮补 3 元的运费。朵木得教会再从昆明拉运到款庄圣经学校,每本又需要帮补 1 元,从南京运到地方,每本圣经需要四元钱的运费。

我们教会分到 50 本，我们的安排是，各个集会点或各个自然村的信徒暂给几本。

2009 年 9 月 11 日　农历七月二十三日　星期五　晴

村民为种儿菜做准备工作。计划种儿菜的农户都逐渐忙于翻犁稻田，耙平，待种。计划逐年提早播种时间。去年的教训是，由于栽种的时间推迟，当我们把儿菜运上昆明批发市场时，四川省的大东风车二十多辆，大规模地运往我们昆明市场，儿菜价格就跌下来，原先是卖一公斤 2—3 元的，去年我们每公斤只卖了三四角，或者八角了。今年就采取措施，栽种的时间再提前。所以五儿张学祥、大儿张学全，今天犁稻田，做准备工作。

农业的小春作物，蚕豆、大麦、小麦，播种的年代已很长，但是收入始终无几，利润较低。随着社会的进步，生产的发展，人们就发现，小春作物不如种上经济作物，不管怎么说，经济效益都高于粮食作物。去年我村初步试种，今年准备正式栽种。去年试种有 6 户，今年必然有所增加。都是先搞试点，望有所突破，有所推进，改进农业生产方式，能获高效益。

2009 年 9 月 12 日　农历七月二十四日　星期六　晴

下栗子已有一个多月的时间了，还没有下完。姑爷和女儿也知道我的下栗子活计繁忙，他们看在眼里，想在心中，一心想支持一下我的工作。今天放弃他家的烤烟活计，用一天的工夫，来支持我们父母的活计。年轻人下栗子，他们上树在高处作业，都比较方便、容易。一天的工作，就做了很多事，我的活计也就轻松下来。

大儿张学全家是建沼气，哥弟三户六人出勤协助挖基坑。这活儿都是强劳动力的活计，幸好是哥弟几户出动劳动力互相帮忙。因上级政府领导催建，还没有收苞谷之际，赶紧把要建的沼气建好。就不做大春的收种农活，我家父儿劳动力重点是突击挖沼气坑。

生活安排是姑爷、女儿协助我下栗子，大儿张学全家也使工挖基坑，我家父儿两家共同为大家做饭。我俩老人杀一对土鸡，大儿家买回四公斤冰鱼，为大家准备席饭。父儿不论哪户使工，一般的情况都已为父儿五户做饭了。这样大家都可享受到美餐，这样做既省时间，省劳动力，也体现关爱相助。我们不但要保持，还得发扬。

2009 年 9 月 13 日　农历七月二十五日　星期日　晴

教会所管辖的下边活动点，有些事工棘手，需要县三自领导多加指导，疏通关系。聘请三自领导龙德寿、龙升武老师，对集会点工作多加以指导，所以安排今天到东村中民村委石桥聚会点视察、调研。

原先存在的问题是，一心以自己为中心，不愿听领导的指示和安排，与教会组织闹意见，搞分裂，非常粗野，就如同还未开化的民族似的。几年来事情越搞越僵，越搞越生。我们的对策是让他们慢慢觉悟，等待他们自己觉醒，等待他们自己选择，让他们自己冷却。

生活待遇安排是，教会备早饭席于柿花箐王继光执事家（大公路边），电话通知县三自领导龙德寿、龙升武老师，按时来赶早饭和本教会职员共食。误工补贴，每人发给 30 元作为酬谢。

本教会之前有一事工活动，9 月 5 日这天，我堂到禄丰县大箐教会，参与苗文圣经出版发行的庆典，为苗文圣经出版和从事于苗文翻译的工作人员献爱心，奉献结果是，乐捐人民币 700 元。

2009 年 9 月 14 日　农历七月二十六日　星期一　晴

张约瑟、张正华等四人相约搞摄像活动。昨晚和今早整理录音，今天吃过早饭，乘两张摩托车向东北方向行驶 20 多公里，到达寻甸县新肖风景区仙人洞山峰摄像、学习、收集资料。科学是人人都可学习和掌握的，不是神秘，不可攀，不可及的。在一些情况下，在一些时候，我们为团队、为民族、为发展科技而要有所付出，有所贡献。

付出代价，购置器材，应用于高科技，应用于我们的生产生活，推进地方民族地区的科技文化建设，就得努力。我们得量力而行。我们的生活水准还很有限，就没有必要付出昂贵的财力代价，而过多追求一些不必要的投资。

上述情况，似乎过了自己的力量，是没有必要的投资。再说摄像的技巧与资料也贫乏。也就是说，所付出的代价高，但是所收获的效益小，就没有必要这样付出。

2009 年 9 月 15 日　农历七月二十七日　星期二　晴

村农事，是忙于建沼气，所有承建沼气的农户都转入建沼气。有的是尽自己的力量而挖基坑，有的是哥弟互相帮忙挖基坑，有的是找工挖，有的叫亲友亲戚帮忙。因领导催建，趁还没扳收苞谷之际，抓紧时间，突击建好农用沼气。因去年建造时，建筑师都只是技术指导，施工中，村民自己下手工作和学习了。而现在情况是，村农事繁多，挖洋芋、下栗子、离栗子。

杨兴明家建沼气事工，今天是第一天挖基坑。年轻人都是身强力壮，所以挖起基坑来，也不费力，也是力所能及的事，但是规格要求 2.9 米宽，1.8 米深，完成这项工，也得要四五天的时间才能挖好。幸好是哥弟二人，再难也是轻松些。

校区通知开学生家长会议。村民张学全吃过早饭就去了。召开学生家长会议是好事，是对学生和家长的关心和负责任，把每一个学生在校的表现向家长反映。为培养好孩子们，让他们好好成长，家长和学校双方交通，当然是必要的。

2009 年 9 月 16 日　农历七月二十八日　星期三　晴

村民张学祥家挖洋芋，是种于外母水平村的耕地上的，约有 2 亩山地。种上洋芋，收板栗季节已过。种下的洋芋需要挖出、变卖、使用和还账，或积存。所以今天我们出动6户15人，一架犁牛，进行翻犁，捡洋芋。近代的农业生产都在增加投入，农业事工也有所进步，地里的洋芋产量也很好，真是喜人。经一天的辛勤努力，收捡洋芋就完成了。当天的挖洋芋任务，所收获的洋芋数量达一吨半，就是1500公斤。

由于交通方便，所以一天中都有一两个买洋芋的老板开大车进村收购洋芋。去年是一公斤洋芋0.62元，今年是给一公斤0.65元。洋芋表皮清秀、光滑、美观大方，可惜老板用刀切开洋芋就发现少量带病，就只给我们一公斤0.60元，我们也卖了。数量是1500多公斤，卖得800多元。卖了洋芋后我们才吃晚饭。

使工，虽然不给亲友工价，但是在生活待遇上就要讲究，当然就要杀鸡买鱼，做饭酬谢亲友，享受一番。现代的农业生产也的确是高科技经营，一天就做了几天的活儿了，一天连挖和卖，只把钱装回家。

2009年9月17日　农历七月二十九日　星期四　晴

街天，村民一般都上街变卖货物，卖核桃板栗，卖马蜂子。这是上早的活儿，夜里三四点，我们就出车上路了，到了街上卖了货物，一般天还没有亮呢。市场物价情况是，核桃原来的销售价是卖一公斤12—13元，近段时间好的核桃价又上升到一公斤15元。板栗价不升也不降，保持在一公斤4.2—5.5元，买板栗老板就看好丑，大小，板多或是少，再定价。

我自己卖板栗的情况是，185公斤×5.5元／公斤＝1017元。张学全家卖得80元，学德家卖了800多元，学祥家卖得200多元。侄儿张学明又卖栗子，又卖核桃，核桃只离得29公斤×11元／公斤＝319元。这是上早的事工。

中下午的事工是，侄儿张学光家挖洋芋需要多人。村民杨光友已开始扳撕苞谷，是扳撕山脚片区的，用小拖拉机拉运。村民龙兴华是建沼气，找村里杨光才挖基坑。其他的村民到甜瓜地里准备收甜瓜，即将出售甜瓜了。

2009年9月18日　农历七月三十日　星期五　晴

张学德家犁田，面积2.5工，等于一亩田。耕牛前一段时间已死亡，今天准备犁独牛，就是小牛。吃过早饭，牵到田里，犁了两沟。此时村里邻舍龙福祥就牵着他的一对壮牛，主动来协助张学德抄犁稻田。壮耕牛犁稻田，当然容易，简单不费力，牛又乖，也可深犁，庄稼茁壮成长，能获得好收成，为使农作物能获高效益，我们都积极创造优势条件。

俗语说，家家门前有滑石板。人处世都有困难，都需要关爱和帮助。

张学德家没有耕牛，要犁田，就有村乡亲友主动协助帮忙，真是难能可贵，又是幸运。"爱人如爱己"，平时我们都互相帮助，互相关注日常生活中的困难，困难就得到妥善处理和解决。

2009年9月19日　农历八月初一　星期六　晴

村民赶鸡街。张学祥卖小猪，自己养有6头小猪，已满两个月，需要变卖还账。今天用一张小拖拉机运上市场销售。市场价格情况是，前段时间，小猪市价还保持一公斤7—8元，今天比较好的小猪也只是卖一公斤6元。一篮子小猪，有6头，重量有70公斤，得420元。小猪现在可卖一公斤6元，土猪只卖一公斤3—4元。这样市价农人家是亏本了，因为已喂了一包饲料了，价格是180元一包。喂出一窝小猪来，粮食也少不了200公斤，当前苞谷市价就是一公斤1.80元，饲料180元，加上苞谷360元，有540元。农夫喂出一窝小猪就已贴了100元了。农夫遇到这种世道，有什么法？亏就亏吧，贴就贴吧。不过这种情况也是很少吧，我们也要信心百倍，总有一天会兴起，或许这是我们要常学习的功课。

村民张学德仍抄犁田，田的面积有2工田，将近有一亩田。抄犁田仍准备种上儿菜，去年初种已有基础。儿菜是经济作物，经济效益必然高于农作物，所以我们农夫都是在探路子，都是寻找门路。

2009年9月20日　农历八月初二　星期日　晴

聚会礼拜活动。

芭蕉箐村土产出稻米，其他的自然村只出产玉米，故每年稻谷成熟后，我村小组都要为全教会人员煮新米，做一顿新饭供大家分享，这也是一些关爱的工作。饭食做了很多，可惜今天人员不多，因为农忙季节。

2009年9月21日　农历八月初三　星期一　阴

村民抄犁稻田、挖塘、整理农地、施肥，准备种小春农作物儿菜。有的农户离核桃和栗子，有的扳撕苞谷，有的农户在整理农地道路，准备运输苞谷。

村民张学明离核桃和栗子，需要离完，赶在明天22号东村街天变卖。他家父、儿、婆、媳四人，安排一人放牧，三人在屋里离核桃和栗子，都是繁忙的活儿。离核桃和栗子，都是要一个一个的离，因为什么都讲鲜，都讲颜色鲜，特别是城市人，更讲究。所以各道工序都得讲认真。经一天的辛勤劳动，离得核桃两大包，栗子也是两大包。每包的重量都在40—50公斤，每包价值都在200元左右。一天的劳动工效都值800—1000元。

村民去年已初步试种儿菜，也初步获得成功。村民都信心百倍，准备在去年的基础上，再上一个台阶，再创新。所以几天以来，都在积极的投资投劳，为获好收成而创造条件。

村民龙福祥、张学全、学忠、学德、学祥几户，都在此农事项目上，投资投劳，做准备。

2009年9月22日　农历八月初四　星期二　晴

村民上早卖栗子，凌晨4：00就出车上街了。约有三分之一的村民有少量的农产货物上街变卖。栗子都是尾末,最后一街了。市价情况是,栗子一般只卖一公斤4.5到5元了。我自己有尾栗43公斤,43公斤×4.6元/公斤=197.80元。大号栗子有12.5公斤,卖价一公斤8元,得100元。两项合计297.80元。

中午村民的事工活计是,龙福祥家协助张学忠犁田,有四工田,翻犁后,都准备种上儿菜。一段时间都是协助没有耕牛的农户犁田,讲友爱团结互助,自己要先爱别人,别人才会关爱自己。其他的村民往田间整理田块,放肥料,打塘,备好田块种儿菜。

召开村小组晚间会议,研究三个问题:自养生计门路、如何管好、供上我村用水、如何保养好我村公路。研讨会有22户参与,没有参与的有14户,总的户数是36户。在讨论上述的三个项目时,村民们的情绪很高,都积极地发表好的建议。

第一,确定把一片下放到个体户的板栗树,仍归还集体,并承包给村民张学友,每年交纳500元给生产队。因有两户想要,张学友再加50元,后就定为550元他承包。

第二,为管好我村饮水,保障供给村用水,选举杨光才负责管理。村上付给100元作为报酬。

第三,管好我村公路,动员我村村民积极义务协助。

2009年9月23日　农历八月初五　星期三　晴

昨晚,出动八张大车到东村乡乐杜村拉回来沼气模架,准备今天在我村动工建造沼气。今早又出动三大车拉运建材、物资、红砖、水泥、钢材、人工砂和公分石。运建材是准备建沼气之需要,急需就每天多跑几趟。供应得上,一天就少跑一趟,是看情况而定。

由于管理不够妥善,一年中,村民用水时常中断。存在问题来自两个方面。一是由于村民集体主义观念薄弱,水龙头损坏几个月都不处理,不换上新龙头。洗衣物,将大量的水放走。二是因饮水钢管使用年代长而锈烂，漏水，多处耗失水量。

昨晚村民会议讨论确定，今天出动五到六人，对我村饮水钢管视察检修，并把岭干田的农闲水引进村饮用。工程很大，五人吃过早饭，检修到日落，才完成此项饮水修复工程。

龙兴德家挖洋芋，出动一架犁牛抄犁，八人随牛捡拾，一天收获40多袋。当天运上大公路销售，老板天天在村村都设收购点，卖得2000多元。他是农业优势户，地广众多，利大益多。

2009年9月24日　农历八月初六　星期四　阴

我村建沼气的9户，今天开始建张学全第一户。我村人士建议，所要建沼气的9户村民联合起来，互助帮忙，组成一组建沼气的建筑队。出勤人员达23人，包括煮饭人员6人。办饭席酬谢村乡亲友，涉及多人，买鱼（鲜鱼），杀鸡做饭。

由于私人场地窄，建沼气的料子就堆于教会场院上，拌灰浆就放于教会场院。拌好灰浆，再用人工挑到这家浇沼气池。搅拌浆，人工挑、浇灌，都是强劳动力的活计。

做技术指导的师傅，去年是一个，今年派来另一个。今早他一到，就催我们找够人员，并且早7点就得出工。他以为我们劳动力单薄，就担心一天建不起来，所以一直都在催我们。

我们按质、按量、按时顺利完成了施工任务。吃晚饭时，技术指导也表示放心、满意、高兴。我们苗民吃苦耐劳，就是磨炼出来的，就是能胜任各种复杂艰苦、劳动强度大的体力劳动。

村民张正才、龙荣才两家两户的事工，是出两张大车拉运沼气料子，到寻甸鸡街坝子拉运两车人工砂，待建沼气之用。

2009年9月25日　农历八月初七　星期五　晴

昨天开始建造沼气，建起一井。为保障顺利建完，供料子的车，天刚亮就出去拉运料子。人工砂、公分石，是按建的次序供料子，由私人自己安排。

经验教训是，去年我村建沼气时，是由村主任张学德统一安排负责。但建好后，就有冷言说，政府可能给村主任一大笔钱，作为开支建沼气。建好后，给我们要建沼气用料的费用，有一两户，久久难以要到建沼气的费用。

今年在建沼气的事工上，宣布由个体户自己负责供料子，村上一律不再负责。龙兴明、张志明、张正才，三户拉运料子。每建一井沼气，材料数量是两车人工细砂，一车公分石，一车水泥（30袋），是按这数目准备的。

其他的农户事工活计是扳苞谷。种儿菜的农户到稻田里打塘施粪肥，整理好田块，先整好塘，另一天又栽菜秧，这样轻松方便。

2009年9月26日　农历八月初八　星期六　晴

中秋节到了，每年县国保大队都给我安排点节日礼品。趁此之际，写好一篇基督教芭蕉箐教会的心声，转交县国保大队，希望执法机关能了解我们。我想趁执法机关上门拜访之际，说说我们自己的心里话，希望能引他们的注意和理解，使他们今后在工作上能多给予关心，改进工作方式，促进改变社会风气。

2009年9月27日　农历八月初九　星期日　晴

为保障供给建筑所需的材料，天气虽有小雨，运输车辆仍然出车拉运人工细砂，准备用于我村中段的老场边，龙兴德、龙兴华两户建沼气。天亮出车，我们还没有吃饭的时候，运料的就已到家。因早上下雨，两张汽车只好停于教会场院上，并把建料倒于场上，待用时再拉运。

张学全、张学祥两户种儿菜，大六工田。下午3点礼拜散后，我们父儿三户留人扳好菜秧，下到山脚田坝里栽儿菜。从开始种到晚6点，整种了三个小时，约已种下一半多，合 3.5 工。由于久晴少雨，所以我们栽好后便放上水，为成活率高，也为快速成长起见。

我们从田里回到家，太阳已落山了，喂好自己的鸡猪，再吃晚饭。吃后，又要参加晚间的聚会礼拜。虽然农事忙，我们也很欢喜，因那是我们自己本分的农事活计，因为多忙，我们的农事任务就少了一些。所以情愿多忙，多做一些活计，使我们的农事早日轻松完成。

2009 年 9 月 28 日　农历八月初十　星期一　晴

村农事活动是砍甜瓜，背甜瓜，已准备收集拉运回来家中，准备出售。有下村的收瓜老板，给每公斤 0.6 元。并叫种有甜瓜的农户拉运回村中，准备收购。开始摘瓜的农户有村民杨天友、张学才、张学道三户。经一天辛勤努力，拉运，交通不方便的就要用背，一天劳动的收获情况是，杨天友家的甜瓜约有 1500 公斤，张学才家的甜瓜约有 1020 公斤，张学道家约有 500 公斤。

种麦的农户有龙应光，麦地面积约有一亩山地，用一架犁牛点种。一亩耕地任务较为轻松。不过点种后，还得耙平，使小春作物长好，促进效益。这是我村头一户点种小麦。

村民龙兴德、龙兴福家扳苞谷，地面积有 2 亩，扳了一点。还是应扳在时候上，便于管理。

2009 年 9 月 29 日　农历八月十一日　星期二　晴

中秋节快到了，今天是八月十一日，离节期还有四天。每年中秋节县公安或是县国保大队都安排给我送点中秋月饼作为关心。今天下午 2：00，他们小车到了，他们问候我并把一袋中秋月饼交给我，一袋叫我送给三儿张学忠，一袋价值三四十元。他们二人可能是驾驶员一人，国保工作人员一人。他俩递交了礼品后，就驱车走了。据说他们这一天要走很多地方。

杨天友、张学才、张学道三户出售甜瓜。购主上门订货,都是说些好话,甜瓜每公斤给你们 0.60 元,全部给你们收完。今晚卖甜瓜,方式改变了,只收黄的、好的,或是不称,只估算数量。村民杨天友摘得 1500 公斤,只收下 700 公斤,单价 0.60 元,得 420 元。张学才约有 1000 公斤,结果只给 460 元。假如果真有 1000 公斤,就少得 140 元了。

我们应走在形势之前,各种复杂的情况都应先预料到,而且有清醒的头脑,正确处理一切情况和事务。

2009 年 9 月 30 日　农历八月十二日　星期三　晴

政府关怀工作有所增加。今天中午 12:30,开来一张小车,一行两个男子,组成东村乡政府探访队,在中秋节探访受灾农户张正德,因其妻龙美秀体弱多病,于 2009 年 9 月 4 日下午 6:00 时离开人世间。

今天东村乡政府的探访组来到,安排给受灾户张正德的礼物是一袋中秋节月饼和 100 元钱,作为东村乡领导对受灾户的关心和慰问。

人民都希望党政部门少说好话,多做实际的关怀工作。近代政府已做了大量的关怀工作,如,给各地方乡村人民安排有惠农、低保、补助养母猪,又有补助建好交通道路等。政府的关怀,现在真可说是看得见摸得着,所以人民肯定说,现在党的政策越来越好,因为政府主动地关怀。看望死难家属,就是政府今年新增加的项目。人民当然高兴,政策是越来越好。

村民杨光友家办送"祝米席",就是生下孩子,亲属村友来庆贺,送过礼后,自己表示感谢要办一顿饭席,送过礼的亲戚吃一顿饭席。他家办"祝米席"来客少,可能只六七户来客赴席。

2009 年 10 月 1 日　农历八月十三日　星期四　晴

村农活工作繁忙,事务增多,时间紧。大部分农户已动手扳、撕苞谷。有的仍是挖洋芋。所谓挖洋芋是找工协助挖,并捡拾好,当天就可拉运上东鸡公路，便于变卖成钱。因天天都有几起收购洋芋的老板，在大公路口，或在村寨设点收购洋芋，所以非常方便。

村民龙福祥家扳苞谷，耕地面积是2亩。父儿四个劳动力，因耕地就在村子附近，路程不远，又是交通不便，所以边撕边用人工背回村回家。经一天的辛勤工作劳动，终于完成了扳撕任务，当然这都是强劳动力的活计。

村民张学忠、张学德二哥弟的农活计是种儿菜。种儿菜的农活事工是现打塘，下肥料，并栽上一部分，每一户的田地都有三四工田，所以一天栽不完，加之，儿菜秧也欠缺一点，自己栽，没有请工，还得用一两天才能栽完。

天气很热，为赶时间，也就不待边栽边浇水。幸好可以浇水，也可以放上水，所以很方便，只是要时间和劳动力。当然困难，栽得了多少就栽多少，栽不完就慢慢栽，农夫们都是充满信心地进行劳动工作。

2009年10月2日　农历八月十四日　星期五　晴

村民为过好节日，进行准备工作，有的物品需要变卖成钱来买节日用品。村民一般都养有土鸡、阉鸡，都特为这节日要出售。因为这节期，所有要用到的物资价都有所提高，而且数量也大，比如乡村、城市每户都要在这节日享受丰足美食一番，土鸡、鲜鱼几乎是每户都少不了的上等菜。一般村民都掌握这个环节，大量的土鸡，就在这中秋节前几天都要拥上市场销售。

夜晚3：30到4：00，我村村民就赶往街市场销售农副产品，土阉鸡、核桃、马蜂、白菜、洋芋等。由于社会的发展进步，农副产品需求大，时间也宝贵，所以夜晚4：00至天亮6：30时，人们都已进行交易了。

家人亲戚的团体，都忙于给家人和朋友买节日礼品，街市上充满着欢乐的气氛。人山人海，忙忙碌碌。

苗民在节日销售农副产品的概况是，我们的生产力有所提升，不但变卖土鸡、核桃、马蜂，就连街上卖菜摊都是苗民妇女（指正式菜摊外的沿街大路，供他人来批发）。

苗民手中优先物资价格是，核桃卖一公斤10—13元，土阉鸡卖到一公斤30—35元，马蜂子卖一公斤70多元，是占有优先地位的物资。

2009年10月3日　农历八月十五日　星期六　晴

欢度中秋节，过中秋节的各样礼品物资，宴席用的物品齐备。亲戚友人都互相打电话请客，能团聚的都尽力团聚。一个上午，忙于杀鸡、洗鱼、煮肉做菜。相聚的亲友们都齐动手，分工合作，为过好节日而忙碌，准备饭席。

孙女张多加休假8天，在国庆60周年和中秋节，回家度假过节。孙女回家，和家人欢聚，也给我们增添光彩，是喜乐事。她为家人买回过节月饼，并且分发给家人亲戚每人一个，作为关爱，也祝贺节日。

饭席当然力求为家人团聚，尽力摆满桌的高档菜，少不了的就是土鸡、鲜鱼、鲜猪脚肉等。大家尽情享受。吃过晚饭后，大家仍坐于饭席边，又分享中秋月饼，分发到每一个家人。欢度节日，同时也是增添节日的快乐。

感谢我们党和政府的好领导，使我们的生活不断有所提高和改善，在过年节时，人民生活开支有所扩大，以尽情享受，体现国家的繁荣富强，见证人民生活普遍得到提高。因为政府的工作项目逐年有所增加和投入。在党和人民政府的领导下，我们决不辜负政府对我们的期望，继续创新。

2009年10月4日　农历八月十六日　星期日　雨

欢度国庆60周年纪念庆典，欢度中秋节，亲戚家人团聚，学生孩子度假，家人充满着喜乐幸福。人们在过节日中，都得享团聚，感受大家庭的温暖。亲友们在一起畅谈沟通，分享生活中的甜蜜、美满和幸福。

学生孩子们也是沟通，分享人生的甜蜜。人生苦海、重担、忧愁，通过沟通勉励，创伤的心灵也得到医治和安慰，所以大家都高兴满足。

讨论生机，今后的生产劳动、努力方向、自产自销门路等。努力方向是：一部分农户考虑转向种植蔬菜。自产自销，可能还要购置型号大一点的车辆，作为自产自销的运输工具。

据介绍，目前农副产品农户已获较好收成。经济效益高的农副产品有，冬瓜、甜瓜、白薯、红薯，经济效益都高于苞谷。所以我们都在探路子，找门路，力求创新革新，走新路，也就得时时把握时机和时局，因为历史在前进着，事物在变化着，都在等待我们去攀登，去进取。

2009年10月5日　农历八月十七日　星期一　晴

早上邻居万宝山村王有福家来电话，请我家儿媳赴宴席。因万宝山苗族4月29日的打架案，王现都被判刑坐监半年，村民觉得不公。昨天王现都释放回家，他家感激亲属友人的同情怜悯支持，而要为大家摆上一席饭，酬谢大家。我们也按自己的所能报答。侄儿张学才是带一点新米作礼给他家，我自己也给他家一小袋柿花、一小袋板栗和100元作礼。

筵宾客席，特别讲究，杀羊、杀猪、杀鸡，买回大鲜鱼，饭席上摆上高档饮料、啤酒，让亲戚友人尽情享受。来客约有30桌，客人有禄劝县、富民县的，有祖库村教会领导，以及祖库小学的同工老师。大家都到席庆贺。

2009年10月6日　农历八月十八日　星期二　晴

村农事工作到了繁忙的季节，又要收，又要种。收苞谷是要进入大面积的扳、运、撕、挂、收的阶段。有的农户忙于点播豌豆、大麦、儿菜等等。交通方便的地方，出去大小车辆拉运苞谷进村，来来往往几乎全村行动。

村民王才明家的农活是扳运苞谷，是处于"云南大学住房"附近这一片区的地块。集体、个人的耕地，逐年已挖通路面，便于促进农业生产进度。去年已挖通一条马车路，去年今年的农业生产已应用小拖拉机运输物资到地里。农业生产的几个方面都得以改良和推进。比如，今天他家扳运苞谷就没有拉运回家，而是一并拉运进"云南大学民族考察基地"的场院，撕好，一并就用苞谷脱粒机打好，就扒开于晒场上，晒好就卖，所以，云南大学老师对我村的生产建设也起到积极的推动作用，真感谢他们的支持帮助。

2009年10月7日　农历八月十九日　星期三　晴

几天中，建沼气的师傅因感冒而回家。他的家在富民县大营镇，一去就不见来上班。我村建沼气的农户，因农事工作多，时间再推迟，农事就更忙。所以，尽管建沼气的事工还不上马，都已出去三张大车拉运材料，是拉运张学才家的材料，到石桥村高有军家的石场拉运，里程约有10公里，往返就有20公里。早上6：30时他们出车，拉运回到家时，已是中午11：00时了。驾驶员他们3人回到家，吃过早饭，又转入其他的农活事工。张正才的车有故障，就是发动机上有一颗空心螺丝垫圈磨损而漏油。吃过早饭后，乘摩托车到鸡街买回来螺丝，安装好后还是漏油，只好又到东村买，回到家复装后才解决问题。所以修车，有时很是麻烦，有时新买的机器零件用不上。

张正才下午的农事工是到地里割黄豆。原是计划整块地都栽种红薯，只因到嵩明县某地打工一个月的时间，打工每天得17元，一个月工资500元钱。夫妻二人同去。在那里有位老大妈问，你们出来打工，家里边有些什么财产。答复有一张三缸大车，有一对犁牛，有鸡猪，有耕地等等，出来时都交给双方的父母照管。那妇人和那里的人都劝他俩快回家搞好自己的生产，他俩觉得有理就回家了。

2009年10月8日　农历八月二十日　星期四　晴

村民的中心农活计是扳苞谷，家家户户都忙于扳运苞谷。扳运山顶片区的苞谷的农户，是用小型拖拉机拉运。村农户尝到机械动力运输的优越性，就逐年购置大小车辆，每年都几乎增加一张小拖拉机。今年有村民杨天友买回一张小拖拉机，所以这几天都是为村民拉运洋芋、苞谷。今天是拉运他自己的苞谷。

村民另一事工是，张学德家搬运甜瓜。人从坡地，交通不方便的陡山地，把甜瓜背到车路边来，堆好，便于上车或是斗量。种植甜瓜是我村农业生产的新项目，所以地陡路远，我们都不在意，是感兴趣的事业工作，都很喜欢。所以，农户都积极地做准备。集中堆好在地边或车路边，准备出售。几天中，都有采购员打电话，或是亲自到家门，来面商甜瓜价格。杨嘎哩（汉族村）熟识的朋友，也打来电话说，卖甜瓜不要忙，我自己的，人家给价每公斤0.70元，我还没有卖哩。提示可能还会涨价，所以建议我们慢慢地看情况，慢慢地卖。熟识的朋友都在关心我们，盼望我们收好卖好。

2009年10月9日　农历八月二十一日　星期五　晴

杨嘎哩有大工程，要重建杨嘎哩水库。水库重建，造价达400万元，工程规模大，要把大型机械车辆或大中型的挖机运入水库工地建水库。运送大型机械车辆，挖机进入水库工地施工，面临道路问题。车辆从进杨嘎哩村到水库，路线长达三公里。道路太窄，弯曲陡坡，实在不规则，路线又太长，难以运送物资。几个包工老板都建议，运送建水库物资道路，不如从我芭蕉箐村公路，接通杨嘎哩水库，推、扩开二公里山路，就可接通水库基地。

我芭蕉箐村召开晚间会议。建水库工程的公路要通过我村，叫老板补偿公路占我村的地、果木、房屋10万元，至少1万元，并给我村铺好从我村下到山脚田坝的农田道路的石砂。经大家讨论协商，确定了这一点小小的要求，村民代表们表示，同意他们的公路通过我村到达水库，但是应给我村一点补偿，作为占地、果木、房屋之费。村民代表表示满意后宣布散会。会议的小小要求再向石桥村委会或东村乡政府反映，可能会到我村现场鉴定。

2009 年 10 月 10 日　农历八月二十二日　星期六　晴

村民事工活计是，收集拉运甜瓜，回村准备出售。今天的事工有两个组收集自己的甜瓜，用大车拉运回村，堆积。准备出售的有张家、龙家两个组。龙家有哥弟两户，仍用一张两缸车拉运。每户的甜瓜数量有 2.5 到 3 吨。车跑了三趟，每户的甜瓜已拉完，堆积于教会场院上，待销售。第二个组情况是我张家父儿五户仍出去一张两缸车拉运，人工从山地里背下来，到山脚车路装上车，拉运回村。各家所收集的甜瓜数量，张学忠约有 2.5 吨，张学祥家约有 4 吨，我老人家约有 2.5 吨。另外一组是张会成家的甜瓜，每公斤 0.60 元，变卖给本村杨光友。先收购大的，黄的，分作几次变卖。

栽培甜瓜，年时情况是干旱少雨，农地的庄稼都有影响。但作物基本长好，收益情况还可以。去年有 5 户种植甜瓜，今年有 11 户也试种，全村有 16 户种植甜瓜。种植甜瓜的受益情况，经济效益可能高于种玉米一倍以上。目前看起来是很理想的。

2009 年 10 月 11 日　农历八月二十三日　星期日　晴

村民事工活计，仍是拉运甜瓜。交通不方便的农户，就用人工，一背一背地背回村场院。全村行动，趁机趁价格，每公斤 0.70 元，一便销售。有瓜的农户都集中劳动力，集中时间拉运瓜、背瓜。

下午 3∶30 时，村民仍进行农活事工。已去世的杨光德家属以及妻方父母也来背其生前所种下的瓜，约有 600 到 800 公斤，值 500 元左右。村民张学德是用农用车拉运甜瓜，事先用人工背好堆于地边车路的地方。

车跑两趟才拉完。重量约有 2.5 吨，给 1700 元到 2000 元。

2009 年 10 月 12 日　农历八月二十四日　星期一　晴

村民打粮、晒粮，准备运上市场销售。村民王才明家一段时间都忙于扳运苞谷，脱粒晒于云南大学场院。几天中，已晒好。明天是鸡街街天。今晚装好，准备用小拖拉机拉运上市场销售，目前可卖到一公斤 1.80 元—2 元。

村民杨天友也是明天准备卖苞谷，他家历年都是用烤房烤。现已烤干，明天仍拉往鸡街销售。今天中下午的时间，已拉运到东鸡公路，放于亲属家里，计划两车并做一大车，拉往街上销售。

另一些村民的事工是销售甜瓜，有龙兴祥，瓜有两吨多，每公斤按 0.70 元计算。村民龙保罗有两吨，卖得约 1400 元。

村民张正才的农活计，早上请哥弟帮忙扳运苞谷，中午转入砍苞谷草，捆好，背到地边收好，备于喂牛，主要是清除苞谷草后，要准备种上小麦。

2009 年 10 月 13 日　农历八月二十五日　星期二　晴

村民出售甜瓜，几乎每天都有一大张货车进入我村收购甜瓜。销售甜瓜的情况是去年卖一公斤 0.40 元，今年价格有所提高，最高价是一公斤 0.70 元。不过是销售大的、好的、黄的，先把大号的卖了以后，再销售中号或是小的。

一早，天刚亮就来一张大货车来收购甜瓜，是村乡熟识人，今天出售的情况：龙荣才家，180 公斤 ×0.70 元／公斤 = 126.00 元；张志明家，514 公斤 ×0.70 元／公斤 = 360.00 元；龙保罗家，630 公斤 ×0.70 元／公斤 = 441.00 元；杨光德家，205 公斤 ×0.70 元／公斤 = 143.00 元；张学忠家，877 公斤 ×0.70 元／公斤 = 613.9 元；张正文家，410 公斤 ×0.70 元／公斤 = 287.00 元。全村合计 1970 元。

村民另一项事工，卖苞谷，农户有杨天友、王才明、张学忠、杨天光四户。是用小型手扶拖拉机运送。销售情况，杨天友出售700公斤，单价是每公斤1.80元，卖得1260元。

小结：村民生计活动，获取利润都用于农业生产垫本的家用化肥，三分之二的农户是用于购置机械动力建设，三分之一的农户是用于积累。

2009年10月14日　农历八月二十六日　星期三　晴

村民早卖甜瓜的事工情况是，因为甜瓜虽然价格是定一公斤0.70元，但是一堆不论是两三吨还是几百公斤，只捡三分之一或是三分之二，其余就说是不大，或是说不黄，或说太绿了，就不要了。称计了较好的部分，他又说剩下的这一堆你要多少钱，你要多了他就不要，双方讨价还价，他只给你低而又低的价。使你卖也不是不卖也不是，因为少数好的你已卖了，最后无可奈何，价再低也卖了。

我自己的约有800公斤，给250元，约合每公斤0.30元。龙保罗约有600公斤，给150元，约合每公斤0.25元。张学忠400公斤，给200元，约合每公斤0.50元。龙兴华约有3吨，给1000元，约合每公斤0.33元。较好的情况是张学德约有4吨，要价是3000元，讨价还价只给2800元，也卖了。

上述情况是目前已形成一个局势，几个自然村都是这样交易了，中午12:00我家父儿5户10个劳动力，出动一张农用车，扳山顶片区的苞谷。张学全这块苞谷太大了，人人都夸奖太好太强了，从未获得这样的苞谷。

2009年10月15日　农历八月二十七日　星期四　晴

村民接着建沼气，建沼气事工已停了7—8天，因建沼气师傅感冒回家，一休假就是七八天，昨天建沼气师傅来了，所以建沼气的农户又行动起来。全村有9户建沼气，今天是建第四户池子，只是毛建起来，一户都还没有建好。

今天村民张治明家建沼气,由于劳动力单薄,就聘请我家四个儿子张学全、张学忠、张学德、张学祥也去协助,支持技术工。就是支搭沼气模型板和安沼气口盖模型圈和倒灰浆。因建沼气师傅只是技术指导,全部体力活计都是由我们自己来做。劳动力组织情况是有13个男劳动力。从拌灰浆场地用人工一挑一挑地挑到建沼气处仍有100米远。13人仍然力量单薄。我家大儿张学全家前几天建时,劳动力有23人,包括6人煮饭,今天煮饭人员有2人,13人加2人,也只是有15人,相关就有8人。

小结:我家张家的事工是,建沼气或是任务重的事工,都当成首要任务来抓,所以不但出动男劳动力,就连体衰的妇女都参与劳动强度重的活计,这样难事也变成轻松的事了,并且也顾及村人际关系尽量搞好。其他村民的家事是,王才明播撒豌豆,并用牛抄犁,经一天的辛勤工作,已点种完了三亩山地。

2009年10月16日　农历八月二十八日　星期五　晴

村民运建沼气料子,张学明、张学才哥弟两家都计划建沼气。今天两家相约聘请一张农用车到东村街购买建沼气水泥,建一池窖子水泥需要或计划数是30包,哥弟两户就需要60包。每包重量是50公斤,60包水泥就有3吨。一般农用车拉运3吨也是重车了,所以今天把我村建沼气的两户的水泥拉运回来,几时要用才方便。

种地麦的农户有张学明、张学光哥弟两户,张学明家的耕地是在我村子附近。耕地的面积约有2亩,经一天的工夫已种好这2亩山地。

张学光是种山顶片区的耕地,面积是1.5亩,方式都是跟牛点,2人使牛,2人放种子,效力当然快,乡村民族的农业生产都是利用耕牛点种,农村的农业生产,利用耕牛就等于机械了,又方便又快。我村耕地山顶片区的特点就是路途遥远,达3公里多,把一架犁牛赶到山顶的耕地都需要一个多小时的时间。

其他的村民农户的事工活计是扳苞谷，慢就慢在交通不方便的山地，我们只得用人工一背一背地背回家，又重又累人，劳动工效又低，为彻底改变这种方式，我村逐年逐片农地都在改进中。

2009年10月17日　农历八月二十九日　星期六　晴

村民事工农活，扳苞谷，张正才出动一张三缸车，协助村民亲戚拉运苞谷，劳动运输活计是服务两村芭蕉箐和麻栎树，两村双方都是亲戚。耕地也是在两村的交界上，两村亲戚友人协助扳苞谷，先是扳上村麻栎树王光亮家的苞谷，经一个上午的时间，就完成任务，劳动力有6人，工作方式是王光亮二老人自己已扳两三天，已扳好，昨晚下来叫姑爷开大车上去帮他拉运回家。

注：他家两个姑娘都嫁给我芭蕉箐村，大姑娘就是我家的大儿媳妇。下午的扳苞谷事工是拉运了第一家之后，因父母亲戚关系，所以趁劳动力又趁时间还早就转为帮我大儿张学全家扳苞谷，工效也很高，装满一张大车而满载回家。所以一天即做了两村中两户的扳苞谷任务。

村民建沼气事工情况是，今天是建杨兴明家的，是第五户，也就是建第五个沼气池。劳动力组织有14人，是建沼气的每户互相协助，不够部分再找自己的亲戚来帮忙。劳动力仍属单薄，幸好灰浆是拌在近处，所以也顺利完成了建沼气任务。

2009年10月18日　农历九月初一　星期日　晴

接到富民县三自委员会的会议通知，富民县基督教会三自委员会历经灾难，富民县基督教三自领导机关处于瘫痪状态，都待于整顿或是换届，会议通知如下：

富民县基督教三自爱国运动委员会关于召开富民县基督教第六次代表大会的通知

有关事项通知：

1．报到时间：2009年10月21日（星期三）下午2：00—5：00。

2．报到地点：富民县基督教三自爱国会。

3．参会人员：芭蕉箐教会代表：张学德、张正文、张会学、王继光、杨肖秀、苏金良。

本教会事工活动。九月初一、九月二十九是本教会的年度感恩节，而今天九月初一已是接近年度节日了，我们教会应为过好年度节日进行一些准备工作了。

由唱诗班组织节日的节目，从今天已宣布进行工作，项目有两项：1．组织少年儿童礼拜天活动训练歌舞蹈迎接节期。2．组织唱诗班人员周二集中排练用于节日赞美的歌舞，开序幕。并发给各自然村的组员光盘作平时练习。

2009年10月19日　农历九月初二　星期一　晴

村民事工活计，建沼气一组仍然建沼气。今天是建村民龙兴华家的沼气池，是第六家。劳动力仍有14人，今天的事工比较方便，因为沼气就建于原来村上生产队的大场边上，既方便劳动也足够使用。所以一天的建沼气事工比较轻松，建料工地、建基地集中在一起，所以极为方便。

其他村民的事工大部分是赶鸡街，有的村民是变卖苞谷，有的是上市卖小猪，村民张学忠、张学德两家是卖小猪，用一张农用车拉运。

张学忠小猪4只，卖价每公斤8.2元，重量50公斤，卖得470元，张学德小猪6元，卖价是每公斤8.5元，卖得516元。

小结：猪价是大跌价，不论是大肥猪，或是小猪都跌价。大猪只能卖一公斤7—8元了。小猪更是跌价，有时只卖每公斤5—6元哩。当然都贴本了。再贴本也得销售，因为粮价也高。

2009 年 10 月 20 日　农历九月初三　星期二　晴

村民农活事工，一组建沼气的仍然建沼气。建沼气事工情况是每两天建一窖池。第一天浇好池窖，第二天才能拆窖池模板。第二天又转为粉刷，粉刷的工序又是三道。所以建沼气事工就是头一天往前建沼气池窖，第二天又往后对建好的窖池进行粉刷。只不过粉刷的这天由建沼气的主户供粉刷的灰泥，其他的村农户又做自己的农活事工，所以还是轻松些。

村农户仍是撕苞谷，张学忠家的山地苞谷，因交通不便，从地里把苞谷背到地边的车路需要用人工背180—200米，又要背上坡，所以费时费力。需要全家5户10个劳动力出去协助帮忙。

吃过早饭，三儿张学忠开出他家的农用车运送工具，中午吃午饭的用具、炉子、碗具和需用的米线、火种以及劳动力，转公路上到山顶片区。扳苞谷事工进展顺利，效力高，只因从地里背上到公路路程远，这就制约了劳动进度，拖延了时间，增强了劳动强度，导致劳动任务完成得迟缓。

小结：随着社会的进步，科学的发展，科技的飞跃，农业事业也应同步跟随，没有具备改良的农地条件，也得逐年有所改良，挖通农地道路，提高农地生产工效。

2009 年 10 月 21 日　农历九月初四　星期三　晴

参与富民县基督教第六次代表大会，我芭蕉箐教会参加出席会议代表名单：张正文、张学德、王继光、杨肖秀、苏金良。会议报到时间和地点：下午2：00到富民县基督教办公室报到。1．500—6：00预备会，通过富民县基督教第六次代表大会产生情况说明。2．通过会议议程（草案）。3．通过会议日程（草案）。4．通过各组召集人建议名单。5．通过富民县基督教第六次代表大会主席团组成成员及秘书名单（草案）。

小结：全富民县12所基督教、教会、邀请出席会议代表名单70名，因病有事请假 5 人，到会人员 65 人，符合法律要求，可以开会。会议食宿安排是由会议统一安排，餐席是安排于政府食堂就餐，住宿统一安排住宿宾馆。

2009 年 10 月 22 日　农历九月初五　星期四　晴

富民县基督教第六次代表大会第一次全体会议：1．举行宗教仪式。2．致开幕词。3．市基督教两会致贺词。4．市宗教局领导讲话。5．县领导讲话。6．龙建光牧师作工作报告。

11：00—12：00 全体合影。1：30—2：00 富民县基督教第二次会议，主席团成员审议并通过《富民县基督教三自爱国会章程（草案）》；审议并通过《富民县基督教规章（草案）》；通过富民县基督教第六次代表大会选举办法（草案）；讨论通过富民县基督教三自爱国会第六次委员会候选名单；通过富民县基督教第六次代表大会总监票员、监票员和计票员名单；选举富民县基督教三自爱国会第六届委员会委员；宣布当选的委员名单；召开委员会第一次会议，选举常委会委员；召开常委会第一次会议，选举主席、副主席、秘书长。

4：30—5：30 富民县基督教第六次代表大会第三次全体会议：1．宣布富民县基督教第六届委员会常务委员会委员及主席、副主席、秘书长选举结果。2．通过会议决议。3．县领导讲话。4．新当选的主席致闭幕词。

晚餐 18：00，用餐地点：县政府食堂餐厅。参会人员自己备有大小车辆，吃过晚席就走了，剩下我教堂 5 人和款庄乡、大桩村的一名女代表，我们实在回不了家，也只好仍住富民宾馆，第二天再回家。

2009 年 10 月 23 日　农历九月初六　星期五　晴

办宴客席，村民龙福祥儿龙保罗添二胎男孩子。习俗邻居亲友都应该为此喜事给予送祝米、蛋、美食作为祝贺。亲友们都按习俗给予送祝礼。事后，作为主户也该表示谢意，也就是好好地办宴客席饭表示谢意。

此习俗也刚刚形成，规模有所扩大。所以户主的饭席、服务工作也得有所准备和扩大。饭席服务人员也必须有所增加，服务好所有的来客。

此宴席他家就借用教会的厨房、炊具、碗筷、场院用以宴客。由于规模有所扩大，承办宴席的人员也必有所增加，以充实服务人员。平时家人自己承担，由于规模有所扩大，就得从亲戚友人中请人员配合办好饭席，服务酬谢好宾客。

小结：此送祝米礼，原来是汉族人民有此习俗。近代苗民也渐渐浓起来，是新风尚，也是人际之需的关爱。我们要保留和发扬。因为谁都渴望他人来关爱我们，帮助我们。人们都说，世界上最需要的是爱，所以这新风尚新风俗，不但要保留，也当发扬，来关爱我们的同胞。

2009年10月24日　农历九月初七　星期六　晴

村民建沼气事工，一段时间，一组建沼气人员都是忙于建沼气窖池。我村车队人员也根据建材的用量和需要保证供给。沼气到今天已建起八户池井，还有一户明天将建我村第九户人家的沼气，明天的用料今天就得准备好，使明天在建沼气窖子时能按序建成，不误时间。安排我村三张农用车出去拉运建沼气料子。建沼气用料情况是需要两车人工细砂，一车公分石，三车料子就可建起一个窖子，所以三张车子一次就可拉够料子。10∶00我们吃饭时，运送料子的车辆一一进村，保障供给。

村务建设事宜，增设村农地路道，我村场地狭窄，居民只好建设新的，社会风尚进步发展着。村民的生计工作，生产也在扩大更新，农务的机械动力也随着社会发展而进步，务农的农地交通路道也随着要新增建设。我村村民王才明、杨天光、张学友、张约荣四户迁扩的新村路道，已动工一段时间，未完全修好。今天仍然补修岔口接处路道，人员有五人。

小结：这农地路道因经过多户的农耕地，协商难度大，只好弯曲绕道勉强经过村农地。

2009年10月25日　农历九月初八　星期日　晴

芭蕉箐教会按日常举行宗教礼拜敬拜赞美主上帝。

2009年10月26日　农历九月初九　星期一　晴

村民农事忙，大部分村民都忙于收苞谷，是收山顶片区的农地，有的是忙于砍苞谷草，收后种上大麦和小麦。一般的农户只是种小麦，小麦不论是吃用，或是出售，市价都高于大麦。

村民张学忠家的农活计是背粪，原先是用农用车拉送到地边搁起，待扳了苞谷，砍了苞谷草后，再用人工背到地里，背满又散好，就点种麦子，准备工作都得付上些工夫和时间。前面叙述过，只因这些农地离车路有180—200米，背粪下到地里，又从地里把生瓜背到车路，装上车。到晚时，要送到地里的粪也满了，地里种的生瓜也背完并且装上车了，待晚时就拉运回家。

村民杨天友的农活计是砍苞谷草，也是山顶片区的耕地，地面积有4亩，一天的工夫未收完。在这片区做活计的就有杨天友、张学全、张学德、张学忠、张正文等五户，农事务多，时间紧，所以我们几乎都工作到晚。

2009年10月27日　农历九月初十　星期二　晴

村民种地麦，张学忠昨天背粪做地基肥，今天种上地麦，是哥弟互相协助。劳动力需要两个男劳动力使牛，两个妇人跟着牛点种。仍是种山顶片区的地麦，种地麦必须哥弟两户联合并凑劳动力，因为跟牛点种，速度就快得多。即使没有哥弟都得请邻舍协助进行点种。地的面积约有2亩，经一天的辛勤努力，完成了点种地麦任务。晚饭安排是，主妇工作到中午过后提前回家做饭，当然杀鸡做菜是早上在家已准备好，做饭时轻松方便。

收搁建沼气模板，我村建沼气的9家农户今天已建完了，晚时，把当天拆好的模板用一张小拖拉机拉运到教会的场院来堆放。建沼气师傅从工地回来，让张学忠安排教会空闲的楼阁室，让他堆好。不问便知今年建沼气工作已结束，收妥建沼气模具，是待下年的任务了。

2009年10月28日　农历九月十一日　星期三　晴

救死扶伤，今早9：00五儿张学祥的小舅子打来电话说，爸爸（张学祥妻之亲父）因骑自行车去浇菜地，不幸从路边跌下了三丈多深的岩箐沟，摔在箐岩石上，头部顶到脸侧、耳内骨都已砸离缝，碎骨和血滴入脑内，需要紧急送往医院抢救。

此事发生后，村民亲戚紧急用小拖拉机送往东村医院，并急呼东村医院救护车赶紧开来途中支援。双方在麻栎树村相遇送往医院抢救。到了医院伤势太严重，即转上昆明大医院，并下结论在途中都会出生命危险。转到昆明工人医院，幸好东村医院负责人主动协助我们交给大医院。医院接纳后，叫我们交押金10000元，我们交了4000元左右，叫医院宽容一下，治疗后我们一定补交，然后才收下治疗。约下午2—4点动手术把脑内的碎骨和血取出，伤员才能说话。动了手术后，我们留下二人在伤员身边服侍，三人回家。天已黑了，他们在途中招呼最后一趟车，车也不停。他们只好回病房在医院住一晚，明天再回家。

村民领补助金，张学全多病体衰，又供二子女上学，房子已成为危房，再不能住，申请政府给予帮助。政府建议，想方设法赊垫材料费，建盖起来，适当补助。乡石桥村委领导两次下乡来核实。并叫我们第二个街天到东村乡政府民政局拿一点补助金，今天张学全夫妇二人乘摩托车到东村民政局拿到3000元。

2009年10月29日　农历九月十二日　星期四　晴

村民出售柿花。我村的果子特点，柿花比较多，每公斤可卖0.50元。由于农事繁忙，时间紧，任务重，自己有柿花，只因没有时间摘了去卖，年年都未采摘和变卖。

今天有老板开小车进村收购，情况是有村民张正福、张学才、王才明、杨天友四户出售柿花，价格讲定每公斤给 0.50 元。张学才家卖柿花的情况是，总的数量称得 108 公斤，每公斤要 0.60 元，108 公斤 × 0.60 元／公斤 ＝ 64.80 元。

小结：柿花价格很低，但是不用运送到市场，比起果子成熟自掉了还是好，如果自己有能力、有时间，等成熟后，拿上市场就可卖一公斤 2—3 元了。但自己没时间，也情愿批发卖低价了。

石桥村委会来我家办饭席，石桥村委会刘寻武、张绍友、王××一行五人，约下午 4：00 到来，他们先买好牛肉、冷片带上来。四儿张学德安排到鱼塘捉鱼，临时为他找凑几碗菜，我们的人员和他们大家动手办饭席，由于人员多，不时就把饭席做好，宣布就餐。

小结：石桥村委会全部工作人员喜喜欢欢来我们家做饭，使我们很高兴，从石桥村委到我们村至少也有 12 公里的里程，人家能不辞辛苦地来到我们家里，可能是民族中有好感情，我们自己也想今后应当更加搞好民族关系和来往。

2009 年 10 月 30 日　农历九月十三日　星期五　晴

村民几乎全部准备农产品，苞谷、白薯、红薯、葫芦瓜等物资准备明天鸡街上市场销售。有村民龙福祥、张学才、张学祥、龙兴德、龙兴华等五户在挖白薯。经一两天的准备，每户都已备妥了三四百公斤，准备运上市场销售。

下午部分农户的准备工作是，因我芭蕉箐村坐落于山腰，有一段陡坡路，小型拖拉机运输较费力。村民一车的货物就分做两车拉运到东鸡公路，放置于亲戚家里，第二天两车换作一车拉运上市场销售，村民杨天友、张学才、杨光才三户采取了这种措施。

小结：农夫们的农副产品非常之丰富，不是拉运一两街就可卖完，而是需要一段时间，才能销售得完。白薯有的农户卖到一公斤 1.50 元，有的批发卖一公斤 0.80 元斤，有的卖一公斤 0.90 元。

卖小猪的农户有三户，张正德、张学友、张学祥。张学友小猪有六小头，每头 10 多公斤，给价 360 元就卖了。张正德三头小猪，每头约重 20 公斤，给价 420 元。又说如果称，一公斤活猪就给 7 元，我们就称，称得 71.5 公斤 ×7 元／公斤 = 500.50 元。如果不称我们就亏 80.5 元。张学祥一篮有三头（在家里已过称，称得 50 公斤）买主给价 300 元也就卖了，每公斤活猪是 6 元。猪价跌价，农夫们实在没有办法，价格再低也卖了。

2009 年 10 月 31 日　农历九月十四日　星期六　晴

村民赶鸡街，今天的赶集已形成我村民的中心，村民的农副产品需出，就是苞谷、葫芦瓜、白薯，交通工具也是方便。今天大部分村民都需要上街买卖货物。由于农副产品很丰富，所以几乎大小车辆都上街。按车辆的大小，天未亮和刚刚亮，车辆就行动起来。一直到 10∶00 大小车辆才走完。到了市场变卖了农副产品后，大部分村民又有一项特别的事工，就是购置婚喜事嫁妆。如我家父儿就开出一张农用车。装载一张床，以 500 多元购买；两只柜子，每只以 240 元购买；一条上等毛毯，以 180 元购买，简简单单的四件嫁妆就合 1160 元。

小结：婚嫁喜事嫁妆习俗，苗家在中华人民共和国成立前，由于贫穷，所以承办婚喜事极为简单。最富有的嫁妆给到一只柜子，一只母黄牛，一床毡子，简单几件衣物。而现在随着社会的进步和人民富裕而逐渐讲究起来了，社会上有什么高档的家具和用品，自己和亲戚友人都要买来送礼。所以娶亲的一方讨媳妇时，拉运嫁妆的都得要两张大车，近代还有买上彩电、小拖拉机送给自己女儿的哩，所以婚喜事随着时代风气而付出代价大。

2009年11月1日　农历九月十五日　星期日　晴

今天我们教会礼拜活动中有一项圣工,就是年度感恩节订于新历11月15日,所以前一个礼拜天,向所有教会信徒宣布,在今天礼拜中为年度感恩节奉捐伙食。今天的奉献结果是:大豆10公斤,大米38公斤,人民币0.10元有2张,0.50元有5张,1.00元有5张,5元有7张,10元有24张,20元有12张,50元有6张,100元有28张。合计总额有3622.70元。

计划是过节物资,大米400公斤,预计1200元;鲜鱼100公斤,预计1200元;活鸡100公斤,预计2500元。总共约5000元。奉献活肥猪的,芭蕉箐村有五头,柿花箐村有四头,合计九头。九头活猪合价6300元。预计开支过感恩节用达10000元。

2009年11月2日　农历九月十六日　星期一　晴

四儿媳王凤仙扳苞谷。耕地是山顶片区,距村子四公里。原先自己扳,一段时间以摩托车运送回家,力量有限,至今未完成。今天张学忠开出一张农用车去协助运送。我们四人扳运。苞谷成熟情况是太强太好了,历年未这样丰产和满意。幸好车子能开到地边,我们用人工背100米就到车路边上车。工作了一个上中午时间,就已完成。所扳获苞谷满满一大车运载回家。车子接连要运送两户的苞谷,这是第一趟。

第二户是张学道,苞谷地与第一户的耕地连片接埂,所以车拉运也是方便。当我们拉运了第一户的苞谷后,第二户的苞谷几乎已扳够一车的数量了。车子开到地边时,由于他家的苞谷数量太多,装满车厢,还要堆到车棚顶杆,满载回来。他家苞谷地块大,但找来人员太少,只有四人,所以效力低。人员多,二三十人,一天工作量有三四车的货物,这样才能胜任繁重的运输量。农地又多,自己又在外打工,所以轻松的农事任务变成繁重的农事负担,只有慢慢改进,从实践中学习而改变推进。

2009 年 11 月 3 日　农历九月十七日　星期二　晴

救死扶伤，实行人道主义。10 月 28 日我们苗寨水平子村发生一起因骑单车不慎摔下三丈深的岩箐沟而造成重伤的事故，伤者送往东村医院抢救，因伤势过重又转上昆明工人医院抢救。医院叫交押金 10000 元，我方暂交 4000 元，剩下的医疗费我方再想办法，医院两三天以来都在催交款。

我们曾认识一家伤残医院，由张学忠打电话与残疾医院负责人联系，取得他们同意并请他们到工人医院看看实情。他们同意了，我们就请求工人医院医生，要求出院。医生同情地说，看你们确实贫困，所以准许你们出院。我方就交付住院及医疗费 6400 多元，办好出院手续。残疾医院黄医生来工人医院看望我们和伤病员，我们一行六人把伤员转到残疾医院继续治疗。

我们到了残疾医院，看到我们邻近杨嘎哩汉族许××因开新车不慎翻车导致残疾，也在那里疗养。

我村村民龙福祥，两年前就曾到昆明残疾医院治病动手术开刀。住院和治疗费用达 6000 元，关怀医院全付上了。

2009 年 11 月 4 日　农历九月十八日　星期三　晴

柿花箐亲友王兴理请村民张学祥协助一起到款庄马街购买二手摩托车，价格讲定 2800 元。买后，他们一行三人在东村街吃早餐后，再乘摩托车回家。聘请给费 30 元为酬谢，但因亲戚关系，而未收人家的钱。友人都讲信用，没有接受待遇，比接受好得多。俗语说，不望头一次，望第二次，以后人家多请多找就更好了。

中午我们父儿的农活是，父儿五户十个劳动力，协力合作从山地收集葫芦瓜装上车。辛勤劳动了一整天，共收集得 2.8 吨葫芦瓜。计量各户的数目，上好车，吃过晚饭再送上东鸡公路，集中堆集于王继光执事门前公路边。批发销售往寻甸县马街。是和老板订好合同的，现在讲定的收购价是每公斤 0.50 元。

下午买牛，今早张学忠、张学祥乘摩托车到鸡街镇市上买牛。是到认识人那里去买牛，讲定一头小荷兰牛的价格是 2560 元。今晚农用车送葫芦瓜到东鸡公路柿花箐村，把葫芦瓜下在公路边村中，再开到鸡街拉运小牛。从柿花箐村出发，天已黑了，来回往返都是占用夜晚的时间。事工繁多忙碌，但我们忙得非常欢喜，因为我们情愿多忙碌，使农事工作进度快，尽早完成大春的收种任务。

2009 年 11 月 5 日　农历九月十九日　星期四　晴

村民头水的葫芦瓜已卖了。现在处理销售第二水。因为先结的先成熟，成熟的先上粉，先成熟的已成了黄色。相距时间较长，所以分为早、迟两批销售。

我村昨天今天都收集葫芦瓜，堆于教会的场院上，方便称斗。收集几家的葫芦瓜，拼作大车拉运。我们收集两村的瓜堆积到公路边，便于批发销售。我们昨晚拉运一车，今晚又拉运一车，每车的重量是 3 吨左右。

各户销售的情况是，张学全的瓜卖得 662 公斤 ×0.50 元／公斤 = 331 元，张正文 660 公斤 ×0.50 元／公斤 = 330 元，张学德卖得 1400 公斤 ×0.50 元／公斤 = 700 元。卖瓜较好较成功的是村民张学德。种葫芦瓜头一水卖得 2800 元，二水卖得 700 元，两水合计 3500 元。山地面积约有 2 亩，种苞谷约可收回 600 元。去年种瓜，收回 2000 元，今年收回 3500 元。将近苞谷的 6 倍。这就是最好最成功的，当然今年瓜的价格也有所提高，去年是卖一公斤 0.45 元，而今年头水就卖到一公斤 0.70 元。经济效益情况是，种瓜比种苞谷强，而且强多了。所以土地多的农户就该当增扩面积种葫芦瓜，不论怎么说，都强于种苞谷。

2009 年 11 月 6 日　农历九月二十日　星期五　晴

我村民发生一起车祸。村民龙兴福骑着自己的摩托车，同村龙××

开着一张农用车，两人都是从鸡街回来。在我村山顶耕地沉路 200 米处，大车赶上摩托车，并猛追摩托车，一直把摩托车追翻在路心上。骑摩托车者是生手，也没有戴头盔，被砸于路心，伤成个血人，一半脸血淋淋的，连动弹都困难，说话都吃力。肇事者不顾伤者的安危，退车绕道逃回村里来，见死不救。事情待得到公正处理。

我村村民召开晚间会议，传达上级政府一批新的政策、任务和要求、命令。会议内容有三项事工。

1. 政府有关部门（派出所）要给村民养的狗打疫苗针，防疯狗病。每只狗收费 5 元。不愿意打疫苗的拘留 15 天，并由公安开枪捕杀这条狗，又要罚户主 2000 元钱。

2. 动员村民参加防火灾保险，每户交纳 1 元。

3. 全省执行，人死亡后，统统用火葬。办法是，死者主户通知乡政府，火化场派来专车，包括火化费等在内的费用由政府出，并给你 3000 元作为买骨灰盒和殡葬等的开支。

新的政策，几乎都是强制命令，压倒一切而执行，没有商量余地。

2009 年 11 月 7 日　农历九月二十一日　星期六　晴

由于公路交通规则要求越来越严，大部分村民开始学习和报考摩托车驾照。青年村民为顺利通过各种理论考试、路考，拿到驾驶证而做准备。

第三期参加学习和报考的学员有张大卫、杨兴友、张××等人。今天叫已获得驾驶证的张学忠，把考场上的路线、示标，画于教会的大场上，使他们进行操练。

他们初上场，都觉得难度很大，嗔怪不容易。但是为了成功，为了顺利，吃过早饭后，路线示标画好后，他们一遍又一遍地反复训练。他们越训练越欢，越训练越有趣味。在学习中，难度也越来越小。他们从中午 11:00 一直练到下午 4:30 都还没有休息。他们整天的学习很起劲，证明有所进步，有所提高，是有希望突破考关，取得驾驶证的。

下午 4:30，场院开来了张小车，一行四人，原来是东村镇供电局有任务来我村执行。因所供电力弱，要加设一股地线，所以安排叫我村挖地线坑。他们布置好就开车走了。

2009年11月8日　农历九月二十二日　星期日　晴

富民县东村乡芭蕉箐基督教堂所管辖的聚会点有石桥、仓浦箐、水平子、柿花箐、万宝山，其中仓浦箐、石桥两个活动点，允许主日礼拜天的白天举行宗教礼拜活动。宗教礼拜侍奉，分为一般的聚会礼拜和特别节期的过节敬奉。苗家万宝山村教会隆重的节期就是圣诞节、复活节、感恩节。每月头一个礼拜天发圣餐一次。东村乡仓浦箐距芭蕉箐教会20多公里。每月初发圣餐的时候，我们教牧人员都得翻山越岭走四个小时到达那里，履行职责。

每次实行任务和圣事活动，都得付出很大辛苦和代价。70岁高龄的老人来做此圣工真是需要信心。特别是云贵高原山区教会的服侍工作，更是艰苦。一年四季的春夏寒暑，炎热泥泞，攀登山岭，尽心尽力地工作着。他们没有薪水，没有报酬，他们的回报只是一片冷漠。

2009年11月9日　农历九月二十三日　星期一　晴

11月15日为我芭蕉箐教堂的年度感恩节。周一这天，我堂我家部分人员开始筹备场地，杀畜用灶，会场标语，都已开始设计。清理场地卫生，做初步整理，搬运废木料，收理堆好，初步工作就做了半天。

中午11点，教会场院开来一辆警车，走出两名公安人员，又有祖库村委工作人员王正文（苗族），或许他是做翻译员。他们一行三人走往村里去了。必然是对我村11月6日发生的车祸作笔录。询问调查了解情况，时间长达约两个小时。随后他们上来教会场院停车处向我们打招呼后就开车走了。

村中不断出现一些案件，从情节来看，有些人几乎成了恶霸，手段阴险毒辣。政府管不了他，事事以自我为中心，不讲理，只讲恶霸。俗语说：恶有恶报，善有善报，不是不报，时候未到。又有话说：天网恢恢，疏而不漏。

2009年11月10日　农历九月二十四日　星期二　晴

芭蕉箐教会唱诗、练诗、排练节目，作年度感恩节用诗。第一天是开幕仪式。做简短礼拜，主持人是张学祥。内容是读经，经文是讲，神要人为神奉献礼物和赞美，并奉献财物。然后，宣读了芭蕉箐教会唱诗、练诗六天的工作规章制度以及纪律要求。教职员讲话，感谢学员愿意担负教会的使命，希望学员在这几天的学习中，付出心血，学好功课，在天节期使主名得着荣耀。

参加了诗班学习的开幕仪式后，教会召开下年2010年度的教会工作研讨会。首先提出如何做好讲台工作，要求提高讲道素质，满足会众的饥渴慕义。改进方案，不局限于能讲道的人员来做，培养青年人才，扩增试讲道人员，让他们操练试讲。发现人才后，让他们多操练学习而后再使用，扩大宣道队伍。

2009年11月11日　农历九月二十五日　星期三　晴

今天是唱诗班练诗的第二天。教会的生活用粮及肉食极为方便。十年前的教会过感恩节，由于生活较困难，所以教会过节，准备工作中练诗时都是自带吃粮。由于社会进步，生活已得到提高，现在教会大小事工活动，都已由教会提供。

今年教会过节，教会唱诗班练诗工作的用粮已足够。昨天诗班开始进行第一天的工作时，已有足够肉食。我们教会教职员参加晚餐后，部分教职员主动提出，改善唱诗班生活待遇，不但能吃上腊肉，还要吃到鲜肉，所以今早安排杀一头大猪，供给唱诗班食用。

过感恩节食用肥猪，历年奉献的情况是，一般保持在七到八头半。今年已做了需要维修教会住房的必要的奉献，所以奉献活猪的头数就有增多，据上报和掌握有 12 头。全教会人员和户数有所减少，但奉献和事工比例有所增加，说明信徒有所增长。

政府防疫站下乡到各村委给狗注射疫苗。约下午 4 点，教会场院开来一张小车，三人从车上下来，石头桥村委一人领我村张学德协助进村打针。据说打了六只狗。他们分为两队，车子一进村又把第二队送往祖库村委会的万宝山村去了。

2009 年 11 月 12 日　农历九月二十六日　星期四　晴

今天富民县基督教三自爱国会召开县基督教常委会会议。

2009 年 11 月 13 日　农历九月二十七日　星期五　晴

感恩节的生活后勤准备工作正在进行中。

在乐意奉献感恩节伙食项目上，奉献的肥猪已有 15 头，超过了历年的一倍，肉食准备情况是，今天宰杀 11 头肥猪，在历年的基础上已多了 3 头，但情愿多多有余。我们教会过感恩节要准备 2000 人左右的盛会，情愿有充足的饭食。今天的杀鸡宰猪活儿非常之忙碌，特别是柿花箐小组更是忙，7 人杀 8 头猪。他们整天忙碌，工作到很晚，才把肉食送到教会来，是用一张小拖拉机运载下来的。我本村小组的事工是宰杀两头猪和 80 公斤的活鸡。两个小组都是事工多，时间紧，人员少，一直工作到晚。

唱诗班教唱练诗的准备工作情况是，他们的工作已开展了四天。由于年轻人的年龄大小、文化高低有差异，有时常参加教会的崇拜服侍的诗班人员，也有年龄幼小还没有参与过训练的孩童，在一起教练学习，当然有一定的难度。

2009 年 11 月 14 日　农历九月二十八日　星期六　晴

筹备生活后勤总务事工都集中于礼拜六总务活动日。明天 15 号过感恩节，准备给来过节的 2000 多人的伙食，今天就得做好。要把过节用的七八头猪，切成块或片。100 公斤的鲜鱼洗好，并且油炸好，备明天之用，还洗好小菜和节日要用的碗筷用品等。几天的准备工作，不妥之处也得彻底打扫清理，保持场所卫生。这天的活儿是老、中、青，都被号召参与献义务工。当然年轻人的主要任务是练好歌舞蹈，排练节目。

文化组负责感恩节的节期标语，以及圣会的祝词、献词。

过去的年代是，星期六晚就有几起教会唱诗班的到来，就有接待工作。现在由于交通的方便，所以当天人家就往返了，不需要住宿了。

2009 年 11 月 15 日　农历九月二十九日　星期日　晴

感恩节圣会庆典宾客有来自寻甸县、禄劝县、富民县的 12 所基督教会团体，有来自远方的美国客人三名，由省基督教职属服务机构处张志兴（苗族）领队。张领队乘一张小车从昆明专程到我们这里过感恩节圣会，也来采访。参与圣会人员约有 1800 人，历年人数约有 7000 人。今年由于少请了三四个教会，人数就少了些。

各地区、各教会所献上的诗歌特别悦耳动听，全场会众聚精会神，时时注目、欣赏、高兴。所献上的诗歌都强胜于历年。赢得会众特别肯定的三起唱诗班是禄劝县、富民县的莫依龙、西山三个教会的唱诗班。

奉献结果是，麦子 10 公斤，大米 206 公斤，苞谷 1588 公斤；县国保 200 元人民币，祖库村委会 100 元，石桥村委 200 元，大黄栎树 200 元，莫依龙 200 元，西山 200 元，万宝山 60 元以及当天奉献等，总计人民币 6892.90 元。

2009 年 11 月 16 日　农历九月三十日　星期一　晴

昨天刚过谢恩节，过节期的圣会场院，摆满会席的板凳，还有教会办饭席的厨房的肉食余菜，该洗的碗筷炊具，该清理该收拾的物件都得搬运收拾好，便于今后再使用。这工作事务也需要多人来协助帮忙做好。主要是由教堂所在的我村人员来共同完成。由于人员稀少，所以唱诗班也号召昨晚过完晚会欢乐崇拜的部分唱诗班人员，特别是本村人员，今天早上到教会场所帮助收拾。并且剩余的饭菜，请大家来分享，然后再分配到各户。一早教会人员以及诗班人员就主动来打扫场院，收拾桌椅板凳。由于人员也多，不时已收整完毕，而吃早饭。

小学教师王有福（苗族，万宝山村人）热烈支持帮助教会。为过好节日而奉献一头肥猪，提供饭食之用，支持教会工作。所以过了节日后的今天，教会委托我们两老人专程背米和肉到他家看望，表示谢意。

到了他家，他家里人都因事工忙而到地里扳苞谷去了。我们只好回到家，打个电话告知他，说，教会托我两老人送一点心意礼物到你家看望你，只因你没在家，请你回到家后，把我们的小小礼物收好，谢谢。

2009 年 11 月 17 日　　农历十月初一　　星期二　　阴天

今早四儿张学德来电话告知我说，我们苗民教会 12 人组成的访问团队，对外开展友好往来，于 11 月 14 日到了广东深圳，在那里我们已受到训练，培训了四天。

2009 年 11 月 18 日　　农历十月初二　　星期三　　阴雨

18 号这天是寻甸县鸡街天，富民县的东村街天。村民大部分都已上街，不过几乎都是赶鸡街，变卖苞谷。因为鸡街苞谷每公斤价高出东村 2 角，所以都是拉运往鸡街。由于交通方便，大小车辆几乎都已配备齐全。最小都可用摩托车拉运。有些摩托拉运货物可以跑两趟，所以一般都是自己可以解决。数量多的农户才聘请大车拉运。

苞谷市场价一段时间都保持在一公斤 1.8 元—2 元，由于旱灾，今年粮食都少于去年，一般稳产的有把握的只有苞谷了，所以人们都说今年的苞谷价还要涨高到一公斤 2 元到 2.1 元哩。

2009 年 11 月 19 日　农历十月初三　星期四　阴雨

狭隘人生，孤独寂寞，怎知人生有何价值和意义。早上我们吃过早饭，突然响起大小竹爆炸声，响个不停。人们在屋里听起来，就像房子失火似的，并且竹爆声越来越响，越来越密，究竟是什么事呢？我们便走出门外看看究竟，不料火烧大叶竹的火焰达二丈多高。下了一个晚上的雨，怎么能燃烧起来？是不是哥弟几家纷争起来，而又恼火了，把它烧了呢？

想想就清楚了，因为杨××家住的场地原先是我村的小学场地，所以栽得有树林、竹子做风景。他家搬迁到这小学校场地，以为竹子不是他家的，又占地，对自己又没有益处，所以趁有雨天，用干柴架起大火把它烧了。

竹子摆在那，属于公共财产，不管有用没用，是公共所有的。你有想法，必须请求村上，村上是否同意。自己想怎样就怎样，事事眼目只有自己。假如村上许可你把它砍了，那么你砍了，也可以烧一两个月的柴啊。竹子你摆在那里也是值钱啊。

2009 年 11 月 20 日　农历十月初四　星期五　阴雨

村民有的撕苞谷，有的从事农田作物管理，有的挖白、红薯去变卖，有的协助自己的亲戚友人撕苞谷，增强关爱友谊团结。村民杨××撕苞谷，苞谷搬回来在门前已堆了多天，还没撕完。昨天和今天，是阴雨的冷天气，他家在苞谷堆旁就烧起火来，人边烤火边撕苞谷，进行日常农活工作。

科学知识并不神秘、不可攀登，是人人都可以学习、掌握和应用的。不知为何有些人的事工活计就是没有主观主动，始终是消极缓慢、被动、力不从心。一来没有科学知识，二来没有信仰，凭着自己小小的智力、视力工作生活。俗语说：不会买就看人买，不会卖就看人家卖。意思就是说，向他人学习。可见就连这小小见识都没有。据我自己不成熟的偏见，这可能是依赖性强。好像事事都盼他人、亲戚的帮忙。

2009 年 11 月 21 日　农历十月初五　星期六　阴雨

村民农事活动，有的砍干柴，有的割冬荞子，有的仍是扳、撕苞谷。有的是农田追肥，种下儿菜，为丰产创造条件。村民挖除大春洋芋以后，即种下冬荞子。到今天，农历十月初，荞子经三个月，90 天左右，已成熟。农夫们都开始忙于收割荞子。有的农夫耕地有一二亩，有的只有几分地。历年农夫们种下荞子，用于喂猪，用于饭食，用于变卖钱财，是比较丰产的粮食作物。用途广，可惜一般农户的耕地都少，不能都种下，享用一番。

割荞子的农户有村民张学忠、张学德等几户，耕地面积约各户一亩。不论多或少，都应抓紧时间尽早尽快收完。气候情况是，昨天和今天的天气非常之寒冷，又有零星冷雨，不利于林区人民出勤工作。可勤劳人民仍珍惜时间，仍出勤劳动工作，都不愿光阴流过，而尽时尽力利用。

勤劳人民的劳动工作，一年四季春夏秋冬都是如此。不论是二三月太阳之暴晒，还是夏天道路泥泞，还是冬天寒冷天气，我们都已习惯了，也是珍惜时间。

2009 年 11 月 22 日　农历十月初六　星期日　晴

款庄大黄栎树教会邀请我们教会参与年度感恩节庆典。今天我们教会以及唱诗班前去。由于交通严紧，又是信徒信仰低落，竟不协助我们完成此项圣工。教会唱诗班参与圣会活动，只好采取小组活动，分为三个组：麻栎树、芭蕉箐村两个村乘摩托车，柿花箐小组乘一张小拖拉机、六张摩托车前往参加圣会。

圣会庆典情况是，有 15 个堂点参加活动。他们本堂的感恩奉献仪式的歌舞表演节目很精彩，赢得全场会众欣赏。是经过精心排练而能时时更新，付出一定代价创作的。特别是儿童所付出的代价很大。当他们献出节目时，特别熟练，年龄小的儿童孩子，竟能在世人面前献上歌舞蹈，的确是不容易。

这些幼龄孩子们小小年纪就锻炼、就学习，打下良好基础，对钻研文化科技就有希望。所以基督教苗民教会过的感恩节，是在进行文化的交流啊，是在互相学习啊，互相推进啊。所以也是很有必要。我们要力求年年看都能更新。

2009年11月23日　农历十月初七　星期一　晴

侄儿张学道扳苞谷，请邻舍村友协助。来帮忙的村友情况是，万宝山村5人，我村5人，水平子村4人，总计14人。所扳的苞谷地面积有三亩。经一天的辛勤努力，扳获的苞谷装满一张大车，约1.5到2吨。拉运苞谷，是请张学忠的农用车拉运。拉运就是一天来趟车，把车开到地边，让扳苞谷的人员，一边扳一边上车，扳完就已上好，就拉运回家。

村农户的农业生产力，大局是好和比较好的。因为农业生产，都是讲时间节令时机，薅锄要得时。每个农夫几乎都是把握良机，按节令种下，按时来薅锄，时间性很强的。很少的农户，根本不讲究这些规律了，事事都只好处于被动，而且没有能力讲时间性了，甚至一天都会有多中心的工作，这样必然没有科学性，事工效力当然就有差别就落后了。这几天扳、撕苞谷的情况就是，不是强就是弱了。强的情况是占优势条件，耕地不是几块，而是满遍野，是广种百收，不是自己收，而是找小工帮助收哩。只因地多粮强，到现在还没扳完，当然是好事。

2009年11月24日　农历十月初八　星期二　晴

村民赶鸡街，今天大部分都已上街，变卖农副产品，就是苞谷、白薯、红薯、葫芦瓜、柿花等。运输工具是用四张小拖拉机拉运。由于东鸡公路已浇成黑色路面了，所以来往车辆是极为方便又快速。过去，我们步行上街，要整整三个小时。而现在交通方便了，交通工具也普及了，大小村寨都已配备有大、中、小型车辆。最多的就是摩托车。山区民族，一般的货物，自己的摩托车也能解决。只是数量多，或是大的东西，才用大车拉运。

上市的农副产品极好销售。货物一到了市场，就有人来求批发。而且是成群结队地来讨价还价。所以是难事变成容易事了。我们村民都喜欢批发，因为时间快。甚至我们邻近村寨的熟识友人都搞起批发零售了，自己人批发给自己人来了，所以大有希望。

苞谷堆摆满市场，但是拿来多少，就卖掉多少，而且价都保持在一公斤 1.95 元或是一公斤 2.00 元。似乎形成一个紧张局势。鸡街以前是只卖一公斤 1.80 元，最近已逐渐涨价了。据说，都还涨达一公斤 2 元多哩。接近年关，粮价都在逐渐上升。

2009 年 11 月 25 日　农历十月初九　星期三　晴

张正才家今天开始建厨房。建房的料子空心砖，前一段时间已拉运好。昨天是拉运细面砂。今天找工亲友哥弟五人，挖房基，砌房脚层，安钢门。备好建房料子，今天下好墙脚水平。五人砌空心砖块，砌起高度十层。厨房工程也小，或许三天的工夫就可以建好。

厨房间架小，窗子也一道不要，省工省材料，省时间，只是不够理想。出钱、出力建起来，不应该是不够完善、不够美观，只是随便一下就行。应该是，建房，不论工程大小，都要投师，请求技术人员指导。一是设计，二是施工，正规的建盖。出一次力就把它建好，要珍惜人力物力，什么都要讲求美观、现代化、高科技。

今天中午时，我砍干柴，砍完从村边箐沟过，回家去。在这边遇上王××之妻，肩扛两根钢管，她不好意思地说："我过来扛钢管，要架设饮水管，我已告诉过村主任了。"我也顺口说很好，要建要完善呢。

过后，自己心里想，她是否告诉过村主任？为何早不抬晚不抬，偏偏要在中午，村中无人时来抬钢管呢？晚上，我便问三儿张学忠（村主任），他说她也不曾说，不曾请求过。吃过早饭后，我到了地里工作时才打来电话给村主任说："我家要架设饮水钢管，我的小工已找好了，给你说一声，我要两根钢管。"村主任答复说："等我回来看看情况如何。"他说："不能误了我的时间和请的小工。"就这么不通过村上，私自霸权行动，任意妄为，动用村上财产，不通过村上研究、许可、同意，任意行动。

大小事理都有组织和秩序、逻辑规律。不按事理工作、生活，目光短浅，鼠目寸光，到头来不是亏别人，而是亏自己。这种人生就没有意义，对人际、社会、民族没有丝毫的贡献，反而是社会和民族的不必要负担和麻烦。

2009 年 11 月 26 日　农历十月初十　星期四　晴

云贵高原基督教民族教会代表团 12 人，胜利结束了与香港教会的交流，今天回到昆明。村民张学德参与出席。

2009 年 11 月 27 日　农历十月十一日　星期五　晴

教会唱诗班参与别的教会堂点的活动。初步计划 11 月 19 日的礼拜，是款庄的朵木得教会过感恩节，也请了我们教会参与活动庆典。昨晚诗班人员和我们部分教牧人员讨论的结果是，去献诗的诗班人员有 25 人。由于交通仍严禁，出动大车担心堵车，出动摩托车就需要 10 张，耗油量就多。部分诗班人员提出要求，教会帮助支付油钱。讨论确定每张摩托车会给 10 元钱作为油钱，10 张摩托车就付给 100 元钱。

交通管理严禁制度是有利于人民的生命安全之保障，是必须加强管理。只是不允许货车拉运乘客，就给人民带来致命的制约。因为是山区，山区村寨路边都是崎岖坎坷狭窄，交通运输、亲友来往的主要交通工具都是农用车。

基督教教会山村民族隆重的年度感恩节,已是传统节日,都是附近地区教会之间互相邀请来往。主要交通工具就是农用大车,驾驶员又是本民族的,车油费也低,出车运送货物一般也只收点油费,所以最适合运送教会诗班人员来往过节。局势这样下去,大大不利于我们的生计活动,是否走路呢?农业生产恢复人背马驮呢?

2009年11月28日　农历十月十二日　星期六　晴

村民张会学、张会成两哥弟扳运苞谷,耕地远达四公里之外,是我村山顶片区与柿花箐苗族村和麻栎树村这两村接界的地方。由于耕地交通方便,这片区耕地不论远近,上下都用车辆倒转往山顶直上,接通我村,通往东鸡公路。所以不论是往耕地运送肥料或是扳苞谷,运送粮食都是农用大车好使。

今天他们两户扳运苞谷,是用摩托车运送回家,耕地路虽较远,但是他们两户哥弟尽全力,抓紧时间运送。所以也快,一下子就运送一趟。整天运送到晚,虽然用小车运送,效率也是好。运输货物、材料或是粮食,动用大车拉运,简简单单不费工也不费力,工效大。时间短,还是高工效。自己不要,偏偏要用小手小脚,小机械,小动力。轻松的活儿,要费九牛二虎之力来做,真不划算。

2009年11月29日　农历十月十三日　星期日　晴

教会参与款庄朵木得教会庆典年度感恩节。我堂点教会唱诗班活动情况是:人员32人,出动摩托车15张,早7点我们出发,经两个小时到达朵木得山脚,约10点,我们到达目的地。

朵木得本堂唱诗班举行感恩庆典仪式,主角是本堂的诗班人员。儿童、中年参与献出节目。特别精彩的歌舞是他们本堂的唱诗班表演的。感恩序幕仪式开幕的歌舞特别精彩,使会众欣赏后都受感动,都评价说,年复一年都有所更新和提高进步。他们本堂为过好节日，准备工作所付的代价很大，使大家感到高兴满意。堂点教会的唱诗班，有10个团队参与活动，献唱赞美。不论诗歌或是舞蹈，真是神的事工，因为都有所更新和进步，都受到观众的好评。

由于摩托车几乎都出动运送教会唱诗班人员，参与朵木得教会庆典节日去了。要运送孩子们上学，家里只有一张摩托车了。只好一张摩托，分两批运送。先把三个读初中的孙儿孙女送到东村中学，后又折回来运送在祖库读小学的小孙儿。最后这一趟时间已是很晚了。

2009年11月30日　农历十月十四日　星期一　晴

村民赶鸡街，有的是卖红薯，大部分村民是卖苞谷。张学明家也是卖苞谷，数量只有半车。他家聘找大车、农用车拉运。拉运送上街，由他家自己销售。大车运送上街，下了货物后，赶几转街就折回来了。

苞谷价是卖到一公斤2元，好的还可以卖到一公斤2.1元。大部分村民是卖苞谷。村民杨兴友家里是卖竹子，小白竹，100棵，每棵1.5元，卖得150元。村民张正才父儿几户的事工是卖苞谷，出动一张大车，又是上街卖了苞谷后，几家几户相约买婚喜事所用的婚嫁妆，买得满满的一大车婚嫁用品拉运回来。

村民张学祥的事工活计是修摩托车，是五儿给四儿张学德检修。发现损坏零件后，又乘摩托车上街买回零件进行装修。磨损的零件是链条，买配件用去180元。自己民族有技术人员极为方便，修理费自己喜欢给多少就给多少，给多给少都行。

2009年12月1日　农历十月十五日　星期二　晴

村民张学全几天中的事工农活是打粮（苞谷脱粒）、晒粮，准备变卖后用于二子女上学念书的费用，或用于建房。住房是已建好，或许还欠一点尾账，准备还一下。所以当地里的活儿做完后，就晒粮卖粮。

村民龙兴德家的农活计是收荞子，已割好，在地里晒了多天，晒干后就用他家的农用车到地里装上车。由于农事活儿多，收荞不只是收荞，白天还得在地里砍收堆苞谷草。由于耕地面积多，收苞谷草都得花些时间和工夫，在地里工作到晚时，才把车上的荞子拉运回家。收荞子是第二天又收，或是早晚抓紧时间收。

村民王圣德被聘请协助他人清除地边和地里的杂草。收成堆烧除后，下年好耕耘。所以请他去帮忙几天。一早他就牵着一匹马，马又驮着两只马篮子去了。因为附近几个村寨都种葫芦瓜，地边、路边的废瓜很多，凡是有裂口、缝、鼠啃、有伤痕的都算是烂瓜了。地里的烂瓜还可以人吃或喂牲口，所以随便驮一篮子都值钱，主人家又不要。一天小工钱可以拿到30元，顺便路边驮一驮瓜回家也值钱。因为在近处做活儿，所以早去晚来，很方便。

2009年12月2日　农历十月十六日　星期三　晴

村民赶东村街。我们上街卖生瓜，我家年收获4.5公斤，四儿张学德也是年收获4.5公斤。因天年干旱，又大量种葫芦瓜去了，所以生瓜的数量就极少了，只是每户留一点种。

生瓜市价情况是，往年最高市价为一公斤12元，而今年有所上升。鸡街市价卖到一公斤20元，东村市价卖到一公斤18元。我们父儿两户是卖一公斤19元，4.5公斤×19元/公斤=85.5元。鸡街、东村两个街的市价高低相差一两元，不论是苞谷还是生瓜，鸡街市价高于东村，所以大量货物就流入鸡街市场。

村民张学忠的农活事工是改造果园地。原先已种上苹果，成树后收益几年，随后就退化了。已是占地多年，不收益，所以准备砍了苹果树后，开成地种上农作物，还能有一点收入。所以昨天、今天，接连砍苹果树，改造果园。园地不算多，是几分地，找平，利于耕耘点种，也利于进行农业活计。

2009 年 12 月 3 日　农历十月十七日　星期四　晴

村民龙兴德家扳苞谷。耕地在村子附近处，因农活事工多，早上完成基本的事工，还得喂好鸡、猪，料理好其他的家务后，才慢慢出工。由于交通方便，出工都是乘摩托车。有交通工具又方便，又能争取时间。年轻人做起活来又快又出活计，就是说效力高，进度快。虽然出工时间迟，但扳获苞谷 8 袋，分作两次用摩托车拉运回家。

苞谷搬到现在，是由于耕地多，有优势。他家也购置有机动车。路远、数量大的货物就动用大车拉运。房屋前后，数量小的就用摩托车拉运，极为方便。农业生产占有优势条件，畜牧业也占有优势条件。所以投资于农业生产上的财力、物力都大。畜牧业方面，每天也得要一个人放牧好牲口，经济效益应该是强于他人。

2009 年 12 月 4 日　农历十月十八日　星期五　晴

我自己的农活事工是改造果树。在老住房基地原培植有柿花树，由于树木稀少，又占据此地盘，收益不大，而且未利用，当农活做完时，就着手进行果树改造。干脆把柿花树砍掉，种植核桃树。核桃树是目前政府特别强调种植的一个项目，几年来政府一直强调的投资扶持项目。不但在会议上宣传强调，有关工作人员还进村，统计需要种植的农户和需要的数量。

村上的局势，是一直比较被动，积极性不大，已初步见收益的农户也不多。自己栽，或是国家帮助给树苗木的已栽下一些。弱点是，管理的力度落后，长势差。优点是，已按要求规格挖塘的一些农户，栽下的核桃树，长势好，又快又肥，很有希望。自己的情况是很上心，开心，一心要栽上一些，可惜自己的山地太窄，没有适应栽树的地方，只好见缝插针，能栽几棵就栽几棵。

2009年12月5日　农历十月十九日　星期六　晴

村民一部分赶东村街，有的是卖苞谷（少量地卖），获得随时使用的零用钱。有的是上街卖鸡，大鸡、阉鸡。三公斤重的大鸡，一公斤就值30元左右，二公斤以下的小鸡，一般只给价一公斤15—16元。给价差不多就卖了，这是一般的情况。

孙女张多加在昆明幼儿园教学前班，上完当天的课程，把班里的孩童一一的送走，幼儿园里召集授课老师开会。开完会后，由于时间很晚，为赶时间回校舍，就乘上一趟晚车，不幸在车上时，被小偷偷走钱包，钱包里装有3000多元的存折和身份证。她回到校舍才发现丢失了钱包，又夜里赶回开会处找寻，不料门已关了。受到意料不到的沉重打击，有苦无处诉，只好把丢失钱包的事告诉父母，父母争取挂失，经过一些努力未获成功，只得罢了。家里父母亲人都为这事难过，都在想孙女多加幼小的心灵是否能经得起这3000多元丢失的沉重创伤呢？

2009年12月6日　农历十月二十日　星期日　晴

教会参与寻甸县鸡街乡则鲁箐教会年度感恩活动。则鲁箐教会是坐落于我们村东北四公里的大黑山山脚下山箐沟边的苗族村寨，圣殿是去年韩国宣教士资助建成的。

今年年度感恩节庆典定于12月6日，邀请我们教会参与庆典活动。由于道路交通方便，交通工具也极为方便，叫各自乘摩托车到他们村前的黑山水库集中，等待我们教会人员到齐后，再前往他们教会吃早饭。配备大车跟随我们教会人员，部分老年人员准备步行。五儿张学祥自己购置有大车，为方便我们没有车的人员，他就开出大车运载一部分人员往返，没有交通工具的人员的困难也得到解决。

参与庆典的教堂有15起，参与献诗活动。他们则鲁箐教会有电器材、扩音设备，但在服务圣工上，力度不够好，所以没有搞好整个圣会的音乐效果。奉献结果是：物资方面，大米27公斤，荞子16公斤，苞谷

680公斤；人民币，我教会帮助260元，当天奉献3462元，合计3722元。

2009年12月7日　农历十月二十一日　星期一　晴

柿花箐村民王继荣是神学生，在云南神学院深造三年，毕业后，省三一圣堂国际礼拜堂聘请他参与服侍省三一圣堂圣工。

家里还摆有农地庄稼没有收回家。柿花箐教会小组以及我村小组，联合行动，帮助他家收苞谷。劳动力组织情况是：柿花箐小组13人，我芭蕉箐小组7人，两个小组有20人。山地面积约有3.5亩，是在他们的山脚，离村有1公里多路，所扳的苞谷要背上坡回村幸好，上坡也通有马车路，所以大部分是用小马车拉运回家。

由于山地坡地陡，劳动工作中，只得慢慢做。大家一直坚持劳动，尽上最大努力，争取一天扳完。经大家努力劳动到晚，终于完成扳苞谷任务。王继光也说：他家也愿意承包给小组扳收。

2009年12月8日　农历十月二十二日　星期二　晴

村民龙福祥家收荞子，地的面积约有一亩。山地是在山顶片区，与麻栎树接界的地方，里程约有3.5公里。收打荞子，需要用车子拉运回家，堆放于晒场上，扒平，用人工打或是用车碾，脱粒后扬净。他自己家也有小刀车，姑爷家有拖拉机，就请姑爷用拖拉机来帮忙。姑爷家又是在麻栎树，来帮忙也很方便。近一段时间，晒场又没有人晒粮食，方便打收，有晒场，所以打收粮食极为方便。

村民育包包白菜生秧，是少量地栽，因大面积已栽下儿菜了，准备销往市场，目前长势可以。几年来，市场卖菜的苗族逐渐多起来了，我们附近的苗族村寨都学起栽菜来了。今年菜市场价还可以，一般都可保持一公斤1元。近段时间好的大白菜都仍保持卖一公斤1.5元。据说，种蔬菜经济效益都高于粮食作物，所以苗民对栽种蔬菜也感起兴趣来了。

2009年12月9日　农历十月二十三日　星期三　晴

村民事工，拉运建材。张学才因有浇房地板事工，聘请村民张正才用大车拉运人工细砂。早上8点出车到12公里外石桥村的高有军家石厂拉运，是山脚坝子近处的一家石厂。出车一路顺利往返，回到我村陡坡一公里处时，路道稍微平坦一段时，发现刹车突然失灵了，车速渐渐快起来，反复试刹车，都未起效。幸好路边200米道路是直道，驾驶员想想对策，只好把车头对准一堵老埂，直冲顶于埂上，二人才松了一口气。停在那里，想了多方主意，才又把车子开回来停在教会的场院里，再不敢把车开往村下边第二个场院了。因为路段较陡，只好把一车细砂也翻倒于教会场上，检查刹车器械何故，果然失灵而不存气压了。

机械行车，突然有故障，这是正常的，但刹车失灵这种情况是很少很少的。万一车子开到陡险路段时，刹车失灵那怎么办呢？当然不幸的事故就要发生。幸好，这次重车刹车失灵，是已过了比较陡的山村险路段了，不至于发生车祸。

2009年12月10日　农历十月二十四日　星期四　晴

村农活事工，多多繁忙，忙于收苞谷草堆积到地边，以便于翻犁山地，下年种上大春粮食作物。有的早已收好，已进行抄犁冬闲地多天了，有的在田里给栽下的儿菜追肥和浇水。

今天石桥村委会通知建沼气的各村各户，各自到石桥村委会领沼气的炊具。去年建沼气时安排是：建起一座就安排装进肥料，三四天就开始使用了，建到哪里就用到哪里。而今年的情况是，2009年9月5日开始建第一座，2009年12月10日，也就是今天，石桥村委会才通知领建沼气灶炊具，从建时到领灶炊具，相隔两个月零五天，不知为什么摆搁这么多天。

部分村民这段时间是到野外捡找失落苞谷。此地方的汉族村寨把山上的森林树木都已毁光砍光，堆积于箐沟里，树木随之腐烂。把所有的山场大片大片地开成山地，成几十亩，靠小工给予点种和收割。由于山地之宽广，数量之多，所失落的苞谷也几乎处处都有，所以山地里捡拾苞谷的人也多，也就形成一项收入哩。

2009年12月11日　农历十月二十五日　星期五　晴

村民挖塘栽核桃，有张学明、张学光、张学忠、张学祥、张学德几户。有关部门负责人都在催促赶紧把栽核桃树苗木的塘挖好，待挖好验收后，就把秧苗发下村来栽。几天的时间，要栽秧苗木的农户都在忙于挖树苗木塘。改造果园，要先把退化的树木砍了以后再挖塘，或是用零星的地栽。这样进度慢。有少数的农户，如张学明家，准备把耕地栽成果园，这样容纳的数量就可以多些，便于栽培，也极有利于收捡。

小部分的农户已尝到果木树的经济效益强过、高过种农作物的经济效益的甜头。种有果木树的农户，不必增加什么投入，省劳动力，省时间，也不争节令。只要栽好、管好，就可长时间地受益，到采收季节收好就行，不同于农作物。

民族最大弱点是，思想不开放，老是旧思想旧传统，能过得一天就过一天，没有什么规划，没有什么投入，不敢相信自己。自己的贫困以为是命定，是自己的命生成的。

2009年12月12日　农历十月二十六日　星期六　晴

今天是两县两街天，我村民销售农副产品和苞谷，由于寻甸县的鸡街市场的粮价每公斤高于东村街1至2角，所以寻甸县、富民县两县交界处的大量苞谷都流入寻甸的鸡街。芭蕉菁村的早晨，天刚亮，由于需要上市场的物资多，所以一早大小车辆就行动起来。小拖拉机由于马力小，一车的货物分作两次拉运到山头。到达路段平处，后第二趟到此时，两车并做一车，拉运往鸡街销售。

由于天干少雨，粮食有所减产，苞谷已成为社会紧张物资，市场已形成抢购状态,所以购粮的到半路来设几道收购粮点。四儿张学德用摩托车拉运两包苞谷上市,到半路,他只要一公斤2元,买主给他一公斤2元,他也就卖了。而到街市上,是已卖一公斤2.1元、2.2元呢。今天我村上街市卖苞谷的村民人多车也多。

村民的农副产品今年丰富,我村的农业物资已形成时时卖,街街卖,已卖了一段时间了。已变卖的这些农副产品的钱数也可能不是一个小数目了,但是由于村民几年来大量地购置各种大、中、小型车辆、小拖拉机,把这些财富全消耗了。

2009年12月13日　农历十月二十七日　星期日　晴

今天,教会以及唱诗班人员都聚集到款庄的莫依龙教会,参与年度庆典感恩节去了。我们留下一些人员在家,并在教会看殿门和房产。中午12:30时,开来一张农用货车,停于教会场院上,随行人员有五人,据说是来买我们的地莲花。说他们需要200棵。价格还没有讲好,他们就催到现场去看看。我们便走到山地,把栽地莲花的地埂范围指给他们看后,他们问我,每棵要价多少。起先,我以为他们是大小都要,所以我只要每棵1元钱。随后,他们来人只要大的。此时,得知是五儿张学祥和他们已从电话上联系过的,已讲定2元一棵。我说,按照我五儿学强与你们讲定的每棵2元。随后,对方还说2元就2元,不过你家要帮我们背到村上车。从地里背到村里,里程约有500米。我家也无奈,就背吧,反正是背下坡。我家父儿五户有7人来背。他们挖,我们背。经一天的辛勤劳动,挖得217棵,217棵×2元/棵＝435元。他们上好车,我们便请他顺便把我家在东村街读中学的三个孙儿孙女带到东村街。请到人家帮忙,当然人家也很喜欢。

435元,7人背,每人安排50元/人,50元×7人＝350元。四儿张学德因没有在家也给他家30元。总钱数的十分之一的奉献数额应是43.5元,余额11.50元,这11.50元应该归我老人,因是我栽的。

2009年12月14日　农历十月二十八日　星期一　晴

大儿张学全安装沼气井盖、管线、灶台、炊具、沼气压力表。我村去年就开始建沼气，在建造过程中，大部分工序是我村民自己建盖，建沼气师傅只是做细技术活，或是技术指导。所以，在建造工序中，我们已掌握了一些工序，我们已打下基础。

今早大儿张学全在装封井盖和安装各样炊灶器具时，我家三儿、四儿、五儿自行安装。大儿张学全号召四兄弟联合协助，用一个早上的时间，准备完成各道工序。所以他家也通知我们父儿五户，由他家来为我们大家做早饭。

他家有一对肥猪，一头约重70公斤，给价每公斤8元，两头共140公斤，共1120元，也就卖了。由于他家使工，一对肥猪也卖了，他家很喜欢为我们做好饭，又骑摩托车到柿花箐村买回5公斤冰鱼，为大家庭做好早餐。原先已备一对土鸡，我们五户父儿好好聚餐一席，买猪老板也在我家用饭。

2009年12月15日　农历十月二十九日　星期二　晴

石桥村委明天有会议，今天筹备粮饷。四儿张学德是我石桥村委的林业员，三儿张学忠是芭蕉箐村村主任（自然村村小组组长）。石桥村委领导就托他俩，在我们附近的苗寨，买一只大羊，买好送到石桥村委会，准备明天开会食用。从石桥村委会回到麻栎树村，就问到张丛光家有大羊，也愿意卖，他家就放牧到半路上，天生桥村的上边。离石桥村委里程只有1.5公里了。他们双方协商好，学忠回到家又约四儿张学德二人又折到半路那里，把羊牵到石桥村委。卖羊户主打发小姑娘陪着他俩到石桥村委会那里称，称得35公斤，35公斤×23元/公斤=805元。把受托的事工办好，协助小姑娘领到钱后，又把小姑娘带在摩托车上，领回他们的村子里。因麻栎树就在公路边，办好事务，也几乎用去了一天的时间了。

2009年12月16日　农历十一月初一　星期三　晴

石桥村委召开会议，是有关选人大代表出席东村乡人代会。四儿张学德作为林业员也被通知参加会议，又是任这片区的人大代表，所以也参加村委会的会议，其他的人士，是党员的也参加会议。

我村民建沼气。张正才家今天安装沼气，紧气压盖，安气压管线，安炊灶器具、灶台。由于我村去年建造沼气时已打下基础，所以尾序一程就自己自行处理了。

他家聘请三儿张学忠协助技术安装。工作进行情况是，先封大池井口并安装沼气压管道，再砌灶台，安沼气气压表和炊具。人员可多可少，两三人就可做好这项事工。

村民龙福祥的农活事工是，砍苞谷草。由于与外村的人熟识，很多外村人家也需要他家去协助犁山地，已形成一项事工。报酬是一架犁牛（连人和耕牛，一对为一架犁牛），犁一天，给100元。犁几天就照着天数计算。他家耕牛又得力，去年人家请他帮忙犁地，一年犁地收回2000多元哩，所以今天他先去砍苞谷再翻犁山地。

2009年12月17日　农历十一月初二　星期四　晴

村民张学才家为大儿张约荣娶媳妇，需要整修住房和地板，提供办喜事场地和住房。今天请哥弟孙妇几家，联合协助浇住房地板。劳动力组织得8人。浇地板，拌灰浆，供灰浆扒灰泥的事工，都是强劳动力的活计。幸好，他家门前原先已打浇好地板，水源又是用自来水管，所以施工、搞建设极为方便。建筑浇地板、砌砖墙，小建设或是从事农业机械动力，现在已广泛普及，已是山村农夫的日常事工了。所以这些基础建设、日常事工，脑力劳动和体力劳动，几乎是本地方人做本地方事了，所以一个村寨或是一个家族，都有自己的设计师和自己的科技人才。而且，是在攀登更高层的高科技。

一是有着知识和才能需要。二是因着人的需求和生存的需要，而从实践中学习获得知识。民族山村的人民，因着勤劳艰苦创业的精神，在实践工作锻炼中，会开车，会从事简单修理。车子突然发生故障，是什么原因，是什么部位，是什么零件失灵或者磨损而导致的，一般都可掌握。

2009年12月18日　农历十一月初三　星期五　晴

村民赶鸡街卖苞谷。一早要上街的村民的大小车辆就行动起来。苞谷数量多少就按车辆大小准备好，各按自己的时间上街进行交易。小型拖拉机在几个自然村的数量也多，几乎是前后同一个时间都要上街。一是争摊位，二是赶时间，三是防堵车。因为要上市的各村人员都靠这些车辆上市，或是因有亲戚关系而带乘客了。现在车祸发生很多，造成社会人员活动来往受阻和不便。所谓争时间，就是有关堵车人员还没有上街时，大小载有人员的车辆都得到达街上，避开危险，所以时间大大提早了。

原先的鸡街情况是，中午12点所有的货物到了街上，摊位还迟迟没有摆起来呢。而现在是，来自各县区的所有车辆早早已到达了街上。既然人员来齐了，就做买卖。社会进步了，提早了，这样也好，社会一方面有压力，另一方面就受逼而推动进步了，历史就是这样进步的。

由于有两张大车满载苞谷来压市，看看情况，我们的苞谷，买主给到一公斤2.10元，我们就统统都卖了。极少数仍坚持要每公斤2.1到2.3元才卖掉。不过是极少数了，途中也少有收购处。一部分村民是到途中，粮价给一公斤2.10元就卖了。

2009年12月19日　农历十一月初四　星期六　晴

村民栽核桃树。我村今年栽种核桃数量，按规划，是1350株。栽种的农户有9户。昨天，石桥村委会通知我村农户到石桥村委会领取苗木。村林业员张学德、张学祥和张大卫他们三人，一早到村委领取，都按计划数领到。

昨晚，都已按各户的计划数量，发放下到农户家。今天拿到果树苗的农户就栽树苗，或是秧育好慢慢地栽。按计划数是1350株，9户平均每户只有150株。计划150株、200株的农户压缩到有的少要了100株，有的少要了50株，到后来剩了300株。上述情况表明，走富裕道路，人们的步伐还是缓慢，气氛不高。还需要一些时间。

要等到看到效果后，才做起来。见不到效果，他就没有办法相信，怎么宣传，怎么动员，他始终没有兴趣，动不起来，真是没有信心。情况比较好的人家是，不讲政府扶持，就是自己培植、嫁接、投资、投劳、付出代价都情愿，做什么都是信心百倍。不知为什么前后者大有差别。

2009年12月20日　农历十一月初五　星期日　晴

今天，我村教会参与麻栎树聚会点年度圣诞、感恩庆典活动。

2009年12月21日　农历十一月初六　星期一　晴

村民进行农杂活计，有的种植核桃树，有的从事于建房工程，有的给村舍拉运建房材料，有的搂树叶做垫圈草，有的从事于文字电脑打印工作（因要筹备会议），有的把陈旧的果园改造，准备改栽核桃树，有的开始准备过年要用的烧柴，有的帮助自己的亲戚从事建房工作。形成了多种中心工作。

由于社会的进步，人民文化需求的提高，科技的飞跃发展，各民族各地区都在攀登着高科技，并应用于我们的生产和生活中。以往打印一个文件或一份材料，都得四处求人，而现在已是我们的平凡的日常事工了。我们芭蕉箐教会，进行年度工作总结，探讨来年的圣工开展思路。有关事工项目方案需打印，所以四儿张学德主动自费先把待探讨和待研究的有关事项打印成书面文件，以便教牧人员学习和讨论，改进工作。准备教职员和信徒代表每人一份，需打印20多份。

昆明市基督教呈贡活动中心将于2009年12月27日开庆典圣会。

我富民县基督教会唱诗班被邀请出席献唱。现安排是，富民县12所基督教会，每堂派出四人，四音各一人出席参加。所以今晚我和他们四人在四儿张学德家里，练唱到晚10：30，才回家休息。

2009年12月22日　农历十一月初七　星期二　晴

村民赶东村街。张学忠卖苞谷，开大车拉运上街，数量是三包。张学全也因需要去买沙发，便趁大车上街，与学忠相约上街。因为年关交通严紧，堵车，一般货车都不敢违章带人。因不方便，我也就没有上街。即使乘车上街，都得离街一公里远，就得下车走路，或是又出一元钱坐马车上街。不知为什么，有时闲天都堵车。

车子到了我村对面山上，我村村民龙珍美和张××两妇人要上东村街，也就是大车把她俩带到大石桥村，就叫她俩走路上街了，提心吊胆，没有办法带人。回来时，幸好今天没有堵车，就带她们从街上回到家。最后，苞谷卖一公斤1.95元，卖了三包，卖得人民币300多元。大儿张学全买沙发已买到，是300多元。

村民张学祥给村民王光辉修摩托车，装配刹车零件，换新零件。零件费是20元，修装费只收5元。修理费合理。对村邻舍、亲戚、友人，我们都要讲信用，讲情理。以后他人多请，多找，就够了。修车这件事，俗语说"会者不难，难者不会。"我们的出发点都力求为人民服务，赢得他人的信任。

2009年12月23日　农历十一月初八　星期三　晴

今天我赴婚宴席，在款庄朵木得村，我二姐她家的二儿子今晚讨姑爷，是女儿反娶姑爷上门。我家是大家族，所以附近的村寨都有亲戚。要赴婚席的亲戚友人，都坐大车前去。由于近段时间有堵车，所以大小车辆都不方便带乘客。只有在两边的山路上用大车载运乘客，从东村镇到马街镇上，客人转乘客车或是三轮摩托车。

大车走后一小时，大哥、二哥的两个儿媳，是孙子用摩托车送往东村镇客车点乘车，到马街下车。因为她们都要从我家门前经过，我便说，你们既然要赴宴，那么一早就应打听，是否有大车前去，就一便上车前往，更便利啊。我又说，你们知不知道开大车的张学忠的电话号码，她们说知道。我说给他打个电话，叫大车在马街等一下，等你们后面来的，减轻你们上路的负担和困难。

交通没有管理制度不行，即使有管理都还难以管好。社会进步了，人民生活水平提高了，高寒山区人民的交通工具也得到解决，能自理。但大车不能载人一事，很希望人民政府有所区别对待，妥善处理。因为社会进步了，再不能恢复到人背马驮的社会啊！怎么说，都要给人一条出路啊！

2009年12月24日　农历十一月初九　星期四　晴

这次我们参与朵木得苗族村的婚席，非常满意，供给客人们的餐席非常丰富，我们尽情享受。客礼情况是，来客300多户，人民币26000元。他们村的习俗是，承办婚喜事，大小户都免不了要宰杀一条黄牛，几头活肥猪，尽能力来满足来客的吃用。婚宴席的开支达一万多元，几乎都是三酒三肉宴客。

另一种情况就远远落后于形势了，来客又少，所筹办的婚席那么的简单，那么的随便。以为办了婚宴后，主人应当厚厚有余，酬待客席随便一点，主人才有益，所以要尽量的简单。大多数是比较好，都情愿尽上最大的努力，付大代价而酬宾客，情愿尽力服侍好亲朋好友，从不计较代价的大小。这就是有意义的人生。

2009年12月25日　农历十一月初十　星期五　晴

昆明市基督教赢来了新的发展机遇，由昆明市政府在呈贡新区划拨10亩地给昆明基督教，建盖以"中心教堂和教牧培训中心"为一体的"昆明市基督教呈贡活动中心",建筑面积为 12400 多平方米,于 2008 年 12 月 18 日动工。将于 2009 年 12 月 27 日,做开堂献堂感恩庆典礼拜。据庆典礼拜圣工安排,是由昆明市五华区大平滩教会(苗族),作呈贡活动中心的主领开堂序幕献诗。

给我们富民县基督教会的组织活动安排是,每所教会安排 4 名人员到富民三自办公室,集中今晚、明早报到,早 8 点准时集中练诗训练,27 日安排专车送往参加庆典活动。

远程诗班人员需今晚就到县城报到,所以我芭蕉箐教会的诗班人员今晚就到县城报到。住宿安排是,每个唱诗人员,教会人帮补 100 元,作今晚住旅社和行车的费用。由县基督教三自常委会负责安排住旅社和行车等工作。张学德也是协助带队人员。

2009 年 12 月 26 日　农历十一月十一日　星期六　晴

村民从事于各种农事务杂活,有的做封沼气压盖的扫尾工作,安设沼气灶炊具,有的种植核桃苗木树,有的翻犁冬闲地,有的村民抓搂树叶,做积肥工作。还有教会唱诗人员五人,因参加基督教呈贡活动中心的活动,今日集中于富民县县城三自住房排练献唱。

记述果木事工。种植果木都是新科技项目工作之一,要讲见识、远见、科技、技术,要实干,又要有优势条件,比如合适的土壤、水源,便捷的交通工具等。村民张学忠,计划种植 200 株核桃树,现已种下 50 株,是用山耕地种植。政府大力扶持,供给树苗木。每棵树苗,自己只出 1 元钱。

天久晴不雨,多处山箐沟里的水源缩小,甚至村里的人畜饮水有时也是供不应求。在此种情况下,张学忠用自己大车把村里的饮水,装满两大铁桶和十多只塑料桶,拉运绕道了三公里山路,到山顶耕地里浇已栽好的树木。所以,山村的一个农夫的农活工作,想要搞好也是实在不容易的。

2009 年 12 月 27 日　农历十一月十二日　星期日　晴

今天是本堂纪念庆典。献诗的有本堂的诗班人员，有柿花箐村和芭蕉箐村的。

2009 年 12 月 28 日　农历十一月十三日　星期一　晴

记述昆明市基督教呈贡活动中心开堂感恩庆典圣会的概况。呈贡基督教中收堂开堂庆典圣会，由市基督教两会张本美主席主持。开堂仪式有剪彩。圣会庆典有 13 个团队单位。来自昆明呈贡、昆明五华区、大平滩村教会（苗族）、禄劝县教会（黑彝），服装是统一成一个样式。事先已有安排和充分训练。

富民县教会诗班来自富民县 12 所基督教会，每所教会四音四人，全县 60 人为一个团队。富民县诗班是精选的。全县 60 人当然都可以说是干将了。圣会上的献唱水平，应当说是富民县这个团队优先一点。排练时间虽然仅是一天，又仓促，但只因我们县就在于精选。

参与庆贺的宾客有，来自贵州省基督教两会的领导，来自四川省基督教两会的领导，都在圣会上讲道和讲话。维持圣会现场秩序的是呈贡公安干警和保安。入会人员是凭先前发给的出席证入场。富民县唱诗班的 60 人是由县上派了大客车送往昆明呈贡出席圣会的。每辆客车收费是 1000 元，三辆合计人民币 3000 元。

昆明市基督教呈贡中心活动点建设工程，规模宏大，占地面积达 10 亩，建筑面积为 12400 多平方米，10 亩地基达 2500 万元，该建设项目总投资达 3000 多万元。

2009 年 12 月 29 日　农历十一月十四日　星期二　晴

进入冬月，民间的婚喜事多起来。有我村村民张学才家讨儿媳。昨晚又是附近苗寨麻栎树村亲戚家嫁女儿席，今天时间是正客。晚些又要赶往石桥苗寨潘××娶儿媳客席。原来计划是两家都赴席，但我家因有事，仅去麻栎树那家了。龙荣才先前以为我家也去，就开出他家的小拖拉机带我家前去，后来只有他家二人赴宴，又改为乘摩托车前去。

苗族婚喜事多，按习俗，被请到的亲戚，就要按亲戚的主次、亲戚关系的远近、轻重，准备好礼物而出席。如果亲戚关系淡薄一点的，可免就免了。另一种情况是一个村子不分大小、习俗、有无亲戚关系，全村都请客，赴席。这已是普遍的，已成了民族风情。这种情况得无条件地参与赴席了。分亲戚关系大小、亲朋密友关系的远近，按情分轻重而送礼。

2009 年 12 月 30 日　农历十一月十五日　星期三　晴

村民有婚喜事，家家户户忙于赴席。村民张志明家父子俩，开出一张三缸大车，拉运嫁妆礼品前往赴婚席。

他家原址是禄劝县三哨小麦冲苗族寨，张志明是在我村上门做女婿，所以他家的全部亲戚都是那里。过年节，或是亲戚有婚喜事，都需来往做客，送礼，尽亲戚之职责。去的方向是在我村的北边，顺普渡河（金沙江上游），沿河下，30多公里通过三哨凹口，就可到达。父子乘坐大车前往，不但是婚礼礼品，就是开出大车的耗油量都要一两百元哩，可见亲族戚友承办婚喜的代价也是真不容易。

2009 年 12 月 31 日　农历十一月十六日　星期四　晴

村民张学祥建造果园地，原先已栽上苹果，受益了几年，但后来几年价格始终不佳，只好摆搁在园地里，已有八年多了。由于耕地极稀少，所以该改造利用起来，不论是种上农作物，或是改种上核桃树，都可以。所以昨天和今天的农活计是，先砍除原先种的苹果树，砍除后，烧柴也有了，地也得到利用起来了。由于山地少，扩不开，只有把零星土地尽量利用起来。老果树砍除后，又要先挖树苗的塘，挖好后，再把树秧苗栽好。全村的情况是，30%的农户，两三年已砍除，进行改造，还有

70%的农户，还没有能力改造和利用起来。

人民政府出钱出力，但有些人真是扶持不起来，始终是消极被动，一贯手法是只应付一下。

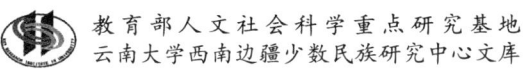

教育部人文社会科学重点研究基地
云南大学西南边疆少数民族研究中心文库

新民族志实验丛书·第二辑
主编 何明

神圣与世俗

富民县东村镇芭蕉箐村苗族村民日志

②

李 昕 编
张正文 记录
梁 媛 高瀛洲 李 昕 整理

学苑出版社

目 录

2010 年日志 ／ 555

2011 年日志 ／ 735

2012 年日志 ／ 895

2013 年日志 ／ 1025

2010年
村民日志

2010年1月1日　农历十一月十七日　星期五　晴

种植核桃树，山场荒地狭窄制约着经济林木的种植和发展。我自己种植果树见缝插针，尽量珍惜土地，即使是零星土地也利用起来。老房处有约1分地，原先嫁接有柿子树一棵，结果水果吃不完。合理利用资源，发挥一切积极因素为自己、为家族、为地区创新做出应有的贡献。把一棵柿子树砍了。此处是老住址，顺着大路，大路也占去了一些地基面积，上下两行，能栽下8株核桃树。

得先沿路扎起篱笆来再栽上树苗，所以是多天的事工，或是要一段时间才能做好，形势所迫，我们也得做起一些难做的事工来。

小结：工作不在乎难易，而取决于优先条件，也在乎投资投劳工程的大小。值得投资投劳的农活项目，就得按质按量地做好。今天你费尽心血服侍它，待到受益时，它转过来服侍你，所以也是智力工作和信心工作。

2010年1月2日　农历十一月十八日　星期六　晴

教会会议事工活动，我芭蕉箐教会有关年关工作及来年工作开展项目草案报告。召集教会教牧人员代表：柿花箐小组，王继光（执事）、王兴理（信徒代表）、张秀敏（女执事）、王汉高（年轻义工）、王汉奎；芭蕉箐村小组，张正文（长老）、张学德（传道员）、张学忠（财金组长）、杨兴明（财金会计）、张学明（信徒代表）、张学祥（诗班义工组长）。麻栎树小组，三男一女（执事人员）；万宝山小组，苏天能长老等12名人员。

会议内容：宣读教会规章制度，教会财务管理制度，确定承办教会教友的婚喜事负责人、丧事负责人。诗班工作进一步明确，诗班长由一人负责，副诗班长由二人负责，琴师一人。会议效果：教会大小教牧人员明确，规章制度也做了明确分工，各项工作安排专人专项负责。我们两位高龄长老专项负责月初履行发圣餐礼和履行丧事礼两项圣工。王继光执事负责本堂的事务，保证教会节期饭食的供给。龙圣英（女）执事负责本堂年节及平时的场所卫生和教会的平时餐食。诗班长张正福负责平时礼拜和年节圣诗练习。

2010年1月3日　农历十一月十九日　星期日　晴

教会年节活动，富民县基督教一县12所教堂组成的诗班活动情况是：2009年12月27日昆明市基督教呈贡中心堂开堂献诗赞美活动达到云南省昆明市圣诗高水平。2010年1月3日，富民县小水井教堂过感恩节，出席歌唱活动，结果仍然是高水平并获得好名声，取得初步的成绩。

富民县基督教会唱诗班已上了一个台阶的缘由是，2009年12月27日昆明市基督教中心堂开堂庆典下达我县唱诗班人员数目名额是50名。原先县三自领导都推小水井教会唱诗班负责完成，但是由教会自己负责参会人员每人100元。50人×100元/人就是5000元。这50人如果由小水井教会来承担实在承担不了，名额只好下达于全县12所基督教会来完成。这样就自然形成了、开化了、进步了，全县教会有份了。本来也应该由全县教会组成。只因省、市、三自委员会个别领导的偏见，只叫小水井教会诗班出席，就封闭了富民县12所基督教会的唱诗班名声。小水井教会包办了富民县教会27年了。现在已告一段落了，全县教会唱诗班平衡了、平等了。

2010年1月4日　农历十一月二十日　星期一　晴

村务事宜，清理我村农用蓄水池污泥。村上农用蓄水池已有10年未清理沉积污泥了。为蓄好水，供给农田之用，经我村开会研究定于今天全村动员清除池子污泥。

劳动力，今天出动25人。水池的直径约25米，沉积的污泥也厚了，清除需要时间和劳力。大家到了水池现场看看情况。用清水边冲边搅稀，还要下池子里用板锄边搅边扩出疏水管道。由于污泥沉积了多年，已成了黏泥，比较难冲刷，只好慢慢来。工作难以起头，他们决心用一天的工夫，紧早紧晚艰苦一点，坚持完全清除池内污泥。

村民事工有的是属于谋生计，方式是给他人抄犁山地，有村民龙福强家有有利条件，家中有一架壮黄牛，每年一到冬季的时候就有熟识人找帮犁山地。工价每天连人和一架犁牛给100元，历年常获取1000多元，虽然累，但还是比较有益，付出划得来。

2010年1月5日　农历十一月二十一日　星期二　晴

村民赶鸡街，变卖苞谷，购买婚喜事嫁妆、礼品，边买边送，一周内都有几场客席。卖苞谷的有张学全、张学忠、张学德、杨天光四户。

记述张学全卖苞谷，就是数量稍微多一点的一户。我们掌握街市粮价，大米一公斤3.3元，苞谷一公斤2.1元，争取每公斤多卖0.05元或是0.1元。苞谷一运到市场，一般都给2.1元，我们贪图快，只要买主给到每公斤2.1元，我们就统统卖掉。张学全家的苞谷，今天按一公斤2.1元，总卖得人民币998元。

婚礼礼品，张学忠买回一只柜子，价160元，张学全买回一只柜子，价140元。承办婚席，送礼于亲戚密友之友爱亲切就在这工作的处理得当与否，不得轻率，因为关乎他人，也关乎双方。省吃俭用都得尽自己所能买婚礼品，送好婚礼席。

2010年1月6日　农历十一月二十二日　星期三　晴

村民生计活动事工，有给他人抄犁山地而谋生计的。有村民龙兴明、龙兴德、龙福祥三户，有利条件就是拥有肥壮犁牛，人也熟识。给他人抄犁耕地，他们可上心哩，一架犁牛一日酬劳100元，外队山地很多，多半都是请人去给他们抄犁。

冬季农活已做完，等于是冬闲季节，所以占有优势的村民就利用机遇抓找零用钱。农夫们利用牲畜力，也是省力的农事行业，也是我村优势之一。

我村青年龙荣祥丢失了一个刚买回价值300多元的手机，情况是我村10多户都到麻栎树做客。龙荣祥在去的途中不慎失落了手机，发现时，借他人的手机打这只手机号码时已关机了。后来是村里的杨天祥拾到主动拿来还了，龙荣祥和大家的心才安下来。

2010年1月7日　农历十一月二十三日　星期四　晴

运送结婚嫁妆，我家的女儿是嫁到嵩明县凸董箐村，外孙女腊月十五就要出嫁了，三儿张学忠今日又要到凸董箐村他舅舅家嫁女儿，所以一起把我家父儿5户的婚礼品及给我家外孙女的嫁妆顺带拉运了去。

父儿5户的婚礼品有彩电、电锅炉、沙发、木柜子、毛毯、床架以及办婚席食用的200公斤葫芦瓜。又有姑娘、姑爷家的一只木柜子，今天一起拉运6户的婚礼品前去，满载成一车。

凸董箐村（苗寨）坐落于东偏南方向。亲戚来往，没有直线，都得绕大边，不往北边绕，就要往厂口绕往嵩明县方向走，由于绕边太大，两辆车都需要7—8个小时才能到达嵩明白邑凸董箐村。

苗民的婚喜事也渐渐兴盛起来，说明社会在进步，人民的生活也随之改善。

2010年1月8日　农历十一月二十四日　星期五　晴

村民卖儿菜。张学全、张学忠、张学德、张学祥、张学明、张正才6户联合互助砍儿菜。儿菜去年在我村试种长势良好，已获得成功，今年我村农户、农地有所扩增，也做了一番投资和努力，却未获得丰产和满意。去年的情况是两农户的儿菜，就可装满一张大车，而今年就不同去年了。今天砍了6户人家的儿菜，仅有张大卫家卖儿菜每公斤价是讲定1.2元，他家卖得人民币500多元，其他农户有的卖得200元，有的卖得100多元，6户的儿菜只装满半车。各家各户砍得多少都凑在一起，各户做好称记，各家的菜田里有几朵就砍几朵。一块田里的菜只有分作几次卖了，菜又细又弱又瘦小，不知何故，汉、苗两村都不行。

2010年1月9日　农历十一月二十五日　星期六　晴

村民农活计，放田表浇灌水，有张正福、张学才两户改田水。由于久晴不雨，箐沟里的水量少，大沟水变成小沟水了，农田用水已成困难事了。不讲小地方，就是坝区大面积的农田庄稼一般都长不起来。

小结：农田作物大面积，大部分都已放不上水，制约着农业的增产增收，这是主要因素。昨天，我村卖儿菜的情况又使人费思难解。种下的儿菜是长得起来，可是叶节上的儿菜就是长不起来，长不好长不肥，不是一户一村主任不好，而是连片的几个村的情况都相同。

2010年1月10日　农历十一月二十六日　星期日　晴

教会新年序幕起程礼拜，团结和睦，创造合一教会。在社会、人际、人群中，总是有人喜欢搞山头，结党闹意见，搞分离，自尊心强，以自己为核心，破坏组织关系。教会也不例外，出于嫉妒、纷争、结党，削弱领导关系，种种境况，要等待一个时间，俗语说：时间能说明一切。按规律、逻辑、推理，都有它的发展规律。凡不符合逻辑规律的事物，到一定的时候，它自然就要消亡。

2010年1月11日　农历十一月二十七日　星期一　晴

村民赶鸡街，时间已进入冬腊月，民族的婚喜事多。村民需要上街买婚喜事礼品，变卖货物，一般都是到鸡街进行交易。因为鸡街市场设有专卖婚喜事礼品的市场，方便人们按需选购，又设有多门市部专销家具，里面各色花样都齐全、品种样式多，便于选购。

车辆出动两张大车、一张小型拖拉机和多辆摩托车。钱币方便的农户，一个街天就买回所要送的礼品多样，而准备送上几户了。钱币不方便的农户，一个街天只买上一两件边买边送。记述买回礼品的两户，张学全买回一张团桌，价是80元，张学忠买回毛毯一床，价是100元。张学全家供孙女上学，都需要钱，但现在买婚事礼品都已达1300多元了。礼品大小情况是：分主次大小而送，一般小礼品分为100元、50元、40元、30元。

2010年1月12日　农历十一月二十八日　星期二　晴

民族游玩活动。村民张正福、张学祥捕猎雀鸟，是民族喜好。分季节，农闲、农忙，冬季、农闲季节多安排时间，农忙季节时间就少安排些。由于游玩得开心，有时农忙季节都照常出外活动。因为游玩活动是民族喜好的运动，又是一种谋生活动。今天游玩活动，小小的利润是捕获得12只斑鸠，每只价值12元，12只×12元／只＝144元，2人每人得人民币72元。

小结：找工农业临时工，一般每天是以30元计算，我民族谋生活动目前有三项比较占有优势：

1. 我村有农户龙福祥、龙兴明、龙兴德时常有人找帮忙犁山地，一架犁牛每天可获100元。

2. 游猎雀鸟，事工玩得开心，利润也比较高，每天玩得高高兴兴，力尽不觉得累并喜喜欢欢而归。

3. 修车，一般修车的是张学祥，就是修小拖拉机和摩托车，此事工是属于脑力劳动。工作起来，一般还是轻松。又感兴趣、又好玩，工作做好他人喜欢自己也乐。不过还是讲机遇，有时多有时少，我们的出发点仍然是助人为乐，待遇不讲高低，只讲取信于民，为民排难，克服科技难关。

2010年1月13日　农历十一月二十九日　星期三　阴天

村民卖肥猪的有龙福祥、张学全、王秀莲3户，龙福祥家卖6头，每头讲定价是600元，6头卖得3600元，张学全家卖一头，价讲定是

800 元，王秀莲家卖两头，每头卖价 700 元，两头卖得 1400 元。

猪市价 100 公斤以下是给一公斤 8 元，我村历年的卖法只是大体评估了卖。如果要求用称计算，一般情况人家就不给价或是不买我们的猪，时间长了，我们也无奈，只好给不到实价，我们也卖了。村子 3 户一早上就卖了九头肥猪，卖得 5800 元，平均每户就将近 2000 元，2000 元可不是个小数目，3 户能有这个数目，真是不错。

龙福祥今早卖了 6 头猪卖得 3600 元，他抄犁山地可获得 1000 多元，卖红薯也有 1000 多元，卖葫芦瓜 2000 多元等等。一般村民农业生产收入年达 1 万多元，是我村比较占有优势的农户之一，属于体力劳动。

我们有我们自己的优势，科技文化知识、机械动力、攀登高科技、检修机械动力、摄影、录制光盘、应用电脑、智力、人才、名声，我们也不落伍。

2010 年 1 月 14 日　农历十一月三十日　星期四　晴

人员流动，中午 12 点村里开来一张小车，停在教会的场院上。走出 3 人，当中就是石桥村委会的杨德聪主任。原来是富民县民政局有关领导下乡，搞年关扶贫调研工作。我们看到他们的小车上标有"富民县民政局"就知道他们的来意了。他们坐下休息，喝水时就问起来今年大春收入的状况，又问现在各家各户还有没有苞谷，我回答有，只是不多了，我们也作了些生活情况的介绍。他们 3 人也做了几户的现场实地走访，了解实情，看看几家的房楼上还有没有苞谷，随后往我们村中间走一趟，又回到场院上来，他们进礼拜堂参观了一圈就上车走了。

小结：政策是越来越好了，政府对人民的关怀也有所增加。过节、过年县上领导不但把政策、救济的指标下达到各个乡镇，还从县上乘车走访全县各个乡镇，了解民情，落实救济项目。关怀项目，比如我村村民龙兴祥从生下就成了残疾人，昨天到昆明市第一人民医院办残疾证书，再到我们富民县县城医院核实签名即可享受残疾人补助金。政府主动安排一些关怀人民的项目，人民群众当然高兴满意。

2010年1月15日　农历十二月初一　星期五　晴

捡运粪草送往山地，准备来年点种苞谷用。村民龙福祥找请龙荣才家的大车往山地运送肥料。尽最大努力，一天装满两大车运送到山地，由于劳动力单薄，上好第二趟车时间就很晚了，幸好是车子大好使。村民过分珍惜财力物力，每装货物上车，都是装成重车，有时，翻斗车翻斗时都难以下料子。

路道情况是：从我村要绕道，山路又陡，转到山头耕地陡坡路有3.5公里，所以机械力也得珍惜。他家是趁农闲季节，又是趁刚卖掉六头肥猪有点钱时就找车子把农家粪肥运送到地里以备播种时用。他家牲畜多，所以肥料也多，时常要把圈里的粪料出掉，才好圈关牲口，当然这也属于积极因素，也就是我们说的什么都要打主动战。

记述我村一名难产妇，侄儿张学会因生二胎，胎儿预产期又超过了，先到东村医院，说是难产，又转上款庄马街医院，据说还要转上昆明医院，怎么说后来也没有转，因为是难产，医生也只好开刀取胎儿，因胎儿预产期也已超过，生下个大女婴。今天我村有人上马街去看望，产妇和婴儿都注射着针水。

2010年1月16日　农历十二月初二　星期六　晴

记述协助拉运嫁妆饰品。石桥的苗族张士明大儿家给儿子娶媳妇，早已请张学忠和万宝山（苗彝村）王现都的两张大车在他家讨媳妇时去帮助拉运嫁妆物资。昨天是出嫁时间，就请三儿张学忠这张车拉载娶婚礼品、新郎和领事管人员以及帮事人员，人员有：新郎陪伴8人，领事帮忙助手4人，娶亲车就有12人，是昨天去娶亲的情况。今天讨娶一方的情况，是由两张大车拉运嫁妆，又聘请两张小面包车载运新郎和新妇及送亲人员。

两方的婚礼席，安排有作乐歌舞队人员，随从新郎新妇，献歌舞蹈。是安排于晚间歌舞作乐，增添婚席气氛，使来客欣赏喜乐。歌舞人员又乘坐一张货车。娶亲路道里程约有单边25公里，是到西边禄劝县大高塘方向。

小结：由于领事官人员年轻不得力，不管不理，不求不讨，导致晚5点还没有从娘家起程，回到新郎家天已黑了。

2010年1月17日　农历十二月初三　星期日　晴

教会诗班调整充实人员，推动来年诗班更上一个台阶。历年诗班人员单调，人力、智力、时间受限制，诗班人员对工作很有责任感和负担，纷纷提出建议和要求，就是要增加才干人员，诗班长一人，副诗班长一人，帮忙协助推动工作；琴师一人。不待请示教会参议就主动提出方案并且自行投票选举，结果是王子弘28票（诗班长），副诗班长张学祥21票，琴师指定原任诗班长张正福担任。

今天聚会礼拜中的教会事工报告项目，会众公布诗班下年工作人员增补充实说明。教会负责人表态，因为诗班人员提出可行方案，当然行之有效，我们广大信徒和所有教牧人员同意和支持此改进方案，当选人表示推辞并提出不能上任的种种理由。教会回复说：教会工作的需要，以及广大信徒对你们的信任，工作再艰苦，都得担起。

2010年1月18日　农历十二月初四　星期一　晴

记述我村难产妇，今天预计出院。村民张学会妻由于难产1月15日晚12点呼叫款庄马街医院救护车来村中去医院生产。预计今天出院，张学会四哥龙圣英找村里龙保罗用摩托车带他上款庄马街医院看情况和协助办出院手续。

龙圣英家里的一张小拖拉机开到东村街等出院病人，结果等到晚都不见小拖拉机回来。后来听说，我村产妇是可以出院，出院手续也已办好，押金进院时交了 1300 元，今早结账时退得 600 元。只因刚生下的婴孩，在母腹延长一个月时间而导致不健康，或因父母一方遗传气管炎，婴孩的安全实在难保，医生动员转上昆明抢救。病者没有钱而请求医生就地给予治疗。在此种情况下，婴孩生命处于危险中，母亲可以出院了，婴孩存活无保障，医生劝说不要出院，母亲也只好仍住院治疗。

2010 年 1 月 19 日　农历十二月初五　星期二　晴

做客席，老伴她妹子的大儿家今晚嫁女儿，请我家儿媳赴婚席。由于是亲姊妹俩关系，所以我家儿媳们都决定赴席，大儿张学全、三儿张学忠早已买好婚礼品，两户各准备送一只木柜子。

老伴她的妹子家居住在禄劝县，三哨旋窝塘。坐落于我村的北边 35 公里普渡河江边的高山寨上，地平坦，好种庄稼。但那里的苗民生活非常艰苦，就如老伴的妹子家就穷得锅底时常朝天。没有米吃，没有牲口，养不起猪。这次要到她家做客，她家打来个电话，如果我家要开大车拉运货物去，就请拉一头猪去给她家养。我家就给她家一头猪，约重 32 公斤。幸好是儿媳们准备开大车去，几家的货物连上做客人员还是够大车拉运哩。

由于交通和交通工具方便，四儿张学德驾驶自己的摩托车，到了那里吃完晚饭就回来了，因为家里还有牲口需要处理。

2010 年 1 月 20 日　农历十二月初六　星期三　晴

村民张学德参加东村乡人代会，张学德是我选区代表，东村乡人代会是一年一次会议，议程两天。代表在每年每次代表会议上允许提一件提案，有关生产、水利、公路以及民事热点都可向乡领导机关提出。

我们芭蕉箐选区，这次会议提案是要求人民政府帮助解决我芭蕉箐苗族村的村民卫生间，有两个可行的方案：1. 每个村建两个卫生间。2. 一个村分作几个片区安排。

小结：我们芭蕉箐选区向政府提出的此方案是可实施的方案，我村几乎家家都没有厕所，要普及卫生，起码政府领导要给予政策或实施办法。

2010年1月21日　农历十二月初七　星期四　晴

村民龙福祥的农活事工是给他人抄犁山地，已进行一段时间了。由于一对耕牛力壮，村民熟识的也多，所以大春农活收种完，农闲季节都在给他人翻犁农地。俗语说，干哪行爱哪行，历年都是先把自己的农活任务做完后，就给人犁山地。

农活事工都累人，但是苗民所养的这些耕牛耕犁时又不要牵，所以一架犁牛只需一人扶犁就行了。要赶到哪里，主人背着犁跟在后头，吆喝上下就行，所以工作起来也是比较优越。

唱诗班晚间活动，星期四晚是唱诗班唱读练诗时间，今晚活动事工有两项，一项是为主日礼拜献诗准备，完成了第一个项目后，又有妇女为主日礼拜和年关感恩准备舞蹈。有10人排练节目，有的是原来已用过，有的是自己现配搭动作，每次出场都力求有新的创作。

节期和年节礼拜赞美，一般的聚会礼拜，献唱赞美即可以，年节礼拜就要讲究一点，又要准备诗歌和舞蹈，这样神的名也得荣耀，人们同时得到启发和喜乐，同时也得到满足，所以年节活动，用好诗歌和舞蹈是两个方面。

2010年1月22日　农历十二月初八　星期五　晴

村民婚喜事多，同一天就有几个村几桌客席，张学全家三口子都到凹口亲戚家赴娶亲宴席。侄儿张学明、张学光两户到款庄大黄栎树亲戚家赴娶姑爷婚席。龙氏家族龙应华、龙兴德、龙兴华3户到麻栎树村赴讨媳妇的婚席。

这一户的婚席，我张家参席的有张学才三儿媳，龙某某两户也去赴席。

婚席小结：以前苗家习俗都简便，不论承办婚席或是赴婚席都简单，大礼 100 元，中礼 50 元，小礼 20 元。现在情况不同了，由于社会进步，人民生活水平提高，办婚席的亲戚友人，根据亲密程度，关系远近送礼。哥弟、姊妹之间的婚席送礼，一般是大礼 500—600 元，中礼 100—200 元，小礼 40—50 元。婚席礼几乎已形成人们之间的一种债务，婚礼席的债务大小，轮到对方时，我自己也得按着人家来时的礼的大小还，所以一般还是量力而行。

2010 年 1 月 23 日　农历十二月初九　星期六　晴

村民赶鸡街，都是为婚喜事奔波。为准备购买婚席礼品和要送的婚席钱礼而变卖各种农副产品。变卖苞谷的有张学全、张学忠、王才明、杨光德、龙兴福、张正才等 7 户。

村民张学忠用大车拉运苞谷和儿菜上街出售。拉运到了蔬菜市场，时间还很早，市场买卖人员来来往往，有的忙于摆摊，有的来往看货和讨价还价。我们一到街上就忙碌起来。儿菜，我们要价一公斤 2.5 元，买主给一公斤 1.5 元（指批发价），我们也卖了，称计 100 公斤，当我们的面，每公斤人家就卖了 3 元，对方人家一个工天就可赚 150 元，而我们是从栽菜、管理、施肥、砍菜、背菜下车，运上街变卖，就没有找着什么钱了。张学全卖红薯 120 公斤，零售价可以卖到一公斤 1.5 元，买主求批发，给价一公斤 1.3 元，我们也就卖了，我们都是图快，图简单，所以 120 公斤卖得 156 元。

小结：蔬菜市场不论是城市、乡村都是一片繁荣、昌盛，无论是什么蔬菜或土产都不愁销售了，只是卖价不高，数量少。

2010 年 1 月 24 日　农历十二月初十　星期日　晴

教会研讨婚礼事工，通知教牧人员留下，研讨有关教会被请参与庆典婚席的礼品数目。历年的教会习俗，由于开支大，收入少，就没安排送礼，是由被请的信徒个人量力而送。

随着社会的进步，人民的生活也得到改善和提高，教会组织是友爱团结的单位，是信徒交流关怀的场所，所以应当有所考虑关照一下，尽上教会的所能。讨论结果，确定承办婚喜事的信徒，邀请教会参与庆贺，送礼100元，给一对新婚夫妇送的礼物开支50元左右。

另一项是祝贺婚礼，教会唱诗班对一对刚结婚的新婚夫妇的祝贺赠送礼品并对一对新婚夫妇献词、鼓励、支持、颂贺。基督教会举行婚礼最精彩的是唱诗这一环节。今天的会议，也再次强调诗班人员要做好这个环节的工作。

小结：婚礼的精彩影响、造就满意取决于讲道和唱诗班的文艺、献诗准备工作的充实，特别是对一对新婚夫妇的鼓励和祝贺，关乎几个方面，都力求做好，所以要承办婚喜事，教会都要做好工作。

2010年1月25日　农历十二月十一日　星期一　晴

张学祥今早用摩托车拉运30公斤儿菜到鸡街销售，鸡街天是前天，我们知道儿菜好销售，就准备不论是街天还是闲天都时常拉运儿菜到鸡街批发和销售。今天张学祥到鸡街卖儿菜的情况是：到了街集市上，他要价一公斤2元，买主给价一公斤1.8元，他图快就批发全卖了，卖了就掉头回家。

我芭蕉箐村，不论是赶寻甸县的鸡街，或是赶富民县的东村街，是进村或是出村，都是同一条路，到了3.5公里处的山头才分岔道往北或是往南两个方向走向两县两个街子。张学祥到鸡街卖了儿菜回到两街岔路口这段路程时，张学才家要往南去东村街买办婚席物资的小拖拉机就在这路段上坏了，张学祥又帮助张学才检修车，排除故障，使小拖拉机顺利完成它的运输任务。

小结：卖儿菜一事，由于交通和交通工具极方便，所以销售这些土产物资已是我们的日常事工了，农业生产已是大有作为。修车一事中，自己民族有自己的机械修理能手是极方便。

2010年1月26日　农历十二月十二日　星期二　晴

村民杨兴明忙于承办婚喜事，因腊月十三日为他的兄弟杨兴友办婚席。情况是男嫁女方讨。腊月十三日就是明天，所以今天就得忙起，明天所要食用的猪、鸡、鱼都得全部做好，用于婚席的猪就要宰四头，所以村里的中青年人都被请来帮忙，人员有18人，他们一直忙到中午11点才得吃早饭。

中下午的事工又转入拉运建房石脚，计划办了婚事，趁办完婚席后有点婚礼钱，就建房拆除土墙，换上空心砖墙。所以趁今天有几个劳动力，就便找三张大车到野外拉运毛石来做墙脚石头。车子开出5公里到西南边的大石山上就能拉到毛石，随地都有，出工拉运就行。

上述杨兴明准备婚席工作，是我村的一项中心事工，其他的农事活计都得让步。其他村民上街卖儿菜的两张摩托车需要赶时间回来帮忙，所以天亮就到了鸡街，一张摩托车拉运40公斤，两张车80公斤，1公斤给价1元，由于没有时间卖所以80元也就卖了回来帮忙。

2010年1月27日　农历十二月十三日　星期三　晴

腊月十三日是村民杨兴友结婚的日子。村里的亲戚友人都被请来帮忙，煮饭做菜都临时搬到房屋外边来操作，方便服务宾客，分为烧开水、做饭、煮菜三个组。教会唱诗班也是忙碌的一个组。中午12点，大家吃过早饭就集中到教会练诗和排练舞蹈，准备晚间的婚礼祝贺礼拜，是原先已经安排好的。

晚间的祝贺礼拜内容有主持礼拜、读经、讲道，特别是本堂对一对新婚夫妇的歌颂祝贺，有祝词献词和赠送礼品留念并对他们进入婚姻生活的祝愿，祝愿他俩婚姻美满幸福。婚礼主户一家及新郎也安排有一套谢意表示，诗班人员上台献诗时，新郎上台发给每人一本练习本，也发给所有的教牧人员、执事和正副诗班长。新郎也表示谢意，赠送礼物给教会作为结婚留念，给教会一床棉被，分别给教会和唱诗班一点钱，给教会50元，叫长老到台前拿钱。

婚席执事，报告账目，来客有128户，木柜2只，被子2床，沙发1个，彩电1台，碗柜2只，一张犁（因嫁姑爷，时常习俗就要准备一张犁配套带走）。衣物多件，日用品加水壶、盆子、箱子都是两三件。人民币5915元。

2010年1月28日　农历十二月十四日　星期四　晴

村民杨兴明出嫁兄弟杨兴友，此婚礼喜事不但是杨兴明，就是村里一切亲戚都关注和支持，特别是帮忙的人员更是责任重大，为把这件工作尽早尽责做好，天亮就各尽其责地忙碌起来，做饭做菜，很快就把饭做好，安排吃早饭。

争取时间越早越好，所以事事我们都打主动战，召集有关教会人员和新郎新妇，举行离别礼拜，并为他们一路平安献上祝福。随后就催促他们上路，因为他的婚嫁妆装上车时，耽搁了些时间。送行、围观的亲友众多，一是民族婚礼的隆重习俗，二是他早已失去父母，与哥哥相依为命而长大成人，所以成家时亲友就比较关注，当哥弟要分别时，二人拥抱着哭了一场，围观的亲友众人也随感掉下眼泪！

娶婚行队的启程，两张红塔大车拉运嫁妆和一匹马，由两张小车拉运新婚夫妇行队人员。伴郎伴娘双方陪伴七人，其他随行人员安排有领事官和装卸货物人员，还有赴双方婚席的客人。

新婚夫妇对亲友观众的谢意是准备有丰足的各种糖果，向人群前后左右的亲友们大把大把投撒，让他们自己捡取，亲友们的感受是，又受感，又喜乐，又好玩，又高兴。

新婚夫妇的谢意结束了，就准备上车回娘家去了，双方挥手致意，众亲友的眼睛久久盯着新婚夫妇的彩车，直到车子在远方消失，才回家结束了娶亲宴席。

2010年1月29日　农历十二月十五日　　星期五　晴

姑爷女儿家出嫁孙女，他家在嵩明县凸董箐，所以大部分亲戚友人都在富民县、寻甸县、昆明五华区大平滩等地。我家族富民东村、芭蕉箐、柿花箐三村人员我们开出一张大车、三张摩托车赴婚席。苗族凸董箐是坐落于东南方向，不论是往北边走或是往南边走都要顺国家大公路转，一个单边的行程大车都需要7—8个小时的时间，这次我们往寻甸鸡街转往牧羊街下头，下午2点我们就到达牧羊凸董箐。

今晚的祝婚礼拜概况是，由他们教会的张传道主持礼拜。由张文华讲道。献诗的诗歌内容，颂赞上主和祝贺一对新婚夫妇成婚，并给一对夫妇献上祝贺词和送给礼品作纪念。会众唱诗，有本堂唱诗班，我家族为孙女的婚宴席晚礼拜已准备有歌舞蹈，在晚会上有献上，增加了晚礼拜的情感气氛，会众也受鼓舞和满足。

执事公布事务：来客216户，礼金8000多元；礼品：一台彩电，一台猪食机，一个组合柜，毛毯8条，棉被12床，饭桌2张，电饭锅1个，床架2个，沙发2个。

2010年1月30日　农历十二月十六日　　星期六　晴

出嫁，吃过早饭，由于车路没有通过村中，婚嫁妆都要用人工背到村头上车，由于婚嫁妆多，要一个小时才上好车子，姑爷女儿又给孙女一条小母牛。新郎方又打电话叫再找一张车子来拉牛，我们又等三个小时，幸好是路近，一个单边约有12公里。

精彩环节是，新婚夫妇将要启程时为了表示对亲友的深厚谢意，把早已准备好的各种果糖使劲向亲友们撒投，由于送行的亲友邻舍人员多，新郎要用很快的动作向前后左右的友人们投撒，所有在场的人争先恐后地抢拾起果糖来，真好玩，又好笑，又受感，又喜乐。

此时新夫妇也上车了,全场上百人的眼睛都盯着彩车,直到车子在远方消失,大家这才往回走进村来。由于我村人还要回来做客,所以我们送走娶婚行队后,再从凸董箐回来,经过4个小时的时间我们就回到芭蕉箐村来了,这时天刚黑。

2010年1月31日　农历十二月十七日　星期日　晴

年终礼拜,感恩礼拜。进行一年工作总结。

2010年2月1日　农历十二月十八日　星期一　晴

张学忠昨晚砍好儿菜,今早用摩托车拉运到鸡街批发,买主给价一公斤1.3元,也就卖了,因为还得赶时间回来村里帮忙,承办婚喜事,儿菜43公斤×1.3元/公斤＝55.9元。

张学才忙于长子张约荣承办娶亲席准备,明天是讨,后天是婚日,今天就得把明天要食用的肉食做好,帮忙人员从今天就得忙起来,家属哥弟亲友今天就被请来帮忙宰猪杀鸡。今天杀了三头肥猪,从早忙到晚。

村民张学德到乡上开会,是我东村乡林业员有关年关工作的部署会议,我东村乡20多个护林员,在年关休假期间,也要负起护林的责任。在休假期间山林如失火,或有火烟子都要随时观察,如发现有较大的失火山岭,要及时向村委会或是乡林业机关领导报告,以便于随时掌握护林主动权。一般较小的失火或是山林中有烟子,不论是失火或是农夫烧耕地边的杂乱草,也要掌握了解。随时负起各村林业员的管区责任,做好防火护林工作。

2010年2月2日　农历十二月十九日　星期二　晴

张学才给长子张约荣办娶婚席,早派一张小拖拉机到东村街买菜,品种有鱼、鸡、豆芽、葱等。帮忙人员昨天今天都得忙起来,事工不但是肉食的准备,讨媳妇要过的礼,事项也比较多,如各种糖果和一瓶清酒，用食品袋装成 5 小袋，还要煮饭、做菜、烧开水、洗碗筷等等。

衣物礼，新娘和父母、大舅和新娘父母的哥弟各一套衣服，高档饮料 4 箱，鸡蛋 1—2 大箱，啤酒 2 箱。鸡礼如同衣物礼，各主要亲戚要送一对鸡。草鞋礼，远古时新妇陪伴 7—8 人，每人一双草鞋钱。每双按 6 元计算，这次新娘和陪伴有 8 人 ×6 元／人 = 48 元，过礼的一头肥猪，可要猪也可要钱。这桩婚礼是要钱，数额是 2460 元，据说 1 月 27 日村里出嫁，杨兴友（男）也是这个数目。

婚娶行队，新娘陪伴共 8 人，新郎和陪伴也得安排 8 人，一行行队还有领事员 3 名，随队前往料理明天的货物上车，由一张大车连礼物和人员拉运前往过礼。

2010 年 2 月 3 日　农历十二月二十日　星期三　晴

孙子张约荣娶婚席概况，新娘家在则鲁箐（苗族村），从我村往东北方向走 10 公里就到了，由于通信方便，当新婚夫妇从娘家启程回来时，讨家就关注着娶亲行队的行程，所有来参与讨亲的亲戚友人走到村头来聚集等候娶亲行队的到来。

当他们到来时，围观的村邻亲友让路。他们娶亲的三张大车开进村，然后所有围观的人群又跟在三张娶亲大车的后头走。三张大车一张拉运新郎新妇和陪伴的人员，一张装花花绿绿的嫁妆饰品，一张拉运娘家打发给姑娘的畜种——一头母牛八只山羊。

一对新婚夫妇对宾客的谢意项目有所增加。原来只是在嫁方对亲友客人撒糖为谢意，而今晚夫妇的到来，围观的亲友群也多，一对夫妇也受感，仍然向人群撒糖为谢意，人们之关爱都有所增加。

小结：我村的婚喜事，张学才儿张约荣的婚事为首，来客也多，礼也是这一户多，人民币竟达 13000 多元。婚嫁妆也多，因妻方的家族大，所以来客也多。来客多寡都好，因来客多，礼也就大，但在送礼、还礼就相等，他人送的礼多，轮到他人办婚喜事时，自己也得去还礼，所以说是相等就这个意思。

2010年2月4日　农历十二月二十一日　星期四　晴

东村乡管理宗教部门的副乡长对东村乡宗教界人士召开座谈会，时间安排于下午3点，到会代表：基督教代表7人，佛教代表2人。座谈会上，政府领导在政府小会议室摆上水果让我们食用，还给我们倒上茶水。

首先副乡长给我们宗教人员介绍我东村的一些建设项目，并做春节到来的口头慰问。座谈叫我们发言，我们只表示没有什么可谈，然后我们各村委领导也参加我们的座谈会，我们石桥村委杨德聪主任发言，他高度评价和支持，表示很满意。

座谈会的另一个项目是政府领导发给我们每人一床丝被做纪念品，安排我们和乡领导及工作人员就餐。在晚餐席上，东村乡长和书记还给我们敬酒表示祝贺。

然后送没有交通工具的代表回家。

小结：地方政府对基层宗教人士表示慰问、关心或是请我们吃一顿饭，当然好，是政府关爱的新项目，这也是我们需要的。

2010年2月5日　农历十二月二十二日　星期五　晴

村民事工，宰杀过年猪，腌制腊肉，时间都应在打春前较佳，只因前一段时间承办婚喜事多就推迟到打春后来腌制腊肉。今天有村民张学祥、张学德、张学明、张大卫、张学全五户宰过年猪，分为上下两个组，在工作中，用水欠缺，如多有一户杀猪用水就会更缺。

另一项事工是政府关心人民，为过好春节，政府发给15户村民救济粮，每户一包米，每包重量是15公斤。另外我村也发到三大袋旧衣物，由张学忠开出一大张车到石桥村委领取。石桥村委会今天有会议，内容就是有关春节慰问军烈属、党员，以及对村主任、工务人员给予慰问和要求做好春节卫生工作等。

2010年2月6日　农历十二月二十三日　星期六　晴

村民宰过年猪。村民昨天今天都是忙于宰过年猪，家族共享团聚幸福之乐。随着家族的变迁，人员有所增加，在村里逐渐形成散居，家族几个哥弟分为几个小组活动，是农业生产的互助，是逢年过节活动方便。

年节餐食美味的制作，我们具有优先条件和基础，自己独家享也不是道理。有福应当是大家来享受。想想团聚友爱，应当有新的篇章，我们就确定，为我们张氏家族承办一餐美食，请张氏家族成员赴席，我们自愿付出，甘愿为家族摆上，当然有很多人愿意助人为乐。

为尽量满足大家之需，特到集市买回鲜鱼和办宴席常用的土杂菜、高档饮料和啤酒。原先是考虑让他们吃火锅菜，但怕大家不习惯就办成普通常席。我们有请到，他们当然就按时赴席，小规模，总共只有7桌席，年节饭菜，丰丰富富用之不尽，当然自己承办也要计划宽打窄用，周到。

小结：民族生活中，办婚喜事，年节生活，都随着社会的进步、提高能办出美味宴客席，赴席客人能享用到好味道的美食，满意高兴而互相学习，力求再提高，我们很需要这样做而推动民族风情生活的进步提高，做好牵引搭桥的服务工作。

2010年2月7日　农历十二月二十四日　星期日　晴

年节教会小小的慰问事工活动。富民县基督教三自领导安排年节小小的慰问事工，富民东片、东村乡、模枝、响石、芭蕉箐、万宝山、石桩活动点和遭灾困难个人的走访慰问。集体的地点是在东村乡的模枝聚会点，响石聚会点。个人有芭蕉箐的张正德因妻死亡孤身一人，石桩村的张有和妻子多年前已死亡，万宝山的苏天能因妻子多年前已死亡而孤单，目的是走访看望在困难中的小组和个人并安排小小的慰问礼物50元。

教会唱诗班在昆明市基督教呈贡活动中心开堂庆典活动中，献唱已获全市首位荣誉，荣获政府部门和国内外友人的关注。教会唱诗班事工活动计划安排是2月28日富民东片西山教会开堂庆典活动，富民县12所基督教会将联合组成一个乐队，23日将集中在款庄西山教会排练诗，组成西山本堂教会的诗班人员在28号开堂举行仪式。

下达到我芭蕉箐教会的名额是10人。人员落实情况是：柿花箐村3人，水平子1人，芭蕉箐6人，今晚教牧员和诗班人员初步整理核实人员，并下达所要用的10首诗歌的歌名，并叫平时也学好和唱好，做好迎接任务。

2010年2月8日　农历十二月二十五日　星期一　晴

村民赶东村街，今天是农历腊月二十五日，离过年还有5天，山村民族人民有一特别的生计工作，农户们为过年供给市场之需的土鸡，就是安排在这几个街天销售。历年的情况是，过春节前的这两三个街，土鸡真好卖，一般的情况昆明市的多少小车子，老板们都下来地方购买土鸡过年，可以卖高价。社会进步了，人们的生活也提高了，城市居民、工人干部、国家机关领导不讲，就是我们农户自己都要准备吃用高档的菜食、土鸡肉、鲜鱼肉，我们自己也讲究起来了，所以今天大部分村民都上街卖土鸡，有的村民是天将要亮时就开小拖拉机拉运土鸡上市场销售去了。

今天市场土鸡价格情况是3公斤以上的大阉鸡最高价卖到一公斤41元，一只鸡3公斤就可卖得123元了。我家四儿张学德是林业员，三儿张学忠又任我村的村主任，所以我家父儿五户的土鸡平时都已提供石桥村委会使用了。

2010年2月9日　农历十二月二十六日　星期二　晴

村民销售儿菜，张学忠昨晚砍好儿菜约有70公斤，批发价只给一公斤 0.70 元，他只好零卖。零卖可卖到一公斤 1 元。他卖给了个人，也是一下下就卖完了。他折回到家时，我们也只是吃早饭。他出车到水平子天才亮明哩。儿菜卖得 80 多元。这是早上的事工。

大儿张学全一早就到田里砍儿菜，因为明天就是鸡街街天了。4 天后就过年了，而鸡街是 7 天才有一个街天。所以种有儿菜的农户必须趁此时砍儿菜，卖儿菜。我们的计划是，早上三儿学忠开出大车上街卖儿菜，中午回到家时，大车再到田里拉儿菜回来家里剔好，上好车，准备明天拉运上街销售。不论价格高低，该卖就卖。

另一项事工是，姑爷女儿从凸董箐打来电话叫五儿张学祥今天协助到嵩明县县城买摩托车，他们选最好的牌子就是五羊牌。交通和交通工具方便，所以办好事情后，乘摩托车回来家里吃晚饭。

小结：五儿张学祥，亲戚友人时常有人聘请修理拖拉机、摩托车，购置车辆，落车户口，因为自己也能做，人家也好请。

2010 年 2 月 10 日　农历十二月二十七日　星期三　晴

张学全、张学祥哥弟联合种儿菜，今天销售的数量大约有 400 公斤。从我们家里步行到鸡街需要整整三个小时，由于街天蔬菜市场的摊位拥挤。所以 5：00 我们就出车，车子到了街上时天刚刚亮。由于蔬菜品种极丰富又充实，买主给价一公斤 0.6 元、0.70 元、0.80 元，我们也就卖了。一车儿菜 400 公斤，卖得 260 元。种有儿菜的村农户，不论数目多少都趁过年之良机拉上市场销售。村民张大卫的儿菜买主给价一公斤 0.80 元，批发了 100 公斤，剩下少部分，是零售，每公斤卖价 1.00 元。

嫁接果木树，同时就有两户，龙兴明、张学才今天嫁接果木树。龙兴明嫁接核桃树，是去年栽成活，而今年嫁接，或是去年没有接活而今年补接。张学才家嫁接板栗树，已经是活树了，但是因效力低，所以重新嫁接，提高板栗产量效益。

2010年2月11日　农历十二月二十八日　星期四　晴

全村碾糍粑。是用小柴油机做动力。全村有19户都用大儿张学全家这台糍粑机。速度较快，省力，省时间，操作起来很方便。由于村邻舍散居，谁家蒸出饭来大家就碾压谁家的，19户碾压完，还是花了一个整天。柴油机工作了一个整天，耗油量怎么处理？3—4人负责碾压，切制米粑，是否适当地收一点手续费或是收点烧油钱？按事理，当然可以收一点，人们也喜欢补助一点。

小结：人们都需要关爱，需要人来关心我们、帮助我们、理解我们，都需要博爱精神。收手续费，又能收得起来多少？收起来的又能做点什么？倒不如免费为人民服务，为大家做一点力所能及的事，事理应该比收费强多了。它更有说服力，更能赢回人心。

2010年2月12日　农历十二月二十九日　星期五　晴

赶年末街。年末最后的一个街天俗称为年末街，人们要买过大年三十晚，过春节所要用的年节食物，为家人、亲戚准备礼品及孩童玩具、爆竹礼花等，几乎都是今天买。平时不上街的人，今天有事或无事都要上街玩玩，享受享受人间之美。

近年来，由于交通管理得严，一般的农用货车就不敢拉运乘客上街，所以牛车、马车都拥上市场，增加拥挤。大街小巷、街心路口、大路边都摆满摊位，货物增多了，人员也增加了几倍，因为不仅是地方人赶，就连城市人也专程下乡来买土鸡过年。大街大市大路，畅通的现代市场变成拥挤的市场。各种车辆从街心摆搁到街外300米外，大公路进出车辆各摆两行。到中午12时，交通中断了:要出出不来，要进进不去。幸好有2名公安执勤人员出来维持秩序，才慢慢恢复通行。由于人员众多，到晚时，什么大货车、农用车、拖拉机进出都是运送乘客回家，此时公安人员不闻不问，方便民众，让大家过好年，这就较好了！

2010年2月13日　农历十二月三十日　星期六　晴

年三十晚，习惯俗称是过年。亲友家人力求团结，所以都互相请客，或是打电话邀请。亲戚友人能团聚的都聚集到一个家族来分享亲人友谊之温暖，相亲相爱之美善。

生活美满之分享，由于社会的进步，人民生活的提高，村乡人民、山区民族的生活待遇也随之讲究起来。美餐筵席，都必备高档肉食，饮料，俗称之三酒三肉，摆于客人面前享受一番。也是自己需求，也是自己所愿，所以美餐必备鲜鱼、土鸡、猪鲜肉、牛肉（自己没有买），尽情满足宾客之需，这是过年的意义。还有一个项目是今天是礼拜六，是集会崇拜上主礼拜时间。

散了晚礼拜后所有信徒聚集于教会场院上观赏各种大小爆竹花炮在夜空盛开的美景，家家户户将特为今晚的圣会买的爆竹献上晚会。此爆竹圣会逐年扩增花色种类，规模也有所扩大。过完年了，此项目却留在人们的记忆中。

2010年2月14日　农历正月初一　星期日　晴

我们基督教山区民族教会，自养多年来未能如意得到解决，都是有待于解决的难题。

2010年2月15日　农历正月初二　星期一　晴

村民潘美英近一段时间牙痛，也吃药打针了，仍未见效，反而加重，昨晚一个夜晚都没有睡好。打定主意，今天到大医院求医，牙根排脓水。求医情况是，一早6：30时，我们便步行到东村街医院看病。今天是正月初二，医院的医生、护士都放假了，还没有上班，只留下2名护士值班。我们便把病情告诉护士，护士说医生还没有上班，你上马街医院吧。我们便到客运站乘客车上马街医院，约10：00我们到了医院，不料医生下班了。据说，要到12：30时才上班，我们在那里竟等到了14：30

才上班，看完病回到家天色已晚了。

小结：医院人员春节放假，要留够人员。万一有什么病人都能及时处理。款庄马街医院就做到了这点，这就很好。应当发扬这种精神，以人民生命为重。

今天我东村乡发生三起山林火灾，杜朗村委的大场一起，我石桥村委两起。林业员又少。今天可能他们林业员忙不过来。如张学德负责这个片区就发生两起。一起是响石的江河边，一起是万宝山的山林场上。好在，一发生山林火灾，万宝山村全民出动，每人扛一把板锄出来配合林业人员和在职人员，经过努力奋战才扑灭山林的野火。今年地方政府规定，哪个村委会山场发生火灾就由哪个村委会为打野火人员煮饭，所以今晚就由祖库村委会安排柿花箐村主任为护林人员煮饭。学德他们在柿花箐吃了晚饭才回来，可能是天黑时才得吃饭，因此很晚才回来。

2010年2月16日　农历正月初三　星期二　晴

春节期间，村委开展篮球比赛和各种活动。昨天我村在教会场院开展一天的活动。比如前台上画有五个圆圈，圈内写上1、2、3、4、5数字，人被蒙上眼，规定拿一件东西，从6米外向前方的圈子走去放入圈内，如果你放在了圈里，圈子里的数字是3或是4，就按数字给你钱。

石桥村委会组织我们石桥6个生产队进行篮球比赛。上午11：00开始，一个生产队打一个钟头，6个队就打到下午5：00。比赛结果是：一等奖是下坝队，奖金200元，二等奖是大木板队，奖金150元。其他大石桥队、还记得队、杨嘎哩队、芭蕉箐队4个队是三等奖，奖金是100元、一条香烟（香烟价值是100元、三等奖等于也是200元）。

小结：东村乡、石桥村委的篮球场是向政府申请，国家投资建设的。当初因石桥场地受限制，改建在还记得村上，今天首次比赛也是在还记得村。我石桥村委会有史以来从未开展过什么游乐活动。靠政府投资建起篮球场，今年春节进行篮球比赛是首次活动，村委在年节中应有一些有益活动，活跃活跃我们农村文化生活。

2010年2月17日　农历正月初四　星期三　晴

龙兴祥给儿子承办婚事。邀请全村赴席。程序是首先选定一个日子，定妥后到某月某时，就告诉所有的亲戚友人说：某月某时我家办"差媒人席"，到时候请你家来赴席。

到了时候，主人家就要宰猪、买活鲜鱼、杀土鸡、做菜。求婚席规模逐渐扩大了，所以主人家要找工帮忙做饭煮菜，为婚席服务好。到时候像今晚，就要再次挨家挨户请，说饭席做好了，请你们来赴席。亲戚友人赴席的准备情况是，至亲的亲戚友人也要尽力尽情支持和祝贺，参与协助。起码是要抱一只鸡或是送2升大米，还得送一点钱表示赞助。今晚龙兴祥家办的"差媒人席"到来的有50多户，收到礼鸡39只，人民币3000多元。

小结："差媒人席"习俗远古已有，但是规模小，只是至亲的家族活动。由于社会进步和人们的生产生活水平不断提高，生活得到改善，亲戚友人的关爱和自尊心也加强，比如你所送的礼，到你自己承办时，人家也如数地来还账，所以到人家承办时，自己要尽力踊跃地付出，等于是存起来。我们对亲友、邻舍、同胞都心甘情愿地赞助、支持，因为人都讲信德、讲信用、讲关爱。人如果没信用，不讲关爱，人生就没有意义，就毫无价值了。当然人际社会中，仍有极少数狭隘之人。但社会是要前进的，要进步的。

2010年2月18日　农历正月初五　星期四　晴

村民儿女在外学习的昨天今天陆续赶往校园复课。我村民有2子女在外学习，龙荣富是在辽宁省音乐学校学习。学习时间是3年，已学习了1年，还有2年的学时。今天要赶往昆明，明天乘列车往北京再到东北校园复课。不料，因春节乘客少，东村客运站只安排有早车，中下午就没有上昆明的客车了,所以仍停留在马街。

中专生张多加,已读完中专3年,现已考取大专,大专学时也是3年,据说仍是半工半读。上课和实习仍有几天。但因刚放假就回家,所以在上课前必须回校园洗物品,需要提前回校园。昨天到了东村客运站,也因为中下午没有客运车,只好回来。今天重来,就要提前,一早赶往东村镇客运站。今天赶上早车,才去了昆明。

小结:学习知识很重要,人类科技知识已高度发达。农村广泛应用机械动力和高科技,一个地区、一个民族如学习科技文化跟不上形势,就要落伍,被淘汰、遗忘,所以人们应把学习知识放在首位。

2010年2月19日　农历正月初六　星期五　晴

村民王才明承办长女婚席,婚期是正月初七,就是明天。所以今天就忙于做准备,还得找工宰猪、杀鸡,把明天所需要的肉食做好,以便使用。今天一早就得忙起来。

村民承办婚喜事,有的自然形成是家族、亲友共同的喜事,有的是自然形成单调,只有很少数人负责,或是无奈而应付一下。

张学忠出售儿菜,是用大车拉运到鸡街批发。买主给价每公斤0.70元,就卖了,因我们图快,早上出车,卖了菜,回到家中,还得进行白天的农事活计。经济效益高低是随着市场的物价变化而定。自己栽有儿菜,总得销售,总得处理。儿菜今年所种的到现在几乎都已销售完了。今年效益产值低一点,但始终是强过农作物。

2010年2月20日　农历正月初七　星期六　晴

村民王才明嫁长女,婚席服务事工活计很多,服务事工分为如下几个组:婚席服务组,分为做菜、煮饭、开水服务三个组,洗碗筷又是另外一个组。诗班接待工作,婚娶婚嫁都有诗班服侍项目,作为婚嫁,新郎行队的来到,都要接待和排队欢迎,表示热情款待新郎行队的到来。

交礼仪式，讨亲方安排有"讨亲领事员"。所要过的礼，已形成很多，新增加的如母乳奶费、妻之父母和母亲之兄，各人一套新衣服，婚席服务各组果糖、酒、饮料各分为一小袋。嫁女主户两箱啤酒，两箱高档饮料，鸡蛋生熟各一箱，赴席礼100—200元。要用一两床草席摆在地上让新郎摆放，件件事事交代清楚，用摄像机摄录，是个重要环节。然后才请娶亲行队进室内坐下休息。是近代兴起的新风尚、新气向、新风俗。婚礼席概况是，来客有116户，钱礼总额是4960元，还有若干衣柜炊具用品、棉被等。

2010年2月21日　农历正月初八　星期日　晴

村民王才明家的婚嫁席概况是，婚嫁日是订于星期日，这场婚嫁送行有比较精彩的送行告别仪式。这次的婚席来客都在等待这时刻的到来！新郎新妇也在想，如何向亲友表示谢意，如何表达让亲友留下难忘的印象。他俩在即将上车起程之时用很快的动作把事先准备好的各种水果糖向前后左右围观送行的亲戚友人一大把一大把地尽力投掷，表示回报谢意。新婚夫妇上车后不断挥手摆动表达谢意，渐渐走远了，才算完结了送行。远古没有车子时，送行人要走一华里路呢，而现在交通工具方便，送行只是送到村头了。

娶亲行队情况是，昨天由一辆大东风车送娶亲礼品和新郎陪伴人员来过礼。今天是大东风车拉运嫁妆物品。由4辆小车来拉运娶亲、送亲人员和赴娶亲席客人员。

2010年2月22日　农历正月初九　星期一　晴

村民张学全、张学祥卖儿菜，是昨晚砍、装、上好车，今早5：00天未亮就拉运到鸡街出售。由于已经是末尾，数量也少，出售时也是几个价了。批发每公斤0.60元、0.70元，卖得150元。零售儿菜每公斤可卖价1元或是1.50元，但是还得要一个工天。我们一般都做批发，图快,每次卖儿菜后回来家里吃早饭。一般都不影响白天的农活事工。

龙兴德家给次子龙学祥承办"差媒席",就是当为儿子求婚时,先要办求婚席。请亲友邻舍赴席,借着当晚的两个小时的时间,赴席人员陪坐,先吃鸡肉、鸡腿、鸡翅膀、鸡肚、鸡脚。然后,由主人家或户主管事人员提出,要请某某2人做媒人,替我家去说媳妇。定好后,再定时间。有时候是早已有对象,有时候没有,此时就要由儿子来选择,如定不下来,亲属再给予选择提供,或出主意,称为"差媒席"。今天杀猪、宰鸡准备明天办"差媒席",规模有所讲究、有所扩大。

2010年2月23日　农历正月初十　星期二　晴

村民龙兴德给次子龙学祥承办"差媒人席"。请客,先已请,告知远近的亲戚友人,让亲戚友人早做准备。有部分村民是当天才告知。我们自己是当天才通知赴筵席。"差媒人席"的筹备情况是:承办差媒人席的主人家很讲究,自己尽力尽责为亲戚友人摆出丰盛的酒筵席。是高档的酒席。如鲜猪肉、土鸡肉、鲜鱼、羊肉(带皮肉)、凉粉、排骨等11个菜。反正是数量很丰足,令来客亲友非常高兴满意。来客有56户,礼物米3斗(100公斤),人民币2800元。

晚席安排分享土鸡肉、翅膀、腿、鸡脚等后,推选"当差",或是由主人家提出建议,或是会众协商确定。结果,推荐当差媒人时,只因还没有对象和还没有定向,所以暂时没有安排。

承办求婚席,是一项任务也是一项负担。所以不管自己的儿子有对象还是没有对象,主人家尽职尽责为自己的儿子先办一下求婚席。然后求婚,谈婚,说媳妇,哪时都行。

2010年2月24日　农历正月十一日　星期三　晴

村民搞车辆修理,邻村水平子村打来电话,叫张学祥到水平子村修理小拖拉机。事故情况是,小拖拉机开到村外2公里处时(凹口村方向)

发生故障。他们村里亲戚友人对机械也感兴趣，他们自己先动手拆除查找机器故障毛病。费尽心思也没找到，无奈打电话来请求张学祥去帮助检修。在先他们以为是方向机坏了，其实不是。

张学祥乘摩托车到了现场，鉴定发生故障的可能部位后，拆检复合。按零件的规格、名称告诉他们到街市买回来后再装上。由他们买回零件，张学祥再去拆修。拆除旧零件，装配上新零件，当然要些时间和体力才能装好。

2010年2月25日　农历正月十二日　星期四　晴

村民事工活动，村队事工，安排来年兴修水利。村里号召动员每户一人出勤兴修田用水沟。全村分为三个片区：鹧鸪箐10工田；大田坝区总共63工田；哈干田10个工田。准备一天尽最大努力修完全田用水沟。人员出勤情况是14人。

另一项事工是：由于干旱少雨，影响田地用水，也影响人畜饮水。村上安排5人检修引水管，改道、安装、拆接。经一天辛勤工作，已完成全长400多米的饮水管道。

小结：本村每年、每季度都会需要一些义务工，兴修水利、维修村用公路，或是召开本村事务会议。全村37户，除开5老人外都应积极响应村上号召，完成我村上的自养义务工。今天全村出勤19人，也就是19户，又除开5老人不需要干义务工。19人+5人=24人，全村37人−24人=13人，就是说没有出工的就有13户。其未出工的原因是婚喜事多，出外赴婚席，还有出差、外出替邻居修理拖拉机，出外参与学习等。

2010年2月26日　农历正月十三日　星期五　晴

教会事工活动。2009年12月27日昆明市基督教呈贡新区开堂庆典活动中，富民县基督教12所教会荣获音乐水平首位，是由富民县12所基督教教会组成的圣乐团队。

小水井教会年度感恩节，已被请出席圣会献唱。富民县东片、款庄、西山教会将于 2010 年 2 月 28 日开堂庆典活动，富民教会圣乐团队也仍然受邀请出席开堂圣会。教会以东片组织活动。朵木得、大黄栎树、西山、莫依龙、芭蕉箐 5 个堂点，每个教会 10 人，凑足 50 人今天集中于西山教会练习，为献唱做好准备，28 号出席圣会参与献唱。一早就派摩托车把我堂的 10 人送往款庄西山教会吃早饭，中午至明天都在西山教会排练诗歌。

小结：自从 2009 年 12 月 27 日首次音乐水平首位，经我县基督教三自领导机构研究确定，我县圣乐团队从此正式成立，准备往内地教会交流音乐。县统战部也献计献策，计划是先从我国东北某个教会开始。所以一有事工任务，诗班人员就积极做好准备迎接新任务。

2010 年 2 月 27 日　农历正月十四日　星期六　晴

王才明因烧地草被林业局人员罚款 200 元。农夫烧地草，是正常现象。一到二三月季节，农夫都积极整理耕地，清除地中的杂草，或是用火烧除杂草，开好沟，待雨水季节来临时放种，点播大春作物。因我们地区海拔高，农作物或是地中的杂草都长得比较茂盛，所以一般农夫都习惯烧地。

王才明今天到自己的山地里烧地中的干草，被柿花箐村（苗民）新上任护林员兴明亮报警，石桥村委杨德聪出面领人进村罚款，原先的数额是要 500 元，后来确定罚 200 元，天黑时他们才走了。

2010 年 2 月 28 日　农历正月十五日　星期日　晴

教会圣工活动，我教堂被邀请参加款庄西山教会开堂庆典活动。

2010年3月1日　农历正月十六日　星期一　晴

村民农活事工,龙福祥家种三叶瓜。田间的儿菜砍除销售后,时间到栽秧季节还有3个月,这3个月可以利用起来。几家村民都准备种上三叶瓜。所谓三叶,就是说当瓜秧长出三个叶时就要开始结瓜了。所以3个月就可以把瓜卖了再泡田栽上稻田秧,栽瓜、插秧时间相互不影响。

几户人家打定主意后就栽种起瓜来。龙福祥今天栽瓜,方式是先把瓜籽育成秧后,再移栽到塘里,然后浇上水,再盖上薄膜。田的面积有1工,2.5工等于一亩。劳动力今天有3人,把瓜籽育成秧后再移栽,这种方式就慢得多,所以一天的工夫都栽不完。

小结:我村农户利用稻田栽种蔬菜已有两年的时间,龙福祥试种蔬菜两年以来,虽然初初试种,但经济效益还可以。大春是种稻谷,小春就种蔬菜。

2010年3月2日　农历正月十七日　星期二　晴

村民张学全、张学祥哥弟两户联合,同田同工,小春季节栽种蔬菜,种植儿菜的经济效益情况是:哥弟同种一块六工田,统一种植、销售,统一分红,六工田种儿菜卖得900元,平均每工田的儿菜卖得150元。经济效益比种蚕豆、大小麦都高了。收了儿菜,再种上三叶瓜。据调查,目前市场的蔬菜价格还可以。一两年来农夫们都是在试种、试销,交通又方便,交通工具大小车辆也拥有,数量大的货物,就用大车拉运,数量小的货物就用小拖拉机,数量再少的就用摩托车拉运。

张学祥农事工,今天我家父儿5户9人挖塘,施上肥料,浇上水,放上瓜籽,再盖上薄膜。前面叙述到,现代的农业生产都是讲究科技,讲究优势条件,机械动力,或有着足够的劳动力和亲友的关注及支持,都是先决条件。具备这些先决条件,工作中难度就小,再大、再难的事工,也成了容易的事工了。

2010年3月3日　农历正月十八日　星期三　晴

芭蕉箐村信徒自养生计活动。熟识人汉族村杨嘎哩的杨志二找请我们村15人去给他家挖白薯。也就是预计15人可以挖得一车。双方都是用电话联系，我们说你要15人，按一个工天30元，15人的工价就合450元。我同意按这个价，我们小组来完成，我们多来些人，可以提早完成任务，也提早完工。工作情况是我们小组出动劳动力18人，挖一车白薯，时间虽不晚，但是每人平均一个工天只有25元。小组去，钱由我自然村保管，而今后也开支于小组活动。

小结：今天活计的工酬每人只有25元，比起平时，每人就少了5元，总共就少了90元，但也好，因为我家还要到万宝山村赴一头婚席。现在是小组的事工也完成了，亲友的婚席我们也没有缺席，双方的事工都已顾及了。幸好是交通方便，交通工具也方便。

2010年3月4日　农历正月十九日　星期四　晴

村民张志明今天出动自己家两张农用车，到4公里外南石山拉运毛石回来砌门前石墙。出动哥弟、舅妹等6人。

我村南边4公里就是大石山，虽然距离村寨远，又都开成耕地，但乡村道路、种农地的车路都已四通八达，山村人民时常到这石山捡找毛石搞基建。由于他家是自力更生，建立在自己的力量的基点上，没有聘请村乡熟识友人支持协助，6个劳动力，捡找上满两大车的石料子，几乎都用去一天的工夫了；再说，车子能到之处，或是通路之处，石头早已被人先找拾完了。这座石山，柿花箐、麻栎树、芭蕉箐三个村的居民是时常来拉运搞建设的，特别是我村拉运的数量更多，因我村的路比较近。

小结：农夫的工作场地宽广，对农事的投工投劳任务繁重，涉及经济的投入数额大，农田农地收入稀少。农夫另有建盖住房、晒场、经营果园地、购置机械动力、农田之大小车辆等情况，全看经济状况和人的意志力了。

2010年3月5日　农历正月二十日　星期五　晴

村民农活事工是栽菜。张学忠家聘请我家父儿5户10个劳动力集中精力，投入栽白菜。田的面积约有2.5工，也就是等于有一亩水稻田。时间离插秧还有3个月，按时间计算还来得及种三叶瓜，或是种上一季白菜，都可不影响种稻谷。

种白菜的方式是，先把白菜籽育在塑料袋里，把田块整平开沟，放好底肥和化肥，浇上水，再把白菜秧移栽到塘里，浇上一次水，再盖上薄膜。争取短期受益，让白菜在短期内快长，长好，提早受益。

小结：农夫现在的务农事工都是争取高工效了，比如今天我家父儿五户栽白菜的情况。以前要几天的工夫才能做好，而今天我家运送肥料、圈粪、生产资料、工具人员等都是利用农用车一次性送到山脚，再从车路把肥料用人工背到田里，几道工序齐动手，有的背粪、有的打塘、挑水、栽菜、盖薄膜。一便手、一次性做好，这就得要机械车辆的运送配合，又要有足够的劳动力，所以现在的农业生产都是靠机械动力，都是靠足够强的劳动力。

2010年3月6日　农历正月二十一日　星期六　晴

基督教富民县12所教堂组成的圣乐团。3月7日又有富民县西片的干龙潭开堂庆典礼拜活动，全县诗班要纳入他们本堂诗班的人员，今天一早就要乘摩托车前往参与训练活动。

开堂仪式是由本堂诗班人员组织负责，开堂圣会的大合唱，12所教堂的圣乐团50人又纳入他们本教会的行队配合献唱。活动资费的支持情况是，由各地教会负责支持。诗班人员是义务工天，教会负责往返途的车旅费。1—3个月有两个堂点开堂庆典，我们教会是支付得了的，我们是为宣教来做的。

张治明砌门前的挡土墙，工作起来真不容易，又要拉运细人工砂，又要挖基坑，又要砌石墙。人员又少，本着自己有多少力量就做多少事，虽然慢，但是情愿自己慢慢来，自己干的就省了砌工钱了，反正是自力更生。

2010年3月7日　农历正月二十二日　星期日　晴

教会圣事工作活动。参与富民西片中干龙潭教会建设新圣殿庆典活动。我们教会唱诗班前去参加庆典圣会的人员是17人。交通工具是自己的摩托车，也就是等于是自理，只是教会负责一点油钱。参加庆典的堂点有15个，教会的诗班人员参与圣会献唱活动。

2010年3月8日　农历正月二十三日　星期一　晴

村民的生计活动，龙福祥打工犁田，是给山脚下村杨嘎哩（汉族）村抄犁田地。小春种上蔬菜，卖了蔬菜又要把稻田翻犁出来再种上别的作物。他们因没有耕牛，所以时常找他人给他们抄犁。近的一片地区，几个自然村众所周知，就是一架犁牛包括扶犁人，是讲一个工天给价100元。是按天日计算，山地是犁出来就行。而稻田由于面积小，就叫犁出工资待遇，几年来基本是固定的，是犁出来还要耙平、耙细，便于点播作物。

龙兴德也是抄犁自己的稻田，同时种上小春蔬菜作物的，有能力、有耕牛的农户，一般都要翻犁出来，利于再种上其他作物，也利于禾苗的生长，便于薅锄。

小结：两户犁田的村农户，就是自己有壮牛，便于农田、农地的耕耘，也利于他们打工抄犁山地，因为山地比较多，他人也情愿出钱找人帮犁。这两户村民，占有2个优势，一是自己的山地面积大，利丰收。二是有牛可以多一项收入。

2010年3月9日　农历正月二十四日　星期二　晴

搞建房事工，今天张学忠、张学全、张学祥、张约新4人乘一张农用车、一辆摩托车到嵩明县凸董箐村去搞建房。因亲戚关系4人相约去协助建砖房。开出一张大车去，还需要拉运房脚石，在建房中，如建房料子不够，也可以拉运。在建房施工中，自己有车子比较好。

小结：社会进步了，科技文化发展了，人民的生产生活也随着提高。不论是科学文化、机械动力，还是搞建筑，一个地区、一个民族，都有着自己的人才，都有着自己的天地，能工作，服务社会、服务自己亲族同胞，推动自己地区的革新。

协助亲属朋友，起房盖屋，不论是生活待遇或是工资待遇上，人家富裕方便，凭人家的喜欢，人家能付给点工钱也行，或是困难，不方便就算了。民族人民亲属关爱很浓，都有舍己互助精神，很多亲属相处是相依为命，什么事都可以商量和相让。

2010年3月10日　农历正月二十五日　星期三　晴

村民的生计活动，找寻喂猪食草为一难事。由于天干，久晴不雨，农户养猪点种的冬萝卜没有收成，造成养猪农户的一件难事。天天找寻猪食草已成为村农户的一项中心农活。

幸好是我村种儿菜的农户比较多，儿菜出售后，剩下次品、卖不成的数量也比较多，所以不但供我们自己的用量，还提供附近村寨亲戚友人的用量。又有下村杨嘎哩村队与我村的田相连，人家把好的装上车子运往昆明市场批发，剩下的就丢在田里，随他人捡拾。这样又满足了我村猪食草一段时间。

近段时间又缺乏起来，下村的村舍种植儿菜的田面积多，所以卖不成的部分随便摆搁在田里，两村熟识友人，都情愿送你，或是开口要都给，或是低价，给多少钱都行。今天，我村有两户低价买得一小片田儿菜，一时之间，数量丰足，多多有余。

2010 年 3 月 11 日　农历正月二十六日　星期四　晴

村民农活事工，田间管理，三儿媳家栽下的包心白菜，因刚栽下，需要勤浇水和田间管理。由于天干旱，箐沟的水量小，田间的农作物用水不够，只能用人工挑水到整块田里浇，这样做就费力了，她自己又领着二孙女。早上下到山脚田里劳动，身上背着二孙女，还要带上工具，一对桶，一根扁担，所以实在是困难。老伴看在眼里，想在心中，吃过饭后，也下到田里去帮助她。2 人挑水浇白菜，忙了一整天，才浇好 2 工田。

村里其他的事是开会，四儿张学德因石桥村委会有会议，通知开会学习，内容是东村乡政府领导、书记有必要调换调整，所以东村乡有关各个村委需要通报，知晓本乡政府领导的大事。今天石桥村委所有工作人员集中开会一天。

小结：村农户，不论是婆媳、邻居、哥弟、亲友，如有繁重、艰巨的农活事工，都应该互相关爱支持。

2010 年 3 月 12 日　农历正月二十七日　星期五　晴

村民农活计从事撒稻秧。今天有村民王才明撒稻谷秧，是撒于岭干田里，育好稻秧后，过天要移栽于山脚下田坝里的大田块里，自己村边有小块田，撒秧于村边是便于管理，早晚护理，放水、追肥就在近处。先是把田泡出来，耙平整，并理好，就可撒上谷粒，再盖上土木灰，或是圈粪，田里理上放水沟。这一个过程需要 5—6 天的时间才可做好，劳动力至少需 4—6 人。

村民另外事工仍有忙于承办订婚喜事，龙兴祥为次子龙荣福办订婚礼而买礼品。今天东村、鸡街，两头是街天，所以开出自己的一张大车到鸡街买婚礼品，准备办婚事的"压八字"（俗称之订婚过礼）。情况根据自己经济状况，能力大小而定，我们一般是交 1200 元，礼还有果糖、几箱饮料、啤酒、酒、鸡蛋，数量可多或少量力而行。如这一步成功了，就要协商讨、娶嫁的日期，一般是女方选妥日子而提出，经过新郎一方同意认可而确定下来，成就求婚、过礼、订婚一喜事。

2010年3月13日　农历正月二十八日　星期六　晴

富民县基督教三自委员会召开长老会议，是为振兴富民教会牧养事工，所以召集全县30位长老到县城三自爱国会办公室开会学习。

2010年3月14日　农历正月二十九日　星期日　晴

东村乡一个整乡连日来从乡到村委，到生产小队都在搞乡选举，换届。3月12日由东村乡、石桥村委两级政府工作人员下乡到村队来召集开东村乡换届选举会议。今天14日，石桥村委领导召集石桥所有工作人员集中开选举会议，四儿张学德也接到通知到石桥村委开会。整理一个石桥村委选举名单，并登记表册上报。时间是从中午12：00集中开会至下午2：00散会。

小结：选举我们东村乡政府领导机构，应该是上级政府早有计划和安排，是党政内部的事务。想来不必从上到下，从下到上反复宣传、签名、选举、登记上册并往上报，也许是法律手续的要求，也许是要每家每户知晓而这样做。

2010年3月15日　农历正月三十日　星期一　晴

村民农活中心，泡田、拉运肥料、撒水稻秧。每天安排1—2户用水泡秧田，已泡田的农户就拉运肥料，准备撒秧。

村民龙福祥的农活计是往秧田运送肥料，是用小马车运送，小马车一车的数量虽然不多，本着勤俭节约，这样也好，因为一块秧田的肥料用量不需要多少，用小马车也是可以的。如果是大面积，数量大的当然情愿用大车，这样省事工效大效力高。

其他村民的农活计有的是往山地运送肥料，准备好以后播种时方便。

山地都是土泥的小路，所以干天时，抽空把农家粪肥运够运好，没有农用车的农户更应先准备好，俗话说"一年之计在于春"。我村寨有5张大车，所以每天都有1—2户往山地运送农家粪肥。

村民龙荣才家是拉运建材人工砂。因有建房小建设。虽然数量不多，但根据建设需要的数量也是时常拉运。今年本村都是一些小建设，小建设几乎是年年都有，时时都建，只因是经济制约着。

2010年3月16日　农历二月初一　星期二　晴

村民事工活计，仍是拉运建房材料。张约荣因今年已结婚，住房也建好，准备分家，只是还欠缺两间畜圈房。这一段时间，都平整圈房地基，拉运房脚石，并已砌好石脚，现在忙于拉运砖块。小规模，只是用小拖拉机拉运。是到鸡街拉，每天可跑3趟，早上一趟，中下午又跑两趟。

小结：搞基建运输建材，用小型拖拉机拉运材料，可能是经济制约着，不得已。想来搞建设，搞建房，规模再小都需要两大车砖块（空心砖）。

假如用大车拉运，大车跑两转，够你的小拖拉机跑几天，小拖拉机力又小，运载的数量也少，想来不划算。运输数量多的，情愿用大车拉运，效力高，省时省力，又不累人，简单。

其他村民仍是向山地运送肥料，龙兴德家是用大车拉运，是拉运到近处的对门山地，由于劳动少，装满一大车的肥料都要些劳动力，要些时间，所以一天的工夫拉运了两趟。另有两起是协助亲属建建房，浇楼，砌砌墙。

2010年3月17日　农历二月初二　星期三　晴

村民进行农杂活，往山地运送肥料，张约荣家是建畜圈房，今天也是继续用小拖拉机拉运建房空心砖。昨天是用一张小拖拉机拉运，今天是张约荣的岳父又开来一张小拖拉机来协助拉运空心砖。出动两张拖拉机拉运，当然效果就更好些，任务就轻省，进度就快。

村民张正才家的农活是抄犁山地。由于去年久晴不雨，小春作物都没有办法种下，山地也未翻犁过冬，所以农历进入二月时，有空就得抽时间抄犁山地，待雨水来时好点放种。今天安排一架牛犁山地。趁上到山地抄犁地之际，就顺便拉运一车肥料到山地里堆起，待点放种时之用。

村民张学德是开会，就是选举会议。搞选举已开展一段时间了，就是以村委为单位，往石桥村委搞选举。据说是，可能需要一个月的时间才能搞好。由于交通方便，所以乘摩托车早去晚来。

2010年3月18日　农历二月初三　星期四　晴

村民张学德参与我石桥村委的换届选举工作，连日来石桥村委的工作人员都投入换届选举。所属石桥选区的选民都要全部建出表册，并登记入表格，详细到每个选民的身份证号码都得填入。所以村民张学德每天都往石桥村委会跑，协助配合搞选举工作。

小结：每搞换届选举工作，从上到下，从下到上都需要一段时间才能搞好。据我们的偏见，从下边到县上的领导，是政府领导早已策划，早已有策略。想来由上级领导指点就行，不必绕山绕水。如果要力求民主选举，民主也有民主的办法，是以投票方式，票数多的候选人为当选人。

我们的论证是：一个政府官员，如果长期不更换，当然不好，社会风气不会更新发展进步。但如果是时常更换也不好，因为他知道，他在短期内就要更换，所以他对工作没有信心，他只得应付一下，所以工作效力不高。

2010年3月19日　农历二月初四　星期五　晴

村民农活事工，撒水稻秧，张学全、张学忠哥弟2人同撒一块田秧，共同服侍管理。到栽插秧季节时，都同用一块田的秧苗。两户共同管好，便于服侍和管理。

劳动力因学忠、学强、荣光、张约新4人都在嵩明县凸董箐（苗寨）协助亲属搞建房。所以家里的农活计涉及需要劳动力时，不论家里多少人，都只能尽量想办法，想方设法把农事工搞好。

四儿张学德近一段时间都在石桥村委搞换届选举工作，家里张学全领着4个儿媳，和老伴6人负责撒好秧。撒秧需要劳动力，是因为撒好秧又要盖土灰，或是盖上一层粪肥，然后再盖上薄膜，这些过程都需要劳动力。

孙子张约荣盖畜圈房，几天中已把墙石脚砌好，今天开始砌砖块，昨天把第一层支好，今天砌第二层，由于农杂活多，所以砌砖墙的只有两个劳动力。工效砌起6层砖块。

小结：20年前村民建房，劳动力众多，众人都愿意帮忙、支持、出义务工。现在是只有哥弟互相帮忙了，是现代的农事活儿加倍多了呢？是人们的爱心减退了呢？答案是，两个方面都是。

2010年3月20日　农历二月初五　星期六　晴

龙兴祥为次子承办婚喜事，过婚礼，交定聘婚礼（俗称"压八字"），就是当一对男女订婚后，男方当交订婚礼钱若干，用于女方购置婚嫁妆品。昨天晚上是交婚礼钱，苗民一般都是交1000多元，还有简单的一些糖果、饮料、酒等食品若干表表情意。

今晚的交订婚礼事工的第二个项目是双方要确定嫁讨时间。由于男方的父母没有考虑好，所以没有定下来，只说，等男方父母下次再到娘家双方协商而定。吃过早饭从款庄朵木得村乘一张小拖拉机回来。因为送礼，必然要安排一张小车子送去。

他家为儿子承办婚事，交礼席，也是付出一笔代价的，就是给新妇嫁妆钱礼。以及礼品、饮料、酒、果糖、衣物等大约支出2700元，可算是个大数目。

2010 年 3 月 21 日　农历二月初六　星期日　晴

教会按基督教的传统习俗举行正常的礼拜。散礼拜后，召集教牧人员、诗班长、信徒代表等 15 人座谈教会事务工作。会议座谈内容：1. 增补完善我县各个教会的教职人员名称、数目。2. 探访工作，近段时间安排和布置，并把数目定下来。探访生病或是进医院动大手术者，安排一等 300 元，中等 200 元，三等 100 元慰问金。并确定 3 月 24 日晚探访万宝山村一户进医院动大手术的主妇，伤员慰问礼 300 元。3. 教会的抗旱救灾工作，各个小组汇报情况以及是否需要教会帮助。教会抗旱工作，万宝山村暂还不需要。4. 教会住房的维修工作，规模是大或小。教会住户，会议确定重建，暂时筹资一年。5. 教职人员的增补，协商讨论结果是：推荐长老——张学德，推荐传道员——庵绍良。

生活组为参会人员预备晚席，生活服务员 3 人。生活服务人员为满足参会人员的享受而尽力从自己家中拿出好菜来办好摆于会席上大家分享。

2010 年 3 月 22 日　农历二月初七　星期一　晴

我村民的杂活计多，有龙应华父儿 3 户是抄犁儿菜田，准备以后泡田栽秧，出动一架犁牛 6 个劳动力。

张志明父儿两户是砍年烧柴。开出一张大车，劳动力有 5 人，工作效力 5 人一天工夫就是砍获一大车柴，从田坝山脚拉运回家。山地中还站有些树木，需要砍除，好种庄稼。

张学忠的农活计是往山顶片区耕地运送肥料，并从山顶把苞谷干草拉运回村碎糠准备喂牲口、喂猪。所以时间是一个上午上车，一个下午碎糠。

张学才家的农事工，几天中都是建畜圈房，由于劳动力缺少，已建 3 天了，还没有建好，或许还需要两天的工夫，一天安梁木和钉石棉瓦，就是水泥瓦。自己建房是早出晚归，不惜代价力求短时完工。劳动力今天是4个男劳动力2个妇女工，包括煮饭。

村民张会学搞建设，建房扩场，所以正在从公路边把人工砂背回家以后用。车子把料子倒于村边，还得把建房料子背20多米到家，这样还是要时费力才能把一车砂背完。

村民杨天祥家是泡秧田准备撒秧了。

村民龙兴明挖点瓜塘，现在挖好，便于以后点播。

2010年3月23日　农历二月初八　星期二　晴

富民县基督教12所教会所组成的合唱团，有远来宾客专程来拜访和慰问。时间安排于3月23号，就是今天。唱诗班昨天下午通知集中于款庄西山教会排练献唱，做好准备今天在来宾会席上演唱。

来宾接待工作，当来宾到来时，当然要搞欢迎接待仪式。这是第一项工作。第二项是安排简短的礼拜聚会，请来宾上台讲道（是来宾最满意的安排），唱诗班在会上还要唱欢迎歌。来宾专程前来欣赏唱诗班献唱水平和音乐。

第三项工作是，当来宾完结了探访和慰问工作后，还有欢送工作，就是唱诗班排队欢送来宾走出，并唱送别歌和祝福歌，唱诗班全体挥手表示依依不舍。总而言之，给来宾留下好的印象。

小结：我们富民县基督教唱诗班，这次的迎宾任务时间，昨天是半天，今天是正式搞接待，明天还有半天，总的就是两天。

富民东片活动，每个堂的人员安排是10人，东片有5个教会应该是50人，全县活动12所教会应有120人。一般情况，在地方活动，能凑多少，就要多少。

2010年3月24日　农历二月初九　星期三　晴

村民搞建房，张文杰的二儿子张会学建住房。几天中忙于备建房料子，拉运空心砖、人工砂、水泥、水泥瓦。料子齐备后，即将开工建人住房。建房是因为今年要给长女讨姑爷，为此婚喜事而在做准备，趁春节农闲季节搞好住房。

今年本村只有一户建住房，村中多户建住房，劳动力就紧。建房户数少，劳动力就宽裕，建房进度就快，工效就高，建房期就短。

村中搞基建的另一个组，也是搞建房。前几天是到嵩明县凸董箐村协助亲属家建房，几天中又到近处的村寨水平子村建私人住房。建房工程情况是建一房一楼两间，包工程，包80个工（80个 × 30元／个 = 2400元），包工也许要硬一点，只因是民族关系，也是故意宽待房主，自己情愿吃点亏，宁愿人家信用，以后多找多请就行了，俗话说要吃得亏在得一起。所以要有收入，就要有投入，不应该计较在头子上。这一个组劳动力，昨天有3人，今天有4人，是张学祥组织人员，由芭蕉箐、柿花箐两村合法技术人员组织完成。

2010年3月25日　农历二月初十　星期四　晴

张正文、张学全、张学忠三户开出一张大车上东村街买猪饲料，喂仔猪的两户，一家就有两窝小猪，所以就需要猪饲料喂猪，自己也需要一包精饲料。颗粒饲料是200元一包，精饲料是270元一包。

趁机买回农用化肥。我们父儿三家又买回20多包化肥，拉运回家待用。张正才也是出动一张大车上街卖苞谷而买回化肥。他们早上出车时天还未亮明，就已上街了。

小结：赶东村街，都是赶早街，原因是防堵车。有规定不许大小货车、拖拉机带人。近几年来，交通制度严紧，交通警官采取措施强调办好车辆证件和不带人。今早我们上街是乘货车到大石桥，离街子还有3公里就得下车步行了。货车带人，小拖拉机带人，摩托车乘坐三人都得提早上街了。试想山区远程人民上街不乘坐货车、摩托车，不超载是根本不可能的事，建议政府机关分别对待，方便民众，活跃社会风气。

2010 年 3 月 26 日　农历二月十一日　星期五　晴

人员流动，今天中午时，教会场院开来一张摩托车，停于四儿张学德门前。走下二位亲属友人领路（向导），是凹口潘汉京的二儿子潘某某，四儿学德给他们倒上开水，他俩边喝水，边谈起他俩的来意。因为四儿张学德家里养得有野箐鸡，是一只育子。育子，是小箐鸡刚出蛋壳幼小时不能飞之前捉到，拿到家中，养大、养家了，称为育子。人利用这只育子，到野鸡、箐鸡分山季节，把山鸡引入系好的扣子勒住。一只育子可卖到 500—1000 元。

今天两位亲属来是要叫四儿学德把这只箐鸡育子卖给他俩拿去玩。一部分苗民太喜好了，就如四儿学德，他是石桥村委的林业员。还时常有事，有会议，一般没有时间出去玩，再说山里的山鸡也太少了。在这种情况下，学德都舍不得卖掉。就是要留着看，留着玩。我们不卖，他俩也没有法，只好再求，喝水休息一时，告别乘摩托车走了。

小结：苗民的游猎业，玩火药枪，有着悠久的历史。到近代早已过着定居生产生活了，每个村寨、每个地区、每个家族仍然有对游猎业感兴趣、以游猎为业为生的。

2010 年 3 月 27 日　农历二月十二日　星期六　晴

张学光给长子张约翰承办订婚交礼喜席，由我村到上村柿花箐求亲。定于今晚交礼，收礼席。订婚席，由男方亲属给所聘妻婚嫁妆礼钱。习俗是女方父母收后再退三几百块钱给男方父母，表示情意，也有的不退。这是承办的第一事项。第二个事项是要协商嫁方之父母的婚嫁礼，是要肉（一头肥猪）或是要钱（1000—2000 元），多半是量力而行。第三个事工项目是由讨方主动提出新婚夫妇讨嫁的日期，并由嫁方父母核实确定。

小结：昨晚的订婚交礼席未预料出现了难关：嫁方之父故意对我方设下种种刁难，硬说我讨方的这不对，那不合，迫使订婚的各项协议实在难以确定。一直待到今早才勉强订下来。情况是昨晚发生不顺人心之事后，多少亲人都做了劝说，你这样处事，偏心待人，使我们太丢脸了，你应该给我们留面子。这种不开化的野蛮风气，在多少压力，多少劝说，多少亲属指责、指点下才得到改变。

早上的事态是，主人家又来和和气气、客客气气地一一协谈商定好婚席的几项事工。时间讨嫁订于正月初五、初六，嫁方订成要肉不要钱。

2010年3月28日　农历二月十三日　星期日　晴

婚喜事多，张会学找请婚媒人，为自己长女张菊芳说求姑爷。找请杨光友、张约荣到款庄莫依龙的芥地山说姑爷，同一个时间就有两起承办婚喜事的农户。近处的利用早晚的时间就可以办好。而这户的婚事往返就得两天才能办好。

订婚交礼的情况是交1366元。讨嫁的时间定于腊月十一—十二日，就是嫁姑爷的时间是腊月十一日，讨姑爷的时间是十二日晚。这一户的婚事协商非常顺利，我方选定的日子，姑爷方也同意。因是双方都有信仰，所以非常客气，彼此尊重，真是好说好讲。交礼，因要送礼品，只得开一张小拖拉机拉运礼品去。待吃过早饭才开着小拖拉机回来。

2010年3月29日　农历二月十四日　星期一　晴

建住房不断兴起，今天就有张约荣浇房地板，杨兴明开工搞拆房建房。张会学一段时间都在建住房工程中。张学德家搞扩建住房，新建沐浴室。村中就有4户兴建住房，又有一组在外村队搞建住房，事态活跃，推进新貌，迎来发展。

杨兴明搞建住房。原先建的土木结构房。现在准备拆除土墙，换上空心砖。今天的建房准备工作情况是，安排一张大车开始拉运建房材料，车子一天拉运跑了两趟。而家里开始动手拆着一间畜圈，先拆除小圈再拆大房的土墙。拆除旧房和拉运建房材料工程齐动手。可以说是大手大脚的开工，力求在短时间内把住房建好。

修理工张学祥协助邻居水平子村居民检修小拖拉机。是因小拖拉机故障而停于石桥村的公路上。昨晚亲自来家里请五儿张学祥去帮助修。检修情况是，因方向机件磨损而需要买新的零件，拆除旧零件换上新零件，当天的零件买去200元。修车工资待遇，他们付给学强50元，另外给学强加摩托车油20元，共70元，修车是凭他们喜欢恭心给。

2010年3月30日　农历二月十五日　星期二　晴

村民建房事工忙碌进展。建房的4户村民中，张学德的建房工程今天是开始拆除小耳房，准备扩建住房和沐浴室。劳动力组织情况是村里村外都忙于搞基建，劳动力紧，所以相互不能支持和关怀。

我家四儿张学德搞建房，也需要劳动力支持，我家族幸好是人员较多，父儿5户，一户2人员，就有10个劳动力，而且都有车子、开车人、技术工人，所以做起事来不用求人。今天是拆除小耳房并把废旧材料搬放到一边堆放好，以便施工。小小事工，做起来也花费一个整天，不过几乎把房脚石安放好，再浇放上水泥灰砂即可。

小结：人生，你平时关注村乡亲情，搞好关爱团结，不管你的人员多寡，当你搞起建设来，当你处在困难时，自有人同情你、支持你、帮助你。但是如果你自我封闭，亲友起房盖屋，亲友困难时，你装作没有看见，反过来轮到你做起事来，当然人家不会来关照你，所以俗语说，爱人如爱己。每个村寨会有25%的人员不会关爱他人，到自己做起事来，困难就大了。

2010年3月31日　农历二月十六日　星期三　晴

两张大车拉运建房材料空心砖，公分石，人工砂，水泥。另外两张大车负责拉运本村的粪料送往山地堆好，准备点种洋芋。车子往山地运送一趟很快，问题就是，人员劳动力单薄，上好一车肥料可不容易，还得要强劳动力。就看人员劳动力多寡,或是强弱情况,劳动力强的,每天可以往山地跑3趟。

村中就有3户在建房,两户刚开始拆房安砌好房石脚和找平,浇好房脚石。四儿学德家的建房尽上努力,平整石脚并找平浇好石脚,只因房基就在场院边上,所以建房料子就下在场边上,非常有利于我们操作,用水也极方便,所以我们几乎用一个半天的工夫就已浇好。生活安排是,自己家人互助,不计报酬也不计工夫,只是给大家做饭就是了。

2010年4月1日　农历二月十七日　星期四　晴

村民农活计又增一项内容,点排洋芋。已准备好肥料的农户,又转入点种。昨天今天已正式投入种洋芋。昨天是张正才种洋芋。今天龙应华家种洋芋。劳动力组织情况是,由于跟牛点,就需要多人,至少要7—8人跟一架牛点。一般都是父儿几户拼凑劳动力,或是哥弟几户联合。点种数量情况是,昨天张正才点种,已排下30多包,每包重量40公斤。40公斤/包×30包=1200公斤。排洋芋进度是,地面积大,排洋芋种数量多的农户,一天可以种1—3户的洋芋。

小结:洋芋也是经济作物,农地多的大有作为。由于市场物价不断上涨,农副产品也随着上升,洋芋收购价(来家里,或是公路边),去年给价一公斤0.60元,今年开初收购价是一公斤0.65元,到后期是给一公斤1元。物价是逐年上升,或许年年都要上升。所以农地多的农户真是一种幸遇良机。有经济头脑的农户还可以把一部分苞谷地改种成洋芋,经济效益当然更理想。

2010年4月2日　农历二月十八日　星期五　晴

村民忙于排点洋芋,我村有张学才、龙福祥两户排洋芋。张学才排洋芋,只因他哥弟几户还没有把肥料准备好。如果准备好,一天一架犁牛,可种好两户到三户的洋芋。据说他家才种下3—4包洋芋种。可见是很少，少就可以哥弟联合一天多种几户的洋芋。只因其他的还没有准备好。

龙福祥家种洋芋的情况是，他家女儿就嫁于上村麻栎树村，我们两村是山连山，地挨地。他家的计划是，出动一架犁牛，准备连姑爷女儿家的洋芋一天种完。因为牛壮得力，耕地又平，土质细软，所以进度快，每年都采取这方法，一天的工夫就把两家的洋芋种好。

建房。村民杨兴明家的建房事工，需要先拆除旧房土墙，然后把旧房木柱子校正，就可砌砖墙。由于劳动力单薄，拆房几天，还没有拆好、拆完。由于他人建房，没有投工投劳，存工天，轮到自己建房时，就没有人帮忙了，这种人际关系没有处理好，困难只有越来越大。建议年轻人要有远见，关爱自己的亲友，懂得事理，把自己的小路扩修成大路，成就更美好的人生。

2010年4月3日　农历二月十九日　星期六　晴

村民运输农地肥料事工忙碌。龙兴祥家的一张农用车今天为杨光才哥弟几户没有车子的农户运输肥料准备种洋芋。从村中运送到山顶片区的耕地。车子从早到晚运送了三趟。农户一般的情况只能上满两大车，也就是两趟。今天这个小组的农活工作做得很出色，活跃、干劲十足。

小结：这个小组平时的农活计是最弱的环节，是不能讲求时间性和数量性。但今天他们的农活事工做得很好，出色，行动较快。令人高兴满意。

或许，劳动力组织得好，比如多有几个强劳力，活计工效就高，工作量就轻省，少几个劳动力，工作进度就慢一些。又比如劳动又少，又没有强劳动力，上满一车肥都要些劳动力和时间。他们今天的农活事工可算进步，有所好转。"俗话说，不会卖就看人家卖；不会做就看人家做。"事物都在变化着，我们也要时时力求向着好的方向，向着更高的目标发展。

2010年4月4日　农历二月二十日　星期日　晴

杨兴明建房。由于劳动力单薄，建房施工已进行5天了，还没有拆除旧房土，也还没有校正房子木柱子。今天是礼拜天，又趁有几位来客，那么就趁这良机，干脆找张学忠技术工指导把房子木架校正，浇好墙石脚。

房子后墙的边柱子，3棵边柱被白蚁糟毁达一米多深，先锯除已毁的部分，再接上这一米木柱子。只有5—6人工作。工作起来一天没有做多少活计，再说都是技术工活计，所以只是断柱脚，并接好柱子，房子的房木架已做了升降找平，由于人员太少，技术工太少，所以今天的房柱子的建正事工就没有做完和做好。

小结：人生中人际关系是何等重要，很多人都懂得人际关系的重要性，而且一生都愿意关怀亲友邻舍。过着通达、理智、文明、胸怀宽广的人生。俗语说"忠厚传家久"。反之，不明白事理的小民，小气人生，就难以行事。这也是我们一个农夫起码应该懂得的知识。关爱他人，也是促进自己的事工，平时你多关爱人，轮到你做起事来，当然就有人来帮你。

2010年4月5日　农历二月二十一日　星期一　晴

张学忠、张学德参与我石桥村委换届选举清点整个石桥村委的选举票数。有关石桥村委主任，清点票结果，主任的选票人数竟达20多人。在选主任的候选人名上，有一难事发生了，当选主任的李某某竟私下买通了一帮人员，连东村乡政府领导的主要负责人也买下了。事态严重，虽然他的选票只有35票，而石桥村委的杨德聪的票数100多票。此事轰动了一个东村乡。此事发生后，东村乡政府几天以来都开大会指点批评我石桥村几位领导。石桥村委会今天召集会议，石桥村委所有的工作人员、各自然村小组、组长、林业员都通知开会，参加会议人员都安排就餐。

2010年4月6日　农历二月二十二日　星期二　晴

东村乡政府领导昨天答应今天到我村来视察，要给我村浇村中硬化道路，只因我石桥村委出现这桩曲事，而会议太多，几乎都是对准我石桥村委干部，几天中已是反复多次了，所以东村乡政府领导还没有时间进村视察，又说明天再来。

各级政府领导对我村人民的一项关怀工作。原先计划今天给我村人民送来救灾米。只因我石桥村委的事情也很多，所以通知村主任张学忠开出他的大车到石桥村委会把这些米先拉运进我村，待晚时，石桥村委杨德聪上来把救灾米发给我村民。各级政府领导发给我村的救灾米情况是，每户村民发给一包大米，每包是20公斤。我村总共有45户也就是给我村民45包。

今年由于久晴少雨，山地的玉米大约减产三分之一。加之小春季节仍没雨，小春作物仍没法种下。所以人民也都望政府解决一点。今天政府可真的给我们送来了。当然我们感谢。

2010年4月7日　农历二月二十三日　星期三　晴

龙兴福、潘兴德两家农户割田麦。田麦的面积各户都是两工田。两户都是找请村中友人帮忙割除。由于天干无雨，村农户很少有田麦，山地没有一棵地麦，田里也是极少。仅有几块田种有大麦。大麦成熟期都是早于小麦。历年村农户都是喜欢种田小麦和山地小麦，因为都是要做主粮。而现在都在改变。一是大麦已是喂牲口的主粮，二是市场烤酒需要定，三是种大麦手续简单。

张学德事工是县基督教召开基督教常委会，会议议程是两天。县基督教三自委员会召开常委会，确定富民县基督教会事工事项有：1.富民县12所基督教会每年8—10月交清县提留。2.富民县要组织力量，筹资30万元建盖县教会住房。3.确定富民县教会分为东、中、西三个片区，新一届班子人员一年两次到每个大小集会点走访讲道。4.确定招年轻学员第三批复校上课，学员不限。5.确定县爱国会，每月2人驻会办公为各地教会服务。

2010年4月8日　农历二月二十四日　星期四　晴

村民有的点种洋芋，有的赶东村街，有的在田间管理蔬菜。有的在本村和外村队合搞建筑、建住房。有的收割大麦和运输禾捆回村摆晒于场上。有的开始挖瓜塘，做好准备，待下透雨时，种上葫芦瓜。有的用犁牛在山地开沟，也是做好播种准备。做好这些农事准备工作，为加速提高大春点种进度，促进农事顺利完成。

部分村民试种蔬菜、瓜类作物。张学忠试栽下白菜，田面积2工。目前白菜的长势喜人。成功，效益在望，可惜，菜秧没有栽完，冬闲地也还有余剩田。

张学忠今天的田间事工是给田间栽好的蔬菜浇水，他家又领着一个一岁多的小孙女，刚会起步。时常需要大人照管。在此种情况下，哥家张学全夫妇2人就主动下到田间去协助帮忙浇菜水。平时浇菜水，就需要两个劳动力浇一个整天，而今天是哥弟两户，4个劳动力突击来做此农活事工，所以到下午3∶00时就完成浇水任务，团结力量大，农活事工任务艰巨，也就变得轻省了。团结互助，相互关爱是我们民族人民的风气。

2010年4月9日　农历二月二十五日　星期五　晴

我芭蕉箐村的村公路，得到各级政府的关心支持，芭蕉箐的民族风情，早已立为我东村乡的民族建设项目。去年已定为浇村内硬化道路工程。后因情况变化，把此村公路硬化建设摆到今年。原先的村公路硬化建设工程是安排10万元。

今年据说是安排15万元，包括建设一个篮球场。去年村公路因资金有限，只计划从进村到我村中间。今天的视察落实情况是：中午东村乡管公路土地局的朱采钗、石桥村委的杨德聪和公路工程的刘志板 3 人乘一张小车进村核实公路工程规模。初步落实工程情况是，村公路硬化从一进村一直要浇到云南大学考察住房大门口。村中岔道口浇到村中的晒场止。

晚间，村主任张学忠拿着两张表格，挨家挨户叫村民填同意表格，意思是见证赞同的村民有多少人，不赞同的有多少人。结果，全村填同意表格，表示同意。此事案是不在我方，而可能是老板根据历年的经验，通过同意填表后，工程规模大小就可能固定下来，便于安全施工，就不再有变动。

2010 年 4 月 10 日　农历二月二十六日　星期六　晴

我家农活事工是砍烧柴。村民农活排洋芋。村小组事工记，承包浇灌村内硬化路面老板仍进村催促，我村小组清理村内公路背沟污泥土，准备妥善，浇灌硬化村道路前期工程。浇村内硬化路面，刘志板的指导安排要求是说："浇路面工程我们即将启动施工，你村先把村公路的背沟泥土清除干净以便施工。"我们义不容辞地接受任务，并把此任务转告村上居民，让大家也知晓而积极协助村工建设。抓住此良机，搞好我村的水、电、路三通基本建设。

记述我家砍烧柴。我喜好栽培果木树。栗子树（板栗树）长大，或是高了，就自然而然有寄生草。寄生草对板栗果树的危害性很大，也直接危害和影响板栗树的收入和经济效益。所以安排两家姑爷女儿每年春节前后抽时间帮我们修剪板栗树的寄生草和砍除耕地边的杂木树以便兴旺农业产品，增加收入，也解决自己一年度的烧柴。今天姑爷、女儿他们的农活工作搞得很出色，也出活计工效。

2010 年 4 月 11 日　农历二月二十七日　星期日　晴

教会事工活动事宜。天年干旱，久晴不雨，不但影响农业收入，近日来有的山村队社的人畜饮水水量都渐渐变小了，或是干了，历年四季有水的箐沟，有的已干了。如果雨水来得晚或是再干两个月，必然有的山村民族用水，还会更困难，面对干旱，小春农作物没法种下，也就没有小春收入，人畜饮水也渐渐缺起来。

政府、解放军等看都在搞抗旱救灾工作。受灾村队，政府已安排了救灾米，送去人畜饮水。

教会下午会议确定关爱活动，参与抗旱救灾工作。从本教会的万宝山村、柿花箐、水平子、麻栎树、石桩、芭蕉箐6个自然村立出21户有灾困难户送去关怀。救灾物资计划每户安排20公斤大米，也准备拉运去人畜饮水。准备出动一张大车运送。行程计划4月16日教牧人员集中于本教会，准备好救灾物资，先从北边的万宝山村探访过来，挨村走完6个自然村，也走访21户有灾困难户（说明：6个自然村，21户有灾困难户，是包括有信仰或是没有信仰的苗民群众）。

2010年4月12日　农历二月二十八日　星期一　晴

碎糠，我家父儿5户，集中劳动力和时间碎糠。姑爷、女儿家住嵩明县凸董箐苗寨，是高寒山区，家里养得有牛、马、猪，每天都需饲草饲料供给牲口之用。

姑爷女儿来探视，我们父儿5户都情愿同情支持帮忙，献计献策。用车子到山地把玉米秆草拉回来一大车，准备碎成糠，支持远方亲戚饲养牲口。又准备送给他们稻草喂牲口，也准备供给他们烧柴。出主意，想办法，叫他们开来一张大车拉运这一车物资。计划已妥，就按此方案施行。准备工作碎糠，父儿5户人员出动协力工作，开动一台柴油机，两台电动机，三台机器碎糠。工作了一个整天，备好物资。

抗旱救灾，政府、地区都安排有关怀工作。家族、亲戚也照样有关爱支援工作。家族亲友大部分很讲究信用、关爱、交通来往，相互尊重，亲戚相处很讲理性，说话做事客客气气，都愿关心他人。所以今天的事工，多人出动协力，供草，碎糠，装袋，扎口，搬运堆好。经勤劳奋战完成了一天的事工。

2010年4月13日　农历二月二十九日　星期二　晴

亲友服务工作，高寒山区牧养牲口，干天季节，缺乏饲草，分布于各地区的亲友都能相互关怀支持。

给予姑爷女儿的喂牲口饲草、烧柴等一车物资已准备妥当。从嵩明凸董箐苗寨开来的大车，上午10：00已到了。安排亲友和驾驶员休息喝水吃饭。

装上货物，他们吃过早饭，喝够水，亲属友人多，人人主动协助把货物装上车，都用去一个多小时才准备好。行车一切事工准备妥当，姑爷、亲友、驾驶员他们5人分乘一张摩托车，驾一张大车告别。完成了一次亲友的探访和友谊的交往。

小结：人际、家族、亲友应有交通来往，应有团结关爱。俗语说："忠厚传家久。"任何事物都有发展规律，按逻辑、规律都能行之有效。

2010年4月15日　农历三月初二　星期四　晴

教会响应各级政府的号召，抗旱救灾，慰问受灾困难户。整个东村乡的苗族村寨，立出6个自然村寨，又立出21户受灾困难户为济贫对象。往返6个自然村寨的里程，单边的路里程有20多公里，往返里程就有40多公里。交通工具安排一张小拖拉机。教牧人员，5男3女8人组成探访队。发放慰问品大米460公斤，分送23户，每户20公斤；人民币100元，分送2户，每户50元；腊肉6公斤，分送2户，每户3公斤；饮水300公斤，分送6户，每户50公斤。

注：教会原先的计划数只是21户，每户送大米20公斤。安排礼品物资是按我们的计划数发放。到了当地，再了解，按困难灾情再增加4户。信仰情况：有信仰者21户；无信仰者4户。其中大教会人员，2户；

家庭教会，19户。

小结:这次的抗旱救灾，探访扶贫慰问工作，可真不容易，道路崎岖、坡陡路窄、山高，翻山越岭人员不时下车推车上山路，土山路上灰大，探访队员历尽艰辛往返行驶了40多公里完成了教会交给的探访使命。

2010年4月16日　农历三月初三　星期五　晴

村务事宜，迎来好机遇，由于各级政府关怀支持，安排给我村浇村舍硬化道路建设工程将要开始施工，浇路面老板、监工今天仍进村催促清理车路背沟。我村也只有接受指挥安排部署我村民出义务工清理路背沟。人员情况是出动劳动力19人。全村40户，出工的户数还不到一半。所以清理路背沟仍没有完成任务，待明天再进行。

我村民晚间召开我村小组有关生产、工作、饮水、村路建设需要投工搭配。饮水问题：我村饮水已用上多种办法供水，建议各户节约用水，管好自己的用水龙头。供水管高处的农户时常得不到用水。建议洗衣物的农户，少量的可用引水龙头，并接在盆里洗，这样不费水。数量多的建议拿到箐沟去洗，要节约用水。

村公路，需要我村10多人参与浇地板路，为按时出工，就统一煮饭，工资还待与老板定。生产，泡田水大部分时间是用于我村的人畜饮水来了。村上建设岭干田暂停，不要再泡田了，防止后期还要大干。

2010年4月17日　农历三月初四　星期六　晴

村务事宜，我村将要浇硬化道路的路段未清理好，需要接着一次性修整好，因为浇路工程即将动工，所以我们仍号召动员出义务工。劳动力出勤有25人。工作情况，出勤人员虽然少，虽然是义务工，但我村民在村主任的带领下，积极出工，献计献策，越干越欢，越干越有精神，越干越认真。劳动中，个个本着是搞自己本村的基本建设，也明白是难得的良机，所以几天的修整村路都是认认真真，满有信心。本着对人对自己负责，所以几天的工作效力倒出色。他们的干劲精神难能可贵。

小结：人生中有无穷尽的困难和压力，任何社会、地区、种族，都难于统一。就是一件好事，都难于取得统一的看法。在社会人际中，每评判一件事物都有三种人。一种是同意支持，并且高兴。二种是也不反对，也不支持，好像无关。第三种是，反对，人说是好，他总是反感消极，无奈只好口是心非地被动削弱局势，最后起到破坏作用。村民中有些人，不要组织纪律，只要组织照顾，喊开会，招不来，叫出村义务工不出。民族的建设和发展要快速、要飞跃，就不要指望这些落后因素了，幸好这样的只是一小撮。

2010年4月18日　农历三月初五　星期日　晴

民族村队自养、办公、接待有一议案。民族村小组，集体没有果木收入，也没有什么提留。一个村主任，一年的辛劳，政府补助金300元。村小组年中的活动有，召集民众开会，至少要抽烟，喝上一杯开水，需要点茶叶。一年365天，有时各部门领导官员需要下乡考察工作，核实事实。作为一个村主任，需要有所付出，搞好接待工作。协助各级政府，并搞好自己的本职工作。

四儿张学德任我村村主任，从2006年到2009年，3年，由于有村公路建设，所以随时友人来往接待并吃饭，自费伙食达每年1000元，3年开支3000元。2009年，三儿张学忠又任我村村主任，由于有大建设，浇我村道路硬化路面，联系事工人员也是常来往，不但自己辛劳，还得负担这些人员来往的生活费。到后来，连上级补贴的这300元都贴到里边还不够。乡村的一个公务员，建议政府应有所了解，有所掌握而解决这些存在的实际问题。

苗民的苦楚述说不完，去年政府拨给我村经费13万元作为安装我村饮水钢管和铺公路石砂费用，由我家四儿媳王凤仙为这些工程施工人员煮饭。施工完毕后，施工老板也没有付给煮饭人员一分一角就走了，是自己地方老板。

2010年4月19日　农历三月初六　星期一　晴

村农事活计忙于收割田大麦、泡田和浇村舍道路，有的是使小耕牛。记述村民张学全家泡农田，稻田的面积有3工田，也就是等于一亩。出动两架犁牛，8个劳动力，4人使牛，4人扶埂子（又称打埂子），是因土质不坐水，每当泡田时，埂子要用人工扶起一层稀泥，使田水不漏而能坐水。

由于久晴不雨，箐沟里的河水缩小了。我们用一个蓄水小坝塘的水和一股河水集中两股水浸泡3工田都困难。在犁田时跟不上我们的需要，只有边犁田边等水。经一个中下午的时间总算把这3工田泡出来。

生活待遇，当然是尽自己所能办好饭菜酬谢村舍邻居友人的关爱帮忙。当然是少不了鲜猪肉、土鸡肉。邻舍的帮忙，也是属于一种投工、存工，他人泡田，你投上一个工天，到你家泡田时，人家就会来还你这个工天。所以轮到你时不用找工，但是犁牛还是需要找一下。

我村道路硬化浇路地板，今天已开工，我村小工，老板安排叫我村每天12人参与，薪水讲定每天每人30元，两餐早晚饭，中午12时吃早饭。早7：00出工，晚6：00息工。

2010年4月20日　农历三月初七　星期二　晴

记述村务事宜，在各级政府的关心支持下，给我村村道路浇硬化路面工程，今天是浇路面的第二天。每天的进度，浇路面长达300米左右，由于刚开始动工，耽搁大，所以进度稍慢一些，几天以后可能会提高工效。确保每天出勤12个劳动力施工，一人给施工人员煮饭。

人员流动，我们吃过早饭，场院开来一张小车，走下4人工作队。原来是县政府有关考察人代会代表提出的提案。我村去年有一提案，建议政府资助建我村度假庄。为落实此提案，县政府派工作人员到我村核实此提案。

因特色项目太少和我村村民户数也少,只说等待我村今后再努力创造条件,待条件成熟再考虑。所以他下来一转,走串到云南大学考察民族驻地,回来再到四儿张学德家休息喝喝开水便乘车走了。

2010年4月21日　农历三月初八　星期三　晴

村务事宜,浇我村道路硬化路面,工程进展中。我村参与浇路,施工的12人也积极配合各种工序的操作,按时、按质、按量、按要求完成每天的浇路任务。

工序劳动都是强体力劳动,我村参与施工的这12人分工操作情况是,3人指派浇路面,浇到哪里,车子就把浇路面的灰泥倒于路心中,就由这3人扒平,扒均匀。还有9人,这9人要把人工细砂、公分石、水泥从场中抬到场边,供搅拌机搅拌。供机器可累人了,不但累人也灰人。如翻倒水泥和抬倒细砂,劳动强度又大,灰又大。幸好我们自己就是农夫,大部分时间都干农活儿,农业活计,都是又累又灰。这些农活计,我们都是搞惯了,习惯了。浇村路几天的硬功夫,算不得什么,再说,浇路面的人员都是身强力壮的年轻人,他们都是吃得苦耐得劳的。

2010年4月22日　农历三月初九　星期四　雨

村民龙保罗小孩就医活动。他家生下的第二胎,因病托村主任张学忠领队带他家到东村医院就医,经检查诊断为脑膜炎,建议转昆明大医院检查。上昆明医院就医难处大,耗费也大,我们不能盲目行动,我们应该上到款庄马街医院再诊断核实后才采取行动。到马街诊断病情,结果未出我们的意料,医院检查鉴定孩子病情只是气管炎,所以我们只是打打针水开点药,就折回家来了。

小结:生活中,我们也积累了丰富的经验和对策,什么失误,什么困境,多考虑都有应对的处决,办事情更周到不亏。

记述浇村道路硬化路面的一组事工。浇路事工历日的事工强度大，而今天幸巧事工就轻省多了。上午浇路的水泥供应不上，一时又是浇路用水因故障而供应不上，一时又是下起几阵雨来影响施工，车子运输浇路灰浆因滑而停工。

2010年4月23日　农历三月初十　星期五　晴

记述成龙昨天到中国云南富民东村乡组库村委，万宝山民族村进行抗旱救灾慰问。成龙到来之前一个东村乡紧张准备工作，有关政府部门做好接待工作和准备好接待场所。接待场所设在东村集市上的东村新村的街道上，一条街都打扫干净，并且封住一条街巷让成龙行车队进住。他们到来时多人围观。成龙救灾行车队，有10多辆省、市、县的高级官员领导乘坐，还有一辆10轮大卡车拉运救灾物资——米和水。他们到达东村乡政府停留数分钟，也安排成龙在会上作简短的演讲。随后，救灾行队10多辆小车和一辆10轮大卡车到灾区万宝山村看望慰问，并发放救灾物资后赶返东村乡停留短时，又转返昆明市而返回北京去了。

成龙给我东村带来的关怀，据说是物资价值190万元，现金是110万元，两个项目总额达300万元。成龙给我东村乡送来的关怀和温暖，真是太好了！

2010年4月24日　农历三月十一日　星期六　晴晚有雨

张正文、张学忠、张学全父儿3户组织联合种洋芋。村民大部分已种了，还有极少数的农户正在结尾。今天我家种洋芋，耕牛是犁独牛。牛是荷兰牛，这种牛长得比较高大，力也大，是只小牛，刚教出来，仍然可以犁独牛，吃得开。

小结：我家父儿3户种洋芋，由于耕地面积窄，3户种洋芋，只等于他人的一户的地面积。其他农户，一户就种下7—8包或是10多包洋芋种，而我家是每户只种3小包洋芋种。虽然地少，种也少，但是种洋芋还是用去一天的工夫。一架犁牛，需要8人工作，2人使牛，2人下种，2人盖粪，2人丢化肥，必要时还要9人，由1人供物资，需要什么供什么，所以还需要1人打杂。

龙保罗早上乘摩托车到鸡街卖小瓜，小瓜重量有65公斤，每公斤要价2元。（指要批发价）买主给到一公斤1.80元，他图快，也就不争而卖了，65公斤×1.80元/公斤=117元。我村农户试种儿菜、三叶瓜，几乎都成功。

2010年4月25日　农历三月十二日　星期日　晴

集餐生活事工安排事项，人民政府的关怀支持，给予资助浇我们芭蕉箐村硬化村道路面，今天是浇路施工的第七天，浇路工程预计已完工。政府支持我村浇硬化路面的金额数目达15万元，也是一个代价。给我村浇好村路面改进我村的新貌，给我村增添了新貌，促进了我村建设和发展。我们应该感到高兴，应该对地方政府有所感谢。我们也只有办一餐美餐酬谢浇路工人、施工老板、村委领导、东村乡政府领导以及我全村村民。

餐席的筹备，合计经费代价需要2000元左右，先计划每户农户需要资助30元，40户×30元/户=1200元，一主户赞助1000元。结果，今晚召集我村民会议，协商这餐伙食经费来源，经再次协商核定为每户要赞助20元，有一主户仍赞助1000元，40户约有20户赞助，20户×20元/户=400元，经费会有1400元。

小结：一是我们工作没有做到位，二是一般农户思想没有准备，三是一般平民，对民族的复兴和建设思想上没有负担，所以民族地区的建设和进步还有些阻力，这就是人生，任何事物没有一帆风顺的。

2010年4月26日　农历三月十三日　星期一　雨

承办我村硬化路面竣工庆贺席饭筵席。一早我村有关参与承担办饭席的勤务员6—7人就杀鸡宰羊打狗而忙碌起来。（打狗，政府部门工作人员一般都喜好吃狗肉，故为满足他们而预备。）由于我们人员分散，由12人参与浇路施工。我们就动员男女人士能来都来支持炊事组的事工，使工作顺利进行。

请客，办餐席表示对政府领导、石桥村委领导、施工队老板和出力工人们的谢意。也请邻近村委、祖库村委领导做客吃饭共享民族团结。晚席情况是：所请到的东村乡政府的领导和石桥村委领导、祖库村委领导和一些工作人员都已赴席，人员有4桌。我村有20户参与筹备和办饭席，大家非常高兴，在饭席里大家都客客气气，彼此交接，彼此打招呼而互相款待！由于天下着雨，饭席只好摆设于礼拜堂里面，整间圣殿充满喜欢的热闹声，饭后，来客们一一热情打招呼告别而走了。

小结：按情理，浇路板，是政府出钱，老板和浇路工人也是谋生找钱，不必我们出钱出力办饭席筵宾客。我们情愿付出这2000元的代价，给他们留好的印象。

2010年4月27日　农历三月十四日　星期二　晴晚有雨

村农活儿多多，形成农活多中心。村民们有的忙于开山地沟，因近几天都有雨而且还有中雨，开地沟时，如还有雨就开始栽秧（插秧）了。有的村农户忙于打瓜塘，准备种瓜。

记述栽秧。村民两户，张会成家，田的面积有1工，是自家栽，有2人栽。第二户是龙兴明家，田的面积有3工，栽秧人员有10个劳动力，拔秧有8个劳动力，又安排1人供秧送秧，从村边的田用摩托车送到山脚的田坝。第二户的劳动力就宽裕一些，所以插秧任务就轻省些，可按时息工。大部分村民都喜欢联合协助，这样劳动任务轻省。

泡田情况，有村民张学友、杨天友两家泡。张学友的田面积是3工田，也就是一亩。杨天友是有1工田。天干旱水量小，但为了尽快泡完我村田块任务，同一天就安排两户泡田。由于水量小，所以泡田中，上早中午的时间都在等水，影响工作进度，虽然缺水，等水，耽搁大，挨晚时，两户都完成了泡田任务，都属于在困难中行事，坚持，等候，待一定的时间，迎来胜利。

2010年4月28日　农历三月十五日　星期三　晴

村民农活事工，忙于栽秧，而且形成中心农活事工。今天就有张学全、张正木、王某某三户栽秧，由于赶节令，农事任务又多又忙，所以相互不让了。就是哥弟、姊妹同时栽了，劳动力不论有多少都栽了。

张学全家栽秧，田的面积有5工，等于二亩田。劳动力，10人栽秧，8人拔秧，1人供秧。栽秧的工效比较好，通过辛勤努力，各道工序进展比较顺利。

栽秧小结：今天栽秧的3户情况相同，栽秧进度较快。优势：家家户户的秧苗育得比较好，壮秧、肥秧、拔秧也好拔，栽的时候也好栽，进度必然快。栽秧生活待遇，当然尽力而为，尽量满足亲友邻舍，而在饭席上要摆上土鸡肉、鲜鱼、鲜肉和高档饮料，啤酒，高档饮料是指5元一瓶的。反正是尽情招待，前面说过，我们又不开小工钱，生活待遇就应该讲究一点，等于是用生活待遇来酬谢亲友邻舍的劳苦辛勤赞助。

2010年4月29日　农历三月十六日　星期四　晴

我村民赶鸡街，有张学忠卖白菜，张学祥、龙保罗两户卖小瓜，还有其他村农户的事工是泡田、栽秧，又有的农户开始点种苞谷（玉米）。

因今天是鸡街的街子天，需要变卖农副产品，要卖自己种的白菜。自己又养得一窝小猪，头数有9头，已满双月了，需要变卖了买农用化肥。卖白菜的时间，天亮时，就应该到了街上，因为时间提早才能争到好的摊位。所以只好车子跑两趟，第一趟，拉运小瓜和白菜，第二趟车又回来拉运小猪和我们上街的人员。

结果第二趟回到家里时，就有人来家里买小猪，先卖了三头比较大的，讲定价格一公斤 10 元，活猪称得 42 公斤 ×10 元／公斤 =420 元，剩下 6 小头活猪拉运到街上卖一公斤 9 元，约卖得 400—500 元，9 头小猪约卖得 800—900 元钱。到了街上，协助拉利苗族村拉运一趟农用化肥，车油钱他们结，140 元加上卖白菜约 120 元再加上卖小猪 900 元，总合计 1160 元。

小结：今天上街卖小瓜的农户有两户，小瓜价格早上卖一公斤 2 元，下午是卖一公斤 1.50 元、1 元，白菜早上是卖一公斤 1 元，下午是一公斤 0.70—0.80 元。

2010 年 4 月 30 日　农历三月十七日　星期五　晴

教会有接待工作，有昆明来客多人，要到我们教会拜访交流互相了解，团结友好往来。我们教会接受采访任务，就要做一些生活和住宿上的准备。生活上的吃用没有问题，问题就是住宿，住宿困难一些。

接待工作的准备，我们教会人员虽然少，也分成三个小组活动。由 2 人打扫教会住地场房和路道，搞好清洁，由 3 名青年人杀猪准备肉食供这次的接待工作之用，又由 2 名妇女负责做饭，供客人到来时用。准备工作几乎用去半天的工夫，由于人员少。一个教会是由几个自然村所组成，一般接待工作和教会事务多半就由本小组负责做好。要做好本教会的接待工作，当然需要信心和代价，也要付出辛苦。

2010 年 5 月 1 日　农历三月十八日　星期六　晴

教会接待工作继续进行。来客昨日下午 5：00 第一起来到的是领队的领导，李老师带队，人员是 4 人，和我们的向导 2 人，6 人乘一辆小车前来。晚间午夜 12：00 多又到来 5 人和一小婴孩。由于夜深不方便车子，我们人员出动 4 辆摩托车到东村街客运站接客。

今天的接客情况是，到来的客人 23 人，分为中午 12：00 前来 12 人，我们找车，两辆到东村街接上来。下午 5：00 时又来 11 人，是昆明乘客车到达东村客运站接来。当他们到来时，我们都是客客气气地接待来客，并且安排来客休息喝水和吃饭。

小结：往年接待来客仪式是，由唱诗班排练诗歌，当来客距离村子100多米时，便叫来客们下车，步行进村，而教会唱诗班排好队唱欢迎歌夹道欢迎来宾进村。并由教会负责人领进客厅（或是接待室），并给来宾倒上开水。而这次由于来客33人分作两天4次到来，加之本教会唱诗人员也极少，又是农忙季节，农活事工多，就不好由教会统一接送。所以这次的教会接待工作就未做得圆满周到。

2010年5月2日　农历三月十九日　星期日　晴

白天，我们教会进行正常的宗教敬拜活动，请昆明来客上台讲道，也请他们上台献诗。可能有一个最好的环节是来客欣赏我们本堂唱诗班献诗的节目。

2010年5月3日　农历三月二十日　星期一　晴

教会进行接待工作总结。

2010年5月4日　农历三月二十一日　星期二　晴

村民生计活动，我们有的点排洋芋，有的打塘盖薄膜准备好下透雨就点苞谷。有的农户活计是栽秧。张学友今天的农活事工是栽秧。田块的面积有3工田，也就是等于一亩田。由于生活困难，栽秧就不打主意找工栽了，计划自己栽了。由于平时也是自己栽，所以自己的哥弟也不好去帮忙，因为怕增加人家负担。所以3工田，他家栽了两天的工夫，才把它栽完。

张学忠盖地膜，准备好待下透雨点上苞谷。盖地膜，上级政府早已强调海拔1800米以上，就要盖薄膜。只因经济困难，我村历年都没有盖薄膜。近几年来，周边苗族村寨都一一盖起地膜来了。而且长势太好，成熟也太好，所以今年我村民也重视起来了，学做起来了。张学忠、张学德、张学祥三户几天中都已忙着盖地膜。虽然速度慢一点，为了生产高效益，丰收，就不计较了。反正耕地也少，就慢慢做吧，多花时间、多花工夫不要紧，耕地面积小，就要精益求精。这才是硬道理。

2010年5月5日　农历三月二十二日　星期三　晴

张学忠、张学祥、龙保罗上市变卖自己田里的土产，白菜、小瓜。张学忠的白菜上午是卖一公斤1.50元，下午一公斤1元也卖了，今天的白菜卖得200多元。一工田的白菜，几个街天卖得400多元。因为大部分是运往鸡街销售，鸡街由于菜多，只卖一公斤1元。而东村街每公斤就可高着0.50元。

张学祥是卖田产的小瓜。今天运上市场，批发价他人给一公斤1元，他图快就卖了，170公斤×1元／公斤=170元。两工田，一季产的小瓜700—800公斤，约可卖得700—800元，产值约有每工田值300—400元，或是高一点。小瓜一上市，价值是卖200元，或是可卖一公斤2.50元，几个街天价格就换了一半多。

种蔬菜小结：随着社会进步，农业发展，农副产品栽种和销售有所推广，种植获得较好的经济效益。我们苗民的生产生活也随着变迁，学习进步，试种小瓜我村已起步施行两年，经济效益情况是，虽然是初初试种学习，没有获得高产稳产，但是经济效益始终高于种蚕豆。

2010年5月6日　农历三月二十三日　星期四　晴

张学德建住房，拉运建房材料，本村学忠、张正才，两张大车拉运公分石和水泥，一辆拉运一种料子。前不久我村浇硬化路面时，由于私人和公家的建材都是堆于教会的场院里，所以张学德的两车料子使了一部分还余下一部分。浇路老板答应他用了以后，工程完毕后，他再拉运两车料子来归还张学德，所以今早浇路老板派人拉两车建房料子来还张学德家，今早就有 4 辆车子拉运张学德家的建房料子。

今天建房工地开始扎钢筋，计划建房钢筋的各种规格尺寸和数量，剪铗，分长短、种类堆放。由技术工人员清点处理，并进行扎地梁钢筋，又有些人员搬弄搅拌机，整理施工工地的摆设。我父儿 5 户人员自己动手，搞建房。

建房小结：由于我爱好学习科学知识，教会也备有电器、扩音设备器材，自己也购置得有电脑和复印设备器具。这些电器材器具都需要设备好高档的房间安放和保管，所以要投资增设房间来保管和使用这些高科技用品。所以尽上代价投资建房，用好高档电器材。

2010 年 5 月 7 日　农历三月二十四日　星期五　晴

村民农活事工中心是点种苞谷。肥料准备好的农户就开始正式地、大面积地点种，没有准备好的农户，也没有车子的农户，就采取一边往山地运送肥料，一边点种苞谷。一般没有盖地膜的农户就采取跟牛点，就是利用一架犁牛开沟，人员就随着牛的后头放种盖粪，耕牛犁第二沟时，就把第一沟的苞谷种子盖上了。我村历年都是采取跟牛点的方式。就是图快，特别是耕地多的农户都喜欢跟牛点。村里又有 5 人替下坝汉族村王明义家栽秧。因为是熟人，历年都这样找请帮忙栽秧。

生活待遇是一天提供两餐，早晚两顿饭，每天每人也给 30 元作为工钱。因为是熟识的村乡人，帮忙也是，找工栽秧也是，平时相处得好，人家也喜欢请，自己也喜欢帮忙。这是我们两个民族相处得好，而且是比较好的民族风气，我们仍需要保留和发扬下去，为促进地方民族的大团结做出贡献。

2010 年 5 月 8 日　农历三月二十五日　星期六　晴

云南省遭遇特大干旱，引起各界人士的关注。解放军、国家政府都发出救灾抗旱行动，都纷纷深入云南抗旱救灾。

2010年5月9日　农历三月二十六日　星期日　晴

教会崇拜事工活动。今有教会肢体拉利聚会点开堂庆典。邀请我们教会参加庆典活动。由于路道近，原先我们都属于芭蕉菁教会。原因是隔县，所以他们建起圣殿时邀请我们教会参与庆典活动。活动中，记述摩托车队一新事。由于几个教会、几个自然村同时都通过东鸡公路一道长达3公里的路线，2人就乘坐一辆摩托车，那么就自然形成一个队长达3公里的摩托车队，真是令人高兴！在党的领导下，民族人民也在前进！

摄像事工，深深感谢云南大学校长以及领导的关心支持帮助，培训高科技，为复兴山村民族的经济、文化建设，为支农、支民付出很大代价，把爱心、科技送下山村民族。我们民族决不辜负云南大学校长和领导对我们的期望，投资帮助建设。摄像服务，今天地区民族的活动，我们都跟踪服务摄像，显示在党和政府的领导下，在云南大学老师的关心支持帮助下，决心用好科技。人民的大团结，显示教育界都在关心山村民族的生产生活，科技文化的建设和发展。我们决心用好云南大学老师给我们的高科技器材装备，配合云南大学老师的投资投劳献爱心活动，为推动一个地区、复兴一片地区的民族文化建设而奋斗。

很早我们就有志于高科技的攀登，由于我们的生产资源有限始终制约着我们，无法向科技文化的高峰攀登。我们的生活虽然有所进步，但始终发展得缓慢，或是变化不大。所以期待着政府、教育界、发达地区，或是对贫困山区民族有着责任人士，或是带有扶贫性的宗教界团队的同情支持。云南大学老师伸出关爱贫困山区人民的友谊之手拉我们一把，我们民族靠云南大学老师的带领和帮助，有了新的希望，有了发展和复兴的思路，这也许是万里长征的第一步。云南大学老师的牵线搭桥，引导我们走科技创新的新路子。确确实实感谢云南大学老师对我们的深切关怀。

2010年5月11日　农历三月二十八日　星期二　晴

张学德搞建住房事工，是砌红砖。由于近代各种自然灾害——地震、水涝洪灾、雪、风等多多。人们在搞建住房时，就得认真加固，从头做起，材料都讲究钢筋、水泥标号的高低，都讲究技术工，都要设有牢固的石脚、地梁，或是圈梁，力求高档、高要求、高标准。

每当村里有建住房事工，每时、每天都有赞助的亲友邻居自愿主动来协助帮忙。浇村硬化道路的老板也支持，主动借给搅拌机和铁模板，用于浇地梁、浇房楼模板。使用这些器械器具都需要邻居友人来协助帮忙。我家父儿有6人，因为有一孙子也能帮忙了，村里4人帮忙，每天又有几位儿媳也参与施工，所以每天都有劳动力10—12人参与建房。

村舍赞助都是出于关怀，出于乐意，出于有责任，还有极少数是投工、存工。因为自己也要建盖，人家建盖时，自己主动地投工、存工，轮到自己建盖时，人家就来还工，这样就自然轻省。特别是技术工，你积极帮助别人，到你建盖时，人家就会来还技术工。

2010年5月12日　农历三月二十九日　星期三　晴

张约祥家泡田。田的面积有2工田，历年泡田用水不成问题，而今年，年时大旱，大沟水变成小沟水，小箐沟水已变成干箐。所以泡起田来真是不容易。时间耽搁大，不出活计，就是说效力低。

村里有策略的，有头脑智力的已备有两台小型抽水机，今天的泡田事工仍使用箐沟水和动用小型抽水机，始终是困难。劳动力有6人，2人使牛，1人找水理水供水，3人扶埂子，工作进度，由于缺水所以大部分时间就在等水。通过艰苦努力，想尽一切办法，终于把3田块泡完。

建房一组的情况是：村里的亲戚友人出工帮忙建房的人员有5人，和我家父儿5人，就有10个劳动力，齐心协力配合建房。建盖砖房。建到一定的高度，就有一定的困难，比如要从地面往高处供灰浆、砖块料子，利用搅拌机搅拌灰泥料子，都需要强劳动力，幸好是劳动人员多，工作起来强度也不大，不知不觉就完成了一天的工作量。

小结：村民不论是搞农业生产，是搞建住房事工，都有他们的事工能手，就是说，人员多要工作，人员少也要工作。但在工作生活实践中，人际生活中，到处都有关怀你的人，在生活中，人们都是互相关爱支持帮助。

2010年5月13日　农历三月三十日　星期四　晴

张约瑟家栽秧，张约瑟之母寡居两年了，身边只留下张约瑟和他兄弟2人。所以不论是在农业生产事工或是其他建设事工，都比较孤单脆弱，财力物力有限，只能勉强维持。

栽秧事工、生活服侍，劳动中开水的供给都要靠哥弟姊妹的支持协助安排料理。栽秧事工也不例外。家族了解情况，家家户户就主动出工协助拔秧，送秧，供秧，栽秧，煮饭以及生活服务。劳动力出勤是，10人拔秧，16名妇女栽秧，栽秧事工，我家大儿媳、五儿媳也去帮忙，尽上自己所能，使她家的栽秧事工能顺利完成。

栽秧小结：三寡媳家栽秧，很多时候，很多事工，的确是我们帮不了的，但是农活论到泡田栽秧村民都要协助帮忙了。作为三侄儿媳，哥弟姐妹村民就更是有负担，要支持帮助一下，所以今天帮助她家栽秧的人员就达26人之多，当然这也是近亲的家族亲人才会这样做。生活待遇就不强求，她家尽力摆上什么，亲友就吃什么。亲友都知道她家的困难，反正是尽力而为。

2010年5月14日　农历四月初一　星期五　晴

村民建房事工活跃，昨天今天的建房事工是因已砌完砖墙的高度，所以转入浇楼顶杆。技工浇楼模板，都涉及要些杆子，一些人员砍伐杆子。技术工搭楼模板，这浇楼工程都要些材料和时间来处理，而且都需要技术工，幸好是出在自己，就极有利操作。一天的建房事工都忙于支搭模板。

农事活计一组的事工安排是，由于建房的时间推迟，把农事工就拖延下来，今天的事工分为建房一个组负责，农事又由第二个组来负责，由三儿张学忠开出大车，把要种地膜的肥料、籽种、工具、人员由婆媳5人担负到山顶片区的山地种地膜苞谷。

人员，由于村亲友的关爱支持帮助，每天都不约而同有三三两两的人前来帮助。今天是有4人前来支持帮助建房。所以建房一组和农业生产两组人员就有15人联合行动。

小结：我们生活在团结友爱、彼此关注的民族团结里，真是令人感到幸福和自豪！自然而然形成我们说话有人听，做起事来有人帮，这也是民族生活的好风气，也是民族的特色。

2010年5月15日　农历四月初二　星期六　晴

张学德建房的事工仍是支架搭模安装楼板，准备扎楼板钢筋。事工都涉及技术工，都是脑力和体力劳动。

劳动力情况，邻舍密友给予了关怀支持帮助。开始建房时，工作量少就自己父儿5—6人施工建房，后来，邻舍密友知晓后，就陆续参与支持建房，在建房中亲友哥弟的支持情况是1—2人参与建房，（指每天）后来就逐渐多起来，每天会有4—6人参与帮忙建，而今天就有8人参与，我家父儿5个劳动力，合计就有13人建房。虽然技术工少，但是建房进度效果还是很好，也是支模搭板将近完成。

建房小结：村民在建房工程中，一般不找请工，除非是设计工、技术工，当然需要投师、求师，其他的助手工员就凭喜欢支持。一般是近亲关系友人关系都会积极支持，既然出于喜欢就不记工还工了。极小的情况是因自己也需要建房，所以人家建房时就自己生数，而积极投工，以后好找请人家帮忙（指技术工）。大局是：民族人民都有浓厚的民族亲友感情而喜欢这样付出，这样关爱，保持亲戚密友关系。

2010 年 5 月 16 日　农历四月初三　星期日　晴

　　读书的孩子在周末的活动。读书的孩子，每到星期五、六、日这三天他们玩得很开心，他们玩具以机械的器具为多，如单车、遥控车、篮球、足球、滑行车、摩托车等。其中摩托车的启动和停车由大人负责，最低速慢行，由孩子自己开和掌握，家长给孩子训练胆量。由于场好，是水泥大场，活动比较方便，都比较成功。一周的这 3 天孩子们都是集中于大场上活动。

　　杨梅成熟季节，今天孙子孙女们到杨梅树上摘回杨梅在大场上边吃边玩，孩子很幸福，在人际生活中大有作为。

　　孙女张秀芳因学校有活动，将要出席富民县教育局举办的全县初高中歌舞比赛。学校为参与比赛，时常安排歌舞训练活动，有时都利用学生回家的往返时间，提早或是推迟而把时间利用起来，多训练，排练舞蹈。今天吃过早饭，就要提早回到学校活动。

　　幸好云南大学考察民族基地住房有维修事工程。当地建筑老板段红文前来场房住地核实维修工程。回去时，孙女张秀芳又乘坐老板的车到东村中学。学生们时常可以坐上这些大小车辆往返东村中学，这就方便多了，孩子们有机会学习和享受交通的方便，这也是一种享受的天地。

2010 年 5 月 17 日　农历四月初四　星期一　晴

　　着手建现代新式砖房。张学德建房工序进入扎钢筋、支模搭板的第三天，是高空作业，都是些技术工、设计工。所以需要劳动力和时间来设计和处理。

　　开展的事工是，赞助的亲属友人 6 人和我家人员 11 人，就有 17 人，包括 2 人煮饭。集体工作是扎楼板，梯子平台，钢筋。建房工程中又有支搭顶楼板木杆子。

　　建房料子运输是早上出动两张车运输。一车运输水泥，一车拉运人工细砂。吃过早饭后又出动一张车，仍然是拉运人工砂，备妥明天建房浇楼板和上楼梯子的材料。建新式的砖房，都是前人没有做过的事，也是没有走过的新路子，技术工，我们从来也没有做过，也没有投过师，学习过，只是靠我们的智力攀登。

建房小结：我村建新式红砖块房，张学德是第二户。社会在进步，人民生活在提高，建房新的科学手段也随之提高。民族村寨也兴起各民族地方的科学人才队伍，各自处理自己村寨的大小事工建设，而且是突飞猛进跨越式的发展和变化。这是大局，是民族的特点，而且是高科技攀登，几乎都获取成功和突破，事业在发展中。

2010年5月18日　农历四月初五　星期二　晴

张学德建新式砖房。6日开工建房，今天18日浇楼。在建房工序中每天有村民友人5—6人赞助施工建房。今天的建楼房事工是浇楼房二楼地板，包括上楼房的梯子。人员有父儿5户，邻舍亲友近亲属劳动力达26人。包括煮饭人员7人。7人煮饭，是因为炊事服务工作多多，杀鸡洗鱼做菜，供建房开水，服务事工。

浇楼事工，搅拌灰浆，传递灰浆料子，高空作业，劳动强度大，假如用人工拌公分石灰浆，又吃力又累人，工效慢。但是有搞建筑的老板无偿的支持，提供搅拌机和两车建房公分石和人工细砂给张学德建房使用。浇楼房，是高空作业。难度大，费力费时。由于我们的建设事业能得到广大群众的同情支持帮忙，难事变成易事，大事变成小事。浇楼时我们有三个休息时间，但工作到下午3:00时，我们已把浇楼事工做好，只休息等晚饭吃了。

建房小结：建房从始至终，各样工序进行中都能获顺利和成功，我们都是做前人没有做过的事，走前人没有走过的路。

2010年5月19日　农历四月初六　星期三　晴

政府关怀。东村乡政府安排给我村村民每户20公斤大米，分为大包装 20 公斤，小袋 10 公斤。石桥村委会通知我芭蕉箐村到东村乡领取。石桥村委领导刘寻武协助我村，村主任张学忠开去他的农用车到东村乡民政局领取。

分配，因有大包、小包之别，我村为方便而一户 3 人及以上给大包米 20 公斤，2 人一户就给小包米 10 公斤。石桥村委安排给我村的大米总数是 800 公斤。运费油钱处理，叫每户一户赞助 2 元，已收得 40 元，交齐会有 50—60 元。

小结：政府发给救济粮，由村上或是村主任派出一张大车统一领取装上车，拉运回本村分发给全村村民。运费每户交赞助 2 元，45 户 × 2 元 = 90 元，作为拉运米的油运钱，收得 56 元，差 34 元。每户差配交 2 元赞助作运费，这个小数目微不足道，竟连这都收不起来，原因可能是一部分村民不知道，因为有些父儿几家是一人出来领取几户的米，可能没有说，或者是说了但是不愿意交，以为是村上乱收费了，就是不明白事理，或是不尊重组织。

2010 年 5 月 20 日　农历四月初七　星期四　晴

村民挖瓜塘，瓜比较适应栽于山脚田片区。海拔均为 1400 米，所以气候比较适应。气温高，海拔低，庄稼成熟期早。凡是有地在这个片区的农户都尽量栽葫芦瓜。村农户今天在这个片区开沟，挖塘种瓜的就有 6 户。家家户户忙于打塘开沟种瓜。

张学祥开沟，准备种红薯、葫芦瓜、苞谷。地的面积约 4.5 亩。今天用一架犁牛开沟，是一对夫妻使一架犁牛开沟。山地是陡坡地，用独牛开沟，比较艰苦。

农事活计推迟至今是因为搞建筑，现在又转入抓农事活计，由于耕地少，不要几天农活就可以完成。

村民活动，石桥村委召开妇女会议。因换届选举，就是推选石桥村委妇女主任。我村参加选举的是张国美、张美花、王凤仙、张学忠四人。

选举结果，自从 3 月份选举石桥主任至今，局势得不到稳定。今天的石桥妇女主任选举没有办法，只好休会。

2010 年 5 月 21 日　农历四月初八　星期五　晴

搞建筑，村民张学祥搞建房。前一段时间承包建一间砖房。砖房浇楼板厚，需要养浇楼板 30 至 40 天，待牢固后才能拆模板，只因建房工资没有付清，所以房主一再催粉刷工序，又是农忙季节，就推迟了一段时间。

应房主的一再催促给予粉刷，所以承包建房人张学祥又召集建房人员着手第二道工序，粉刷。

村农活事工是，有的农户开地沟和种苞谷。种苞谷是当前村农活的中心工作。大部分农户都在忙于点种苞谷，又是大面积的点种。部分农户仍是种葫芦瓜。虽然没有下雨，但是还是种上，待下雨时就不忙人。

建房小结：搞建房的，为的是攀登科技高峰，或为多面推动社会民族的事业革新发展前进，不至于落后于形势，这是一个方面，第二个方面是耕地少，谋生，就得在把自己的农地搞好的情况下，再从其他方面搞一点，总的说是大帮小补。

2010 年 5 月 22 日　农历四月初九　星期六　晴

点种苞谷。张学德在山顶片区耕地点种，今天牵牛现开沟，开完沟，夫妻 2 人放种，盖粪，丢化肥，盖上泥土。耕地面积约有一亩地。庆幸是半坡半平地，耕作起来，可说是方便，只因是当天现开沟，又是在阳光暴晒下来进行劳动，比较艰苦累人。又因路途远，所以在劳动中，立下决心，再用一天的时间，紧早紧晚，把这块地种完。张学祥搞建筑建房，工作是粉刷，已进行了两天。

家里的农活事工就由妻子在家负责了。点种，耕地又是在山脚片区。仍然是在高温暴晒下进行，当然更是繁忙艰苦，需要很大的信心和毅力。

农活小结：劳动点种任务都是比较艰巨繁重的。幸好的是，辛勤的劳动人民，都是辛勤已锻炼成习惯，大部分的村民，都是劳动能手，不管农事工作的多寡，劳动任务的轻重，劳动力的多少，都能处理完成，以上记述的两户也是优越农户。

2010 年 5 月 23 日　农历四月初十　星期日　晴

村民生计活动。今天是鸡街天，张学全养有八窝小猪，已满双月，粮食也少，所以需要出售，减轻负担。到了街上，售价情况是中的，（中号）活猪卖 1 公斤 7 元，卖得 600 多元。开支也大，找一辆大车拉运上街，即使是自己哥弟的车子，起码也需要付给油钱 60 元，又要开支一餐早饭，也要 70—80 元。

买猪小结：农产养猪，两年来是亏本大。养小猪要粮食，一公斤苞谷卖价就是 2.1—2.2 元，一包正大饲料卖价是 270 元，卖小猪这天至少需要开支 100 多元。再扣除饲料垫本，就只有今天卖小猪的早饭钱了。

农人家的生计活动，谋生什么事业，他就是找钱不花钱都要做些活儿。一是搞习惯了，二是自己也要使用，就是不花钱，一年中卖一两头猪，也值 1000 多元，2000 元，这也好，比起不养猪也好啊。比如一家农户养一只母猪，小猪值钱都要养起来，养好，万一市场猪价涨了，你才临时养起母猪来，这样就来不及了。幸好是养母猪的农户政府补助，一只母猪每年补助 100 元。

2010 年 5 月 24 日　农历四月十一日　星期一　晴

我们自己的农活事工是点种玉米、葫芦瓜、高粱。由于山地零星，又分散，只好根据地形土质、地块的大小安排籽种种植。农活进行中，先是清理地里面的杂草集成堆烧尽，再人工挖塘、点种，再盖好泥土，等于是农杂活事工。

种植高粱是一项新的项目，因有烧酒老板议定点种高粱合同，先是谈高粱种，由老板提供。籽种是不收钱，所种的高粱年产收入后，再回销给老板，价格是可给一公斤2.5元或是3元。后期因种种原因种籽数量少，只是几家农户分一包高粱而作试种，所以种高粱是新的项目。

张学德农事活计是种苞谷，是大面积的点种，今天安排种的山地面积仍是一亩。由于有建房事工，所以推迟到这几天来完成。耕地面积不算多，所以只要认真地抓上几天的工夫，就可以完成年播种量。

村民们一大优势是，搞起农事来，一般都是劳动能手，劳动事工任务再艰巨，事工再多，劳动力多寡都可兼任。劳动场地路途远达三四公里路程，幸好是村民都具备交通工具。

2010年5月25日　农历四月十二日　星期二　晴

村民中心工作，点种苞谷，家家户户，早出晚归往山地里点种玉米。山地面积不能尽如人意，耕地多寡两极分化。劳动力之强弱，时间性较强的和时间性观念薄弱的就不能相同，但农事的开展几乎相同，只不过是前后几天完成。

张学光点苞谷，劳动地点是我村山顶片区。哥弟相处关爱相互成习。今天的种苞谷活计，姑爷、女儿、哥弟姐妹6人前来相助支持帮忙种玉米。种苞谷现代的方式是，用犁牛先开好了犁沟，再用人工放种盖上粪覆上泥土。采用这种方式，劳动力多寡都可以。另一种方式是跟牛点。所谓跟牛点，是2人使牛，2人放种子，1人丢化肥，2人盖粪，起码要6—7人才成。

小结：点苞谷，哥弟几点需要拼凑劳动力才能够跟牛点的劳动力人数。另一种情况是：小个体户，或是劳动力单薄的农户，非得几家联合起来，轮流着点种，或是历年相互关爱支持、协助已成为有习惯的好风气、好传统，而需要这样做。

2010 年 5 月 26 日　农历四月十三日　星期三　雨

村民都忙于种苞谷，昨晚和今天都下起小雨来，所有的村农户更是干劲十足地点种苞谷、花生、辣子。一个上中午的时间，村民由于还没有点种完，都披上雨具到地里点种。多日来特大干旱，所以村民在点种大春作物事工上很犹豫。所以突然下起小雨来，农夫们就高兴得不得了。因为山地的大部分农地已种了，所以都在等下雨，农夫的犹豫转变为喜乐和有希望。

村民有临时打工。今天邻近村找工砍树，因为有公路推广建设事工。有下块村队找我村4人去给他们村队砍树，便于推扩道路。出外打工人员情况是：有2名女青年到邻近的贵阳打工谋生，去年已经在那里工作一年，回家过年，前一段时间已经返回原处打工。又有3名男青年外出打工，是因为北京某教会招工，可能是扫地或搞卫生活动。

2010 年 5 月 27 日　农历四月十四日　星期四　晴

大部分村民搞点种，种苞谷、葫芦瓜。有的是浸泡水稻田，准备栽秧（插秧）。张学忠泡田事工的情况：田的面积有一工田多。趁昨天零星的几场雨过后的良机，打定主意想利用小型抽水机抽箐沟的水、塘子水上到秧田里泡田。

泡田事工过程情形是，一架犁牛一天浸泡一工田面积是不成问题，问题就是缺水，缺水就是困难。但经我的耐性，坚持努力，辛苦工作，和靠设备——抽水机优势，克服了困难，突破了难关，完成了事工任务。

龙兴福泡二工田的面积。用水，虽然是占大沟水，虽然是受益蓄水小坝塘水，在泡田过程中仍然是很费力、费时。大部分时间在等水。当我们第一组（指泡田）息工回家时，他们还没有犁完头遍哩，也就是泡田工夫还不到一半哩。

小结：干旱的年时，稻田应该改种其他农作物了，只因我们不习惯。我们田块相连的邻村队，人家早已改种冬瓜、葫芦瓜、红薯了，照样高效益。

2010年5月28日　农历四月十五日　星期五　雨

忙于点种山地苞谷，忙于栽插稻秧苗，栽秧的就有龙兴福、张学忠两户。龙兴福一组的栽秧情况是，要栽2工田的一户反而劳动力少，栽秧的任务艰巨。栽秧人员有6人，拔秧人员有4人，计有10人。

张学忠一户，所要栽的田有一工多，劳动力组织情况是，4人拔秧，7人栽秧，合计有11人。下午3：30时，我们就完工回家吃饭。

栽秧小结：泡田，我村历年是在未下雨之前就满栽满插而关秧门，遇到此特大干旱年，稻田因缺水，迟迟未泡完，至今无法完成此栽秧事工。栽秧农事活动中，人际关系相处，有的农户自然形成亲朋密友的多寡轻重关系。有的做起事来很少有人帮忙、支持、关爱。问题何在，都取决于人胸怀的宽窄，或是做人处事大方忠厚，或者说"忠厚传家久"，又说，朋友相处不怕亏。人生，我们要把所学到的知识应用和实践到我们的生活上，把握好每一个环节，过好有意义的人生。

2010年5月29日　农历四月十六日　星期六　雨

有的忙于点种苞谷，有的浸泡水稻田，忙于栽插秧苗。田块的面积原先有3工田（10分等于一亩，2.5工或3工田等于一亩，各处算法不一）。另有向村民承包2工田，就等于5工田，也可等于两亩水稻田。虽然下了几阵小雨、中雨，田的用水，仍然处于缺水状态。所以泡田都需要努力和耐心。历年泡田是平常事工，而今年干旱天年就特别困难。

户主王才明，近段时间于昆明市某处养鸡场打工，据说月薪是600元，就是每天给20元。因为家里泡田栽秧，就请假回家。月薪600元，是工作活计轻松。出外搞建筑，搅拌泥灰，或是供建房料子、灰浆，工资薪水一天就可高达40—50元。月工资就达1200元。这种活计，人就比较辛苦，要强劳动力才能胜任，手上活计，只是给人家喂喂鸡，事工倒是轻松，但是工资待遇又低了。作为农村人是情愿多付出辛苦，多拿工资回家养家人。

小结：在家没有钱用，出外打工。事工不合法，或是再往别处找，或是回家务农就罢了。

2010 年 5 月 30 日　农历四月十七日　星期日　晴

农村活计泡田，由于几天中下了小雨、中雨，村民就趁此良机泡田，是安排一天泡一户。村民原先泡田是已抽签编过的号数，那么泡田就是按抽签所得的前后的号数泡田。今天是龙兴福家泡田，田的面积有一工田，面积不算多，只因缺水，间隔大，所以泡好这一工田，也是用去一天的时间。劳动力组织是 2 人使牛，2 人扶埂子，有 4 人工作。是哥弟姐妹 3 户相互帮忙完成。

村民栽秧，王才明昨天泡田，今天安排劳动力栽秧。田是坐落于山脚的田块里。劳动力组织情况是：4 人拔秧，1 人送秧，供秧（用小型拖拉机运送），栽秧人员有 8 人，总共就有 13 个劳动力。

栽秧一户小结：劳动力组织有 13 人，不称强也不示弱，是中常，一般性。都是哥弟姐妹，4 户相互帮忙。8 人栽 5.5 工田，应该是栽不完。一般的情况是一工田要 2 人才能栽完，5 工田要由 11—12 人才能栽完。

2010 年 5 月 31 日　农历四月十八日　星期一　晴

农事和搞基建（建房），两不误。一组是到邻村水平子（苗族村）建房。几天时间的建房工序是转入粉刷。已工作了 4 天了，由于人员少，可能需要 5—6 天才能完工。现在已粉刷了 3 天了，粉刷工程是包括粉墙和粘瓷砖，预计还有 1—2 天的活计。

张学德前一段时间砌起一座楼房，现在还没有拆模，因为未到拆模期。原先的计划是今年建盖一楼，明年再砌建第二楼。砌了一楼，剩余的砖块还多，打主意再一把手砌建二楼。由于处于农忙时期，只好他家夫妇 2 人自己动手准备建起。我们再拖延几天，把农事搞完后，全家父儿 5 户再集中劳动力支持他建房。

昨天是他家夫妇 2 人建，今天有张学全、张学忠 2 人来协助砌墙。高空作业始终是慢些。自己挑料子，边挑边砌。虽然慢，但是本着是自己做自己的事工，做起多少要多少。

建房小结：他们搞建房的议论说，搞建房，我们可太苦了，不赚钱啊，又是体力劳动，又是脑力劳动，亏就亏，我们是图攀登高科技。

2010 年 6 月 1 日　农历四月十九日　星期二　晴

张学德搞建房。趁种完大春作物之际建住房没有完成，就抓住时机建住房。建房高达二楼，有一人之高，就是约有 1.5 米。今天的建房过程是，3 人砌砖墙，3 人供灰浆，5 人背砖块上二楼供砌砖墙使用。工作进行中，阳光非常强，建房工作中只有多休息，喝水，幸好是平常背上二楼的砖块还有一部分，加上今天有 5 人背砖，只有 3 人砌砖墙，所以不但是供上，每天的砖块用量都有结存。平时建房只有 2—3 人，今天凑得 11 人。弱点是，砌墙人员少了好些。如果是有 4—5 人砌砖墙，效率就会更好些，关键就是技术工不可少，要出活计，工效要高，就看技术工的多少了。

建房小结：建房人员今天凑得 11 人，是出于家族亲友，哥弟亲户友人的个人喜欢赞助。

民族人民的一大优势，就是相亲相爱团结互助，主动关爱。喜欢帮忙，也就是助人为乐。这样民族人民工作起来，就减轻了思想上很大负担和忧愁，这就是我们民族的好传统好风气。反过来说，我们人生，时时都得处理好人际关系与相处。

2010 年 6 月 2 日　农历四月二十日　星期三　晴

张学德建住房仍在进行中。虽然属于农忙季节，但是有远见，有着关爱思想的亲属友人们尽管事务多，都在力所能及的情况下，积极地投工投劳支持张学德建住房。今天的事工是，在开展过程中仍是5人背砖块，从地面背上二楼供建房使用，由2人用人工搅拌灰浆供砌砖墙使用，砌砖墙（指技术工）有5人。除了煮饭的2人外，还有12人联合砌砖房。砖墙砌到1.5米后，就得支搭砌墙踩踏木板，好进行砌砖墙工作。所以支搭木板又用去了些时间，在操作各种事工过程中，始终是人多办法多，处理了建房中遇到的各种设计事务的工作。

建住房小计：村民建房，都是在经济紧缺的情况下进行的，一般建住房，大概都需要40000元。但我们自己一万元都不是数哩！在经费极有限的情况下，怎样进行建房事工呢？呼吁相关的亲密友人赞助支持一下。他们一知晓情况都愿支持、帮助解决。建筑老板借给建房的钢模板，老板运输队的刘兴和李驾驶员都答应我们建房要几车料子，他们负责运送料子，运费他们也暂时垫起，我们几时方便再付钱给他们。

2010年6月3日　农历四月二十一日　星期四　雨

村民进行农杂活计，昨晚夜间已下起雨，今天几乎整天都下小雨。村民等待雨水季节的来到如饥似渴，可等来了。所以村民一下子就活跃起来，有的忙于扫尾点种各种大春作物，有的给费尽九牛二虎之力栽下浇好水的葫芦瓜追化肥。让它快长猛长，促进来年的丰收。有的趁雨天栽下辣子，有的村民忙于泡田栽秧。

记述给葫芦瓜追上化肥的事工，由于群众试种的葫芦瓜已获得成功和高效益。在去年的基础上，大面积地增扩种。还没有下雨，就已栽下一亩多地的葫芦瓜，并且从村里将水背到山地里浇灌，已长了5—6个叶子了，将入猛长期了。户主龙兴福可说是我村的农业高手，养殖业也是能手，一年中猪可以出栏两次，每次都是6—7头，每次经济价值都在2000元左右。

小结：他家来年建设事工项目是，准备给儿子承办婚喜事，建盖高档新式砖房。都是要钱,所以都在争取中。

2010年6月4日　农历四月二十二日　星期五　雨

忙于泡田栽秧,今天的农活事工,有两户泡田、两户栽秧。泡田的两户是哥弟张会学、张会成,原先是哥弟两户种一块有4工田面积的地。栽下管理好,待成熟收回家时,哥弟二人平分。在劳动管理中,始终有不尽如人意之处。今年哥弟二人干脆把这块4工田从中间隔立起一道埂子,各人自己耕耘管理。

栽秧的两户是杨光才、杨光祥,每家的田面积是2工田。可能涉及劳动力问题,所以今天的栽秧是联合起来,两户拼凑成一个大组联合栽秧。

供秧的情况是由于稻秧是撒于我村中的岭干田上边,供秧要从村中送到山脚的田里,由于下了整夜的雨,土路泥滑了,只得用马驮秧苗到山脚,这样就费力费时了。

我们建住房的一个组仍然搞建房,我家父儿五户10个劳动力,是比较方便开展事工,所以仍建房。

2010年6月5日　农历四月二十三日　星期六　阴转晴

仍忙于泡田栽秧。有2户泡田,有2户栽秧。记述村民张学光家泡田,他家田的面积是3工田,等于一亩。出勤人员和畜力情况,两架犁牛,4人使牛,3人打埂子(或扶埂子)。虽然近一段时间时常下雨,但是田地仍处于缺水状态,所以泡田时间耽搁了。工作进行中,仍然有困难,但因着他们有十足的信心和毅力,勤奋找水、理水、等水,克服了重重困难,完成了泡田事工。

另外几户村民的事工也差不多,张学会家又泡田,又安排栽秧。泡田事工由3人负责一架犁牛,包括打埂子,完成泡田任务。一部分人员负责拔秧苗和供送秧,一部分人员栽秧。

栽秧小结：人生处世都有困难，并且都是生活在矛盾中，一个矛盾解决了，另一个矛盾又来了。不知为什么，有些人，身边的朋友越来越少，自然而然形成做事没有人帮，说话没有人听了。只有待他们在生活中觉醒。

2010年6月6日　农历四月二十四日　星期日　晴

村民忙着泡田事工，有侄儿张学明泡田。有3.5工田。

人员劳动力安排是：出动两架犁牛，4人使牛，3人打埂子，1人理水放水，共有8人合作。

农活工作开展活动情况是，一般的农活事工不必找工，人员多也工作，人员少也可工作。至于泡田栽秧就得找工，少了那些人员就不行，因为费力了事也做不好。今天泡田的这一户，幸好有哥弟6人，还有些孙子，所以做起活来，不论是使几架犁牛，早已形成相互协助支持帮忙，就不必再找请工帮忙了。这也是一种优势条件。村里此种情况很少了。

泡田栽秧小结：人生处世，不论处境如何，就看你怎样处理了。

2010年6月7日　农历四月二十五日　星期一　晴

杨天友家的农活事工是泡田，面积有2工田，安排一架犁牛，2人使牛，1人理水放水，2人打埂子。田用水比较方便，因为利用村中的小坝塘，所以今天他家的泡田事工比较轻松顺利完成。

张学明、张学光哥弟俩联合栽秧。弟弟张学光的田是3工田。哥哥张学明的田是5工田。两哥弟联合，将就时间、将就亲友，用一天的时间，一便手把两户的田栽完。劳动力情况是栽秧人员有15人，拔秧有10人，合计两户的劳动力有25人。25人连拔秧和栽完8工田，功效也为不错，也可标为效力好。

村民第三起是我家五儿张学祥种白菜（包包白），是包心菜。田的面积有一亩田，我家父儿5户出动9个劳动力，突击点白菜。工序是先犁过一道，再用人工打塘、上粪、下化肥，再盖上薄膜，按塘再提上泥土，再放上少量农家粪，再放上两粒白菜籽，把整块秧田栽盖完，就完成一道工序。

小结：各种农活计生活待遇，当然是自己亲友也喜欢赞助，又不要工钱，所以生活也要尽情尽意服侍。

2010年6月8日　农历四月二十六日　星期二　晴

张学德建二楼砖房。建房工序是砌砖墙，今天用一个上午的时间已砌平了四平墙的高度。又用了一个下午的时间浇好二楼的7根钢筋水泥柱子后就准备浇楼板。建房工序是从一楼地面挑灰浆、背砖块从建筑的梯子上到二楼。因为是高空作业，随着往高处砌砖墙，当然就要费力一些。

今日出勤的有12人。联合施工建房，供灰浆、砖块，幸好是用搅拌机搅拌灰浆。建房工作几乎整天都是在阳光的暴晒下进行的，大家边工作，边适当休息喝水。坚持到砌完二楼的总高度，并找好四平墙高度水平，浇好二楼的钢筋水泥柱子，打好浇二楼楼板的基础工序。

村民第一事工是检修车辆，有村民买回一辆微型车，昨天在我村路段发生故障。请张学祥协助检修。因农活事工繁忙，就利用昨晚和今晚拆检，确定是半轴齿轮和齿轮销子磨损。确定后，任务交给车主，叫他自己去鸡街车子修理站配件。

2010年6月9日　农历四月二十七日　星期三　晴

张学边家泡田，田地的面积有1.5工田，前几天下过大雨和连续几天的小雨。经过3天的暴晴暴晒，又因村里的小蓄水塘每天蓄的水都要供田里的苗，夜里所积蓄的水量也小，所以每天的泡田用水都比较困难。幸好是哥弟相互关怀帮忙。在泡田缺水情况下，利用抽水机，把隔田下边张学光的水抽上去泡田，想尽办法坚持把这1.5工田的田泡好。当然是时间很晚才得休息。

杨天友家栽秧,面积是两工田,昨天泡好,安排今天栽秧。劳动力不多,约有7—8人栽秧。

我们第三个组仍然进行建房,今天的建房事工是砌二楼隔墙和拆一楼模板,准备按原来支模板的数量支搭二楼的模板。

小结:检修车辆或是搞建筑住房,都是前人没有学过和做过的。我们这一代新人边学边实践,又从实践中学习,力求不断创新。

2010年6月10日　农历四月二十八日　星期四　晴

今天东村供电所和富民管电局两起人员到我村上来给云南大学民族考察基地拉电线和安供电表。云南大学老师交订钱1000元给我们村主任,叫我村上出面与东村供电所联系,至于安装的手续费和电表箱等器材的费用是多少,以后云南大学有关人员和我们结账,多退少补。我村把情况转告云南大学有关老师后,通过云南大学老师从电话和他协调,价格又调整定为2000元,我们村上只好找借钱,凑够这2000元交给他们,他收钱后才给我们安装。

2010年6月11日　农历四月二十九日　星期五　晴

张学祥被邻近村社聘请检修拖拉机。一段时间,我们都在建筑住房,水平子村王某某打来电话聘请张学祥去他家检修他家的小拖拉机。张学祥回答说:我家这一段时间都忙于建住房,没有时间帮你家修车。车主仍然多次请求协助修车,因为自己实在没有办法。

邻近村子熟识人,不好再三推辞,就应了去检修。到达他家后,问问小拖拉机发生的故障是什么。情况是:供油不正常,检测后,确定是油泵配件坏了。叫他乘摩托车到市场的配件商店购买。待他家买回新油泵再装上,就解决了。

修车小结:我们民族的年轻人通过实践、摸索,掌握了机械动力的一些原理。一般的故障可以自己处理和维修。修理待遇是,双方都比较客气。误工待遇是凭车主户喜欢给,人家给多少就要多少。

2010年6月12日　农历五月初一　星期六　晴

张学德建住房。这几天中建房程序是支搭浇楼模板。先是支搭木料方板,按规格距离支搭好方板后,再铺钢模板。支搭各间楼房的拉梁、圈梁。所涉及各种料子就不规则,料子(方木板、方板)厚薄、长短也不规则。所以都是脑力劳动,又是高空作业,都有一定的难度,都等待年青一代新人去攀登、去实践、去实现、去创新。

建房工作中,张学德、张学忠、张学祥设计支搭各种模板。张学全、张钧荣2人负责找、断各种长短的撑杆或顶杆,我们有的用人工背浇楼钢板,上二楼一边支搭模板,一边铺摆钢模板。

2010年6月13日　农历五月初二　星期日　晴

教会礼拜天集会活动,平时有本堂、水平子、万宝山、柿花箐、石桥、芭蕉箐5个自然村。今天又有石桩、麻栎树两个自然村的部分信徒到教会来参加礼拜活动。

2010年6月14日　农历五月初三　星期一　雨

云南大学民族考察基地住房因建房设计,原先建盖时都是钢筋水泥结构,只不过房子的外表设计茅房子的样式。3—5年就需要换房子皮上的草。云南大学老师准备今年换一下房皮上的旧草。打听消息,是否能割到茅草,据介绍都能割得到,只不过是路程远一些,要到江河边才能割得到。今天计划开去一张大车割草。车子开出两个多小时,就到达那个地方。不错,果真有草能割得到。当天看草的情况很好,一张车子拉不完,打电话叫家里再开出第二张车子。不料情况一下子变了,突然下起雨来,而且越下越大,我们的车子几乎上不来了。幸好是砂子路,车子还是上来了。雨下个不停，我们的人员实在无法坚持工作，只好撤退。

小结：我们考虑是能割两车的茅草，因雨下个不停，我们只有开车回来，一张车拉运茅草，一张车拉我们的人员。下雨天是割草的良机，但是不要下大，雨下大了也是麻烦，影响工作。

2010年6月15日　农历五月初四　星期二　雨天

栽插密补工作即将结束，转入薅锄。有的已薅锄了多天，有的刚开始，全村一个局势地进行农地农活管理工作，尽量早出晚归，利用一切时间集中于农事。形势逼人，由于雨季到来，连日雨水，所以杂草长得快，薅锄就必须赶在时间上，农地活计时间很关键。一般村民已完成了80%的农地薅锄，农事能手薅锄进度比较快，每天每人可薅锄1—2亩山地苞谷。

张学德的建房事工是，因建房经费不到位，停了几天，因原来是计划建盖一楼，而现在是在力所能及的情况，再想方设法一便手把二楼也建盖起来，最后还欠缺二楼浇顶的钢材经费1800元。我主动支持1000元，再找借1000—2000元就可解决。所以今天出车到鸡街，买回建房钢材。回到家中，因自己就有车子，一便手把买回来的钢材拉好，拉直，几乎用去一个下午的时间。

2010年6月16日　农历五月初五　星期三　阴

端午节，大、中、小学都放假回家过节，我家孙女多加也放假回家探亲和过节。亲戚友人都喜欢相互请客，借节期来往，也借着节期探亲。

节期筵席的承办，如有亲戚友人的来往，就要讲究一点，多买一些高档高级的饮料、啤酒、鱼、猪、鸡等上等菜，好好宴客。如果是自己家人过节，就不必怎么讲究，可以随便一点。不过，现在自己家人过节，也讲究多了，自己家里也要宰杀土鸡，鱼也要到街市上买上几公斤，不论是父儿，是哥弟，都要回来吃饭过节，这是一般的习俗。

一般乡村人，都喜欢利用端午节来栽插花草、种植果木。因为进入雨水季节，是培植花草、栽插果木树的良机。这个节期又是阉割鸡、牛、羊的一个良机，有的地区苗民还举行小型斗牛活动呢！

2010年6月17日　农历五月初六　星期四　晴

张学德忙于建住房，工序是，仍支搭浇二楼模板。建房工序都是需要技术工和设计，都需要人力物力时间。建房人员有7人，刚好组成一个建房队，处理建房的各道工序。建房中的各种材料规格又不统一，作为建一楼的木料，板子有时需要把它接长，有时又需要锯短。所以一天的时间，就是锯材料和接长短板子，又是高空作业，相当费力费时，危险性大，都是年轻人的手艺活计。

建房小结：前面论述过，一代年轻人，担当着新世纪的使命，他们的设计，他们的工作，都是前人没有做过的。他们也没有接受过学习和训练，都是从实践中学习，是那么成功，一般的事工都行之有效。自然形成各自的地方，都有自己的人才队伍，各民族都有自己的科学能手，各时代都兴起各时代的科技新人。

2010年6月18日　农历五月初七　星期五　晴

张学德的建房事工仍在进行，支搭模板、围边板已做完。今天用一天的时间扎二楼楼板钢筋，支搭浇二楼楼板的梯子。高空建房，每项事工都是需经过一番艰苦细致的工作才能做好和完善的。

扎楼板钢筋及将材料运送上二楼，都是用人工进行的。把一切需要的大小钢筋摆好，并且用铁丝扎紧固定好，整整用去一天的工夫。今天的建房工序有10个劳动力，不是很多，也不是很少，完成此扎钢筋事工，是刚好合适。

建房事工小结：建房的过程中，不论是哪一个工序，都要通过艰苦努力和耐心才能做成。新的一代年轻人有志于攀登科技的高峰，勇于从事工作。因为搞起来虽然艰苦,但是从中又学到了一些经验和技术,有所付出,也有所收获。

2010年6月19日　农历五月初八　星期六　晴

张学德的建房活计忙了一段时间,迎来了浇二楼楼板的时刻,今天我们的建房事工是安排浇二楼楼板。从昨晚父儿、婆媳就忙碌起来,为今天的浇楼板事工的生活待遇杀鸡,准备饭席。清早两辆摩托车又到鸡街买回各种鲜菜和鱼、冰鸡肉,准备宴客。浇楼板事工活计情况是,劳动力25人,煮饭人员7人,合计32人。

浇楼板的事工活计比较辛苦,用人工一小桶一小桶传递到二楼,所有人员都累得满身是汗,湿透了衣服。强劳动力工作时,是时常流着汗水哩,幸好是我们有足够的劳动力。

浇楼小结:村农事已开始进行薅锄,已是进入农忙季节,浇楼板都愁,难以凑够劳动力。村民建房事工,一般都是凭人家喜欢来帮助,人家喜欢来多少人就要多少人。由于是农忙季节,自己聘请找工也不好意思。我们的建房事工能引起这么多人的关注而前来支持帮忙。

2010年6月20日　农历五月初九　星期日　雨

村农事时间安排是中午12:00—下午2:00按常规举行礼拜活动。下午3:00—6:00进行农事活动。今天几乎一整天都下着中雨,是农夫们排白、红薯的良机。有白薯秧的农户,都要趁下雨把白薯秧排下去,不参与礼拜的农户就利用一整天的时间排白薯,一有雨天,村农户白薯秧不论有多少,都要尽量排下地里去。

白薯的经济价值情况是:大的,好的,拉运上昆明,市场批发价都可卖一公斤1.2—1.5元。地方销售仍是一公斤1—1.5元。这市价都高过玉米价格了,都情愿批发销售白薯。不论运往城市销售或是地方自产自销都方便都好销。

小结：我们苗民的排白薯事工改进了，过去是要待到小暑大暑才排，而现在提早了约两个节令。人们都是实践中学，近代的白薯价格提高了，所以人们更是重视起来。

2010年6月21日　农历五月初十　星期一　阴

农事工作忙碌开展，大部分是薅锄苞谷，少部分抓时机抢时令，已转入给葫芦瓜追肥。因为几天中都有雨，追肥也是个良机，所以要趁有雨的时机施足肥料，以促快长壮育，力求为丰产创造条件。时时要抓机会，把握良机和主动权。

村民有的农户大面积地排白薯，由于把握了市价是高价、稳价，不论是批发还是零售，销路都好，所以村民渐渐重视起来。尝到甜头的农户早早已育好秧，待进入雨季，遇下透雨，就全力投入排白薯。有地有力的农户真是大有作为。

小结：农地的薅锄情况是，不论是土地众多宽广，或是土地少寡零星，劳动进度不能尽如人意。有的农户是高效率地进行薅锄。有的农户薅锄的数量很少，农地薅锄又没有时间性，出工时候也迟，地里的杂草长深了。

2010年6月22日　农历五月十一日　星期二　阴

龙兴明、龙荣才父儿两户上街买化肥。头遍苞谷薅锄已结束，一段时间都下着中雨和小雨，有利于地里庄稼的成长，苞谷就要开始进行二遍薅锄了。由于农夫们一般没有一次买够化肥的钱，所以采取当年用化肥做两次买。

他家父儿两户。化肥的用量，据说是，一公斤籽种，需买一包尿素。每户点苞谷种，可能是10多公斤，两户大约要40—50包化肥才够用。

村民第三项农活计是排白薯。多数农户抓紧时机排白薯，有张学祥、张大卫、龙兴华等。有透雨，雨后又不出太阳，很适合排白薯，所以有薯秧的农户都忙于排白薯。

龙福祥又有人找请犁地，是开沟排白薯，工价可能是按原价，一架犁牛，一天工，给 100 元。

2010 年 6 月 23 日　　农历五月十二日　　星期三　　晴

开展村务事宜活动。我村中硬化道路的路面，村中道路和路面需要保持清洁卫生、畅通，需要管理。村中垃圾多，农户养的土鸡也多，路旁的垃圾时常被鸡刨进路中，一个村路面几乎是垃圾遍地，不美观。为改变这种状态，村中的几位小组成员，龙兴华、杨兴明、张学祥，村主任张学忠向村民发出号召，趁早上下过雨，路上有水之际，清理路面的垃圾污泥，保养好村中的道路，保持清洁卫生美观。

任务要求是动员全村村民，每户出动一个人，利用早上的时间来清理全村 600 米硬化道路路面上的垃圾和堆积的污泥。准备用一个小时的时间，然后村民就可各人转向自己的农活工作，仍抓农地的薅锄任务而互不影响。

小结：任务号召一发出，村民都踊跃地参加清路工作，只有少部分人员未参与行动。工作起来，人们干劲十足，时间不长就清理好，一般村民比较听话，也明确义务劳动的光荣职责。

2010 年 6 月 24 日　　农历五月十三日　　星期四　　晴

石桥村委召开生产队长会议，内容是"东村乡派出所开放日"。具体是：新的政策、新的活动由派出所安排，东村乡各个村委展示一天，每个农业生产队队长和有关人员参加。

所谓开放日，就是派出所把他们所有的武器、新的枪支、刺刀、防弹衣、防刺的手套、钢盔等武器展示于众。他们把枪里的子弹取出，然后让参加会议的代表们各自拿到手中参观和摆弄。各种器械都向代表们一一进行介绍和演讲。

2010年6月25日　农历五月十四日　星期五　晴

龙兴德家用犁牛薅洋芋。由于土地众多宽广，种下的洋芋自然也多，利用耕牛犁沟成薅，是村民常采用的一种方式。此农户历年产量和销售几乎都是全村第一。因耕地就在公路边，所以销售也是极为方便。历年的经济效益都在2000—3000元。在这样的情况下，更需要以犁代替薅。

盖云南大学民族考察基地住房的房皮上的茅草。人员精简，原来在场院建盖是人员满场院，而现在需要精简。割草限制到4人割一车茅草，今天人员限制到9人。工作安排是，8人中由2人供料子，6人在房上盖茅草。1人划篾片用于扎茅秆，原来盖茅草房是2—3人划篾片，而今天精简人员，只要1人划篾片。

2010年6月26日　农历五月十五日　星期六　晴

村民帮助困难户进行农地薅锄活动。有一寡妇是侄儿媳，名王菊花，因体衰多病，导致她的农事工作摆搁下来，已成为家族的薄弱环节。村民、家族看在眼里，想在心中，不知怎样能帮助她进行农地薅锄。帮一年或是几次轻易能做到，但是要年年帮、时常帮就难以做到了。大家都在发愁，不知如何办才好。她家哥弟姊妹商议抽出今天的时间协助她薅锄一天。由于耕地很多，只完成了农地总面积的3/4。

小结：俗语说，家家门前有滑石板。这是人生命注定。望能有一个健康的身体。我们的生活工作要相当有规律性，时常有活动，保持身体的健康。

2010年6月27日　农历五月十六日　星期日　晴

进行田地的耕耘管理，有晴有雨，利于农作物的生长。庄稼成长一片喜人，丰收在望，勉励着农夫们艰苦耐劳勤奋地工作着，村民每天早出晚归进行农地的薅锄和管理。

2010年6月28日　农历五月十七日　星期一　晴

村民小组事工活动，为割茅草我们出动10个人，两张车开往西南边方向18公里的我东村杜朗村委的大山野割茅草。沿途16公里都已建成黑色路面，所以行车较为便利。从山脚到山顶割茅草的目的地约有2公里的弯曲陡险窄坡路。高野大山，原没有车路，只因山上架设有高压线塔，所以修有车路，为架设高压线运送架线物资用的，幸好我们的车子能开上山。上山情形是，车路从一个山面弯弯曲曲，绕了很多道，翻越两层小山最后到达目的地。

割草任务，不是一帆风顺地进行，仍是付出一定的代价的，因长满了荆棘刺木，早先砍的草木都摆于草地里，对我们割草有碍，只得慢慢来。幸好我们带足了午饭和饮水。中午时我们休息喝水吃饭，恢复体力，再继续工作。

返途，车子下山时，我们的队员都当心车子，因山路又陡又急，后一趟大车因车厢长，我们大家都提心吊胆，望着大车安全地下到山脚大公路时，我们的队员才松了口气。一路平安到了家，顺利地完成了割草任务。

2010年6月29日　农历五月十八日　星期二　雨

下雨天是留客天，也是我们农民们的喘息时机和学习良机。

今天雨天，不利于农地工作，我便给孩子们翻找学习资料。

2010年6月30日　农历五月十九日　星期三　阴

村民排白薯。昨天白天和夜晚都已下有足够的雨水，村民排白薯又迎来了良好的时机，有地有薯秧的农户都不失时机地抓好排白薯这项事工。记述村民龙福祥家排白薯事工活计，他家可说是我村的第一户，有几年获高利，早已尝到了甜头，不是高产丰收获利，而是地大多排获利。

地面积约有两亩，今天几乎用一整天的工夫来排白薯，一早就用一架犁牛先开成沟，然后按沟摆设薯秧，当然要放上农家粪和化肥。

薯秧是自己育的，由于田的面积大，自己家里的薯秧可能不够，再从街市场买回 200 公斤，每公斤买价是 1 元，200 公斤就付了 200 元。

由于一边割薯秧，一边排，经过一天的努力，还有一点没有排完，可能还需要一个早上的时间。

小结：排白薯，有地、有力、有薯秧的农户，真是大有作为，大有希望。村农户的一项项目是村村寨寨大部分都种葫芦瓜，每公斤可卖 0.6 或 0.7 元，而种白薯，以 1 公斤计算，就可卖葫芦瓜两倍了，所以效益较高。

2010 年 7 月 1 日　农历五月二十日　星期四　阴

村务事宜，维修我村公路，从我村上达山顶东鸡公路的里程有 3.5 公里，需要维修和保养，保证我村公路畅通，服务农业生产，方便村民运输。村公路历年的管理维修方案是，每年维修两次，头一次维修时间是进入雨季时，要理通防洪沟，被洪水冲刷的路段要修补。二次维修时间是进入 10 月份，就是雨季过后，就要维修，或者是山洪水几时冲坏路面，几时就要维修。

今天我村动员村民每户一人到山顶维修我村车路，从山顶东鸡公路维修进村。由于山地随处都是耕地，所以下大雨时，洪水从山地把泥土流到车路上。今天我村的维修车路事工主要任务是，被山水泥土埋垫的路段重新用车子拉运石砂来铺好。有两处路段被埋，需要重新铺石砂。劳动力出勤人员情况是有 19 人，也就是 19 户。我村全村的户数是 41 户，今天出勤，将近一半。

小结：苗民，一般民众比较开放，也有一部分比较小气，他只要组织照顾，不要组织纪律。也有一部分人员是在外打工，当然也影响出勤。还有我们全村有 6 位老人，也就不摊派他们的任务了。

2010年7月2日　农历五月二十一日　星期五　晴

村民农活计，有的村民继续薅锄苞谷，有的排白薯，有的上街购买化肥，因为玉米二道薅锄就要开始了，所以几乎家家户户都等着化肥用了。全体村民都是以个体行动，有的是用小拖拉机上街拉运两包化肥，有的是用摩托车上街拉运两包化肥。

我家父儿3户，张学全、张学忠、张正文，也是出动一张农用车购买化肥。起先我问张学全，意思他如已买回化肥，借一包给我用于二道薅锄，他说我也还没有买回来。张学全就拉运10包苞谷上街变卖了买化肥。卖价1公斤2.15元，总价是500多公斤×2.15元/公斤=1090元。买回尿素10包，每包尿素价82元，共用去820元。

小结：一家农户在需要购买化肥时，苞谷能卖得人民币1090元，也很不错了。这情况也是很少、很难能可贵了。我们父儿三户买回尿素10包，解决了3户用化肥。

2010年7月3日　农历五月二十二日　星期六　晴

小组割茅草活动，盖房的茅草大约还差一车，就安排出动一张大车仍到我东村杜朗村委的大山野割草。由于已割了4车，路边上茅草多的地方都已割了。草源也渐渐少了，可能割草就得多费时费力了，那么再增加一个劳动力，就是5人割一大车。一早8：00出车，约需要1：30才能达草源地方，工作劳动至下午5：00就可割够一车，回返路途也需要两个小时，还得把割回来的茅草收拾堆好，才完结了一天的工作。

村民的农活计是，薅锄农地的二道苞谷。天气、雨量非常适应薅锄，我村民农地薅锄多半是以个户为单位，便于行动和提高功效，促进生产进度。

我自己的农事是女儿来协助薅锄苞谷。虽然在阳光高温下进行劳动，幸好女儿们都是劳动能手，经一天的辛勤努力薅锄完了两亩地苞谷，村民一般薅锄进度都较高。

2010年7月4日　农历五月二十三日　星期日　晴

礼拜天，我们礼拜散后，（指白天）我村侄儿张学明回到家中，准备给耕牛上料喂草。打开圈厅，牛却不见了，想着可能是牛走到外边吃庄稼去了。家人几个分头找也不见，只好越找越扩大圈子，最后在村外边500米的山梁上发现了牛脚印子，往西南方向走了，脚印子走进庄稼地也没有吃苞谷。

侄儿夫妻跟着牛脚印子走了约两公里山路，到了一块苞谷地中，就听见牛在苞谷地里的动静，就说，啊！我们已追上牛了。仔细一看还有个人，并且随即就跑开了，侄儿张学明随机应变，喊叫起来，打贼！边喊叫，边拿石头冲向贼跑开的方向。

他家夫妻分工，张学明说，你把牛赶回家，我在这里监视偷牛贼要跑往哪里去。等了很久，踪影不见，他便往下边走，偷牛贼便站起来跑开了。张学明妻把牛赶回家，一到能见到我村子的地方便高声喊叫，便用手机通知全村行动，问明方向，全村人员，全村摩托车出动，远近凹口、路口，都安排人堵好。其他人员都追在偷牛贼的后边。原先偷牛贼不敢顺路跑，而是顺河边躲躲藏藏，往西跑，只因山箐岩石难寻路子，所以我们的人员先到达堵口，等了一会儿，贼走到我们的防口来了，头顶着一件衣服，满身是汗水。放哨人员张约翰心想，是不是这个人呢？便问道，你是干什么的？回答说，我是来山里采药材的，我方说：你老实点，是你吗？对方吞吞吐吐地说，不是啊。我方举棒要打，贼才吞吞吐吐地承认。我方又问，你们有几个人？回答，我们有两人，他骑摩托车跑了。此时我村全部人员到齐，失牛主说，就是他。因为他看定贼衣服的颜色。此时我方人员向东村派出所报案叫派出所干警来车拉犯人。双方约定在山顶。当他们来到时，我方把贼偷牛的基本情况前后发生的事案说了一遍，便交给派出所的干警，派出所干警便叫村主任张学忠和失牛主的儿子张大卫也和他们到东村派出所作笔录去。结果一去，就深夜1：00，我方与家里联系，派一张摩托车到东村派出所接他俩回家。

小结：事案发生后，全村议论纷纷，原来，贼是晚间或是牧场山里，而现在是在光天化日之下，而且是中午来圈里偷牛拉牛。偷牛过去是顺大路走，而现在是往深山老林，人不提防的地方走，说明犯罪手段有所升级和罪犯狡猾多端。

2010年7月5日　农历五月二十四日　星期一　晴

昨日发生的偷牛案，今早9：00时，东村派出所干警出动两辆警车6—7人进村工作。他们分为两队。一队带着偷牛犯沿昨天他偷牛所走村的路线走一趟并摄像作为证据。另一组2人又分别做询问笔录。凡是昨天参与追踪和抓获犯罪，在场的人士都一一做了询问和笔录。他们的工作太认真太仔细。从早9：00—中午12：00才做完询问笔录工作。在他们工作中，村民都围观和议论昨天的贼进村偷牛案。

2010年7月6日　农历五月二十五日　星期二　晴

村民薅锄苞谷活计忙，有的农夫利用一切时间集中于农地的薅锄。村民杨光才家据说是因为头道的薅锄不够认真，所以地中的杂草长旺了，难以进行薅锄，所以请村里的亲戚友人帮忙，找请来5人，他家2人，合计就凑得7人为一个组，薅锄一天，薅锄完了大部分，还有少部分待自己慢慢薅锄。

另一项社会关爱活动，是由人民政府发放给我村救灾粮。村主任开出一张大车到东村集镇把发放给我村的救济粮统一拉运回来。我村今晚通知全村村民到教会场院来领取，领取时请各农户带来自己的身份证，因有一表格要填上身份证上的号码。这一次的救济粮因数目少了，每户分到11公斤。全村村民集中于场院领取救济粮。

小结：感谢人民政府的关心支持，这次的救济粮，不论数目大小，已是第五次了，石桥村委会把我村苗民视为扶贫村对象而多关心。

2010年7月7日　农历五月二十六日　星期三　晴

建房事工记，村民张学德的建房事工活计，一段时间转入拆二楼模板。由于农事的繁忙，村民、家人都忙农地的薅锄去了，建房主只好自己慢慢地拆二楼的模板（钢板），都是高空作业，一人单独工作比较困难。每拆下一块又要把它拿稳在高空用绳吊着慢慢放到楼板上来。当然难度比较大，困难再大，也得干，也得做。

前几天拆房模板时，是叫两个15岁的小孙子协助拆模板。这项活计当然是危险作业，不是孩童小娃娃的事。通过这样的锻炼学习，我们更能吃苦耐劳，在各种环境我们都可以工作，都可以生活。什么险境，什么困难，我们都要学习生活，学习耐劳，去战胜一切困难获取胜利。

2010年7月8日　农历五月二十七日　星期四　阴

村民仍进行农地薅锄，为减轻负担，大部分农户都喜欢以个体户行动。而还有三分之二的农户喜欢搞联合行动。这样靠组织联合人员多力量大，也有它的优越性，工作起来也快。今天就有龙应华、杨天友、杨天光、杨天祥4户，或是找请工或是搞联合方式进行农地薅锄。

还有一种方式，是附近的几个县区的亲戚家属有关爱关系搞一种大联合，有亲戚友人或是父母需要帮助薅锄，就相约来往协助，推动生产。今天村民杨天祥有几家亲戚相约而来协助他家薅锄苞谷，当然苞谷地的面积也大，小个体户，劳动也可能弱而需要亲属关怀。

小结：自己不成熟的看法是，什么事工，什么活计，情愿自己处理，自己多忙忙，自己多付出辛苦和血汗，而不愿劳累他人，因为他人的工作比自己的多和重要。所以我们也要尊敬他人和关怀他人。当然我们也盼望他人的关怀，他人的主动关怀是另外的情况。

2010 年 7 月 9 日　农历五月二十八日　星期五　晴

村民张学德建住房，清理事工运输建材。整间房子，一楼二楼，内外撑杆，钢模板的拆模，全部完成之际，要把这些建材清理收拾堆好放一个角落。钢模板是熟识友人老板同情支持，主动借给张学德建房的，此时也应该主动用车子拉运到东在村他家归还了。

主意打定后，儿媳、小孙子，我们4人集中精力时间，把所有的钢模板装上了车，并且堆齐放好。上车整整用去两个小时的时间，已是中午12：00了，装好车儿媳们洗洗脸准备好衣物和东西就出车子送模板。回途时，顺便把自己要用的化肥买好拉运回来。

小结：这次建房，从始至终都属攀登科技知识高峰。都是我们的前人不敢想不敢做的新鲜事物，都是体力脑力劳动结合，也得到多人的同情支持和帮助。小小的建设，小小的事工可说是民族的骄傲和民族的荣幸。

2010 年 7 月 10 日　农历五月二十九日　星期六　晴

村民满有信心地在农地薅锄，由于晴天已有6—7天的时间了。所以很有利于农地的薅锄工作。有能有志的农户仍然早出晚归地坚持农地的薅锄工作。以最快的速度投入农地薅锄，不惜一切代价抓好农地的生产劳动。

记村民侄儿张学道家的农地活计工作。他家的耕地较多一点，所以点种、农地薅锄任务也比较繁重一些。不论点种还是薅锄以及收割当然要一些劳动力、时间的付出。由于山村民族生产生活工作的艰苦，为谋生，为家人，父亲进城打工一年多的时间，月薪是1200元。家里的农地薅锄任务繁重，不讲出外谋生打工，就是全家劳动力集中于务农，都还需要有亲友的援助呢。

小结：有能有志有力的农户，生产劳动早行动，非常讲究时间性，劳动进度的高工效，时时寻求少而精，就是人员再少，农事任务再艰巨，都力求2人的事工任务一人来完成。早出晚归，保持农地活计不间断，任务再多也能攻克，能完成。

2010年7月11日　农历五月三十日　星期日　晴

东村政府召开全乡会议。对全乡人民传达富民县政府关于殡葬管理工作的公告，东村乡执行办法如下：

从2010年7月20日零时起，全县6个乡镇75个村（居）委员辖区全部划定为火化区，辖区内人员死亡后遗体一律实行火化。对县境内农村户口居民、城镇无业居民和城镇低保对象死亡人员给予一次性火化补助费2000元。火化后凭证到民政领取1000元葬入农村公墓后再持死亡证明到民政再领取1000元。禁止在农村公益性公墓和经营性公墓区域以外建造新坟墓。从2010年7月20日零时起，全县境内所有死亡人员火化后一律到农村公益性公墓内安葬。全县境内公路沿线，河道沿线，县城面山分水岭沿线和水源保护区，文物保护区，风景名胜区，居民区，开发区必须整治绿化。禁止在全县建造公墓，现在的必须在2010年7月31日前平毁。

2010年7月12日　农历六月初一　星期一　晴

村民农地事工活计仍是进行薅锄工作。耕地少，或是有策略有志有能的劳动能手已完成了农地的薅锄。没有策略，没有时间性的一部分农户，因薅锄的时间推迟，地里的杂草长旺了，庄稼也长高了，实在不利于薅锄，进度缓慢下来，即使薅锄出来，庄稼的长势也不好了。本来容易的农地活计变成了难做的活计。薅锄在时候上，省工又省力，薅锄进度也快，庄稼长得也旺。

记述村民搞基建。村民杨天友趁农地薅锄结束之际，抽空搞基建。填铺他自己家门前道路。芭蕉箐村通往东鸡公路的道路已铺成石砂路面，村里的主要路面，政府又投资打成硬化道路。为使自己天晴下雨都能顺利工作,他今天一家三人出动,很兴奋地开着小拖拉机到我们村对面的路边,拉石砂到自己的家门前铺路。他家用了半天的时间,拉了三趟。

小结:很多人是社会民族的消极因素,但是形势逼人,到了一定的时候,自己觉悟,搞起基建来了。

2010年7月13日　农历六月初二　星期二　晴

村民家家户户忙于农地薅锄,已有50%的农户完成了农地薅锄,没有完成的都是劳动力薄弱的,或是在外打工的和智力弱的,因为缺乏时间性,或是分散劳动力、分散时间,就会把农业生产拖延下来。

本村村民排白薯(红薯)。张学全家三口人集中时间、劳动力,趁下雨天,计划把白薯(红薯)抓紧时机排下,地的面积大约一亩,尽上最大的努力,今天必须完成。

小结:农地经济作物多种多样,白薯可以说是其一,据说,在昆明市场批发价好的达每公斤1.50—2.00元,小的每公斤1.00—1.20元,是历年价格比较理想稳定的。只可惜大部分村民耕地少,只好望着他人卖,望着他人拿大钱。

2010年7月14日　农历六月初三　星期三　晴

村务事宜,16日有云南大学来客,有博士、云南大学老师和有关人员18人要到云南大学民族考察基地调研。我们得知情况后号召动员给云南大学考察基地打扫卫生,要在最短的时间编织围墙篱笆和修理安装换锁。出动的人员有12个,场所由于长期未打扫过,打扫起来十分困难。因为基地房屋四周草都长得特别旺盛,也要清理。时间紧,任务重,必须分工合作,10人编织围墙篱笆,1人安装门锁,1人清理场院内的杂草。这些活计都是强劳动力的活计,时间又紧,每人都看成是自己的事干,整天都在阳光暴晒下汗流满面地工作。每人都付出一定的辛劳,一定的代价,也从内心发出自豪。由于工作事务多,阳光暴晒,不时得休息喝水。我们一直工作到 18 点，我们的队员才息工。

小结：由于社会的进步，建设的发展，乡村的三通，水、电、路的基本建设已完善。所以村上的义务工少了，村上只是每年兴修水利，维修公路需要义务工。云南大学民族基地在我们村上，作为一个好公民，应该关心社会，关心身边的社会事工。

2010 年 7 月 15 日　农历六月初四　星期四　晴

村民龙兴强农活事工，他家族薅锄苞谷（玉米）。他家一个组是哥弟姊妹几户组织联合协作帮忙，事工活计是到我们村背后的山顶片区进行薅锄。

他家今天的劳动力出动 5 户，人员 12 个，面积约有 3—4 亩。农事组成大组行动，当然有它的优势，也有它的弱点。如果地的面积相同，个体户应该先完成，因为有利于争取时间，质量效果要胜于联合户。

我们的另一个组是接着昨天的打扫卫生工作，因工作量大，需要时间和极大的劳动力来处理。今天我家父儿出动 4 人工作，1 人装配已坏的门锁，2 人处理（疏通）卫生间和沐浴室水管，1 人继续打扫清理场内外的杂草和垃圾。工作都是在阳光暴晒下进行，付出很大的代价，因为人员太少，劳动任务艰巨，今天我们所付出的劳动是难能可贵的，因为我们都是干义务劳动，没有报酬的工作。所以很多人都说："我们是白痴，这事本来是云南大学的事，与我们无关，我们做的人都是脑子进水，窝囊愚蠢之人。"对于我们来说是一件光荣难得的工作，为云南大学效劳是我们一生最大的荣幸，我们深感自豪。话说回来，云南大学基地设在我们村里，是一件非同寻常的大事，我们这样辛苦劳作是应该中的应该，并不是为云南大学做，而是在为我们自己做，这是我们的本色，也是我们应尽的光荣义务。

2010年7月16日　农历六月初五　星期五　晴

村民事工活动，为迎接宾客的到来，打扫场院卫生，事工已开展了两天，还没有做完，今天早上6点到中午12点仍然进行打扫卫生工作，主要是清理村内路面的结泥和堆积的垃圾，由于村子路道长达600多米，加之出动人员太少，只有四五个人，所以小事工变成大事工。只有慢慢地做，出义务人员这么少，还得分几头工作，由于云南大学要来的人多于现有的床位，还得要一些人来搬运和安置床位，主动做好服务工作。

小结：一个村寨、一个团队、一个小组、一个宗教团体、一个家族都需要勤快有志有爱的人来协助办好接待工作。不管有安排或是没有安排，都需要积极热情主动地关心组织的工作，时常出现在最需要最艰苦的岗位上，做好本职工作。在平时工作生活实践中，就有各种多面手出现在各种场合，出色地完成各项该完成的事工，做好接待工作和村寨的治理服务工作，使村寨民族风气流露一片新貌气象，涌现一片活力。

2010年7月17日　农历六月初六　星期六　晴

筹备事工仍在进行，乡村打扫清洁工作，清理路道场所，场地的卫生工作都需要几天的工夫才能做好。接待工作的炊事服务事工，购买食品的运输，出动的人员，以及炊事服务人员的值班制度都需要协调安排妥当。安排结果是：炊事服务组由龙荣才、张正才、龙兴华3人负责；供应食品物资由张学忠计划出纳，购买运输由张学祥负责。接待服务工作一早就开始忙碌起来，烧水煮饭洗菜，清洗餐具用品，摆设炊事所需工具，切菜做饭。

我们忙里忙外，来不及想云南大学师生的到来，不料下午他们突然到了。本来按照我们的计划是，先把所有的事务办好，然后一起排好队（排成两排），在教堂门前迎接他们的到来。可是，计划没有变化大，他们在我们没有办完事之前已经到来了，我们事先准备好的迎接仪式，就这样泡汤了。一方面对不起他们，另一方面怪我们没有安排好工作。真遗憾！

他们一行18人，乘坐三张小面包车，下午1点时到达我们教堂场院。从车里走出云南大学师生队员。由于我村人员分头多处忙于筹备服务事工，只有一两个人在场。云南大学师生为学习考察民族生活习俗、民族风情而从昆明云南大学校园来到了我们中间，我们全村100多人都感到非常荣幸和自豪，山村霎时变成欢乐喜笑满园的场地！师生宾客的到来也给我们带来光彩和幸福！

2010年7月18日　农历六月初七　星期日　晴

宗教生活中的礼拜颂赞献诗，今日聚会礼拜项目中，本教会唱诗班献诗是平时的献唱方式，就是为工作而工作的献诗。

2010年7月19日　农历六月初八　星期一　晴

云南大学老师为考察民族的生计活动，不辞劳苦，费尽心血，从昆明来到我们中间，在接触、交通、相处中点点滴滴感受和体会。

在7月17日他们的到来以及18日参与我们聚会礼拜活动和今天19日三天的相处、交流座谈中，我们深受感动，从老师和学生们身上学到了不少知识和功课。对于老师和学生们的到来，我们只因资源的局限和语言上的困难，处处显出我们对老师和同学们的到来，关心得不够。首先我们因自己都是无知识的平凡的小民，在大知识分子面前，什么礼节也不懂，我们只好在云南大学师生面前少说话和少接触。想不到老师和学生都很平易近人，温和热情地向我们打招呼，客客气气地接纳我们，并向我们问这问那。他们这种高尚品德，很快就把我们那紧张、逃避的心态赶到九霄云外。我们就轻松了，习惯了。原来很多说不出的话，不知不觉很流利地说出了。

中午12点，郑宇、李昕两位老师把云南大学老师给我们记录的日志费尽辛劳收集整理好，并且出版成书而送到我手中的时候，我深受感动而落泪，打开书一看，我村什么事件都在里面。一看就不放手地看了几个小时，我实在太高兴了！我们万不能做的事，云南大学老师帮助我们做好了，不觉这高兴把我带入另外一个境界，我内心说："谢谢，谢谢老师们。"这时，这话又还回我原来的我。实在太谢谢为我们搜集整理资料，编辑成书的老师们，你们为我们的事业付出劳苦和心血，在此只能在日志上说声："谢谢！谢谢！"

2010 年 7 月 20 日　农历六月初九　星期二　晴

村民日程活动，送云南大学来的一位老师到禄劝县城。云南大学师生行队中的周老师要到禄劝县城拜访朋友，叫张学祥用摩托车送去。事先商定是用摩托车送到中途禄翠公路（禄劝县至翠华乡），在那乘坐客车直达禄劝县。当到达禄翠公路时，周老师便说："等客车要等几时呢？要不然你把我一便手送到禄劝县城去吧，因为我还没有来过禄劝县城。"张学祥只好一路把他送到禄劝县城里去。到达时，打电话寻找那位朋友，原来那位朋友是在禄劝县公安局工作，走到那大门时，那位朋友就出来接周老师和学祥，那位朋友和周老师再三劝学祥进去喝水休息后再回来，但学祥忙于返程，就不再进去而告别回来了。周老师付给张学祥车费误工费 60 元。学祥一路顺利到达家中和云南大学师生共进晚餐。

小结：人际社会相处，各有长处。骑摩托车，一般人都能，但是各行业都有他的能手。学祥他就是能强于别人，驾驶摩托车，他就能在行车中经过各种崎岖狭窄的路道。他自己同时也是车工。

2010 年 7 月 21 日　农历六月初十　星期三　晴

村民生活处世有摩擦纠纷，杨 ×× 与王 ×× 之妻有纠纷，现在两三天内又发生新的摩擦。情况是杨妻砍来树枝把王 ×× 家的道路阻挡，不给王家通过。

王家请求村上解决，村上接受请求受理事案，张学忠、张学祥 2 人到他们两家了解情况。但结果是事事以自己为中心，个性强，不懂事理，也不听他人的劝说。我们也只好罢了，因为你给他调解了，或许一天两天毛病又发了，他们又要创新的纠纷案了。这都是我们的教材。我们只好说："我们报请石桥村委会领导上来给你们调解。"

小结：人生真正的价值意义在于为人能舍己，能以公共事业为重，一心为地区、为民族、为家族、为社会、为民族争光争气，力求起推动作用。

2010年7月22日　农历六月十一日　星期四　晴

赶鸡街（本地方的一个小街），今天是东村街鸡街两个街，村民有的赶东村街，有的赶鸡街。我和云南大学师生陪谈交流到上午9点，才步行到柿花箐的祭天山的东鸡公路乘车上街。

熟识亲友的小拖拉机，村村寨寨都有要上街的，所以乘车很方便，一般乘坐小微型面包车到鸡街，每人5元，农用小拖拉机只要每人3元。由于比较方便，我们二老人也蒙熟识人请上小拖拉机上街。上街是为买一点麦面粉来做面包吃。买了十公斤面粉，但因女儿、儿媳没有钱买，只好这家给上几公斤，那家给上几公斤，最后自己不剩下多少了。但也就算了吧。

在回途中，有我们民族的一位中年妇女，买了半包尿素乘坐我们的小拖拉机，他们在车上交谈中，说到自己因没有钱，所以只好买上半包尿素，她说也许会够了（零散买也能买到，但是价格就高）。好比我自己，即使是只需要几公斤，都会买上一包，用不完，就等下年再用呀。就说，人生情况是不一样的，自己以为是困难了，还有比自己更困难的人，或许我们苗族像这样的人还很多很多，此种情况只是听说过，没想到还真有。可怜天下贫穷人哪！

2010 年 7 月 23 日　农历六月十二日　星期五　晴

村民与云南大学师生陪谈交通，议事调研生计。交谈内容：

1．我村的生计，民族纠纷，灌溉用水和饮用水存在极大问题，村民家族节期活动，春节活动情况，生活享受救灾情况。

2．宗教方面，受洗（点水礼、浸水礼），受洗过程；施洗牧师的祝福与祷告的词义含义；葬礼仪式大概过程的经过。信仰对民族的推进，改良风气，新的发现，感恩节的必要性和推动性，到达几个县区、民族与国际社会方方面面的作用。借着这节日，各教会的邻里得以交流分享，交通见证，彼此服侍。（指本教会承办感恩节的用意）推动宗教文化，歌唱水平艺术，乐器的应用，弹奏的技巧。也是音乐技巧的见证交流会。过感恩节，显得越来越有必要性和重要性。

3．有关灌溉用水的短缺、管理补救怎样恢复、使用、发挥效益。为改进发挥水利用水功效，师生两人聘请孙儿张荣光开摩托车送他们到汉族村杨嘎哩村主任杨兴强家考察并进行调研工作。

2010 年 7 月 24 日　农历六月十三日　星期六　晴

调研议事规则仍继续进行，上午 11 点到中午 12 点，云南大学师生和我们交谈民族工作生活习俗风情。内容是苗族姑娘挑花绣锦的艺术技巧，从原有基础兴起，昆明市又有此行业召苗族妇女到昆明专业绣花经商。我说："世界各地各民族都有自己的绣花制品，谁要你的呢？"郑老师解释说："美国苗族众多，达上万人口，都等着购买。经商者收集、收购包装成箱而对外经营，很贵，每一块价值达上千元哩，赚大钱呢。"我们说："啊！原来是这样！"

探索水源：下午 2 点，郑老师提出方案，探索水源，由于去年 8 月以来雨水中断，这几个月都未下透雨，村里人畜饮水仍不充足。郑老师看到我们当前所面临的局势，在他心中已为我们担上了极大的负担，郑老师主动地为我们想办法，帮我们提出解决方案，他先把水源和引水工程规模大小情况核实，然后再想如何引资解决。

张学忠、张学祥上达山顶勘探了几处水源。结果我们商讨决定从我们村后侧面的箐沟引一股，因这股水源，在最干旱季节中，它的水量也一直都不变。从水源到我们村，大约在1公里之内，然后报告郑老师，引这一股来充实我们村人畜饮水。

2010年7月25日　农历六月十四日　星期日　晴

村民交通与交通工具的活跃新气象：教练摩托车、农用车、小型单车是我们村教练培训的一个项目。平时、年节活动，教会场院就是教练的营地。年节活动培训是有组织性的教练，平时是喜好者、青年、孩童自由活动的项目之一。所以形成一个科技队伍。张荣光（孙子）都在学练驾驶农用车。初步形成我村的新局面和新的气象风情，是我们村比较优势的新风貌。

云南大学师生18人10天进驻云南大学民族考察调研学习基地，很便于他们出入活动。师生们的几天调研工作活动也很方便。今天有孙子张荣光和村民王光荣2人用摩托车把两位云南大学老师带往东村、款庄马街两个乡镇而回来，在途中到款庄马街，考察了富民县基督教圣经培训班校园的建设、设施。在这一天中，两个青年的报酬是一人一包软面包。

小结：我村里富有一种活力，能够胜任服侍社会事业需要的协助和支持。

2010年7月26日　农历六月十五日　星期一　晴

我村民有两项事工活动，一项农事活计是扶苞谷（昨天下午2点到5点下起雨来，在下雨前，刮起猛烈的强乱大风，导致有些地方苞谷不同程度地被刮倒了，有的农户刮倒的多，有的少。所以有的农户需要两天工夫才能扶完，有的只需一天就可扶完）。

另一项活动是欣赏斗牛，也可以说是小地方的民族"花山节"。有斗牛、赛跑、赛马、跳舞等项目活动。今天斗牛场是在麻栎树与芭蕉箐两村交界的山场上。这场活动内容只有斗牛、赛跑两个项目。赛跑结果：第一名是麻栎树村；第二名是芭蕉箐村张正才。奖品是：一等奖 20 元和一块手巾；二等奖 15 元。

2010 年 7 月 27 日　农历六月十六日　星期二　晴

村务事宜活动，昨晚召开本村会议。确定全村村民与云南大学全体师生集餐伙食经费，并决定号召村民，若方便要乐捐一只鸡，30 元作为集餐经费费用；若实在不方便，只需他欢欢喜喜地来集餐。结果乐捐物资，小菜、瓜、豆类不算，鸡 16 只、人民币 701 元（是指前后总收集），承办饭席时，我先垫支 1000 元，但已超支 299 元，超支部分我自己负责算了。

另一项是全村事工维修公路。出动 32 人，3 张大车，拉运石砂填补路面，情况是由于我村公路全部路线都是外村人的山地，路过的外村车辆比我村的车辆要多得多，加上外村的车辆都是前驱动小型拖拉机，每行过一次，都特别伤路。他们对于维修公路，都置之不理，加上前晚下了一整夜的大雨，很多流泥石砂埋填了些路段，只得人工清理，所以特别费力。

晚餐宴席就餐人员：云南大学师生 18 人、石桥村委会 5 人、我村 27 户的人都参加了丰盛宴席。晚会就在就餐场地，晚会有歌舞、小品等，主角是云南大学师生和我村教会诗班、孩童。先是互相邀请，后是两个团队相互面对面欢唱，越唱气氛越高越浓，越唱越高兴，把芭蕉箐村唱成欢乐村，唱到全村村民都来围观，到了最后，不但是云南大学师生和我们教会诗班与孩童跳、唱，连围观的老、弱、幼和所有在场的人都把自己所有的歌、舞都摆上。大家都高兴！这高兴前所未有。兴奋！欢乐！高兴！

云南大学师生和我村诗班、村民老老少少熟识，一起有唱、有笑、有问、有答，分享生活的美好，民族间的大团结友爱！主题思想：通过这次云南大学师生的调研追踪，我们的民族、生活、文化、风情都得以交流和促进，我们自己也有所收获和提高。

新的发现，在今晚的歌舞文艺友谊交流会中，有些男女青年、儿童在歌舞会中显得那么活泼勇敢，大胆地参与。孙女张秀芳和云南大学师生上台演唱同歌同舞，表达中华民族的大团结和中华民族文化的飞跃。如此欢乐的晚会，是芭蕉箐首次的，也是我村45户146人初次见到的热闹晚会，真是使人开心！一唱从下午5点到9点半，一眨眼便到了休息的时间，大家依依不舍地休会。或许这是我们的起点，在各级人民政府的正确领导下，在云南大学老师的关怀支持下，我们肯定有新的篇章、新的花朵盛开！

2010年7月28日　农历六月十七日　星期三　雨

送别云南大学师生。我村村民与云南大学师生集餐都计划到今天早餐，所以煮饭人员都在天未明就为早餐而忙碌起来，由于下雨，生火煮饭需要提前准备。先请云南大学师生客人吃早饭，我们以及服侍人员在后用餐。云南大学师生吃过早饭回云南大学基地收拾东西时，从昆明来接云南大学师生的三张小车就来到了我们教会场院。我们就叫三位驾驶员休息吃早饭。

在出发之前，我村民众与云南大学师生都有一种深情亲切感，大家都依依不舍地在场院三三两两地热情交谈、照相作为留念，之后，郑宇老师又请所有在场的人共同合影留念。时间大约是中午12点，此时因下着小雨，几乎大家都打着伞。不知今早在场院照了多少张相。

主题思想：这种和睦相处的场面真是叫人无法忘记，牢刻在人的心里，成为永久的记忆。也能引起人们的感动和好评。

2010 年 7 月 29 日　农历六月十八日　星期四　晴

村民张××、杨××喜好捕猎为业（打斑鸠），今天吃过早饭，他们准备好工具就要出发，我顺便问问情况如何？他们说："时期季节是关键。因为坝区的谷子已低平，很快就可以收割了。这时，山上的斑鸠都聚集到坝子的田里来吃谷子，田边都有树木，斑鸠有时飞落到树上，有时飞落到田里，所以都比较好捕猎。"

据说，每天每人可以捕猎到 4—5 只斑鸠，可卖到一只 12—13 元，一天的收获可有 30—70 元。他说，情愿打斑鸠，因外出打工，一般都是 30 元一个工，加上大多数都没有时间固定工作。就这样，从事打猎，又好玩，收获又高，那是双收获。回忆起去年我的日志报道是日平均 50 元哩。

龙××是以找马蜂为业，所以村中此两项事工是几乎天天都有人活动。照这样说来，经济效益比农业高，当然这也是我们民族的一种喜好。

2010 年 7 月 30 日　农历六月十九日　星期五　晴

教会接待工作，小小的事务活动，因我们教会有石桩村的潘正德到广州某教会参与圣工培训，时已两年期将满之际。此学员成绩比较优秀，能吹、能唱、能弹、能舞等，口才又好，加之那里的教会需要，把他留下服侍教会，故此那里的教会派出专人专程到我们教会探访。昨晚到石桩村，今天下午要到我们教堂来，中午，我们教会又派出 3 张摩托车，到中途一个名叫坝塘的村庄接他们，他们一共 4 人，一男三女。都是他们教会的负责人，也是宣教士。

2010 年 7 月 31 日　农历六月二十日　星期六　晴

办好接待工作，增加社会民族的好风情篇章，力求促进民族地区新貌进步。在需要和方便的情况下，对远程的来客，友人都应做好接送工作。

昨天的来客到了，他们就问起怎么赶上7月31日下午5点从昆明到广州的车。我们就把我们的职责告诉他们，你们放心吧，你们既然到舍下来，我们会给你们周到的安排，我们都掌握情况和时间。吃过早饭，安排3张摩托车把他们4位来客送到东村客运站，给他们送上车，我们的人员才骑摩托车回来。

2010年8月1日　农历六月二十一日　星期日　晴

我村教会事工活动是有聚会礼拜和每到月初举行圣餐礼拜。今天是8月1日，是圣餐礼拜，这是今天礼拜的中心。礼拜其他的项目仍有读经、祷告、献诗、讲道等内容。人员有来自万宝山、水平子、柿花箐、麻栎树、芭蕉箐、石桥6个自然村73人。礼拜活动程序中，会众在各项崇拜程序中，已比较高兴满意，心灵得以满足。

另一项事工是村民卖一头肥猪，村民杨天友养有一头黑毛猪，体重约80公斤，讨价还价后，买主给价650元就卖了。每公斤活猪大约卖8—10元。价值效益情况大约是自己的小猪开始养时10公斤×6元/公斤=60元，养猪用去一包正大饲料，价格为280元，自己已喂去苞谷（玉米）300公斤×2.20元/公斤=660元。垫本已合900元，以卖得的650元与垫本900元比较下来，实际养一头肥猪，农户已亏本250元了。自己养猪的工钱还不算哪，咋能划得来呢！

2010年8月2日　农历六月二十二日　星期一　小雨

村民赶东村街。杨天友家卖栗子（板栗），约有12公斤，卖价一公斤8元，共卖得96元，由于他家骑摩托车，我们步行，所以当我们到达街上时，他已返程回家了。我们有的村民是上街卖白菜，在前几个街，可以卖到一公斤2元，而今天由于上市的白菜多，又加上下雨，所以，中、下午时间卖一公斤1.50元，到晚上只能卖1元了。由于自己村的白菜数量少，张学祥的白菜只卖得80元，儿媳妇王凤仙的白菜卖得40元。

小结：我村民生计活动，向农业蔬菜方向发展试种，探索进取。由于局势所向，人们努力攀登，村民种植蔬菜，也可获得经济效益。种植蔬菜，谋取好效益也是个广阔天地，努力进取创造新的篇章。

2010年8月3日　农历六月二十三日　星期二　晴

村民赶鸡街，有的出售小白竹，龙应华拉运40棵，大约可卖到一棵2元，40棵可以卖到80元。有的卖苞谷，有的卖小猪，有的卖旧废品。记述村民卖苞谷，村民杨天光卖两包苞谷，每包大约重40公斤，两包可达80公斤×2.20元/公斤＝176元。用摩托车拉运，分为两次拉运，他来回跑了两次。

记述村民卖小猪，村民张学德卖小猪，这一窝小猪有10只，今天他留下2只，拉运8只到鸡街销售。因他的小猪大小差别太大，他想出一个妙计，把大的装在一处，小的装在一处。说来也巧，这一窝小猪，大的全部是白毛，小的是黑白两种毛色，根本认不出是一窝小猪，这样下来，小的一公斤卖12元，大的一公斤卖11元，共卖得人民币1200多元。如果是大小混合装在一处，那是特别特别难卖，因为买家都知道一个道理，如果一窝小猪大小差别大，那么，你的小猪一定是存在问题的。卖价也要低于市场。

我自己卖旧废品：1. 水泥袋1179件×0.10元/件＝118元

2. 废纸16公斤×0.60元/公斤＝9.60元

3. 饮料瓶26公斤×3元/公斤＝78元

4. 好纸 3公斤×0.70元/公斤＝2.10元

合计人民币207.10元

小结：市场小猪价一公斤7元，历时已有两年了，现在突然一公斤涨了4—5元，所以，乡村人民特别是养猪的农户，又有了希望了。

2010年8月4日　农历六月二十四日　星期三　晴

教会购置打印机（打复一体机）。教会的书写、圣歌本、抄写、油印，已用了多年，费时费力，质量实在没有办法搞好，随着社会进步，文化科技腾飞，书写工作排版印刷已应用电脑科技。以前复印资料，还得到很远地方上的复印店去复印，而现在电脑科技的广泛应用，几乎是普及到村村寨寨用。

教会的自身建设，文化用品、电脑、复印机都是最起码的设施项目。本教会的诗班为迎接年度感恩节，训练诗歌本，需要400本。准备诗班自己复印和装订，就涉及复印机。教会安排张学德、张学祥二人到富民县城看看情况，结果是彩印机价格需两三万元才能买到，我们自己经济有限，只好买了一台惠普激光多功能打印机，价格是1800元，由于销售店已卖完，叫我们先付了钱，后天老板叫富民到东村的班车拉送到东村客运站，我们只需在东村车站等货就可以了。

2010年8月5日　农历六月二十五日　星期四　雨

村民农活计，扎稻谷（把风刮倒了的稻谷用谷草一捆一捆地扶直起来）、扶苞谷（玉米），因凌晨2—4点，下了中到大雨，并且是雷电交加和有旋风。

今早起来，有的农户稻谷被旋风刮倒；苞谷也被不同程度地刮倒。稻谷被刮倒的农户，都集中劳动力突击扎稻谷，龙兴华的稻谷面积有3.5工，所以请麻栎树的亲戚来帮忙扎稻谷，经过一天的努力，还没有完成。未完成扎稻谷的农户有张学光、张志明、杨天友、龙兴华、龙兴明5户，一天就完成的农户仅有村民张学全一户。

几年来的天年，多半是干旱，雨量始终欠缺。人们有话说："年时干旱大，也是灾难，就是下雨也是灾难。"已过的历年，稻谷也有风刮倒，一般都是一天全部扎好了，今年竟要两天才能扶扎好。60%的农户稻谷没有被刮倒，原因是今年特别干旱，等下雨后才插秧，所以才免去这次的灾难。

2010 年 8 月 6 日　农历六月二十六日　星期五　晴

村民活动工作，从事于农田、山地的管理，昨天没有扎好稻谷的农户，继续工作，并且请亲友劳动力来增援支持，这是村里的一项中心农活事工。村民有的是从事野外活动，捕捉猎鸟谋生，是越搞越上心，越搞越感兴趣，经济效益还高哩，还力求创新。有的村民在附近村寨打临时工，是村乡有事工而临时找请帮忙，薅锄白薯（红薯）。张学光夫妇二人被找请。大部分村民的农事中心工作是农地管理，就是割除苞谷地里的杂草，用以喂牲口，又有利于庄稼的成长和成熟，有助于丰收。

2010 年 8 月 7 日　农历六月二十七日　星期六　晴

民族山村的斗牛喜好花山节。民族风情普遍形成向往花山节，而且邻近各县的民族蜂拥前往参与活动欣赏。今日的地点是嵩明县白邑乡三转弯村委会的斗牛场。各村寨的民众不同程度地以活动欣赏为乐。有的是欣赏，有的是借以与亲属交通来往，有的是年轻男女交友。

记述斗牛花山节，已成为民族传统性的活动节日。活动人山人海，特别是苗族更是喜好，因斗牛是我们苗族创建的。喜好的程度是，从远程出高价运费用汽车拉运斗牛前往斗牛场，以参加比赛为乐为荣。由于交通和交通工具方便，几乎一般的苗寨都以尽力参赛为乐。

2010 年 8 月 8 日　农历六月二十八日　星期日　晴

村民过宗教礼拜生活。一个正常健康的人，他每天的工作、吃饭、喝水、休息，是非常有规律性的，按时工作、吃饭、喝水，所以他能胜任各种繁重的体力劳动和维持他健康的身体，来生活和生存。

一个平安的人生，不但要能享有丰盛的物质生活，更重要的是要有丰盛的精神生活。

2010年8月9日　农历六月二十九日　星期一　晴

村民农业活动，村民张学光销售栗子（板栗）。每年到了农历七月初，早板栗已成熟，开始下栗子（把板栗果子用长长的竹竿打落到地面），进入卖栗子季节。侄儿张学光卖栗子20公斤，由于交通和交通工具方便，今天早上6点拉运到马街（款庄乡）销售，市场价是一公斤9元，20公斤×9元/公斤=180元，是上午的工作。

下午接着下栗子。他家称得上是板栗专业户。大量种植，力求一个板栗园是一个品种，便于管理和销售，是比较优势的专业农户。

另一种事工是村民两户拉运大白菜到鸡街市场销售，数量大约一户是有60公斤，另一户是有100多公斤。白菜销售价，今天是大砍价，到了最后是一公斤0.30元，虽然是大砍价，幸运是自产自销，也不算亏本。

2010年8月10日　农历七月初一　星期二　晴

村民张学光农事活计仍是下栗子，由于大面积地种植板栗，培植一个板栗园，都是要培植嫁接成优质品种。要管好，要收好这一片园地的板栗，不是几天可以做好的事，起码是要一段时间才能做好做完。如此爱好、如此选择、如此成业的农户，村里并不多。

小结：农夫自己选择，建设得有几个项目的，就比较幸运，有依靠，有希望。年时气候变化大，去年八月初以来，就已停降雨量，导致山里的树木有的枯干死了，各地区也有部分板栗树枯干死了。有板栗树的农户也遭受很大影响，只有极少数的果树才挂果了。不过在这不利的天年中，有果树的农户始终是多少都有希望，经济状况始终是好些。

2010年8月11日　农历七月初二　星期三　晴

记述村民打工。四儿张学德同时被两处两户聘请开车。一户是鸡街乡的一位教练老板，在教练时与张学德相识，因张学德驾驶车的技术高于他，所以很受教练尊重，当时被教练聘请做技术教练，并叫张学德教练学员。这样一来张学德一直在他心中是一位了不起的人物,所以聘请去帮他开车。另外一户是聘请去开公共客车,从东村客运站开往昆明的长途客班车。两处开车的待遇工资相同,都是说每月给1000到1500元。应该说,可能教练老板工作量要轻松得多,因为拉运货物比拉运乘客简单得多,又不复杂,就是跑昆明也是途中耽搁不大,只认两地两站。所以先去看看教练老板的情况如何,看看是否能干。

2010年8月12日　农历七月初三　星期四　晴

村民卖栗子(板栗)。村民大部分都种植板栗和从队上分得一部分板栗。自己培植得有早板栗的村农户约有15户,已进入下栗子、卖栗子的季节,街市上已正式进入买卖栗子生意的时刻。有板栗的村农户,不论栗子有多少,都拿到街市场上销售。街市价情况是保持在每公斤9—10元。杨兴明今天卖栗子的情况是 30 公斤 ×9.30 斤/公斤 =280 元。

小结:村民杨兴明卖栗子今天的数量是30公斤,30公斤是一棵中等板栗树一年的收成,也可卖得人民币280元,可算为好栗子了。近几年,不知为什么,大的栗子也不怎么值钱,虽然价格比小栗子高,但是往往都先卖小栗子。大栗子还得在最后卖哩。

2010年8月13日　农历七月初四　星期五　晴

孙子们度假。孙女张多加在昆明幼师实习,教学待遇为月工资1000多元,因有假日15天,与她在校园实习的另一个女友王丽娟也顺路来拜访我们。孩子们这一天的活动开展得很活跃,极其开心!她们组织得五人到野外捡拾蘑菇回来做美食,享受一番。当她们回来做晚饭时,还特留下我们老人的份,也给我们享受。就这样喜乐开心地度过一天美好的时光。

2010年8月14日　农历七月初五　星期六　晴

孙女张多加在暑假中，同学互相来往，8月12日从昆明校园放假回家，13日在野外捡拾蘑菇，并欣赏大自然美景和山村秀丽风光。孙女张多加的朋友还得回家看望家人，是从我们村一直往东北寻甸县方向走即可。

孙女张多加姊妹俩用她们家的摩托车送出20多公里的路程，到鸡街坐客班车。不料，从鸡街开往寻甸县的客班车早上7点已开走了，张多加的女同学只好返回东村乘坐东—昆的客班车绕行返回家中。

小结：接待工作，教会、村上、个体户都要搞好。接送来宾要热情主动关爱，积极做好接送工作。接送工作虽艰苦，要付出一定的代价，但是也是很值得的，我们也是情意，助人为乐。好的是交通和交通工具都很方便。

2010年8月15日　农历七月初六　星期日　晴

村民张志明筹办子女订婚事。张志明次女张秀花订婚，俗称"压八字"，时间初步定于今晚。张秀花在外打工，可她也请假从昆明回来。

2010年8月16日　农历七月初七　星期一　晴

村民张学祥搞建房工程，是协助自己亲戚舅子（舅老公）建盖砖房，已开工了几天，今天的建房工作是浇地梁。

亲友张寿文建房的计划是一楼一底，由于财力有限，只得先建好一楼，二层楼房摆于今后再考虑。经济来源是变卖了自己的牲口（山羊），卖得人民币6000多元，不够部分，再向亲戚找借一点，或是借一点高利贷建起来，而装修摆在后期再作打算，建房技术监督指导请张学祥。

2010年8月17日　农历七月初八　星期二　晴

村民有的以捕猎为乐为业（打斑鸠），有的寻找野外的马蜂子，有的从事农地管理，有的在山地里挖洋芋（土豆），再准备在地里种冬甜萝卜。一片繁忙的景象。

记述我们农地里下栗子和农杂活计。由于板栗果园和耕地的成片集中，我家父儿五户，就开一张农用车去拉运物资，父儿五户要下栗子、挖洋芋、割草，主要的事工是下栗子。车子从家拉运农家肥上去，为种冬甜萝卜和苦荞备用。

中午下栗子事工是：四儿张学德是他人聘请去开车，五儿张学祥又被聘请搞砖房建筑。两个儿媳在家务农，还得把生产搞好。特别是下栗子时要爬上板栗树，下栗子是男人的活，幸好两个儿媳都是生产能手，男人女人活计都能干，而且做起来很出色。男人在外，她们都能担负家里的农活。一天工作效果，5户下栗子、挖洋芋、割草、找猪食，满载一车回家。山地耕地路里程是3公里啊，现在下地，都离不开车子，都要装备运输的车辆了。

2010年8月18日　农历七月初九　星期三　晴

孙女张多加送兄弟张荣光到广州读书，张多加在昆明大专院校学习幼师，原休假日有15天，但因兄弟张荣光要到广州某校院深造，所以也得提早回昆明，送兄弟上火车前往广州读书。到广州读书情况是：招生是云南神学院负责招生，名额是十多人。学历是五年时间，学费可能是免费，毕业后，可能安排某种事工。

2010年8月19日　农历七月初十　星期四　晴

村民事工进行农杂活计，也就是多中心。有的挖洋芋，有的拔刀豆，有的砍竹子准备拉到鸡街去卖，有的忙于下栗子，有的是到野外找马蜂，有的时常在外打工，有的帮忙亲属建房子，有的离栗子（从栗子包核内把核子拿出来），有的捕猎鸟。

记述我们下栗子，板栗园分上、中、下，就是山顶、山腰、山脚三个片区，所栽下的板栗株数也就多了，所以一进入下栗子季节，就得天天下栗子，时时忙于捡拾栗子，忙个不间断。白天忙外边的活计，晚上还得离栗子，都要工作到深夜，不过我们也情愿多忙。

2010年8月20日　农历七月十一日　星期五　晴

村民农活事工挖洋芋，拉运农地肥料，送往山地准备种冬甜萝卜和苦荞。有的找寻马蜂，有的捕猎鸟。

记述我们下栗子的事工，下栗子，有的是几户都在一个片区下栗子，有的是一两户下栗子，户数多的时候，就方便，因为配备有车辆运送，户数少的时候，就困难，因为不打算用大车运送，要待数量多了时，才安排大车运送。

今天下栗子的事工活计虽然数量少，幸好是村里的邻居用大车运送肥料（农家肥），刚好从我们的果园经过，又是下午时，眼看就要下大雨了，此时，由于是村里熟悉的人，就主动帮忙，把我们父儿的洋芋、栗子8包装在车上，火速拉运回家，可还是在半路上被大雨淋了，幸好是车货箱上没人。

小结：人生处事，很多事工，很多时间都是靠自己的村乡人，亲朋好友的关心支持帮助。不费力就把很多事做好了。所以人生处事，要力求做好人际关系。

2010年8月21日　农历七月十二日　星期六　雨

村民事工，赶鸡街，我们有的变卖竹子，有的卖小猪。今早约4点，就下起了中到大雨，下雨的天气赶街，很不方便，用大车运送竹子，时间越早越好，就是要趁街上的人不拥挤时，竹子运进街上摆好。为方便下车，所以今早约6点，天还下着中雨，就装好车子出发。

村里张正才家是用大车拉运小猪上市场销售，小猪装进两个猪箩，到街上时，买主给价，两箩小猪大小不一，混装在两箩里，所以买主就叫大的作大的价格，小的作小的价格。实际上是买主的一个圈套。结果张正才确实上了钩，买主先把大的选出来，按每公斤12元称了，却把小的留下了。小的一直摆到晚上都没有人来买了，只好拉运回来。

小结：卖竹子的情况是：竹子市场价格也很不理想，竹子制品价格很昂贵，但竹子卖价很不好，也就罢了。小猪市场价格稍微有所上涨，是在原基础上每公斤涨了4元，这是众民所望。

2010年8月22日　农历七月十三日　星期日　晴

教会事工活动，我们教会被邀请参与我县大水井基督教会新殿竣工典礼。

2010年8月23日　农历七月十四日　星期一　晴

村民农活事情割谷子，侄儿张学友家今天割谷子，稻田面积有3工田，也就是一亩水稻田。今天割谷子的劳动力有8人，工作劳动情况是，经过一个整天的辛勤劳动才完成，是今年我村第一个割谷子的。我们其他的村民事工活计是下栗子，上午先是送孩子们上学，然后回到家中，再开大车到山顶栗园来拉运栗子和洋芋。

我们在家中的人员，指我家父儿5户，吃过早饭就忙于赶到山顶片区，下栗子，挖洋芋。大车开到山顶栗园来时，我们所下的栗子和所挖的洋芋，几乎快准备好了。每天车子拉运我家父儿5户的洋芋和栗子，都是满载而归。

2010年8月24日　农历七月十五日　星期二　晴

村民割谷子。今天张学全家割谷子，稻田苗积有一亩。我们割谷子的劳动力有12个人，多几个人或者少几个人都是可以割完的。问题是今年风雨大，谷穗在低头时就被风刮倒了，随后用人工扶起来使得谷子成熟了，所以今天割得就比较慢。整块稻田，约有80%的稻谷面积被风刮倒，影响了割谷子的进度，经大家辛勤奋战才完成了。

2010年8月25日　农历七月十六日　星期三　晴

村民事工进行多种生计活动，在任何情况下都需要从多方面进行活动，为他人和自己而工作。

村民有的搞民族的住房建筑，有的为生计而到外面开车，有捕捉猎鸟。我家父儿五户在山顶下栗子，由于四儿、五儿张学德、张学祥在外面开车、到村搞建筑，几户的儿媳妇都需要坚持家里的各种农活，就是下栗子、割谷子、挖洋芋、种甜萝卜和冬荞，幸好她们都是农业能手。

2010年8月26日　农历七月十七日　星期四　晴

村农活，今天有的割谷子，有的掼谷子，有的种荞子，有的仍然是下栗子，四儿张学德是被聘请到外开车运输。

记述张学友家掼谷子，要收的稻田有一亩。原来我们收谷子都是用人工，比较费力，劳动强度大，而现在呢，则是用机械，所以轻松多了，今天我们掼谷子是用一台掼谷机脱粒的。

运输，从我们村到山脚田里的路程是一公里。幸好是，现在都用小型拖拉机做运输了。劳动力虽然单薄一点，但是经一天的辛勤努力，终于完成了。

小结：几天都没有下雨，所以掼下来的谷子都从田里直接运到村子里了。

2010年8月27日　农历七月十八日　星期五　晴

村民张学全家掼谷子，要收的稻谷有一亩田，由于哥们几个有充足的劳动力，所以我们收好了用柴油的脱粒机器，因为我村中有一些烂泥路，所以大车困难些，运输改用小型拖拉机，出动15人掼谷子。

生活待遇，为酬谢亲友们的关爱和支持，在生活待遇上多投入，尽量承办高档饭席，中午在田间随便供给点糕点饼干和茶开水，晚饭就是要力求鸡鸭鱼肉来酬谢亲友们的辛劳。

2010年8月28日　农历七月十九日　星期六　晴

村民活计有张志明、张正才父儿两户掼谷子；今天他们的事工比较活跃，仍有15人出动，两台稻谷脱粒机，动力是小型柴油机，田的面积有2.5工田，也就是刚好一亩水稻田。虽然有足够的劳动力和机械动力，仍是一天辛勤、艰辛的劳动，只有努力才能有收获。其他的村民仍忙于挖洋芋和种冬萝卜，我们老两口仍忙于下栗子。

2010年8月29日　农历七月二十日　星期日　晴

本村本教会唱诗班自养工作的生计活动。教会唱诗班原本的工作花销就有用于纸张的打印复印、车旅费、探访工作等开支。所以历年都需要耕耘零星的农地，搞点小小的农业生产来支付唱诗工作的自养。

唱诗班原先在万宝山村的山脚荒山开得一亩山地，并且种上30多株板栗树。原来承包给唱诗班长王兴仁管理，现在种上的板栗有了一点小收益，今天礼拜休会后，唱诗班相约5人到果园下栗子，离的栗子大约可卖得七八百元。

教会唱诗班的自养必须靠搞好生产来维持，由于唱诗班的人员越来越少，所以唱诗班的工作是比较艰辛的。栽了这30多株板栗就轻省多了，每年待到收板栗的季节，组织劳动力收一下就行了，唱诗班的自养也就有了根基。

2010年8月30日　农历七月二十一日　星期一　晴

村民割谷子，有龙兴华家割谷子，稻田的面积有3.5工田，也就是一亩多一点。稻田秧苗先栽下，能按季节栽的，长势比较好，籽粒也比较饱满成熟；不好的是当稻谷穗低平时，会被狂风刮倒。虽然能用人工扎扶起来，仍然会有不同程度的影响。出动了12个劳动力，因为谷子曾经被吹倒，当割谷子时，劳动效力受阻导致缓慢费力。生活待遇仍是尽力办好，用好饭菜来酬谢亲友邻舍的赞助。

其他村民农事活动仍然是挖洋芋，种冬甜萝卜，有的村民仍是下栗子，栗子的经济效益比较有优势，是比较值钱的农副产品。

我们几乎天天都在忙收栗子的活计，白天下栗子，晚上离栗子，越是忙碌，越有希望，越能有收益！

2010年8月31日　农历七月二十二日　星期二　晴

村里事工多多。我们开展多项目事工活计，有挖洋芋的、有下栗子的，有忙于割谷子、掼谷子、收集稻田中的稻谷草的，还有的在外搞建筑建住房。

记述村里农户龙兴华家的掼谷子事工，一共3工田，出动了10个劳动力，两台稻谷脱粒机，一台的动力为小柴油机，一台是脚踏式的人工脱粒机。收掼稻谷任务很艰辛，幸好天气好，又利用了机械工具，工作下来就轻省多了。

村民张学全家是收拾稻谷草，稻谷掼了之后，在田里晒干，就要从田里背到田外边堆好，以后喂牲口或者用于垫圈。他们把稻谷草收堆好后，便点播小春农作物。今天出动了两个劳动力，仅一天的时间就已背完并堆好了。

2010年9月1日　农历七月二十三日　星期三　晴

村里农忙季节事工多，农活复杂，农夫们只好把所有的时间都利用起来。我们的农事工作安排是：我家父儿共5户，把劳动力集中起来，利用一个早上的时间下栗子，是老五学祥家的栗子，开动大车到山顶片区下栗子，经过一个早上的齐心努力，坚持下完了张学祥家的栗子。中午的时间，我们父儿5户又下到田里割张学祥家的谷子。谷子割完后，又转入掼三儿张学忠家两工田的谷子，共出动了8人，一台柴油脱粒机。由于久晴不雨，所以非常有利于收掼谷子。

龙兴华家掼谷子，要收掼的稻田面积为3.5工田，出动了12个劳动力，一台稻谷脱粒机。由于田的面积大，所以他家忙了整整一天才收掼完。

2010年9月2日　农历七月二十四日　星期四　晴

村民事工卖栗子。很多村民都到东村街卖栗子，今天的栗子上市的数量也比较多，所以板栗的市价就降下来了，比上一个街的市价每公斤降了两元钱。我自己今天出售栗子205公斤，每公斤6.7元，共得1373元，大儿子卖了700元，老三卖了200元，老四卖得1200元。

我村村民购置农用车辆，有张大卫、龙保罗两户由张学祥带队到禄劝县某机械厂购置了两张后轮驱动式拖拉机，新车是好但也贵，每张的价格是18900元。

小结：我村今天的生计活动——出售栗子和购置农用动力机械都显示了我村生产力有所发展和进步，将推动着我村今后的发展和建设。

2010年9月3日　农历七月二十五日　星期五　晴

村民开展教练驾驶车辆活动。村民张大卫、龙保罗两户由于昨天购置了两张后轮驱动式拖拉机，今天集中于教会场院学习驾驶，双方都聘请来有学识的亲属友人进行教练。由于新车价格昂贵，且我村一次就购置回来两台，引来了很多喜好者来围观新车和教练。教练先是进行一般的技术操作，后又进行有关考场所要考的一些高难度的驾驶技术的操练和学习，后来又把车子开上山顶试车而完结了一天的教练事工。

2010年9月4日　农历七月二十六日　星期六　晴

村民张学忠因看到母亲体衰多病却坚持带病下地工作，今天特安排时间用农用车带母亲到款庄马街医院就医。医院的鉴定结果是胃溃疡，后医生开了处方，到街市上药店买了药品后就回来了。

2010年9月5日　农历七月二十七日　星期日　晴

村民大部分都是休假参与宗教礼拜活动。我们教会今天的礼拜活动是安排到麻栎树聚会点聚会礼拜，并按月季度吃圣餐纪念耶稣的受死。吃过早饭，侄儿张学才开他家的小拖拉机带我们前去参与礼拜。

由于生计工作的需要，所以三儿学忠家的农用车也开去做礼拜，晚休会后我们顺便从山顶地里割猪食草和喂牛草拉运回家喂牲口。由于交通和交通工具方便，部分人员乘坐自己的摩托车前去礼拜。我村共有12人参与活动，圣餐礼拜项目中有济贫捐助项目，奉献额有96元。

2010年9月6日　农历七月二十八日　星期一　晴

村民的农事活计：割谷子、掼谷子、收堆田里的稻草、晒稻草，以便今后喂牲口以及继续栽种小春作物。还有的村民挖洋芋，有的协助亲属家挖洋芋。

我家的事工活计是继续下栗子。儿媳们收栗子的任务轻松了，就主动协助我们老两口下栗子，并帮助我砍除栗子树上的寄生草，修枝打叉。年轻人工作起来，都比老人轻省和效率高，仅一个中午、下午的时间就几乎完成了工作任务。

2010年9月7日　农历七月二十九日　星期二　晴

村民张学才哥弟两户联合掼谷子，出动两台柴油稻谷脱粒机，劳动任务虽然艰巨，但用电动脱粒机就很轻省，时间挨晚就掼完了两户的稻谷。我自己的事工活计是离栗子，尽上最大的努力，俩人一天可以离得100公斤左右。

2010 年 9 月 8 日　农历八月初一　星期三　晴

村民事工活计是挖洋芋和就地销售。龙兴华家挖洋芋，用耕牛犁，人工捡拾，跟随耕牛捡拾洋芋的共有 8 人。历年就地销售的价格是 0.8 元一公斤，后期卖到一公斤 1.2 元。今年价格上涨，卖到一公斤 1.65 元，几天后又涨到一公斤 1.75 元。他家今天总共卖得 2000 元。而我自己的板栗共得 200 公斤 ×6.8 元／公斤 =1360 元，我们父儿 5 户各自都有销售。不论是销售洋芋还是出售栗子，价格都比较理想，对农民比较有利。但另一方面粮食价格上涨就不利于广大人民的利益，人们都盼望市场上粮食价格稳定。

2010 年 9 月 9 日　农历八月初二　星期四　晴

村民农活事工为挖洋芋，有张正才、张学华、张学志三户分为两个小组劳作，劳动的场地在山顶片区，用牛犁地，人跟在牛后捡拾收集。每户有一架犁牛，每架犁牛后跟随捡拾的人不少于 7—8 人。村民挖洋芋，关键是要配合好，团结互助，而且是自愿主动协助帮忙，原因是家家户户都种有洋芋，都要运用这种方式，组织足够的劳动力捡拾洋芋，所以不约而同、积极主动地联合行动，主要是指哥弟、亲友邻舍一起行动。

洋芋是目前主要的经济农作物之一，市场价格比较理想，历年的收购价格是一公斤 3 角，而这一两年收购价上涨为一公斤 1.7 元，所以农地宽广的农户非常开心地种植经营洋芋。

2010 年 9 月 10 日　农历八月初三　星期五　晴

高科技的交流培训活动：今有禄劝县翠华乡西龙村委银凸山传道员龙光福派人到我村拜访和交流有关摄制录像光盘技术。我们坐下来陪谈，有问必答，尽所能进行科技分享，到了晚上 5 时，来友乘摩托车告别回家了。

村民龙荣才今天挖洋芋，洋芋是山村喜人的经济高收益的农副产品。

据说，他家所挖获的洋芋今天卖得 5000 元人民币哩！

小结：攀登、应用高科技以及农副产品的高收益都显示出民族山村欣欣向荣的新气象。

2010 年 9 月 11 日　农历八月初四　星期六　晴

村民农活事工有挖洋芋、离栗子等。明天 12 日是东村街集市街天，所有的栗子都要赶在中秋节前销售，因为过了节期，买主就少了，栗子的价格也就有所下降，所以力求赶在节期前销售完。板栗树上的栗子已下完了，所以今天白天就有时间离栗子。离栗子讲究趁着新鲜离，所以得用人工慢慢地一个一个地离下来。我们俩老人离得 150 公斤，价值约 900 元。

村农活计有村民龙兴德家找工请人挖捡洋芋。由于他家土地宽广的优势，今天的洋芋卖得有 7000 元。

小结：山村人民，从事果木，农作物或是畜牧业，各自都有自己的优势。

2010 年 9 月 12 日　农历八月初五　星期日　晴

村民经营活动：龙福祥卖大牛得 7000 元，张学祥卖牛得 4800 元，张学明卖 40 只山羊，得 12000 元。

2010 年 9 月 13 日　农历八月初六　星期一　晴

教会圣工活动，省、市、县有关翻译苗文新旧圣经。从 2009 年 9 月 5 日发行使用至今发现有差误不当之处，各县、地区、宗教团体教会和有关人士，统一今天到武定县县城三自教会翻译组织地点汇报情况以便收集整理校正后，有利再版。县三自统治富民东片有关人员于上午 11：00 集中于款庄圣经班地点乘车前往参加会议，四儿张学德是我县基督教三自常委会成员，所以，张学德早 9：00 乘坐摩托车前往款庄约会地点。另一项事工是,由于政府关怀支持,石桥村委关怀,今天给我芭蕉箐全村大米5吨,通知我村到东村街拉运,我村接到通知后,安排张学忠、龙荣才两张农用车前去拉运回来。分配救济粮情况,按上级给我村数字,我村全体村民136人,每人有35公斤大米。运载大米的两辆车,停于教会场院上通知全村村民到场院上来领取,夜晚9:00全村村民集中于场上领粮,大家都非常高兴地来领救济粮。

2010年9月14日　农历八月初七　星期二　晴

村民事工活动挖洋芋。张学光家今天挖洋芋,用一架犁牛耕犁,有12人跟牛拾收集装包,并拉运到车路上,以便称计出售。经一天的辛勤劳动,按每公斤1.75元计算,卖得人民币1400元。村民张学忠家栽白菜,田里所栽的头一水销售完了,就准备第二水。出动了6个劳动力,一架犁牛耕耘,然后开沟,打塘下足底肥,下种盖土,因天年不雨,种好后又用人工挑水把所有的菜塘浇好水,才算完结工作。由于农活事工多,我们整整忙了一个整天,当息工时,时间已是下午5:00了。村农事不论山地挖洋芋,还是农田里栽种蔬菜,目前几乎都是成功的,而且是经济效益比较理想,初步见到很好效果的,我们将再接再厉向上攀登。

2010年9月15日　农历八月初八　星期三　晴

村农活计,村民龙荣才家挖洋芋。今天挖洋芋工效是比较理想的,也是每公斤洋芋按1.75元计算,卖得人民币2000元。另一项事工是中秋节即将到来,由于政府关怀,今天有县国保大队下乡送节日礼品来慰问我们宗教和民族人士代表。宗教、民族代表有苏天能、张正文,民族代表人士有马世章、张学忠一共4人,所送的礼品是安排我们每人25公斤大米,一袋月饼。由于昨晚下了雨,所以事先通知我们今天中午12:00到东村派出所领取,万宝山代表2人又由我们带去。

2010 年 9 月 16 日　农历八月初九　星期四　晴

村民购买车辆，村民龙兴华购买农用大车，车牌是一汽红塔，车价讲定 8760 元，今天买主卖主到富民县县城办转户手续。张学祥购买面包车，车价为 13800 元，是哥弟张学忠、张学祥上昆明选购。

小结：由于社会进步，人们生活水平有所提高。我村现在 36 户 135 人，原来购买有 5 张大车，4 张小车，4 张小拖拉机和 28 张摩托车。全村大小车就有 41 辆，今年村户又购置两辆后轮驱动式拖拉机，一辆一汽红塔汽车，一辆面包车。现在全村大小车辆已达 45 辆，新购置 4 张辆车已达 50800 元。

2010 年 9 月 17 日　农历八月初十　星期五　晴

参与苗文圣经翻译再版座谈会，会议胜利闭幕，苗文圣经初次印刷 10000 本试用，现即将再版之际，各地区在试用中发现不妥之处，再作修改而再版，所以省市以及圣经公会召云南、贵州和各地区教会和有关人士于 9 月 13—17 日集中武定县城三自委会址座谈。人员：我富民县基督教代表是张学德、王学杰、袁学明、张志荣 4 人。圣经公会龙博士，省三自领导江副主席，昭通代表 6 人等共有 41 人。

小结：这次为再版苗文圣经座谈会议整三天，代表们提出很多宝贵的建议和要求，在这次会议上得到采纳和改进。各地区教会对语言和词句的不同的观点几乎也得到平息和谅解，打下再版的稳固基础。

2010 年 9 月 18 日　农历八月十一日　星期六　晴

村农活事工撕苞谷，我们今天开始扳撕苞谷，是零星土地幸遇雨水来得早之际种下的早苞谷。农活场地就在村子附近，数量也少，就是得用人工扳和背回家里来。数量扳得 5 篮子，就是一天的事工活了。

小结：小小的事工，小小的付出，都有小小的酬劳，我们要珍惜一切财源，土地和时间办好一切事务，充实我们的生计家业。活出我们自己，发出自己对社会、对地区民族的影响力，作出小小的贡献。

2010年9月19日　农历八月十二日　星期日　晴

星期天也是礼拜天，这天工厂、机关、厂矿单位都停工休假了，信仰基督耶稣的信徒也停止了农业生产而转入礼拜侍奉上帝活动，寻求心灵的满足和喜乐。

2010年9月20日　农历八月十三日　星期一　晴

村民事工活动：张学祥因购置一辆面包车，昨晚款庄镇莫依龙村（苗族）亲属友人打来电话，聘请开出小面包车上昆明购买轿车，又有三儿张学忠要到昆明送朋友中秋节礼物，又有四儿张学德今天到富民县县城三自办公室参加中国三自教会成立周年座谈会。几项出差事工活动就乘坐张学祥的面包车去。事工的结果：上昆明购买小轿车的已买到，车价格是二手车7800元，要价是8800元，卖主让价1000元。

小结：由于社会经济有所发展和提高，人民生活改善，社会科技高速增长，山村人们工作需要，村村寨寨都在大量购置机械、车辆，创建乡村貌。

2010年9月21日　农历八月十四日　星期二　晴

村民赶翠华街（在禄劝县，翠华街是往西北方向走，单边就有3.5公里）。村民张正才、张学忠、张学德、张学祥4户8人特意到那里购置苗族姑娘的花裙子，苗族办婚喜事和过年过节穿用。自己购置得有车辆之方便，又是交通也方便，所以难事已变成容易平常的事工了，据说，他们每户所需要的都已买到。村民张学忠途中在狗街还销售20多公斤栗子，卖价也很好，每公斤栗子卖7元，卖得人民币150元。

2010年9月22日　农历八月十五日　星期三　晴

中秋节。乡村人民过中秋节，学校放假了，机关单位因为同样休假过节，亲属友人都相互用电话请客团聚过节。我家父儿几户的过节情况是：嵩明凸董箐的姑爷、女儿用电话邀请我们去过节，同时，今早他家有农活事工，是要砍白菜批发，就在地里或是路边，双方讲定两千三千或是多少？由卖主找小工砍后装上车就数钱。所以昨晚5：00我们8人就乘坐自己的小面包车赶去协助干农活，也是去过节。我们的车子行驶了三个小时就到了嵩明县白邑乡凸董箐。

小结：亲属、女儿家由于是早上找工，又是晚上要过节，所以所准备的肉食饭菜，非常丰富多彩，让我们尽情享受。

2010年9月29日　农历八月二十二日　星期三　雨

村民扳撕苞谷。一部分的村民已经开始扳撕苞谷，有的是砍倒扳撕，有的是进入苞谷棵里随苞谷树站立而撕。有的仍是给板栗园地追施基地肥料和疏松土壤以便保持水分，有利果木的生长。

小结：从26日以来，连日都下着雨，不利于农地活计工作，但是乡村一个农夫就是珍惜光阴时间，似乎所有的时间都要珍惜和利用好，下雨季节，只要是雨一停，都要从事农地劳动工作。上述农户砍倒苞谷而撕，是忙于地里点种大小麦了。因为雨水近年来非常珍贵，不是少雨，而是不下雨，所以逢有雨，就得火速快收苞谷再把大小麦种下。是吸取历年少雨的教训而打主动战。

2010年9月30日　农历八月二十三日　星期四　晴

村民搞建房，侄儿张学才为长子张约荣搞建房。是去年建盖起来。只因建房任务重，时间紧，所以房内设施还没有完备和完善。他家趁农闲季节，苞谷快要收进屋之时，哥弟子孙6人从山里砍回木料，昨天和今天清理房内的一些木梁安设木楼板准备装粮食。

小结：人们在生活实践中，为了生存、生产、处事，在日常生活中的锻炼学习中涌现出各民族各地区的一些科技人员，来处理各地区、各民族自己的住房和机械动力。他家在生活实践中，喜欢做木活，就是起房盖屋，一般木料木活都是自己处理，力求不求人，当然事工，工程如建住房也是哥弟互相帮忙。

2010年10月1日　农历八月二十四日　星期五　晴

村民事工活计从事于扳撕苞谷，挖白薯，挖洋芋，摘柿子。有的是搞建筑。记述村民挖白薯，有龙兴华、张学忠、张学祥3户挖白薯，因明天是鸡街天，都是准备拉运上市场销售。由于交通和交通工具方便，所以要上街销售农副产品的农户，物资数量多少都拉运上街销售，今天是各家各户做准备。另有两户是犁苞谷地，是龙兴德、张学友，因去年和今年的天年都是干旱很少雨，所以要耕种小春的农户就得采取措施，抓节令抢时间地抓好收种农地工作。所以收苞谷，收砍苞谷草堆好，顺便把山地犁好，都是趁有雨之际力争用最快的时间搞好。

2010年10月2日　农历八月二十五日　星期六　晴

村民赶鸡街，我们农户有农副产品要出售，如种有白薯、葫芦瓜、柿子，已到上市销售的季节，今天有龙兴华、张学忠、张学祥3户用车子运送农用物资上市场销售。各种农副产品销售情况如下：白薯销售价格是一公斤1—1.5元；柿子生的卖2元，已熟的卖3元；葫芦瓜为一公斤1.5元。又有村民杨天祥卖自养的肥猪一头，重量约有70—80公斤，讨价还价买主给到900元就卖了，村民评价可以，历价只能卖得700元，而现在就可多卖200元了，肥猪市价有所好转上升，养猪的农户有所希望。

小结：上街的人员比较多，所以我们用小面包车运送人员上街，分为车子运送两趟，先是运送需要销售的物资，第二趟又运送人员，因为我们需要上街给孩童买一些衣物。

2010年10月3日　农历八月二十六日　星期日　阴

村民生计活动，有为亲属邻居修理农机拖拉机服务事工，是因昨天赶鸡街就发生故障，用电话联系帮助修复，村民张学祥叫他家先到街市销售农机零件的铺子买好零件，今天上午去买好，到晚上我们散了礼拜后，再去给他家安装零件。是压箱零件，用了三个小时才装配好。他家给的酬谢是，付给张学祥30元钱为酬金，是自己不要而人家凭喜欢而付钱。村民龙兴德家的农事活动是种豌豆，地的面积有一亩，撒豌豆一般比较随便，用人工撒了以后，用耕牛翻犁就行了，所以是比较简单。

小结：随着农村社会生产的发展、农业生产机械的普及，维修和配件的事工也随着繁荣起来。五儿张学祥自己也不讨价，而是凭人家喜欢给，这就赢来人人都喜欢聘请，所以各家自有自己的优势。

2010年10月4日　农历八月二十七日　星期一　阴

有龙应光家种麦子，一个上午的时间清理收整山地的苞谷，并背送回家，幸好路道很近，100多米就到家，所以搬运也很方便。中、下午的时间又转入种麦子，方式是用人工播撒麦种后，再用牛翻犁一次就行了。种麦子，另有一种方式，如果自己有壮犁牛，又有充足的劳动力，那么就要先用牛翻犁头道，又要背圈粪料到山地里撒，二次翻犁时，要用肥料拌麦种，而又用人工跟牛点，点种之后，又要耙平整好。我家父儿五户，11个劳动力，是协助五儿张学祥的外父母挖洋芋，（用牛犁，然后人员跟随捡拾）今天的收获是：洋芋卖得人民币1280元。由于交通和交通工具方便，我家人员是乘坐自己的小面包车参与劳动。

2010年10月5日　农历八月二十八日　星期二　晴

送云南大学李昕、刘建琳两位老师返回昆明云南大学校园。他们因工作需要前天到我们村和云南大学民族考察驻地工作，工作完毕，需要返回昆明云南大学校园。孙女张多加也因10月1日国庆节放假7天，今天也是需要返回昆明某幼儿园授课。幸好她们三人要同一天上昆明，又是都要吃过早饭后才行，往返来回的朋友和客人都需要用摩托车从我村送到东村客运站班车上昆明。

2010年10月6日　农历八月二十九日　星期三　晴

村农活事工进入繁忙多中心活计，由于春季下透雨后，就久晴不雨，中期雨中断1—2个月，造成先栽秧的农户，早时就割收了稻谷而种小春农作物了，而后期栽秧的农户，有的现在都还没有割谷子，有的是今天割谷子。扳苞谷的农户见多了，都忙于扳撕苞谷，交通方便的农户是用车子运送苞谷，不通车路的农户，就用人工背回家。记述我家父儿3户扳苞谷。昨天五儿儿媳就约我们老人，趁他们拉运苞谷之际，叫我们赶紧扳好自己山脚片区的苞谷，他们拉运时，就把我们老人的顺便拉运回来，今天天刚亮，五儿媳又上门来约了，我们二老人赶紧乘坐儿媳的小车下山去扳苞谷，经过一早上的时间扳完山脚的全部苞谷，一半苞谷五儿给我拉运回来，一半苞谷中下午三儿张学忠又帮助我们拉运回来。

小结：俗语说儿多母苦，有道理。反过来儿女多的父母也幸福，因为凡是繁重的体力活计，事事儿媳们都是主动帮忙，我们就轻省了。

2010年10月7日　农历八月三十日　星期四　雨

撕苞谷，昨天趁天晴之际，我们父儿——我、张学忠、张学祥我们3户把山脚的全部苞谷砍完，忙到晚，车子拉运到家里来。昨晚夜里12:00就下起雨来，今天一个整天越下越大。就坐在屋里撕苞谷，真是好幸运。劳动功效是：由于下雨，所以我们从早上就在屋里撕苞谷，一直工作到晚，连撕和在住房楼上挂好，已完成了昨天所搬回来的数量，约有400公斤。送孩子们返校读书，因10月1日国庆节，学校放假7天，今晚需要回校上课。平时用摩托车送孩子回学校读书，而今天从早到晚不停下雨，五儿张学祥用小面包车送孩子，排除了雨天送孩子上学的困难，增添了我村发展的新篇章。

2010年10月8日　农历九月初一　星期五　雨

村民赶鸡街，久晴不雨，昨前天晚上又下起雨来，一下就不停了，已下了两天两夜了，今天仍是下着雨，村民有装备有车辆，有货物需要上街变卖的，仍冒着雨上街。记述五儿张学祥开出小面包车上街卖葫芦瓜，重量90公斤，一到街上，有人来批发，因雨天，给到一公斤1元就卖完了，得90元。又卖柿子，零售价可卖到一公斤1.5元，也是图快，就卖了，柿子约有30公斤，卖得45元，两样总得135元。

小结：民族今日的变化，历时，雨天就是什么事也不能开展了，而现在由于已购置有小面包车，所以就算下雨也不再阻碍事工了。

2010年10月9日　农历九月初二　星期六　雨

村农夫工作事务多，天晴就忙做外边的，扳撕苞谷，雨天就忙于做家里的活。我自己前天是在屋里撕苞谷和挂苞谷，而昨天和今天又是在家里离核桃，每天的工效概况是由于下着雨，我家这棵核桃树又比较难离，我一人一天离得12公斤，一公斤12元，是144元（是指每天价值）。雨接连下了三天了，幸好在屋里照样有农活事做。村里另外事工是，接在校读书的孩子回家。学校由于放国庆节假7天，所以学生星期假推迟到礼拜五。从我村到最近的祖库小学就有8公里，五儿张学祥的小面包车接祖库小学的孩子，由于方便又是顺路，又接柿花箐、芭蕉箐两村的孩子回来，助人为乐。

2010年10月10日　农历九月初三　星期日　阴

村民栽种菜，今天我们过好宗教礼拜后，我们父儿五户9个劳动力协助三儿张学忠家栽种儿菜，田地的面积是 1.5 个工田，就是将近一亩的面积。虽然没有晴开，出太阳，但是由于雨已止住了，很利于进行农地劳动生产操作。由于地土较泡，又细软，所以工作起来就比较轻松容易，不过还是忙了两个多小时，才栽完这一亩的儿菜。

小结：农田施行栽蔬菜，历时已有两年的时间，一般情况是比较成功的，经济效益也可以，只不过由于田地的面积太有限，所以始终是只能拿到小钱。

2010 年 10 月 11 日　农历九月初四　星期一　阴

割谷子，村民侄儿张学光家割谷子，稻谷面积有 2 工田，将近要有一亩（2.5 工田算一亩）。劳动力是哥弟主动自愿出工协助割谷子。都是从头至尾轮流哥弟互相帮忙，从开始到收割结束，形成核心小组。村民扳撕苞谷已形成农事的一项中心工作。家家户户都忙于扳撕苞谷，我芭蕉箐村地势情况是：山脚的海拔约是 1200 米，村的山顶海拔约有 1500 米，所以山脚耕地和山地的农作物，就是同一天播种，山脚的农作物要提前一个月的时间成熟。所以村民们都忙于收割山脚片的农作物。

小结：历年，农历八月十五日，几乎已收完田里的全部稻谷，今天是农历九月十一日，稻谷已推迟了一个多月的时间了，因为晚栽的稻谷正在收割中。

2010 年 10 月 12 日　农历九月初五　星期二　晴

卖核桃：核桃离得 21 公斤，核桃一般是卖潮核桃。据说，今年最高价是卖到一公斤 17 元，这一段时间已下跌了几元。今天的街市最好的可卖到一公斤 12 元。我自己也只是给到一公斤 12 元，我也卖了，卖得 240 元。往返乘车上街的情况是：我们乘坐自己的小面包车，行驶到达麻栎树村时，有 7 人乘坐我们的小车，收费几乎是固定从麻栎树到东村街每人是 5 元，那么 7 人是 35 元，连我自己计算 8 人 40 元，或许会收够烧油钱，这是上午的事工活计。中下午的事工是五儿张学祥下午开车到水平子村修理拖拉机，由于是自己亲属，可能就是干义务工了，是外父外母，因五儿张学祥买车，他外父支持1000元，又给一头肥猪，叫卖成钱，也是支持买车，价值约值1000元，前后也就是支持了2000元。

2010年10月13日　农历九月初六　星期三　晴

村民张学德参与富民县基督教三自常委会会议时间一天，会议内容研究增补三位牧师候选人名单。第二项事工是公布将于11月24日按立我富民县部分教会的5名传道人，将按立授权的传道员以及本人教会单位做好准备，3—5人参与按立圣会。另一项事工是三儿张学忠和儿媳结婚已10多年了，但结婚登记手续至今没有办好，今天学德、学忠二哥弟开五儿的小面包车到富民县县城开会办事。

小结：芭蕉箐民族今日的变化，原先我们出席县会议是从家里步行两个小时到东村客运站乘客车，散会时间超过下午3：00就没有晚班车了，就得在富民县城再住一夜第二天再乘客车回来，以前真是不容易。自己购置车辆就很方便了，现在是喜欢几时走就几时走，就是在县城天黑了都回得来，不受时间限制。

2010年10月14日　农历九月初七　星期四　雨

村民赶鸡街，张正才出售自产的白薯、白菜，由于自己有大车，所以用大车拉运到鸡街销售。村民张学祥也出售自产的白薯、柿子、葫芦瓜。运输是用自己的小面包车拉运，重量有400—500公斤，乘坐车人员有老村主任龙应光夫妻二人，我们就有6人乘坐小面包车，还有很多货物，把小面包车塞得满满的。市场的农产品销售情况是：白菜卖一公斤1元，白薯卖一公斤1.5元，葫芦瓜卖一公斤1元。村民张学明家掼谷子，稻田的面积有5工田，就是将近要两亩水稻田。出动两台小柴油机做动力的脱粒机，人员凑有16人，使两台稻谷脱粒机。不幸的是下午2：00

时下起雨来，阻碍了掼谷子的事工，幸好是下过雨后又出太阳。用小拖拉机拉运谷子上来，由于刚下过雨，所以所有的人员费尽九牛二虎之力才把小拖拉机和稻谷推上来，吃过饭后天已经黑了。

2010 年 10 月 15 日　农历九月初八　星期五　阴

今日事工活动，张学德、张学祥被款庄乡莫依龙村亲友聘请上昆明市交车辆养路费，因亲友前一段时间买回小面包车，已到交养路费期，所以被请做向导上昆明市交养路费。由于车辆培训事工活动多，所以昆明城区也是成了我们事工活动之中心，承包出差事工，也是一天可以办好回家。自己已购置有车子，就更方便了，所以今天他们一路3人办好事工回到款庄村，下午4∶00就到了马街，顺利完成了向导工作。村民事工活计是：掼谷子，侄儿张学光家掼谷子，稻田面积有3工田，就是等于一亩水稻田，劳动力出勤15人，稻谷脱粒机两台。工作效力情况是：由于下过雨，又不出太阳，劳动力工作效力就慢一些，幸好是用机器代替人力。运输是小马车路，路又有些泥泞，还是造成困难。幸好劳动力多，人力协助小拖拉机推上来。

2010 年 10 月 16 日　农历九月初九　星期六　阴

村民搞交通道路建设。今日有村民龙兴华、张学明、张学才三户5个劳动力出动一辆大车，两辆小拖拉机，拉运石砂，铺筑通向自己家中的道路以方便今后的农业生产。货物从村中路边拉运进自己的家门，促进货物运输出进的方便和高效益。

从家门接通村路长达300米。由于是农忙季节，又等待运输苞谷回家，又是他们都是刚买回来车子。所以相约准备用最大努力，从早到晚一天把这段路铺好投入使用。工作进行中，他们干劲十足，越干越起劲，越干越感兴趣，一股劲儿工作到很晚，直到完成这段长达300米的路。

小结：由于农业生产发展，农户购置车辆的增多，交通和交通工具越来越重要。很多村农户自然而然主动自觉地关心道路的建设。这些基本建设项目日益增多和显著，特别是从去年以来，都逐年增多，显现出村貌的一种新风气象。

2010年10月17日　农历九月初十　星期日　晴

今日事工多多，显出一片生机活力和新气象。不但中午12:00—下午3:00聚会礼拜，由于年度感恩节还有22天，教会下令号召各小组今日早晚砍柴供感恩节用。礼拜时间：中午12:00—下午3:00。小面包车的运客任务是，散礼拜后需要到18公里外的马街医院拉生孩子的产妇张秀花回家，晚6:00又要拉运8个教牧人员到万宝山村探望死者马世章的家属王秀英。

中午圣工，教会为年度感恩乐捐：捐得人民币3630元。晚教会圣工，安排教牧人员探访万宝山村死者家属王秀英，并给了100元。并看望在伤病中的王兴仁执事，也给予100元作为教会的一点小心意，并参加他们小聚会点晚间的礼拜活动。

2010年10月18日　农历九月十一日　星期一　雨

村民事工活计是村民张学德用小车拉运白菜100多公斤上街销售（零售）。由于下雨，又由于上街的蔬菜也比较多，销售白菜价格情况是：早上卖一公斤1.50元，而挨晚时一公斤1元也卖了。100多公斤菜，也只是卖得100多元。

农地里劳动事工：有扳撕苞谷的，有挖红薯的，有挖花生的，有点种麦子的。雨天里进行各种农事工作都比较困难，因为村民出工时还没有下雨，而出工工作一时，就下起雨来，影响了农事活计的正常开展。比如挖白薯的，就来不及捡完挖了的白薯，只好把已捡好的背回家，而没有捡完的随它摆于地里待晴天再去捡。

小结：我自己的农活儿是扳苞谷。中下午就下起雨来，幸好是我们出工特别出得早，到下雨时，我们几乎已做了一天的活儿了。所以什么事工我们都要打主动战，把握好时机。

2010年10月19日　农历九月十二日　星期二　阴

村民事工活计，今天我家父儿五户10人集中劳动力突击栽菜。是栽于稻田中，面积有一亩。儿菜秧已育好，趁有雨天气把儿菜栽好。工作进行时，我们开沟打塘，放好菜秧，施好肥，然后再栽菜秧。虽然是阴天，幸好是没有下雨，所以工作起来也很利于事工。下午我们又转入另一项事工活计。就是到山脚片区，把整块地中的葫芦瓜用人工背到山脚的路边堆积起来，以便装上车子拉运回来堆于场边上，以便销售和批发。

小结：村农户的农业生产几年来从大局都倾向种植蔬菜、水果、育树木秧苗等。山村民族也开始种植蔬菜。我们已试种和销售了两三年的时间。经济效益情况是可以，目前仍是搞试点。以待用试点推动全局，推动民族生产的新貌。

2010年10月20日　农历九月十三日　星期三　晴

村民赶鸡街，有龙兴华、张学忠、张学祥、王凤仙、龙保罗、张正文6户上街变卖农副产品，有水果、白薯、葫芦瓜、苞谷、柿子等。由于货物多又复杂，就出动大小两张汽车拉到街上交易。我们上街的农副产品约销售了80%时，突然有一头小黄牛猛闯街摊，闯进商店门，谁拦阻就向谁猛冲过来，顿时，铺房门都关闭了，人们看着凶猛的小牛都不知如何摆布。牛主人跟在后面，满脸愁容！在此光景中，三儿张学忠、五儿张学祥竟像斗牛士似的迎着发疯的野牛冲去，同时又喊叫我村村民龙兴华也快来帮忙。张学忠一个箭步冲向小牛，一把揪住牛的一对耳朵，他们3人连同牛主人团团围住小牛，先把头拴稳，张学祥又忙去拴牛脚时被牛踢了一蹄，最后他们不顾一切制服了小牛，还协助牛主人拉出街摊。

小结：斗牛士们不惜一切代价做了这精彩表演，也忘了给牛主人要一小点酬谢。后来我们想，即使没有报酬，但我们在上千百人中，没有一人敢做的事，我们做成功了，必然受到敬佩，这也好！

2010 年 10 月 21 日　农历九月十四日　星期四　晴

村民农活事工一片忙碌，农忙季节已形成，农户家家都忙于扳撕苞谷。由于去年有经验教训，去年播种时，没有下雨，干脆就不种地麦了。今年前期也是没有雨，而现在又有好机遇，又连日下起雨来。所以村农户们收完一块苞谷地就要抓紧时间种上小麦。我们又忙于扳撕苞谷，又忙于点种地麦，幸好是天晴了，很方便农事的收种。村农夫们自信地从事农地的收种工作。

记述村民张学祥种地麦。由于山脚地里的苞谷、葫芦瓜已采收完，所以趁下透雨之际就赶紧种上地麦。聘请龙福祥用一架犁牛点种。方式是：双方协调合同，点种不用付给工价。而龙福祥家的摩托车、拖拉机日后发生故障时，张学祥也是无偿协助修理。

2010 年 10 月 22 日　农历九月十五日　星期五　晴

村民活动事工，张会学家掼谷子，村民王才明家请工扳苞谷。运输，两户都是各户用一张小拖拉机拉运回家。其他村民家家户户都忙于扳苞谷种麦子。

又有民族亲戚关爱活动。亲戚分布广泛，张学祥的外母有亲姐妹 4 人分布于嵩明县、宜良县、富民县等三县。在宜良县的一个姐姐因生病耽误了生产，今天她家来信来电请去看望和协助生产。五儿张学祥开出小面包车，把沿线的嵩明县、富民县的三组人员接上，昨夜 3：00 时就出车，有关人员在各自的车路口候车，预计到宜良县的一家赶早饭，看望他家并和他家扳苞谷一天。

2010 年 10 月 23 日　农历九月十六日　星期六　晴

村民事工活动，仍是扳苞谷，运到云南大学场院，有的村民晒谷子，晒苞谷。记述王才明家晒苞谷。昨天找工扳苞谷一便手拉运到云南大学场院，接着一个夜晚就给撕完，又借着早上的时间一便手用脱粒机打出来。今天大晴天扒晒于云南大学场院上。晒粮的农户一般潮苞谷需要3天左右才能晒好。

四儿张学德家今天卖大猪。情况是：猪价没有做称，而是评估。我们要价1000元，给价800元，讨价还价，最后，买主给到950元，我们就卖了。我自己的农活事工是种麦，由于山地零星，我们就干脆用人工挖。能做多少活儿，就做多少活儿。

小结：不论是村农活、打粮、晒粮，是变卖猪，是用人工种麦，都有一个共同点，就是大家都在困难中行事。只不过是方式不同。就是说各自都有困难和需要，各自都有建设和所要付出。

2010 年 10 月 24 日　农历九月十七日　星期日　阴

教会事工活动，各小组为年度感恩节准备和送来烧柴。我们村小组今早男强劳动力仍进行砍柴。柿花箐小组把前个礼拜砍好的烧柴用三张小拖拉机送来，以便于参加白天的聚会礼拜。

礼拜散后，教牧人员研讨我们教会的年度感恩节伙食生活服务筹备计划，以及安排各种事工的负责人员。柿花箐小组负责大会场人员的用饭；芭蕉箐小组负责大会用饭的菜食；大会开水服务由万宝山村负责。

购买感恩节食品物资：1. 肉食有本堂奉献活猪6头；2. 买酥鱼100公斤；3. 大米400公斤；4. 肉鸡100公斤。

唱诗班工作，唱诗训练，从11月2日开始排练学习。富民县基督教12所教会联合诗班礼拜五晚统统到我教会报到，参与我堂礼拜六的练诗活动。

2010年10月25日　农历九月十八日　星期一　晴转雨

村民挖红薯，张正才、张大卫、张德荣、张学忠、张学祥、龙保罗6户挖白薯。是为销售而挖白薯，因明天是鸡街天。街市价格，一般是批发价格一公斤1.50元，零售价一公斤2元。各户所挖获的数量不一，有的挖得400—500公斤，有的挖得100—200公斤。因所种下的面积和数量有差别，所收就按数量大小销售。

四儿张学德家今天拉运白菜100多公斤到东村市场销售。每公斤卖价是1.50元，又有柿子10多公斤，每公斤可卖2元。两样货物约可卖得170元。挨晚5时外来两人员，是下村杨嘎哩熟识人上来我村联系收购葫芦瓜，当天有的人员给一公斤0.60元，有的给一公斤0.50元。又有外地一人员来我村商定购买白薯，给价一公斤1.30元。来人说明早上再过来收购。

2010年10月26日　农历九月十九日　星期二　阴冷

村民赶鸡街，所有该销售农副产品的农户两张大车两张小拖拉机满载销售物资。由于昨晚天黑时有小雨，所以要上街的4张车都装好货物停放于教会场院上方便出车。今早天亮时场院上的车辆和村里的拖拉机就陆续出车，前往鸡街。销售物资有苞谷、白薯、葫芦瓜、柿子4样农产品。

村里的农活计是，扳苞谷，点种山地小麦，跟牛点的有龙兴明、龙兴体、张学才3户。扳苞谷，山顶片区扳苞谷的有张学全家。运输是先约定好，由张正才家上街卖了白薯后，回来时帮助从山顶片区拉运回来。幸好是地就在公路边很方便。

小结：我村需要变卖的农副产品丰富繁多。一个小小民族村上市场销售的农产品，每个街天都有4—5张车。

2010 年 10 月 27 日　农历九月二十日　星期三　阴雨

村民栽儿菜，张学全、龙福祥、张大卫三户栽儿菜。是自己育好菜秧，栽于稻田里。记述张学全家栽儿菜，田块面积有一亩多。劳动力出勤父儿5户10个劳动力。工作情况是，我们分别开沟，打塘，施基肥放好菜秧，再栽好。是几道工序同时进行。

开始打塘栽菜秧时，我们觉得田块的泥土石头水分不够，都在想先栽好菜秧后，再放上水，让儿菜成活力好。不料栽儿菜中，就下起小雨来，我们只好边避雨边栽菜。由于人员充足，下午3:00我们就完成了栽儿菜任务。我们回到家中，吃过晚饭后，又下起雨来，而且越来越大，时间又长，正适应我们刚栽下的儿菜哩！

吃过晚饭后，我们父儿10多人围坐火塘边喝茶水聊起天来。谈起10月20日我们在鸡街的菜街上，在千百人中表演斗牛士，情节真是精彩、夺目、成功！那是偶然碰巧的场面，约400—500公斤的小牛，突然冲入菜摊街，见人就冲来，踩在菜摊上它也不管，人们都提心吊胆，纷纷逃离现场，眼看一连串的祸患即将发生，此时斗牛士出来捉住牛解了围。

2010 年 10 月 28 日　农历九月二十一日　星期四　雨

村农活事工，张学祥开出小面包车去检修车辆、发动机、启动设备装置系统，维修和配件。有时自己也能修理和装配零件，但只因自己检修的工具少，工作起来费时费力，有时情愿出钱托人检修，还轻便。关键在于车辆修理工具齐全，就是需要更换零件也方便。所以我们有时自己检修，有时托修理店检修，都看情况。

村民农活事工仍然忙收苞谷，阴雨天，道路泥泞，每走出一步都有滑倒的可能。所以每走出一步都要出力支撑身子。我们村民是在这样艰苦的条件下，坚持扳苞谷，交通不方便的地块，不论远近都是人工一背一背地背回家。

此种情况是珍惜光阴时间而这样做，力争大春的收种工作早日完成，而不增加亲友邻舍的负担。出工的农户就有张正文、张学光、张学全3—4户。

2010年10月29日　农历九月二十二日　星期五　阴

村民农活事工忙，阴天气温低，又因为刚下过雨，不利于开展农活事工。由于农夫们的农活任务繁重，事多时间紧，所以只好小雨天气、阴天、冷天都慢慢做起。功效虽然慢一些，但总比不干活儿要好。由于海拔低，气温高，庄稼成熟期也早，这是优势条件，但是又有不利于我们的一方面，由于海拔低，气温高，庄稼地里的杂草也随着快长猛长，就会阻碍小麦的播种，所以农户们扳了苞谷后，又要割草，把地里的杂草割尽了，便于种上小麦。这样一来，天晴下雨我们都有事做。所以村民有的砍苞谷草，准备砍除苞谷草后，再种上小麦。

记述侄儿张学才给他兄弟张学智的妻家种麦子，张学智死已是两年了。很多农活事工都靠哥弟协助帮忙。所以趁阴冷天气给弟妻种一下麦。是跟牛点种，一人使牛，一人跟牛放种。寡妇很多农活事工，村上、教会也无法照顾和给予关怀，都靠自己哥弟家人亲友的关爱解决，幸好是哥弟有7户相互帮助。

2010年10月30日　农历九月二十三日　星期六　晴

村民扳苞谷，方式有家族联合行动，也有个体户行动。采取多种方式，力求快收早种，完成大春的收种工作。记述三儿张学忠扳苞谷，我们一般是个体户行动，这样生产效率高，进度快，又不影响他人的工作。另一种情况是由于山地离车路较远的耕地，需要协助帮忙的情况，只要主人家说一声，我们就全放下自己的活儿，儿父所有的家族劳动力集中突击协助扳苞谷。

今天我们扳苞谷的情况是：出动一张大车，五户10个劳动力，一部分在地里扳好，一部分人员从地里背上坡，又一便上好车。我们工作效力是：尽上最大努力，一个上午扳、背上好一车，拉运回家。中下午的时间又扳上好第二车，拉运回来，由于劳动强度大，当然中午要安排吃晌午零食，喝开水，休息。不但中午休息，就是每背一转都得休息十多分钟才行。

小结：我们家族联合协助是在特殊的情况下，用这种方式来完成，当然这种情况也是比较少。另一种情况是家族自然形成喜欢联合互助。再另一种情况是，由于智力弱，观望思想太大，自己没有主动性，都是望他人来帮忙，形成老习惯了。

2010年10月31日　农历九月二十四日　星期日　晴

村民抓经济，所有白薯、葫芦瓜和新苞谷都需要上市场销售。明天是鸡街了，准备上市场销售的农户们今天就忙碌起来，晒苞谷的已准备了多天了，有晒场的农户就晒于场上，没有的农户们就利用烤烟的烤房烤新苞谷，不但烤自己的，还烤自己亲戚的，本村杨光才家也是求别家协助烤。或许是要变卖苞谷还账，或许是农业生产垫本都是做借做赊。

挖白薯的农户有龙真美、张正才、龙福祥、张学才、龙兴德、张学明6户。晒苞谷的农户有王才明、尤应华、张美华，连同做烤烟的2户就有5户准备苞谷明天销售。

小结：我村经济优势的产品有水果，柿子、早梨、早桃。其次是白薯，白薯历年市场价格是卖一公斤0.80—1.2元，而今年批发价是卖一公斤1.20—1.50元，零售价可卖到一公斤2元。所以土地宽广的农户，今年就可拿到大钱了！

2010年11月1日　农历九月二十五日　星期一　晴

村民赶鸡街，准备出售农副产品的农户们昨晚就把农副产品物资统统装上车，有的农户还把小拖拉机开来停于教会场院上，以便出车。今天销售情况是，为了摆摊，为了防堵车，一般上街的车子，天亮已出车了。新苞谷上街销售的数量陆续多起来，我村上市的苞谷，6户的数量约有两吨。一般是好的可卖到一公斤2.20元。记述村民张学全家卖老苞谷，就是去年的苞谷，是495公斤×2.3元／公斤＝1138.50元。是指比较好的，可说是街市上再没有能比得上他家的了。原因是品种好，我们的海拔低，气温高，成熟早，所以不但农副产品优势，粮食也占有优势条件。

小结：芭蕉箐今日的优势，各种农副产品开始打入市场，也开始购买街市上的摊位，已开始学做生意起来，而且是看起来比较成功。我们准备不断进取，我们相信会赢来发展变化富裕的新篇章！

2010年11月2日　农历九月二十六日　星期二　晴

教会过年度感恩节，唱诗班练诗学习活动。11月7日定为我堂年度感恩节，教会已确定为11月2日唱诗班人员集中排练诗歌。

中午12：00教会举行开幕式，礼拜长主持简礼拜程序。长老作简短讲道，并阐述唱诗班圣工的重要性和必要性。号召唱诗班人员要努力付出代价，做好排练诗歌工作。

又强调，要遵守团队的纪律、工作、生活、休息制度。家有家教，校有校规，国有国法。教会也要有纪律制度，才能维护工作、生活的顺利有序。诗班长也说明了这次的排练诗学习中的任务及要求。

下午2：00—4：00，诗班人员正式开始练诗。人员：万宝山村3人、柿花箐9人、水平子3人、石桥村5人、芭蕉箐村14人，今天来了34人。晚间，诗班已开始排练开幕式的用诗和动作。大家的情绪很高很开心！

2010年11月3日　农历九月二十七日　星期三　阴

村民龙兴祥家卖葫芦瓜，种葫芦瓜的地面积约有2.5亩，今天销售，买主是下村——杨嘎哩村何玉柱。开大车进村来收购，每公斤葫芦瓜给价0.60元。由于没有大称，只是做估数，是按双方喜欢估。他们估计两亩多地产葫芦瓜 4800 公斤 ×0.60 元 / 公斤 =2880 元。

村民张正才家种山地小麦，山地的面积有一亩多。种山地小麦是跟牛点，只是仍是陡坡地，点种时劳动强度大一些，幸好青年人能够胜任强劳动力的活计，不算什么。

流动人员，上午 10:00 有外来人员 3 人进村，收购废旧物品。一时之间，他们还是收购得一些回来。因为教会场院就在一进村口处，外来人员的车辆都是停于教会广场上。

下午 3:00 外来人员又开来一张小车，仍停于场上，走下 3 人，走过来问我说："有没有柿子卖给我们？"我回答说："有是有，只是没有时间去摘。"他们又说："你安排时间，时间就有了。"我答复说："农忙季节，又要收又要种，怎能有时间呢？"他们只好进村去了。

2010 年 11 月 4 日　农历九月二十八日　星期四　晴

卖竹子，有来自鸡街的买主进我村来买竹子。大叶竹、细叶竹、小白竹都要。我们双方讲定为大叶竹每棵给价 2 元，细叶竹每棵 1.50 元，小白竹每棵 1.20 元。数量不限，能砍到多少都行。这个价格是他们自己来竹园里砍，而且是自己砍，自己抬到路边来上车子，而我们卖主只是清点数量就行。这个价格我家如果同意，打个电话给他们，他们就来砍了。我们也卖了，我们回了电话，他们今天就来 5 个砍竹子，据说是今天砍当天就要装上车运走。今天他们砍了一些，可没有来得及拉走。

小结：卖竹子，这次这个价不为高，可是几年来，一直没有人来收购，自己砍了拉运上街销售，买主也很少，而且价格也很低。据说搞编织业的，都统统打小工去了，所以买主就很少了。这次有人来家里买，价格高低也只好卖了，也等于是自己出竹子，他人来家里砍，他卖了以后，我们双方平分钱罢了，反正竹业是次要的。

2010年11月5日　农历九月二十九日　星期五　晴

11月7日，我们教会定为今年度的感恩节。所以教会的筹备工作今天就得开始忙碌起来。过节的肉食准备工作，各小组教牧同工奉献给教会过节日用的肥猪，今天就得宰杀做好。我们芭蕉箐小组任务就比较多一些，人员又少，事务又多，小组宰杀的肥猪就有8头，都是在今天需要宰杀做好。一些过节用的文化用品、卫生纸杯、筷子，是备宾客之用。厨房的炊事工作也开始忙碌起来，平时给唱诗班做饭生活服务不算，节日所要用的碗筷、炊具都得清理好。

圣工唱诗班工作又增加一个项目，就是全县12所基督教会所组成的联合诗班也聘请参加我们教会庆典年度感恩节。聘请今晚就来报到和就餐。我们教会的生活服务工作就要跟上需要，所以工作量就有增加。

2010年11月6日　农历十月初一　星期六　晴

教会年节准备工作的进行。明天就是11月7日，过节准备工作的最后一天。明天上千百人集会生活服务上的用品，食品，炊事，肉食品如土鸡、鲜活鱼今天就得做好。上千百人的大圣会，就餐场地，煮饭场地，大灶，圣会场地，圣会台子和标语，会场和台子的布置，今天也必须做好。由于事工增多，按常规，星期六所有的教牧人员，各小组的精干人员都要到会场来参加准备工作。工作具体安排早已下达到各小组。文化组以张学德为组长，带领几个年轻人来完成。其他的人员只是起到助手协助作用。

其次是唱诗班的活动：一个上午的工作是练好明天盛会上的用诗，欢迎来宾的用诗以及欢迎歌。本堂唱诗班和全县所组成的联合圣诗班明天夹道欢迎来宾。下午，历年都是有需要回家拿节日要穿的礼服，让他们回去拿来。今年安排是，中下午回家，而晚上赶回教会来参与晚间的礼拜。

2010年11月7日　农历十月初二　星期日　晴

过感恩节与往年不同。首先表现在本堂信徒人数逐年减少，但是所奉献的爱心和钱财比往年有所增加和扩大。比如2009年乐捐伙食金额是3622元；2010年乐捐伙食金额是5588元。2009年当天奉献金额是4480.10元；2010年当天奉献金额是9427元。还有2009年感恩节礼拜六晚，没有远来客人；2010年感恩节礼拜六晚有来客两起，是寻甸县人、摆夷族人，两起有17人。

2010年11月8日　农历十月初三　星期一　晴

村民卖小猪，张学忠有一窝小猪，8头，已满了双月。今早有邻村社队蚂蚁田村来我村里买小猪，留下2头，卖6头。他们双方讨价还价中，卖主要一公斤14元。买主也看中小猪好，只说14元就14元，你用车子帮我送到我们村，里程约有6.5公里（单边）。6头得75公斤×14元/公斤＝1050元。送到买主家里，约得75元油钱，包括在猪价里。我们说这也好，人家来家里买，又不误工夫，送一下就送一下。车子出去，就又一便手到砖瓦厂拉运红砖回来建厕所，有补助款。

村民农活事工，我村栽种有葫芦瓜的农户已开始从山地背到车路边装上车拉运到村里来，准备堆积于教会大场院里销售批发。去年村里的收购价是一公斤0.5—0.6元。今年到目前也只是给一公斤0.50元，村民也只好卖了。买主是下村熟识人。

2010年11月9日　农历十月初四　星期二　晴

村里农活事工忙，大部分村民忙于扳收苞谷，准备种山地里的小麦。我家父儿也是协助四儿张学德家扳苞谷，劳动力有9人。由于人员多，所以我们有的砍苞谷，背到地边的车路以便装上车，有的砍苞谷草，有的把捆好的苞谷草背到地边堆好，以便种麦。由于背到车路较远，约有200米，我们的农活劳动，几乎忙了一个整天。

其他的村民，张志明、张正才、龙兴明、龙兴祥、杨天祥五户是从昨天一直忙到今天，才把地里的葫芦瓜搬运到村里来，时间已是很晚了，都来不及称计和上车了。

小结：我家父儿的扳苞谷事工是情况特殊，是我村山顶片区的耕地，里途单边有4公里。又要收，又要种，时间再不能拖延。在此种情况下，我们就要主动联合协助推动生产进度。这种繁重的农事工作，幸好是车子可以开到地边拉运苞谷，否则就不可能完成这种远程的农活事工。村里这种情况不多有，是比较优势和特殊。

2010年11月10日　农历十月初五　星期三　晴

村农活形成两个大组，一组背葫芦瓜是哥弟亲戚相互协助联合行动，从山地背到地边的车路。交通不便，或是在村子附近的，就干脆用人工背到村子教会场院来堆积评估了卖。背瓜的农户有龙兴明、龙兴德、杨天祥、杨光才，他们四户是从早背到晚。

其他的村民是收苞谷和种小麦，以我家儿女五户的农活事工为例，几天的农活事工情况是合理搭配劳动力，统一安排。按事工量多寡，该集中就集中，该分头完成就分头完成。昨天把四儿张学德家的苞谷以及苞谷草背完，就由两户4人完成这块地的种麦任务，借自己亲友的小拖拉机去打犁点种，据说效果很好又快。

其余的人又分为两个小组活动，大儿张学全家是我们将大车停于地边上而扳苞谷和砍苞谷草，收了草以后准备种小麦，是由人工完成。另一个小组也是3人，是砍苞谷草，从地里背到地边堆好，也是忙于种小麦。这些都是强劳动力的活儿。

小结：由于合理分工分头进行，发挥才干，劳动工效就比较好，不误工，进度好。

2010 年 11 月 11 日　农历十月初六　星期四　晴

村民张学边家扳苞谷。由于耕地宽广、劳动少，很多时间、很多事工不能按时按量完成，所以就都靠外援，很多农事的薅锄任务往往推迟了节令。轻易的农活反成了费时费力的活儿，一人能做的活儿，变成要多人来做了。今天扳苞谷，是聘请多人协助。在山顶片区扳，劳动力凑得 20 多人。运输苞谷是聘请张正才家的四缸大车拉运，由于耕地的面积大，又是人员多，所以大车拉运，上午搬得一车，下午又是搬运第二车。

小结：耕地多的农户，实在无法在短时间内完成各种农事活计，都需要亲友邻舍的支持帮助。另一种情况是农业生产能手，农事活计再多再忙，他都能做几个人的活计，农事任务再多，他都可以采取种种的措施，早出晚归，不待杂草长大就提早薅出来，并且时间性很强。所以一般的农事不需他人帮忙，不愿连累他人。

2010 年 11 月 12 日　农历十月初七　星期五　阴

石桥村委有关新型农村社会养老保险承办手续登记受理。东村乡安排部署，今天承办石桥村委的 7 个村队户口的老人养老保险登记受理。昨晚石桥村委会通知，石桥 7 个村社年龄已达 60 周岁的老人今天早上 8:00 到石桥村委会承办养老保险手续登记。需带上身份证，如有半身像，带上两张，如没有就现场现照，照相费收 10 元，带上户口册。今天，我们按石桥村委会的通知到达村委会，带着照片和复印身份证和户口册并签名盖章。

小结：各级人民政府对我们的关怀，给予扶贫的低保政策，享受到的老人，每月可以领到 40 元。据初步宣传的政策说：儿女缴纳养老保险的，上 60 周岁的老人就可享受每月养老保险费 60 元。如真能实现，那么当然好。

2010年11月13日　农历十月初八　星期六　阴

村民赶鸡街，准备出售农副产品的农户们，昨晚就把苞谷和要销售的白薯、葫芦瓜装好，上好车子，甚至把车子开来停于教会场院里，防止夜里下雨。回来时，就拉运建房材料，就是空心砖、人工砂、水泥、钢门、钢窗。

建设住房工程是因有村农户要承办婚喜事儿而扩建。龙兴祥家要建红砖住房，和张学才他们两户都是要讨儿媳而建房。拉运建房材料，本村的两张大车，出车是拉运土产品销售，回来时就拉运建房材料，不但本村车子拉运，外村队的两张大车也协助拉运。

村里的农活事工是把山地远近的葫芦瓜背运回村里堆集于教会场院里准备销售。我家父儿五户拉运葫芦瓜，把山脚地里的葫芦瓜背到山脚的车路而用大车拉运上来村里。一天的工作量是我们最大努力从山脚满载三车回村。我家父儿五户凑得11个劳动力联合行动，比较出色地完成了。

2010年11月14日　农历十月初九　星期日　晴

教会事工活动，感恩节，寻甸县的则鲁箐，富民县的款庄西山教会同时过年度感恩节。两教会都邀请了我们教会参与过节同庆。我们教会的安排是：本堂唱诗班参与款庄西山教会庆典感恩节。车辆运送是聘请本民族水平子村张绍荣的一辆面包车和我村张学祥的面包车。

由老年信徒组成一组唱诗班前去参与寻甸县的则鲁箐教会年度感恩节。由于人员少路途近，只是山这边到山那边，交通工具就自理。

小结：运送唱诗班的车油费安排是：唱诗班团队支付100元，教会支付120元，而聘请的一张车付给120元，张学祥这辆安排60元，5张摩托车每辆给10元。

2010 年 11 月 15 日　农历十月初十　星期一　晴

探访亲友病人，今早姑爷女儿打来电话，说孙女病倒了，叫我们去看望。接到电话我们知道必然是病情严重。老伴约住于柿花箐的二女儿，母女俩由二姑爷用摩托车送到鸡街搭客班车前去看望。

村里的事工活计有的扳苞谷，有的背驮葫芦瓜，从山地里背到村里来堆集起，背完后就准备销售。记述村民龙福祥家的农活计，背驮葫芦瓜，从山地背到村里来。因为不通车路，山地又陡又远，只得用人背马驮回来，瓜又多，要一段时间才能背驮完。

村民侄儿张学才家搞建住房，因为要承办婚喜事，讨二儿媳妇用。几天中都是起早摸黑忙于搞住房，原先都是已搞过，所以自己能搞，尽量不求人。

2010 年 11 月 16 日　农历十月十一日　星期二　雨

村民建厕所，政府给建厕所指标，如有响应号召建厕所的村农户，政府补助 600 元。只是要你自己先出垫本，拉运建筑材料，出工建好后，按要求合格就可付给你 600 元钱。事先也给我村建造的图纸和要求，建好后有关人员来验收。

村民张学忠也是建户之一，他已拉够建材，今天趁阴雨天气，哥弟 3 人相助施工。一人砌红砖，二人拌灰浆，供建材和砌砖墙。雨天就打起摆摊用的大雨伞施工，一天工作到很晚。

小结：山村人民很多事业都靠政府的关怀和支持。可惜，这次政府出资支持我村建厕所，是要我村民先拿出垫本搞好后才给钱。这样一来，很多村民也就拿不出钱来，或是觉得不值得投资，所以就没有主动性，全村 36 户只有 9 户承建。

作为自己的主观看法是：建厕所是一家农户搞卫生的项目之一，是农户的基本建设之一，是自己的事，即使是政府不给支持，自己也得投资投劳建。只是山村人民思想落后，望人民政府采取别样的方式加以关怀。

2010年11月17日　农历十月十二日　星期三　晴

村民农事活动有张学才家建住房。材料是空心砖、人工细砂、水泥，已经砌完了石脚，现已转入砌房墙，已有一米多高了。是自己哥弟、父儿动手建盖。

龙兴祥家准备建正规砖房。近段时间是挖建房基坑，即将完工。准备用红砖建房，今天开始运第一车红砖，计划每天拉运一车红砖。防止夜里有雨，所以车子开来停于教会场院上，有雨无雨好出车。自己有大车，就方便多了，不但拉材料，就是建盖，也是准备自己动手。

村民中下午卖猪，是有买主开车进村来买大猪。今天我们卖猪是好机遇，一谈就成功。张学忠有两头，每头约70公斤，每头要价900元，还价800元，我们喜欢也卖了，得1600元。大儿张学全有一头也是重60—70公斤，要价900元，给价仍是800元，我们就卖了。四儿张学德，有一头约重80公斤，我们要价1000元，给价960元，我们也卖了。怎么说？买主一般都来给价600元，今天又来新买主，一讲说都很成功。我家哥弟3户就卖得3360元钱，是好良机。

2010年11月18日　农历十月十三日　星期四　晴

村民侄儿张学才，搞建房材料是用空心砖，所以砌好房脚石后，砌起砖墙来就比较快了，几天就可以砌好。此时村民都来帮忙，又是还工，张学忠、张学祥也参与建房。

往县城医院运送伤员，事故是我们教会琴师张建荣在约中午12：00时发生的。夫妻在早已砌好的砖柱上支搭的横木上编挂苞谷，由于砖柱只是立于地平上，妻子把苞谷递给夫编挂，不料挂上的苞谷重量可能太大了，砖柱和苞谷倾倒下来。男子从上头连掉带跳跑开了，却压在怀孕七个月的妻子身上。待人把这些压物拉开，妻子已不能动弹了，急忙送往东村医院，伤情严重医院不收，只建议赶紧送往昆明医院。无奈，给五儿张学祥打电话叫开出小面包车送往昆明。

学忠、学祥开出小车到东村医院,听听情况也建议赶紧送上昆明抢救。伤员王丽雄之父说只要把他们送到富民县医院就可以。听从他,小车送他们到县城医院,伤情严重又有孕,又不可照光,通过B超得知胎儿已伤亡,才敢照光透视,知道坐骨损伤情况。县医院给昆明医院打电话,昆明医院也不敢收,我县医院多方请求,他们才答应把她送来妇产科吧。县上医院答应用救护车送去。儿学忠、学祥开小车回到家时已是午夜2:00了。

2010年11月19日　农历十月十四日　星期五　阴

村民赶鸡街变卖农副产品。有的卖白薯,有的卖苞谷,几乎80%的农户是卖苞谷。销售市价情况是:白薯批发价是一公斤1.40元或是1.50元,零售价可以卖一公斤2元。由于一段时间都几乎没有晴天,所以一般都是卖潮苞谷。干的苞谷可以卖价一公斤2.20元,潮苞谷只能卖一公斤2元。

记述村民卖肥猪,村民张学明卖了3头大猪,第一头讲定1150元,第二头讲定1260元,第三头讲定1370元,3头卖得总额是3680元。张会成卖一头大猪,平时他家要价2000元,今天也是要价2000元,讨价还价,叫卖主让4元,就是1996元就卖了。村里张学明、张会成两户卖大猪,卖得5676元。合计全村农户今天收入会达8000—10000元。

小结:村民上街变卖的农副产品那么的丰富繁多,已是卖了一段时间了,都是利用大小车辆运送上街变卖。

2010年11月20日　农历十月十五日　星期六　晴

村民农业生产和搞基本建设两事务。砍苞谷,是因苞谷成熟,摆捆地里已干透了,扳苞谷是要用镰刀砍了,或是在苞谷秆上一便撕了。

今天村民有的收苞谷,有的用脱粒机打苞谷,是准备销售而打粮晒粮。村里龙兴福家打苞谷和晒苞谷,可惜还没有建晒场,所以晒粮仍困难费力。我们自己父儿两户是背葫芦瓜,从山地里背到场院堆好,准备出售。

建厕所施工,张学忠、张学祥两户仍在建厕所。建厕所是上级政府下达给我村的指标,一般有手艺的科技人员看看图纸就能施工,一般的农户就无法施工。矛盾是政府派技术人员来搞钱又不够。

小结:打粮晒粮。还没有建好晒场的农户,应把晒场立为议事日程中的项目之一来抓。特别是离公共晒场较远的农户更应该积极主动地投资投劳做好。

2010年11月21日 农历十月十六日 星期日 晴

富民县款庄东片大黄栎树教会借着今天年度感恩节的圣会,又按立9名教会圣职员,分别为5名执事,4名传道员,其中一名女执事。

2010年11月22日 农历十月十七日 星期一 晴

村民农活事工有扳苞谷的,有背葫芦瓜的,有赶东村街的,有搞住房建设的。记述村民龙福祥家驮葫芦瓜。瓜种于山顶陡坡地里,又不通车路,都是羊肠小道。由于种瓜地的面积大约有二亩,瓜结得又大又多,他家已经背了几天。由于路较远,工效不高,想聘请村里的张会学、王某某、自己父儿两人,共4人5只马驮。由于路陡,路途也远,所以经一段时间和今天的奋战仍没有驮运完,起码还需要两天哩。

小结:村里的农活事工是采取多种方式。有的是亲属关系互相联合和帮忙,有的聘请别人或找工。80%的农户是建立在自己力量的基点上。从来不想依靠、借助他人的帮忙,因为别人的工作比自己的工作重要得多。我们要力求邻舍友人的喜悦。

2010年11月23日 农历十月十八日 星期二 晴

11月18日因挂苞谷,砖柱和苞谷串倒塌压到的孕妇今天出院,仍然来电话叫张学祥去昆明工人医院接他家回来。

病情医治情况是：伤势虽然严重，难度大，但经过医生们的努力抢救，经 5 天的诊治，已伤亡的胎儿终于引产成功，孕妇已脱险，只是坐骨部位折断三根骨头。医生建议出院，回家包扎草药慢慢养伤，所以今天出院。

教会探访活动记，教会对万宝山村一户体衰多病老人，二寡妇，一病衰中青年的探访慰问。慰问两户病者，每户给予 50 元，总计有 4 户探访对象，每户我们教会送去 1.5 公斤肉，4 公斤大米作为教会的心意。并为那一病伤员作了祷告。探访工作完毕之后，自然村的教会负责人以及受探访的有关人员一一把我们探访的 18 名人员送到村边车路。我们分别乘坐三张摩托车返程，回家已是夜 11：30 了。

2010 年 11 月 24 日　农历十月十九日　星期三　阴

村民建厕所，政府支持我村建厕所，每间国家只给 700 元材料费。并且也只给你一张图纸，自己动手建盖。一般村民就无法建盖，据说是因资费不够。

村民龙兴德聘请五儿张学祥去帮助他家建盖。他家只是挖了基坑，基坑需要清理，再浇地板，量度尺寸，再砌墙基，墙脚都需要科技人员处理和施工。今天五儿张学祥第一天开始施工。

其他村民的农活事工是，扳撕苞谷，背驮葫芦瓜，张学德用车子拉运，又有杨兴明也是用小拖拉机拉运。村民的葫芦瓜都是堆集于教会场院里以待销售。我自己除了协助儿媳们扳背苞谷，就是扳撕苞谷。不通车路地方都是早出晚归，争分夺秒，珍惜时间抓好秋收生产。力求利己也利他人，以不连累他人、不给亲朋密友增加负担为荣。今天已完成了 2010 年度的扳收苞谷任务。

2010年11月25日　农历十月二十日　星期四　雨

赶鸡街，很多农户都上街变卖农副产品，如白菜、白薯、葫芦瓜、苞谷、柿子等。天气影响了农副产品的销售。早上天阴沉沉地寒冷，人们都以为气候到了冬季，可能今天已转入下雪天气了。过了一段时间，不是下雪而是下起雨来了，而且是越下越大，影响了街市上做各种交易的正常活动。上街的人也少了，人们该买的东西也少买了，或是下雨就不买了。

市场物价情况是：苞谷平时每公斤卖2.20元，今天只卖每公斤2.10元或是2元了。白薯平时卖每公斤1.50元或是2元的，今天零售价只卖每公斤1.50元，或是1.30元。卖苞谷的幸好是有一张大车来收购苞谷，以每公斤2元价格收购。全市场所有卖苞谷的，只好统统拿来卖给这老板了。我自己是卖苞谷，数量112.4公斤×2.20元/公斤=247元。虽然是卖一公斤苞谷2.20元，但是几乎是用了一个整天，约到下午4:00才卖完了，买买东西回到我们村的后山顶几乎天已黑了。

2010年11月26日　农历十月二十一日　星期五　阴

村民承办，参与新型农村社会养老保险。先通知承办的第一批老人，年龄已达60周岁的老人先受理登记承办。要求是：子女必须参加养老保险，老人（年龄达到60周岁）才可每月领到60元。今天村委通知，参与养老保险的村农户，按个人缴费标准目前为每年100元、200元、300元、400元、500元5个档次，由参加保险人自主选择档次缴纳。我村村民张正才、张学全、张学忠、张学德、张志明、张秀仙6户6人承办一下，都按最低档次100元缴纳。

小结：一是我们响应政府的号召，二是不缴纳又怕自己的老人拿不到每月60元的养老金而对不起自己的父母，只好勉强交一下。

神圣与世俗 富民县东村镇芭蕉箐村苗族村民日志

2010年11月27日　农历十月二十二日　星期六　雨

村民建厕所事工在进行中，有的挖基坑，有的拉运建材，有的在施工中。今天属于雨天，因昨晚下了几阵大雨，一般的农活不容易进行。建厕所的农户珍惜时间，虽然泥泞也进行施工，自己建就不讲什么工效，反正没有做好就继续做，做到完工为止。有村民聘请村民协助建厕所的，目前五儿张学祥被请去给村民龙兴德建厕所，已施工两天，起码还要5—6天才能做好。是包工不供吃，报酬可能是按点工付费。

社会事工活动，石桥村委杨德聪书记今天乘小车到我们村里来，一再催办催交养老低档次每年交纳100元的养老保险。

小结：近年来，政府政策是越来越好，而且是面向人民作出的关怀。每年交纳100元，这不太难，不过人民群众都需要通过学习教育，慢慢提高认识、提高觉悟、明白事理，自觉参与投保组织。

2010年11月28日　农历十月二十三日　星期日　阴转晴

教会参与别县基督教会的年节日活动。我们教会被请参与寻甸县肥草箐基督教会的年度感恩节活动。肥草箐苗族寨不算太远。方向是往东南方向前往约35公里处，只是绕国家的大公路转，就绕多了。也只得发大车到那里参与年节活动。早6：00我们出车，26人乘坐一辆一汽红塔4缸平板车前往参与圣会。

教会的堂点唱诗班有10个团队参与献诗活动。他们请我讲道，我在圣会上讲道，题目是"科学与信仰"。当天奉献情况是：苞谷1100公斤，大米15公斤，人民币3890元。参加圣会人员有1000多人，来自寻甸县、嵩明县、禄劝县、富民县4个县区。民族分别为苗、汉、傣3个民族在圣会上交流了基督教民族文化的特色。

2010年11月29日　农历十月二十四日　星期一　晴

我村今日的事工活动。由于政府号召，催办养老保险，我村小组也在动员。所以我村村民张学明、张学才、张学会、王建花4户4人去办养老保险。分别为，早8：00去1人办，中午12：00又有3人去办，并每人交最低档次100元。自己有身份证的只需到办事处村委就可办好，而王建花没有半身相，需要到东村乡照相才可办好。只因管照相的人员没有在家，结果其他的3人都已办好，而王建花没有相片，就没有办好。

小结：由于云南大学老师的亲切关怀支持和北京某教会的支持，我们已购置配备电脑设备和复印机。我们教会已用这些设备为村民服务，照相复印身份证、户口本，填好表册盖章交到石桥村委会就可以，由于村委发下的表册用完，还没办好。

2010年11月30日　农历十月二十五日　星期二　晴

村民打粮晒粮，龙兴华家用一个上午的时间打苞谷。中、下午时，用他家的大车拉运上到教会场院来晒。他家由于购买大车，是向自己的亲人借了点钱，需要变卖苞谷还账。所以扳撕苞谷时，没有编成串挂起来而是随便堆于屋里。今年由于年初和夏季不下雨，当我们收完苞谷时，又接连下起雨来，近段时间，都是阴天或雨天。这样存放在屋里的苞谷就要发霉，数量多的农户更难于保管。原先也是计划卖，所以只要有晴天都要边打边晒销售一部分，就利于管理。教会场院宽广，由于农事忙，没有人晒粮食，所以很方便。可惜很少出太阳，温度也低，但总比不晒好。早上湿度大，几乎不出太阳，扒开晒了一天，始终干了一些，便于收拾和管理。叙述此情况是代表性的事例。

农活又有张学光家仍是砍苞谷，苞谷在秆上干了就不好扳了，要用镰刀砍了。工作场地是山顶片区，运输是摩托车拉运，看起来也很灵巧，不时就来一转了。每次都是运6包，目前看起来，工效也比较高。

2010年12月1日　农历十月二十六日　星期三　晴

村民事工活动，卖苞谷。我村村民和购置大小车辆投资于农业运输装备的情况是：全村 2010 年度 36 户，至今已购置大车 6 张、小拖拉机 7 张、摩托车 31 张。全村购置车辆是第一项大建设，全村的投资比较大。所以今天到鸡街变卖粮食的农户我村就占大多数，而且也比较熟练。可能都是投资于机械动力车辆的项目上，当然投资于住房项目也大有人在。

今天我村卖苞谷的农户有龙兴德、龙新华、杨天友、杨天光、杨天祥、杨光才、张正文、张学友等 9 户。我自己是 150 公斤 ×2.20 元／公斤 =330 元。龙兴德的数量约有 1.5 吨，由于只给价一公斤 2 元，数量多一点，自己有车，就没卖而拉运回来。街市价苞谷高到一公斤 2.20 元，少到一公斤 2 元。

小结：今天的生计特点是，我村上市销售的物资丰富，每个街都会有这么多物资上市，还有卖柿子、葫芦瓜、白薯的农户。

2010 年 12 月 2 日　农历十月二十七日　星期四　晴

村民活动，张学忠是石桥村委会代表，参与我们东村乡人民政府举行的发放新农村社会养老保险存折仪式。举行仪式是在中午 12∶00，举行地点在东村派出所信用社大街上。发放对象是我东村乡乐在大队，这个大队由 7 个生产小队组成，还包括砂平、响石两个村队，所以这个乐在村委可以说是我东村乡最大的一个村委。

东村乡的 7 个村委干部以及每个村小组的组长村主任都到场参加发放养老保险存折仪式。

小结：新农村社会养老保险，是昆明市先搞嵩明县、富民县两个县为典范。新农村社会养老保险是新鲜事物，是中央以及省政府关爱人民的典范。我们广大人民群众当然盼望和高兴，人民群众表示坚决拥护支持！

2010 年 12 月 3 日　农历十月二十八日　星期五　晴

村民今日事工，富民县统战部安排全县宗教人士的年关慰问。受慰问对象有富民县东村乡的苏天能、张有和、张正文三位长老，李宗华（执事）、张学德（县三自常委），共5名。慰问每人10公斤大米，一床被子。通知到富民县三自办公室领取。布置安排是地区由负责人统一到县三自办公室领取。我们东村乡是通知张学德到县上领取。张学德不但负责东村乡，也负责款庄西山教会。张学德只好开出五儿张学祥的小面包车到县上去领。

小结：县统战部慰问宗教人士，历年的安排是，他们亲自送到各个乡镇政府这里来发，或是通知个人自己到县上去拿。今天叫分片地区的负责人到县上拿，问题是聘请找借的这张车，来回最少也要120元的油钱，由谁来负责呢？我们自己也没有工资。叫慰问者负责呢？情理也不合，往往政府部门的关爱反成了我们的一种负担。

2010年12月4日　农历十月二十九日　星期六　晴

村民事工活动，接石桥村委会通知今天发放我们石桥村委会7个自然村老人的新型农村社会养老保险存折。据通知中午12：00集中于石桥村委发放。11：30我们出发前往石桥村委会参与新型农村养老保险存折的领取，芭蕉箐村仅有龙应华、张正文两户4人先享受到新型农村社会养老保险金。每人一个存折，存折数额有120元，据说领到存折后即可到信用社提取。我们芭蕉箐村的两户老人是儿孙用摩托车带去领取。

小结：政府关爱人民的项目有所增长，逐年有所提高。去年是残疾人受理照顾，今年是子女参与新型农村社会养老保险，缴纳档次金额的，60周岁的老人就可每月每人领取到60元养老保险金。我村老人还有3户儿女没有缴纳保险基金就没有领到养老保险。

2010年12月5日　农历十月三十日　星期日　晴

教会年节活动，我们参与富民县东片款庄朵木得教会过年度感恩节。我堂人员23人乘坐10辆摩托车，一辆小面包车前往参与庆典年节感恩节。来自富民县、寻甸县、嵩明县、禄劝县4县的1500多人参加圣会。

道路封闭，朵木得村委会坐落于2500多米的高山上。政府安排浇硬化道路设施从今天起封闭道路投入事工（今天在会上通告广众），我们只好绕向东北方向10公里路边回来。

2010年12月6日　农历十一月初一　星期一　阴

村民事工活动，有搞厕所建筑，有扳撕苞谷，有打粮晒粮的农户，又有打工，给他人挖红薯，又有他人找请扳苞谷等。记述打工，替他人扳苞谷。我村民龙兴华为组长，还记得村（汉族）李天宝找工需要15人一天搬一大块苞谷地，包括把苞谷用龙兴华家的大车从山头的地块送到山脚的还记得村，人工是按已包好的15个工计算付给，大车的运送合理地付给。由于一时找不到15个人，他们只好5个人做3天班，5人×3天=15个工来完成。今天已是第三天了。由于前两天多忙，所以今天中午过后就已经完成任务乘大车回来了。工天工价，当然是按往年的一个小工30元计算，不供伙食。

小结：打工，给他人找挖红薯，砍苞谷，是比较适应。因为我们的秋收，种麦已结束。再说他人找工，都是在我们的村子附近做活，所以还是很方便，还是一种幸遇。

2010年12月7日　农历十一月初二　星期二　阴雨

阴雨天气，村民仍忙于农活事工，有的赶鸡街出售苞谷。张大卫昨晚已装好白薯准备上街变卖。由于昨晚天黑时就下起小雨来，今天干脆搁摆在场院上，等待上街再处理。

农活工作有村民张学全、张学忠昨天搬运苞谷搁于屋里。一天虽然下着小雨，但是仍有屋里的活计便于开展。都是在晴天多忙外边农地的活儿，阴雨天就忙家里的活儿，这也是一种机遇。

村里事工活动，又有维修车辆，村民龙兴华一辆四缸一汽红塔高速车，近段时间方向机不灵。所以借着阴雨天气，处理和维修一下，以便保养和完善。修理结果，都是检修装配另配轴承，修理装配、零件费，收费150元。

2010年12月8日　农历十一月初三　星期三　阴

村民农活事工有田间管理追肥锄草。张学全家栽种有一亩田的儿菜。昨天今天是阴雨天气，适宜给田里的儿菜追肥。他家今天3人背着农用化肥给田里的儿菜追施化肥以促使儿菜快长，以能有好效益。施肥农活也很简单，只要按每塘该放的数量放上就行。只因天气寒冷，田的面积有3工田，也就是一亩田的面积，所以3人也是整整忙碌了一天的工夫才完成劳动任务。

村民事工有建住房的，龙兴祥要为儿成家立室，需要扩建住房。近段时间都在挖房基坑，今天也趁阴雨天继续挖地基。劳动力是凭喜欢赞助支持，都是邻舍亲友的关爱协助投工投劳帮助。今天凑有8个强劳动力组合施工，挖房地基。他家的大姐夫一对夫妇，是住于本村委的三股水单边20多公里，今天也过来协助帮忙。吃了晚饭后，又由二儿龙荣祥用摩托车送去。这事工也是真不容易。

2010年12月9日　农历十一月初四　星期四　晴

村民建盖住房，龙兴祥家搞建房，几天中都在挖建房基坑。由于没有条件动用机械挖机，所以在破土事工，挖房脚、基坑工程都已花费了一些工夫，也耗了些人力物力，大约建房材料都已购买和运回来了一部分。近段时间都已接连施工平整房基，挖房脚基坑。在邻舍亲朋密友的大力支持帮助下，也尽了很大的努力，今天算是已完成了平整地基头一道建房工序。建房施工需要很大的财力物力，也需要亲属密友很多的关爱支持。

小结：随着社会的进步，物质生活的提高，科技文化的飞跃，山村民族的生产、科技文化也受到很大的影响和推动。民族山区人民的文化也得到同步推进。他家的建房工程也是自己搞设计和施工。一代年轻人，一个新天地，都有科学天地，他们都操纵高科技，都有自己的新的篇章。所以一个新的时代，他们都攀登各种机械动力，各种大小建筑事业，苗民也随之前进！

2010年12月10日　农历十一月初五　星期五　晴

村民变卖葫芦瓜，几天以来我们村民追卖葫芦瓜。去年卖葫芦瓜，初开始卖时每公斤6—7角，后期又卖到一公斤7—8角。所以点种葫芦瓜的农户就获取一笔钱。而今年葫芦瓜价就走低了，几乎是三个月的时间以来都只能保持在一公斤0.50元。年时反常，夏季几乎没有雨，秋季不时又是阴天接着就是几天的下雨天气。所以我们的葫芦瓜也烂了一部分。葫芦瓜的销路也很不行，所以收购的人就少下来，一般的也只给价一公斤0.50元。我们无奈也只有都卖了。只要是晴天就有车子进村收购葫芦瓜。今天我们出售葫芦瓜，我自己的葫芦瓜称计得1451公斤×0.52元/公斤=755元。张学德称计得4349公斤×0.52元/公斤=2261元。

2010年12月11日　农历十一月初六　星期六　雨

村民张学德参加东村乡会议，后得知原来是有关殡葬火化事案。我东村乡中民村委龙潭昨天有一死者为火化有争执，乡有关领导到那里劝说，争执到夜里12:00领导干部都回不了乡政府，以防事闹大，东村乡政府领导把乡政府所有职工干部40多人集中到东村乡政府里以防负面压力过大。

另一方面是把一部分人员组织集中于中民村委会以备万一，是有事的本村委会，路近方便，由东村乡政府有关人员到现场劝说。所有到东村乡的40多人一天就在乡上休息，统一安排就餐。待下午时没有事才宣告休会,各人回家。

　　小结:死者统统命令火化的新政策不但山村各种民族一时不习惯,就是人民大众也苦恼。人口多的城市,火葬不用解说,但是人口稀少的高冷山区,东一家、西一家的民族命令统统火化就不科学了。再说,死者火化后,又不还原主而统统收缴统一搁置起来,是不是要索找保管费赚点钱呢?建议不要用强制命令。

2010年12月12日　农历十一月初七　星期日　雨

　　记述基督教圣工活动,有昆明五华区大平滩教会(苗族)邀请我们教会参与年度感恩。由于前两天以及昨晚整夜都下着雨,参与五华区大平滩教会年度感恩节的路途里程约有单边30公里,我们都以为去不了,不料凌晨5:00唱诗班部分人员打来电话说他们都已聚集于路口候车了,叫还是租车前去。(雨还是下个不停)早6:00发车前往参加圣会,唱诗班人员由于下雨只有18人前往参加圣会。

　　小结:记述圣工活动与往年不同,教会圣工活动似乎是一种无法抗拒的事工,他人不能做的事,教会好像没有不能做的事了,以往下雨车子就出不去进不来。其他人事工,只要是下雨天,统统放弃停工,而今年是下雨,车子就是出得去进得来,往年雨天信徒的情绪低落了,而今年不受丝毫的影响。交通道路、交通工具改善了,下雨唱诗班人员坐在自己的小面包车里就再没有什么担忧了。

2010年12月13日　农历十一月初八　星期一　晴

　　村民出售葫芦瓜,几天以来,都是卖给一个买主,按一公斤0.52元销售。村民龙兴明的葫芦瓜称计得740元。杨兴明卖得2400元,两户就凑够5—6吨,就够一大车的运输量。

　　我们另一个组的事工是赶鸡街,变卖自己的土产农副产品,白、红薯,葫芦瓜,苞谷。变卖苞谷的有7户,记述数量大的一户是张正才,他家的苞谷数量是1000多公斤,讨价还价苞谷讲定价每公斤2.14元,卖得2280元。我家所卖的苞谷数量大一点,他家就请我们吃早饭。我们就餐7人用去80元。亲属关系,当然连同上下车,卖苞谷,讨价还价,称计、收币一直到此事工完结都要关心。

2010年12月14日　农历十一月初九　星期二　晴

村民事工活动,仍是卖瓜。张美花的葫芦瓜称计得1144公斤×0.52元/公斤=594元。张学祥称计得1785公斤×0.52元/公斤=928.20元。

村民另一项事工是协助亲属到嵩明县阿子营购买建房钢材。张学祥儿媳与姐夫是哥弟姐妹关系,所以来电话聘请开大车到嵩明县阿子营镇购买建砖房钢筋。联系好建房地梁、圈梁各种规格以及钢门、钢窗。因钢筋每公斤单价少于富民县钢筋单价每公斤0.20元,所以到嵩明县那边去购买。建房材料钢材开支总达15000元。

小结:我们地区处嵩明县、寻甸县、禄劝县、富民县4县交界,交通便利,哪里卖,哪里车路好,哪里买。

2010年12月15日　农历十一月初十　星期三　晴

村民出售肥猪,都是买主开大车进村估价买。村民张学友有一肥猪,要价1000元。但买主就是只给970元,讨价还价,也只有970元无奈地卖了。龙福祥父儿家有两头,讨价还价中,买主给价2400元,也就卖了。

购买婚礼品,大部分村民已进入购买婚礼品季节,各人自理交通工具,早上、中午各挑自己的时间上市购买。有的情况是一对婚礼的两头都是亲属所以两头客都得送礼。所以当前承办婚喜事,奔赴婚筵席,已是一项人生中心工作,也得一一承办和赴席为美。

2010年12月16日　农历十一月十一日　星期四　阴

赴婚筵席,家族分布于寻甸县、嵩明县、富民县。我芭蕉箐村张家也是一主线亲属。我家出动一辆面包车运送这一主线的亲属10人前往嵩明县凸董箐（苗）村嫁女儿席。（是我的三姐夫的一家）现在的出嫁，都是他家妹妹，亲哥承办二妹的出嫁婚事。中午11：00时，我家出车前往。由于社会的进步，祖国的繁荣，时时迎来新的机遇和发展，国道公路几年来几乎处处都在大改造、大扩修、大改道，导致客运阻塞耽搁。

我们的车子行驶向东南方向约25公里到达杨柳箐的箐坡上，两条大车路联合，通行几条公路，一辆拖运大型挖机的平板车有故障而停于这条拥挤的路心中，来往拥挤的车辆被阻断。幸好是这里的公路正处于扩修改建中，挖机只好另开一条线道，让所有的大小车辆绕开这大型车，挖了两个小时才挖通道路。里程不算远，只因不论往哪个方向走，都是绕道，所以短途变成了长途，到了凸董箐村时约下午5：00了。

小结：乡村客运有时受阻，我们也很高兴，因为交通大改造中，是好事，将来就会建设得更好，即将迎来交通更好局面。

2010年12月17日　农历十一月十二日　星期五　晴

参与凸董箐出嫁婚礼的点滴体会。他们历年承办婚喜事的代价是如果是娶亲就得付出15000元、10000元作为承办婚席伙食，5000元作为娶新的礼品开支。出嫁就只需10000元作为婚席伙食的开支就行。他们人口众多，三个村子组合成一个大村子。

出嫁的孤女也有一头犁牛一对母子公牛、一窝小猪、约25只山羊、洋芋25袋（价值都在20000元以上，是父母家产）。

小结：这次赴婚席，去客我们自己有4辆面包车，无论是婚席还是亲友间的来往，时间早迟就不再受限了。苗民的生活随着社会的进步和发展飞速前进。这些变化是在几年内啊！真快呀，不久或许会有新的篇章。

2010年12月18日　农历十一月十三日　星期六　晴

村民运输建房料子，侄儿张学光今年即将给儿子承办讨媳妇。去年已建的房子需要粉刷一下以便住宿。拉料子的工作已进行几天，今天早一趟车拉运红砖，准备平房顶砌上围墙，安全且方便晾晒粮物。第二趟车又拉运石面砂，粉刷房间墙壁时用。村民其他事工是上市场选购毛毯、棉被等婚席礼品，顺便购买维修小面包车的刹车配件。

村民事工又有张志明、张正才父儿俩挖洋芋，抄犁山地事工，是同一时间开展几项事工，又是翻犁洋芋，捡拾洋芋，同时又等于是抄犁冬闲地。将大车开到地中，拉运工具和洋芋回家。

小结：村农活已进入农闲季节，或是进行农杂活。地里的苞谷等于已收完，有的农活是打粮晒粮。赴婚席、打粮晒粮自然形成村民的中心事项。

2010年12月19日　农历十一月十四日　星期日　晴

教会事工活动，被邀参与白勤（白彝族）教会献堂礼拜活动。我们教会乘坐3辆小拖拉机及摩托车，一辆小面包车，共33人前往参与开堂庆典。白勤教会坐落于我们北边约25公里处，属禄劝管辖，全村40多户，一个民族，70%人口信仰基督教。

圣殿庆典概况是，有来自禄劝县、寻甸县、富民县3县40多个教会团队的唱诗班参与献唱活动。奉献、圣会当天奉献额人民币12000多元。

2010年12月20日　农历十一月十五日　星期一　晴

村民张学全家打粮晒粮，这几天天气已晴稳了，晒场又宽松，几乎很少有人晒粮，粮该晒的农户也该趁机晒好收好以便管理。

我村近段时间的一项事工是赴婚席和打粮晒粮。每户约有8—12场婚席要赴，最起码都需要1500多元才能应付下来，是指我们一般平民的情况，所以我们都忙于找钱赴婚喜席。1000—2000元钱准备投用于亲友的婚喜席，这也不算难，一般平民都可以支付的。打米晒粮事工也容易，因为用电动拖拉机又有较宽较好的水泥晒场以及较好的天气。

另一项事工是，富民县基督教圣经学校学习班中的电脑有故障，聘请张学德去重新组装电脑，顺利组装完毕。

小结：科学是人人都可以学习和攀登。

2010年12月21日　农历十一月十六日　星期二　晴

人生大事，婚喜事务工作已拉开序幕，也就是说一年中的婚娶嫁喜事从今天已形成一中心工作，村民侄儿张学才为二儿张约谢娶媳婚事进行准备工作，明天娶亲筵席。办娶亲筵席所要用的肉食和娶亲该送的肉食礼今天就要做好，以便明天出发娶亲。

婚席计划用的4头肥猪，今天就得宰杀做好，自己哥弟、孙儿齐动手，从早上就忙起来，早上宰杀两头，中、下午宰杀两头。又有他的五兄弟张学会也赞助一头，总共就有5头。由于早上就忙起做起，终于完成了宰杀5头猪的任务。

小结：苗民承办婚事习俗是赴婚席亲属密友所送的礼重的，主人家等到客散时自己也得送礼，就是每户来客要送一块重1—2公斤的肉表示谢意。

而现在有所进步有所变革了，不是礼重的才送，而是所有来赴婚席的来客以户为单位每户送给一块表示谢意。所以办婚席的猪就需要5—6头了，哥弟多的就得帮忙。

2010年12月22日　农历十一月十七日　星期三　晴

村民张学才二儿张约谢娶媳妇。今天的流程是过礼婚席。安排一张大车运送礼品，礼品物资是一箱鸡蛋20多公斤，4箱高级饮料，4箱啤酒，新娘等及陪伴8人每人一双皮鞋，新娘父母的衣物。给承办这顿婚席的煮饭、做菜、烧开水三个分组作为服务酬谢的酒、糖。

聘新娘人民币2660元。这餐席礼送200元为祝贺。由乡村公路浇硬化路段而转曲折山路上到大山顶后，再转向南方向到达朵木得村来。

交取婚礼仪式是：娶亲设有理事员及新郎陪伴（基督教传入苗民确定为，新郎新妇每户各 3 人），现在有所变动，现在是男女方各 8—10 人。娶亲队到了，新娘及陪伴全队站立，把所有的娶婚礼品从车上卸到新娘门口放好，由新郎理事员一一递交给新娘爸爸，递交完毕才交聘新娘礼币和婚席礼币，被请进房就座和休息。

2010 年 12 月 23 日　农历十一月十八日　星期四　晴

昨天有为娶媳派送来礼品的一张大车，运送新郎理事员和新郎陪伴 10 多人的一辆面包车，今天又从新郎家里派来一辆大货车和一辆面包车接送新婚夫妇两个队伍和随行客人回到新郎家。山路陡险曲折费时费力，从大山顶下到沿河黑色路面才快速回到我们村里来。

晚间的祝婚礼拜是特为一对新婚夫妇设立，虽然不是集会时间，都要为此婚礼集会。新婚夫妇两个队伍人员进入圣殿就要在前面就座，礼拜要选有关家庭婚事指导和要求的诗词诵读或是献唱。新婚夫妇、陪伴人员要上台献诗。主角、本堂诗班们上台献唱、对夫妇颂赞的诗词，并向新婚夫妇送礼品，亲友要请上台献诗，最后要请主户家族为谢亲友讲话或唱诗。

然后由婚席管事人员公布这次婚席亲友所送的礼品数目，来客 192 户，哥弟亲友支持了头肥猪。亲友来客支持人民币总额 15000 元，长老特为一对新婚夫妇祝福，宣布散会。

2010 年 12 月 24 日　农历十一月十九日　星期五　晴

苗民婚礼，新婚夫妇过婚礼的第二天是休闲游玩活动。远古时他们一群男女青年选择有意义的旷野游玩活动，而现在条件更是方便，交通和交通工具更是有利于活动。今天他们带足肉食及饮料，乘上小面包车往西南方向 3 公里的石山去游玩。一是观赏野外的美丽风景，二是好好享受现代丰富多彩的高档生活用品,在野外享筵乐吃烧烤喝啤酒。到那里先做一番准备。而下午时,我们家族在完小念书的孩子,一孙女和孙子及两名中学生都从不同方向用小面包车和摩托车运送汇集到石山让他们成群结队地在那里游玩和享受人生。孩子们在今天的旅游活动中,玩个开心,享个饱足,体会到人生的快乐,由于所带的肉食丰足就再没有时间搞其他的游玩项目活动了。

结束了野外活动,就用两辆面包车把全部孩子拉运回家,圆满完成了孩子们的野外活动愿望。(苗民婚礼中的一种习俗)

2010年12月25日　农历十一月二十日　星期六　晴

苗民婚习俗准备工作在忙碌进行中。今日是鸡街天,村民有的变卖苞谷,准备赴亲友家族的嫁娶婚席。有我家女儿3户乘坐自己的小面包车上街购买赴婚席礼品,边买边用。

村民建住房情况,我村村民龙兴祥家建住房,建正规现代钢筋骨架红砖墙面洋房。浇地梁施工安扎地梁、墙柱钢筋,搅拌灰浆。施工人员3人安扎钢筋,4人搅拌灰泥、浇灌地梁。由于昨天扎地梁钢筋人员少,只扎了一部分,所以今天的建房扎地梁和浇地梁两项工序同步进行。难度大人员少效力低,要几天才能做好。

小结:我村村民建正规钢筋混凝土砖房,是刚刚起步,需要更多的人力、物力、时间和代价,因为我们通过学习实验,就能获取建筑技术攀登高科技,所以情愿付出代价。

2010年12月26日　农历十一月二十一日　星期日　阴

村民事工活动,有的到野外捡拾苞谷,因为他人的耕地宽广,都是找小工收苞谷,所以已收了的苞谷地不能收得干净,耕地少的农户出去捡拾都可以捡到一些,收入还不错呢。

收砍苞谷草,我们的亲属友人都是居住于高寒山区,又是从事农业生产，又有耕牛驮马（现在拉车从事农业生产），耕牛驮马每年的草料都是买来的。所以亲属友人托我们协助找草买草用车子运送，三儿张学忠也受托买苞谷草，是给他大舅买，所以和儿媳二人砍苞谷草，草价是买成100元。

小结：嵩明县一般地区、乡镇、村社都已划成育林区，所以喂牲口的草已成问题，只能向亲属友人求援供给解决。由于交通和交通工具方便，亲属之间说一声事就成了，也是应尽的义务。

2010年12月27日　农历十一月二十二日　星期一　多云

村民婚礼准备工作进行中，侄儿张学光为娶儿媳需烧柴砍柴。山顶耕地有零星杂木需要砍除，利于栽下的核桃树和板栗树更好成长。果园里仍每年都种上洋芋、苞谷。今年又要讨儿媳妇，砍除杂木，一举两得。

事工情况，哥弟6人开出一辆小拖拉机，乘坐到山顶片区砍柴，砍好堆于地边等晒干后要烧时，再用大车拉运回来，他们整整工作了一天，回来已是很晚了。

龙兴祥的建房事工是扎地梁钢筋和浇地梁，由于自己建盖劳动力少，只是哥弟互相协助，所以扎地梁钢筋及浇梁地已用去了三天。

小结：关于搞大小建筑住房是我们苗民和我村一项科技事项建设，其次是车辆机械动力，再其次是力求农业生产高科技。

2010年12月28日　农历十一月二十三日　星期二　多云

教会唱诗班参与信徒婚礼庆喜活动。信徒王汉坤出嫁女儿王玉芬，是本教会唱诗班人员，出嫁婚礼特请唱诗班参与庆贺祝婚。唱诗班吃过早饭就要到出嫁女儿的主户家的柿花箐聚会点唱诗训练，祝婚献词，祝词，诗词，据说颂赞都围绕婚礼席恭贺。

记述祝婚晚会，基督教会的婚礼习俗有着进步和发展，音乐歌唱的丰富多彩也引来众多观众的关注和好奇。部分观众只得在窗外欣赏。晚会内容，本堂唱诗班主体分前中后献唱，新婚夫妇队伍要上台献唱，请新婚夫妇上台，唱诗班赠送礼品留念，富民县款庄圣经班也献诗，给新婚夫妇赠送礼品留念。人家承办婚席，也请教会领导、唱诗班长、圣经班负责人上台送礼品，钱币100—200元为谢意。

小结：晚会上所献的节目，比较优先赢得会众满意的是唱诗班的献唱，其次是年轻妇女们的灵歌舞蹈表演得好。

2010年12月29日　农历十一月二十四日　星期三　晴

教会参与婚喜事活动，陪嫁活动，教会几位负责人被请赴席，自然而然形成婚礼圣工中的陪客了。因为出嫁这天，送新婚夫妇从娘家起程时，为他们一路平安祷告。

婚嫁装饰品上车，也够忙碌的。东西很多，出嫁女儿的父母还陪给一头荷兰牛，一头猪约重60公斤，他们装上车搁置好也用去一个早上的时间。特别是把一头荷兰牛上车时，人多牛怪性大，脚踢头触打人，幸好是人员多，好不容易才把牛推上车。

小结：各地民族风情民俗不能如一。把新娘的婚嫁物品上下车（指讨嫁两方）全民动手，得力的青年伙子积极主动协助上下车，因为双方都有亲属关系，自己承办也愿得到他人的热情支持帮忙，难事就成为小事。

2010年12月30日　农历十一月二十五日　星期四　晴

四儿张学德参加东村乡林业会议。会议内容听取有关东村乡林业工作一年来的工作总结，取得的成绩以及存在的问题，确定一年中开展的工作成绩和存在问题，林业员要认真学习明确管好林业职责的重要性，以及认真履行自己的职责。来年工作任务，在假期中负责管好自己所负责的片区，严禁违法乱砍滥伐；按季度参加开会学习，服从有关林业部门的各项指示和要求。

婚席，家族亲友今晚又有一婚嫁筵席。是万宝山张成贵家出嫁女儿席，来客有100多户，所送的婚礼有7000多元。注：婚嫁礼多半是送嫁妆饰品，婚娶席多半是钱礼。

2010年12月31日　农历十一月二十六日　星期五　晴

接送上学孩子，昨晚在万宝山村（苗寨）参加出嫁婚席，我家亲属家族多户被请赴席。昨晚回家里过夜，今早还要去吃早饭。我们自己有孙女在祖库小学住校念书，昨晚学校老师电话通知放元旦假3天，请各村家长今早11：00到学校接孩子回家。（因为娃娃年龄小）交通方便，交通工具也方便，我们便乘坐自用的小面包车，顺公路先转往南方6公里祖库小学接孩子再转往北方10公里的万宝山村赴婚席。

接孩子情况是先有5—6张摩托车在村头等待孩子走出村头，等了很久才出来，还有万宝山村两孩童，我们顺便把他们送到家。

有人接送的孩子已到家，而没人接送的孩子只得顺公路走回家。我们看在眼里想在心里，由于大规模的并校，幼小年龄的学前班都得住校生活，很孤单很可怜，幼小孩童6—7公里步行回家，实在无法保障安全，建议政府有关部门采取可行措施，安排专车接送孩子，特别是雨水季节。接送孩子车费由家长负责60%，教育局再补助40%就解决问题。因为自己有孩子，若社会有号召有动员，我们也愿意为教育事业奉献一砖一瓦。

2011年
村民日志

2011 年 1 月 1 日　农历十一月二十七日　星期六　晴

村民龙兴祥建住房，已平整地基，挖砌墙脚基石，浇地圈梁，开始砌砖墙。经一天的辛勤工作，已砌高 1.5 米。施工人员有 8 个劳动力，技术工有 3 人支撑房角度，其他人员拌灰泥，砌墙面，供建房材料。

小结：前面讲述到各个时代，各地区都有时代工人和各民族自己的科技人才，攀登各种科技高峰。一村中都涌现出喜好维修机械动力，搞建筑，搞修理，建住房的年轻人。龙荣祥就是其中之一，所以在他的住房建盖中，不论接运建房材料、设计、施工都勇于攀登和学习，都是讲爱好，村民亲友也是按他家建房的工作量大小而投工协助，建房施工活跃满足。

2011 年 1 月 2 日　农历十一月二十八日　星期日　阴

教会本堂今天纪念圣诞崇拜。

2011 年 1 月 3 日　农历十一月二十九日　星期一　晴

村民忙于建房。龙兴祥、张学边两户建房，龙兴祥家已在施工中。建房工程高度已到 2 米多，约再砌两天就可到浇一楼高度。人员每天有哥弟友共 6 人配合施工。建砖房技术工又少，由于亲属友人之需要，五儿张学祥到款庄乡朵木得（苗寨）他姐夫家去当技术工，打地梁钢筋，及浇灌地梁，所以只好分头几处施工建房。

小结：科学并不神秘，而是可以学习和掌握的，不过不论建房工程大小，每项建房工程至少都要有二三人配合作业，这样建房工效高，技术要求也能过关。不过我们都是在学习，多实践。俗语说：路是人走出来的，所以情愿多从实践中学习。

2011 年 1 月 4 日　农历十二月初一　星期二　晴

石桩村（苗寨）潘志明为长子潘学光娶讨儿媳妇，今天是女方家属嫁婚席。新郎方的娶婚礼员及新郎陪伴、理事员今晚就要到新娘家里过礼，并在新娘家里过夜，称为嫁婚席。张学德被聘请随娶婚行队前往嵩明县白邑凸董箐村为一对新婚夫妇娶讨、过礼、出嫁而摄像作纪念。摄像内定讨方要过礼物资的准备，以及上车前行作为娶婚序幕。娶婚车子满载娶婚礼品，人员一片喜气洋洋出村子，村里亲友则围观走道送行。交礼、过礼，到了新娘家，理事员和新郎队伍，把过礼物资整齐放于事先摆好的草席上。娶亲理事员以及新郎行队站立于礼品的一边，由新郎和理事员把所要过的礼一一递交新娘主户，随行摄像员也要一一摄下。

小结：苗民婚喜习俗有所革新和发展，迎来新的篇章，新的风尚。比如在过礼的礼品中有一部分为两盘鸡蛋（这是养母之奶礼），这都有所创新发展。

2011年1月5日　农历十二月初二　星期三　晴

教会唱诗班圣工活动是参与祝婚礼的排练诗圣工，昨天是嫁婚席，今天是讨亲日。所请协助祝婚席的诗班人员由几个自然村的所组成。吃过早饭后，不论远近都要赶到那里唱练诗做一番准备工作。祝婚祝贺词，对结婚的一方，如果是对唱诗活动工作有贡献的还得对她（他）对诗班工作的一贯热心支持和一些好的表现作评估和表扬，并赠送礼品为结婚纪念。

讨嫁亲接送情况是：凸董箐嫁方的舅家找一大货车送嫁妆。讨方找一张大客车运送新婚夫妇以及双方赴席人员。客车费用为860元，货车费用为400元。娶婚席客人是来客达269户，婚席礼金额达20900元。来客73桌。

2011年1月6日　农历十二月初三　星期四　晴

村里进行农杂工作，有的是赶鸡街变卖苞谷，用于冬季的婚喜事、搞建住房、农业机械装备维修动力建设。有的搞建房施工，有的则进行打粮晒粮工作。

记述一桩搞婚喜事的准备工作,侄儿张约祥筹备婚事。十二月初十是娶亲筵席,今天已是初三了。婚事正筹备中,不仅要办婚席食品,婚席场地、就餐场地都还得用些工夫、时间做一番清理和准备。乡村农夫住地卫生条件有限,所以每当承办婚喜事就得忙碌一番。几天中就是打扫场地卫生,承办婚席用柴,防备来客众多,还要搂回松叶,万一睡床拥挤时就睡地上。

小结:幸好亲属友人也非常关注帮忙,几天的准备工作有两户姐夫4人前来帮忙协助。昨天今天的事工主要是平整场地,扩填房前后的用地。

2011年1月7日　农历十二月初四　星期五　晴

村里人畜饮水工程扩大和完善工程启动,今早9:00教会场院开来两辆车,走下9名工作人员。原来是县、乡、村委领导以及有关水保站工作人员到我村来核实并布置明后天将开工的饮水工程步骤和方案。并确定由石桥村委杨德聪、刘寻武派车上昆明购买饮水钢管、接头和器具。

施工情况是:原预计工程需要15万元,包括云南大学基地用水和我村的人畜饮水。而现在各级政府又说要7万元,现已确定为2011年1月10日动工,施工权全交给我村村民。

村民建房事工是部分村民协助龙兴祥家建房,人员有9人联合施工。高度已砌达一楼浇顶的部位,工效好,安三道门、三道房窗的过桥木后,一直砌完一楼的高度。

2011年1月8日　农历十二月初五　星期六　晴

我们村民接受架设钢管引水工程,建两井水泵浇灌水沟堤埂约800米渠道的任务。昨晚村上召开村小组会议研究如何分工合作完成此项艰巨任务。研讨会议结果是,全村40户,除年龄已达60岁以上的5户老人,两户在建房中的农户外,全村分成三个小组,每组由 13 户组成。施工先后顺序是从 10 号开始,按政府领导下达的任务先建好两口水泵,架设饮水钢管后再转入浇建水沟堤。

10 号这天,第三组挖两口水泵基坑,每口深度为 1.7 米即可。一、二两个组突击挖平水沟,购买回空心砖砌水沟堤。按上级政府的要求,必须在年前完成这些任务。

今早另有一项事工,按东村乡政府领导布置利用早上的时间把饮水全线总的长度测量出来,把稻田引水沟的具体长度准确数字核准,报到东村乡政府,以便政府领导掌握和安排。任务来得急,实施得紧迫。由于任务重,我们只得今天就行动起来。

2011 年 1 月 9 日　农历十二月初六　星期日　晴

村民事工忙于建住房,由于村上水利建设任务艰巨,时间紧,婚喜事又多,所以村农事就更要抓紧时间。建房事工也艰巨起来,因为紧缺劳动力,建房施工又处于架设浇灌一楼底壳子板和浇房柱,直横、柱梁。所以都需要技术工和设计公司。

龙兴祥家的建住房事工仍在进行中,组合施工人员每天是凭亲友熟人的喜欢赞助。就是自己哥弟姐 3 户组合也有 6—7 人施工建筑。建房工序砌完一楼的四平墙高度,转入砌房内的三面隔墙壁。施工方案是本着自力更生,就地取材,尽己之力,珍惜人力、物力、时间用于建住房。

村民事工,又有打苞谷(脱粒),三儿张学忠打苞谷。由于劳动力分散,只好自己一二人忙了多天,昨天父母 2 人又帮忙扳苞谷一天,才扳完一块地苞谷,堆于场上。晒场又空闲,又是大晴天。自己又备有脱粒机,开动机器,不时就打完一大堆苞谷。现代有些农业活计工作起来,工效又快又好,工作一时也能完成一天的工作量。

2011年1月10日　农历十二月初七　星期一　阴雨

村民水利建设工程施工在进行中，感谢云南大学老师的关怀、支持，也感谢各级政府的好领导，我村迎来架设引水工程和修建稻田水沟堤埂的机遇和良机。按东村乡政府的布置必须及早施工和竣工，要求春节前完工。出勤要求，每户纳入编组名单的农户要积极主动地出勤，齐心协力完成政府领导下达的光荣任务。

珍惜光阴和时间，昨晚下了一夜大雨，今天吃过早饭雨还是下个不停。村民仍是出工挖水泵坑和挖除水沟堤，准备整个水沟全部换成空心砖。幸好到了中下午时总算是停了雨，就便于施工了。

小结：大小事工，只要纳入人民群众共识，是明确的事业，他们就会踊跃参与和献计献策地投入。今天下雨，耽搁了上午的时间。但村民们都认为干总比不干好，都力求早日建好和完成。上午雨大就地避雨，雨过后又进行劳动，珍惜时间。

2011年1月11日　农历十二月初八　星期二　阴

有村民孙儿张约祥明天办娶婚席，交礼过礼，称之出嫁席，今天就得把承办婚席用的肉食准备妥当。有他家自己为办婚事已准备多年的4头肥猪，他亲大哥张学明也赞助他家一头，他二姐夫一家也赞助一头。我们今天总共要宰杀6头大猪。幸好是我们哥弟人员多，仅是他家哥弟就有5人。我们有哥弟3人，我们大家族就有18人，又有姐、妹夫两户4人前来帮忙，就有22人大合作。由于人员多，宰杀猪场地就分为两起。由于天气寒冷，只好一边工作，一边烤火取暖。白天中午一部分人员又挖建水泵工地基坑，人员就少下来，幸好早上宰杀了4头，白天只宰杀两头，所以任务就轻松下来。

小结：婚喜称之人生大事。6头猪按现在市场价约值1700元／头×6头=10200元，其他的开支还未计算，婚姻是人生大事。亲友赞助一头猪，价也在1700多元。

2011年1月12日　农历十二月初九　星期三　阴转晴

侄儿孙张约祥的婚礼席今日称嫁席，所以男方要给女方婚席礼，今天讨方就要出车把娶婚礼品送到新娘家过礼，交礼并参与新娘的婚嫁席。而男方家里的婚席准备仍忙碌布置着。张约瑟哥弟出动一张拖拉机，购买婚席用的各种食品，主要是鲜鱼、活鸡、凉菜、葱、蒜、咸菜、蘸水等若干公斤。人员出动4人，由于物资多，几乎用去一整天才做好。鲜、活鸡一便请卖主帮我们宰杀和洗好，是免费给我们做的。购买讨媳妇婚筵食品，用去2000元。

小结：苗民承办婚喜席，高档菜就离不了鲜鱼、鸡肉、凉菜、红烧肉、排骨。近几年有的富裕农户又杀起牛来增添婚筵菜肴。

2011年1月13日　农历十二月初十　星期四　晴

娶讨媳妇，孙儿张约祥结婚。今天是娶讨结婚筵席。新娘是上村麻栎树村人，与我村相距4公里多路程，都是邻近村寨，同乡同族邻舍相居。娶讨接送新婚夫妇，以及嫁妆情况是：安排两辆货车拉运嫁妆，两张面包车载运新婚行人和陪伴人员。嫁妆礼品中，父母又给一条黄牛。先已安排好的4辆车就稍微拥挤一点。他家派出一辆面包车，就成了两辆大车，三辆面包车，构成5车行队的礼车队。这次的娶婚席，来客有150户，贺礼人民币14460元。

小结：苗民承办婚习俗的新风尚、新向往，在向前走。新郎报赏了新娘父母双亲及亲友一方的亲人，亲人有所扩增，酬宾客的婚筵席在质量上也有不同程度的提高。

2011年1月14日　农历十二月十一日　星期五　晴

婚礼席敬客、陪客、送亲。讨嫁婚礼席客中，有的事先安排有陪客员，就是户主特为接待亲客而设立的等客员。就是婚席中，主户由于事务多，特请妥当的亲人来服侍好来客。昨天今天我们的家族亲人也得陪同来客，陪谈、招呼，表示欢迎和服务。送客，一般的来客吃过早饭就要走，有的还要赶往另一家，所以亲友来客都忙忙碌碌奔赴婚席。

另一种情况是，仍有来客没有交通工具，或是没有能力自理交通工具，主户和在这里的有关亲人就要尽自己所能，用大小车辆、摩托车把来客不论远近，送到客运站送上车回家。

主户亲人派出 3 张摩托车将 4 人送到鸡街坐客车回嵩明凸董箐，1 人是回寻甸县。我家也主动协助送客人，用摩托车一张送 2 人到东村坐客车，共同办理好这次的婚席。

2011 年 1 月 15 日　农历十二月十二日　星期六　阴

村务事宜，我村在云南大学老师的关怀支持下迎来兴建饮水工程和兴建稻田水沟堤埂的良机。又兴建两井水泵作为人畜饮水之用。建水沟和水泵工程已进入施工中，工程材料、人工砂今天已由段老板安排大车拉运回来。4 车料子堆放于教会的大场院上备用。

我村出勤是由劳动力把水泵模板（铁板）从场院里背到村子上边建水池、水泵的地方搁着。两辆农用车把他们倒于场上的人工砂拉运到村上边仍是堆起。万一车子上不去，就用人工背上去。一部分人员仍然是清除水泵坑泥，备妥料子就浇建施工。

小结：饮水工程，建水泵、浇稻田沟堤，下达任务时，似乎全工程已交我村民施行完成。几天后，东村乡政府担心我们技术不过关又收回由乡村委找老板建。据我们不成熟的猜测，很可能大家都在争这点钱。

2011 年 1 月 16 日　农历十二月十三日　星期日　晴

富民县按立牧师典礼，2007 年我县申报的候选人 4 名，已审核、备案，办完一切手续。经云南省基督教两会安排在小水井教会会堂里举行按立牧师典礼。

2011年1月17日　农历十二月十四日　星期一　雨

承办订婚席,张学全为儿承办婚席。几天中因参与亲友的讨、嫁婚席而熟识了女友。他们俩都情愿成为夫妇,也就把女友留下。作为父母只好照章办事,杀猪宰鸡办订婚筵席。哥弟4人商量订妥,现打主意现承办。大儿和三兄弟拿出2000多元,乘自用的小面包车上街购买筵席的酒肉、鱼鸡等菜品。

由于生活水平的提高,人际生活竞争,都宁愿办高档生活待遇而宴客。到了晚间,有关的亲族友人坐下来吃鸡肉,分年长者要给鸡头,中年的要给鸡脚,或是腿或是翅膀,妇女、孩子都是肚、翅、鸡脚、小腿等。吃后大家就讨论分担角色任务,是哪一两个当媒人去说媳妇。

最精彩的一环是,晚间的吃鸡肉席,村舍邻居男女老少一一到张学全家里来等待,一晚席时刻有人到来。家里的几个哥弟自动做服务员而服务来客,一一地给他们倒上开水,摆上花生零食,让他们尽情享受。欢乐的时刻终于来到了,享受物质、享受大家庭之温暖,他们有说有笑非常开心,非常好玩,体现大家族的关爱、团结、友爱。这还不算,主人家还要请他们吃消夜米线,明早上还要请村舍吃早饭。今晚小小的求婚席礼是222元。

2011年1月18日　农历十二月十五日　星期二　多云

村务事宜,已进行浇灌稻田引水沟堤。按东村乡政府的安排布置,此长达700多米的浇引水沟堤坝工程已承包给段华义,又由他找技术工来工地施工,监督小工施建。

昨天今天已开始架设钢模、搅拌灰泥,浇引水沟。昨天在施工中,到下午3:30时下起大雨来,不但影响了施工,还几乎造成我们施工人员无法回家。看看天色下起大雨来,所有乘坐摩托车出工的人员就火速乘坐摩托车逃回村子,否则摩托车在山脚田坝土路上就无法回到村子来了。只留下少部分人员在工地上避雨。

今天工作很艰苦，由于昨天下午3∶30时才下过大雨，刚挖过的水沟全长达700多米。从山脚车站处挑灰泥到一边拦河坝就得走700米路，每挑一趟灰浆都得耗尽力气。原因是刚下过雨，水沟泥泞，太难走，每走一步，都得提防滑下箐沟。另一个原因是昨天工地上的人工砂、水泥没有用完，而今天只有采取这种方式来处理。

2011年1月19日　农历十二月十六日　星期三　阴

承办婚喜大事，孙儿张荣光在几天的陪郎喜事的活动中与陪娘女互相投情相爱，并请女友到家里来做客相识了解。按苗民婚习俗，作为父母的只好照章办事。得做一番向女方父母的求婚、赔礼道谢并送礼作为谢意。礼意有一对鸡、4盘鸡蛋、啤酒两箱、雪碧两箱、酒一壶、纸烟两条、一只鲜火腿（15—20公斤）（原习俗只是一对鸡）。苗民的婚习俗原是要双方都有亲属关系，对方才给。而现在这对男女青年是陌生人，作为双方父母既成了一个难题，我方也只好试闯这一难关了。

我们事先告知，今早我们带着一对新婚夫妇到亲家家中吃早饭，当我们乘坐面包车往西方向行程30多公里，就到达赤鹫刘家坟（苗寨）村。由于新娘做向导，我们的车子一路顺利到了新娘家，把交情礼物一一送交给主户，他们请我们坐下，他们就谈说起来，起先我们从电话中把情况告知对方，对方的回话态度非常生硬，不许我方称他为亲家等等。我们到下时，他们又做了一番道谢，他们自己说以为姑娘是给高寒山区的穷山寨里，我们就很不高兴，都说不给。打听是给芭蕉箐村，老爹是一位长老，或是一位牧师哩，他们才乐下心来。他们之间内部互相劝说，不给这里要给哪里，他们都是有信仰的人，太好。所以求你们原谅我们的误解。原先我方计划是到亲家那里把事情交代后，吃早饭后就回程。亲家一方却把我们硬留下来，要为此事，为接待我们办筵席。一天他们忙忙碌碌杀鸡、做菜、煮饭，出外买食品办筵席，我们吃过晚饭，天色几乎黑了才与他们告别乘车回来。

2011年1月20日　农历十二月十七日　星期四　晴

村民建房，龙兴祥为二儿搞建房，是结婚成家用房。建房一段时间的工作是支搭灌楼顶模板，工序也是复杂繁多。需要很多撑杆，都得用人工从山林砍回来，一部分人员在建房工地上支搭架设，而且还要技术工来处理支搭。

村队上又有几项水利建设项目，所以一时之间只有他家哥弟，姐夫4户8人每天联合协助帮忙从事于建房，今天建房的一组人员是拉运木料，从山里村边用小拖拉机拉运供应建房基地使用。

2011年1月21日　农历十二月十八日　星期五　晴

村民张学祥购置面包车，从昆明车市场购二手车。由于更换车子新牌照，所以需要一段时间才能补办完善，今天已到了时间，需要上昆明补办完善。

四儿张学德上昆明出差。云南大学老师对我们民族关怀、支持、帮助，又给予高科技设备投资和培训装备。这次电脑有故障，李老师和郑老师两位老师带上昆明检修，叫四儿张学德今天到云南大学去拿一下。

二人出差上昆明各办自己的事工。由于交通工具的方便，多出钱都情愿开出自己的面包车出差。这样方便，时间由得自己。孙女张多加也在昆明幼儿园教学，明后天也放年假了，我们一便也到幼儿园看望她，也把她所要带回家的东西一便带回来。

2011年1月22日　农历十二月十九日　星期六　晴

村务事宜，村民今天建第二井水泵。每建一井水泵都涉及很多人力、物力、时间，由于交通不便，料子需要两车，水泥30包，料子运够后，就要搅拌灰泥，幸好村里建房借来有搅拌机，用机器操作就可节省人力。人工只要给搅拌机供料子，又用人工担灰泥去浇水泵。起先要些技术工把建水泵钢模支架设好后，才得浇灌，支架钢模就得要一个时候。劳动力10男5女，15人联合施工，从开始挖水泵基坑，支架钢模，浇灌灰泥全部工序都是自己施工，是边学习边实践。

从事于建筑施工是天赋予的才艺。因为从其他方面，如搞建筑，维修车辆，拍摄复制光盘，从来就不曾投师过，又如见图施工等，是一种天才本领。

2011年1月23日　农历十二月二十日　星期日　晴

村民打工活动。我村的稻田引水工程迎来良机，政府安排资助金浇建水沟，此工程已转交我东村乡建筑老板段华义承包，而我村民只是打工协助。每天的出勤工作量是要求上午8：00—下午6：00，中午12:00吃早饭，每天约工作9个小时。劳动报酬安排是每人每天供吃，并应许每个工天付给40元为工价。

由于天晴，利于施工劳动，因从我村下到山脚的小马车路窄，从外运进村里的人工砂只好堆放于村中的场上，又由我村里的两班车，从村里把砂子拉运下到山脚田坝里浇建水沟。

人员（我村）14人，由工人在村里场上，上车石砂，12人在山脚用人工搅拌灰浆，担灰浆，这工作活计可累人哩，强劳动力每天所付出的代价可不少，真是难以攀登、难以担当。但再艰巨再艰苦的劳动任务，我们只有勇往直前去克服，去争取胜利，最后的胜利是属于我们的。

2011年1月24日　农历十二月二十一日　星期一　晴

村民水利建设工程仍在进行，今天是施工期的第四天，施工方式，用人工担灰泥浇沟埂，先从远处浇到近处，先是挑700米，而现在渐渐近了，今天约是300米，所以工效就渐渐高了。当然劳动力也比那天多，今天我村有17人联合施工，其中3人是妇女，2人在村里上车料子，供田坝的料子和水泥的用量。此项建设事工是劳动强度大，不论是上料子，还是人工搅拌灰浆挑灰泥，一天的工作时间都是出力工作，都是流汗的活计。

村民建房事工情况是由于村社有水利建设，所以一时支持不了建住房的农户，有村民龙兴祥建砖房，几天的建房事工是扎一楼模钢筋，由于劳动力紧缺，所以他家哥弟几户互相支持齐心合力而建，预计要今明两天才能做完这项事工。计划后天浇灌，所以不但扎钢筋，还出动两张大车拉运公分石、人工细砂准备后天浇一楼。

2011年1月25日　农历十二月二十二日　星期二　晴

村民建住房，有龙兴祥建住房，预计明天浇灌楼顶，所以今天忙于做准备，当然重点是扎钢柱模，扎楼板钢筋，整4大间的砖房浇顶工作很多，拉钢筋、摆布并扎妥，由于人员少，几乎花去两三天的功夫才处理完，今天又需要上街买小菜，主菜是鸡、鱼和高级饮料、啤酒、凉菜等，准备建房大事庆贺庆贺，所以今天也做了一番准备工作。

村里的建水沟事工仍在艰苦进行中，由一辆大车从村中运细砂料子下到山脚田坝供应施工中的工地，人员分布于村中、山脚搅拌灰泥工地，大部分人员挑灰泥供水沟工地。

今天我们富民县基督教召开全县常委会议，研究确定事工三个项目如下：

1. 春节期间培训礼拜长期往返7天。
2. 春节期间培训教会执事期往返7天。
3. 富民县基督教款庄圣经班，仍举办为期一年的学圣经班。

2011年1月26日　农历十二月二十三日　星期三　晴

村民建住房浇一楼顶工程，有村民龙兴祥建住房浇楼。是为儿成家立室兴建的工程。浇楼房庆典活动是民族建房工程，是现代兴起的新的追求、新的风情、新的局面。都力求正规的、现代式的建造。由于是新鲜事物，所以邻舍亲友都关注。因为起房盖屋，都将推动家族民族地区的更新繁荣，也标志着苗民的进步和发展。

所以到浇楼这天，村社密友都出动来帮忙运送材料浇楼。还有庆贺的意思，就如办婚事一样地庆贺，甚至还得送点礼。小礼为50元、100元、200元，据说，他哥家龙兴明支持1000元，他姐夫的儿子张正才支持了500元。

2011年1月27日　农历十二月二十四日　星期四　晴

我村农田水利建设建浇稻田水渠工程已进行了7天。按我们的计划还未完成这700米的水渠，但是有一道箐沟，只好告一个段落。

将到春节，社会、家族等各种事工建设都应停工放假而做春节的一些准备工作了。所以我村跟老板打工搞我村水利建设的10多人，今天建水沟的任务也是比较艰巨。带队老板段华义今天的事工任务已作了要求。就是说今天的劳动任务要尽早尽晚完成，明天再架设我村和云南大学基地的饮水钢管后就要放年假过年。劳动力由于年关事工多，仍有请客吃饭，又有宰杀过年猪而聘请劳动力，所以今天只有14人出工浇水沟。

小结：对我村水利沟道的建设，村民有明确的认识，是人民政府的关怀，又是村民打工协助老板，自己只有无条件地服从和执行。今天我们村打工组所付上的代价也可说是够大的。自己也宁愿忙完成告一个段落，所以我们自己也情愿付上大代价而完成，所以下去田里就挑灰泥下去，而上来时就挑钢模板上来并装上车，息工时拉运回来。

2011年1月28日　农历十二月二十五日　星期五　晴

赶街超载1人被罚款200元，今日是农历十二月二十五日，春节就在眼前，三儿张学忠被选任为我芭蕉箐村主任。年终石桥村委会，有关怀也有会议。又有孙女张多加需要到款庄马街办银行卡，所以开出自己的两缸车，也替我老人卖250公斤苞谷做过年的零用钱。张学忠和两个小孙女坐在驾驶室里，行驶到大平地村边就被交通警察堵车，罚200元。

小结：事情刚发生后，由于通信的发达，我们有关友人都已晓得。我们苗民的思想就很不平静，事后又知道邻近村万宝山的张周会也是忙于准备过年用品而用小拖拉机乘载着3人，也被交通警察罚去400元。

2011年1月29日　农历十二月二十六日　星期六　晴

年节事工多多，有的赴婚喜席，有的杀过年猪请客吃饭，有的一趟又一趟地上街购买过年礼品，民族山村一片生机勃勃，一片忙碌过节景象。村民龙福祥、龙兴明、龙荣才、张志明、张正才5户联合宰杀过年猪，并联合做饭席，共享家庭的团结生活。一是为劳动力相互帮忙做好过年肉食之需要的工作；二是由于村上有水利建设而拖延时间，村民就得采取联合行动而争取时间。村民习俗，杀过年猪都喜欢请客吃饭。

记述赴婚席。我家父儿5户8人乘一辆小面包车，一辆摩托车，又有大哥、二哥家的侄儿3辆摩托车同赴一亲戚的讨儿媳婚礼。向东南方向行驶30多公里，顺鸡街公路约2.5小时就到肥草箐苗寨参与婚席。我们家族多人前往参席，赢得亲属们的感动和满足！吃过晚饭后，在场上烧起大火让亲友客人烤火取暖，并聊天畅谈起来，又问起我俩孙女，我方告诉说，这就是我的孙女张多加，在昆教幼儿园，现在回家过春节，趁赴婚席之机也过来探亲。那里的亲戚越发高兴，畅谈了一时，双方都感觉得今晚交流分享太精神欢乐满足，由于明天是年终感恩礼拜，我们就没有在他们那里过夜而向他们一一告别，乘我们的小车回来了，想来会留下良好的影响和挂念。

2011年1月30日　农历十二月二十七日　星期日　晴

村民事工活动，接近年三十晚，苗民习俗都重于年三十晚来庆典过年，所以几天中都忙于购置年节的各种用品。三儿张学忠出动小面包车早上跑一趟到鸡街购买年节物品，主要是面食。

中午12：00是年终礼拜，由于婚喜事多，年节事务多，所以来参加聚会礼拜的人员也少了一些。但是信徒们对上主的爱心情绪很高，在献诗中的项目，柿花箐、芭蕉箐的两个小组都参与了献诗活动，芭蕉箐村的妇女和青年们还献上歌舞蹈庆贺年度感恩。下午3：00礼拜休会后，由于自己有车子，儿媳、孙儿女们趁今天是鸡街天，还要上街买衣物和过年玩具，所以又出车，总而言之，年节要买的东西也还多，一时不能尽情如意地购完。我们有意义地度过一天。

2011年1月31日　农历十二月二十八日　星期一　晴

春节即将到来之际，亲戚家人都喜欢来往请客、探亲团聚、拜年度春节。三儿张学忠也出动一辆面包车到嵩明县凸董箐请老岳父老岳母到家来过年。因为他们都是高龄了，趁有机会又趁自己有车子，珍惜时间，让父母也能享受一番旅游，乘高档车，也享受现代式的美满生活。所以专程跑远程把一对老人也请来欢度春节。此项事工是不容易，自己要购置有车辆，人、车要办齐全证件。又要不超载，又要有良好的驾驶技术，才能完成远程的行驶任务。此项事工是近一二年才有的苗民新风气，而且是渐渐普及。

村民碾压糍粑，以前用人工舂，现代已制有碾压机代替人工了。我家购置有柴油机和碾压机，我们情愿出钱出力为村民免费制作。情愿付上一点小代价为人民服务，让村民也能享受到民族友爱的一小点温暖和鼓励。来碾压糍粑的农户连我们自己一共有12户，一部分村民是还没有计划做或是因请客做客没有在家。

2011年2月1日　农历十二月二十九日　星期二　晴

村民事工进行农杂活，有侄儿张学道仍忙于筹备婚喜工作，承办婚喜事的准备工作也多，场所都得考虑和筹备。就餐的场地和板凳都得做一番准备工作，苗民处理的习俗是找借些板子来支搭板凳，让赴席的客人就餐吃饭。就是没有足够的板子，也得解新板子来用于办婚席。侄儿张学道为儿办讨婚席，时间订于正月十六日，所以为办婚席，今天找工找解锯解几个桐木板子。由于现代工业的快速发展，什么机器都有。解板子过去是用人工费时费力，而且工效极低。现在利用机器来代替人工就轻松，又快、又好，工效也高了。再说承办这些事只要说一声，自己身边的亲戚友人就会主动出来帮忙协助。

明天是年三十晚，所以父儿几户，又有儿媳双方的亲友，都要请他们来团聚欢乐欢乐，分享大家族的团结友好！今晚，我家父儿几户就坐下来商量，各家各户约有多少人，已请了多少人，会来的有多少人，合几桌人。我们预计有8—10桌人，一餐要10条鱼，两餐就需20条鱼。计划要买上两公斤牛肉准备吃冷片，凉粉买上3公斤，其他小菜也买上一些，肉食家里已充足了。但由于请客就再多开支上500元，可能多多有余了。

2011年2月2日　农历十二月三十日　星期三　晴

今日是年三十，是人们隆重过的节日，又是东村街子天，所以几乎一般村民都得上街购买年节用的各种食品及补品。街市上热闹非凡，人山人海上街庆贺过年！上街办事的车子多了，人员也多了，平时不上街的人员，今天都要上街赶集，处处显示出人们过节期的气氛。街市上堆满了过年节的礼品货物，人们尽情地挑选和购买。增添过年的欢乐和气氛，消费者的购买力也大大提高。就如购买过年爆竹的规模有所扩大，历年没有摆上的，今年已摆上大、中、小型的爆竹。购买的人也多，设备上升了，购买力也增强了，这是社会新气象。

交通警察堵车，约上午10：00交通警察出动分几组巡逻堵车。车辆无证件和超载的都被处罚，制裁很多证件不齐全的。无证件的，大小车辆就不敢行动，车子停在那里就只有乖乖地等到交警收兵了。时间已是下午3：30—4：00，人民的心愿是要欢欢喜喜过新年，已变成不能如人意了。

小结：按事理推理，年三十晚应该让人民欢欢喜喜过新年，再不应该给人民施加压力和负担了，他们为什么不能尽如人意呢？

2011年2月3日　农历正月初一　星期四　晴

村民组织友谊活动，动员号召愿意者都到教会场院来游玩活动，游玩活动项目是：一、投篮球比赛；二、男女各一方拉绳子争竞赛力——结果两方相等；三、瞎子摸钱——相距一定的距离，主持人在场地上用一个盆子在场上画上圆圈，然后在圈内写上10个字，瞎子是用手巾蒙着眼睛看不见。然后从7—8按着相等的步伐走到挨近圈子的位置放下手巾，如果能准确地放在圈内，主持人就按圈内的数字给他10元。

这个游戏很好玩，大家有说有笑玩了半天。大人小孩争先恐后地来试，此游戏资金开支达200多元。有一个孩子拿到另外一个项目是陪谈。

时机难得，趁春节一部分村民会集到场院来共度春工日。给他们开水服务，陪谈对象有4人。

1．二哥张正德陪谈内容：社会、教会都是迎来好的机遇和发展，当前云南大学老师给我村引来饮水工程资金10万元，落实到我村上来的数目据说是7万元。

2．侄儿张某某是参与分离教会组织，我就与他交流，圣经教导我们要合作的必要性，团结友爱才能体现基督之爱等等。

3．党员：陪谈了解他们生活的状况，党和政府的政策越来越好和政府的关爱项目有所增加。

4．来客、妇人，鼓励她支持自己子女积极参与圣经远地培训班学习。

小结：春节娱乐活动，政府资助500元，部分食品儿媳们提供。从政府给的补助款安排每人几个水果和2个鸡蛋，青年孩童们欢欢喜喜地度过春节。

2011年2月4日　农历正月初二　星期五　晴

唱诗班年节活动，因还有年节圣工活动，年终感恩赞美，又接连开年圣工赞美活动，开年礼拜，正月初六开始还有讨媳婚礼，仅我村就有3户。所以教会唱诗班的工作也很多，特别是在婚礼席上，对一对新婚夫妻祝贺和见证。

工作需要，唱诗班人员也只得按工作量加强练诗训练，所以今天唱诗班集中于柿花箐村聚会点练诗。礼拜上排练舞蹈，准备在祝婚礼拜献出。一是赞美上主，二是给参与婚席礼拜晚会增添光彩喜乐满足感。诗班白天用来学习，晚间活动仍是每周的周二、周四的晚间活动。

村民事工，在春节前的日子，有的是接送客人。三儿张学忠把位于嵩明县凸董箐村的老外父（又称老丈人）老外母接来家里过年，今天又要把两位老人和一表孙一表女送回嵩明凸董箐。自己购置有车子，交通又极方便。他们吃过早饭，10：00才出发。公路里程一个单边需3—4小时的时间才可到达，约下午5：00车子就返回到家了。

2011年2月5日　农历正月初三　星期六　晴

村民事工有的忙于承办婚喜事，有的准备求婚订婚。有村民张志明为二女张香芳承办订婚席，2月6日晚办订婚席，所以今天5号就要上东村街把该买来办婚席的物资买好以便明天办饭席之用。

又有侄儿张学光7号要给儿张约翰承办讨儿媳筵席，所以今天准备上街把一部分物资买了拉运回家。由于现在的婚礼席随着社会的进步和人民生活水平不断地提高而逐渐隆重起来，所以购买这些物资都要一两辆车或是要两个街天才能办好，今天先买回第一车物资。

第二户是村民张志明为次女办订婚席，时间已订于明天6号办饭席酬谢亲戚友人。约需要2000元左右才能办好这小小的订婚礼席。

小结：小小的订婚席，原先是主人家哥弟自己承办而只有4—5桌人吃饭，现在规模逐年有所扩大了，涉及所有的家族亲属和自己村的村民，我们小村子达 2000 元左右，收支两顶，余 100—200 元。

2011 年 2 月 6 日　农历正月初四　星期日　晴

忙于承办求婚、订婚席，同村同时就有两户各自承办。情况是：村民张志明二女儿去年婚事延期到今年正月初正式承办，村客是昨晚才挨家挨户地请。请今晚补席，订婚礼金去年已交了（男方）1360 元，双方父母商订今年正月初办订婚席，今晚办的订婚席礼据说收到 2000 多元。

另一户村民杨天友是办求婚席，由于儿智力残疾，办婚席规模小搞搞，应付一下自己的孩子，所以随便请上自己的几户主要亲属来赴小席而已。

小结：苗民的婚礼席，在古礼仪上有所进步和发展隆重起来，由小搞搞，小规模，简单化发展到重视和隆重起来。不但是讨嫁的婚礼席，就是一个求婚、生孩子都已受到尊崇。这一切都来自国家政策的开放和给予的关怀，物质生活提高了。

2011 年 2 月 7 日　农历正月初五　星期一　晴

村民忙碌筹办讨娶婚喜事。有侄儿张学光给儿张约翰承办娶婚席。原定的娶婚礼习是新郎方要把所聘娶新娘的聘金或是肉（苗俗，肉是指女方要一头肥猪，要做成鲜肉用车拉去做聘礼）和新郎行队领上，这一桩是新娘新郎分别是由新娘订的每边有 8 人。她喜欢领几个人，新郎也得同时如数领上。

今日的事工准备情况是今晚就要去过礼，今日的事工又要宰杀 6 头大胖猪，一头是要去过礼。幸好是哥弟人员多，由于事工多，他们只好天亮就忙起，宰杀 6 头大胖猪，他们整整忙了一个白天的时间才完成任务。

过婚礼队伍出发，要过礼的这一头猪由一辆小拖拉机拉运，礼品一对鸡，两箱饮料，两箱啤酒，4 盘鲜鸡蛋，40 公斤苞谷，一壶 5 公斤酒，母奶礼等很多东西,由一大辆四缸车拉运,新郎和陪伴8人又由一辆小面包车运送,一行娶亲队伍由大小3辆车组成。村民亲友集中于大场上围观和送行,目标是从我们芭蕉箐上到山顶再向北方走过2公里平地就到柿花箐村新娘家了。

2011年2月8日　农历正月初六　星期二　晴

娶媳婚礼,侄儿张学光承办结婚礼,承办伙食的炊事组工作就较繁重。工作分配是:由七八名人员承担做菜,四五名人员承担煮饭,由2人承担开水服务。其次又是安排一组4人料理洗碗、洗菜、饭席中清理饭桌卫生。

诗班负责工作是:中午12:00要集中于教堂里由诗班长带领练诗。以及对一对新婚夫妇的祝贺词用语和所要唱的诗都要一一排练好,特别是晚间的祝婚礼拜的程序用诗等。

晚间的祝婚礼拜程序是:不论有无集会时间,都要特为这对新婚夫妇设立祝婚礼,当然内容是专为这对夫妇祷告。婚礼规模情况是来客186户,所送来的祝礼金总额为18100多元。

2011年2月9日　农历正月初七　星期三　晴

村民侄儿张学友也是为长子张以勒承办结婚礼,今天是娶方要到新娘家过礼(交礼)过夜,参与嫁女婚席。目标是上到东鸡大公路4公里东南方向麻栎树村,准备工作几乎用去上、中午的时间,到下午3:30已准备妥。由于对面新村交通不便,只有小马车路,用小拖拉机把所有的娶婚礼品运送到300多米的车路上来。由村民龙兴华的4缸高速车前去运送,所以事先就开来停于岔路口上待礼品上车。

家庭人员多,力量雄厚。娶方因着力量薄弱,原先计划是用一张大车把所有的娶媳礼品和新郎队伍10人,我村同时搭车前往赴嫁方做客的人员都一车挤了去。见此光景,我便说何必这么拥挤,再派出小面包车协助，又体面，又增加气氛，又轻松。观众都说好，小车出去，刚好合适。

小结：人际生活中，很多人未注意到亲友团结友爱的重要性。甚至有些人喜欢拉小圈子，还有的喜欢过河拆桥，幸好鼠目寸光的人是极少，我们也愿意优待他们。

2011年2月10日　农历正月初八　星期四　晴

村民张学友娶儿媳是从上村麻栎树村娶到我们芭蕉箐村来。昨天送礼，拉运礼品和新郎行队员的车辆去了一辆大车，一辆小面包车。由于附近民族苗民村寨赴婚席的人员较多，所以双方办婚席的主户也得尽量照顾，让他们尽可能带一部分人员也坐上婚娶的车辆。

娶亲队伍下午4：00已回到村里来，娶亲的主户由于从村中拆迁到村对门的新小村，娶亲的车辆只好运送到教会场停车。车辆是大小六辆车，两辆面包车乘坐新婚夫妇行队，婚嫁妆由三辆大车满载进村。由一辆小拖拉机拉运嫁妆一只小黄牛，一对母子山羊。由于娶亲主户离大村子有400米，嫁妆东西也太多，所以干脆吃了晚饭后，再慢慢用辆小拖拉机拉运完成。

小结：苗民婚习俗规模逐年有所隆重和扩大，这对夫妻的嫁妆品竟有了大车，黄牛一只，一对母子山羊，一辆摩托车。想来小小的民房是否能容纳得下呢！

2011年2月11日　农历正月初九　星期五　晴

人间的婚喜事，是大事。年复一年人们从事于承办人世中的大事婚喜事。有村民张学全为长子张荣光办求婚、订婚、"压八字"（俗称交聘婚金），按程序是三步：1.求婚、2.订婚、3.交聘婚礼。只因一对青年男女相识投情已成熟，所以男方父母准备派出媒人到女方一次性交聘婚金就可以了。

苗民习俗需要在正月十四以内求婚订婚,所以作为父母的就要想方设法地准备聘礼金。数目在 1600—2000 元,奔赴亲属友人的讨、娶婚席已耗去了 1000—2000 元,再承办自己儿女的婚事就将近 4000 元了。

村民部分人员也包括自己的农活进入嫁接果木树的季节,从事于嫁接果木树已是多年了,现在的工作量已是属于零星和少量了,所以从事管理果木树的人员,到嫁接季节又要忙碌几天。我们是信心百倍地工作着,一心为子孙打下良好基础。俗语说前人栽树,后人享受。

2011 年 2 月 12 日　农历正月初十　星期六　晴

村民赶东村街,只因婚喜事还没有完结。不论是承办讨娶婚席,还是赴亲友们的婚席的农户都得做一些准备,所以村民们今天几乎都上街变卖苞谷。出动交通工具有摩托车、小拖拉机,我家父儿两户是出动三儿张学忠家的两缸车拉运苞谷。出售苞谷的情况是,街市上收购价苞谷是给到一公斤 2 元。

记述张学全家卖苞谷,拉运到东村街收粮店称计得 1150 公斤 ×2 元 / 公斤 =2300 元。我自己的苞谷有 180 公斤 ×2 元 / 公斤 =360 元。又有村民杨天龙、龙保罗、杨光友两户的小拖拉机拉运苞谷到东村街销售,回来时又拉运建材人工砂,因村民们都有些建设,需要扩造完善。

2011 年 2 月 13 日　农历正月十一日　星期日　晴

村民张会学承办长女的结婚席。苗民婚喜事习俗是男婚女嫁,婚喜事一律不占用星期日,工厂、学校、机关、厂矿今天都休假了。你不休假,他人也要休假了,所以一般不占用这天。

村民张会学为长女张菊芳娶新郎(汉族俗称上门),由于小天地,人际较为生疏,距离箐沟坡陡山高,又是聚会日,人们都做礼拜去了,婚喜事摆于次位了。

小结:一对新婚夫妇的结婚过程应受到村乡亲友的普遍尊重和支持、

祝贺。人们要按着规律行事，稍不慎重，形成冷冷落落，送行围观人群少了。

2011年2月14日　农历正月十二日　星期一　晴

村民娶新郎席，有张会学为长女娶姑爷。因为自己两个孩子都是女儿，为了生计，为了家庭的农事工作需要而采取娶姑爷的方式。姑爷是居住于高寒山寨的苗民，属款庄马街乡镇。我们是款庄东村乡镇。我们两个村寨相距虽然不为远，只因绕大公路，所以里程40多公里（单边）。自己力量虽然单薄，只因亲属得力而协助，所以聘请一辆大客车拉运新婚夫妇队伍及来赴娶婚席的亲友。

村中的路道，政府拨给经费已浇成硬化路边，由于很窄，所以运载夫妇队伍的大客车只好停于教会场院上。客人们又步行到村子那头办娶婚的主户家里，运载婚嫁妆礼品是本村的张正才开着大货车拉运回来的。

晚间的祝婚礼，仍是按习俗举行祝婚礼拜。晚礼拜，内容主要针对一对新婚夫妇的祝贺，以及给一对夫妇赠送纪念品。祝婚礼品与往年不同之处是赠送高档水壶一只和一床小包被，这户的婚礼情况是：来客130户，收到礼金款是16000元。

2011年2月15日　农历正月十三日　星期二　晴

村民从事粉刷水泵内壁，清理扫尾，准备为投入使用而蓄水。着手工作，事工就比较多，先得出车到东村集市买回面砂、5—6包水泥。政府下达我村水泵的指标是两井，第二井的钢模还未拆除。所以今天的事工是先出动班组长大车上街买细面砂和水泥，拉运到我村建水泵处下好，再把第二井内的钢模拆除并装上大车拉运进村来，堆于适当的地方。

今天的事工是启动来年的水利建设工作，我村的水利工程和饮水工程稍微完工。我村计划在开年春季用最短的时间完成浇稻田浇水沟和架设我村的人畜饮水钢管，上述的农事活计是我村生计的第一个项目。

村农活事工，几天以来喜爱种植果木的部分农户仍嫁接果木树，主要是板栗、核桃两个品种。嫁接小树苗效力高，因为是在地面工作。如果树大，采取高处嫁接，效力就慢一些。但是为了今后可获高效益，我们就情愿多付出代价。自己也是从事于嫁接果木，嫁接好一大棵核桃树。

2011年2月16日　农历正月十四日　星期三　晴

村农务工作已逐渐开展，因我村的水利建设还没有完工，为了不误农事时间，应尽快抓紧完工，所以尽量提早施工投入水利建设。中午12：00石桥村委会杨德聪书记和刘寻武骑一辆摩托车进到我村来，可能有事工指导和任务。

下午2：00时，教会场院又开来一辆小车。走出6人，仍是石桥村委的杨德聪、刘寻武等村委领导，是陪同县、乡有关水务局人员下乡验收水窖，喷红字，圆形，凸圆形，上方是"共产党献爱心水窖"，下方是"富民县水务局"等字样，中间编号：021-022，因为有两口井。

因稻田水沟上马开工，村主任没有在家里，石桥村委杨德聪便叫我带他们到水窖喷字，并且叫我坐于水窖口照相，一口照一张，两口照两张，便说可以了。他们向我打招呼说：干你的农活去吧。我又问他们说：你们喝不喝水？如果要我家里有烧好的开水。他们说不要，随后就走了。

小结：感谢人民政府的关怀，工程很快将完工。

2011年2月17日　农历正月十五日　星期四　晴

中午12：00东村石桥村委领导开来一辆小车，来了5名工作人员，部分工作人员是昨天已来验收过水窖的。每次下乡指导工作和检查水利工作进度，都是由石桥村委领导同志带队。今天仍是县、乡、村委有关水务局的工作人员到我村上来看看我村年前所浇好的350米的稻田水沟。上级政府下达我村的浇水沟渠道指标800米，新年的渠道数量任务还有450米要浇。

政府有关工作人员时常进我们村来，说明政府关心我们村上的水利建设项目，自从工程开始时常到现场来指导和了解工作进度。村民农事工作，有的利用小拖拉机到山里及自己的耕地边砍干烧柴，杨天友几天以来都到自己的山场找干柴。

张学祥开出小车拉运儿菜到鸡街销售，属自产自销。数量约有300—400公斤，价格情况每公斤1元、1.50元、0.50元都在卖，初步看蔬菜价格是走低了。

2011年2月18日　农历正月十六日　星期五　晴

村民张学道为长子张约华娶媳妇，是到寻甸县拉利苗寨村，位于我们村北边方向12公里处。娶亲车队有三辆面包车拉运新郎夫妇和随行人员，两辆货车拉运嫁妆礼品、一辆小拖拉机拉运一头小黄牛，是新妇的牛种（是新娘父母给的嫁妆牛，苗民的习俗）等大小六张车。唱诗班团队，夹道唱诗欢迎新婚夫妇的到来，没有随队摄像记录，一对夫妇仍然向诗班人员分糖果以为谢意，同历年习俗一样。

小结：婚礼习俗与往年不同之处是来客比较多，所乘坐的大小车辆约有15辆面包车，摆满两个场院。来客有270户，来客所送的礼金人民币总额是23600元。

2011年2月19日　农历正月十七日　星期六　晴

侄儿张学道娶儿媳妇办婚席，亲友所送的祝贺礼金竟达23600元，是此地区苗民所办的婚席比较隆重热闹的，客人所乘坐的大小车辆都停于教会的场院里。今日是散客天，来客亲友从早上、中午、下午或是吃了晚饭，不同时间离开我们返回家里。

来客大部分我都知晓，而且是到来时和离开我们回家时，都要从我们门前的广场停车和出车。我也只好是从早到晚的陪谈和送行。尤其是到家里来制作录像光盘（又称碟片）的亲属友人，更是应该陪坐陪谈，开水服务。尽力服务好来客,力求让亲友们留下好的印象。

小结:人际关系,亲朋好友很重要,人类都需要爱,我们都需要他人来爱我们,他人也需要我们去关爱他们。所以我们要尽上自己所能去关爱他人,这就是我们人生的价值。

2011年2月20日　农历正月十八日　星期日　晴

我村稻田水沟浇埂建设正式开工,由村主任张学忠的农用车往山脚田坝送钢模板、细砂、水泥、供浇沟渠道的材料。人员:大场砂堆留2人上料子。6人在山脚田坝挑细砂。是从山脚车站挑200米到山箐沟边,准备做两个路群浇,一个整天的工作就是挑砂。

村农活计,有村民龙兴德家是从事于搞建房,情况是,原先建好的是土木结构的瓦房。现在是准备拆除土墙换上空心砖。劳动力出动8人拆土墙。工效情况是效力比较好,仅用一天的工夫就把整大间的全部土墙拆完。只不过是把拆下的碎土还摆于墙脚下。需要清除碎土拉运到别处,好砌砖墙,就是费力一些。

2011年2月21日　农历正月十九日　星期一　晴

村务事宜,从事浇建稻田水沟堤埂。我们的劳动时间仍是从早8:30出工劳动。劳动工作至晚6:00息工回家吃晚饭。中午12:00连吃饭和休息一个小时,等于日工作12小时。劳动力和出勤情况是13人,由于开始浇第二段水沟,要从100—300米处的箐沟拉塑料浇管把箐水引到工地来拌灰砂,所以耽搁了些时间。利用早上的时间到河里建拦河坝的石基,仅是中、下午的时间,所以只浇灌了200多米的沟堤埂。供建沟堤埂料子由张学忠家的农用车从村中的砂场拉运下到山脚田坝工地供应。

村民建住房事工活计,有龙兴德昨天和今天忙于拆除土墙,将墙更换成空心砖墙。边拆土墙边用大车拉运到箐沟倾倒。拆房、拉运废土工作量很大，幸好很多亲属友人都出动帮忙。工作量仍是艰难，息工后自己家人仍用车送废土直到天黑。

2011年2月22日　农历正月二十日　星期二　晴

村务事宜，也是村务打工。政府安排拨款支付浇建我村稻田水沟所需费用，政府有关人员不给我村自己建造而把建水沟工程交给地方老板主管承包和施工。

我村村民是被老板招工当小工参与施工，而原先的合同是说，每天供两餐，酬劳工价双方商定为每天给40元。而今天突然改定为不供吃，每天酬劳工价改为50元。双方讨价还价取得同意，所以从今天开始又按这种方式结算。

供建材料由张学忠家的农用车从村里拉运到山脚田坝工地使用。人员情况，我村劳动力有15人协力配合施工。工作劳动中，我们年老的都教导年轻人们要好好劳动，保质保量做好事工。所以今天劳动中大家情绪非常高，当息工时，大家都表示非常满意！

2011年2月23日　农历正月二十一日　星期三　晴

村民出售儿菜，村民部分农户种有儿菜，今天有3户出售儿菜。情况是：村民张学祥自己有面包车，拉运300公斤儿菜到鸡街市场销售。买主给批发价每公斤0.50元，买主答应全部都要，我们图快也就卖了，300公斤×0.50元／公斤＝150元。

第二户是村民张学德种有1.5工田儿菜，下村买主也是给批发价0.50元，合同我们自己谈好签好到下村称计，按总额付钱。结果称计得280公斤×0.50元／公斤＝140元。

第三户村民龙福祥栽种3工田儿菜，全村都是按一公斤0.50元，自己找工砍，剔好送到对门的车路上称计，按称计的总额付钱。按称计，卖得1300元。

小结：去年蔬菜销售价良好，而今年价格走低，但是比起种粮食作物，经济效益还是可以。而且效益快，总归还是好。

2011年2月24日　农历正月二十二日　星期四　晴

村民张学友为次女办婚事，去年已订婚。今日女方定为收聘婚礼金，又称"压八字"。婚习俗，求婚、订婚，交聘礼金是用于给新娘买嫁妆之用。请客来客到达40多户，赴席所送的礼金额达1600多元。

小结：婚喜事，称之人生大事。刚刚进入初婚的各项程序都已被普遍尊重和被人们视为大事，喜庆而遵从地来赴席，原先是家族自己应付一下，而现在就大大不同了，规模扩大了，同村的人，不论有无亲戚关系都得一一地邀请来赴席，来客都要视为喜事而赴席和送礼。订婚，"压八字"，或是求婚席，又称为小席，可以送小礼。大席送大礼，是娶媳妇或是嫁姑娘称大席之别，我村今年的婚礼席多一点。

2011年2月25日　农历正月二十三日　星期五　晴

村民兴修浇水沟渠道事工仍在进行，挑灰浆浇水沟的活儿，劳动强度大，都是强劳动力的活儿。在每天的事工进行中，情况都几乎相同。工地材料的供应是，每天由一辆农用车从村拉运建材到山脚田坝供应工地的使用，又由2人在村中场院上车。其余14人固定在工地上劳动，3人搅拌灰浆，3人在工地上拆模，支模是后边拆模而转到前面支模，7—8人挑灰泥。

挑灰泥很辛苦，水沟中已支架钢模板，所以过道只能往边走。坎坷、陡险，有时走羊肠小道，有时走边上，是挑着灰泥往钢模上面供。所以自从浇水沟以来的事工都是劳动强度大，每天的事工劳动所付出的代价都大，我们只有下定决心坚持到完工。

2011年2月26日　农历正月二十四日　星期六　晴

村民搞建房，有龙兴德家从事于搞住房，只因已建成的是土木结构，需拆除土基而将三四间大房的墙砖改换成空心砖。几天以来都是从事于拆除土墙，而把废土用车子拉运到村外的箐沟倾倒。几天的拆墙土、拉运旧废土事工完结之后，今天已开始用灰泥浇房基石脚，浇好房石脚就可砌砖墙了。

小结：论到搞建筑，不论是起房盖屋，是小搞搞或是建正规的砖房，都少不了技术人员和劳动力。人们出勤情况是，有时搞建设，一户户劳动力，或是技术人员比较优势。所以在建房中，不论是聘请，或是亲属、友人喜欢赞助，就能非常轻易地搞好建房。

此户的搞住房，人们都担忧缺乏技术人员，正因自己不会做，才聘请自己亲属中的人才来指导，从始至终由他掌管房子的尺寸和建房水平，倒也把建房这工作做好。

2011年2月27日　农历正月二十五日　星期日　晴

村民缴纳养老保险入养老保险局，政府的政策越来越好。据说云南昆明市政府把嵩明、富民两个县立为试点，每个公民要按中央政府下达的100元、200元、300元、400元、500元五个档次缴纳入保险局。我村原先有10多人已响应政府的号召而缴纳，老年村民龙应华、张正文两户4名老人已按每月60元领到了4月的养老保险金。

由于人民政府的关怀，要求全县所有的乡镇公民都要积极缴纳，按5个档次缴纳。原先很多村民有顾虑怕受骗，怕拿不到钱，所以统统不缴纳。原来的缴纳方式是由各村委会收缴，现在是他们下乡到每个小村队来动员收纳。今天一天的时间在我们教会场院登记收纳，据说：我村所有成年人都已缴纳入养老保险最低档次100元。

小结：政府的关爱政策越来越多越来越好，可说是面向人民的。我们要相信，要宣传，要服从。

2011 年 2 月 28 日　农历正月二十六日　星期一　晴

我们教会派专车送代表开会学习。我富民县基督教研究，全县 12 所基督教会管教会事务、财务的执事到筲箕凹教会接受培训，往返共 5 天。我们芭蕉箐教会有 3 人前往参加学习，教会安排专车接送。张学德开出小面包车把他们 3 人送至西南方向约 38 公里的筲箕凹教会。

村民事工活动有张学全、张学祥、张大卫、龙保罗 4 户砍儿菜，他们有的准备砍、剔、整好，待明天拉运到市场销售。从山脚田坝拉运上来，工具是小拖拉机和一辆农用车。

村民大部仍是兴修水利建浇灌稻田水沟，每天仍保持 15 人配合施工。劳动强度虽大，但我们已工作劳动了 10 多天，慢慢已形成习惯了。

2011 年 3 月 1 日　农历正月二十七日　星期二　晴

村民建住房，龙兴德家拆除土墙，改换成砖墙。砌砖墙施工已进行整 3 天的工夫。规模：房间有 4 大间，老旧房设计有一楼一层。在私人家的住房中可算是大的，加之自己家欠缺建房技术人员，建房有一定的难度，或是建房进度会受影响和缓慢。

小结：在自己力量短缺的情况下，请自己的亲戚友人支持，这样也是比较有把握的。他家就是请求自己的亲属从开始到完工都负起责来。今天建房工程基本已结束，他自己满意，村民也满意。

村民卖儿菜，张学祥自己用小面包车拉运到鸡街市场销售。小面包车体积小，一般能拉运 300 多公斤。到了街市买主给批发价每公斤 0.50 元，我们图数量大，买主一车菜都能一个人要，我们也就卖给他，卖得 150 元。

2011 年 3 月 2 日　农历正月二十八日　星期三　晴

村民兴修水利，建浇稻田水沟堤坝，从开始建的第一天至今天，已是 16 天了，年前和年后我村投出工天和劳动力约有 224 个。已浇好的沟堤埂全长800多米，在云南大学老师的关怀帮助下，迎来人畜饮水工程和浇灌好稻田水沟堤埂两项水利建设项目。

据说：云南大学老师牵线搭桥引来人畜饮水钢管经费是8万元，到目前已落实三个项目，分别为：已架通我们芭蕉箐全村的人畜饮水管道；已建起蓄水池水窖两口，投入使用；已浇好稻田水沟埂800米。

小结：此项目水利建设是云南大学老师引进建设完善我村的人畜饮水和浇好我村的稻田水沟，按云南大学老师的布置安排，是把这笔项目建设资金直接汇达我村，由我村自己实施建设。只因东村乡政府个别领导不许，而转给地方老板实施，我们预计，开支我村小工钱达1万元，材料和其他开支达5万元，包工程老板约结余2万元，按云南大学老师的心意，这余额应给我村进行其他建设。

2011年3月3日　农历正月二十九日　星期四　晴

村民建住房有侄儿张学道建住房，准备建正规式样的砖房，需要先拆除老旧房的土墙，房屋新挖墙脚而砌房脚基石。所以今天开始拆房土墙，要拆除旧土墙可不容易哩，因为旧土房建起的年代已有50年了，刚拆时太灰了，需要慢慢拆，慢慢着手工作，立为自己家人的中心工作来抓。由于自己也没有多余的经济力量来聘请找工帮忙，只能自己家人和亲戚慢慢来施工，这样就要时间来处理，自己情愿这样做。

村民张学德家是从事于建盖畜圈房，已建盖了多天。用材仍是空心砖建畜圈房，简便一点搞一楼式的便房。今天的建房工序是搭房顶的梁木，工作进行中还欠缺一根梁木。我们又上山到自己的山场上砍抬来摆放好后盖上水泥瓦，安好横木盖上水泥瓦就行。三儿、四儿在房顶安盖，我自己在房下供料子，还是用去了一天的工夫。

小结：村民们逐年把人住房和畜圈房都力求建成正规式的房屋。

2011年3月4日　农历正月三十日　星期五　晴

村民扩建畜圈房，张学才家儿子张约翰因去年已成婚立室，并已分家成为一新户口，需要扩建畜圈房便于饲养牲口以促进发展生产，稳固家庭之生活。

今天找他人的车辆拉运建房材料——空心砖和人工细面砂。由于已搬迁到我村对面400多米的新村，所以只通小马车道，大车拉运建房材料只好拉运到大场上，再由小拖拉机拉运过去，这样就很费时费力，小拖拉机和他家几个人忙碌了一整天。

村民的农事工作活计。全村前后几天都从事于培育白薯秧，白薯的经济效益逐年上升和广销已形成了乡村经济门路之一。人们都随之重视起来，不约而同地育白薯秧。一公斤白薯可以卖到1—2元，批发价每公斤1.3元，村民们都卖了，因图快，零售价可卖到每公斤1.5—2元。经济效益比起苞谷可容易多了，苞谷要好几塘才能有一公斤，而白薯一塘就会有一公斤哩。

2011年3月5日　农历二月初一　星期六　晴

村务事宜，根据昨晚上村上召开本村生计工作，有关干旱年代如何保持节约用水，在干旱未减缓之年全村需要把所有的零星水源集中和利用起来，并引到建好的水池储存起来，保持在任何缺水的情况下，村农户都能有小小的农业生产。在开会讨论发言中，村民的情绪仍然很高，有说有笑地提出很多宝贵意见和建议。

具体实施办法有一项，就是把村民龙兴福、王某某两户的用水收归集体所有。而这两户原来的用水，又由本村集体架通饮水管，由全村统一负责供给。

根据昨晚的会议精神，全村每户出动一个劳动力用一天的时间，出早工把已浇好的沟埂800多米渠道刨出的泥土填补到已浇好的沟埂上。

白天集中人力把未利用的水源用塑料管架设引到建好的水池蓄起来

用于农地用水，又由 4 人把刚建好并已蓄起来的水接通原管道供全体村民的用水，工作起来也是整整用去一天的工夫。

2011 年 3 月 6 日　农历二月初二　星期日　晴

教会生活，每到礼拜天主日，聚会从上午 12 点进行到下午 3 点后就自由活动。

种有豌豆的农户，可以进行农事劳动两三个小时。（因为是出售豌豆的季节）我自己也有一点青豌豆，准备搞一下，让孩子们出售自己的豌豆的时候也帮助我们老人销售一下。不幸的是老伴因不慎跌伤了左手，只能用一只右手摘。此时村民张美花也在这里摘自己的豌豆，两家的地只隔一条路。她看见此种情况，就放弃自己的，来协助我俩老人摘，一直协助到晚。做好我的事放弃了她的事，这也是有舍己的精神，是难能可贵的。

2011 年 3 月 7 日　农历二月初三　星期一　晴

今日事工活动是送代表参与培训和学习，富民县基督教安排两期短期培训，每期 5 天。刚过了一个礼拜，时间就是 2 月 28 日—3 月 4 日。第二期是针对礼拜长，包括各教会以及所属各集会点的礼拜长，每期教会都出车把学员送达培训地点，第二期地点是大黄栎树村教会。我们芭蕉箐教会参与学习人员情况是：万宝山村 2 人，柿花箐村 1 人，麻栎树村 1 人，石桥村 1 人，我们教会所属的这一片区参与学习的人员共 5 人。

村民事工，有的把自己种的豌豆（青豌豆）拉运到鸡街市场销售。情况是：张学祥拉运豌豆 200 公斤上市销售，批发价一般只给一公斤 1.50 元，零售价每公斤可卖 2 元、2.5 元、3 元。我们自己情愿零卖了，所以 200 公斤青豌豆卖得 400 多元。

2011年3月8日　农历二月初四　星期二　晴

村民事工活动购置车辆，有村民张学光、张约翰父子俩聘请张学忠、张学德、张学祥三兄弟上昆明市选购面包车。在选购车辆上，或是买到车时，车辆在城市正规高速公路上行驶证件也要齐全才安全，因张学忠、张学德都已进行过车辆培训，已有驾驶证，所以被聘请协助上昆明市车辆交易市场购置车辆。

当天购车、审车、落车户口，先后购置的车辆都是在昆明市办理。我们为了一天办好这些事务，一天往返，力求自己出车，天亮时已到达昆明市，什么工序都忙于先，排于先，争取时间。今天的购置车辆情况是买下一辆价格17000元的面包车，审车、换车牌照、落户，办好一切手续，昆明的天还是黑了。

2011年3月9日　农历二月初五　星期三　晴

我村有上级政府支持建个体户的厕所10个，后来一直都在催农户们增建。资助政策是建好一个，验收合格后付给资助金800元，后来据说资助金是1000元。

中下午教会场院开来6张小车，走下23人，一时教会场院里车辆人员行走流动，对我说要看建好的卫生厕所。此时，又开来15人乘坐的车子，我们自己的两张面包车也追随大车回来停于场院上。是我们教会的昆明市来客，我们的车子又出车到马街买菜，准备招待来客。我们是通过电话联系，我们的车子在东村街等昆明来客顺便带来我村。来客一行13人，他们是来传道，是来我们教会搞探访工作，目的都是关爱活动。

2011年3月10日　农历二月初六　星期四　晴

村民建房事工活动，有孙儿张约荣建畜圈房，去年已结婚分家，人住房去年已建盖好，去年下半年畜圈房已建盖了三间，一户家庭有骡子、牛、猪几种牲畜，所以一户人家都要几间圈房。

几天的建房事工，先是拉运建材，料子是空心砖、人工细砂。建房料子一边拉运，一边就开始建房。由于年轻人好学，也是天赋的能力，所以家庭农户的人畜住房都是自己处理自己建盖。到了建房现场工地，看看情况，都有套本领才干。

另一户是搞人住房，准备建正规的红砖房。建房材料红砖，是去年已买好并拉运到家里来堆好的。户主是侄儿张学边，建房的工序已完成拆除老旧房，转入到野外捡找毛石拉运回来砌房基石。

小结：搞建房工程不论大小，自己能建的就自己建盖。自己不具备才能的干脆承包给他人建盖，这样才能按质按量地达到施工技术要求。

2011年3月11日　农历二月初七　星期五　晴

村民农活计撒秧，龙兴华家撒水田秧。只因本人到寻甸县马街打工帮他人开车（是工地开车），因此家里的农活计由父母和孙儿们支持。今天的撒秧农活计也是由父母和孙儿完成，龙学祥协助拉运农家粪料，用摩托车从家里运送到山脚田坝秧田里，再由人工背到秧田里撒好并盖上肥料和薄膜，就算是进行完了第一道工序。

昆明市传福音团队的探访活动完结回昆明市，这次他们是有意到我们中间来宣教和探访活动。宣教福音团队，停留一天时间，探访了万宝山、麻栎树、芭蕉箐等村。禄劝西龙学贝班，安排资金500元，麻栎树3户困难户每户100元，万宝山1户200元，我村1户200元，我们教会支付生活费1000元。

小结：昆明福音团队小小的事工活动，用一天的时间给我们传了福音，对我们地区部分困难户作了小小的关爱活动，经费开支达2000多元。当然受到欢迎，受到好评。

2011年3月12日　农历二月初八　星期六　晴

老伴不慎跌伤左手，将近一个月的时间了。她的大奶奶和4个儿媳专程乘 5 辆摩托车从北边顺普渡河沉江河下约 33 公里的三肖大旋塘来看望。我家儿张学忠、张学祥乘小面包车到鸡街买回鸡肉、鱼肉、饮料、啤酒招待客人。

由于交通和交通工具之方便，不时就买回来了，我家 4 个儿媳妇和小女儿就忙于给客人们做起饭来。说不定由于交通和交通工具之方便，客人们来看望一趟，吃了晚饭人家就要走了，所以儿媳们都忙于做饭，争取不误他人的时间。吃过晚饭，果真客人们都一一告别乘摩托车走了。

2011 年 3 月 14 日　农历二月初十　星期一　晴

村民的中心工作仍是建房，几乎每个月每段时间都有村民建房。又有孙儿张约瑟、张约祥两哥弟准备建人住房，由于经济薄弱，就趁娶媳妇的一点礼金建一间临时住房。

几天的建房工作是找他人车拉运材料、空心砖、人工细砂和水泥。由于人员劳动力的单薄，所运回来的建房材料都堆于教会场院上，一时无法搬运到建房工地。幸好是建房基地，已快砌好墙基石脚。建房工程虽然小，但是都涉及技术工，非得按照规则而建。

小结：建房事工，自然形成我村的一项中心工作，因为每年都有村民搞建房，所以时常有车辆拉运建房材料进村，农闲季节都是从事于搞建房。

2011 年 3 月 15 日　农历二月十一日　星期二　阴冷

村民张学全家卖苞谷，数量有 7 包，每包约重 70 公斤，70 公斤／包 ×7 包 =490 公斤，490 公斤 ×2 元／公斤 =980 元，是凑钱用于承办儿子的婚喜事。准备用于订婚的"压八字"（又称交订婚礼金），用意是给新娘买嫁妆用钱。今天是二月十一日，双方协商订好是二月十四日晚交和收订婚礼金。

小结：苗民的婚礼习俗，随着社会生活的进步和发展，也随着形势变化日益隆重起来，不说是娶嫁，就是过一个小礼，都得付出重代价。他家准备交聘婚礼金，其次是顺便也送点礼，开支达 1600 元，买上 12 盘鸡蛋，4 箱雪碧饮料，4 箱啤酒，以及各种名牌饼干若干箱。

2011 年 3 月 16 日　农历二月十二日　星期三　阴冷

村民卖小猪，昨晚张学忠卖一小只。我们听说，小猪市价已卖到一公斤 25 元了，我们就要一公斤 25 元，称计刚好有 10 公斤，就卖得 250 元。

今晚又有龙兴祥卖小猪，据说，小猪出生才有 27 天。买主是面熟人，先要价一公斤 40 元，随后，儿子说：我们双方都是熟识人，每公斤 40 元，再让他们 5 元。小猪体重有的 6 公斤，有的 7 公斤，卖 8 小只，评估每只按 6.5 公斤／只 ×8 只 =52 公斤，52 公斤 ×35 元／公斤 =1820 元。

小结：昨晚我们卖一公斤 25 元，是听说街市上卖这个价。今晚龙兴祥家的要价一公斤 35 元，是因电工员进村来抄电表看见他家的小猪好，就告诉他家说，小猪街市已卖到一公斤 30 元了。是指满双月（小猪也长大了），27 天的小猪当然还小，所以要价应该适当高一点，一公斤 35—40 元，猪价走低已是 3 年了，两三年都保持一公斤 7—8 元，而现在突然上升到一公斤 25—30 元了，养猪农户这才乐了！

2011 年 3 月 17 日　农历二月十三日　星期四　阴冷

东村乡政府派工作人员用一张小车送来一块石碑，碑面上有几行直排版文，第一行写：省市民委，第二行写：县统战部。下面横排版也是 4 个字，即民族项目，再下边是东村镇人民政府，最下边是日期即二〇一一年三月十六日立。

工作人员二人叫我们卸下并交接我们安立好。天气很冷，四儿张学德我俩烧火给他们取暖，一时告别开车走了。

下午 3 时许，云南大学校长、省市民委领导、东村乡正副乡长、石桥村委杨德聪一行 2 车 9 人到我村云南大学民族基地来一趟，到我家来拜访，并作简短的交流座谈，作有关摄像整理资料的一些基本要求。村主任张学忠一天时间就给他们做好晚饭等待他们。时间也不早了，各级领导吃了晚饭就匆忙起身告别，我们也陪同他们走到大场上送行，郑老师说各级政府的到来会推动我们地区的进步。

2011年3月18日　农历二月十四日　星期五　晴

村民张学全承办婚事，是长子张荣光订婚而交纳订婚礼金的日期。双方商定选定了日期，而且是由娘家父母选。今天的婚习礼是安排打发求婚媒人二人随同新郎前往新娘家去交纳订婚礼金。并且双方要商讨一双新婚夫妇娶嫁的日期。张学全为儿承办的情况是，为差遣媒人前去办理婚事，也为自己双方父母哥弟舅家办一餐饭席，因此办得特别讲究，几乎是力求三酒三肉酬谢亲友。

安排四儿张学德开出小面包车把人员和礼品送去，当准备把各种礼品搬上车时，老伴问儿媳礼金准备交多少，儿媳答要交2206元，但我没有告诉娃娃，我只说尽上最大努力为你交纳800元。大家忙说，要把真实的数字告诉他，让他也高兴高兴，觉得面子也大。老伴叫孙子到面前来告诉他要交的礼金数量是2206元，孙子满脸高兴！苗族习俗一般是交1600元，几个哥弟在一起，有的说多了，大儿张学全说不多，以后我娶儿媳时，媳妇的嫁妆是比我送的更多了。家人亲友们都围观，不出工。车子跑两个小时就到了新妇家，下午1:00他们开车走了，让我们搞生产。

2011年3月19日　农历二月十五日　星期六　晴

村民当前的两项中心工作是稻田的撒育秧和点排洋芋。村民龙兴福家的农事是撒育水秧，他家夫妇2人为一户，所以耕田也就少。田的面积只有2.5工，也等于有一亩水田。所以该撒的水秧也必然是少量。但不论多寡都得做好和完成才是道理。撒秧的工序也多，撒、垒好沟，盖上肥料，再盖上薄膜，再少都得要半天或是一整天才能做好。

村民龙福祥家点排洋芋，排洋芋涉及很多的劳动力，因为是跟牛点，速度要快，一架犁牛至少要2人放种，2人盖肥料，2人丢化肥，1人使牛，1人打杂供物资，8—10人配合作业。

幸好儿媳是上村麻栎树村人，所以他家全家人也前来帮忙，也找村邻舍来帮忙，所以几天的点排洋芋活计，不但是本村活动，因是亲戚关系，所以一般是附近几个村村民都联合行动帮忙的。

2011年3月20日　农历二月十六日　星期日　晴

教会活动，参与款庄乡大黄栎树教会大水井活动点献堂感恩礼拜。我们教会唱诗班组织参与活动人员是30人，今天前往参加圣会的人员有22人，乘坐3辆面包车前往参加圣会庆典活动。

小结：以往我们教会被邀请参加其他堂点圣会是乘坐自己的农用货车。近几年由于交通管制严格，严禁货车拉运乘客，否则罚重款，这样给基督教会的发展造成很大阻碍。教会外出活动，聘请大客车费用太高，自己一辆面包车也没有，实在没有办法。在这种情况下，为了生存，为了工作，就乘坐摩托车，不过我们的活动一般都是在暖和的时候举办，天气太冷不适应。俗语说路是人走出来的。形势喜人，社会进步了，民族的发展也是水涨船高。为了需要，人们的经济也随着提高。所以我村几乎前后几天就购置配备了两辆面包车，我村的风气时时几乎都是处于优先行列。

2011年3月21日　农历二月十七日　星期一　晴

扩大车辆运输驾驶员队伍，我村原有6辆农用大车，7辆拖拉机，2辆面包车，但仅有3人办有合法驾驶证件。局势、交通越来越严紧。我村的大小车辆也是逐年增购，货物运输量也随着扩大。比如每年农户的建房都有所扩大和增加，所以参与车辆培训的人员也随着需要增加。村民张学祥购置有一辆面包车，今天报考到寻甸县参与车辆培训。

据说寻甸县是民族自治县，所以车辆的教练经费能便宜一点，我们是地处两县交界，不论往哪边都方便，我村首批参与车辆培训，也是到寻甸县培训，是寻甸教官来村里上门亲自招的。驾驶车辆已是多年了，参与培训是为获取驾驶证。

2011年3月22日　农历二月十八日　星期二　晴

村民农活事工联合协助帮忙，柿花箐、麻栎树村、芭蕉箐三村，近代结亲渐渐增多起来。所以农事活计，无论是点种洋芋、起房盖屋，还是苞谷脱粒等农活事工，都是联合行动互相帮忙。

记述我家5人协助女婿、女儿（柿花箐村）用苞谷脱粒机打苞谷。全年的苞谷收挂起来，待到农闲季节，再请亲属友人来协助帮忙收打脱粒，然后收存或者变卖，今天的脱粒人员7个劳动力为一个活动组。女婿、女儿这户可能是此村收获苞谷最多的一户，也可能是耕地强的一户。7人供一台苞谷脱粒机，工作一天工效，苞谷可能收获7吨，也就是7000公斤，苞谷一公斤价值2元，7000公斤×2元/公斤=14000元。包括原来已经销售了的部分，如果仅仅是挂在外面的苞谷归总起来没有这么多。我们一般小农户的苞谷全年总收入只有两三吨，所以这也是一种优势。

2011年3月23日　农历二月十九日　星期三　晴

村民进行泡田，继续撒水秧，张会学今天使一架犁牛泡田。这一户可能是全村最后的一户了，村民早撒的可能已是绿色了。他家今天泡秧田，泡谷种，准备工作需要4—5天的时间，才能找下秧。

村民其他农杂活，有的仍是点种洋芋。历年的方式是跟牛点，这种方式就快得多，要亲属友人联合协助，轮流换工。原因是工作任务重，而劳动力分散，在这个时间段内有多种事要完成。在这种情况下，就干脆用一架犁牛头一天抄出来，先开好沟，第二天组织哥弟或是亲友，人员多也工作，人员少也工作。安排有人放种，有人盖粪，有人放化肥，有人盖塘。今天张学忠家点种洋芋由于劳动分散，就利用这种方式。今天先开好沟，明天再用人工点种。

2011年3月24日　农历二月二十日　星期四　晴

村民农事，仍是点种洋芋，记述村民杨天友家今天种洋芋。情况是今天的点种洋芋，虽然一户同时使用两架犁牛，但是人员又不够。这样耽搁大，同样不出活计，因为劳动力少，工作下来效力仍是低。跟牛点，一架犁牛至少都要7—10人，人员够，工作效力就高。而今天，虽然使用两架犁牛，但人员劳动力短缺，这样工作效力也不高，这是一个情况。

另一户张学忠家点种洋芋又是另一种情况，由于劳动力分散，就干脆昨天开沟。今天我们俩老人又协助三儿张学忠，我们4人为一个组，每道工序都是用人工，同时做几样工作。又放种、施化肥、盖农家粪、盖塘。由于人员少就采取这种方式工作。

小结：两种方式都是在困难中行事，当然人员越多越好，效力又高，工作起来也轻松。人员要凑巧能组织得够，一般情况下劳动力都是足够的。

2011年3月25日　农历二月二十一日　星期五　阴冷

记述村民建住房，村民张约瑟、张约祥哥弟二人建住房。父亲张学华已去世三年，留下妻和二子，今年二儿张约祥结婚，趁结婚时有点余款，就建起二哥弟的住房。建房材料就选用空心砖，图方便，造价也能轻省一点，建造时也可以高效一点。建造的情况是：哥弟二人已计划各人都盖一间，准备结婚后做住房。劳动力单薄，就集中劳动力，先盖大哥的住房，盖好后再盖老二家的住房。经过几天的工作，已砌好大哥家的住房，现已转入建盖老二家的房子，老二家的建房砖墙高度已有2米高。

小结：起房盖屋，多半是靠自己，很多人都善于从事各种大小的事工建筑，一是事工所迫，二是出于喜好。二哥弟的建房，正是自己的所缺。幸好他家的四爹和两个儿子能干，同时又有妻的二舅也能干，所以里外的亲人都同情支持帮忙，把建房的难事几乎克服了，胜利在望。

2011年3月26日　农历二月二十二日　星期六　阴

记述村民张学祥点洋芋活动，由于岳父岳母的关怀，为了生计，为了保养好购置的车辆，保证一族车辆的正常客运，增添民族地区的光彩，岳父岳母愿让出一块山地面积约有1.5亩（岳父岳母住在水平子村），让姑爷张学祥种洋芋。洋芋原来属粮食作物，都用于人吃的口粮，今年一下子就变成经济作物了。洋芋历年市价在一公斤7—8角，今年突然涨价，一公斤可卖到2.50—2.80元，所以卖洋芋的农户就能卖到高价。俗语说：凑毛成毡，作为岳父岳母的心意，让儿女点种成洋芋，可卖成点钱用于养车了。活动情况是，舅子、女婿张学祥两户用一架犁牛点种两户的洋芋，两户的两块山地南北相隔1公里多路。我们先种好北边的，下午再迁到南边种。

小结：今天的劳动活计非常艰苦，几乎一个上午都下着小雨，雾大、寒冷，海拔2800米的高山地劳动。我们地处海拔约1500米，一下子上到2800米高海拔地区工作，当然一时不习惯。亲友关系只要说一声，我们出动的人员达13人配合行动，不计较什么，这也是体现民族团结友爱崇高的精神，也是难能可贵的感情。

2011年3月27日　农历二月二十三日　星期日　阴雨

村民排洋芋，张正才家今天召集家人父母亲属组织人员排洋芋。我村地处海拔1400—1700米的地理位置，所以山顶多种植苞谷、麦子、洋芋、燕麦。山脚田坝又出产稻谷、花生、土瓜、甘蔗。我村庄居于山腰间，要栽稻谷，就要下到山脚。要排洋芋又要上到山顶，上或下都有通道车路。种洋芋，是各自吃过早饭，用自己的农用车运载洋芋种、化肥、犁、工具、人员顺公路上到山地，找够劳动力就跟牛点起来。是比较方便，轻易完成的。

小结：今天是星期日，有信仰的村民一般都要参加礼拜集会。本来计划昨天全部排完，只因昨天有雨影响就没有种下，只好今天来完成，可惜又不利他人的礼拜。想来这也是最起码的知识，要尽量尊重他人。

2011年3月28日　农历二月二十四日　星期一　晴

村民仍是大规模地投入排洋芋，有村民张志明、王某某、张学友、杨光才、张学会5户忙于排洋芋。他们的工作都是按各自的早饭前后顺序，按自己工作量的轻重大小上到山顶排洋芋。

我们村上到山顶的山地路道里程也是比较远的，有3公里路。幸好大部分村民都已配备有大小车辆，拖拉机等交通工具。交通也是方便，所以我们芭蕉箐村的农业生产路道虽远，也已轻省方便，也是大有作为。随着社会的发展变化，我们的农业生产也渐渐占有优势起来了。

2011年3月29日　农历二月二十五日　星期二　阴

村民继续种洋芋，有侄儿张学道家排洋芋，劳动力组织都是哥弟几户联合协助轮流换工点种。马料、籽种、工具、劳动人员运输，是靠村里有农用车的村民协助运输。农业生产、劳动力组织和时间性有时也受阻碍。农业生产的时间性是比较关键的，不论是播种、薅锄、田间管理都得进行在时间上，才能发挥好工效，所以农业生产的时间性很强。

另一户龙荣才家也是排洋芋，农业生产的条件占有优势，土地比较宽，平整集中，车辆运输方便，拥有优越条件。劳动力是哥弟、姐妹5户，足够一架犁牛的劳动力。

小结：人际关系，讨论生活处景如何优越。或强弱，或贫富，或多寡，我们都应力求真正有意义的人生观，能与众人和睦相处，关爱平等自由，助人为乐，能爱人如己。

2011年3月30日　农历二月二十六日　星期三　阴

村民种洋芋，有哥弟张学才、张学会、张学志3户联合组成一架犁牛种洋芋。劳动力组织有10多人。我们张家的耕地极有限，我们土产洋芋，还没有立为主粮产品。今年迎来良机，洋芋一公斤卖到2.5—2.8元。如果接下来能稳价就应将洋芋立为主粮来抓，抓生产，抓销售，抓经济。只因我们条件有限，所以生意没有那么好。

我们自己的农活事工是抄山地、开沟，准备点种苞谷。山地面积虽然不多，只有一亩多地，还未抄犁过冬。加之有些事工活计需要年轻人协助做一下，就如抄犁山地、出粪、装车、上车，运往山地、下车，去除板栗树上的寄生草等，所以特意打电话叫女婿从嵩明县凸蕫菁过来帮忙两天。今天先到山地抄犁地，一便开好地沟，以便于日后下种。结果是良好地完成了抄犁地的任务。

2011年3月31日　农历二月二十七日　星期四　阴

村民事工活计仍是排洋芋，排洋芋事工活计虽然不算多，也不需要太多时间来做。只因上下几个苗寨都有很多亲属关系，所以都是本村哥弟亲属联合协助帮忙，甚至3—4个苗族村都形成联合来往协助帮忙，这样一来就需要一定的时间才能做完。

我家父儿五户的事工又是出车到鸡街买回年用化肥，出动一张农用车上街准备拉运，一车数量不够，只是先买回部分。买化肥情况是：尿素共10包，每包90元，计为900元；磷肥共10包，每包50元，计为500元；复合肥共8包，每包50元，计为400元。

2011年4月1日　农历二月二十八日　星期五　晴

我家父儿五户种洋芋。张学全、张学德、张学祥三户使一架犁牛点排三户的洋芋，情况是 2 人使牛，2 人放种，2 人丢化肥，3 人盖粪，1 人打杂供物资，由 10 人组成一个大组协力劳动。劳动工作中，由于跟牛点种比较繁忙，每犁一沟，都要按着耕牛的速度想方设法跟上才不致耽搁大家的时间。

约工作到中午 12：00 时，因四儿张学德是本乡本村委的林业员，乡上林业局打来电话，通知到东村乡开会，他也就去了，我们是在山顶片区耕地种洋芋，所以开会也就从山地骑摩托车去了。

小结：我们犁牛点种 3 户的洋芋工作活计就比较忙了，幸好是山地为平坝上。一架犁牛也正好得力，就没有什么耽搁。四儿张学德中午开会，哥弟们议论说：开什么会？实际是请吃饭，政府经常请客吃饭，如果开会是要提前就通知好的。

2011 年 4 月 2 日　农历二月二十九日　星期六　晴

村民农活事工，一段时间中附近几个邻近村由于亲属关系，事工农活计，不论是排洋芋，还是割地麦，都上下来往协助帮忙。由于洋芋市价上涨，所以种洋芋的农户，大部分都扩种多种。种洋芋已进行多天了，还没有完工，仍在进行中。

我家农活事工是协助女婿女儿家割地麦，孙儿、孙女我们 3 人到柿花箐村帮忙，连同他家我们就有 5 人工作。前一段时间是阴冷天气。昨天和今天已是转入大晴天了。今天我们的割麦子是一个上、中、下午时间都是在阳光暴晒下工作，农夫们珍惜时间，仍坚持工作。他家为酬谢我们而买上每人三支冰棒，中下午休息时，一边休息，一边吃饼干和冰棒。生活待遇，家主也尽量买上高档肉食办饭给我们食用为谢。

小结：一天的事工，我们尽时尽力扎扎实实地工作了一天。可惜年时冰冻大，加之麦子因为种干烤烟长势太好而倒伏，造成减产，最大的可能是冰冻造成。

2011年4月3日　农历三月初一　星期日　晴

我们照常例规矩，每到星期天聚集举行礼拜活动。下午2:30，我们教会举行教牧人员临时会议，会议研究事项是：推荐教会管账人员，财金管理现金1人，管账1人；教会有关上半年济贫、探访工作的安全和开展。会议讨论初步意见是：讨论有关教会财金管账，推荐王兴仁管理本教会账目数字，现金由张正福负责保管。

探访工作讨论安排是：教会今晚由教牧人员到则鲁箐探访慰问病患者王忠顺之妻，安排慰问金100元。礼拜三晚4月6日由部分教牧人员组织到麻栎树村慰问丧偶者张德才之妻潘兴秀，并安排慰问金100元。

2011年4月4日　农历三月初二　星期一　晴

村民张学祥出车协助柿花箐村张学才家（有亲属关系）到嵩明县黑泥沟（苗寨）为长子求婚，人员有求婚媒人打发2人，新姑爷及陪伴又是2人，驾驶员1人，共有5人乘坐面包车。

承办媒人说娶媳妇通常的情况是往返不回，需要两天，就是要在那姑娘家过夜。头一天到达的这晚要到姑娘家里求婚，今晚问姑娘及姑娘的父母愿不愿意给，等于是报信，请姑娘考虑，明早给出答复。第二天早上要到姑娘家里去问问姑娘是否同意，这是头一次承办的婚事工。第二次，下个月初，还是那几个人员还得再跑一趟，要准备好订婚礼金2000元左右（又称"压八字"），算一个程序。

小结：苗民礼节都很讲客气，车费、车主加油钱要100元，往返两天200元。聘请主人喜欢付给车油钱250元，都是少要多给，这就是苗民的一般习俗。

2011年4月5日　农历三月初三　星期二　晴

我们村民接送云南大学来客往返有感。幸运有良机，云南大学考察民族基地建于我村。显示云南大学老师们对我们苗民的关爱和支持。我们也为此项目工程而感到非常高兴和荣幸！

靠云南大学老师们的关怀支持，引进解决我村人畜饮水的经费 8 万元，按云南大学老师和省、市、民委的布置，是把这笔款项直接转到我村上来，由我们操权使用。可惜到地方来时被东村乡政府人员拦截而交与地方段红文老板来承包工程。据知除去开支料子和开小工钱外，老板至少余 2 万元。

小结：东村乡政府的部分领导，就怕我们没有技能，所以把这 8 万元交与黑心的施工老板操权。使我们村给他打工干活，迟迟拿不到小工钱。一部分小工钱他不给我们了，要算义务工了。教会住房、烧柴，给他的人员煮饭的小工也不给工钱，我们建水窖的村民也拿不到钱。这 8 万元如果给我们，用剩的，我们还可以搞别的建设。接送云南大学来宾的车油也可以有着落了。现在是省、市民委给了钱，我们仍没有钱。所以接送来客，或是接待各部门政府的官员，仍是村主任自己支付着。建议人民政府采取有效措施，支持到实处。

2011 年 4 月 6 日　农历三月初四　星期三　晴

村民积极承办来年的婚喜事。村民张学忠今天出车到鸡街，计划买一点洋芋种，因为前几天排下了一点，地未排满。洋芋种今年好买，1.3 元就可买到一公斤，再买上一点，把一块地排满，一便好管理，洋芋估计来年卖价也会好。结果按 1.3 元／公斤买回 4 包，价约是 200 元。也买回一头小黄母牛，买价是 1600 元，说是张学忠买给他的哥哥张学全家今年讨长子张荣光媳妇办婚席用的。

小结：苗民承办婚喜事与往年不同。随着社会的进步，人民生活水平逐年得到改善提高，苗民的婚喜事有的越来越讲究起来。订办、过礼、讨嫁承办的婚席规模有所隆重和扩大。比如承办婚喜事，历年哥弟协助办婚席，所送的礼会到 500—800 元，而现在已达 1600—2000 元了。办婚席，唯有朵木得村历年办婚席家家要杀牛办席，已形成风气。柿花箐村、芭蕉箐村去年今年已开始要形成风气，这是好事，好的风气要发扬和保留，当然也当量力而行。

2011 年 4 月 7 日　农历三月初五　星期四　晴

村民已开始泡田，所有的农闲地，是种菜，或是种上大麦，趁收割后，又珍惜本水而利用起来。所以我们村上，利用本水，利用蓄水池开始泡起田来的已有三四户了。今天是村民张学会泡田，稻田的面积是3工田，也等于是有一亩水稻田。用一架犁牛任务稍重，如果用两架犁牛就轻省些，我们干脆用两架犁牛情愿早点息工。用水情况是：由于有两股本水，也有蓄水池，所以很方便进行事工。放水理水供泡田以及打埂子（为了田坐水，田块的四周非得扶起稀泥土埂子，才能保养水）的人员，我们4人使两犁牛，其他人员5人。

由于是亲属关系，我们出动两张大车，运送犁头耙以及板锄、人员。另外一些人员背麦子，上好车。中午过后，由于利用大沟水和犁牛得力，约下午3：30时，我们就息工开车又运送麦子从山脚田坝上来了。

小结：今日我们的泡田事工比较顺利，人力物力比较占优势，泡田用水也不耽搁，所以几个方面的条件都比较好。

2011 年 4 月 8 日　农历三月初六　星期五　晴

村民仍是点排洋芋，今天就有龙兴德、张学忠、张学德我们4户点种。龙兴德一户是跟牛点，劳动力由8人组成一个组活动。我家父儿3户是原先已开好沟，今日是用人工排。情况是：先是各人将自己未排满的用一个上午排。待各家数量少的排完后再集中劳动力到三儿张学忠的地里来突击。数量多的也是学忠家的。我们三户6个劳动力都用去两个小时的时间，各人尽上自己所有的力量和努力才排完。

下午约2：00时，三儿学忠又出车到款庄马街拉运建房材料红砖。因为有村民侄儿张学风一段时间以来都是从事于建砖房。砖块是去年买了一部分，建盖时不够，需要几车再临时买上几车，是边用边买了供应。

小结：我家父儿3户排洋芋，先是自己各人尽力而完成，不论多寡。最后如果谁还没有种完，大家再来突击。耕地几乎是连片，所以很利于工作。家庭能有这种互助团结精神，应该没有什么难事了。

2011年4月9日　农历三月初七　星期六　晴

村民张学边从事于搞住房，建房材料是用红砖。建房工程情况是已进行了多天，目前已砌好房基石脚，已浇好砖房的地梁（圈梁），砖房的墙面已砌高可以安装钢窗钢门，已安好窗子、钢门的过桥木。虽然建房中劳动力单薄，特别是欠缺技术工，技术工少就影响到建房的速度，在这种情况下，仍然坚持。

在建房过程中，还欠缺红砖块几车，所以叫张学忠的农用车拉运红砖块供应建房使用。

拉运红砖，一早5：00就出车，到款庄马街砖厂拉运。由于这砖厂的价格比其他砖厂每块砖少4分钱，所以拉运砖的车辆非常拥挤。据说，早上想拉运到砖块车子就非得昨天夜里就排好队。几乎天亮车子就到砖厂，但轮到装上车，拉运到家中已是中午12：30了，所以一天就只能跑一趟。

2011年4月10日　农历三月初八　星期日　晴

村民忙于收豌豆，也忙于割除山地中的大麦和小麦，也有的村民忙于从事搞建盖住房。又有村民时常从事于拉运建房材料，根据建设中需要数量的多少而供应。

记述张学祥收麦子，我们是12：00—下午2：30过崇敬礼拜活动。当下午3：00礼拜休会后又进行农务工作收麦子。他们哥弟互相协助，开出一张农用车到山脚拉运地麦，车子停于山脚的车站上，用人工到地里背麦子，一边背一边装上车。由于劳动力少，他们几乎用了一个半小时的时间才背完并从山脚拉运回来。

小结：今晚我们收麦子有几大优势，第一优势是，麦子虽然种于山脚，但是我们自己有着农用车，拉运货物不受限制，而且速度快。第二优势是，我们村有大晒场，把麦子摆于场上用车子碾压几下就碾压好了。第三优势是，父儿五户10个劳动力，齐来收这麦子，也是不费时费力就收完整好了。这优势条件是我村唯有的，他人实在无法具备。

2011年4月11日　农历三月初九　星期一　晴

记述村民碎糠，家里养得有牛、马、猪等牲口的农户都需要把苞谷秆、麦草、豌豆、大麦秆碎成糠。几天以来村民们一边收打麦子，一边就把碎糠机抬到场院上，把每天的饲草碎成糠。记述村民张学忠家今天的碎糠事工活计。情况是他大舅哥居于嵩明县凸董箐苗寨，因高寒山区饲养大牲畜的用草，一般情况下都是买的。所以请张学忠今年收车时就给他买好，趁这几天，捡运回来摆于场上，碎起糠来，由于草干，几天中也是天气晴朗，所以工效比较好，一天就碎好，并已装好包，再碎几天，就准备送往嵩明县凸董箐村供亲属家使用。

小结：苗民拥有高寒山区与栽稻谷田坝地区的亲属，都是相互支持，因为我们地区的稻谷与苞谷草、麦秆比较丰富，支持一下自己的亲属完全可以，自己又拥有车辆，道路交通也比较方便。

2011年4月12日　农历三月初十　星期二　晴

村民赶集（赶街），今天是4月12号，是东村鸡街两头街。村民有的赶东村街，有的赶鸡街，有的从事于割麦子，收麦子，上午的时间割麦子，下午转入收麦子。

张学忠养有小猪4头，今天用自己的农用车拉运上街变卖，运到了鸡街卖牲口市场，管理牲口市场的人员主动向人们介绍说：今天猪价买主给到一公斤22元就卖得了，前街是卖一公斤21.50—22元。张学忠到了牲口市场把猪从车上抬下来，买主都一溜烟过来围观，讨价还价，一般买主都是给一公斤22元，学忠图快就卖了。在家里称计重量4头小猪有65公斤，到了街上复称也是有65公斤，65公斤×22元／公斤＝1430元。卖了小猪后买上点鲜菜就开车回来了，路过我们的地边就顺便拉一车苞谷草回来放于大场上。一个下午的时间忙于碎糠，由于草干，气候干燥，几天的打麦碎糠很顺利，工效高。

小结：猪价走低了三年，现在有所上升，原来是卖一公斤7—8元，而现在是已上升了三倍了，前几街是卖到一公斤30元哩，一段时间每公斤又走低了5元。

2011年4月14日　农历三月十二日　星期四　晴

割麦子，因老伴不慎摔断了左手，几天中都是利用右手和一只脚费力地捆扎麦把。今天有姑爷、女儿、大儿媳一家共4人来协助我们俩割麦子，工作一时，由于天气太热，我们便随地休息一下。我们刚动手继续割麦时，三儿学忠在房后喊叫我回家一转说有事。当我回来时一位女士在我回来的路边工作，我便问是什么事？她说是来采访（或是研究生或是记者，从台湾来采访有关苗族我村民族的发展史及有关信仰宗教、建殿、全村全民信仰宗教情况）。

调研问到，芭蕉箐村远古的起始人物是从哪里搬迁到这里定居的，我说：我们云南苗民都是先后从贵州搬迁到云南来定居的，最先到这里来的一位是马三土，第二代儿称马建国，一位姑娘名马福，就是我母亲，马三土职业是到白彝族地区教书传道为业。

芭蕉箐村的张家史，我父亲名张有恩，嵩明县凸董箐、寻甸县西波田村都居住过．成年后讨马福为妻，因生活艰苦而折回来投靠父母生活，就定居到此。

台湾女士听我叙述后说：马三土以办教育和传道为业，很可能是从贵州直接来这里的宣教士人员。他们一行3人，台湾一女士，一名禄丰县青年苗族驾驶员，两人合成一组。他们停留1个多小时，问完后告别再往柿花箐采访苗民历史去了。

2011年4月15日　农历三月十三日　星期五　晴

村民从事于搞建房，侄儿张学道搞建房，已搞了一段时间。今天的建房工序情况是：原先是想小搞搞，随便一点。幸好是听亲友的劝告，关于建正规的砖房的技术规格要求，要按照技术规格要求施工。比如，砖墙必须浇有地梁和砖房4角的砖柱作顶楼杆支撑房楼，浇二楼地板，必须有钢筋做楼板的拉力加强、固力。工具用材，建议找借钢模来做模板，便于使用，也增加房屋的美观。这些技术规格要求必不可少，还要按质按量施工。工序：施工情况是，昨天支搭过桥板和顶楼杆，今天安二楼模板、二楼圈梁模型板，及安装钢模板。明天就可以拉摆楼房的钢筋和扎楼钢筋，所以昨天都做浇楼准备工作。

小结：由于施工人员少，每一道工序都得要两三天才能做好。一是自己处于孤单和自我封闭，甘愿试过独木桥。二是建房时候不当，农忙季节，收割大小麦季节已到，建房和收割都争劳动力。建房每天约4—5人，当然有困难，但是人们都是在困难中行事。

2011年4月16日　农历三月十四日　星期六　晴

村民建房事工活动，有张约祥、张约瑟二兄弟搞建房，哥哥张约瑟因有任务，到新加坡参加培训，时间约是一年。家里的建房事工，由弟弟张约祥来抓。今天的建房事工程序是浇楼板。几天的建房事工是安楼梁准备浇楼板，因力量薄弱，浇2厘米厚的楼板，1厘米是用土代替，上一屋皮面才用水泥、细砂、公分石来浇。浇楼人员，男强劳动力、男女青年、妇女约有30多人。就地利用教会的大场子拌灰浆，拌好后再由人工挑下去，因为他家哥弟的房子就在教会大场子下边箐边上，约有60米远。

建房事工小结：浇2厘米厚楼板，下层1厘米是利用泥土来代替，而上1厘米厚才用灰浆来浇楼房，也省去钢筋。评论，作为一个农夫，的确有些经济是比较困难一些，我们理解。但正因为经济困难，才要力求一次建好，一次建成功。假如寿命不理想，以后翻工，就更麻烦，更耽搁，还要花钱，所以情愿找借一点钱也要一次性建好。

2011年4月18日　农历三月十六日　星期一　晴

村民龙兴明为女儿承办婚事，长女去今两年外出打工，与一汉族男子有恋爱。去年父母知道叫姑娘回家劝说，不要与他族联姻。回来时将汉族朋友领回家来，父母、亲友、妹子都劝说，不要嫁外族，她表示自己愿意。父母苦口婆心无可奈何，只好依女儿办了事。姑娘嫁外人，父母一样报酬和婚礼都没有酬谢，想想主意打定，定妥时间。3月16日打电话叫姑娘和汉族姑爷今晚回来交聘婚礼金，"压八字"（过聘婚礼金）得办，请村乡友人赴席了了一桩事。饭席出乎人们的意料。不知为何，过婚礼席只请他家哥弟、亲家10户30—40人赴席。

小结：办婚礼喜事，他人请到我们都要赴席。不但去，多少要送一点礼，表示庆贺支持。人们都不情愿被请赴席，因为又要耽误时间又要送礼。只因婚喜事是大事，所以也得付出代价。人自己都需要他人的关心支持，习俗已形成全村式的活动。我村有36户人家，今晚只请10户不知何故？很可能是心胸狭窄！

2011年4月19日　农历三月十七日　星期二　晴

村民农事工作忙碌收割，建住房事工的也忙于建筑，又有村民龙保罗忙于建停车房，村民张文杰儿子泡水稻田。

又有一事工，村民张学祥出车拉运殡葬人员。政治潮流变迁，我们富民县按国务院颁布死者火化殡葬新规定。为我们富民县按各个乡镇统一规划场地建公墓，统一由政府有关部门管理安排施行，我们东村乡镇是安排于款庄水利对门的山洼里。

我们苗民几村中，如麻栎树村的村民张兴明的老伴已去世火化，只因公家坟地未建好，现已开始使用，故通知各村委的死者家属到现场安葬自己死者的骨灰盒。上述死者在我们两村有亲属关系，所以聘请张学祥的面包车拉运他们去新公墓场地安葬死者的骨灰盒。乘坐13人员，一包水泥，一包面砂，顺新公路（土路）大山洼坟地。小面包车出色地完成了此项运输任务，体现民族在改良和进步。

小结：现在国家、地方的土政策太多，不应强求一律。据说，四川省是一个死者向有关政府部门缴纳1000元之后，死者可任意自行处理。云南嵩明县、寻甸县相似，火化是火化，但是骨灰盒还给死者家属自己自行安葬。

2011年4月20日　农历三月十八日　星期三　晴

村民收割事忙，大部分是忙于割麦子、收麦子，有的农户已在忙于开山地沟，开好二天春雨下透就点苞谷。所以都积极做准备工作。零星、陡坡地等不好使耕牛的地块，就用人工打塘开沟。

记述村民碾压麦子，没有晒场，没有车子的农户过去都只得用人。现在已浇得有晒场，自己又购置得有车辆的农户，就是利用车子碾压，把麦把摆平于大场上用车子碾。这样就比较轻省，又快又省时间。今日有村民龙兴祥家碾压麦把，上早时间天气不算晴，只因麦把已干，自己有场地有车子，就很便利收麦。不论数量多寡，只要不下雨，都可收麦。特别是山地远的农户，更是需要车子拉运回来，现在是几乎全村车子化了。

小结：打麦、收麦利用晒场、车子，工效大大提高了。村中又浇有水泥路，私人也建有晒场和晒台，没有建有晒场的农户就利用云南大学场院、生产队晒场、教会大场来碾压麦把。我村全体村民打麦收粮事工就不受条件限制了。逐年有所提高和改进，是比较便利的。

2011年4月21日　农历三月十九日　星期四　晴

村民建住房运输建材,有村民张学边为长子建住房。是正规式的砖房,因明天将浇一楼房的顶,今天的建房事工是备料,因浇楼用材的数量需要而安排4张车出动拉运料子。两车人工细砂,两车公分石和水泥。所以我村车队4张车早上跑一趟,吃过早饭后,中下午又跑第二趟。明天的浇楼用材运输数量已圆满完成任务。

村民另一项事工是装备车辆动力,村民张学忠的一辆两缸车需换缸活塞,为这缘故,干脆调换一台四缸车的发动机装上,代替两缸车的发动机。此事工等于是另外新买上一台四缸发动机装在机头上作动力。这样配备在运输量和车速上更加能够适应运输事业。四缸车发动机,要价3000元,讨价还价定为2500元。

小结:山区民族运输行业大大有所改变和发展,一般大量购置大小车辆为农业生产服务。农用两缸车发动机,两辆已改装为四缸车,小拖拉机运输乘客,改为两辆面包车运输乘客,全村逐年来有所发展。

2011年4月22日　农历三月二十日　星期五　阴

村民建房承办婚喜事,三项喜事工,办一筵席待客。村民侄儿张学边为儿建住房今天浇楼房屋,为女儿承办订婚收礼金席,为次子差媒人去说媳妇等三项喜事。苗民俗语说:一个石头打三只鸟,意思说:办一餐饭席筵客,要成就三桩事,或是请一场客成了三桩事。

第一项事工,浇二楼地板,因为又要浇楼板又要为儿女承办婚事,所以浇楼房任务情愿提早时间完成。所以找请浇楼人员安排,叫他们早上就开始浇楼,由于地点很近,从房后的场子搭木板挑灰泥直接踏梯形,板子上高达2米多就上到砖房楼板了,不算费力就浇好楼房。

第二桩事项,亲家新姑爷约定来交聘婚礼金。约下午5:00我们吃晚筵席时,他们乘坐一辆小拖拉机到来。礼品是一箱鸡蛋,4箱啤酒,4

箱饮料，聘婚礼金数额是1700元。

第三桩事为次子差媒人去求婚，情况是已有对象，去说了就行。

小结：今晚侄儿张学道承办的建房浇楼，收订婚礼金，差媒求婚而办席筵客。收到的送礼金也是1700多元，来客约37户。

2011年4月23日　农历三月二十一日　星期六　阴

村民收割事工仍忙碌进行，一时需要割又需要收，因为今天的天色阴沉沉地，眼看就要下雨了。记述村民张学道家收地麦，由于建房事工耽误了收麦事工。昨天已浇好房，今天就得集中劳动力和时间投入打麦收麦。先向他妹夫王继光借来一辆小拖拉机运地麦，经过教会大场而回到他家。我劝他说：别拉运回家了，你就放于教会的场上，用车子碾压几下，省时省力。大场上我们人员工具又多又方便。形势所迫，他家又没有晒场，天色也快要下雨了。他也只好听劝，拉运、背回来的麦子就放于场上。由于山地远，背运完时间已是很晚了。就用小拖拉机碾压，不时碾好了。此时下起小雨来，我家儿媳们七手八脚来协助帮忙清理收拾一场院的麦子，经过一番紧张抢收，终于完成了收麦子的任务。

小结：让我们又学习到团结就是力量，相近的邻舍强如远方弟兄。人际关系，友爱相处，也要从实践中学习和认识。

2011年4月24日　农历三月二十二日　星期日　阴雨

村民事活计有张正才、龙荣才两户昨天挖洋芋，准备出车往鸡街市场销售。未料到今天的天气已转变成阴雨天气，虽然道路交通已建设好，即使是阴天，雨天大小车也出得去，进得来，但考虑阴冷的街天，赶集人员必然少。可能货物销售量低，人们想想不敢冒这个险，所以需要销售的农货物只好摆搁下来，待明天25号再到东村街销售。

送孩童返校念书，我村在东村中学念书的一孙女张秀芳、孙儿张良是父张学德用摩托车运送。祖库小学低年级的小孩较多一点，张学祥就开出自己的小面包车运送。

2011年4月25日　农历三月二十三日　星期一　阴

村民农活事工从事于割小麦，有的是从事于泡田，有的上东村赶街变卖小麦，有的卖洋芋，进行正常的日常工作。

记述卖麦子，村民张学祥已收完了地麦，是种于山脚，面积约有一亩，由于海拔低成熟期早，所以已提前收割，收打完了，今天用自己的小面包车拉运到东村街销售。到了街上麦子称计得300公斤，麦子的收购价是约一公斤2元麦子。300公斤×2元/公斤=600元，这也就是亩产300公斤，亩获600元。卖麦子的缘由，因为点种大春作物的季节临近，农夫们大春的点种垫本比较大，所以都是集资投入大春化肥垫本，然后买上农用化肥拉运回来以备用。由于自己有车子，清早出车，中午12：00就已回到家了。

小结：由于自己有车，四儿媳、五儿媳他们两家和村里孙儿媳等6人运载9包粮上街变卖。车子往返都是重车了，我也顺便叫儿媳们帮买上一包正大饲料拉运回来喂小猪。

2011年4月26日　农历三月二十四日　星期二　晴

教会唱诗班活动，有来自广州佛山某教会团队8人到富民县基督教会来欣赏苗民教会的圣诗班献唱。

地点安排在富民县东片款庄圣经班校院里。原因是富民县年初教会举办教牧短期7天的培训，他们发现我们教会唱诗班蒙神祝福，有献唱恩赐，所以他们特意专程从广州佛山来欣赏和友好交往，并开启今后的友好交往。

献唱活动情况是，唱诗班是富民全县基督教会12所教会联合组成。但是凡属于小规模活动就由富民东片比较集中的小水井、大黄桄树、莫依龙、西山、芭蕉箐、朵木得6个教会负责。今日唱诗班的唱诗活动人员是 20 多人，因为是临时通知，有的人员没有准备或是没有在家或是走远等就没有参加。

小结：献唱结果，虽然没有特殊训练过，是临时安排献唱，可双方都很满意给予好评。圣工安排，广州来客对富民教会唱诗班有需要有安排，有事工愿意给予经费援助。

2011 年 4 月 27 日　农历三月二十五日　星期三　晴

村民农活事工仍是割麦收麦，有的村民种苞谷。记述自己的农活事工，在村子附近的地麦，在儿媳们的支持协助下已割完了。今天的割麦转入山顶片区割。地麦面积不大，约有 0.5 亩，在儿媳们的支持下，昨前天已割了一部分，所以今天我们俩老人割到下午 2：00 就已全部割完。此时天气变化打起雨点来，家里场上又晒着一包麦子，我就背着早上搂好的垫圈落叶回家，在路上时就下起小雨来，晒着的麦子被雨淋湿了。时间就耽误在收场上晒着的一点麦子，我们人员又走远，家里没有人在家。所以事工实在没有办法做得那么妥当。收了麦子后，再到地里点两个小时的苞谷，因为是透雨，所以要珍惜时间和雨水。

2011 年 4 月 28 日　农历三月二十六日　星期四　阴

村民小春收割忙，几天的天气转阴，不时还有小雨，使村民的收割受阻碍，村民是从事于收割呢？是收堆麦子呢？是冬闲地要试种一点苞谷呢？一部分村民都收堆麦子防着有雨天气。

村民张学祥有亲属在款庄朵木得苗寨搞建房。因周六准备浇楼房，所以周一就开始忙起来，主要从事技术指导。几天以来都坚持在建房工地上建房，几天中建房已转入支搭钢模板，进行安楼房圈梁、钢筋、扭扎钢筋等准备工作。

2011年4月29日　农历三月二十七日　星期五　多云

村民收种形成两项中心工作,农地比较多的农户一时间不能割完地麦,有的农户是全靠儿女亲友的帮忙,村民龙福祥家也是姑爷女儿来协助割麦,起码要几天才能解决问题。

另一项中心工作是栽秧。田已泡好的农户几天以来形成争先恐后忙于栽秧(插秧)的局面。今天有村民张正才,父张志明两户栽秧,劳动力组织是由他家哥弟姐妹互相换工支持栽秧。上午男劳动力8人拔秧,女劳动力8人栽秧。下午一部分男动力又转入栽秧,就有10多人栽秧。

稻田面积约有3工田,也就等于一亩稻田,到下午5:00就息工回家吃饭。生活待遇,劳动力组织虽然形成换工,但是在生活酬谢上,力求高档待遇,历年已形成习俗,鸡、鱼、鲜菜是少不了的。

2011年4月30日　农历三月二十八日　星期六　晴

村民张正华购置车辆,昨晚买回一辆一缸柴油机做机头动力的一辆拖拉机。据说买价是10060元,车身的外观是只值得7000—8000元了。因为是一缸柴油机做机头,人们都说不值一万元。

另有村民龙学华卖两只羯羊,买主、卖主双方讲定1公斤活羊给价23元。称计结果是大的一只称计得62公斤,小一点的一只称计得49公斤,合计111公斤×23元/公斤=2553元。

小结:人际生活中,不论是哪方面,都有那里的智力人才,都有那里的天才,都有那里的高见。在购买车辆上都得请人帮忙选购,人们都会给你提供优先的选购和条件,把事情做得更好。卖羯羊的一小小农户能有两只山羊,卖得2500多元,也真是幸遇,也真是来之不易,这也是各有自己的优势。

2011年5月1日　农历三月二十九日　星期日　晴

村民大多是以过宗教生活为重,今天是星期天,都要聚会礼拜。

聚会礼拜地点安排于柿花箐聚会点，我村参与礼拜活动，由于地麦就在路边上，车子上下都是通过地边，所以我们乘坐大小3辆车到柿花箐过礼拜。回来到地边时，就顺便把麦子运回来掼。

磨刀不误砍柴工，每过礼拜活动，似乎耽误了一天的生产，实际不然，下午两三个小时抓农活计，打麦收麦，自己有农用车拉运麦子碾压麦子，自己父儿五户，12个劳动力，工作起来工效很高，工作几个小时，也等于一天的工效。

2011年5月2日　农历三月三十日　星期一　晴

村民另一项农活中心工作是栽秧，几乎每天安排一户泡田，其他的农户和稻田已泡了的就自由安排时间栽插。今日有张学才、张学全两家栽秧，面积是一亩水稻田，秧苗是撒于村中北面的岭干田，便于管理。今天的工作情况是，我们上早集中劳动力，先拔好秧，中、下午再转入栽秧，由他大舅家的拖拉机拉运水秧供栽插。劳动力组织情况是：有11个男劳动力拔秧，11个妇女栽秧，总共22个劳动力。生活待遇是都要特别讲究，办出高档的饭菜筵客谢友。

小结：一是完成比较繁重的农活事工，二是借由一点事工而办饭席会到一起来就餐，充分享受亲友之间的团聚生活。

2011年5月3日　农历四月初一　星期二　晴

全村收割麦子忙碌抢收，村民少部分已收完了地麦。80%的农户正在忙碌抢收、碎糠。几天中的天气、气候似乎都有雨。款庄马街坝子上昨天和今天都已下了大雨，所以村民们采取各种措施将地麦收割和拉运到家里来收藏，以防有雨天气。今天吃过早饭后，几乎全村出动大小车辆上山地割麦和拉运麦把回村收掼和碾压，形势是轰轰烈烈。

我家父儿几户，几乎自然形成联合。谁家割完或是已晒干了，需要多少劳动力，就自然主动配合行动，到山地里背麦上车。在场上碾压好，大家齐动手搂草、筛麦、过风箱，这些工序都要人力和时间，才慢慢做完。我们一边收麦，一边就把麦秆一便碎成糠。打麦场上两台电动碎糠机，一台柴油机碎糠，联合出动。一个家族紧张工作劳动，全村打麦碎糠机器声隆隆响。

2011年5月4日　农历四月初二　星期三　晴

村民张学祥上昆明落车户口，原先买的第一辆面包车，因为亲属朋友的喜爱，2009年就分给他们，他们愿意给原价15000元。时间过去几个月了，双方约定今天上昆明转户口，是乘自己的小面包车去，办转户口手续费是500元。

村里的农活计仍是忙于收麦割麦碎糠。由于农事多，我们一部分人员到山地里割麦，是哥弟几户协助帮忙。因为我们有的农户已收完，一部分人员留在家里晒麦把、碎糠。孙子张荣光碎糠，中午12点眼看要下雨，他就开车把场上的晒麦碾压出来，待家人下午从地里面回来，大家集中精力突击收麦。把一场的晒麦收完，把麦秆碎完后，就下起雨来了，可惜下雨的时间不长。

2011年5月5日　农历四月初三　星期四　晴

村民农忙季节，明天是5月6号，已进入立夏季节。农夫们就要开始点种大春苞谷，农事就要开始进入农忙季节，农业垫本就要开始支付，所以村民就要变卖小麦，用于大春农业的垫本。所以几乎大小车都上街卖麦子，连摩托车都出动，一般是拉运两包麦子。卖了麦子又买回农用化肥，准备投入农业生产。我们部分村民也是为用钱而到街上农用社取低保补助款，取养老保险款用于农业。

小结：由于村民自己能有一点麦子变卖，加之部分村民有一点低保补助，使农业生产用款基本得到解决，解决不了的也只有少部分了。

2011 年 5 月 6 日　农历四月初四　星期五　晴

一部分村民赶鸡街，张学祥家是一早就出车到鸡街检修电视机，昨晚都还使用到深夜，今早就没有图像了，所以专程跑一趟去检修电视机，早上 7 点我们就出车上街办事。

我们几家是为买苞谷种而上街，一家买上一包，包装是两公斤，牌子是北玉 2 号，另一包的牌子是路单 6 号。上街的村民有 5 到 6 户，侄儿张学会、张学才是买背篓，张学会买一个，张学才是买得两只，每只价格是 32.5 元。

小结：街市情况是，我们到了街上，所有的摊位还没有摆摊，所以要买的东西还买不到，我们只好吃米线等待摆摊。鸡街历来都要中午 12 点才摆摊，现在有所改变有所提前，但还是迟。我村赶街办事的村民都有好些农户上街，体现我们的生产经济可以说是活跃。

2011 年 5 月 7 日　农历四月初五　星期六　晴

村民农活事工，大部分时间忙于收割小麦，山脚片区成熟早，所以已收完，近段时间是忙于收割山顶片区的地麦。上午时间从事于割麦子，下午又转入拉运麦把回村里的晒场进行碾压、收拾。

泡田事工有村民杨天友、张学光两户，一家利用一股水。杨天友用我村的蓄水池，方便、轻易地用一个上午的时间泡好完工。而侄儿张学光只是利用大沟水，由于天干不雨，大沟水已成了小沟水。田的面积有 3 个田，用一天的工夫，一半都没有泡好，只得用今天和明天的时间才能泡出来。

2011 年 5 月 9 日　农历四月初七　星期一　晴

村民进行农杂活，我们有的农户已开始点种苞谷。记述村民打工，有的附近他人找请点苞谷。小规模地找请协助点苞谷的有村民龙圣英二姊妹俩，昨天和今天都替他人点苞谷，酬劳可能是一个工天 40 元。

又有抄犁耕田，是他人找请犁山地，历年的酬劳是一架犁牛包括扶犁，以一个工天计时给100元。今日村民龙福祥有下村杨大山找请帮忙抄犁山地。

小结：给他人抄犁山地，是村民龙福祥家的优势所在，自己也出于喜好，一对犁牛也大也壮，又好使，再陡的山地，一个人扶犁就行，不必找一个拉牛人，人家也时常找请，自然形成他家的一个行业事工。

2011年5月10日　农历四月初八　星期二　晴

村民农事工作，几天中也就是进入立夏季节，一般种山地的农夫都已开始点种山地苞谷。他人是耕地的面积大，而我们自己是本着笨鸟先飞的原则，力求事事争先，时时打主动战。所以我们虽然地少，也忙起来了，而且是大面积的点种。

劳动进度情况是：一对夫妻尽上最大努力，一天可以种好一亩山地。

村民张学祥昨天和今天已种下两亩山地苞谷，张学忠今天已种了1.5亩面积的苞谷。

2011年5月11日　农历四月初九　星期三　晴

村民张学德参与东村乡公墓场地纠纷事件。昨天，东村乡新公墓场地发生纠纷事案，东村乡政府发动所有的村委会干部、职工、林业员120多人赶到公墓现场调解，力求平息。情况是：新设的全东村乡公墓场地占地，政府已定每亩地付给14000元给占地主人，并已取得同意，同时有车路占地已答应不要钱了，而现在又反悔了，车路占地也要给钱才行，否则不给通行。现场几乎要打架了，幸好是人多，又拉又劝才停息下来。

中午12点时，由乡政府统一安排送早饭到山脚，叫所有的人员下到山脚吃早饭，120多人是由一辆车分两趟接送。吃过早饭，调解人员又上去时，车路又被他们切断了，调解人员只好往后撤，问题没有得到解决。

小结：人民巴望不设公墓坟地，情愿按传统各地方、各民族自己解决。

2011年5月12日　农历四月初十　星期四　晴

村民赶街卖麦子，今日卖麦子的农户，各地各户大小车辆都出动拉运麦子上市销售。中途小松园村收粮店麦子给价是一公斤2元，东村街上收粮店给价是一公斤1.9元。我们拉运到东村街上时，熟识的收购员也未开粮店收购小麦。收粮人是马街的人，电话联系，因为自己有车方便，我们亲自送到马街，也只是给价一公斤1.9元。有些农户到了街上知道中途小松园收粮处给一公斤2元，所以又统统拉折回来小松园卖，结果突然又变化了，也只是给价一公斤1.9元。小麦粮价今日每公斤走低了0.2元，原先是给麦价一公斤2.08元、2.20元。

我自己是上街取养老保险金，从去年2010年11月，到今年2011年5月份，每月由政府给60元。7个月取得420元，买了两包复合肥料回来点种苞谷。我们在街上吃了一小碗米线，回到山顶的耕地来点苞谷，工作到很晚我们才回家。

小结：由于自己有辆车，上街买卖东西回家吃早饭，又不耽误生产工作，又办好事情，两缸车动力改成四缸车动力，大大节约了时间，在往年的基础上大大推进了！

2011年5月13日　农历四月十一日　星期五　阴

村民的农事中心工作是点苞谷。农地少的农户，地麦早已收完，几天中都忙于开沟，拉运粪料，已进行点种苞谷，已种下70%的面积。农地多的农户一直都忙于收麦子，还未来得及种苞谷。

今日有村民龙兴华种山地苞谷，由于哥弟不合，自己人手单薄，就找请亲友协助帮忙，找请本村的杨天祥、王香连等6人。由于已开好地沟，所以种起来也很快。经一天 6 人的辛勤努力劳动，约种了 3 亩面积的山地苞谷。

小结：村民种苞谷，有的喜欢联合互助，有的亲友之间互相协助而种，大部分村民哥弟相约而用犁牛开成沟后，各人自己点种。可能这样方式快，因为这样又不耽误别人，自己也不必换他人的工天。

2011 年 5 月 14 日　农历四月十二日　星期六　晴

村民事工情况是，本村每天安排一户泡田，其余的村民都自己点种山地苞谷。村民有从事打工抄犁山地，村民龙福祥今天给他人山地开沟。前段时间是抄犁山地，而现在又转入开犁地沟要准备种苞谷。

酬报情况是，去年是一家犁牛包括扶犁一天付给 100 元，今年又要改价为 140 元，几天以来又改价为 150 元。是熟识人找犁，请多少就去多少，没有人找请就干自己的活计。前面论述过，这也是我部分村民的特长，他人有他人的优势，自己有自己的优势。

2011 年 5 月 15 日　农历四月十三日　星期日　晴

记述村民泡田，今天有侄儿张约祥家泡田，田的面积，两工田。由于今年气候干燥，导致大沟水变成小沟水，水量也更小，影响制约着我村泡田栽秧任务。每天我村民的泡田进度，只能用本水浸泡 1 到 2 工田。

下午 3 点我们礼拜休会后，下到山脚烧地里的干草，以便进行点种，他们泡了一工田，都还没有泡出来，说明费水、费时、耽搁大。我们村民都是在这干旱缺水的情况下艰苦创业，都是凭着信心克服面前的困难，等待迎来丰收的喜悦。

2011 年 5 月 16 日　农历四月十四日　星期一　阴

记述村民建设事工，有张学德安装太阳能设备，几天以来都从事于搞安装太阳能设备用的房间。销售太阳能设备器材的老板，约定今天早上 9 点到家里来协助安装。昨天夜里下了大雨，所以今早约 10 点他们拉运这些器材到家里来安装。大概用了三个小时的工夫才装起来，还没有完全安好，自己还要些时间才能装好。

小结：安装太阳能，房间的设施建造以及安装这些器械材料都可以说是需要高科技手段才能处理和安装。科技下乡，太阳能设备的应用，随着人们生活水平的提高和社会的进步，民族山村人民也普及起来，渐渐成为人们生活中的必需用品。我村 30 多户两三年就已安装有 5 个太阳能设备，是与往年不同的新貌，是新的篇章。

2011 年 5 月 17 日　农历四月十五日　星期二　晴

村民农事工作活计，仍然全村进行点种苞谷工作。有张学德因粉刷墙壁安装太阳能，所以农事耽误了几天，故农事的进度也推迟了几天。此时哥弟互相帮忙，张学忠因自己种完了苞谷，今天就主动协助张学德并且出动一辆四缸农用车拉运肥料到 3.5 公里的我村山顶片区点种苞谷。

今日的农事工作量比较艰巨，4 人一组活动，又要把一车粪料用人工一背一背地背到地里，按先开好沟的塘放好，再点苞谷。工作下来当然需要一天的辛勤努力，同时也需要信心。

小结：从村上到山顶片区耕地路边有 3.5 到 4 公里的里程是自然形成，幸好近代村民的农业生产都是用车辆装备起来，交通和交通工具比较方便。过去不可能完成的农业生产，不可能的事现在已是平常事，事态是不断地革新发展着的。

2011 年 5 月 18 日　农历四月十六日　星期三　晴

村民赶鸡街，我们父儿几户点种苞谷已有几天了。我们所购买的苞谷籽种已种完，张学全需要再买上 4 公斤苞谷种，张学祥 2 公斤，我自己还需要 3 公斤。昨晚几人相会互相告知并且问谁去买？我说：我去是困难大（意思是说自己没有车子）。今早天亮后，都等谁能上街替我们买回来苞谷种。幸好侄儿张学才开上来一辆拖拉机,是要赶鸡街买米和面粉。我们先喂好自己的鸡、猪,我俩老人就坐他家的小拖拉机上街。

在街上我请他俩吃餐米线,我们两家都买好米和面粉,再买上一些小菜和一些零食就仍乘小拖拉机返程,在中途才遇上自己村村民很多大小车上街买农用物资。

小结:大部分村民一段时间都在忙于收割麦地。很多人都已上街,看来是农事已转入以种苞谷为中心,所以很多人都上街买农用物资。

2011年5月19日　农历四月十七日　星期四　晴

村民的农事活计,大多是从事于点种苞谷。张约祥家的事工是栽秧,劳动力组织是由他家哥弟6户相互配合协作,还有儿媳的父母、舅子亲家,至少都有三四人前来支持,一般情况是男人拔秧,妇女下田栽秧。家族、亲友众多,拔秧和插秧人员20多人,可说是多多有余。情况是亲友关系,只要知道自己就主动地来支持帮忙。自己只有从生活上付出代价办好饭席筵客而谢。

收小麦的一户事工情况是:有村民张学道,今天找请张正华一辆单缸车,拖拉机头作动力的农用车协助务农事工。从家里装上一车粪拉运到山顶片区准备种苞谷,又从地里装上一车麦子回来摆于场院碾压。收了麦子之后,又找请村里杨光友的柴油机碎糠机碎糠,可能碎糠工作至夜里9点完成任务。

2011年5月20日　农历四月十八日　星期五　晴

村民事工活计,张学明家泡水田。稻田面积3块有5工田,计2亩田。由于天干水量小,就分为两次泡,头一次已泡了两块,今天是泡第三块。今天的事工活计情况是,由于这3块田是连片,先泡了的是在上边,今天泡的第三块是在下边,用水就方便。劳动力是,哥弟出动8个劳动力,2人使牛,1人理水,5人扶埂子。

其他事工是我家出动3人协助姑爷女儿栽烤烟。栽烤烟也需要多人，因为又要栽，又要浇水，又要些劳动力盖薄膜。所以哪一家栽烤烟都要找请劳动力帮忙才行。

小结：民族亲友之友爱之风也很浓，亲友有什么需要帮忙的事工，他们也会主动地来支持帮忙而相处。

2011年5月21日　农历四月十九日　星期六　晴

记述村民张学明家栽秧，他家的水稻田有三块，5工田，由于水量小，做两次泡，昨天已泡完。所以安排今天栽秧，家族、哥弟、亲友众多，今天出动20多人拔秧、栽秧。由于秧苗就安排撒于田角上，所以也很有利于拔秧和供秧。劳动力充实，田块集中，便于进行各项工序，所以息工时间就比较早。亲属友人们热情地支持帮助，自己也只有在生活待遇上讲究办好饭席筵客为谢。

另外一项事工是，参与车辆驾驶培训活动。村民张学祥报考驾驶培训。前几天已进行了理论考，今天突然通知，到寻甸县县城参与路考。争取一般车辆都办有合法证件和驾驶证，突破这一关，推动我村的车辆运输，推动我村的文明建设，改良民族山村的风情。

小结：我们地处两县交界，寻甸县是自治县，教练费少一点，所以我们就倾向于到寻甸县参与汽车驾驶培训。

2011年5月22日　农历四月二十日　星期日　晴

记述驾驶培训，教官安排今日培训的行程工作是通知学员集中于鸡街镇，起程往寻甸县城报到并交第二次教练费。第一次已交1500元，今天交4000元，两次共交5500元。县城中午12点就餐，中下午教练车开往昆明教练考场并作登记和交款，下午4点从昆明考场返回，作第一次的驾驶培训行程。

小结：驾驶培训与往年不同，按理自治县属于自治，又属于民族县，所以各种税费，或是车子的培训费用较为便宜；而现在情况就大不相同了，因为各县的驾驶培训税收都已统统交到昆明市管审培训单位去了，就不存在什么自治不自治了。这样也好，因为是平等了。

2011年5月23日　农历四月二十一日　星期一　晴

有部分村民已种完山地苞谷，转入种葫芦瓜。张学德家种葫芦瓜，由于往年已获得丰产。原先试种的山陡地约有二亩，收获得2500元，当年收购价为一公斤0.7元。去年瓜价就低了，收购价只是给到一公斤0.52元。年收入约为1000元，等于减产了一半多。价格走低，我们有部分农户仍然坚持种，今天张学德仍在一块山陡地种。

小结：瓜价去年走低，预计今年会好转。目前东村乡上级政府下达任务50万亩，号召人民种植桉树。邻近村舍一时耕地统统已育上桉树苗，计划大部分耕地要种上桉树。所以种葫芦瓜的农户和地的面积必然会少了。估计瓜价会上升，预计两天的时间能够种完，今天打塘放上化肥，计划明天下种。

2011年5月24日　农历四月二十二日　星期二　晴

村民进行农事活计，几天以来是突击山顶片区的耕地，点种苞谷。先是从山脚点，再到山腰，最后是种山顶片区的。原因是要让海拔低的苞谷先成熟，一户农人家不论是变卖，或是喂自己的鸡猪，都需要苞谷，所以要让一部分苞谷早成熟，所以要先种山脚的。这是一种方案，第二种方案是要先种山顶片区的苞谷，让山顶片区的庄稼先长。山脚的要种在后，好让两样同时期成熟好收割。实践经验证明，如果是山顶、山脚同一天种下，山脚的比山顶的要提早一个月成熟。大部分村民近段时间已转入种植山顶片区的苞谷，从村中到山顶的耕地，里程有3.5到4公里，所以一般村民都是乘大小车辆去地里干活。

2011年5月25日　农历四月二十三日　星期三　晴

记述驾驶培训,今日张学祥参与培训活动情况。培训学习活动,今日是驾驶路线。教练安排今日路练。通知学员集中于鸡街,行程狗街、马街,又转先锋等多处主道大公路进行练习。让每一个学员有机会学习锻炼和熟练技术,今天放跑了寻甸县境界主要干线多处地方回来。

小结:过去寻甸县是自治县,驾驶培训收费是2800元,不知何故,现在几乎全昆明市的培训费用都收成7000元,现已交了5500元,据说还要交1500元,总和需7000元。

想来,应该有所区别,沿海发达地区,城市与乡村,发达地区与贫困地区不同,国家主管部门应该全局考虑,发达地区多收费用,而高寒贫困山区少收费用,并支持不发达地区达到共同富裕,使贫富两极分化缩小。

2011年5月26日　农历四月二十四日　星期四　晴

教会村小组关爱活动,有执事王继光之妻张美兴因患肠梗阻开刀住院。(注:柿花箐村人)我们芭蕉箐村小组相约去了10人帮助他家点种苞谷。劳动力组织,我村小组10人,柿花箐村2人,合计12个劳动力去协助种苞谷。工作情况是,把所要种苞谷的大面积都盖上薄膜,等待几时下透雨,再种上苞谷种就可以完结苞谷的点种任务。

小结:生病就医住院,而且是动手术的病患者,就是出院,一时也不能康复下地劳动,一年春播劳动的繁忙,想来当然着急。此时唯有教会才能帮得了他家的忙。

2011年5月27日　农历四月二十五日　星期五　晴

记述驾驶培训,村民张学祥今年上半年参与驾驶培训。前天、昨天、今天进行了接连三天的学习。教练场地设于九龙镇,是教练的住址,方便教练的日常活动工作。教练活动情况是:所接受培训者都安排教练过程。至于几天训练的生活、试车、教练队员的活动就不再收费了，都已包括在学员所缴纳的这 7000 元以内了。

参与培训学习的学员基本情况是大部分学员真的是初学理论，试车、开车。苗民就大大不同了，苗民的情况是，只要是喜好学车者，一般都是开车人了，对车辆的一些理论、技巧、简单维修都已有一套本事了。当然能正规参与培训学习是更全面更熟练，最终目的也是获取车辆驾驶证。

2011 年 5 月 28 日　农历四月二十六日　星期六　晴

记述村民泡农田，有村民龙兴福今日安排泡水田。虽然人手单薄，为了生活和生存，他家也早已请有几个亲友互相协助帮忙。不论是点种苞谷、泡水田、栽秧都已形成核心小组替换协助帮忙。既然自己没有哥弟，就得自己事事主动先帮人家的忙，然后自己才好聘请找工请友从事于农业事工活计。特别是水田活计，掼收谷子、运送都涉及多人合作的事工。由于几年来，干旱天气多，水量小，使泡田进度慢，并且费时费力难度大，农夫们都是在困难中行事。

他家今日的农事活计情况是，出动一架犁牛，也就是 2 人使牛，2 人打埂子，1 人理水，5 人为一个小组，田的面积有二工田，将近要有一亩。

2011 年 5 月 29 日　农历四月二十七日　星期日　晴

给芭蕉箐村貌增添一份光彩，今日的礼拜集会活动孩童们能有机会品尝自产的大树杨梅果。父母带到教会来的孩子，我们都有亲戚关系或有教会情感关系。所以大的孩子们摘回来的杨梅都放在教会场院里共同品尝。杨梅果园离教堂约有 50 米，孩子们吃了又去摘。看到孩子们的喜悦高兴，我心中充满幸福感。回忆自己的童年梦想，一心想推动复兴这一片土地、民族、村貌。自己今年已是 69 岁高龄了，看到已实现了，当然还是需要多方面的推动和复兴。自己不能做什么，只能为社会和民族的复兴添砖加瓦。

杨梅树约已栽下60株,只因为太过干旱枯干了一部分,今年大部分挂果了,将近满树红了,如今快吃完了。我没有卖钱,全村也就这样享受了,所以我觉得我很幸福!

2011年5月30日　农历四月二十八日　星期一　晴

天气仍然干燥,将山地中间和边上的杂乱干草烧尽便于种下种子,也便于薅锄。吃过早饭后,趁早上到地里清除地边杂乱干草。正准备出工时,五儿媳说:爹,你到山脚把你的干柴背到车路那边来,晚点我们息工时,帮你拉运上来。我就坐上儿媳妇的车子下到山脚背柴。背好后,我又搬了些地连花(用以喂猪)和一堆柴放到一处,便对儿媳说:晚上你俩帮我拉上来。事后心想,自己有心事不好提,而他人主动提说,真是良机、是机遇。

中下午的时间,我仍然到山地工作,由于我热爱农事,清除杂草又烧尽,又埋堆烧柴,一天干个欢,回到家时,天几乎黑了。

2011年5月31日　农历四月二十九日　星期二　雨

我们的工作,所展开的农事活计又顺利,工效也高,又在时候上,是关键的关键。自己的农事该做的已经做了,该种的已种了。该烧的杂乱草已烧尽了,一年备于山脚下的烧柴已拉运回家,好像各种农事工已备妥。

昨天夜里下了几滴雨,今早天就阴沉下来,也下起雨来,眼看今日要下雨,雨季开始了,我们农夫的播种农事几乎已归于完结。上中午时间下小雨,中下午就下起中雨来,已种下的种子,田里的苗禾,一切经济林木、板栗、核桃,人心久已等雨,人们久盼、日日盼,今日终于迎来雨季,也是进入万象更新的时刻。

2011年6月1日　农历四月三十日　星期三　晴

今天侄儿3户联合协作种苞谷，有张学才、张学华、张学志3户，只因张学华、张学志二兄弟已去世了三年。两儿媳已成寡妇，农地的活计必然时时要推迟，此时弟张学才主动协助二兄弟寡妇种苞谷。幸好三哥弟的零星地就在我村上边一山上，又是连片便于使牛，为图快，所以跟牛点。在山地点种，地陡、零星，劳动力弱、劳动强度大。

寡妇农事活计，多半是由哥弟自照顾和处理，也是自然形成。

2011年6月2日　农历五月初一　星期四　晴

自己的农事活计，给果木追肥。趁农事点种结束之际，准备给已栽下的核桃树追肥。由于量不多，也许四天的功夫就可以追完。追肥，让果木树快长、长壮，力求快些挂果，多受益，所以今天已追下一部分果木树的肥料。

老伴是摘杨梅，一是自己享受和村民享受，二是准备送亲友一部分。计划明天送居于嵩明县凸董箐村的8户亲友，母子商量说：我们自己亲自送去呢，太费力、费时间，一个单边的车费就需要20元，往返就要40元。我们摘好，他家（姑爷和女儿）自己乘摩托车来家里拿，这样简单，就不必我们老人跑了，所以今天摘杨梅准备送礼。

2011年6月3日　农历五月初二　星期五　晴

政府发放救灾大米给我们村民，石桥村委会杨德聪主任通知村主任张学忠到东村乡政府领取我村的救灾米。村主任张学忠开出一辆四缸车到村委，杨主任出面领村主任到东村镇乡政府领取。今晚我村发放救济粮项目是每户一包，每包25公斤。全村总量是1450公斤，就是一吨多一点。

晚时通知所有村民各户到教会场院来领取大米时开了一个本村临时会议。内容是三项：政府给予我村资助建卫生厕所的项目要求大家开放思想而建起来；我村初步已立为文明村，所以要求村中的公路道大家要搞好卫生，随时清除垃圾；建议并要求村民节约用水，因为我村民的用水非常紧张。

2011年6月4日　农历五月初三　星期六　晴

端午节，亲友来往交情。各地区各民族都有自己的优势和特产。自己栽种的大树杨梅已初步受益，5月桃已成熟。在端午节来临之际，人们都互相惦记给予关爱。原计划给嵩明县凸董箐8户亲友送去节日的关爱，经约定双方乘坐摩托车中途相逢交换礼物。

结果在寻甸县境界的大石洞相遇，约10：30就各自回到了家，完成了行驶单边84公里的远程，由于双方亲友联合行动，一方只行驶了42公里的里程，不过摩托车可走近道。这也可说是千里送鹅毛，礼轻情义重。人际关系都需要关爱，人们都需要他人来关爱我们，所以对亲友有所付出，我们的人生就有意义价值了，也就是情愿为他人而活。

2011年6月5日　农历五月初四　星期日　晴

端午节，村民亲友节日的团聚活动。我家情况是，在中、小学读书的三个孙儿孙女，在昆明某幼儿园任幼师的孙女张多加也休假三天。又有五儿张学祥带着一起参加驾驶培训的两个朋友回家，又有在附近的几家亲家也请来赴席。所有被请到的亲友客人有5桌人共餐，显示家庭家族之温暖友爱。儿张学全又请他舅家摘带大树杨梅送礼，晚上客人都一一地道谢告别。我们就因着亲友、孩童、家人的团聚，因共享这次节日的丰满、筵席的美满而度过今年的端午节日。

2011年6月6日　农历五月初五　星期一　晴

传统节日端午节延续请客活动，昨晚筵席是我家父儿五户主办，今早又由村里的部分亲友互相请客吃饭。有村民张正才设筵席请客，村民张学全、张正才是姐夫和妹夫关系，所以又设筵席请客吃饭。

张学祥之妻父母、舅子又请上水平子村吃饭，所以村民亲友之相互请客赴宴从昨天延续到今天才算是过好一个传统节日。

2011年6月7日　农历五月初六　星期二　晴

自己的农活工作，上午给点下的葫芦瓜浇一次水，此项事工都是比较艰苦的活计，只因久晴不雨而采取补救的办法。

中下午的时间，转入摘杨梅和摘桃，准备给附近村寨亲友送一点情谊，送一点关怀。分别是我四姐夫父儿四户，两户是熟识女信徒，一户是潘兴秀，因为前一段时间死了丈夫张德才。前五户是特给他们送去，让他们品尝、享受。第三个项目是特为遭受灾难的一位寡妇送去一点心意关怀和温暖，体现村友邻舍之情，作了小小的侍奉。

2011年6月8日　农历五月初七　星期三　晴

村民生计活动，从事于用水稻田试种蔬菜，经济作物销售于市场。村民张学祥今天拉运100公斤青甜苞谷到东村街销售，连青苞谷壳卖要价一公斤3元，批发价买主给一公斤2.2元，我们图快也就卖了，102公斤×2.2元／公斤＝224元。卖了苞谷，买了些东西回到家，时间是早上9点。也就没有耽误一天的工作。

小结：主粮稻田试种经济作物，有所突破，有所成功，效益有所提高。甜苞谷已种下田，刚刚成熟。怕销售量小，只敢拿100公斤上市试销，结果市价良好，销售量也是可以的。市场经济发展，我们在探路子，在摸索，已初步见效，初步受益，有所突破，有所成功。

2011年6月9日　农历五月初八　星期四　晴

接待工作，富民教会款庄圣经班有内地来客，关注我们富民县基督教会苗民的宗教文化和献唱水平而从美国、中国内地远道而来，也是有意要支持富民教会苗民唱诗班录制献诗光盘。

安排是中午 12 点在款庄马街吃早饭，预计中午 1 点到达我们教会，中下午 2 点聚会礼拜。在礼拜中，我们教会请了一位讲道，他们也讲了道。礼拜休会后，我们全体人员合影留念。事先已准备一餐伙食招待他们，他们一行 8 人由我们款庄圣经班张文洪、龙圣华两位老师带队乘坐张文洪的一辆面包车到来。我们教会特意为他们做晚饭，由于他们时间紧，就没有等晚饭吃而握手告别，乘车子回款庄校院去了。

2011 年 6 月 10 日　农历五月初九　星期五　晴

大、三、四儿媳忙忙碌碌地做苗民婚嫁彩衣。平时是早晚或是有空做一下，今天由于点种农活已完工，又是久晴不雨，气候高温，几家儿媳们干脆用一个整天的时间来一块儿挑绣彩衣，一边聊天一边做，有夸有说。

小结：由于苗民姑娘喜好苗民服装彩衣，姑娘时也做，成家成妈妈了也得做。由于喜好，孩童时也穿，办婚喜事时也穿，成年人也穿，一对新婚夫妇更要穿。所以会做的姑娘妇女就一年四季都在挑绣苗民彩衣。

2011 年 6 月 11 日　农历五月初十　星期六　晴

村民赶鸡街销售农副产品，张学祥销售青甜苞谷，是连青苞谷壳卖。批发价买主给价一公斤 2.5 元，我们也卖了，第一车卖得人民币 280 元。

由于有人批发，价也基本可以，所以儿媳他俩又跑两趟。第二趟单价讲成一公斤 2.4 元，卖得 200 元，两趟卖得 480 元。买主叫我们再跑第三趟，由于中午过后就下起雨来，我们就没有跑第三趟了。因为从我们村子下到山脚田坝苞谷地是泥土路，如果雨下大了，车子就下不去、上不来，我们也就罢休了。

2011 年 6 月 12 日　农历五月十一日　星期日　雨

村民农事活计，有从事于点补苞谷。由于今年雨量反常，下了一整天大雨后就不再下雨了。同一块地一犁沟苞谷苗已是几个样了。大大小小，有的刚出土，有的在萌芽，有的种子萌芽期由于不供雨或是地含沙大而干死等。所以几天中，农夫们的农活主要到农地走走，看看弥补等。

点种已结束的农户就转入点补苞谷，今日有村民张学全一对夫妇往农地里点补苞谷，这一项工作活计都需要两三天的工夫，他家补苞谷是头一天。

2011年6月13日　农历五月十二日　星期一　晴

村民农事活计，张大卫夫妇排白薯（红薯）地的面积约有半亩。由于历年经济效益高，有地方便的农户就重视起来，早早利用好田，放得上水的地排好秧，等种完苞谷下透雨就动手排白薯，越早越快越好。人工从山脚田坝捡回来又背到山地里排，进度快，效力高，坚持工作到晚，信心十足。

小结：由于历年村民已尝到了甜头，掌握了农事工作的种种良机和主动权，村民有的还种着苞谷，而张大卫今天已动手排白薯了，可说是全村比较优先，比较有价值，来年丰收已在望。

2011年6月14日　农历五月十三日　星期二　晴

村民张学德因工作需要，被召集和我们东村乡政府3个工作人员一起到富民县城搞电脑资料。

年青一代有学习的良机，也是好学，也有多人是自学成才。有时石桥村委电脑作业邀请，今日又是工作需要，乡政府请到富民县城搞资料。一去就需要两天的时间才能做好做完，这也是很荣幸的工作，我们要学习再学习。

2011年6月15日　农历五月十四日　星期三　晴

村民事工从事农地管理，开始进行头道薅锄。也有抓经济农作物，排白薯，也有从事于驾驶培训学习。

记述村民王凤仙排白薯，男的因在外开会学习，时常在乡村委员会有会议，女的在家里只好自己慢慢料理点种农活。一个人在家里也背背粪到地里排起白薯来，不讲一天能排下多少，而是一个人能排多少就排多少。一个人劳动效力虽然少，但是总比不干好。一天两天积累起来工效就多了，这也是难能可贵的精神。再难干、劳动力再少都得干，事事都要尽到主人翁的职责。

2011年6月16日　农历五月十五日　星期四　晴

村民农活事工排白薯，有张学祥家，因他自己参与车辆驾驶培训，所以五儿媳主动安排排白薯的活计。三儿张学忠、四儿张学德因东村乡政府里有会议，中下午时才回来参与我们排白薯。我们5户9个劳动力联合行动，情况是，老母亲剪薯秧，我自己负责由田里背薯藤子秧送往300米以上山地里供家人们排。一天在阳光暴晒下工作，所以也是比较辛苦。幸好人员多，山地工作很出活计，因此劳动效力很高。

小结：村民们一般都对白薯重视起来，所以都已开始排起白薯来，也是不约而同的农活事工。村民都已明确经济价值和努力方向，积极在投资投劳中。

2011年6月17日　农历五月十六日　星期五　晴

村民事工活计，全民投入农地的薅锄工作，不失时机地从事农地管理。今天自己的农地虽然零星分布于几处山地，也分别进行一两次的薅锄。中下午的时间又到山地的大面积农地进行头道薅锄。由于天晴有利于进行农地薅锄，所以劳动进度效力就比较高，也是因为地少、草小，进行农地薅锄都要抓在关键上，农夫们非常明白各种农活的事理关键，所以每天每时都争分夺秒地抓农地薅锄，也是为了谋生，也是农夫的职责。

2011年6月18日　农历五月十七日　星期六　晴

街天，村民一早就忙于按自己的时间做事情，忙于上街办事。我自己和三儿张学忠，每户卖80公斤苞谷，市价每公斤苞谷收购价1.98元，卖得158.4元。卖了苞谷，又买回来农业化肥。张学全是买回来10包尿素，我自己买回来3包尿素，2包碳酸氢铵，准备追苞谷肥，尿素价格是108元一包，碳铵是38元。

小结：俗话说："五荒六月"，是缺粮少钱的时候，以前一般的农户只得把所有的钱用于买口粮充饥。而现在的情况是，又要把所有的钱买农业化肥用于农业垫本。不知何故，市场物价时时上涨，前年尿素是卖90元一包，而几个月几乎就涨了10—20元，想来物价应该稳定，特别是农业化肥不应时时涨价，天天涨价。

2011年6月19日　农历五月十八日　星期日　晴

我们进行接待工作，朵木得教会8男12女共20人专程趁礼拜天前来我们教会走访交流，分享见证福音，参加我们的礼拜聚会，我们也请他们3人上台讲道，今日的聚会安排于柿花箐集会点。礼拜休会后，柿花箐小组统一安排就餐。吃了晚饭后，我们又请朵木得教会20人下来我们芭蕉箐村参加晚礼拜。我们仍请他们上台讲道，他们两男一女上台讲了道。

休晚礼拜后，我们小组仍请全体人员吃米线。吃了米线后，他们告别乘坐两辆小车、两辆摩托车回去了。

2011年6月20日　农历五月十九日　星期一　晴

村民农活事工排白薯，由于村民都知道白薯目前销售价格比较理想、比较稳定，而且比附近各地都畅销。有的专程拉往昆明市场批发，历年价格平均都在一公斤1.5元。所以有地、有劳动力的农户紧紧抓住这条门路，抓住机遇排好白薯。几天中村民在不同的情况下，根据时间的先后、山地的多寡都在忙于排白薯。

记述村民龙福祥家的排白薯情况，几天中集中时间、财力、物力投入排白薯。他家也是山地较多的一户，约有两亩山地，那么就要很多白薯藤秧才能排满这两亩地。可能都是买来藤秧，因为钱方便，自己也有力量，又有一大优势，很多时间人家都上门找请抄犁山地。历年一架犁牛一天付给100元，而今年随社会的变迁一架犁牛又改为付给140元。

2011年6月21日　农历五月二十日　星期二　晴

村民张学祥协助亲友建房子，不论是机械修理还是房屋建筑，未通过学习或是教授就能从事于工作和钻研设计，也自然形成时代工人，所以不论是搞修理或是起房盖屋，不论亲戚或是他人时常有人找请。一去就是几天的活计，起码要砌好石脚或是浇好墙脚地梁。只不过是农忙季节，农事推后，我们家人哥弟父母5户10个劳动力也会关照。

2011年6月22日　农历五月二十一日　星期三　晴

村民购买赊销物品，我们吃过早饭准备出工时，某地老板用大车拉运来一车货到我们村上来搞赊销。物资有床架、橱柜、沙发等。村民张学忠、龙福祥、张雪道等多户已做了赊购。张学忠赊购三样，等到卖苞谷再赔还。3件合计800多元，平均每件合270元。

小结：赊购，好就好在一时没有钱可以先拿到东西使用起来。不过可能是贵了一点，铁床架150—180元，是街市场有卖的，买贵了。管他三七二十一，反正是人家送上门来的。

2011年6月23日　农历五月二十二日　星期四　阴

村民事工活动，有张学祥销售自产的甜苞谷。情况是拉运50公斤到鸡街做零售，每公斤卖3元，50公斤卖得150元。又有30公斤甜栗子，每公斤能卖 2 元，卖得 60 元。今日销售两样农副产品总获得 210 元；自己有面包车，烧油约需 50 元，吃饭、买上一点零星日用品大约开支 50 元，总开支 100 元，大约今日结余 110 元。

小结：民族村民起步迈向发展经济途径，而有成功和进展。村民都在试图攀登和掌握节节取胜的环节，目前已见效果。

2011 年 6 月 24 日　农历五月二十三日　星期五　晴

村民张学德受邀参与东村乡电脑资料文件整理组的工作，工作地点是富民县县城，6 月 20 号进城工作，四人为一组，已工作了 4 天，工作还未完结。工作生活待遇是：每天供给生活费用，也就是供吃，每个工人又付 50 元为临时工的薪水。而今天从县城乘村委会小车回来，待到期又通知到县城继续工作。

2011 年 6 月 25 日　农历五月二十四日　星期六　晴

村民生计活动，赶街，人处世生活中，需要上市场交易物资购回自己需要的东西。由于一段时间上市的物资少，所以上街的车子就少，我们俩老人就步行上街，我们用了两个小时才到达东村街。

人们一般吃一个小碗米线当早饭，再买东西。乡村里刚上市的西瓜堆满街，也是乡村人，他们主动向我们打招呼，来买西瓜，一个只要 1.5 元，那么便宜，自己不讲价买上 7 个西瓜，卖主又主动说给 10 元就行，又送我们已切开的半边瓜作为情意。我们再买上些小菜就乘面包车直达麻栎树回来，今日我们约开支了 50 元。

小结：人们都是在困难中行事，也要尽力关爱家人，钱少也买上 7 个西瓜，准备儿妇、姑爷每户给一个。

2011 年 6 月 26 日　农历五月二十五日　星期日　晴

生计活动，举行家庭生活友谊活动。今日礼拜休会后，父儿媳以及孙儿女们团聚于门前阴凉处，家人们聊起天来，有说有笑谈论了一小时，大家都很开心。此时三儿张学忠家的二孙女甜甜哭叫起来，孙女甜甜今年三岁，催促家人说，别说了别说了！我们快上街吃米线去，哭叫得难以劝阻。小孙子张良也应声催说，老爹爷爷，真的带我们大家一齐上街下馆子。为满足孩子们的愿望，我们俩老人便决定照办。打电话叫柿花箐的小女儿姑爷三口人也一路到鸡街馆子吃饭。先打发四儿张学德三口人乘一辆摩托车去订餐。我们父儿、姑爷，6户18人乘坐一辆摩托车、一辆面包车上街就餐，满足了孩子们的愿望和要求。

小结：这次家庭关爱友谊活动开支金额355元。餐费两桌人用去305元，车烧油50元。这次家人友谊活动是首次开创，想来家庭、小组、团队都应该有关爱友谊活动的享受。

2011年6月27日　农历五月二十六日　星期一　早晴晚雨

村民生计活动事工，张学祥在田里种豌豆，我们俩老人，四儿张学德知晓也主动放弃自己的活计而去协助五儿张学祥种豌豆。中、下午时间，豌豆种了一半，就下起暴雨来。车子未能回来而被阻停于山脚田坝里，因从我们村子下到田坝的马车路是泥土路，下雨车子就开不下去，也开不上来，制约着山脚田坝的生产。豌豆未种完，由于下雨泥泞，我们只好进入山地排白薯，一个下午时间我们大干了一场。生活待遇，当然叫两个孩子给我们买回冰棒中午吃，也买回冰冻鱼做晚餐用。

小结：村农活计，有的事工是非得找请工协助自己，父母、哥弟在这时候就应该主动放弃自己的农活工作而去协助把事做好，这就是人生观。

2011年6月28日　农历五月二十七日　星期二　晴

村民从事于搞建房工作，张学祥今日开始上马街对乡村委搞建房工作。（因亲戚关系）建房工双方协定有点工，也就是按工天计价，从建房到完工按工天付给酬价。所以今天开始架设房地梁钢筋，浇好地梁就可以砌砖墙了，也就是几天的事。

2011年6月29日　农历五月二十八日　星期三　晴

记述村民卖肥猪，昨晚有村民两户卖大猪，现在卖猪都是评估卖。龙兴祥卖一头约重100公斤，买主和卖主双方协定价为1500元。龙兴德卖了3头，每头约重110公斤，卖主3头要价4000元，买主也就给4000元。

小结：随着社会物价的上涨，人们的生活水平也在上升，卖猪的两家农户一时就拿到了几千元，这也是不简单，也许是与社会生活持平、同步。

2011年6月30日　农历五月二十九日　星期四　晴

我村诗班参与东村乡庆祝建党90周年文艺汇演，此文艺活动是被石村村委会聘请作石桥村委的文艺队名义而出席。参与出席演出的团队包括中、小学教师等9个团队。节目有献唱、舞蹈、快板、表演等。方式是有个人、团队、小组等。东村小学老师的歌舞表演获得一等奖，芭蕉箐歌舞队的舞蹈和献唱获得二、三等奖。一等奖奖金500元，二、三等奖奖金是450元。

会演晚会小结：获得一等奖的是东村小学的老师，是知识教育界经过精心排练及充分的训练和准备而获得的。三等奖的我们是没有经过精心排练和充分准备，只是凭着有献唱的恩赐，叫唱就唱一下。如有努力和下功夫去练习，当然会有所提高。

2011年7月1日　农历六月初一　星期五　晴

教会接待工作，情况是：我们教会王继荣在云南神学院毕业后，就安排于三一国际礼拜堂工作，时间已两年。有一位姊妹的母亲有遗嘱，为福音的缘故建造一座礼拜堂，有意特来我们教会采访。

我们接到王继荣今早6：30打来的电话，自己只有热情地办席招待来宾。四儿张学德（传道员）乘摩托车上街买肉食小菜来招待客人，炊事组忙了一个早上的时间做好饭席，上午10点钟客人们到来，王继荣带队，聘请一辆面包车从昆明而来。他们一行3人到来，我们接待后就安排吃饭，人员有四桌共餐。吃过早饭谈论一会儿，来客聘请我们教会各家庭人员拍了些照片留念，来客由于要返回昆明也就不再多停留，而告别乘车走了。

2011年7月2日　农历六月初二　星期六　晴

村民张约荣、龙兴兰两户需要卖麦子而购买大春农用化肥，聘请侄儿张学才家的小拖拉机拉运上东村街出售，张约祥家有10多包，龙兴兰家有五六包。原先是聘请大车，只因总量少又改为张学才家的小拖拉机拉运。

我自己是到街上信用社领取低保金。我俩老人都有，今日共领取1500元。准备用于支持身边的亲属友人，自己也要用一点。一般的情况我们老人上街因车辆少就用两个小时的时间步行，幸好这天有侄儿张学才家的这张小拖拉机上街，所以我们往返就乘这小拖拉机。回到家是中午12时，用一个下午的时间完成一天的薅锄活计。

2011年7月3日　农历六月初三　星期日　阴

村民从事于薅锄农地苞谷，杨天友及多户都薅锄苞谷。他们都是珍惜光阴，在地里工作到很晚才息工回家。俗语说：磨刀不误砍柴工，这是真理，是众所周知的。

2011年7月4日　农历六月初四　星期一　晴

村民打工，有下村杨某某昨晚上门来找工，叫去协助他家锄庄稼，人员不限。村民相约去协助。出工人员到了地里，有12人。只因他们的山地是漫山遍野广大，一块地是几十亩，所以每年都需要找大量的小工协助。酬劳待遇是干工（不供吃），早8点钟出工，工作劳动至晚6点，一天工作达10个小时，付给40元。

小结：我们村民打工，是农业生产不受影响，因为我们耕地少。又是事事抓在先，地中的杂草不旺时，几乎已经薅出来了。有人找请就帮忙，没有人找请就干自己的，所以是不受影响。

2011年7月5日　农历六月初五　星期二　晴

村民建卫生厕所，张学光几个月来一边搞农业生产，一边建卫生厕所。今天的工序是安踏板，踏板安好后又砌房墙面。整个建盖过程都是我们自己看图施工，由上级政府提供图纸。

建好一间厕所，经有关部门人员验收后，付给建房费800元，但是在建的过程中各样料子钱你自己要垫，他家的建厕所工程也许已建了一半。

小结：建卫生厕所是上级政府的关心支持，按政府的要求是要每一户都建，料子钱由政府支持。可惜，我村至今只有12户建，表明思想不够开放。

2011年7月6日　农历六月初六　星期三　晴

村民的农活事工，部分已进行薅锄二道苞谷。山脚、山腰、山顶片区都有人进行薅锄。

张学全家一窝小猪8只，今晚有人来家里买。我们要价8只只要2000元，没有过秤，只是估卖。买主给价1700元，我们也只好卖了。

小结：农夫们五荒六月，加之农用垫本大，几乎零用钱都用于农用化肥。村里居民们不时有卖肥猪卖小猪的，看来村民经济来源收支情况持平。

2011 年 7 月 7 日　农历六月初七　星期四　晴

村民农活事工，进行薅锄苞谷。工作中又要完成自己的农活任务，又要关照亲属的工作，我们自己只有尽力用最快的速度薅完自己的，力求中下午再协助亲属薅锄。所以早上我们就先喂好鸡猪，9 点出工进行薅锄，力求中午 12 点协助女儿姑爷薅锄。今日自己的一、二道薅锄已全部完成。

记述村民张学德，东村乡政府聘请临时工，4 人为一个电脑组，一期 4 天，到富民县城电脑室打印东村乡政府的资料，已出席三次，还需要第四期才能完成。7 月 4 号进城工作，今日第三期完工。从县城回东村镇，叫张良从家里骑摩托车去东村镇接回家。

2011 年 7 月 8 日　农历六月初八　星期五　晴

村民今日事工活动，有已薅锄完的就主动协助家人亲友进行薅锄。村民张学忠夫妻 2 人协助侄儿张学道家薅锄苞谷，不计较能完成多少，尽力尽责，能做多少就做多少，反正做一天就少一天的活计。

自己的事工是到东村街交电话费，家里有一台座机和一部手机，座机每月约需 50 元，年约需要 600 元。

小结：通讯事业的发展和普及，在人们的生产生活中广泛应用，不可缺失。这些电讯设备是自用，也是提供家人邻居之方便，作为自己也情愿付出代价而办好通讯，为民族和地区人民服务。

2011 年 7 月 9 日　农历六月初九　星期六　晴

家人、父儿 5 户协助女儿、姑爷薅苞谷，由于耕地的路程远达 6 公里，三儿张学忠就开出一辆大车运载人员前往薅锄。由于晴天便于劳动，我们共有 14 人劳动，薅锄了约有 4 亩山地苞谷。苞谷地分为南北两个片区，由于人员较多，工作起来也容易也快。他家由于劳动力单薄，我们协助他家薅锄了 4 亩山地，他家的思想负担一时就轻松多了。

2011 年 7 月 10 日　农历六月初十　星期日　晴

村民张学祥的驾驶培训已经进入考核阶段，从 7 月 8 号接连 3 天进行考试，已进行了理论、科二、路考等三项考核。还有科目四安排于 8 月份考试，所考的这些项目都是集中在昆明市区进行的。完成了三天的学习和考试而挨晚又从昆明市乘车回乡。

小结：驾驶培训学习，所付出的代价也真不小。购买面包车就要 15000—18000 元，不知为何，培训交纳各种税收费用合计开支达 8000—10000 元，这可不是个小数目，但都是为地区、民族争光争气，也是值得的。

2011 年 7 月 11 日　农历六月十一日　星期一　晴

村民互助薅锄苞谷，诗班琴师张正福由于农地分散，孩子又小，不利于生产。他家有需要，就告诉我家儿媳们说："等你们薅完以后请给我薅锄苞谷，我给你们小工钱。"儿媳们答应说："我们愿意协助你薅锄苞谷，你不必开我们小工钱，你再客气就煮一餐饭给我们吃就行。"今日有 7 个劳动力去协助做活计，薅锄的这块山地约有 4 亩，能种下 8 公斤苞谷种。所以这块地是比较大的，我们尽上最大的努力，终于薅锄完这块大地。

生活待遇，我们答应他家说：活计我们帮你家做，不要你家的钱。所以他家在生活待遇上也尽力为我们服务。

2011 年 7 月 12 日　农历六月十二日　星期二　晴

四儿张学德在富民县县城电脑屋整理我东村乡政府资料文件。今早从县上打回来电话说昆明电视台今天中午到我们教会来采访唱诗班，所以事先要召集本堂诗班人员到教会来做一番献唱准备工作。

由于农忙季节人员分散，所以用人工以及电话找寻召集而聚会到教会事先练唱。约早上 9 点东村乡政府来通知，做好准备，待昆明电视台的采访。早上说是下午4点到来，下午3点石桥村委领导杨德聪、刘寻武又进村来说，电视台人员要到晚7点才能到来，现在是到富民县城。过了一会儿又说不来了，叫唱诗班散会。

小结：从来没有发生过有始无终，有头无尾的事情，也不应有。不论是国家、政府、单位、团队、个人，都要非常地讲究信用，我们承诺的事情都要照办。今天我们教会20多人从早忙到晚，农忙季节，就是打扫卫生，都要些人员和时间才能做好，都没有用！这也好，推进我们的工作有事无事常常训练。

2011年7月13日　农历六月十三日　星期三　阴

村民农事互助行动，首先是各自单独行动锄完苞谷后，就自然而然相互照顾起来。因为自己的已薅锄完了，团结力量就大起来。今日也有类似关爱情况，我们有4户8人集中精力时间突击张学全家的苞谷。两块苞谷地面积约有4亩。由于昨天夜里下了大雨，泥泞，薅锄进度慢，费工费时，中午又有一阵雨耽搁，所以息工时也是晚了。生活待遇，户主也是尽情招待，比如我们8人吃两只鸡，4人就吃一只壮鸡。

2011年7月14日　农历六月十四日　星期四　晴

村民张学德被聘请到富民县参与我们东村乡政府电脑资料组，打印我们东村乡有关客户资料文件。此项事工分为四期进行，每期为四天。从7月11日至今14日为第四期。今日已全部完成，每期工作由东村乡政府出车接送。

2011年7月15日　农历六月十五日　星期五　阴雨

村农事仍进行，家家户户都是不约而同地在农地薅锄。吃过早饭我准备从事于农地管理，不料三儿张学忠、儿媳和小孙女张和、二孙女张甜甜（三岁）4人乘坐一辆农用车往山顶耕地去了。我便知道儿媳们的薅锄任务重，我想不行，放弃我自己的事工，去协助三儿媳们才是道理。

　　车子是绕山后而上山顶，人步行是走小直道到山地。到了地里，我本着发挥我们老人的才干优势，自己也尽上最大的付出和努力。由于没有下雨，中午时还晴天，所以非常有利于我们薅锄。想起来要两天的时间才能薅锄完，经我们付出最大的努力，到挨晚时，我们顺利完成任务而收工乘车回家了。

2011年7月16日　农历六月十六日　星期六　晴

　　村民生计活动，有张学祥出售自产的青苞谷。自有两分零星田栽上甜脆苞谷，今天搬获得7包，也有一箩豌豆叶，批发给同工王继光执事，双方商定为300元。是从田里拿回家里再用小车送到王执事家里，喜欢这样双方高兴的交易。

　　小结：我村试图用稻田试种各种经济蔬菜作物，销售于地方市场。经过两年来的摸索、试种，有所成功、有所突破，在销售处理货物时，我们是采取能上能下，贵贱都可以，我们一是图快，二是图数量大。交易中都讲信用、大方、干脆。

2011年7月17日　农历六月十七日　星期日　雨

　　云南大学李老师、郑老师带队13人进驻云南大学设于芭蕉箐的田野点搞调研工作。下午2:30他们乘两辆车到我村云南大学驻地场院，由于我们聚会礼拜，又是下雨，我们就没有搞招待，也没有来得及向到来的师生宾客打招呼，表示接待和欢迎。

　　小结：云南大学民族考察基地设于我们芭蕉箐村真是我们的幸运，是我们的幸福。因将推动我们的农业生产，也将推动我们民族的文化进步和发展。所以每当云南大学师生到来我们都很高兴！表示欢迎支持。云南大学民族考察基地建起的7年中已推动了我村村公路的扩修和改造。云南大学老师积极主动引来资金解决我村的人畜饮水和浇好稻田沟渠

800 米，也即将改造建设我村公路，所以我们当然高兴支持。

2011 年 7 月 18 日　农历六月十八日　星期一　晴

教会（基督教）文化建设，去年有北京某教会教师发现我们富民县教会唱诗班有献唱水平，有必要进行富民基督教会唱诗班歌唱活动光盘录制。他们教会愿意提供资助，去年已确定此项圣工，并已拨给我们富民教会活动经费。今年下半年着手动工摄制起步。富民县基督教牧长研究决定今天有关人士集中款庄圣经班校院着手动工摄制。摄录技术员张学德被聘请，安排今日上午赶往款庄圣经班担任负责人和进行工作。此项圣工是他人的需要，也是我们的愿望。

2011 年 7 月 19 日　农历六月十九日　星期二　晴

我家儿父五户事工情况是，儿张学全、张学祥是亲友聘请到款庄乡对村搞个体户的住房。已建起一楼，现在二楼已动工 3 天，工作在进行中。

四儿张学德是给款庄圣经班拍摄录像（指唱诗），地点选于昆明呈贡，6 人乘坐了辆面包车前往呈贡拍摄录像。唱诗班人员，往返每人 50 元，不够部分由西山教会负责。工作行程从昨天开始，至今日两天搞完此圣工活动，是内部初步摄制。至于与东北某教会联合摄制富民县基督教会唱诗班献诗活动拍摄订于 8 月份进行。

2011 年 7 月 20 日　农历六月二十日　星期三　晴

我村今日村务事宜有两项，第一项由村主任张学忠号召动员全村村民维修我村公路，由于昨前天晚上下了暴雨，泥石流进车路，填埋路边，需要清除填泥使车路畅通。出勤，工作量是：全村 36 户出勤 19 人，动员 6 户老人除外，一户出动一人参与维修村公路。工作了一天的时间，约完成了全线的 80%，实在没有完成部分待下次再安排完成。

第二项是张学德安排5名人员给一户老人（党员）翻修房顶瓦。因房子建盖已有多年，加之多年未维修了，破损过大，一部分木料已腐，人员上房子翻修都是提心吊胆，勉强盖好房顶上的瓦。给老人翻修房子，我家背去8背瓦匹，他问我们给他盖好的瓦匹合多少钱？张学德说，不要你的钱，给你盖好就行。生活待遇，老人他家父子两人非常感激地为工作人员好好地办了一顿饭席表达心意。

2011年7月21日　农历六月二十一日　星期四　晴

村民农活事工仍进行农地薅锄，有村民杨光才找请工，亲属协助薅锄苞谷，找请得6人联合为一个小组。耕地就在我们村子对门，面积有三块地，约3亩，经一天的辛勤努力，工作任务完成。

小结：让个体户慢慢学习、觉悟，认识提高。年轻农户的农业生产由于我们的关心不够，所以导致农业生产进度缓慢，甚至缺乏主动性，观望思想大。自然而然形成什么事工都慢慢来，等他们薅完了再来协助我薅。就是把自己力量的基点放在他人的基点上。也只好让他们慢慢来，等待他们自己提高认识，在实践中学习吧！

2011年7月22日　农历六月二十二日　星期五　晴

记述教会后勤工作，幸运迎来云南大学师生到芭蕉箐点考察学习的良机。能有机会和云南大学师生相处，分享知识，我们感到自豪和幸福，这工作也很有必要，他们的工作也是我们的工作。在这前提下，我们也只有通过搞好后勤工作来关心支持他们的工作。后勤工作由张学忠负责，包括分工以及购买生活用品。随时关注生活工作的各种细节，尽己所能支持云南大学师生这次的调研工作，顺利完成学习任务。

今日后勤工作，张学忠开出一辆大车到东村街上购买生活用品，平常时间一天要骑摩托车跑一趟买物品。

小结：这些勤务员，为推动社会民族的进步和发展，为云南大学师生付出辛勤和劳动，不计较个人得失而工作。

2011年7月23日　农历六月二十三日　星期六　晴

村民赶鸡街集，村民龙兴德、龙兴明自有早梨，已出售了几街还没有售完，今天仍运上街销售，每户销售25公斤，每公斤能卖3—4元。

侄儿张学才是领岳母上街看病就医，我自己乘坐张学才的小拖拉机上街买面粉。人员有他家三人，到了柿花箐我们其他人员2男2女，4人又坐上，共有7人乘坐。按面包车里程费我们4人每人应付给车费5元，4人应该是付给20元。到了街上车主谢绝了我们的钱，不收费，可烧油至少30元。

中心思想：上街的大小车辆都盼望有人乘坐而补助点油钱，即使是收我们4人的钱也不够油钱。自己贴烧油钱给他人乘坐，这种精神难得可贵。

2011年7月24日　农历六月二十四日　星期日　晴

村民出车客运，由于我村民张约翰、张学祥两户购有面包车，村民和自己的亲友陆续聘请客运出车。张约翰的老岳父聘请出车到禄劝县干海子（地名），里程单边约有40公里。方向在我村的西北方向，连驾驶员有6人去观赏斗牛场，又称花山节，日子是固定6月24日庆欢。大小车辆拥挤到进场的车子出不来，待到晚5：00才出来。当天热闹到人山人海，节日有跳舞、赛跑。面包车的车油费，聘主安排200元。我村的客运车将有所扩大和应用，也许是新的起步和开端。

2011年7月25日　农历六月二十五日　星期一　晴

村民就医，张约翰母亲因病重昨天今天都去医院就诊。昨天到东村医院与街医院就诊，医院方面说病者发高烧，你们上昆明去治。病者去不了昆明，所以今天仍又到寻甸县鸡街医院求诊，我们一般也只是要求给我们病人打打针退退热。

另一项生计活动是我们的小面包车送一产妇到富民县医院生产。(是柿花箐村张会云之妻张美兰,也就是我的女儿)这病情也古怪,产期临近,羊水破了,产妇仍不生产,但疼痛。听到这消息就劝他家赶紧做好准备出车赶往富民医院住院,等待医生和护士的指导和安排,时间是约8:30时这里出车上柿花箐村运送产妇到富民。

中心思想:历年这些事只得到处求人,付上高代价。而今日变得是自己能够胜任的工作了,而且该付的代价也在自己手中了,只是要付医院的各样费用。

2011年7月26日　农历六月二十六日　星期二　晴

送婴孩到昆明市工人医院补血,昨晚3:00生下的男婴孩因患贫血症,在富民县医院医护人员的关心指导下,靠医院指导和帮助转到昆明工人医院补血治疗。四儿媳送产妇到医院回到家,刚生下的男婴孩又转到昆明医院补血治疗。姑爷打回来电话,叫去他家里,他父亲已借好钱,请帮忙拿到医院付婴孩的医疗费。小面包车又开往昆明工人医院,付了婴儿住院及医疗费后,又从昆明送姑爷回到富民医院护理产妇。驾驶员张学德、张学祥、姑爷张会云、姑爷的妹夫4人回到富民医院产妇身边看望并休息一时,才告别回来,张会云的妹夫是在散旦白水堰凹口下车回家。

中心思想:护送伤病员,以前是求靠医院协助安排,现在是由于交通和交通工具之方便而可以自理了,所要付上的代价必然减轻多了,这是我们生活的发展和进步。

2011年7月27日　农历六月二十七日　星期三　晴

办饭席炊事一组从清早就忙碌起来,原先是说省市县民委领导、乡政府、村委各级领导今日因有事工到我们村里来。又有云南大学师生13

人在设于我村的民族考察点调研工作,而明天将离开这里。

我们一心想对领导同志和云南大学师生的辛苦有所表示,但实在力不从心,只好告诉东村乡政府领导。东村乡政府领导知道后,打算拨给我村 2000 元办一桌酒席。

工作安排是,我们买一只羊 1337 元,村民奉献活鸡,再买上些小菜,尽力办好。参加酒席的政府领导有东村乡镇长段加才、石桥村委一组人员,还记得、杨嘎哩两村村主任。东村乡地区的三家大老板和随行人员,约有 30 人。云南大学师生 13 人,我村民 120 人,约有 170 人就餐。

中心思想:政府领导、云南大学师生、来自全国各地的各民族人士欢聚一堂,这次的交流将会增加我们的互相了解和友谊,也将促进我们更加团结,是我们的新篇章新创举,有待发展和扩大规模,温暖祖国的大家庭,促进创造文明和谐社会。

2011 年 7 月 28 日　农历六月二十八日　星期四　晴

记述昨晚的欢乐会演,是地方政府临时的部署。因 6 月 30 日东村乡纪念建党 90 周年的会演时,我村诗班荣获二、三等奖。听闻云南电视台有意到舍下采访,接到通知后我们已做了一天的准备,后来据说因时间晚没有来成。政府的临时安排是因地方政府也想更多了解情况,会演场席设于教会广场,政府官员、来宾、云南大学师生前排就座欣赏。

晚会的会演情况,主角是芭蕉箐村的唱诗班、儿童、云南大学师生,其次是东村乡的领导,当然也有相互尊重鼓掌有请上台。文化交流可谓丰富多彩,音乐四音合唱、独唱、儿童表演舞蹈、苗家姑娘跳舞。镇长、云南大学师生也上台用各种方式表达自己民族的特长。东村镇长段加才、云南大学郑老师上台讲话,云南大学郑老师在晚会上对他们研究民族工作的重要性也作了说明。

总结:晚会的会演虽然没有经过充分的设计和准备,但在整个晚会上,会众们都很开心和快乐。也许各人都在心目中有很大的收获提高,民族文化交流是很有必要的。连自己也有很大的感动和收获，很可惜自己对宾客的到来没有发表诚意感谢和鼓励。

2011年7月29日　农历六月二十九日　星期五　晴

奉献出车到昆明工人医院接救治的婴孩，亲属张会云25号进富民医院生产孩子，因生下的婴孩贫血而导致不会哭，转向昆明工人医院补血治疗。婴孩的父母非常挂念孩子，叫我们帮忙出车去工人医院看望孩子，求医生给予出院回家，所以他家的妹夫也陪同着去。开车的哥弟张学德、张学祥等4人一行前往昆明工人医院。到了医院，医院的疗程还要今天一天的时间，他们4人只好在昆明住旅社等明天再出院。

小结：乡村民族人上昆住院已付出大代价，自己聘请面包车接医疗人员代价昂贵。但出租车就是方便，代价再大，在这种情况下也只有情愿付出大代价了，就是图方便。

2011年7月30日　农历六月三十日　星期六　晴

今日出院，这次到富民县医院生孩子的概况是：婴孩进昆明工人医院缴纳手续费3000元，出院补交1025元，合计4025元。产妇在富民医院住院的费用总额是1600元，总共开支达5625元。

小结：这5625元对贫困山区人民来说已是一个很大的数字了，不知为何，国际社会对卫生事业的贫血病患者都提倡乐意输血，而病患者在补血治疗的金额达成千上万元。

2011年7月31日　农历七月初一　星期日　晴

我村发生一桩惨重车祸，有张汝进到我村上门告知男方已死亡的潘家。在外打工要回我村，打电话叫龙兴福到东村街车站接他回来。下午5:00时，我们礼拜散后，休息一会儿，我们有的上山地割猪食草喂牛去了，有的已割了几把草，有的刚到地里。一时有电话打来说：村民龙兴福等三人已死在东村街的路口上了！一时此消息在我村传开了，听到的人们都纳闷，摩托车车祸是平常事，只不过是轻重伤，何故竟是3人都死亡了？是自己创伤呢？是大车撞伤呢？还是人为呢？真是纳闷。村里听到此消息的人就骑上摩托车赶往出事现场。

约当天下午3：30时发生的车祸，估计他俩在街上喝了点酒，连上潘家一个12岁的小女孩。摩托车载上3人刚出街口200米，也许前面开来一张买猪大车，在让大车时，摩托车的方向一时转不下来，3人砸于公路边的大石上又摔落在摩托车上而当时断气。此案一时惊动市、县、乡的公安干警，据说死者达3人以上的要市级公安机关及交通警察到现场才能动。

村民由于太关注，所以前后赶往现场的就有14人，有关远近的亲属友人也纷纷赶到出事现场，路过车祸惨案现场的人们都围观。市公安、交警不到现场判案，我们的人员一直等到深夜，约过了夜里12：00才回到家，在家里的人员一直等到他们回来说明了情况后才入睡。

2011年8月1日　农历七月初二　星期一　晴

村民死者家属办丧事，死者龙兴福昨天死于车祸。妻子到武定县家乡去了，事案发生后，有关人员想方设法打电话催促她回来。所有的亲属友人听到此惨案后纷纷从各地赶来他家看望，表示同情和安慰。今早上准备叫张学忠开出大车上街上买办丧事伙食，只因大车有事已早出车了，又叫杨兴明骑摩托车上街买。他家为到来的客人们忙忙碌碌地做起炊事来。

死者是龙应光夫妇的大儿子，所以龙应光老人说，我把我的过年猪杀了为儿子办丧事，涉及几方面的来客约有20—30桌。

2011年8月2日　农历七月初三　星期二　晴

张约翰聘请哥弟姊妹帮忙协助薅锄豌豆地。张约翰2010年腊月结了婚，就借助办结婚的余钱购置得一辆面包车，价值18000元。今后还得组织农业的产值和年收入、承办驾照。今年考驾照的费用达8000元，那么要准备8000到10000元。张约翰的岳父岳母也很关心，说我们也支持不了你们儿女了，我让出一块山地给你俩种上豌豆，变卖后搞这些建设。就是购置车辆和参与驾驶培训，承办车驾照以及养车费用。今日的事工农地活计，他们边锄草边上农用化肥，又打农药。12人工作，干个欢，干个出色高效益。

中心思想：这些事工都是为推动地区和我们山村苗民的新貌和客运事业，开放民族鲜艳花朵。

2011年8月3日　农历七月初四　星期三　晴

参与驾驶培训结业，村民张学祥今年参与驾驶培训，经过多次地学习和考核，8月1到3号，经过3天的培训和最后一项理论科目四就结业了。

结果是2011年度参加培训的学员亏损大，所缴纳的培训费8000元，也不以所考核的分数为据，而是以县、市各级考官互相沟通，叫学员另交1700元就可以给办驾驶证，数不够的可以私下加分，也可以从电脑上改分数，给予驾驶证的是几级考官私下商定。参加学车的学员回来说，这样的做法等于驾驶证是我们做高价买了，从开始培训结业，一个学员各样费用总共开支达9625元。

2011年8月4日　农历七月初五　星期四　晴

7月31日，我村因车祸死亡3人，今日有关部门通知我村家属，自理交通工具到东村乡公墓去安葬自己亲属的骨灰盒。交通工具自理人数就不受限。

死者龙兴福的家属是聘请杨光友的小拖拉机运载人员去。潘家是聘请张学祥开出小面包车运载10人去公墓安葬死者。死者安葬费用据说是政府拨发，墓碑就要 800 元。据说，死者的家属只自理往返的车费。小面包车他家赞助，一天往返给 180 元，我村有关人员安葬 3 人，回到家时，太阳已落山了。

2011 年 8 月 5 日　农历七月初六　星期五　晴

送祝米，是汉族人民庆贺他人家的新生婴儿而去庆贺。苗民在这习俗上有所发展和进步，所谓发展是：受亲友关爱的这一户为了表达谢意而要付出代价办一餐筵席，请前来送礼的亲友客人就餐。筵席的准备是宰杀一头约重 100 公斤的肥猪，买了约 12 公斤鲜鱼，活鸡 7 只，来客有 15 桌。今晚收到礼金 1500 元，前后礼金总额有 3000 元。

2011 年 8 月 6 日　农历七月初七　星期六　晴

村民张学忠驾车到 20 公里外的款庄马街朵木得山脚拉运 40 条板凳，是托熟人帮忙做的，讲定每条板凳就是照他平时销售的一条 15 元。双方商定，他们送下来到山脚路上交货付钱。今早 10：00 出车，10：30 时，对方打来电话，他们已到达约定的地点了，而我们的车子才到达东村街。

小结：付出的代价，40 条 ×15 元／条 =600 元。四缸车单边 20 公里，往返 40 公里，至少也得烧 100 元的油，那么就有 700 元是奉献给教会的。

2011 年 8 月 7 日　农历七月初八　星期日　晴

村民白天过礼拜宗教生活，休会晚饭后，有我村在外打工的村民现要回家务农，在外工地有东西需要找车子搬运回来，所以聘请张学祥用小面包车去拉运东西。从我村到散旦单边约有 40 公里，往返就有 80 公里。车费、油钱他家赞助 150 元。也许往返耗油量 100 元，车子跑一趟有磨损费 50 元。

小结：村乡熟识人，给多给少无所谓，只要搞熟搞好人际关系，取信于民，相信会促进今后的运输事业，活跃山村民族客运。

2011年8月8日　农历七月初九　星期一　晴

民族山村人民的特色节日花山节，包括斗牛，进入七月已开始进行。我村有6人靠亲属友人找借朵木得的一辆面包车到80公里外的嵩明村斗牛场参观并去请客。因快到冬腊月办婚喜事了，既欣赏斗牛，又到那边去请客，一举两得。由于花山节不但斗牛，还有苗族姑娘舞蹈、赛马、赛跑等活动。

小结：由于隆重或是民族特别节日，所以形成中心的是地方政府拨给经费承办。情况是每年规模都有所扩大和隆重。

2011年8月9日　农历七月初十　星期二　晴

村民张约翰一户摘豌豆，是他岳父岳母为支持他购买车辆和考驾照费用而让出一块山地来给种上的，约有两亩。种于柿花箐山地中，又是与我村山地交界处，所以方便耕耘和管理。前几天初卖豌豆叶和摘少量出售已卖得400多元了，现在已有5—6天了，也许已拿回上千元了。

我们芭蕉箐有两户试种，只要种好，都是理想的经济作物，都是拿钱的农产品。可是看他们是忙人，几乎是时常跑往山地，一下是要打药物，一下是要追肥，管理事工很多。从村里上到山地的里程有3.5公里，幸好已购置摩托车、面包车，所以山地远也是极方便的。他们早去晚来地辛勤工作着。

小结：忙碌是推动地区和民族的经济发展，为地区为民族争光争气，让鲜艳花朵早日开满高山民族山寨，让苗民山寨也有欢乐声。

2011年8月10日　农历七月十一日　星期三　晴

维修填补村公路，由于前几天下过暴雨，村公路有些路段被雨水冲刷，路中间已有沟，村公路每年需要维修保养和加强管理，保证车辆通畅。

今日维修公路事工情况是，我村出动卡车5辆，到6公里外的水平子村公路边拉运石砂回来填补村公路。那里堆积的沙堆是因为公路上方埂高坡陡，风化、洪泥石就堆积于路心中。掉落在路心的大小乱石满路是，人们看着真是不顺眼，我们看在眼里想在心中，本想抽时间用两三个人工去清除。

今日我村的车辆去那里拉运石砂，我没有任务，趁机就配合他们行动。他们年轻人上车石砂，我扫路心，长度约有150米。我们工作到挨晚时又下了一场大雨，我们也没有带雨具，所有的车子都拉石砂回去了，所以我们全部人员几乎被大雨淋湿了，幸好是一下子天又晴开了。上砂人员等了一时，后来开来一张大车把我们全部人员接回来了。

小结：此路段是富民和寻甸的交界处，由于国家还没有使用，所以没有管理负责。我们工作了一天，清除了满路的大小乱石。自己很高兴，一个公民，或是一个信徒，应对社会、对人民有贡献、奉献精神。

2011年8月11日　农历七月十二日　星期四　晴

政府对遭难者的关怀，我村7月31号发生车祸死亡的3人，政府关怀，发给每户50公斤大米。石桥村委领导杨德聪叫我村村主任张学忠开出大车，到东村镇去领取，石桥村委领导也到东村镇负责协助办理。张学忠开出自己的四缸大车下到10公里的东村街拉运到村里发给他们。

人们都是在矛盾中生活，一个矛盾解决了，第二个矛盾又来了。问题是，四缸车下来10公里的东村镇拉运150公斤大米，大车跑一趟至少也要烧六七十元的油啊。当一个村主任，据说自己至少要贴1000多元作为接待伙食或为村上拉运村民物资。

在政府面前提出又不好意思，不提呢，自己又负担不了。想来政府应当理解这些民情，时代变了，国家富裕了。政府领导干部应当理解基层工作人员的困难，不要使我们负担过重。

2011年8月12日　农历七月十三日　星期五　晴

村民从事于建住房，有张学道、张学德两家，都是各自忙于建住房。侄儿张学道从昨天以来是砌二楼的围墙，一楼已建起。做晒场晒粮，都需要把四周围起来，方便使用也安全。原来已备的砖块不够，吃过早饭才上来说，请帮忙到砖厂拉一车回来。

民族人民好说，他家没钱，学忠（开车人）只有自己想办法垫砖块500元和烧油费100元，就合600元。人家说一声，再困难也要尽力办好，哥弟也是讲信用，也是越困难越尽力求办好。张学忠接受了运砖任务，他就出车，约下午1：00时砖块就运到家里来了。往年砖块质量很不行，而今天运来的可太漂亮了，我们称赞说好。

2011年8月13日　农历七月十四日　星期六　晴

村民摘豌豆，记述村民张学道、张约翰种豌豆的两户收摘销售情况，近段时间几乎时常都有事工而时常在地里忙碌。几天已转入收摘销售，据说已收摘到一半，钱已拿回来1000多元了，预计后期还有800到1000元。

销售运输地点很方便，是上下附近的地块集中到东鸡大公路（黑色路面）就可卖钱。因为放种的老板是订好收购合同，收购价甲级给一公斤5元，次等是给一公斤3元。结果认为是一般好只给3元。当然这是一般老板的手法。

小结：我村试种豌豆的两农户，由于是初步试种，一是天干少雨，二是由于初学种，在施农用化肥时，也许数量不够，效力未达到满意。不过俗话说，失败是成功之母，又说路是人走出来的，这也是给来年的种植打下基础。

2011年8月15日　农历七月十六日　星期一　雨天

村民张学全送女儿张多加返昆明校园上课，在大中小学校放假期间，在昆明幼儿园学前班当幼师的张多加在假期间也回家休假几天，今天需要返昆明，明后天复课。今天是东村街天，父母送上街搭客车上昆明，顺便赶东村街。

张学忠因云南师生有事工需要到石桥村委会盖章，他开出大车到7公里处的石桥村委会也顺便上街，又把送张多加上昆明的儿媳们拉回家。其他的村民由于下中雨，所以只是勉强到山地割回来两背猪食草就是一天了。

2011年8月16日　农历七月十七日　星期二　晴

运送架设电视接收福音台小锅盖的老板。安装福音接收台的老板来自富民，几天中在我村安装了张约荣、张学才、张约翰、张学全、张学德、张正天、龙保罗、龙荣才8户收看福音台的小锅盖设备。材料、安装费用一般是240元即可，如买上彩电，又按照彩电的大小收价格，我自己连彩电总计材料1520元，因彩电是1280元。

陈老板叫我们送到麻栎树村，车子方便，四儿张学德用小面包车送到上村麻栎树。张学德协助他俩（因为夫妇二人）三天的事工，以及三天的伙食，酬报减免张学德的材料费70元。

虽然自己吃亏，只因他俩也是信耶稣，还给他家复制了多套有关苗民教会的音乐艺术片，也就罢了。

2011年8月17日　农历七月十八日　星期三　晴

村民农事中心工作，开始挖洋芋、下栗子、进行烤烟等项农活。记述挖洋芋，有村民张约荣今日挖洋芋。幸好今日的天气已晴开，便于进行农事工作，挖和运输都比较方便，把挖好的洋芋用摩托车拉运回来。因要忙于种冬萝卜，种得早，萝卜就长得大，种迟了就长不大，所以养牲口的农户都重视点种萝卜，已经开始挖洋芋。我自己从今日已开始下栗子，一整天下了3棵，捡拾得6背篓。

小结：今年的年时由于干旱少雨，七月初九立秋后才有中大雨和连日雨，因此不论是果木还是庄稼都必然造成不同程度的减产。

2011年8月18日　农历七月十九日　星期四　晴

摄婚礼娶亲筵席录像，禄劝县、银凸山村、禄劝县基督教三自布道团传道员龙光福娶儿媳妇。妻子来自贵州，参与银凸山圣经班培训相识而结成夫妻，娶亲婚礼喜日定于农历七月十九日。理由：因蒙召将到远地参加圣经培训而时间紧，提前办婚礼，成家室而出外工作。特请张学德从我们村往西25公里到禄劝县银凸山村龙兴福家摄婚礼像。

张学德从事于摄像20多年，为更适应新的标准和要求，并供给云南大学老师有关民族资料，经过云南大学老师深造又聘请到云南大学校园培训七天而装备摄像器材和电脑装置。是云南大学老师关心支持的说明和见证，这一切幸运都是云南大学支持帮助的初步成果。

2011年8月19日　农历七月二十日　星期五　晴

我村孩童张良与麻栎树村潘升才2人在山顶村公路发生两张摩托车相碰撞案。张良13岁，这辆是乘坐了孩童，潘升才是一人乘坐。相碰地点是两村交界十字路口处，两车相碰后，潘升才把罪名强加给孩童张良，并强迫走一公里多路到他们村去讲理，并逼张良一个娃娃要钱，先是不准打电话，罚200元。

纠纷现场情况是：从两车相碰撞就叫来一人，前后各一人把娃娃们押在中间带到麻栎树的篮球场上，叫了村中很多人来，大部分是妇女，都盯住孩子们骂，有一妇女教唆在场的人说这家人是烂人，看眼睛相貌就知道（意思是说好好地整）。一伙人都盯着孩子说坏话，孩子把此情况从手机中告诉我们家里和父母，我们便打发村主任张学忠上去看看情况，到了他们村里篮球场上，很多人责怪孩子，硬要我们出钱，摩托车只是轻微伤一点，我们只好拿100元给他了事。

小评：十字路口两车相碰撞也是在所难免的，应该说双方都有责任，也可以说双方都没有责任。因为是农地路边，又是一方不见一方，应该是双方互让了事就行。一个大人竟强迫几个娃娃到人家村中，半个村人出来整，把责任强加于小娃娃，这就太不懂事理了，太过分、太野蛮、太不讲理了。一个人不讲理，我们理解，一村人不讲理，我们就纳闷了，真是蛮横霸道。

2011年8月20日　农历七月二十一日　星期六　晴

记述村民张学光家下栗子。七八月份是栗子成熟季节，种有板栗的农户都开始下栗子，收集堆于房间，约等7天栗子变红时又要从栗子包里把栗子离出来以便销售。今天他家开出小面包车到山顶板栗园下栗子。板栗的特点，就是一个早板栗品种，它都是自然形成，会前前后后地成熟。所以很有利于早成熟的早收，后成熟的后收。就是用一根杆子把栗子包从树上打落下来，以便于拾取。一个果园几乎每天都有需要下的。他家今天下的片区是在山顶片区，幸好自己有小面包车，拉运极为方便。

2011年8月21日　农历七月二十二日　星期日　晴

村民活动事工，有送孩子返校复课，又有由祖库小学升学到东村初中的学生，我村原有2名初中生。又有张恩膏由祖库小学升读初中一年级，我村就有3名读中学。由于升学，各人家长亲自送孩子到学校协助安排住宿。还有云南大学研究生田园也跟孩子们去探访消息，由于自己有车子，就开出小面包车送所有人员前往东村中学。

村民张学忠开出他家的四缸车到东村烟站交烤烟，烤烟的数量是头二窑，烤烟等级很多，总价卖得1200元。

小结：今天我们的活动，不论是送孩子上学还是上街卖烤烟，显示生机活力，都在发展和变化，力求实现我们的梦想，迎来民族地区的新风气。

2011年8月22日　农历七月二十三日　星期一　晴

我村今晚召开村民会议，村主任传达今天东村乡政府召开东村乡各村委，村民小组会议，有关东村乡目前该抓该管的几项工作，具体是：

1．各个村委和村小组抓好卫生工作，处理好垃圾。

2．严格管好村寨的交通，避免发生车祸。

3．抗旱工作，指示，今年雨量比去年少，停止农田用水，蓄满水池，用于人畜用水。

4．要求我村全民建卫生厕所，补助金776元。

5．整个东村乡公民交纳养老保险金。

6．东村乡公民如有缺粮户，可以上报乡解决。

7．公民建房要取得上级审核，地基是否牢固，以免国家也受损。

村民反映表示支持、拥护执行。我村另有一项事工确定，8月24号维修我村下到山脚田坝的车路边，因为再等10多天就要收田坝的稻谷了。并确定利用早上的时间维修，如未完成，再用第二个早晨的时间来完成。

2011年8月23日　农历七月二十四日　星期二　雨

村民农活事工，种豌豆的两家农户虽然整天下着连绵小雨，仍然披着雨具坚持摘豌豆。冒雨搞豌豆，可就真不容易。但是因为两天就收购一次，就是隔一天收购老板的车子就来收购，所以天晴下雨都要按这规定的时间摘豌豆。耕地离我们村子又隔4公里，所以耕耘种地摘豌豆都是靠车子，农户自己有了车子，也就轻易了。

另一农户张学忠因为栽有烤烟，今天虽然是雨天，但是按时间就掀烟叶、编烟、出烟，编烟完后就要把窑里烤好的拿出来，又要把要烤的装进窑里去准备烤。栽烟、烤烟的农户事工复杂繁多，都得靠劳动力。我们就靠哥弟无偿的协助，从开始到末尾都不计较什么而当成自己的活儿来做。

小结：幸好我家儿父 5 户 11 个劳动力，我们的生计活动就是靠联合协助来分担农活计。

2011 年 8 月 24 日　农历七月二十五日　星期三　晴

村民事工农活计，从事于挖洋芋、下栗子，有的是从事于建房。记述我家父儿 4 户开出一张大车到山顶片区，进行挖洋芋下栗子。有的栗子该下的要下，挖洋芋是因为要种冬萝卜。

不是所有的栗子都同一个时候成熟，而是前前后后每天都有该下的。我们趁车子上到山地，张学全家挖洋芋，张学忠的事工活计是上午的时间下栗子，下午又是挖洋芋。四儿媳家也是挖洋芋、剥刀豆。我自己由于板栗树多一点，一个整天都下栗子，又趁大车上到山顶农地，又割喂牛草，又割猪食草。所以满载一大车货物回家，山顶最近的耕地回到村里是 3 公里，最远是 3.5 公里。所以都是用车子，如果用人工就根本做不了这些农地活计。

小结：全村山顶片区的耕地比较多，为了农地的需要，所以全村几乎是机械化了。全村农用大车是 7 辆，小拖拉机有 11 辆，摩托车 25 辆，没有大车的农户就用摩托车运输农货物，这也很方便，都是形势所迫而发展和进步了。

2011 年 8 月 25 日　农历七月二十六日　星期四　晴

村民建沐浴室，原先两年前已粗毛糙建用着，房地基不够稳固，已成危房，现今需要改造。建房工序。几天的建房事工，先是拆除旧破房，已有一段时间，然后深挖房地基，为一次性建好，所以在原址挖下一米深加固房基。由于没有机械挖机的协助，一段时间的建房施工都是用人工，加之劳动力又薄弱，施工进度就慢一些。挖起来的泥土又没有堆置处，只有用农用车拉到别处倒掉，所以工作起来费时费力。但是本着民用住房基本建设，就存心再费力也非要把它建好。

小结：沐浴室已形成农户广泛的使用和方便，一个农夫天天和泥土打交道，卫生需要，生活煮饭用水方便。所以经济力量方便的农户都在扩建，我村已有5户建有沐浴室。

2011年8月26日　农历七月二十七日　星期五　晴

村民事工增加一项目，接送两村的中学生。原先已有2名初二学生，这一学期柿花箐增加4名学生，就有7到8人（万宝山一人），刚好一辆面包车合适。原先祖库地区也有面包车接送，因终点只到麻栎树村，我们远处的学生还得走3公里回家，所以我村芭蕉箐张学祥这辆面包车就可以运送这一片区的学生。去年买车，今年也已办到车驾照，从今天开始接送，这是新的项目、新的发展、新的风气。

2011年8月27日　农历七月二十八日　星期六　晴

我们的农活事工，有的村民在离栗子准备销售。数目程度不尽相同，一段时间所收起来的都是早板栗，还有中、后期的。记述我自己的栗子情况，4天以来，白天下栗子，利用晚间和今天一个整天的工夫离栗子，几天中和今天所离出来的栗子数量是141公斤。栗子市价，前个街天是每公斤卖9元，141公斤可以卖得1269元，而儿媳们的栗子数目就少了。每户数量只有30—40公斤，各户数量不尽相同。

小结：早板栗始终是少数，中期数量多一点，加之今年年时在改变，据说雨水比去年还少。所以对果木和板栗有较大的影响，我们还可以收起来一部分，有的地区干旱较大就只有极少量的收成了。

2011年8月28日　农历七月二十九日　星期日　晴

村民上东村街出售栗子。自己栽种拥有的，或是到野外捡拾的，不论数量多或是数量少都统统拿到街市上销售。我自己的栗子有140公斤×9.6元／公斤，卖得1344元。侄儿张学光栗子数量115公斤×9.6元

/公斤=1104元。五儿张学祥家的栗子卖得500多元。其余的村民销售栗子获得人民币都在500元以下。

小结：销售栗子是我村目前的一项事工中心，也是乡村的一项中心事项。市价情况，历年甲级每公斤可卖上5—6元，病虫害加剧，干旱也严重，对果木收成有一定的影响。历年板栗每公斤只能卖5—6元，而今年就上升至前街是每公斤9.2元，而今天又达每公斤9.6元，所以农村是大有作为。

2011年8月29日　农历八月初一　星期一　晴

村民销售栗子，张学光昨天已卖了115公斤。昨天和昨晚又离得70多公斤，昨天是东村街，今天又是马街。趁自己有车子，父儿又拉运到款庄马街，只卖一公斤9元。70公斤栗子卖得630多元，回到大石桥村天才亮。

吃过早饭又上到山顶耕地摘豌豆，4人摘得100公斤，至少也能卖得300元。早上卖板栗得630元，加豌豆300元，今日约有1000元的收入。

村民张学全家割谷子，是今年我村第一户割谷子，稻田面积有3工田，也就是一亩，有12人割。亲友互相帮忙，就不开工钱。所以使工的主人家也喜欢供给晌午和开水及安排丰足的晚饭，保证亲友们的身体之满足。割谷子随便点，掼谷子晚就讲究一点。

2011年8月30日　农历八月初二　星期二　晴

村民张学忠销售烤烟，是想利用一个早上的时间拉运到东村烟站交，凭原先订有的合同。可能栽烟的农户多，所以吃早饭时间学忠都不见回来。三儿媳打电话问学忠，是不是还要回到家里来。（今天父儿5户都计划上到山顶栗园下栗子）如不必回家，从东村回来时就是路过我们的栗园，大车就停于栗园，我们父儿5户下一整天，挨晚又拉运我们的栗子包回来，5户的栗子以及喂牛草满载一大车回来。

另一户张学全今早卖一窝小猪，有 6 只，小猪还很小，猪小价就高点，稍微大一点价格就低。6 只称计得 53 公斤，双方讲定为一公斤 32 元得 1696 元，是买主开三轮摩托车来村里买。

小结：村民各自都有自己的优势，有自己的特长。

2011 年 8 月 31 日　农历八月初三　星期三　晴

村民农活中心，全村转入割谷子收掼工作，今日有龙兴明、龙荣才、龙兴德 3 户割谷子。其中龙兴德家是找亲友协助，劳动力凑得 8 个，由于面积有 3 工田，等于一亩，他们一直割到很晚才割完。其他两户是自己割，一天割不完，后天又要慢慢割。

掼谷子，有村民张学全收掼一亩稻田，使用两台稻谷脱粒机。人员凑得 12 个劳动力，等于是 6 人使用一台稻谷脱粒机。工作情况是，2 人使机器，2 人供把，1 人提谷把，1 人捆稻草，可能每台机器还得增加人，减轻强度。倒是息早工，但是太累人了。既不开工钱，在生活上就特别讲究一些，起码鲜鸡、鱼两个上等菜是少不了的，还有鲜猪肉也少不了。

2011 年 9 月 1 日　农历八月初四　星期四　晴

村民建住房，有张学德建住房，农活事工也多，又有些事工是时常往外跑。自己经济力量也薄弱，所以粉刷墙壁只好自己动手，一个人趁农活松闲季节，有空一天就粉刷一天。

今天的事工，请安门、安窗子的老板来家里安装，老板他们出材料，自己安装，工作量是安起来一道门，大小五个窗子，价格情况是连材料和安装费收我们 2800 元。

小结：村民建房，尤其是建正规的砖房，是真不容易，所以我们要力求一次性的建好，房子造价是两三万元，只有材料和钢窗钢门是买的，其他的建房工序自己慢慢做，就省去一些资费。安钢窗钢门费用 2800 元，也值得，我们也情愿付这个代价。

2011年9月2日　农历八月初五　星期五　晴

村民事工活动，卖栗子，约有10多户都已上街变卖栗子，栗子市价每公斤走低了2元，之前每公斤价是9.60元，市价就是忽高忽低。今天我家父儿五户不论栗子多少都拿上街销售。我自己栗子离得151公斤，到市场只给我称计得148公斤，买主不论是在称计上或在钱数上都喜欢占一点便宜，过去这个情况很普遍，现在很少见了。

父儿各户销售栗子情况如下：父亲张正文，148公斤×7.4元／公斤=1095.20元；儿子张学全，30公斤×7.4元／公斤=222.00元；张学忠，37公斤×7.3元／公斤=270.1元；张学德，37公斤×7.4元／公斤=273.80元。

2011年9月3日　农历八月初六　星期六　晴

自己的农活事工仍然是下栗子，劳动场地仍是山顶栗园片区，每天工作中都力求尽最大努力下栗子。由于果树高，自己也高龄，工作效率仍是低。经一天的辛勤劳动下得6包，约离得栗子50公斤，价格约400元。运输好栗子，堆于车路边，割够猪食草等候学祥的面包车出车回来时协助我拉运回家。

苗民风情的喜好是捕捉猎鸟，顺便出车到款庄马街修车，带熟识的一些友人捕捉猎鸟，跑了些路程，跑了些地方，又是就餐享受活动，玩出了民族特色。

2011年9月4日　农历八月初七　星期日　雨

村民事工活动，种有豌豆的农户，侄儿、张学光家父儿媳4人，今天是摘豌豆的时候，每隔一天就要摘豌豆，收购也在公路边，是提供种子的老板原先就订好合同。摘豌豆这天下雨，就得带上雨具。第一户（我村）是侄儿张学道，当然也得按时摘取豌豆送达公路边，销售旅途约有一公里，是较远的一户。

小结：效益情况是，张学光家种豌豆摘了三分之一，已卖得人民币4000多元，预计卖完可得5000多元。几村的农户议论，下年要转为栽烤烟，据说栽烟的农户更划算更拿钱，大窑一窑就值2000多元哩。

2011年9月5日　农历八月初八　星期一　晴

村民卖栗子，有栗子的农户不论多少都拿到东村街销售，举例：张学全84公斤×8.4元／公斤=705.60元；张学忠82公斤×8.4元／公斤=6888.8元；张学祥35公斤×8.4元／公斤=294元；板栗前街市价是每公斤7.50元，今天又可卖到8.50元，在前街市价的基础上每公斤提升1元。

小结：板栗历年每公斤只能卖5—6元，而今年随着物价的上涨，市价大致就稳在每公斤7—8元了。历年的情况形成一种规律，挨近中秋节即八月十五，板栗市价又可以提升一点，所以有板栗的农户能早就早，如推迟挨近中秋节也可拿到好价。卖板栗的农户是一种优势，有核桃的农户也是一种优势，核桃每公斤早的能卖每公斤17元，可惜我村的核桃就少了。

2011年9月6日　农历八月初九　星期二　晴

民族山区的花山节和斗牛活动有着悠久的历史。近几年已影响和发展到县政府和乡镇部分汉族坝区人民。今天是我们东村乡石桥村委、还记得村（汉族）召集斗牛欢场，斗牛人员来自寻甸县、禄劝县、富民县三县。活动项目仅是欣赏斗牛一个项目。

小结：斗牛、花山节是民族风情特色，有着悠久的历史，现代有所扩大和发展，甚至影响到汉族和政界，像富民县县区有盛大的斗牛场，今日还记得汉族村的斗牛活动是政府投资举办的。

2011年9月7日　农历八月初十　星期三　晴

村民活动，村民有的赶鸡街，是由于交通和交通工具之方便，所以无论事务多少村民都喜欢上街，反正上一次街也不要多少时间，上街办事的有村民杨天光、杨天祥，又有张学德送亲友客人到鸡街搭客车到嵩明牧羊凸董箐。

我父儿张学全、张学忠、张学德、五儿媳张秀仙等5户到山顶片区，有的是挖洋芋，我们大部分是下栗子，有的是割猪牛草，满载一大车回家。

小结：民族山村时时有着发展新鲜事物的活力出现和变化着。

2011年9月8日　农历八月十一日　星期四　晴

村民凌晨3：30出动大小车到东村街卖栗子。售卖的情况如下：杨天光80公斤×9.5元／公斤＝760元；张正文186公斤×9元／公斤＝1674元；张学全60公斤×9元／公斤＝540元；张学忠43公斤×9元／公斤＝387元；张学德96公斤×8.9元／公斤＝854.4元；张学祥56公斤×9元／公斤＝504元。

傍晚张学忠卖小猪4头，称得41公斤，每公斤32元，得1312元。(买主来家里买)一窝有6只，卖了4只，留下2头养。

小结：民族村民不论是经济果木树，还是养殖业都蓬勃发展和进步，迎来新的局面。

2011年9月9日　农历八月十二日　星期五　雨

村民栽种烤烟农户掀烟叶，编烤烟叶，出烤烟。农户张学忠雨天掀烟叶事工，有几样事工几乎同时进行。掀烟叶，就要用人工从地里背回来，又要编烟叶，编完了又要把窑里烤好的拿出来送到家里，又要把今天编好的烟叶装进窑里放好，这些事工做起来真是忙人。

小结：由于从事种植烤烟的农户活计复杂繁多，幸好我们苗民团结互助帮忙，一户种植烤烟，父儿五户10个劳动力从开始到完毕大家齐心协力协助，当成自己的活儿来做，从来不计较什么，所以能顺利完成。当然轮到别人的重活儿，大家也关注。

2011年9月10日　农历八月十三日　星期六　晴

村里民众的一项接送中学生的事工是：我村村民子女到东村中学读书的是3人，今年下半年中学生柿花箐村、芭蕉箐两村又增加5人，学生从东村中学回到家里路程有10公里，接送学生往返始终不方便。这7名中学生都是村友邻舍，那么自然形成由我村村民张学祥这辆面包车往返接送，就是雨水天车子出得去也进得来。7名学生和驾驶员刚好是8人，小面包车的载员量也只准载8人，我们边远山区自己接送自己边远区的人员是好极了。这是民族山区人民新风气的发展和进步。

2011年9月11日　农历八月十四日　星期日　晴

送产妇到富民医院生产，有我村张正才妻，因临近生产，所以托村民张学祥开出小面包车送往富民县城医院生产。吃过早饭，上午10：00托张学祥小面包车送往富民县城医院。送到富民县城医院并协助办理住院手续后又转上昆明，而从普吉、散旦、款庄路线回来。到昆明又给儿张恩膏买了一辆单车放在面包车里拉运回来。车费（油钱），托张正才给了300元作为往返的车费。

小结：村民生孩子，原来是在自己家里自理，为平常事，而现在已渐渐难起来，难在行车自理，进院、住院还要3000元，常有村民进院住院三四天孩子生不下来，此时是住院呢还是回家呢，没有文化，没有进过城的乡村人真是有苦没处诉，或许大难还在后面。

2011年9月12日　农历八月十五日　星期一　晴

教会唱诗班自养圣工活动，唱诗班工作，时常需要文化用品、乐器设备、生活开支，每年婚礼节日需要祝婚礼品的开支，自然形成需要有自养来源经费。教会唱诗班历年从事于小规模的农业生产，种植板栗。原先在万宝山山脚栽种有30株板栗。去年初挂果，收成约为800元。

今天下午3：00礼拜休会后，诗班执事王兴仁动员芭蕉箐、柿花箐两村唱诗班、信徒方便的人员都支持诗班工作，到万宝山山脚下栗子。结果，出动人员10人去下栗子，出动一只驮马去驮栗子包，因为不通车，他们到很晚才完成了下栗子任务。道路里程约有2公里（单边），效益价值可说良好，今年板栗果实收获约值1000多元。

2011年9月13日　农历八月十六日　星期二　晴

中秋节，所有的村老乡们都准备在中秋节给家人买上点高档饮食：月饼、水果和物品。该送给亲人朋友的，该自己和家人享受的，都得花上时间办一下。

多年已给我们买栗子的老板，昨天晚上，他们知道我村有很多栗子，所以开车询问找路进我村来收购栗子。他们给价一公斤8.80元，也卖了。我自己有栗子74公斤，我要价一公斤9元，他们也给，所以得666元。昨晚我们双方已说好，叫我们加班离栗子，数量不限，至晚间12：00把离得的栗子用车子拉运出去卖给他们，又随时用电话与我们联系。夜间12时，儿子学全、学忠、学祥三人把我们四户离出来的栗子拉运到东村街卖给他们，转回到家已是凌晨2：00了，所以该办的事工昨晚已全部办好。

今天我家父儿8人乘坐五儿张学祥的小面包车到东村街购买过中秋节的肉食礼品。我家父儿五户是每户拿出100元来购买鲜猪肉3公斤，鲜鱼7公斤，鸡肉是自家养的土鸡杀3只，其次是每户凭自己喜欢而买上些啤酒、高档饮料和大小月饼，晚餐大家欢聚分享一番，今年又有云南大学研究生田园一天的时间在我们中间，我们有说有笑地欢度今年的中秋节。

2011年9月14日　农历八月十七日　星期三　晴

中秋节，中小学都放三天假，今天假满，中小学的学生都要回校复课。柿花箐、芭蕉箐、万宝山几村都属边远山区，从我们村寨到东村中学都是里程10多里。面包车运载乘客，从东村至麻栎树村，乘客收费是5元，学生优惠1元，就是只收4元，如果要到我们最边远的村寨路程还得多走3—4公里路。我芭蕉箐村张学祥的一辆面包车承包接送，一个学生如果收费5元，7个学生也只收得35元。从芭蕉箐村到东村中学往返要烧油50元，自己要贴15元。按道理从哪里划算？

2011年9月15日　农历八月十八日　星期四　晴

村民出售板栗，12号这天找到我村来收购栗子的老板，傍晚5∶00时开来大车第二次收购栗子。板栗销售情况是：张学全31公斤×7.80元／公斤＝241元；张学道51公斤×7.80元／公斤＝397元；张学忠60公斤×8.00元／公斤＝480元；张学德100公斤×8.00元／公斤＝800元；张正文100公斤×8.00元／公斤＝800元；街市价良好，能保持8元上下就是不错。局势喜人，一片生机勃勃。

小结：我村属边远山区，从来没有人进村收购栗子。而现在我村板栗对外销售知名度越来越大，人家已经掌握我村板栗优质众多，老板主动地进我村收购，现在局势越来越好。原来我们销售板栗不论数量大小，自己有车无车，夜里3∶00就得出车上街销售，现在局势大改变，我们村民就轻松了，在家就能卖栗子了，不再累人了，都是有利于我村民。

2011年9月16日　农历八月十九日　星期五　晴

记述村民自力更生建住房，我们村正规用红砖建住房的有三户，目前在施工建设中的有两户，工程规模都建有一楼二楼，建房子造价4万元。由于经费困难，所以在建房施工过程中都采取自己慢慢施工，几时方便几时购材施工。目前我村有张学德在粉刷墙，铺二楼房间的地面砖，是即将贴好整二楼的地面砖块。

小结：有关村民建房、条件占着的农户，政府可补助 1 万元，条件是拆旧房，在原址建盖的，都可享受这 1 万元。我们石桥村委会安排是：大木板村 3 户，平田 1 户，芭蕉箐村就是张学德 1 户。年初石桥村委会已在石桥村委会管辖的 7 个自然村的墙报上正式公布过，让大家周知理解。但是政府有关部门所应许的这 1 万元迟迟不能兑现，情况比上天还难，反正是种种刁难，民众始终没法办好，我们也曾经做了一番努力、但也只好作罢，建议政府应从简为人民服务。

2011 年 9 月 17 日　农历八月二十日　星期六　晴

村民事工活计从事于收田间稻谷，侄儿张学明今天哥弟攒收 4 工田（1.5 亩）稻谷。使用两台小型柴油机做动力攒收，机器是小拖拉机运送下到山脚田坝工作。中午下了一场小雨，幸好是使用机械作动力，就没有影响，仍然顺利完成收稻谷任务，谷子仍是利用小拖拉机运送上来。

生活待遇：哥弟村友相互帮忙攒收谷子，只有在生活上好好酬谢亲友邻舍，尽情在晚宴上给他们摆上好菜好酒宴客为谢。

2011 年 9 月 18 日　农历八月二十一日　星期日　晴

村民销售栗子，昨晚一有空就把栗子离好，凌晨 3:00 时就要出车到东村市场销售。侄儿张学明 175 公斤 ×7.8 元／公斤 =1365 元；张学全 31 公斤 ×7.8 元／公斤 =241.80 元；张学忠 86 公斤 ×8 元／公斤 =688 元；张学德 56 公斤 ×8 元／公斤 =448 元；张正文 171 公斤 ×7.8 元／公斤 =1333.80 元；张学祥 80 公斤 ×8 元／公斤 =640 元。

晚间教会事工活动，白天的礼拜休会时，事工项目报告，动员我村小组晚间把唱诗班的栗子全部离出来便于销售。人员出动 22 人在晚间 11:00 时就已离完，离得 148 公斤，如能卖一公斤 6 元就可卖得币 888 元。

小结：人们为了生存，为自养，不论是个人或是单位生产队、教会都栽有经济林木板栗，今年又迎来价格比较理想的机遇。

2011年9月19日　农历八月二十二日　星期一　晴

村民农活事工活动，从事于掼收谷子，有张学才、张约荣父儿两户掼收谷子，田块分布于田坝山脚一丘，村门前一块，面积3工田（等于一亩），由于田块分散，人员分为两个小组活动，幸好我们哥弟父儿几户也配备有两台稻谷脱粒机，所以也有利于掼收稻谷。所使用的动力机器也是小型，也极有利于搬运和使用操作。

人员、机器、条件是比较活跃的一个小组，每个组人员都有6—7人合作，在日常生活中也彼此关注，所以极有利于进行稻田农活工作。生活待遇，哥弟亲友之间的生活待遇已是形成风俗，在生活上来酬报亲友们的支持帮助。由于施行机械合作劳动，今日的掼收谷子任务也是提早顺利完成。

2011年9月20日　农历八月二十三日　星期二　晴

老年人参与体检，据说中央、省、市政府把富民县列为试点。我们知道的从去年11—12月开始，每个老人每月发放补助金60元，今日乡、村委已通知今日石桥村委7个村队社凡满60周岁的老人到东村医院免费体检，时间从早8：00开始至体检完。体检虽然分为一个乡镇一天一个村委老人体检，但在体检过程中过分拥挤，还是凭劳动力。因为没有人料理和监督，老年人去体检，在那种情况下还是受苦。我们从早8：00至下午1：30整个石桥村委的老年人才体检完。

小结：这项老年人体检活动不知益处何在？在我们体检至中午12：00时，有些老姊妹问我：他们（指政府）会不会给我们安排早饭呢？我说不会的。我们老年人不用体检，自己都知道有几个病，何况有的老人是体检几次了，就算没有体检过，对自己也比较明了清楚。这次体检并没有给我们病历本做依据，医生们收起来了。今后我们是再不会参与体检，芭蕉箐村有9人，我们今天去了张正德、张正文、潘美英等3人，没有参与的就有6人。

2011年9月21日　农历八月二十四日　星期三　晴

救死扶伤活动，有村民张约志因突然发现有心脏病，听听情况，大家都发慌了。昨晚侄儿张学明召集父、哥弟、亲友为此出主意，是在地方诊断呢，还是到昆明大医院诊断呢？结果大家都同意到昆明医院就诊，商讨出动五人陪同患者张约志去看诊。凌晨5：00出车前往昆明工人医院，因为一进城就是工人医院。病情检查结果是患胃溃疡，医生建议我们住院治疗，而我们计划先把病情诊断清楚看地方医院能不能医治，如能就情愿在地方医院。

小结：如果要到昆明市诊断，我们就发愁了，又困难，又要大钱。由于自己有面包车，就轻省多了。看病花去400多元，小面包车油费安排300元，排队看病是几天时间也轮不到，所以计划天亮就到昆明，艰苦一点，看病过程也顺利进行。情况是早晨9：00至下午5：00完成体检过程，晚6：00得以返程，他们一行7人回到款庄马街吃晚饭时间已是晚8：00了，顺利完成了病者的体检工作，病情得到了确定。

2011年9月22日　农历八月二十五日　星期四　雨

我们的事工活动，凌晨4：00到东村街销售栗子，情况如下：张学全 92公斤×7.6元/公斤＝699.20元；张学德 34公斤×7.8元/公斤＝265.20元；张学祥 96公斤×7.6元/公斤＝729.60元；张学道 30公斤×7元/公斤＝210元。中下午时间，吃过早饭我家又转入东村医院看病打针，因老伴有皮肤病，凭着参与医疗证，医疗费是12元。

小结：对于医疗卫生事业和这小小的事工，我们对医院及医生们非常满意高兴，市外面的药铺买一支眼药水就得花5元，我们进医院看病打针12元就可办好，方便、便宜，可真算是为人民服务，这种救死扶伤的精神望他们能发扬光大。

2011年9月23日　农历八月二十六日　星期五　雨

村民农活事工,大部分从事于割青草喂牲口,因为畜牧业山场近年增扩成耕地,草场近年减少,漫山遍野几乎都开成耕地了,养牲畜的农户大部分的时间都是割青草喂牛,只有关着喂。牲口多的农户龙福祥几乎是天天割时常割,形成一种事工活计。

我自己是下雨出不去,就在家里离栗子,中下午雨停后,又到山地里下栗子,由于几天中,白天黑夜都有大雨,所以我们都是勉强做这些农杂活。其次是按时把读书的孩子们从东村中学校园接回我们民族山村,时间是下午3:00接送孩子上学,已形成一种事工。

2011年9月24日　农历八月二十七日　星期六　雨

村民事工活计,自己是从事于下尾栗子。由于年时雨水来得迟,据气象台预告阴雨天将有10天左右,所以我们下尾栗子进度也慢了,农田农地事工也受够了。

杨天光、龙兴华是割谷子放于田里,想来10多天的浸泡,谷粒必然出芽受损。一般的农夫只得割除苞谷地里的杂草喂猪喂牛,一是喂养牲口,二是属于管苞谷,为促进包满籽粒创建丰收条件。

2011年9月25日　农历八月二十八日　星期日　阴雨

销售板栗都必须凌晨4:00出车前往东村街销售,情况是:教会唱诗班148公斤×7.4元/公斤=1095.2元;张学忠 61公斤×7.4元/公斤=451.4元;张学德12公斤×7.5元/公斤=90元;张学道90公斤×6元/公斤=540元;张学全10公斤×7.4元/公斤=74元;张正文234公斤×7.5元/公斤=1755元。

我们父儿五户全年板栗收入情况为:张学全3700元,张学忠4500元,张学德 2600 元，张学祥 4000 元，张正文 9177 元，五户合计 23977 元。

2011 年 9 月 26 日　农历八月二十九日　星期一　阴

村民农活计有张学忠撒豌豆。因地里栽种烤烟，趁烤完之际，拔除已烤完的烤烟杆而抓紧时间种上豌豆，都是讲科技、讲科学良种。我们都是种上镰刀豌，每公斤籽种卖 23 元。由于种子良好，虽然价格贵，农夫们也只得买上几公斤种上，都望有好收成（是图卖青豌豆果）。拔除地里的烟杆，是费力一点，清除后，就用独牛耕种，因为只要把种子犁盖好就行，只要半天的工夫就可以种好。

自己的农活是下栗子、捡核桃。下栗子是 2011 年下栗子最后一天，也就是完成了 2011 年度的下栗子任务，捡核桃是因为树大，上树下核桃比较费力，所以让它自己慢慢掉落下来，用一段时间人工捡拾，这样核桃也比较饱满，捡拾核桃还得要一段时间。核桃是本地的老品种，品质良好，比较泡，年产约有 600 元收入。

2011 年 9 月 27 日　农历九月初一　星期二　阴

村民赶鸡街，杨兴明是去卖栗子，重量有 30 公斤 ×7 元／公斤 =210 元，东村街栗子即将过时，而鸡街是栗子正上市，价格比较稳定。

我家父儿张学忠、张学德是上街买苗民的花裙子，变卖栗子后，人们都准备给自己的孩子或是自己的亲人和已成家的姑娘买花裙子。上街选购苗民服装的大部分都已买到，价格是三个等级，既有 50—60 元和 70—80 元的，也有 110 元的。几年来武定县、禄劝县、富民县自己做苗民服装在各地销售已成风俗，还有的是时常进苗寨摆摊的。

龙兴明家攒收谷子，早已割了，只因接连有多天的阴雨耽搁，今天中午出太阳，就趁机安排劳动力攒收一下。自己有着大车，只因有多天的雨，土路已泥泞，大车用不上，就改用小型拖拉机拉运谷子。昨天今天已停雨，运输谷子当然困难，只好是少拉多跑几趟，都是在困难中行事。

2011年9月28日　农历九月初二　星期三　晴

到富民县医院接产妇,有我村张正才妻子因9月11日到富民医院生产,接连住院17天,今天出院,请张学祥家的小面包车到县医院去接回来,办出院手续到下午1:00才办好。这次进县城医院接生、医药、住院、生活等费用总共花去9000多元,这9000元,对我们小小的民族农户真是个天文数字。众所周知,大病、急病、难产产妇,都是要求大医院给我们救助治疗。不知为什么,历年妇人生产是平常事,苗民一般都不上医院,近代是形势所迫,有政策卡着,凡妇人生孩子都得到医院去生才给予登记户口。两年来各地产妇统统推到县医院去接生,这样一来,就为难我们民族的穷户,小小的农户一年都难于收入9000元哩。

2011年9月29日　农历九月初三　星期四　阴

植树造林。石桥村委会下达树苗1000多棵给我们雨季种植,今年石桥村委通知我村到东村公路下我村的树苗。我村接受任务,有村民张学忠、张学德、张学祥、杨兴明、龙兴华五人上去下树苗,预计趁雨水天气顺我村公路栽下去。

晚饭安排是由我村负责,我们只好开车领他们到鸡街饭馆吃饭,结果是跑了30多公里到了狗街吃饭。就餐吃饭是我们村小组提供,7人吃饭,付出经费260元。

2011年9月30日　农历九月初四　星期五　阴雨

村民农活事工,挖洋芋就在公路边销售,有龙兴祥妻、张美花哥弟父儿五户拼凑劳动力挖洋芋,是用牛犁,多人跟在犁牛后捡,这种方式快,只要犁两次,就可捡完地里的洋芋。洋芋今年是卖一公斤1元,昨天卖得2200元,今天卖得1700多元,两天共卖得3900元,洋芋年收入可拿到4000元。

2011年10月1日　农历九月初五　星期六　阴

村民农活事工，有侄儿张学道家掼收谷子，田的面积是1.5工田，掼收稻谷使用两台稻谷脱粒机，面积虽然不多，只因天不晴，所以掼收功效就慢一点，幸好是使用两台稻谷脱粒机，劳动就轻省些。

劳动力组织是哥弟孙儿女，每台脱粒机有6人协助操作，两台机器就13人。待遇情况是由于劳动力单薄，交通工具也未完善，就只好简单一点，一般的待遇。

2011年10月2日　农历九月初六　星期日　多云

村民事工有10户是上东村街变卖核桃，由于上市的核桃多一点，所以随着价格就低了一半，价格高峰期是卖一公斤17—23元，而今天只卖到一半价，就一公斤5—6元或是8—10元。我自己也是上街卖核桃，数量有72公斤×10元/公斤，卖得720元。

小结：几年来，核桃都是高价出售，尤其是早核桃是高价稳价，人们都已尝到甜头，所以都重视起来，从育秧到栽种、嫁接管理都已引起人们重视，甚至有的农户已初步见效受益，所以种植核桃目前是规模比较大而积极的投工投劳快速发展着。

2011年10月3日　农历九月初七　星期一　晴

挖洋芋，目前种有洋芋的农户互相联合轮流帮忙协助挖洋芋。

姑爷张会云挖洋芋，我家父儿5户以及他家的村舍友人20人帮忙，挖获洋芋4吨，卖价每公斤1.05元，就是一个农户一天销售洋芋卖得40000多元，洋芋大小都要，大的卖每公斤1.07元，小的卖每公斤0.5元，去年今年山区人民种洋芋已拿到大钱。种洋芋的农户靠种洋芋行业是大翻身、大改变，不但在生活上大改变，购置机械动力也是突飞猛进。

2011年10月4日　农历九月初八　星期二　阴

我村民少量的运输事业。姑爷张会云他哥张会顺聘张学忠家的四缸车从柿花菁运送到禄丰县的罗茨。历程一个单边行驶要8个小时,是因出门打工在那边上门成亲,又是因建大工程住房,房造价十多万元,要庆典而请客吃饭,所以有些聘请车辆运输事工。两边、两辆四缸车顺便带这些被请客人到达客车的大公路。

返途情况是,由于我方去宴席的亲友喝酒至下午1:00时才启程回来,回到家已是七八点钟了。往返一路顺利,完成了这次的运输任务。

2011年10月5日　农历九月初九　星期三　阴

村民张学德早上卖洋芋,昨天挖好已晚,来不及销售,所以今天早上开出大车上到山顶耕地。因昨天就捡好并且已装好袋背堆于车路边,今早开车去拉运到大车路边销售,因买洋芋老板在柿花菁、麻栎树的公路边设收购点,很便于卖洋芋农户,收购价格是:大的一公斤1.05元,小的一公斤0.60元,今早卖得1500元。

张学祥是到东村街卖白菜。白菜是两天前的鸡街上批发得500公斤,先是说做称计,每公斤按0.50元称计付给钱。后来没有做称计,只做评估500公斤,所以今天又运到东村街销售,除开垫本外,另赚得200元。

小结:苗民初步学做生意,几乎都是成功。由于自己购置有面包车,所以极有利于学做生意,去年和今年已正式起步。

2011年10月6日　农历九月初十　星期四　晴

人生大事,村民张正才家生孩子,村民、亲属、友人已送上祝米、鸡蛋和礼物为贺。他家也办饭席宴客为谢,安排于今晚。来客约有40多户,本村就有35户来客,先后来了约30桌人吃饭。

小结:办送祝米席,是我们苗民的新风俗,是现代形势的发展进步所形成。既然人家来给我家的新生儿祝贺送礼,作为自己也应当有所表示，这样就产生办送祝米席，就是主人家对亲友们先后来送祝米的客人选定一个时候办好宴席而特意请他们来吃饭表示谢意。

2011年10月7日　农历九月十一日　星期五　晴

村民从事于生计搞修理服务，村民张学祥有机械修理技能，水平子村龙正旺打来电话请他到水平子村检修拖拉机，因有故障，发动不起来。检修情况是：因喷油嘴阻塞，清洗或是换新零件。检修装备用半天的工夫已装配好，误工补助是给40元为酬报。

2011年10月8日　农历九月十二日　星期六　晴

朵木得村王家亲戚打来电话请张学祥去检修装配摩托车，由于是亲属关系，所以检修摩托车也是探访、做客，时间也是用去一个整天，挨晚才回来。

村里农户几天都是挖洋芋，每天有两三户互相帮忙挖洋芋，今日龙荣才、张学光、张学明三户挖洋芋、卖洋芋，每户销售情况是：收入多的是一两千元，最少的一户是张学明，只卖得800元。

2011年10月9日　农历九月十三日　星期日　晴

教会为年度感恩节捐伙食款，安排时间是在集会礼拜开始，当唱诗献唱最后一首诗歌唱完时，所有信徒从前排按序排队走到讲台奉献。礼拜进行中，执事王继光、传道员张学德二人清点奉献款，总共是7350元。

小结：每年感恩节，我们教会准备接待1500—2000人，在生活待遇上都要做充分的酌定和准备。去年为年度感恩节，乐捐伙食款是5588元，今年乐捐伙食款是7350元，在去年的基础上增加1762元，信徒人数近年减少，但是在乐捐的圣工上是在历年的基础上逐年上升增多。

2011年10月10日　农历九月十四日　星期一　晴

村民张学祥被聘请上昆明购买车辆，是几个同事的熟识朋友互相协助，柿花箐村舅父关系。被请说是上昆明看看情况，面包车也行，二手摩托车也行。可能买摩托车简单，买面包车就要麻烦一点，单单获取驾照，参加驾照培训就得花费一笔巨款，今年参加驾照培训的前后收费和生活费用就交去9600元。考驾照费用也几乎能买回一辆面包车了，所以只买下一辆二手摩托车，价格是4000多元，已买成。

2011年10月11日　农历九月十五日　星期二　晴

昨天相约上昆明买车子的两户，记述张学德买车的情况。昨天买车时，因有些驾照证件没有带齐全，只好哥弟中的哥张学德在昆明市继续办买车手续，而弟张学祥乘自己的面包车回家来拿，办买车子手续。由于城市宽广，买车子一天跑了些地方，还幸好是自己有车子，办好各样手续几乎用去一天的时间。

车子要价是16000元，我们买车的一方说往10000元以下说，双方讨价还价，最后说成8600元。张学德、张学祥一人开着一辆车，约晚11：00时才回到家，我们在家里的人一个不睡，等到夜深，都是等着看买到一辆什么牌子的车，等到11点多钟车子才开到家，大伙里里外外都看个透才回自己的家入睡。

2011年10月12日　农历九月十六日　星期三　晴

村民修理事工记，有张学祥搞机械、拖拉机修理，里里外外，几个村寨或是亲属朋友，自然形成修理工。修理工待遇是凭人家喜欢补助，你喜欢给多少就给多少。

今日张学德一辆摩托车有故障，检修配件，搞机械修理，有时几个小时就可拆除旧零件，换上新的零件就行，有时要多花费一些时间，所以跑鸡街买零件，就跑了两趟，检修也得要一些时间和工夫慢慢装配。

2011 年 10 月 13 日　农历九月十七日　星期四　晴

教会的年度感恩节准备烧柴，本教会相约今日几个自然村出动劳动力为年度感恩节准备烧柴，年时干旱，大山里的干树木极多。我们计划用一天的时间砍烧柴，山里的干柴又多，只因路途远又不通车路，我们就用人工背，幸好是背下坡。劳动力组织，到山里砍柴背柴的人就有 25 个，幸好是有一台电锯协助，我们就轻省了，一天中的大部分时间是用于砍柴和背柴。

吃过晚饭，计划中一天进行两项事工，一是砍柴，第二项事工是翻补厨房的房皮瓦，因为是盖散瓦，所以需要每年翻补一下。

生活服务，一部分小菜是信徒奉献，还有鸡肉是到街上买，买回来 3 只鸡用于生活，使大家有丰足的宴席享受。

2011 年 10 月 14 日　农历九月十八日　星期五　晴

富民县基督教事工活动填表，昆明市基督教两会下达填表任务，内容：从昆明市基督教两会下达任务，整个富民县基督教会的长老、传道员要填身份信息，填好后交到市爱国会里去。接到通知到县上填表的人员有 27 位男士，1 位女士，总共是 28 人。

行程时间安排是早 7：00 我们出车跑往县城，中午 12：00 安排午饭，吃过午饭，参会的 28 名代表照相留念。中、下午填表一直填到晚 4：30 时，最后是谁填好谁就可以先走。

小结：10 多年前代表到县城开会学习，往返是专乘大客车，而这几年就大改变了，山村民族个体户都玩摩托车和面包车、轿车了，时代是在飞跃发展着。

2011 年 10 月 15 日　农历九月十九日　星期六　阴

村民摘背葫芦瓜，有龙兴明、杨光才两户，龙兴明只因不通车路，就用人工背，幸好是从上往下背，这就容易一些，旅途约有 500 米。杨光才家背葫芦瓜，由于有 1 公里多路，又因交通方便，就用摩托车拉运回来堆于教会的大场地上等待收瓜老板来收购。是下村熟识人与我们联系，叫我们用一段时间从山地里背回来堆于场上便于称计，便于上车。只要我们背完，告诉他们一声，他们就上来收购。

杨光才家已背完，数量约有 1 吨，价格情况是去年的收购价是给一公斤 0.50 元，而今年据说是大的给一公斤 0.80 元，小的给一公斤 0.70 元，所以种有葫芦瓜的农户已忙着背瓜，准备销售。

2011 年 10 月 16 日　农历九月二十日　星期日　阴

教会参与集体教会献堂庆典感恩，有寻甸县鸡街乡勒背教会邀请我们富民县芭蕉箐教会参与建堂庆典感恩礼拜。我们教会前往参与庆典的教牧师班 32 人，安排 4 辆面包车运载前往参加庆典活动，车子是我们自己的，每辆车子安排 150 元作为油费，另一辆因未来礼拜，所以安排 200 元。

庆典盛况是：邀请参加庆典的教会有 52 家，因人员众多，也因时间的关系，所以参加庆典的教会诗班只安排献一首。生活待遇情况是，为满足教会集体和来宾的生活满足，所以他们献堂的教会宰杀一头猪和一头牛，办好丰盛宴席，让来客尽情享受，参与献堂感恩的人们都高度评价他们的热情待遇。

2011 年 10 月 17 日　农历九月二十一日　星期一　阴

村民出售葫芦瓜。记述龙兴祥、妻张美花出售葫芦瓜。种甜葫芦瓜，历年已尝到甜头，山地面积约有 2 亩，种葫芦瓜年收入达两三千元，去年葫芦瓜价走低，一部分农户就放弃。但龙兴祥、张美花坚定思想，雨季还未到就在地里育好秧，雨水刚下透，就赶快栽下，移栽在时候上，成长也良好，把握时节的良机，所以几乎年年能拿到大钱。今天卖葫芦瓜情况是：称计得 4 吨，去年是卖一公斤 0.50 元，而今年收购价是一公斤 0.80 元，所以 4 吨卖得 3200 元。

小结：桩桩的事例都在告诉我们要有信心，不要看环境，这一农户幸遇土地又众多，在种植经济作物方面信心也大，所以轻易地就能拿到大钱。

2011 年 10 月 18 日　农历九月二十二日　星期二　阴

村民卖葫芦瓜，有龙福祥、张学德两户，龙福祥称计得 2000 公斤，按每公斤 0.80 元计算，得 1600 元。张学德葫芦瓜称计得 3200 公斤，每公斤 0.80 元，得 2560 元。

当天搬运这 3 吨瓜的后勤事工是：瓜是种于陡坡地上，我家父儿、孙出动 11 个劳动力，用人工往上背 200 米到车路边，堆于路边。到中午时，开出大车到瓜堆来装，装完再拉运到教会场院来称计销售。是 5 户 11 个劳动力出动，七手八脚出动，连背和销售用一天的时间完成。村里的居民就很难有此种优势条件，如果没有哥弟的协助或是不通车路的地方，背瓜就得要一段时间才能做好，这是难得的良机条件。

2011 年 10 月 19 日　农历九月二十三日　星期三　雨

村民事工活计扳苞谷，农活场地是山脚田坝里，因泡田缺水，就干脆点种苞谷。有村民张学全托张学忠开出大车下到田坝扳苞谷，我们出工早，但是约上午 10 点钟就下起小毛雨来，下到田坝到处都是土路，家人个个都当心，大车上不来。下的雨不算大，就是下的时间长，大车拉运苞谷包包，虽然路滑危险，但是仍然顺利运输进村。

2011 年 10 月 20 日　农历九月二十四日　星期四　雨

村民种儿菜，有村民张学德家栽儿菜，由于面积小，田的面积有 2 工田（1 亩等于 2.5 工），就自己栽。活计工序是开沟、打塘、丢化肥，再盖上一层土，然后按塘丢好菜秧，再把菜栽好就行。今天下雨就不用浇水，所以今日是栽菜的良机。

小结：栽蔬菜的农户每年能有4—5户，试种已有3年的时间，历年都是比较成功的，只不过是蔬菜有时价走低，有时可保持一公斤1元，一个农夫不管是怎样，先栽好菜，那就看机遇了，当然会好。

2011年10月21日　农历九月二十五日　星期五　阴

教会购买过年度感恩节用米，历年买粮400公斤，今年也是按历年的计划数买，不但买米，过节期伙食用的干菜也购买一些。安排村民张学忠的四缸车到鸡街拉运，安排张学德去购买，运输又是由张学忠到鸡街拉运。

米价每公斤是4.60元，400公斤×4.60元／公斤=1840元，买了些干菜，以及纸杯，今日开支金额达2700多元。

2011年10月22日　农历九月二十六日　星期六　阴

村民张学祥被聘请到昆明购买四缸发动机，是款庄马街朵木得村亲友聘请出差，借用小面包车上昆明购买以及拉运回来，是连人和车子都被聘请。

里程，从家里到昆明一个单边有95公里，他们付给车油钱往返200元，可能只够烧油钱，那么聘请一个人（技术工）也可能要给50元，尽管待遇缺欠，但我们本着亲友同族之间的团结友爱、信任关系，本着不图一次图二次，只要我们在民族亲友中能彼此信任沟通也就罢了。

2011年10月23日　农历九月二十七日　星期日　阴

民族事工活跃生机有所发展。我们教会被邀请参与到寻甸县鸡街四肖村委新教会庆典献新堂年度秋收感恩节，我们教会安排3辆面包车运送诗班30人前往参与庆典。

上午9：00又有一产妇需要送往款庄马街医院生孩子，临时安排张学德的一辆轿车运送到款庄医院，同天同时邻近村石桩也是有一产妇需要从富民县医院出院，只好由村民张学祥的面包车先把我们教会唱诗班送达北面30公里外的大高山新肖白彝族教会参加献堂的庆典活动，然后车又驶往西南方向95公里的富民县县城医院接产妇。把产妇接回中民、石桩村，车子又跑往东北方向30多公里的新肖教会，接我们芭蕉箐教会人员，小车子一天工夫跑了富民、寻甸两县的地盘，一天完成了两项运输任务。

2011年10月24日　农历九月二十八日　星期一　晴

村民农事活动。村民张学祥挖洋芋和种地麦，农活进行中是先用犁牛犁捡地里的洋芋，通过耕牛犁第二次时，地里的洋芋就可以捡完了。然而在犁第二次时用人工又是捡洋芋，又用些劳动力，此时也就种下地麦，所以又是挖洋芋又是种麦子，又是销售洋芋。挖起的洋芋卖得钱是300多元。劳动力是我家父儿五户11个劳动力，时间是用去整天的工夫，做了两项农活事工。

生活待遇。虽然是自己一个大家庭的农活事工，但是也已尽力在生活待遇上酬谢家人，尽力办有鸡、猪鲜肉、高级饮料酬谢大家，这些事工之顺利都是拥有大小车辆的装备和应用之下做成的。

2011年10月25日　农历九月二十九日　星期二　晴

芭蕉箐教会年度感恩节准备工作开序礼拜。感恩节圣诗教练任务需要4—5天的时间准备训练，今年的训练计划从礼拜二开始，所以开序必须安排有动员，说明圣会完成得好与差之重大关系，圣诗班的任务比较繁重，希望你们力求打一场漂亮的胜仗。

开幕礼拜程序是：事工执事王兴仁主持；长老张正文作开序幕礼拜讲道；本堂诗班献诗；王继光执事祷告。

小结：先是我们担心诗班人员过少，但今天第一天诗班人员已到了

30多人，圣会过节胜利有盼。

2011年10月26日　农历九月三十日　星期三　晴

教会过感恩节筹备工作在进行中，购买生活物资、唱诗班用品以及生活用品，筹备会场标语、复印唱诗班用诗，今天文字组组长张学德因事又跑昆明一趟，购买用品，幸好是自己有轿车，天刚亮出车，至下午2：30时就回到家，继续做文字工作，筹备大会方方面面的事工。

教会自然村分散，人员少，所以在教会本村的人员应该多忙，多做一些事工，安排车子、购买物资、文化组都得几个人坚持下来，还得忙几天，直到过完节期。

2011年10月27日　农历十月初一　星期四　晴

村民农事活动，销售农产品，种有红薯的农户有多户昨天挖好，今天运上鸡街销售，由于一般批发价只给一公斤0.80元，只好各人自己零售。销售情况一公斤1.50元也卖，数量多的一公斤1元也卖。五儿张学祥销售情况是今天试销，卖得200元。

小结：村民已销完了栗子、洋芋、葫芦瓜，又迎来销售红薯季节，今天是我村初上市场试销，也就是从今天开始就正式销售红薯，别村的队是拉运上昆明销售和批发，价格还很好，而我们是数量小，就自己在地方零售了。

2011年10月28日　农历十月初二　星期五　晴

教会过感恩节准备工作在进行，今天的事工是宰杀过节用的肥猪，每年食用的肉食都是靠教牧信徒奉献。今年信徒奉献肥猪情况是：柿花箐村奉献4头，芭蕉箐村奉献也是4头，合计就有8头，预计用不完这8头肥猪，所以计划用7头已够。所以今早我村只杀3头，柿花箐村杀4头，就有7头。我村小组杀猪劳动力有7人，7人宰杀3头猪，人员少了，如果人员多，工作就轻省些。

　　小结：教会过节，准备用 7 头肥猪，想来已够用或是用不完。我们也情愿有剩余，情愿用不完，情愿有丰足的肉食，让朋友们饱享一番，让朋友客人们留下好的印象。

2011 年 10 月 29 日　　农历十月初三　　星期六　　晴

　　过节准备工作。今日是多项目的，全教会人员都集中力量突击于准备事工，不但是圣乐团人员加紧训练、排练节目，全教会都为明天的节日伙食忙碌工作着，柿花箐小组一个早上是忙于杀 4 头肥猪，还要做好，还要送下来教会场地。有的忙于打灶，虽然有煮饭的厨房，因为过节有 1000 多人吃饭，所以临时灶都要砌 4 个，两灶煮饭，两灶要烧 1000 多人的开水。有的要把明天的菜全部洗完，张学德又要写布标标语，又要开出他的轿车到鸡街买明天过节用的鸡、鱼鲜肉。又要些人员把全部场所干干净净地打扫一遍。下午 4—5 点鱼买回来时，又要把全部的鱼洗好，做菜的一组还得把明天要吃的肉全部做好，所以每年每次过节礼拜六这天是非常忙碌的一天。

2011 年 10 月 30 日　　农历十月初四　　星期日　　晴

　　教会过年度感恩节。昨天晚礼拜休会时就把今天的工作都已做了安排，宣布早 7：00 诗班人员和所有工作人员就要开始吃早饭，用最快的时间吃好饭，由诗班人员把圣会的全部板凳椅子支好，让来客到来时就有座位。全会场的板凳座椅支好，就准备接待来宾和客人。又由两位长老走到村头把来客一队一队地领进会场并且安排好来客的座位。

　　节期与往年的不同处是每个团队的到来都要送 100 元、200 元，为贺礼。歌声与往年不同，就是年复一年越唱歌声越嘹亮动听。富民县、禄劝县、寻甸县的渴慕者都关注倾向此圣会追求音乐的喜好，每个团队优美动听的音乐时时在打动人们的心灵。节期与往年不同，所有到圣会来的宾客最关注的一个环节就是奉献的序幕，因有唱、有说、有比、有舞，引人注目。

当天奉献情况是：各堂送礼 3100 元；当天奉献粮食：米 60 公斤，苞谷 720 公斤；当天奉献箱 8774 元。各堂送礼以及当天开箱两项合计 11874 元。伙食与往年不同，去年 5588 元，今年 7700 元，相差 2112 元。来客三个县 17 个教会的诗班，邀请上台一一献唱。交通工具与往年不同，去年是几辆小拖拉机，3 辆大车载客，今年满路是各色各样的小面包车、摩托车。

小结：社会在进步，人们生活在改善，形势将推动我们修道路、停车场而满足社会的发展。

2011 年 10 月 31 日　农历十月初五　星期一　晴

村民农活事工掼谷子。张会成、张会学哥弟掼谷子，由于年时改变，雨水推迟一个月的时间，所以庄稼照常推迟一个月。历年正常时农历八月十五已进入收稻谷繁忙季节，而今年会推迟到十月初五至初八。

小结：过去是以粮为纲，见缝插针，力求把所有的土地种上农作物，而现在我们是以经济为纲，农作物什么价值高就种上什么。可见人们思想有的还处于五六十年代，时候节令再推迟都要种稻谷，农夫思想解放的，就是雨水旱，雨水好，什么值钱就种什么，幸好思想仍停留在五六十年代的人是极少。

2011 年 11 月 1 日　农历十月初六　星期二　晴

我家农活事工是种田麦和扳苞谷。三儿张学忠种田麦，用农用车拉运籽种、化肥、工具下到田坝种麦子，方式是跟牛点，用人工放种、放化肥，然后耙平再开沟，利于放水，面积一亩多。

我自己的农事是扳苞谷，因为趁儿子的车子下到田坝，我们也就趁机下到山脚把苞谷放于车厢上，张学忠便协助我们拉运上来。山地面积约有 1.5 亩，我们两个老人约扳了 60%，这就是利用好机遇和时间，珍惜光阴。

2011 年 11 月 2 日　农历十月初七　星期三　晴

今天中午 12：30 时，教会场院开来一辆面包车，走下 5 人，据说是来欣赏我们教会诗班的献唱，我们说：今天不是聚会的时间，又是农忙季节，所有人员都出工到地里劳动去了。

原来是来自昆明城市，听闻教会里的音乐，路过东村就特别聘请一辆面包车到我们芭蕉箐村来看看风貌，又是特别欣赏我们的柿花、花生，安排请我摘卖给他们，此时他们又遍游进村，想多知道我村情况，他们满意地买到些土特产品而与我们告别驱车走了。

2011 年 11 月 3 日　农历十月初八　星期四　晴

教会事工活动。富民县基督教会 12 所教堂诗班 20 多人到富民县办港澳通行证，国保、公安不给办。

2011 年 11 月 4 日　农历十月初九　星期五　晴

村民有读中学的孩子，校区召开家长会议。我们边远的民族村寨柿花箐、芭蕉箐两村有读初三的 3 人，读初一的 4 人，我们民族边远区由芭蕉箐村张学祥的面包车接送。

今天由于校区召开家长会议，就是初三的学生家长、校区老师关起门来开会。而初一的 4 位学生放学时，不知同村的初三年级同学和家长在开着会，走出校门寻找我们接送的专车，找不着而发起慌来了，就相约往家走。已步行了 8 公里，柿花箐村王光祥的面包车才在 8 公里处的祖库村又把这 4 个孩子载回村。

今日礼拜五的学生接送，我芭蕉箐已出动一辆面包车，一辆轿车又是要开家长会又是挨晚接 7 名学生回家，车主张学祥交接说（对哥学忠说），我的车你开去开会，停放在东村中学大门口外的大公路边，娃娃放学时容易找认车，而车子因修好也没有开到中学校门口，造成误事。

教育热点：我们两村 7 名学生，由于初三的 3 名同学礼拜五不放假，至星期六才放学，造成礼拜五要接 4 人，礼拜六又要去接 3 人，1 人收油费 5 元，校区老师不理解民情，造成我们接送很大的负担，应当是如何加班加点就在星期一至星期五的上午完成，使我们接送的人能减轻负担。

2011 年 11 月 5 日　农历十月初十　星期六　晴

村民龙荣才承办送祝米席，龙荣才家生下一男婴，村民、亲戚、友人送礼祝贺，习俗只好办送祝米席而宴客为谢。筹办过程，一是车子上街买回高档肉食鸡、鲜活鱼、饮料啤酒。家里再拿出自己有的摆上，再请自己的家人、哥弟姐妹、熟识朋友帮忙做起饭席。二是用电话请远近的亲属友人今晚赶来赴席。赴席客人到来，有的送礼已在先就送了，有的是到来时才送来的。承办送祝米席概况是开支 1200 元，家里杀 1 头肥猪约值 1200 元，总开支合 2500 元。来客先后所送礼金达 2700 元，收支两项等于持平。

2011 年 11 月 6 日　农历十月十一日　星期天　晴

村民发生一起车祸，是村民张学道、张学友哥弟 2 人，弟张学友驾驶一辆摩托车晚 5：00 从大木板的三股水村回来，行驶至祖库村委岔路口处与一辆送学生到祖库小学折回来的快车相碰撞，我村村民张学道撞成重伤，立即送往东村医院救治。情况是今天仍在东村医院，伤重致不能站立，计划明天聘请张学德开小轿车前往禄劝县医院诊断、治疗，伤势可能严重。

2011年11月7日　农历十月十二日　星期一　阴雨

村民忙于扳撕苞谷、播种地麦，扳完一块苞谷，就一便手把地麦种下去，是一边扳一边种，采取扳完就种完的方式。

又有村民张学祥家是挖白薯，虽然农忙，活计是边收边种的双重任务，但是栽有白薯的农户忙于销售白薯，因为销售白薯的季节已经开始了。昨晚下雨，白薯又是栽于山脚，泥滑土路，车子拉运不上来，只好少量挖一点，并用人工一包一包地背上来，反正尽时尽力工作，做得多少要多少，比不做都好。

2011年11月8日　农历十月十三日　星期二　阴

销售白薯，有村民张学祥把昨天所挖的白薯拉运到鸡街销售，由于阴天，仅有一家独销，价格每公斤可卖2元、1.50元，昨天挖得200公斤卖得300多元，并协助我老人销售葫芦瓜70公斤，村里的批发价是每公斤卖0.80元，到了街上买主给到每公斤1元我们就卖了，卖得47元。

小结：数量虽然小，但俗语就说：凑毛成毡。总而言之，珍惜时光，利用能利用的时机投于我们的农业生产，精神文明建设都等待我们去创新。

2011年11月9日　农历十月十四日　星期三　阴

村民又扳收苞谷，又种地麦，扳完一块就种下一块，所以就形成收种两个中心，是家家户户都忙的事工。

记述自己的农地活计，自己的苞谷是种于板栗园的隔空之中，本地区由于海拔低温度高，庄稼成熟期早，庄稼地里的杂草也长得比较茂盛。所以山地要种地麦，又要砍除苞谷草，并背到地边堆好，又要把地里的杂草割除。地块陡的就得用人工挖，尽力挖得多少就要多少。

2011年11月10日　农历十月十五日　星期四　晴

石桥村委对我村民有事工活动，针对未缴纳新型医疗费的农户，石桥村委的工作人员刘寻武、张绍权今日趁吃早饭休息之时，进村动员，号召缴纳每年每人的应缴纳额。

小结：评述生活待遇，昨天已接通知说，村委领导要上来我村收纳医疗保险费，所以张学忠在生活待遇上也凭一片良心杀鸡做饭而接待。事后没有来，改日期为今天上来，张学忠只好又叫我俩老人杀一只鸡准备领导的到来。

人际相处都讲待遇、关心、付出，但谁来关心我？据说：一个村主任一年搞生活接待，自己要拿出2000元来开支。在此希望上级政府领导能理解下级山区人民——一个小村主任负担也许过重，应该给予支持和解决。

2011年11月11日　农历十月十六日　星期五　晴

村民扳运苞谷，点种地麦工作进行得轰轰烈烈，有用人工挖的，有以户为单位的，有哥弟相互联合行动的。

记述村民张学忠种地麦，由于地面积大，就聘请哥张学全全家协助，劳动力合有5人合作种地麦，方式是跟牛点，当然跟牛点速度就快，效率也高，种下的面积就大，这种方式是我村民常用的一种方式。

生活待遇能讲究的都要讲究，这种方式一天联合可以种下三几户的地麦，是几户哥弟组织联合协助轮流，从开始一直到种结束为止。

2011年11月12日　农历十月十七日　星期六　晴

村民张正华家今天上街变卖苞谷，拉运数量有10包，约有40公斤/包×10包=400公斤，据说东村街收粮店，收购价是给一公斤2元。村民张正华400公斤可卖得800元。卖粮用途，可能是因为开年时购置农用大车，据说购买时，是12000元，可能是购买时向熟识友人找借凑了买下的，所以变卖粮食是需要还账。

小结：购置车辆是形势所迫，也是实际之需要，特别是用以务农，是我村地势形成，因为耕耘山地的道路从村里上到山顶的山地是3公里多路，所以说是自然形势所迫。购置车辆是准备用于务农的运输农家粪和运输地里的粮食回家，或是拉运粮食上市场销售。

2011年11月13日　农历十月十八日　星期日　晴

教会活动事工，各县区、各地方山村民族教会三个星期天都已接连参与哥弟各堂过感恩节活动。历年我们芭蕉箐教会诗班人员出外参与感恩节活动，经费负担是公私各付上一半，也就是教会付上一个单边，而诗班人员又付上一个单边。

而今年又是试实行，统统由教会来付，每次都是往返一天就可以完成，当天就可以回来，每次需要3辆面包车，每辆需要付给200元的油钱，3辆耗去600元，预计全年10次，需币6000元，暂施行试用。

小结：教会何必要开支这6000元？建议明年还是回到公私各付上一半为好。

2011年11月14日　农历十月十九日　星期一　晴

村民事工活动，村民上街销售土产白薯，今日有龙兴德、张学才、龙保罗、张学明、张学祥5户把昨天已挖好的白薯拉运到鸡街销售，价格很可以，零售价卖一公斤2元、1.50元，村民张学祥挖得11包，共卖得400多元，所以价格和销售量都很可以，我村是由于白薯数量小，就到地方上销售。

2011年11月15日　农历十月二十日　星期二　晴

村民销售农副产品，有的变卖苞谷，有的销售白薯，有的扳收苞谷。记述村民张学忠把昨天挖好的白薯用大车拉运到寻甸县狗街销售，里程至少一个单边都有30多公里，狗街位置在我们的北方，是顺鸡街坝子一直往下走。

白薯数量是400公斤，零售价每公斤可以卖2元、1.50元，今早约天拂晓时就到了街上，买主给一公斤1元，这是批发价，图快也就卖了，400公斤卖得400元。回到家时正好中午12：00了，所以今天上街卖白薯可以说是没有耽误生产，回到家时仍然进行了一天的农活事工。

2011年11月16日　农历十月二十一日　星期三　晴

村民早出晚归地抓农地收种工作，采用各式各样的方式，有的是哥弟互相联合协助，大部分仍是以户为单位进行。

记述村民张学祥从事农田薅锄、追施肥料，因已栽下一亩地的洋花菜，需要田间管理和追施肥料，借此之机，拉运一包化肥到山脚田坝施肥，下午又转为挖白薯，又是协助我俩老人拉运半车苞谷回来。今天所开展的事工效果良好，真是一举三得，追施了田间蔬菜肥料，又挖获了白薯，还把所扳获的半车苞谷拉回家。

小结：种于山脚的苞谷前不久已搬了一部分，今天计划扳完山脚的苞谷。儿媳们也关注我们老人的事工，娃娃们知道我俩老人下到山脚扳苞谷，故开大车下去协助我们老人把所扳获的苞谷拉上来。自然形成我们主动帮助儿媳们干劳动，儿媳们也关注我们老人的生产，也主动时时帮忙。

2011年11月17日　农历十月二十二日　星期四　晴

村民事工农活，又从事于农业生产，从事于抓经济，所以打苞谷、晒粮、变卖苞谷，平时就得时常做准备，特别是购买农用车辆的农户更是忙碌。

记述种有葫芦瓜的农户龙保罗，收购葫芦瓜的老板已定有协议合同，叫我村有瓜的农户平时把地里的葫芦瓜背回来，背完就通知他们进村来收购。村民龙保罗家今天驮瓜,由于从山凹驮下来,山陡路远,一天跑不了几趟,已尽了最大努力,约驮回来150公斤,地里的瓜很多,只不过是农事多中心,又收又种、又背瓜、又挖白薯、又卖白薯,农夫们就是繁忙。

小结:山村民族人民生计活动,各有自己的特长,各有自己的优势,各有自己的靠山。到头来,强弱、贫富、高低、先后依然存在。

2011年11月18日　农历十月二十三日　星期五　晴

村民张学全家扳撕苞谷,一部分农户有一部分山地,路途又远又不通车路,人工背吃力,绕车路又太远。他家今日扳苞谷,儿张荣光用摩托车绕远路3.5公里拉运回家。

历年他家扳这块地是用人工背上地边,而顺车路拉运回家,今年是他家儿子张荣光采取用摩托车拉运回家。用摩托车当然零碎费力,但比起人工背回家还是好的,还是省力,还是情愿用机械力代替人力。幸好村中上述事工情况很少,只有几户类似。

2011年11月19日　农历十月二十四日　星期六　晴

村民销售葫芦瓜,张会成聘请本村龙兴华家的四缸车拉运1600公斤葫芦瓜到小松园销售。价格是讲成一公斤瓜给1元,1600公斤就是1600元。

高速车不敢重载,就安排跑两趟,里程单边约有10公里,往返跑两趟就合40公里。烧油钱,张会成付给龙兴华200元。

2011年11月20日　农历十月二十五日　星期日　晴

教会有请参与年度感恩节。教会25人员,安排3辆面包车、1辆轿车运送前往富民县西片高山寨东瓜林苗寨教会参与感恩节庆典活动。圣会庆典概况是,富民东片、莫依龙、芭蕉箐、昆明五华区、大平滩、款庄圣经班等6个团队唱诗班参加典礼。圣会当天奉献结果是：各地教会当天送的礼金是1200元，当天奉献开箱是3300元，合计4500元。

小结：富民县基督教会东西两地的交通来往很少开展，通过今天东片3处教会和两个圣经班人员在盛会上交流分享基督教会文化，双方非常满意，本堂高度评价赞扬到会的各堂所付出的辛苦和爱心。

2011年11月21日　农历十月二十六日　星期一　晴

村民为承办婚喜事筹备事工已进行，有的准备婚喜事的用柴，有的东跑西奔地请客赴席，苗家亲客又是散居于附近的几个县，所以请客还不是一件容易的事。幸好是交通工具有车辆和摩托车，远程的亲属也可以打电话请，就轻省些。

村民张志明家今年出嫁二女儿张秀芬，时间定于腊月十七日晚。所以今日他家安排砍烧柴，苗家习俗浓，有来自嵩明县的客人前来协助帮忙，所以苗寨苗民一段时间都忙于筹备工作。

2011年11月22日　农历十月二十七日　星期二　晴

村民今日赶东村街变卖苞谷，分别有杨天友、张约祥、杨光友三户，所出售的苞谷数量上吨数。比如村民杨天友今天要变卖苞谷，而昨天就用小拖拉机中午下午分两次运载苞谷到大公路亲戚家里。今天两车并作一车拉运到东村街销售，东村街不同于其他地方，私人设有多处收粮店，只要价格合适人们就卖了。粮价一街几乎是一样的，所以很快人们就称计而卖了。

前街粮价苞谷收购价是每公斤2.05元，今日一般是每公斤只给2.00元了。我们在小松园（半路上）仍是卖每公斤2.05元，数量一吨的当然就卖2000元。村民打粮晒粮又是形成一项农事中心。

2011 年 11 月 23 日　农历十月二十八日　星期三　晴

村民龙福祥家销售白薯，有亲属来自嵩明县，因有事开来一辆大车，顺便收购白薯运到嵩明县白邑街销售。批发价他们给每公斤 0.9 元，村民图数量大，在地里就可以卖了，也就挖了称计卖给他们，挖捡了两天，白薯称计得 2700 公斤，按每公斤 0.9 元，总共卖得 2430 元。

小结：销售白薯这一户是全村最多的，土地面积约有 2 亩。如果是种成玉米，最高产量也只能获得 800 元，种成白薯就翻了三倍了。另外还有张正才家也是卖给他们，大约有 1000 公斤，也就拿到 900 元。部分村民是计划运到地方市场做零售卖每公斤 1.5 到 2 元，所以没有卖给他们。

2011 年 11 月 24 日　农历十月二十九日　星期四　晴

村民拉运葫芦瓜，有买主进村订合同，叫有瓜的农户趁有空闲时间把地里的瓜收集于场院里，便于收购上车。

有村民龙兴明、杨兴明今日收集背到场院来，杨兴明是用小拖拉机拉运。由于山地坡陡路远，所以要两三天的时间才能收集和背完。情况是第一次是分为先给的先成熟就已先卖了，现在销售第二批葫芦瓜，今年价高，可惜种的农户太少了。

2011 年 11 月 25 日　农历十一月初一　星期五　晴

教会事工活动，教会 11 月 30 日过年度感恩节。捐粮晒干后，安排今天拉运上东村街销售。得 783 公斤 ×2 元／公斤 =1566 元。出动张正文、张学忠（驾驶员）、张学德（传道员）、王兴仁（执事）4 人员销售和经手。

10 月 30 日感恩节圣会各堂送礼金 3100 元；当天开箱奉献 8774 元；今天卖粮 783 公斤得 1566 元；感恩节当天奉献的粮食和人民币总数是 13440 元；去年 2010 年是 9427 元，两年相比在去年基础上增长 4013 元。

2011年11月26日　农历十一月初二　星期六　晴

村民卖葫芦瓜的情况是有6户销售,因为已卖了头水瓜,而尾瓜颜色有黄绿色,也有大小,所以买主给价每公斤0.7—0.8元,我们也只好卖了。大部分也只是估卖,按大小堆评估,我自己就是给最低价,每公斤只给0.7元。不过就是做称计了,称计得800公斤,得560元,又因是熟识人,给我600元,也不要找补40元了。

张学德瓜称计得1000公斤,按每公斤0.8元计算,得钱800元。做估卖的有4户:龙福祥得钱400元;龙兴明得钱800元;杨兴明得钱2100元;张正华得钱1000元。

2011年11月27日　农历十一月初三　星期日　晴

冬腊月时,婚喜事多,家族友人众多,都关联亲属友人。昨天我村张家多户奔赴寻甸县肥草箐村赴娶亲筵席,苗家习俗由于新年行队人员逐年有增无减,有事就算是在校读书的学生都得想办法动用。昨晚三儿张学忠的孙女张美芬就是被请去接待服侍新娘媳妇。昨晚去,今晚必须赶回东村中学复课。

娶媳婚礼来客的面包车是几十辆,来客是300多户,礼金达26000多元。席饭食也逐年讲究起来,昨晚的婚筵是宰杀鸡、猪、牛、羊,也备有各色各样的鲜菜、鲜鱼等12个菜。婚筵席新的特点是:百分之八十的来客,由于交通工具方便,吃了一餐就走了,不过夜。连我家自己也是这样,出动两辆面包车,少部分人员留下,而我们就绕远回来了。

2011年11月28日　农历十一月初四　星期一　晴

村民张学祥被聘请到昆明市购置车辆。本村杨兴明的妹夫办事处马光荣请协助上昆明车市场选购车辆,他家两年前已买了农用的大车,现准备购置旅行客车。

购买情况是:哥杨兴明、妹夫2人同去,张学祥连车和人员被聘请做向导，购置、选车、办证以及车落户手续等。购置得一辆价值10600元的轿车（二手车）。他们有5人前去选购车辆，聘请待遇是安排200元慰劳为谢。

小结：苗家迎来新貌，一两年中一个地区民族生产生活购置力大有发展、大有变样，显示一个地区充满着生机活力，快速发展。

2011年11月29日　农历十一月初五　星期二　晴

记述村民张学全家扳撕苞谷，耕地处在通车路的地方。劳动进度又快又省力。耕地处在不通车的地方，就得用人工一背一背地背回家。张学全家今日扳苞谷，是在村子附近的陡坡地上搬。自家劳动力三人，又有老岳父也下来帮忙，有4个劳动力合作。

另外又有为儿娶媳妇烧柴做准备，也就是一边扳收苞谷，一边砍娶婚席烧柴。几天中我们肩负双重任务，虽然劳苦，但又觉得很幸福。

2011年11月30日　农历十一月初六　星期三　晴

村民张学全家扳撕苞谷，父儿5户出动人员协助。是因不但要忙于农业生产活计，又要承办娶儿婚席。三儿媳龙兴珍主动提出协助大儿张学全的农事，她一提出全家人们就响应。三儿张学忠出动四缸车运载我们父儿5人和他家3人，合有8个劳动力组成一个组。上午是在地里扳撕苞谷，收完苞谷下午接着就把办婚事的烧柴从山地里往上背200米到达车路，装上大车，8个劳动力背了一下午的时间，装满大车运载绕远道而回家。我们又有6人又是背柴、背苞谷走近道回家。

生活待遇安排是：他家当然也尽力买回冰鱼、鸡肉做好饭席为我们摆上为谢，饭席享受就是父儿五户所有的人员共享。大家很是喜乐满足，因为难度较大的农事我可攻克。

2011年12月1日　农历十一月初七　星期四　阴雨

村民销售肥猪，张学全出售两头肥猪。一个村子习俗，几年来销售的肥猪都只是估卖，所以今早也只是做讨价还价方式而两头买主给到3760元，我们也就卖了。做称计原来是活猪一公斤25元。今早这两头至少也有200公斤，按原价也应该得5000元，再少也应该值4000元。自己也是有难处，猪又养得多，养猪也最浪费粮食，所以有时我们为减轻负担，自己少得几百元也不管了，也就卖了。这样自己明明知道吃亏了，也无可奈何卖了。

小结：销售肥猪应该是按重量、按市场价格、按行情，上述的死定律真是无法扭转，自己也真是无奈而依从。

2011年12月2日　农历十一月初八　星期五　阴

村民清早赶街，是两县两街同天赶，东村街和寻甸的鸡街。村民赶东村街是变卖苞谷，而赶鸡街的村民是变卖白薯。因为鸡街的气候是流通大雪山，所以气候凉，只出高寒作物，所以东村的特产土瓜、白薯、柑橘、葫芦瓜就大量流向鸡街市场销售，形成了优势条件。

赶东村街也有优势条件，东村街上设有很多私人收粮店，只要人们选定可信任的，倒下就称计而掏钱给你，时间很快，不耽搁人。自然形成不论赶哪边街我们都占着优势条件。而且交通和交通工具方便，所以赶街只是上午的事，中下午就可以回到家干个下午活，可以一举两得。

2011年12月3日　农历十一月初九　星期六　阴

村民张学祥协助龙保罗到禄劝县县城拉运柴油机，约20马力，准备用作车子动力。他家顺便领家人以及亲友6—7人到县城游玩和赶县城街。

他们往返途中欢欢乐乐，有说有笑，享受一番短途旅行，游览县城街市的繁荣，购买苗民花裙衣物。

2011年12月4日　农历十一月初十　星期日　阴雨

村民生计活动，有孙儿张约荣销售肥猪。刚结婚的一对年轻夫妇，结婚一年来，为发展生产，发展畜牧业，在创业建房上有所投入，准备养猪致富。为建圈房投资养了10头肥猪，今日有买主进村来，每头猪给价1400元，孙儿张约荣一对夫妇已卖得14000元。

另有农民龙兴福（死者）之妻也是销售两头，每头活猪价格讲成1300元，两头卖得2600元。两户村民所出售的这12头猪就是一个主买下的，也是做一辆车拉运出去的。

小结：小小农户、小小家庭、小小夫妻能在刚创业中，一年一次获得14000元也是真不容易，也是奇迹，也是信心，也是良机。

2011年12月5日　农历十一月十一日　星期一　晴

村民建房，张学全今年为儿张荣光承办结婚席，形势所迫而建造结婚时新娘和陪伴的住房。几天中忙于建住房，建房工序今日安钢门钢窗，计划大约7天可以建好。施工人员每天父儿五户可有7—8人联合施工。

小结：苗家办婚喜事，住宿房分为男老壮年住一大房间，新娘行队陪伴住一个房间，女士统统住一个房间。所以办婚事，住房都得建造安排好，便于来客住宿。

2011年12月6日　农历十一月十二日　星期二　晴

村民建住房仍在施工中，工序在砌砖墙。今天的施工工序有拌灰浆，有的供材料，有的上山找几根木料回来做房梁，有的担房皮水泥瓦。劳动力，今日有侄儿张学光、张学才、张学会，孙儿张约荣4人以及我家父儿等10个劳动力联合施工。经一天辛勤建房，工作至挨晚已把房皮梁木安好，待买回水泥瓦就可撒盖水泥瓦了。

建房另一事工是安排张正才的大车拉运人工细砂，准备一便打好地板，建房工序仍在进行中。

2011年12月7日　农历十一月十三日　星期三　晴

村民农事活计，有的从事于农业生产，有的从事于奔赴亲友婚席，有的忙于修建房屋。记述挖白薯，有村民张学祥挖白薯，是昨早上挖，又用一天的时间挖，大约挖得500公斤，准备拉运上街市场当地销售。

村民张学忠家农活事工摘豌豆，由于亲属有婚喜事，所以安排家人一部分人员赴婚席，一部分人员留在家里坚持农事工作摘豌豆。人员有张学忠，我们二老人也去协助，经一天的辛勤努力，工作至晚黄昏时我们才息工。三人摘一天摘得126.5公斤，是一天农活的收获。一块豌豆地，由于人员少只摘了一半。

2011年12月8日　农历十一月十四日　星期四　晴

村民赶两头街，白薯的销售市场是鸡街，苞谷和豌豆的销售市场是东村街。村民张学忠农产品有白薯也有豌豆，同一天就需要到两个街销售。处理方法：哥弟张学忠、张学祥各开一辆车都往两头街去销售。张学忠开面包车到东村街卖了豌豆后又赶往鸡街，哥弟两人又各卖自己的白薯。

销售农产品情况是：1.张学忠到东村卖豌豆126.5公斤×3.2元／公斤＝405元；到鸡街卖白薯批发价一公斤1.2元，卖得500元，两项合计905元。2.张学祥到鸡街卖白薯按批发价一公斤1.2元得600元；卖葫芦瓜30公斤得30元；卖柿子（果子）30公斤×3元／公斤＝90元；三项合计720元。

小结：有了神的祝福眷顾，山村人民拥有这些土产财富来养活这些机械动力，民族人民活跃的运输事业，增添了苗民的新篇章。

2011年12月9日　农历十一月十五日　星期五　阴雨

村民承办婚喜事，有龙兴祥、妇张美花为儿龙荣祥讨媳妇。

今天是娶方行队带着娶媳妇礼品到新娘家过礼和过夜，是嫁婚席，明天又称为娶新娘席。

娶方今日的准备和前行情况是：娶婚领事主管员是龙兴德；车辆驾驶员有龙兴华、张学德、张学祥3人；摄像员是张学德；新郎以及陪伴10人；娶婚礼金安排4600元；新郎行队人员赴婚席礼金400元；娶婚礼行队乘坐三辆车下午1点出发往款庄马街朵木得村。

2011年12月10日　农历十一月十六日　星期六　阴雨

村民龙兴祥承办儿婚席，昨天派出一辆大车、一辆轿车把新郎陪伴以及娶婚管事员12人和娶婚过礼品送去过礼过夜。

今天的娶婚礼席是：派出一辆乘坐6人员的客车，一辆面包车，一辆大车前去接新娘新郎行队12人以及随行人员，出动大小车辆5辆，下午5点新婚夫妇行队到来。唱诗班排队两行夹道欢迎新婚夫妇的到来。

晚礼拜是特为新婚夫妇设立的祝福礼拜，不论是唱诗、读经、祝词、赠送礼物都是围绕一对夫妇，教会与一对夫妇都互相赠送礼品留念。

娶婚席来客以及礼金是：来客190户，所送祝福礼金是29000元。苗民结婚习俗礼金历年是达1万—2万，而今年有所增加和突破。

2011年12月11日　农历十一月十七日　星期日　阴

教会活动，有禄劝县万宝山教会开堂庆典。圣堂造价是8万元，有外援而建成，定于今天开堂庆典，只因户数人数稀少，需要我们教会人力物力支持开堂。

唱诗班人员25人从星期二就集中于万宝山教会训练和做准备。物力机械和扩音设备也借给他们使用，包括器械技术人员。庆典人员来自富民县、禄劝县、寻甸县三个县的20多个教会，一一上台献诗。

圣会奉献情况是：各堂支持礼金是4750元；当天开箱两项合计9500元。生活待遇也是尽力摆上高档肉食宴客。

2011年12月12日　农历十一月十八日　星期一　晴

村民张学全仍然继续建房，今天的建房工序是安装梁木、楼楞、盖钉水泥瓦，人工背灰砂并浇好两间房的地板。劳动力：我家父儿10个劳动力，又有孙儿张约祥、张约翰2人前来帮忙协助。只因为人工背砂是从大场背，挑走150米才到建房工地，所以工效很好，也很顺利。

小结：幸好是一班年轻人，大部分都是多面手，都是建房、操作机械能手，干起活来当然工效高，不求人。

2011年12月13日　农历十一月十九日　星期二　晴

村民从事于挖白薯，有龙兴德、张学祥等几户都忙于挖白薯，准备明天赶往鸡街销售。

记述村民张学祥挖白薯，几天的农事工作，婚喜事、农事、建房忙碌，劳动力时间紧，所以各人事工自己多忙忙。幸好有老岳父母2人前来帮忙协助挖白薯，地块是在山脚，又幸好自己有车子，方便于运输。劳动效力4人约挖获500公斤。价值每公斤可以卖1.5—2元，批发价可以卖一公斤1.2元。500公斤×1.2元/公斤=600元。村民都图快，一般只卖批发价。几个街子以来村民都只作批发。

小结：村民排白薯，价格都比其他农作物价格理想。一公斤白薯不占多少地，当然比种玉米经济价值高。所以农民排白薯是一项经济特产。

2011年12月14日　农历十一月二十日　星期三　晴

学会过老年人四季春的生活，今日我家儿媳妇有的上街销售白薯，有的上街买自已的和送婚礼的衣物。儿媳妇们出动一辆面包车、一辆轿车。我们父儿、儿媳8人乘坐上街。自己心想，买买东西转一两趟街，买好东西乘坐儿媳妇们的车回家，今天我家两辆车可就轻松了。

到了街上我们下车后，游赶到街那头又折转回到街中心，大儿媳王秀英以及大儿张学全说：我们两辆车都已开走了，却留下他们俩和我们一对老人。我半信半疑，慌忙跑到街头看个究竟，车子不见了。作为一个父母心中疑惑是自己对孩子们的关心不够，或是孩子对父母不敬重。想来买车子，我们父母已支持了2000—3000元了。虽然不多，如果是用来付赶街的车费用，可能两三年也用不完。误差在哪里？这可能是人生必经之路，我们也不要想次次都有人来关心我们。我们要学会独立生活，多人来关心我们也要生活，家人放弃我们也要生活。

大儿张学全今天事工是购买娶儿媳妇的一些礼品和物品。只不过说哥弟几个没有事先说明，但我想，若是我开车，对家人要说一声，你们有没有什么货物，若有我就等你们，若没有，我的车子要先走了。

今天我学到的功课已超出了我们的理智、推理、情理。啊！人生，我们都是在学习中呢。结果是：大儿媳家的东西买好以后，重新打电话叫五儿张学祥又折第二趟车去拉运。所谓人生四季春就是儿童、青年、壮年、老年。老来就似春夏秋冬之冬，何许很多时候，很多事工被他人和家人遗忘，照顾不周到，此时要发挥自己的特长。

2011年12月15日　农历十一月二十一日　星期四　晴

今日我们的事工活动，小车驾驶员张学祥到禄劝县翠华乡麦龙接我们教会学员王子弘。由于有志好学，所以两年前外地办有音乐培训班，学历两年已满。昨天与我们联系，叫我们一辆小车去西北方向50公里的外去接。

另一事工是东村乡政府安排每个苗族自然村寨的村主任由政府带队到富民西山的苗寨松子塘村参观他们种的山药。其中有一户种下二亩，据说每亩经济价值是16000元，可收入32000元垫本，连挖机（因要深挖地1.5米深）6000元。垫本6000元除外，自己还有26000元。种户向代表们介绍说：我种下二亩，要失败也是今年，要发财也是今年，这样做，我富裕了。

第三项事工，四儿张学德（林业员）接村委石桥办事处通知，所有的干部职工出动一天打扫清洁卫生。因说有一局长要下来检查卫生,所以石桥村委大小职工出动打扫卫生。范围是村委场地以及公路沿线到祖库村委交界,他们 6 人辛勤工作了一个整天。

2011 年 12 月 16 日　农历十一月二十二日　星期五　晴

张学德参与富民县基督教款庄圣经班第五届培训班结业典礼。庆典会内容:圣经班的负责人龙圣华老师作了五届培训班开展一年来工作情况报告,龙圣高作一年来圣经班的生活工作资料开支情况报告。在结业会上有老师代表讲话、学生代表讲话,办校以来五年中从始至终从经济上支持办校的外来友人也在会上讲了话,富民县基督教东片款庄上下 5 所教会的负责人也参加了庆典会。

圣经班的教学内容,主课有圣经、语文、圣经历史、音乐等。办学对象是优质神学者,没有机会上学而有志于学的年轻人。

总结:山村人民下一代年轻人需要接受社会教育和加强家庭教育,稳固社会良好风气,共建和谐社会。

2011 年 12 月 17 日　农历十一月二十三日　星期六　晴

村民建住房,有张学全为接儿媳而扩建住房,几天中已将完工。今天的工序是平整门前场院,清除房后洪沟泥土,括出泥土,填于住房小场院。准备浇灌地板,使之美观、清洁、卫生,办婚喜事时便于来往,便于和客人座谈团聚沟通。

山村建住房,房后埂比房子高,房子门前场院窄小,只够摆 4 桌饭菜。故要在承办婚席之际好好扩整住房小场院,力求一次性把小天井摆好,容纳来客,便于人员流动做客。我家父儿 4 户出动劳动力 8 人,挖生土,括出填土方,事工劳动是强劳动力的活儿。一天工作中,都是比较出色、效力高。

小结:山村民族人民生计活动工作多多,住房建设、机械运输动力建设、奔赴亲友婚喜事席，但是，我们还是要有战略思想的。农民犁田是一块一块地犁，军人打仗是一仗一仗地打，工人盖工厂是一个一个地建，所以农夫也是一桩一桩地做，经不息地努力总是会完善的，就是要有信心。

2011年12月18日　农历十一月二十四日　星期日　晴

教会活动有黑山教会邀请我们教会参与他们开堂庆典礼拜。我们小组聘请张学忠开出他家的四缸车运载我村小组14人前去东边25公里的大黑山教会参与圣会庆典活动。

山村车路窄陡弯曲，可是前去参加圣会的远近的大小车辆形成你追我赶的局面。是来自寻甸县、禄劝县、富民县三县部分地区教会的来客汇集到一条路上来，来客们都兴高采烈地参与庆典献堂礼拜。

吃过晚席后，参与圣会的来客争先恐后地乘坐大小车辆回家。我们乘坐的四缸车，当然是高速车。我们回来的路上，车行驶约3公里时，禄劝县、寻甸县的凹口村、拉利村10多人分为两群步行回家。我们的大车每遇到一群都停车让他们上车，乘坐到大凹口停车，让他们下车再步行回家，他们一一表示非常感谢我们对他们的关爱。我们自己也感觉到应该向他人施行布散阳光，人们感觉到有人在挨着他们，这也是我们的本分。

2011年12月19日　农历十一月二十五日　星期一　晴

村民继续收尾苞谷，今日有张学祥家也在收尾苞谷。由于自己外出差工多，从事于搞建房和机械维修，出车协助亲友外出客运，所以对农事活计多少有些耽搁，需要父儿几户协助帮忙。所以安排今天扳撕他家的苞谷，苞谷地由于是在山腰上，需要人工往上背100多米才能到达车路。所以工作中我们有的是背，有的是在地中扳撕。地形也陡，全靠劳动力多，又是出工早，我们父儿5户10个劳动力整整辛勤劳动了一个整天的工夫。幸好用大车运送，都是靠车子和机械力。吃过晚饭，用铲子将苞谷一铲一铲放进苞谷脱粒机，一便手打好，数量约有 900 公斤，价值 1900 元。

小结中心思想：都是在讲关爱，讲团结，一天工效可值 1900 元。

2011 年 12 月 20 日　农历十一月二十六日　星期二　晴

村民婚喜事准备工作在进行中，张学全娶儿媳是腊月二十，一段时间都是从事于准备，今日的事工是浇灌门前小场院地板。

事情忙就忙在今天一早出车去鸡街拉运 10 包水泥。材料拉进村，还要用人工背到施工的工地。一天的时间几乎用去三分之一了，至于浇灌地板，虽然人员很少，只有 10 人，但是工作就比较顺利了，因为这些事工活计是他们常做的活儿，所以比较熟悉。用水也是极方便，都是用自来水。一天购买拉运材料，又是一便手浇好，自然形成高工效。

2011 年 12 月 21 日　农历十一月二十七日　星期三　晴

村民张学德家扳撕苞谷，由于社区事工、教会事工、工作会议出差多，农业生产事工多少有耽误。所以我们也是安排今天协助张学德扳撕苞谷一天，家族出动 6 户 12 人帮忙。工作劳动场地是在山顶片区，车路顺外山转 3.5 公里绕往东又折往另一座山往下 0.5 公里的山地，地面积约有一亩多。

劳动工效，活计任务艰巨，幸好今天的 12 人都是强劳动力，都是劳动能手，也是尽了最大努力工作，所以不但收完了苞谷，也把整块地的苞谷草砍完捆好堆好，我们才息工回家。由于车路绕远道回家，所以我们人员就走小直路下山回家。

2011 年 12 月 22 日　农历十一月二十八日　星期四　晴

村民张学忠家扳撕苞谷，由于耕地的面积多一点，所以多找请几个人协助帮忙。三天中叙述的三人情况都相似，由于兼任村主任，所以出外开会学习时间较多一点，对农业生产有一定的耽搁影响。因此昨晚吃晚饭时，大家提出并确定今天扳撕张学忠家的苞谷。不论是扳撕谁家的苞谷，主人家一早就得上街买好生活用品。

出工时间是上午11：30，由于大车早上开出拉运张学祥家的苞谷上街变卖，要大车把生活用品送到家里来后，再把人员以及背篓工具和人员用水拉上山顶耕地。情况是早上赶街和中午扳苞谷都仍然要通过山顶耕地片区，因为不论是赶鸡街还是赶东村街都要利用东鸡公路，也是两县的通边，是黑色的路面。

今日扳苞谷，山地面积是二亩，劳动人员有13人。工作劳动任务是比较艰巨，幸好人员都是强劳动力，都是劳动能手，我们一直工作到太阳快落山的时候才完成任务。生活待遇，当然是力求高档待遇酬劳为谢。

2011年12月23日　农历十一月二十九日　星期五　晴

村民打粮晒粮，我村有多户都忙于打粮晒粮，三儿张学忠也是忙于打晒昨天13人扳撕的苞谷。数量是满载的一车，今天用苞谷脱粒机，动力是用电。机器虽然快，但是用了一整天才脱完。准备销售而用于养活车子，用于婚喜事的祝贺送礼，用于年关零钱开支，所以有晒场的农户，都在打晒粮。

另一事工，大儿媳家因要办娶婚席，而今天3人到松林中搂落叶，使娶儿媳时撒于房间让来客好坐，或是过夜，是宽打窄用，是苗民族的旧习俗。住宿现在是方便多了，因有教会接待室，父儿5户每户房屋可住下几个床位，再说侄儿还有几户。想来，客人住宿不会成问题。

2011年12月24日　农历十一月三十日　星期六　晴

村民农活事工仍是忙碌地进行，有的忙于收尾苞谷，有村民张学祥今天自己忙于扳撕苞谷，情况是通车路的耕地都已收完，只是不通车路的地方，扩种的陡坡地少量的地块没有扳完。虽然山地路边窄小弯曲，年轻人仍然用摩托车拉运，一次拉运两包，劳动进度仍然很快很轻省。

另一项农活事工是村民张学忠家我们3人摘豌豆，从早摘到太阳将落山时，我们摘获得4大包多，重量约有140公斤或是150公斤，经济价值在500元左右。

2011年12月25日　农历十二月初一　星期日　晴

圣诞节基督教会不但设有正规聚会崇拜，献唱圣诞音乐，还要特别献上音乐舞蹈，成人、儿童都准备献上圣诞节目，还表演圣剧。

2011年12月26日　农历十二月初二　星期一　阴

村民远程送病人，今早五儿张学祥的面包车已开往寻甸县鸡街市场去了。麻栎树村张荣光（是我四姐夫）家打张学祥电话，叫他从街上转来拉这位病人上昆明康复医院（外国几家承办的教会医院）看病就医（患病时间已有3年）。是昆明刘文珍姊妹主动到他们家去做工作动员说服，并指导协助领上昆明康复医院检查病情，求医师指导和化疗。

是为了方便，一个行程直接找车送往医院，连病人他们去了4人，到了昆明康复医院，由于有信徒刘文珍他们2位姊妹的协助帮忙，病者身边留下一个人护理，二人员和张学祥乘车返回，到家时，太阳还没有落山。

小结：民族山寨有了自己的客运车，哪里需要哪里跑，哪里叫哪里服务，驾驶员熟悉地区乡村路况，也熟悉昆明市区交通路况。山区民族人民在发展、在推进、在进步，时时迎来新变化。当然也是在云南大学的大力支持下，在各级政府的关心帮助下，在村民的治理下才有所变化。

2011 年 12 月 27 日　　农历十二月初三　　星期二　　晴

村民搞建房，有孙儿张约翰准备建盖厨房。年青一代建设任务多，因刚刚成婚，所以正忙于搞建房。去年结婚后，全家合资购置一辆 17000 元的面包车，今年又参加驾驶培训。据村民张学祥去年培训的各种费用和学费，总数达 9500 元。张约翰参与车辆培训必然开支也是 8000—9000 元，现在准备建盖厨房也会开支两三千元。所以每年都有大小建设，每年都有开支，这是村中比较好的情况，此种情况也很少。

建盖厨房，今日事工是开出大车到野外捡找石头拉运回来，准备砌墙脚，建房事工是在备料期间。

2011 年 12 月 28 日　　农历十二月初四　　星期三　　晴

村民农活进入翻犁冬闲地，计划种上小春作物的就种上小春作物，其他不计划种上作物的就翻犁过冬。这样有利于作物下年更好成长，山村人民大春作物收完了，就要忙于耕地。

村民张学忠今日用一架犁牛抄犁山地，耕地面积约有二亩。没有找请工，自己一对夫妇使牛。闲牛一段时间不犁，一时犁地性情怪，又爱跑，一个妇女使牛当然难度大，又累人，在这样的情况下，坚持工作了一个整天，出色地完成强劳动力的工作任务。由于工作强度大，息工时几乎太阳落山了。

2011 年 12 月 29 日　　农历十二月初五　　星期四　　晴

村民孙儿张荣光粉刷住房墙壁。自己刚停学，准备务农步入人生。事事得从头搞起。虽然靠父母支持大头，自己也要主动，从实践中学，一边学一边搞，准备粉刷墙壁，初着手效力慢，但是本着路是人走出来的，农村人年轻人现代人非得是多面手，自己也要勇于攀登、勇于获取、勇于掌握。常言说，科学并不是神秘的，是可以学习和掌握的。所以开始粉墙，待墙粉好后再吊顶，原先的人住房都不讲究，而现在的人们就渐渐讲究起来。幸好是现在的人们一般都是自己搞，而且大部分都能做得好，一般技术工都能做。时代在进步，社会在发展，人们也在不断地革新登峰。

2011年12月30日　农历十二月初六　星期五　晴

出车远程昆明看病，姑爷、女儿的孩子一段时间生病，已看了几家医院都没有疗效，地方医生建议上昆明医院诊断。今日聘张学祥出车到昆明医院。凌晨5点他们出车，行驶至天亮，约早7点他们到达昆明医院。孩子看病科目，只是抽血化验和照光，两个项目收费82元。医生建议交押金2000元住院治疗。他们向医生说明，请医生给我们诊定，我们经济困难，回乡村就地治疗，医生也同意。他们就从昆明折回来，下午3点就回到鸡街医院，找医生给小孩打吊针。因为昨天鸡街医生建议上昆明诊断，他们把昆明医生诊断的单子交给医生，给小孩打针后还准备回家呢。这事工原来是要10多天的时间才能做好，而现在是一天就做好了。

2011年12月31日　农历十二月初七　星期六　晴

村民龙兴明承办出嫁二女儿龙秀英婚席，只因父母误了出嫁女儿的良机。后来女儿借外出打工之际，自己处理婚事，据说是挨近贵阳了。由于远途之故，只是双方父母各在自家办一餐婚席而宴客了事，就为是已经娶嫁了。婚席来客75户，来客婚礼金11500元。

小结：想来类似此种的婚席没有必要使父母和亲属付出代价，因为双亲早已结婚成家了，再说又不娶又不嫁，只是一对夫妇各方的父母各在自己的地方办一餐婚席而自食，作为尊重自己的女儿，儿女也想得通。此种婚法我村是未曾有过的，很可能责任在于父母之不当，作为一个父母，必须非常关心和尊重自己儿女的婚事，更有利于孩子和父母的关爱。

2012年
村民日志

2012年1月1日　农历十二月初八　星期日　晴

村民忙于承办婚喜事。村民龙兴明为女儿龙秀英办婚席，昨晚是正客，今天是散客。婚席传统是四餐，正客有二餐。又有村民张学全为儿承办讨婚席。腊月二十日是讨婚的喜日，还有十多天的准备时间。准备事工项目是扩建住房、浇灌门场地板、购买办婚席的生活物资等几方面，生活用品和讨婚席该送的礼品繁多，所以从今天已开始购买。虽然是哥弟，五儿张学祥有车子也得聘请，也得付出烧油钱，当然这也是合情合理的，是以专车购买承办婚席的物资。准备事工在进行中，也是当前苗民生计活动的一个项目。

2012年1月2日　农历十二月初九　星期一　晴

村民为婚喜事忙碌于购买各种礼品及生活用品。大儿仍聘五儿张学祥家的面包车购物资。承办婚席的物资代价昂贵，高达上万元，不是几个街天，几车子就可购买，而是要一段时间，而且鲜菜、肉食、鲜鱼等菜是还要到时候才临时买的，所以今日仍开出一辆车子上东村街购买物资。

下午回到家，事工转入建住房，是备用办讨婚席的住房。今日的建住房劳动力拼凑得有4个，所以建房事工的粉墙任务得以完成。苗民承办婚喜事在某些情况下是多方面准备，而且代价还比较大哩。但是这也很好，因为有所推进、有所进步、有所完善，迎来发展，达到民族地区共同富裕的目标，增添民族风貌的新篇章。

2012年1月3日　农历十二月初十　星期二　晴

村民张学全哥弟4户5人联合搞建房。今日的建房工序是清刷二道粉墙和准备吊顶，今日开始钉吊顶木条，钉好木条就可以吊顶，5个人也进行了很多事工。建房事工粉刷过程中，平时是孙子张约荣一人摸索着学习搞，今天由于外边没有出差事工，所以技术工就多了几个，建房进度就更顺利，工效就更高一些。只是下午3：30，五儿张学祥的面包车又要送我们两村，即柿花箐村、芭蕉箐村这一片远区的学生到东村中学返校园，又耽搁了些时间，建房事工进度还可以。

2012年1月4日　农历十二月十一日　星期三　阴雨

村民事工：村民张学忠开出自己的四缸车到石桥村委，拉运年关政府给予的关爱物资大米。芭蕉箐每户一包米，每包米25公斤。安排一辆车到东村乡政府统一拉运回村搁置在教会大场院里，通知农户到大场上领取，运费每户收5元。

小结：我们芭蕉箐村在石桥村委会是民族村，所以政府的年节关怀大多都给予我村。对于地方政府的关怀，我们只有感谢领受，而坝区的农户就是比较困难户，所以我们很满意他们的关怀。

2012年1月5日　农历十二月十二日　星期四　晴转多云

村民购置车辆，侄儿张会云今日到款庄马街购置一辆小型手扶拖拉机。价值9600元，是聘请四哥张学才去协助购买并开回来的。小型拖拉机很不适应本地区的陡窄山路，只是为发展生产，为农事活计服务形势所迫而购买。

昨晚东村乡政府徐主席和李主任安排用晚间时间到我们芭蕉箐村来召开栽培山药培训会议。在徐主席的讲话中，晚5：00他都因开会还在县城，是特意安排今晚到我们村来开培训会议。因徐主席年关事务多，时间紧，故特意这样抓紧时间。培训内容，栽山药（高档菜食品，一公斤十多元）十年来在他引导栽培下迎来成功和创新。民众的态度从不认识到消极到积极主动回应和发展。全县很多地区纷纷种植起来，获取利润很多。栽山药是我县农户一项较大的项目。

培训：1.学习和认识，2.十多年来销售价格稳定，都是一公斤十多元；3.挖掘地沟，深宽距离、栽培、施追肥料以及季节管理都在培训晚会上一一做了讲述。

小结：群众的反映很好，都觉得是新鲜事物，新的门路，都表示要下定决心试一试，都觉得胜利在望。

2012年1月6日　农历十二月十三日　星期五　晴

村民生计工作：有的参加婚喜事，有的杀猪请客，有的打粮晒谷，准备年节工作。

村民脱粒苞谷晒粮事工，村民龙福祥家晒苞谷。龙福祥家一大优势就是耕地广粮多，所以收起来的粮食不但自己留着喂鸡猪，还可以销售一部分作为自己的亲属友人承办讨嫁婚席礼事的赞助以及年关过节开支，今天打粮晒粮，准备销售。教会的场院空间大，就用小拖拉机拉运上来，扒晒于大场院上。

小结：他家农事有三大优势：土地宽广粮食多；肥猪销售有门路；耕畜牛壮，给他人抄犁地而获得酬报。

2012年1月7日　农历十二月十四日　星期六　晴

村民忙于承办婚喜事形成一项中心。村里就有张志明、张学全、张学友、张学建4户要承办讨嫁婚礼。张学全是讨儿媳妇，其他3户都是出嫁女儿。还有亲友的喜事也得准备礼品前去庆贺。所以今天赶鸡街买各种礼品的村民很多，出动2辆大车和几辆小拖拉机上街去拉运。

村民张学忠的事工是用大车上街买小猪，5头小猪，60公斤×30元/公斤=1800元，事工是一举多得，又是买小猪，又是买需要的礼品，又是拉运村里所买的婚礼品。村民的小拖拉机拉不完的又由大车协助，所以今天村里的活动就比较大，数量也多。除此之外，学生们都放年假了，父母和孩子们都上街买年用品和衣物，他们可开心了。村民张学会两天前也就是5日刚买回来的新小型手扶拖拉机，也由姑娘开了上街，拉运货物。

小结：目前车辆在苗家已成为普通工具，不但有车人会开，就是没有车子的男女青年都能开，也是苗族当前的一项新鲜事物，已普及应用。

2012年1月8日　农历十二月十五日　星期日　晴

村民兴起斗牛活动。今日柿花箐、麻栎树、芭蕉箐3村中好斗牛的几户互相邀约起来斗牛。他们玩得很开心，当他们拉着斗牛回到家里来时已经很晚了，可见是多么上心和感兴趣。

2012年1月9日　农历十二月十六日　星期一　晴

村民婚喜事在忙碌进行中，每隔一两天又有婚宴席了。村中张志明、张学全、张学才、郑学友4户几乎时间都在腊月，正月有一户。几天中腊月十七、二十就接连承办。今日我家父儿五户也是准备杀猪、碾压糍粑，安排送小礼于来客。

生计活动，张学祥出售肥猪5头，在讨价还价中。由于猪肉价有所下降，要价5头5160元也就卖了，是以我们的要价来的。

小结：婚喜事不但准备工作繁多，代价也大，我家也是明天要送一半猪鲜肉礼，所以今早杀猪准备明天到金沙江上游、普渡河的小麦冲大旋塘村送礼。送礼因是亲妹妹，又比较贫困，所以自己也要尽已所能支持，尽上亲属的职责。

2012年1月10日　农历十二月十七日　星期二　晴

村民张志明给二女儿张秀芳承办出嫁婚席。办婚席代价为宰杀4头肥猪，买鸡杀鱼，购置多样鲜菜筹办。来客送礼情况为，来客146户，所送嫁妆够两辆大车载运往新郎家。所送礼金，不但送各样嫁妆，而且所送礼金达9000多元。

郎夫聘赎妻礼金2000元。

小结：郎夫方欠缺点，男方聘礼品之轻薄之少，引起民众议论。苗族近代的习俗是女子方父母的姐妹以及舅家等一些人物都应该安排礼品，而现在妻的亲舅没有安排礼品，不知是忘了，还是故意不给？又是妻的聘礼金只给2000元。而我村村民龙福祥家前几天讨儿媳妇是送5000元，4600元是聘礼金，400元是参婚的贺礼金。

小结：可能是有些地区，还没开化的。即使知道行情，他也不愿意这样做，他还会这样说，人家要多少多少才能把事办下来。我要多少代价就可以办好，我是聪明出众。如果情况是如此，他到头来，身边的朋友会越来越少，甚至连一个都不会有。这就是狭窄人生，到头来吃亏的都是自己，不是别人。

2012年1月11日　农历十二月十八日　星期三　晴

村民婚喜事忙碌进行，村民张志明今天嫁女儿张秀芳。吃过早饭，下午2：30出嫁，新郎新娘队伍12人，拉运嫁妆的两大车，以及新郎安排的帮忙人员几乎都到教会大场院来围观和送行。来客、村民、教会信徒上百十人送行。将要出发时，一对新婚夫妇一大把一大把地向亲友邻舍撒下早就准备好的果糖，表示谢意。接讨婚的车一辆辆开走了，观众们盯着讨婚的车子走远了才往回走。

又有讨婚忙碌准备，村民张学全讨儿媳，因明天是讨婚出发，今天就得忙碌一番做准备。今日事工任务是宰杀5头大肥猪、一头黄牛。人员少，准备天亮就忙起，尽上自己所有的力量，家族哥弟、孙子、亲友、邻舍都知晓主动出来协助帮忙。一下就凑有16人，由于人手多，宰猪杀牛同时进行。杀牛我们害怕，所以请师傅。早上杀了三头猪，一头牛，并且做好，才吃早饭。

中、下午只是杀了一头猪，大家都说：宰杀4头猪就够用，5头用不完，怕是太浪费了，所以只杀了4头。由于人手多，下午3：00我们就做完，结束今天的劳动任务。

2012年1月12日　农历十二月十九日　星期四　晴

村民讨亲事工活动，张学全为儿子张荣光娶讨媳妇。腊月二十日是讨婚日期，所以今天的新郎队伍，帮忙人员（是指抬、背嫁妆上车人员，都由讨方派出），运送讨婚礼品的车辆，今晚就要到新娘家过礼过夜。事务很多，所以早上两辆小车先到东村街把要用的鲜活鱼、鸡和部分食品拉运回家。吃过早饭后，做了两个小时的准备，讨亲的车辆和队伍才出车，物资由一辆大车运走，人员由一辆面包车、一辆轿车运送，而明天拉运新娘嫁妆再增加两辆大车前去协助。围观送行，不论新郎前讨，还是娶婚席都有大家族和亲友邻舍的围观人群送行表示关心、支持、祝贺。

2012年1月13日　农历十二月二十日　星期五　阴有小雨

村民张学全承办讨儿媳婚席正在进行。社会在发展，人民生活在进步和提高，民族人民生活技术要求也随着社会的进步而讲究起来，尽管对美餐好味也有自己的一套技巧，但为了更快更好完善自己民族饭食，厨师还得多学习，所以我们仍请熟识朋友来做厨师，多给以指导，昨晚把该炸的鱼肉等菜炸好，厨师家2人一直忙碌到深夜。今日事工有两项：分为煮饭、做饭、烧开水一组，另一圣工是唱诗班排练诗歌和晚间要用的节目。圣诗班的工作也是重任，要准备好用于晚间的祝婚席上。

晚礼拜内容，对一对新婚夫妇的祝贺，有祝词献词，教会赠送礼品留念。一对新婚夫妇也给教会、教职人员、唱诗班赠送礼品做纪念。教会、唱诗班各一项给100元。教职员每人给一个精装茶杯作为结婚留念，也给本教会优秀工作者张学明发打扫卫生工具一把铁锹和扫把，一个瓷质口缸作为鼓励。这些彼此尊重和个人鼓励教会积极分子，是前所未有的，也是创举。婚席来客160户，婚礼金额共计23500元。

小结：祝贺婚礼。唱诗班祝贺、见证、赠送礼品，以及一对夫妇又向唱诗班人员以及教会、教职人员赠送礼品，规模有所扩大，增荣见证关爱。

2012年1月14日　农历十二月二十一日　星期六　晴

村民销售肥猪。龙兴祥家销售肥猪，有6头，讨价还价，定为7180元，每头合人民币1030元。村民龙兴德卖一头，讨价还价定为2060元，村民张学全卖一头，讨价还价定为190公斤以上，就给价一公斤17.5元，190公斤以下只给一公斤17元，称计下来有170多公斤，按一公斤17元，得人民币3010元。

小结：我村今日3户卖猪就能拿12000元，卖得7000多元的农户是村里出售大小猪最具优势的一农户。村民的养殖业有所发展销路有所扩大，因交通很方便，几乎天天有车进村购买。

2012年1月15日　农历十二月二十二日　星期日　晴

村民事工活动，村民张学全腊月二十日给儿张荣光讨媳妇。按习俗新娘陪伴5个人，今天需要安排打发回家。由于交通和交通工具都很方便，又由于新娘的陪伴年龄有些幼小，所以我方主户就安排一辆面包车，把他们往西南方面单边30多公里的苗寨刘家坟村送去。沿途都有下车的，到了目标地那村只有2人了。

村中事工，龙荣富4年前到辽宁省学习音乐已毕业回家，辽宁韩宣教士有圣工研讨会来电话邀请参加研讨会，要求明天就得赶到会议。昨天赶上昆明买火车票，由于年关客运车拥挤，没有买到火车票，只好折回家。去东北一个单边路费就要400元，往返就要800多元，想想又叫家里父母当天从银行卡汇去1000元，以便参会。

2012年1月16日　农历十二月二十三日　星期一　晴

村民事工，办喜事，宰杀过年猪事工忙碌进行。侄儿张学友腊月二十五日要出嫁女儿，所以今天哥弟孙儿多人主动宰杀肥猪。12人一直忙碌了一个大早上才完成。吃过早饭后，趁早上的劳动力张学明、张学光、张学才等5户又相约宰杀过年猪。所以今日一直忙碌了一整天。

事工又有富明县基督教爱国会，全县各堂委员、常务委员 13 人集中于县三自办公室，由县三自发给年节慰问品，各堂委员每人 100 元，常务委员每人发给 300 元为谢为贺。又有永定福音堂（县城）教堂的一个信徒给这 13 人备好每人一床毛毯，价值 98 元一床。

2012 年 1 月 17 日　农历十二月二十四日　星期二　晴

村民宰杀过年猪，在教会大场边，我家父儿去年设好一宰杀猪场，砌好灶、浇好地板。而今年我们张家大家族三个老爹所有的儿孙们分布于村子上中下和村子那边都看中这场地，又有自来水，所以统统都杀好猪，用小拖拉机拉运来这场地，从昨天到今天都忙碌宰杀过年猪。昨天今天家族 17 户杀猪的又凑米、鲜肉来教会食堂办宴席，大家族共享，相就场地，相就炊具碗筷。早上继续杀猪，吃过早饭，中下午又转入办席饭。大家都力求好上加美，所以又开车上街买回两三大条活鱼，凑美味香菜。大家族欢欢喜喜饱享一顿美餐。大家都感到很满意！历年没有这样过。

2012 年 1 月 18 日　农历十二月二十五日　星期三　晴

人生大事，村民张学友承办嫁女儿婚席，事工准备已从二十三日开始。嫁婚席今天是正客。客席正餐是今晚一餐，明早上一餐，为两餐。帮忙的是从一开始一直帮忙到散客这一天，几乎都是两三天的时间。不过最好是由自家人，哥弟、村邻舍亲人来做，尽量减轻远客的负担。所以哥弟亲属帮忙人员，是两三天，是五至六席。来客有 168 户，来客所送礼金总共是 9850 元，来客所送的嫁妆是彩电 1 台、电磁炉 1 个、电饭煲 1 个、橱柜 4 只、饭桌 2 张、洗衣大盆 4 个、大锅 1 个、小锅 1 个、茶壶 2 只、茶桌 4 张、被 20 床、饮水机 1 台、衣物多件等。

2012 年 1 月 19 日　农历十二月二十六日　星期四　晴

村民侄儿张学友出嫁女儿，今天是出嫁的日子，吃过早饭后，新郎帮忙人员搬运嫁妆。由于对门的新村只通小马车路，隔 300 多米才达车路，所以搬运嫁妆都耽搁了些时候。讨媳妇队伍出发时已是下午 2:40 了，是一辆大车载运嫁妆，两辆面包车载运人员。

小结：苗族习俗不管远近的亲属都要给嫁妆礼品。现在有较大的改变，父母或哥弟、妹妹是给礼品，除此以外的亲属统统给礼或钱，因嫁妆太多不方便远程行路，一对新婚夫妇若欠缺什么家具再补买。

2012 年 1 月 20 日　农历十二月二十七日　星期五　晴

记述年关春节，富民县统战部慰问。今年富民县统战部部长有所更换，由付加才担任。历年富民县统战部都给富民县基督教全县 12 所基督教堂以及集会点的负责人安排春节慰问品。今年新的领导也给我们安排了春节礼物，给人民币 150 元为礼品，送达全县各乡镇，通知下属有关人员到乡镇领取。接到政府的关怀礼品，我们当然感动，深深感到春节人民政府又给我们送来关心和温暖。受惠人员每人还给了一篇慰问信。我们只有感谢着领受，谢谢政府领导的关心。

2012 年 1 月 21 日　农历十二月二十八日　星期六　晴

年节村民碾压糍粑。有家族、邻舍 21 户联合一个大族碾压。动力用柴油机传动碾压。吃过早饭就开始蒸米饭，是没有集体安排时间，哪家蒸好，背到这里来就帮他碾压，这样进行就多要时间，整整忙了一天，特别是协助碾压的人员忙碌。

小结：年节碾压糍粑，我家父儿是免费为人民服务的。机器烧油以及服务人员，本着为亲属友人施行关爱，都是免费。人都知道，需要他人来关怀我们，个人、家族、邻舍、友人，一个民族，一个村寨都要开展一些关爱活动。尤其是在今天更应该尽自己所能地给周边的朋友们施行关爱。

2012年1月22日　农历十二月二十九日　星期日　晴

年节活动，我们过春节活动。今天是年终，俗语说是年三十晚过年，又是礼拜聚会日。村民购买节日的物资，各家各户自理交通工具，凡有驾照的大小车辆都争先恐后地赶往街子上买物资。人们怕交警堵车，所以一部分车辆早早就停车于离街3公里的便地上步行上街。胆子大的，有驾照无驾照的都纷纷上街，时间就好争取，买好早回家，我们有驾照，到家时才是上午11:00。停车于山脚，办好事回到家已经是下午2:30—3:00了。

过年高档肉食、饮料逐年讲究起来，都讲求美味。亲友、客人尽量团结欢乐过年。家人、来客吃过晚饭，相互赠送和分享果子、粮食。最后一个项目，欣赏花礼炮，人们都尽力买好的，买大的，一桶有16响、20响、25响的。家家户户放，一时形成遍地红。逐渐形成过年欣赏花礼炮是一个新的项目，人们都力求一浪高过一浪，增添过年光彩。

2012年1月23日　农历正月初一　星期一　晴

春节苗族节日娱乐活动。村上组织进行，自由编创项目如下：

1. 摩托车考察训练，分为一等奖5元，二等奖3元。

2. 在一定距离投掷竹圈，套上物的得奖，一等奖5元，二等奖3元，三等奖2元。

3. 几步距离画一个圆圈，把人的眼睛蒙上手巾，按着这步伐走到目标，放下一东西，如能正好放到圈内得奖。

4. 女青年跳竹子舞，排练舞蹈，舞蹈是自己练习。

交通研讨事工。张学才、张正福我们3人趁此休假日畅谈一年工作中的不足或如何改进，来年工作应该如何改进使广大信徒满意和提高讲经效益，提高教学素质，以及如何持定真理，畅谈得津津有味。准备为教会来年事工会议献计献策，我们感到很有意义地度过了春节。

2012年1月24日　农历正月初二　星期二　晴

村民春节活动，我家儿媳4户15人举行春游活动。因我家儿媳交通工具方便，四儿张学德有一辆轿车，五儿张学祥有一辆面包车。吃过早饭就在饭桌上讲说起来，有的说要到大雪山旅游摄像，有的说要跑寻甸县，有的说时候迟了，跑跑普渡河温泉好了（人称金沙江上游）。中午11：00，儿媳、孙儿孙女们想想还是跑寻甸县县城，路程一个单边就有100多公里。据说跑到寻甸县县城刚好是下午3：00了，旅游目标是：寻甸县城某地红军烈士纪念塔、青海风景区（有古传说故事地）。据说这大海浪上，当山清水秀的季节时，人们肉眼可看到这海上的村庄、房屋等景象。据传说，远古的时候，不是一个大海，而是一个大村庄。只因有一农户有一口水缸，水缸里养了三条黄鳝鱼。缸里的水一年四季不用挑，自有供给，但是要记住，打开水缸盖，舀了水以后，要盖好。这户人家讨来一个新媳妇，却不知道这个道理，她做饭时舀了水，却忘了盖上盖子。此时，缸里的水就从缸里漫流出来，越流越大，流个不停，就把一个大村庄都淹没了，后来就成了现在的大海。这个故事一直流传至今，几乎一般人都会讲这个故事。所以今天儿媳孙儿孙女路过这里就特地在这里停留歌唱和摄像作纪念。

小结：春游活动，原来是国家单位、机关、学校、基督教会才会有的活动，现在我们家族也来欣赏。我们还准备跑几处圣地，搞摄像活动。

2012年1月25日　农历正月初三　星期三　晴

村民农事即将进入来年工作。春节一般村民亲属年节来往都得要一段时间，以施行关爱活动。有极少劳动力单薄的农户，就趁亲友走访之际安排一些农事帮忙，抄犁冬闲地。有的趁农闲年节假期，适当处理一些农事，整理耕地，砍苞谷秆，清理乱草，待两天烧除后便于点播大春农作物。

记述村民张学祥用小型手扶拖拉机扩犁冬闲地，准备栽山药（经济作物）。机器是新买的，需要熟悉操作。

小结：栽山药是我村政府指点带领下，为了发展经济而搞的一个新项目，情绪高、积极性高的农户就关注时机，时时准备投入，所以春节期间就有人到所选择的地块去考察选择地工作。张学祥到山地工作了一天。

2012年1月26日　农历正月初四　星期四　晴

村民腊月、正月仍忙碌婚事来往赴席。有邻舍村麻栎树村张丛光出嫁二女儿，我村大部分村民已上去赴席。由于出嫁嫁妆多，讨新娘一方，拉运新娘队伍，以及拉运新娘嫁妆的运输车辆，只安排来了一辆货车，7辆轿车（8辆车子，有一名轿车驾驶员是汉族）。所以临时嫁女儿一方聘请三儿张学忠的四缸车上去协助拉运到小水井方向的清水塘村。出动张学忠这辆车是拉运7只山羊，两个沙发和一些家具。物资帮忙拉运到大清水塘，吃过晚饭就折回来，到白水塘凹口，车子就开灯回来，回到家已经是夜里9:30。娶亲户主付给400元钱为车费油钱。

小结：讨娶婚席运输中，涉及多辆车子。车子几乎已是苗家自己拥有的交通工具，看出苗民在发展和进步，会迎来新的篇章。

2012年1月27日　农历正月初五　星期五　晴

村民来年事工将进入投工投劳。乡村农夫农事多，人生需求逼人，时间有限，人们也珍惜陪家人亲友邻舍过年休假。过了年就将奔赴农事的各条战线。

村民龙荣才着手建沐浴室。原来没有建好，去年已拆除，准备用正规材料红砖建房。去年已投工投劳挖深地基。所以今天开工挖房石脚地基，本着自己一个人慢慢来，一有时机就投于建房事工。

2012年1月28日　农历正月初六　星期六　晴

村民参与生计活动，龙福祥扩建畜圈房。自己对建房又是外行，只有找请村友协助帮忙。村民张学忠、张学祥被请去协助。建圈事工是量房子的尺寸以及挖石脚坑，下放墙角石。建房大小工程都是技术工，所以聘请张学忠、张学祥协助下尺寸和砌墙石脚。找工、请工，不论是有酬报或是无偿支持，都是极容易的事，关键在于会做人，就是要知恩、感恩、报恩。

2012年1月29日　农历正月初七　星期日　晴

教会礼拜天，聚会和安排聚餐。教友张花艳，10多年前在云南神学院毕业后就工作于云南丽江爱国会，也在那里成家。春节期间回来探亲，看望父母，看望我们教会。也有教会同工潘正德在广州某神学院学习，毕业后也安排于广州某教会从事音乐服务。同一个礼拜，教会迎来7个客人，礼拜中，我们教会请他们2人上台讲解和献诗，大家很满意，他们都是任牧师职务。教会来客，所以办席宴客，炊事以及奉捐伙食肉菜是由我村教牧信徒9户承担。

小结：小小的付出，小小的代价赢来会友们的欢乐和高兴！团队、家族、亲友相逢，年节活动必不可少。增加团队友谊感情，时时抓住机遇。力求摆高档饭席，可惜就缺了鸡、鱼两个菜，也就行了。

2012年1月30日　农历正月初八　星期一　晴

村里又忙于办起婚宴来，村民侄儿张学会出嫁女儿。时间是明天，所以今天就忙于宰杀4头大肥猪，准备明天办出嫁女儿席。侄儿张学会哥弟孙儿有关亲友邻舍都主动出来帮忙。分作两大组进行工作，一个组就利用教会场地进行，每个组有六七人工作。利用教会场地的一个组工作效力要快一点，因为占着场地的优势，加之人对事工也比较熟悉。帮忙人员今天已有二三十人，大家从早忙到晚，杀猪、买鱼洗鱼、做菜、洗碗、烧水、备场地，所有的人一直忙到吃晚饭，才初步完成了一天的事工。

2012年1月31日　农历正月初九　星期二　晴

村民侄儿张学会嫁女儿张秀珍，今天就是正客，而且今晚这餐是主餐，所以来客都赶到赴席。来客的贺礼：柜子3个，橱柜4个，絮被20床，大铁盆4个，茶壶6只，电饭锅4只，铁锅1口，塑料桶1对，小糖果15袋等。来客220户。

2012年2月1日　农历正月初十　星期三　晴

村中的婚喜事有侄儿张学会出嫁女儿张秀珍。出嫁新娘精彩环节就是人们都等待发新娘的时刻的到来。由于并非远程，单边约38公里，所以早上的炊事工也慢慢来。约上午10：30，开始就餐吃早饭，约中午12：00吃完早饭。人们都在关注下午3：00时刻的到来。人们搬运新娘嫁妆都用去一个多小时，因为从村子的下边搬运到教会大场地上车。讨方来接新娘队伍的两辆货车，一辆轿车，两辆面包车停于场上，所以亲友、邻舍、围观人员也集中于大场上。新婚夫妇把预先准备好的糖果一大把一大把地向四方围观亲友投掷为谢，告别驱车走了。宣告嫁礼完毕。

2012年2月2日　农历正月十一日　星期四　晴

来客（汉族）来送侄儿张学会嫁女儿席的一辆面包车，由于有故障启动不起来。早上打电话请鸡街的修车工到我们村里来帮修也请不来，只好聘请张学忠的一辆四缸车协助拉运10多公里到东村街车修理站，结果只是换上一股三角皮条即可。酬谢是请主凭喜欢付给张学忠200元，也是四缸车耗油量大，往返一个单边100元。

2012年2月3日　农历正月十二日　星期五　晴

村民小小的客运。张学祥家的面包车，我家两辆小车子10人乘坐到顺江河（金沙江上游）沿河下方老家参与亲属讨儿媳妇，与五儿张学祥又属哥弟关系，所以就顺便请帮忙，把新媳妇的陪伴以及新娘后家的送亲人员六七人送到鸡街后山顶的麦冲（苗寨是鸡街东边方向，从鸡街上去有10多公里）。是从做客那里往我们方向折回来，所以很顺路，只是到了鸡街多跑往东北10多公里。小面包车完成了此项运客，回到家时是下午4:00，又有我家大儿张学全家讨的媳妇需要回门过正月十五节。面包车送客人的亲友去了，又由四儿张学德的小轿车送去富民县方向30多公里的刘家坟（苗寨）。因为回门、回娘家要由父母亲自送去，习俗还要送小礼物品。今早父母儿媳、驾驶员四儿张学德5人前去，到了孙媳娘家早饭还没有熟。吃过早饭，孙张荣光之父母、张学德开车3人驱车回家，到家时间下午2:00。

2012年2月4日　农历正月十三日　星期六　晴

村民建住房。龙福祥家建厨房，由于自己家中没有手艺技巧，建房大小工程只好承包给他人，或是请亲人帮助建盖。厨房是请来村里熟识的人建盖。

2012年2月5日　农历正月十四日　星期日　晴

记述村民张学祥协助邻村水平子村送一受伤小孩前往148公里外的嵩明县骨科医院治疗。水平子村的几名孩子玩车玩得开心，不慎跌下他人的房沟，折断一只腿骨。父母不知道是否重伤，挨晚请麻栎树的张丛光前去按摩，才发现伤处有碎骨声，才确定已折断了腿骨。时间已晚了，此时才打主意找车送往嵩明县骨科医院治疗。时遇良机，张学祥的面包车恰巧在他们村里，因外父外母在那里，就找请张学祥的车子跑嵩明县。到了嵩明医院，并协助他们办好住院手续，使他家住下来后，张学祥、孙儿张恩膏，他家送行人员 3 人驱车从嵩明县城行驶 148 公里回来，到家时已是夜 3：00 了。开夜车远程很辛苦，但只要解决人家的困难，自己也感到很幸福，同时也体现了山村民族人民中有着生机活力。

2012 年 2 月 6 日　农历正月十五日　星期一　晴

富民县基督教 12 所教堂承办一批教牧职员 5 天短期培训班，地点：富民大宫山集会点。学员对象：富民县 12 所教堂的负责人，以及 12 所教会所管辖的聚会点的负责人。芭蕉箐教会代表：张学德；自然村万宝山村执事：王兴仁；石桩村：张住。交通工具自理，张学德开出他家的小轿车把我会代表 3 人送去参加听课和学习。

2012 年 2 月 7 日　农历正月十六日　星期二　晴

村民进行来年农事活计。张学祥今日点种田里的甜苞谷。田块的面积有 3 工田，等于一亩。我家父儿 5 户 12 个劳动力，但是县基督教办教牧培训班。正月十五日又是乡村民族的一个节日，亲友春节都互相邀请团聚过年，未能如意的，正月十五日又重新来请客赴席来往探亲活动，所以我们人员流动大。今日我们点种苞谷，只凑得 6 个劳动力，我们尽量努力仍没有完成点种任务。我们是本着珍惜时间，也珍惜劳动力，不论人员多或是少都做起来。本着什么事工都打主动战。

小结：水稻田应该种上稻谷，只因为年降雨量逐年减少，箐沟的水源流量也是减少，村里的农田栽插逐年困难加大。所以一部分农户、一部分农田干脆趁早种上其他经济作物，想来也是省事，经济效益也可以。部分农户已经起步试种了 3 年，发现可以，所以我们仍种上早甜苞谷。

2012 年 2 月 8 日　农历正月十七日　星期三　晴

村民龙祥福建厨房，去年结婚，等建好厨房后，准备分家。今日开始拉运空心砖和人工沙，出动两辆大车拉运，即将开工建盖。

小结：苗家习俗，都喜欢分家。苗家古话说：是趁婆媳和睦相处之际分家，促使以后仍能和睦相处。不分家，等到婆媳吵吵闹闹时才分家就有损于团结，有损于关爱，不利于相处，所以要分家。第二方面的理由是，分开的话责任心强，提高他们的责任感，提高他们的积极性，与家人更好相处。

2012年2月9日　农历正月十八日　星期四　晴

村民建住房。村民龙兴祥为儿龙荣祥建厨房。昨天拉运建房材料，今天着手整平房地基砌墙石脚、砌砖面。他家哥弟2户加姐夫共3户，7个劳动力联合施工。

小结：龙祥福建厨房，是计划一楼做厨房，二楼安太阳能器具设备。青年人好学，五年建砖房都是自己设计，自己施工，几乎都很成功，几乎都是现代科技能手。又好机械，好车辆驾驶，自己又受培训有车辆驾照，所以搞起建房来也很方便。

2012年2月10日　农历正月十九日　星期五　晴

村民龙兴祥建房事工继续进行。他家3户，8个劳动力，村里张约荣，又有舅家下来2人帮忙，今日凑得12个劳动力联合施工。建房工程规模小，亲友也关心支持，仅昨天和今天两天的功夫就建好了。因为村民一般都是自己动手盖建，又一般都是技术工，所以建盖效益高。工作进行中，有的砌墙，又抽几个人砍梁木。等砌好砖墙就安房梁木，安好梁木就趁有劳动力七手八脚盖好水泥瓦。昨天和今天的建房过程比较顺利，功效也比较高，因为建房是自己手上活计。

2012年2月11日　农历正月二十日　星期六　晴

村民试种山药项目。部分村民已买回来山药种。技术栽培要求深挖1米，沟宽0.9米，技术要求要硬功夫。部分村民准备找借挖机挖。村民张学祥准备用自己打犁机头去刨,刨多次使深度够一米深。昨天和今天都在进行,已下定决心,不论成败,试一年。我们是信心十足,狠狠抓它一年,成功在望,准备按量完成技术规格要求。我们把种山药作为脱贫致富的一项攻坚战,所以立下心志的农户在积极投工投劳地进行着。

2012年2月12日　农历正月二十一日　星期日　晴

村民同时出售一头黄牛一头肥猪。大黄牛讨价还价定价为9780元,是村民也是村主任的张学忠出售,一户两项收入金额就达11580元。仍计划买一头小牛养起来,计划两年内就可以把大牛价值拿回来。初步计划再买上10000元左右的轿车一辆。如果钱不够,再跟哥弟借上一点就解决。再说刚卖掉一窝小猪起码也值1500—2000元,这也是一种幸运。

2012年2月13日　农历正月二十二日　星期一　晴

芭蕉箐教会要更新教堂。圣殿建于1994年11月27日,已18年,为砖木结构。由于一楼四面墙没有安装圈梁钢筋加固,又经几次地震,墙面上有裂缝,木料已腐成危房,所以需要拆除重新建盖。尽管经济不就位,先拆除旧房,今年趁农闲季节忙于拆房。昨天礼拜休会,召集教牧同工研究,确定今天开始拆房。今日劳动力出勤情况是:20人,11个男劳动力,9个女劳动力。今天的拆房工作是先拆除扣板(也称吊顶),再拆除房皮上的水泥瓦,再拆房上木梁,最后又拆了一些人字木,就是一天的工作量了。

小结:拆房,由于是高空作业所以难度大,为了安全作业只好慢慢工作,能拆多少就拆多少,一天拆不完明天再接着拆。

2012年2月14日　农历正月二十三日　星期二　晴

村民张学祥被水平子张建荣聘请上昆明车市场协助选购面包车。我们自己就有车子,因买到车子后,又要把买到的车子开回来,所以干脆到东村客运站乘客车上昆明买车。选购到一辆 28000 元的面包车，在昆明城下午 1 点多钟才买成，所以承办落车户、办车合法手续等就来不及，他们干脆把买成的车子开回来，准备隔天再上昆明补办。

2012 年 2 月 15 日　农历正月二十四日　星期三　晴

村民建盖住房。龙荣才建盖沐浴室。一事项是从事于挖墙脚基坑和安放砌石脚。今天扎地梁钢筋，由于劳动力少，技术工也是几处施工，所以砌石脚，扎地梁，都得要两三天才能做好。幸好是技术出在自己手里，人员少就多花几天，也仍然能做，私人盖住房都是靠自己哥弟姐妹、村乡友人的支持。人员少，每天还是凑得七八人施工。

小结：我村搞建房，龙家族为一个组，张家族为一个组，就是能设计、扎钢圈梁、砌红砖，就是正规设计和施工，在本村和外村给友人建房为业。

2012 年 2 月 16 日　农历正月二十五日　星期四　晴

村民的经济作物，增加种植山药的新项目。有柿花箐、芭蕉箐两个村部分农户试种。东村乡、石桥村委领导安排小型挖机来协助村民挖地。挖机工作收价是每工作一小时收费 180 元，工作了几小时就照标准收费。挖机今天到我们芭蕉箐来开始工作，今天挖了张学忠的地块，趁有挖机之际私挖农地车路 250 米，合人民币 300 元，挖地 360 元，合计 660 元。张学祥挖了 4 小时，合人民币 720 元；张学德挖了 4 小时，合人民币 720 元；张学全挖了 4 小时，合人民币 720 元。

小结：用机械挖机挖地一个小时收价就要 180 元，一天就需要七八百元，但是比起人工来，效益就高了，当然机械优越。

2012 年 2 月 17 日　农历正月二十六日　星期五　晴

村民龙荣才浇房子，地梁钢筋，昨天扎好地梁钢筋。事工的进行是出动两辆车把人工砂和公分石拉回来。吃过早饭后,哥弟两户以及姐夫家凑得7个劳动力施工浇地梁。由于没有搅拌机,用人工搅拌又费力又费时间。幸好他们都是强劳动力,用去整天的时间浇好地梁,也幸好技术工就出在自己手中。

2012年2月18日　农历正月二十七日　星期六　晴

村民找挖机挖山地栽山药。今天村民龙兴祥家挖山地,地面积约有二亩。到龙兴祥家的地块路途约有350米,挖机开到他家的地块仍然是烧油钱,所以用去经费900多元。

小结:我村8户今年经济项目是栽山药,因要求挖地深度一米,所以政府领导同志帮助找挖机前来支持,只是按挖机工作小时收费,由农夫承担,我村民这一户挖地付出的经费就多一点。但我们共同认定,用机械挖地功效比起牛犁、人工高多了,而且挖一次可以种三年,所以我们村民很乐意出挖机费用。

2012年2月19日　农历正月二十八日　星期日　晴

村民农事活动有张会成、张学会、张正华、张正福、杨兴明、张学全、龙兴祥7户利用挖机挖农地车路400多米,按挖机工作小时计算合1750元,每户平摊250元。

小结:7户联合相约用机械挖农地车路是一件好事。彻底解决了一只山梁子农地的肥料以及搬运苞谷的运输问题。这推进了我村部分农地耕耘生产的发展,也便利了农地的物资运输,缩短了农地物资的运输时间。展现了我村农业的新貌,更高更美的前景等待我们去创造和攀登。

2012年2月20日　农历正月二十九日　星期一　晴

挖机进驻我村挖种山药地,今天已经是第五天。今早有杨兴明、张正福2户联合趁机请挖机挖一段农地车路。挖机按工作的小时收费,每一个小时收180元,这两户挖路情况是:每户愿出100元,两户就是200元。挖机老板喜欢挖多长就挖多长。挖机老板也是尽情为人民服务,经一个多小时工作,两家农户也满意。

小结:有远见的农户,趁挖机进村之际积极配合村上计划,挖地又挖路,对来年增加经济收入满怀希望和信心,投资投劳为未来经济富裕付出。一般村民思想比较开放和活跃。我村利用挖机挖地和挖农地车路是我村兴农脱贫的新的步伐和新貌。

2012年2月21日　农历正月三十日　星期二　晴

教会重建教堂。教会第二次建于1994年,至今已有18年的历史,建房材料是砖木,由于经费困难,就没有浇楼板,房皮也只是盖水泥瓦。现在需要扩大,浇上楼板,木门窗改为钢窗钢门,加固房基石脚,确保今后二楼的建造牢固,所以建房规模就得彻底从房基石脚做起。对于教会建房事工,信徒们热情都比较高,万宝山村、柿花箐村、芭蕉箐3个村,每天保持有25个人坚持工作。侄儿张学才家宰杀一头肥猪,所以近几天的生活是丰丰足足,一天安排两餐,晌午有稀饭、洋芋、白薯或是馒头。晚饭是正餐,可以尽情享受。

拆房,原建房结构是半土洋,地圈梁都是钢筋水泥。要拆除可不容易,很费力,而且难度大。今日是拆旧房进行的第七天。

2012年2月22日　农历二月初一　星期三　晴

村民从事种植山药经济作物积极付出辛劳准备,投工投劳购买山药种。有村民张学祥、张正华、龙保罗3户开出张学祥家的面包车,早8:00出车到本乡杜朗村买山药种,3户每户买到100公斤。自己本乡本地人,所以赊销给我们,到我们销售时再付钱给他们,所以立下心志要栽山药的农户都在积极投工投劳于准备工作。因是自己本地区、本乡,所以利用一个早上的时间就可以买好并拉运回到家。

2012年2月23日　农历二月初二　星期四　晴

村民栽培山药。张学祥、张学忠哥弟两户联合用一天的时间栽排两户的山药。栽排山药，是东村乡政府领导倡导的一个项目。今天我们要栽培，所以东村乡有关领导清早就到我村农户的山地来，亲自到地里来做标样给我们照着做。吃过早饭，我们家人、邻舍、亲友都前来支持帮忙，人员凑得17人。张学祥种下了240公斤种，张学忠种下了170公斤种。

小结：种山药是新的项目，是新事物，全村40多户，只有7户试种。一般农户，一是怕累，二是怕效益不高，三是落后思想严重，自己甘愿落后，对新鲜事物不开心，觉得反正自己的日子过得去，必要时人家怕还不如我。所以人们都需要不断学习向往先进，升华自己的意识而不落伍。

2012年2月24日　农历二月初三　星期五　晴

村民生计活动，张学祥今日有双重任务。自己已砍得100多公斤儿菜需要拉运到大鸡街销售，又有邻村水平子2月5日小孩玩车跌断一只腿骨，请五儿张学祥帮忙送往嵩明县骨科医院治疗，今天要出院，又叫张学祥的面包车去嵩明县医院接回来。所以今早9:00在鸡街以每公斤1元批发儿菜后，才又转回嵩明县医院去接出院人员。到了嵩明医院，出院手续还没有办好，他们家人从家里另去一个人员乘坐学祥的车子到嵩明县医院协助办理出院手续。住进医院19天，花去医药费共3000多元。报偿车油费，往返一次，送去和接回来，他们家付给油钱和人的误工补贴拿回家清点是1000元，因为双方没有当面清点，张学祥要退还主人300元。

小结：苗家习俗，自己是要少要，对方客人是要多给。一是讲民族之间要讲关爱，讲团结，讲信用，俗语说：不图一次么要图二次，又讲，一回生二回熟。住院以及治疗药费3000元不是很高，如果是上昆明治疗的话，起码是上万元了。

2012年2月25日　农历二月初四　星期六　晴

村民购买山药种，我村发展经济引进新的项目栽山药。我们村购买山药种，是分批分期购买。头一次是计划到富民松子房买。后来因东村乡地区可买到一部分，所以用完自己地区的，不够的部分再去外地买。今早有张正文、张学全、张学德父儿3户，开出张学德家的小轿车到本乡杜朗村买回200公斤，每公斤价格仍是4元，200公斤付出800元。在栽种过程中我们是边买边种。有村民张学忠、张学祥两户已栽下。我们准备陆续种下，趁农闲季节种完就不会影响其他的农活事工。所以都在积极准备种植山药。

2012年2月26日　农历二月初五　星期日　晴

村民龙荣才搞住房，几天中已砌好房基石脚，今天的建房事工是往已砌好的墙脚石房内填土。因是就地取土，所以比较轻省方便。由于事量少就自己慢慢做，自己的事工就采取一有空一有时间就填土，是用一段时间才填够的。今天几乎已填平，待材料运回来就可以砌砖墙了。

村民龙兴祥家待礼拜休会后自己排山药。是本着自己排，一有时间就排山药，所有的时间和人力都利用起来。

2012年2月27日　农历二月初六　星期一　阴

村民张学全家排山药，劳动力父儿五户凑得8人联合突击排山药。工作时间是吃过早饭上午10:00我们出工，由于人员少，我们就没有安排车子运送，劳动工具自带。至于山药、农用化肥是由主人用摩托车运送。工作活计地点是芭蕉箐山顶片区，薄膜待三天再盖，因为天色转阴，或是冷天，或是会有零星雨。山药种整块地种下120公斤。

评语：排山药，我们都议论，或许成功，或许失败，因为头年试种。

不管怎么说，路是人走出来的，什么尖端农业科技都等我们去攀登。

2012年2月28日　农历二月初七　星期二　晴

村民事工，生产建房两部分。教会重建圣殿，教会拆房、拆墙石脚，由于是钢筋混凝土，所以拆房梁木架，拆石脚、地圈梁工序都是较难的工序。拆除旧房已有15天的时间，建房工作任务比较艰巨，我们只好每天不论人员多寡都坚持工作。

农事，白天给教会搞建房。我们参与建房人员就利用早晚时间开展农事工作。今早我家父儿5户组织劳动力10人点排张正文、张学德父儿两户的山药，由于耕地是在我们山顶片区，所以出动两辆小车运送人员和物资往山地工作。上午10：00息工回家吃饭休息，中午12：00参加教会建房工作。

2012年2月29日　农历二月初八　星期三　晴

村民建住房，记述村民杨天友改造畜圈房。建盖多年的土木结构房现在需要改造，土墙换成空心砖房。建房材料空心砖、人工砂已拉运完成。由于自己人手少，加之很少搞建房，所以把建房工程承包给村里居民张学才、张约荣、张正华、龙荣祥。承包方式是，初步定每块空心砖砌好为1.5元，按砌好一个整房用量来计算付给工钱，包括清理房皮木架和撒瓦工序。今天是动工的第一天，房脚石是利用老房基石，所以就省了些工序。4人工作了一天，已砌起八层空心砖。

2012年3月1日　农历二月初九　星期四　雨

教会建房，昨夜12：00以后就下起雨来，一直延续到今天中午12：00，我们教会建圣殿出工，一般要等到外村信徒也来到才开始。一般礼拜聚会也会中午12：00准时举行礼拜，因为有远近几个村子聚会。今天中午12：00雨停了，村里搞建房的人员纷纷到建房工地来看是否能照常施工，既然大家都来了，雨也止住了，就做起来。建房工地虽然湿淋淋的，可是建房人员情绪很高，本着是自己的职责，虽然不利于施工，但是能做多少就做多少，做起来始终比不做好。建房人员男士有10人，女士有8人，今天建房工效，我们抬石头砌房基石脚，女士拌灰泥，挑灰泥，供沙灰，填房石脚泥土等，也做了很多工作。主题思想：人们干劲情绪较高，每天积极付出忘我工作着。

2012年3月2日　农历二月初十　星期五　晴

教会搞建房。上午砌石脚，由于计划浇二楼楼板，所以在砌基石脚就要求认真、要求较高。墙石脚房子的下方深度是四层基石，宽度一米。已工作了多天，中、下午已完成了砌房脚基石。建房工序是男强劳动力抬毛石、摆砌房基石，妇女搅拌灰泥、挑沙灰和供灰泥。幸好信徒王兴理购置有搅拌机，所以也就用机械代替了些繁重的体力劳动。由于人们十分理解建房的意义和拥有重大责任感，所以在建房劳动过程中，都积极努力尽职尽责，力求多工作少休息，上中午的时间完成了整幢圣殿房基石的摆砌事工。下午的事工，部分人员安排上山砍几根大木料拉运回来做地梁模板。技术工就开始扎房脚地梁钢筋模，本着珍惜时光，能做起来多少活计就做多少。

2012年3月3日　农历二月十一日　星期六　雨

下雨天，仍然坚持建房工作。吃过早饭，柿花箐信徒张德明下来建房工地等天晴施工。我们村我们父儿也出来些人陪着客人坐、谈。说今天的天气看来实在不会晴开了，我们都回家吧，天晴再来。

2012年3月4日　农历二月十二日　星期日　晴

村农事活计工作，已排下山药的农户都忙于盖地膜。大晴天排下的山药，天气非常干燥，实在不利于山药在土壤保生。3月1日夜间就下起雨来，一直下到昨天，也就是三天三夜的时间，种下的山药已得到足够的雨水浇灌。借此良机，已种下山药的农户就要抓紧时机盖上地膜，有利于山药生长。村民张学德自己抽空盖了一个下午地膜，约盖了一半。

小结：种排下山药，担心旱情严重，山药受损，不料竟下了足够的雨，真是奇迹。

2012年3月5日　农历二月十三日　星期一　晴

村民农事工作，俗语说：一年之计在于春。村民已开始泡秧田，准备撒播稻谷秧苗，培育稻谷壮秧苗。我村已有张学会、张会成、张学光泡好秧田，待育秧苗。今天又有龙祥福、杨天祥两户泡秧田。80%的农户准备撒秧栽种稻谷。20%的农户由于雨量逐年减少，小箐沟的水干了，大河水小了，稻谷实在没法保持灌溉，所以干脆改栽种蔬菜早甜苞谷。已试种了两三年，初步成效可以，已种下的甜苞谷已长三叶了。还有四五户是种洋芋（又称土豆），种洋芋的农户准备卖了洋芋以后再栽稻田秧，这样不影响大春作物。

2012年3月6日　农历二月十四日　星期二　晴

记述村民张学祥昨晚往富民县城医院送病人。晚夜里万宝山张成贵打来电话，叫张学祥帮助他们送病人往县城医院就医。接到电话就出车了，跑往万宝山村接受送病人的任务。张成贵兄弟已病倒3年，卧床不起，可能家人接受病患者的要求找车送往县城大医院检查，所以昨晚打来电话请求出车援助。因有亲属关系，有请就出车援助。夜12：00出车送到县城。医生热情接待病者，学祥停留休息了一会儿就驱车回来，到家时已是凌晨4：00了。

2012年3月7日　农历二月十五日　星期三　晴

村民卖小猪，张学祥有一窝6只小猪，今天拉运4只上街销售，前几街小猪价是一公斤 35 元，今天街市价只卖一公斤 28 元。4 只小猪每只 20 多公斤，称计按一公斤 28 元卖得人民币 366 元。由于自己有车子，所以一早时间就做好家务喂好自己的鸡、猪就忙于上街。买好东西，回到家约下午 2：00，回到家后又参加建殿工作。

小结：对于建殿，技术工不论自己有什么事工耽误，每天都得参与。教会建教堂，技术工是以执事王继光、张学祥、张学德为建房设计、技术负责人。

2012 年 3 月 8 日　农历二月十六日　星期四　晴

教会建房浇地梁，我们民族自己的建房人员，由于建房已成为行业，所以已自备钢模板，用 4 辆小拖拉机把钢模板从柿花箐村拉运下来，当天支架地梁模板。由于教会人员多，支架模板分为三个组分头工作，这样速度就更加快。又由几个男强劳动力带领妇女供搅拌机料子，搅拌灰浆供浇地圈梁料子，又有 4 人解木板子，备料以后浇二楼用板。人员情况是：男劳动力 23 人，女士 12 人，合计 35 人。早上动工时，大家都说由于当天现支模恐怕要到夜晚才能浇好。由于人员充足，自己有搅拌机，所以工作起来也快，下午 5：00 已浇好房子地圈梁而吃晚饭息工。

小结：教会建房工作都比较艰苦，部分人员是没有负担的，但部分人员仍是消极，依赖性大，缺乏主动性。

2012 年 3 月 9 日　农历二月十七日　星期五　晴

村民秧山药种，村民张学忠由东村乡政府领导带队到富民县西片区参观种山药成功的苗寨。让他们介绍种山药成功和已获高效的情况时，有机会捡拾山药果回来自己秧种。情况是头年秧种，二年就可以移栽到大面积地块。他们还主动教代表们如何秧好种，第二年移栽，就可以省些经济垫本。所以今日张学忠把前次出去参观时拿回来的山药果秧下去。

小结：秧山药果，不单是村主任张学忠，张学祥到本乡杜朗村买山药种时也捡些回来自己秧种。所以秧种和排山药，我们都在学习和实践中，待成功、待发展。

2012年3月10日　农历二月十八日　星期六　晴

村民农事工作，时间已进入3月份，村农活已忙于往山地运送肥料，准备点种洋芋，有的村民已忙于泡水稻田、撒水稻秧，进行两项农事中心工作。张学全撒盖稻秧育苗。3人用了一个上午的时间，撒、盖上薄膜育下籽种。

小结：坝区栽播稻秧等农事，技术早已推广，所以早已形成科技知识，已是很有把握的农事项目之一，而且60%的农户都是撒育秧农事能手。

2012年3月11日　农历二月十九日　星期日　晴

送孩童往昆明市儿童医院检查诊断病情。姑爷张会云（柿花箐村）托三儿张学忠、五儿张学祥开面包车送自己的婴孩到昆明儿童医院检查病情。天刚亮就出发，因城市医院看病人员拥挤，排队看病竟排在200多名的后边，所以看病就要一个小时。婴孩鉴定为贫血，不能过分打针水，建议多给婴孩饮用牛奶一类营养品以及肉汤增强抵抗力。由于看病时间耽搁，车行驶在新昆—雪大边上天已黑了。往昆明市大医院送病人看病已是我们日常生活中的事项之一。

2012年3月12日　农历二月二十日　星期一　晴

教会接待工作，今日有来客。早上10：00接到远方客人来的电话说他们有意来我们教会做客，交流、座谈、交流事工。接到电话，我们表示欢迎，请来做客。叫他们从昆明坐东村客车下来东村街，我们再去接他们上来我们教会，时间约为中午12：00。客人从昆明乘坐东村客车下来，下午3：00到达东村街。四儿张学德开他家的小轿车出去接上来我们教会。教会组织唱诗班人员在教会场院排队唱诗来欢迎他们的到来。轿车停于教会厨房门前,走出2男1女3名传教士。我们教会人员也一一跟他们握手表示敬意。随后安排来客休息喝水。晚上安排来客和教会唱诗班人员聚餐,完结了今年首次接待工作。

2012年3月13日　农历二月二十一日　星期二　晴

村民张学祥今日到昆明审车。又有邻村水平子村张建荣两户相约同时上昆明市审车。手续费用情况是:缴纳管理费是320元,缴纳保险费880元,两项合计1200元。小结:养车审车是我们民族的一项自养项目。民族村寨必备客运事业,活跃民族地区的新风气。民族客运在实践中是不可或缺的,而且越来越适应形势的发展需要。专线客运,往县城医院送病人,显得越来越实际和需要。

2012年3月14日　农历二月二十二日　星期三　晴

村民农事忙于准备种山地洋芋,全村出动大小车往山地运送肥料。已拉够,准备好的农户就开始种洋芋。种洋芋事工是家族、亲友联合拼凑劳动力进行的。因为是耕牛点种,几天中是每天有2户农户排洋芋。

同时又有搞稻谷育秧工作,形成撒育秧、点排洋芋两项农事中心工作。记述村民张大卫家搞薄膜育秧。由于同时有2项农事中心,有的要找工、还工,所以育秧也是由他家2人自己撒盖秧膜了。2人工作盖是盖得过来,只是要多一些时间才能完成任务。

2012年3月15日　农历二月二十三日　星期四　晴

人员流动。今日15号是东村街,我们父儿、儿媳乘坐张学祥家的面包车上街卖香椿叶,卖苞谷春叶。前街卖一公斤15元,今日只卖一公斤10元,有6.7公斤,卖得人民币67元。5户每户平均10元,余15元安排车油钱。买好东西回到家时间是上午11:30,自己有车真方便。

神圣与世俗　富民县东村镇芭蕉箐村苗族村民日志

中午12：00教会场院开来一辆轿车，停车于场上走下三人，其中一人是我们石桥村村委领导刘寻武同志，必然是向导。原来是昆明市有关单位人员对民族支持项目——浇村中硬化路面以及浇教会场院工程进行视察。场院上，教会圣殿重建施工，刚砌好基石脚和浇好地梁，只因经济无法就位，建房事工暂停。

来人对教会场院、建房工地拍了些照片，由村主任张学忠作为向导领到云南大学民族考察基地参观了一小时又回到场院来。向我们打了招呼然后驱车离开，到了村子那边停车再对我们村貌又拍了些照片才开车走了。

2012年3月16日　农历二月二十四日　星期五　晴

教会建圣殿经费欠缺，向有关政府部门递交建圣殿经费欠缺求援申请报告书。张学德写好今早乘坐小轿车到东村乡政府递交，再乘车跑到富民县统战部递交。县统战部回复说没有支持基督教的政策，再说政府也没有钱。最后又嘱咐说，你们也不可向外面宗教界伸手。

2012年3月17日　农历二月二十五日　星期六　晴

教会建房运砖块，教会拆除的旧砖块总量用去30000块。拆除旧房，旧砖块可能还有20000块，需要买回新砖10000块。教会经费有限，只好买回来一部分砖块。教会出动一辆车子拉运红砖，就地东村马街就有两个砖厂。款庄上下两个砖厂购买比较拥挤。下一个砖厂是排三天的队只得一车砖，就是要多跑10多公里路。村民张学忠昨天今天都是跑上款庄多宜甲砖厂拉运，教会建房经费有限，只能做建房料子准备。

2012年3月18日　农历二月二十六日　星期日　晴

教会探访事工，有本县大水井村同工龙升武一个月前出外被他人的车子在嵩明县白邑路段撞成重伤。车子驾驶员竟逃走了。伤者起来看准车子号码，现找到人是白邑人，但是还没认。伤者夫妻 2 人造成骨科重伤，几个县骨科都是说要到嵩明县骨科医院就医，目前只能自费治疗。我们教会听闻，由张学德、龙荣富、王凤仙 3 人为一个团队乘小轿车到嵩明县医院探访。虽然本教会处于搞建设、经费紧缺的情况下，也组织小小的爱心活动去看望。教会也本着"千里送鹅毛，礼轻情意重"原则。先从鸡街北方向转往东南方向嵩明方向单边 140 公里行程，再转往南边方向的厂口、散旦、马街、东村回来。完成了一个小旅程任务。

2012 年 3 月 19 日　农历二月二十七日　星期一　晴

村民卖肥猪。杨兴明卖了一头 100 多公斤的猪，卖得人民币 1700 元，村民张正华家卖了两头，卖得人民币 3060 元，两户都是卖给一个主顾。近期小猪、肥猪价都很可以。小猪价，一般好的是卖一公斤 28 元，而肥猪也只是讲大小，差不多也就卖了。

小结：至于买肥猪，我建议全村做称计，按公斤，按市场价格做买卖。村民有的说，做评估卖，有时候还卖着价，因为有时已讲定多少，不服，重新做称计，金额还倒少得钱，至后来全村若少得钱也不管了，纷纷评估了卖。村民一时能卖猪，拿到一两千元，的确也可以，也是不错了。

2012 年 3 月 20 日　农历二月二十八日　星期二　晴

村民排点洋芋。由于是排洋芋的季节，所以村民已形成一项农事中心，集中精力突击这一项工作。全村出动大小车辆往 3.5 公里的山顶片运送肥料。已准备好的农户就转日排洋芋。今日有村民龙应祥、龙兴德、龙学华三户联合用一架犁牛点种。又有我父儿张正文、张学忠、张学德三户 10 个劳动力使用一架犁牛排洋芋。

小结：张、龙两个家族、两个组排点洋芋，每一组都是一架犁牛一天就点种完了 3 户的洋芋，那就自然说明每户的地面积很少了，可能龙家族的耕地多，耕地广，还要种几天。村民龙兴德去年的洋芋是卖得

10000多元钱,可见耕地面积宽广。

2012年3月21日　农历二月二十九日　星期三　晴

村民果园施肥加工。有我们自己父儿两户从事果园管理追施农用化肥。我村村民已买了打耙山地用的小型打犁机4台,五儿张学祥也买了一台。不单用于打犁耕地,我们还准备施撒化肥于板栗园后,再用这小型打犁机打犁果园,给果园施撒化肥的同时也疏松果园地促进果园增加效益。

小结:村民全心全意提高农事产品效益,增加收入。一是在农事上再增加投入,二是8户试种山药,三是准备加强果园管理,四是加强养殖业,比如今年一公斤小活猪能卖到25—35元,这也是比较理想的。

2012年3月22日　农历三月初一　星期四　晴

村民搞畜圈房,有王光辉砌圈房,搞了4天。高度已砌够和砌好,今台南的建房事工是安房梁木,用了一个上、中午时间,又转为撒盖水泥瓦。今天已建好。

小结:建畜圈房,由于工程小,就自己慢慢学着做,几天能做好,时间就不受限。开工忙到完工就行。建畜圈房小小的工程,房造价大约也不低于2000元。搞好畜圈房,也是村农户的最基本的建设,一般的农户都要力求完善健全,利于发展。

2012年3月23日　农历三月初二　星期五　晴

村农户排洋芋,有父儿两户张志明、张正才同一天同一架犁点种洋芋。每户约排下一亩地,两户就种下两亩山地洋芋。另有村民也是父儿两户联合点种洋芋,每户约排下一亩地。

小结:洋芋去年幸遇得以一公斤1.80—2元,所以各村很多农户销售洋芋已拿到大钱,部分农户的洋芋卖得上万元。而今年洋芋价格突然走低了，开始收购时老板还给到一公斤 1 元，中期只给到一公斤 0.90 元或一公斤 0.80 元，随后逐渐下降至街市价格也只卖一公斤 0.70 元。所以农户们都在顾虑，都怕价格仍然走低，大面积的农户都适当压缩面积了。

2012 年 3 月 24 日　农历三月初三　星期六　晴

村民农活事工种排洋芋，有龙兴明及儿子龙荣才两户排洋芋。今日所种下的耕地就比较占优势，地势比较平坦，便于耕作和管理，另有一种优势，就是土地向南，土质、阳光、气候便于阳光照晒，利于多产和丰收。龙家族哥弟姐妹是长期互助帮忙最多的一个家族。生活待遇也是很讲究的一个组，当然也是尽情款待，尽量在家人亲友面前摆上好菜筵席，弱点是纪律散漫，自尊心强，对组织观念淡薄。

2012 年 3 月 25 日　农历三月初四　星期日　晴

村民农事开展工作，村民张正华家点排洋芋。找工外父母，村中杨天友、杨光才等 4 户 9 个劳动力配合点种洋芋，所有的民族村寨习俗都是耕牛点，因为又省力效益又高。只要点种时找够劳动力，再说劳动力不用找，因为点种时都已形成邻舍亲友相互帮忙协助换工习俗，成规律，而且保险性强。

小结：今日是星期日。所以工厂、机关、学校、工厂都休假了。假若要做活计，要找工，要做什么应该是别的时候找，这样让人喜乐自由。

2012 年 3 月 26 日　农历三月初五　星期一　晴

教会自养事工活动记。本教会重修圣殿，涉及 30 万元，年初乐捐和教会零星款合计有 29000 元，已用于建造房基石和浇好房地梁。我们只好积极组织力量和动员信徒做一些临时功德，工价投入到修房工程上。今天教会组织临时工，本村和柿花箐两个小组 25 人给附近村舍的人挖白薯。劳动待遇，去年是以一天从早到晚为一个工天，给40元。今年又有变动，定额为挖的一大包重量约80—100公斤，给8元，劳动力不限，要多少劳动力按一天所挖获的数量计算。今天这25人的劳动成果是：一天挖获99包，主人家按100包算给我们，就是800元给我们，不用说，我们个个都是欢欢喜喜归教会用于建殿。如按这25人计算，每人面上有30元，我们在动员时就说明，叫大家奉献工天，所获的钱归集体教会用于建殿。信徒情绪非常高，比如张学全有4个劳动力全部出动支持，个体还拿出自己的糖果供大家分享等。

2012年3月27日　农历三月初六　星期二　晴

村民农事开展，点种洋芋，开始收割大麦和小麦，清除山地杂草并一便烧除，我们村民已开始开沟，准备一有透雨就点种苞谷，所以形成农事三个中心。记述整理山地和开沟，以便雨水到来时，便于点种，所以部分村民就忙起来，抓时候、抓机遇整理耕地，耕地平整的农户就用牛开沟，自己因地陡零星就干脆用人工挖，费力就费力，慢就慢，本着笨鸟先飞，经一天辛勤工作，约挖好5分地，自己耕地很少，所以人工挖也挖得完。

2012年3月28日　农历三月初七　星期三　晴

记述四儿张学德夫妻二人用一架犁牛开地沟，趁农闲季节，把山地开好沟，以便点苞谷，今日开沟的这块就平整，所以工作起来就轻松些，地的面积约有二亩，地虽然平整，但还是忙了一整天，天色晚时才息工回家。

小结：开沟的这块地，是山顶片区的耕地，如果是顺车路绕山上去到山地，路程有3.5公里，所以还是费力费时。所谓开地沟，是开好以后，多人也可以点种，人少或是自己也可以点种，这种方式已成规成矩了。

2012 年 3 月 29 日　农历三月初八　星期四　晴

村民建盖住房，孙儿张约翰建盖沐浴屋。去年结婚时，妻方父母就给了嫁妆沐浴器械器具，待建好厨房后安装使用。迎来时机，准备建厨房和沐浴屋，一房两用。昨天拉运材料空心砖，而今天拉运人工砂，建房地基也是几天中平整好，待建房材料拉够就可以砌砖墙。

小结：年轻人去年刚结婚，也是去年建住房，结婚后，用结婚时亲友给的礼金又买了一辆 18000 元的面包车，所以建厨房和沐浴房工程摆在今年来完成，年轻人几乎年年都有建设，也用去了很多钱，这是家族的一种优势。

2012 年 3 月 30 日　农历三月初九　星期五　晴

记述村民张约翰建房。拉运宅石砌房基石脚，是就地取材，在村子附近找，用小拖拉机拉运，由于工程小，所以到附近拉运回来，并且摆放于房基坑砌好。由于初开工所以 2 人先搞房基石脚，今日的建房工序用了 80% 的时间到野外拉运宅石，只是安好石头，没来得及浇灌泥灰浆。

小结：年轻工人，科技出在自己手中，开车、建房，自己动手，尽自己所能，就少麻烦。等待到正式开工时就凭亲友的喜欢赞助，当然建房砌砖石墙时，亲友必然赞助，自己的哥弟、妹夫、父儿啊，因为亲友赞助已成习俗，成了规律，必然有望。

2012 年 3 月 31 日　农历三月初十　星期六　晴

教会接待工作，村民龙荣富曾到辽宁省某地教会音乐培训学习四年，毕业后到本教会服侍，是韩国宣教士的支持，当然有东北人士参与。团队今年搬迁到南方云南呈贡来对云南大学宣教，特意下来看望学员龙荣富并参观我教会，故有此教会接待工作。张学德上午开小轿车跑鸡街买回教会接待用菜，下午 2：00 来客从昆明乘公交车达东村客运站，再由张学德、龙荣富去东村接来客。下午 3：30，来客乘坐我们派去接他们的小轿车停于接待室门前，走出 2 男 1 女三位老师，我们向来客握手致意，领来客上楼安排住宿和晚席。

2012 年 4 月 1 日　农历三月十一日　星期日　晴

教会建住房，拉运红砖。由于建房事众多，时间已进入三月份，砖还是供不应求，仍然处于拥挤状态，想了个主意，不如就托砖厂负责运送。大东风车载重 12000 公斤，就是 12 吨车，联系老板答复，12 吨车只敢送到柿花箐凹口处，我们也只好答复行。今早打来电话说中午 12：00 就可以送达柿花箐凹口，所以告知有大车的 5 户同工，叫他们都支持一下，尽可能把这 12000 块砖拉下来。时间安排：中午 12：00—15：00 做礼拜。因有来客，所以安排教会为全体人员办晚席，吃过晚饭后，用一个小时，5 辆大车重新装上车，人员计划全出动，人员众多，行动快，5 辆大车跑一趟就拉完了。

2012 年 4 月 2 日　农历三月十二日　星期一　晴

苗族习俗玩山游水、猎鸟的活动，这习俗远古时代是先民由于生活所迫导致了以猎鸟为生，随着时间的流逝，苗民至今仍有这喜好特长。今天我们村民开出两辆轿车往东南方向，路经嵩明县远程去猎鸟。苗家猎鸟方法是利用家里早已养家的箐鸡野鸡幼子把野外的山鸡引来，让先支好的扣子勒倒或是箐鸡的叫声事先录好，然后乘坐自己的车子到远程深山老林里，发现有野鸡时就赶紧支好扣子，就播放手机中的野鸡叫声，就能把野鸡引来勒住而拿到，这样就很省事，所以事物都是在发展进步着。

2012 年 4 月 3 日　农历三月十三日　星期二　晴

教会自养活动，由于有建殿任务，用 30000 元浇好地梁和砖筑钢材，亟待施工砌砖墙钢窗钢门经费。柿花箐、万宝山、芭蕉箐三个小组近日

25人打工集资归公，教会准备启动建房工程。今日工效是：82包×8元/包=656元，25人每人面上只得25元。

小结：历年只讲一个工做一天给40元，按挖的一包给8元为定额，前次3月26日也是25人，每人面上是合30元，今天劳动力仍是25人，今天每人只得25元，以后人家招工，必须讨价还价，如果找主人家能给10元一大袋（现况挖得一大袋只给8元）我们可以再干，如果也只给8元，我们就不干了，因为我们都是强劳动力。

2012年4月4日　农历三月十四日　星期三　晴

村民搞清洁卫生，东村乡政府交代我村打扫卫生的任务，政府安排已打硬路面的村全乡4月6日搞卫生大检查。据说合格的发给奖金30000元，不合格的就不发了，所以我村安排今日全村出动打扫所有路面卫生，至于村中的房屋前后，就由各家各户自行处理。我们事工有两项：一是全村打扫村中路面卫生，打扫的垃圾由车子拉出村外，二是吃过早饭后由4—5个年轻人将新买回的小堤塘水口机阀安好以便关水和放水。结果：出勤劳动力有20多人。农户龙兴明家是泡田。

2012年4月5日　农历三月十五日　星期四　晴

村民砍山药杆，有张学德、张荣光两户砍。我村种山药的农户有7户，是今年初步引进的种，种完的时候就接连下了几天几夜的中雨，下过雨后我们就盖上地膜，现在有部分已经出土了，种山药的农户就得砍山药杆子了。据说4棵中间要插一根小竹竿子，让山药爬，幸好我们自有小竹竿，砍竹子就极方便容易，怕农事多复杂，所以从现在砍起，一个劳动力一天可以砍100—200棵。

2012年4月6日　农历三月十六日　星期五　晴

参与亲属友人的殡葬。我妻子的妹夫杨付罗凌晨4:00去世，早上打来电话告诉我们情况。听到消息后，我们也只好乘车去参加亲族的殡葬，由于自己有车子，就极为方便，11：30我家父儿4人乘坐四儿张学德的小轿车走近道前往，往北边约2公里就能到达目的地——三肖大旋塘苗寨。时间用3个多小时，出殡时间是下午2点，有43人陪上坟地，禄劝县特色是允许死者土葬，允许家属自行处理。

2012年4月7日　农历三月十七日　星期六　晴

村农事活计，泡田。张学全家抽签第一号泡田，所以今日我们出动一架犁牛，一台托犁机耕泡田。人员劳动力是2人使牛，1人开机器，5人扶田埂子，1人理水。田的面积，原先是有6工田，就是等于两亩，后来土地下放到户，所以从田的中间隔一条埂子，哥弟张学全、张学祥一户耕耘一半。泡田用水，所有的村民都担心不够用，何况一块田要两天的工夫才泡出来。今天很幸运，下午4：00就泡完息工回家吃饭，协助的小工是凭喜好，也等于是换工，人家来一个工，那么到他人泡田时，我也得去还一个工。生活待遇安排是：尽自己所能尽量讲究，办好饭席宴客使亲友们满意。

2012年4月8日　农历三月十八日　星期日　雨

教会事工活动。东村乡芭蕉箐基督徒教会是一个总堂所管辖的村委聚会点，是中民祖库石桥等5个集会点之一，距离仓浦箐集会点有22公里，教会教牧一个月要跑一趟履行圣餐职责。四儿张学德开出小轿车，上午10：00我们出东村，车子跑了一个多小时，往石桥大木板中民绕进去。我们到仓浦箐坐下喝水时，就下起小雨来，雨越下越大，几乎下了三个小时。礼拜中，张学德讲道，我履行发圣誓，集会人员只有16人。休会后，我们就不停留了，我们俩驱车从仓浦箐回来，泥泞路约有2—5公里，才达中民村委硬化路面东鸡公路，往返行程很顺利。

2012年4月9日　农历三月十九日　星期一　晴

村民农事工作，割麦子，山地背粪忙于播种工作，张正才家的农活事工是泡田。我的农活是管理果木树，一项是板栗，二项是栽下核桃树100株，长势喜人，也需要加强管理，抓紧快长，能早获效益。几天都是给核桃树施肥加工，山地、陡地工作艰苦，但是我们信心十足地劳动。

2012年4月10日　农历三月二十日　星期二　晴

村民事工自然形成多中心：有的是泡田。张正才家是挖洋芋，一个家族龙兴明、龙兴祥、张志明哥弟姐夫3户联合协助，经一天的辛勤努力挖获12包，价值300元。有的农户在割麦子，有的到山地背粪放于开好的地沟，准备下透雨就点种苞谷，张学忠就是其中的一户，珍惜时间，他们在地里工作到晚才息工回家。记述村民龙福祥被请给人耕犁山地。由于耕牛壮，人际熟悉，常有人找请帮忙犁山地，杨嘎哩、还记得两村常找请，是早9：00到下午5：00，今天是还记得村找请，从今天开始接连有几天的事工，当然比起其他的打小工还算轻点，又不耽误自己的事工。

2012年4月11日　农历三月二十一日　星期三　晴

村民农事工作，一项中心农活是泡田，记述村民张学才泡田，田块在村子对面，田块面积有0.5亩，大概1.5工田。使用小坝塘蓄水，因储蓄水量小，先泡田的农户已用了大部分，又是单股水，今天侄儿张学才泡这1.5工田就没有泡完，田坝泡田可以用到三股水，所以大田都可泡得完。人员安排是2人使牛，4人打扶埂子，1人理供水，共有6—7人。

小结：人员6—7人是帮忙也是还工，主人家办饭席宴客，村民做活计，不论事工大小，早上都得上街买生活用品。

2012 年 4 月 12 日　　农历三月二十二日　　星期四　　晴

村民农事忙于收割小麦，村民杨天友家是忙于割田麦，面积有 0.5 亩，是自己收割，有的是割山地麦，有的是打麦和收蚕豆，由于几乎家家户户都有车子，所以收小麦和打蚕豆都是利用车子碾压，比较省工省力省时间。记述村民张学祥割山地麦，由于自己有一辆面包车，所以时常出车，收麦采取九黄十收，也是自己夫妻二人割，一天工夫是广收一片。由于雨水少，多半农户种麦子，种得迟，所以一般地麦就没有长高长好，不管长势如何，种下的地麦能收的都要收。所以只要成熟了，村民都早出晚归地忙于收割地麦。

2012 年 4 月 13 日　　农历三月二十三日　　星期五　　晴

村民农活事工，记述村民泡田。张正才家泡田，田的面积有三丘，为 2.5 工田，等于一亩。田块是属于田坝一片，田坝用水，就方便一点，因为水本来就由三股合成，水量就比较好一点。劳动力是二人使犁牛，三人打扶埂子，包括理水放水，5 人为一个小组，人员不多也不少。芭蕉箐的农田，分在大沟下的一片农田就可利用三股水，极有利泡田。

2012 年 4 月 14 日　　农历三月二十四日　　星期六　　晴

村农活事工，记述栽烤烟农户事工。去年有村民张学忠试栽烤烟，面积为 2 亩，经济效益是可以的，去年烤烟 2 亩收益是 6500 元，今年仍然保持栽 2 亩山地烤烟。因育好烤烟秧，今日事工转为整理地块，待烤烟长好就移栽到大面积地块里。

小结：我村抓经济作物就是栽葫芦瓜、栽山药、栽白薯、栽烤烟四个项目。栽烤烟，优越性是时间短，经济效益也高，劳动力靠父儿哥弟自然赞助。

2012年4月15日　农历三月二十五日　星期日　晴

记述村民张学祥送远片区的学生返校复课。柿花箐、芭蕉箐两村6人今年有到东村读六年级的，读初中的3人，所以礼拜五要出去接，礼拜天晚上又得把孩子们送返学校上课。负责接送的张学祥，因为自己的孩子感冒需要带去打针，所以送孩子们的时间只有提前，到东村医院给娃娃打针也需要一个时候。先是从芭蕉箐的3名学生带起，小车又上到柿花箐，事先就打电话叫上边的学生到路口来候车，到了东村街就叫其他的孩子下车步行到校，再把张恩膏送去医院打针，时间计划花了两个小时打完针水，天已经黑了。张学祥给我们在街上安排晚饭，我们吃了以后再把张恩膏送去学校，我们才又乘车回家。

2012年4月16日　农历三月二十六日　星期一　晴

本教会往昆明呈贡送学员，有某差会为福音事工，承办短期培训班，课程内容：圣经知识、音乐培训、乐器教练等。学期2—3年，地点安排在呈贡。招收对象：有初级文化基础，能歌善舞，停学无力上学者，苗族，男女不限，一个教会推荐2人。本教会有3男2女共5人报名，教会方便派出两辆小车送往呈贡报名。结果：招生学员名额有限，数额15人，只好收录2女，3男和教会带队人员乘车返回，早8:00出车，晚5:00回到家。

2012年4月17日　农历三月二十七日　星期二　晴

村民农事近来另一个是栽水稻秧。侄儿张学才家栽秧，田块的面积0.8亩，也等于两工田，2.5工田等于一亩。哥弟5户联合协助换工帮忙，6人拔秧、供秧，12个妇女栽秧，12个劳动力栽两工多田的活计不为忙。因为一般是中午12:00才出工，水稻秧又是撒于山脚田坝下边，所以拔秧供秧就要耽误些时间，幸好是自己就有小拖拉机，一般都要工作到晚5:00才能完工。

小结：年初栽秧，大家都很开心，二三月天气在山地割麦子了，太阳暴晒，而在水田里栽秧就不觉得了，工作调换就又新鲜了。再说栽秧换工，生活待遇都特别讲究，我们也只好从生活上来酬谢亲友了。

2012年4月18日　农历三月二十八日　星期三　晴

村民赶集，今日是鸡街天，也是东村街天，村民有的需要赶鸡街，有的需要赶东村街。因为我们居住在两县的交界上，富民县的东村街是自然形成赶早街，天亮就赶到下午5：00，而寻甸县的鸡街是中午12：00都还没有摆摊，所以自然形成人们早上先赶东村街，中午再赶鸡街。交通和交通工具普及和方便，所以交易也是极有利的。我自己也需要上街买小菜，市场菜价也很贵，鲜椒是一公斤7元，白菜是一公斤2.5元，番茄是一公斤3.5元，茄子是一公斤5元，而我们自己一公斤苞谷只卖2元。幸好我们有政府的关怀，我们到银行取低保和养老保险金，两项款数是取得1160多元，我们农夫几天的活计艰苦，所以上街买吃的，花去100多元。

2012年4月19日　农历三月二十九日　星期四　晴

村民农活事工，有龙兴明家栽秧，是第二户栽秧，至于泡田栽秧的事工会一大段时间中断，因为坝塘水积蓄不起来，水量逐年缩小。历年泡田是利用蓄好的坝塘水，而现在农田生产几乎无法进行，因为农田用水难于供给。我家父儿三户是收打豌豆，两户是收地麦，数量不多，又是利用大车碾压，场子又宽大，所以极有利，又快又轻省。因为雨量逐年减少，所以地麦一般都长不起来，也没有长好，当然是大减产，但俗话说，天收天补，实践经验也有其道理。

2012年4月20日　农历三月三十日　星期五　晴

村民张学全家第三号栽秧，田块面积有一亩多，就是3工田。拔秧男的8人，栽秧女的有11人，总共有19人。田的面积不为多，村民习俗是要体现关爱团结，历来我们都是不另找工，亲友时常关注，知道栽秧就主动来帮忙，形成风俗，形成定律，所以不论事工多寡，亲友都喜欢关爱帮忙。生活待遇，吃晌午饭安排馒头、冰棒和开水，晚席有鲜肥瘦猪肉、鲜活鱼、土鸡肉，都是尽全力酬谢亲友，亲友必然喜乐满意。

2012年4月21日　农历四月初一　星期六　晴

村民送伤员到马街医院抢救。村民张约翰哥弟因建房上山砍房梁木，在拉运回来的路上，不慎脚被树枝杀进，伤口长达2分米，在场的人员都被吓坏了。从山里打来电话，叫张学祥用面包车送伤员去医院抢救。伤员送到马街医院，伤势太重，医生提议快到富民县城医院拿破伤风疫苗，遵医生之命，张学祥跑到富民医院没有，再跑到昆明四家大医院才买到拿回来。待遇油钱，小面包车跑了一天到晚他家安排给了300元钱，伤员交了600元押金住院，办完一切救死扶伤工作，回到家已天黑了。

2012年4月22日　农历四月初二　星期日　晴

富民县12所基督教会集中于芭蕉箐举行杨才义长老追思礼拜。1000多人参加，主持盛会的是本堂的张邵文，大会读经龙德寿（牧师），大会讲道王子文（昆明市牧师），追思礼拜，邀请各教会代表上台讲话，代表讲话中高度评价离世的杨才义长老善于讲道恩赐，善于阐述道理。昆明五华区大平滩教会的唱诗班，还特为杨才义长老离世谱写颂词追思怀念，颂词中说：我们为你所流下的眼泪也表达不尽我们对你怀念之沉痛。参加人员有县三自教会4—5人参加，芭蕉箐教会成员是张正文、张学德、张秀敏、王继光、王凤仙等5人参加追思礼拜。

小结：这次杨才义长老的追思礼拜圣会开得很好，杨才义长老是杰出人物，对教会对民族作出一定的贡献，通过追思的讲说，死者家属，本教会全县12所教会之间也都作了表示，很感谢全县教会肢体相互之间的关心。

2012年4月23日　农历四月初三　星期一　晴

村民生计活动记述打工。王秀莲、龙珍美在昆明市某宾馆洗餐具，每天工作时间是早8:00到下午4:00，薪水每天30元。又有村民龙兴德、张学会2人近段时间打工于1公里多路的杨嘎哩水库复修工程，每天给70元，餐饮自理。又有潘志明夫妻2人长期在散旦砖厂做工。

小结：人们评论说，打工人远不如我们一个农夫有固定农事，低息水准生计，据说在外生活开支也大。

2012年4月24日　农历四月初四　星期二　晴

村民农业生产的推进，去年种葫芦瓜的农户，虽然种下的地块不为多，但获得好收成的农户可达7000—8000元。其理由是有二，一是不下雨之前，把葫芦瓜子育好在塑料袋里，等到一下透雨就移栽到地里，这样等于提早一个月的时间栽下，有利于生长，快结瓜，快成熟，快黄，提高价值。二是利用钾肥，有利于葫芦瓜早熟早黄。我自己也抓住时机，这几天的农活都在几处的山地育葫芦瓜秧，望来年能有好收成。

2012年4月25日　农历四月初五　星期三　晴

村民农事生产的互助成俗成风、成律、成规，特别是泡田栽秧，尤其是栽烤烟。栽烟的农户邻舍、哥弟友人不计较条件，年复一年，自己人甘愿付出，轮到自己，别人也甘愿付出。今天我家父儿5户10个劳动力协助姑爷家栽烤烟，地块面积是2亩，栽烤烟的事工可忙人了。工序是栽烤烟，又要浇上足够的水，又要盖上地膜，供水就是比较艰苦，两股塑料管和一辆小拖拉机同时供水才供应上13人栽烤烟用水。由于陡坡地，地块含沙又大，工作起来就慢些，我们一直工作到很晚才息工。

2012年4月26日　农历四月初六　星期四　晴

村民张学祥从事车修理，本村大小车子又多，几乎是随时都有维修车子的事工。今日的修理工作是给本村张正华修理摩托车，是配件，安装轴承总成。今日的修理工作几乎用去一整天的工夫，待遇凭车主人家喜欢给，车主人张正华付给张学祥修理工费100元为酬谢。

小结：苗族习俗，车辆修理费也不好索取，都是他们恭心赞助，苗民习俗这倒是个好方法，人家也不会少给你，因为人们都有个良心。

2012年4月27日　农历四月初七　星期五　晴

村民拉运救济粮，地方政府关怀民族生活，安排给我村每户一包大米，每包重25公斤，全村50户，就领到50包，总重量1250公斤。每包大米收5元做拉运的油钱。

小结：凡有民众的地方，都有三种人，就是先进、中间、落后。有一宗人是只要组织照顾，不要组织纪律。今晚村上发放救济米，叫各家各户到场上来背米，张某某竟说："叫村主任背米上门来给我们吃！"听听你自己是什么人，竟无法无天了！

2012年4月28日　农历四月初八　星期六　晴

村民从事农地打工的有龙兴珍、杨秀美、张树芳、潘某某4人。今日下村有人找挖白薯，就在我们村子附近1公里多路的山地工作，工作时间早8：00—晚5：00，临时工，薪水待遇讲定每人每天给50元。由于人员少，所以今天没有挖完，找工主人安排明天继续再去挖一天。明天是星期天，龙兴珍、杨秀美是信徒，就辞了明天的工作，要休息过礼拜服侍圣事。

小结：村民一般农户有耕地，养有母猪肥猪，就像我们满60岁的老人，政府安排每月给60元养老保险，又有低保、惠农等。某些弱小农户，长期在外打工的农户就显得更困难了，今天明天打工能拿到100

元也能解决目前生活上的一些困难，这也好。

2012 年 4 月 29 日　农历四月初九　星期日　晴

教会接待工作，有我们富民县牧师龙道光（安息日会）、龙德寿、王学杰三位牧师到麻栎树村来探访病者张荣光，顺便主日礼拜给我们讲道。又有在辽宁省培训龙荣富的一个团队，今日中午也是计划到我们聚会中讲道。从东北赶来，没有赶上我们中午的聚会时间，只好把讲道安排于晚间。宣道牧师，本县 3 人，外来牧师由龙荣富从昆明领队。宣教士乘坐自己的面包车来我们教会，连柿花箐两名到昆明某宣教士团队求学音乐的两名小姑娘也退回来，因家里弟弟没有人领，实在困难。

小结：教会接待工作，就由柿花箐小组负责晚餐，由一个小组办教会的一餐饮食，当然是要付出一点代价的，据说，有鸡就杀鸡，没有的就去买，由柿花箐小组办伙食，是因为教堂已拆，一时建不起来，暂时把聚会安排于柿花箐聚会点。

2012 年 4 月 30 日　农历四月初十　星期一　晴

村两名寡妇联合协助犁山地，开沟准备点种苞谷。村民张如才、龙兴福和一个小姑娘于 2011 年 7 月 31 日（农历七月初一）同时死于一次车祸，留下两名寡妇，前几天就相约协助换工栽秧，今天也是相约使犁牛，抄山地，又开沟，准备点种苞谷，为来年生活投工投劳，望收获较好。

小结：两名妇人使牛犁地，一人拉牛，一人扶犁，这情况就比较少，幸好她们早已经过训练，成习惯了。

2012 年 5 月 1 日　农历四月十一日　星期二　晴

村民打工记。距我们村一公里多路的杨嘎哩水库重修工程已开工一段时间了，又聘请我村人员去施工，老板召我村 10 人去帮忙，今天凑得 8 人，还差 2 人。薪水待遇，汉族队人员，要老板给 80 元还要供吃，而我们苗民工资讲定一个工给70元，生活自理。我们自己不计较也就干了，反正就在近处工作，我们人员打工是早出晚归，早饭是10:00回家吃饭，中午12:00出工，到晚6:00息工，每天工作9个小时。

小结：村民本着农闲季节，小麦已收完，大春点种还有几天，临时工可以耽搁几天，到点种季节又转入农业生产，试走经济农业生产两部分。

2012年5月2日　农历四月十二日　星期三　晴

村民张学忠家栽烤烟，我家父儿5户出动全部劳动力协助栽烤烟。地块面积有一亩，11个劳动力，集中精神栽烤烟浇水，盖塑料薄膜，栽烟所用的水是利用蓄水池积蓄的。因阳光强烈高温暴晒，我们在工作中，也只好多休息，多喝水，午餐吃馒头馍干点心。

小结：自己家族、友人、哥弟农业生产劳动，也是尽己所能地支持帮助，作为主人家也要尽情办好饭席宴亲友为谢。

2012年5月3日　农历四月十三日　星期四　晴

村民住房建设。龙荣才前年就有意搞住房，房基石脚已浇好，准备用两年的时间建好，又因民众建房多，所有的砖厂生产的砖块紧缺，供不应求，村民龙荣才想干脆建房事工摆置到明年。近段时间，看看砖厂生产的红砖能买得到，所以趁未种大春苞谷之际就把建房料子砖块拉好，待大春种完苞谷再转入建房。今天一早就出动了辆大车，下午2:00才回到家。

小结：村民建房，一般是自己动手建盖，不必求人，这样又学到技术，又省了建房费。

2012年5月4日　农历四月十四日　星期五　晴

村民割麦子。龙兴祥家割麦子，因龙兴祥被推选放全村田坝水，所有的时间都到田坝管水放水去了。儿子龙荣富被某团队聘请到呈贡新昆明教授乐理、圣经知识去了，地麦已黄，拖延着没有割。今日组织家人3人早出晚归，付出艰苦劳动，多工作，少休息，终于割完这块地麦，今天可算是出色地完成任务。

2012年5月5日　农历四月十五日　星期六　晴

村民点种苞谷，昨天有龙应华、龙兴华两户点种，今天又有张学全、张学忠两户点种。天气虽是大晴天，一时还没雨，但是历年老人有习俗规律，只要地土干透，时间不要太长，干天种下去仍有希望，但是时间干长了仍是不行。农人家不管三七二十一，种下一部分，让老天来赏，所以农户们不同程度地搞山地点种。张学全、张学忠早出晚归，扎扎实实地种了一整天。

小结：历年有经验了，我们的山地太少，所以等下透雨后再点种就吃亏了，今年不走老路了。错误和挫折教训了我们，使我们比较聪明起来。

2012年5月6日　农历四月十六日　星期日　晴

今日教会聚会讲道。

2012年5月7日　农历四月十七日　星期一　阴有小雨

村民大春点种工作已形成中心项目，而且按科技要求通年有所应用和发展。村村寨寨人们都在自己的耕地里忙于点种和盖地膜。记述村民张约瑟家盖苞谷地膜，按生产科技来说，农地海拔高度1700米以上的就得盖上地膜以促使玉米长快长好，达到高产丰收。人们靠科技，生产发展了，效益也提高了，但是人们的农活生产垫本投工投劳也多了。所谓盖地膜是先把耕地整理好然后再盖上地膜，隔几天或是下透雨后再下种好，所以山地农活一天也做不了多少活计。盖地膜的农户地块都有所增加，村民情愿多付出而获丰收。

2012年5月8日　农历四月十八日　星期二　阴有小雨

村民农活中心，已进入点种季节。往山顶片区运送山地肥料，运送工具、人员的大小农用车络绎不绝。我自己也是到山顶片区盖地膜，为生存、为工作、为生活仍每天付出艰辛劳动。我今年已是70岁高龄老人了，体力衰退，视力、耳力、记忆力大减退，上山路已觉累了，但我仍像个小孩子，仍嫁接果木，管理果树，一心配合村民、教会、家族添砖添瓦，推进民族进步，力求实现自己的梦想。社会、教会有需要时，自己也能有关爱，有所表示。

2012年5月9日　农历四月十九日　星期三　晴

村民张学祥往呈贡送讲课老师，欵庄圣经班有来自昆明呈贡授课老师一行10人，昨天和今天他们授课两天，今天下午4：00授完课，晚5：00需要返回昆明呈贡。客运情况分为两起，一起乘坐公交车上昆明。7人由张学祥的面包车直接送往呈贡。车费油钱团队老师付给张学祥300元。

2012年5月10日　农历四月二十日　星期四　晴

教会自养事工活动。为建神殿集体组织投工投劳，打工集资。下村有人找请帮挖白薯，原先是说劳动力20人就按每人50元给，劳动力超出这20人就按定额挖得几包就按每包8元算给钱。

工作小结：人员，我们芭蕉箐村24人，柿花箐小组有4人，两村合计28人，我们挖得160包就是1280元，每人面上合42.8元，但我们是归公，教会集资而建殿。工作场地，我们是步行上对面的大山北边，一个单程就有三公里多路，往返来回就走了6—7公里的陡地羊肠小路。息工回到家时，天刚黑，幸好是，大儿媳王秀英给我们全家父儿5户12

人员煮好饭请我们吃现成饭，我们大家当然喜欢满意感谢她。

2012年5月11日　农历四月二十一日　星期五　晴

记述专车接送远区学生的困难。芭蕉箐、柿花箐两村到东村中、小学校园的路里程一个单程就有10多公里，中、小学生有6人。中学3人每周五都留下补课，远区张学祥的面包车每跑一趟只拉着小学校园的3个小孩。就跑这么一趟，3个小孩自己就占其中的一个，这段路的里程收费是每人5元，2学生就收得10元。天长日久就这么工作着，自己本着把自己的孩子送上学，就这么付出艰苦和代价。如果校区负责老师能理解我们的困难，让小学、中学全部学生都在周五休假，我们一车运载6—7个人还可以，而现在是6个学生要分为周五、周六两次10公里来校接娃娃，农夫们在教育上付出的代价实在是大。

2012年5月12日　农历四月二十二日　星期六　晴

村民张学德家栽秧。天气炎热，蓄水池内积水量又少，白天泡田当然要多费水，干脆早晨泡田，工作下来很成功。栽秧，我家父儿五户12个劳动力吃过早饭后，下到山脚田坝里拔秧，又用摩托车拉运上来，因为村子在下边，秧苗又是撒于山脚田坝里。栽秧，我们利用新方式，放大退步行，稀栽，几年来都在试栽，收获效益良好。栽时省时省力，田的面积为一工田。

小结：栽秧的代价就是办伙食，虽然是自己家人，但本着是借栽秧之际，特办好一餐美食与家人共享。这也是家人之温暖和关爱的体现，大家都觉得很幸福美满。

2012年5月13日　农历四月二十三日　星期日　晴

村农户养殖业。养猪项目是我村民发展经济的第二项目，几乎85%的农户都养殖生猪。一般农户都已从养殖、粮食、配合饲料3个方面抓起，缺一不可，就是自己一时无力，也得赊购配合饲料来充实，才有希望。今日趁五儿张学祥的面包车送了学生返校园之际，我们到东村街赊购配合饲料，自己赊得正大饲料一包重量40公斤，价格275元，颗粒饲料一包重量40公斤，价格215元，两包合人民币490元。五儿张学祥赊购一包价格215元。

小结：农夫希望能有收入，就在自己力量的基点上要有所付出，我们也情愿付出，一般情况都能有收获。

2012年5月14日　农历四月二十四日　星期一　晴

村民农活事工点种苞谷。由于节令已进入立夏小满之际，农夫们的农事工作已忙于抓点种，不约而同种山地苞谷。我家父儿5户种苞谷，先种山顶片区的山地，几天已转入种山腰、山脚片区的苞谷。由于耕地少，几乎已种下80%的山地面积了。由于是陡坡，又零碎，我们就干脆各户自己点种，这样进度快效率也高。

小结：农夫农活事工多，零碎又复杂，我们白天忙于大面积点种，早晚背粪，车路不通的地块利用早晚的时间浇葫芦瓜苗，因已育得有葫芦瓜秧苗，等下透雨移栽到大面积地里，力求丰产丰收。

2012年5月15日　农历四月二十五日　星期二　晴

村民买苞谷种。张荣才之妻、张学道、龙兴祥和我自己，都上街买少量苞谷种，是大面积种了以后，每户还需要一两包就是3—4公斤种。上街由于没有车子，我自己打主意步行走直道下到山脚还记得村坐马车上街，乘坐2元钱的车就到了街上。幸好我下到还记得村，侄儿张学道儿孙俩骑摩托车从后面赶上我就停车连我带上。三人骑一辆摩托车，怕堵车，他俩先把我带到大石桥再让我步行上街，我也同意。到了街上，我买上苞谷种，每公斤15元，一包有两公斤，用去30元，云瑞6号一公斤20元，一包有2公斤，用去40元，两个品种用去70元。再买上些小菜，小菜价格好贵呢，白菜、莲花白每公斤卖3元，辣子卖6元，番茄也是卖6元。买小菜用20元，乘车到麻栎树收费5元，新友帮我付了车费，很感谢。

小结：中心思想，我们人生处困难时，处处都有人关心着我们，帮助着我们，使我们感到幸福，乐观。

2012年5月16日　农历四月二十六日　星期三　晴

记述村民打工。潘家4人在地方砖厂常年打工度日，两妇女在昆明市餐馆工作。记述村民龙福祥在村子附近给人抄犁山地打工，附近还记得村、杨嘎哩村几个村子时常有人找请帮忙犁地。现在开山地沟，要点种苞谷，所以时常都有人找请，只不过是农忙季节，自己的农活事工也多，只好是忙自己的农活事工一段时间，又再给他人忙一段时间，形成自己、别人两部分工作。报酬待遇，一架犁牛一天收费150元，按一般临时工，一日开到50元，一架犁牛工作一天是少了，因为一架壮犁牛犁地，开沟的功效也高，这也不计较，时常出勤，10天也能拿到1500元，此事工也是比较优越的。

2012年5月17日　农历四月二十七日　星期四　晴

村民农事工作仍是点种苞谷，白天点种山地里的苞谷，早晚，村农户挑水浇园地里的辣子秧秧，白菜，葫芦瓜秧，白薯秧。一般农户的菜秧苗是撒于田边地角里，能放到水，有的不方便就撒于旱地里，放不到水，就人工挑或是背了浇这些蔬菜秧苗。以我自己为例，自己的地块零星分布于山顶、山腰、山脚三个片区。从山脚到山顶直道都有2公里路程，这三个片区都育得有葫芦瓜秧。1—2天就得跑一趟浇这些蔬菜秧苗，自然形成了一种事工，一种负担，所以就得花一些精力来处理。早晚管理这些瓜水，白天就抓点种，若是不下雨，人就得这样忙下去。一个农夫自然就有这么多事工，也当然是自己喜好农事，也是为谋生。

2012年5月18日　农历四月二十八日　星期五　晴

村民浇烤烟秧苗。张学忠栽下2亩地的烤烟，栽下时已浇透水，后都是大晴天，隔一段时间还是需要供水利于成活，利于成长。这事工也是累人的，劳动强度大，幸好年轻人做起来也容易，先是用塑料桶装满水后，用摩托车一次拉运两只到地里再倒入水桶里人工浇。一天浇一块地，两天浇好两块地，幸好有一块地水缸就在地边，要多少很方便，这样就很方便省工，劳动效率也高。

小结：栽烟农户都能拿到钱，就是忙人。栽烟的特点一是忙人，二是栽得早，收益也快，农历八月份就烤完卖完了，三是需要家人无偿的援助支持。

2012年5月19日　农历四月二十九日　星期六　晴

村中的生计活，有孙儿张荣光到东村街车站接孙女张多加回家。张多加在昆明市某幼儿园任教师，在星期天又学大学课程。大树杨梅成熟季节，有意回家采摘杨梅，欣赏民族村中的特有景色，打来电话叫家中去东村车站接她，约下午4:00到达东村车站。孙女回来时，约来同是在昆明市幼儿园任教的朋友，来自寻甸县干海子苗寨140多户的村里，同一个目标，特意到民族村享受民族丰满果实之乐。到来时约是下午5:00，张多加的妈妈是特意办好饭席等女儿回来。

小结：吃过晚饭后，我自己也到他们中间对孙女客人的到来表示欢迎接待，鼓励她们在外勤奋学习、深造、见世面，把握良机推动民族风貌的进步和发展。

2012年5月20日　农历四月三十日　星期日　晴

教会住房建设准备开工，圣殿2月份已浇好房地梁，只因建房资金短缺，就停工至今。准备开始砌砖墙，所以今日安排村民张正才家的三缸车到鸡街细砂厂拉一车细砂回来备起，待下周28日动工砌砖墙。料子、运费情况是一车细砂240元，运费开支260元，合计开支达500元。

2012年5月21日　农历闰四月初一　星期一　晴

村民有抗旱水利建设工程项目，由于雨水量减少，干旱情况严重，政府安排抗旱建水窖工程。政府有建水窖指标，也有资助，据说是每口建好验收后拨给2000元，全乡各村委、各自然村农户数量不限，全乡动员农户积极扩建，政府又安排有供应送水车准备给缺水村队送水。我村村民也积极响应政府的号召，所以我村张学忠、张学德、张学祥、张学友、张正福、龙兴华、杨兴明等7户建。政府领导同志也很关心支持，这几天就开始建，是越早越快越好。今日所要建的农户就都行动起来，张学友是今日就请亲友三辆小拖拉机拉运建水窖料子了，其他村民是在忙于挖基坑。

2012年5月22日　农历闰四月初二　星期二　晴

村民张学祥到东村销售清甜苞谷。田块种下3工田，也就是种下一亩，今天扳了50—60公斤拉运上东村街试销。青苞谷拉上街撕了就卖，卖了40多公斤，一公斤卖4元，卖得180多元，没有卖完，余下的拉回来，家里再扳一些，明天闲天拉运到鸡街销售。因为鸡街是7天只赶一个街天，所以就自然形成每天都有蔬菜市场。由于交通和交通工具方便，人们平时用一个早上的时间就可以上街买菜回来，所以张学祥明天准备到鸡街卖一些苞谷，自己有面包车，是比较方便。

2012年5月23日　农历闰四月初三　星期三　晴

村民张学祥早上拉运清甜苞谷到鸡街销售，数量80公斤，每公斤2.5元，共200元。昨晚下到田里砍好苞谷，拉回来放在家里，今天一早拉到鸡街（是闲天不是街天），所谓一公斤2.5元，是连青壳卖。我们赶东村街步行要走两个小时，赶鸡街步行要走三个小时，就是远近相差一个小时的路程,现在情况好多了,交通路是黑色的路面,交通工具是面包车,所以很方便,不时就可跑一趟了。吃过早饭,张学忠、张学祥的事工又转入挖建水基坑,张学忠家是大哥张学全妻子王秀英2人来协助,所以今天到晚时已挖好基坑。

2012年5月24日　农历闰四月初四　星期四　晴

村民集中精力挖水窖基坑。由于各级政府关心支持农用水利建设,各级政府领导都在催建水窖,村民也在积极响应抓紧时间挖水窖基坑。今日我家父儿五户联合分工搭配劳动,抓紧挖水窖基坑,经昨天和今天已挖好三口水窖的基坑。当然生活待遇是付出代价办伙食来宴请家人和亲友,劳动力组织有12人参与。

2012年5月25日　农历闰四月初五　星期五　晴

村里公务。张学忠、张学祥出车到昆明市云南大学校园拉运衣物包裹。是云南大学研究生田园打来电话,说是田园家乡湖南父母给我村民寄来关怀的3大包衣物,寄到云南大学田园处,田园收到包裹后叫我们到云南大学校园领取。张学忠、张学祥上午10:00出车到昆明云南大学田园那里领取,2人乘车回到家,时间是下午5:00。

2012年5月26日　农历闰四月初六　星期六　晴

这个月是农历闰四月,如不然昨天初五应是端午节。端午节还待下个月的初五,但我们山村民族也利用起来,我们就发起家人团体活动,内容是过杨梅节,召集儿女亲友集体品尝杨梅、甜脆苞谷。5月大桃是地区特产品,初成熟,自然而然形成品尝果子节。由于小孙女已上学,所以等到下午3:00放学时去接小孙女回家再从家里来,因三轮摩托有故障,得知情况后,五儿张学祥的面包车又去半路上接姑爷、女儿、孙女5人一行过来,至于三轮摩托是搁在鸡街售主那里修配零件,承包期是一年。

2012年5月27日　农历闰四月初七　星期日　晴

孙儿张约瑟在昆明某宣教团队工作，因婚事请假回家承办婚事。礼拜天基督教仍有礼拜侍奉活动，所以礼拜休会后才乘晚班车回来，到东村终点站，又打来电话叫兄弟张约祥骑摩托车去东村车站接回家，到家时已是下午5：00了。

小结：孙儿张约瑟由于好学婚期几乎已过，未求婚，喜好学习。几乎已跑了半个中国，去年和今年两年又到新加坡学习，结业后，又安排在昆明工作，现在该考虑承办自己的婚事了，所以今日回家。

2012年5月28日　农历闰四月初八　星期一　晴

教会住房圣殿重建2012年2月13日已开始，拆除旧房，因经费不就位，浇好地梁就停工至今。尽管经费紧缺也得砌一下砖墙，所以今日教会复工建殿施工。劳动力出勤情况是：男劳动力17人，女劳动力13人，合计30人。建房施工，由于人员多，我们就分成几个小组，技术工就砌砖墙，妇女供砖块，灰泥由年轻小伙子供应。一辆拖拉机和一些人员拉土填房内土。各自然村人员出勤是：柿花箐7人，万宝山1人，芭蕉箐22人，合计30人。

2012年5月29日　农历闰四月初九　星期二　雨

记述昨天另一生计活动事，村民出售小猪。第一户是侄儿张学友有一窝小猪，8头，单价一公斤23元，总价是1826元。我自己的是6头，重60公斤，总价是1380元。

小结：猪市价，大小猪市价每公斤都已走低了5—6元，村民出售小猪一般重量应该有15—20公斤，因粮食欠缺，饲料也还没有喂完，两户所卖的小猪只有10公斤，我们的意思是把小猪卖了，把粮食集中于喂大猪，看能否喂到 7 月份大猪涨价时再卖大猪。

2012 年 5 月 30 日　农历闰四月初十　星期三　晴

村民张学祥销售清甜苞谷，昨天中午时下了一个多小时的中大雨，下到田坝的土路已泥泞，车子上下运输就不便了。要销售甜苞谷，我们就用人工一包一包地从田坝背上来，数量小，张学祥勉强用摩托车下到山脚田坝拉两包回来，是要凑够了拉运到鸡街销售。今天拉上街销售情况是：清甜苞谷称计得 150 公斤，单价是每公斤 2 元，总价是 300 元，一公斤 2 元是批发价，我们图快就批发给人家去卖，自己卖了以后，也是靠面包车，回到家时上午 10∶00，所以也不影响白天的工作。

2012 年 5 月 31 日　农历闰四月十一日　星期四　晴

村民栽秧，杨光才家栽秧，田的面积有一工田。面积不大，但是村民习俗都形成帮忙和关顾支持，因为是找工还工，尤其是耕牛点种、泡田、栽秧就非得找请亲戚帮忙不可。劳动力：拔秧有 6 人，栽秧有 8 人，合计有 14 人。

小结：全村有 40 多户，由于不下雨，今天栽秧的这户，排列在第十一户。至今全村有 30 多户还没有泡田，今年不但雨量少，而且来得迟，本月 29 日下透雨，是历年罕见的天气。

2012 年 6 月 1 日　农历闰四月十二日　星期五　晴

教会恢复建殿。5 月 29 日下了个透雨，我们的建殿工作宣布暂停几天，抓农事点种，然后再建殿。大家抓了两天农事后，今日就来了 20 多人继续建殿。建殿工序是技术工负责砌砖墙，4 人搅拌灰泥，包括供灰浆，其他人员把场院外的砖块拿到工地供建筑用。生活服务，每天分工由 2 妇女为施工人员，煮晌午饭和晚饭，以及开水服务。

2012 年 6 月 2 日　农历闰四月十三日　星期六　雨

村民张学祥到东村街卖甜脆苞谷，数量约有 80 公斤，按街市价，他人是卖一公斤 4 元，张学祥和儿媳为了回来赶工建殿，一公斤 3 元也不卖了，干脆拿回来奉献给教会，办伙食服务大家。

2012 年 6 月 3 日　农历闰四月十四日　星期日　雨

村民泡田。村民等待已久，今日终于有了中大雨，由于接连有中大雨，今日就有村民张会成、张学明、儿张约志、张正福 4 户泡了 7.5 工田，等于 3 亩水田。

小结：今日小满节令 15 天已完，将进入芒种节令，已有 15 户泡了水田，约有 25 户还没有泡，但是局势已好了，因为白天晚间几乎都有雨，很有利于泡田栽秧，还轮不到泡田的农户也有希望了。

2012 年 6 月 4 日　农历闰四月十五日　星期一　雨

村民生计活动，今日有张学全 4 哥弟、孙儿张荣光一行 5 人乘坐张学德的小轿车上昆明购置车辆。昨天做好计划，昨晚一整夜和今早都一直下着中雨，购车人员仍然按昨天的计划，凌晨 5：00 出车上昆明买车。事工情况是：买到一辆 14000 元的小轿车，可容纳 5 人。由于买车人员拥挤，排队落车户、编车号码和办其他证件，没有排到，只好今晚回来，明天 2 人上昆明，重新排队办证。买到车子回到家，时间已是下午 7：00 了。

小结：年轻人们购买车辆形成爱好倾向追求。村中有的是先报考驾照，有的迫不及待地要买回车玩起后再报名考驾照，我村已买面包车 2 辆，小轿车 3 辆。

2012 年 6 月 5 日　农历闰四月十六日　星期二　晴

今日下午龙圣华（我富民县基督教会负责人之一）打来电话说有韩

国宣教士要到我们教会来拜访。接到通知后，没有来得及准备，他们乘坐的面包车已开到我们村对面的山路来了。我对大家说，来客可能就是乘坐这辆车子。车子停下，果然是他们。走下4男2女一行6人，包括领队龙圣华，开车人是苗族禄劝县人。宣教士分别为一位牧师，一位老师，二位翻译员，等于是2男2女组合。我们尽情款待，虽然我们没有准备，但尽我们所能摆上果子、杨梅、桃子、干梨、油炸粑粑。客人的到来，关怀的安排是，对于我们建殿，他们安排4000元，帮助我们建殿生活费300元，2项合计4300元。请他们和我们吃晌午面条后，我们双方互相告别，他们驱车往禄劝县去了。

2012年6月6日　农历闰四月十七日　星期三　晴

村中的生计活动，张荣光到寻甸县鸡街乡镇农机站参与摩托车驾照考试，是张学祥带队领孙儿张荣光参与考试，乘坐新买来的14000元的小轿车去，在街上张学祥又花600元买回来一辆二手微型摩托车。

小结：考驾照是我村中的一项竞争建设事项，村中就有5个年轻人参与考驾照，3人在本县报名考试，1人到寻甸县，1人到禄劝县，都是为购买车辆打基础。村中已买回的车是：面包车2辆，小轿车3辆，合计就是5辆。大车7辆，小拖拉机13辆，大小车辆合计25辆，我村购置车辆可算是竞争的，快速的。

2012年6月7日　农历闰四月十八日　星期四　晴

村务事宜活动。我村维修车路活动，每年按雨季路面被雨水冲坏的次数，毁坏的大小程度来维修。因刚下过大雨，有两道路面被泥流冲击，需要填砂。所以我村号召用一天的时间维修车路。出动25人，大车2辆，拖拉机3辆。今日维修车路，另一项事工是清除防洪沟（疏通防洪洞），由于工程规模小，用了一个中上午的时间就做好了，下午又集中精力建殿。

2012 年 6 月 8 日　农历闰四月十九日　星期五　晴

村民农事泡田栽秧。芒种季节，变成忙种季节。5 月 29 日下透雨，来雨的 10 天中村农事又活跃起来，忙泡田，忙栽秧，只因每隔三天才有大中雨，所以泡田用水，仍然制约着村农事栽插任务。今日村农事活动是：泡田有张会成、张学光两户，栽秧有杨天才、张会学、张会成、王才明 4 户。

小结：雨量通年减少，制约着水稻田的丰产丰收。我村有张学祥、张约荣两户干脆早早计划种植经济蔬菜。所以，张学祥卖了清甜苞谷，育好白菜秧，今日又移栽到田块里，因为工序多当然要请亲友来帮忙。

2012 年 6 月 9 日　农历闰四月二十日　星期六　晴

基督教会芭蕉菁教堂为建圣殿事工，历年也有习俗过半年感恩，或是小春半年谢恩活动。今日信徒乐捐现金 2376 元，每户已奉献达 100 元以上，也有部分信徒没有参与奉献。村民生计活动：有两户变卖生猪，龙保罗卖一窝小猪 5 头，按一公斤 23 元计算，5 只称量得 80 公斤，总共 1840 元；村民龙兴祥卖两头，一头讲定价为 1300 元，第二头讲定价为 600 元，两头合计 1900 元。

小结：养猪生计是我村民的一项事业：一是靠农业生产收入，二是靠养生猪，比如不论是大猪还是小猪，有卖就有收入达千元，所以村民都时时重视养猪事业。

2012 年 6 月 11 日　农历四月二十二日　星期一　晴

村农事泡田栽秧。侄儿张学光家栽秧，已泡好的水稻田有一亩，也就是等于 3 工田。由于雨水来得迟，来了透雨后，村民们又要忙于泡田栽秧，又要忙于山地的点种，所以自然形成点种和栽秧两步。拔秧 7 人，栽秧也是 7 人，由于事工多，准备早上栽秧，白天忙山地的活计。生活待遇，当然各村民都讲究生活待遇，尽已所能地服务。

2012年6月12日　农历闰四月二十三日　星期二　晴

教会建圣殿事工,自己动手建盖。在建盖中,多项事工都涉及技术工,砌砖墙、扎钢柱钢筋、支搭模型壳子板、支搭木架、撑管机器解模型壳子板几乎都是技术工。在施工中,大家都得动脑筋,想办法,大家都得到锻炼,也增长了知识。我们都是在困难中行事,建殿的过程中,每天的工序都获高工效,处处都显示新人新事。因为大家都很乐意付出,不但奉献金钱,也奉献工天、肉食,有的上街买回生活用品,支持教会的建房圣工。

2012年6月13日　农历闰四月二十四日　星期三　晴

往富民县城送产妇。村民杨兴祥之妻生二胎,今晚天刚黑,因产期已到,请五儿张学祥开面包车送他们到医院接生。送到县城医院后协助他们办好住院手续,休息一时又驱车回来,协助人他大哥杨天友和张学祥乘车回来,到家时已是午夜3:00了。

小结:一个驾驶员很辛苦,人家请几时出车就几时出车,不论是白天黑夜,有时要跑到嵩明县医院,有时要跑到昆明大医院,有时又要到富民县县城医院。

2012年6月14日　农历闰四月二十五日　星期四　雨

教会建房事工情况。集中精力浇房钢筋水泥柱子,另安排一木工组清理木桶子,用机器解建房壳子板。工效较高,平时由于现支模,所以每天只浇好3根砖柱子,而今天却浇好大房子的6根墙柱子。

小结:每天的支模板都需要技术工,技术工人员也少,只好大家动手,边学边干。炊事组的生活服务也是较忙的人,由2—3人来给大家做饭,每天两餐,即午餐和晚餐,每天要为25—30人做饭,包括烧好开水。今天把房柱浇好,建房事工需暂停几天,一是因经济不就位,二是待大家把薅锄抓好,因为是农忙季节。

2012年6月15日　农历闰四月二十六日　星期五　雨

村民农活事工又有新的项目，刚种完苞谷薅锄几天，又迎来排白薯季节。因有雨，今日村民有张学道、张学祥两户排白薯。记述侄儿张学道家排白薯，父儿、儿媳四人联合，排白薯工序也很多，抄犁山地、开沟、施良肥、割来白薯藤用人工摆放，又约工用板锄挖泥盖好。工序多，也忙人，一亩多地，他家四人早出晚归，一直忙到黑，又管理自己的牲口，所以可以说是付出很多精神。

小结：白薯是经济作物，市场销售价、批发价都可卖一公斤1.5元，有地的村民都重视起来，早排，排好，管好，准备高产高效益。

2012年6月16日　农历闰四月二十七日　星期六　晴

村民农活事工排白薯，记述张学祥家排白薯，历年是父儿、哥弟相互帮忙，而今年因为建殿，各家农事活计几乎都是自行处理。张学祥排白薯事工情况是，昨天剪好白薯藤，今日由于劳动力紧缺，他家外父母主动打来电话问，是不是今天排白薯，我们说是，所以五儿张学祥外父2人也下来帮忙排白薯。挨晚又扳出甜苞谷，扳得6包，用三轮摩托车拉运上来，一天的工夫就排白薯、扳清甜苞谷两项农活事工。

小结：以上事工都是经济作物价值比较优先，村民连年重视起来。

2012年6月18日　农历闰四月二十九日　星期一　晴

填表格，县统战部安排全县12所基督教会所有的圣职人员填表册，表格内容有在教会主要职责、姓名、性别、年龄、出生日期、住址、电话、身份证号码等。填表格是个麻烦事，东村子芭蕉菁教会管辖的集会点分别为石桥、中民、祖库三个村委，从北到南的集会点，单程是20多公里。要统计，要登记，要两三天才能做好，办好又要花费一天送到县统战部。政府分文不补给你，所以政府下达个命令任务对我们来说是个麻烦事也是负担，建议减轻我们的负担，或是补助我们的误工费或是车费。

2012年6月19日　农历五月初一　星期二　阴雨

往富民县统战部送表册，几天中花了些时间，把住在各地区的一些教牧人员的填表工作做好，今天由传道员张学德送往县城。早7：00出车前往县城，到了统战部交了表，休息了一会儿又驱车回来，晚6：00才到了家里。

2012年6月20日　农历五月初二　星期三　晴

村民建水窖，建水窖是政府支持的项目。据说，去年成龙支持我们东村的100多万元，就是定于支持建水窖的项目，数字很大，所以全东村乡镇建水窖的数量不限，只要你有能力建。今日我村开始建第一口水窖，农户是张学忠，原先是争取不到建水窖的钢模板，一摆就摆到现在来。今天的建水窖事工是，我家父儿11个劳动力加我们村要建水窖的7户人员行动起来，从始至终相互配搭联合劳动力协助建，等于是相互支持，也等于是换工。所以有14个劳动力，生活待遇当然是尽力办好酬谢亲友。

2012年6月21日　农历五月初三　星期四　阴

今日是6月21日，节令已进入夏至，由于雨水来得迟，我村最后一户龙兴德栽秧，田块的面积有两工田，也就是一亩都不到。劳动力主要是亲友，也就是来自，约有15公里外的中民石框村。俗语说：打铁靠自己本身硬，也就是说什么事工尽自己所能，尽可能少麻烦他人，要尽力办一餐美食请客人们来吃饭。

2012年6月22日　农历五月初四　星期五　雨

记述自己今日的农活事工，也是有代表性的。自己的耕地少，上级政府领导有什么农事先进项目我们都力求牵头引线树立榜样，一道改变村貌，所以也响应政府号召栽种经济作物山药。趁有雨水之际，原有良肥，今日施撒二次化肥尿素，我们二老人到了山药地施撒化肥理山药藤子，中下午农活又施追葫芦瓜肥料，下午转为到村子附近对门山地追施甜瓜肥料，同时又开始薅锄二道苞谷。自己的山地虽然零星、窄小，分布于山脚、山腰、山顶三个片区，但是自己身体也健康，所以工作效力也很可以，工作劳动一天，自己也觉得很满足。

2012 年 6 月 23 日　农历五月初五　星期六　暴雨

今日是农历五月初五端午节。端午节是我国人民传统习俗节日，学校师生也放假探亲，民间亲友也进行小规模的团聚，共尝节日的美餐，共享亲友的团契。我们村民部分人员又赶鸡街购买自己所需要的物品，花箩和生活用品。约下午 5:00 下起一个多小时暴雨，几年来山地也大力扩展，野外多半开成耕地了，雨越下越大，不时山洪暴发，野外、村中都洪流成灾。村边的箐沟水顺着车路冲流进村来，把张学祥要建水窖堆放于箐边路上的 4 方石砂冲走 80%，山脚张学祥的一亩栽好的白菜地被泥流水淹没了。今晚的大雨仅在这一片地区，大约方圆 5 公里，幸好是大雨下的时间不长，也没有造成更大的损失。

2012 年 6 月 24 日　农历五月初六　星期日　晴

记述今日探访工作。今日是礼拜天，礼拜时间是中午 11:30 开礼拜至下午 2:30 休会。下午 4 时我们探访组 5 人组成一队乘坐一辆轿车到水平子张绍林家探访，前晚他的妻子因病抢救无效离开世间，我们到了他家打听死者离别和患病的一些情况，将事先准备好的小礼物和钱递给他，然后我们告别驱车回来，完成了我们的探访工作。

2012 年 6 月 25 日　农历五月初七　星期一　晴

向导带领游览昆明市。水平子村张建荣昨晚来电话请五儿张学祥开他家的面包车去昆明大商会购买花布裙，因为他自己刚买回来车子还没有驾照，又不熟识昆明市，所以请五儿开他家的车。又有两户要上昆明，所以聘请张学德开车，因有熟识朋友，一天误工开工钱给了50元。人际关系，给钱不给钱都得帮忙，俗语说：一回生，二回熟。回到家时，已是晚上5：00了。早上开自己的车停于东村街，回来时把明天自己要浇水窖的水泥拉回来，所以又帮了别人，又办好了自己的事务，也是一举两得。

2012年6月26日　农历五月初八　星期二　晴

村中的生计活动工作，张学祥今日轮浇水窖，又是村民张约瑟聘请的求婚媒人。所以一天要承办两桩事，只好利用早上的时间浇好水窖，下午3：00又转入求婚一事。浇水窖一事工序多，先是要拆模支模，又要把建水窖的石砂料子用车子运送到建水窖工地。道路窄小，又是下雨，运送建水窖料子，也有一定难度。在不利的情况下运输物资也制约着建水窖的速度和时间，幸好人员多。由于时间紧，任务多，几乎是很晚才支好建水窖的钢模。至于今早的生活肉食小菜，又请亲友临时上街买来，亲友也是人力物力支持，我们多人忙到中午12：00就完成了整体要做的任务，圆满完成了一天要承办的两桩事，而下午3：00又驾驶车子往小水井村办婚事。办婚事同时也是两桩事，是被聘请人，也聘请车子，被聘请去做求婚媒人。虽然时间紧，任务多，忙人，但情愿人家多请，重用就好。

2012年6月27日　农历五月初九　星期三　晴

探访亲友。6月5号我东村乡大厂苗族因孩子到东村镇来读书，放假要回家，叫自己父亲到东村来接。父亲来到东村医院处，看见交警堵车就赶紧掉头往回路跑，两名交警发现后，乘坐收缴来的车子死追在后不放，追到东村田坝路上，就撞倒他抓住他，拿出电棒猛击他的头顶，直打到他满脸鲜血直流才送到东村医院包扎。伤者和我们是一个乡镇，又是我们的亲友，又是我们的信徒，所以昨晚天刚黑，张学忠、张学德、我们2老人乘车过去看望。到了他家，了解情况后，就与他们告别乘车回来，到家时已是夜里12：00了。

2012年6月28日　农历五月初十　星期四　晴

东村乡大厂苗民王照华哥哥被交警毒打之后，东村乡政府多次来电话说由于苗民去偷车被交警发现而追赶他们，所以你们不要参与他。此案发生后，轰动几个县的苗民，苗民希望能讨回公道。

2012年6月29日　农历五月十一日　星期五　晴

村民生计活动，记述村民昨晚卖大小猪。大儿张学全卖10头肥猪，双方讨价还价定为11000元，张学明卖一头讲价为2500元，张大道卖了3头讲价为3200元，张约荣卖一窝小猪有6头讲价一公斤23元，称量得114公斤，共2622元。

小结：很幸运，去年肥猪价格卖到一公斤17—18元，而今降价到一公斤13元，现在还在下降，降到一公斤12元。今日我村4户卖大小猪金额达到19322元，将近2万元，表明村民生计活动也很活跃。

2012年6月30日　农历五月十二日　星期六　晴

我家孙儿张荣光的一辆轿车出车回来忘记拿车钥匙，已关了车门，车钥匙关在车内了，车门无法开了，这情况可使我们发慌了，不知如何是好？我家人多办法多，因为在本村委石桥有熟识的车子修理工，便把情况告诉车工，车工进村来很容易地拿了出来，我们大家才轻松下来。我们付给车工75元作为他们油钱。

2012年7月1日　农历五月十三日　星期日　晴

村民事工活动。建水窖的一组坚持每天建一个水窖，由于时间紧，每天现拆模支模，几乎就用去半天的工夫，架好钢模，搅拌灰泥，供灰浆，浇灌水窖就要很多人员和时间。今日杨光友建水窖，人员劳动力就少了一些，不知为什么，搅拌机又不用，他人建水窖时也没有投工放工，所以到自己建水窖时少有人来还工，劳动力就少，劳动强度就大一些。

小结：对自己的亲友多加关注，支持，帮助，那么轮到自己的事工时多人来支持，那该多好，多轻省。使用搅拌机也不是要你出多少钱，而是凭你自己恭心赞助。人都不愿意走狭窄人生，人都情愿自己的朋友遍天下，那就在你的选择。

2012年7月2日　农历五月十四日　星期一　晴

孙儿张良、孙女张美芳以及家长，昨天和今天都到东村中学校区承办他们的升学和升学志愿，是老师、学生、家长三方面商定，几天都没有办法选好定下来。老师说，你们拿回家选好，本月5日以前送到校区来。孩子们都愿升学深造学好知识，只不过在我们一时成了个难题。

2012年7月3日　农历五月十五日　星期二　晴

村民杨天祥承办祝米席（汉族习俗称之送祝米），杨天祥家生二胎，所以亲友都陆续前来送祝贺，自己的亲人就多给，一般村民至少要给一盘鸡蛋。主人家也尽自己所能办一餐饭席宴客答谢，所以他家今日办祝米席宴客，来客有35—40户。

小结：办祝米席，想来亲友送的礼物可能都低于办饭席的主人家。饭席主人家杀了一只羊，这只羊值1000多元，是他的姐夫给的，这体现了大家庭的关爱。

2012年7月4日　农历五月十六日　星期三　晴

村民浇水窖。张正福今日浇水窖，劳动力10人，按原计划一天浇一个，由于没有技术工拆模支模，经一天的支模，搅拌灰泥、浇灌，还没有浇好，只有待明天再继续浇。

  小结：村民浇水窖一般是用一天就可以浇好，技术工很重要，什么事工都要有自己的技术工，因为有技术工支模，工作又快又轻省。你平时关注你的亲友邻舍，在人家的事工中有投入、有支持，到你有建设时自然有外援、有支持，这样难事就变成易事了，所以人际关系很重要。

2012年7月5日　农历五月十七日　星期四　晴

  村里事工。张学祥家浇第三个水窖。由于早上有雨，村里水泥路不利于拉运器材，我们只好吃过早饭再想办法收拢器材和钢模板，当然主人家早上就需要把钢模板折好。水泥路滑，从村子那边拉钢模器材到村子这边都比较困难，尤其是路陡的地方，所以村里人就出来帮忙，搬运器材、推车等。中午12：00才把全部器材收拢到场院来。水窖建于山顶农地边，中下午1点多钟才架好水窖钢模板，时间已迟了。我家的优势是有什么事项工程建设，男男女女，老老少少齐动手，自然形成总动员，所以今日的建水窖施工，是12个男劳动力，8个妇女合成20人施工队。建水窖困难多多，用水是从村子里用车子拉运上山，可能用了4个小时顺利建成，息工时3辆车拉运器材、工作人员下山回家吃饭，完成了一天建水窖任务。

2012年7月6日　农历五月十八日　星期五　晴

  村民事工，村民张学德、张荣光2人今日一早上昆明市审车，2人乘坐张荣光这辆轿车，审车也审这辆车，审车费是300元，审好车回到家时，时间还早，是下午5：00。

  小结：感谢人民政府好领导，迎来新的时光和机遇，村民购置车辆有所发展和完善，购置车辆必须要有驾照，车必须缴纳保险费和按期审车，这些都是保养车子的必备条件。村民已购置得3辆轿车和2辆面包车，自用或客运的小车就备有5辆，这就是我村的生计建设之一。

2012年7月7日　农历五月十九日　星期六　晴

村民龙兴祥第六户建水窖，建于山顶耕地边，已通车，所以建水窖的料子公分石、人工细砂都已准备好堆于建水窖工地上。工作起来很方便，建设用水是用大铁桶装用大车拉到工地上。由于时间紧，每天建水窖都是当天拆模支模，所以用去了一些时间，一般支好模已是中午1：00了。幸好是他家在协助他人建水窖时每次都出勤两个劳动力，所以今日建水窖时都是10多个强劳动力，再说，他家就有技术工，每天能有2—3个技术工更快又轻松。

2012年7月8日　农历五月二十日　星期日　晴

教会活动，因大水井龙升武不幸被嵩明白色的车子撞成重伤，就地到嵩明县医院医治，所以知晓情况的教会和个人都做了赞助支持。龙升武牧师要做感恩回报大家，定于今日办一餐饭席宴客。出席的唱诗班，教牧人员共28人，交通工具安排2辆面包车，1辆轿车，4辆摩托车。往返顺利，参席人员表示高兴满意。大会规模是20多个教会借礼拜天礼拜，500—600人就餐，可能至少也要五六千元才能支撑下来。

2012年7月9日　农历五月二十一日　星期一　晴

记述施工队。我们教会人员，柿花箐村、芭蕉箐村有一队建房施工队，由5—6人组成。几天中，施工队是由柿花箐组织给王有生儿子建房屋墙，用途是准备办个体户养鸡场。村民张正福搞建筑，原因是：现为农忙季节，人员少，所以两个村拼凑劳动力施工。劳动力人员工资，又由包工头按小工价，每天50元付给组员，已工作几天了。

2012年7月10日　农历五月二十二日　星期二　晴

村民砍苞谷。张学祥种于田里的清甜苞谷已卖完，现在还有种于零星小块田的清甜苞谷，已成熟，所以今天自己扳。工作场地是山脚田坝里，今天砍好，拉运回家，准备明天一早拉运往鸡街批发或零售。由于田块小，所以扳获得约100公斤，清甜苞谷街市价批发约一公斤2元，明天可卖约200元。

小结：发达的地区，田块人家早已种成经济作物了，经济价值当然高于种稻谷了，有能力的农户都应改行，种成蔬菜。

2012年7月11日　农历五月二十三日　星期三　晴

村民赶鸡街。龙保罗用小拖拉机拉运苞谷、小麦到市场销售，又买回大米和农用化肥，是要用于薅锄大春。村民张学祥今天到鸡街卖清甜苞谷，零卖是适合，但是要卖到晚，所以价格便宜卖了，买主给价一公斤1元，图快也是卖了，称量得150公斤，也就是卖得150元。

小结：自己有车子，卖了苞谷就回家抓农事，也仍然完成一天的事工，也不耽误农事工作。

2012年7月12日　农历五月二十四日　星期四　晴

孙儿张良、孙女张秀芳已读完初中，下学期就准备升学读中专，今日东村中学老师带了3名将升学的同学及家长到昆明市某中专学校参观校园的各种设施，看学生家长们是否满意。老师们热情地欢迎他们，并且安排就餐和主动介绍他们院校的一些情况等。

小结：东村中学老师主动关心学生，又介绍又带队上昆明中专，也让学生们选择。昆明某中专老师接待地方师生，学校为了招生也花了大力气。

2012年7月13日　农历五月二十五日　星期五　晴

村里畜牧牲口、耕牛，农户付出劳动。龙兴祥养了5头黄牛、两头耕牛，靠犁牛给他人犁地，每天可收入150元，也是一笔收入。人勤快牛壮喜气洋洋，养好耕牛有希望。喜好牲口，所以割草也是一项长期事工，利用早晚时间割草是很上心的事工。村民张学忠喂养了两三头，也是时常割草，喜欢养肉牛，是为谋生。田里的清甜苞谷已卖了，还有苞谷青秆摆于田里，就下到田里砍背回家喂牛。因下雨车子下不去田里，就用人工背回来喂牛，这也轻快些。

2012 年 7 月 14 日　农历五月二十六日　星期六　晴

村民农事工作忙碌进行，大局是薅锄苞谷，同时又进行稻田薅锄。记述村民张学祥家排白薯，前次已排下的称为头一水，栽下已成活了，而今天排下的称为二水，一块田里的白薯藤可以排一水、二水、三水，有的农户是一水就可以排完排满，有的是要二水才能排满。处理方法：先排高处的，二水藤子是排于高海拔低处的，这样可以促成一水、二水保持甜味一样，村民张学祥今天是排低处的。

小结：只因耕地少，如地多应多种白薯，经济价值高于苞谷，再说也简单，挖起来拉运上市场就卖成钱了，而且几年来，村民都喜欢批发卖。

2012 年 7 月 15 日　农历五月二十七日　星期日　晴

村民排白薯，王才明排山地白薯已一两天了，是排于村子附近的坡地，面积约有一亩。排白薯不论是平整的地块还是陡坡地手续都很多，又要开沟施农家肥，摆放白薯藤子，摆好又用人工从上方挖下泥土盖好，一般都是坡地，始终都慢一些。虽然地少也要一水、二水白薯藤秧才能排满，因为只用零星的小地育秧，田块方便的农户，用田块大的面积育秧，那么一水一次性就可以排满。是根据农户的需要育秧。

2012 年 7 月 16 日　农历五月二十八日　星期一　阴

打扫教堂场院卫生。教会搞建房事工，场院时常堆有建房料子，钉壳子模板，用剩下的长短板子，以及一些废木料子，需要有人时常收拾，保持大场院清洁卫生，大小车辆畅通。看在眼里，想在心里，我就约老伴两人出动义务事工，打扫场院，由于有小雨，打扫困难一些。场院以及路道宽大，打扫起来要些人员要些时间，场地就在自己家门口，自己也愿意主动出动义务工来打扫。从早上一直忙到中午才完结。这事工我长期做，我觉得很幸福。自己为家族、为村寨、为民族、为地区、为团队、为教会应该做一些服务工作。

2012年7月17日　农历五月二十九日　星期二　雨

村民赶鸡街。我家四儿张学忠开出一辆四轮车，我家父儿、儿媳、孙女6人乘坐往北方20公里的寻甸县鸡街赶集。购买生活用品，小孩、大人都有自己的需用品。我自己上街购买生活用品，买了5公斤面用去20元，买葱秧7.5元，又买了辣子面，茄子一公斤，又用去4元，又买工具铁、木推刨床各一把，买一把木匠夹剪，用去33元，车费安排20元。

小结：一个农户人家不但开支于生活，还要开支于一些用具。人际生活中，很多人是多面手，一般事务不求人，但是备齐这些工具，就要用去一些钱，我们自己也情愿多备一些日常生活用具，力求少求人。

2012年7月18日　农历五月三十日　星期三　雨

村民张学忠开出一辆四轮车，为迎接云南大学师生进驻云南大学苗族考察基地考察学习购买生活用品，自己能有机会参与服务。感谢云南大学老师对我们的信任和支持，我们也只有尽自己所能服务，也情愿自己吃亏而做好接待和服务工作。今天开大车上东村街买小菜，买小菜比较方便，一般两三天就有一个街天了。东村街是逢2、5、8、12、15、18、22、25、28是街天，所以买小菜很方便。自己情愿付出，云南大学每年有一次考察学习良机，张学忠负责购买云南大学师生生活用品，购买食品的钱是固定的，所以开支到结尾自己从腰包里先垫出了300元，煮饭10天也是他家女儿煮，这就是我们对云南大学师生工作的小小付出。

2012年7月19日　农历六月初一　星期四　阴

村民张正才承办户口册。聘请张学忠开孙儿张荣光家的轿车跑到富民县城民政局办户口册，因登记时，夫妻有个日期出入，需要改为一致，所以需要到富民县民政局办理。到了富民县民政局，说还是要以东村乡的人口档案为据，所以乘车回到东村乡来拿。一天到富民县就跑了两趟，已办好户口册。

小结：聘请张学忠，是因有车驾照。车烧油付给车主张荣光100元，费了几个工终于办好户口册。

2012年7月20日　农历六月初二　星期五　阴

村民张学志已死亡，其妻是寡妇，今日他家哥弟儿媳4户出动7人协助她家薅锄苞谷。

小结：农户不论劳动力多寡，对于农地的耕耘播种、薅锄和管理都要抓紧季节时候，都要抓在时候上，如果庄稼推迟薅锄，草和庄稼长得一样高，即使薅出来丰收希望也不大，这是一方面的事理知识。另一方面是自己的农地工作任务，要早出晚归，扎扎实实出色地工作，完成自己的生产劳动任务，避免连累自己的哥弟、亲友。更不要有观望的思想，事事打主动战，有计划和没有计划工作效力当然不同，很理智地处理自己的工作。

2012年7月21日　农历六月初三　星期六　晴

村民张学德儿张良为升学读中专，与祖库村委、石桥村村委的山区一片的三户学生和家长6人，乘坐祖库一户学生家长的车子前往昆明王家桥某中专校园看校园的设备情况，今天是到另一个院校参观。车费是由于学生们有情感，往返里途都是车主人自己垫付，就不要张学德父儿的车费了。由于自己有车子，往返昆明一趟也快，回到家时间还早。

2012年7月22日　农历六月初四　星期日　晴

今天是星期天，孙女张秀芳需要到东村中学拿自己的考试卷子和期末考试成绩分数，而二孙女甜甜又被医院安排到东村医院体检。张学德需要上街给云南大学这次安排的民族学习班买点生活小菜。开出四轮车，我们和云南大学师生15人就乘坐张学忠的货车到柿花箐集会点参加礼拜活动。下午2：30礼拜休会后，我们又从柿花箐村来到柿花箐凹口处等候张学忠的货车回来载我们回芭蕉箐村。完成了一天的事工活动。

2012年7月23日　农历六月初五　星期一　晴

村民事工活动，仍然是购置车辆。今日有村民杨光友聘请张学祥开他家的面包车上昆明城购买面包车，到了昆明市从两辆车中选购一辆，仍是二手车，双方讨价还价定为25600元。挨晚时，我们就在教会集会，在我家门前等候新车进村。新车在天还没有黑就回到村的大场院来，让我们欣赏。

小结：由于通信方便，中午我们已知道车子已买到，价格为25600元，一家农户购置这么昂贵的车子真不容易，但是保养更难。

2012年7月24日　农历六月初六　星期二　晴

村民事工活动。张荣光考摩托车的驾照以及行车证已交学费，至今两年，同期报考的人已拿到行车证，自己的不知在哪里压着，所以今天张学祥做向导乘摩托车到富民县城求交警从电脑查询。他们一查询，果真在，他们就协助办理，没有半身相，就先照，不久就全办好了。同时到富民县城审摩托车的还有龙荣才、张正才，他们都是约好今天去完成。他们办好回到家时间还早，活动显示我村生机活力。

2012年7月25日　农历六月初七　星期三　晴

村民赶东村街。俗语说：五荒六月，是说农夫们5—6月已是缺粮少钱了，上街赶集的人员果真少了下来，村民龙应华、张正文、潘美英3人上街，由于没有上街的车子，只好步行走直道下到山脚坐马车上街。到了山脚候马车处等了好久，坐车上街的人仍是很少，一辆马车7人始终凑不够，等了35分钟想想还是下车步行上街。

  小结：人们上街行动不方便，加上交通堵车，上街的苗民多是乘坐小拖拉机。堵车的路段他们只好满路走，要走到山脚不堵车处才又乘坐小拖拉机回家。寻甸县的鸡街就在我们身边，年关堵一下就行，一年四季大小车子运载人员有证无证畅通。建议政府对农村小乡镇不要过分严苛，希望能够引起政府的重视和改良。

2012年7月26日　农历六月初八　星期四　晴

  村农事进入田间管理工作。我村海拔低，气候暖和，耕地中的杂草长得茂盛，每当农事转入田间管理时，农事也多，需要割除地边的杂草，随时清除田边地角的草，有利于庄稼更好地成长。几年来耕地面开阔，牧场缩小，所养的牲畜只得关在圈里割草回来喂，这样一来，就自然形成田间管理和养牲口结合起来。地、田边的草需要割除，而圈里关着的牲口需要割草来喂，这样，地边的草割了，家里的牛也喂好了，所以我们几乎都是转入田间管理。我们老人虽然没有牛，但是也得天天割草，供儿媳们喂牛，同时也管好自己的庄稼。养牛多的户，不但除耕地的草还得从外地割草。

2012年7月27日　农历六月初九　星期五　晴

  村民活动，与考察民族的云南大学师生聚餐。相约大家凑爱心与云南大学联欢分享团结友爱，约得7户奉献爱心，凑得3只土鸡，买上鲜肉和小菜来办宴席。儿媳、姑娘们主动出来办饭席，吃过早饭就到教会场上来酌定劳动力和时间安排事工。晚席，村民们和云南大学师生团结友爱，大家客客气气打招呼，不分彼此，显出了一个大家庭的良好氛围。

吃过晚饭学生们齐动手收拾凳子、碗筷，一个个都是训练出来的劳动好手。晚饭后摄像又是一项活动，村民和云南大学师生三三两两地合影留念。二孙女甜甜也很高兴，同学们也给甜甜拍了很多照片。村民们欢欢喜喜与云南大学师生度过了2012年7月18—27日共10天的宝贵时间。

2012年7月28日　农历六月初十　星期六　雨

芭蕉菁唱诗班人员今日参加西山教会圣工开班典礼礼拜。吃了晚饭，方便的人员都乘自己的摩托车回来，还有6人等候我们派车去接。我村配备5—6辆面包车、轿车，知道此事，我便安排张学祥开面包车去接，由于途中修车，耽搁了一些时间，车子上到马街西山教会，他们晚间礼拜还未休息，也就提早出来回来。车子把我们教会人员分别送至水平子村、柿花菁，才又把我村3人带回村来。

小结：学做牧人，学做教职人，按我们自己的力量，能做的就积极主动做一些服务工作。就是自己付车费也乐意，俗语说，取信于民，很多人会说不会做，所以我们要会说也要会做，而且也要力求少说多做，为团队出力，有奉献精神。

2012年7月29日　农历六月十一日　星期日　晴

村民开始摘青豌豆。种豌豆的农户有张学道、张大卫、张约翰、杨光才4户。初摘时虽然数量不多但也得摘起。每户约摘得50—60公斤，好的每公斤收购价是5元，每户约卖得200元。收购地点就在大路边，每隔一天就来收购一次，万宝山、水平子、柿花菁、芭蕉菁是老板订好合同就在公路边收购。

小结：几个自然村种豌豆已有5—6年的时间了，种得好的农户，数量多的农户收入都是上万元，所以每年每村都有扩种的农户。

2012年7月30日　农历六月十二日　星期一　晴

村民卖肥猪。张会学吃早饭后见买猪老板开车进村买猪买牛，卖一头黑猪，约重150公斤，街市价是一公斤13元，双方讨价还价定为2000元。付了钱后，从村子那边赶到教会场院来，幸好我家父儿3人还在家门场边休息，所以协助他们上车。卖牛，张学忠有一头黄牛，要价7800元，讨价还价，最后还是给了7800元，买主另2个伴，就不愿给这个价也就罢了。

2012年7月31日　农历六月十三日　星期二　晴

村民揪烟叶。仅有张学忠一户栽烟叶，面积约二亩，今日揪脚叶。劳动力凑得6人相协助。早上揪好一块，吃过早饭揪第二块。揪完以后再编烟，装烟。脚叶始终数量少，所以我们从早忙到中午就编完装好，因为主人家早上就已揪完了一块地。

小结：栽烟的农户都靠父母哥弟相互帮忙，自己哥弟父母当然也主动协助帮忙，相互帮忙协作，已成风俗了。如此进行工作，只有我们父儿哥弟多的人口才能搞大协作，也只有关爱相互支持才能做好。这是我们民族的一种生活特色。假如没有新的生命，只会随着社会的风气而日日低下，而以自己为重为中心生活。

2012年8月1日　农历六月十四日　星期三　雨

村民张学祥砍白菜。明天是8月2日，赶东村街，准备砍好运上街销售。只因昨晚和今天的上中午时间都下着中小雨，山路很滑，车子无法下到山脚田坝拉菜。幸好村民龙荣祥家有一辆马车，张学祥就托他帮忙下到田坝拉一车白菜上来。白菜街市价走低，干天白菜销售价常卖一公斤3—4元，一进入雨季，好白菜都只卖一公斤1元了，而且销售量小，所以每街只能销售100多公斤。进入夏季，街市上小菜多了，山区人民小菜可以自给自足了。

小结：小菜价格走低，自己栽的也得销售，也得处理。种植业、养殖业、做生意都靠机遇和良机。

2012 年 8 月 2 日　农历六月十五日　星期四　雨

村民搞住房，龙荣才砌砖房。年初已砌好房基石脚，已备好建房材料红砖块，今天是第三天了。每天砌砖人员 7—8 人。已砌到砖墙高度一楼的四平墙，支搭浇楼的模板后再浇一楼。

小结：已备好建房材料，夏季趁薅锄完毕，农闲季节，准备砌好一楼，并浇好。技术建议：虽然科学并不是神秘的，是人人都可以学习和掌握的，但技术要求必须从严。建房施工中，必须有建房技术专人负责和监督，才能得到较好质量，也就是技术工的技巧。

2012 年 8 月 3 日　农历六月十六日　星期五　晴

村民协助龙荣才建住房。今日的建房工序是砌房内隔墙，是要把几堵隔墙砌好，以便浇楼板。建房出勤人员有 10 多人，砌砖墙有 5 人，供建房料子以及灰浆有 5 人，其他杂活人员 2 人。

小结：建房技术要求，一般村民都忽略科技规律的严密要求，建房的砖墙四角要有专人负责达到要求标准。施行中，就看建房的主人家有什么要求，或者你就主动请技术人员从始至终负责到建房完工，这样才理想才科学。

2012 年 8 月 4 日　农历六月十七日　星期六　晴

村民赶鸡街。摘青豌豆、种青豌豆的，有杨光才、张学道、张大卫、张约翰 4 户。每隔三天就要摘了，称计卖给老板。收豌豆老板也是每隔一天就下来收购。是从早摘到中午 12：00 背到大公路边称计后付钱。一般农户一天拿到二三百块钱。价格情况是：去年最高价是给一公斤 5 元，今年好的收购价是一公斤 8 元。豌豆价今年往上升一点，有一个情况是柿花箐王继光是收购本村的青豌豆找车拉运上昆明销售。想来是就地销售和拉运上昆明销售价格相差不多，因为还要付给别人车费，总而言之，比起就地销售价高，因为他情愿拉上昆明销售。

2012年8月5日　农历六月十八日　星期日　雨

村民东村街销售白菜，有三四户开始销售板栗。初上市，所以各户数量不相等，是少量数额。板栗价格前街是卖一公斤12元，好的可卖到一公斤14元。记述张学忠销售板栗情况，湖北板栗有24公斤×10元/公斤=240元，近段时间，有板栗销售的农户就算是一项优先财源了。销售板栗季节已开始了，卖板栗习俗不知为何都是天未亮赶到街上价格才理想。

2012年8月6日　农历六月十九日　星期一　雨

村务事宜，维修村公路。村上每年雨季天都得两三次维修本村公路。雨量多，就得多修公路，保障本村道路通畅。今日的动员号令是，我村所有的大小车子以及劳动力出动维修山洪冲坏的路面。男劳动力乘坐大小车辆上到水平子公路边的山箐上拉石砂，回来填补我村被山水冲坏的路面。车子任务是负责拉运石砂，劳动力是填补。

另一事工是张学祥的面包车协助自己的姐夫家到款庄马街医院接产妇，上往东边大山朵木得村。车路由山脚绕到山顶，从山脚到山顶约有20公里。从芭蕉箐到款庄马街医院就有13公里，从马街医院上到山顶朵木得村（苗民）又是20公里，所以一个单边里程就有33公里，往返里程就有66公里。

2012年8月7日　农历六月二十日　星期二　晴

村民张学祥家砍白菜准备明天拉到东村街销售。由于时间进入夏天，街市上小菜多了，价格也随着走低，而且销售量也小了，每个街子天只能销售100多公斤。砍的白菜，栽于田坝里，每当下雨，大小车子就下不去，上不来，因为土路泥泞。幸好只销售100多公斤，所以一两个人还是背得够的。

另有村民张学忠家事工是掀烤烟叶。今天掀的烟叶是第二窑了。每到掀烟叶，都是我家哥弟几个凑劳动力支持。父儿几户，能支持的都尽力支持，难的事工已成轻易的事了。

2012年8月8日　农历六月二十一日　星期三　晴

村民张学祥销售白菜，天亮就必须到街上摆摊处。今日第一车到了街上，看看街上白菜少，所以回家来砍第二车，就地杨嘎哩村卖了60多公斤，共卖得300多元。回到家才是下午2：00，时间还早。现在，就是到今天，白菜已卖得了900多元了。

小结：计划是把白菜卖完以后，还要赶紧栽上白菜。街上物资都是讲运气，什么东西，多了价格就走低，少了就好卖一些。经营蔬菜已经三年了，经济效益当然高于种粮食，近段时间卖白菜图快，我们只要价一公斤1元。

2012年8月9日　农历六月二十二日　星期四　晴

记述昨晚发放救济大米。五荒六月，东村乡人民政府关心、石桥村委会支持，这次发放的救灾大米，每个人给15公斤，我村全村人口有150人，全村总数就是2250公斤。村主任张学忠开他家的四缸大车，由石桥村委主任杨德聪协助到东村乡镇领取，统一拉运到我们村上来，晚上通知村民各户到教会场院来领取，每一袋米收两元做拉米费用。

2012年8月10日　农历六月二十三日　星期五　晴

孙儿、孙女假期，今日赶寻甸县鸡街游玩、购买衣物等用品。孙女张多加在昆明任某幼儿园教师，假期10天回家度假，张良、张秀芳初中毕业，张恩膏在东村读初小五年级，几人在假期特约乘坐五儿张学祥家的面包车上街游玩。我自己因老伴突然重感冒，不食病倒，影响我们收栗子工作，就特意趁有车到寻甸县的鸡街镇去鸡街平安医院打针就医。医药费，一针 3 瓶药水、一袋 20 小包装感冒药，总计收费 55 元。我们在自己本县富民东村医院，药量相等收费 25 元，两县比较，比我们富民东村医院高了一倍多。

2012 年 8 月 11 日　农历六月二十四日　星期六　晴

记述村民建住房，龙荣才（已婚两年）需要改造住房设备，拆旧换红砖材料。原来是一楼底，现在是要建成新式二楼房。建房工程砌完一楼的墙面，建房工序转入支搭一楼的钢模板、安装楼房顶杆和扎楼板钢筋，准备农闲季节浇好一楼工程。

小结：建房工作中，由于建房技术工少，只得慢慢摸索施工。这样自己慢慢做，好就好在不需要花钱，自己也能学到建现代式砖房的技术。虽然有一定的困难，但是他们从实践中学到了一些技能，必然很高兴。

2012 年 8 月 12 日　农历六月二十五日　星期日　晴

村民的生计活动。张学祥家销售白菜，属自产自销，在富民县的东村街就地销售。前两街由于市场菜多，自己的亲属友人统统都只能卖一公斤 1 元。幸遇良机，今日市场的菜少了下来，大家相约又统统要一公斤 1.5 元。张学祥这一车卖得 300 多元。生计活动都讲运气，讲良机。

村民其他几户是利用今日的上、中午摘豌豆、卖豌豆，由于豌豆价提升到 1 公斤 8 元，所以他们很开心地工作，津津有味不知累。

2012 年 8 月 13 日　农历六月二十六日　星期一　晴

我家父儿五户的农事工作劳动：张学忠家是我村栽烟叶的唯一一户，也是靠我家父儿几户协助支持，做好当天出烟、掀烟叶、编烟叶、装烟工作。工作劳动两部分，我家父儿张正文、张学德、张学祥3户又开一辆面包车和一辆小轿车上到3公里的山顶耕地片区下各自的板栗。父儿3户几乎相同，父张正文2人下栗子收获5大包，五儿张学祥2人下栗子收获5大包，四儿张学德2人下栗子收获4大包。运载回家都是靠车子，就不存在难处了。

2012年8月14日　农历六月二十七日　星期二　晴有雨

记述自己优先的果业劳动。上中午时集中精力下栗子，工作场地是村子附近房屋前后。下午时间又转入离栗子，这事工也是比较慢的，是一个一个离出来收集装袋。昨晚离到夜里11：00休息，几天的早晚和今日的一个下午时，离得120公斤，也可说是尽了最大努力了。

2012年8月15日　农历六月二十八日　星期三　晴有雨

记述销售栗子（板栗）。记述我自己销售的情况，几天的早晚时间离得的栗子总数为120公斤，单价每公斤12元，得1440元。东村街销售，出动两辆小车，张学祥家的面包车，拉运他自己栽种的白菜180公斤。栗子又由张学德的小轿车拉运。夜3：30我们出车，到了街市，讨价还价，定为一公斤12元。栗子售后，我们在车上坐到7：30，天才渐亮哩。天亮后待摆好摊、买好日用品再乘车回家，家人正吃早饭。

小结：事业都讲运气、讲良机、讲机遇。前街12日，栗子市价统统卖一公斤15元，而今天突然走低，一公斤栗子又少得3元钱。

2012年8月16日　农历六月二十九日　星期四　晴

村民的建房工序浇楼。龙荣才建砖房今日浇楼房。房主人家邀请全村村民以及一些主要亲戚都来帮忙。浇楼人员有20多人，有搅拌机配合工作。由于人员多，天晴，有机械装备，所以浇楼工序较快进行，约下午5：00已浇完。生活待遇特别讲究，都是力求高档待遇，有鲜肉、鲜活鱼、土鸡肉等多种菜，尽情享受。

2012年8月17日　农历七月初一　星期五　晴

我家父儿五户，相约姑爷、女儿6户聚餐活动。孙儿张良、张恩膏2男，孙女张多加、张秀芳2女即将返校上课和升学到高中和职业学校。孩子们从乡村进入昆明市等远地入学深造，一去就得有传统节日或是学校有假日，孩子们才能回家了。孙女张多加遇到良机，在昆明边工边读。我们早就有念头在假期为孩子们办一餐饭席，所以我们父儿五户父母为孩子们办饭席，也请居住于柿花箐村的姑爷女儿孙女张齐一家来欢喜团聚享筵席，20人分为三桌吃饭。饭后又品尝栗子，大家有说有笑，显示出大家庭的温暖和团契特色。

2012年8月18日　农历七月初二　星期六　雨

村民送自己的子女上昆明海口读高中院校。张学忠送女儿张秀芳到昆明海口某校院读高中，又有四儿张学德送儿张良到昆明市某校读中专，因孙女张秀芳要到海口，里程较远一点，家长张学忠先出发到东村街乘坐公交车前往海口校园。孙女张多加（已任昆明市区幼师）、张良又有四儿张学德3人乘坐自己的小轿车前往昆明校院入学。办好入学手续后，张学忠、张学德2人又用电话联系，从昆明小西门同坐张学德这辆轿车回来。经一天的辛苦和努力完成了把自己的子女送上昆校读书的光荣任务。

2012年8月19日　农历七月初三　星期日　阴雨转晴

礼拜活动。中午11：00我家乘坐大车到柿花箐村聚会点集会礼拜。下午3：00休会，我们又乘坐大车回到山顶栗园区进行下午工作。下午3：30—5：30下栗子。经三个小时工作，父儿张正文、张学忠、张学祥3户收获半车栗子包载回家。中午11：00—下午2：00有小雨，又是礼拜活动。

2012年8月20日　农历七月初四　星期一　晴

村民割谷子。张治明、张正才父儿两户割谷子,是我村首家割谷子的。稻田面积有3工田,也就是约等于一亩水稻田,劳动力有10人。不论水稻田的面积大小,都得要些工夫和时间。辛苦劳动一整天才能完成一天的事工任务。

小结:如果不闰两个四月,已是八月初四了。割谷子和掼收谷子,生活待遇都是办好伙食酬谢亲友。

2012年8月21日　农历七月初五　星期二　晴

我村约有10户栽有板栗树,自然形成一项中心事工,就是几乎天天下栗子,而且是白天下栗子,晚上离栗子。记述我家父儿五户,开大车上到山顶片区耕地栗园下栗子。各户工作效力不尽相同,效力高的是下得10多包,我们二老人是下得5大包,运载都是靠车子。几天的下栗子劳动都是在山顶片区,形成比较优先经济价值的行业。

2012年8月22日　农历七月初六　星期三　晴

村民销售栗子。各户拥有板栗的株数或是收获的数量不尽相同,都按数量的多寡用摩托车、小拖拉机、面包车拉运上街销售,形势可观、可望、可喜。没有栽种板栗的农户,勤快的都可以到山野外找捡栗子,结存收集,到街天拿到市场销售。据我们知道,在我们身边的邻居,每个街天都能拿到200多元。我们父儿五户,少的一个街天离得一袋,有的是两袋。我自己离得108公斤,单价每公斤10.60元,收入1144元。板栗价格变动情况是:头一街15日每公斤是卖15元,第二街是卖12元,第三街22日每公斤只卖10.60元,争先价好,我们已做了最大努力。

2012年8月23日　农历七月初七　星期四　晴

村民们继续忙碌着下栗子、收集栗子。有的农户忙于挖洋芋，早点种冬甜萝卜，农事规律，萝卜种迟了，就长不大，所以农夫们都忙于挖洋芋、种冬萝卜事工。今日有张学忠种萝卜。方式，先用耕牛抄犁一道，再施撒下化肥，然后再播撒萝卜籽，再用人工用枝叶轻微扫一下即可。

2012年8月24日　农历七月初八　星期五　阴

村民仍旧下栗子、离栗子。白天忙外边的事工，早晚和夜间上中午时间在屋里离栗子，下午天晴后又转入栗园下栗子。由于时间短，只是下完了一棵，收获得两背箩栗子包。有栗子的农户工作劳动几乎都是相同的。近日一段时间，主要是收板栗，包括按期又要拉运上街市销售，又要附带管好农田农地，所以也是农事繁忙季节。

2012年8月25日　农历七月初九　星期六　阴

割谷子。村民张学全家割谷子，稻田面积有三工田，也就是等于一亩多一点。劳动力出勤13个，也就是四人割一工田，由于不下雨不晴开，很适于收割劳动。割谷子整天的事工劳动当然要付出最大努力和辛苦，一般农夫天长地久地在各种环境磨炼成劳动能手和艰苦耐劳者，都是用这种精神来完成每天的工作。生活待遇是安排一餐。

2012年8月26日　农历七月初十　星期日 晴

栽烤烟的农户今日交烤烟（销售烤烟）。张学忠独家栽烤烟，已烤了3窑。一边掀烟叶，编烟，一边把已烤好的分级扎把。今日把已烤好的这3窑拉运到东村街烟站交。烟农户按烟站要求栽的烟品种难以烘烤，有的农户就没有栽烟站号召的品种，今日张学忠交的烟已压级压价。今日交的烤烟，拿到2680元。预计今年烤烟收入可能低于去年的总收入。

2012年8月27日　农历七月十一日　星期一　晴

村民张学全家掼谷子，村里同天就有3户掼收谷子，另外两户是龙兴福、龙兴祥。社会进步了，人民也随着改善了生活，今日3户掼收谷子，都是利用稻谷脱粒机。张学全掼收谷子，劳动力有12人，我们图快，使用两台稻谷脱粒机，机器动力是装配小柴油机，这样就大大减轻劳动强度。体现了社会在发展，人民生活水平不断得到巩固和革新。

2012年8月28日　农历七月十二日　星期二　晴

村民销售栗子，有栗子的农户都拿到东村街市场销售。我家父儿四户销售栗子：张学忠离得栗子170公斤×10元/公斤=1700元；张学全离得栗子130公斤×10元/公斤=1300元；张正文离得栗子107公斤×10元/公斤=1070元；张学祥离得栗子73公斤×10元/公斤=730元；合计4800元。我家4户这街天就拿回来4800元。

夜3：30到了街上的，可给价一公斤10元，4：00—5：00才到街上的就只卖一公斤8—9元了。

2012年8月29日　农历七月十三日　星期三　晴

富民县基督教会着手整理全县基督教会近代史。原先计划用一周的时间整理、打印和摄像。人员由负责征稿的龙德寿、王学杰两位牧师，摄像和电脑工作人员张学德、龙绍荣，4人组成。从2012年7月8日搜集整理富民教会历史资料，经富民基督教爱国会在朵木得商讨，报请县民宗局同意，决定于2012年9月5日在麦地冲教会召开六届六次县基督教爱国会会议。

2012年8月30日　农历七月十四日　星期四　晴

村民事工。有8户农户已收割了田里的稻谷，准备把稻田翻犁出来种上冬季作物。今日有张学全家翻犁稻田，田的面积有一亩。由于自己购置有小型打犁机，抄犁方式就是手扶打犁机抄犁。虽然是机械作业，还是整整工作了一天，就等种上冬季作物，农户都重视农作物的经济效益，可能都准备种上蔬菜一类的作物了。

2012年8月31日　农历七月十五日　星期五　晴

村民张学忠的农事活计是下栗子、收栗子和掀烟叶、烤烟、销售烤烟等两项事工。今日挨晚又迎来卖黄牛的良机，天黑时外地开来一张大车，说是进村来买牛，是来三儿张学忠家买牛（可能早有联系），卖牛人要价是8000元，买主叫卖主让100元，所以7900也就卖了。我们是本着不亏本。

2012年9月1日　农历七月十六日　星期六　晴

村中栽板栗的农户为收栗子的事工忙碌着，下栗子的重任已完成了约80%。今日精神上也轻松了些，所以下午时就在家里离栗子。东村街每隔两天就到了街天，得按街天准备上市销售板栗。

今日挨晚有买主开车进村来买猪，我家有一头约150公斤重的肥猪，我要价2000零点，就是说2000元朝上多少要给我一点。买主只给我1700元，我说若少了2000元我不卖。天将黑了买主才给1800元，我又说2000元我最大让步再让你100元，所以买主也欢欢喜喜地付给我1900元买去。这也是我们的生计活动。

2012年9月2日　农历七月十七日　星期日　晴

我村今日销售板栗：约有10户，今日为全年价格最低的一个街天。我家父儿五户，四户每户约80—100公斤。街市价，一般是卖一公斤7.5元，我们是图快，板栗给价一公斤7—7.5元，我们就卖了。我自己的情况是板栗有206公斤×7.3元/公斤=1503.8元，但买主只给我1470元，回到家我算算，少得33.80元。

小结：五儿张学祥板栗每公斤就卖 7.8 元，我们只卖每公斤 7.3 元，我自己少得 33.80 元。一般的老板都不是很讲究信用，自己不注意就吃亏了，不过 33 元算不得什么，以后加以注意就行。

2012 年 9 月 3 日　农历七月十八日　星期一　晴

村民侄儿张学才为孙儿承办送祝米席。儿张约瑟已婚，添了一孙子。村友邻舍、亲戚都送来祝米鸡蛋祝贺。主人家好办筵席为谢！办一餐饭席代价都需要 1000 多元，幸好是儿媳妇的妈妈关心，主动援助一头肥猪，所以饭席代价就轻松些。

2012 年 9 月 4 日　农历七月十九日　星期二　晴

村民生计活动的一项支柱产业就是板栗，收集、销售的工作也非常忙碌，所用的时间较长，前后时间长达一个多月，今日仍继续在山顶片区下栗子。栗子包不论多寡都靠车子运送回家，而今天不知道儿媳妇的车子上不上去，自己的数量多又没有车子，都下好，哪天车子上山就运送下来。整天下栗子工作即将结束时，真幸运，三儿张学忠的四缸车开到山地栗园地来了，是特意来帮我拉栗子包的，也顺便上山来割喂牛草和猪食草。主题思想：这是父儿之间关爱思想的流露，也是车子机械动力已投入到农业战线服务并发挥其优越性！

2012 年 9 月 5 日　农历七月二十日　星期三　晴

富民县基督教会确定于 2012 年 9 月 5 日在麦地冲教会召开富民县基督教六届六次会议。我们芭蕉菁教会张学德（传道员）、王兴仁（执事）出席会议。会议一天，早上 10：00 报到，下午 3：00 休会。由于参会人员款庄大黄栎树教会人员龙周胜没有交通工具。用电话联系说能帮忙，就走大弯道赤鹫乡，富民—禄劝大道 65 公里转到麦地冲教会，是往西边方向。远程赴会，自己交通工具方便能胜任，他人也信赖，在社会、教会、地区、民族、家族能起到小小的推动和好的影响力，来之不易。

2012年9月6日　农历七月二十一日　星期四　晴

村农活事工，村民张学德家割谷子，五儿张学祥摘黄花销售。原先是四儿张学德家计划利用一个早上的时间割谷子，割了一半，五儿张学祥开学德的车子上街买回菜肉食做早饭。路过柿花箐村，又得知收购黄花的老板今早要收购黄花。所以五儿张学祥打回来电话，叫我暂停割谷子，转入帮他家摘黄花，因为老板现在就等着他，可以吃过早饭再去割谷子。

栽黄花，是柿花箐、芭蕉箐两村的一个新项目，收购价是一公斤0.80元。我家父儿五户12个劳动力，今早摘的黄花卖得100元，采摘了两次，还可以采摘多次。据说，明年仍可以增加农户数量和扩种，经济收益必然高于种苞谷。

小结：农夫们自然很忙碌，但是也该忙，要有事工，要有忙碌才有收成，忙碌也成为欢喜事！

2012年9月7日　农历七月二十二日　星期五　晴

款庄乡政府人员来了很多，今晚到款庄基督教圣经班里来（约晚6：00）交代政策以及进行交涉，告知要依法活动等等，一时又离开了。

2012年9月8日　农历七月二十三日　星期六　晴

村民掼谷子，张学德家掼收谷子。我家父儿五户10个劳动力组成一个大组联合收割和掼收稻谷。由于社会进步，劳动生产条件进步、改进和完善，所以我们村民，不论是家族、哥弟或是组成核心小组购配稻谷脱粒机，80%的农户装配得有小型柴油机做动力，所以几年来发展很快，变化很大。繁重的体力劳动有柴油机来做动力，就轻省多了。中午，刚升学初中、中专在昆明城区高中院校读书的孙儿张良、孙女张秀芳，要趁周五、六、日回家一趟。乘坐公交车已到东村车站打回来电话,叫家里父母的车子到东村接回家。所以三儿张学忠开四儿张学德的小车到东村接回来。由于我家父儿五户人员多,田里的稻谷顺利收完,读书于昆明的张良、张秀芳也接回来了,顺利完成一天的事工。

2012年9月9日　农历七月二十四日　星期日　晴

今日我们销售栗子:拉往寻甸县鸡街销售。沿途老板设有收购点,途中销售:张学忠栗子10公斤×8元/公斤=80元;张学全栗子75公斤×8元/公斤=600元;张正文栗子203公斤×8.5元/公斤=1725元。

在街市上销售:教会唱诗班栗子60公斤×6元/公斤=360元;张学祥栗子130公斤×9.2元/公斤=1196元。上午9:00栗子已卖,由于自己有车子,折回来又送孙子张良、孙女张秀芳上昆明中专、高中学校上课,回来时,又转走富民县城购买挖山药的工具,用于挖山药。

小结:一天办了很多事,跑了很多地方,受益不小,真是未曾想到,这已成为我们苗族的生活片段。

2012年9月10日　农历七月二十五日　星期一　晴

村民事工活动,自己仍上山顶栗园下栗子,是尾栗子,打主意是用人工背往直道下来。今日下的栗子是两棵树上的,栗子包又大又好又多。耕地栗子园地设有车站,粪草、粮食、货物都集中于车站便于拉运。

今日不管有无车子(自己儿媳的车,因四户都有车子),栗子包袋都集中于车站。幸好下完捡拾完三儿张学忠的大车开来了,是知道我的事工主动上来帮忙的,又是上来自己挖一点洋芋、割草回去喂牛。一举两得,又帮了二位老人,自己的事工也做好了。我们自己平凡的生产生活是过得很有意义的!是与村民、亲戚、家人相关的。

2012年9月11日　农历七月二十六日　星期二　有雨

儿媳生计活动，四儿张学德的事工是开出小打犁机到田里打犁稻田，为播种小春作物做准备。三儿张学忠的事工是掀烟叶、编烟装窑，是尾烟，最后一窑。准备一次性掀烤完，所以烟叶就比较多一点。知道事工繁多，我们二老人、五儿张学祥，中、下午也来协助帮忙。我们组成6人一组突击，付出时间和工作的努力和辛勤才完成了一天的掀烟叶、编烟装窑任务。生活待遇：为酬报家人的关心支持，三儿张学忠乘车跑上街市，买回鲜鱼、鸡肉办饭席，让我们父儿五户10人好好享受一番，参与不参与，每户每人都有份。这样过好大家庭团契生活，体现苗族的关爱和家人和睦同居。

2012年9月12日　农历七月二十七日　星期三　雨

村民销售栗子，我张家哥弟几户出动两张面包车，村中龙保罗家是乘坐摩托车。我自己栗子108公斤×9.5元/公斤=1026元；大儿张学全41公斤×9.5元/公斤=389.50元；侄儿张学才、张学会他们两户是一公斤8元就已卖了。村民龙保罗天亮后才进街。销售情况是：夜3：00是卖一公斤9—9.5元，天亮时只卖一公斤8元了。所以也是讲时机。

小结：没有板栗树，或是板栗树少的农户，仍然要陪着我们卖栗子到现在长达一个月的时间，兴许也拿到了大钱。因为各县、各村、各地方已种下满山遍野的板栗树，精致采收就没法收好，只顾大局，只要好的、多的，少的、小的就不要了。自己就是例子，所以捡拾栗子也成了穷人的一项行业。

2012年9月13日　农历七月二十八日　星期四　雨

村民管理果园，实践经验告诉我们：由于耕地少，板栗经济效益始终高于粮食效益。全年总收入，板栗约占80%。我们已下结论，一户也好，所有栽板栗的农户也好，都得重视管好板栗，加强施肥、修剪、嫁接改造工程。昨天今天我家父儿张正文、张学德两户趁刚下完板栗,未收大春苞谷之际,给板栗追施肥料,为明年板栗有好收成创造条件。

2012年9月14日　农历七月二十九日　星期五　阴

记述我家父儿2011—2012年板栗收入概况:

农户	2011年板栗收入	2012年板栗收入
张正文	9500元	9192元
张学全	3600元	4994元
张学忠	4527元	4805元
张学德	3000元	2300元
张学祥	4000元	5333元
合计	24627元	26624元

两年相比,年增长1997元。生计活动以我家为例,农村是大有作为。

2012年9月15日　农历七月三十日　星期六　雨

我家父儿销售尾板栗数额情况是:张正文21公斤×9元／公斤=189元;张学祥15公斤×9元／公斤=135元;张学德20.5公斤×9元／公斤=184.5元;张学忠8公斤×9元／公斤=72元。

小结:尾栗销往寻甸县的鸡街市场。2012年销售板栗得出的经验是:1.栗子数额少,买主多、价格较高。2.沿路、沿街设有老板收购点,时间不限,几时到,几时收购。3.数额、计算、钱币金额讲信用。

2012年9月16日　农历八月初一　星期日　雨

教会圣工活动,过基督教礼拜天崇拜事项活动。特殊事项是为建新殿和半年感恩进行奉献。当天奉献结果是:人民币13426元,个人奉献情况是:5角4张、1元14张、5元2张、10元11张、20元2张、50元1张、100元132张。其中,2000元1户,1000元4户,1500元1户。

数额高的达 2000 元，小的 5 元、1 元、5 角。合计总额 13426 元，26 户奉献，平均每户数额是 516 元。

2012 年 9 月 17 日　农历八月初二　星期一　雨

村民建房事工记。张学忠家建住房，因龙兴德在村中从事挖树卖树行业，所以请来挖机帮忙。建住房、建车库的农户也趁机请挖机帮忙挖地基。今日开始挖我村建房地基。挖机工作每小时收费 300 元。村民张学忠挖建房地基刚好一个小时。由于村民都知道是高功效，所以村民张正才计划接着挖建房基地。村民张学祥也计划接着挖建车库房基地。

2012 年 9 月 18 日　农历八月初三　星期二　雨

村民忙于建房，张学忠昨天找请挖机挖好建房基地。今天的建房事工是找请村里自己亲友熟人建盖。建房施工方式是点工，建好后按工天付给建房人员工资，每个建房工付给 50 元。村民张正才也建房，趁挖机进村挖好建房基坑。挖机工作了两个半小时，按每小时收价 300 元就合 750 元。

小结：村民去年找挖机每小时收价 250 元，但是机器一开动，时间就算起，就是开在路上时就给你算起。今年请中型挖机虽然每小时收 300 元，但是工作启动时才算，所以村民很满意。评议说：以后还是要找大挖机，功效才高。

2012 年 9 月 19 日　农历八月初四　星期三　转晴

家族丧事活动，四姐夫张荣光（麻栎树人）因患病 3 年无法治疗于前晚 9∶30 离开人世间，所以有来自寻甸县、嵩明县、禄劝县、富民县的有关亲戚 200 多人参与丧事活动。亲友昨天赶来一部分，特别是女儿张花艳在丽江三自爱国会工作。父母方用电话告知，他们自己有车，早 6∶30 出车 570 公里，晚 6∶30 赶到这里，12 个小时的行程。自己昨天今天都去陪客和追思表示悼念！

2012年9月20日　农历八月初五　星期四　转晴

记述今天富民县统战部领导召集富民县基督教12所教会的教牧人员，到县城三自办公室学理论。

2012年9月21日　农历八月初六　星期五　晴

芭蕉箐村民建设。2005年挖机在村对门前微推一下村公路，还未彻底。今年9月18—21日趁挖机进我们村挖村民建房基坑，安排维修车路扩推一段约300米。挖机工作了3小时，按每小时收费300元，就合900元，也已付给挖机司机900元。村上有一片板栗收入租费800元，那么村主任张学忠还得掏腰包100元。据说：从张学德任前期两年，村主任只得每年自己拿出2000元来支付本村建设项目的生活费用。

小结：维修、扩整路段工程。我们高兴！虽然有所付出，也是应该，不但是村干部，而是村民人人都应该对自己村的村务事有所关心和支持。虽然艰苦也值得，说明有生机活力。

2012年9月22日　农历八月初七　星期六　晴

村民挖洋芋。龙应华、张正才、张学会等多户几天中都在挖洋芋、卖洋芋，收购点就设于大公路边。挖洋芋的农户，先把好的捡拾好，拉运到大公路边销售。家人再把小的、虫吃的捡拾好，用大车拉回家喂猪。收购价近段时间是一公斤1.40元。村民所挖获的洋芋数量不相等，少的300—400公斤，多的会有1吨左右。劳动力组织，都靠家人、哥弟、亲戚相互帮忙，相互换工协作。销售洋芋、耕地多、排得多的农户，又是一项好收成。

2012 年 9 月 23 日　农历八月初八　星期日　晴

村民建住房事工，龙荣才前一段时间已建起一楼，现在准备建二楼房。今日，龙荣才、张正才、龙荣祥 3 张大车开始到砖厂拉运红砖块，备建房材料。料子是红砖、人工砂、公分石、钢材、水泥等。准备工作，备建房材料，要好几天的时间才能备全备好。建住房的农户，到了雨季就不拥挤，所以车子一天可以跑两趟。

2012 年 9 月 24 日　农历八月初九　星期一　晴

村民张学忠建住房。建房工程是建一楼一底。一楼下层是准备做畜圈房，二楼是建盖作为人住房。今天的建房工序是砌完一楼的四平墙，准备浇二楼的楼板，所以今日的建房工序是支架房楼的钢模板。钢模板是为了方便和规则，所以找人借，是自己的亲戚，使用后，适当地给 100 元就行，兴许自己人，人家还不要你的。民族人民现方便多了，建盖房室也是自己动手，建房工具也几乎是备齐全了，也就是不求人了。

2012 年 9 月 25 日　农历八月初十　星期二　晴

村民今日去东村街卖核桃。侄儿张学会卖核桃，只有 10 多公斤，已卖几街了，今天是卖一公斤 13 元。记述我自己，由于核桃树已长成大树，人上树就比较费力，所以让它自己掉。已捡得 47 公斤 ×15 元／公斤 =705 元，实际买主只给了 700 元。托四儿张学德的小轿车协助拉上街去卖，帮补给他车油钱 60 元。我们 3 人吃了点米线就回家了，因为家里忙于搞建房。

2012 年 9 月 26 日　农历八月十一日　星期三　晴

村民张学忠浇楼房，是建人住房。工程是一楼一底，施工过程配备有灰浆搅拌机。劳动力组织方式是家族亲戚爱心赞助，男劳动力 18 人，女士 2 人，炊事 5 人，合有 25 人合作。工作时间从上午 11：00—下午 4：30。

工作进行中,由于建房工程小,所以有充分的休息时间和喝水时间。午间吃糖饼。生活待遇安排是,主人家从街市场买回猪、鸡、鱼三鲜肉和其他杂菜办好美席筵客。苗民习俗,建房浇楼这一天活计亲戚友人喜欢赞助,主人家尽力办好美席为谢就行。

2012年9月27日　农历八月十二日　星期四　雨

村民到鸡街销售农副产品,村民王圣德自产白薯150公斤拉往鸡街市场试销。每一公斤白薯可卖到1.2—1.5元,卖得200元左右。村民王凤仙,把今年我村初步引进试种的山药,挖得20多公斤,今天拉运到鸡街市场试销。销售情况是一公斤10元也卖,一公斤8元也卖,一公斤7元也卖,卖得140元,没有卖完,还余下3—4公斤拿回来。因为上中午都下着雨,我们想早回来。

小结:我们本着是展销,特别是要扩大山药的知名度,要搞活山药的销路,力求占据市场的优先地位。

2012年9月28日　农历八月十三日　星期五　阴

中秋节快到来了,村民们都安排自己的人员上街购买节日用品,大小月饼、饮料、鸡蛋等各种食品。至于鲜鱼要等到八月十五日这一天才临时上街购买,所以今天是街天,节日用品就买好。

小结:传统节日的过节规模是按需要购买物品。比如家人能团聚,或是视来往探亲人数多寡而定,如亲友多人团聚,就得付出代价做一些准备工作。村民各家准备工作已进入筹备和请客(阶段)。

2012年9月29日　农历八月十四日　星期六　晴

传统节日中秋节是民间普遍欢度的节日。机关单位、厂矿、学校都放假,探亲访友团聚。孙儿张良、孙女张秀芳、张多加3人在昆明读高中、大学。按学校放假分为昨天、今天、明天,三人分三天回家,因为三人三个学校,放假的时间不统一。孙女张秀芳学校在昆明海口,下午4∶30才放学,到昆明来又要40分钟。地方乐在人自己有车上昆明去接地方学生,又在城里吃晚饭,耽搁了些时候。我们家里开车到东村街回家,到家已是晚上10点钟了。

2012年9月30日　农历八月十五日　星期日　阴

传统节日中秋节。中秋节的筵席年复一年丰足。中秋节筵席亲友之间的请客送礼年复一年地隆重起来。请客是开轿车上门接,包括吃了饭席,还要开车送回家。车子往返就是四个小时,早一趟晚一趟就是八个小时。近处的亲戚都请赴席,送礼就是中秋月饼、板栗、黑核、水果等。客人有五桌席。

2012年10月1日　农历八月十六日　星期一　阴

节日散客、陪客、送客就成为一项服务工作。由于芭蕉箐村气候温和,海拔低,土产有稻谷、花生、红薯、土瓜等,自然就有请客的条件。昨天来客,教会场院停了多辆大小车子,而今天陪坐陪谈到中午12∶00才走完。近处的客人是昨晚吃了晚饭乘车回家。由于交通和交通工具方便,到早10∶00又赶来吃早饭,所以几乎一整天,一个村形成了陪客送客服务工作。

2012年10月2日　农历八月十七日　星期二　小雨

记述自己的生计活动事工,卖黑核。经9月25日至10月1日6天离得黑核31公斤。由于数量少,干脆老伴我俩分作两小包背上街销售。天还未亮,5∶30我俩就出发,到东村街白天人空闲,走得紧两个小时,都还走不到街上。我们走到山脚还记得村,地板水泥路才好走,付出一些汗水才走到街上。离街300米处,很多人来到街外等着买黑核。我们一直走到摆摊的地方才放来卖,买卖双方讨价还价,要价一公斤17元,几个买主给到一公斤15元。我们二老人打私话，要不然莫争了，卖给他们。黑核在公平秤称（给人们称，计每秤收1元钱），称得31公斤×15元/公斤=465元。回家时，三儿张学忠因有事开四儿张学德的轿车来街上接我俩，还有二孙女张甜甜，陪她爸爸上街来玩。一棵黑核树，25日得47.5公斤，也是卖一公斤15元，得712元。今日得31公斤卖得465元，共计1177元。今年板栗全年平均价约值一公斤9元，而黑核一公斤就能卖15元，真是难得、真是幸运。

2012年10月3日　农历八月十八日　星期三　雨

村民挖洋芋、卖洋芋。龙荣才家挖洋芋，哥弟姐夫4户合并凑劳动力，使一架犁牛抄犁，人员跟在后面捡拾。当天捡拾，当天就可以就地在大公路销售。当前街市价是卖一公斤2元。据说村民龙荣才家卖洋芋卖得1000多元。村民张学祥拉运自己的白薯、柿花（水果）、山药到寻甸县的鸡街销售。白薯卖一公斤1.5—2元，山药卖一公斤7—10元，柿花卖一公斤1.50元。一天三样物品，卖得370多元。只因有小雨，所以物资销售量小。

2012年10月4日　农历八月十九日　星期四　阴

村务事宜，今日动员维修我村下到山脚田坝车路。每年进入秋季之际，都要进行修补。因雨水季节，路面被山洪水冲刷后，路心有水沟，需要填补，保证农用车辆畅通，以便大春的收种工作顺利完成。全村农户50户，除了5户老人外，村上义务工都应该参与和积极完成。今日出勤情况是，出动17人参与维修村公路，显出关心集体，为我村积极出力献策，为我村争光、争气、一心把我村建设好，愿做我村主人翁姿态。当然有一部分村民胸怀不是那么宽广。

2012年10月5日　农历八月二十日　星期五　雨

村民张学德今日乘小轿车到龙德寿牧师那里共同整理教会30年来的历史、图片、光碟等资料。是工作中邀请的电脑、摄像、设计的技术人员，工作地点在大营山。我富民县基督教会复兴30周年，确定2012年11月18日全县集中于麻地的麦地冲教会感恩纪念活动。庆典圣会内容有唱诗、讲道、向单位代表以及附近几个县周边的教会代表赠送富民县基督教30周年史光碟及册子留念，所以我县教会领导都紧张地做筹备工作。

2012年10月6日　农历八月二十一日　星期六　雨

村民事工建房、扳苞谷。今日上中午下着中雨、小雨，虽然不利于农事工作，但村民还是进入农地扳苞谷，扳了背回家里，或是夜间在灯光下，在屋里撕。就是不管天晴下雨，能做多少活儿就做多少活儿。力求事事打主动战。

建房。村民张学忠3人在雨天仍在建房，砌二楼砖墙。本着凑毛成毡、愚公移山的精神，在不利的天气中，能做多少就做多少。

2012年10月7日　农历八月二十二日　星期日　阴

基督教主日活动崇拜。今日我们礼拜散后，村民张学忠下午3时又从事建房工作，开四缸车到鸡街拉运砖块，不时就拉运回来。我家父儿4户8人又联合行动下完这一车砖块。我们开展了一些有益的活动和工作。

2012年10月8日　农历八月二十三日　星期一　阴转晴

我自己上街卖核桃。我自己还有12.5公斤尾核桃需要上街出售，由于数量少，叫儿子们开车上街变卖不划算，我们二老人就背了上街。到东村街步行要两个多小时，而且越早越好，天亮能到街更好。夜4：00

我俩老人出发，走了两个多小时的夜路，才走到街，时间已是早 7：00，正合适。卖价是：12.5 公斤 ×15 元／公斤 =187 元。买了两公斤豌豆种，每公斤硬要 11 元，两公斤花去 22 元。回来时，有自己的亲戚小拖拉机带我俩到柿花箐大公路，我俩又下来走。坐车不收我俩老人的钱。

2012 年 10 月 9 日　农历八月二十四日　星期二　阴

村务事宜，维修村公路，村路有 300 米，用挖机推扩过，下雨泥泞，车辆难以行驶。所以村上号召出动小拖拉机和农用车拉运石砂铺这 300 米路。人员、车辆出勤是 37 人，3 张大车，4 张小拖拉机，经一天的辛勤努力，实干到晚，终于铺好这 300 米泥泞道路。

小结：有的村民，一户就出动两个劳动力，这就比较好，又有一户是父儿 5 户出动一个劳动力，这就是村上比较消极施工不出力的户，总的来说，全村情况是比较好的。

2012 年 10 月 10 日　农历八月二十五日　星期三　晴

张学忠建住房。是砌好一楼、二楼，今天是第三天了。今日凑得六个劳动力。建房功效较高，经一天的辛勤努力，砌完四平墙，将转入支模、搭板。安模钢板就得要几天才能安好。建房这些工序都涉及技术工，幸好年青一代都已从事建筑，已形成了平常的事工。

2012 年 10 月 11 日　农历八月二十六日　星期四　晴

村民张学忠仍搞住房。初建时，是由指定的人员，就是技术工，或是强劳动力尽量参与建盖，提高工效。近段时间，多半是我家父儿 5 户 10 个劳动力，尽量协助，因为涉及填土方，用搅拌机拌灰浆，挑灰浆浇房四角灰泥。今日的建房事工，也是出色完成了一些建房工序。

2012 年 10 月 12 日　农历八月二十七日　星期五　晴

村民生计活动。苗族也有以猎鸟为好、为业、为生的。据他们见证说平时每天收入达 50 元。又有说最低的一天收获达 100 元，最高一天可达 300 元。村中有喜好者达五六人，长年四季为业为生活。昨晚大儿张学全夹到一只白鼻子（小动物名称）。款庄、马街有老板收购，每公斤给价 150 元，小白鼻子重量有 6 公斤左右，卖得 870 元。

我自己乘四儿子张学德的轿车上东村街买麦种。而四儿张学德有事跑嵩明县去了。自己买好麦种，正找车子坐回来时，大儿子张学全要上马街卖小白鼻子，来到东村街时见到我，便向我打招呼，说：你在街上等我们，我们还上马街，一下就回来。等了一个多小时他们才回来。我们的小轿车在回来时超了很多车，快速回家。到了家里，时间是上午 10 点整了。

2012 年 10 月 13 日　农历八月二十八日　星期六　阴

村民生计事工活动，张学祥家出售山药和白薯。买主是鸡街他郎（地名、村名），是原先买过我们的物资的人。用电话联系，叫五儿张学祥把白薯和山药按他需要的数量送到他家里去，他家要拿上昆明去销售。物资数量是：

山药 40 公斤 ×7 元／公斤 =280 元；白薯 200 公斤 ×2 元／公斤 =400 元；合计 680 元。

小结：我们的生计活动，有人能主动联系叫我们把他需要的物资送上门，这是好机遇。在交易中，要特别讲究信用、礼节，给对方留下好印象，促进我们交易的门路。

2012 年 10 月 14 日　农历八月二十九日　星期日　晴

教会牧养工作，小小的代价。东村乡芭蕉箐教会是总堂，管辖的小聚会点有响石、包铺箐、石桩、水平子、万宝山、柿花箐、石桥、麻栎树等八个自然村。最远的是中民办事处的包铺箐村。路道里程一个单边就有20多公里。那个集会点有15人聚会礼拜。目前教会每个礼拜天派去传道人，给他们讲道。往返里程就有40多公里。据说，摩托车每跑一公里就烧油0.60元，40公里×0.60元/公里=24元。今天安排张正福（琴师、唱诗班长）和我去牧养工作一便发圣餐。路费又由我负责，只好去的人自付，这也是应尽的义务。

2012年10月15日　农历九月初一　星期一　晴

村民承办低保手续，由于政府关怀，安排给我村7户低保。我村7日这晚召集会议落实这7户，并叫这7户自己写一份申请交到石桥村委会，要求15日以前写好，交到村主任这里来。今早7：30，王圣德到村主任张学忠家里来说："我不会写，请你帮我写。"吃过早饭11：00，张学道来村主任这里说："要写申请、要户口册、要身份证，我今天才知道，我的身份证也丢失了。"

小结：学习文化，村上有大小会议要参加，一个人要讲信用，小小的事理显得这么迟钝。理智地处理一桩事，这是最起码的知识。那天晚上是说，申请赶紧写，提前写，15日以前交来。而今早是村主任要把这些申请交到石桥村委会即将出车时才出来说，这就很不理智了。

2012年10月16日　农历九月初二　星期二　晴

村民种田麦，张学全、张学忠兄弟二人联合使一架犁牛点田麦，是跟牛点。经一天辛苦，已点好哥弟两户的田麦。用大车把肥料、犁头、耙、麦种等拉运到山脚田坝田里。同时，趁大车下到山脚田坝，我家又安排我俩老人把一亩山地里的苞谷，砍完装上大车，帮我从山脚拉回家来。地里的400公斤葫芦也拼做一车拉回来。

小结：由于父儿哥弟长期互相帮忙，一天不但做好一家的农地活计，今天已做好三家人的农活，保持高工效。

2012年10月17日　农历九月初三　星期三　晴

记述村民张学忠家建房。建房的工序是,准备浇二楼地板,就是支搭房楼木架和安楼房的壳子木板,都涉及很多设计工序和人力、物力、时间。幸好木料木板出在自己手中,这就方便多了。父儿6人建房,都是讲技术工,都是体力劳动和脑力劳动结合。生活安排是,每天建房的主人供晌午和晚餐,午餐供方便面、糖饼、月饼一类,晚餐就讲究一些,保持鲜猪肉、鸡肉等酬谢村乡友人的支持。

2012年10月18日　农历九月初四　星期四　晴

村民今日的建房工序仍是支架浇楼房的钢模板,以及楼房支撑杆和装钉圈梁用的壳子板。

小结:建房工序名称是几项,但在建房进行中是8人忙了一整天。又是高空作业,工作进行有一定的难处,只得慢慢操作,确保人身安全。每天建房工效良好,主人家也配合施工,主人兴许满意,施工人员也满意,因为施工人员每天施工都力求尽心尽意工作。

2012年10月19日　农历九月初五　星期五　晴

建房工序,今日人员仍保持8人。建房工序是用大车拉挣直钢线、剪钢筋、扎楼板钢筋,经一整天的辛苦付出和努力,终于扎好整个楼房板的全部钢筋。地方政府对于建房农户关心支持,石桥村委会杨德聪主任和一位女士下午3:00开杨主任的面包车,送来四包米,每包25公斤,就有100公斤大米来支持张学忠建房。因为明天就可以浇二楼房的楼地板了。石桥村委领导杨德聪他们来,休息喝水,待吃了晚饭后,晚5:00乘车回村委会了。

2012年10月20日　农历九月初六　星期六　晴

村民张学忠建住房,今日浇二楼楼房地板。用一个早上搭好供灰浆的梯台，做几层台阶供灰浆。自己哥弟亲友主动帮忙。由于交通和交通工具方便，居住于凸董箐村的两个舅舅也赶过来帮忙。吃早饭时就可以赶到这里，远近的亲戚凑得24个劳动力浇楼房，煮饭人员5人，就有29人出勤工作。虽然高处作业，幸好人员几乎都是强劳动力，又有搅拌机配合，所以艰难事工，已成为一般事工。孙儿孙女，在昆明读中专、大学的张多加、张秀芳、张良，也在周末赶回来。孙女张多加也特从昆明买回一个好菜添上。晚饭应该早吃，家人就是等着这个菜。吃了晚饭，时间5：00远近的亲戚友人都走了。

2012年10月21日　农历九月初七　星期日　晴

村民生计活动，送孩子们上昆明市读书。昨天张学忠家建房浇二楼楼板。孙儿张良，孙女张多加、张秀芳3人趁周六、周日休假从昆校乘坐公交车赶回来和家人团聚，到东村车站时，家里又派车去东村街接孩子们回来。今天是星期日，孩子们要回昆明学校，明天复课。自己有车子方便，再说对孩子们也是一种鼓励。人人都为望子成龙而付出很大代价，也是应该付出。

2012年10月22日　农历九月初八　星期一　晴

孝敬父母。我俩老人上山地扳苞谷，还准备撒一点地麦。在地里一直工作到晚。当息工回家时，老伴发现橱柜里有煮好了的一刀鲜猪肉和一碗凉粉。我俩老人在猜疑，是儿媳们哪家在挂念着我们老人呢？还是柿花箐的姑爷女儿呢？在想怕是女儿吧。打听后，原来是五儿张学祥儿媳家送的。俗语说"儿多母苦"，是事实，但是在生活实践中，儿女多的老人最幸福，因为很多事，儿女们会主动帮忙。中心思想，山寨民族深情友爱。

2012年10月23日　农历九月初九　星期二　晴

村民农事忙于扳撕苞谷。家家户户，大小车辆出动运输苞谷。是白天扳了运回家，晚上在屋里撕。用这种方法，一天等于两天工效了。记述村民张学忠扳苞谷，由于搞住房，农事耽误了一些。昨天今天专于扳苞谷，昨天是扳山脚的，而今天是扳山顶片区的。劳动工效是，昨天今天，2人每天都扳获一大车。中心思想是，由于自己有大车，能输出高工效，一天扳山脚的，一天扳山顶的，用这高工效，当然很快就赶上先扳的农户，或是很快就可超过先扳的。不论在什么情况下，一个农夫应该是事事打主动战，不劳累亲戚朋友。

2012年10月24日　农历九月初十　星期三　晴

村民忙于扳撕苞谷，忙于砍收堆苞谷草。忙于点种山地小麦。力量来得及的还要把农家粪用车子拉运到山地种山地小麦。有村民张学德今日用大车拉运农家肥到山顶片区准备种山地小麦。工作起来可不容易。从村里绕山路转到山顶，里程就有3—5公里，再从山顶绕道另往，一直到山下400米，就到了耕地。要种山地小麦，要先收苞谷，把苞谷草收堆好，地里的杂草茂盛，又要割除后撒上农家粪，才可跟牛点。准备工作，都得花上几天的工夫才能做好，所以昨天扳苞谷，今天是割除地里的杂草和把农家肥送到地里并撒好。

2012年10月25日　农历九月十一日　星期四　晴

村民种山地小麦较困难的情况是，山地陡，石头多，又栽有板栗树，地块零星。点播山地小麦，多半是用人工慢慢地挖，是一边收一边种下，已工作了一段时间了。晚间9:00—10:00又要撕苞谷，白天夜里都工作。早晚又要抽时间把地里割好的草背回家让儿媳喂牛。一是协助儿媳们喂好牛，二是把地里割下的草利用起来。所以一部分农夫在困难中工作着。

2012 年 10 月 26 日　农历九月十二日　星期五　晴

村民挖白薯、土瓜，准备明天拉上鸡街市场销售。村民龙荣祥、张学祥、张约瑟等户积极准备物资。

小结：积极揣摩探索生活富裕路子的，都是年青的一代。通过摸索实践有所见功效，有所成功，有所扩增农副产品的新项目。为推动我村的经济发展和富裕，年青一代都在探路子。

2012 年 10 月 27 日　农历九月十三日　星期六　晴

村民赶鸡街变卖几种农副产品，就是白薯、土瓜、山药、柿花（果子）、大蒜、苞谷。上街的农户达 11 户，卖苞谷的农户是杨天祥、杨天友、杨光友、王光辉、王某某 5 户，另外的 6 户是变卖白薯、土瓜、山药。记述变卖苞谷数量大的一户是村民杨天友，苞谷数量是 240 公斤 ×2.30 元 / 公斤 =552 元。

小结：村民由于建设的需要，建房、购置面包车的就有两户。所以必然需要钱还账，生活用钱也都靠变卖这些农副产品。

2012 年 10 月 28 日　农历九月十四日　星期日　晴

村民变卖苞谷。28 日是东村街天，村民张学祥家备有晒好的苞谷 700 多公斤，拉运到东村街收粮店销售。市价给一公斤 2.10 元，700 公斤 ×2.10 元 / 公斤 =1470 元。

小结：村民的房屋建设、购置车辆、农用动力机械的一部分经济来源是靠变卖苞谷。所以村民们都一边扳收苞谷，一边打粮晒粮，销售苞谷的季节序幕已拉开。

2012 年 10 月 29 日　农历九月十五日　星期一　晴

村民事工忙于种地麦。张大卫种地麦，一天就有两项中心工作，需要掼收稻谷，有四工田，等于一亩多；又需要赶紧种下山地小麦，因为大晴，多日不雨。雨水来得迟，历年八月十五前后就可收完稻谷，而今日是九月十五日，已推迟了一个月的时间了。他家只好停下收谷子，先种地麦。山地的面积就有2亩，一架犁牛犁，就得要一个整天。情况是2人使牛撒播，这种方式简单，可省几个劳动力。先是计划早晨种好麦，吃过早饭转入下到田坝掼收稻谷。始终没有办法，只好明天再收稻谷。

2012年10月30日　农历九月十六日　星期二　雨

村民掼收谷子，侄儿张学明、张约志父儿两户安排掼收稻田谷子。今日早晨天亮时，天色阴沉下来，早8:00打起雨点来，村民都忙于收昨天未晒好的苞谷堆于各自的晒场上。收完就来大雨，约下了30分钟。

对于收稻田谷子的农户张学明、张约志来说，天气当然不利，幸好一整天没有再下雨。再说收谷子是利用稻谷脱粒机，都是在困难条件下工作。劳动力12人，两台稻谷脱粒机，每6人使用一台机器。由于早上有阵雨影响，所以掼收谷子忙到晚4:30才收完。

2012年10月31日　农历九月十七日　星期三　晴

苗民猎游已成习俗，几乎村村寨寨都有一部分人员喜欢游山玩水、享受猎鸟之乐，以之为生为业。枪支已被政府有关部门收缴，但是苗民的游玩活动风气很浓。远古由于历史造成，都以深山老林为家，为活动场所。猎鸟办法很多，原来是野鸡从小时养家后，把外面的野鸡引来，用支扣擒拿到外边的。而现在的手段更高明了，只用录音机、手机就可以取代。我村今日三人相约准备乘轿车到嵩明县小肖去游玩。不讲收获如何，只讲好玩，当然也望效益。

2012年11月1日　农历九月十八日　星期四　晴

村民准备到市场销售物资。明天是东村街，又是鸡街天。需要上市销售的农副产品包括苞谷、白薯、山药、蔬菜、大蒜、药材等。数量大的是苞谷、白薯两个品种。苞谷销路，村民多半是销往鸡街，鸡街摆摊，粮食是买主和卖主讨价还价。而东村街情况就不同，是设有多处收粮店，粮价不讲价，苞谷统统给一公斤 2.10 元，倒下粮食称计后就算钱给你，而对粮食望都不望一眼。而鸡街讨价还价，就要耗费一些时间，不过每公斤粮可多得 0.30 元。假若是自己和儿媳们就不那样做，图快就情愿到东村街卖 2.10 元的价格。

2012 年 11 月 2 日　农历九月十九日　星期五　晴

村民事工活动，扳收苞谷，有的是上街变卖农副产品。三儿开大车上街，我俩老人就乘坐上街，儿媳、孙女甜甜我们 5 人乘坐一张车。儿媳是去卖山药，儿媳留在街上卖山药，挨晚又派去车子连同我村四名学生接回来。情况是五儿张学祥赶鸡街卖农副产品，所以又由他家去接。

小结：农夫们的生计工作，都是小小事工、小小行业，只要勤快就可做好。

2012 年 11 月 3 日　农历九月二十日　星期六　晴

教会给丧者家属办丧事礼拜祷告祝福。柿花箐村信徒村民王汉聪四个月前得癌症，于晚 10:11 离开了人世间。在他灵前许愿，请教会教牧人员到家里给他做祷告祝福，在柿花箐村做见证，家人也得按死者遗言承办，所以我们按家人所请，大小教牧人员、长老张正文、传道员张学德、执事张秀敏、龙圣英、王兴仁，以及在场的信徒约有 30 人参加追思礼拜。礼拜程序是：主持礼拜王继光、讲道张正文、结尾祷告张继学。

2012 年 11 月 4 日　农历九月二十一日　星期日　晴

教会特为丧者王汉聪家属举行追思礼拜活动，会场即本村的聚会点。

2012年11月5日　农历九月二十二日　星期一　晴

村民事工。各家各户从事生计在工作园地奔忙，从收和种下都得花很长时间来料理。记述张学德今日背瓜事工情况。瓜地约有二亩，只是地形较陡，难于耕耘，每年每季种庄稼只得用人工挖。几年来由于人口增长，人发展的需求也随着增加，所以这样的陡地也被使用了。由于地离车路300米，要从山腰用人工背上车路来，重背爬上陡地每背一趟就需要一时。10个劳动力一天工效背得2.5车，就是数量有两车半，至少也有四吨半，还背不完。

小结：不幸的是今年瓜价走低。去年批发价都给一公斤0.8元或是1元，而今年比起去年一半价都不到，这样也就罢了。

2012年11月6日　农历九月二十三日　星期二　晴

记述村民建房工作情况。龙荣才今年建住房，已建一楼，准备建二楼。建材已准备好，就待收完大春开建。张约翰结婚两年已分家，还需要建畜圈房，所以几天中在拉运建房材料。张学忠的建房工程是，建有二楼的楼房，一层楼房用于做畜圈房，二楼是人住房。已浇灌好二楼房，这几天中的事工，都是拆楼房钢模板。这事工不简单，也不容易，事事处处都要技术工和强劳力。哥弟虽然有4—5人，但是在农忙季节就事事紧了。建房事工没有完结的情况下，只有自己慢慢做，一有空就抓紧。在建房、农业生产两不误的情况下，就靠自己哥弟多，近亲友多，尽力支持帮忙，也仍然能攻下完成一道工序。

2012年11月7日　农历九月二十四日　星期三　阴

村民工作活计多多。有的仍忙于扳收苞谷，有的抓经济建设，忙于挖红薯准备明天上市场销售。栽种山药是新的项目，山药一组也显得很活跃。鸡街天相隔7天，而东村只相隔2—3天。栽种山药的农户就按这些街天准备物资上市场销售，村中又有打粮晒粮的农户，都是从事出售。目标，为建高档住房，为购买高档车辆，又有还年账的，因为已购置的车子还需要还账，据说有两户。

总结：在政府的关怀领导下，引进新项目山药。虽然有新的投入和付出，但是新增加的项目，又是新希望的项目，因为它超出了历年经济收入的基础。也就是超出了1000—5000元，是新的项目。处处引进，处处试种，当然经济效益还有一定差距，我们要进步，还得不断地攀登各种有关社会进步，社会经济发展的思路科技知识，时代在等待我们去实现。

2012年11月8日　农历九月二十五日　星期四　阴转晴

村民事工活动，是东村、鸡街两头街，所以村民都流向两头街。农副产品有苞谷、白薯、山药，蔬菜分为白菜、大蒜。苞谷流向寻甸县的鸡街，是卖议价，比东村街每公斤粮价高两角。山药、白薯也是流向鸡街。

记述儿媳妇们的生意情况。张学祥到鸡街卖白薯，每公斤卖1.50—2.00元，大蒜每公斤卖3.00元，山药每公斤卖5—6元。其妻到东村卖，一户分两头卖，总合计660元。张学忠东村卖苞谷120公斤×2元/公斤＝240元，妻卖山药卖得160元。学忠家两项合计400元。

小结：农副产品可说是多少有点收入。但是他们家家都玩车子，养车子就不找钱了，但又情愿有车子，少找点钱吧。

2012年11月9日　农历九月二十六日　星期五　晴

挖山药，我村由于政府关心支持，动员叫栽山药，抓经济、提高人民生活。在政府有关领导的动员下，有8户已立下决心试种。由于初次试种，还没有掌握栽培和管理的办法和技巧，所以效益情况不尽相同。初步受益、销往附近市场，等于是在宣传，在试销，扩大知名度，奠基地和扩销路。幸遇鸡街坝子的仓浪村有人订合同，叫我们挖好80公斤，每公斤给价6元，送到他家门，称计后付钱。儿媳们事工多，所以叫我俩老人去挖。经一天劳动，二人约挖获30公斤，也就值180元。我村在试种山药，初步已获得不同效益的成功。

2012年11月10日　农历九月二十七日　星期六　晴

村民小小平凡生计活动，挖山药。经两天劳动挖获，除了小的、留下做种的，比较大的只有26公斤×6元／公斤=156元。每个工天值40元，是指批发价，是降低成本以最低价格批发。

小结：小小行业，小小代价，小小的付出投于搞知名度，为生意界奠基。为迎来更多生意门路，为一个行业，为一个村招商，我们都在探路子，送货上门方便他人。

2012年11月11日　农历九月二十八日　星期日　晴

村民事工活动。上中午是过正常的宗教礼拜圣日活动，中下午2：30礼拜休会后，务农的村民，又转入务农事工。村民张学忠开大车运送信徒去过礼拜，下午2：30大车又开回来农地扳苞谷，就是儿媳2人自己扳收苞谷，虽工作3个小时，由于晴天工作，青壮年劳动，工效也很高，工作至晚，也几乎扳获一大车。连喂牛草、猪食草，满载一大车回家。

小结：年青一代，尤其是购置配备有农用车，一般劳动工效都是高的，也是具有代表性的。

2012年11月12日　农历九月二十九日　星期一　晴

教会团队关爱活动。基督教芭蕉箐村小组昨晚集会礼拜中，信徒提出支持柿花箐村一死者家属扳撕苞谷。出动一辆大车运送苞谷，劳动力9人，配套一台撕苞谷机。劳动工效是，给她家先扳远处的，地块与麻栎树村地接界处，里程1.5公里，连扳上车，用车子送运到她家门前。中午时，休息喝够水，再扳他们村山腰农地的苞谷。她家建议用人工背，我们组员建议用小拖拉机拉运。由于用小型车子，终于完成了他们村山后的两块苞谷地。吃了晚饭，还给她家撕苞谷到太阳落山，经她家多人劝说，叫我们息工回家，我们组员才乘大车回家。

2012 年 11 月 13 日　农历九月三十日　星期二　晴

村民农事工作形成扳收苞谷一项重心，又忙于准备上市场销售农副产品物资。主要有晒粮食、挖白薯、挖山药、砍白菜四个项目。记述张学祥挖白薯：由于时间紧，叫他家老岳父、岳母也下来帮忙挖白薯，4 人挖获 7 包白薯。7 包 ×35 公斤 / 包 ×1.5 元 / 公斤，约值 367 元。

小结：一户白薯约值 367 元，他家有白薯、白菜、山药 3 样产品，是较为搞活经济的一户。我们都是在探经济路子。

2012 年 11 月 14 日　农历十月初一　星期三　晴

村民事工活动，村民赶鸡街。大部分是销售苞谷，约占所有上街的一半，生意好做的就是卖苞谷的农户。不论数量大小的，只要讲定粮价是多少，称计后就付钱，所以简单，只不过是讨价还价要一个时候。而我们村民其他的生意就零碎而又难一点。我们有卖山药、白薯、葫芦瓜的，市场情况是：山药可卖一公斤 6—8 元，白薯可卖一公斤 1—1.5 元（指批发价），而葫芦瓜是平均每公斤只卖 0.5 元，最走低价就是葫芦瓜。我自己卖山药，销售量低，每公斤可卖 7—8 元，没有销完，卖得人民币 110 元，始终销路小。

2012 年 11 月 15 日　农历十月初二　星期四　晴

村民事工活动，张学祥销售自己的农副产品山药和白菜。山药 25 公斤 ×6 元 / 公斤 =150 元，白菜 120 公斤 ×1.8 元 / 公斤 =216 元，山药售价每公斤 6—8 元，就是说 6 元也卖，7—8 元也在卖，平均价格是一公斤 7 元，25 公斤 ×7 元 / 公斤 =175 元。

白日收入合计：391元，而到了晚上已卖获460元。

小结：经营蔬菜一类的生意，都是靠机遇、良机，都是凑毛成毡。这小生意行业做起来可不容易，都是零零碎碎，要有耐心，否则就做不好。

2012年11月16日　农历十月初三　星期五　晴

村民生计活动，张学祥上午11：00—下午1：30下到田坝育白菜秧苗，准备育好后移栽到大面积田块里，时时准备供给市场。下午2：00又回到家里卖猪，因有买主昨天在街上说好今天要来家里看猪。两头肥猪，一头母猪，卖主与买主双方讨价还价定为3头猪4650元。幸好是4个儿子都在家，有足够劳动力，几下子，一口气把三头猪都上了车。

小结：村民张学祥昨天收入460元，今天卖猪得4650元，昨天和今天已收入达5110元。

2012年11月17日　农历十月初四　星期六　晴

圣工活动。富民12所基督教会将于11月18日全县集中于麦地冲教会，庆典基督教富民县自立爱国会成立三十周年感恩崇拜，有关人员必须周天就赶到麦地冲教会筹备事务准备工作。张学德和儿媳王凤仙我们3人乘坐一辆轿车，下午2：30往西南方向富民北边的麻地麦地冲教会去。为缩短时间和里程，我们走近道，还是绕了很多地方和道路，才转而下到江河边。由于建电站，江河边仍有道路使车辆能通到崇德昆—禄大公路，再往南边方向行驶20多公里就到了麻地村委。从麻地村委翻过一座山就到了麦地冲教会会址。下午2：30我们出车，车子行驶了三个小时，5：30我们就到了那个地方。

小结：由于工作需要，我们付出时间和辛苦，烧油还得自费，就算为福音付出吧。

2012年11月18日　农历十月初五　星期日　晴

基督教会富民县12所教堂汇集到麦地冲教会爱国会成立三十周年（1982—2012年）庆典活动圣会。与会有贵州省基督教两会领导同志、禄丰县、武定县、禄劝县三县领导同志，堂点有禄丰大箐教会、禄劝小辛庄教会、昆明五华区的大平滩教会。20多个教会，来自四县一区的1800—2000人欢聚一堂。县统战部部长张向阳、县民宗局以及富民县各乡镇党委领导人士和富民县党政知名人士都邀请出席大会。圣会已请统战部部长张向阳讲话。

圣会最精彩的一环是圣会开幕式和举行圣会仪式的音乐和舞蹈表演。乐队人员：男士2行，每行16人，16人／行×2行=32人；女士3行，每行16人，16人／行×3行=48人。合计80人。乐队服饰，男女各行有分别所示。音乐旋律优美动听，人受感动，随音乐悠扬受感。

讲道，大会讲道由云南省基督教两会会长李丛明讲。讲题为教会30年来已实现按三自方针传好、养好、治好。唱诗班献唱——来自四县一区的圣乐团通过今天的圣会得到了交流和分享，受益不少。

2012年11月19日　农历十月初六　星期一　晴

村民生计活动，都准备销售农副产品，忙于打粮、晒苞谷。一部分村民忙于挖红薯、挖山药。栽葫芦瓜的农户张正才，把山地的葫芦瓜用人工背回家里来，装上大车，明天拉运到鸡街市场销售。挖山药的农户是张学德、龙保罗、龙兴祥、张学全、张正文5户。事工活动，龙兴祥今日挖获山药50公斤，按混合价批发给张学祥，50公斤×5元／公斤=250元，是就地批发。小小事工显示我村的新项目山药活跃，在山地里就有买卖生意。

2012年11月20日　农历十月初七　星期二　晴

村民赶鸡街，多户多人把自己的农副产品用大小车辆拉运上市场销售。产量数量大的有两户，龙保罗和张正才两户。情况是：

1. 龙保罗卖苞谷，数量20包×40公斤/包×2.30元/公斤=1840元（东村街苞谷价只给一公斤2.10元，今日到鸡街出售就比东村街粮价多得160元）。

2. 张正才拉运葫芦瓜1.5吨上市销售，至少也卖了一吨。1000公斤×0.7元/公斤=700元。

3. 张学祥卖红薯200公斤×1.80元/公斤=360元。

而其他村民张正文、张学德、龙兴明、张大卫收入只有100—200元。

小结：像村民龙保罗父儿两户是又卖苞谷又卖白薯又卖山药，三个品种，收入当然超过千元。

2012年11月21日　农历十月初八　星期三　晴

村民生计活动，一部分农户仍从事扳收山地苞谷。原因是山地扩得开，土地众多，面积广，一时收不完。其次是劳动力弱，山地里程又远，或是观望思想强，自己没有主动性，都观望他人来帮忙、来协助收，所以把农事推迟下来。记述村民抓经济项目为例，张学德、张学祥哥弟仍抓经济挖山药。由于东村街是每隔两天三天就是街天，随着街天的到来，准备上市场的物资也随着忙碌起来。张学祥今天上午开车下到田坝砍白菜，下午又开车上到山地挖山药，准备明天要上市场销售的物资。

2012年11月22日　农历十月初九　星期四　晴

村民生计活动，记述村民张学祥销售农副产品。今日上市销售山药35公斤×7元/公斤=245元，销售白菜100公斤×1.50元/公斤=150元，两项收入约395元。村民张学全卖苞谷，数量400公斤×2.15元/公斤=860元，张学忠卖苞谷数量600公斤×2.15元/公斤=1290元。哥弟2人开一辆大车拉运到东村街收购粮店销售。是极方便，粮食一倒下，称计后，就按数量算钱给你。

小结：上述是三哥弟，卖粮食极为方便。卖了苞谷后，赶街天，买了自己所需要的东西。由于是四缸车，卖了苞谷后回家来吃早饭。自己有车子，极为方便，利用早上去街上卖苞谷，白天照常进行农活工作。

2012 年 11 月 23 日　农历十月初十　星期五　晴

村民张学祥扳苞谷，挖红薯。事工进行是：我家父儿5户10个劳动力，老外母岳父2人，村舍张美花也出来帮助，所以劳动力凑得13人联合行动。车辆是，一辆大车，一张面包车，一辆三轮摩托车拉运。上中午扳苞谷，在山脚片区扳，下午又转入集中精力挖红薯，数量需要7包，所以就挖够7包。生活待遇，亲友邻舍帮忙，也就只有在生活待遇上酬谢大家，就是尽力从生活上服侍亲友。

2012 年 11 月 24 日　农历十月十一日　星期六　晴

村民挖山药，张正文、张学全、张学忠、张学德、张学祥父儿五户各自挖山药，备好到街天拉运上市场销售。我俩老人一天约挖获35公斤，产值35公斤×7元/公斤=245元。五户产值245元/户×5户=1225元。

小结：乡村农夫农副产品收入都是微薄的，是在探路子，我们都盼望搞活乡村经济。只有落后的思想，没有落后的地区。

2012 年 11 月 25 日　农历十月十二日　星期日　晴

教会圣工活动，寻甸县下杨桑拉教会邀请参加他们教会建堂庆典活动。我堂唱诗班以及带队人员总共28人，乘坐4辆面包车，今早5：00出车往东北方向寻甸县板桥下杨桑拉教会参加建堂的庆典活动，道路里程单程约40公里。车旅费用是每个人员出15元，不够部分由唱诗班和教会再补助80元，一辆面包车200元。参加开堂，教会安排送礼200元。每年我教会要参加8—10个堂点活动。

2012年11月26日　农历十月十三日　星期一　晴

村民赶鸡街销售农副产品。主要产品有苞谷、白薯、山药、白菜、葫芦瓜等，上街的农户就有12户。记述张约荣卖一头黄牛，原先计划用一张小拖拉机拉运到鸡街市场销售。结果小拖拉机体积小，不适合。幸好村民张学忠的四缸车也要上街，又改用大车拉上街。黄牛上街后卖主和买主讨价还价讲定为8800元卖掉，又付给张学忠拉运费100元。

小结：张约荣、张约谢都计划购置车辆，今年已报学和报考，所以都在准备缴纳报考和学习费用。

2012年11月27日　农历十月十四日　星期二　晴

村民农事活动，记述张学祥家栽莲花白，是利用水稻田栽蔬菜，原因是能放上水。每栽种一批田块都得打犁一道，利于蔬菜生长，快长、壮长、长好。今天下到田里先打犁一道，然后再打塘，施放好底肥，再栽上菜秧苗。栽好后，水量大就做放水，如果水量小就得用浇管引浇。田块面积只有一亩，一户两口子栽好一亩田块菜也不容易。

小结：栽菜，大春，已栽了三水，一水是点甜苞谷，价值900元；二水种白菜，产值1500元；三水种白菜，产值1200元，三水产值总额3600元，比起种粮食效益当然高多了。

2012年11月28日　农历十月十五日　星期三　晴

村民生计活动，仍是销售农副产品。村民张学全、张学祥乘坐张学祥家的面包车，凌晨5：30出车，赶东村街。东村街习俗都是赶早街，卖东西必须天亮就到了街子，到迟了就没有摊位。张学祥卖白菜，120公斤×1.20元／公斤＝144元。大儿张学全、儿媳卖山药，价格不尽相同，每公斤5—7元都在卖，一天卖山药所获人民币150元。

小结：一段时间，市场蔬菜价格走低，市场蔬菜品种繁多、新鲜、丰富，多样如春。蔬菜能卖到好价，都讲机遇。只不过比起粮食来，田里种上蔬菜一年可收三四水，就高于粮食了。

2012年11月29日　农历十月十六日　星期四　晴

村民农事工作仍是收尾苞谷，今日就有龙保罗、张学全两户扳收苞谷。两户同是亲属友人帮忙扳收苞谷，组成核心小组行动。劳动场地同是我村山顶片区，道路里程是三公里。苞谷运输是利用大车，大部分耕地已通车路，大车开到地边拉运粮食。张学全这一户劳动力是7人组成，耕地面积是1.5亩，工作效益仍是扳获一大车苞谷，满载回家。

小结：扳苞谷的两户，情况相同，只有从生活待遇上酬谢亲友的关心支持。

2012年11月30日　农历十月十七日　星期五　晴

协助儿媳们扳收苞谷。几天中都是协助儿女们收尾粮苞谷。前天是协助女儿家撕苞谷，昨天是协助大儿张学全家扳苞谷，今天又是协助三儿张学忠家撕苞谷。地块不通车路的地方就得用人工一背一背地背回家，山路不但崎岖难走又陡险，每走一步都要提防跌倒。今日劳动效力是，我俩老人每人撕得2箩就息工背回家。地里的农事是砍苞谷草，又扳撕、又收堆草，花了些时间和工夫，谈不上什么效力，只是尽上老人的一些职责和对儿女应尽的关怀和义务。

2012年12月1日　农历十月十八日　星期六　晴

村民农事活计，张学忠家摘豌豆，是青豌豆菜（称"镰刀弯"的新品种）。面积一亩多，约1.5亩。大哥张学全、儿媳二人去协助摘。哥弟4人，经过一天辛苦，摘获得了3包×20公斤/包=60公斤。

小结：去年青豌豆果每一公斤可卖到5元的好价，今年蔬菜价格都走低，市价只能卖到一公斤3—4元，60公斤×3元/公斤=180元。一天收获约值180元。农户人家，农副产品不论价值多少，自己既有，都得销售，价格不论高低只能讲机遇了，再低都得处理销售。

2012年12月2日　农历十月十九日　星期日　晴

村民从事事工活动。村民杨兴明就村里批发销售葫芦瓜，数量有3吨。买主来自款庄、马街，价格讲定一公斤0.40元。由于买主太认真，做捡只要比较好的，这样买主只称计得两吨，丢下一吨。两吨，按每公斤0.40元计算，只卖得800多元。记述村民张学忠今早到东村街卖青豌豆，数量75公斤×3.50元/公斤=262.50元。据说，前街价格都还能卖到一公斤4元，而今天每公斤就跌价0.50元了。所以市价都在变动。

2012年12月3日　农历十月二十日　星期一　晴

村民张学全送长女张多加上昆明幼儿园授课。因借周六、周天回家给爸爸承办生日席，今早需要乘公交车上昆明赶授课时间。凌晨5：00开出自家的小轿车送到东村街客运站，5：24到了东村车站。东村客运站头趟车是5：40开往昆明市，天亮时，孙女张多加打回来电话，告知家人说：你们放心，我已到达昆明。

2012年12月4日　农历十月二十一日　星期二　晴

教会建殿，工序是准备浇楼板。浇楼房就涉及很多撑杆、钢模板。要设计支搭圈梁壳子板。所以工序很多，涉及很多人力物力，都在做准备。教会事工也是芭蕉箐村民多人的工作。人员劳动力，芭蕉箐、柿花箐两村出动人员15人，煮饭5人，合有20人。

小结：建殿（重建）时间从2月13日动工重建，后来由于没有外援，经费不就位，又开始大农忙，建殿圣工只好暂停。教会现筹备得1万多元，趁收完大春之际又建殿几天。

2012年12月5日　农历十月二十二日　星期三　晴

教会传道员张学德给县统战部领导送礼表示谢意。1949年建国至今2012年已经63个春秋了，政府初步对基督教有点滴了解。有新的消息说政府关心基督教富民县12所教堂，把麦地冲、筲箕凹、芭蕉菁3个教堂列为危房，一处安排1万元作为修理危房的补助。教会为表示谢意，安排礼品价值600元，张学德今天送去富民县。

2012年12月6日　农历十月二十三日　星期四　晴

教会建殿工程，仍在备料，配备机件，装备设备工作。建殿涉及工具，电焊机、大小电凿、电器切割机等。昨天安排4人分为两组分头乘坐自己专车上昆明市购买工具。人员是王继光、王兴理、张学忠、张学德。今日上午安装昨天所买回来的各种电动工具并且装钉圈梁壳子板、支架撑杆、过桥壳子板、剪扎圈梁钢筋。劳动力柿花菁6人，芭蕉菁11人，煮饭6人（包括砍柴），合计23人。

2012年12月7日　农历十月二十四日　星期五　晴

记述村民搞住房。龙荣才上半年已建起一楼，大春作物收完之际，准备建二楼。今日建房事工，砌砖墙的第三天，还需要6—7天，因为还有屋内的几堵隔墙。劳动力是靠哥弟、姐夫6户帮忙。三天中，每天凑得7—8人施工，技术工负责砌砖墙，每天由两妇女背砖块上楼供砖块，又由两男子拌灰泥供砂浆。技术工现状况，自然形成张、龙两家族各有一组建房队负责两家族的建房事工。两组相比，龙家技术工是龙荣祥1人，张家是张学忠、张学德、张学祥3人，而且3人都已配备有各自的电器工具。

2012年12月8日　农历十月二十五日　星期六　晴

记述教会建殿炊事组，为建殿人员献上一片爱心。几天建殿中，炊事组妇女们为了建殿事工，尽量拿出自己家里的肉食、小菜、腌制好的咸菜为大家摆上。一天、两天、三天……幸好村中有5—6户关注我们的生活。某次是又有柿花箐村一组、万宝山村一组也支持。组员特别是王凤仙，自己又是负责人之一，又住在工地边，更是多奉献，接连多天为炊事忙碌到晚。每天息工回家喂鸡、猪时，太阳已落山了。团队里就是需要有奉献精神和贡献心志的人来为大家工作。

2012年12月9日　农历十月二十六日　星期日　晴

教会事工活动，参与款庄莫依龙教会庆典年度感恩节。40人乘坐四张摩托车，一辆轿车，三辆面包车。早7:00出车，9:30到达莫依龙教会。由于是圣诞、感恩同庆，他们教会的服务及圣诞礼品可太忙碌了，来客一到就给我们分发圣诞礼物、面包、糖果、葵花籽等。生活待遇，餐席肉食之丰足，分别是早餐猪鲜瘦肉、红烧肉、肥肉以及羊肉等10个菜，晚席增加一个鸡肉，尽量满足客人。当天奉献结果是：苞谷4954公斤；大米130公斤；人民币15222.40元。

此行目的是：来客支持本教会建设；几个县教会聚在一堂交谈交流宗教文化特别是歌唱水平。

2012年12月10日　农历十月二十七日　星期一　晴

村里生计活动，救济困难户。村里向当地政府申请救济15户缺粮户，政府领导也按我村的需求给了救济。今日村上张学忠村主任开一辆车子到东村镇领取这救济粮。由于教会有建殿事工，将要浇灌楼房，需要水泥，所以村主任张学忠开大车去，连15包救济粮（大米225公斤）、40包水泥（两吨）做一车拉回来。

小结：政策越来越好，交通和交通工具不断地发展和完善，人民的生活水准逐年有所提高。"救济粮"是人民政府关怀的一种安排，也是人民政府关怀的多种方式之一。人民政府关心，我们的日子将越来越好。

2012年12月11日　农历十月二十八日　星期二　晴

教会建房浇楼板。一间楼房板，劳动力情况是浇楼板有35人，炊事人员6人，合计41人。施工中，由于配备有沙灰搅拌机协助，所以劳动强度就轻多了。中午12：00我们动工，晚4：30完工吃饭。饭席也讲究，都为大家准备了鲜猪肉、鱼、鸡三鲜肉，教会团队喜欢快乐用餐。吃过晚席后，村民生计活动是卖猪卖羊事工。有5户卖猪，杨兴明卖一头大猪价值3000元，小的卖500元。张学会家卖大吉山羊一只，56公斤×39元/公斤＝2184元。

2012年12月12日　农历十月二十九日　星期三　晴

教会事工活动，仍从事建房、备料、砍撑杆，准备浇大房楼板。砍撑杆，部分人员挖殿外圆柱基坑，浇砌圆柱基石。男劳动力10人，女士8人，合18人，其中3人煮饭，工作几天中已安排午餐。今日午餐是吃面条，晚餐有鲜河鱼和冰冻鱼等几个好菜。

小结：劳动力的多寡是根据建房的工作量多少而定，技术工一般固定，其他人员可以自由出工。

2012年12月13日　农历十一月初一　星期四　晴

教会建房事工仍然在进行，今日建房事工开始砌二楼的砖墙。上中午由6人分为两个组从楼底用滑轮把砖块吊上二楼准备砌二楼房。由3人中午开始砌二楼房，由于高处作业，供料子到砌砖墙工效就渐渐慢下来，不论快慢都力求按技术要求建好。又由4人负责拌沙灰和供灰泥浆，中午用量少用人工搅拌灰浆，下午用量大就用搅拌机搅拌灰浆。

2012年12月14日　农历十一月初二　星期五　晴

周五学生家长接在校读书的孩子回家。乡村孩子初考入昆明城里读书，一段时间自然想家，要借周五、六、日回家。孙女张秀芳几次来电话要回家一趟，父母因没钱就回话说，没有钱，不要回来了。孙女只好乖乖忍耐，坚持在校念书。孙儿张良今日也从昆明学校回家，下午5：00乘公交车到东村车站，打电话回家叫出车去接。原先双方定点叫在东村加油站等，只因耽搁，张良等到晚6：00没有动静而发慌，主动步行走直道，边走边等，到大石村仍没有动静，往直道还记得村爬大山翻越回家，晚8：30到家。孙儿张良走了4公里的夜路，孩子太辛苦了。作为老爹的我很难过！作为哥弟，已先做好计划是派车到东村街，把在东村街读六年级的张恩膏和从昆城下来的张良一起接回家。承接人员不负责而把在东村学校读书的张恩膏提前一个小时先接回家，丢下张良在后面吃苦、受累、发慌、摸夜路、承受压力。

2012年12月15日　农历十一月初三　星期六　晴

记述教会建殿生活服务，信徒甘心乐意供给。今日是东村街天，由于信徒关注教会建设生活的需要，所以我们在建殿施工中，信徒时常供给教会团队之需要、小菜、肉食。今日一户买来牛肉，为建殿人员办一个好菜，又有一户买来鲜猪肉供给教会食堂用。晚餐用饭增添大家喜乐气氛，也满足大家之需。中心思想，教会的建设事工虽然艰苦，又还未争取到有外援的情况下，只要信徒时时关注我们之需，和支持教会工作，也就减轻了我们的压力和负担。

2012年12月16日　农历十一月初四　星期日　晴

我们芭蕉箐教会被邀请参与武定县小辛庄教会的年度感恩圣诞崇拜活动。凌晨5：00，29人乘坐两张摩托车、三辆面包车、两辆轿车前往西南方向80公里（单边）的小辛庄教会过节庆典。我们尽可能走直道，路就弯曲窄小，幸好是水泥路。再从昆—禄公路往西北方向走15公里下山谷再爬2公里山路就到了小辛庄教会。目的：一是参与过节庆典；二是特意邀请我们去分享他们教会的宽待和爱心服务；三是交通、分享来自贵州省威宁县东门教会、富民县、嵩明县、禄劝县两省五县的信仰生活和献唱水平，以相互提高。

圣殿造价37万元，有建筑老板评价值75万元。他们补助我们路费300元和一大包圣诞礼品糖果。

当天奉献结果：人民币18526元。晚餐席肉食美餐满桌，尽情享受。吃过晚饭后，我们满载他们教会的深情厚谊回来。

2012年12月17日　农历十一月初五　星期一　晴

记述村民建住房。龙荣才家建住房，开年或是年头已建好一楼，趁农闲季节开工建二楼，也就是第二层楼房。自己建盖，浇楼模板得解木板代替钢模板。幸好是用油锯，请他人帮忙解，这样也快。解好板子，几天的建房工序，清理木板，支搭顶楼房的撑杆，架铺模板。建房工具少，人员少，这些准备工作都得花上一段时间才能做好，正忙于备料。人员每天可凑得7—8人施工，是靠自己的哥弟姐夫4户相互帮忙，本着自己的亲属坚持工作。

2012年12月18日　农历十一月初六　星期二　晴

村民从事农事工作，挖山药、卖山药和销售葫芦瓜。今日挖山药的农户是龙兴祥、张学祥和潘美英3户。挖好，准备明天拉运到鸡街销售，每到街天就要准备上市场的物资。挖山药每户每天可挖获得25公斤，每公斤售价6—8元，平均价可以稳在一公斤7元，每户可得25公斤×7元/公斤=175元左右。这是栽山药7户的平均事工活计。

小结：我村发展经济，山药是新的项目。初步成功，效益不尽相同，但是已迈出一步，更是为来年打下基础。

2012年12月19日　农历十一月初七　星期三　晴

教会建房需要钢材，主管人员出车前往马街联系经营钢材老板请求支援钢材，现金短缺 3 万元。老板要我们现在想办法全部付清，我们也只好答应老板的要求。自己有车子，张学德用一个早晨的时间到款庄马街与老板联系好，便于继续进行建殿工作。

2012 年 12 月 20 日　农历十一月初八　星期四　晴

记述我村今晚召开村民会议，传达有关东村乡政府领导同志对今冬明春工作以及年关防火工作的安排和动员村民建水窖。这是政府支持村民建设的项目之一，安排足够的经费 4000 元建好一窖。

今晚我村召开村民会议的内容是：

一、农业生产。因雨量逐年减少，实在无法泡田栽秧，宣布来年全部稻田改为只种苞谷了。

二、我村村民准备换届选举，推选下届村主任。

三、我村村公路建设，准备给我村民方便，为村民挖农地公路，村对门农地路 300 米。

四、来年翻修小坝塘，动员村民积极出义务工。

五、按我村的山林区，政府补助 700 多元，讨论是发放给村民各户还是集体留下村上用。讨论通过，村上留用。

村民到会 24 户，大家表示高兴满意。

2012 年 12 月 21 日　农历十一月初九　星期五　晴

记述村民杨光才家扳撕苞谷。今年聘请邻居村舍张会学、杨兴明、杨天友、龙福祥、杨兴祥、龙兴华 6 户 8 人协助收苞谷。

小结：不知为何，有些村民对农事不感兴趣，一年中的农事就成了大重担，只好待其他村民的农活做完后请邻舍来帮忙完成。所以他们也是忙了一个整天，真是令人难解。兴许是，穷人和富人在世上相遇罢了。

2012 年 12 月 22 日　农历十一月初十　星期六　晴

村民事工活动，有人聘请张学祥作昆明市向导，购买苗民花布，制作苗家花裙。水平子村张建荣已有制作苗民花裙一年历史，因张学祥较熟悉昆明市以及大商会市场，又有驾照，所以被聘请开车，又作进城向导，购物跑了三处大商场，付给张学祥 60 元误工费。

评语：乡村一个小工费，农事是 50 元，建筑工是 80 元，技术工至少也是 100—120 元。今天，年轻人、有钱人，一个技术工 50—60 元随便打发就很不理智了。弄得不好，几年后自己身边的亲朋密友走完了，所以情愿付出代价处理好人际关系，为自己塑造一个高尚的人格。

2012 年 12 月 23 日　农历十一月十一日　星期日　阴

教会活动，被请参与我县小水井教会年度感恩圣诞庆典圣会。

参加圣会的各县区教会共有 19 个堂点，来自嵩明县、禄劝县、五华区的部分堂点参与我县小水井教会庆典活动。

2012 年 12 月 24 日　农历十一月十二日　星期一　晴

记述村民建住房。龙荣才建住房，工程是楼砖房，今日建房事工，浇二楼地板。幸好是房后地势高，便于用木料搭便桥。所以浇楼灰沙泥，直接用人工挑到二楼。又备有灰泥搅拌机配合工作，人工作起来就轻省多了。约有 30 人联合施工，炊事组是哥弟妇女相互协助，5 人承办伙食，包括负责供开水，洗刷碗，做鸡、鱼等菜。

小结：村民们建正规的砖房户数和先后情况是：第一户是龙兴德，第二户是张学德，第三户是龙荣祥，第四户是张学道儿媳。

2012 年 12 月 25 日　农历十一月十三日　星期二　晴

教会建圣殿。今日工序分为上山砍浇楼房撑杆和浇楼房壳子木板用材，由信徒乐意奉献木料，优先通车路处采伐。二组安支圣殿走廊柱模型，由于人员少工序多，支好一根都要一些时候。三组是由7—8位妇女组成，担负杂活，抬木料，到山里找烧柴。四组就是炊事组，由5人担负每天的开水，每天中午和晚餐事务。人员每天自由出工，每天能有15—18人坚持工作。

2012年12月26日　农历十一月十四日　星期三　晴

芭蕉箐村技术工活动，去年亲属嵩明县凸董箐苗寨请去建住房，是建正规的红砖房。现今有我女儿夫（姑爷）龙学祥要扩建住房，来电话叫五儿张学祥过去测量房地基的角度尺寸以及有关技术要求。今日哥弟张学忠、张学祥乘坐孙儿张荣光的小轿车前去下尺寸给他家挖建房地基（注：张学忠的外父外母也在凸董箐村）。去是一举两得，又是看望外父母，又是去测量女儿夫建房的地基的尺寸。

小结：技术工，人之需，这里找，那里喊。我们正忙建殿，每天几乎要在工地指挥，否则建房工效就低落下来，但是亲属的建房工作也当帮忙。

2012年12月27日　农历十一月十五日　星期四　晴

教会建房工作开展情况是：即将浇楼房地板。需要钢、木、模板做浇楼壳子板，不够部分就要砍伐些木料做模板。今日建房工序是，一组用柴油机作动力解板，上山砍伐桐子拖拉回到村里解板。上中午砍回村里来，用一个下午的时间解，只解了几个桐子。第二组支走廊圆柱模，并负责校正校好。走廊圆柱数量包括房山花4根，圆柱9根。三组用搅拌机拌灰泥。下午二、三组合力搅拌灰泥，把9根圆柱都全部浇好。劳动力男士23人，女士14人，合计37人。

2012年12月28日　农历十一月十六日　星期五　晴

记述教会唱诗班工作活动。平时没有节期，定为周四活动练诗一晚，时间一个半小时。如有圣事活动,就得加班学习,为周二、周四两晚活动。30日是黑山教会的年度感恩节,所以唱诗班今晚集中练诗学习,准备参与献诗活动。人员组织情况是:万宝山村5人,柿花箐村6人,芭蕉箐村13人,三村合计24人。另一个组是石桩村,可有12人,全教会可有36人。如有机会参与远地堂点活动,就要组织全教会诗班人员参与活动。

2013年
村民日志

2013年1月1日　农历十一月二十日　星期二　晴

今天村民的活计是赶鸡街。张学德夫妻以及儿子张良,乘坐自己的小轿车上街卖山药,总量有15公斤。只因时间紧(要赶回家参与建殿),山药卖了70元,余下五斤拿回来供建殿工地食用。至于卖山药的钱,也用来买小菜,供建殿人员伙食用。

农历十一月二十日至十二月份,本村本族人民承办婚喜事的渐渐多了起来。村民开始忙碌着奔赴宴席,随之开始买参加婚宴的礼品。亲友如有嫁女儿,就要买衣物,并且准备礼金。如有讨媳妇的,就只需送礼金。今日大儿张学全、儿媳王秀英、孙子张荣光和孙媳朱艳琼,乘坐自家小轿车上街购买参加婚宴的礼品。上街一天,便买好该送的几户的礼品。

2013年1月2日　农历十一月二十一日　星期三　晴

村邻居亲友开始承办婚席。有麻栎树村张荣祥嫁二女儿的婚席,我村村民被请的约有一半。所以,我村今晚上多户多人乘坐一辆小拖拉机前去赴宴。我家父儿五户六人乘坐一辆面包车、一辆轿车前去赴宴。婚席来客210户。婚礼所收礼金共人民币21000元,每户平均送礼金100元。

讨媳妇的一户承办婚事付出的代价大还是出嫁女儿的一户付出的代价大?答案是出嫁的一户更大,因为嫁妆太多,且都是父母、哥弟、姐妹、亲戚送的,价值万元。已有的嫁妆是陪送一辆摩托车,一般是送一头小黄母牛,有山羊的也要给几只。

2013年1月3日　农历十一月二十二日　星期四　晴

芭蕉箐教会唱诗班进行年节活动。我们所管辖的石桩聚会点,举行年度感恩节。托教会唱诗班前去协助唱诗班工作。教会动员柿花箐村出动四人,芭蕉箐村出动八人,合计十二人,前去支援圣工。排练歌舞,出席感恩仪式。历年的感恩节、唱诗练诗活动,从周二就要开始排练歌舞节目，周二至周天，共六天。教会唱诗班昨日已前去十人，今天又增加两人。往返交通和交通工具不方便。张荣光夫妻昨晚回来，今早他开自己的轿车带四人去参与练诗活动。

2013年1月4日　农历十一月二十三日　星期五　晴

我自己下午2点钟出售了一头肥猪，重量约90公斤。我就要价1500元，买主还价1300元。我叫买主再凑50元，就是1350元。可是买主只给1310元。我就说我再让10元，付我1340元，少了这个价就不卖了。买主玩了一会儿，又来劝我就1320元卖给他俩。我说我就是要这个价了，买主就说，那就给你这个价么，随后叫我找人拉猪上车。我们天天都在建殿，所以人员方便。上车后，买主便付给我1340元。

教会圣殿造价30多万元，至今争取不到外援。

2013年1月5日　农历十一月二十四日　星期六　晴

村民张学忠被请去协助柿花箐村讨媳妇，拉运嫁妆。讨亲是在昨晚。苗家习俗是新郎前晚要到新娘的娘家过讨亲礼，并且不管远近，都要在娘家过夜，第二天才是出嫁。所以，昨晚讨亲人员就陪着新郎到新娘家去过礼。讨的一家派去协助拉运新娘的嫁妆的车子就可随便，可以当天赶去新娘家吃早饭，出嫁队伍也回来。

这次是到款庄马街东边大山李资沟苗寨讨。原是用两缸农用车，随着社会发展，事物在不断革新和进步，所以两缸车改装成四缸车。这下可称为大马拉小车，所以车子爬大山也成为一种高速车了。他家付给张学忠300元作为车费。由于小村只通小拖拉机车路，所以下了东西在大村就回来了。

2013年1月6日　农历十一月二十五日　星期日　晴

芭蕉箐教会石桩聚会点举行庆典，过年度感恩节。邀请的堂点有肥草箐、黑山、大黄栎树、沙滩、麻栎树、则鲁箐、海头、万宝山。当天奉献苞谷 800 斤，各堂报到时，支持他们的经费总额是 1880 元，当天奉献开箱人民币总额是 4902 元，合计为 6782 元。

2013 年 1 月 7 日　农历十一月二十六日　星期一　晴

今天扩宽维修村民农地车路。村对面农地那边已有张学友、张约荣、杨天光、王才明、龙学华五户搬迁，已盖起住房，设有小拖拉机车路。

教会和村上十分关注他们每户投资合资，扩修改道为直路，以利于搞农业生产、生计运输。村上请来小型挖机，今天扩修改道 400 多米，收费合计 1600 元。挖机老板主动让 200 元，收他们 1400 元，平摊下来，每户出 350 元。

民众事工存在着一定的难度，教会、村务组"为民、为生产、为进步、为发展"，帮大家出主意想出一个计策，宣布说：为了便利大家的农地、生活用路，村上请来挖机一次性给你们挖好，占了田边地角的农户要无条件接受村上的安排并且要支持，结果工作很顺利。

2013 年 1 月 8 日　农历十一月二十七日　星期二　晴

村民住房建设。村民龙学华、杨天光挖建房基坑。正好趁挖机进村，村公路扩修改道。村民也利用挖机挖建房地基、水窖。龙学华的地基和杨天光的一口水窖在一天之内挖好。每户的收费是 500 元，价格是事先定好的。

村民的农基建设、挖地、种山药、扩修道路，已利用挖机，比起人工来工作效率高多了，这就是进步，就是机械力代替人工。所以事物是在发展的，历史是在前进的，这就是为民族风情增添新篇章。

2013 年 1 月 9 日　农历十一月二十八日　星期三　晴

芭蕉箐基督教堂建殿堂缺少经费，只好向省、市基督教协会求援。

省三一圣堂答应资助我们教会 5 万至 10 万元经费。后来发现省教会王继荣就是我教堂的人员，就不资助了。

最近又请《天风》编辑部刊登求助消息，求中外信徒献爱心，捐钱给我们教会建殿。今日早上 10：00，教会场院开来一辆面包车停于场上。走出 7 男 1 女，原来是款庄西山基督教会友人，是特意前来支持我们建殿的。

款庄西山教会支持我们的金额是 5000 元。潘凉美（一个女牧师）捐了 500 元，另一弟兄捐了 300 元，又一弟兄捐了 200 元。总额是 6000 元。小小山村苗族教会能拿出这么多钱，可见也是尽了最大的力。

2013 年 1 月 10 日　农历十一月二十九日　星期四　晴

村民兴建人的住房，张正才有原先建好的土木结构的瓦房。人民自然追求进步和更新，有力的农户都力求盖正规的红砖房。

张正才年初已利用挖机挖好建房基坑。亲属友人开始备料，去山里捡毛石拉运回来，准备砌墙石脚，计划砌好墙石脚后，就趁年关农闲季节把砖房建好。

2013 年 1 月 11 日　农历十一月三十日　星期五　晴

村民开始建水窖，村民响应政府的号令，积极行动起来，请挖机帮忙挖水窖坑。

挖机挖一口水窖收 500 元，所以有的情愿自己挖。自己的钱自己使，自己打自己的工。这也是一种聪明的办法。由于水窖数量较多，所以村主任张学忠开大车到东村街水保站拉回来两套水窖模板，准备同时用两套。今天已开始动工建我村水窖了。

2013 年 1 月 12 日　农历十二月初一　星期六　晴

救死扶伤。村民张约荣夫妇往寻甸县鸡街医院生产一男婴孩。母亲与婴孩都没有打针吃药,生下婴孩就出院。不料婴孩脐带发炎、红肿、不吃奶、又哭又泻,所以求张学德小轿车协助拉送到款庄地方医院抢救,结果地方医院也不收,叫快送去昆明医院治疗。在昆明又跑了几个医院都不收,驾驶员张学德再三求医生帮助治疗,最后才收下。张学德帮助办好住院手续,叫他俩住下才驱车回家。从昆明回到芭蕉箐,单边里程就有80公里,才回到家住院的张约荣又打来电话说,医生收下我俩的婴孩,叫我俩仍回家待医,医好再通知我们去办理出院手续。既然如此,张学德的车子仍上昆明去接他俩回家。所以张学德的小轿车,今天跑昆明城跑了两趟。

2013年1月13日　农历十二月初二　星期日　晴

村民赶鸡街,仍然是销售葫芦瓜、山药、苞谷等。

因响应政府号召建水窖,所以今天张学德开四缸车,拉运建水窖的细人工砂。早上拉运苞谷192斤上街,每斤卖价2.60元,总额是499.20元。晚时,又拉回来一车人工砂,准备建水窖用。

2013年1月14日　农历十二月初三　星期一　晴

村民忙于建水窖。在政府的号召下,村主任张学忠到东村水保站领到两套水窖钢模板。今日有杨天友、龙荣祥两户建水窖。杨天友组织联合小组,协助建水窖,龙荣祥自己有技能就自己建。建水窖,全村分为三个组建。第一组单干,第二组联合互助建,第三组承包给专人负责建。建水窖有所开放、增加。去年有5户建起5窖,而今年数额就增加到11户11窖。所以有所发展和进步,这也是好的现象,补助金又高,据说每个水窖都补助。

2013年1月15日　农历十二月初四　星期二　晴

芭蕉箐重建圣殿。我们建殿,力求能有外援。到目前,教会赞助情况有 4 起，赞助金额合计有 1 万元。所以，我们教会同工积极献计献策，出力出钱，在还没有争取到外援的情况下，尽自己所能投入建殿圣工。

今日，张学德为建殿买回价值 3000 元的把杆吊（从高楼升吊沙灰，供浇楼用的吊机）投用于建殿，信徒都尽自己所能。

2013 年 1 月 16 日　　农历十二月初五　　星期三　　晴

今日芭蕉箐村面包车活动情况是：张约翰的面包车，被堂兄弟请出车上昆明医院，把住院 5 天的婴孩接回家；张学祥家的面包车被水平子村聘请去运送人员到款庄公墓安葬死者的骨灰，车油钱他家付给人民币 300 元。张学祥现场说给我 100 元就行，苗家都很讲客气，硬给了 300 元。据张学祥说他还要再退还点钱给他家。

2013 年 1 月 17 日　　农历十二月初六　　星期四　　晴

政府号召大量栽种核桃树，苗木需要多少就供给多少。苗木历年是每棵收一元钱，今年每棵苗木改为收价两元。据宣传说栽活以后，这两元要退还给原主。今早，村主任张学忠到石桥村委会去领取核桃苗木。石桥村委会下达的数额是 250 棵。因村民需要的数额少，只领回来 120 棵。政府扶持供给果树苗木，人们不感兴趣不栽的，是已放弃了富裕的良机，也可算是一种不可弥补的损失，真太可惜了。

2013 年 1 月 18 日　　农历十二月初七　星期五　　晴

村民龙保罗、张美花、张学祥 3 户，今日到东村销售山药。村民张学祥销售甜萝卜 30 公斤、山药 25 公斤。计划早饭前，能卖多少就算多少。吃过早饭后赶回村参与建圣殿，因学强是建殿的技术工。萝卜卖一公斤 1 元，30 公斤已全部卖完。山药卖了一半，每公斤可卖 8 至 9 元。剩下十多斤拉回家，明天早上再拿到鸡街销售。时间紧，白天又忙于建殿，既要把自己的农副产品卖了，建殿圣工也要进行。

2013年1月19日　农历十二月初八　星期六　晴

村民赶鸡街变卖葫芦瓜、山药。张正才用大车拉运上市场销售。卖山药的农户是龙荣富、张正文、张学祥3户。学强和我自己家是卖山药。批发价是一公斤7元，我们图快也就卖了，卖了20公斤，共140元。这是一项事工。另一项事工是，教会建殿期间的生活都靠教牧同工自愿提供。所以，自己也应该给教会团队买上点小菜。小菜是葱2斤，单价4元1斤，鲜蒜2斤，单价4元1斤，白菜5斤，单价1元1斤，米线2斤，单价6元1斤，干酵母6包，每包0.5元。总计用去人民币39元。

2013年1月20日　农历十二月初九　星期日　阴转晴

村民张学忠、张学德、王凤仙参加我们东村乡第二届第一次人民代表大会，共商发展经济大策。会议时间是从1月20日到22日共3天。会议期间，听取东村乡人大的工作报告和东村乡政府工作报告；谈及了在东村乡政府的领导下所取得的成绩和存在的问题；还谈及了今后将努力实现和迈进的新项目，做了明确的规划。

我们芭蕉箐156人，政府即安排3人代表，是政府对我村民族的鼓励和安慰。在会议提案中，我村提出请求人民政府帮助支持，把我村接通东—鸡公路的3公里路段修成黑色路面，利于我村生产、经济运输事业，也利于云南大学师生来往考察学习。

2013年1月21日　农历十二月初十　星期一　晴

村民、侄儿张学道建水窖。建水窖过程中，虽然是协作，但是属于主人家主动找工，请远近家人友人前来帮忙。据说，强劳动力6至7人就可以建好一个窖。所以，能凑得几人都可以建，只不过是人员少，就要多忙、多费力一点。今日他家凑得7人联合施工。村民一般是承包给技术工建造，这样也好，更有把握。自己找工，就要安排午饭和晚饭。如果村民相互轮流换工建造，已说好的，只安排晚饭。

2013 年 1 月 22 日　农历十二月十一日　　星期二　晴

今日又有张正福建水窖，也是自己找工建造。据说他家今日请工 6 人。由于建水窖材料拉运不到家，就用小手推车，一车一车地搬运到建水窖的工地，当然这就零碎而且慢。并且个人都有喜好，他自己喜好单干，不愿麻烦他人，因为他人的事工比自己更重要，所以情愿自己慢慢搞，不劳累他人为好。

人际关系，不论采取什么方式都有益处。总而言之，为求多快好省、能为工效高就行。

2013 年 1 月 23 日　农历十二月十二日　　星期三　晴

今早侄儿张学友上柿花箐村采寄生草销售，不慎从五丈高的地方跌下来，跌脱了大腿坐骨，已成重伤。赶紧打电话叫他姐夫家开来面包车，送往嵩明骨科医院检查。

张学友之妻、张学道、王继光，送伤员张学友往嵩明县城骨科医院诊断治疗。据诊断，伤处有两片碎骨需要开刀取出，以免隐患。随行人员办了住院手续，做了透视检查，驾驶员王继光才驱车回来，留下伤员之妻和伤员的哥哥张学道照管。此跌伤震惊了村中很多人，我家亲属多人出来，在教会场上围观发愁。

2013 年 1 月 24 日　农历十二月十三日　　星期四　晴

教会建殿，浇楼板，为了浇楼板事工顺利，昨天已组织劳动力把砂灰、水泥搅拌好，并且加水浸泡好，准备今早就投入浇楼事工。支持教会建房的万宝山、柿花箐、水平子、石桩、芭蕉箐、麻栎树 6 个小组，凑得 85 人联合施工。石桥村委会赞助 2000 元给我们买一只山羊办饭席；东村派出所送礼 500 元；云南大学师生奉献 150 元。

2013年1月25日　农历十二月十四日　星期五　晴

村民张学友23日跌伤进入嵩明县骨科医院，因伤者断骨情况复杂，需要转昆明云南大学医院开刀做手术，所以打回来电话，要家人前去协助。只好由四儿张学德开小轿车，带大舅王继光，中午12:00驱车前去料理伤者的事。嵩明医院转到昆明医院，晚11:00到夜里2:00做完手术，张学德、王继光夜里3:00才驱车回家，到家已是凌晨5:00。

村民侄儿张学友的受伤，想来实在太突然，使人不可思议，也只好顺其自然。俗话说，家家门前有滑石板。

2013年1月26日　农历十二月十五日　星期六　晴

村民浇水窖。今天有我家父儿五户12人联合投入浇张学忠家的水窖一事。早上已开始拆水窖钢模板，这都需要技术工和一些时间才能做好。由于几个儿子都是技术工，加上自己又有大小车子，所以建水窖自然就优越、轻省。我家做起什么工来都是男男女女一起出动。村民有的是6人建一个水窖，而我家就有12人建一个水窖，当然就轻省，喜欢多人合力施工，情愿早息工、早吃饭。

2013年1月27日　农历十二月十六日　星期日　晴

富民基督教12所教堂，确定今日在款庄大黄栎树教会隆重举行封立教职员。西山教会的龙圣华，大黄栎树教会的龙周圣，小水井的龙绍荣，五华区的龙绍辉等6位被封立为牧师。五华区推荐13位封立为长老。

2013年1月28日　农历十二月十七日　星期一　晴

临近年关，政府关怀，石桥村委会和东村乡镇领导安排给我芭蕉箐村大米1500公斤，每人10公斤。我村下达到各家各户是人口多的给2包，人口少的给1包。我家两位老人，得一包零五公斤，也相当于每个人是给10公斤大米。只是大部分村民发放的缘故，所以签名领粮。春节衣物救济安排是村中五个老人，每个老人一件大衣。由村主任张学忠的大车拉运到他家里来，晚上用扩音喇叭通知各户来家里领取。

感谢人民政府的好领导，年节给民族关怀和关照。我们对政府领导同志的工作应该给予肯定和感谢，也说一声"你们辛苦了"。

2013年1月29日　农历十二月十八日　星期二　晴

村民张约翰出售小猪。一窝有9头小猪，已满双月。昨晚有邻村蚂蚁田人进村来看小猪，也询问猪价。买主要买两头，养着过年。猪价双方讲定一公斤28元。今早赶着一辆马车来买，两头称计得45公斤，45公斤×28元／公斤=1260元。一头就合价630元，那么他家一窝小猪有9头，9头×630元／头=5670元。几天前，才卖了一头肥猪，价格是2400元，两项就有8070元。一对年轻夫妇一下子就能有进项8070元，还有苞谷，还有一群山羊，还有板栗等收入，合计年收入不低于3万元。

2013年1月30日　农历十二月十九日　星期三　晴

村民连日来浇建水窖。昨天今天接连建水窖。昨天因缺水，耽误时间，天黑后就用摩托车灯照明，坚持一个小时才完工。今日是建村民龙福祥家的水窖。今日条件比昨天好得多，搅拌灰泥利用教会场院，灰泥利用两张小推车运送。浇灰泥是利用塑料圆筒，两节连接起来，往下倒流16米，送至水窖口。昨天今天都浇到天黑后一个小时才浇好。每天有7人联合施工，是比较艰苦，时间紧，任务重。

生活安排上，建水窖的农户组织互相帮助建。农户每天供晚饭，而昨天已供响午了。建水窖要几天的工夫。

2013年1月31日　农历十二月二十日　星期四　晴

村民赶鸡街销售农副产品。张正才、龙兴明两户，拉运半车葫芦瓜和150公斤甜萝卜到鸡街市场销售。葫芦瓜仍是卖一公斤1元。我家父儿张正文、张学忠、张学德3户到鸡街卖山药。张正文的山药重25公斤，销售价每公斤7.5元到10元，几样价都卖，共计得人民币170元；张学忠山药30公斤×8元／公斤=240元；张学德卖葫芦瓜干片30公斤，每公斤卖价5元，30公斤×5元／公斤=150元。

山药，我们一到街上，就有人给批发价，每公斤给8元，我们不卖，做零卖。到最后卖下来，总金额还低于批发价。

2013年2月1日　农历十二月二十一日　星期五　晴

村民车子为本村人民事工服务。侄儿张学友受伤，从嵩明县骨科医院转到昆明云南大学医院住院，动手术治疗。家属人员来往服侍。孙子张约翰在昆明小西门搞福音工作。村民龙兴华需要到富民县城办户口。所以5人乘坐张学德的小轿车，上午10：00出车，从款庄、散旦、厂口方向进城，看望病人，往富民县办户口，再从富民回来。

张学德为村民外出和出差提供服务，自己甘心出钱、出车，不收分文，表达对亲友邻居的关爱，是人间人际少见少有的事例。

2013年2月2日　农历十二月二十二日　星期六　晴

村民仍上东村街销售山药。我自己有17公斤×7.5元／公斤=127.5元。张学德山药20公斤×7.5元／公斤=150元。张学祥山药35公斤×7.5元／公斤=262.50元。

东村街的山药市场价格可保持在一公斤8元。市场上山药数量也较多，我们的山药产品出自自己手中，价格就尽量从低销售，争取时间，卖完回家做农活，也争取销售的总量能多一些。所以，我们3户人家，乘坐2辆小车，回到家的时间是下午2：00。这也是我们的平凡工作。

2013年2月3日　农历十二月二十三日　星期日　晴

我们教会王继荣读完云南神学院，幸遇良机，就安排于云南国际礼拜堂工作服务，历时已三年，今日被按立为牧师。

2013年2月4日　农历十二月二十四日　星期一　晴

村民挖山药。有我自己、儿子张学德、张学祥3户，我自己家2人得25公斤×8元/公斤＝200元，张学德得30公斤×8元/公斤＝240元，张学祥得30公斤×8元/公斤＝240元。以上的数量和价值只是大概评估，实际数量和价值必然要多一点。其他邻居龙兴祥、龙保罗、张正华三户也挖山药，价值也相当。山药是我们芭蕉箐优先开发的经济作物之一，价格平均都在每公斤7到8元不等。

2013年2月5日　农历十二月二十五日　星期二　晴

村民卖山药。以下是各户卖山药的情况：张学忠家山药30公斤×8元/公斤＝240元。张学德家30公斤×8元/公斤＝240元。张学祥家山药30公斤×10元/公斤＝300元。山药街市价一般是一公斤10元到12元，而我们以为，山药是出于自己手中，是自产自销，所以我们要价是一公斤10元，买主给一公斤8元也卖。幸好张学祥家的山药30多公斤，批发价人家也仍然给一公斤10元，因山药长得肥壮，挖工也认真，所以人家情愿一公斤10元，甚至可能要卖一公斤12元。

另外，四儿子张学德不但销售山药，还销售儿菜50公斤×2元/公斤＝100元。白菜苦菜一般一公斤只卖1元钱，因街市上没有儿菜，而且儿菜又鲜嫩，儿菜和山药大约卖得人民币340元。

2013年2月7日　农历十二月二十七日　星期四　晴

村民生计活动，村民张约翰卖小猪。买主就是前次曾来买过两头猪的那位，今晚来买也是照前次来买的价，活猪一公斤27元，两头称计得49公斤×27元/公斤＝1323元。1月29日，我曾给张约翰家这对年轻夫妇预计年收入不低于3万元。

2013年2月8日　农历十二月二十八日　星期五　晴

过年，村民舂糍粑。按我们的民俗，都是用人工舂制，而近代就改良用柴油机做动力碾压制成。我村有两台糍粑碾压机。我家父儿五户就购买一套，为村民邻居服务。每到过年节，村里邻居亲友相约碾压制作糍粑。前来制作糍粑的有15户，大家都主动要付柴油机的油钱。我家也本着为村民服务，免费给大家制作。自己甘愿为大家承担制作一天的烧油。同时，也让村民欢欢喜喜过年。

既然为村民提供服务，那么我们也甘愿出动5到6个男劳动力为村民服务。邻居蒸好米饭，拿来碾压就好。

2013年2月9日　农历十二月二十九日　星期六　晴

村民过年，家人都力求团聚，欢度春节，分享家人团聚的温暖。年二十九晚上，因着节日、家人的团聚，生活饭菜也随着讲究起来，当然也根据生活的水准筹备。俗语说三酒三肉，随着生活的提高，也随着社会的进步，饮食丰足，四酒四菜都已摆上了，而且家人的聚餐已是多天和多餐了，显示了家庭丰衣足食的场景。社会进步，人民生活水平不断提高。想来，有头脑的人，应该按情理来生活，时时考虑对地区、民族的大小建设有所贡献，创造人生价值。

2013年2月11日　农历正月初二　星期一　晴

教会应相互祝平安，节日中弟兄姐妹都相互祝平安。几天中，外来知名人士以及亲属朋友都发出短信等相互祝福。昨晚一对苗民夫妇，散了晚礼拜才从富民乘坐摩托车来我们教会拜访，祝福我们教会。

2013年2月12日　农历正月初三　星期二　晴

村民张学德于鸡街市场销售儿菜。为了能有摊位，必须天亮就到街上。张学德自己有车子，昨晚已砍好儿菜，所以天亮以前就赶得上。批发价要一公斤2元，买主也给上。称量有80多公斤，按一公斤2元，至少也卖得160元，天刚亮就已卖了儿菜。想想就乘车跑回家砍第二车，砍得80多斤，零卖了一些，零售价是一公斤3.50元。此时又有人来批发，一公斤2.50元批发给他。所以一天车子往返跑了两趟，大约收入170—180元，我们的生计活动甚为活跃。

2013年2月13日　农历正月初四　星期三　晴

人生大事，村民杨天光为长子承办求婚席，也称差媒人席。苗家习俗，当为儿求婚时，主人家要付出代价办一餐求婚席，请邻舍友人来赴席。近代风俗，所请到的亲属都得送礼。今晚他家的求婚席来客有40多户，收到大米200斤，人民币4000元。

2013年2月14日　农历正月初五　星期四　晴

销售板栗秧苗木。有买主订购100株秧苗木。按街市价，大的、好的每株可卖到4—5元。买主自己来家里挖，由于天晚才来，只挖得42株，只要了40株。40株×3元／株=120元。计划明早继续上来挖，挖得多少再付钱。自己育有板栗秧苗，只要有人来买，价格每株少街市价一两元都卖。

2013年2月15日　农历正月初六　星期五　晴

张学德扩建住房，采用新式建房式样。一楼一底，浇楼平顶。今天，建房事工转入房间粉刷。由于事工多，时间紧，就承包给村民龙荣才、龙荣祥两人粉刷。过了春节，今天已开工粉墙。村民房屋建设，房主和工人双方为了方便，就采取包工，尽力劳动少休息。生活就简便随便一点，只要特意办几餐，或是尽自己所能也可以。

2013年2月16日　农历正月初七　星期六　晴

村民建水窖，有承包粉刷水窖内壁的事工。村民张学祥承包得5个水窖，所以一有时间就抓紧粉刷水窖。酬报是未知数，建水窖的村民都要求政府兑现一部分补贴，使村民方便过年。石桥村委会领导表示现在兑现不了，村民也只好先把水窖建好，至于经费兑现落实，总是要兑现的。全村水窖去年已建完，开年后转入粉刷，这项事工抓起来也快。

2013年2月17日　农历正月初八　星期日　晴

龙兴华家生二孩，选定一个日子，就是今天，为亲属邻居办送祝米席，请客。苗家的送祝米席是指生孩子，亲属友人必须送鸡蛋或是送点钱，表示向你家送祝福。必然需要一段时间，估计要来的客人都来过了，主人家为了酬谢来关爱的亲友，就定个时间，办一餐宴席，请他们来吃饭，表示主人家的谢意。

2013年2月18日　农历正月初九　星期一　晴

富民教会12所教堂教牧同工，接受省两会牧师进行的培训。是我县教会主动聘请的。地点安排于富民东片款庄马街西山教会。早10：00报到并就餐。

今天，举行了牧师长老培训班开班仪式。富民县三自教会主任、牧师龙德寿，宣布富民县基督教12所教堂11位牧师、25位长老的培训班，时间为18日到22日，为期5天。先请款庄乡党委领导和马街乡村委领导讲话。讲话内容：各级政府对基督教高度评价，从精神上做了支持。培训班授课内容：省两会李崇明、申洁清两位牧师，对于教会职责、如何管理教会、如何讲解经文、财务管理、日常事务、诗班、圣餐、安全等问题进行讲解，被培训的牧师、长老们听课、学习。

2013年2月19日　农历正月初十　星期二　晴

村民搞畜圈房。龙福祥建牛圈房，已把建房材料空心砖、人工细砂、水泥买好。先拆除旧茅草屋，平整房地基，砌房石脚。建房施工是聘请邻舍亲属友人协助建房，主人供给建房伙食和开水等。

很多人能成为多面手，自理生产生活中的很多事工和任务。

2013年2月20日　农历正月十一日　星期三　晴

王才明为儿承办讨婚席。来客众多，生活待遇简朴。苗婚礼习俗，我对所见的，提几点看法和建议：

1.什么事工都量力而行，但个人、团体都应力求给他人留下好的印象。不单是办婚喜事，就是亲属友人相逢，也应付出代价款待亲属朋友，办好亲人相逢待遇的服务工作。

2.赴婚喜事，亲属友人都表示尊重，都愿意送礼。主人家也就只有从生活待遇上办好筵席酬谢亲属。

3.请客对象是自己至亲朋友和身边的邻居。客人请多了，待遇、生活、服务方面，就实在没有能力把握周到，所以情愿量力而行。

2013年2月21日　农历正月十二日　星期四　晴

村民建水窖，粉刷工作进入扫尾阶段。村中有一部分承包给村民张学祥。努力做每天可以完成一个水窖。逐个清理粉刷、投工投劳。民族生计活动中，年青一代各有自己的喜好，各有自己的特长，按才能着手建房、建水窖、用车辆运送旅客或病人或婚旅客前往不同目的地，显示出苗民生活的一片生机活力。

年青一代工人，勇于攀登科技的高峰，有所突破，有所成功。比如用专车运送，虽然消费高一点，但就图方便、图快、不必转车，民族人民就情愿乘坐自己民族的车子。想几时出车就几时出车，时间不限。

2013年2月22日　农历正月十三日　星期五　晴

富民县基督教牧师、长老培训班，今日已学习5天结业。县三自牧师奉献2000元，各地教会奉献3000元，西山教会奉献1000元，合计6000元。西山教会信徒奉献一头活肥猪支持本次培训班的伙食。西山教会乐意负责生活服务。省约翰堂赠送学员每人一把小伞，价值20元。县爱国会、西山教会，合资购圣经工具书，给每人一本，价值40元。

2013年2月23日　农历正月十四日　星期六　晴

我村潘家喜欢打工为生。潘家媳妇两前夫已死，又与第三任丈夫结合，第三任是武定人，熟悉武定打工场地。今聘请张学祥出车，运送家人和家具前往武定打工。行程单边约80公里，车旅费由他家凭喜欢给。他家付给张学祥车费200元。早10：00出车，晚上5：00回到家，往返7个小时。为人民服务，自己也高兴满意。

2013年2月24日　农历正月十五日　星期日　晴

村民欢度正月十五日佳节。按民族习俗像过春节一样家人团聚，分享生活快乐和人生幸福。因此我们上柿花箐聚会点做礼拜，姑爷、女儿请吃晚饭。用饭时他们说："十五佳节，买回些菜请你们老人和我们吃饭"。回到家，四户儿媳做饭席，也讲究，此时有家人在问，今晚是十五节吗？就成了个笑话，十五节的今晚都忘了吗？

十五的节期，为何有的人都忘了？人们都解释说，过去，人们生活苦痛艰苦，时时都在念大小节期的到来，因为大小节期都能有一餐好席享受，所以不会忘记。而现在人们会忘记，是因为刚刚过了春节，每餐都是肉食满桌，所以人们不太思念节期。说明一个道理，社会进步了，人们生活富裕了，这就是事理。

2013 年 2 月 25 日　农历正月十六日　星期一　晴

三儿媳龙兴珍到东街出售山药 35 公斤，一到街就有人来批发，大的、好的批发价给一公斤 10 元。好的有 25 斤，得 250 元，二等有 10 公斤 ×8 元／公斤 =80 元（二等级零卖），总收入约 330 元。四儿媳王凤仙是上街销售自产的小莲花白菜，约有 100 公斤，约 60% 是卖一公斤 2 元。60 公斤 ×2 元／公斤 =120 元，40% 是卖一公斤 1.50 元，40 公斤 ×1.5 元／公斤 =60 元。今日的莲花白菜，约卖得 180 元。儿媳们销售山药必然高于其他小菜。这就给我们一个提示，已试种山药的农户们要种好山药，力求山药经济效益逐年上升。

2013 年 2 月 26 日　农历正月十七日　星期二　晴

村民搞建房。同时有龙福祥、杨天友、张学忠三户建。其中，杨天友、龙福祥两户是建畜圈房，拆除木圈房，改用空心砖。杨天友是拆除烤烟房，用空心砖砌畜圈房。聘请村中的龙荣祥、龙荣才搞粉刷，接连贴起瓷砖来。人员少，要几天才能做好。建房先是计划承包，后来在建房的过程中，人员少，主人家只好积极投工投劳，按工天付给施工人员工钱。

2013 年 2 月 27 日　农历正月十八日　星期三　晴

村民杨天友建畜圈多天了。今天建房事工是理房上的大小梁木，请村民张学才、王圣德来支持协助。用一个中午清理房上所用的大小梁木并且支好；下午，建房事工又转入盖石棉瓦，一天把他家的畜圈房盖好。村民搞畜圈房或是人住房，约 70% 的农户都能自己处理。规模小的俗称是小搞搞，建正规的红砖房，就需要设计了。村民生计的事工不断地兴起和谋求，一般村民也得到锻炼了，也能进步了。

2013 年 2 月 28 日　农历正月十九日　星期四　晴

教会搞建房，今日安排拆模板。拆木壳子板，需要先拆除房内全部的撑杆木，才能统一拆除钢模板木壳子板。人员少，连炊事员总共只有15人。我们尽了最大的努力，拆除了房内的三件撑杆木。

2013年3月1日　农历正月二十日　星期五　晴

教会搞建房，昨天拆除撑杆木，今日开始拆除钢模板和木壳子板。由于是高处作业，难度较大，时时都得注意安全。为确保安全，大家也就慢慢做，能做多少算多少。男劳动力和比较出众的青壮年，就上高处拆模板。我们上年纪的和妇女，把房上拆下的板子及模板抬开并收拾好。把房内的废木材和杂乱砖块背到二楼，待以后再砌二楼。几乎用去中下午，总算完成了当天的劳动任务。

2013年3月2日　农历正月二十一日　星期六　晴

教会举行春季拜访圣地活动。富民芭蕉箐教会、朵木得教会、西山教会、大窝塘教会，有关教牧人员30多人朝拜福音圣地。

2013年3月3日　农历正月二十二日　星期日　晴

教会唱诗班参与嵩明县凸董箐教会西台子聚会点的开堂感恩礼拜活动。我们教会唱诗班30人，乘坐三辆面包车，一辆轿车，5：00出车，前往参加庆典活动。东南方向，单边里程80多公里。五华区、西山区、嵩明县、寻甸县、富民县三县两区的教会人员都来参加庆典。教会唱诗班有二十多起，在会上做了献唱。

当天献堂的各教会都已在事前做了奉献支持，再加上当天的奉献，两项合计人民币1.5万到2万元。因里程较远，还没有休息，他们教会就安排就餐。还没有公布账务和宣布散会，我们就提前吃饭，驱车回家。车辆在途中飞速奔驰，到家天已黑了。车子的烧油费，每人收20元。不够的部分，本教会再补助点。

2013年3月4日　农历正月二十三日　星期一　晴

教会建房事工，接连拆除楼板的钢模板、木料壳子板，并把拆下的料子收堆好。楼房高5米，所以拆楼模板难度就大一点，只得慢慢施工，确保安全。尽力工作，每天能做多少算多少。人员有14人，炊事工作3人，合有17人，联合施工。虽然难度大，工人少，能高处作业的人员也不多，在困难中工作，每天的建房事工效力还是很好的。

2013年3月5日　农历正月二十四日　星期二　晴

村民张学祥家销售山药和部分莲花白。山药约有17公斤，大的、好的有10公斤，每公斤卖10元，10公斤可得100元，中等的7公斤×8元/公斤=56元。莲花白约有100公斤，上午卖一公斤2元，下午卖一公斤1.5元。山药、莲花白两样卖得300多元。用面包车送到街上，卖完后由儿子开车去东村街把五儿媳接回来，这是部分村民的生计活动。生产、经济两不误。

2013年3月6日　农历正月二十五日　星期三　晴

教会建房事工，昨天拆完模板，今天建房事工转入浇二楼的两根圆柱，浇好后准备浇二楼板。

建房事工需要在农闲季节抓紧时间建。但因建房经费短缺，只好暂停，待有力量再建。而且已用了的钢筋，还赊欠30000元。尽管还缺建材，能施工的都要尽力，准备再建几天。

2013年3月7日　农历正月二十六日　星期四　晴

村民龙荣才建正规红砖房，自己建盖，已开工十多天了，现在建第三楼。四平墙已砌平，将要浇三楼模板。自己施工，就不讲究时间性了。每道工序，几天就能做好。自己盖房，这也是一种方式。忙碌，就靠亲友前前后后赞助了。时间不限，几时建好都行。人多或少，关键在于技术工不能少，这样效力也会好的。

2013年3月8日　农历正月二十七日　星期五　晴

孙女张秀芳有机会成为石桥幼儿园幼师，现在是头一个星期工作。石桥幼儿园属于私人承办，有8个班8位老师，分为大中小班。幼师待遇，初步约定为月工资1000元。任教一学期工资提升为1500元，还有400元奖金，两项合为1900元。据说石桥私办的幼儿园，受到人民的好评，办得很好。儿童入园收费1600元，每天提供早晚两餐。中民、祖库、石桥、乐在四个村的儿童，不约而同来入学受教。我家族孙女张多加在昆明某幼儿园任教。孙女张秀芳又在石桥村委幼儿园任教师。苗女已步入社会，开启新篇章。

2013年3月9日　农历正月二十八日　星期六　晴

"三八妇女节"活动，东村乡石桥私办幼儿园的刘勤老师带着本园老师9人以及家属多人，乘坐2辆客车出外旅游活动。欣赏旅游区美景，目标是澄江旅游区，安排了坐船、登湖岛等活动。一天安排早晚两餐饭席。周六一天时间往返。刘勤老师承办幼儿园供养9个老师，在三八妇女节为9名老师和家属组织游玩活动，这也不容易，是我们地方的新人新事。

2013年3月10日　农历正月二十九日　星期日　晴

村民龙荣才建三层楼房。去年建起一楼房，挨年（年关）建起第二层。这几天开始建第三楼。砌砖墙高度已达到要求，即将浇楼模板。建房时间长了，施工中，一般都靠自己慢慢做。每天建房施工，就靠哥弟龙兴明、龙兴祥两户拼凑劳动力，三四人施工建造。

民族年轻一代，各种科技、各种技能，都是从实践中磨砺学习的。就是理论和实际相结合，又靠从实践中学。建房大小工程，技术人员和设计是最重要的一环。施工的快慢，也主要在于技术工的多寡。一般靠着自己众多的哥弟亲友，有助于获高效。

2013年3月11日　农历正月三十日　星期一　晴

教会建房事工支搭二楼模板。高处作业难度大，进度就必然要慢一些。我们教会自己有劳动力，施工中确保安全，每道工序不讲快慢，几时能好就几时。今日装钉圈梁模板，男劳力有12人，女劳力有5人，也包括了煮饭人员，合有17人，联合施工，支搭梁壳子板。

技术工有张学德、张学祥、张学才3人。建房工效高低，就看技术工多少。施工中技术工多，活计工效就高。因教会建设施工长期自由出工，能对教会的事工有着责任感的人员始终是少数。

2013年3月12日　农历二月初一　星期二　晴

村民潘兴德、孙儿潘志明，因旧瓦房陈旧破烂，需要拆旧盖新。旧房是土木结构，现在要改用空心砖盖成简易的小型平房。准备工作先要拆除旧房，安排拉运建房材料空心砖、砖块、人工砂、水泥，已动工几天了。他家属于在困难中行事，一是天灾人祸，二是长期出外打工，三是人手不足。做起事来，身边也无几人。人生就是艰苦，但我们需要学会人穷志不穷，广交朋友，搞好人际关系，这也是门路，这也是幸福。

2013年3月13日　农历二月初二　星期三　晴

村民为点种大春农作物，向山地运送农家肥料。趁农用季节，把农用肥料送到山地里堆好，用时也方便。这已成为一项农事中心工作。我自己也随着形势运送农用肥料，叫三儿张学忠把他家的大车开到畜圈门口，我俩老人边出粪，边装上大车。由于车厢门口就在圈门口，所以上车也很容易，但也用去了一天。约下午4点装满大车。我们吃了晚饭后，三儿张学忠开大车帮助我拉运到山顶。从村中拉运到山顶，有3公里路程，四缸车车力大、速度快，不久就送到山地，回到家。自己有车子真方便。

2013年3月14日　农历二月初三　星期四　晴

村民运载自己的农副产品白薯、葫芦瓜、小莲花白（大小两个品种）、莴笋，到鸡街市场销售。我自己销售葫芦瓜100多斤，每斤的卖价是1.50元，得150元。五儿张学祥销售小莲花白100多斤，一公斤2元也卖。由于街市场小，菜太多，所以大部分一公斤1元也卖。全部卖完，约卖得人民币120元。孙儿张大卫，又称张约志，运载一小拖拉机莲花白上市，大约只卖了三分之一，剩下的又拉回来，准备明天拿到东村街销售。

2013年3月15日　农历二月初四　星期五　晴

村事工繁忙。搞车辆修理、房屋建造、客运、购置车辆事务等的，在民族、乡村中，已形成了专门为人民服务的行业。村民张学祥白天参与建圣殿。早8:00—12:00，搞车辆修理。侄儿张学道开来一辆小拖拉机，请张学祥帮助修理，张学祥拆检发动机，查看故障原因。中午12:00—下午5:00集中精力建殿。建殿工序是安模板，支架顶楼撑杆。山村人民建房、科技服务、修理事工、客运、教会摄影纪录片，都靠教会人才投资投劳，为地区、为人民、为民族做出贡献、增添篇章。

2013年3月16日　农历二月初五　星期六　晴

教会搞建房。去年正月初，就动工建盖，由于经费无法就位，只得建一段时间就停工。进入新的一年，准备动手浇二楼板，建房支模板仍在进行中。教会建房，自由奉献出工天。由信徒自己凭喜欢赞助，出钱或出力，自由出工。每天凑得多少人，再组合建殿。

神圣与世俗　　富民县东村镇芭蕉箐村苗族村民日志

2013 年 3 月 17 日　农历二月初六　星期日　晴

邻近的寻甸县则鲁箐教会教牧同工 5 人，借着礼拜天来参加我们的聚会。聚会中，我们教会请他们中的二人上台讲话。我们按礼拜程序，进行了各项议程，宣布休会。

来客给我们教会建圣殿送来关怀，支持我们教会，送来人民币 1460 元。禄劝县万宝山教会苏天友，个人支持我们建殿，送来 200 元，合计人民币 1660 元。非信徒，柿花箐村民张德福，支持我们教会建殿 100 元，合计 1760 元。教会以及个人，赞助我们教会建殿，真是雪中送炭。我们教会建殿造价预计是 30 多万元，一年建殿材料已花费 10 多万元，来年仍缺建殿经费。所以本教会除了农户按年收入的情况积累要交纳十一奉献和乐意奉献，还盼望有外援。在没有争取到外援的情况下，只有建立在自己力量的基点上，自力更生。

2013 年 3 月 18 日　农历二月初七　星期一　晴

村民上昆明市审车。张学祥购置一辆面包车，到期需要到昆明审车。今年比去年更严了，稍微有小故障就不给审车，要叫你修好才给审车，这样只得去修车，修好后再去审车时人家已下班了。虽然回家一个单边里程就有 80 公里，也只好先回家。父亲托买的一只橱柜，顺便拉运回家，约晚 9∶00 才回到家。

人民生活改善，服务工作量扩大，活动项目也增多了，昆明城也成为我们乡村人民活动的一个中心点。交通和交通工具方便了，上昆明城也不再是一件难事了。

2013 年 3 月 19 日　农历二月初八　星期二　晴

村民龙荣才建房，浇三楼楼板。第三楼楼板的三分之二留作晒场，三分之一盖作房间。浇楼房地板面积自然少了，浇楼人员也少请了。浇楼工程三楼，虽然是高处作业，但幸好是房子的后面山势高，浇三楼也轻易了。又使用灰浆搅拌机，就更方便更轻省了。约有40多劳动力合作施工。浇楼房事工轻便，约晚5：00他们便息工吃饭了。

2013年3月20日　　农历二月初九　　星期三　　晴

教会建圣殿，做浇楼准备工作。男劳动力忙于扎楼板钢筋和部分模板，妇女们拌灰砂，明天浇楼板用。中下午，楼钢筋没有扎好，就叫妇女们上楼协助扎钢筋。工程量大，男男女女奋战了一整天，还没有彻底结束。征求大家的意见，是否赶在明天浇楼，大家一致同意。我们提出要求，为了明天的浇楼任务顺利，今晚、明早，都得早出晚归，力求做好一切准备工作。所备料子不够，又叫运输队送来辆车，运公分石和人工细砂。天黑时，送到我们教会建房工地，初步完成了繁忙的浇楼准备工作。

2013年3月21日　　农历二月初十　　星期四　　晴

教会浇楼房。准备工作已进行了多天，争取在今天浇好楼板。搅拌灰浆，是利用手扶打犁机。原有的搅拌机都没有使用了，用手扶打犁机，效率比搅拌机高多了。各道工序顺利进行，只不过是人手稍微缺一点，不过还没有影响整个浇楼工程。浇楼灰泥从接待室用人工挑过两层楼房搭桥过去。前不久浇一楼，有82人联合施工，今日浇二楼有寻甸县则鲁箐教会来5人支持，全部劳动力合有70人联合施工。生活待遇，教会以及个人合力从事高档服务，尽力酬谢浇楼工人。

2013年3月22日　　农历二月十一日　　星期五　　晴

栽山药的农户，翻整耕地，准备排山药，这已是一项中心农事。村民张学祥用手扶打犁机打犁山地，准备在几天中排下山药。用一上午打好山地，下午给三儿张学忠家打犁山药地。开车到东村买排山药用的化肥，去接在东村小学读书的孙儿张恩膏回家。今日做了三件事工，是开了排山药的序幕。

2013年3月23日　农历二月十二日　星期六　晴

村民种山药。今日，我家父儿五户，张正文、张学全、学德、学忠、学祥，齐动手，排山药。用张学忠家的大车，拉运农用化肥和工具，到山顶片区，开始排山药。有的户已排完，有的还缺种，还要待购回再排。

去年排山药，乡政府安排专人下乡指导，村民分组，轮流换工排。今天，按去年的方式，就不必说哪天动工，我家父儿五户今天排山药。今日这种方式简单，自己排就不办伙食了，省工、省时，减轻了负担。

2013年3月24日　农历二月十三日　星期日　晴

云南大学安排了一些学习和科研活动，张学德被邀请参加。时间据说是10天。自己有车子，考虑昆明市区停车可能都要交费用，所以叫孙儿张荣光到东村街车站，把他的车子开回来。他自己从东村街车站乘公交车上昆明云南大学参加学习活动。

各民族有关人员有机会参加云南大学学习活动，是云南大学老师对我们山村人民的关心支持，表示诚恳的谢意！也望老师们多多指教和帮助。

2013年3月25日　农历二月十四日　星期一　晴

村民栽山药，栽完自己留的种，不够的另买上一部分。幸好自己本乡杜朗村委有种，一个早上就可以拿回来。前天，五儿张学祥拿回来100公斤山药种，我家已排完了。今早，三儿张学忠又开大车跑杜朗一趟，拿回来100公斤山药种。山药种按各户的需要买，按各户的山药数量收钱，收购后由我们自己送去。由于是本乡人，好说话。

购山药种，去年是头一次买，要一公斤5元，第二次一公斤3元。而今年价格有所上升，前天和今天，山药种要价都是一公斤7元。不管贵不贵，来年要有收入，今年就要有支出，有付出。

2013年3月26日　农历二月十五日　星期二　晴

下村熟识人刘明武找工挖白薯。平时相处关系好，就托我们找工20人。我们也凑不够20人，所以他就叫他们本村找几个人，两起合力挖。劳动报酬，每个小工每天开50元。临时工，只一天，人家需要帮帮忙，这完全可以做到。熟人关系，自己也愿意帮忙，人家还要付给一个小工50元，对双方都好。

搞建筑的技术工的待遇就是70—80元了，而我们苗族教会建筑队只收70元一个工。苗寨寻甸凹口有4户建房，都托王继光（执事）承包，承包方式是包工包材料，一个平方米700元。

2013年3月27日　农历二月十六日　星期三　晴

有麦子的农户都忙于收割山地小麦。天干不下雨，从种下麦种后，就几乎未落雨。山地有少量山地小麦，靠种下时候早，长得起来，种迟了就长不起来。另一种情况是，麦子种于稻田里，能放上水的，就收成好一点，但仍然很少。现在，山地小麦由于干旱，山地先成熟。种于稻田里的放上水，就后成熟，后收割。村民张学祥收割山地小麦，是收割种于山脚片区的，虽然面积小，也要两天的功夫才能割完。全村多户都在割山地小麦。

2013年3月28日　农历二月十七日　星期四　晴

村民生计活动，开山地沟。是指零星地、陡地，用不上牛犁的地块。趁农闲之际，用人工开沟挖好。等到点种苞谷时，下种、施肥、覆盖泥土，方便，省时省力效益高。所以陡地、坡地、零星地，现在抽时间开好沟，利于这两天点种。

村民张学全几天以来都是白天上山开山地沟，早晚就在近处割麦子。

近段时间已形成割麦子、开山地沟两项中心事工。一般有山地小麦的农户都已忙起来，开山地沟，该割山地小麦的，也替换着割山地小麦。村民们都这样忙着。

2013 年 3 月 29 日　农历二月十八日　星期五　晴

村民砍年烧柴。侄儿张学明今天抽时间砍柴。我村的年烧柴，可以说无关紧要，只是考虑到雨水季节的烧柴，必须准备上一点。今天砍柴，是砍农地边的杂木柴，利于耕地。

年烧柴，历年冬腊月就应该砍好。因年关工作多，婚喜事多，村民亲属的起房盖屋、教会的建殿工程等事项之故，农户的一些农杂活，就得推迟到后期再来处理。砍柴是一个人自己砍，砍多少要多少。另一个人，还要管理牲口呢，一个农夫的事工就是这么繁多。

2013 年 3 月 30 日　农历二月十九日　星期六　晴

村民事工育山药秧。自己育部分地秧，按去年排的面积排满。不过，又买了 18 公斤种才够。价格在去年的基础上每公斤提升 2 元，18 公斤价值 126 元。排山药要立为一项长期的经济作物项目。自己也得少量地育一点秧。不讲出售，就是能满足自己排种的数量，这也不错。所以，今天我把捡好的山药种 2 公斤排下，立为试点，立为起点，应该是成功。本着自力更生，今日把明年要安排的山药种育好。

2013 年 3 月 31 日　农历二月二十日　星期日　晴

还记得村人开一辆三轮摩托车，到村民龙福祥家买小猪。猪买成了，买主要走时，卖猪户留其吃早饭，三轮摩托车就停于门前路中心。龙荣祥开来一辆面包车，要送他大妈一程路，叫这辆三轮摩托车让路。这辆三轮摩托车的主人就是不让，随后争吵起来，又打起架来。开面包车的龙荣祥和他父亲龙兴祥 2 人被打伤了。伤者向打者索要医药费，打者也不愿给，便叫东村派出所上来解决。打者无法无天，派出所人员也无法解决就罢了。幸好伤者二人扣下三轮摩托车钥匙，扣押至晚上。打者二次打电话，又叫东村派出所来解决。最后双方协商，让打者赔伤员360元了结。政府有关部门对进人家村子，无法无天乱打人的行为，应当从严处理，惩罚教育。不从严处理，就等于以恶当道了。

2013年4月1日　农历二月二十一日　星期一　晴

村民种洋芋，已是一项中心农活事工。今日父儿张志明、张正才两户种洋芋。利用一架犁牛开沟，一些人员跟牛点种，两人使牛，两人放种，两人盖粪，一人放化肥。至少七人使用一架犁牛，最基本得保持七人跟一架犁牛排洋芋，每户约排下1.5亩山地。另有张学忠家人工排洋芋。一人打塘，一人放种，另一人盖粪和化肥，三人合作。由于洋芋种少，耕地面积小，就采取人工点种。

我村民60%的农户种洋芋，抓经济，年收入上千元上万元，而40%的农户少量种一点，因耕地少，只种一小点喂猪和做菜。根据资源的多寡来安排。

2013年4月2日　农历二月二十二日　星期二　晴

四儿张学德到云南大学校园学习科技知识，深深感谢云南大学老师的关怀支持。今日中午12:00结束学习回家，打来电话叫五儿张学祥出车上昆明接他回来。今天是4月2日，有东村街，我们俩老人打主意乘上接人这趟车去赶集，一时老伴又说娃娃的车子上昆明，我俩也陪着上昆明玩一趟。于是早上10:00出车，11:30到了昆明市，计划上去买几样工具。五儿张学祥和我们俩老人就去昆明旧货市场参观和选购，电器工具、高压锅、布、粮、四双皮鞋、一把椅子，我又特意去买了一个老虎钳，总共用了120元。

昆明旧货市场的货品丰富繁多，新旧物品堆满街，物资齐全，任你选购。购物主的车子停满外院，也是一个天地。社会发展进步，社会日用品繁多，交通和交通工具方便，我们乡村人民和老人也应见世面和享受。

2013 年 4 月 3 日　农历二月二十三日　星期三　晴

村民农活事工仍是点种洋芋，今日有张学德父儿两户，联合使一架犁牛点种洋芋。虽然数量少，但是用牛点种，有利于第二天锄地。上午排一家，下午排一家。2 人使牛，2 人放种，2 人盖粪，1 人放化肥，1 人打杂，有 8 人联合施工点种。跟牛点快是快就是人忙一点，也情愿忙而使工效快。把洋芋排完后，留下些人员在地里把当天没有盖好的人工盖一下。主人家先回家做饭，当然要上街买上些鸡肉和饮料，让家人享受美餐。

2013 年 4 月 4 日　农历二月二十四日　星期四　晴

村民龙兴华排洋芋。由于哥弟新旧矛盾无法相处，弟弟龙兴华就自己行动。他先用犁牛开好沟，今天又人工点排洋芋。先放上种，再盖上肥料、化肥，再覆盖上泥土。年轻人不管怎么个做法，都能干都不为难。

2013 年 4 月 5 日　农历二月二十五日　星期五　晴

张学忠与石桥村委人员同事，他们请学忠的大车下去协助拉运圈肥料到山地，第二天点种苞谷用。从我们村到石桥村委里程约有 10 公里，往返就有 20 公里。烧油费人家倒付给他，就是他自己不好意思要就没有收，本是同事关系就不收费用了。俗语说：不图一回么，图二回。俗语又说："善有善报，恶有恶报，不是不报，时候未到。"俗语还说："吃亏是福。"所以人际相处，我们付出一些代价也值得。

2013年4月6日　农历二月二十六日　星期六　晴

村民龙福祥家排洋芋。地面积大的农户，不但用一架犁牛，还要十多人跟牛点。因耕地面积大，地又长，耕牛又走得快，所以一架犁牛需要多人。3人放种，3人盖粪，2人放化肥，2人使牛，就合10人了。还要一两人打杂，供种，供肥料。十多人点种，还挺忙人的哩。

白天要供开水，晌午饭主人家准备点杂糖随便吃，顺便休息喝水。晚饭，在家里煮，亲属在麻栎树村的，就要下来村里吃饭，乘车回家。由于交通和交通工具方便，亲友来往上下都极为方便。

2013年4月7日　农历二月二十七日　星期日　晴

款庄东片朵木得教会、西山教会、芭蕉箐教会、西片麦地冲教会，有意着手整理教会历史和教会人物历史。

2013年4月8日　农历二月二十八日　星期一　晴

到期该审车的要按时审车，保证车辆运输长期畅通，为民族为山区人民排忧解难、为人民争气，村民张学德到富民县城审车辆的驾照。据说第一个驾照管6年，而通过今日审照、换照又管得10年。今日从早到晚一天工夫就办好。由于社会进步，人民生活水平提高，大小车辆应用在生产生活上已是平常了。一个地区、一个民族都玩车子，车子已成了人们不可少的工具。

2013年4月9日　农历二月二十九日　星期二　晴

村民忙于收割小麦。张学全今日收割田麦，田的面积有3工田。本着一天能割多少算多少，劳动力是3个，其中1人还附带放牧5只山羊，3条黄牛，边放牧边割麦，因为田块就在河边。

三儿张学忠割山大麦，种下就没有下雨，收成效益低，不管收成好坏都得收回来。哥弟二人，弟弟在山顶片区割地大麦，哥家在山脚片区割田麦。时间紧，任务多，哥弟只好各自料理各人事务，事工效力还可以。

2013年4月10日　农历三月初一　星期三　晴

村民张约翰准备栽烤烟，因老外父支持，给予了栽烤烟的耕地。外父还负责把烟叶烤好。近段时间忙于育秧苗。育秧苗，以及移栽、管理、烘烤要到柿花箐村去。路途里程4.5公里，交通和交通工具方便已不为难。栽烟是最有利的，又是个最忙人的活计。栽烟经济价值连年有所提高，栽烟农户都拿到大钱。但不知为何，我村每年只有一户栽烟。

2013年4月11日　农历三月初二　星期四　晴

教会建房拆模板。现在建房工程是拆二楼模板，都属高空作业，始终有难度。在4月7日礼拜天，在聚会中，已做了事工报告。4月11日星期四，教会把建房需要拆房楼模板的事告知会众。今日拆楼房模板的劳动力，包括煮饭人员，有30人，男士20人，女士10人。原先拆一楼的情况是，每天凑五六个劳动力，过了多天才拆完。今天情况有所不同，今天人员多，已全部拆完。时间不晚，今天的拆房事工比较顺利，强劳动力也多，似乎比较成功。

2013年4月12日　农历三月初三　星期五　晴

村民为点种苞谷开沟打塘。平整、面积大的地块就利用犁牛开沟，地陡、零星的就用人工打塘。张学德夫妇今日到山地开地沟，闲时开好沟点种苞谷时方便，省时省劳动力。劳动力少，也可以照常点种苞谷。所谓开沟，是先要犁一道后再开沟，利于翻地锄地，利于苞谷生长，力求增产增收。山地的面积约有0.5亩，因一块地一半已点种洋芋了。开地沟是当前农事的一项中心工作。

2013年4月13日　农历三月初四　星期六　晴

教会接待服务工作。富民县基督教会在2月18日至22日的长老、牧师的培训班上，确定一项牧养事工，要求富民县基督教的10位牧师，一年将12所教会都走访一次并讲道。明天县爱国会龙德寿、王学杰两位牧师走访我们教会并讲道。接到消息，张学德出车到鸡街买回待客用的鲜肉、鱼等菜来招待客人。

2013年4月15日　农历三月初六　星期一　晴

村民种植经济作物。村民张学祥三年来把水稻田改种蔬菜。春季栽种的莲花白全部卖完了，一工田已栽成三叶瓜，现在已结小瓜了。其余二工田，今日夫妇二人忙了个整天，栽包心白菜，是育好在小袋里，今日移栽到田块里。平时是父儿5户10个劳动力协助支持，而今日只是儿子儿媳2人单独工作，这可忙人了。开沟、打塘、下化肥、栽菜、盖薄膜、浇上水。幸好水沟在高处，用浇管引到田里浇，省工省力省时。一直忙到晚6:00才得休息。由于交通和交通工具方便，一心要从蔬菜上探路子。

2013年4月16日　农历三月初七　星期二　晴

一部分农户忙于收山地小麦，一部分已开始打塘，开地沟，丢粪于犁沟，在为点种苞谷做准备工作。整理山地，清除杂乱草，以利于点种。父儿张正文、张学全，先从山顶片区打塘，先从远处整理。陡山地、平整地块，顺便用人工开沟打塘，就图简单方便。我们已工作几天了。

2013年4月17日　农历三月初八　星期三　晴

村民收大小麦，没有麦子的农户就开地沟、丢粪、下肥料、盖地膜。这样等到播种时，就比较方便，省时省力。村民张学忠收大麦，用大车把我们几户的肥料、工具、人员运送到山地。我们要先开到山顶片区耕地，把他家的大麦拉回来放于大场上摆好，用车子碾压，代替人工掼麦子。小春一种下，就没有下雨，农户们一般只是等种子发起来了。俗语说："种在地，赏在天"。

2013 年 4 月 18 日　农历三月初九　星期四　晴

县公安局到舍下了解民情。下午 3:00，教会场院开来一辆小轿车，富民县公安局 12 人前来舍下了解县人大代表提案。

2013 年 4 月 19 日　农历三月初十　星期五　晴

邻县寻甸县凹口箐苗族建房，政府有支持、有项目，由自己本民族柿花箐、芭蕉箐两村建筑小组承包。每天我村两三人拼合柿花箐王继光，形成一组人员施工。张学祥是临时工，今日也参与建房。他的事务比较多，有空，有时间就参与建房，修车事工多，就修车。民族新风貌，建房、修车、客运、摄像，自己民族都能自理和推进。这是我们苗民小小的篇章，小小的进步，小小的变化。

2013 年 4 月 20 日　农历三月十一日　星期六　晴

组织教会拜访圣地。富民县基督教东片朵木得、西山、大宫山、芭蕉箐 4 所教会，马龙县 5 所教会，13 个教牧人员，组成一个考察队。今早 7:00 出车，经昆明市，再顺大道高速公路，向东偏北。中午 11:00 到会泽就餐。中午 12:00 到达昭通，方向再偏向东南，插进贵州境界。沿途都是大小山岭，穿过 11 道隧洞，弯曲越过山山箐箐和 3800 米高的大山。到太阳落山时，我们考察组 13 人顺利到达著名的贵州石门坎福音圣地。

2013 年 4 月 21 日　农历三月十二日　星期日　晴

考察贵州石门坎圣地的活动安排是：起床洗过脸，早 7:00 出发，仍乘车。石门坎地区，活动范围约有 4 平方公里，有英国宣教士伯格理、高志华之墓、光华小学校长朱汉章之墓、中央民委、中央语言研究所所长王德兴之墓、杨雅各（到日本印刷苗文圣经者）之墓，还有光华小学的校园，英国宣教士所创建的洋房和住房，几处自然风景区和著名的贵州石门坎得名的石门址。

记录方式主要是拍照和摄像。整天考察、拜访和记录，幸好有陶绍虎老师主动做我们的导游和向导。他付出很大的精力和辛苦，我们高度敬佩，也很满意。

2013年4月22日　农历三月十三日　星期一　晴

圆满完成贵州石门坎考察工作，满载见识，返回云南故乡。早7：00又往一高地，欣赏那里的苗语文字"么利那"（宽广地区的总称）。欣赏远景，靠陶绍虎老师一片热心支持，提供各种方便和服务。在高山顶上，一一与陶绍虎老师握手告别乘车回昆明。途中在会泽县吃早饭。车子飞速行驶，下午2：00到达昆明市。在昆明市停留了3个小时，冲洗照片。13人的照片冲洗了很长时间。时间晚，车子在回途中也极快。我们在款庄马街镇吃晚饭，回到家约是晚9：00。

2013年4月23日　农历三月十四日　星期二　晴

村民从事大春泡田。村民龙兴华家泡水稻田，把稻秧苗撒育好后，又泡田。大小箐沟水量下降，田的面积是一亩，水量小，只有利用原来的水慢慢浸泡，用了昨天和今天，才把一亩水稻田泡好。昨天用了一架犁牛，今日又用了两架犁牛。农事泡田困难多，哥弟也难处。人生不容易，都在困难中行事，在矛盾中生活，就要我们有坚忍的信心去战胜、去征服。

2013年4月24日　农历三月十五日　星期三　晴

石桥村委开会。张学忠（村主任）、张学德二人参加会议。吃过早饭后，二人乘坐小轿车前去参加我们石桥村委会换届选举会议。刘寻武、杨德聪、罗铁、张绍全、彭其平、杨兴祥、李开伟选入村委会班子。石桥村委主任兼村党总支书记杨德聪，副主任、村党总支常务书记罗铁。

2013年4月25日　农历三月十六日　星期四　晴

我老伴已病倒了几天，原望数天后病情能好转，不料反倒加重，卧床不起、不食，只好叫四儿张学德开小轿车带我们二老人前去东村医院看病打针。结果由于病重，用去四瓶葡萄糖注射液，药费41元。就医后慢慢康复，也开始有力气吃饭。当然要休养些时间，保重身体。看病、运送病人不容易，由于交通和交通工具之方便，看病打针已是平常生计活动了。

2013年4月26日　农历三月十七日　星期五　晴

村民犁田，张正才今日出动一架犁牛抄犁田块。收割了麦子后，有能力的农户都要翻犁一次，利于水稻成长。田块的面积是3工田，为一亩稻田。由于种了小春作物，所以抄犁过程也轻省，只不过在太阳暴晒下使牛，扶犁人就得累一点，年轻人或是壮力者，就不觉得累。由于牛壮，到下午3：00已抄犁完回家。工作农事排序不在前，不在后。

2013年4月27日　农历三月十八日　星期六　晴

张会成、张学祥两户出售生猪。猪不大，需要生产垫本销售。几年来，销售肥猪都是评估一下。自己想卖，估计差不多，挨近价，就卖了。买猪车开进村，很方便，卖主找几个人上车就行。乡村人很好说话，相互帮忙和支持，是好风气。张学祥家卖猪两头，每头约重80公斤。讨价还价，买主给价给到3600元也就卖了。目前猪好销，今日早晚，就有3辆买猪的大车进村买猪，只是猪少，该卖的都卖了，小的还没有长大。

2013年4月28日　农历三月十九日　星期日　晴

村民购置、保养车辆。村民杨光才修配车辆，配件大修理，一段时间从事修理装配。今日从修理厂开回家，修理费为9880元。买车户主一般先办好驾照后买车。因还没有办好驾照，就开夜车撞在大树上，所以花了几乎1万元买了个教训，代价太大。1万元，几乎是一般平民的全年收入了。要珍惜劳动成果，关爱生命。

2013年4月29日　农历三月二十日　星期一　晴

村民生计活动，打收田麦和山地小麦。80%的农户开山地沟，做好点种前的工作，坡地陡地就人工开沟。今日有村民龙福祥家给他人开沟。由于牛壮好使，长期有几个外村的村人请他帮忙开山地沟。去年一架犁牛包括扶犁主人，以一天为一个工价，是给150元，今年提升为200元。

2013年4月30日　农历三月二十一日　星期二　晴间有雨

村民点种经济作物白菜。张学德整理田块，准备种白菜。张学友有一亩稻田，情愿租借给他人耕耘，每年收租金1200元。今年又转让，叫兄张学德耕种。考虑租金，可能因为是自己人，能给多少，凭喜欢给他。当然，租金的基数就是1200元，什么人来耕耘都是围绕这个基数给，就看主人家。自己人的话最大限度是让零头200元，顶好收1000元。今日下到田里整理，盖上薄膜和放好基肥料，约理好田块的三分之一。

2013年5月1日　农历三月二十二日　星期三　晴有雨

村民销售蔬菜。张学祥种蔬菜已有3年。种下的莲花白卖完，又种下三叶瓜。三叶瓜卖过两个街天了，今日仍摘瓜运上街销售。一般做批发，批发价要一公斤2元。我们图快，也就卖了。总计，95公斤×2元/公斤=190元。

2013年5月2日　农历三月二十三日　星期四　晴

村民有的上街买葫芦籽种，有的卖麦子。侄儿张学会聘请张约翰家的面包车拉运麦子上街变卖。老麦子有3包，新麦子有5包，每包约重40公斤，合计40公斤×8包/公斤=320公斤，320公斤×2.5元/公斤=800元。村农户能卖800元的不多，除非种得力的田麦，或占有优势的山地小麦农户，能有这收入。不过村民各有自己的优势，有自己的经济来源。

2013年5月3日　农历三月二十四日　星期五　阴雨

村民点种苞谷。早就盼望有雨，下透了雨，以利于农事生产。幸好下了几阵大雨，昨晚又下了整夜小雨，一直下到今早上。因此，村民喜气洋洋地开始点种起来。一般村民的山地已开好沟，下雨时就下种，丢化肥，接着就盖好。大部分村民先点种山顶片区的耕地。海拔高低不同，气候差别也大。历年来已有经验，山顶先点种下一个月，才点种山脚的庄稼。收割时可以赶在一个时候。

2013年5月4日　农历三月二十五日　星期六　晴

村民点种苞谷。两三天中，已下透雨，农夫们忙于点种。村村寨寨、家家户户，种零星地的或是大面积的，形成一项农事高潮。五儿张学祥、儿媳种苞谷。今日临时使牛开沟，当天现下种、施肥、覆盖。中午时，外父母2人又下来帮忙，劳动力更充实，效力更高。经一天奋战，约种下一亩山地苞谷。

2013年5月6日　农历三月二十七日　星期一　晴

全村集中精力突击大春作物，苞谷点种。全村的活动范围是山脚、山腰、山顶片区。三个地区齐动手。早出晚归，忙个筋疲力尽也不知累。

村民张学祥田里栽种蔬菜，三叶瓜、苦菜、莴笋、茴香等，所以农事更忙。要种苞谷，又要按街天收割好各种菜，拉运上街销售。幸好山脚田坝也通车路。不过，还是忙到天黑哩。忙人是忙人，忙就有希望，有收获。

2013年5月7日　农历三月二十八日　星期二　晴

大部分村民忙于点种苞谷，也有的上街销售蔬菜，还有的上街买苞谷种。

村民张正才家今日栽水稻秧。稻田面积有一亩。拔秧供秧，男劳动力有6人，栽秧的妇女有8人。水田活计慢，拔秧供不上时，又要等秧。尤其是拉线栽秧，就稍稍慢一些，不过有科技的帮助，也省秧。历年经验，一般能获丰产。单棵植物，苗棵壮，籽粒较饱满，有的农户坚持拉线栽。

2013年5月8日　农历三月二十九日　星期三　晴

买苞谷种。去年种了6公斤籽种，今年买了8公斤种。因籽粒大，种完8公斤还不够。零星地，田边地角尽量见缝插针，珍惜土地，今天上街增购2公斤苞谷种。原先打主意步行上街，需要两个小时。随后，四儿张学德也差2公斤苞谷种，他要开小轿车上街买，太好了，我可不费力了。早7∶00出车，行驶到村外，就赶上老队长、老党员背着一背明子（引火用的松树明子），我们便停车帮助他把东西上好车带他上街。路上他说，你们有车子上不上昆明玩玩呢？我们答说，我们时常上昆明哩，我们几天前刚从贵州石门坎来。他又说，认识路吗？我说靠导航器指路。在车上，我给他讲了我们国家发展得很快，仅仅交通建设就是一项较大的建设，从昆明到贵阳，几乎都行驶在高速路上。

2013年5月9日　农历三月三十日　星期四　晴

村民栽秧，今日有村民龙兴明、龙荣才父儿两个栽秧，有三工田，等于一亩多点。拔秧的男劳动力有12人，栽秧的妇女有8人，合有20人。栽秧这项农活事工，多年已形成风俗：一是换工，二是有关亲属友人帮忙，尽自己的邻舍友人之责，不望还工，不望回援。栽秧主人家，也尽自己所能，从生活待遇上酬报亲友们的支持。

2013年5月10日　农历四月初一　星期五　晴

村民栽培经济作物，村民张学忠栽黄花。有一家老板订合同，作染料用的。收购价是每公斤给0.8元。去年我村张学祥已试栽过，收入还是可以的，只是事工零碎一点。

柿花箐村的姑爷家，上级政府扶持栽核桃树，人家给地叫去栽黄花，自己本着大帮小补，能收入一点自己也干。两村相距四公里，因交通和交通工具方便，也不为难。再说，在柿花箐村大公路边收购，也就是就地收购，方便。

2013年5月11日　农历四月初二　星期六　雨

村民今日栽秧。龙兴华今日栽秧，有3.5个工田，等于一亩多田。供秧有10个男劳动力，栽秧有12个妇女，合有22个劳动力。由于秧苗供应不上，尽最大努力，坚持到晚，栽满了这一亩多的秧苗。下起雨来，四缸大车就开不上来，因为有泥土，路滑，车子就摆于山脚，待天晴开上来。

2013年5月12日　农历四月初三　星期日　晴

村民买二手拖拉机。村民龙福祥、龙保罗父儿两户，前一段时间把小拖拉机卖了，因这种型号的拖拉机的零件难买，每次买配件，都得跑到禄劝县县城。有人来家里买，就以13000元卖了。

现在，水平子村王明义买来一辆大拖拉机给儿子开，儿子不敢开，有人介绍，龙保罗家去以14000元买回来。新车刚买来时将近20000元。

而现在以 14000 元买回来的大拖拉机，比卖了的那辆，应该说是强多了。这是机遇，是良机，是碰巧，是幸运。

2013 年 5 月 13 日　农历四月初四　星期一　晴

村民农事工作忙。大部分村民是抓大春点种，又有第四户龙兴德家栽秧，村民张学祥上街销售自产的蔬菜，有三叶瓜、茴香等。今日价格，每公斤菜保持在 2 元，销售一天获得 160 元。

清早 7：00，送五儿媳到鸡街上摆摊，五儿张学祥自己乘车回来粉刷水窖。建设项目多，数量大，不论是建房，还是建水窖，都要跑附近的几个村子。有时候，还要到中民村粉刷水窖。据说，每天可获得 100 元，加上卖菜 160 元，共 260 元。

2013 年 5 月 14 日　农历四月初五　星期二　晴

村民点豌豆。张学祥的外父外母在水平子给了他一些耕地，安排他今天上去点豌豆。双方的父母，都抽了时间，做了支持。昨天 4 人，今天 5 人，两天种了 3 公斤种，地的面积约有一亩多。历年，种豌豆的农户不同程度地有收获，有的还能拿到大钱。

种经济作物比较理想的项目，一是烤烟，二是豌豆，三是洋芋，四是黄花（染色原料）。几项产品除了烤烟外，都是就地销售，极为方便。

2013 年 5 月 15 日　农历四月初六　星期三　晴

张学忠参与我石桥村委的选举工作。接连几天的选举会议。可见选举工作多么认真和重要。据说，还要持续到 29 日才能完结。白天集中于石桥村委会开大会，晚上还得下村落（石桥 8 个自然村）发村民选票。选举工作是我们整个石桥村委会的一项重大任务。参与开会的人员早出晚归，统一就餐。

2013年5月16日　农历四月初七　星期四　晴

村民张学光泡田，刚好有三工田，也就是等于一亩。近年由于水量逐年减少，一亩田需要攒两天的水才能泡好。历年泡田，统一由村里安排一人管水，并安排泡田次序。今年当着全村宣布，泡田，村上就不再安排管水人员，各人自己打主意泡田，能泡几户算几户。张学光家泡田，虽然占着大沟水，仍缺水费力，困难重重。所以60%的村民点种苞谷去了，这样省事。

2013年5月17日　农历四月初八　星期五　晴

张学会哥弟两户栽秧。田面积小，人员也少，哥弟两户干脆联合成一个组栽秧，便于农事和生活待遇服务。哥弟拔秧的男劳动力，凑得10个，栽秧的妇女凑得12个。栽秧是比较难的农活，一天都得弯腰工作到实在耐不住了才直一下腰。午餐安排吃一点饼干、糖饼一类的食品，图其方便，省时省力，大家也喜欢吃，晚饭就讲究了，都是用鲜鱼、鸡肉来宴客，以谢亲友。

2013年5月18日　农历四月初九　星期六　晴

村民接连栽秧。今日侄儿张学光、老六联合栽秧。栽秧要有充实的劳动力，小农户一般可联合起来。田块面积将近两亩，拔秧的男劳动力有12人，栽秧的女劳动力凑有15个。

今日是5月18日，是东村街天，交通和交通工具方便，又是街天，所以极为有利。为尽力酬谢亲友邻舍，不但备有丰足肉食，还要备上饮料。历年都已形成办好饭席宴客，表示感谢的习惯了。

2013年5月19日　农历四月初十　星期日　晴

大儿张学全不幸患上肾结石症，已历时多年。昨晚半夜，疾病突然严重起来，整夜不能入睡。半夜打定主意，叫张学忠、张学德出车，送往医院看病。先到马街医院,医院建议直接送往昆明医院。到了昆明医院,医院由于有自己地方人当医生,建议转送本县富民县医院治疗。因为昆明医院医疗费必然少不了 2 万元,而富民县医院医疗费只要昆明医院的一半。下午 2:00,又转送往富民县医院。到了富民县医院,办好住院手续,初步诊断为严重肾结石,管道几乎阻塞,已确定开刀,但还未定出时间。

2013 年 5 月 20 日　农历四月十一日　星期一　晴

教会王继光执事建房,又从事很多农事工作,只好时常找小工协助农事。不但点种,还要采收,工作量大。点种豌豆,一般都靠亲属邻舍来做。今日,我们芭蕉箐村出动 12 个劳动力去协助。打工一般不供伙食,王继光家客气,供早饭和晚饭。可能以后双方酌定。一天还未种完,还需要明天一天。

2013 年 5 月 21 日　农历四月十二日　星期二　晴

村民杨兴祥今日栽秧,田块的面积是两工田,有将近一亩。昨天泡田,因有设备,所以就泡完了,今日就可以栽秧。他家这块田高于大沟水一米,大沟水就从这块田的田埂下过。干脆早早买好一台小型抽水机,每年泡田就利用起来,也不去求别人家。所以农户务农,应当事事积极主动,搞好自己的基本建设。立下心志,自己所需要用的,逐年逐项来做,就能做好,就会完善。

2013 年 5 月 22 日　农历四月十三日　星期三　晴

村民张学全 19 日进住富民医院,到今日已有四天。据医院诊断是肾结石,确定需要开两刀。因医院技术员外出开会,要拖延到 25 日才能动手术。病者病情严重恶化,每时每刻痛得哼个不停,脸和全身时时淌汗,身穿的衣服也全湿了。在这危急情况下,要叫病人等六天,此种情况，真叫人难以理解。什么事情都有轻重缓急。医学上说时间就是生命，再说病者也不愿多住院，住院都是按时间长短来收费的。

2013年5月23日　农历四月十四日　星期四　晴

村民张正福利用田块栽白菜。历年全村村民都尽量泡田栽种，情愿收稻谷。由于雨量逐年减少，今年村上宣布，不再安排人员管水，各人自己找水泡田栽秧。有七户村民，干脆早早点种苞谷。张正福一户准备栽白菜。老外父又买2万元的一辆小型拖拉机给姑爷和女儿用。田块栽成白菜，自己有车子拉运上街销售也方便。张正福夫妇二人，这几日下到田里，整理田块，盖薄膜，准备栽白菜。田块的面积有一工田，2.5工田为一亩。

2013年5月24日　农历四月十五日　星期五　晴

村民张学全因患肾结石，提前一天到富民县医院做切取结石手术，由昆明大医院大医师下来做手术。下午2∶00开始，做了三个半小时，可见现代科学之高明。取病人体内结石的刀口，只是一个小小的圆口，都是高科技，是电脑操作。病房在二楼，手术室在五楼，病人上下乘坐电梯极为方便。当天，家属亲友探访，有十人陪伴看望。

2013年5月25日　农历四月十六日　星期六　雨

村民杨光才泡田，准备栽秧。找工一人，使用手扶打犁机，一人理，找水，一人扶埂子。杨光才、龙兴华、杨天祥、张会成四人联合施工泡田。田块的面积是两工田，也就是将近一亩。已进入小满第五天，栽插稻谷还可以。如果再推迟到芒种，收成就必然差了，还不如早早种上玉米了。种玉米代价小，情愿卖两公斤苞谷后，再买上一公斤大米，这样简单。农夫就要掌握行情。

2013 年 5 月 26 日　农历四月十七日　星期日　晴

　　白天，大部分村民上教堂做礼拜。晚上，村民张学忠卖两头大猪。双方讨价还价讲定 1500 元一头，两头计 3000 元。平时卖猪上车是多人协力拉推上车，今天劳动力已分散，只有张学忠、孙儿张荣光和买主三人上车。幸好村边有一堵台阶，就靠着台阶赶上车，省了事，做成了工。是幸遇，也是良机。

2013 年 5 月 27 日　农历四月十八日　星期一　晴

　　政府发放救济米。村主任张学忠今日开四缸车，到东村街上乡政府领取救济粮大米 1000 公斤。今晚通知村民来村主任张学忠门前领取，每户给一包，每包大米重 20 公斤，困难户就多给一包。杨兴明、龙兴华、张学祥，平日管理村上事务，也多给一包。每户收 5 元作为车运费。政府给我村的救济粮 1000 公斤，如果每斤按 4 元计算，就合 4000 元，所以政策越来越好。

2013 年 5 月 28 日　农历四月十九日　星期二　晴

　　村民王盛德卖小猪，买猪人是鸡街坝子的。小猪有 8 头，买主只要 6 头。双方讨价还价讲定一公斤 16 元，6 只称计得 90 公斤 × 16 元 / 公斤 =1440 元。俗语说，五荒六月，是指老百姓到了五六月份，粮食几乎吃完了，钱也用完了，是一年四季中最紧的季节。这两个月，要买吃的，又要买农用化肥，自然而然要多用钱。村民王盛德有一窝小猪，卖上 1000 多元，是一种良机。一家农户有 1000 元，也能解决一些困难了。

2013 年 5 月 29 日　农历四月二十日　星期三　晴

　　村民张学全因患肾结石到富民医院就医开刀取出结石。5 月 19 日进院就医，到今天已是第 10 天，取得医生同意出院。医疗费、药费、住院费，开支总额是 11000 元。新型农村医疗合作承担 7000 元，病人承担4000元，两亲家王光亮、张正祥支持1000元，长女张多加拿出2000元。生活费、车旅费，由亲属哥弟凑得1000多元支付。

2013年6月10日　农历五月初三　星期一　雨

村民事工活计，排红薯。记述张学祥家排红薯，先用犁牛开沟，然后剪红薯藤，在犁沟上撒上化肥，摆好红薯藤，再用人工挖土盖上就行。不过工作起来慢。最好提前一天做准备工作，先开好地沟，剪好红薯藤，第二天再排红薯，这样劳动工效高一些。农夫们抓经济项目，一片活跃气象。

2013年6月11日　农历五月初四　星期二　晴

村民事工活计排红薯，村民利用早上把红薯藤剪好。这样白天排红薯就少耽搁，力求尽早把红薯排好排完。记述张学祥排红薯。昨天大部分时间做准备工作。今日正式排红薯。有二亩山地，双方父母都做了支持，也就是凑得6个劳动力，尽了最大的努力，约排下一半，也就是一亩。田里的藤子全部剪完只排满一半，只好等二水再排。我们珍惜时间，珍惜劳动力，坚持工作到太阳落山，剪好的红薯秧，还剩下一箩。这一箩等明天到街上销售白菜后，下午回来了再处理。排红薯的村民干个欢，干个乐。

2013年6月12日　农历五月初五　星期三　晴

过传统端午节。今日过节，又是东村街和鸡街街天。由于交通和交通工具便利，端午节的早饭，有的村民早上到街上买鲜菜回来做。记述我家过端午节。过节，学校放三天假，家人团聚过节，欢度传统节日。四儿张学德开小轿车，上街买鱼、好菜，杀一只土鸡。我家父儿五户十六人团聚过节，是喜乐的，分享节日的丰盛筵席又是满足的。放假回来过节的孩子们，自己有车子，往返也方便，是幸福的。今日过节，与往年不同的是，两县两头街，都可以赶，就游玩个一天，喜乐喜乐，享受享受。先赶东村街，中下午去赶鸡街。

2013年6月13日　农历五月初六　星期四　晴

村民忙着薅锄农地，有的打除草剂，有的抓紧时间锄地。有的头道都还没有锄完，有的已经进行二道多天了。今日，我们抓锄地的事工很艰苦，在日光暴晒下锄地，坡地又陡，工作起来难度大。只有在艰苦的条件下坚持劳动工作，我们二老人锄了约一亩山地。早出晚归，上午10：00我们出工，息工约是晚6：00。我们情愿多辛苦，多付出代价，珍惜时间，珍惜劳动力，早日完成大春锄地的光荣任务。村民农地锄地忙，一般息工晚，也就是珍惜每一天。

2013年6月14日　农历五月初七　星期五　晴

村民张学祥利用早上砍白菜。因为明天是东村街天，东村街的街天是逢2、5、8、12、15、18、22、25、28日，明天是15日街天。所以利用早上砍好白菜，白天转入农地翻锄、山药管理。山药管理一是插竹竿，让山药藤子爬。其次是追肥。去年只追一道，今年有经验了，种山药的农户都议论说，今年要追两道化肥，促使山药长肥、长大、长好。还有的农户给山药地除草，农夫们农事活计多。

2013年6月15日　农历五月初八　星期六　晴

村民抓翻锄工作。不种多项经济作物的农户，农业事工就不复杂，翻锄也快。我自己就是例子之一，为了尽早完成大春的翻锄任务，我们尽自己所能抓翻锄。尽量早出工，晚息工，自己也争气，老天爷也祝福。六天之内没有下雨，极有利于翻锄，劳动事工高效。

全村一个大局面，劳动生产进度良好。由于社会进步，农民的农业生产力也随着提高。交通和交通工具便利，村民也几乎都是强劳动力，劳动力、时间、计划，几乎都抓得活，促使大家满意。

2013年6月17日　农历五月初十　星期一　晴

全村村民忙于翻锄工作，早出晚归，珍惜时光。村民张学德家是村里栽种蔬菜的第三户，今天砍白菜。销量小，车子也小，每一个街天，拉运和销售200多公斤即可。白菜种于山脚田坝里，幸好车路通于山脚，车子可以开到山脚拉运上来。栽种、经销蔬菜的农户，不论是早上，或是吃过早饭后，趁天气凉爽，要先砍好菜，再转入农地的翻锄工作。

2013年6月18日　农历五月十一日　星期二　晴

点豌豆的农户事工忙碌，先整理地块，然后按技术规格、距离点排下去。等豌豆出苗后，就拉扎好拉线，系线高度2.5米至3米，让豌豆一排排顺着拉好的系线往上长。长到一定的高度，又拉有横线，防倒，防风，也让豌豆好好往上长。点豌豆的农户，在豌豆开花前，不论如何忙碌，都得把这些工作做好。我村点种豌豆的农户是张学祥、张学道、张大卫、龙兴德、杨光才5户。大部分农户都已做好。

2013年6月19日　农历五月十二日　星期三　晴

苗族人民有养雀鸟的喜乐。四儿张学德养鹦鹉，今日与水平子村的王有洁二人，乘坐张学德家的小轿车，过富民县县城花鸟市场去销售。最低是卖40元一只，高的达180元一只，一天销售15只，平均每只约卖60元，15只×60元/只=900元。每人收获450元。苗民喜欢猎鸟，欣赏悠扬的鸟叫声为乐。一个喜好者，在家或出外干活时，时时把鸟记在心，甚至到街上都提一笼上街。真是上心，上瘾为乐。

2013年6月20日　农历五月十三日　星期四　晴

村民张学德参加富民县基督教三自委员会半年会议。内容是富民县

12 所教会汇报各自教会半年来的基本情况。政府领导同志，多次在基督教圣会上强调，要正信正行。去年 11—12 月份，有异端宣传末日论，富民基督教不受影响，赢得政府的肯定和信任。政府领导同志最后提到"异端""东方闪电"，目前已进入富民县地区款庄、大平地等地。龙德寿牧师也宣称，目前，"东方闪电"邪教是我们富民县基督教的天敌，大家要提防抵制。会议一天，晚 4：00 休会。

2013 年 6 月 21 日　农历五月十四日　星期五　晴

我东村乡和富民县人大代表开展活动。乡领导也组织小规模活动。四儿媳王凤仙作为我乡、县代表，被邀请参加我东村乡、县代表活动。安排专车接送到我富民县县城区参观旅游，欣赏我县城区市的建设和发展，欣赏市场的繁荣。代表待遇是：安排车子接送，安排伙食，县城一餐午饭，回到东村街安排晚餐。本次活动，往返一天，上午 10：00 集中于本乡东村街，晚 6：00 回到东村就晚餐。代表回家交通自理，四儿张学德开小轿车去东村接儿媳王凤仙。

2013 年 6 月 22 日　农历五月十五日　星期六　雨

记述四儿张学德儿媳销售白菜。昨晚已砍好白菜 200 公斤，准备用小轿车拉运到东村街销售。今早雨下个不停。销售白菜，必须天不亮就赶到街，为了有人来批发，也为了有摊位。雨天销售白菜可能销售量小，又没有雨具，思想上有顾虑，都在担心。幸好，中上午 11 到 12 点，天已经晴开了。市场上的人们照常活跃，所以白菜价仍是一公斤卖 2 元或是 1.5 元。200 公斤白菜卖得 300 多元。

时机、创业、事工、计谋，在任何情况，我们都要积极地创造条件，去争取工作。

2013年6月23日　农历五月十六日　星期日　晴

今天礼拜天，由来自大黄栎树教会的龙周圣牧师讲道。

礼拜时间是中午11:30到下午2:30，3个小时。教会礼拜结束后，信徒可以料理自己的家务农事等。

2013年6月24日　农历五月十七日　星期一　晴

村民张学全前不久因患肾结石症，5月19日进医院做取石治疗。5月29日，在医生允许下出院。待30天后，取出留在体内的两根塑料管。不到30天的期限，如小便成红色或是疼痛，就可以提前来院取出，病者情况已如此，今日富民医院求医生帮助取出。到了医院，医生说器械还没有消毒，等明天或者是过几天再来取。遵医嘱，病者、妻儿、兄张学忠他们一行四人只得驱车回来，到家时是下午2点许。

2013年6月25日　农历五月十八日　星期二　晴

记述村民张学德销售白菜。准备工作要提前一天做好，所以昨早上就开车下到山脚田坝，把白菜砍好，拉回家里放起。今天销售的情况是约拉运200公斤，100公斤仍卖一公斤2元，另一半卖一公斤1.5元。200公斤，约可卖得350元。就地批发，一般只给一公斤1.50元，那么我们情愿自己零售了，一两百公斤菜卖下来，至少也多得七八十元钱了。再说搞批发的人很少，一天销售完200公斤菜也不为难。

2013年6月26日　农历五月十九日　星期三　雨

张学全前天去了一趟医院没有办成，今天重返富民县城医院，求医生取出体内的两根塑料管。早6:00出车，一个多小时到达富民县城。由于已提前联系过，大约中午11:00，医生就给我们处理。看病医疗费是360元，办完交了费用我们就出院。大约下午3:00我们就到了家，时间早，张学全儿媳又为我家父儿五户办了一餐好席，供大家分享。

2013年6月27日　农历五月二十日　星期四　雨

村民防洪救灾。昨晚整下了一夜中到大雨，大小山箐沟，已经淌成洪流。全村经济损失达8000到10000元。山地、山路都有流泥流进公路面，甚至有的道路路面被流泥埋没。全村每户出动1人，清除公路背沟和路面烂泥，确保我村公路畅通。全村只有25人出工，有的户出2人。约40%的户没有出动。今日暂时处理公路路面的积泥。

2013年6月28日　农历五月二十一日　星期五　晴

因昨前晚两个整夜都下大雨，造成部分庄稼、稻田、山地、苞谷、公路、水沟渠受灾、阻塞。我村动员做小规模的公路、农田、水沟的修复清理工作。昨天专项维修公路，今天转入清理农田、水沟。有二十多人为全村事业献计出力，坚持完成任务。

2013年6月29日　农历五月二十二日　星期六　晴

村民张学全因不幸患上肾结石症，在农事薅锄季节去看病治疗。住院时间整满10天，家人二三人陪伴护理，生产农事耽误了，这几天弥补农事生产的事工。今日，他家父婆儿媳四人，到山顶片区薅锄苞谷。关怀工作，是家人亲属朋友应做的，也是应尽的职责，所以我的老伴去协助农事薅锄。老伴是劳动能手，一人工作的效率等于两三人，所以今日薅锄工作高效，发挥家人关爱团契的优势。生活待遇方面，主人家尽自己所能，提供晌午的冰棍、开水、饮料、面包等，晚餐用高档肉食款待家人。

2013年6月30日　农历五月二十三日　星期日　晴

进入雨水天，人们到郊野可以捡拾到鸡枞（一种野生食用菌），市价比较昂贵，一公斤价值80到100元。当然它也分为大、中、小等级。初上市，价格较贵，中期后期价格就逐步下降。一到捡拾鸡枞的季节，一部分人就专门到郊野捡拾鸡枞。孙儿张荣光早上捡鸡枞，白天搞生产。张荣光今早捡拾鸡枞，卖得 50 元，按街市价，可以卖得七八十元，因收购人就在山里固定一个地方收购，没有称计，只是评估。人家收购，人家占一点就占一点。自己图快，图方便，就自己少花一点就行。

2013 年 7 月 1 日　农历五月二十四日　星期一　晴

村民张学德、张学祥哥弟二人，联合拉运自己栽种的蔬菜到东村街市场销售。货物由张学祥的面包车天亮就拉运上街。张学德由于家里有客人，陪客人吃过早饭，开自己的轿车顺便带我们二老人上街赶集。上午和中午，由张学祥负责卖货。下午由张学德卖。哥弟二人的东西是分开的，各人的东西卖得的钱也是分开的。哥弟相互帮助，都有车子，事工又依商量。

2013 年 7 月 2 日　农历五月二十五日　星期二　晴

张学德之妻的父母居于嵩明县凸董箐村（苗寨），这段时间二老人都生病，得知消息后，昨早天亮出车去老人那里，往东南方向，单边里程 80 多公里。国家建有昆雪高速大公路，车子行驶非常便利，这 80 多公里，只要两个多小时就可跑到。探访父母，协助农事生产、烧菜、洗衣物，也给二老人送去鲜肉、糖果等。车子往返两天，也等于是已帮了两天忙了。吃了晚饭，晚 6：00 乘车回来，不时已到了家。历世历代做不了的事，现在已成了日常、轻而易举的了，现代的人们很幸福。

2013 年 7 月 3 日　农历五月二十六日　星期三　晴

村民抓经济作物，要加强管理。种豌豆的、排山药的、栽花的，都转入管理阶段。栽豌豆的管理工序比较多，栽花的村民张学忠，今年初次栽花，就有人来订合同，是买去做染色材料用的。长势好，已长好花骨朵了，即将开花受益。所谓管理，每一沟花两边，都要拉扎好扶线，防倒。人顺沟摘花也方便。今日张学忠夫妻二人到花地里扎道线，两头两边当然要钉桩掌线。栽木桩都得做些准备。地的面积约一亩，扎道线可能今天明天做完。

2013年7月4日　农历五月二十七日　星期四　晴

场院卫生、场地管理、花草培植的事情，单位、团队、机关等，都安排有专门的管理人员，而且都有工资报酬。山村教会场地就只有教职员来干义务工了。今日我利用一天的工夫，打扫教会场院卫生，培植花草。一上午培植育花，育好秧，以后移栽。场地、花草需要人管理，我喜好，也有义务。家门也就在教会门口，情愿时常出义务工，为山村民族、为教会献计献策，做点力所能及的事工。

2013年7月5日　农历五月二十八日　星期五　晴

石桥村委今日通知村里老人中午11点到12点集中于石桥村委照相。我们二老人没有车子，准备步行两个小时，走到石桥村委。由于石桥七个自然小村，路途遥远，人们一时走不到那里，所以到了的老人不拥挤，就比较方便。谁办好谁就可以先走，大部分老人是自己的儿女用摩托车送去的。

不知何故给老人照相。是否政府上级会考虑些关心项目呢？今日照相，有钱人可以花70元拿到一个相框，大部分人因没有钱就不要了。今日全村委的老人照相，交通自理，几乎花去一天的时间。

2013年7月6日　农历五月二十九日　星期六　雨

村民张正福搬迁是人生大事。但因老爹和两个爷爷对孙儿张正福没有分文关心，甚至施加压力，使他孤单处境困难。妻之父母有请，所以打主意暂且投靠妻子的父母。约定今日那方父母开来一辆车，拉张正福家的三头黄牛。亲戚吃过早饭，他们把牛赶上车走了。村里人说起来都没有发觉,傍晚消息才传开我们才知道。

人生都是在矛盾中生活,一个矛盾解决了,另一个矛盾又来了。要学会在困难中行事。

2013年7月7日　农历五月三十日　星期日　晴

种有豌豆的农户,不但管理,打农药,也忙于打尖,也就是采摘节叶。除了自己食用小部分,大部分拿到市场销售。刚上市的豌豆叶,每公斤可卖到四到五元。所以不论是拿到市场批发还是零售,都已形成一项生意。我们数量少的,就在当地市场销售,数量多的农户拉运上昆明市场销售。

村民张约志采摘豌豆尖,准备今天明天采摘,靠姐夫亲戚拉运到富民县县城销售。凑得3个劳动力采摘,人员少就要采取措施,早出晚归,多忙,来弥补。

2013年7月8日　农历六月初一　星期一　晴

村民张学祥一早上街销售自己的农副产品豌豆叶子和辣子。豌豆青叶有20公斤×3元/公斤=60元,辣子7公斤×2元/公斤=14元,合计74元。这个价是批发给人家的价格。自己图快,几下卖完了,可以回家忙家务。喂鸡喂猪,搞生产,做零卖每斤可多卖1元钱,但那样还得要两个工天。所以,情愿做批发,不耽误生产,又照料了家务。虽不那么赚钱,但出在自己手中的东西,多多少少都得处理掉。再说,交通和交通工具方便,上街一趟也要不了多少时间。这就是我们生计工作。

2013年7月9日　农历六月初二　星期二　阴

村民管理农地庄稼。雨水滋润大地,使得大地肥美,人们种下的五谷庄稼长势喜人,丰收在望。地里的杂草也随着茂盛起来,所谓农地管理,就是每天到地里割杂草、猪草,回来喂猪、牛、羊,借此养活牲口,也清除了庄稼地里的杂草。牲口多的农户，割庄稼地里的杂草喂牛还供不上，还得到野外割草喂牛。

栽花农户张学忠家的农事是到农地里扎扶花，防倒伏。两天里，人顺着花行，采摘方便，也提高了工效。采摘期快到了，现在花长势好，已长花骨朵了，快能受益了。管理期几乎已完毕了，就等着受益了。

2013年7月10日　农历六月初三　星期三　阴雨

村民从事农田农地管理和采摘豌豆青叶。农事管理事工多，各人都从事自己的事工。龙荣才家卖猪，今日下午4：00，开来一辆大车，一进村便喊叫买大猪，买大猪。不久，村民龙荣才、他父亲龙兴明、姐夫张志明，赶来一头大猪，据说是母猪。我走到场边，连买主，我们四人就把猪推上车。我便问卖多少钱，他们说卖得1260元。卖猪的龙荣才，去年和今年接连建房，花费不低于4万元。现在能收入1260元也是好事，可能也用于建房。

2013年7月11日　农历六月初四　星期四　晴

村民大部分从事农田地管理。村民张学才、张学会、张约新三人，趁农事翻锄完之际，以找马蜂为乐为业为生，已从野外抬回家三包了。从事一种喜好的事，就如同江河边捕捉拿鱼的人一样上心。马蜂历年能卖到一公斤100多元。他们是父儿哥弟成为一个组，在野外找到后，抬回家附近养起，销售后分红。

村民龙福祥家卖小猪5头，卖主买主把价格讲成一公斤15元，5头称计得147公斤×15元／公斤=2205元，买主是进村来买的。村民的生计活动，各有自己一方的优势特长。俗语说，五荒六月。能有一两千元收入也不错了，这也是一种幸运，一种良机。

2013 年 7 月 12 日　农历六月初五　星期五　晴

人生大事，参与丧事。邻村麻栎树村亲属张有才老人离世，平时我们相处和睦，相互关爱。我知道他过世后，就主动前去看望和陪客。主人家也尽自己所有准备，为丧事席尽最大的努力，宰猪杀羊，宴请宾客。家人亲友多人忙碌了一整天，为丧事筵客做好服务工作。

我作为教会的一个负责人，应当尽自己所能，参与探访，陪客陪席。俗语说，取信于民，赢得人心。这是一方面。另一方面，人人应当对社会、民族、家族、邻舍做出应有的贡献和关爱，共渡难关。

2013 年 7 月 13 日　农历六月初六　星期六　晴

参与公墓埋葬和离别礼拜，被请做公墓埋葬礼拜的讲道。埋葬离世老人的事工分为两起，早上 8：00 一起跟殡葬车送死者往昆明火化场去火化；另一起慢慢吃过早饭，由两辆面包车、两张摩托车，运送往东村乡公墓，去做坟墓骨灰盒座。骨灰盒座砌好，去昆明火化的骨灰盒就送到公墓地来了。葬礼礼拜上，当要封盖时，众人唱一首离别歌，我做简短讲道。

2013 年 7 月 14 日　农历六月初七　星期日　晴

主日礼拜有接待工作。按县三自教会牧师的布置，今年牧养工作，要求新上任职的长老、牧师以及所有神学院毕业生，至少走访全县各个教会一次。今日，由朵木得传道员张荣春带队（一男四女神学毕业生），到我们教会走访布道。由于时间关系，来客三人上台给我们讲道，其他二人，只请他们为我们做祷告祝福。

生活待遇方面，平时有全教会生活工作，有来客更应有生活服务工作。芭蕉箐大礼拜堂还没有建好，聚会仍在柿花箐聚会点。有来客，托他们多帮忙服侍。早饭供来客，晚餐就为全教会人员准备了。当然有付出就有收获。他们小组付出代价，买上鲜肉、冰鱼、鸡肉，还有自己家里的腊肉，大家欢聚一餐。有来客，有生活，有服侍，大家高兴，也享受一番关爱。吃过晚饭，来客六人乘坐张荣春的面包车跟我们下来芭蕉箐村，看未建好的礼拜堂。五儿媳又为来客炒花生。他们赶路赶时间，花生他们装一包提上。相互告别后，乘车走了。

2013年7月15日　农历六月初八　星期一　雨

栽豌豆的农户，几天以来，已经开始采摘销售了。前几天，豌豆价格一公斤只卖5元。据说昨天，已开始卖一公斤8元了。隔一天收购一天，种豌豆的农户已经开始受益了。去年有一户种了2.5公斤种，全年收获2500多元。种豌豆的农户逐年增加。据现在看来，豌豆比烤烟提前受益。

其他村民今日扶苞谷。因昨晚有风雨，有少部分被刮倒，所以人们得往庄稼地里走走，把刮倒的扶好，我自己的事工也是扶苞谷。幸好倒的少，而且只是挡风处。

2013年7月16日　农历六月初九　星期二　晴

记述孙儿张荣光修车。因他自己的轿车几天内活动不起来，只好打电话给修理工。修理工是自己本石桥村委的熟人，所以好说话，有请马上就到。到了就检查，说马达有故障要换马达，后来也没有换成。今日的修理费据说要收100元，车修好后，随着修理工，小轿车开到东村街，买了东西才折回来。

芭蕉箐村农户买车、修车、养车，成了一项长期事工。修理费100元，孙儿捡拾鸡枞两个早上就可以赚回来了。一般一个早上可以拿到40—50元，所以有支出也有来源。

2013年7月17日　农历六月初十　星期三　晴

村民到昆明审车。孙儿张荣光的小轿车审车已到期，所以今日张学祥陪孙儿张荣光到昆明审车。审车逐年严格起来，每道工序都要经过电脑检验。而今天去审车，就不用电脑检测了，只是人工看看说说，就通过了。今日审车人员稀少，所以我们到了就得审车。到了昆明，孙女张多加即将放假，所以小轿车又去带张多加的东西回来。自己有车子很方便，用车、养车又成了一项事工。

2013年7月18日　农历六月十一日　星期四　晴

我村栽豌豆的农户有5户。现在正式进入采摘豌豆的季节。头一次的销售价格是每公斤青豌豆5元。只是隔几天，价格就提升为一公斤8元。张学祥家摘豌豆，凑得老少六个劳动力，摘一天获得40多公斤×7元/公斤=280多元。说是收购老板多，不许抬价，所以只按一公斤7元付给我们。今天不单是摘张学祥家的，还协助摘了他舅舅家的。他舅舅看病住院，只有父母2人，参与学祥家的6人，就凑得8人，联合成一个大组，完成了摘两户的任务。

2013年7月19日　农历六月十二日　星期五　晴

今早侄儿张学道来过家门，据说是找牛。我便问什么情况。说是张学道的儿媳串亲戚回娘家，昨晚上牛没有人管，今早发现黄牛不见了。村子附近地里都找过了，不见牛，就是牛足印都不见。消息传开，大家发慌了，牛怕是被偷了。想想昨晚整夜都下着雨，有人偷牛怕不可能。吃过早饭，侄儿张学道上来报信，说他家的黄牛找到了，我们问在哪里找到的，他说在楼上找到的。随后，叫村主任打电话叫找牛人员全部撤回来。牛丢失了，随后在楼上找到，想来也怪。所谓的楼，是一间闲房，二楼板与人住的地板是一个水平线。整夜下着雨，牛在外没有人管，可能靠着二楼门，靠开了牛就进去，走动又挤着门，又把房门关了。就成了个谜，人在外面找不到，最后在房间才找到。

2013年7月20日　农历六月十三日　星期六　晴

栽豌豆的重点户是村民龙兴德。他家有两大块山地，原先承包给柿花箐村王继光，付给龙兴德地租金1万元。栽好以后，反过来又付给王继光2万元，地原主龙兴德经营谋利。据说，摘一天的青豌豆，就可卖1000元。创业，都是要试搞一些项目，搞一些试点。或许有些会成功，有所突破，有些不成功。但就是要付出一些代价，付出辛劳，才有希望有收入。目前，据说他家都是找工，忙到几乎每天每时都在地里工作。对于家里的家务，都是到时间回来一转，喂喂鸡猪，又骑摩托车往地里走了。

2013年7月21日　农历六月十四日　星期日　晴

信徒张有才年老孤苦又多病，于7月11日离开人世间。教会准予今日在礼拜聚会后举行追思礼拜，追思纪念他。不论是诗歌，还是讲道，都选有关丧事方面的内容。聚会中安排一段时间讲道，教会代表讲死者生前留下的好行为、好印象，并勉励死者的家属、亲友。死者家属，女儿张美花，儿张荣祥讲了话，怀念离世老人一生留下的好行为、好印象，向他学习。离世老人生于1929年，于7月11日离世，享受了84个春秋。死者家属对教会表示谢意，特意为大家准备了糖果和小饮料。

2013年7月22日　农历六月十五日　星期一　晴

孙儿张良在昆明技校读书，假期打临时工，不慎跌倒重伤，送进昆明工人医院治疗。我们家人都来医院看护。

今日早上8到10点，集中力量摘五儿张学祥家的豌豆卖。10：00，张学祥、儿媳、孙儿张良他妈王凤仙、老婆婆潘美英共四人乘坐孙儿张荣光的小轿车上昆明工人医院看孙儿张良。

2013 年 7 月 23 日　　农历六月十六日　　星期二　　晴

种豌豆的农户忙于采摘青豌豆。时间为隔一天摘，因栽豌豆的几个自然村户数多，收购的老板也多，几乎是天天收购了，因此分作两起。我们老人看在眼，想在心，只好今天帮这家，明天帮那家。天天协助儿女们摘豌豆。幸好从早 8：00 出工，摘到中午 12：00，就回到家吃饭，喂鸡猪，料理家务。今日是五儿张学祥家摘豌豆，由于人员少，作为父母的我们，只好尽最大努力支持，尽父母之责。上中午支持儿女们的，下午回来忙自己的。

2013 年 7 月 24 日　　农历六月十七日　　星期三　　晴

张学全前不久得肾结石，5 月 19 日住进医院，动手术拿出石头。5 月 29 日出院。7 月 21 日，肾结石病又疼痛起来，家人计划凑点钱重返医院就医。家里有一窝 9 只小猪也变卖，街市价一般是一公斤 15 到 16 元。到了鸡街上讨价还价，买主给到一公斤 13.50 元，我们也就卖了，9 小头称计得 115 公斤 ×13.50 元／公斤 =1552.50 元。

前不久的医疗过程中，取结石时，医生说没有拿完，就是要等些时间再拿。正如医生所料，所以我们找钱借钱，准备明天重返医院。到了医院，医生回复说："你们先去医院买药品用一下，如果效果不佳再来。"天已黑了，我们连夜出车到东村街买药。

2013 年 7 月 25 日　　农历六月十八日　　星期四　　晴

村民领取救济米。五荒六月，政府发放救济米给我们石桥村委会。石桥村委的大头（多数）安排给我们芭蕉菁，总量是一吨（1000 公斤）。今日村主任张学忠开大车去石桥村委会拉运，今晚发放给村民。人口多的农户得两包，每包重 15 公斤，人口少的农户每家得一包，也就是每人有 7.5 公斤。大车出去拉运，每包米收 5 元作为运费。

感谢政府领导，政策越来越好了。过去吃回销粮，批给你的粮，要你自己出钱。现在,政府安排给人民粮食大米,送给你不做回销了。所以比起过去好多了,而且有保障了。

2013年7月26日　农历六月十九日　星期五　晴

我家孙儿张良跌断脚骨,送进昆明工人医院,已住下13天,医生还迟迟不给动手术,现在的情形比上天还难。大儿张学全重新进医院,7月25日医院收押金2000元。富民医院就快,昨天进院,今天就给做手术。

为了孙儿张良医病,家里卖了一头黄牛,10800元。大儿张学全家里也卖了一头黄母牛,以5600元的价格就卖了。虽然有苦难,有支出,也有财源相顶。

2013年7月27日　农历六月二十日　星期六　晴

村民张约祥搞畜圈房。新的世纪,村民搞畜圈房,都用空心砖或是红砖了。先拉运建房材料,今日请村民龙保罗的车子拉运空心砖。一车运载150块空心砖,计划一天拉运两车,运输费每车150元,需要多少就拉运多少。他们双方有亲属关系,那就吃亏便宜,不讲不说了,反正拉运到够为止。另一种情况是,情愿找大车运载一两车就够,省时省力省钱。

2013年7月28日　农历六月二十一日　星期日　晴

今日的礼拜活动有来客。款庄西山教会的龙圣华牧师带款庄教会信徒、礼拜长、执事,三男一女,乘坐面包车,来探访我们教会。

2013年7月29日　农历六月二十二日　星期一　晴

孙儿张良不慎跌伤脚骨,7月19日住进医院,今天7月29日,已有10天,医院才给动手术。张良的母亲,今早从家里到东村街客运站乘坐公交车，上昆明工人医院参与护理工作。张良动手术从早8点到下午4点，8个小时。

伤势情况是，小腿骨接连脚板骨的部位，大小骨都已折断，所以一个部位都开了两刀口，刀口长约80厘米，断骨用钢板夹起来。据说，伤口要待一年重开刀，取出钢板。

2013年7月30日　农历六月二十三日　星期二　晴

村民赶鸡街。早上就有人上街，接二连三有人上路。吃过早饭也有多辆大小车忙于上街，似乎所有的车子都上街。因为我就在村头路口，都通过我家门口。想来，也不会有那么多的物资需要上市变卖。原来鸡街交通从来不堵车，只在年节的时候代管一下半下，所以很利于人民生计活动。而富民东村街，大部分时候堵车，人员、车辆就自然流向寻甸县的鸡街市场活动。因为极为方便，所以我村今日上街的人员显得特别活跃。

2013年7月31日　农历六月二十四日　星期三　晴

今日下午2:00，县乡开来一辆车子，车身上标有"劳动保险检查"字样。祖库村委王正文、石桥村委刘寻武等五人，乘坐一辆小车，停于教会场院。据说，是下乡走访检查乡村危房。他们只是停于教会场院，参观一番我们教堂的建房工程。来人熟识四儿张学德，他们见面就亲密握手，说些客套话，又谈到礼拜堂是我们自己亲手设计和施工建筑的，他们表示敬佩和满意。由于还要多跑几个村委视察工作，所以交谈了一会儿就相互告别走了。

2013年8月1日　农历六月二十五日　星期四　晴

村民张学德、儿媳王凤仙陪孙儿张良在医院治疗。父母轮流去昆明工人医院护理孙儿张良，需要一人在家喂牛、喂鸡猪，料理家务。张学德回家已有两天，今日出车上昆明工人医院替换儿媳，王凤仙回家料理家务。由于自己有车一早就出车，到了昆明吃了早饭，又送儿媳王凤仙回家后，才又折转上昆明工人医院去护理孙儿张良。不幸遭难，就只得付出代价。幸好儿媳王凤仙的舅舅就在国际礼拜堂工作，相隔昆明工人医院约150米，所以吃住、参与护理较为方便，真盼早日出院。

2013年8月2日　农历六月二十六日　星期五　晴

比较忙的是点豌豆的农户，前几天在低处摘，几天长长是高处摘了。高处摘比摘低处又费力些，就慢一些。

三儿张学忠是村里唯一栽黄花的，今日出动劳动力7人，摘了一整天都还没有摘完。老板通知今天就开始摘，明天就来收购。历年价格只给一公斤0.80元，也许今年价格也给一公斤0.80元。老板要提价才有人栽，不提价不会有人栽了。豌豆去年给价一公斤5元，而今年就一公斤8元。

2013年8月3日　农历六月二十七日　星期六　晴

孙儿张良住院治疗，父母只得轮流在昆明工人医院护理。由于家里养有牛、鸡、猪，每天都得有得力的劳动力饲养家里的畜禽。每天要割青草喂耕牛，割猪草喂4头架子猪，一头母猪一窝小猪，还要管理农地的庄稼。不过，每天割青草就是农地管理的项目之一了。我们的遭遇，按俗语就是"家家门前都有滑石板"，也就是人生必须学习的功课。

2013年8月4日　农历六月二十八日　星期日　雨

村民采摘黄花销售。前天和昨天采摘收集，今天下午订购黄花的老板下来称计收购。三儿张学忠家的黄花称计有1160公斤，老板压低价，借故说，水分重10公斤要折1公斤，就是说，10公斤只算9公斤给你。那么1160公斤扣除100多公斤，就是只有1000公斤了。老板玩赖账，

10斤只算9斤给你,又不付给现钱。

什么都讲工效,讲信用,讲诚实。人家青豌豆一公斤就给价8元,而黄花每公斤只给0.80元,老板还玩骗术。既然有需要,价格就要合理,你玩弄老百姓,来年一户都不要栽,叫你改行!人们都是相互依赖的,双方都要兼顾彼此的利益,让人家吃亏,谁还来给你干呢?

2013年8月5日　农历六月二十九日　星期一　晴

今日我村动员每户出动一个劳动力,维修我村公路。今日的义务工是第三次了,每次村民的出勤情况都是60%—70%愿出义务工。社会要发展,人民要进步,我们自己愿意站在人民群众的一边,愿意为地区、为民族献上自己的一份力量。今年雨水比较大而猛,农田、山地、交通路道,已猛冲三次了。不管怎样,我们要实施维修,确保道路畅通。

2013年8月6日　农历六月三十日　星期二　晴

村民张约强家盖建圈房,已动工盖建了几天了。由于劳动力单薄,每天只凑得四五人建房。不管人员多少,都要讲技术工,技术工少,就不出活计。有智力的、有头脑的、有科技的,就要讲究一些,都讲求工效。砌空心砖,高度已达两米多了,很快即将砌好,幸好哥弟支持帮忙。由于自己没有手艺,每次工序都等都靠家人的协助帮忙。砌好砖墙后,还要砍梁木支撑,还要撒上水泥瓦,都讲尺寸,都讲水平,都讲技术。一个农夫什么事工都得自己动手处理,技术都是从实践中学到的。俗语说:科学的高峰并不是神秘的,是人人都可以学习和攀缘的。

2013年8月7日　农历七月初一　星期三　晴

由于今年雨量过大过猛,村公路路面、菁沟被冲毁已达四次。村公路被山水冲毁的路段已维修过,我村菁沟一道路面被洪流泥填埋,大小车辆过菁泥深,需要人工括除,才利于车子过路。一时没有人处理,已是几天了。我看在眼里,想在心,就是自己奉献一个工天也不要紧,主意打定,下定决心,烂泥稀,我就出大力慢慢括,不时,就淌大汗了。一段路面接连一道箐沟,长达 30 米,我下定决心整整干了五个小时,才把路面括出来。出了大力,付出辛苦和时间,总算把这段路整了。我们能为集体付出小小的义务工,这是一种恩赐,也是自己的义务,也是自己的喜好,是自己乐意。有苦也有乐,觉得自己很幸福。

2013 年 8 月 8 日　农历七月初二　星期四　晴

村民销售板栗。龙荣才离得板栗 10 公斤,因品种是外省湖北板栗,销售价就低于本地板栗。据说是炒不成,味道也不如本地的品种。今日的板栗街市价是一公斤 8.50 元,而龙荣才只喊一公斤 8 元,10 公斤就卖得 80 元。

今年板栗初初上市,本地板栗价格卖到一公斤 9 到 10 元,到中期或是八月中旬,价格可能会稳在一公斤 8 元左右。

2013 年 8 月 9 日　农历七月初三　星期五　晴

孙子张良在昆明读技术学校,假期在昆明打临时工时不慎跌断脚骨重伤。7 月 19 日住进昆明工人医院治疗,29 日动手术,工人医院允许 8 月 12 日出院。张学德陪儿子张良住院,三儿张学忠今早一户三人乘坐大儿张学全家的小轿车,上昆明工人医院去看望四儿张学德和伤员张良。张学忠、张学德哥弟商量,请求医师准许我们出院,医师准许办理出院手续。住院、手术费、医药费,收费总额是 48000 元。我们自己支付的数额是 18600 元。农村医疗合作都报不上账,孙儿张良有学生什么卡的,报掉一点。办好出院手续就出院了。

2013 年 8 月 10 日　农历七月初四　星期六　晴

进入农历七月份,栽板栗的农户就进入收、下栗子的季节。我栽的板栗零星分为几个片,自然形成早、中、晚三种。早板栗每一个分片自然含有,所以观察采收早熟板栗,分类收集,便于销售。虽然数量不大,但已形成了一种事工,就得着手管理,经营。早板栗数量少,每天下三四箩。第一天是上山顶片区收,第二天收山脚片区的,每天都有下栗子的活计。因果树几乎都栽于庄稼地里,所以先要割除果树下边的杂草,下栗子时才好捡。工作活计每天就这么进行。

2013年8月11日　农历七月初五　星期日　晴

张学全病痊愈,借着今日礼拜天感恩。第一次进院,5月19日动手术,住院医药费总付出10807.22元;第二次进院,7月25日动手术,住院、医药,总付出6648.08元;两次金额合计17455.30元。来送礼慰问的有45户,得人民币总额8300元,鸡蛋10盘,礼鸡3只。

今日在聚会上,分发每人两包方便面,两小瓶饮料,还做感恩讲话,在大家的帮助下,才渡过难关。

2013年8月12日　农历七月初六　星期一　雨

记述三儿张学忠家采摘黄花。今日的采摘是第二次,我家父儿五户出动劳动力19人。雨从早上下到中午12:00,出工迟了两个小时。等于是只工作了半天,幸好是中午12:00就晴开,便于开展农事活计。栽花地面积约有1.5亩,雨天摘花当然露水大,工作起来不容易,今日摘收得42包。生活待遇,当然供两餐,晌午就随便安排吃一点糖粑粑。晚饭摆上几个好菜。由于农事工作忙,一般都各户分头忙自己的,好不容易今天劳动力总算集中起来了。

2013年8月13日　农历七月初七　星期二　阴

孙儿张良处于疗养护理期。7月29日开刀动手术,脚螺丝骨部位的大小骨断裂,开刀两处,用钢板夹支撑,满一年后再重新开刀取出钢板。

29 日动手术，今日是 8 月 13 日，刚好 15 天，就是半个月。今天开自己的小轿车到东村镇医院拆线回到家，张良昆明的同学专程下来看望孙儿张良并准备些食物礼品。同学 2 男 1 女，乘坐从昆明至东村客运站的公交车下来，到了东村打来电话叫张良爸爸张学德去东村街接上来。幸好自己有小轿车，去接也很方便。三位同学到来，让我们非常受感动。孩童学生付出这么大代价，彼此这么关心，从昆明 100 多公里来到舍下看望张良，真是世代中的新人新事。

2013 年 8 月 14 日　农历七月初八　星期三　晴

村民张学德专程送张良的同学到禄劝县城。原来同学是禄劝县乡下乡村人。昨晚上到来，今早需要返回东村街，乘坐富民县客车到达富民县，再乘公交车回禄劝县城。据说，到了禄劝县城，还要走三四个小时的路才到家。既然张良的三个同学远程来看望张良并把张良的衣物等从校园和工地送来，自己想想也应当回报。自己有车子，四儿张学德就一早出车，用小轿车远程送张良同学三人到禄劝县县城才又折回来。

2013 年 8 月 15 日　农历七月初九　星期四　晴

村农事活计是下栗子、挖洋芋。我家父儿张正文、张学全、张学忠、张学德四户，开大车上山顶片区下栗子、挖洋芋。农户牲口的饲料、食草的每日供给，也都得付出辛劳和辛勤。父儿几户的每天工作量，也需要大车运输协助完成。每天挖获的洋芋，就够大车拉运。几天的工作量，按多少出动大小车，按期按时，拉运回来，保障供给。各样货物数量虽小，但收集起来，就够大车拉运。今日工作挨晚，满载一车回家。

2013 年 8 月 16 日　农历七月初十　星期五　雨

村民张约强扩建畜圈房。今天的建房事工是结尾工作，也就是砌零星砖块，安房顶梁木，挨晚，铺撒房皮水泥瓦。建房事工难度大，就在于建房技术工少，工作效率低，不出活计。这也显示人们都是在困难中行事，都是在矛盾中生活，一个矛盾解决了，一个矛盾又来了，所以也是正常。总共有7男4女联合施工。挨晚，刚要铺撒水泥瓦时，就下起雨来。他们只好停工，吃过晚饭后雨住，再坚持撒完房皮上的瓦才息工，完结建畜圈房的小小工程。

2013年8月17日　农历七月十一日　星期六　晴

村民张学忠出售小猪，今日用车子拉运到寻甸县鸡街天出售。猪价相差较大，好的可卖到一公斤20元，一般的可卖到一公斤16到18元。张学忠所卖的小猪4头，称计得75公斤×16元／公斤＝1200元。我们计划只要给价到一公斤16元就可以出售，所以情况算好，到了街一进牲畜市场大门就有人愿给一公斤16元，我们也不多争，就卖了。困难就是街市场上大量车子拥挤，进出成了大难。进街、出街各耽误了一个小时。总的来说，今日事工顺利。

2013年8月18日　农历七月十二日　星期日　晴

村民销售板栗。杨天友家80公斤×8元／公斤＝640元；张学光家130公斤×8元／公斤＝1084元；张正文 71公斤×8.10元／公斤＝575.10元；龙保罗50公斤×7元／公斤＝350元；张学才25公斤×8元／公斤＝200元；张学祥25公斤×8.10元／公斤＝202.50元；龙兴祥13公斤×8元／公斤＝104元。

街市物价逐年上升，比如青豌豆，今年初价是一公斤6元，现在上升为一公斤10元；核桃今年初上市时，也是能卖到一公斤19元。但是上等好板栗只卖到一公斤8元，那么应该说板栗价格在历年的基础上是稳价，不算高，不算低。

2013年8月19日　农历七月十三日　星期一　晴

村民有15户下栗子，离栗子，忙于收集，到了街天，就拉运上街销售。5户从事点种豌豆，每隔一天就摘了，第二天就地销售。目前价格给一公斤10元。张学忠栽黄花，已摘了两次，就地销售。龙学华、张学才、张约荣等3户以到野外找寻马蜂为业，又有3户玩猎鸟为乐为业，2户以养育雀鸟为乐为业，还有3户到外地打工。喜爱农事的约有10户，喜爱经营牲口的4人。上述都是属于一种喜好，当然有的爱好几样。常以这些项目活动为乐为业，当然主要还是以农业为中心。

2013年8月20日　农历七月十四日　星期二　晴

村民各自抓自己的农事中心工作。我自己的中心工作，就是每天收板栗。村里收板栗的农户，路途远，交通方便的，就待几户同时都有货物拉运，而下收运送。数量少时，就用小车或是用人工背。当然我家父儿几户，每隔一两天就够拉运，就用大车运。

今日我自己的事工是下栗子。今日比较顺利，老伴我俩边下边装包，收获得8包。又割得一背猪食草，砍获一背烧柴，运回家。我们老人，只要一有事工各自主动挖好洋芋，下好栗子，儿媳们的大小车一上山地，就托她们帮忙拉运回家。反正儿子儿媳四户都有车子，车子时常上山，就托他们协助拉运下来，所以工作比较顺利。

2013年8月21日　农历七月十五日　星期三　晴

村农户有的忙着摘青豌豆去销售，有的下栗子，挖洋芋。我自己的事工是离栗子。女儿张美珍，孙女张齐，也下来帮助，加上我们二老人，四人联合劳动，离栗子总收获150公斤，如每公斤能卖7元，可卖得1050元。销售栗子的农户都是集中火力，白天晚间忙于离栗子，准备好了就拉运上市场销售。一般是，白天忙外边的下栗子，晚间离栗子。有栗子的农户，日夜都在忙碌着。忙也就显示着我们是有工作，有前途，有希望，有福利的，所以我们就愿意忙。

2013年8月22日　农历七月十六日　星期四　晴

板栗今日销售情况是：张正文，板栗150公斤×7.5元／公斤=1125元；龙保罗，板栗60公斤×7.3元／公斤=438元；张学祥，板栗35公斤×7.8元／公斤=273元；张学忠，板栗35公斤×7.6元／公斤=266元；张学德，板栗35公斤×7.6元／公斤=266元。

另外两户杨天友、张学光，计划明天拉运到鸡街销售，每公斤会多卖0.5元或是1元。经销板栗已成为我芭蕉菁村的一项中心工作。勤快的农户还可以到野外捡拾，据说逢机遇，日收入可达100元哩。

2013年8月23日　农历七月十七日　星期五　晴

三儿张学忠家今日摘黄花，是摘花的第三次。上午只有四儿张学德和儿媳二人援助三儿张学忠，两户四人一起摘。前两次老板安排摘花两天，第二天，老板就下来称计收购。而今天就有变动，今日摘今日的，挨晚就下来收购。所以儿媳相互告知，当天就要摘完了，称计收购。五儿媳张秀仙，大儿张学全家三人，也乘坐自己的小轿车前去支持，下午就凑得8人帮忙摘花。当天工作效益是，摘得500多公斤，如果按去年每公斤价是0.80元，约值400元。

今天下板栗数额是：张学全下得7包，张学祥下得8包，张正文下得7包。我二老人忙个一天下得7包，而两家儿媳下七八包只是半天工夫，因摘花又用去半天工夫。所以，儿媳们比我们老人下得快，收获比我们多。

2013年8月25日　农历七月十九日　星期日　晴

村民送孩子到东村中学上课。昨晚来给张正德过生日的他的女儿张美丽及自己的孩子都要去东村小学复课，已联系好叫张学祥家的面包车运送到东村小学。下午3：00，将要出车时，车发动机电路中断启动不起来，弟兄张学德家的小轿车帮忙，出车拉运客人及上课的孩子，又拉张学祥这辆有故障的面包车到东村街修理。运送人员任务已完成，有故障的面包车也送到修理厂了。小小事工，体现山村民族的交通运输能力和交通工具维修保养能力。积极努力和社会人们一道进步。

2013年8月26日　农历七月二十日　星期一　晴

张学全因患肾结石，动手术两次，体内留下两根塑料管排流水，隔一段时间，就要到县医院取出塑料管。三儿张学忠开大儿张学全家的小轿车，到富民县医院。一早6：00出车，8：00就到县城医院，8到12点在县城医院看病。下午2：00他们回到家，医疗费用共开支300元。乘坐自己的小轿车，油费约需要100元，吃饭等生活费用约100元，这次出差总共开支500元。

2013年8月27日　农历七月二十一日　星期二　晴

这些天的生计活动，几乎天天都是下栗子。由于大儿张学全家有车子，可以上山顶片区下栗子。我趁此时机，也跟随上山顶片区下栗子。我下栗子，一天收获几包，儿子就帮着一起带回来了，所以都讲时机，讲机会。今日工作收获是，下得5包栗子。运输的小车子跑两趟，因两户分作两趟拉运，就解决了今天的运输。

2013年8月28日　农历七月二十二日　星期三　晴

村民购置、维修车辆，是当前现代农业的必经之路，也是时代所需。

村民张学祥自用的小面包车，由于发动机、电路板、电路老化熄火。修理费和零件费共计1800元。实践经验证明，购买二手车的修理费高一点。所以有钱人一般都是买新的，开上一年后就变卖了，原因也就是怕修车，因机器磨损大。乡村山区的民族因运输量小，一般只是短途运输，我们也情愿修车配件。

2013 年 8 月 29 日　农历七月二十三日　星期四　晴

村民到寻甸县鸡街卖栗子，上市销售栗子的有七八户。

我家父儿三户销售栗子的情况是：张正文销售栗子 170 公斤 ×8 元 / 公斤 =1360 元；张学祥销售栗子 93 公斤 ×8.20 元 / 公斤 =762.60 元；张学德销售栗子 112 公斤 ×8 元 / 公斤 =896 元；栗子市场价格，在东村街和鸡街两个街，价格几乎相同。鸡街买栗子的人多，而且一路上都有人收购，价格面商，所以我们大部分村民都情愿拉运到鸡街市场上销售。销售栗子上百公斤的农户很少，一般只有七八十斤。有些村民是到东村街销售，特点是省时间。因为东村街是赶早街，有时候卖了栗子回到家，天还未亮呢。当然自己有交通工具才方便。

2013 年 8 月 30 日　农历七月二十四日　星期五　晴

龙学华结婚两年，父龙兴德与儿龙学华要分家，都有建房设想和集资准备，所以趁雨水季节或是人们还未建房之际，建房物价还未上涨时，先买好建房钢材，与销售钢材老板联系叫送来一车钢筋。由于交通方便，顺便把建房钢材送到建房基地上，下料子的工作由户主龙学华自己处理。

2013 年 8 月 31 日　农历七月二十五日　星期六　晴

另一户建房的村民是杨兴明。由于经济转好，近几年有意筹备资金建正规砖房。也是趁人们还没有建房之际就开始准备，因为一到建房季节，建房物资就涨价了，所以建房的农户就应当掌握时机，买好建房物资。杨兴明建房的计划是，先买好红砖块，请邻村的杨文成家的大车拉运红砖，一天拉运一大车，接连拉运了三车。年轻人建设房屋，是靠着自己小小的努力，积累得经济收入，也体现社会的发展，山村民族人民的变化和进步。

2013年9月1日　农历七月二十六日　星期日　晴

村民参与斗牛和花山节活动,地点就在山顶每年举行此活动处。历年的活动内容有赛马、赛跑、舞蹈等,品尝凉粉、冰棒、山羊肉等及亲友款待等活动,山村几个民族的风情特长展示。活动规模小,是地方性的,有附近的寻甸县、富民县的村民来参加。爱好斗牛等活动的人们时时关注,喜欢来此活动和游玩。本地方本民族人民游玩活动历史悠久,成俗成规。目前已影响政府,政府人士也有所表示,出钱出力支持,有增无减。

2013年9月2日　农历七月二十七日　星期一　晴

村民掼谷子,孙儿张约祥、侄儿张学会两户联合掼收稻谷。由于稻田面积小就联合掼收,哥弟几户,出动男女共12人。由于购置有稻谷脱粒机,不论稻田多少都用两台脱粒机,力争快收早息工。由于配备了机械动力,人们就不至于过忙。工作劳动也自然变得快起来。

机器脱粒后,用人工背,从稻田里走上300多米,装上车。一天掼收到晚,一车就可拉运上来,极为简便。生活待遇方面,收谷子的主人家自然就要特别付出点代价,做好饭席,招待亲友,表示感谢。今日掼收谷子的,是今年全村头一户。

2013年9月3日　农历七月二十八日　星期二　雨

村民离栗子。明天是鸡街天,有栗子的农户都忙于离栗子。16家有栗子的农户都在下、收、离、装包,为上市做准备。我自己也是停下外边下栗子的活计,白天一整天离栗子。不但是今天,是接连几个晚上都忙于离栗子。挨晚,离栗子称计总共是200公斤,价值1000多元。今日离栗子,一是因栗子快下完了,二是因为是下雨天,出不去外边工作,故在屋里离栗子。平时,白天在外边下栗子,晚上在家离栗子到夜间12:00才休息。外边有外边的活计,家里也有家里的事情。事工忙碌,我们农民也才有希望。

2013年9月4日　农历七月二十九日　星期三　雨

村民的栗子，都流向寻甸县鸡街市场。有几户由于劳动力薄弱，或是没有交通工具，就干脆一公斤7元，卖给村里有力经销的人去变卖。我家父儿五户销售栗子的情况是，父，张正文200公斤×8元/公斤=1600元；儿，张学全56公斤×8元/公斤=448元；张学忠102公斤×8元/公斤=816元；张学德68公斤×8元/公斤=544元；张学祥栗子124公斤×8.30元/公斤=1029.20元。五户合计金额4437元。全村今日板栗收入会有7000—8000元。从数字上看，板栗是我村一项收入可观的项目。或许这是我村经济发展走出的第一步，让我们去攀登前面的富裕之高峰吧。

2013年9月5日　农历八月初一　星期四　雨

村民参加石桥村委和东村乡镇会议。今日石桥村委有会议，通知村中张学忠参加会议，时间从早至中午。张学忠一早乘坐小轿车去出席石桥村委会会议。四儿媳王凤仙是县人大代表，今日东村乡召开我东村乡政府妇女会议，会议议程是一天。既然政府领导鼓励和信任我们，我们也不辜负领导的信任，也就出席会议。路途里程，从我们芭蕉菁村到东村镇，至少都有10公里，往返都是四儿张学德用小轿车接送。会议安排了晚餐，就餐后，学德、儿媳又乘小轿车回来。我们的中心思想就是，我们决不辜负政府领导的信任。

2013年9月6日　农历八月初二　星期五　阴

我们的事工活动，仍是下栗子。有父儿张正文、张学全两户，乘坐一辆小轿车，上到山顶片区下栗子。今天明天两天，就可完结今年的下栗子任务。我自己二老人下得4包栗子，儿张学全家三人下得6包，用小轿车拉运回家。交通和交通工具很方便，只要下好装好包，孙儿就会主动协助装上车拉回来。老人自己做一些力所能及的就好，大的、难的，就请儿孙们帮忙。有时，他们会主动帮忙，所以幸福。也该享福了。

2013 年 9 月 7 日　　农历八月初三　　星期六　　阴

部分山村民族喜好斗牛，也是民族特色"欢山节"（也可以说是"花山节"）的内容。因为是山村民族的风情特色，所以几个民族都喜欢在节日这天，穿上自己民族的服装，欢庆欢度，欣赏民族风情。节日庆典内容丰富多彩，一个主要活动就是斗牛。庆典也是亲属交通约会的机会，亲戚们分享感情、品尝美食等等。我们村出动一辆面包车，六人前往款庄马街镇朵木得的斗牛场欣赏游乐，那里有亲属。回到家时，天刚黑。

2013 年 9 月 8 日　　农历八月初四　　星期日　　晴

村民赶东村街卖栗子。我芭蕉箐村有板栗的十多户人家，不论板栗多少，都去寻甸县的鸡街销售。今天是东村街街天，孙儿张荣光开自己的小轿车，把离出来的 75 公斤栗子销往东村街，销售情况是 75 公斤 × 7.50 元／公斤 =562.50 元。东村街销售栗子特点前面论述过，就是上街卖了栗子，回到家，天还未亮，或是天刚亮，比较快，不耽误时间。孙儿张荣光卖栗子，是采取东村、鸡街两头都赶的办法。栗子离得多少都卖。他家有四个劳动力，离栗子也快，力求早日销售完栗子。俗语说：儿子长大，老子得力。每个行动都是父儿配合起来的。

2013 年 9 月 9 日　　农历八月初五　　星期一　　晴

历年维修村公路，都是在每年雨水季节维修两三次。今年雨水来得早，雨量又大又猛，村公路路面也被冲刷，有些地方路心有沟，需要拉运砂石填补。我村几天前已确定，今天每户出动一个劳动力和所有的大小车辆，上到水平子公路边拉运砂石回来填路面。当天再次通知各户出动一个义务工维修本村公路。今日出勤大小车辆6辆,劳动力二十多人。一般只有二十五六人,喜欢听号召,出义务工。天长时久地进行工作,虽然很艰苦,但一切为了人民、地区、民族的进步和发展,就觉得很幸福。

2013年9月10日　农历八月初六　星期二　晴

昨晚,由我村信徒利用晚上时间,把已下好的栗子全部离好,以备运往鸡街销售。今日由张学德拉运上街销售,称计得157公斤×8元/公斤=1256元。教会可以通过农事、打临时工、奉献等,筹资作为自养经费。唱诗班的圣工活动比较多,一年中的唱诗练歌活动、出外圣工活动,参与各地区的圣事活动也比较多,就应该有自养经费。唱诗班栽有二三十棵板栗,今日收入已达到1256元,这也是我们教会唱诗班初步的成果。

2013年9月11日　农历八月初七　星期三　晴

张正才、张志明父儿两户掼收谷子。稻田面积是一亩,已经割晒了多天,因下雨又耽搁了几天。天气昨天今天已转晴,所以请亲戚友人今日帮忙掼收谷子。由于购置有稻谷脱粒机,就用稻谷脱粒机掼收,哥弟妹夫12人前来帮忙。现在自己购置配备有大车,一天的掼收完毕后,一大车就可以拉运上来了,就很简便、轻省,几乎用机械动力代替人力了。今日掼收谷子的是我村收谷子的第三户。

2013年9月12日　农历八月初八　星期四　晴

村民建住房事工已开始了。抓时间,抓机遇,趁未收大春作物,也趁还没到建房的人家多的时候,因为挨年关建房的人多,物资物价就上涨了。张学祥为长子建房于二楼之上,省地基。今日两张车,往东村街、鸡街拉运建房材料,人工细砂、钢窗、钢门、水泥等。上午拉运材料,下午就砌起砖块来。尽最大努力，夫妻二人联合搬运材料，拌灰泥，供砂浆，建于二楼上，已砌起二层砖块。由于技术就在自己手中，所以行动起来就快。在未收大春之前建房是一个好时机。

2013年9月13日　农历八月初九　星期五　晴

村民张学祥今日建房，凑得哥弟亲戚11人联合施工。安好钢门、窗子，砖墙高度已达2米。施工中，拌灰泥、供料子、砌砖墙，比较忙。小小的建房事工，主要是为自己的子女着想，尽力让孩子们有学习和休息的房间。再说，若有来客来住，也应当有几个房间，几张床位，便于亲朋密友的相交来往。所以，一家人应该有些房屋建设，作为客厅，作为自己的住宿房间和来客的住宿房间。

2013年9月14日　农历八月初十　星期六　晴

村民张学忠今年栽染料黄花。采摘过程都是靠自己父母哥弟的支援帮忙，这样使工也方便。在地里晌午供给糖食、冰棒、饮料等。采摘花即将完毕之际，有意付出代价，为家人亲戚好好承办一餐美食表示谢意。客席上有自己父儿五户、妹夫张会云、小妹张美兰、长女张秀芳及其男友等三十多人，摆三桌，享受关爱。当然没有机会参与劳动的亲戚都请客，因为承办一餐筵席也不容易。

民族的关爱，体现在协助农业生产，体现在天灾人祸处境，相互救死扶伤，相互关照，也相互保持友好情感交往。所以不论是关爱帮忙，是情感交流有意相处，都应该相互请客，赴席。

2013年9月16日　农历八月十二日　星期一　晴

四儿张学祥建房，作为长子张恩膏住房，建于二楼之上，建房材料有空心砖、砂灰、水泥瓦等。由于建房是自己的专业手艺，加之自己的哥弟亲戚人员帮忙，所以经过两天的努力劳动，施工的第二天，也就是今天，已砌完砖墙，安好房梁木。并抓住时机，也趁人多之际，一便盖好房上水泥瓦。之后，才休息吃晚饭。后期只需粉刷砖墙，可能是两三天的时间就可以做好。

2013年9月17日　农历八月十三日　星期二　晴

张学祥建房，今日的工序情况是：早7：00出车到鸡街拉运细砂，用于中下午粉墙。中午12：00吃过早饭，哥弟张学德、张学忠、张学祥三人和三个儿媳，搬运面砂上二楼，拌灰泥，供砂灰。三个儿子粉墙。所建的二楼，又分隔为两间，一间给长子张恩膏做住房，一间安装太阳能，作为洗澡间，供热水煮饭之用。三个儿媳供灰泥、煮饭。三人粉起来一间，明天就可以吊顶。所以今日的建房工序，效力是高的。晚饭是父儿五户共餐同享。

2013年9月18日　农历八月十四日　星期三　晴

村民建住房吊顶。张学祥家的建房工序今日是吊顶。私人建住房，规模小，施工期短，两天砌起砖墙，第三天工序是粉墙，第四天吊好楼顶。建房工期，四天就吊好顶，建房的尾工程是，还有沐浴室没建好，约三天就可以建好。头天砌砖墙，第二天工序粉墙，第三天就可以安好太阳能器具。有关科技、才能、技巧、艺术等，俗语说会者不难，难者不会。科技攀登者，一般是拜过师，或者是学习过，或是见过人家做，或是想着做。而我们就是想着做，做了就成。

2013年9月19日　农历八月十五日　星期四　晴

欢度中秋传统节日。从地方的小学到昆明一些大专学校，都放假过节。孙子张良、孙女张多加也放假，四儿张学德开车上昆明接回家过中秋节。过节礼品、肉食等的准备工作，都在几天中做好了。县公安国保每年都给我们送中秋节礼品。先前是我们领受，近几年我们也做了回报，给领导送公鸡、板栗、核桃，价值当然超过百元。从上到下，我们的亲戚友人，也都给送去栗子，栗子就是我们地区的特产。家人团聚，都相互请客，品尝地区土特产，稻谷新米、花生、栗子，接送来客。几年来，由于情况大大好转，接送来客情况很少，甚至不存在了。晚间，各家各户分发自己买好的中秋月饼，共同享乐。

2013年9月20日　农历八月十六日　星期五　晴

近来，是收割忙的季节。今年雨水提前一个月，点种也就提前一个月。刚过了中秋节，农事就开始忙碌起来，已正式扳苞谷。我自己的农事是，挖花生、拔花生。就是先挖起来或是拔起来，抖抖烂泥，把5到6棵捆作一把，好收好挂。大儿张学全也是收拔花生，是一家五人，都出力拔收。三四两户又是扳收苞谷，是扳收山脚下片区的苞谷，出动大车下到山脚片区拉运上来。几乎大部分农户都已行动起来，只不过是农地远近，劳动力多少，效力快慢有差别。由于这段时间都是晴天，很有利于收苞谷。一户户都抓紧扳收苞谷。

2013年9月21日　农历八月十七日　星期六　晴

四儿张学德送长子张良到昆明某技术学校读书，因不慎跌伤了脚跟骨，就请假一段时间，到需要复课时，就送孙儿张良上学校。自己出车，趁上昆明之际，顺便修车，趁机会、时机，把该做的事工一便做好。要修的零件部位是气缸套活塞等，是发动机的主要零件部位。今日的修车费用高达1800元。由于要修配的零件多，在昆明修理装配好，时间已很晚了，还开车回家。回来时已是夜里8：00了。

2013年9月23日　农历八月十九日　星期一　晴

村民改造田园。由于今年雨水季节雨水量大，也来得猛，山洪水把稻谷田几乎全埋没了。所以，收割了零星的田角稻谷，需要整理田块，把洪泥流带进田块里的泥沙运送到田外的箐沟，以便点种小春作物。泥沙填埋了80%的田块面积。村民杨天强夫妻，用犁牛拉运了两三天，难度很大，可费力了。但毕竟是自己生活用田，所以尽最大努力，人力畜力配合，付出很大代价，初步可以种上小春作物和灌溉作物。

2013年9月24日　农历八月二十日　星期二　晴

老伴在下栗子季节被大雨淋湿、冷着了，但还坚持下栗子、扳收苞谷，已有一个月时间，病情越来越严重。儿女姑爷们听闻，相约前来协助扳收苞谷。

由于交通和交通工具方便，天刚亮，他们就来说明来意。我们就安排三儿张学忠开大车下到山脚田坝扳收苞谷。人多力量大，不一会儿我们就完成扳收苞谷任务，连人和苞谷，用一张大车运载回家吃早饭。儿女们来一趟不易，吃过早饭还是继续帮我们二老人扳苞谷，这次的场地是村子上边的山凹地。我安排三儿张学忠开面包车到鸡街买菜和食品，办一餐价值四五百元的饭席。晚席，父儿五户以及女儿姑爷十五人快乐就餐。

2013年9月25日　农历八月二十一日　星期三　晴

村民张正才家挖洋芋。所谓挖洋芋，是利用一架犁牛，把地里的洋芋抄犁出来，多人跟着犁沟捡拾洋芋，捡拾到晚，把收获的洋芋装上大车拉运回来。因昨天劳动力单薄，没有完成任务，今天主人家自己加班，在地里捡拾昨天没有捡完的。幸好是自己有大车拉运货物，没有什么困难。海拔1800米，适合洋芋生长。我村点排洋芋的地方处于柿花箐、麻栎树两村交界，土质适应。从我村顺车路绕到山顶耕地，有三四公里，所以来耕耘和拉运庄稼都是靠车子。

2013年9月26日　农历八月二十二日　星期四　晴

村民张学全家扳苞谷，地块是在山顶片区，父母、儿子儿媳四人扳。由于苞谷盖了地膜，所以长势好，都提早成熟。由于自己有车子，不论数量是多是少，都用车子运送，较为方便轻省。耕地约有一亩。前几天已扳了一天，今天接着扳收。雨天已过，几乎都是晴天，所以很便于扳收苞谷，工作效力较高。父儿五户扳收苞谷，该联合就联合，地块零星，数量少的，我们就分头行动，目前我们父儿五户就是分头行动。不论是联合还是分头行动，效力都较好，天晴出活计。

2013年9月27日　农历八月二十三日　星期五　晴

今晚石桥村委会刘寻武、张绍权等三人到我们芭蕉箐村上来，评全村的低保户。由于数量少，村委会干部以及村民都依政策发表意见和提名。先从高年龄老人开始，老人张文杰、龙应光、龙应华、张正文、张志明以及几户困难户，共15户被评为低保户。石桥村委会领导表示满意，因为大家本着不想争相互推让的态度，都讲客观承认差别。结果大家表示满意，认为客观合理。

2013年9月28日　农历八月二十四日　星期六　晴

村民张美花、儿子龙荣祥和儿媳乘坐面包车到鸡街销售农副土产品山药、红薯、辣子等。物资一拉运到市场，就有人前来购买。山药一公斤能卖13元，红薯一公斤卖3元，辣子一公斤卖2元，数量也少，一卖就卖个完。我们的农副土产品，赢得市场上人们的向往和购买，看出我们也不落后于人。我们有竞争力，我们的农副产品大有作为。

2013年9月29日　农历八月二十五日　星期日　晴

我村增加低保户名额。9月27日，只评定低保户15户，村主任张学忠也不好过，他主动向县、乡有关领导反映和要求，希望多给几户低保。县领导同志很重视和关怀，答应给我们芭蕉箐村低保40户。村民听见此消息，很高兴。今晚借礼拜聚会告诉大家这个消息，并核实登记。叫有名额的农户明早写申请，到教会来复印户口簿和身份证，由村主任统一送去，递交给石桥村委会。为此，村民们很高兴。上级政府同志的关怀真是看得见摸得着，不只是口头上说说而已，还有实际行动。我们谢谢政府领导的关怀。

2013年9月30日　农历八月二十六日　星期一　晴

村民销售葫芦瓜。去年收购价是一公斤0.4元，而今年提升为一公斤1.1元。今日有村民杨天友、杨光才、龙保罗、张正华四户搬运葫芦瓜，从山地拉运回村，堆积于教会场院，待销售。由于交通和交通工具方便，不论远近，经一天的搬运，都已从山地搬运到教会场院，等待收购。有车子的就优越，比如，龙保罗家的葫芦瓜是种于山脚，由于自己有车子，经一天的人工收集，装车约有两吨，价值可达一两千元。这也是一个经济可观的项目。

2013年10月1日　农历八月二十七日　星期二　晴

村民销售葫芦瓜，出售肥猪。杨天友、杨光才、龙保罗、张正才四户，今日销售葫芦瓜没有称计重量，只是做大概评估。卖得多的，张正才拿到2500元，杨天友拿到1500元，龙保罗拿到1060元。历年称计葫芦瓜，只要大的，黄的，好的，很多瓜只有一点不好人家就不愿意要了，所以他们说，情愿评估一堆儿，一起卖掉，自己吃亏一点也算了。村民卖肥猪，张美花家有8头肥猪，买卖双方讨价还价，讲定为9860元。龙兴德有2头肥猪，讲定价格为2500元。卖肥猪，不评估，只是双方讨价还价，明知自己吃亏也不计较，卖掉算了。

2013年10月2日　农历八月二十八日　星期三　晴

运送病人往富民县县医院看病。今晚6：00，邻村柿花箐村王光学家打来电话，叫四儿张学德帮他家送病人到县医院就诊。地方医院已诊断病人是肾结石，几天中都是在近处医院就诊，没有上县城，他家打定主意，今晚送往县医院治疗。

张学德又喊老五张学祥，哥弟二人一起去替换着开夜车，约晚8：00到县城医院。送病人去医院几乎成了他们的行业工作。帮他家办好住院手续后，才又开车回来。出夜车累人，但是只要亲属友人找请，助人为乐，几时叫几时就出车。

2013年10月3日　农历八月二十九日　星期四　晴

张学友由于已扳了苞谷，也砍收了苞谷草，就趁着有雨水，赶紧种上山地小麦。今日用一架犁牛种山地小麦，称为跟牛点。犁牛开沟，人播麦种，这种方式，又快又省，一般不需要招工，三个人就行，村民常用这种方式。耕地一亩多，点种工作忙到下午4时就已完工。自己点种，就不必雇佣他人产生开支了。

2013年10月4日　农历八月三十日　星期五　雨

村民上昆明选购车子。张学祥已购买一辆面包车，但感觉在生活应用中，大小车都有，生产生活才更方便。今日是雨天，也不利于搞农业生产，于是，哥弟张学忠、张学德、张学祥三人，相约乘坐自己的面包车，打算上昆明车辆市场选购小车。结果买了一辆11326元的小轿车。原因是说，大的这一辆面包车平常所耗费的修理费用大，买回来这辆小车，可能消耗费用要小一点，就养活这辆就行了。他们欢欢喜喜地买回来这辆小车。晚饭是在东村街上吃的。

神圣与世俗　富民县东村镇芭蕉箐村苗族村民日志

2013年10月5日　农历九月初一　星期六　雨

村民龙福祥家扳苞谷,由于坡地陡,不通车路,只好靠人工扳,再用马驮回来。路的里程,不低于一公里。今日他家扳苞谷,可费力大了。用马能驮五袋回来,重量都不低于100公斤。由于下着雨,路狭,又泥泞。幸好是砂石路,马也乖,力气也大。几乎一天下着小雨。龙福祥家可付出大代价,这种干劲可称是够大了。他家土地宽广,耕地多,种下的苞谷面积也大,所以必须采取措施,非得花上大代价,利用上一切时间投入扳苞谷的事不可。

2013年10月7日　农历九月初三　星期一　晴

记叙村民种麦田。张正才、张学全,因有亲属关系而联合起来用微耕机种田麦。用这种微耕机种麦子,因打犁宽度就达1.5米,所以就只好是撒播后再打犁。由于田块是两个片尾,就耽误大,两户田块有6工田,也就是两亩。他们打理到晚,约是下午4:30才完工,开着微耕机从山脚回来。全村麦田,都几乎动起来,边收边种,争先恐后。

2013年10月8日　农历九月初四　星期二　晴

教会开展关爱活动。张秀敏是教会的女执事,儿子王子宏又是唱诗班长,又是琴师,父亲王光学又生病。我们芭蕉箐教会小组考虑今日动员劳动力去协助他家扳苞谷。组织得10个劳动力,开一辆大车去协助扳苞谷。由于天晴,工作效力又快、又多、又好。经一天的辛勤努力,扳完他家全地的90%左右,当然受到他家的好评。我们小组确定,从今起,要加强关爱工作。每周一天,周周都开展,必须坚持下去。

2013年10月9日　农历九月初五　星期三　晴

村民张学祥上昆明给车子落户。张学祥10月4日买回来的小轿车,需要办一些落户手续,打算今日上昆明办好。即便农忙,也得抽空办一下。平时上昆明,是相约几人,前去买东西,或是办一些公事。而今天是大农忙季节,有特殊事工,也要出去办理。过去上昆明办事,乘坐公交车要3个小时,而现在昆雪(四川大雪山)高速公路已通,上昆明只要一个多小时就可以。上昆明已是容易的事情。

2013年10月10日　农历九月初六　星期四　晴

村民变卖小猪,价格走低,难于销售。今日是鸡街天,张学全、张正才、张学祥、张约华四户,平均每户有四头小猪,拉运到市场销售。四户中,只有张正才家的小猪以最低价800元卖掉6头。没有称计,只是商量,总共合多少钱,我愿意给你多少钱就卖掉。

大小猪市价走低,养母猪的农户,就会情绪低落,少养母猪或是不再养了。几年后,猪价就会猛涨起来。猪价就还会稳价,涨价,高价。人类社会的物价,忽高忽低就是逻辑规律。

2013年10月11日　农历九月初七　星期五　晴

村民销售葫芦瓜,张学才称计得650公斤×1.10元/公斤=715元,杨兴明家400公斤×1.1元/公斤=440元(只卖一部分),杨天友装满一小拖拉机,做评估给200元,张会成家有一吨,卖得1100元。因去年卖价只有一公斤0.3元,所以今年愿意种葫芦瓜的农户只剩12户。不料,今年葫芦瓜的价格会提升到收购价每公斤1.1元。

2013年10月12日　农历九月初八　星期六　晴

栽种葫芦瓜的农户,将手上的葫芦瓜堆集于教会场院上。而收购葫芦瓜的人,开车来场院收购。几天中都是这样。今日我家父儿五户,八个劳动力,背四儿张学德家的葫芦瓜。从山坡沟底用人力背上来,到车路边,装上大车,拉运回村上场院。经一天的付出和努力,装满了三车次。或许会有3.5吨,价值也会在3000元左右。生活待遇方面,事工主户张学德乘车上街买回鲜鱼、鸡、啤酒、高档饮料雪碧等，酬谢劳动人员。

2013年10月13日　农历九月初九　星期日　晴

孙儿张荣光送孙女张多加，到东村乘车上昆明某幼儿园上课。多加有工作和学习任务，教育局安排每所院校的一位校长和一位老师到四川学习。孙女张多加国庆节回家度假时把照相机搁在家里，所以昨晚回家来拿照相机，准备到四川参加学习。

孙女张多加能有良机到四川培训学习，这是很幸运的，增长学识见世面，这是民族的光荣，也是人民政府领导，以及云南大学老师的信任和委托。我们非常感谢老师们的信任、支持和鼓励。

2013年10月14日　农历九月初十　星期一　晴

村民扳撕苞谷，点种山地小麦，搬运葫芦瓜，运送肥料，准备点种田麦。

张学德点种儿菜。儿菜，本身结有很多儿包，故称儿菜。田的面积有三工田，也就是等于一亩。农忙季节家家扳撕苞谷，往田地运送肥料，劳动力紧，互相帮不了忙。栽儿菜也有三年了，自己撒育好秧苗，栽时就方便，育在田家，便于移栽。

几年来，村里的农户不但重视农业生产，也开始转移到经济建设项目上来。比如，种青豌豆、烤烟、山药、土豆，栽花（用于工业染料），栽葫芦瓜等。

2013年10月15日　农历九月十一日　星期二　阴

村民销售葫芦瓜，情况如下：张学德，按每公斤1.10元，卖得1600元；张学祥，按每公斤1.10元，卖得1600元；张正文，按每公斤1.10元，卖得2200元；杨兴明，按每公斤1.10元，卖得2200元。

教会村小组开展关怀团契活动。今日，我村民小组10人，协助张正才家扳撕苞谷，又协助他家搬运葫芦瓜。十多人都是强劳动力，又帮撕苞谷，又搬运葫芦瓜，总共扳收两车苞谷、两车葫芦瓜。组员们本着助人为乐的精神，工作一天，忙到天黑才收工。

2013年10月16日　农历九月十二日　星期三　阴

村民赶鸡街销售土产品。张学祥上街销售红薯，重量220公斤，每公斤卖价2元，卖得440元。村民张约翰卖小猪九头，由于猪价走低，给价一公斤10元，称计得160公斤，得1600元。富民东村街由于交通严格堵车，所以人们要生活，要工作都去鸡街，销售各种农副产品的车辆也都流向鸡街市场。

2013年10月17日　农历九月十三日　星期四　阴

往富民县城医院送病人。今日下午4时，执事王继光打来电话，请求出车运送病人到县医院就诊。张学德接受送病人任务，下午4:00出车。车子上到柿花箐村，让病人准备一下，就出车往富民县医院。到了县医院，张学德协助王继光办理住院手续后，又陪着他家在医院一些时候，劝导他家安心住院治疗，身体生命重要，至于农业生产和家务，由家里的亲属处理就行。在医院陪谈到夜9:00，告别开车回来。王继光与张学德是舅子和妹夫的关系，出车和到医院照料协助，都是应尽的职责和义务，这也是山区民族人民抵御自然灾害的自救能力的显示。

2013年10月18日　农历九月十四日　星期五　阴

昨天是张学德出车送病人，今日又由张学祥送病人看病。大儿张学全老外母在劳动中跌伤，摔断手骨，几天前已到马街医院照片透射。因为听说东村街医院有位骨科的段医生医术很高，他虽然退休了，在他家里也办有卫生室搞医疗服务，规模还不错。所以我也乘车上门求他包扎，包括包药、包扎、手续费等，经费开支总额是250元。伤者养育有几个姑娘和儿子。儿子不管，只好大女儿家主动管了。

2013年10月19日　农历九月十五日　星期六　阴

村民张学德探访病人。因亲属王继光执事患肾结石，10月17日住进富民县城医院，据医生确定于今天动手术取结石。为此，四儿张学德和儿媳王凤仙两人，乘车前往富民县城医院看望。患者想来非常痛苦，需要亲属友人的鼓舞和安慰。到医院看望病人，无非就是尽自己所能给予经济支持。再说远程看望病人，当然是一种很大的安慰和鼓舞。这关怀工作，我们苗民刚刚起步，应当发展到教会，以团队形式有组织地去看望，效果应当更好。

2013年10月20日　农历九月十六日　星期日　雨

继续搞探访活动。昨天是张学德一家去富民医院探访病人。下午2点30分礼拜休会后，张学祥一家三人，又乘车前往富民医院探望病人。往返一趟，需要时间和经济代价。看来苗民之间的互相关怀，似乎也兴盛起来。

2013年10月21日　农历九月十七日　星期一　阴

村民张正富有意购置车子，聘请张学德、张学祥协助。他们一行五人，乘坐四儿张学德的小轿车，一早8点30，开车前去昆明车子市场选购。儿媳王凤仙也顺便上昆明衣物市场购买苗民花裙和一些用品。

选购一辆价值10600元的轿车。上昆明难得，他就一次把手续办好，给车子落户。很晚才从昆明回来，晚间又在东村街吃完饭，回到家时间已是10：30。芭蕉箐村购置车辆是一个新项目。几年中，村中已购置面包车四辆、小轿车四辆。渴望和有意购买车子的农户都在努力中。

2013年10月22日　农历九月十八日　星期二　雨

今日，是两县两头的鸡街、东村街同天街天。由于两个街子都与我村邻近，寻甸县的鸡街不堵车，人们可自由来往，所以，到鸡街买卖货物，交易物资的比较多。我芭蕉箐农户的产品有苞谷、生猪、白薯、山药、葫芦瓜等。有的是卖苞谷，有的是卖药材，有的是卖白薯。

村民张学祥以及儿媳龙兴珍交易农副产品有白薯、山药、柿花、葫芦瓜等。山药价每公斤可卖12到15元，白薯卖每公斤2.5到3元，葫芦瓜每公斤卖1.3到1.5元。经营一天，张学祥三样产品，总收入人民币700多元。

2013年10月23日　农历九月十九日　星期三　雨

我的女儿嫁到嵩明凸董箐苗寨，姑爷请求帮忙开大车到昆明旧货市场买家具。最后购得沙发四张，600元；冰箱一个，480元；两项合计1080元。借车上昆明购买家具，车烧油费，给300元。家具买好后，就从昆明直接送到嵩明凸董箐村。

下午3点时就送到她家，再用人工从村边抬进家里，又用去一个小时。三儿张学忠、五儿媳龙兴珍，他两人上昆明旧货市场，也给我们老人买回过冬皮鞋四双。吃过晚饭，又乘车从凸董箐绕道，经过厂口、散旦、款庄马街才回来。到家已是夜里9点了，终于完成了亲属友人托付的事情。

2013年10月24日　农历九月二十日　星期四　晴

村民销售葫芦瓜，按葫芦瓜堆的大小大约评估给价。情况是：张正华一堆，评估两吨，给按每公斤1.1元，共2400元；张学德一堆，评估给价900元；杨兴明一堆，评估给价400元；张约荣一堆，给价400元；张正文一堆，给价300元。因有部分葫芦瓜还是绿瓜，所以这样处理。自己吃亏，也就算了。俗话说：卖掉才是钱。

2013 年 10 月 25 日　农历九月二十一日　星期五　晴

村民扳收苞谷，很忙碌。大部分村民的苞谷是在山顶片区，路里程长达三四公里，幸好交通和交通工具发达。村民为了生产和生存，已购置大小农用车辆，用于生产生计活动。

村民挖山药的，有张学全、张学忠、张学德、张学祥四户。挖山药的事工功效不高。一般一个劳动力一天只能挖获 10 公斤左右。因为人工挖，深度是一米多，而且排栽山药技术不过关，都在摸索中，所以效益仍是低。山药每公斤可卖 8—10 元，想来是很可以了。只不过是栽排技术还不是那么过关。我们也不灰心，用两年的时间来摸索吧。如果成功了，经济价值方面，是可以大有作为的。

2013 年 10 月 26 日　农历九月二十二日　星期六　阴

张荣光今年学车，报考驾照，已学习了三五天了。目前课程主要是学习驾驶理论。芭蕉箐村有轿车、面包车八辆，已有驾照的是六辆，没有的正在培训。办理车子手续，也是我村新型建设中的一个项目。现已有的车子，都有他们应当任的事工。比如亲属友人来往，涉及跨一两个县的里程的，比如送病人往几个县城医院或昆明市大医院，再比如苗民喜好远程游山玩水，猎鸟等，也需要车子。社会进步了，经济发展了，高寒山区民族的人民，玩车用车，也没有落伍。

2013 年 10 月 27 日　农历九月二十三日　星期日　阴

村民为上街变卖物资做准备。村民龙学华挖红薯，约挖获 200 公斤。杨光友、龙兴强、张学祥、张学忠、张学德挖红薯、山药、魔芋，摘冬桃，收集葫芦瓜等。因地散，又有好几样土产，所以不论是挖是搬运，都得要些时间和工夫。

上述土特产属零星土产品，还没有成为正规商品。仅有白薯、山药、葫芦瓜，可以说成了正规产品。准备上市，一般都得准备一天或是两天。

比如挖白薯、魔芋、山药就慢一些，而且还费力。

2013年10月28日　农历九月二十四日　星期一　阴

我村今晚发放农业土地耕耘补助资费1000元，下达到户，最高数额是潘志明家七十多元，中等的二十至三十元，最低的两户，张正福、张学祥，有三元钱。在发放过程中，大家有说有笑的。张正福说如果知道我只有三元就不来拿了，因为从村那边到我家住的这边，骑摩托车的油钱都还不够呢，以后我就不来拿了。说得大家都笑起来。上级政府的关怀应该是按户、按人口，每人三元或是五元，使得大家都能笑起来才好。不过，罢了，政府不给，我们也不望。

2013年10月29日　农历九月二十五日　星期二　晴

村民张学忠嫁接八棵柿花树，采摘柿花（水果）拿在自己手中。因农事繁多，顾不及采摘变卖，也没有时间食用，一年只能吃掉一小部分。张学忠夫妇二人今日摘柿花，是因要给长女订婚，俗称"压八字"，要交聘礼钱。时间订于冬月初六。随着社会发展，生活改变，婚礼规模有所扩大。交订婚聘礼金，都要请客，但只有亲属家人。今日摘柿花，也是用于冬月初六请客。

2013年10月30日　农历九月二十六日　星期三　晴

我村教会小组开展关爱活动，今日出动十人协助张约荣扳撕苞谷。工作场地是山顶片尾的山地。工作功效是扳获得一大车，在山地里就已撕好，拉运回来，停放于教会场院上，准备明天用苞谷脱粒机打好，就着教会晒场晒好再拉运回家。自己没有晒场，又是养殖了十多头架子猪和母猪，所以要保障供给。

我们小组开展关爱活动的对象是孩儿、寡妇、患者、单人独手、困难户等。

2013 年 10 月 31 日　农历九月二十七日　星期四　晴

村民龙兴明、杨兴明、杨光才三户拉运葫芦瓜，从山地里拉运回村，堆积于教会场院里，准备销售。路途较远的是杨兴明，是从山顶片尾用小拖拉机拉来的。幸好是三户的耕地，几乎都已通车路。龙兴明家约有1.5 吨，约值 1600 元；杨兴明约有 1 吨，约值 1100 元；杨光才约有 800 公斤，约值 880 元。种葫芦瓜的农户已卖了两次，还有第三次。每户全年葫芦瓜约值 2000 元到 4000 元。有地的农户种葫芦瓜也是理想项目。

2013 年 11 月 1 日　农历九月二十八日　星期五　晴

村民打粮晒粮，有少部分的需要变卖，还有的搞建设，有的准备购置动力机械，有的维修房屋。

村民张约荣打粮晒粮，养猪、建设项目等，是为了购置车辆，从事农业生产来储备，积攒经费。他家养殖 10 头架子猪，要保障供给粮食，所以趁天气好，有晒场，抽空打粮晒粮催肥猪。由于苞谷数量大，两人用电动苞谷脱粒机打苞谷。又要供机器，又要把苞谷麸拨朝向一边，又要把苞谷籽粒扒开晒。两人经一天的劳动工作，打了出来。粮食一般需要三个有太阳的天才能晒干，大部分村民都已建好自己的晒场。所以晒场不挤，够用。

2013 年 11 月 2 日　农历九月二十九日　星期六　晴

昨天老伴牙疼起来，整晚都没有睡好。牙疼得真是无法忍受，无奈，我们决定今天上街上的医院打针。问了儿媳们的车子上不上街，如果上街就带我们出去打针，五儿媳说要上街，我们便一同前往。

到了医院看病打针，皮试就要二十分钟，打吊针又要些时候。身份证也忘记带，那就多要钱了。看了病又买上几样东西，再乘五儿张学祥家的小轿车回家。到了家已是中午 12:30 了，就是耽误了孩子们的时间，本来他们打主意上街一转就回来挖山药，准备明天赶鸡街要卖。耽搁就耽搁了吧，想来孩子们会理解的。

2013 年 11 月 3 日　农历十月初一　星期日　晴

村民杨天友、王圣德两户变卖苞谷。每户都是用小拖拉机拉运，重量约有 300 公斤。鸡街天的粮食议价卖，凭双方讨价还价来定夺。村民张正才家变卖白薯，8 包 ×35 公斤／包 =280 公斤；大部分是批发，280 公斤 ×1.5 元／公斤 =420 元，获得 420 元。张学祥销售农副产品白薯、山药、葫芦瓜、柿花等。各样产品价格各不相同，不如以往。一天劳动功夫，约获得人民币 450 元。

2013 年 11 月 4 日　农历十月初二　星期一　晴

我村教会小组开展关爱活动，今日协助张正才家扳撕苞谷，耕地在山顶片区，路里途长达 3.5 公里。所以不论是耕种，还是拉运粮食，都要靠车子。出动劳动力 11 人，大车一辆。扳撕苞谷，配备有大车，一天扳撕的数量，挨晚，用一车就可以拉运回村。另外，协助侄儿张学志遗妻寡妇挖洋芋，现代方式改为牛犁，人跟着牛犁沟，捡拾就行。一天劳动收获 25 袋，每袋重量 30 公斤。收获 750 公斤 ×1.8 元／公斤 =1350 元。

2013 年 11 月 5 日　农历十月初三　星期二　晴

苗族喜好猎鸟，还有花山节以及斗牛等，都是苗民历史悠久的习俗。过去苗民生活在深山老林，以猎鸟为业为生，过着流动的生活。中华人民共和国成立后在政府的关心和帮助下，逐渐定居下来，再不愿过刀耕火种的生活了。生产发展了，生活进步了，取得了稳步发展，也获得高科技农作物，如烤烟、豌豆、土豆等，亩产值达数万元。

至今，苗民仍喜好游山玩水，欣赏自然美丽风光，以猎鸟为好为乐，可惜我们苗民的猎枪不在了。今日，我村出动 2 辆轿车，运载 9 人跑远地，经嵩明县往东南方向深山老林寻找马风子，猎鸟。可见，苗民习惯了山坡，受过去的生活习俗的影响，古老的习俗至今仍有浓浓趣味，好似永无止境。

2013 年 11 月 6 日　农历十月初四　星期三　晴

村民龙学华新造住房。几个月前已购买好住房钢材。今日又安排大车拉运回来造房红砖，有一万多块。因是大车，就没有拉运到造房工地，放在下车的岔路口上，距离建房工地还有 900 米。幸好是一条小马车路，可以用小拖拉机拉运到造房工地。龙学华是村民龙兴德的长子，结婚 3 年，现在要分家，所以需要建住房。有经济基础，立志一次性建正规红砖房。

2013 年 11 月 7 日　农历十月初五　星期四　晴

苗民婚嫁习俗的规模有增无减。随着社会进步，科学发展，民族亲属关爱的推进，婚俗礼仪也隆重起来。

村民张学忠给长女张秀芳承办订婚交聘礼席。为了承办婚事礼仪，一段时间以来已购买办定了婚事用品。今天乘车跑了款庄马街、寻甸县的鸡街两个集市场，购买物资。据说，开支达 4000 多元，一部分物资靠赊欠。以前，我自己承办儿女婚喜事，现金开支 1000 多元，就满足了亲友来客之需，客人尽情享受肉食，其他小菜只是摆个样子了。不过那时物价低，一公斤红糖只卖 1.05 元，一公斤三级猪肉只卖 0.95 元，而现在猪肉卖价是一公斤 30 元。过去是家人、哥弟应付一下，现在是请客了。邻县的亲戚友人也来，现在都有车子了，距离也不成问题了。

2013 年 11 月 8 日　农历十月初六　星期五　晴

村民张学忠给长女张秀芳承办订婚交聘礼金，俗称"压八字"。今日迎来聘金，也称之收聘金席。请村中的年轻人帮忙。家人亲友出于关心，都来帮忙洗碗、洗菜、煮饭，一部分人主动打扫场院卫生，摆设宴席饭桌。

亲友祝贺，以户为单位，100元现金，两升大米，一只公鸡。还有孙女秀芳的同事，来自石桥小松园文昌幼儿园的8位老师，每人送礼100元，合800元。挖机组2人共200元，石桥村委会200元，村民送礼鸡11只，所送礼金总和人民币7550元。收聘礼金席小小活动是前所未有的，规模有增无减。来客除了三个单位外，还有66户赴席祝贺的农户。

2013年11月9日　农历十月初七　星期六　晴

订婚礼来客昨晚在这里过夜，吃过早饭就要返程。来客亲友情感深厚，谈个不休，互相之间交通留情谊。从昨晚吃鸡宴谈起，收婚聘礼金席有一晚席称为"吃鸡头"，安排于晚间举行，聘请所有来客参加吃鸡席。所有来客坐好，由主人家请大家指导他家的婚事，然后分发鸡肉，年长或高位的就给鸡头，年轻的、一般小孩、妇女就给鸡翅膀、鸡脚、鸡腿等，互相分享，为乐为趣。众人坐成一排排的，摆设有糖果水果，让大家尽情分享。昨晚一直到今早，吃过早饭，热情款待。还给能带走东西的远客一些土特产品，花生、土瓜、柿花（水果）、红薯等，让亲友满载而归，兴高采烈地回家。

2013年11月10日　农历十月初八　星期日　晴

禄劝县西龙村大平地教会邀请我们芭蕉箐教会参与他们教会年度感恩节庆典。我堂出动35名教牧同工和唱诗班人员，乘坐2辆面包车、3辆轿车前去参加献诗礼拜。到会的各堂送礼200元，各堂送礼总额是2500元，当天会众开箱是5000元，两项合计7500元。参与年度感恩节的有昆明市约翰堂、昆明市五华区大平滩教会、富民县莫依龙教会、芭蕉箐教会等包括市、区、禄劝县、富民县在内的12个地方教会。

2013年11月11日　农历十月初九　星期一　晴

我村教会小组仍开展关爱活动，协助村民推进农业生产进度。今日协助村民龙荣才扳撕苞谷，出动一辆大车拉运。

2013年11月12日　农历十月初十　星期二　晴

杨兴明养有一头肥猪，约有160到180公斤，卖主也就评估为180公斤。几天前，有买主按160公斤，给价2600元没有卖，卖家硬要按180公斤要价2800元。今天有原买主重新来买猪，按2800元付给杨兴明。价钱讲好，他家找张学祥家两人、杨光才家一人、他家两人，合计五人赶到菁边车路老埂来上车。车门打开处于埂台上，几人很容易就上好车，然后再付钱。小小农户，评估年收入达1万元。葫芦瓜收入2000元，肥猪收入5000元，板栗收入1500元，苞谷收入2000元。

2013年11月13日　农历十月十一日　星期三　晴

村民杨光才销售葫芦瓜，张汝兴需要喂猪，向杨家买，愿给价一公斤1元。杨光才说只要你一公斤0.9元就行。称计得2041公斤×0.9元/公斤＝1836元，已付了1000元，还欠下836元。

农户买瓜喂猪不知何故。自己点种有苞谷，还要买上1800多元的瓜，想来太不划算了。即使发现用瓜喂猪有什么好效果，自己点种即可。买瓜喂猪，我真是理解不了。俗语说：世上我们不懂的事情，是太多太多了。

2013年11月14日　农历十月十二日　星期四　晴

村民打粮晒粮，几乎所有大小场子都用来晒粮，因为几乎家家户户都养猪，喂猪的粮要保障供给。一般的晒场都时常晒有粮食。村民张正才家晒粮，是在家里打，用大车拉运到教会场院来晒。可能三分之二的农户都已建好自己的晒场。张正才家晒粮是准备变卖了粮食建房，去年已砌好房脚石，拉回来几车红砖，今年收完大春作物，就准备开工建房。

所以尽自己所能凑钱，用于建房。原有住房，但力求建现代的洋房，为社会、地区、民族争光争气。

2013年11月15日　农历十月十三日　星期五　晴

村民赶鸡街，大部分都上街变卖农副产品，变卖苞谷的农户比较多，每户卖的重量都是200到300公斤。满载苞谷的小拖拉机上街，都经过教会场院。有固定摊位的是张学祥，为方便，他事先已买下摊位。目前农副产品已正式上市销售，有葫芦瓜、红薯、山药、甜萝卜等。重量多一点的是红薯，也好销，销售量大一点。每个街天，可以拿到400—500元。

我们的苞谷流向寻甸县的鸡街。鸡街苞谷议价卖。买卖双方讨价还价。东村专有收购粮店，收购价是一公斤苞谷2.2元。鸡街议价卖，一公斤多得0.20元，一吨苞谷就可多得200元。再说鸡街又不堵车，是自由市场。

2013年11月16日　农历十月十四日　星期六　晴

人们喜爱用魔芋做豆腐，很多人喜欢吃。今日有收购废旧物、烂铁烂铜、饮料瓶、水泥袋的收购员进村来收购，他自己介绍说他有魔芋，不多，不打算卖了。魔芋市价，东村街历年是一公斤3元，而今年只给一公斤2.8元。自己魔芋不多，街市又压价，所以想栽育到明年再卖。今天有人进村来收购，价格竟然给一公斤3元。自己想卖几个大的，共有十个，称计得20公斤×3元/公斤=60元。魔芋是我要着手培育的经济项目之一，栽培中，发现在地里就会烂一部分，栽培技术仍在摸索中。

2013年11月17日　农历十月十五日　星期日　晴

西山教会有活动，今日芭蕉箐教会被邀请前去参与庆典活动。参与庆典人员来自昆明市约翰堂、昆明五华区大平滩教会以及富民款庄片的朵木得、大黄树、莫依龙、西山、芭蕉菁五所教会。奉献结果是，苞谷 1959 公斤、大米 200 公斤，各堂支持 3200 元，当天奉献开箱 10039 元，两项合计 13239 元。

龙才高长老报告事工。华属诚老师在广州举办一宣道公司，为苗民熟读苗文《圣经》和颂主圣歌，制作苗语播放器，并提供给贵州、云南苗民信徒，用于熟读圣经，巩固苗文苗语。现在已发行销售，苗语汉语双语的每台售价 170 元，单苗语每套售价 140 元，礼拜休会后，可以来拿。如交钱不方便，领取后二十天内把钱送去即可。龙才高答应安排给我教会 20 台。

2013 年 11 月 18 日　农历十月十六日　星期一　晴

村民打粮晒粮。大部分苞谷已快扳完，晒场时常晒着粮食。不管是变卖，还是保存，农事松闲，都要打好收好。大儿张学全白天撕苞谷，晚上吃过饭后就抓紧时间给苞谷脱粒。为保证不让晒场空闲，大小晒场要时常利用起来，珍惜阳光，珍惜晒场。因孙子学车需要用钱，事先得做充分的准备。

2013 年 11 月 19 日　农历十月十七日　星期二　阴

教会村组开展关爱活动。我村芭蕉菁关爱扶农工作已进行了一段时间。每周利用一天辅助农户扳撕苞谷。今日是协助村民龙兴华扳撕苞谷，由于他自己有大车，我们村民小组出 15 人帮忙收苞谷。劳动场地在我村山顶片区。上午 11：30，出工用大车运载劳动力到山地，劳动工作到下午 5 点时息工吃饭。龙兴华家劳动力单薄，夫妻又领有奶孩，哥弟难以沾亲，形成很大压力，大家帮帮忙，也是很大的安慰和鼓励。

2013年11月20日　农历十月十八日　星期三　晴

自己有零星洋芋。进入农历八月份就转入下栗子、离栗子，挖洋芋的事情一拖就拖下来。九月又集中精力扳撕苞谷，所以别的事都结束后，才去挖洋芋。今日两人挖获了三小袋。幸好三儿张学忠的大车开去山顶片区，哥弟张学全、张学忠两家扳撕苞谷，就连同我的洋芋做一车拉运回来。自己在山顶又挖得一小背，再用人工背回家。

全村村民的苞谷还得要一段时间才能收完。说来，山地苞谷太多，约40%的农户的山地扩得开，种得广，当然一时收不完。

2013年11月21日　农历十月十九日　星期四　晴

村民销售农副产品。张正才家苞谷的重量约有一吨半，属全村最多。今日苞谷街市价是一公斤可卖2.30元，大约可获得3450元。其他农副产品的变卖情况：张学祥销售白薯250公斤、山药20公斤；张学德销售白薯150公斤、山药20公斤；张美花销售白薯150公斤，山药20公斤。变卖苞谷的农户有五户。以上变卖农副产品的，每个街天可拿回三四百元。

2013年11月22日　农历十月二十日　星期五　晴

村民张学德扳撕苞谷，工作场地在山顶片区的山地。我们父母早已扳撕完，就协助儿女们扳撕，一天帮一家。今天我们两个老人又协助四儿张学德家扳撕。四人联合扳撕，工作效率就高起来，我们也力求早收完，早息工。小车子能开到地边，所以很方便。息工，车子绕远路走，我们就背柴，走直路回家。到了家才下午3:00。

2013年11月23日　农历十月二十一日　星期六　晴

侄儿张学光扩建畜圈房，已动工几天，搞建房基坑。今日出动大车到鸡街拉运人工砂，准备浇石脚和砌砖墙用。大车跑了两趟，拉回来了两车料子。扩建畜圈房是因女儿两户，为了宽松、方便而扩建，这也是村民的基本建设。现在拉运建材，砖块、细人工砂、水泥、造房料子，拉够就可以砌砖墙。

2013年11月25日　农历十月二十三日　星期一　晴

张学忠的外父母居于嵩明县凸董箐苗寨，两老人体弱多病，他们有意前去看望。为老人买上外省好米以及我们地方的特产花生、红薯、葫芦瓜、土瓜等带去。我两老人的姑娘也嫁在嵩明县凸董箐，张学忠开自己的小车去，我老伴也同去，趁机看望姑娘。今日中午12点出车，准备在那边过夜，明天再帮他们忙，明天下午乘车回来。自己有车子，一县跑一县，也不难跑。难事成为易事了。

2013年11月26日　农历十月二十四日　星期二　晴

侄儿张学光扩建畜圈房，昨天和今天已开始砌砖墙，经过两天的辛勤劳动，已砌高到两米，几乎快砌完一楼。计划建一楼二楼，建好一楼刚好与车路在一个水平线上。从路面以上起建二楼。二楼用于装垫圈草、摆放农具。因二楼地板与车路面在一个水平线上，方便车子装卸货物进出，是故意设于车路埂上，方便使用。

大春农作物即将收完三季，建房的农户已开始忙起来，都开始拉运建房材料。有的开始破土施工，平整房基地，砌石脚。

2013年11月27日　农历十月二十五日　星期三　晴

村民杨兴明建住房。昨天已破土施工，挖地基。先砌好房脚石头，计划房子面向南，所以下方就多要几层石脚。今天一部分人出车到远方拉毛石回来砌石脚，另有六人挖石脚基坑。有意建房，就提前几年搞积累。趁已有条件，又是丰年之际，就着手建盖，承包给本村的建筑队。今天出动两辆车子，拉运房脚石。建房样式是正规红砖房。

2013年11月28日　农历十月二十六日　星期四　晴

村民代表参加东村乡代表活动,地点安排在我们石桥村委会。整个东村乡代表活动是每季度一次,轮流在三个村委会活动。这是一种享受,也顺便学习一些文件,方便安排代表们的生活接待。

我村有三儿张学忠、四儿媳王凤仙两人有机会参加活动。自己有小轿车,远近活动极为方便。这是一种政治待遇,也是山村苗民的一种新篇章。

2013年11月29日　农历十月二十七日　星期五　阴

村民杨兴明建房,几天来的建房事工,是拉运毛石,砌房脚石。11月27日破土施工。今天是第三天,建房小组早出晚归,把时间都用在建房事工上。建房基地有32度的坡度,平整基坑和砌房脚,整整用了三天的时间。到今天,已经浇好房梁。事工都得认真,按规格技术要求施工。

据说建房的每个技术工每天开100元,所以大家每天力求出色地干,希望每天能出高功效。

2013年11月30日　农历十月二十八日　星期六　晴

龙兴德为长子龙学华建住房。大车路未畅通,把建房料子卸于村边,又用小拖拉机搬运到建房工地,这样比较费力,耽误大。这是自然条件造成的,要通过一些年代,慢慢改进建设好。正如工人用的钢材,是通过千锤百炼获得的。

2013年12月1日　农历十月二十九日　星期日　晴

村民龙应光儿媳龙美彩,因丈夫龙兴福亡于2011年7月31日的车祸,父爷安排招来一男,时间已有一年多。夫妻难于相处,提出离婚,男子要求分家产,粮食、苞谷,折成人民币4500元,他才同意离婚,所以女方昨天找借 4500 元给他。

今天是女方请来武定县的乡亲用车来我村接他。用中午准备，苞谷粮 80 多包，卖 40 多包给村民杨天友，得 300 元，大车又拉走 40 多包。搬迁事务之多，整忙到下午 3：00，才与村民告别走了。

2013 年 12 月 2 日　农历十月三十日　星期一　晴

张正才家建住房，去年已砌好房脚石，浇好地基。今早请人杀肥猪，准备建房动工。吃过早饭，请村中的哥弟老表四人动工。砌砖房墙角基砖，先要量准间架、房间宽窄等各种尺寸，几乎用去中、下午。耽搁大的事工，就是今天量准房间的各种尺寸的工作。

人生需要有很理智的处事之道。年轻人不注重人际关系，自己孤独少友，做起事来没人帮，易事就会成为难事。长辈也不好说好说多，只能让年轻人在生活工作探索中，慢慢摸索、实践、提高。

2013 年 12 月 3 日　农历十一月初一　星期二　晴

村民上街销售自己的农副产品白薯、山药、葫芦瓜等。销售土产品的农户有张学才、张学忠、张学德、张学祥、张美花、杨光友。每一农户销售农副产品大概是白薯 80 到 140 公斤，山药一般 20 公斤左右。目前，农副产品最多的是苞谷。所销售的农副产品数量都比较少，原因都是销量少，没有搞活销路。产品数量多少，完全看销路，也就是按市场的需求销售。这制约着我们的农副产品的发展和扩种。目前，村民只好以小农产品经营谋生。

苗家从事小小的蔬菜以及农副产品经营，是苗民的新篇章。有话说："小事看不起，大事做不动。"所以苗家大事做不动，我们就从小事起步，从小事做起。几年的经验说明，大部分的事业都可以获得成功。

2013年12月4日　农历十一月初二　星期三　晴

张正才家建住房，今日是动工的第三天。砖石面子已砌有一人多高，约有1.5米。今日亲属邻舍凑得10人协助砌砖墙。料子备好，用水也极为方便。弱点是技术工少，制约着建房功效。建房不论人员多少，都看技术工，要搭配好，有利于提高建房功效。

2013年12月5日　农历十一月初三　星期四　晴

张学全卖苞谷25包，请三儿张学忠的大车拉运。四儿张学德13包用一辆四缸车拉运到东村街销售。因东村街几乎到处都设有收粮店，按市价一公斤苞谷给价2.20元计算，张学全卖苞谷得2500元，张学德卖苞谷得1086.80元。

买卖苞谷的农户，都因为有建设，有需要才变卖苞谷。张学全需要钱，因为长子张荣光学车考驾照。教练收费逐年增高，去年收费将近1万元，今年可能会超过1万元，现已交了7500元，可能还欠3000元左右，所以都在找借和准备钱。

2013年12月6日　农历十一月初四　星期五　晴

教会唱诗班参与信徒婚礼祝贺。柿花箐村民王光学委托教会唱诗班做他家的婚娶礼仪圣诗工作。练诗，训练给新婚夫妇的贺词，赠送礼品等等，准备用上、中午操练一下。为增添新婚礼节仪式的乐趣和光彩制作内容是：

1. 向新婚夫妇布道，一对新婚夫妇相互交换礼物。
2. 新婚夫妇之父母将自己抚养长大的儿子或女儿交给对方。
3. 新婚夫妇各向自己父母道谢，感谢父母费心力把自己养大成人，并做告别。

来贺婚礼的客人有280户，贺礼人民币有34700多元。

2013 年 12 月 7 日　农历十一月初五　星期六　阴

万宝山村有一个将离世的病人王美丽，今日进行探访，教会要做，我们个人也应当工作，尽上自己小小的能力，带上 100 元和一袋食品前去看望，即使说上一句安慰话也好。因为所有的人都需要爱、需要关照。

2013 年 12 月 9 日　农历十一月初七　星期一　阴

本村有建房三户，张正才家已动工一段时间，几乎已砌好一楼，即将转入支模板，准备浇房板。第三户是杨兴明，前一周浇好房脚地梁，今日开工砌砖墙。有四个劳动力砌砖墙，今日功效较好，砖墙高已达 2.5 米。或许再砌二天，就可砌好一楼的墙面。

几年来的建房事工，不论是教会，还是个体的，是已形成全民动手的氛围。经过实践，好的年轻人，从实践中都学到了技术，年轻人中将涌现出一批建筑人才，为地区、为民族献计出力，为我村增添新的篇章。

2013 年 12 月 10 日　农历十一月初八　星期二　阴

村民打工，龙应华、龙兴华、杨光才夫妻、上村麻栎树 1 人，共 5 人，组成一个小组，给下坝村陈家砍苞谷。报酬是，每天供一餐午饭，每人每天给 60 元。

我村周边就有下坝、杨嘎哩、还记得三个村子。村民打工是极有利的。我们已收完苞谷，但其他大村子刚开始收苞谷，他们的苞谷广种薄收，山地是几十亩，都是靠招工收的。我们的农户几乎做完了，所以打工每天能获 60 元也是好事。农夫打工也能胜任，这也是机遇，没有事的就要抓住这个良机。

2013 年 12 月 11 日　农历十一月初九　星期三　晴

村民张正才家建住房，自己盖建，邻舍凭喜欢赞助，每天凑得多少劳动力就慢慢搞起，建房功效做得多少要多少。另一户搞建房，承包给村中的建筑队。就是供吃，每天薪水讲定100元，是按工天计算报酬。

建房采取两种方式，看起来，采用承包的方式比较快，出活计，效力高，当然能承包的话，还是要承包给精干的有技术的。第一种方式是不出钱，就是要多给个伙食。建议利用第二种方式承包建房。

2013年12月12日　农历十一月初十　星期四　晴

张学德的四缸车一早出去，拉运苞谷到街上销售，又上街去领取救济粮。张学全苞谷20袋×38公斤/袋=760公斤，760公斤×2.20元/公斤=1672元；张学德有苞谷12袋×38公斤/袋=456公斤，456公斤×2.2元/公斤=1000元。

张学忠大车拉运救济粮回来，重量1000公斤，是政府领导的关心，发放给贫困的民族地区。统一用大车拉运回村上，到晚上，用高音喇叭通知村民到村主任学忠这里领取。每户一袋，每袋重量是15公斤。办有驾照的车子，勉强养活自身，有时还供不上呢。

2013年12月13日　农历十一月十一日　星期五　晴

张学忠家建沐浴室，据说是政府支持的项目，这段时间一有空，就备空心砖、人工砂。今日又出车，上东村街买回来沐浴器具和水泥，第二趟又出车到六公里外，捡着毛石回来砌墙石脚。几天来已备妥料子，即将破土施工。村中的建设多，只有自己慢慢做，反正时间不限，就是利用空闲时间，也能做好一些事工。有技巧手艺者，平时锻炼，随时勤学，就是自己一人做起来，也不难。

2013年12月14日　农历十一月十二日　星期六　晴

张正才、杨兴明两户建房，杨兴明由于承包出去，在建盖进度上，已赶上张正才家。今日两户同时支搭模板，安壳子板。由于建房人员少，支搭模板就比较困难。

建房施工多，人员少，任务重，只好分成两组建筑。由于平时从实践中操练学习，只要每组有两三个技术员就可操作。

2013 年 12 月 15 日　农历十一月十三日　星期日　雨

芭蕉箐教会石桩聚会点坐落于大黑山的东南面，距离我村单边里程约有 28 公里，是我们东村乡教会所属的一个流动点。教会牧养工作，一年需要走访石桩聚会点一两次，并且因着农牧事工，特约走访一趟。

早 9：30，我们教牧同工乘坐一辆小轿车前往，从西面顺公路顺大黑山脚转往南面，再转向东南面。到了瓦房村时，只因一早上下着小雨，乡村小马车路泥泞，四五人冒雨推车，往斜坡上了两公里。实在无法前行，只好把我们的车子倒回来到坡脚，停于中民村委会办事处，而我们在泥泞山路上步行。在泥泞和小雨中顺山路往上走，好不容易走过约四公里的山路，到达了海拔 2500 多米的大黑山东南面的石桩苗寨。

聚会礼拜时间已是 12：15，我们迟到了 15 分钟，他们已开始礼拜。由于他们渴慕，我们的长老、传道员、执事三人都被他们请上台讲道。

2013 年 12 月 16 日　农历十一月十四日　星期一　晴

张学忠备建太阳能沐浴池，料子备齐，今日开始建沐浴池。昨天天气比较寒冷，但因为想要珍惜时间，珍惜劳动力，也依然做起工来。找平尺寸需要一个小时，尺寸下准后就三个人一起行动起来。儿子、儿媳和我，就搬灰泥料子、砌砖块、供料子，经一个中、下午，我们砌砖块五层高。人员少，事多，只好是婆婆煮饭，儿媳我三人努力砌砖墙。珍惜我们的每一天。据说建太阳能沐浴池，是国家支持的项目之一，很多村民都积极行动起来。

2013 年 12 月 17 日　农历十一月十五日　星期二　晴

时间进入冬腊月季节，亲友婚喜事多。今日我家父儿五户加姑爷六户，共 15 人乘坐两辆轿车，下午 3 点出车，往北边 30 多公里外的三哨的大旋塘村（苗寨）做客，婚席是出嫁女儿。一个单边里程 30 公里，以前往返这些里程不容易，现在，顺着国家大道跑，路好，车子好。亲属关系好，苗族人口稀少，一条线路的车子不约而同到那家做客。去他家做客的车子凑得 6 辆，自然而然组成一个车队。苗民好客，只要有亲属关系都愿意前去送礼祝贺。

2013 年 12 月 18 日　农历十一月十六日　星期三　晴

三儿张学德建沐浴池，今日事工是浇沐浴池楼，工序是先安撑杆，顶好楼模板，再扎好楼钢筋，搅拌灰泥，人工抬上楼板，倒上扒好扒平。进行了分工，几道工序也是，扎钢筋，搬运料子，拌灰泥，搅拌公分石，供石浆，倒灰泥。我家儿女、父母四人共同施工，几乎用去整天的工夫，浇好沐浴池楼，浇好一间畜圈地板。

这几年来，村民的基本建设都在加快步伐，力求完善。畜圈房料子都讲究，砖块、灰泥、钢筋、钢门都求精，力求一次性搞好。

2013 年 12 月 19 日　农历十一月十七日　星期四　晴

村民杨兴明家建砖房。建盖方式是做承包，建房人员早出晚归地抓时间、抓工效，每天建房人员都是太阳落山才吃饭。昨天和今天是支搭模板，扎钢筋。建房工序虽多，但人员少，每天的建房工序都力求高工效。劳动力虽少，经两天辛勤努力，今天终于扎好房楼板的全部钢筋。

我们村建房工人只有十来个，同时有两户建房，所以每一边的建房人员都只有五六人。看来做承包这个组比较快，因为人员固定。

2013 年 12 月 20 日　农历十一月十八日　星期五　晴

杨兴明家今日建房事工是浇楼顶楼板，约有 20 人合力施工。劳动力虽然少，幸好主人家借来搅拌机，配合施工，所以劳动强度就轻松些，工效也随着提高。晚餐本定在 5：00，今天推迟，就餐人员约有 15 桌，贺礼有五六百元，大米 600 公斤。送礼、婚喜事、起房盖屋、红白喜事，都靠自己身边的亲朋密友众多关怀。俗语说：打铁还需自身硬。

2013 年 12 月 21 日　农历十一月十九日　星期六　晴

民族喜好从事有民族风情的事。上昆明市购置苗民的花裙、裙带、花鞭，也为出嫁姑娘制作衣物和装饰材料等，还顺便上昆明旧货市场购买纱窗柜、桌子作为自己家里的家具，也为今后嫁女儿做准备。三儿张学忠开出大车上昆明拉运家具。早 7 点出车，买回苗民衣裙、花带等用品，用去 600 多元。买三张沙发，每张 1500 元／张 ×3 张 =4500 元，碗柜 1 个 100 元，桌子一张 60 元。衣物、家具两项开支，合计 1200 多元。为家庭、为儿女以后的婚事操劳着想。苗族新风俗是，对出嫁女儿、婆婆、公公，有关人士，每人都得准备一套衣物，赠给为礼（是带去婆家）。

2013 年 12 月 23 日　农历十一月二十一日　星期一　晴

村民今日上昆明市，办理车子的过户手续。村民张学祥四年前以 13000 元买回一辆面包车，今年上半年又以 13600 元买回一辆小轿车。一户养着两张车子，始终不划算，所以变卖这辆面包车给邻居张正华。由于邻居关系，车价只要 5000 元，让大家都玩得起车子。他们两家今日相约上昆明转车子的户口。据说，转车户口手续收费 400 元。车转户口，是为安全起见。个人负自己的交通责任，以免影响他人。

2013 年 12 月 24 日　农历十一月二十二日　星期二　阴

侄儿张学会因畜圈窄小，需要扩建改造完善。所以有机会上街，就陆续把空心砖、钢门，拉回来捆起。

农事工作完成之际，他家就抓紧时间建房。用空心砖就比用红砖头快，只要把房脚石砌好，再把房脚石的尺寸下推拉准，就可砌起砖块来。

而且几年来，一般村民都搞畜圈房，所以都会搞。今日的建房工序是安房梁木，安好后就可以撒盖房皮、水泥瓦。再来一天，造房工作就可以完工。

2013年12月25日　农历十一月二十三日　星期三　阴

白冲基督教聚会点邀请富民东片基督教会参与他们聚会点圣诞节庆典活动。车子行驶过马街3公里，由于超载2人被交警罚款2000元。

2013年12月26日　农历十一月二十四日　星期四　阴

今日因有丧事，富民县基督教12所教会派代表，到富民永定堂追思兰长老（女）。兰长老因病治疗无效，于12月25日辞世。共12所基督教会，每个教会礼金200元/所×12所＝2400元。

龙德寿牧师主持追思会。王子文牧师讲经。家人和教会代表讲话，高度评价兰长老，虽封立只一年多的时间，但短暂的一年中，工作非常出色，又吃苦耐劳，是大家很信得过的一位牧者。追思礼拜会上，大家情不自禁流下眼泪。

2013年12月27日　农历十一月二十五日　星期五　阴

村民浇楼房板。我民族村民造房的过程，是凭喜欢赞助，每天凑得多少劳动力就出多少劳动力。建到浇楼房时，就要找请劳动力，亲属友人都要被请来帮忙，请来吃饭席。被请到的人员，当然按自己所能送礼。

因昨天把要浇楼房的全部灰沙料都已拌好，早上就开始浇楼。到下午4点，就全部浇好。赴席人员，约有8人/桌×10桌＝80人。饭席待遇比较讲究，当然也是尽建房主人家最大的努力，有高档饮料、鲜猪、牛、鸡、鱼等高档菜。

神圣与世俗　富民县东村镇芭蕉箐村苗族村民日志

2013 年 12 月 28 日　农历十一月二十六日　星期六　阴

村民即将开始管理果木，也就是板栗树。要抗折打枝，砍寄生草。寄生草是生于树尖枝上的，清除它是较难的活儿，因为树高枝多。其次是要把农家粪草人工背送往果园地。背够，就准备给核桃树苗追肥，促进果树长得好，长得快，力求早收益。现在已陆续开始了果木树管理。

果木管理，能获取高效益，仍是新的项目，我们都处于探索和摸索中。当然一些地区已收益，我们是刚起步五六年。我们信心十足地去争取实现民族经济发展的新篇章。

2013 年 12 月 29 日　农历十一月二十七日　星期日　晴

今日我们教会照常举行年终感恩赞美活动。我们一到礼拜堂，人们就议论纷纷，讲起昨天晚上发生的一起车祸。时间约为夜里 10：00，地点是麻栎树，是麻栎树人。凹口苗寨一家因政府助资房费，建起了两层楼房，建好之后请客吃饭。从凹口回家时，三轮摩托刚启动就出事了，他忘了开灯，车已行驶。在黑夜里忙着开灯，结果弄错了，反而加大了油门，摩托车以闪电般的速度撞向路边的石头，抛落到墙角，他的妻子当场死亡。他醒过来说，我怎么在这里？我的妻子在哪里？用身边的手电一照，他的妻子就死在他身体的下边。

车祸发生后，因亲戚关系，礼拜散后我家父儿张正文、张学全、张学德三户，每户准备 100 元礼金乘车上麻栎树丧家探访。亲属关系有时弄得好，有时弄得僵，有时会生疏，但是不论怎样，都要以人家遭难为重。忘记背后的事情，前去关照，探访看望，送礼，表示深切同情，也是理所应当的。

2013 年 12 月 30 日　农历十一月二十八日　星期一　晴

人民政府关怀我们，安排给我村 15 套太阳能器具设备。吃过早饭后，有电话通知我村安排几辆大车，到石桥村委会去领取。由于器材高大且数量多，装车、清理器材，几乎用去了中午与下午。大小车辆下去四辆满载回村，此时已经不早了。政府关心我们，还让上来4个技术人员，为珍惜时间他们还安装好了3户人家的太阳能热水器，15户用的太阳能热水器摆满教会的场院，这是人民政府支持的建设项目。村民准备的情况是已建好要安装太阳能的沐浴室的农户只有五六户，还没有建好的农户有八九户。

2013年12月31日　农历十一月二十九日　星期二　晴

昨天晚上器材一拉回村，就抓紧时间安装了四五户建好了沐浴池的农户的太阳能。今天还有十多户，安太阳能的5个工作人员今天几乎忙了一整天。

建太阳能沐浴池是政府支持的项目。在安装时，发现安装人员多收我们的费用。一个接头开关收农户5元。供太阳能小塑料管收费8元，而市场价只卖每米2元，就是每米多收了6元。据宣传，建一个太阳能需要向农户收费500元，现在却是前不久已交了560元，今天安装时又收了460元，前后合计1020元。

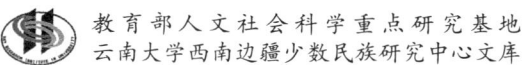

教育部人文社会科学重点研究基地
云南大学西南边疆少数民族研究中心文库

新民族志实验丛书·第二辑
主编 何明

神圣与世俗

富民县东村镇芭蕉箐村苗族村民日志

李 昕 编
张正文 记录
梁 媛 高瀛洲 李 昕 整理

学苑出版社

目 录

2014 年日志 / 1139

2015 年日志 / 1265

2016 年日志 / 1395

2017 年日志 / 1525

2018 年日志 / 1647

2014年
村民日志

2014年1月1日　农历十二月初一　星期三　晴

今天，村民龙荣祥家建畜圈房，他是龙兴祥的次子，已结婚也已分家，已建好正规红砖房。那是他们父儿全家筹集财富建的砖房，今年又积攒经费，准备建畜圈房。因为旧房地基和新房地基相距四五百米，所以把圈房建好就完善了。建畜圈房已动工三天，因为劳动力单薄，三天才建好石脚。

建房小结：建房户主龙荣祥，年轻人，勤学，多艺能手，建房不论劳动力多寡，他都有一套手艺。不管是畜圈房，还是建正规红砖房，砌起来都比较快，而且很有把握。

2014年1月2日　农历十二月初二　星期四　晴

苗家姑娘开小拖拉机拉运苞谷上街销售，在回来路上的险遇显示出我们民族的优异才能。

当天的情况是，侄儿张学会长女张秀敏开他家一辆小型手扶拖拉机，我们三户5人乘坐这辆拖拉机从鸡街返回。开出800米，路边堆着一堆细砂，占了路面一米多，来往大小车辆又多，开车的小姑娘认准了方向行驶，就没注意到这堆砂。车轮爬上了路边的砂，使车发生了倾斜，又颠簸了一下，就把小姑娘抛砸于路心，车轮从小姑娘身上滚过去，车子也停住了，大家可吓着了。小姑娘受了点轻伤，爬起来后又坐上驾驶位，仍然开车。真是不知她是没有受伤呢，还是勉强开车哩，真是不放心，生怕她受伤。回到家，我吃过晚饭后，便约老伴带点东西到她家去看望。到了她家，她父母说没事呀，我们才放心下来。

2014年1月3日　农历十二月初三　星期五　晴

民族地区，时间进入寒冬腊月，婚喜事多，而且路途遥远。今日我们有在嵩明县凸董箐（苗寨）的亲属嫁女儿，请我们这边的亲属前去赴婚席。几村几户需要去的人员有18人，这18人就需要3辆小车运载。

我家几哥弟刚好有3辆小车，可惜大儿孙张荣光这辆车通知参加路考，车子没有在家，只好另找一辆，就用了姑爷柿花箐王继光这辆面包车。亲属友人的车，我们乘坐人员自己加油就行，不要什么费用。

做客时，我们讨论是在那边过夜，还是吃了晚饭就乘车回来。大家说如果吃了晚饭就回来，那么一吃了早饭就要赶过去，等于是在那边已休息了一天了。如果大家要在那边过夜，那么下午两三点赶过去也行。大部分提出过夜，主人家才满意，再说，轮到自己办事人家要过夜自己也才满意。所以想打转的人员也服从大家，过了夜，明天吃了早饭后再乘车回来。

小结：亲属友人的做客来往关系久浓，聊天的话题可太多了，比如说：今年收成怎么样？近来好吗？信仰、生产、科技、文化知识。新增加的一个话题就是购置车辆，参与教练维修车辆等等。

2014年1月4日　农历十二月初四　星期六　晴

村民建住房，龙兴德长子龙学华建住房，材料和建房的方式是建正规式的红砖新式洋房。几天中4—5人砌房脚石，一是人员少，二是毛石在下方，三是自己先初步实行，四是独臂将军，五是一边拉运建房材料，一边施工，所以分散力量，六是缺乏技术工。自己处理房基石，砌好房脚石以后，由建房人员开始建。

小结：建住房，如果经济允许，宁可承包给信任得过的人建盖。如果自行建盖，非得找来工人技术工监督建房规格、尺寸、角度等，不过建房效率就没有办法提高，可能也不是那么如意。俗语说："忠厚传家久，诗书继世长。"都需要自强。

2014年1月5日　农历十二月初五　星期日　晴

昨晚从嵩明凸董箐赴嫁女席回到家的亲属友人乘坐5辆车子。5个自然村成群结队前去赴席，婚席隆重到杀7头肥猪、3只羊、鸡肉、鱼、鸭等菜和高档饮料。一部分亲属又被寻甸县则鲁箐（苗寨）村民张加明家邀请去过孩童生日，打电话邀请到家前去赴席。侄儿杨兴明说：昨晚去赴席，今早就没有时间过去吃早饭了。

　　小结：苗民从来没办过生日，现在苗民开始兴起来。从婚俗讲起，有订婚礼，也就是交聘婚席，一个婴孩，又兴起有个祝婴孩席，随着也就开始兴过孩子生日。按道理，生日是一个人寿达60—70高龄，家人喜欢办席，亲属友人庆典，一个小孩想来就不必。因为给亲属友人增加负担，娃娃生日，孩童有一种玩法，是他们自行相约组织，这周由我承办，买蛋糕，定好时间，吃我的。而下周又由你承办，由你买好蛋糕，我们再吃你的。这是他们的一种玩法，这样玩是可以，因为不涉及亲友送礼。

2014年1月6日　农历十二月初六　星期一　晴

　　孙儿张荣光今年参加寻甸县车辆培训，据说经费已达15000元了。今日确定在昆明市考场总考，打回来电话说没有考上。我们父儿5户12人都气、都难过、都苦恼，因参与车辆培训已开支达15000元。再说，苗民喜好者早已会开车，参与车辆培训是为获取驾照，便于通行。

　　我家父儿5户平时就喜欢集中于哪家聊天，说新闻，有什么新鲜事物喜欢交流分享，谈家常。没有考上的消息传来，我们二老人一个夜晚没有睡好，都同情孙儿张荣光。这次车辆培训学员有5人，只有3人考取。

　　错误和挫折教训了我们，使我们聪明起来了。

2014年1月7日　农历十二月初七　星期二　晴

　　记述村民建筑组的建房事工。村民杨兴明建正规红砖房，建房的方式是点工，每个工天薪（工资）讲定100元。砌砖房、浇房楼、拆房楼模板，今日建房工序转入粉刷，每一道工序都有耽搁，先要支搭木板，以便人员操作。

　　人员都是技术工，因为粉刷是细活，也因为今天的事工耽搁支架桥木板，工效稍微慢一点，明天效率就应该更高些，什么活计都是头一天慢一些。

小结：村民建房情况：第一户是杨兴明，建房工序已转入粉刷。第二户是张正才，建房工序是已浇好房楼板。第三户是龙学华，建房工序是刚砌好房石脚，估计等几天就可以砌砖墙了。

2014年1月8日　农历十二月初八　星期三　晴

村民生计活动忙碌进行。儿媳们参与建房，男的每天要粉刷墙壁，女的每天要煮饭，自己家里又有农副产品，红薯、山药、儿菜等需要拉上市场销售。事工多，人们忙碌是个好事，人们都希望事工多。

儿媳们抓紧时间，今早7点出车，把土产品和四儿媳、五儿媳送到鸡街销售农副产品，四儿张学德又乘车回家参与粉墙。工作至下午4：30时，又出车到鸡街把两个儿媳从街上接回来。这种方法已用了一段时间了，是可行的，建房工作又不耽搁，自己的土产品也销售了。土产品销售情况是：两个儿媳每人每天（街天）可收入300元左右。按情况看来，每个季度能有一点收入。但是每户都购置得有车子，养车玩车可以说是不找钱了。钱都用于保养车，车是图个自己方便，但养车子是有代价的。

2014年1月9日　农历十二月初九　星期四　晴

石桥村委会林业员冬春防火季节，从今天已开始巡逻防火了。按整个东村乡政府布置计划，农户山地用火烧除杂乱草必须在11月份烧完，时间进入12月份，气候已干燥起来，就禁止野外用火，防止野火毁坏森林。

今日全东村乡规定所有的林业员从今天开始巡逻护林防火，石桥村委会分成几个片，任务下达到林业员，分工负责。如果有野火烧山又临时通知集中，执行任务。我芭蕉箐村林业员先是由张学德参与防火，现在又由三儿张学忠参与防火。每天的护林防火出勤活动时间听瞭望台的安排，有情况就通知巡逻防火。如果没有火警，每天的工作待遇是瞭望台指挥待遇，每天有30元薪水。雨水季节，一位林业员一天有10元钱补贴。

2014年1月10日　农历十二月初十　星期五　晴

我村今晚召集村民开会，传达东村乡政府有关年关政府关怀工作精神会议。会议精神是说，过春节，农户是否有过年猪？若是遭灾过年猪已病死掉的、没有福气养猪的，由政府解决；有肥猪已卖掉的，政府就不再供给。第二项是，村民大家有没有过年的大米用，如果没有米的，也上报到村委会。会议结果，村民过年猪有的已用于搞建房，有的由于有建设已变卖了，就表明不再麻烦政府了。没有米吃的，也没有人再上报了。第三项是农户农地用火指示，白天气候干燥，风大不准烧地，而转为早晚烧地，力求安全用火，防止火烧山。

2014年1月11日　农历十二月十一日　星期六　晴

村民忙于准备上市场销售的农副产品。四儿媳王凤仙，今日早晨就忙于煮猪食草，喂好牛，喂好自己的鸡猪。料理好自己的家务后，就早早上山地挖好该上市销售的山药。一个劳动力，一街销售的山药，需要挖两天，两个劳动力，挖一天也可挖得够。由于山药销售量低，每个街天20—30公斤就够销售。其次是儿菜，一个街天销售两个品种。儿菜每个街天可以销售200公斤，价格每公斤可卖3元，就是批发零售都可卖这个价。据说一个街天收入可得500元左右。

小结：村民农副产品的优势就是卖苞谷、卖蔬菜，应该说，变卖蔬菜的农户应该是优先，因为一年时间就可以卖三水（季），蔬菜经济价值应该高于粮食，所以我村栽种蔬菜的农户农田在扩增。

神圣与世俗　　富民县东村镇芭蕉菁村苗族村民日志

2014年1月13日　农历十二月十三日　星期一　雨

我村今日的生计活动，由于建设生产之需求，我家张学忠、张学德、张学祥、孙儿张恩膏等5人乘坐一辆小车上昆明市购买车子，只因有需求喜好。而今天的天气又下起雪来，想来是不利出门，始终是不方便。幸好是到了中午后，天气又晴开了，天也祝福，人也争气。

购车子情况是，由于生产经济发展有限，只能选购二手车子，选购得一辆17000元的轿车。又办转车户口手续，几乎用去一个整天。

小结：由于社会在发展，人们的生产生活有需求，一户人家购置一辆车子是必须的。

2014年1月14日　农历十二月十四日　星期二　晴

记述村民今日赶鸡街活动，变卖苞谷的农户有张学会、王圣德、杨天友等多户，其中时常变卖的是杨天友。变卖蔬菜的有张学才、张学德、张学祥3户。变卖情况是，张学才一到了街上，就以每公斤儿菜3—5元的批发价卖给他人了，重量约有200公斤。张学德有儿菜约200公斤，也是以每公斤3元做批发价卖了。据说，每个街天卖儿菜、山药能获得五六百元。

小结：村民变卖农副产品，苞谷、蔬菜两个品种项目是比较活跃，也是比较可观的新兴项目。据经验实践证明，目前种植蔬菜的经济价值始终是高于种植粮食作物。所以栽种蔬菜的农户有所扩增，好像是大有作为。

2014年1月15日　农历十二月十五日　星期三　晴

记述我们二老赶东村街，人们每隔一段时间都需要上市购买些日用品，年关春节也只有15天了，所以过节物品也准备开始购买。儿媳们的车子几时上街，就抓住时机，也随着上街买上自己用的。该买的也是分作几个街天买，零用食品到了春节再买，今日需要的就是年用的米、食盐、饮料、饲养猪用的料精。老年人用的，春节就买上高档的饮料，低价的20元一箱就可买到，中等的30元就可买到，而高档的有6瓶一箱的，要价是40元，我们也买上一箱，不够再买。

小结：主题思想，年老者需要儿女给予关心，估计有时候无法关心，因为年轻人工作很忙，那么年老者就要事先打主动战，事事力求自己承办，不麻烦他人，保持年老者四季春，事事想得开。

2014年1月16日　农历十二月十六日　星期四　晴

乡村亲属友人冬腊月婚喜事多，年关接近春节，家人朋友杀猪请客，相互来往赴席，一片新气象。

今早姑爷、女儿张会云杀过年猪请客吃饭，电话通知我家父儿五户15人上到柿花箐姑爷、女儿家去吃饭。我们乘坐三辆车子上去赴席。规模有所扩大，他家哥弟昨晚安排吃晚饭。今早又特为请妻之父母一方吃饭，今年我们哥弟、大爹、二爹连我凡在柿花箐嫁人的3户请请来在一处吃饭。饭席就如同年三十晚（春节），鲜猪、鸡、鱼，几种饮料啤酒都齐备。晚饭又统统到马街朵木得村赴嫁女儿席，所以我村就出动4辆车子运送人员前去赴席，下午2点半出车。

2014年1月17日　农历十二月十七日　星期五　晴

看病，老伴已感冒病倒三天了，而且不但不好，反而加重。昨晚一个整夜都没有办法入睡，在床上就提建议，叫儿媳一辆车子今天一早送往医院打针。一早我就叫儿媳安排一辆车子送我们老人去看病。早8点我们出车，儿张学忠说，我们去富民东村医院看病呢？还是跑寻甸县鸡街平安医院看病呢？我答应说，不论跑哪边都行，儿学忠说，跑寻甸鸡街医院试试。今天的看病、医药、针水总共开支是58元，看病过程仍然要身份证（好像按比例仍可报账），而富民县东村医院看病一般是30—45元，按高价计算一次就多付出13元。又要多跑3公里，我们在生活实践中得出结论，以后看病情愿仍是在自己本县医院看病，少出钱，又少跑路，这就是知识。

2014 年 1 月 18 日　农历十二月十八日　星期六　晴

村民张正福建太阳能洗澡室，几天来砌房脚石，又填房基土，又出车到鸡街砖厂拉运空心砖。事情还在准备中，往外拉运填土里程有 7 公里，是趁祖库村两户使用挖机挖房基坑之际，图方便车子开到那里。挖机也协助装车，从 1 公里外拉泥土回来填房基坑，双方都图快，相互协助支持。建房事工，砌房基坑和砌挡大墙费力一点，属于单人独手，搞起建设困难一点。

小结：这个时代的年轻人，搞起建设来都有一套把握。只不过说是人手单就多要时间和工夫。但处在这种情况下，就慢慢来，只要有决心，做起来也快。建房规模情况是建一房两用，就是太阳沐浴室和一间客房用。工作方式是，先把建房材料拉够，然后再建房。

2014 年 1 月 19 日　农历十二月十九日　星期日　晴

村民忙于准备上市销售的农副产品，昨天到山地把山药挖好。今天上午 11：30—2：30 时忙于礼拜活动。下午 3：00—5：30 时，有儿菜的农户又开出车子到山脚田坝砍儿菜。村里栽有儿菜的农户砍儿菜销售，有张学才、张学德、张学祥、龙保罗 4 户。街市上销售的数量，每户砍 200 公斤就够销售了。市场上的各样蔬菜也是那么丰富。

小结：蔬菜市场价格，逐年有所上升，去年每斤儿菜只卖一公斤 2—2.5 元，今年就可卖到一公斤 2.50—3 元。

2014 年 1 月 20 日　农历十二月二十日　星期一　雨雪

村民仍忙于上市销售蔬菜、山药、红薯、苞谷等产品。今天的工作比较艰苦，只因上市的物资昨天已全部准备好。所以不得不上市销售，因为天气变化，昨晚天将亮时，已下起雨来，整天下起雪来，幸好还没有堆起来，有利于所有上街的车子安全行驶。

物资销售，价格和销售量是很可以的。山药批发价还可以卖一公斤10元，原因是今天是农历十二月二十日了，人们要过年了，山药平时一公斤卖10多元，只有有钱人、要办事的买，而要过年了，有钱无钱都要买上一点，所以物资就好销。所以今日天气冷也是值得，也是销售农副产品者的好机遇。

2014年1月21日　农历十二月二十一日　星期二　雪

东村乡政府21—23号举行我东村乡人民代表会议。我村我家张学忠、张学德、儿媳王凤仙3人参加东村乡人代会。历年乡人代会议程都是3天，会议期间都安排就餐、住宿、活动、消夜等。会议作息时间是早上9：00—11：30会议，12：00就餐，下午2：00—4：30会议，5：00休会。

我家父儿5户另有一赴嫁女儿婚席活动。我家父儿5户15人乘坐4辆轿车前往北方向12公里的寻甸县拉利（苗寨）做客，参与亲属的嫁女儿席，送礼报到，吃了饭就与主户告别乘车回家。由于交通和交通工具之方便，赴婚席一般是送礼吃一餐晚席客人就走了，目的是去给亲友送礼祝贺，吃是不计较。再说众多客人住宿不方便，住不好，所以采取这种方式，减轻主人家的负担，也方便了自己，也不耽误时间，事也办了。

2014年1月22日　农历十二月二十二日　星期三　晴

参与亲友丧事探访活动。我家大姐张美丽家的小儿子因患病治疗，已跑了嵩明县、禄劝县、富民县三大医院，诊断一个"不治之病"，于今天早晨6点离开人世，家人把此信息通过电话告诉家人亲友。我家儿张学忠、张学德、媳王凤仙3人还开着乡代会。儿张学忠叫我带队前去探访受难亲友。我们二老人，五儿张学祥开车，到麻栎树村再带三姐张美成，4人乘坐一辆小轿车前去探访，表示同情痛哀。吃过早饭，死者由火葬场运走后，我们就与大姐告别，乘车返回。

小结：款庄朵木得村的丧事活动有一个特点，村人死亡几乎全村都出来帮忙，支持送礼、给予资助。李子沟上村都下来，二老人陪客表示同哀。

老人们也有负担，但是也得出来表表同情，这也是苗民大家庭关爱深情的流露所示。

2014年1月23日　农历十二月二十三日　星期四　晴

挨近老年春节，苗民村乡杀年猪请客，比较忙。亲属友人、附近村寨都很默契，互相请客分享生活之美满。昨晚是本村大爹、二爹的儿媳张学明、儿张约志、张学光、张学道4户办饭席请客吃饭。

今晚又是亲家水平子村张正祥父儿两户过年请客。我家父儿17人又乘坐3辆车子前往水平子村吃年席饭。饭席的准备是，宰杀过年猪外，还买上鲜鱼、鸡、蔬菜、饮料、啤酒，饮料力求高档，所以自然而然形成相互请客的民族传统习俗。家人亲友关爱来往，交流分享情谊，也是不可少的环节之一。

2014年1月24日　农历十二月二十四日　星期五　晴

我家父儿宰杀过年猪过小年（过小年指每杀过年猪要请客）。事工多，劳动力有的去搞建筑，我家安排今日杀过年猪，劳动力紧也得工作，儿媳，孙儿女们也来协助，大帮小补把今天的工完成下来。

过年事工多，不但是自己，文昌幼儿园也托我们找鸡、买鸡，所以自然里里外外年关工作多起来，幸好现在车子这么普及，都靠车子便利而完成。

小结：年关工作之烦恼，任务之多，是幸运、是好事，是领导、单位、朋友对我们的信任。我们忙一点也是应该，也是幸福的，也表明我们做了点工作了。

2014年1月25日　农历十二月二十五日　星期六　晴

记述村民杨兴明建住房情况。有意建房，几年已集资3万多元，计划今年先建好一楼。建盖方式是点工，承诺每个技术工每天薪水给100元，建房工天总共130个×100元/个=13000元。

小结：村民集资能有30000多元，也是不错了。按常理，农户都应有积蓄、有存款而相应日后之需。另一方面，也应当过一个有意义的人生，对社会、对教会、对地区、对民族、对家乡应有应尽的贡献，作出一定的付出。

2014年1月26日　农历十二月二十六日　星期日　晴

年节准备工作忙碌进行。寻甸县鸡街是我周边附近的街子，又是年终最后的一个街天。年节用的食品、水果物资要上市场购买，一般时间不上街的人员今日都要上街玩一下。今日街天很拥挤，不讲是街市区，就是从我们富民县邻近村民过去赶鸡街的这条公路，街子以外1公里的路段大小车辆都已拥挤起来。显得人民的生产生活都在快速发展，也显示出人们的生活需求很活跃和交通工具之便利，繁荣景象比历年有所进步和发展。我们村民很多人员乘坐各种车辆，于不同的时间上街购买年节用品。

2014年1月27日　农历十二月二十七日　星期一　晴

记述村民给他人抄犁山地打工。有一段时间，人家找龙福祥帮忙抄犁山地，历年开工钱一架犁牛一天给250元，今年又上升一点，一架犁牛一天给280元，增加二三十元也好，还记得、杨嘎哩两个村找请。

小结：靠牲口谋利益，比起他人就强了，一段时间是有一行收入的，是可观的、理想的。我村有犁牛给他人抄犁山地的农户是龙兴德、龙福祥、杨兴明三户，农闲季节，又不耽误生产。按理，很多地区，很多人员都流往城市、厂矿打工，按经济效益，应当是强于农业生产，所以乡村打临时工也是理想的，有能力有时机的，是可行的一项事。

2014年1月28日　农历十二月二十八日　星期二　晴

年节事工活动，人们都为春节工作而忙碌做准备，东村街是年最后的一个街天，春节需要的食品物资都要在这个街天买好，所以村民的大小车辆都已上街，购买春节用品。

春节时，又有人际关爱活动，政府部门和教会有关人士，应报答、应鼓励，也应有所表示，给他们送上小小节日礼品。此项工作从地方到城市都要做，今日又有教会工作。银凸山、芭蕉箐两村龙光福、张学德几人又乘车上昆明，向有关友好人士送礼。

2014年1月29日　农历十二月二十九日　星期三　晴

村民碾糍粑，一个上午大家都忙于准备，中下午就开始碾糍粑，大部分村民是用饭米碾压，少部分村民是用糯米碾制。由于用一个上午的时间做准备，中下午就接二连三地碾完。

小结：今日在我家父儿这里碾制糍粑的农户有25户，也就是村中的一个大组，我们都是为人民服务的，碾制糍粑的机器是昨前天现买的。事工进程中，村舍邻友个个都愿给点钱，表示赞助，我们也一一的谢绝，不收钱，我们情愿为大家帮忙，举办一些慈善事业。一天的时间，功夫有所付出，我们感到很荣幸！

2014年1月30日　农历十二月三十日　星期四　晴

过年，农历腊月三十晚，是民间的传统节日，称为过年。人们都非常隆重喜庆地过年，为喜为乐，集体分享亲朋好友之间的深厚友谊和感情。

  亲友分布于各县地区，里程百公里的亲属家人都付上代价团聚过年，分享家人密友之情益为乐为满足。团聚来客4—5桌人，只因到处都请客，有的只好分赴两地饭席而满足亲友之情。

  特点：年节所用之肉食、礼品需求规模逐年有所扩大，见证了社会发展。人民生产生活的进步和改善，购买力大幅度提高，干牛肉，高达一公斤100元都要买，啤酒、饮料都要买高档的，水果、糖食品，人们都为自己和亲属丰足的筹备。亲友相互赠送和分享，体现了家人亲友之浓厚友谊。

  小结：年节活动，另一种追求满足是，亲友每隔几年，或是一段时间，都需要来往交通。

2014年1月31日　农历正月初一　星期五　晴

  春节教会活动。今日春节，教会在外从事于传福音工作的张约瑟、龙荣富以及在昆明任幼师的张多加、张秀芳也回来度春节。教会安排聚会活动，内容有年节唱诗赞美、交流、讲解、分享、学习等活动。

  分享关爱活动，参加礼拜活动的村民们家家户户都为团队、教会买来丰足的节日礼品提供给大家节日分享快乐，人们都感到团队的温暖激励，因而满足和幸福。

  小结：苗族习俗，几千年来，都喜好游山玩水，从事苗民风情习俗生活，现在从事高尚文化生活、歌舞、音乐、赞美为生活之趣！

2014年2月1日　农历正月初二　星期六　晴

  教会春节年轻人的活动，上午有张约瑟、张良、张多加、张秀芳、张学德5人乘坐一辆轿车赶鸡街，购买年节东西，吃的、玩的、用的物品，是一种享受益乐活动。下午3：30—5：00活动，转入排练歌舞，准备用于明天礼拜聚会，开年礼拜崇拜圣会。

人员：龙荣富、张约瑟、张多加、张秀芳、张良、张恩膏等7人组成文艺队编制舞蹈。年轻人，对音乐舞蹈是很上心，很感兴趣的。他们起劲地排练，为民族、为团队献计献策。

2014年2月2日　农历正月初三　星期日　晴

教会开年礼拜庆典活动，按平时的程序进行，会众唱诗、开年祝福祷告、读经、讲解、献诗、背诵经文等。

记述各自然村献诗和表演歌舞项目等活动，本堂诗班也唱出大型教会流行颂选歌曲。芭蕉箐村小组献唱节目是自己创作的，歌词主要是辞旧迎新，对来年工作的展望等。在外参与福音工作的张约瑟、龙荣富，从事于教育，在昆明地方任幼师的张多加、张秀芳和在昆明技术学校读书的张良、孙儿张恩膏6人表演的舞蹈也配乐在台上为圣会观众演出。

小结：我芭蕉箐村人员多，知识人才多，在外人员多，在职人员多，才能人员多！

2014年2月3日　农历正月初四　星期一　晴

记述从事于搞建筑的事，由张学祥带队从事于搞建房的事。

有水平子村张绍荣建车房和家庭客房，一房两用，造房价准备2万元，张学祥、张正华、张寿文、王××4人合建，今日破土施工，石脚和砖墙采用空心砖。今日施工进度情况是：砌好墙脚石，砌起砖墙面5层。慢就慢在搞房基石脚和下房基水平，搞好房石脚砌砖墙面又快又容易。

小结：建房工作，村民建房事工到了年末年初，各自然村多起来，而且几乎都是本地本村自己设计和建盖起来的，已成了民族自己建设行业的事项之一。

2014年2月4日　农历正月初五　星期二　晴

村民婚喜事随着来年，又承办起来。上村柿花箐村王兴理亲属（属姑爷）为长女承办交聘婚礼金，也称"压八字"。来客118户，来客贺礼金总计9800元，饭席3餐，新郎交聘礼金是2600元。

小结：苗民婚喜事礼仪有增无减，规模扩大而且隆重。一是随着社会的发展和进步，也推动民族的生活、生产和婚喜事礼节讲究起来，二是民族地区人民的人际相处，礼仪，人生价值观也应有进步和提高。

2014年2月6日　农历正月初七　星期四　晴

教会办洗礼培训班，今日讲课是聘请大黄栎树村的龙周圣牧师。

讲课：一天讲了五节课，每个主题借一两节经文引证说明。授课没有作业，就要求学员记笔记，老师写于黑板上，所以很容易记。

2014年2月7日　农历正月初八　星期五　晴

今日讲课的老师是款庄西山教会的潘琼美牧师，由于是女牧师，又有一小孩，所以我们的车子到款庄西山去接。来这里吃早饭，中下午接着上课，课程是讲受洗后，要求要常常参加教会聚会和活动。听课人员，慕道友等10个教职人员，信徒10人，共20人。

2014年2月8日　农历正月初九　星期六　晴

今日洗礼讲课的是款庄的王学杰牧师，上中午是给慕道友讲圣经课，下午时间面向受洗信徒，作为考核录取登记。

2014年2月10日　农历正月十一日　星期一　晴

教会建房，去年正月开始重建房，建到雨水季节，大春农忙季节开始。一是农忙，二是建房经费不就位，因而停工务农。

今日是2月10日，又开始第二年恢复继续建殿，今年准备接着建二层楼房，浇房地板和转入粉刷，安装钢窗钢门。今日平整房地板，平整后准备浇房地板。劳动力，今日出动23人，包括煮饭人员。建房工序是房内填土，用大车从外边拉泥土回来填房前台阶，以及房内填土，人员多，又是用大车拉运泥土，所以一天基本拉够填完。

2014年2月11日　农历正月十二日　星期二　晴

记述村民建住房：村里龙兴祥家建住房，原先已盖成瓦房，为土木结构。由于现在人民群众生产生活有所改善提高，民族人民村寨已改进，把原先已盖好的瓦房拆除，力求盖成正规式钢筋水泥砖房。我芭蕉箐村经济发展虽然慢于他村，但仍然有村民龙学华、龙兴祥、杨兴明、张正才4户建盖正规式的砖房，建房代价都是40000元左右。今日，村民龙兴祥拆旧瓦房，已动工几天了。由于教会也建圣殿，所以劳动力紧，但人们都知道，人生都是在困难中行事。

2014年2月12日　农历正月十三日　星期三　晴

教会建圣殿的工序是，集中精力砌讲台的台阶，台阶有5层，讲台仍是填土方，山花门前有台阶7层，上到第七层就可入大门进房。圣殿台阶不但是进大门台阶，讲台台阶，还有正房面外，砖房5间连接起来的石脚都准备有三台阶面向大路。这些部位仍有填土方。建房工序工程大，人员每天也只凑得20多人。在建房施工中，大家都精神饱满，心情愉快地工作，不惜一切代价而力求早日建成。

2014年2月13日　农历正月十四日　星期四　晴

建房圣工的进展，仍是砌台阶，一般工序都需要技术工，一部分人员就只有边学边干，从实践学。所以自然就有人才充实队伍，每天施工，一部分人员搅拌灰泥，一部分人员供应砂灰砖块，一部分人员搬运建房材料。

生活服务：每天建房工人都不低于20多人，那么生活用品也要保障供给，建房人员也各自积极主动力所能及地拿出肉食蔬菜来。有的是从街市场买来米线、凉粉、鲜蔬给大家分享，体现关爱。圣殿里里外外的填土方，砌台阶，经昨天今天两天的努力，已砌完成。

2014年2月14日　农历正月十五日　星期五　晴

正月十五元宵节庆典：民族传统节日正月十五也是一个小节期，有的亲属老年大年三十晚不能团聚的，正月十五要弥补一下。就是探亲访友活动，大小节期，儿女、亲属、亲人有来客，生活肉食就多准备一点，多花钱。如没有来客，生活就随便简单一点就行。为大家过好元宵节，教会建房的事，我们就宣布放假一天。让大家过好元宵节再施工了。

2014年2月15日　农历正月十六日　星期六　晴

记述教会建房，今日的建殿圣工工序是浇一楼前讲台和正房，石脚外的长走廊，浇大门外的门台。一天浇地板之事繁忙，幸好搅拌灰浆是用微耕机，所以轻省些，工作始终顺利进行。今日有23人，包括煮饭人员，一般煮饭人员需要4—5人，其余的参与建房施工。每天出勤的劳动力自由出工，能凑得几人就出几人，按着人员的能量分工合作而施工。

2014年2月16日　农历正月十七日　星期日　晴

记述村民建住房，龙学华是村民龙兴德家的长子，成婚且已分家几年，现准备建正规砖房。建造现代正规式砖房，需要设计，需要高科技手艺，需要朋友同事。由于是身边孤独，也缺乏科技知识，建房从去年至今年2014年2月，建房工序进行缓慢，建房工地每天有二三人施工，易事成为难事。俗语说：一生学到老，学不完，要学做人做事。

2014年2月17日　农历正月十八日　星期一　阴

教会建房施工，集中精力人力浇灌圣殿地板。由于工量大，原先因有建设就买好一辆小推车，在建房中运送水泥灰浆，今日早上又配一辆车到东村街再买上一辆小手推车，用两辆小手推车运送浇房地板灰泥。一部分人员再用人工挑灰浆供应浇地板灰泥。劳动力今日浇地板，由于工程量大，我村人员早晨就动工拌灰泥，把白天所要用的灰泥拌好，并浇放上水，备好料子让白天施工方便。柿花箐、芭蕉箐两村凑得35人，劳动力今天是最多的一天。技术工天黑后，还摊磨地板到晚8点才完工。

2014年2月18日　农历正月十九日　星期二　阴雨

村民龙学华家建房，劳动力单薄，就早出晚归地在建房工地工作。不管人员多寡，几天中起早摸黑抓建房的事，已忙了一段时间。知道自己劳动力单薄就采取措施，晴天、冷天、阴天、小雨天都坚持建房。

小结：人在困难中行事，也是好事，就是通过艰苦磨炼，使人在实践中能学到一些功课，锻炼自己。路是人走出来的。有人一生中就是好学，想多见世面，反之有些人就只有在自己的事工中磨炼了。

2014年2月19日　农历正月二十日　星期三　晴

教会建房施工，今日主要是用灰泥抹圣殿正面的石台阶。石台阶的设计为全长24米，设计有三层石台阶，石台阶外挨墙石脚走廊宽度约130厘米。走廊外角又有5根大圆柱，5间房，间与间设一根大圆柱，柱顶、顶二楼板，所以今日施工是浇走廊外的三台石阶。

劳动力今日凑得5人工作，煮饭1人，合有6人。今日是鸡街天，上街变卖蔬菜去了一部分人员，今日是劳动力最少的一天。教会建殿都是乐意奉献工天，不但是奉献工天，就是建殿造价30万也是靠附近堂点和本堂教牧信徒乐意奉献而建。

2014年2月20日　农历正月二十一日　星期四　晴

记述村民搞建房：龙兴祥原先已建好土木结构的瓦房，现需要拆除旧房，盖成正规式的砖房。几天中拆除旧房、房木架、石脚，因为石脚原先只是泥浆，现在就得从石脚改为用灰泥浇灌。

今日建房的事主要是拆除石脚，到外地拉灰回来，准备明天开始砌石脚。建正规式的砖房，自己的娃娃龙荣富、龙荣祥，手艺就出在自己手中，自己在实践中自学成才，建筑就有套本事。建房经费，自己也准备一点，不够部分再向自己的哥弟姊妹借一点。

2014年2月21日　农历正月二十二日　星期五　晴

教会建房施工，今日建房工序是开始砌二楼房间。大部分人员供砖块、搅拌灰沙、供料子，一部分人员使用吊机从一楼地面把砖块、灰砂、水泥吊升上二楼，供应建房用材。

砌砖墙一组人员，都需要技术人员量尺寸，掌握角度，监督规格要求。由于劳动力不好固定，或固定不下来，每天凑得多少劳动力就是多少。又由于技术工少，有时生产也只好参与砌砖块，虽然不是那么理想，也就罢了。再说苗民很多有才有艺的人员都是自学成才的，从来不交学费，都是从实践中学。

总结：由于建设的事逐年增多，年轻人也得逼着搞起各种建筑。这样一来，极有利于发展手艺人。

2014年2月22日　农历正月二十三日　星期六　晴

教会建楼房，今日是砌二楼的砖墙。材料都是用吊机从一楼地面吊上二楼，建二楼比建一楼多要时间和劳动力。幸好供建房材料有吊机，用水就从高处供，所以就轻省得多。

建房人员，今日保持18人组合施工。生活服务员由3名妇女负责，每天供给开水，一天负责两餐，就是晌午（午饭）和晚饭。建房工作时间安排是由村寨做，有的村寨人员走到教堂来都得要一个多小时，所以干脆11:30动工，将就远的村寨人员。人员10多人不算多，甚至很艰苦，但是人们心中乐哈哈的。

2014年2月23日　农历正月二十四日　星期日　晴

记述村民准备建房材料，一段时间购买砖块，拉运砖块。用小拖拉机拉运砖块，从去年至今已拉运了多次，共有10000多块，建房一般需要30000块红砖，还欠差20000块，一有时间就去购买和拉运回来搁起，为建房积极备料。

2014年2月24日　农历正月二十五日　星期一　晴

探亲。自己的二舅死于2月4日，妹夫又死于2月9日，时间已隔15—16天，由于自己也是七病八痨，今日抽空叫孙儿张荣光开他家的小轿车带我俩老人前去看望。

今早7点出车，方向顺北边顺国家大边公路跑，通过鸡街、狗市两集市，方向又转向西10公里再往北边4公里就到旋窝塘妻的故乡，探访了三户遭灾困难户。挨户探访陪谈了两个小时，吃过早饭，我们就乘车回来赶工建殿。早7点出车，9时到了目的地，探访陪谈了两个小时，吃过早饭又赶回来，到了家里时间已是下午1点了，完成了亲友探访工作。

2014年2月25日　农历正月二十六日　星期二　晴

教会仍然进行建殿圣工，仍然砌二楼砖墙，建房材料每天所用的木料、砖块、灰砂，用吊机从一楼地面吊升到二楼使用。每天的建房工序都是从事于这几方面的工作。

人员以及教会几个自然村出勤情况是：今日建房出勤人员有26人，几个自然村出勤是：柿花箐村3人、万宝山村1人、石桥村1人、芭蕉箐村21人，合26人，我村参与建教会圣殿人员占全教会的75.6%。

小结：我村人员参与建圣殿占比高达75.6%。文化素质、口才、知识、人员数目、拥有机械动力、建筑技术人才也应该是我村占的比例高，所以我村信徒应该多忙、多辛苦、多有付出，站在全教会的前列为全教会服务。

2014年2月26日　农历正月二十七日　星期三　晴

记述村农事。从事于栽种蔬菜的农户，有张学祥，今日到田里移栽三叶瓜，所谓三叶，就是长到三叶就开花结小瓜了，实际可能是5—6叶试花结小瓜。种植蔬菜、抓经济当然是理想可观的。需要有两个条件，就是要有水，又要栽于田里，因为你浇不了那么多塘的瓜水，就要放，这些条件，我们是具备的。为争取成长得快，受益快，就得盖上薄膜，所以叫外父母下来帮忙。4人打塘，施化肥，移栽、浇水，栽好一亩田的瓜苗，还付出很大辛苦，整整忙了一天。

2014年2月27日　农历正月二十八日　星期四　晴

村民变卖黄牛，张学道变卖3头，双方讲定三头合价为9060元，儿张约华变卖一头，是大黄牛，双方讲定价8006元。儿张约祥说，自己的牛长不大，所以卖了以后，准备改良品种，要买品种大的。当然目前是自己吃亏了，而又要买品种大的，当然要出高价才能买到良种，就图品种大的，长得大，价格才能随着提高。

小结：农业生产都讲科技，都讲良种，牲口当然也讲品种，讲改良。农夫现在不论是农业、牲口、果树都要学科技，讲究改良品种，力求高产。

2014年2月28日　农历正月二十九日　星期五　晴

教会今日建圣殿，我们建的殿，一楼长度为24米，间架为5间的长度，设计二楼房，有两间设有楼房。

今日建房事工是砌一楼的围栏杆，一部分人员供吊车的砖块、公分石、细砂。备浇二楼房的料子，堆集于二楼上。人员：万宝山村2人，芭蕉箐村30人，出勤两村总人数为32人，万宝山2人占6.2%，芭蕉箐占93%。

东村乡芭蕉箐基督教教堂是总堂，论福气，我们都是占优先，所以我们应该为大家多忙些，多辛苦、多付出也不算苦。

2014年3月1日　农历二月初一　星期六　晴

村民送孩童到学校复课，有孙儿张良在昆明某技术学校读书，今日需要返昆复课。由于自己有车子，张学德、妻王凤仙作为父母，表示关心儿子，鼓励娃娃上学，所以吃过早饭，亲自出车把儿张良送上昆明。要80—100元才够往返的烧油。作为父母当然情愿付出这小小的代价。

2014年3月2日　农历二月初二　星期日　晴

教会圣工活动：我东村乡的响石、乐在、东村、杜朗4个汉族自然村的基督教信徒需要有个活动地点，便于牧养。经过祷告，确定在东村街租一间房，作临时礼拜活动。

地点已找妥，在东村街上。宣布从2014年3月2日举行东村活动点聚会启动礼拜。主持礼拜：杨彩芝长老；读经：张学德传道员；讲道：张正文长老；唱诗班：芭蕉箐、大场两队。就餐时间：晚3点，地点：农贸市场饭馆；就餐人员：9桌，每桌10人，约有90人。教会安排给每人3个馒头，一把果糖，分为两袋。

2014年3月3日　农历二月初三　星期一　晴

记述教会建房工作：今日建房工序是浇二楼顶撑杆，二楼房安设有4个房间，建设工序得要4天工夫才能做好。

人员今日有21人，包括煮饭人员。劳动力100%都是我村人员，前面论述过，我村信徒人员，不论是知识、科技、才能、人才都占有优势，就是教会建圣殿我村劳动力至今也总是占总数的 80% 左右。

2014 年 3 月 4 日　农历二月初四　星期二　晴

村民搞住房，有龙兴德长子龙学华搞建房。由于自己缺手艺，去年已备料，等到现今破土施工。今日是浇楼顶的日子，为了不影响他家浇楼的任务，教会建圣殿工程也停下来，让他家浇楼房能多有一个劳动力，任务顺利完工。

小结：我们已学会人际相处，人生要学好文化，也要学人学事，学会与人相处。乡亲友人前来帮忙浇楼房，由于人们都会看事不看人，所以人员多，大约下午 4 点已把楼房浇好。

2014 年 3 月 5 日　农历二月初五　星期三　晴

记述教会建房事工。教会建二层楼房，涉及复杂支架撑杆，几种壳子板的构架。装配、安设都涉及技术工，都要人，而且高空作业，难度大，慢慢做，才能确保安全施工。幸好购置有制作木器的吊机，各种电凿，以及建筑上用到的工具等，有力推动建筑进程。

小结：不论是社会群体，是基督教会，是民族村寨，还是家族，通过群体建设事业，都期望能涌现出一批好人好事，或是能涌现出为社会、为教会、为地区、为家族信得过的人才。

2014 年 3 月 6 日　农历二月初六　星期四　晴

村小组今晚召开村小组会议，会议内容：有老板要承包我村的田块栽蓝莓，每亩田给价 1500 元，征求大家意见。会议结果：到会人员 15 户表示同意，没有到会的有 11 户，可能是不同意。

农户同意的理由：年时改变，雨量逐年减少，农事情况有泡田、栽秧、割谷子、收谷子，算下账来已是开支一笔钱了，所剩无几，所以情愿承包给老板。老板答应，每亩田块给 1500 元，20 年一次付清。讨论村民表决，租田块，一年作一年付，我们年年都有钱（初步情况）。

2014 年 3 月 7 日　农历二月初七　星期五　晴

教会改造厕所，原已建好，现在需要改进完善，并且建于离场院300 多米外，又卫生，人员进出也方便。昨天拆除旧房，今日开始挖房地基，下尺寸，定桩，并开始砌砖块。由于大部分人员忙于建圣殿，所以安排 4 人员负责搞起，能砌多少算多少。重点劳动力投入建圣殿，支搭撑杆，支架壳子板，力求三几天内把圣殿的二楼浇好。人员：男劳动力有 18 人，妇女有 5 人，合有 23 人（包括煮饭人员）。

2014 年 3 月 8 日　农历二月初八　星期六　晴

教会建房继续进行，今日工序是安二楼圆柱模型，应浇好灰泥，装定壳子板和围边板。上午制作模板，安装模板，一部分人员从一楼地面把二楼建材和浇二楼用的灰砂吊升到二楼待用。

下午集中精力把二楼走廊的六根大圆柱浇好。一部分人员上、中、下午制作二楼房上要用的器材木板。生活奉献情况是：每天建房人员吃用的肉食凭信徒人员乐意提供，尽自己所能地拿来肉食鲜菜，有的买来冰鱼、鸡肉、凉粉等供给教会食堂。

2014 年 3 月 9 日　农历二月初九　星期日　晴

打野火事工。我村林业员是张学忠，今日下午 4 时林业局来电话通知，约一些人员到富民西片打野火。我村张学忠约得张正才、张荣光、龙兴华等人去石桥村委会，统一安排车子接送。一出动就是两天，昨天夜里 4 时回到家。情况是禄丰县、武定县、富民县交界烧野火，是从禄丰县境界烧过来的。我们富民县林业员出去主要任务是协助修路，让救援队伍能顺利通过，扑灭野火。据说部队、挖土机都组织前往火灾林区救火。据说所有参与救火人员小工都要付给工资，目前还没有兑现。

2014 年 3 月 10 日　农历二月初十　星期一　晴

碎糠、养牲口、喂猪的农户，最近一段时间都积极喂牲口。今日我家姑爷、嵩明县凸董箐女儿家也与我们联系，要过来我们芭蕉箐父母家碎糠，所以今日我们出车到山顶拉运苞谷草，通车路的地方就用车子拉运，陡坡地不通车路就用人工背。土地散，分布于远山脚、山腰、山顶，山脚到山顶路程长达 4 公里，所以要碎糠需要些时间来准备。

2014 年 3 月 11 日　农历二月十一日　星期二　晴

碎糠事工。今日碎糠，昨天背运草，夜里碎了米，今早用一个早上的时间碎糠，就把昨天背的草全部碎完。

碎糠小结：社会在发展，人们生产生活也随着进步和改善。我村碎糠历年是用打面机碎，又慢产量又低，而今年就有张学祥、张约新两户购置大型碎糠机，机身配有小发电机电瓶，夜间可照明，速度快产量高，几天背的苞谷草几个小时就已碎完。这套大型碎糠机买价是 5000 元，昨晚今早碎得 40 袋糠。

2014 年 3 月 12 日　农历二月十二日　星期三　晴

教会建房浇二楼楼板，供浇楼建材是用吊升机从一楼地面吊升上二楼使用。从二楼再供上三楼的建房料子时，人多主意巧，砍来三棵树，长达 24 踩，每一踩砍出都高达 1 尺多的长梯，一人站于一踩上，供灰泥作传递，这样速度就更快。

今日浇三楼人员多达 60 人（包括煮饭人员），搅拌灰泥是在一楼，由于灰泥数量大，就用吊机把微耕机吊上一楼搅拌灰泥供浇楼。生活情况是：有的信徒奉献了两只土鸡，教会也买上些，今日浇楼，饭席有 10 个菜，也买来饮料，浇楼顺利完成。

2014 年 3 月 13 日　农历二月十三日　星期四　晴

村民张学忠给妹子张美、姑爷龙学祥家送苞谷糠，因昨前天他家从嵩明凸董箐过来娘家碎糠，我们有着大车，叫三舅张学忠耽搁一天，给他家送过去。路都是绕道前往，往返据说一个单边就有 80 多公里路，车子要 4 个小时才能到达。

三儿媳娘家就在凸董箐村，老人就在那边，所以给他家送洋芋种和苞谷糠去，又顺便过去看望老人。需要早出车、晚回来，在那边多停留一些时间，给老人多做些事务，帮帮忙。这件事就是一举两得，又给姑爷家把苞谷糠送过去，又看望了老人，回来时又给妹夫张会云拉回洋芋种，到家时已是晚 7 点了。

2014 年 3 月 14 日　农历二月十四日　星期五　晴

原先有老板与我村联系，要与我村承包全村的田块栽种蓝莓，我村商讨中，一部分农户不同意，老板说：要全片承包，便于管理，而只有一部分承包那就算了，就没有承包。

小结：张学会发言：他有一亩水稻田栽稻谷，收入价值 1000 元，有泡田、栽秧、割谷、掼谷子，4 次使工开支伙食，几乎用完了。去年因缺水，干脆种苞谷，收入仍值 1000 元，点苞谷就不使工了，一亩田块收入价值就自己用了。那么有老板来承包田块，一亩田块给价 1500 元，比种苞谷还更找钱，还更划算。不愿承包田块的农户，这些简单的道理都不懂了，这就是事理。今日有张学全家泡秧田的教训。

2014 年 3 月 15 日　农历二月十五日　星期六　晴

教会建厕所，教会重建的规模是旧教堂的三倍，所以圣殿更新，场所更新，卫生更新涉及场所卫生，厕所也需要改造完善。所以确定建卫生厕所，4—5 人着手动工 4—5 天，还差些砖块和水泥瓦，计划出动一辆车子上街购买建房物资。

4人在家砌砖墙,由于搞建筑已成了现代年轻人的日常事工,所以砌起砖墙来也较为顺利和高工效。任务重,时间紧,建筑工人就从早工作到晚,每天饮食就供三餐。

2014年3月17日　农历二月十七日　星期一　晴

教会事工又建圣殿,又改造厕所,地里的小麦已有黄色了,将进入收割地麦的季节了。所以事工多,时间紧,建房人员少。建房年轻人主动采取措施,原先建殿中午12点出工,晚5点休工。而现在改过来,早8点出工,晚6点休工。可能建房事工是每天工作8个小时,建房年轻人也自觉地负起责任来,都讲求工效。建殿任务重,时间紧,外村人员也很少参与建殿,所以我村年轻人们,就觉悟起来,积极出工,相互协助,挑起建殿的重担,每天坚持建殿建公厕两不误。

2014年3月18日　农历二月十八日　星期二　晴

教会建圣殿又改建公厕,三分之二人员建殿,三分之一人员建公厕。今日人员少,就干脆转入合力建公厕,事工开展中,建房中差欠什么物资马上开车到集市购买。建房人员也是他们,开车人也是他们,所以极为有利方便,今日集中精力合建公厕。年轻人们明白事工多、时间紧,就积极主动,早出晚归,尽上最大努力,少休息、多做活、抓火色、讲工效地干,今日公厕已建好,都靠大家的齐心努力。

2014年3月19日　农历二月十九日　星期三　晴

记述村民杨天光、龙兴祥给他人抄犁山地作为打工,就是工人合力使一架犁牛。抄犁山地,工资待遇是讲定,工人使一架犁牛每天给200元,按牛和人计算那么一个工只合100元了,明说是亏了一点,但是作为一个农夫,吃亏便宜的事工都得做,辛苦一点,有微薄一点的收入也好,总比没收获好。再亏,如果坚持十天,一个人至少也能收入1000

元啊，俗语说："小账不可细算"，也就是说，数目虽然小，但积累起来，数目就大了。

2014年3月20日　农历二月二十日　星期四　晴

教会今日有来客，或说教会接待工作。今日有来客，5男3女，8人组合一个团队拜访我们教会，有意采访我们苗族的建圣殿圣工。来前有告知，使我们有所准备，并叫我们到马街接他们，所以张学德出车到马街接客。为确保安全，也为避免麻烦，我们带队从马街就转走东边昆雪高速公路，转走寻甸鸡街方向前来我们教会。

生活待遇，教会有来客，当然就要做些准备。个人有方便，教会都得做准备，为客人前来特地摆上，表示我们的欢迎和心意。所以客人到来时，我们人员一一向他们握手表示欢迎和鼓励。客人就餐时，整席饭菜都做了摄像。来客吃饭休息一会，也邀请我们和他们合影留念等，便与我们告别，乘车子走了。

2014年3月21日　农历二月二十一日　星期五　晴

栽种蔬菜的农户，今日拉运往鸡街销售，第一户是张学祥，第二户有龙兴德、张约志两户（是指田面积和能量几乎相等为第二户）。每户销售量约有200公斤，每公斤可卖1.5元，或是卖一公斤2元，销售一街收入有300—400元。

小结：栽种蔬菜的农户，几年的栽种实践经验证明，收成经济价值都高于粮食作物，粮食与蔬菜价值相比，苞谷（玉米）现市价每公斤2.30元，蔬菜价仍是每公斤1.50—2元，而且蔬菜一年可以多种几水，所以种蔬菜的农户积极性很高。

2014年3月22日　农历二月二十二日　星期六　晴

记述村民建房，政府领导有指标有安排。一年我村有指标两户，给予准建正规砖房，要拆除旧瓦房，在旧房的原基上重建正规砖房，政府补助10000元。今年的两户是龙兴祥、龙福祥。龙兴祥已砌好房石脚，龙福祥今日开始拆除旧房皮上的瓦块，拆房人员也少，所以尽上最大的努力只把整房间上的瓦片拆完并扳收堆好。建房准备工作，他家是先把红砖块买回来堆好，以备建房时方便，所以今日开始拆旧瓦房。

2014年3月23日　农历二月二十三日　星期日　晴

记述村民农事工作，一项中心工作就是排洋芋（也称土豆），方言是"点排芋"，有龙兴华家点排洋芋。由于哥弟俩难于相处，哥家人口多，不但不协助弟家推动生产，反而给弟家施加压力，在这种情况下，教会就出面协助龙兴华家点种洋芋。他家3个劳动力，教会10个劳动力，合有13人组合为一个组种洋芋。由于跟牛点，所以工作到下午5点已全部种完。

生活安排是由教会建房食堂炊事员煮饭做菜，教会建房人员有6人，吃晚饭，龙兴华安排排洋芋人员13人和建房6人，两起和煮饭人员21人共餐。

晚餐席就是使工排洋芋的龙兴华家提供给我们大家享受，体现关爱，促进文明见证基督之爱。

2014年3月24日　农历二月二十四日　星期一　晴

村民龙福祥家建房事工仍然进行拆旧房，昨天是拆除房皮上的瓦片，今日凑得6人拆房梁木架。拆旧房木架就也要拆房墙上的土基，因墙土基又包着房木架的边墙木柱，拆旧房木架难度大。因为人员少，又是高空作业，只得慢慢做，能做多少算多少，拆完为止，花几天工夫是无所谓。

小结：拆旧房是他家慢慢做，使工是凭村民、亲友喜欢赞助。旧房拆完，据说是要承包给亲属来建盖。目前苗民建盖砖房，一般都是喜欢做承包。不用提供伙食服务，情愿多出钱省事。

2014年3月25日　农历二月二十五日　星期二　晴

村民们忙于点排洋芋，今日有龙荣才、张学忠两户联合使用一架犁牛点种两户的洋芋。由于耕地少，所以有点种两户的，有时还会点种3户的洋芋。我村点种洋芋的一般都点种于山顶片区的耕地。

生活安排是：由两户点种洋芋的统一为点排洋芋的人员和建殿人员在教会食堂做饭。生活代价当然两户排洋芋的农户负担了，意思就是说大家都来关心建殿人员的生活，使工的农户是付上代价办好饭菜的。晚饭是下午5点就餐，大家欢聚一堂，有说有笑聚餐分享关爱。

2014年3月26日　农历二月二十六日　星期三　晴

村民排山药，张学忠、王凤仙两户同时排山药。方式是用人工开沟，施撒底肥，分别为复合肥、磷肥、农家粪、混施作基肥，再放上山药苗种，覆盖上泥土即可。

试种。挖山药费时费力，有关领导重视发展农业经济，中午时东村乡领导干部开来一辆车子，一男一女带来6条塑料半圆塑型，让栽山药的农户试种，把山药种子装在塑料的一端，另一端斜埋于深一端，迫使山药顺塑料壳长于浅处，便于人们挖山药，促成难挖变成好挖，这样来提高工效。

小结：栽山药几年的经验表明，如果种好，经济价值是可观理想的。不过自己留的种排不满挖了的地，每年要另外再买上些来种，今年不够种排部分我们也就不再买了，栽了多少要多少。

2014年3月27日　农历二月二十七日　星期四　晴

村民张学忠送二孙女张甜甜往昆明儿童医院检查。因前些天在石桥文昌幼儿园被别的女孩子推倒砸于水泥地板，当时不觉得，过了些天女儿头骨就疼起来，幼师叫家长领去医院检查，昨天父张学忠领去款庄马街医院检查，医生叫领去昆明医院检查。所以今日张学忠、儿媳龙美珍乘坐自己的小轿车上昆明医院检查，医院医生运用仪器检查，结论没有问题，检查和鉴定费收200元，我们也只好是自费了。

2014年3月28日　农历二月二十八日　星期五　晴

村民农活事工，撒水稻秧，张会学家今日撒育水稻秧。育水稻秧工序是，先把秧田泡出来，把稻谷籽粒用温水浸泡24个小时后再滤干水，拿到太阳光下晒干晒温后，装入口袋仍经过24小时，即将发芽时再把秧田理好撒上谷种，再盖上地膜，秧田沟上再放上水，只要秧田沟沟有水就行，不可过满，撒谷秧这天的事工活计就是这么多哩。

小结：农事当前就有点排洋芋和散水稻秧、割麦子，都已在进行。

2014年3月29日　农历二月二十九日　星期六　晴

村民农活事工割麦子，有张约华家割地麦，是山脚片尾。由于父亲张学道、母亲龙兴兰到外地受培训学习后参与宣道工作，所以哥弟姊妹也主动地出来帮忙割地麦。约有4—5人协助，地麦约有0.5亩，所以挺容易就割完。

小结：我们割地麦，一块山地的麦子不是一时全部成熟，一块山地当阳处先成熟，背阴处后成熟，相隔一个多星期时间。哪里成熟就割哪里，一块地黄完割完，这样任务轻松，一般不用找工，自己割就行，也不还工。割地麦将开始了，今日就有3户开始割地麦。

2014年3月30日　农历二月三十日　星期日　晴

记述村民建住房，龙福祥家建砖房，原来建好的土木结构瓦房仍可住，只因政府关心，安排一年两户资助10000元建正规砖房。几天前是忙于拆旧房，旧房已全部拆完。今日建房事工是挖墙脚基坑，准备转入砌墙基石脚。由于自己没有手艺和才能，只好事事靠亲友支持帮忙，所以建盖也是干脆承包给亲属，挖墙基石也是打电话叫承包建盖的亲属过来下尺寸给他家挖。这天过来人员和他家用一个下午的时间就挖好，利用老墙脚基石就省事便宜，基本是一次性就搞好。

2014年3月31日　农历三月初一　星期一　晴

记述村民王圣德家割地麦。由于点种时间早，又是当阳的地块，所以成熟也就早，自己本身是农夫，又是强劳动力，所以到了收割季节，一般都是出早工抓时间割地麦。几乎大部分时间都在地麦里抢收割，不讲一天能割多少，是两天三天从开始忙到割完。几天中所割的地麦有3块，面积小的有1亩，面积大的有1.5亩，村民大部分即将开始割收地麦了，今日是农历三月初一，已是进入收割季节了。

2014年4月1日　农历三月初二　星期二　晴

村民泡田，今日有侄儿张学才家泡田。情况是稻谷秧已育下，趁有水，把稻田泡好，以免泡田季节拥挤。由于雨量逐年减少，我们村队也不再提倡泡田栽种，从2013年村上就不再管理和安排，由村民自己管理。

小结：今日泡的这块田，小春季节栽儿菜，面积有2工田（一亩=3工田），仅仅小春种儿菜已收入1000元，种蔬菜经济价值始终高于粮食，已是尝到了甜头了，应该是从经济价值算账而不走回头路。另一种考虑，可能是图稻谷草，因为所有山地的苞谷草都靠田里的稻谷草拿去捆扎。

2014年4月2日　农历三月初三　星期三　晴

村民赶东村街，张学德变卖苞谷赚支持长子张良在昆明技术学校读书用的零用钱。出售苞谷100公斤，单价每公斤2.30元，收入230元。我自己是乘四儿张学德的轿车上街买吃米，东北好米，街上老板出售，一包 25 公斤，价 140 元，平均每公斤米价是 5.60 元，高价买好米就图米味香。我家儿媳我们二老人就有 4 人，车子行驶到村对门，侄儿张学会 1 户 3 人又走在路上，我们的车子又停车让他家 3 人上车，我们凑得 7 人乘一辆车子。上街办好事务，我家儿媳我们二老人又乘车回家，到家时，已是上午 10 点了。到家老伴又上到柿花箐跟姑娘张美兰、姑爷张会云乘拖拉机过去赶鸡街。

小结：两个街（东村街和鸡街）特点，东村街人们都是赶早街，早 8 点几乎摊子已摆好了。而鸡街是赶迟街，中午 12 点摊位几乎还没有摆好，经商人员还忙于打牌哩。

2014 年 4 月 3 日　农历三月初四　星期四　晴

人生大事，村民张学会侄儿为长女订婚，有亲属来自嵩明县戏台子村（苗寨）来求婚。据说，新婚夫妇已有相识，所以双方同意。新郎头一次来求婚称为求婚。第二次应该是交聘婚礼金，现阶段有的是交 2600 元。苗家婚习俗当新郎定日子来交聘礼金时，承办户就得为家人亲属办筵席请客。而现在不知为什么，婚习俗礼节有所增加，一对新婚夫妇刚刚求婚许愿订婚，父母就要女儿请客办一餐喜郎席，我们村就有两户这样做。

小结：想来不必麻烦亲友，按原来民族的礼节，正正规规，付上代价办好就行。

2014 年 4 月 4 日　农历三月初五　星期五　晴

村民农事活计同时有点排洋芋，收割地麦，开犁山地沟备于点种大春玉米（苞谷）三项。

今日张约祥、张大卫两户联合使一架犁牛点排洋芋，因为地少、种少而两户凑合为一架犁牛点排。山地面积极为有限，各农户种上一点供农户人家做菜。其次是公历 6—7 月，俗称"五荒六月"之时喂猪用，所以我们芭蕉箐村民只有部分农户有洋芋卖，约占60%。主要原因：一是耕地少；二是山地海拔低，不利于洋芋的生长，制约着洋芋的成长和丰收，所以大部分村民地少、种少也就罢了。

2014年4月5日　农历三月初六　星期六　多云有雨

教会柿花箐小组组织春游活动。四川与云南交界处著名的大雪山，云南旅游无烟工业立为新的旅游开发区，国家政府立为重点项目之一，并且投入巨款把昆雪高速公路修通，目前雪山旅游开发区在建设中。今日柿花箐小组60人乘坐7辆面包车前往参观旅游、歌唱、举行歌舞、摄像活动。里程有4时×40公里/时=160公里，每辆车子往返耗油量是100元，雪山门票每人收85元。

小结：付出之大，收获却少，雪山顶自然（天然）有大清水池，攀山队员付出辛劳代价，有时攀山越岭，有时过险木桥，有的地段是爬了上山。攀山峰人员七病八痨，因为大雪山顶海拔五六千米，必然空气稀薄，人就适应不了。昨晚夜里9点全队乘车回到家，天亮时车队行驶到狗街，是初步情况。

2014年4月7日　农历三月初八　星期一　晴

记述村民建住房事工，龙福祥家建住房，原先是承包给自己的亲属来建盖，现已改变方式，只因经费无法就位，建房工程又转给本教会的建筑队王继光执事建盖。建房工程协定为建盖好后，付一部分钱，然后一两年付清建房费。所以今日开工砌房基石脚，人员有6人工作，今日已砌好房脚石。

小结：此建房的方式就解决了他家经费不足的困难，有利于建房户也利于教会的建设，因为王执事从事搞建房事工是用于支撑教会建圣殿。

2014年4月8日　农历三月初九　星期二　晴

有人请客吃饭。信徒王光学（柿花箐村）因患有胆结石病，到禄劝县医院治疗排除，有关教会和亲友都给予微小的支持和帮助，他家为了表示谢意而办一餐筵席，所以今晚请支持过他家的赴席吃饭。来客赴席情况是，有6桌客席吃饭，他家客席每桌上有12个菜，也摆上高档饮料筵客。

小结：一方遭灾，四方支援，关爱活动应该加强。体现家族亲友之间的团结友爱之密切，减轻病患者的重担和压力，这也是中华民族传统的美德，应发扬和超越民族界限，体现爱在人间。

2014年4月9日　农历三月初十　星期三　晴

记述教会建圣殿，工序是已转入粉墙，是已粉刷了一段时间，先是从二楼的内房间粉刷起，圣殿一楼已粉刷了两格，今日工序仍然继续粉刷墙壁。一楼高度是5米，要粉刷，先要支搭脚架板，搞起来手续也多。

人员每天能保持7—8人，技术人员也少，一部分人员就从实践中边学边干，而且高空作业是难上加难，只有慢慢做，做好就行，做好为止。

小结：教会建造圣殿，事工转为粉刷，只有安排一些技术工来做，其他的义务工就很少用。所以我们其他搞义务工的人员也就看情况，有需要，我们就投上，不需要，我们就抓自己的农活。

2014年4月10日　农历三月十一日　星期四　晴

记述村民龙福祥家建正规式的砖房。先是计划给亲友来承包建盖，后是因为经费欠缺，又打个主意，承包给王继光执事建房一组来建盖。

今日建房事工是开工的第二天，头一天是安放房脚石，今日建房工序是浇灌灰泥，一辆车子从教会场院装上人工细砂。因为拉运细砂的大车，只拉运到教会的场院，还得另找车重新从教会场子拉石砂往下 100 米才到建房工地。今日拉运石砂、搅拌灰泥、浇灌工作、下准石脚水平，建房人员今日所付出的劳苦也实在是不容易。

2014 年 4 月 11 日　农历三月十二日　星期五　晴

吃筵客饭。村民张约翰因生长女，有关家人和亲友作了小小的看望和支持，现代民族村民习俗，作为主户都要作礼仪上的回敬表示，张约翰确定今日为亲属办饭席筵客。代价为宰一只山羊，杀鸡、买鲜鱼、购高档汽水饮料等筵客，来客约有 12 桌人，贺礼金约有 2500 元（前后送）。

小结：人们承办亲友之间人际友谊关爱筵席，虽然形成一种负担，也归属人生大事，也是人们之情感友爱活动，也是人间不可少的部分。

2014 年 4 月 12 日　农历三月十三日　星期六　晴

村民龙福祥家房屋承包给教会执事王继光一组建盖，昨天建房工序是浇灌石脚，由于是承包式，建盖工人劳动也是硬功夫，尽上最大努力，要把房石脚浇好，有利于第二天支扎地梁。

今日建房的工序又是扎地梁钢筋。时间就用一个整天，工作是吃过早饭，老板才把钢筋送到建房工地来，所以当然时间紧。要扎好一整间长房地梁钢筋，只用一个中下午时间，建房人员就要少休息多干活了。年轻人坚持工作，效力也好，一直忙到晚还是扎好了地梁。

2014 年 4 月 14 日　农历三月十五日　星期一　晴

我们的探亲活动，我家二女儿、姑爷龙学祥家居嵩明凸董箐（苗寨），因农事生产忙着育白菜秧，来电话叫妹张美兰和老伴潘美英过去帮忙。交通原来大小客车班次多，很方便，而现在昆雪高速公路通了车，所有上昆明的大小车辆就跑直道顺昆雪公路上昆明去了，我们到嵩明牧羊凸董箐这条线路就没有客运车了。

老伴、二姑娘张美兰今早到鸡街候车过牧羊凸董箐，没有车子又回来。五儿张学祥知道后说：你们付我车油钱我跑，今晚5点我送你俩去。由于搞建房所以晚5点才出车，车子行驶了两个多小时，时速40公里，单边时程80多公里。返程车子就开灯回来，约夜9点才回到家。

中心思想：苗民跟着社会形势而能抵御一些困难和自理交通工具，这种进步是快速的。

2014年4月15日　农历三月十六日　星期二　晴

记述张学全、张学忠两户攒麦子，此时田麦和山地麦都已成熟，几天中都是忙于割麦，晒了个太阳后又用车子拉运到教会场院分攒。分别是，大儿家张学全是用人工攒，因为场院窄，村民建房，几乎每天都有车子拉运料子来堆于场上，不利于打籽收粮。

张学忠打收麦子情况是：早上用车子把麦把拉回来摆于场上用车子碾压，上午把麦把摆于场上晒，而人又是用一个上午割地麦。下午又集中精力碾压、收拾过风箱，用车子碾压就比较轻省，又不耽搁时间，照样完成收麦任务。村民农事中心工作就是家家户户趁天气好忙于收割大小麦。

2014年4月16日　农历三月十七日　星期三　晴

记述建房事工，就是农户龙福祥家承包给执事王继光一组建盖的。墙石脚砌好，接着浇地梁，地梁浇好，接着就砌砖墙，昨天今天已开始砌砖墙。建房人员都是年轻力壮的小伙子，所以建盖起来工作效益是可以的。

建筑组织情况是：王继光承包，当老板负责，建筑由有三个分组建盖，柿花箐两个组，芭蕉箐又是一个组，可能每个组都安排有负责人领着建盖。建房工资待遇是，建筑人员每天是讲定100元，计划是趁农闲季节抓建房工作。劳动力情况是，每天凑得7—8人，多一个工或少一个工，反正是记工，每天尽力工作着。

2014年4月17日　农历三月十八日　星期四　晴

记述村民龙福祥家割地麦，是天天割麦子，要忙一段时间才能割得完，由于山地扩得开，配搭土地时运气好，占着土地优势。再说，我村下放土地时是按户数，没有按人口，造成经济发展不平衡，贫富差距逐年拉大，一个是耕地，一个是山场，仍然是按户分，先分酌量是一户一只山场，分到后边是8户分占一只山场，原因是生产队当头的有野心又没有信仰，也不懂事理，苗家就是吃这种苦头！

2014年4月18日　农历三月十九日　星期五　晴

村民张学祥变卖三叶菜，今日是18号赶东村街，自己栽种的绿脆瓜已初上市。今日销售的情况是：富民、款庄是热带地区，农户种植的绿脆瓜、蔬菜一般是栽于大棚里，土肥、水利好、气温高，蔬菜肯长。所以农户栽种的蔬菜一般只卖一公斤1.50元，街市的菜场摆满，外边大车路也成了菜市场，所以五儿媳卖绿脆瓜，零售价也只卖一公斤1.50元，瓜重量100多斤，收入也只是100多元。

小结：卖小瓜，前几天鸡街批发价都是卖一公斤2.50元，而富民东村街只卖得一公斤1.50元。瓜栽于田里，快结快长，而市场人家不要大瓜，小瓜好卖，鸡街又是7天只有一个街天，所以只好是赶两头，两个街价格高低都卖，既然栽下就得销售掉。

2014年4月19日　农历三月二十日　星期六　晴

村民农事工作一片忙碌地进行着，都是割麦收粮，农地分布于山脚、山腰、山顶三个片区，里程山脚1公里多路，山顶耕地片区3.5公里，全村都靠大车、小拖拉机运载农事货物运输。

记述我老人自己的农事活计，今日我一个人单独碎糠，因老伴感冒病倒了，平时我不愿独立工作，无奈一个人行动。身边没有人供料，心里想，上午碎一场，下午再碎第二场。碎糠机是大号，利用电瓶启动，柴油机作动力，力大工效高，一口气碎了第一场，糠碎得4大包。感觉机器工效高，力大、轻松、好玩，把糠装了包，接着就碎第二场。第一场4大包，两场共计8大包糠。

2014年4月20日　农历三月二十一日　星期日　晴

从事于种植蔬菜的农户，张学祥就是其中的一户。今日是三月二十一日，栽下70天就得小瓜销售了。鸡街每隔一街是7天，今日销售的小瓜重量约有200公斤，是作零售，每公斤只卖2元，约销售得400元。

小结：鸡街地区气候凉，种植蔬菜条件就差些，所以上市的蔬菜多半是外地进来，瓜价稍微高一点。儿媳们事工真是忙碌，天亮出车送儿媳上街卖小瓜，五儿张学祥又要折回家来，参加村中建房，挨晚又要开小车到鸡街把儿媳张秀仙接回家。在家参与建房的，不但建房，还要喂好自己的鸡、猪，还要做自己的饭吃。越忙越好，虽然忙一点，但是有希望啊！

2014年4月21日　农历三月二十二日　星期一　晴

记述村中搞建房的龙学华用一辆大车、一辆小拖拉机往建房工地拉运建房材料。昨晚两张大东风车拉运两大车红砖块倒于村边箐沟边大路上，还得用人工一车一车地搬运到350米外的建房工地。人员少，砖块数量大，幸好是石桩村老外父也过来帮搬运，村中农户事工可真太多，也帮不了忙，他家今日搬运砖块可真是忙了一天。人员约有7—8人，出色地完成了今日的搬运砖块任务。

小结：我们都希望能有外援，人员力量多寡，有些资源可以帮助我们，其中之一就是学人学事。

2014 年 4 月 22 日　　农历三月二十三日　　星期二　晴

　　记述村民农事活计,有龙兴祥、张美花家今日栽秧。气候年时雨量减少,影响农事正常进行,所以农田水利管理工作村上宣布不再安排一人管理,由村农户自己安排农田的栽插工作。所以计划栽插的农户,自己撒下的秧龄 45 天或是秧苗长旺长壮就自动安排栽秧。龙兴祥家今日栽种,稻秧苗是为了方便而撒育于村子背后的岭干田,今日栽秧是由儿龙荣祥用摩托车送到山脚田坝供栽秧。我村田块面积特点是:田块最少的一个村队,是一人都没有一工田,要有 3 个人口以上才有一亩田面积,约有 0.6 亩水稻田。田面积少,也就小规模栽秧。生活待遇,是供一餐伙食,就是晚饭,历年习俗是付出代价买鲜活鱼,杀鸡筵客。

2014 年 4 月 23 日　　农历三月二十四日　　星期三　晴

　　村民张约荣家泡田,是从二大爹张学友家承包的一亩田,原先也承包过,租金是 1200 元,今年也有老板来承包,每亩田也是给价 1200 元,只是有些村民不同意就没有包成。孙儿张约荣仍来承包这块田,租金必须也是 1000 元以上。

　　今日泡田事工情况是:大沟下的田块,就可以占用到沟上沟下两股水,水量就大一点,就容易泡,所以一亩水稻田可以泡好。

　　小结:凭租一亩水稻田种植稻谷,小春种植蔬菜约可以收获 3000 元,用 1000 元还本息,经营者可有息 2000 元,是说至少都能有 2000 元,有志者是可攀登的。

2014 年 4 月 24 日　　农历三月二十五日　　星期四　晴

　　村民生计活动从事销售蔬菜绿脆瓜。五儿张学祥事工是参与搞建筑建房,所以利用早晨时间把儿媳张秀仙和要上市销售的 138 公斤小瓜拉运到鸡街销售。虽然不是街天,138 公斤小瓜每一公斤卖 2 元,到下午 1 点就已全部卖完,收入 270 元。

小结：自己栽有一亩田瓜，鸡街 7 天只有一个街天，田里已结的小瓜是猛长，4—5 天就长成大瓜了，故不得不采取措施，提前摘和变卖。实践经验证明，一个农夫越忙越好，证明有事做，也有希望，也是象征成功吧。

2014 年 4 月 25 日　　农历三月二十六日　　星期五　　晴

记述村民龙福祥，儿龙保罗父儿两户变卖麦子。数量 40 包，按我自己变卖的计算，我的包称计有 116 公斤，按一公斤 2.40 元计算得 278 元，一包麦子就值 90 元，一共 3600 元（是少少地评估）。龙福祥家卖麦子是计划开支用于明天建正规红砖房浇房楼板请客办筵席，办一餐筵席饭，必然需要开支 1500—2000 元，家里还杀猪等。

小结：请客，来客必然要送礼，假如来客有 20 户，1 户送 100 元，20 户也会有 2000 元。苗族俗语说：不论是建房请客，是办婚喜事，开支费用估计是主办户垫一下，办了事后，来客礼金会超出你的数字。

2014 年 4 月 26 日　　农历三月二十七日　　星期六　　晴

村民建房，龙福祥家建住房，今日的建房工序是浇一楼地板。浇楼任务艰巨，平时砌砖墙和今日浇楼板都是从早已工作起，情愿打早工，提早完成任务。所以清早就已忙起，搬运石砂，放水浸灰泥，并且把搅拌好的 4 场次灰泥传递上一楼浇楼板，早上的事工效果可说是较好。约浇灌了三分之一的数量。

人员情况是：村民有的是聘请，有的是凭喜欢而赞助，浇楼人员约有 50 人，煮饭人员约有 10 人，总数约有 60 人。下午 4 点已浇完，5 点吃饭，浇楼房劳动强度大，建房主人家也是尽力尽意地招待大家，肉食丰足，尽情享受，多多有余。他家的热情款待，是请我们吃两餐，晚饭和第二天的早饭。

2014 年 4 月 28 日　农历三月二十九日　星期一　晴转多云

村民农活计形成农事多中心，自然形成多种工作。有的收掼麦子，有的忙于点种山地苞谷，又泡田，又栽秧，又忙山地，又忙水田。今日就有杨天友、张学会、王某某 3 户栽秧。

记述张学会家泡田，水稻田面积是一亩，今日泡田水源是利用两股本水合用。雨量逐年减少，所以小坝塘蓄水也几乎效益不大，村上也不再提倡泡田。今日利用一架犁牛泡一亩水田，由于边犁边等水，所以我们到晚上 5 点才泡犁完这一亩水田。

劳动力组合是张学全家的妹夫出动一架犁牛，妹夫之父张治明负责把牛赶到田坝，息工时也负责赶回来。生计农事有亲友的支持帮忙真是轻松了，2 人使牛，1 人找水理水，2 人打埂子（扶埂子），合有 5 人。主人家也就尽力从生活上酬谢亲友。

2014 年 4 月 29 日　农历四月初一　星期二　阴雨

记述孙儿张约荣家栽秧，稻田面积一亩，今日他家又栽秧，又轮到他家为建圣殿的人员煮饭。他家今日煮饭任务是：拔秧、栽秧、建圣殿人员统一到他家吃饭，响午供每人两根冰棒，一包方便面，晚席每一桌是 8 个菜，鸡、鱼、猪鲜菜、汽水、啤酒，让大家尽情饮用。建房人员也少，只有 6 人，饭席有 4 桌，约有 32 人吃饭。他家秧苗已栽下，教会建房煮饭任务也已完成。

2014 年 4 月 30 日　农历四月初二　星期三　晴

村民就医，张美花患膀胱炎，家人商定到寻甸鸡街平安医院就诊。二儿龙兴华用大车送到鸡街平安医院，就诊结果是叫住院十天，他家的三女儿在医院护理母亲，看病、办好住院手续后，儿龙兴华把父龙应华带回家，母亲遵医嘱住院。据说这位母亲怕住院，就没有住院，姑爷女儿每天从家里用小拖拉机送去医院打针。

小结：作为民族村，村里人谁都怕住院，因为不习惯，只不过病者需要看病才无奈住院。

2014年5月1日　农历四月初三　星期四　晴

村民农事工作栽秧，第一户是张学全，田约一亩，拔秧劳动力有7人，栽种人员有12人。12人栽完这一亩水田，时间是晚5点，刚好合适，回家吃饭大约已是晚6点了。

第二户栽秧情况，水稻田仍是一亩。拔秧劳动力有4人，栽秧有8人，由于栽秧人员少我们4人，所以他们一组在我们后边栽完，也是在我们后边息工。

小结：栽秧村民自然形成换工，有些村民和亲属是本着喜欢赞助，那么主人家也只好是从生活上办好席饭而酬谢他们了。

2014年5月2日　农历四月初四　星期五　阴雨

记述侄儿张学才家栽秧，稻田面积仍有一亩水田，撒秧育秧。正式田面积是分布于我们村对门，所以供秧又要从山脚田坝用车子送上来，栽于村子对门的田块里。劳动人员情况是：拔秧有6人，栽秧有12名妇女，今日的栽秧事工，时间约下午4：30时息工吃饭。

生活待遇仍是尽力从生活上付上代价来酬谢亲友和哥弟家人的支持帮忙。生活待遇全村自然形成高档标准，谁也不敢降低这个标准，事理也应该这样出发，尽力宽待亲友和家人。我村栽秧事工仍在进行中。

2014年5月3日　农历四月初五　星期六　晴

村民点种苞谷已开始进行，气候雨量也初步下了小雨，节令也已进入点种季节，来年丰收已在望。

我们老人随着局势推动，忙于点种起来。农事点种应当是从山顶片区海拔高、气候凉的地块点种下来（山顶耕地，海拔约1800米），山脚田坝海拔大概有 1000 米，所以我村点种先从山顶点种下来。点种农用化肥是用人工背上去，一块山陡地几乎忙了一个整天才点种完。

小结：据历代人们经验，山顶庄稼和山脚庄稼需要点种一天，成熟要相隔 1 个月。一般先收山脚的，所以要先点种山顶片区的耕地。

2014 年 5 月 5 日　农历四月初七　星期一　阴

教会建房，号召年轻同工坚持粉刷墙壁，在农忙季节，我村小组动员信徒凭喜好赞助建房人员的生产。昨晚聚会休会时，事工报告事项提出讨论是否协助点种张正华家的苞谷。村农事进入非常忙碌之季节，点种苞谷、泡田、栽秧、运送肥料，不通车路的山地就用人工背粪，由于忙于点种，所以愿意出义务工的有 7 人帮助、支持张正华家点苞谷。农事点种，约点种了 60% 的山地面积。

参与建殿人员，由教会统一办伙食，而建房人员和帮他们搞点种的人员就两伙统一一起吃晚饭，减轻建房人员的负担，今天开始施行。

2014 年 5 月 6 日　农历四月初八　星期二　晴

村民张学祥家种苞谷，也是建房人员，所以我家父儿凑得 7 个劳动力联合点种，山地面积约有 3.5 亩。所谓建房人员，村小组、组织人员协助他们抓一下农业生产，让他们安心粉刷圣殿。张学祥说，我们不麻烦他人了，我家父儿几户凑几个劳动力点种一下就行，7 人整整忙了一个整天，时间约晚 5 点才种完山脚片区的耕地。

吃晚饭后，据说有 4 人是他请去帮他家种苞谷的，每人付给 60 元，一共 240 元。我们村舍友人平时的协助，是不付钱的，也不给钱，凭喜欢赞助。张学祥由于种植蔬菜，田野种绿脆瓜，据说，卖瓜收入将近 2000 元了，既然他自己喜欢给，我们也就不怎么推辞，也就收下了，这也就是新的情况、新的发展。

2014年5月7日　农历四月初九　星期三　晴

张学德家需要点苞谷，但又是教堂建房人员，他们的农业生产需要小组协助帮忙，让他们安心建圣殿。但是我们尽力想办法，不麻烦组织和他人，所以王凤仙自己主动申请，自己去点种，也不再请小组帮忙点种了。山地面积约有1.5亩，点种由于盖薄膜，手续多，又只是2人点种，所以这1.5亩地尽上最大努力都没有种完，还需要一个劳动力去种上一天才能种完。

小结：我们自己也情愿不麻烦他人，这种方式是我们的观点，也是我们的出发点。

2014年5月8日　农历四月初十　星期四　晴

今天上午11：00，教会场院开来2辆轿车，走下8人。原来是富民县统战部领导3人，东村乡政府领导一行4人，其中一人是驾驶员，石桥村委会王子瑞陪着上来。县统战部领导先是了解我们建圣殿的规模和圣殿造价，以及建房已投入经费情况等。提出建议，动员叫信徒再奉献，我们县政府再给你们3万元解决门窗材料钱，争取尽早投入使用。

领导到来后，拍照，学德领他们上一楼二楼参观建筑的式样，我们正在粉刷圣殿内墙，所以他们就没有进去欣赏，随后就与我们握手告别驱车走了。

2014年5月9日　农历四月十一日　星期五　晴

记述村民龙兴华家点种苞谷，需要我村小组组织人员支持一下他们的农事活计。另一方面的情况是家族哥弟处于孤独、无依无靠的状况，是村民教会应该关心的对象。教会村小组今日安排协助他家种苞谷。山地分为三大块，耕地分布于山顶4亩，山脚2.5亩，合有6.5亩山地，劳动人员出动10人，今日点种的工效为最高峰。

小结：自己的家族冷漠，但他投靠教会，事事有人帮，忙时有后勤，所以人生要学做人做事，俗语说："一生学到老学不完。"

2014年5月10日　农历四月十二日　星期六　晴

我家父儿张正文、张学忠两户砍竹子。因有老板向我们定购，竹子每根长度为2.3米，计划需要数量10000根，尽力而砍，砍得多少算多少。我自己吃过早饭后去砍，砍获100根，大约价值也就是100元。张学忠、儿媳2人合砍，年轻人比我们老人砍得快，至少1人都能砍150根，2人合300棵，也就值300元，两户工作一天约值400元。只因是农忙季节，我们计划是每户至少都要砍1000根，所以只能是尽力而为。

2014年5月12日　农历四月十四日　星期一　晴

村民张学德因事工而跑富民县城一趟，事工是5月8日富民县统战部、东村乡政府专人特意到我们芭蕉箐村来采访教会建圣殿规模、造价、经费已开支多少，还欠差情况等。

政府领导表态支持我们3万元，叫我们也动员信徒奉献，尽快建圣殿，力求早日投入使用。有一天安排工作，叫我们赶快写一份建殿困难的情况说明，递交到县统战部，尽快交到县上去。所以我们写好后，今日张学德为此事跑富民县城一趟。由于自己有车子，极为方便，到县城办好事务后，回到家时间已是晚5点了。

2014年5月13日　农历四月十五日　星期二　晴

村民搞建筑一组建房事工忙碌进行着，包工头是执事王继光，建房队是4个组，建房工地分布于禄劝县、万宝山村、寻甸县则鲁箐、凹口村、肥草箐、富民县、柿花箐村、芭蕉箐村等地。

建圣殿的一个分队，圣殿暂停几天，昨天今天转到寻甸县凹口（苗寨）建私人住房。昨天清理房地基，今日建房事工，扎地梁钢筋和扎地梁模板，事工计划是明天就可以浇好地梁，建房人员每个组由6—7人组成。

建房工地里程6公里，由于交通和交通工具之方便，建房人员早出晚归，建房事工轰轰烈烈。历年是农闲季节建房，现在由于政府有补助金，加之建房农户有增无减，所以建房事工已初步完成。

2014年5月14日　农历四月十六日　星期三　晴

记述村民泡田栽秧，村民王才明家泡田栽秧，可能力量薄弱，或是不喜欢找工，本着自己有多少力量，情愿自己慢慢磨，泡田是一天的工夫，栽种利用今天和明天，自己栽需要两天才能栽得完。这是我村民的另一种情况。

小结：人生，一生都得学做人学做事，而且一生学到老学不完。人生在某种情况是，说话有人听，做事有人帮忙，就是你不请，人家都会主动协助，主动帮忙。那就看我们的学习和境界了，我们自己也希望朋友是遍天下的。

2014年5月15日　农历四月十七日　星期四　晴

我们赶东村街，大儿张学全父儿2人乘坐一辆小车，三儿张学忠、儿媳2人，我们二老人4人乘坐三儿张学忠家的小轿车。就我自己是购买两包化肥，1包25公斤东北好米，原价是卖140元，今日涨了5元，就是145元一袋。两包化肥合计87元，共用去232元。

小结：俗语说的五荒六月，就是农历五六月是农夫最缺钱缺粮的季节，农夫上街，必然就是买籽种、农用化肥、吃米、日用品等，是今早的工作。

中、下午三儿张学忠儿媳2人砍竹子，砍得300棵，单价每根1元，合人民币300元，平均每人150元。

2014年5月16日　农历四月十八日　星期五　晴

村民砍竹子，因有老板（熟识人）订合同，数量10000棵，砍竹子的农户是：

1. 杨天友，约计划砍1000根，合计1000元。
2. 龙兴德，约计划砍1000根，合计1000元。
3. 张正文，约计划砍1000根，合计1000元。
4. 张学忠，约计划砍1000根，合计1000元。
5. 张学明，约计划砍 500 根，合计500元。
6. 张学光，约计划砍1000根，合计1000元。
7. 龙兴祥，约计划砍1000根，合计1000元。

小结：砍竹子的农户，砍竹子时都力求超出计划数，全村砍竹子大约会完成80%，所以几天中有竹子的农户都忙于砍竹子，7户一共砍了6500棵。

2014年5月17日　农历四月十九日　星期六　晴

人生大事，村民王才明的长子王光荣儿媳生孩子，要办祝婴席，也称筵客席。我们村大约请了四分之一的村民。客席有十多桌，我家儿父5户请着赴席的是张学忠（村主任）和五儿张学祥两户，张学祥又因参与建房工队，息工很晚就来不及出席，只好欠席了。

小结：村民办客席，教会场队停下很多大小车辆，而今晚却没有停下一辆小车，可能客人少，也得合众。前面论述过，也得学人学事提高我们的人生观，享受人生福乐。

2014年5月18日　农历四月二十日　星期日　晴

村农户销售小白竹情况是：

张正文：1220根，收入1220元。
张学忠：1440根，收入1440元。

张学光：660 根，收入 660 元。

张学明：500 根，收入 500 元。

张会成：250 根，收入 250 元。

杨天友：600 根，收入 600 元。

龙兴明：1200 根，收入 1200 元。

龙兴德：700 根，收入 700 元。

龙兴祥：1000 根，收入 1000 元。

小结：我村 9 户销售竹子事工活动是首次，在销售、装车过程中，9 户人员从始至终都相互联合行动帮忙，使难事变成易事，体现民族感情。今日我村 9 户卖竹子，一共拿回来 7570 元。

2014 年 5 月 19 日　农历四月二十一日　星期一　晴

苗民亲友关爱活动。三儿媳龙珍兰有一表妹嫁于富民散旦乡清水塘，亲友在手机通话中，问到表妹的农事生产情况，苞谷点种完了没有？回答说没有。既然没有我就来帮你，相约时间定于星期一。说到做到，三儿张学忠一早开出小车赶往散旦清水塘，去协助亲属的生产，点种苞谷一天。据说他们的耕地众多，点种一天，当然面积也不会低于 3—4 亩地。

小结：记述亲属小小的关爱活动，小小的事工，行程往返 80 多公里，车烧油往返会烧 100 元，奉献两个义务工，体现民族关爱之密切、好客浓厚，虽然付出了一定的代价，但也是苗民之风俗感情。

2014 年 5 月 20 日　农历四月二十二日　星期二　晴

村民赶鸡街买苞谷种，节令一进入立夏后，各地方农户们不约而同地大面积点种苞谷，立夏后，应该有雨，或者阴天、多云、打雨点。所以农夫们总结说：进入立夏后就赶快点种苞谷，不料立夏已进入 17 天，不但没下雨，反而大晴大暴晒，气温不断地升高，已种下的苞谷，地里出苗的长不起来，有的种下出不来。所以农夫多人上街，打主动战，趁早买上一两包苞谷种（一袋是2斤），以防以后补种。我家父儿、张正文、张学全、孙张荣光、孙媳朱艳琼5人乘坐一辆小轿车上街买了些日用品和苞谷种。

小结：社会在进步，人民生活不断提高，苗民也随着形势，能抵御人生各种需求和困难。

2014年5月21日　农历四月二十三日　星期三　晴

今日培植魔芋（食用，制作魔芋豆腐），目前收购价是每公斤给价3元（街市价，或是进村收购），想来是经济创收门路之一。今日我把一些细小的小魔芋拿到山地秧育，准备秧育扩种。吃过早饭顺着上山地的羊肠小道爬上山地打塘排点，工作了两个小时，由于数量不多，加之种子藏了四个月的时间，已烂了一些。

小结：魔芋被人们利用的历史由来已久，价格较为理想，是创收的一个项目。只因栽培技术还不过关，覆盖尿素就边长边烂了，是栽培魔芋的障碍，来年试禁用尿素看看如何，摸索经验路子，就要一些年代了，但是人们已经开始重视，还在摸索中，也等待着科技指导。

2014年5月22日　农历四月二十四日　星期四　晴

村民赶街活动，大儿张学全、孙儿张荣光父儿2人乘车上马街修车，就托他们把我们二位老人带上东村街赶集。修车一时修不完，故父儿2人乘公交车下来东村和我们赶街。交通工具，幸好姑爷张会云、女儿张美兰他家的小拖拉机也上街，自己的人就是我家儿孙4人回来。市场交通拥堵，我们快快买好东西，非常顺利地回来了，回到家时间是上午10点。

小结：交通再拥堵，人们要生存，要生活，都在困难矛盾中生活，山村人民就赶个早街，趁人家还不上班，就早早回来。是说：虽有面包车客运或是自己哥弟家人三四辆车子，小拖拉机仍需要客运，小拖拉机仍是山村人们的主要运输工具。现代社会中，人们各种类型车子众多，小拖拉机仍有它的工作，比如你自己有一辆小拖拉机，搬运少量货物上街，你还找请人家的大车拉运吗？小拖拉机不准带人，试想你的小拖拉机拉几包苞谷上街，而夫妻另一人还去找请他人的车吗？图方便，按情理按事理，准许人家二三人乘坐自己的小拖拉机上街办事务，是山村人们的心声。

2014年5月23日　农历四月二十五日　星期五　晴

村民点播豌豆，目前抓经济较理想的项目是烤烟、洋芋、豌豆、栽黄花、种植蔬菜等。

点豌豆，收购价历年都是一公斤5元，去年是一公斤7—8元，初试种是在柿花箐，已有5—6年的时间，一般好的收入都在万元以上，而去年今年我们芭蕉箐也逐步扩增点豌豆的农户。记述点豌豆的新农户龙富祥，山地面积约有1.5亩，劳动力是父儿、婆媳4人，努力辛勤，种好就可以获取较好的收成和希望。

小结：目前山村人民形势一片大好，从事于大规模改造建房工程、购置车辆，配备各种机械加工动力，所以抓经济也是必然性，人们力求于搞好经济、搞建房、购车辆以及农用加工动力设备。

2014年5月24日　农历四月二十六日　星期六　晴

五儿媳张秀仙今日种苞谷，面积是3工田，一亩水稻田等于是2.5—3工田，种苞谷需要用人工打塘、放底肥、下种覆盖泥土四个步骤。故需要一人自己种，如果用两天的时间点种事工就轻松些。情况是，男的从事于搞建筑，家里的农业生产由儿媳一人在家里慢慢做。

另一情况是，原来的田块用于种植蔬菜，已有5—6年，经济效益也是比较理想的。比如开年过来已变卖了一些小瓜，价值将近2000元，接着再种植大法甜苞谷，也可以收入1000多元，大春就可以收入3000

多元。据说这点面积不论是栽稻谷还是点苞谷经济价值都是1000多元，那么种植蔬菜经济更好。只因儿子已从事于参与搞建筑，就只有放弃种植蔬菜的事工。

2014年5月25日　农历四月二十七日　星期日　晴

今日摘杨梅。杨梅、早桃成熟季节，叫在嵩明县凸董箐的姑父、女儿过来带一点过去吃。只因考虑到路途远，又耽搁时间，又耽搁生产，所以约定明天双方到鸡街相遇带一点回去吃用享受。

时间安排是上午参与礼拜，下午2：30休会又摘桃、摘杨梅，做好明天到鸡街遇姑爷、女儿的一些准备工作。虽然数量不多，但也几乎用去了整个下午的时间才做好。昨晚如果就摘了两食品袋冰好就好了。

2014年5月26日　农历四月二十八日　星期一　晴

亲属家人关爱感情之浓是人之常情，人在世间都需要他人给我们关爱。今日我们作为父母和两家姐妹约在鸡街相逢，人际亲属过年节和几个季度都需要交通相逢，分享情感友谊。特别地处海拔低的坝区和地处高冷山区，亲人之情感，土产水果不相同，但都相互挂心，礼尚往来，彼此分享。

我们自己也不例外，就把我们的土产、水果、情谊分送与自己的子女和亲人分享为乐。桃子、杨梅成熟季节尽上自己力量所能分送爱心，给附近的一些村舍朋友。

2014年5月27日　农历四月二十九日　星期二　晴

今日有村民孙儿张约荣计划点种豌豆，地的面积约有1.5亩。今日安排点种的工序是，先是理沟理埂，再打塘，施足底肥，放种，再覆盖上地薄膜，所以必须家人几户联合协助才能担得起此事活计。劳动力组织聘请得家人几户凑得 8 人联合施工，此工作活计比较艰难，一直工作劳动到天黑才息工回家吃饭。

小结：家族亲友相互协助帮忙是常事，是理所当然，是规律性。但在某种情况下，谋求我们自己的建设，都不应该寄希望于他人力量帮助，这叫作自力更生。

2014 年 5 月 28 日　农历四月三十日　星期三　晴

赶东村街。俗语说："五荒六月"，古话意思是形容农历五六月农夫会缺粮少钱的意思。我们老人一时需要上街买上一点零食、水果，几样小菜而吃用，老伴是要上街取 1—5 月份的养老保险金。每个月政府补助 65 元，所以取得 350 元。

回途由于农忙，人们只是赶个早街，又遇上堵车，等我们步行上街到平坝公路，一段路坐了马车，时间迟了，已是早 10 点，就没有客运车了。老伴可发慌了，熟识人劝我们说，快给你们娃娃打电话，就说街上没有客运车，快开车来街上接我们。我们也不好听从，自己的事太小了。我劝老伴说：人都是在困难矛盾中生活，一个矛盾解决了，二个矛盾又来了。我们仍坐马车到山脚，爬山回家。我很有精神，东西我和老伴背，两三个小时的山路我一直背到家。

2014 年 5 月 29 日　农历五月初一　星期四　晴

今天欣赏儿童音乐舞蹈演出。我村学前班有二孙女在石村文昌幼儿园住校学习。又有孙女张秀芳、张义花二人在石桥文昌幼儿园护理儿童。儿童训练舞蹈是由孙女张秀芳训练教学，时间订于今天 5 月 29 日演出，所以孩童家长们都到场欣赏。我们芭蕉箐张学忠也出一辆轿车，儿媳龙兴兰、张正华之妻三人也下去欣赏。

娃娃孩童的节目据说有 30 多个，幼师们很认真，孩童们全部服装都是上昆明购买回来的，摄像员请的是张正海。

2014年5月30日　农历五月初二　星期五　晴

今日村民维修饮水管道。饮水钢管年久老化，村头农户龙兴明管道锈烂了一市尺，影响全村用水，昨天上午10点至今天全村无水，农户用水自己解决。

维修：村主任张学忠与龙兴明把烂的部分切除，另找来钢管搬丝，接好安好，时间用去中下午时间，恢复全村饮水畅通。

小结：社会进步、人民富裕、科技更新、知识普及，人们生活不论是从事于搞建筑、车辆维修、安装水管等已成了平常事工。过去说到钢管接头的搬丝都得四下求人，找请技术人、工具，而现在大大不同了，不但自己有技术，而且还配备了很多机械工具，我们已成了新时代工人了。

2014年5月31日　农历五月初三　星期六　晴

今日村民修车养车事工情况是，村民父张学全儿张荣光开出一辆小轿车上到款庄马街车辆修理店修理。主要故障是，刚启动时烟子大，数分钟后就正常，可能是机器缸套活塞磨损，已去排队几天待修理。不知为什么，据说是买不到零件，要待从广州进零件回来才行。

小结：此说法科学性不高，因为社会在发展，交通和各种牌子大小车辆很多，城乡人多拥挤，城镇乡村车子修理店也必然随着形势发展而跟上。上述说到零件要待从广州进，说法可真可假，如果是假，可能是要借此索取我们高昂的修理费用。

2014年6月2日　农历五月初五　星期一　晴

今天过端午节，传统节日，几乎国家、单位、学校都过，学校放假4天，家人亲属能团聚的都聚集，分享家人亲属的温暖。

苗民的风俗，喜好捕捉猎鸟游山玩水活动。今年有一个活动是芭蕉箐、柿花箐、水平子三村部分人员，乘坐二辆小轿车顺江河下往北边的小麦冲、大旋塘去玩车、玩山、玩鸟等野外活动。

小结:游山、玩鸟、玩车，是苗民的风情，图好玩，平日天天搞建筑，有的天天浇烤烟苗水，是够累了。到野外游玩一天散散心，重温苗家风情，增加节日快乐。

2014年6月3日　农历五月初六　星期二　晴

今天村民张学忠审车期满，一早出车到禄劝县城审车，审车部门只因放端午节假，没有人值班，据说要到5号才收假，只好返回来。张学全、孙儿张荣光父儿俩在款庄马街修理店修车，据说因为等汽缸零件要从天津运来昆明，已经等了几天了，今日一早父儿俩步行到东村街，乘坐公交车上到马街催修车事宜。

家人有这么一桩事，大家都盼望早回来，苗家近些年买车用车，将车子修好，有事时出车方便，能满足他人和自己。车修理配件，收费情况是：内燃机4个缸套活塞都更换，收修理费是1350元。据孙儿张荣光说，4缸套活塞，收费1350元不为高，到别的车修理店估计要更高。

小结：开车人说"玩车不找钱"。养车当然有负担，小小一个家庭，小小的收入，假如都用于养车也情愿，就图个便利，但也不能时常修车。

2014年6月4日　农历五月初七　星期三　晴

五儿媳张秀仙点播豌豆。由于迎来好机遇，我村7人组成一组建房队，长期在外搞建房。所以在家的儿女媳妇们只好一人在家抓农事工作。点排豌豆手续工序很多，理沟，又要盖上地膜，白天太阳又暴晒，人们只好是早晚多做活，中午多休息，或是吃过早饭后，早早出工，趁早上凉快多做活计。

小结：一个农夫情愿多忙，虽然辛苦劳累多，但证明我们有工作，证明辛劳才有收获。再说，农民天天和泥土打交道，已搞惯了，俗话说：乡村农夫闲不住，情愿时时活动。

2014年6月5日　农历五月初八　星期四　晴

一组妇女为教会住房清理厨房阴沟泥，先是我家四儿媳王凤仙一人用粪箕去抬，抬不了。想办法，下去借村民龙福祥家的马车来拉运，他家儿媳潘美芳也主动出来协助我家三儿媳，龙美知晓也来协助，龙圣英过路知晓也来帮忙。4人联合拉运泥土，经一个中下午的时间把整个厨房阴沟泥土清理好。

小结：去年教会厨房阴沟阻塞，雨季天泥水进房，费大力才清理好。所以四儿媳王凤仙今年趁还没下雨之际，早早清除厨房阴沟泥土。

2014年6月6日　农历五月初九　星期五　晴

今日村民张学忠出车（小轿车）到禄劝县县城审车，审车缴纳手续费1700元。历年审车，都跑往昆明市，禄劝县是自治县，所管辖的地区也是非常宽广，北边是一直到轿子大雪山，所以审车也是自治和管理。

到昆明市审车，全省全市的人都在，所以拥挤，而到禄劝县审车轻松不拥挤，故四儿张学忠今日审车又到禄劝县去审车。据说审车缴纳车辆保险费比昆明都高了，只是我们图快、图轻松，今日审车当然回来得很早，约下午5点就回到家了。

2014年6月7日　农历五月初十　星期六　晴

今日村民变卖大猪，龙兴祥家父儿两户卖大猪，父龙兴祥卖两头大猪，卖得人民币2200元，儿龙荣祥卖8头，卖得6400元，每头800元，父儿两户都是卖给了一个买主。

小结：今年小猪、肥猪市场价走低，我村大小猪只好从低价出售，大猪估计每头比市价还要走低一二百元人家才要。村民由于粮食短缺，无奈以低价出售了。

近日需要购买农用化肥及生活用米，农户都等待钱用。芭蕉箐村农户一般每户都养一辆摩托车、一辆面包车或一辆农用车，都要钱，都要开支，还有供孩子上学的，更是时时都要用钱，所以农户们都望能有一点经济收入来开支。

2014年6月9日　农历五月十二日　星期一　晴

村民排红薯，五儿张学祥、儿媳张秀仙两人联合施工排红薯，估计会排下一亩的山地，年轻人工作起来效力高，干劲大，手上活计较为便利。

小结：红薯是历年市场最畅销的农产品，一般民众都喜欢吃用，坝区、山寨人们都喜欢，有的一人就买上10公斤，所以销量较大。历年情况是锄一二遍苞谷才排红薯，而今年由于不下雨，苞谷都还没有出苗，张学祥家就已开始排白、红薯，也是喜事，也是丰收在望，农村是大有作为。所以年轻人，有远见的人们都时时掌握时机，也抓住机遇，下透雨就赶紧排下红薯，争创来年更大丰收。

2014年6月10日　农历五月十三日　星期二　晴

村民住房建设仍在积极备料准备时机成熟而施工。有龙兴祥、妻张美花为长子龙荣富建住房备料，今日托亲友用两辆大东风运载红砖块回村。村中路边窄小，砖块只好卸于教会场院上，准备再用农用车慢慢搬运回家囤起，待农事锄完再动手砌砖墙。

小结：农夫们的建房经费始终短缺，一般建一楼经费都需要4万元，只有找哥弟、亲属友人帮忙。我们最大的弱点是平时没有把积蓄积累起来，我们要吸取经验教训，把小小的积蓄积累起来。

2014年6月11日　农历五月十四日　星期三　晴

建房事工，一个多月的时间是在寻甸县的凹口苗寨村建私人住房。建起来第一户，浇好楼房时，有人看中他们的建筑，随后就有三户聘请他们去建房。先盖起来这一户说：如果别人来盖，二楼就不盖了，如果你们来盖，二楼也请你们来盖。目前有4户来求他们再给盖房。

他们（建筑组）答应说：只要你们不嫌弃，我们来给你们建盖，当然是先与包工头王继光说。王继光又问组员，取得组员同意，就这么定下来。由于有车子，建房人员早去晚来，情愿在自己家里住宿。

2014年6月12日　农历五月十五日　星期四　晴

村民赶东村街，农忙季节货物少，上街的车子少。我们村民要上街的人员，只好先后三三两两步行到山脚，再从山脚还记得村花3元钱坐马车到东村街赶集买东西。

赶赶街买好东西，就愁没有车子乘回家，时间差不多就要找车子，能回到村子里的更好。我们赶一时街，听说村中张约翰的面包车也上街来了，我们就喜欢了，跟他说好，约定让我们乘坐回来。他家3人，我们其他乘客有6人，就有9人乘坐回来。每人的车油钱，我们付给他5元，村中有车子，我们上街就轻松多了。

2014年6月13日　农历五月十六日　星期五　晴

村民张学才、张学会哥弟几户相互协助点种苞谷。四儿张学志死后留下四儿媳，很多农事生产只有靠哥弟相互帮忙完成。今日，侄儿张学才、张会云等3户5人，一架犁牛开沟跟牛点种苞谷，辛勤工作，约种下二亩山地苞谷。

小结：单人独手的农户或是休衰多病的弱者，目前只有靠哥弟、亲友之间的关照帮忙而解决，这种情况是普遍可行之方案。各个家属亲友之间互相关照解决，就不需要教会再关照解决了，减轻教会负担。

2014年6月14日　农历五月十七日　星期六　晴

今日从事于果树管理的农事，我家二老人今日给果园板栗树追肥，去年农历十月份已轻微撒施过一次。想来板栗是我家支柱产业，比如我家二位老人经济收入状况是，板栗的全年收入是 5000 元，玉米收入是 2000 元，变卖肥猪两头 3000 元，全年总收入 1 万元，板栗就占全年收入 50%。板栗历年就没有管理好，如果再投工投劳就会增收，所以瘦弱的果木，需要增加投入追施肥料。今日抽一天的工夫到果园挖塘施肥，很多时间，很多事工是力不从心，想得到却无法实施。

2014 年 6 月 16 日　农历五月十九日　星期一　雨

今日事工，农活创业。近一两年我想秧育魔芋种，魔芋虽然人们常用于做魔芋豆腐而食用，价格也好，但培植栽种起来不是那么成功有把握，施上化肥就腐烂了，所以仍然在试验过程中。俗语说：失败是成功之母。

今日我把平时收集积累起来的魔芋拿到山地里排育好，为创业，攀科技，脱贫致富探路子，搞试验。看起来希望不大，但由于出于自己的喜好，本着个试试看是否能成功的目的。俗语说：路是人走出来的。

2014 年 6 月 17 日　农历五月二十日　星期二　晴

村民农活事工，家家户户都忙于补种苞谷，是大面积的补种，我们老人也不例外，都得用几天的时间走遍农地视察苞谷出苗情况，该补的及时补上，力求不误时间。

小结：今年年时改变，久晴不雨，5 月 5 号，节令进入立夏，农夫就已开始点种苞谷，进入立夏 10 多天后有 6—7 天的时间，天色阴沉沉的，而且每天都打雨点，人们都以为将要下透雨了，所以人们都火速把农地的苞谷种完，但不料不但不下雨反而天气转入暴晒。今年少雨、不下雨，直到近农历五月二十才下透雨，这也是历史上罕见的，但俗语就说：老天收了的，老天会补上的，所以人们已开始点补苞谷。

2014 年 6 月 18 日　农历五月二十一日　星期三　阴

村民排红薯，儿张学祥、儿媳张秀仙抓紧时间，趁下透雨的时机，计划把安排的红薯地块用几天的时间一次性排完。昨天今天把排红薯的农事立为一项中心农事来抓，薯秧藤又是秧于田坝里，都靠用人工用车子拉运上来排于山地里。

小结：年轻人都是立志于从事农事创业，地是从村中堂哥张学友家借租来耕耘的，地块面积约有二亩山地，生产安排是：一亩种上苞谷，另一亩是排红薯。

红薯去年销售市价情况是，从开始至末尾都可以保持一公斤 2 元。当前红薯市价是最理想的，他们也是有志有力从事于这项工作。

2014 年 6 月 19 日　农历五月二十二日　星期四　晴

今日我们的生计活动分为赶鸡街、排红薯两部分，事工和时间安排是早 7—10 点排红薯。吃过早饭由于自己有车子，几时想走就走，极为方便。

中午 12 点到下午 2 点上街买东西，下午 2 点到 5 点又转入排红薯。分别是早上集中劳动力 3 人排儿媳张秀仙家的红薯。下午 2 点到 5 点又排我们二老人家的地块。早上和下午的农活事工，由于晴天所以工作起来效益很好。一天时间，我们上街买东西也觉得不误农活时间，儿媳我们二老人 3 人联合协助工作到很晚，完成了农事工作任务，很累人，但是由于完成了劳动任务，心中仍是乐呵呵的。所以说赶街和农地工作两不误。

2014 年 6 月 20 日　农历五月二十三日　星期五　晴

五儿媳张秀仙今日的农事工作是给田块苞谷追肥，薅锄二遍苞谷。情况是：五儿张学祥参加搞建房工作，有 3—4 户要建，还要建本教会的圣殿，家里的农活计就由儿媳张秀仙一人在农慢慢搞。

小结：年时干旱大，立夏到五月十八日（农历）都没有透雨，到今日儿媳在田里施追肥而薅锄二遍苞谷，是田里放得到水，所以苞谷锄得二道了。至于补山地苞谷是还要几天才能补得完，有些农户干脆用犁牛翻犁第二遍而重新点种，所以人生都是在困难中工作。

2014年6月21日　农历五月二十四日　星期六　晴

村民农事活计仍是点种苞谷（种子在地里时间长，有部分已霉烂），所以农夫们大面积地找补点种，需要几天的工夫才能完成。记述张学全家点种苞谷，由于雨量仍然稀少，但是节令不待人，时间也紧迫。张学全点种苞谷采取硬功夫，每点种一塘就浇上水，点种到哪里水就背到哪里。

2014年6月22日　农历五月二十五日　星期日　晴

民族风情斗牛的时间一般是要到农历八月份举行，为赚钱而收费进场。据说：入场卖花裙者门票收20元，门票1人收费是10元。我村芭蕉箐村约有12人参与游玩欣赏，由于有来客，所以聘请孙儿张约翰的面包车客运。地点设于水平子村对门的大公路边，招商人是一位苗族退休教师。

小结：不管社会怎么变迁，作为苗族尤其是退休老师，更应该对民族建设、文艺、风情活动有所支持、有所贡献。

2014年6月23日　农历五月二十六日　星期一　晴

记述自己的果树园地施肥锄草管理。自己的板栗树是栽于耕地里，果树栽下树苗小，还可以种庄稼，粮食可以收入一点，果树也收入一点，而现在果树大了，已是种不成庄稼了。果树小时，庄稼和果树同时都得到农用化肥，两样都能有一点收成。现在不种地，果树就得不到化肥，效果就不佳。前年、去年已改造了一部分，从现在起要放弃农业而抓果树（板栗）原因是板栗1公斤卖8元，而苞谷1公斤只卖2元，但是我自己投资投劳是投在农地里。现在要渐渐开始重视板栗果树的管理，昨天今天我就从事于板栗的薅锄和施肥。树冠大了，一天做不了多少活计，慢慢做，积少成多。

2014年6月24日　农历五月二十七日　星期二　晴

记述村中的建房工作，有村民龙福祥、龙保罗父儿两户联合建造正规式砖房。一个月前建起一楼，今日备料，二人从地面把红砖块搬运上楼，准备建二楼。由于是承包建房，工人每天都是出大力，力求高功效，当然他们建房工资也高，技术工每个工天是付100元。今日他们二人的工作量，据说是什么办法都用上了。情况是几乎建二楼所要用的砖块都已全部搬运到楼上堆好。

小结：不知何故，今年建房的农户会那么多，历年是春节前后就可以建完，而今年看起来，雨水季节都要建房，又是一个老板负责着三个分队同时建。

2014年6月25日　农历五月二十八日　星期三　晴

富民县基督教爱国会今日召开全县基督教常委会会议。商讨有关我县基督教换届选举和举行时间，初步定于8月中旬举行。到会代表人员，以龙德寿牧师主持会议程序。县统战部领导同志也到会议上来看望大家，在会上作了讲话，高度评价我县基督教几年来的工作成绩和所付出的辛劳，表示谢谢大家。也提出要求和希望，希望今后工作要沉着，遵循三自方针办好我县教会的工作。会议时间中午12：00—下午3：00休会。参加会议人员20人，代表往返交通自理。

2014年6月26日　农历五月二十九日　星期四　晴

记述政府发放救灾米。东村乡政府安排给我村芭蕉箐村困难补助大米1500公斤，今日村主任张学忠开出一辆大车到东村街上拉运。今晚我村发放情况是，我们老人一户给一袋，一袋是15公斤，人员多的农户给三袋，一般是给两袋，每一袋又收5元作为运费。

小结：20世纪的今天，科技进入电脑时代，人类都提倡文明，共建和谐文明社会。

2014年6月27日　农历六月初一　星期五　晴

村民龙兴明浇葫芦瓜水，瓜子种下现已出苗，正需要雨水，可就是几天不下雨。用人工挑水是挑不了，幸好300米外高处有水源，他家就利用塑料管接引到瓜地边来浇瓜，尽上一个农夫所当尽的职责。至于成果效力，那就全看老天的赏赐了，因为时间已进入农历六月了，雨量仍稀少。俗语说："种在地，赏在天"，那就是主要因素全看天年。

2014年6月28日　农历六月初二　星期六　雨

阴雨天气，学习天，农历五月十九日下了一场大雨，至今六月初二，天又下起中雨，中间相距11天。不过昨晚至今天的雨天是接连下个不停，一个农夫天天农地里转，事工可真多，也是搞惯了。俗语说：农夫老人闲不住。

2014年6月29日　农历六月初三　星期日　雨

今日教会礼拜活动，建殿还没有建好，从去年正月至今，已两年时间。由于很少争取到外援，教会内部人员也少，建圣殿经费造价的30万—40万元，只好是教会再努力。

在没有建好圣殿之前，我们教会礼拜天聚会活动，暂时借柿花箐聚会点活动。今日有雨，芭蕉箐村上柿花箐礼拜人员幸好是有3辆面包车拉运，解决了下雨步行的困难。从我村上到柿花箐的路里程是3.5公里。

2014年6月30日　农历六月初四　星期一　晴

记述村民搞建房。我村龙福祥家搞建房，原已浇好一楼楼板，由于建住房的农户多，所以推迟到现在，今日安排开始砌二楼的砖墙面。

人员：今日施工人员有4人工作，平时一组建房队至少都是7人，可能别处的建房工程还有扫尾房，所以只有4人施工砌砖墙。由于建房人员少，建房本人主户父儿轮流每天出动1人协助建房，本人当然也算工天。建房都涉及技术工，不过搅拌灰泥，供建房料子也需要些人员，农忙季节，建房人员也必然有耽搁。

2014年7月1日　农历六月初五　星期二　晴

村民赶鸡街，有我村杨光友今日用面包车拉运桃子到鸡街销售。一到了街上，有买主每公斤桃子给价2元，他家就以批发价卖了。230公斤桃共得460元，出售的这200多公斤桃子是昨天和今早上才摘得的。卖东西的有几户，不过这一户的数量算多的了。据说：前个街已开始卖了，还没有卖完，这几天的桃子也好销，三个街能拿回来这五六百元也是不错了。

2014年7月2日　农历六月初六　星期三　晴

记述村民张约志一户到富民县医院生孩子而出院。6月24日进医院至今7月2日出院，孙儿媳生孩子过程，据说情况正常、安全。乡村，尤其是山村民族人民最怕看病、住院，因为看病的钱在我们看来都是天文数字，看病总是盼早日出院。可是看病，大小病，始终是迟迟不得出院。如孙儿张约志媳王胜花这次生孩子说是贫血，血拿到昆明市大医院化验而迟迟拿不下来，所以还要等。

小结：我们不成熟的看法，可能县医院想要拿更大的钱而想方设法，大小病人要多留人住院。这次进医院生孩子，押金交了4000元，出院补交2000元，就合6000元。医疗报销免除2000元，自己总付出就是

4000 元。

2014 年 7 月 3 日　农历六月初七　星期四　晴

村民农事工作，已转入田间管理和山地薅锄。俗话说：播种三分，田间管理是七分。就是说播种要紧，薅锄更重要。特别是种豌豆的农户显得工作更多，看起来他们时常都在豌豆地里，丝线拉扎好以后，还时常在豌豆地里打农药，打药剂。

我自己的农地少，50% 的耕地是栽上板栗树，所以农地的薅锄头道已完成。今日趁雨水天，移栽地莲花（喂牲口、喂猪用，人也可食用的）。3—4 个月的喂牲口不够用，所以需要扩栽，今日开始栽地莲花，尽上一天的努力，栽下多少算多少，数量不限。

2014 年 7 月 4 日　农历六月初八　星期五　晴

村民变卖大猪记：张约祥，一头（不称计）评估得 1150 元；龙学华，两头，每头 900 元，得 1800 元；张正福，9 头，得 17500 元。

小结：我们村民卖大猪，按街市价称计人家不要，要做评估，一头大猪两三百斤人家才要。张正福卖 9 头得 17500 元，他讲垫本就要 13000 元，17500 元扣除垫本 13000 元，那么他面上也只有 4500 元。村民都说，不爱养猪，都是贴本，两年来猪价又走低。

2014 年 7 月 5 日　农历六月初九　星期六　晴

今日村民翻修云南大学民族考察基地住房。原先房皮上是盖上一层茅草，只是做个模样，茅草一般三年就都风吹日晒而烂了，现在准备一次性改成水泥瓦（石棉瓦）。施工情况是，昨天安排一辆大车到东村街拉运水泥瓦，其他安排一些劳动拆茅草。今日由于劳动力分散，经一天的辛勤工作只是拆完一间房皮上的茅草层。劳动力，村里村外都忙于建房，建房我村年轻人就占有一个组的劳动力。

2014 年 7 月 7 日　农历六月十一日　星期一　晴

维修本村公路。昨晚下了一夜中、大雨，路道、箐沟、地道都被洪水冲刷。为保证我村交通路道畅通，我村民管理的路段长达 4 公里，由于路道的山地太多，所以坡陡的路段都要埋修清理、保养、管理。今日我们村上动员每一农户出动一个劳动力，维修这 4 公里的路面。陡坡路约有 2.5 公里，埋没的就清除，路面洪水冲刷的要补填好。全村部分人参与维修活动事工，时间从 11 点至 14 点，已全线视察维修完毕。

2014 年 7 月 8 日　农历六月十二日　星期二　晴

今天云南大学两位学生进驻云南大学基地考察几天，今天需要返回昆明的学校。三儿张学忠答应用小轿车送两位学生到东村街客运站，乘坐公交车回昆明。所以今早上就把车子开到路口来等着，以便出车运载客人。客运到东村路里程都达 10 公里，我老人也托三儿张学忠顺带两包农用化肥尿素回来给我用。

小结：交通和交通工具这么便利，民间小小的客运，已是极为简单便利的事，从东村到我柿花箐的公路路面建成黑色路面已有 9 年了，所以是非常便利的活动了，也是民间生活的一种享受。

2014 年 7 月 10 日　农历六月十四日　星期四　晴

教会唱诗班晚间练诗活动，周四是本堂诗班练诗活动。由于村寨散居，唱诗班规定，万宝山、柿花箐、芭蕉箐三个村子轮流聚会练诗。时间为两个小时的教与练。人员：今晚男士 6 人，女士 15 人，合有 21 人活动。诗班教练诗活动，平时周四活动教练，时间挨近年节，再增加周三一次，也就是一周利用两个晚上排练学习。

小结：诗班人员，有少部分人员文化学历低，故诗班工作只好加强学习弥补。

2014 年 7 月 11 日　农历六月十五日　星期五　晴

记述五儿媳、我们二老人在山脚的地块进行薅锄。五儿媳张秀仙只因白天阳光暴晒，不利于工作，她就采取措施，一早就出工劳动，坚持工作到中午1点又从地里回来吃早饭，喂鸡、猪，料理家务。挨晚再出晚工，晚工就在近处劳动。

我们老人自己又采用另一种方法，快做饭，吃了饭就争取时间出工，一般早9点我们就在地里劳动。反正是早出晚归，这样也是出活计，同时工效好。

小结：男的搞着建房工作，那么，女的就在家里搞好家务，也坚持农地工作，人们搞惯了，每天工作都力求高工效。

2014 年 7 月 12 日　农历六月十六日　星期六　晴

农村农地田间管理工作顺利进行着，年轻人工作更多，又从事于农地劳动，又从事搞建筑，里里外外忙碌着。

我们老人农活事工也随着忙碌，我们二老人也分头抓事工，老伴锄山地苞谷，我自己给栽下的葫芦瓜追肥。老伴的薅锄活计每天都尽力获最高工效，发挥劳动能力，尽上自己所能，而我自己的事工就轻松些，总而言之尽上自己所能的工作，尽力而为。

人生为谋生，想想我的事工应有较大的改进，原先我自己重视农业生产，果树板栗放置于次位，而现在要改过来，把果树板栗放置于重点。

2014 年 7 月 13 日　农历六月十七日　星期日　阴

教会今日开展一项探访事工，是我们教会石桩村主任老张有和于2014年6月24日离开了人世间。今日临时由教会教牧人员7人组成教会探访组，乘坐一辆面包车翻越大黑山，通过弯弯曲曲、坎坎坷坷的山村道路，翻越大山顶，再往山下8公里就到了石桩苗家山庄。陪谈、了解、安慰、鼓励以及举行了简短的追思礼拜，拜访组7人几乎都讲了话。

死者简历：张有和生于 1937 年，于 1967 年受洗归主，施洗人员张文芳，于 2014 年 6 月 24 日离开人世间，享年 77 周岁，1984 年 4 月 28 日任职为长老。

2014 年 7 月 14 日　农历六月十八日　星期一　阴雨

记述我们老人事工，农地活计一个上午时间，薅锄山药地里的杂草，清除地沟中的草让山药更好成长，下午 1—3 点转入薅锄农地苞谷，从事追肥、锄第二道苞谷。工作刚刚开始 10 多分钟就下起大雨来，一下雨，时间就长达两个多小时，虽然我们带着雨具，但还是停了农地活计，就是回到家都困难了！幸好五儿孙张恩膏开小车，往水平子村送他舅家的两个孩子，我们老人的地就在山顶片区的路边，此时路上几辆车子一时让不开路，又下雨，我们干脆上车避一时雨。等车子让开路后，孙子张恩膏送两个孩子到水平子村折回时，我们就连化肥、锄头工具、人员一齐坐上车回来。从耕地车路边这里回家是 3.5 公里，如果孙儿张恩膏的小轿车不从这里经过，我们老人冒雨回家就实在困难又吃力了。

中心思想：孙儿张恩膏读书的小孩，人是小小的，附近客运、农地运输却能帮大人忙了，今晚把我俩老人、化肥、工具一直送到我们老人门口，才又开车折回他的家。事后想想，下着雨，坡大，陡山路，很有把握地开车回家，这也是难能可贵的！

2014 年 7 月 15 日　农历六月十九日　星期二　雨

记述雨水季节搞建房事工如何进行。时令已进入雨水天，但几个村寨都有建房工地，寻甸县凹口村就有 3 户同时建造，所以雨水天就这么做，晴天砌砖墙，下雨天气就转为粉刷已浇好的楼房。因为一组建筑队同村就有建房的几个工地，这样不论天晴下雨都有事可做。我们芭蕉菁村从事搞建房的两个月时间，都在寻甸凹口村建，一个老板就管着 3 个建筑队。所以有时建房工地可以活套，只认工天，建房人员也显得活跃。

2014年7月16日　农历六月二十日　星期三　阴

村民农事是薅锄苞谷为一个中心，任务很艰巨，时间很紧迫，所以天晴下雨都不失时机地抓薅锄。我们老人农活事工也是忙于锄二道苞谷，经过一天辛勤工作，约锄了一亩多的山地苞谷。

苞谷点种于板栗园地中的，果树已长大成树，庄稼收成就逐年有所降低，但是栽下的果树板栗的收入比起点种苞谷的收入应该是强多了。这样一块地里的苞谷、板栗两样合收起来，当然比农地收成就更强了。

2014年7月17日　农历六月二十一日　星期四　晴

教会唱诗班晚间练唱活动，今晚是轮到在万宝山村聚会活动。唱诗班人员也好，教会人员也好，我村人员占教会人员的80%。走近道是坡陡，派车子送人员，绕路道，路里程又远达10公里，为安全、为方便、为轻省，我家出动2辆轿车接送。雨水季节了，有时会有雨，我村人员就回不来，车子接送，就是下雨都回得来，人员又舒服，也显得体面，自己方便，也让村民享受享受。

2014年7月18日　农历六月二十二日　星期五　晴

记述我自己公务劳动，因云南大学师生调研学习的到来，教会场院需要打扫卫生。所以我一人从上午10时开始打扫教会场院卫生，此事工难度可太大了，因为教会搞建房，村上几家农户建住房，建房材料都堆集于教会场院上。所以如果要清理和打扫，一个人打扫是不可能的事。

今日云南大学师生为研究而进驻云南大学田野基地，所以我们人员再少，厨房场院、圣殿场院、路道都需要打扫清洁，一个人也得行动，时间从上午10时开始打扫，下午5—6点老伴又来协助，直到晚7点才完成整个场院的打扫清洁卫生工作。

云南大学师生 19 名人员到来时间，下午 1 点他们从昆明云南大学出发，下午 4：20 到达，师生 19 人乘坐昆明 2 路公交车和一辆黑色轿车 2 辆车子下来，带队是郑老师。郑老师主动与我们打招呼。

2014 年 7 月 19 日　农历六月二十三日　星期六　晴

记述农事今日的薅锄事工。耕地是山顶片区，每天从事于搞建筑的车子都要从我的地道经过，所以我托五儿张学祥的车子协助我把农用化肥拉放于山顶我的地道。我自己吃过早饭再上去锄苞谷施肥，工作效力，只要晴天，每天薅锄进度都保持一亩山地。

小结：山地，我的地块就在公路边，每天工作力求高工效，所以我们喂好鸡猪，吃过早饭，一般上午 9 点我们都已到地里进行薅锄。9 点—中午 12 点多钟，3 个多小时的时间，出工农夫的大小车子还走不完。可见，人们生计活动不尽相同，可能有些农夫是早上还要出早工，而有些是吃了早饭才出工。

2014 年 7 月 21 日　农历六月二十五日　星期一　雨

记述村民建房事工，有村民龙福祥家建住房。原先建盖起一楼，而今日是安排浇二楼楼板，今日只因雨，耽搁些时间，所以浇楼房事工，几乎是一直忙到黑，平整楼板面，工序很多。劳动力组织，浇楼房当然少不了 20—30 人，今日浇二楼也是请了亲戚友人赴席，来客的车子教会场院停有 5—6 辆。而我们本村邻舍请着去帮忙的才去参与赴席。因为该祝贺该送的礼也已送了（指浇一楼时）。由于平整楼房场面的尾工磨平，所以到深夜都有说有笑，当然也就有消夜服侍。

2014 年 7 月 22 日　农历六月二十六日　星期二　雨

最近，村民雨天坚持农地薅锄，由于农事多、时间紧、任务重。比如四儿媳王凤仙，四儿参与建筑，而家里饲养鸡、猪、牛饲草的供给，农地的锄草和管理，还有给建房人员煮饭的任务等等都是由四儿媳负责。事务就是如此之多，所以要非常珍惜时间，雨天也得工作，雨下大了就避雨，雨小或停了就又锄地。今日几乎都是下雨，很多农户都在农地里工作，我们老人也不例外，也照常在泥泞农地里干活，仍锄了一亩山地苞谷。

2014年7月23日　农历六月二十七日　星期三　晴

今日有村民少数人员从事捕捉猎鸟的活动。现今又有找马蜂一项生计活动，又有捡找鸡枞为生计的活动，各为其喜好选择为乐为业的工作。

记述村民张荣光捡找鸡枞为短期谋生，6—9月4个月捡找鸡枞，随着社会改革变迁，市场物价逐年有所上升。鸡枞市价年初上市，据说每公斤卖价是200元，今早孙儿张荣光卖鸡枞得100元，说是没有作称计，而是评估。

2014年7月24日　农历六月二十八日　星期四　晴

今日干义务劳动，由于农地工作已完毕，趁机打扫教会场院卫生。场院随时堆集建房料子，满地石砂，又是云南大学师生进驻期间，自己是场地主人，对场地卫生、工作、服务、陪谈应当有所关注、有所负担、有所支持。自己作为老人，就做一些力所能及的工作，尽上自己的职责。作为教职员要有奉献和贡献精神，定期出来干义务劳动，打扫场地卫生，担当起主人翁的角色。

2014年7月25日　农历六月二十九日　星期五　晴

村务事宜：维修村公路，今年来雨较猛，把村公路一些陡路段冲刷有沟，有些路段流泥填于路心中，村里出动劳动力已维修过两次，为彻底解决，请示东村乡政府给予支持。解决办法是：安排一台挖机上来，同一天，同一个场地，挖机供给柿花箐、芭蕉箐两个村填路的用泥。由于挖机供泥,一天我村出动7辆大车运载砂泥填的路面长达1.5公里。

人员出动28人随车子扒砂,填坑平整,政府支持村公路沙泥,谢谢政府。

2014年7月26日　农历六月三十日　星期六　晴

村务事宜,我村第二天继续填补维修村公路,不等吃早饭,就出早工了,因为挖机是要供两村公路的用泥,所以昨天也是出早工,从早上就已开始工作,一直到上午10点才息工回家吃早饭。

吃过早饭,所有到路上工作的人员都集中于教会场院候车上工地,因为有3公里路。人员出动30人,由于挖机供砂泥,所以在路上扒砂泥人员的工作就比较轻松,农户出工情况是:一户出工2人的有4户,一户1人的有20户,不出义务工的7户。

2014年7月28日　农历七月初二　星期一　晴

村务工作,张学忠早6:30时出车到东村街买云南大学师生早上的用菜,让做厨师的学忠姑娘张秀芳、孙媳朱艳琼给他们做饭。二趟出车,是石桥村委会托他帮忙买狗、买菜办饭席。7月25—26号用挖机供我们村填补维修公路用的砂泥,所以办饭席酬谢老板,老板是大木板人。张学忠也参与帮忙和吃晚饭,所以一天奔波和忙碌。

2014年7月29日　农历七月初三　星期二　雨

云南大学师生19人由郑宇老师带队,为研究民族风俗、发展史等,7月18号进驻云南大学调研基地调研学习,10天时间已满,今天上午10点将离开芭蕉菁村,返回云南大学。

10点多钟了,车子还没有到来,据说车子打来电话,他(驾驶员)跑到什么地方都不知道了!原来他没有注意路标"款庄、马街",而是顺昆雪高速大公路直跑,几乎快跑到轿子雪山了,电话联系后才折回,驾驶员找不到云南大学考察民族基地，郑宇老师聘请张学忠开小轿车跑往北边鸡街去做向导，带来云南大学考察基地，据说两车在鸡街相遇。

陪客：从云南大学师生们到来，我们就放松农地事工的压力而尽量抽时间与来客相处。云南大学师生今日要离开我们回昆明，也应当与他们告别陪送，表示支持关爱，亲热留念。来接师生们的车是兵器工业昆明疗养院的。上午11点多钟到来，11：30时云南大学师生们离开我们，我们深感由于方方面面条件有限，力不从心，而对他们的到来关心不够，感到很是亏欠。

2014年7月30日　农历七月初四　星期三　晴

开会：东村乡政府通知张学德今日到东村开会，我们芭蕉箐村建圣殿，时间长达两年都未能建好。因为圣殿造价是30万元，现在建殿已开支达12万多元了，建殿经费迟迟不就位，只好停工，待有力量再建。5月8号县统战部以及东村乡政府8人一行，到我们建殿现场调查了解后，答应圣殿的钢门窗县政府帮助解决。

2014年7月31日　农历七月初五　星期四　晴

人员流动，今日下午3：30县统战部、东村乡政府开来2辆小车，走下6男2女一行8人，一辆轿车上标有"劳动保障监察"的字样。原来是因着我们的建殿工程，县统战领导因有指示和要求而特别到我们建殿工地来视察。县统战部部长孟加文的指示是：我们给你们3万元，先把一楼的门窗安好，再把一楼的面子墙粉刷好，使过路人看着美观。就像一个人，先把衣服穿起来。至于一、二楼慢慢做，之后加工完善。

2014年8月1日　农历七月初六　星期五　雨

村民改进住房，工程是将土木结构改造成正规式的红砖房，这是上级政府有指标的安排，有补助款项。项目说拆除旧房建成正规式的砖房，建成后，拨给1万元。今年春季已把建房材料运回来堆积，待农事工作点种和锄完苞谷再建住房，所以时间就推迟到雨水季节。

由于各县迎来政府补助建房费的好机遇，所以寻甸、富民两县附近的村寨雨水季节仍都忙于搞建房。村民龙兴祥是有指标建房的一户，农事完毕之后又趁机搞起建房工作。上述建房农户多，他家哥弟两户凑得5个劳动力合力建房，建房事工已进行了三天，建房工序是已高，雨天建房始终有耽搁。

2014年8月2日　农历七月初七　星期六　晴

记述村民另一户的建房事工概况。年初、三四月已建起一楼二楼，6—7月又开始建三楼，三楼是已砌砖墙3天，每天建房工人能凑有5—6人合力建造。建房老板每个工天要付给他们100元，每天又供给建房人员早晚两餐，建房事工虽然是各尽所能、轻松，但是每天息工时，太阳几乎落山了，吃了晚饭后，匆忙骑摩托车回家，交通和交通工具方便。

2014年8月4日　农历七月初九　星期一　晴

时间进入7月上旬，我们有板栗的农户就将开始下栗子、离栗子的季节，时间长达一个多月。事工进行是下几天后就要离，所以工作就忙起来。

今日三儿媳龙兴珍离栗子，中上午是儿媳离，下午又是女儿张秀芳接着离，约有40公斤，价值可达280元，我们父儿几家都有，只是张学忠数量多一点，今日的离栗子也揭开了下收栗子季节的序幕。

2014年8月5日　农历七月初十　星期二　晴

记述村民张学忠卖栗子。昨天的栗子离得40公斤，今天拉运到东村街销售，我们的要价一公斤要9元，买主只给一公斤7元。按理应卖得一公斤8元，我们想想出在自己手中的东西，图快，也就不多要了，一公斤7元也卖了，共得280元。

小结：栗子刚上市，市场形势较好，形成抢购，谁抓到就不放，我们打主意是要卖一公斤8元的，但我们情愿少要几块钱，卖了早早回家，不耽误时间也不耽误生产。几年来我们都情愿每公斤少他人1元钱而早早卖，有时每公斤可以多卖1元钱，那么就要点时间。几年来，价格差不多我们就卖了，我们的数量也大。

2014年8月6日　农历七月十一日　星期三　晴

农活事工，下栗子。板栗成熟季节，现在已开始下栗子。今年的情况是早板栗少，中期多，后下的也少。一进入下栗子季节，只不过是数量多少而已，几乎天天都有需要下的。

利用中下午的时间下栗子，地点就在房后老埂平平处下，板栗树现在不算大树也不算是小树，情况是有多挂果的，或有少挂果的，今天这棵下得3背篓（山村人民习惯做背），下栗子的事工也是累人的活计，幸好是属于吹糠见米的事工，所以再累也不怕。

2014年8月7日　农历七月十二日　星期四　晴

村民摘青豌豆销售，就地变卖，我们村点种豌豆的农户是7户，几天中都是从事于摘和销售，前几天刚收购，价格每一公斤可卖得11.50元。五儿媳张秀仙今日摘豌豆，摘得90多公斤，销售得100元。

小结：点种豌豆，原先是外地老板，价格就是死套子。现在有所进步，现在就地熟识人，多人从事放种、收购，价格就合理。

2014年8月8日　农历七月十三日　星期五　晴

今天自己下栗子，栽下的板栗分为山顶、山腰、山脚几个片区，一天到一个片区下，今日是到村后山凹片尾下。这一个片区株数是上百棵，每个片区都培植有少量的早板栗。今日我们下了6棵，板栗树不算大也不算小，捡拾得 4 背箩。

小结：已栽下的板栗树分布散，崎岖山路，一天的劳动也是付出辛苦和时间的。前面论述过，下栗子是属于吹糠见米之活计，是自己的职责，也是自己的任务，不觉得累，是喜乐。

2014 年 8 月 9 日　农历七月十四日　星期六　晴

记述村民建房工作，村中同时就有龙福祥、龙兴祥两户建。龙福祥家是已建盖三楼，而龙兴祥砌第一楼，已施工了一段时间。今日支搭木架安装浇楼顶杆和浇楼壳子板，安放楼板子，正准备做浇楼准备工作，人员每天保持 5—6 人施工。由于平时操有建筑手艺，所以搞起建房工程也是极为方便。历年建房事工一般都是冬季和春季已建完结束，而今年四季都有建房事工，与往年不同。

小结：迎来好机遇，1. 政府有支持建房政策；2. 形势、任务之所逼，村民农户必然资源有所扩大和发掘；3. 建房工程所逼，必涌现出一批技术人才推进地方民族的进步和发展。

2014 年 8 月 11 日　农历七月十六日　星期一　晴

记述村里农事活计，是从事于下栗子、离栗子，同时就有 4—5 户农户忙于收栗子。早早吃过早饭，就忙于上山顶片区下栗子，我们二老人下得化肥包 7 包（是便于上下车而装包，上下时快）。四儿媳张秀仙、孙儿张良下得 4 包。

运输拉运回家，儿媳的 4 包是孙儿恩膏用摩托车一次性拉回家。而我老人的 7 包是回家后吃过晚饭，叫大儿张学全、孙张荣光开出小轿车上山去拉回来。

不料吃过晚饭后就下起大雨来，下雨时间又长，我便说：干脆天晴后再去拉。栗园离车路有 200 多米远，事后儿孙们考虑我老人会发慌，所以雨停后又出车上去给我拉运回来。

小结：孙儿张恩膏，人个子虽是矮小，但善于攀登现代科技，善于学习，驾驶大小车辆就是一个项目。何况勤学、好学也能自学成才。孙儿张恩膏，他爸爸在外边工作，他是父母很大的期望。今天的事工，下栗子、拉运栗子回家，也承担起了成年人的一些职责，将会增添民族今后的新篇章。

2014年8月12日　农历七月十七日　星期二　雨

村民生计活动，虽然昨晚、今早、中下午都是下着雨，有事工的农户仍是上路赶街（赶集），有的是卖马蜂，历年价格都是一公斤80—100元，村里从事于经营马蜂子的人员以此为业为乐。变卖栗子情况是，我自己离得22.5公斤，总共得币220.5元。儿张学德30公斤，单价每公斤10元，得300元。

小结：昨晚到今早一直下着小雨，人们照常工作，20年前的今天是无法想象的，今天的交通和交通工具之进步和发展。

2014年8月13日　农历七月十八日　星期三　阴

村民农活事工记扎稻谷。田里的稻谷正在是梅色（黄褐色），还得要15—20天才能割得。不料因昨天下了整天的雨，田坝的稻谷有部分倒伏，约有9户。所以村农户们只好放弃其他的工作而集中精力扎稻谷，劳动力单薄的农户最起码要两天的工夫才能扎好。有的农户可能还没有发现，因为农事工地多，早晚时间都跑往山地，摘豌豆，打药水，下栗子。扎稻谷要两三天时间，此项农活也是属于农田管理。

2014年8月14日　农历七月十九日　星期四　阴

我家父儿，张正文、张学忠、张学祥今天离栗子。因明天是街子天，有栗子的农户都得在街子天前做准备，于街天销售。我二老人一个整天离得104公斤。儿张学忠2人离得74公斤，五儿媳张秀仙离得64公斤。

其他有栗子的农户是张学光、张学明、张学会、杨天友、杨兴明、杨天光、杨兴祥、龙兴明、王才明，全村有 20 户。有板栗的农户占全村户数的三分之二。

小结：芭蕉箐村目前在"五荒六月"，经济收入来源的主要就靠板栗、青豌豆两个项目。

2014 年 8 月 15 日　农历七月二十日　星期五　晴

村民住房建设事工，今日有村民龙兴祥家建房，浇一楼房顶板。劳动力、苗民习俗，这天是邻居亲友赞助送礼，出力协助献义务工作为支持祝贺。建盖技术工的工天也不记工，作为送一天工。

小结：建房主人家也表示酬谢亲友的关心，而特做一顿席饭为谢，杀羊、宰鸡、买鱼等鲜菜办这席饭。饭后，亲友、村里年轻人们议论说：这顿饭席价值必然在 5000 元上下。来客、亲属、友人约有 40 户。礼金数字达 3000 多元。

2014 年 8 月 16 日　农历七月二十一日　星期六　阴

下栗子，我家父儿张正文，儿张学全、张学忠、张学德、张学祥 5 户开出一辆大车上山顶栗园下栗子。每户经一天的辛勤劳动，下获得 8—12 包栗子。（用袋装）至于下获多与少是根据各户栗子的成熟程度的多少所致。

小结：能以联合、拼凑利用大车拉运，是我村中仅有唯有的一种示范，和睦相处。

2014 年 8 月 18 日　农历七月二十三日　星期一　晴

村民出售板栗、黑核。少部分村民卖马蜂蛹等。

记述卖栗子，我家父儿五户情况是：

1. 张正文，栗子 114 公斤，单价 9.70 元，共计 1100 元；

2．儿张学全，24公斤，单价9.70元，共计233元；

3．儿张学忠，94公斤，单价9.50元，共计893元；

4．儿张学德，80公斤，单价9.50元，共计760元；

5．儿张学祥，100公斤，单价9.50元，共计950元；

6．其他村民有8户板栗数目多少都是以街市价的每公斤9.50元为市价销售。

小结：板栗每公斤能卖8—9元是比较理想的，人们不约而同地重视起板栗来。

2014年8月19日　农历七月二十四日　星期二　晴转雨

记述村民龙福祥建房浇三楼地板。今日的浇楼事工比较困难，一是三楼的高度，供料子较困难；二是人员少；三是中下午就下起雨来，时间耽搁大，所以浇楼事工几乎忙到黑才勉强完工。

小结：人生都是在困难和矛盾中生活，一个矛盾解决了，另一个矛盾又来了，所以说，人生都是在困难中生活。这是原理、是定律，人在遭遇种种的不幸，都要明白这些事理而心地宽宏地过日子。

2014年8月20日　农历七月二十五日　星期三　阴

记述教会唱诗班自养生计活动，唱诗班每年圣工活动，唱练诗学习中印刷的油墨纸张，出外活动车旅费用，生活开支等需要自养。历年自养活动，曾耕耘一点农地点种苞谷，或是打点临时工，或是靠乐捐等方式。在这样的基础上，又在合法的信徒山场上栽有三四十株板栗树，已挂果几年，效益收获得300—400元钱。

2014年8月21日　农历七月二十六日　星期四　晴

村民维修村车路，就是从村里下到山脚田坝，准备割谷子，掼收拉运上来的车路，因为是泥土路，每到雨季，都被山洪水冲刷成沟，需要填补和维修。

农事工作繁忙，利用一个早上的时间把全长一公里多的路维修好，因为时间进入八月份即将收割稻谷。特别是村边路口山水泥填深了，得用人工清除污烂泥。全村约出动三分之二的人力，村民大部分积极性是高的，勇于参与社会服务事业的。

2014 年 8 月 22 日　农历七月二十七日　星期五　晴

村民销售栗子，

1．我自己离得 194 公斤，单价 8 元，共 1552 元；
2．张学全，24 公斤，单价 9.7 元，共 232.8 元；
3．张学忠，82 公斤，单价 8.2 元，共 672.4 元；
4．张学德，35 公斤，单价 8.2 元，共 287 元；
5．张学祥，40 公斤，单价 8.2 元，共 328 元。

小结：有板栗销售的其他农户，还有 10 多户，只不过是数量多的户数就是我家儿父 5 户，另外是杨天友、杨兴明、张学光、张学明、张学会等，我村板栗树多的有 10 户，从事于下、离、销售，白天在外边忙，晚间又在屋里忙，一直要忙一个整月的时间。

2014 年 8 月 23 日　农历七月二十八日　星期六　晴

村民互助的好风气，我家父儿 3 户都到山地栗园下收栗子，中、上午下的栗子儿媳们都帮忙拉运回家。

为争取时间，我们二老人仍在山里坚持，又下得 3 包栗子，放置在农地车站上，由于数量少，不好意思找请儿媳们上山地去拉回来。思想上始终是担忧，又怕下雨。在农地里工作的还有村民龙兴华，他知道是我老人下栗子，而没有拉完，他就动了慈心，又用他的大车协助我拉回来到门前来交给我。我俩老人表示很感谢，心里却想人家对自己好，应当有所表示，等忙过收栗后，买上一点食品给人家，作为小小的回敬。

2014年8月24日　农历七月二十九日　星期日　阴

村民大部分进到圣殿礼拜，下午3点礼拜休会后，人们又从事于家务农地饲养工作。

有村民杨天友、张学全、张学忠三人到祖库村销售板栗。买主只给一公斤6元，他们也不计较也卖了。情况是，张学全板栗是250多公斤，以一公斤6元卖得1547元。

小结：板栗历年销售价，板栗初上市价格可卖到一公斤10元，中期一公斤7—8元，后期就跌到一公斤5—6元，自然形成一种规律性，所以每到后期一公斤6元他们也仍是卖了。

2014年8月25日　农历八月初一　星期一　阴

村民销售栗子，我家儿父5户销售情况是：

张正文：112公斤，单价8元，共896元；

张学德：138公斤，单价7.6元，共1048元；

张学全：215公斤，单价7.2元，共1548元；

张学祥：131公斤，单价8元，共1050元；

张学忠：110公斤，单价8元，共880元。

小结：一个大户分为5户，今日板栗收入估计我家五户是占全村板栗收入的50%。

2014年8月27日　农历八月初三　星期三　晴

教会接待工作，教会来客，有传福音4男4女，是1个老师，7个学生组成的团队，愿意到我们中间来做传福音工作。所以我们教会张学德、张学忠的2辆轿车到东村街客运站接上来。我村信徒做了小小生活奉献，得600多元，作为这次接待的生活开支。包括我们芭蕉箐村全体教牧信徒都参与聚餐，做饭由妇女姊妹负责，吃饭时间为早10点，大家一便接待来客，同时参与聚餐。

生活中有来客，当然要讲究，尽力筹办筵席，自己教会人员也应当有所付出，有所享受，为事为乐，客人也是按时到达，我们接待先把他们的东西送上二楼接待室放好，再请他们去吃饭。

2014年8月28日　农历八月初四　星期四　晴

早上我家出动四辆小车拉运栗子上街销售，我自己的栗子125公斤，单价一公斤6元，共750元。我家父儿5户栗子数量都是以一公斤6元卖了，原因是，上市的栗子已是够多了，数量一多，价格必然要走低。栗子销售后，天还未亮，因为东村街自然形成都是赶早街。

白天事工是：本堂教会唱诗班栽有板栗树，所以教会号召，定为今日集中力量到板栗园地下栗子，由于不通车路，就用人工背，走2公里的路程回来。人员有14人协力工作。

挨晚些送别来客，来客8人往返共两天，今晚吃过晚饭，需要离开我们，下到东村街上住宿，方便明天一早乘坐公交车上昆明。因为东村街礼拜聚会处教会已设有接待住宿室。张学忠（村主任）、张学德（传道员）的2辆轿车接送来客，承担义务工。

2014年8月29日　农历八月初五　星期五　晴

村民割谷子。大儿张学全家今日割谷子，稻田面积为一亩，田块原是丘大六工，面积有二亩，哥弟张学全、张学祥从田块中间隔一埂分为上下两户各自耕耘。张学祥家是种上苞谷减轻管理手续。张学全因着需要稻谷草用于捆扎苞谷草而泡田栽秧。劳动力组织约有12—13人要割这一亩水稻田，也不为忙，也不为轻松，是较为合理合适。

参与工作的人员都是凭喜欢而赞助，使工的主人家也只好在生活待遇上尽力办好，酬谢亲友邻舍，为了办一顿餐食代价为400—500元。

2014年8月30日　农历八月初六　星期六　晴

鸡街天，村民卖栗子，富民县的款庄海拔低，粮食果木成熟期早，板栗价格已走低。寻甸县的鸡街海拔高，此时板栗刚好是初上市。我们在两县的交界上，所以有板栗的农户就流向鸡街销售，板栗每公斤价格必然比东村街会高一二元。

销售板栗情况是：

张正文：板栗90公斤，8元／公斤，共720元；

张学忠：板栗125公斤，8元／公斤，共1000元；

张学德：板栗77公斤，8.5元／公斤，共654.5元；

张学祥：板栗72公斤，8元／公斤，共576元。

街市板栗价格局势是：鸡街板栗市价比东村市价一公斤高2元，这也是一种良机、机遇。

2014年9月1日　农历八月初八　星期一　晴

销售板栗，东村街板栗价格走低，市价稳定在一公斤5.50元，邻村收购板栗老板仍愿出给我们一公斤6元，所以我们有的拉运到他家销售，有时打来电话叫我们拉运到大车边他家过来收购。

今天早上他家来公路边收购，栗子价给每公斤6.5元。今晚打来电话，叫我们送上去公路边等他家过来收购。

张正文：栗子169.5公斤，单价6元，共1017元；

张学全：栗子70公斤，单价6元，共420元；

张学忠：栗子75公斤，单价6元，共450元；

张学德：栗子65公斤，单价6元，共390元；

张学祥：栗子100公斤，单价6元，共600元。

今早就过来车路边收购，价是给一公斤6.5元，今早是学全、学忠两户上去卖。安排我们今日离好，挨晚他家也过来收购，今晚也许要给一公斤6.5元。而来收购时，就只给一公斤6元了，我们也不计较就卖了。

2014 年 9 月 2 日　农历八月初九　星期二　晴

村民掼收谷子，同一天就有张学全、龙兴体、张会学、张蔡成、张约荣 5 户掼收谷子。每一户都是用稻谷脱粒机，张会学、张会成两哥弟所用的一台稻谷脱粒机是脚踏式用人力踩的，其他的稻谷脱粒机都是用小型柴油机做动力的。

小结：科技突飞猛进的今天什么都讲机械、电器，从人们所使用的工具可见。

2014 年 9 月 3 日　农历八月初十　星期三　晴

村民农事活计，有侄儿张学才、孙儿张约荣父儿两户拼合为一个组，使用两台柴油机做动力的稻谷脱力机掼收谷子。稻田的面积每户都是 3 工田，也就是一亩，那么两户就是两亩水稻田。平时掼收谷子，都要保持每一台机器要有十一二人随机工作。

过去，掼收谷子都是重活，劳动强度大，累人，效力慢，而现在与过去已是大不相同了，由于使用机器，人们就轻松多了、条件改善进步的年代都已经是 10 多年了，现在已得到彻底改进了，这都是不断更新、不断发展，这也是我们的新篇章。

2014 年 9 月 4 日　农历八月十一日　星期四　晴

村民张学祥出车跑昆明城审车，只因车辆管理从 2014 年 9 月 1 日开始严紧起来，你有什么大小车辆，不管年代长短都要审核，办清缴纳管理税收，手续清白后，才给办审车手续。一辆摩托车是 8 年前的了，要求都是叫地方政府给证明才准审车。所以，今日是由于地方政府打给证明，交了 150 元就办完审车手续。

小结：凡政府有关单位制定的政策，人民都要执行，现在不明白，以后补办就费时费力了。

2014年9月5日　农历八月十二日　星期五　晴

村民鸡街卖栗子，我自己栗子离得173公斤，半路上都设有收购点，给价一公斤6元，我们图快也就卖了，共得1056元。

我家父儿5户，不论栗子销往东街或是鸡街，不论价格高低，只要是价格差不多就卖了。图快图早，图买卖双方讲信用，称计又是用大板称，都讲合情合理。

小结：卖栗子，上述以我老人为例，而儿媳们的栗子，数量都少于我老人，所以以我为例。村民几户的栗子，一般上市都摆于街市销售，据说，一公斤栗子价都高于我家一元钱，只因我家栗子数量大，也好，也将就采用这措施。自己另有一种情况，由于年老，货物运输称计，人工抬上下车辆都靠儿媳帮忙，所以人家卖，自己就卖。

2014年9月6日　农历八月十三日　星期六　晴

芭蕉箐村民动员行动起来，响应上级政府的号召为贫困儿童上学捐款。

理由：很多上学的孩子，他们处于贫困中，他们没有玩具，没有享受到社会上很多方面的享受，特别是大学生。所以动员作为母亲的妈妈们来关怀这些孩子，而捐款关怀。

石桥村委会公布芭蕉箐村"捐一元钱，成就春蕾梦"的捐款名单：潘美英：50元、王顺翠：10元、张秀英：10元、潘美芳：10元、王秀珍：10元、王秀英：10元、龙美兴：10元、龙兴珍：70元、王凤仙：20元。共计：200元。

2014年9月8日　农历八月十五日　星期一　晴

传统节日中秋节，部分苗习又称新米节，所以就要力求真的吃新米饭。作为自己地区芭蕉箐村是名副其实的，因为自己栽种的稻谷大部分已成熟归仓。

苗家过中秋节习俗，作为民族地区，设有"花山节"或是"斗牛"，成为民族特色。范围小，家家户户远近亲友相互请客团聚吃中秋节席饭，饭后，亲友分发自己为大家准备好的中秋节月饼。

自己今年过中秋节，是姑爷、女儿张会云、张美兰邀请我家父儿五户，张正文、张学全、张学德、张学祥、张学忠到他家过节，生活代价可能都上千元哩，肉食之丰厚不是一餐而是两餐。民族特色都喜欢团聚，过节分享礼品，分享情谊而过节。

2014年9月9日　农历八月十六日　星期二　晴

山村民族欢度中秋节，社会的进步，人民生活水平的提高，民族关爱增强，肉食之丰富，家人亲友只好又吃又带走，从昨天享受到今天，节日前后两天享受欢度。当然吃过早饭，远近的家人友客也回家了，带着亲友的关爱糖果，回家再享受。中下午时间我们家人集中人力协助姑爷女儿掀烟叶，编烤烟，5人忙了一个整天，尽上最大努力挨晚才完成，他家3人忙于摘青豌豆，每隔一天就要摘。

小结：经济收入，青豌豆已收回5000元，烤烟已收回7000元，一户人家到目前经济年收入已达12000元了。

2014年9月10日　农历八月十七日　星期三　晴

村民有栗子的农户都忙于离栗子，明天是鸡街天，所以准备运往鸡街销售。富民县的东村街栗子市价已降到一公斤3元，而寻甸县的鸡街，栗子是晚些才上市，就是说刚上市，栗子每公斤能卖到5—6元，所以栗子流向鸡街是还有希望。

我家二老人一天多时间栗子离得125公斤，我家父儿5户都在忙于离栗子，村中有栗子的家人都在忙于离板栗，销售板栗是最后一两街了，又忙又有希望，再忙也不怕累了。

2014 年 9 月 11 日　农历八月十八日　星期四　晴

村民鸡街卖栗子，我们大爹儿张学光、孙张约翰一辆面包车为一个组，一组又由 4—5 户组成，我家父儿五户就出动 3 辆轿车拉运栗子过往鸡街销售栗子。途中的胡家村有人收购，给价每一公斤 5 元，我们很多人也就卖了。我自己的数量有 125 公斤，一公斤 5 元，共 625 元，四家儿媳的栗子只是 100 斤以下了。孙儿张约翰的一组，一直拉上街，有人给价一公斤 6 元，所以他们拉上街还是每斤多挣到一元。

小结：来年经验是应该拉上街，因为街上买栗子的人多。如果是街上还给不到半路上的 5 元价，那么再从街上折回来半途卖，因为自己有车子是极为方便。

2014 年 9 月 12 日　农历八月十九日　星期五　晴

记述我们的农地活计，挖洋芋准备点种冬萝卜。我俩老人山地面积 0.5 亩，先把洋芋挖完后，再打塘、下种，再盖上化肥。

三儿张学忠也是挖洋芋再种冬萝卜。上午因有会议需要乘车上街参加会议，中下午的时间再转入自己的农地活计。先挖除洋芋，地中杂草深，只好先割除青草，再利用一只独牛犁地，把地中的洋芋翻犁出来再捡拾，然后再播撒冬萝卜和化肥，然后再轻微盖上少量泥土即可。

小结：7—8 月份，时间力量都集中用于下收栗子，就把挖洋芋种冬萝卜的事工摆下来，待收完栗子再来点种冬萝卜，此时雨量少了，俗语说："种在地，赏在天。"

2014 年 9 月 13 日　农历八月二十日　星期六　晴

村民农活事工，有张会学、张会成哥弟两户掼收谷子，又有杨天光一户也是掼收谷子，又有张学祥一户是收田间种的苞谷，面积一亩，三起都是辛苦忙碌一天付出代价而完成事工的。

小结：收苞谷的一户，原先是种植蔬菜，从事经销，年收入不错，是理想、可观的。只因张学祥又参与建筑建房，又是被聘请开货车上昆明市批发经销，事工事务很多，只好放弃农业种植蔬菜事业而投入地区的建房事工和货物运输服务。

2014年9月14日　农历八月二十一日　星期日　晴

龙荣富今日赶到安宁县参与圣经、音乐培训班开学典礼。是参与我们本堂崇拜，到中午12点乘摩托车到东村街客运站转乘公交车上昆明，又转车到安宁县某地参与圣经班开学典礼。

龙荣富原是任音乐老师，只因今年有机会建房，所以请假回家建房，建房涉及的事务多，所以就不能参与教学工作。往返时间是，星期天赶到那里，星期一早上举行圣经班开学典礼，吃过早饭后，又赶往昆明，再转车回来。

小结：苗家一代年轻人能歌善舞，手弹口唱多艺，龙荣富他俩参与圣经班开学典礼，就是协助音乐手艺技巧工作。

2014年9月15日　农历八月二十二日　星期一　晴

村民农事工作有的是收堆稻草，有的趁农闲时，干脆用大车把稻草拉运上来，收藏在家里。记述我家父儿张正文、张学德、张学祥三户给板栗园追肥。板栗园撒上农用化肥后，再用微耕机打犁，使园地松软，果树根系得着化肥营养，促进来年（下年）果树壮肥。我们有的是用人工施肥，有的是利用微耕机打犁，工作已进行了一段时间了，反正是立为一项果园管理工作来抓。

2014年9月16日　农历八月二十三日　星期二　晴

村民张学会准备扩建畜圈房，现在有畜、猪、一对母子牛、10只山羊。一部分牛、羊、猪都是借哥弟的圈房并用，计划扩建畜圈房。房前屋后有几棵杂木树需要砍除，今早我们父儿 4 人砍了一棵，并修砍成烧柴，白天他自己一人继续清理建房基地上的几棵杂木树。

早饭时，因使几个工，就一便为我们父儿 3 户煮早饭，建房一般是冬季农闲季节建。现在只是打主意，一有空就搞起建房的地基，趁农闲时挖房基坑。

2014 年 9 月 17 日　农历八月二十四日　星期三　雨

村民赶鸡街，大部分村民到鸡街出售尾栗。半途收购处是给一公斤 4.5 元，大部分图快也就卖了。一部分是自己有车子就一便手拉上街销售。据说一公斤卖了 5 元。不过一公斤多挣得 0.50 元是付出一个工天，我们是半途卖卖，上街买了该买的东西回到家时间下午 1—2 点，而他们上街卖 5 元／公斤的回到家时已是很晚了。

卖栗子年总结：栗子初上市能卖一公斤 12 元，几街后又是卖一公斤 10 元，中期是卖一公斤 8 元，后期是只卖一公斤 5 元。到后期只卖一半钱，来年牢记，想方设法尽上最大努力，忙就忙在先，抓火色，抓工效，起早摸黑，每天多下栗子，晚收工，必要时请亲人帮忙，开工资都行，都值得。这不只是今年的总结，也是几年来历史经验教训总结归纳，这是今后的出发点。

2014 年 9 月 18 日　农历八月二十五日　星期四　雨

探望受难亲友邻居。麻栎树张荣祥姑爷龙才贵昨早上 9 点有来客，有说有笑，聊天说到社会风气低落时，姑爷面带笑容歪歪斜斜倒下，就不省人事，把他放于床上，就死了，此消息惊动邻居亲友，成了悲剧。听闻，我家父儿张正文、张学忠、张学德家 8 人乘坐两辆轿车前往看望，表示同哀同悲。

小小探访，小小礼，小小活动也许会起到给遭难者一点微小的心理安慰。

2014年9月19日　农历八月二十六日　星期五　晴

村民搞畜圈房。张学全搞建房，昨天今天接连挖建房的房地基，本着趁农闲、雨天松闲之际，有空就挖房地基，自己的工作就主动，人员多寡都慢慢搞起。

小结：良机，情况是儿张荣光娶媳妇，而娘家打发嫁妆很多家具用品，以及一头母牛、5—6只母山羊。一年之后，母牛下得一只小黄牛，6只山羊成为12只，一年半，山羊又成14只，已成一小群牲口，每天要一两人长期放牧饲养，那畜圈房必然要扩建和完善，就成了民族畜牧业的一种事业工作。

2014年9月20日　农历八月二十七日　星期六　晴

民族婚喜事请客，村民张学忠今年腊月二十一日准备出嫁女儿张秀芳，趁农闲季节抓紧时间请客，已请了一部分。今日计划小轿车往北、东、南的禄劝县、寻甸县、嵩明县、富民县4县请亲友来做客。路途遥远，小轿车跑四县，都得今日出车，而明天挨晚才回得来。

亲友散居四县，乡村路道有少部分是泥泞路，因几天中刚下过雨，幸好是极少数，也幸好是今日已晴开了。

2014年9月22日　农历八月二十九日　星期一　晴

村民赶集活动，张学才、龙学华两户是到东街卖马蜂子，街市价蜂盘原先是卖一公斤150元，今日价走低，只卖一公斤120元了，至少每人出售3公斤，得360元。

卖核桃，我自己是37公斤，一公斤12元，共444元；王光辉：75公斤，一公斤9元，共675元；龙应光：12公斤，一公斤9元，共108元。

小结：芭蕉箐村中有从事于猎鸟、种植青豌豆、果木，销售马蜂子四样支柱产业为生。

2014年9月23日　农历八月三十日　星期二　晴

村民上街购买出嫁女儿的嫁妆，儿张学忠女儿张秀芳已订婚，所以哥弟亲属都准备送礼买嫁妆，家人哥弟从现在已开始购买。兄张学德、张学祥前街在鸡街上已买好一只衣柜、一套沙发，哥张学忠自己就有货车，所以叫张学忠自己出车上街拉回来，我俩老人也给孙女张秀芳买了一台苞谷脱粒机，价是450元，一套沙发价是1700元，衣柜价是800元。嫁妆三件就装满一辆货车，买好嫁妆，装好车，我们就顺手拉运回家了。

2014年9月24日　农历九月初一　星期三　雨

教会执事王继光将于明天给儿子承办求婚席，张学德是他家的妹夫，张学友也是他家的二妹夫。所以他们两家今日上柿花箐村去帮忙。经济方便的农户，今日要杀羊、宰鸡、买鲜活鱼，有些农户是还力求要配上一碗牛肉。今日的准备工作也非常之忙碌，都靠主要的亲戚友人帮忙。

小结：求婚席，原来的习俗是主人家只请有关家人亲友几桌人，而现在规模有所扩大，村寨一个整村子亲不亲一概括都请，代价也大，收入也高，一般是晚早两餐。

晚会：参席人员留下吃鸡头、脚、翅，吃完后由主人家提出差派求婚的两位媒人方案，再由晚会人员审核定案，确定事工后，又有一项事是公布账务，来客几户，所送的礼达多少元，再下边就宣布休会。

2014年9月25日　农历九月初二　星期四　阴

办求婚席主人家，王继光——教会执事，是我二哥张正德的二女儿丈夫（称二姑爷）为儿办求婚席。我们张家很多人被请赴席，我们芭蕉箐村人乘坐1辆面包车，4辆轿车上去赴席。

求婚席，订婚，"压八字"（又称交聘婚礼金），苗习规模逐年有所扩大，幸好是他家就在大公路边，所以来客车子沿路停长达200多米，车辆达17辆。

小结：求婚席来客 300 多户，来客礼金数字达 1 万多元，伙食昨晚、今早两餐，三餐能留的主客，还有今晚一餐，客席代价都在两三千元以上。客席规模可大可小，因为所请到的客人都必然考虑送礼，自己赴席不是白吃，当然要送礼，所以人家没有请到，也不气呀。

2014 年 9 月 26 日　农历九月初三　星期五　阴雨

关于购置车辆，村民张学祥几天中购置得新面包车，车价是 3 万多元。又有村中杨天祥购置得一辆微型手扶拖拉机，今日上马街购置又回到东村办落户手续缴纳税收，据说车价是 8000 元，落户以及缴纳税收费 1000.70 元，合 9000.7 元。

另一事工是：张学忠为长女张秀芳买嫁妆，今日是买一个太阳能电器，价是 1900 元。工作进行是早上 8—12 点出车跑鸡街修理小轿车，中午 12—下午 2 点又跑东村街，为女儿张秀芳购买一个太阳能电器。

2014 年 9 月 27 日　农历九月初四　星期六　雨

王德胜、王光辉、杨天祥 3 户牵着自己的公牛到上村麻栎树村欣赏斗牛，规模是地方几个村庄好斗牛士相约而小搞搞。

斗牛活动项目，历年举行是有赛牛、赛跑、斗牛三个项目，虽然是地方式小搞搞，但还是取得地方政府的经费支持的。斗牛士和喜好者那么好、那么感兴趣，场地就在上村麻栎村，可是他们看到很晚才下来，这是一种民间的花山节活动。

2014 年 9 月 29 日　农历九月初六　星期一　晴

今日村民建房，购运建房材料。张学全建房地基已挖好，今日转为购运建畜圈材料，空心砖、人工细砂、水泥。出动 2 辆大车就是张正才、张学忠他们两家的大车，早上到鸡街拉运一趟，吃过早饭，张正才的大车仍在跑第二趟,而张学忠因白天东村乡政府有会议,所以只是早上跑了一趟,而白天参加乡上会议。

作为家人父母,我们只是协助下下空心砖,下完一车料子都得要几个人,才又快又轻松。随后又用人工背 30 多米到建房工地。

2014 年 9 月 30 日 农历九月初七 星期二 雨

人生大事,记述村民潘志明为长女承办收取婚礼金,又称"压八字"。礼席是从昨晚开始,连续昨晚、今早、今晚三餐,也就是今日是正客,交礼席、收礼席,请客概况是:来客 89 户,来客贺金是 7300 元。

代价收支情况,他家是在王继光执事这里打工做活计,按工算已有 7000 元,总支出 1 万元,这超支出 3000 元,就慢慢做工而扣除。

2014 年 10 月 1 日 农历九月初八 星期三 晴

村民探望受难亲属,四儿张学德妻子的姐夫因病重而转上昆明大医院抢救治疗。今日下午约 4 点在病人身边服侍的家人打来电话,说病人危险,叫家里的亲友快上去,不料从家里上去的亲人还在途中,病人已死亡。料理后事,家人在昆明确定火化,而把骨灰盒带回家。

后来,昆明医院协助办理殡殓,后事进行了几个小时。

2014 年 10 月 2 日 农历九月初九 星期四 晴

记述村民张学全家建畜圈房,今日是建房的第二天。劳动力出勤情况是:村民建畜圈房,工程小,亲友邻居也凭喜欢赞助,我家父儿 6 人,亲友邻居有 3 人,合有 9 个劳动力建房。

小结:一般的畜圈房,只要先把地基挖好,砌砖墙就比较快,劳动力每天只要保持 8—10 人,建房工序就比较快,3—4 天就可以建好,因山村人民几乎时常都搞建房,所以较为熟练,又是多人已是自学成才,善于建盖。

2014 年 10 月 3 日　　农历九月初十　　星期五　　晴

村民张学全建畜圈房，事工开展是第三天。事工是砌砖墙，用去一个上午的时间，中下午安房的梁木，搬运空心砖和搬运水泥瓦，然后把两间畜圈房的地板浇好。建房的第三天，虽然事工少，还是忙了一个整天，建房事工完毕后才休息吃晚饭。生活安排是，三天集中于今日办席饭筵亲友，前两天是随便一点，而今日的席饭就加几个特色菜，土鸡、鲜鱼、鲜肉、饮料啤酒等筵客，齐备一个欢乐席饭，大家享受。

2014 年 10 月 4 日　　农历九月十一日　　星期六　　阴雨

记述地方新设的斗牛活动，由于动机不纯，前一段时间，头一次斗牛宣布，斗牛一等奖给予多少多少奖励。每人门票收 10 元，苗家卖苗族衣裙的车辆收价 20 元，斗牛场设于一小箐沟边，资金也不兑现。第二次斗牛的今天，虽然发出邀请，据说今日的斗牛有人想到斗牛场买苗家衣物，场地却空空的，再也召斗不起来。

小结：什么都讲信用，脱离了信用，就什么事也做不起来，这是起码的知识。

2014 年 10 月 6 日　　农历九月十三日　　星期一　　晴

村民撕苞谷，就是扳苞谷，事工已进行了几天。现在是开始扳撕山脚和山腰的苞谷。事工是属于小规模，就让儿媳们各人自己扳一下，等到大面积父儿几户再相互帮忙。运输，山脚的地块通车路，山腰的地块不通车路，只有用人工背往上，或是背往下有车路的地方，再装载上车运送回家。几天中的扳苞谷，都是靠车子拉运回家。

前面叙述过，山脚和山头海拔气候关系，就是一天的点种（相隔一个月）先收山脚的苞谷，一个月后山顶的苞谷才成熟，我们地区气候的特征就是如此。

2014年10月7日　农历九月十四日　星期二　晴

记述村民农活事工。张学祥今日是栽儿菜，自己有一亩水稻田，又向村民杨兴祥家租2工田，面积将近一亩，仍是种植儿菜，准备销往当地市场，几天中都从事于栽蔬菜。张学德农活事工仍是扳撕苞谷，一部分是利用水稻田点种苞谷，田块里的已扳完，又转为扳撕山脚地块的苞谷，任务都是要一段时间才能扳得完。

小结：前几天有旱风吹过，所以山地苞谷，一片枯燥，对农业的丰产丰收有一定的影响，客观规律对农业有控制力，即俗语说的天年。

2014年10月8日　农历九月十五日　星期三　晴

村民生计活动，按有关政策，医疗保险每个公民要交纳，东村乡、石桥村委会确定芭蕉箐村交纳时间是10月12号，由有关部门进村收纳。所有的村民都要做好准备，少部分没有经济来源的农户还是发愁。

张正才农户是所有的洋芋都挖得300公斤，就地设有收购地点：300公斤，一公斤1.4元，420元，人口2人应交220元。孙儿张荣光找门路，跑到四川找松露。

小结：苗家贫穷，一般很不看病，每年上级安排给老年人免费体检，我们都不要。我们的问题是，知道自己有病，只是没有能力就医。

2014年10月9日　农历九月十六日　星期四　晴

力求政府补助1万元的村民建房项目。村民杨天光去年找挖机已挖好房基坑，今年组织力量准备把住房建起来。准备承包给王继光执事的建筑队建盖，所以今日拉料车开始拉运建房料子。建房工地离下料子的车路还有500多米，所以搬运建房料子都比较费力，建房工程已启动。

2014年10月10日　农历九月十七日　星期五　晴

人员流动，今日下午教会场院开来一辆新车，走下2男1女三名工作人员，原来是我们石桥村委会工作人员张绍全、杨文成和一名女主任，来找村主任张学忠，串村里的村民住房。据说是防震检查村民住房，他们进村视察村民住房，时间大约一个小时才回来教会场院，开车走了。

小结：抗震救灾工作，人民政府比较重视，所以立为事项议程工作来抓，所以村村寨寨都走访、视察并指导，如果是危房，要叫人搬出以免受灾。

2014 年 10 月 11 日　农历九月十八日　星期六　阴

协助姑爷张会云、女儿张美兰家浇二楼房，坐落于柿花箐村，原来建起一楼房迎来好机遇，烤烟收入达 2 万元，自己生有子女 2 人，考虑为子女建盖一二楼楼房，建房工程预计造价为 32000 元，承包给本村王继光执事。从开始建盖二楼，到浇二楼板时间为六天，建房主人家负责三餐伙食。就是开工这一天，中期和完工三餐。

今日浇楼房，我家父儿 5 户请去帮忙，主要是协助生活服务工作，我自己负责开水服务，劳动力不少于 40 人。

2014 年 10 月 12 日　农历九月十九日　星期日　阴雨

村民交纳医疗保险费，我村是确定于今日 12 号，利用早上的时间一起交纳。村民于早上 9 点到 10 点来教会场院交纳费用。交纳办法安排是，由各村村主任负责登记填于户口册，并给予发票。我们二老人历年都享受政府的补贴，只交一人，一人享受政府补助交纳。

2014 年 10 月 13 日　农历九月二十日　星期一　雨

村民栽儿菜。趁阴雨天气，计划种植蔬菜的农户们都忙于栽儿菜。龙兴德是承包村民杨光才家的稻田 2 工田（0.8 亩）栽儿菜。

张学全儿媳 2 人，老伴也下到田坝去帮忙，3 人打塘、施肥，栽上菜，面积 3 工田，等于一亩多田。（面积——有的三工田算一亩，我们是 2.5

工田算为一亩）苗秧由自己到富民县城籽种公司，买回来自己撒育成秧苗，再移栽到大面积田块上。

小结：自己买种育秧、移栽，是为确保优良品种，丰产丰收，能收到好效益起见，已有规律性了。

2014年10月14日　农历九月二十一日　星期二　阴

村民从事于搞建筑的一组，人员有8人，搭配有两个施工队，时间从去年搞到现在，工作人员只好自行间断，休假几天后又马上参与搞建房。几天都是阴雨天气，幸好建房事工是房间的粉刷，所以有雨也不影响建房事工。出勤人员是：张学祥、张正华、张正福、龙福祥等5人，交通和交通工具很方便，所以建房人员早出晚归，也是极为方便，也是习惯了。

2014年10月15日　农历九月二十二日　星期三　阴

记述村民张学忠买小猪，是石桥村委会熟识同工给予购买，因为他们买过几次了，猪价是活猪一公斤10元，3只称计得53公斤，共530元。由于是熟识人，就托张学忠自己拉，装上猪箩又用大车拉运下到石桥村委会，又送到他家，他家称过得53公斤，是按价称计的。

小结：街市价中最大最好的猪，市价是给到一公斤12—14元，一公斤10元我们也卖，只因是熟识人，又图方便、图快，所以也都卖了。自己多付出时间和辛苦也不计较，我们都力求广交朋友和讲信用，也情愿为同工付出些代价。

2014年10月16日　农历九月二十三日　星期四　晴

村主任张学忠常出义务工维修本村公路，因陡坡路，又因为今年雨水下得猛，路边时常被山洪水冲刷，雨水将过之际就赶紧填补。让车子过路压紧后，有利于车路畅通，改进社会环境风貌。具体工作是一人出大车，远道拉运砂回来填于坑洼路道上。工作干得起劲，所以一人也是早出晚归。

小结：作为大小村干部、村领导，都要会说会做，要行在群众之前，多有付出，在群众中才有说服力，而且也是应当这样做。

2014年10月17日　农历九月二十四日　星期五　晴

村民事工活动，今日是鸡街赶集天，寻甸县的赶集天比较活跃，因为是自治县，所以车辆交通不紧。我们地处两县交界上，所以村民都涌流向鸡街。我村今日赶鸡街销售农副产品，主要是红薯，上市的红薯渐渐多起来，目前市价是卖一公斤2.5元，有村民王圣德卖红薯，数量约有80公斤，共200元。还有柿子约有30公斤，一公斤2元，共60元，两项合计260元，这是大约数，今日收入或是260元，也可能收入不低于300元。

今日又有建房事工，侄儿张学光需要浇筑住房地板，所以托姑爷龙荣才拉运回来公分石，人工细砂。

2014年10月18日　农历九月二十五日　星期六　晴

村民事工活计是，有一户是种小春按蚕豆，当然是找自己家人帮忙。扳撕苞谷的有张学全、张学忠、张学德3户，已开始大面积的扳收，其中张学德是扳田块的苞谷，扳收以后，就准备栽下儿菜。菜秧就撒于田边的田角上，今日打好塘，施下农用化肥，待选阴天就可以栽上。

小结：种植蔬菜的农户有所增加，销售，不论是拉运上街批发和零售，随时随地都可以。种植蔬菜全村已试种了5—6年了，栽好、管好，经济价值都高于粮食，所以栽蔬菜的农户有所增加。

2014年10月20日　农历九月二十七日　星期一　晴

村民准备上市销售物资，鸡街是7天有一个街，所以需要上市销售的红薯、柿子、山药等物资有充足的时间做准备。

五儿媳张秀仙的事工是挖山药（是菜食）。一般强劳动力一天能挖获15公斤，每公斤可卖12—15元，准备上市物资是：山药、柿子、红薯三种，柿子一公斤可卖3元。这些物资村民已卖了几个街了，从现在起已是正式开始销售这些农副产品了。

2014年10月21日　农历九月二十八日　星期二　晴

村民农活事工，记述村民龙兴德、儿龙学华两户父儿联合挖洋芋。现代方式改为利用耕牛抄犁，7—8人跟随一架犁牛捡拾。当天捡拾，挨晚拉运到公路边，就地销售。公路边柿花箐村就设有收购点，洋芋历年价是一公斤1.80元，今年由于收购老板少，不竞争，所以洋芋收购价只稳在一公斤1.40元。

小结：种洋芋的农户，收入是比较理想的，目前村农户是以洋芋、豌豆、烤烟等三项作为主要经济支柱。种好管好的农户，据说是每一项都可以拿到万元哩。劳动力相助情况是：主要靠哥弟、家人、亲友支持，相助不用开工资，而是办好餐席，作为酬谢。

2014年10月22日　农历九月二十九日　星期三　晴

今天有村民杨天光建住房，建房材料是红砖，因为是为儿女建盖，去年就找挖机挖好房基坑。现在开始建盖，建盖方式是：干脆承包给我们的建筑队建盖，建房规模工程是一楼一底，房子造价为7万元。昨天和今天已砌浇好石脚，下好水平。来天就可以开始浇房地梁。建砖房就靠钢筋地梁、钢筋混凝土柱做支柱、做拉力。我村建正规砖房，杨天光家是第八户。

2014年10月23日　农历九月三十日　星期四　晴

村民赶鸡街销售农副产品，红薯、山药、柿子、葫芦瓜、土瓜等物资，以红薯为主。销售农产品的农户是张学会、张学祥、张美花、王圣德、龙兴德5户，收入情况是每户收入200—300元。

小结：红薯上市的较为多一点，所以价格和销售量有所下降，也较为畅销，因为鸡街地区属高寒山区，所以人们喜欢吃红薯，只是销售量仍是高，而价格下降。

2014年10月24日　农历闰九月初一　星期五　晴

教会建圣殿，县统战部补助3万元，东村乡政府安排建筑队按这数目建盖，前几天出勤一天是2人，另一天又是出动4人，就停工到现在。今天估计是正式上马粉刷，所以今早开来一辆面包车，有9人来粉刷圣殿。也提前通知我们给他们（建房工人）做早饭，四儿知道情况，所以出车上街购买肉食小菜回来招待建房人员。

2014年10月25日　农历闰九月初二　星期六　晴

村民建房工作仍在进行，杨天光的建房工序是今日集中精力浇建地梁，由喜好搞建房的几个同工购置搞建筑所用的工具，吊机、搅拌机、钢模壳子钢板，各种大小电钻头。所以今日浇房地梁，仍然安排有搅拌机帮忙搅拌灰泥，由于有机械工具帮忙，所以浇地梁工作也就自然轻松下来。

小结：往年只是冬春季节建盖房屋，而今年是春夏秋冬四季都在建盖房屋，还分为两三个建筑组，一个老板总负责，而且越盖越多，成了前所未有的新局面。

2014年10月26日　农历闰九月初三　星期日　晴

今日生计工作是，中民村委石桩村（苗族）因上个星期天翻掉一辆拖拉机，时间已刚好是一个礼拜。他们知道我们有处理翻车的扶车工具葫芦拉机，他们来了一小孩，骑一辆摩托车，连他外婆也过来我村找借工具。葫芦拉机有50多公斤，拿不过去，我们就主动叫五儿张学祥开出一辆面包车拉运工具，也一便去协助他们使用工具。

小结：什么事都要师傅指导，事工效率就高，张学祥过石桩村去帮忙扶倒车，事工顺利完成后潘文清家给张学祥100元、2公斤肉，作为一天误工和车子烧油的酬谢。

2014年10月27日　农历闰九月初四　星期一　晴

大部分村民已开始扳撕苞谷，现在是刚刚开始，先从山脚的地块扳起。张学忠家是栽种儿菜，田块的面积也刚好是一亩，昨天用牛翻犁田块，并打好塘，施足底肥。今天用一天的工夫拔栽儿菜，夫妻二人付出辛勤努力代价，经昨天和今天终于栽好这一亩田儿菜。

小结：我村几年来部分村民都在试种蔬菜，几乎都是成功的，所以我村民农事活计倾向于种蔬菜。

2014年10月28日　农历闰九月初五　星期二　雨

有红薯的农户珍惜时间而挖红薯栽排。明天是鸡街天，今天突然有雨。鸡街7天只有一次街天，所以虽然有雨，今天仍挖好红薯，明天如果雨停了，那么仍然上街销售红薯，如果雨不停就罢了。所以应该打主动战，就是积极做好准备。五儿媳张秀仙到山地挖红薯，婆潘美英同情就去协助，为明天街天准备上街销售物资，尽上自己的努力。

2014年10月29日　农历闰九月初六　星期三　雨

村民赶鸡街销售农副产品，就是红薯、山药、葫芦瓜、柿花（果子），主要是红薯，大儿媳家的红薯是70公斤，约卖得140元，据说销售三样物资总收入只是180元。五儿媳张秀仙的物资是山药、白薯、柿花、葫芦瓜四样，今日总收入达400元。白薯就有7包，每包约重35公斤，共收入490元，今日总收入也会达500元。

小结：今日是雨天，昨天因下雨，所以红薯未挖够，数量就少，部分村民无法准备，也就没有上街。

2014 年 10 月 30 日　农历闰九月初七　星期四　晴

村民农活事工是扳撕苞谷，几乎是家家户户都忙于扳撕苞谷，农地还未通车路的约占 30%，所以扳了以后用人工背。幸好是村子附近的地块，不远也不吃力。

在村子附近扳撕的农户是王圣德、龙保罗、张学光、张约祥、张学全等多户，先扳撕还通车路的地块，有车路的地块，因刚下过雨，所以要等晴几天后，才利用车子拉运，扳撕苞谷事工就将进入繁忙季节，农夫们也等待此时机的到来！

2014 年 10 月 31 日　农历闰九月初八　星期五　阴雨

大部分村民忙于扳撕苞谷，是扳撕山脚、山腰耕地的苞谷。前面论述过，山顶、山脚的苞谷，就是同天种下的，成熟期都相隔一个月的时间。海拔相差大约 600 米，所以我们扳苞谷都是从山脚地区搬起。

挖山药的农户是张荣光和我们二老人，由于我们栽有板栗，所以几乎大部分时间都集中用于下收板栗去了，管理山药的力量就跟不上，所以草深影响山药生长，估计效益低，每天 1 人只挖获 10 多公斤，价值在 70—120 元。

2014 年 11 月 1 日　农历闰九月初九　星期六　晴

村民农事工作是大部分从事于扳撕苞谷，有的已开始种地麦，规律是收了一块地的苞谷就种下一块地的麦子。

张学全家种地麦：哥弟有一架犁牛，五儿张学祥也购置有一台微耕机，既可以用牛点种，也可以利用微耕机打犁。只因刚下过透雨，不利于点种，张学全就用人工挖地点种麦子，地的面积是一亩山地，就在村子对面。昨天和今天夫妇二人挖地，先撒上麦种，再撒上农用化肥，然后人工挖地盖麦种，都因下过大雨，泥烂不利抄犁，就用人工挖，为了珍惜时光，力求早日收完和种完。

2014年11月2日　农历闰九月初十　星期日　晴

记述礼拜活动奉献精神，款庄东片基督教，西山的紫虚光聚会点过年度感恩节。我们芭蕉箐教会被邀请参加庆典活动，教会教牧人员，诗班人员30多人乘坐3辆面包车、2辆轿车前去参与活动，报到送礼200元。

感恩礼拜当天奉献情况是：苞谷660公斤；大米20公斤；各堂报到所送的礼金2900元；奉献当天开箱10309元。合计13209元。

小结：运送诗班人员的3辆面包车已确定，每辆付给100元作为油钱，是王继光、张正华、龙学祥三位，付给他们钱时，他们三人却谢绝了。

2014年11月3日　农历闰九月十一日　星期一　晴

村农活事工。今日我们开展的农事活计是多中心工作，大部分村民仍是抓扒撕苞谷。有的种地麦，有的准备明天上市场交易的农副产品，有的挖山药、白薯、摘瓜和收集葫芦瓜。

又有一组搞建住房的人员，忙于用一辆中型拖拉机从柿花箐村拉运建房的料子红砖下来我村准备建房，目前已浇好房地梁。

小结：农夫村农事工作已到农忙季节，因为又收又种，又销售自己的农副产品，里里外外忙碌着，忙是好事，忙就有希望。

2014年11月4日　农历闰九月十二日　星期二　晴

村民赶鸡街从事于各种事工活动，有的准备赴婚喜事给要出嫁女儿买嫁妆，准备送礼。有的变卖农副产品苞谷，准备搞房屋建设。有的从事于搞建筑，搬运建房材料，是从柿花箐村大公路边拉运下来到我们芭蕉箐村搞建房。

小结：村民为发展、为变貌、为体现时代的进步而从事于方方面面事工，同时也为促进民族的关爱而辛勤工作着。

2014年11月5日　农历闰九月十三日　星期三　晴

记述村民张学明家种田麦，他家有稻田1.5亩，0.5亩田已栽上儿菜，还有1亩稻田是计划种上麦子。种田麦工序是先抄犁一道，待几天后要耙细，再撒上农家粪，就可以用一架犁牛抄犁，然后用人跟牛点，一人放种，一人顺犁沟撒上农用化肥，最后耙平后开好犁沟后（利于放水）即可。事工是：他家父张学明、儿张约志、婆媳4人整整忙了一天才种完田麦。

小结：每一家农户都得预备有一小手扶拖拉机，去远近农田地，拉运农具和粮食，这是生产力，也是必备的机器。

2014年11月6日　农历闰九月十四日　星期四　晴

村民建房：建正规红砖房的杨天光家承包给王继光的建筑队建盖，昨天和今天两天的工夫，砖墙四面高度几乎将砌好，即将转入浇房柱和支搭浇楼壳子板。

浇门前地板的龙荣祥，今日组织家人邻居20多人经一天忙碌，拉运材料，用微耕机搅拌灰泥，浇一块宽6米，长30米的房屋走道，幸运的是用水极为方便，人力都是强劳动力。

2014年11月7日　农历闰九月十五日　星期五　晴

村民张正文、张学德、龙荣才三人上昆明办银行卡，是云南大学老师需要而通知我们上昆明去办。事工经历情况是：我们三人乘坐张学德的一辆轿车前去办理，车子停于城市区外，转乘市区交通车到云南大学门口的昆明建设银行承办。原先只因我老人没有电话而就不利于办银行卡。郑宇老师知道后，又找我们借用我儿张学忠（村主任）的手机号码而补办上。

小结：上昆明办银行卡，小小的支出情况是：小轿车耗油，郑老师安排给我们100元，办银行卡费，每人收10元，城区往返乘车每人25元，在马街吃晚饭每人30元，往返出差事务小小开支每人65元。

2014年11月8日　农历闰九月十六日　星期六　晴

村农活事工，仍是扳撕苞谷和收集葫芦瓜，先扳收山脚地块的苞谷，数量不算多，由于是陡坡地，又是零星草深，所以从昨天已开始扳收。经过一番辛勤劳动，两天的时间总算是收完了山脚下地块的苞谷。

运输，从我们村下到田坝的车路，由于没有能力铺上石砂，又因刚下过雨，车路泥泞，幸好是天气从昨天已晴开了，但仍是得要两三天的晴天，才利于车子上下运输。已扳收好的苞谷就堆于地边车路旁，待天晴后再出车下到山脚运输上来，这是农业生产的小小制约。

2014年11月9日　农历闰九月十七日　星期日　晴

从事于农事工作，托儿媳们帮我老人把山脚下的苞谷拉运回来，据说，大车不敢下去，山路泥泞。五儿媳接着就上门来说：走，我们去把你的苞谷拉运上来。我没来得及换衣服就上车（面包车），下到山脚，把我的苞谷和葫芦瓜装上车，儿媳也装上两背箩葫芦瓜，准备明天拉运到鸡街销售。虽然已超载，由于是新车，还是比较顺利地运载到家。

小结：山村人民生产生活和需求，虽有些条件制约着，但是由于社会的进步，人民的生产生活也不断发展和改善，而突破种种的制约。

2014年11月10日　农历闰九月十八日　星期一　晴

村民赶鸡街，销售农副产品，就是红薯、山药、葫芦瓜以及三叶瓜等农副产品。销售这些农副产品的农户是张学明、张学才、龙兴祥以及我家4儿媳等7—8户。

记述村民杨天友,今日上街变卖新苞谷,是用小拖拉机拉运上街销售的。东村街是私人设有多处收粮店,你喜欢到哪里销售都行。而到鸡街销售情况就不同,是到了街上,摆于卖粮的地方,等私人或是收粮老板来,讨价还价而变卖。目前市场粮价是:东村收购是给一公斤2.2元,鸡街可卖到一公斤2.4元,就是每公斤可以高两角钱,我们地处交界,所以粮食就流向鸡街销售。杨天友今日到鸡街卖苞谷,重量约有200公斤,一公斤2.40元,共480元。

小结:卖粮的小户土地占优势众多,有无建设几乎是常年都能卖苞谷,这也是一种幸运。

2014年11月11日　农历闰九月十九日　星期二　晴

记述建房一组事工,农业生产又收又种,进入忙碌季节,建房事工也迎来新的机遇,是一年四季从事于搞建筑。建住房的农户越来越多,从事于搞建房的人员只好脱产,专一从事于搞建房。几天中是建村民杨天光的住房,技术人员多寡涉及工效高低快慢。建房事工较快,昨天和今早已浇好砖房钢柱。中下午建房工序转为支架浇一楼房地板的壳子板和安浇楼房顶杆,搭梁木和板子。工作中建房人员干劲十足,各尽所能,少休息多干活,是劳动中自然形成的,不仅体现民族的自尊心,而且为促进民族建设努力工作,是前所未有的新篇章。

2014年11月12日　农历闰九月二十日　星期三　晴

记述村民种地麦:张正才今日种地麦,陡坡地利用耕牛点种,一是劳动力单薄,二是地陡,干脆夫妻二人用人工挖。地的面积有一亩,由于地陡,用人工挖也较为简便。不过这也是硬功夫,两个强劳力经一个整天的辛勤努力,早出工晚收工,是付出代价的。

小结:雨量多,沾土泥,抄犁起来也是泥泞,不看环境,不待条件,应积极主动尽上农夫之责,力求主动辛勤工作,早日完成大春的收种工作。珍惜时间,早出晚归,尽上自己所能,事事打主动战,能早日完结收种任务。

2014年11月13日　农历闰九月二十一日　星期四　晴

村民张学德种地麦,是种山顶片区的地麦。条件有利,就用耕牛点种,张学忠、张学德哥弟夫妻4人组合跟牛点,二人使牛,二人放种,麦种、化肥搅拌在一起便于顺犁沟施撒。由于跟牛点,较为轻省简便,工效高、地平、牛壮,哥弟互助,齐心协力。

2014年11月14日　农历闰九月二十二日　星期五　晴

记述建住房事工,村民杨天光建住房,建房工人也努力,事工也顺利,从清理房基坑、砌房石脚、浇房地梁、砌砖墙,每天似乎都是高工效。所以预计星期六就可以浇一楼地板,建房工人也尽量赶建房工序。建房主人家今日也从事于准备明天的浇楼房伙食。今日宰杀一头肥猪,其他肉食杂菜可能是明天临时上街购买。

2014年11月15日　农历闰九月二十三日　星期六　晴

村民建住房事工情况,杨天光今日建房浇楼房。劳动力只是10多人,幸运的是房子的后埂几乎要与楼房相等,就用木板子搭成平桥,从上边搅拌灰泥处直接用推车推到楼房浇楼,就很方便。灰泥又是用搅拌机搅拌,几样条件的优势就促进浇楼获得高效。人员方便,当然一部分也来挑灰泥,就更促进工效。到下午3点就已浇好楼房,就安排了吃晚饭。

小结:小户个体,量力而行,浇楼请客只请村里农户的三分之一,想来,客人所送的礼,他们自己是吃不完的。再说,请客是对村舍友人的一种尊敬和爱戴。有人论,承席客只是你自己暂垫一下的意思,道理也是如此,人也应是心宽敞的承办席客。

2014 年 11 月 17 日　　农历闰九月二十五日　　星期一　　晴

村民农事活计轰轰烈烈进行，边收边种，收一块就种下一块，力求收完就种完。我家父儿 5 户联合协助张学祥家扳收苞谷，拼凑得 11 个劳动力，耕地片区是山脚，运载工具是自己的面包车，运送的是两趟，扳撕工效收完 2.5 亩。生活待遇安排是：尽力办好饭席酬谢家人和亲友农事工作协助。理由是：五儿张学祥长期参与建房，打工出车跑昆明，五儿媳每个街天上市场交易农副产品。

2014 年 11 月 18 日　　农历闰九月二十六日　　星期二　　晴

记述孙儿张约翰扳撕苞谷，是孙儿媳二人扳撕，工作场地是在村子上边路边。在扳撕前我们已发现这品种很好，想趁机问他是什么品种。今日他已扳撕，自己也是扳撕苞谷，就是从这里经过，便问他，这品种叫什么？他说：是"天大一号"。这名字听人说过，但没有留意，稀奇！便问，你怎么知道这品种好？他说：问祖库大凹子，他们说，这一带都是种"天大一号"，所以我就去买来种。我又问，我们村仅是一户种吗？他说，我买得两包种，我自己种一包，给我妈妈种一包。

小结：人生生产、生活中需要交往、学习，会促进我们的生产生活方式，提高我们的生产效益，有机会多观察他人。

2014 年 11 月 19 日　　农历闰九月二十七日　　星期三　　晴

村民张学德被请上昆明选购车子，天刚亮，他们一行 4 人上昆明市购车处选购车子。购车情况是：选购一辆长安面包车，是以 41460 元买成。上昆明一次也是不容易，所以他们买了车一次性就办好落户等手续。几乎用去一个整天才办完各样手续。

小结：山村民族的农业生产飞跃发展，有的农户烤烟、青豌豆、洋芋三个项目收入就可达两三万元。所以买车子二手车他还不要，他要新车。这也是人们必备的交通工具，同时我们也要重视文化知识的学习和攀登。

2014年11月20日　农历闰九月二十八日　星期四　晴

村农事工作忙碌进行，幸遇有晴天，交通和交通工具也是齐备。由于地区生产运输事业的需要而形成大小农户都必备一辆车子进行交通运输。全村30辆大小车投入大春收种运输工作，所以形成农业生产占有优势条件。

记述村民杨光才扳撕苞谷，由于耕地还未通车路就用人工背，陡坡路长达一公里多，幸好是年轻人，只有慢慢地背。自然形成条件限制，就只有顺从自然。

2014年11月21日　农历闰九月二十九日　星期五　晴

记述村民从事于经营自己的农副产品而准备，上市场销售的物资需要两天的功夫做准备。就是挖红薯、山药、背葫芦瓜。先到山地挖或是背到家里来，一两天的收集积累起来，到了街天就上车运上街销售。

自己（老人）也有零星该上市销售的物资，由于是农忙季节，放弃了，情愿集中精力投入大春的收种任务。情况是：7天收完山脚和山腰的苞谷和葫芦瓜，7天也已将收完山顶片区的庄稼。剩下部分算是零星庄稼了，粮食状况不强，80%的耕地已是板栗园，耕地价值8月份已先拿回家了。

2014年11月22日　农历十月初一　星期六　晴

村民孙儿张荣光妻朱艳琼放牧，四年前娶来。出嫁时，嫁妆礼中，其母给一头小母牛，三只山羊，一只小母猪。四年发展情况是：一头母牛已成了3头黄牛，3只山羊已成了11只了，一头母猪每年领得一窝，现在已领下10小头。

小结：芭蕉箐苗寨，以小小的农户为例，牲口这小小行业也是在发展中，也是我村我民族的小小支柱。

2014 年 11 月 24 日　农历十月初三　星期一　晴

村民张学忠只因给长女张秀芳承办婚喜事，我家父儿5户相约协助他家扳撕苞谷一天，砍柴（烧柴）一天，今日先给他家扳苞谷。为获取高工效，我们吃过早饭，就早早行动起来，工作地是陡坡地，不通车路。我家父儿5户合有8个劳动力，一边扳撕，一边一箩一箩地背到村子后边有车路处，再用摩托车两包两包地送回到家里来。

小结：父儿哥弟相助，情愿付出代价，我们早出工，晚息工，在地时，太阳快落山了，吃过晚饭喂鸡、猪时，天黑了。

2014 年 11 月 25 日　农历十月初四　星期二　晴

村民农活事工仍是扳撕苞谷，全村已是扳撕山顶片区的耕地了，运输全村几乎是车子化，大部分的耕地已通车路，一段时间又是晴天，所以极有利于扳收苞谷和运输。我家二老人也是在山顶片区扳撕苞谷，耕地也是没有车路，准备撕好后，再用人工一背一背地背回家。隔一道箐歪对面300米就可连着车路了，幸遇龙保罗就在对面扳撕苞谷。他妈妈张秀英领着小孙子过到我这边来说：今日你们老人扳得多少，只要背过来，我家用大车帮你拉运下去。我便说：那就好极了！扳玉米获得四大包，我便背过去请他家帮忙拉回来。这是民族风情感情，也是幸运，假如没有人帮，或许要今天明天才完工呢。每天如有青草都得协助儿媳们背回家，协助儿媳们喂牲口。

2014 年 11 月 26 日　农历十月初五　星期三　晴

村民生计活动，今早有龙应华，妻张美花一对老人变卖一对肥猪，据买主说是买成3000元。老人家居住于我们村子的中间，村民平时卖大猪都要从家中赶或是拉到教会场院上，来在上猪设好的台台上面上车。

谁家卖猪,聘请几个得力的劳动力协助上车,一般情况是身边的邻居亲友都会积极主动来协助和帮忙。

龙应华家今早卖大猪时,人员只有主人龙应华、儿龙兴华和买主三人拉猪和上车。人在外地也得学会做人,把我们脚下的路修扩得宽宽的。同时我们也渴望,对自己村寨、民族、家乡、同胞能有小小的贡献和支持,至少也会为村民发出点香气,这就是我们人生的价值观。

2014年11月27日　农历十月初六　星期四　晴

村民生计活动,有杨天祥卖苞谷。情况是我们二老人吃过早饭,就早早赶往山地扳撕,工作到中午12点时,村民杨天祥夫妇二人,驾一辆小型手扶拖拉机在我们身边的车路边停下,妻子张花便下车,准备也在山地撕苞谷。我便问:你家干吗从前方回来了?她说:我家到拉利(地名)卖苞谷回来。我又问今天不是街天,是到哪里卖?她说:拉利(苗寨)有一汉族在深山林里办一养鸡猪场,需要粮食数目很大,平时都上街购买粮食,我家去年就到那里的那户卖过了。我又问,今天卖粮情况怎样?她说:我家拉去的苞谷11包,每一公斤的粮价给2.40元,卖得1100元。

小结:他家前不久,就是购买这辆小拖拉机时是给他的二哥杨天光家借着3000元,二哥杨天光现在又盖起砖房来,可能杨天祥现在就准备找凑这3000元还他二哥杨天光。小弟平时力量弱小、胆小,生活生计都靠妻子,现在能有这一小小建设,也是进步,也是变化。

2014年11月28日　农历十月初七　星期五　晴

我们二老人扳撕苞谷,是在山顶片区车路边扳收,昨天和今天接连在一块栗园地扳撕。运输比较幸运,下午2点五儿张学祥经过这里,就主动帮忙把我已装包好的拉运回家,没有拉完的几包和挨晚扳撕的又是三儿张学忠赶鸡街回来,路过这里看见,头趟车拉运他自己的猪食草回家,另出第二趟车上山顶拉运我俩老人的苞谷回来。

小结：俗语说，儿多母苦。幸运的是，我家儿子四哥弟，我们父母老人，老来儿多谁见谁帮忙，不用多说话，重活、难事，儿媳们就主动协助。老人这也是一种享福，老人要学会人生，少年、青年、中年、老年四季春。就是说：年轻人事工多，有时照顾老人不及之处，老人也应当理解。

2014 年 11 月 29 日　农历十月初八　星期六　晴

教会唱诗班以及教牧人员支持石桩聚会点办年度感恩节筹备工作。石桩聚会点今年订于11月30日过感恩节，诗班人员工作多、任务重，有排练诗歌，奉献仪式等工作。每年感恩这周，礼拜二就集中排练，今日，张学德（老堂传道员）开车带几个人前去参与工作和看看筹备情况，并作指导。会场标语，大会程序、主持人、讲员、祷告、安排人员，明天感恩圣会程序今日就得安排好，所以本堂人员都已是忙忙碌碌进行筹备工作。

2014 年 12 月 1 日　农历十月初十　星期一　晴

教会举行建圣殿，建殿工程因农忙暂停时间长达5个月了。很多教牧信徒盼望早日恢复建殿工程。村主任张学忠两周前提议确定12月1日恢复建殿。建殿的首要准备事工是先安排生活，四儿张学德奉献一头120公斤的肥猪用于建殿生活。所以今日早上，张学忠、张学德、龙荣才等4人宰杀这头肥猪，4人忙到吃早饭时候才做肉食供给工作。中下午时间又转入建殿事工，今日是建殿恢复工作的头一天。劳动力情况：男劳动力13人，妇女杂工包括煮饭人员有8人，男女合计21人。芭蕉箐小组能出动21人，这已是不错了。

2014 年 12 月 2 日　农历十月十一日　星期二　晴

到医院看病。老伴计划早早出工到山地扳撕苞谷。先喂好鸡猪就准备出工。不料到房后喂猪回来，一下头昏眼花，支持不住，昏倒在墙脚下。几个侄儿在我家门前施工建圣殿，看见才抬进屋放于床上。老伴头昏又呕吐又恶心，实在不好受，对我说：叫儿子们送我到医院打针（平时打针很有效）。我讲，不好讲，他们都负责施工。老伴忍受到挨晚又说：我再也无法忍受到天亮。幸好息工吃过晚饭五儿张学祥儿媳张秀仙进来看看她妈，儿媳张秀仙才又催五儿张学祥出车送老人去鸡街平安医院看病。晚上7点我们出车，又从电话中叫姑爷、女儿张会云、张美珍也陪我们去。

到了鸡街医院，值夜班的医生很热情，我们一到医院大门口就有人打招呼料理安排协助。医生说：今晚只是给你们打打针，明天做详细检查、体检以及化验。夜间打打针，我们乘车回到家时间已是晚11点了，打针要4天，一天打一次，我们就早去早回，由于自己有车方便。

2014年12月3日　农历十月十二日　星期三　阴冷

我们去医院看病。昨晚医生嘱咐好叫我们去做详细检查。天亮我们出车，目标鸡街镇平安医院，今天的看病，是抽血化验等，手续较多，我们就按医生布置要求做了体检等。然后按医生开的每天的药量打针。看病费用情况是：昨晚打针、手续费、针水费交纳了97元；今日可能收了一个疗程费300元。

2014年12月4日　农历十月十三日　星期四　阴

今日我们看病情况是：按医生的安排打针吃药，其次是我们自己的护理人员安排是五儿媳张秀仙和我护理。困难是儿媳对汉语有些不全懂，和人交往有些困难。我自己多少有点文化，可以与人交往，只是耳力太差，办起事来阻力太大，也形成困难，所以我们要两个人做护理人员相互协助。

打完针水，今日是街天，车子多，我们三人乘坐水平子村亲属张绍荣家的面包车回到水平子村，五儿张学祥又开来车子接我们三人回家。

2014年12月5日　农历十月十四日　星期五　晴

我们看病打针疗程今日是第四天了，每天打一次，我们自己也有意今日的疗程打完，就要向医生要求出院了。每天针水量是4瓶，今日是5瓶。当打到第5瓶时我就到办公室把意思告诉医生，医生回复说：不讲是三天四天，就看病人好不好。我说：病人说是有所好转。我又问，出院有什么手续？医生便把病历及检查登记簿交给我，叫我递给收费处的护士，意思就是结账。结果：4天的针水医药费总计970元，我们到下医院收押金是300元，计算下来这300元押金需要退57元给我，那么新型医疗合作社就帮补了我913元，四天看病我只花了243元。我们当然高兴，现在真正实现了一人有病，大家来医的社会好风气了。不过今年医疗合作社缴纳医疗保险金是每人已收100元了，我们二老人是政府免一人，只收一人的医保，我们欢迎，政策好，每一人缴纳100元，我们情愿缴纳，是好事！

2014年12月6日　农历十月十五日　星期六　晴

记述村民我自己因老伴胃病耽误农活已是一周了，生产还有一点零星苞谷需要继续扳撕。姑爷、女儿张会云、张美兰知道就主动开来小拖拉机协助我们二老人扳撕。苞谷地就是山顶片区的耕地。二人经过一天的硬功夫帮我们老人搬完，又用拖拉机送上门来。又有三儿张学忠的老外父、外母也从嵩明凸董箐特意过来帮忙，昨天和今天帮忙扳撕苞谷，今日工作量是紧早紧晚尽上最大努力搬完了两亩山地苞谷，忙到太阳落山，拉运苞谷的大车才回到家。

小结：三儿张学忠是本村的村主任，又是东村乡的林业员，所以会议较多，又是一周两头送孙女去幼儿园，所以农事生产需要帮忙，一对外父外母，就专程过来帮忙。

2014年12月7日　农历十月十六日　星期日　晴

就地销售葫芦瓜的村民生计活动，有村民杨兴明销售葫芦瓜，方式是把所有的葫芦瓜收成一堆，然后做评估。卖主要价1500元，买主只给700元，双方讨价还价讲成1100元，卖主也就卖了。

小结：村里种有葫芦瓜的农户，家家都忙于收集，收完了就做评估数量而卖。价格去年可卖到每公斤0.80元—1元，今年只给一公斤0.50元。意思是买主无论如何都要多占一点，反正是越多越好，做评估卖已有3年了，不做评估，一堆瓜，他只拣一部分称，要的不太多，村民无奈也卖了。

2014年12月8日　农历十月十七日　星期一　晴

村民远程送亲人，村民张学忠老外父外母过来帮姑爷、女儿扳撕苞谷已是三天的时间了。今日需要返程，所以三儿张学忠、儿媳龙兴珍乘坐自己的小轿车送他们。早8点出车，行程据说是80多公里。回到家时间是晚4点，一个单边的时间大概是3个半小时，在凸董箐娘家1个小时，往返时间已是8个小时了。

小结：社会飞速发展变化，人民生产生活提高，社会福利提高，老年人也享福。

2014年12月9日　农历十月十八日　星期二　晴

就医生计活动，老伴病倒已是一周多的事，都是跑两个县的鸡街、东村医院求医，诊断打针，今日又跑马街医院求诊（是因病不得痊愈）。到了马街医院，就诊情况是，拍片、按摩，并发给了包草药叫煮服。门诊收费60元，手续及草药费189.5元，合计249.5元。我们回到东村街吃早饭，回到家时间早上9点。

小结：看病就诊，路途远近就靠自己有车子，已是极为方便、容易。只是病情还不得痊愈，也只有耐心摸索治疗。

2014 年 12 月 10 日　农历十月十九日　星期三　晴

大春收种工作已结束,我们又继续进行建殿,工作已进入第八天。建殿较为艰苦,一是建殿经费短缺;二是吃苦耐劳的人员不多;三是技术人员少,导致工作效率低;四是年轻人多,但责任心不强。出勤人员情况:劳动力男 10 人,女 5 人(包括煮饭人员),合计 15 人。

2014 年 12 月 11 日　农历十月二十日　星期四　晴

建圣殿的工序进程,一楼二楼已贴完地板瓷砖。昨天和今天已转入贴圣殿墙壁上的瓷砖。事工进行是,4 人粉刷圣殿的后墙壁,5 人贴正房面子的瓷砖,3 人搅拌灰泥,我们 4 人打扫一楼二楼三楼的灰泥乱石子,4 人煮饭,包括烧开水等,20 多人工作。

小结:建殿圣工艰苦,高空作业难度大,但建殿工人们情绪非常高,越干越欢,每天工作到太阳落山,每晚都是开灯吃饭,吃完饭还不走,还要在厨房门前烧火取暖,有说有笑聊天一时才慢慢各回各家。

2014 年 12 月 12 日　农历十月二十一日　星期五　晴

村民从事经销蔬菜,12 号是街天,张学祥田块里栽有白菜,按季节是收完稻谷季节又赶紧栽上白菜,两个多月的时间,栽下的白菜已长足长好,开始变卖。试销数量不要过多,看看销售量大小而两个品种,每样可卖价一公斤 2—3 元,卖到下午 3 点就可卖完,两样品种,卖得钱 200 元不足一点。

小结:我们从事于销售蔬菜,男的送货上街又要折回家喂喂鸡猪,还要参与搞建房工作,所以儿媳们的工作可算是较忙。工作忙,有事工,有希望。

2014 年 12 月 13 日　农历十月二十二日　星期六　晴

村民张从有长子媳妇,由于娇生惯养,缺乏良好教育。结婚三年多时间，双方在昆明打工两年多时间，女子闹离婚，种种罪多嫁祸于丈夫，而撇下丈夫一年多在昆明打工，长期不回家，有时回家一夜也不住就折往昆明。昨晚回来也是闹意见，就说你家太恶，我不要你了。天亮就往外跑，劝说过，不行就不行，还是跑了。双方父母出个主意，找车子上昆明她的住处，叫她回家夫妻合婚，离婚，好意协商，尽力从好的一方面劝说。于是聘请张学祥的面包车下午4点出车，挨近昆明城从手机联系，先还是开机，妻知情后关机跑了。后来人到了妻子住处也无影无踪，他们等了很久，无奈只好开车回来，到家时，已是深夜12点了。人们听闻真是头痛，事态在发展中。

2014年12月14日　农历十月二十三日　星期日　晴

星期天，即礼拜天，休息1天，教会建房工地，人员张正文、张学忠、张学才三人。我们三人自愿放弃休息天，仍到建房工地来施工。张学忠从事于粉墙壁，张学才贴瓷砖，我自己义务打扫教会场院卫生。

小结：一个单位一个施工场地。干义务或不干义务，应当随时有人员在施工场地看守工具，个体、村寨、教会、工会都应有人员值班，所以今日我们三人干脆干义务劳动，尽自己所能。

2014年12月15日　农历十月二十四日　星期一　晴

教会建圣殿生活奉献维持建殿工作情况是：教会建圣殿经费涉及造价达30多万元，所以每天的建殿生活就靠教牧、信徒维持着，建殿第三年的第二次施工，教牧、信徒支持情况是，先是张学德儿媳家奉献一头活肥猪，重量达120公斤，几天后又有杨光才奉献鲜火腿，重量约有25公斤，几天后又有诗班琴师张正福买回一条大鱼供大家享受一番，今日又有姑爷张会云从街上买回一对鸡供教会施工的工地食堂饱享。平时对建殿圣工有负担的同工都时常提供肉食、鲜菜、水果供大家品尝分享为乐而度日。

2014 年 12 月 16 日　　农历十月二十五日　　星期二　　阴冷

村民张学忠家砍柴烧,是因腊月二十一日要出嫁女儿张秀芳,所以要准备一点柴烧。昨天他家二人,今日张学全儿媳王秀英,我们三人协助,凑得 5 个劳动力砍,是砍耕地边的杂木树,有利于庄稼的生长。

小结:办婚喜事,方方面面的事项都得做好充分的准备,不但是嫁妆肉食,就连烧柴都得做一些准备,准备工作一直要忙到出嫁那日。不但自己主人家忙,就连自己的父母、亲哥弟都得出动协助帮忙,也应当帮忙,体现民族家人的关爱,应当多人出动帮忙。只是一部分人员又是忙于建殿。

2014 年 12 月 17 日　　农历十月二十六日　　星期三　　阴雨

侄儿的儿媳今日在我村张学友家经过双方父母、亲属及有关人员陪谈,对一对离婚的年轻夫妇劝导和劝说,尊重女方,大家只好准许她离去。亲属以及女方的父母提出一对年轻夫妇的家产如何分配? 我方答复说:媳妇的东西一样我们都不要,由她统统拉走。

小结:一对年轻夫妇离婚,男方太受气了! 女方父母策划女儿离婚,因为劝女儿听话、复婚的一句话也没有,反而说:女儿你受了什么气尽管说。离婚的情理,男女哪一方提出离婚,先要拿出 1 万元来做赔婚礼,这是硬道理。女方父母不但不赔礼,找来帮凶的人在会众面前还说了些不好听的话,不但不给赔婚礼,就连一句客气话都没有。事后村里人们议论纷纷说:这些人是傻气重,不懂理!

2014 年 12 月 18 日　　农历十月二十七日　　星期四　　雨

村民侄儿张学友为家族亲友办酬谢饭,就因昨天自己的儿媳离婚请到场的家人亲友,也是为分担苦难而作为谢意办饭席筵客表示。今早所要请的客,他挨家挨户请客就说:今晚请你们来和我家吃一顿饭。我们也只说,不必客气了,好! 我们是好说得很。主人家又说:晚 4 点就准备吃饭，到时来吃饭。建圣殿煮饭人员，多半也是我家儿媳煮，请客主人家也说好，建房人员和煮饭人员都过去他家吃饭，就餐人员有6桌人。

小结：有人群场地，两天的时间人们都一直在议论一对年轻人离婚的事，女方太没有情理了！太不讲理了，我们的媳妇也领走了，夫妇的家产也全部用大车拉走了，没有留下分文的情意。

2014年12月19日　农历十月二十八日　星期五　晴

村民扳撕苞谷，孙儿张约荣请家人亲友协助收苞谷，劳动力凑有9人，在地里工作忙碌了一个整天，与我们建殿工人几乎一个时候息工和吃饭，是太阳落山后才得吃晚饭。

小结：年轻人对农事责任心不强，有观望思想，缺乏主动性，什么活计都慢慢来，反正有父母帮忙。作为我们老人自己，对农事是起早摸黑，争分夺秒抓收种。我村张家的山地都不为多，再说，老人步行爬到山顶都要一个时候，而年轻人乘摩托车上到山顶是分分钟，我们收苞谷有的是一个月前已收完了。我们的经验只好让他们在生活实践中慢慢学。

2014年12月20日　农历十月二十九日　星期六　晴

村民开始赶赴婚喜事，今日孙儿张荣光开出他家的小轿车，乘坐5人，又有龙荣祥的面包车，乘坐8人员，是麻栎树、芭蕉箐两村凑得13人，都同赴一个婚席，目标嵩明县。只因苗民亲属分布于隔县之远途，由于车辆和交通之方便，赴席的客人一般只吃晚饭，不管远近都是打转，目的只是报到和送礼就算了结。

2014年12月21日　农历十月三十日　星期日　晴

村民生计活动，张正华销售葫芦瓜，数量大约有两吨，由于市价走低，也是只做评估，约评估有900公斤，一公斤0.40元，共360元。卖主张正华说，市价走低，好像我多要买主就不要了，想想低价也无奈，处理掉算了。

小结：买主是故意刁难，每一车瓜他们要多赚钱，他们是想方设法要多占，村民另有销路，就是每一个街天拉运销往鸡街，每公斤可卖0.50—0.80元，想来销路也低，就图多图快，低价也卖掉算了，这局势制约着农夫的经济发展。

2014年12月22日　农历十一月初一　星期一　阴

村民销售蔬菜，五儿媳张秀仙今日到鸡街销售蔬菜。产品有儿菜、山药、葫芦瓜、三叶瓜四样。五儿张学祥用面包车送上街，又转回家协力建教会圣殿。车子是接送两趟，是早上送上街，晚上销完蔬菜用手机联系，又折到街上接回来。

蔬菜销售情况是：山药一公斤可卖价10—14元，葫芦瓜一公斤可卖1元，儿菜1公斤可卖1—5元。儿媳说，儿菜平均价可算是3元，平均价3元是市场上还没有这品种，我们栽的儿菜也是刚刚上市，所以价好，四样品种总收入达600元。

2014年12月23日　农历十一月初二　星期二　晴

教会唱诗班晚间练唱诗活动，因年度感恩圣诞庆典工作还没有结束。12月28日富民西片的干沟箐教会邀请我们教会过去参与他们教会的庆典活动。今晚我们教会练诗做准备，又有石桩小组诗班人员也过来参与训练人员，石桩小组15人，本堂大教会20人，合计35人参与练诗。

小结：圣诞、感恩节庆典，各教会相互邀请参与庆祝活动。我们教会地处几个县区，所以庆典活动要推延到2015年1月4日才结束得了。几年来山村教会庆典节日有一个特点，就是各自教会用爱心办好大筵席而筵客，相互请客庆典节日和分享爱心。

2014年12月24日　农历十一月初三　星期三　晴

教会仍建圣殿，每天凑得20多人，包括煮饭人员，各自然村出勤情况是芭蕉箐村17人，柿花箐村3人，万宝山村1人，石桩村无人。

小结：芭蕉箐的圣殿坐落于我村，圣殿又是东村乡基督教中心教堂，信徒人员我村约占80%，也就是应该多出力。

2014年12月25日　农历十一月初四　星期四　晴

今日的礼拜活动，人员除了本堂人员外，还有来自东村、乐在的汉族村，教会安排三辆面包车接送。

2014年12月26日　农历十一月初五　星期五　晴

记述东村乡人民政府的关怀，今年安排我村太阳能11套。今日大车从昆明城拉运下来，今日下午3点通知我村一辆大车去东村乡镇领取和拉运回村。事后的经过情况是：从昆明拉运下来的大车在东村乡镇先下完后再安排下达给各地的村委会，先安排中民村委会，然后再安排给石桥村委会的。我村芭蕉箐去年安排给15套，今年是安排给11套。农户每户还要出600元，多余部分是政府补助，据说每台太阳能总价是要3000元，那么政府每台就补助2400元。

小结：政策越来越好，也体现人民政府的关心支持，先安排的农户在使用中是非常实用和比较优越的，现在大家会用了，爱用了，也争着要了。

2014年12月28日　农历十一月初七　星期日　阴

参与本县小水井教会过圣诞庆典活动。苗寨小水井是云南省昆明市苗寨人口众多的村之一，一个村寨有100多户人。今日圣诞庆典节日，是人山人海。摄像人员拥挤入会场摄像，幸好感恩会场秩序较好，设有专人管会场，不许摄像人员往前摄像，以免影响会场秩序。诗班到圣会的最远程是来自贵州、昆明昆钢、武定县等。人员到会的有五六千人，当天感恩奉献款达4万多元。到会的大小车辆约上百辆，大型客车一辆。

2014年12月29日　农历十一月初八　星期一　晴

孙儿张良到鸡街平安医院取脚骨钢板。是去年假期中在昆明打工不慎跌离了脚踝子骨，到工人医院动手术把跌损骨用钢板夹板固定，等满一年时间再去医院开刀取出夹板。我们出车到鸡街平安医院请教能不能给我们取出，医生回复说可以。结果，取夹板的思芽不合取不了，此时就与昆明大医院联系，叫昆明医生下来协助，昆明医院叫把伤员送上昆明。

所以医生用车子把孙儿张良送上昆明医院取了夹板，回到鸡街平安医院时间已是夜1点了，我们很高兴，能在地方医院动手术，医疗费就减轻一半了，孙儿张良残脚也得到解决了！

2014年12月30日　农历十一月初九　星期二　晴

孙儿张良昨天动手术，护理工作情况是：先是计划他妈妈王凤仙护理，计划住院几天打针、服药看情况。昨晚我家四家儿媳都赶到医院看望，不料医生已送他上昆明医院补救，儿媳们等到夜12点就乘车回来了，今日四儿媳王凤仙的姐姐的儿子又到鸡街医院去协助护理张良。

小结：我们的时间紧，任务多，我们又要治疗疾病，又要建盖圣殿教堂，也只好从事于双重工作。

2014年12月31日　农历十一月初十　星期三　晴

元旦学校放了3天的假，城市农村同时都放假，作为学生的家长都做接送工作。

孙女张多加在昆某幼儿园任幼师已是3年，今日31号整天都有课程，上完课时间已晚了，为珍惜假期3天的时间，张多加打回来电话叫我们家里开车上昆明把她接回来。兄张荣光、父张学全出车晚6点开往昆明，9点到达昆明，夜11点回到家。

　　小结：车子跑昆明往返5个小时，原先是要6个小时，只因用着昆轿大雪山高速公路，现在就少要两个小时，记述此事工为事例。

2015年
村民日志

2015年1月1日　农历十一月十一日　星期四　阴

村民医疗治病护理探亲事工。孙儿张良12月29日到鸡街平安医院拆除脚踝子骨夹板，住院打针服药三四天。12月29日刚进院时，张学全、张学忠、张学祥哥弟得知消息，当天晚上就不约而同地赶往医院看望，第二天张学友夫妻和长子赶往医院看望，并派儿陪在身边护理。今日又有孙女张多加、张秀芳乘驾一辆摩托车赶往鸡街医院看望，隔天还有张齐也要到医院看望。

小结：到医院看望病人，是其他苗家没有的，我家已起步，已写新的篇章，现在人民政府政策也是一人有病大家来医，我们家族、亲友更要关心亲友，爱人如己。

2015年1月2日　农历十一月十二日　星期五　晴

昨晚村民龙兴祥、妻张美花变卖5头活肥猪，卖主与买主双方讨价还价讲定7800元，随后先付钱，然后再去赶猪拉猪上车。过后，龙兴祥把这7800元一把递交给张学德（传道员）说：我交给教会用于建圣殿，拿回家就拉散了。我们只好收下。

小结：这7800元，对农户也是天文数字了。

2015年1月3日　农历十一月十三日　星期六　晴

村民事工活动，早上我们部分家人乘早车跑鸡街，送四、五儿媳上街变卖自产的土产品和蔬菜，并探访在医院住院的孙儿孙良，我们老人给孙儿张良、张文明、张恩膏零用钱表示鼓励，因时间紧，儿张学祥、孙张恩膏、我们二老人乘车回家参与建圣殿。下午2点孙儿张荣光开小轿车送孙女张多加到东村客运站乘公交车上昆明某幼儿园授课。到了东村客运站，公交车少就送到昆明，时间往返4个小时，晚6点回到家。

小结：小小的一些事例显示我们在走前人未走过的道路，也显示我们的生活充满着生机活力。

2015 年 1 月 5 日　农历十一月十五日　星期一　晴

记述村民建正规的红砖房，村民杨天光建房，承包给王继光。建房工程，先计划是一楼一底，承包资金讲定 70000 元，现在已砌起一楼房。据说，建房主人到现在只交了 4000 元，酌量建房资金薄弱，先盖好一楼，来年再盖二楼房。

供建房料子的外村人员，今日拉运来一车细砂料子，准备粉刷一楼的房间，用于办婚喜事给长子娶媳妇。

2015 年 1 月 6 日　农历十一月十六日　星期二　晴

教会建圣殿工序仍进行。贴一楼二楼墙壁的瓷砖，一楼二楼的地板砖、墙面，屋内外的圆柱。高空作业，安全第一，我们尽自己所能和职责。

劳动力每天能保持 10—13 人，煮饭、烧开水每天也能保持 5 人。施工场地每天都有人义务劳动。昨天和今天都保持 18 人，包括煮饭开水服务。柿花箐村 3 人，芭蕉箐 15 人。建殿人员已立下心志，建圣殿不完工不罢休，一心为民族、为地区争光争气。

2015 年 1 月 7 日　农历十一月十七日　星期三　晴

孙儿张良今日出院，2014 年 12 月 29 日进医院，时间刚好是 10 天。医药费用：押金是交 300 元，今日出院结账总额是 17000 元，我们承担部分是 4000 元，医疗合作承担部分是 13000 元。

小结：我们承担部分是 4000 元，我们认为仍是高，可能高在转上昆明这一趟求助手术和医务人员的往返收费。在我们乡村认为高了一点，但在城市来说可能又便宜了，总的来讲，政策是够好了，一人有病，大家来医，这也就减轻了人民的负担，我们当然高兴。

2015 年 1 月 8 日　农历十一月十八日　星期四　晴

村民经销自己农地的土产蔬菜葫芦瓜、山药、儿菜。明天是鸡街天，上市物资需要用两三天的时间做准备，挖山药、砍儿菜，从地里收回家，以便装上车运往街市经销。张学祥儿妇今日开车到山脚砍儿菜，掀除大叶，人工背到山脚的车站，砍一车儿菜几乎用去一整天。

小结：有意种植和经销蔬菜，就时时抓住节令，种植和管理，有机会就利用起来。由于种植蔬菜已有5—6年的时间了，从栽种到销售已成了自己上心的活计。蔬菜经济效益始终高于粮食作物，他们越干越起劲。

2015年1月9日　农历十一月十九日　星期五　雨

村民赶鸡街。村民一部分准备到鸡街变卖苞谷，因昨晚今日雨下个不停，一般小拖拉机无法上街，需要销售的苞谷只好摆下来。

张学祥冒雨到鸡街销售菜，自己有面包车，东—鸡公路又是黑色路面，有利车辆行驶。因整天都下着雨影响菜的销售量。上街的蔬菜有白菜、儿菜、山药、红薯4样，大约能收回400元。

小结：土产能有这些物资上市销售，雨天也能上街是幸运，是良机。

2015年1月10日　农历十一月二十日　星期六　雨

建圣殿工序仍进行，前晚、昨天和今天不间断地下着小雨，幸好是粉刷工作，二楼已贴完瓷砖，现转为贴一楼，虽然有雨也不影响工作。

凑得11人施工，我村建殿工程每天能保持12—13人，生活服务每天保持5人，平均每天能有18人（指我村人员），外村小组有2—3人，教会自然村小组分别为芭蕉箐、柿花箐、万宝山、水平子、石桩5个自然村组合，我村人员约占95%。

2015年1月12日　农历十一月二十二日　星期一　晴

村民张学忠、张学祥出车上昆明市购买物品。弟兄两户5人相约专程上昆明购买衣物，因腊月二十一要出嫁女儿张秀芳，要为新郎父母亲属每人预备一套衣服花裙。嫁方请帮忙人至少要给一条毛巾或是一双袜子为酬谢，所以要上昆明跑几趟才能买得全。要给男方的衣物上昆明买回，苗民妇女的花裙料子，在家制作。

小结：新娘要送男方的父母、哥弟亲属衣物礼品是近代兴起的风俗。幸好交通和交通工具极为方便，我们的评语是：虽然是一种负担、代价，但也形成一种新风俗，一对新婚夫妇喜乐，两方父母亲属也喜乐。

2015年1月13日　农历十一月二十三日　星期二　晴

教会建圣殿生活支持奉献情况是：12月1日开始第三年第三次建殿施工。生活肉食奉献活猪是：启动的第一天，张学德奉献一头120公斤的活肥猪；中期又有龙兴华奉献一半猪鲜肉，杨光才奉献一只猪鲜肉火腿；今日张学忠家奉献一头约有120公斤的活肥猪。42天已用去约两头猪，21天需要一头大猪，今日宰杀的这一头可用到月底。

小结：张学忠家今年农历十二月二十一日就要嫁女儿张秀芳，但他家在这种情况下，仍主动支持教会建殿，是作为一个领导事事做在先。教会很少人来关心，我家是教会领导，就由父和儿几家主动承担起来。

2015年1月14日　农历十一月二十四日　星期三　晴

教会唱诗班事工活动，深圳福音公司派人走访云贵高原苗民教会，拍摄苗民的教会音乐献唱。今晚到我们芭蕉箐教会来拍摄。

2015年1月15日　农历十一月二十五日　星期四　晴

村民变卖肥猪：张学祥卖肥猪4头，买主卖主双方讲定活猪一公斤12元，4头称计得509公斤，共6108元。龙福祥3头肥猪，称计得431公斤，共5172元。

小结：我们要求按街市价做称计，买主不干，就是要评估，村民无奈评估了多年。我们心想太亏本了。而今天又来个相反，张学祥4头猪先是评估给价6358元，称计下来就又少了250元，真是让我们上下两难。想想今后，街市价猪一公斤13元，买主进村给价活猪一公斤12元也卖，我们亏100—200元不要紧，不出大位就行了。

2015年1月16日　农历十一月二十六日　星期五　晴

村民今日的生计活动，吃过早饭，村民卖肥猪。买主讲定活肥猪给价一公斤13元。村民杨兴明卖一头，人员少，称计困难，只得做评估讲定1960元。龙荣才卖一头双方讲定1860元。拉运到教会场院来，我看1860元这头大于1960元这头，亏一两百元。

中午村民卖骡子，龙福祥以5600元卖掉一头，龙兴华也卖一头，小于5600元这头，以5400元卖掉，买主用大车送到马街大庄，买主支付给车费180元。车子到了马街，自己的亲友又请协助拉运一车建房细砂回麻栎树村，往返都有货物拉运。

2015年1月17日　农历十一月二十七日　星期六　雨

记述村民张正才拉运建房材料水泥。去年和今春已砌好砖房的一楼。等待今年的大春农作物收获，再销售牲口、打临时工集资砌建砖房的第二楼。据说，砌一楼是变卖了父亲的大黄牛，现在要建二楼又变卖了儿张正才自己的一头耕牛。已拉运回来一部分砖块，又购买回来一车水泥。

小结：婚姻家室、房屋建设都属于人生大事。人际亲友、关爱关怀，团结友爱同样重要，要注意搞好团结。

2015年1月19日　农历十一月二十九日　星期一　阴

教会建圣殿，多项目进行，有的进行房间内室的刮白粉刷和尖字塔污点清除，有的贴房顶砖柱瓷砖，有的支安二楼走道瓷栏杆。建圣殿的几天中，整天整夜都下着雨。幸好建殿事工都已转入室内工作，就没有耽搁时间。由于高空作业是技术活，人员少，建殿效率慢，但是我们都是出义务工，安全施工。

小结：建殿从 12 月 1 日动工至今已有 49 天了，几乎都是我村芭蕉菁人员坚持出工，几天中柿花菁村小组每天都出动 3—4 人参与我们建殿。

2015 年 1 月 20 日　　农历十二月初一　　星期二　　晴

记述村民建房，承包给王继光执事 7 万元建盖。主人实无财力，承诺暂时建盖一楼，现只交纳了 4000 元。

原因：因腊月十二日讨娶儿媳妇，等娶了儿媳后再补交，或是下年再陆续交纳。所谓建房承包方式是：建房主人家只拿钱，等建盖好后，只管搬进去住就行，所以今日已盖好的新房电灯已亮堂堂了。

2015 年 1 月 21 日　　农历十二月初二　　星期三　　晴

奔赴亲属的婚喜事，马街鞍山的亲属邀请我们今晚去参加他家的娶姑爷席。我们村附近的亲属 11 人乘我家儿媳 2 辆轿车前去赴席。下午 2 点我们出车，行驶两个多小时才到达海拔 2000 多米的东南方向高山的马街鞍山苗寨。

现在的交通和交通工具普及，我们就不准备在他家过夜了，报到后，吃吃晚饭就乘车回来。办婚席的主人家是养殖牧民，饲养有群羊，婚席肉食是那么丰足，可惜没有机会在那婚席上多享受一番。

小结：讨嫁婚席，苗族习俗，近代由于人口控制增长，讨姑爷的情况很普遍，多处可见。

2015 年 1 月 22 日　　农历十二月初三　　星期四　　晴

苗家的捕猎本领是天赋予，记述年轻人捕捉雀鸟活动为乐。孙儿张荣光昨晚接到本办事处大木板村电话，叫他带育子去协助他家把因鸟笼子破烂而飞出去的育子拿回来。今早张荣光约柿花菁王光建带一只育子去，结果育子不叫。张荣光就用嘴嚅（学鸟的叫声），人能学鸟的叫声，而且叫出几种鸟的叫声，用人工的嚅音把飞走的育子引上扣拿到。主人家很感谢佩服，付给张荣光他俩100元作为酬谢。

小结：玩鸟喜好者，苗、汉等多民族都有，我村喜好者也多。四儿、张学德很好玩，每出去一次3天，最低平均日收入达100元，他说今年的一次收入日达400元，3天总收入1200元，接着说，参与搞建房工资一天给100元，又忙又累，所以我们玩雀鸟者，比其他工作轻松。

2015年1月23日　农历十二月初四　星期五　晴

临近春节，政府关心，发给我村救灾米1620公斤，今晚发放给村民，每户发给两包，每包重量是15公斤，开一辆四缸车到东村镇拉运回来，从每包米提取5元来付给运费。

小结：我们芭蕉箐村地处半山区，坝区出产稻米，山区有优势农作物，比如栽种烤烟、青豌豆。山区发展经济条件渐渐地好起来，又有栽染料花、洋芋、青瓜等，一般的农户年收入可达三四万元，我们半山区的人民条件就受限制，制约着经济的发展。所以东村乡政府把救灾米的大部分安排给石桥村委会的芭蕉箐村。政府的关怀每年安排情况是：五荒六月给一次米，春节又给一次，所以人们都说：政策的确是越来越好。

2015年1月24日　农历十二月初五　星期六　晴

建殿事工仍然在进行中，技术工贴瓷砖，粉刷刮白，安走道栏杆。建房场地杂工有4个劳动力，就从三楼打扫，清除砖头灰泥，清除瓷砖墙面的污点从上往下打扫下来。三楼基本完工，将贴二楼的走道和房间内的地砖。

小结：建殿第54天了，外村的人力支持很少，只有本地区附近小教会的5个堂点的支持，建殿经费也不足，在种种困难情况下，我们已下定决心排除万难，坚持到底，这次一次性地把圣殿建好。建殿人员虽然少，但是我们越干越欢，不久即将建成，胜利在望。

2015年1月26日　农历十二月初七　星期一　晴

记述村民赶鸡街，大部分村民是拉运苞谷上街变卖。苞谷街市价，东村收粮店价一公斤2.05元，鸡街是卖议价，平时每公斤可以高东村街0.20元或是0.30元。四儿张学德儿媳卖儿菜，用自己的轿车拉运上街销售，重量200公斤，买主给批发价一公斤2.50元也就卖了，共得500元。

小结：卖苞谷的农户奔赴亲友的婚喜事席和建盖房屋，准备购置车辆。四儿张学德儿媳的儿菜卖批发价是图快，少得点钱赶回家参与白天建圣殿。自产的儿菜销售了，建殿工作也不耽搁，自己有车子极为方便。

2015年1月27日　农历十二月初八　星期二　晴

冬腊月，村年节工作忙碌。村民有的已开始宰杀过年猪，各村寨即将接连办婚喜事。记述村民农事工作活计，早上侄儿张学才家宰杀过年猪，聘请哥弟几户帮忙在早饭前完成。吃过早饭后上柿花箐村帮忙。明后天妹夫王兴理、妻张美花出嫁女儿，得为出嫁女儿的婚席宰杀鸡、猪、牛、羊，自己欠缺的都得买，所以今日就得忙碌起来，一共要宰杀6头肥猪，3只山羊，还有鱼、鸡等。

小结：苗族的婚喜事20年前形成定例，娶媳妇开支要15000元，出嫁女儿要开支10000元，预计，现在会翻一个倍，就是讨媳妇要开支达30000元，出嫁女儿开支达20000元，预计只有超出。

2015年1月28日　农历十二月初九　星期三　晴

我家儿媳3人参加东村乡的人大会议。时间是今天和明天两天，张学忠（村主任，东村乡林业员）、四儿张学德（教会传道员）、四儿媳王凤仙（县人代会代表）作为东村乡人民代表参加会议，大会历年时间是安排在开了年正月份，现今已提前在年这边召开。

小结：我们民族能荣幸地参加地方和县人代会是党和政府给的鼓励和荣幸！

2015年1月29日　农历十二月初十　星期四　晴

记述苗民婚礼席情况：信徒王兴理出嫁女儿王丽娟席。昨天是出嫁婚礼准备工作，今天是出嫁礼席。基本情况是：来客赴席总额是250多户，所送的婚礼金达28000多元，以及多种多样的家用电器、冰箱、家用炊具、被子以及衣裙等。

今日出嫁情况是：拉运新郎新妇货物礼品来了2辆大货车，客运新婚夫妇以及双方往来赴席客人的车辆是6辆轿车和面包车。

王兴理家的门前就是东鸡公路，是黑色路面，亲友上百人围观送行。一对新婚夫妇向几个方向送行的客人一大把一大把投掷果糖表示谢意，新郎接亲车辆缓缓开往南方款庄方向轿子雪山—昆明高速公路转向嵩明方向去了。

2015年1月30日　农历十二月十一日　星期五　晴

记述芭蕉箐车辆运输队伍逐年扩大。我们芭蕉箐村原有自用客运车、小轿车5辆、面包车4辆，全村9辆。今年又有参与培训学习的杨兴明、龙荣才、张正华3人。龙荣才、张正华已考上，并拿到车辆驾驶证，而杨兴明落考，可能个把月后才能补考。

2015年1月31日　农历十二月十二日　星期六　晴

今日村民事工活动，村民杨天光为儿承办娶婚筵席。苗民婚喜事请客情况是：不论村寨人口、有亲无亲，都一一邀请，祝婚礼是按亲属关系密切程度而送，按经济力量的进项方便支持。

2015 年 2 月 2 日　农历十二月十四日　星期一　晴

村民今日的事工活动是：鸡街、东村街同天赶，村民多半流向鸡街。一个项目是上市场销售自己的土产，儿张学德、媳王凤仙、儿张学祥、媳张秀仙各乘坐自家的轿车、面包车上街销售。平时销售情况是：一户一街可卖得 400—1000 元，平均可保持在 300—400 元，前个街天有机会做批发，而今天价格不合适，只作零售。另外一个项目是：我家儿媳几户出动 2 辆小轿车为办婚喜事的购物，放假回来的孙儿女们要上街买花裙、衣物、玩具、糖果、年节用品。

2015 年 2 月 3 日　农历十二月十五日　星期二　晴

记述村民事务工作，今日村民宰杀过年猪，我家父儿张正文、张学全、张学德 3 户和龙兴德 4 户为年节预备工作忙碌。

年节挨近，又有苗民家的婚喜事还要进行一段时间，情况是：出嫁、娶讨的新婚夫妇，涉及陪伴新婚夫妇的亲友一部分子女还在校念书，所以要待学校放假，这些子女才能参与，所以婚喜事推迟到挨年办理。

晚餐：我家父儿 16 人及建殿的 3 人聚餐，所谓聚餐、办饭席是挨年节，村民杀过年猪，亲属来往形成的接待，有办饭席，是年特色。

2015 年 2 月 4 日　农历十二月十六日　星期三　晴

教会建新圣殿，扩建灯具设备和扩音设备，张学德、孙女张多加、孙儿张良 3 人早 7 点出车上昆明购买。各种灯具金额是 1400 元，话筒、音箱以及扩音器械 1900 元，开支金额 3000 多元。

小结：新圣殿还需要一段时间才能完工，今日购买灯具和教会扩音设备，支持信徒承办婚喜事的庆典礼拜。教会音乐的应用和建设，需要完善和加强，不但要整顿人员使他们明白唱诗班的任务职责，也要形成对唱诗班音乐的负担，常常参与活动和工作，配合宣道事工，所以教会音乐设备也得准备。

2015年2月5日　农历十二月十七日　星期四　晴

　　昨天上昆明购买灯具，今早又出车到东村镇购买灯具零件和灯线以及安灯用的梯子，吃过早饭就安装礼拜堂内的15盏灯。

　　小结：突飞猛进的科技年代，苗民的经济发展和经济购置力增强，推动苗族人民攀登科技世界，由于科技普及，苗民在生产、经济、科技、机械动力、车辆上谱写新的篇章。

2015年2月6日　农历十二月十八日　星期五　晴

　　村民张学忠腊月二十一日出嫁女儿张秀芳，忙于做准备工作。今天又是办女儿婚事，父儿五户忙于碾压糍粑（原先是人工舂制），现今科学发达，舂糍粑就用机器，比用人工轻省，又快，又好，不但他家碾压，村中的龙福祥家也请帮忙碾压。由于碾压的数量多，我家父儿几户几乎忙了一整天，吃了晚饭以后，又碾压两甑子饭才结束。

　　小结：我们芭蕉箐属坝区，产稻米，所以要舂糍粑做一碗菜，或是作礼送，每一户高寒山区来的亲属给上一点作为小礼。今日在压制中，老机器不好用，又跑马街买一台新的回来，不但自己用，还免费为全村服务。

2015年2月7日　农历十二月十九日　星期六　晴

　　记述承办出嫁孙女张秀芳的生活筹备事工，腊月二十一是出嫁婚席，明天是礼拜天，故提前一天把要用的肉食准备好。帮忙人员、亲属、哥弟、亲友添得十七八人帮忙，肉食：宰杀一条黄牛、三头肥猪、60公斤的鸡、80公斤的鱼，仅仅鱼和鸡两个项目的开支就达2153.80元。

　　小结：帮忙人员自己主动本着民族相爱精神帮忙，也作为自己应尽的义务。

2015年2月8日　农历十二月二十日　星期日　晴

　　村民为办婚事忙碌着，明天腊月二十一日是给孙女张秀芳办出嫁婚席，为承办婚事工作已奔忙了一个多月了，至今还没有完备，今日忙碌购买物资和运输。时间紧，任务多，只好早上车子跑一趟，中下午车子再跑第二趟。

小结：这次出嫁孙女张秀芳的婚席也可算为事工多，任务重。不但预备婚席所要用肉食、所需的各种物资，又要为所请到的每一位客人预备一袋糖果表示谢意。所到的每一户主客，还要准备一袋糍粑、毛巾、糖果、鸡蛋等物品作为赠送谢意，这些小礼品是父儿5户妇女多人装够装好，所以承办婚喜事准备工作是靠亲属家人合力才能完善的。

2015年2月9日　农历十二月二十一日　星期一　晴

今日是出嫁孙女张秀芳的婚日。首先是帮忙人员，村中的习俗是托请村里的年轻人帮忙，男子出动18人，女工也是18人，合有36人，联合协力服侍这次的婚礼席。今日的婚礼席项目有以下内容：

1. 婚礼席生活服务一组的炊事工作。

2. 教会唱诗班用一个上午时间练诗欢迎新郎队伍的到来（夹道欢迎）。

3. 新郎队伍到来，唱诗班唱欢迎歌表示欢迎，新郎1人和陪郎2人向唱诗班人员分发一把果糖表示谢意。

4. 新郎领队干事到来把娶新娘礼品放于新妇门前，由他把礼品一一交代清楚。

主人家和安排这次管理婚席的括事邀请新郎队伍入座。婚礼席情况是：来客247户，来客所送礼金42548元。晚上教会为一对新婚夫妇举行祝婚礼。

2015年2月10日　农历十二月二十二日　星期二　晴

出嫁孙女张秀芳拉运嫁妆3辆大车，新婚夫妇陪娘陪郎20人以及领管婚事婚礼人员乘坐6辆面包车。

运送嫁妆的3辆大车的其中一辆来自新娘父母方,父儿5户送给孙女张秀芳的牲口,父母给一条黄牛和一头猪,大爹给一头山羊、一头小猪,其他二、三、四、五爹每户给一头猪,祖父一对老人也给一头猪。合有一条黄牛、七头猪,一头山羊,这些牲口又是我方父母主动派送去的一辆货车运送的。

2015年2月11日　农历十二月二十三日　星期三　晴

嫁女儿婚席,持续两天。今天是主人家清理场所卫生,清理使用于这次婚席的家具。由于现代场所、现代餐席、现代生活要求,来客有247户,每户会来3人,约741人同时要吃饭,所以我们力求多安排桌席,饭不能间断,出餐要快,饭肉食要丰盛,满足来客。所以凳子、饭桌、蒸饭高压炉都要找借,今日就得清理用大车拉运去还主人,蒸饭的高压炉是到鸡街的胡家村借(有人购置这些家具专用于租借收费),据说,租借一次收费150元。

今早我们父儿四人忙了一个早上收好和装上车,开一辆大车去送还,大约下午1点他们3人才回到家,力求推进我们芭蕉箐村今后承办婚喜事的服务。

2015年2月12日　农历十二月二十四日　星期四　晴

村中年节工作忙碌进行,宰杀过年猪。村民:张约荣、张学光、张约翰、张约志4户联合宰杀过年猪,一是哥弟;二是拼凑劳动力;三是为合力办饭席,早上宰杀两头,中、下午又宰杀两头,合力承办一餐席饭,也得要一个时候。男的从事宰杀猪事工,妇女从事炊事工作,合力忙碌了一整天。

另一项事工是赴婚席,我村13人乘坐2辆面包车,前往东南方向单边里程40公里的沙滩去赴婚席,是娶姑爷席(讨新郎),由于交通和交通工具普及,我们到了那里吃吃晚饭就乘车回来,尽自己所能,报到和交了祝贺的礼金就行。

2015 年 2 月 13 日　农历十二月二十五日　星期五　晴

记述昨晚收到市宗教局的关怀，昨天昆明市宗教局打来电话，通知四儿张学德去为我拿一点慰问礼金。昨晚当我息工回家时，知道此好消息，礼金的数目是300元，我便问，是何缘故？四儿张学德说：是昆明市宗教局对宗教贫困的教职员发给的过年补助金，谢谢市政府的关怀和鼓励。事后，始终在想，前后都没有安排过，如果政府给予关怀，下达到县、乡、村委转，或是叫地方政府补办和安排给一点就行。估计是省、市政府对基督教信仰人士有所理解、有所认识。

2015 年 2 月 14 日　农历十二月二十六日　星期六　晴

村民送病人往昆明省第二人民医院医治。情况发生于昨天下午5点，村民龙兴明在山顶片区耕地，突然昏倒胡言，知觉混乱，相似疯气，家人组织力量送往附近医院抢救，先送往鸡街平安医院，医院听听情况就劝赶紧上昆明医院，家人又转到本县富民县城医院，县医院也不收，只是协助他们转到昆明省第二人民医院。据说进了医院，住院手续交了押金1600元。村民听闻都发慌，龙兴明平时没有交纳医疗保险费，这样病人一进医院就得花费4万—5万元，真是遭殃，幸好听邻居说病者老伴是交了医疗保费的，这样就有出路，就能享受到医疗保险局的协助支持。

小结：人要跟群和睦，有社会基层领导，群众也有基督教关怀组织，也有民族家族团契。独舟风险大，几年来政府政策对民众政策多半是与民群利益相关的，是对人民有利的，民众只要服从。

2015 年 2 月 16 日　农历十二月二十八日　星期一　晴

今日我们小组表演一个千里送鹅毛，礼轻情意重。村民龙兴明因病送昆明云南省第二人民医院医治。昨天晚上聚会礼拜时，有人提出相约几个人为一个组,上昆明医院看望住院的龙兴明,力量薄弱也去看望,本着千里送鹅毛,礼轻情意重的行动。几个人纷纷议论说:苦中,有人给你答话,或是问你的病好了没有?你都得安慰。今早几个人捐凑得400元,乘坐四儿张学德的小轿车上去看望。病者亲属家人也正好10多人乘坐2辆面包车一路上去看望。

小结:今日我们小组活动成了俗语说的千里送鹅毛,礼轻情意重一般。又说雪中送炭给人一点温暖。

2015年2月17日　农历十二月二十九日　星期二　晴

村民嫁接果木树。嫁接核桃的农户已进行了一个多月,或是已结束了此项目。我们有的刚刚着手嫁接板栗、樱桃、核桃。

今日我家父儿张正文、张学全、张学德、张学祥4户到山顶板栗园嫁接、修剪果树。我们工作了一个上午,下午又转回到村子附近工作。明天是街天又是过年,张学德、张学祥两户又忙于砍儿菜、挖山药、挖野菜,人工栽排于园子里。几乎用去一个下午准备上市销售的蔬菜,需要开车下到田坝里一背一背地砍好,再背到车站装上车拉运回家,待明天拉运上街销售。

2015年2月18日　农历十二月三十日　星期三　晴

年节活动,村民纷纷上街购买过年物品,张学德、张学祥两户还上街销自产的儿菜,顺便购买过年物资。

我作为老人想,儿女也没有召集团聚,那么生活就简单一点。富裕时也要想到贫困时,自己有需要,教会有较大建设,我们应有勤俭思想。儿媳、儿女们想过年,过年要隆重一点,平时勤俭,年三十晚就应该好好享受一番,经济方便就尽力买上些名菜、高档饮料好好筹办年席享受,这也是理所当然。

小结:随着社会快速发展,民众生活提高,不论年节生活,就是自己的生活，也应当随着生活水平享受。今年过年有个特点是：历年全村村民过年为儿女欢乐买回来各种鞭炮，家家户户都立为一项欢乐的项目购买，今年不约而同都减少了。

2015年2月19日　农历正月初一　星期四　晴

欢度春节，教会举行崇拜活动，奉侍神。苗族生活习俗，玩山游水捕猎鸟兽。村民三三两两相约外出活动，另一种喜好，是打篮球。据说：有的跑近处各乡镇各民族村，形成竞争比赛，越打越喜好，据说年节是跑禄丰县苗族与苗族相比赛，年复一年成好成规，苗族春节娱乐活动，一般举行2—3天。

小结：春节之际珍惜时光，教会、家族都应组织学习活动，或是春游活动，至少也要坐到一起交流分享一年工作中的幸运和经验教训，以作为来年的鼓励。

2015年2月20日　农历正月初二　星期五　晴

正月初二芭蕉箐村组织春节娱乐活动，把全村人员请到教会场院来享受年节糖果，开展各种文艺比赛活动，由于经济困难，有的文艺比赛一等奖发给10元作为鼓励，二等奖发5元。

民众的反应是，大家玩得很开心、高兴，赢来赛会上阵阵笑声和掌声！尽情地欢度春节，有的老年人也来会上喝水，感受节日的欢乐，到会上来欣赏节目的欢度者也分发给他们每人10元钱，让老人高兴，享受节日的快乐，促使大家人人快乐幸福。

小结：本村的春节快乐会，已起步两年，赛会内容还单调，不怎么丰富，要创新、增项目，力求儿童、青年、老年人都有笑有说。

2015年2月21日　农历正月初三　星期六　晴

记述村民中喜好斗牛者。虽然自己没有养斗牛，但是对斗牛就是上瘾，不论远近门票收 10 元还是 20 元，他们都情愿买。我村就有 7—8 人历年为好，为乐而追求，这是一种游玩活动。

小结：斗牛喜好要付出大代价，一只斗牛价值达 1 万—2 万都情愿买上。今日的斗牛场就在本地的中民办事处，据说门票是 10 元，又说政府有关部门已出面交涉今日的斗牛活动。

2015 年 2 月 23 日　农历正月初五　星期一　晴

村民从事果树管理。主要是板栗树大部分已经老化，需要砍除老树枝促使树桩发出新枝，重新长枝挂果，发挥效益。我们有的已进行多年的改造，有的是去年今年初改造果园，本着一有时间就做，不论数量多少，纳入长期规划，长期工作每天能做多少就做多少。

小结：果树管理是长期性的工作，是时常的事工，由于数量大、时间紧、任务重，只好立为持久战，立为时常活计，事工进行中，我们是分批分片进行改造。

2015 年 2 月 24 日　农历正月初六　星期二　晴

村民建住房，张正才去年已建起一楼，趁过春节邻舍亲友休假之际，正月初三开工到今天，砖墙面有的已砌一人高了。去年已把砖块、水泥和砌砖墙面子用的石面砂准备好了。

小结：自己建盖，劳动力单薄、亲属关系弱，里里外外建房任务多，就得采取必要措施，利用村民亲友过春节休假之际上门请人帮忙。俗语说：打铁还需自身硬，自己应主动多忙忙，打消观望思想，靠自己慢慢磨。

2015 年 2 月 25 日　农历正月初七　星期三　晴

送孙女张多加上昆明某幼儿园授课。假日还有几天，她提早上去做准备工作，父张学全、兄张荣光自己就有车子，先计划用小车送她一程路到东村客运站乘坐公交车上昆明，到了东村因客运拥挤，干脆用自己的小轿车送到昆明，这样简单。原先跑昆明，车子要三个小时，现在公路改造好了，只要一个多小时就可跑到昆明城了。

小结：因人民政府的政策好，有扶贫政策、养老政策关怀人民，所以就连我们小小的苗族的交通和交通工具也能自理了。这是一种进步。

2015年2月26日　农历正月初八　星期四　晴

教会建房，原先建的圣殿即将竣工。趁春节人们休假之际，教会应积极主动地动员村中的年轻人自觉主动地奉献才志，为教会的建殿工程添砖加瓦。教会的建殿事工标志着基督教文化的宣传，也标志着这片地区人民的思想和刻苦是奋进的。

今日刚刚动工，张学德、张正华、张约荣3人联合施工，今日的建殿事工是安二楼走道的栏杆。煮饭由王凤仙一人负责，主要是负责午饭和晚饭两餐。

小结：建殿自然而然已形成我村的事工，唱诗班练诗学习我村人员占85%，建殿人员始终占95%，所以我们芭蕉箐村就自然而然地占有优先决定条件。

2015年2月27日　农历正月初九　星期五　晴

记述村民生计活动。今日是正月初九，村民张学祥种植蔬菜，育下的三叶瓜将到移栽时候，今日赶紧用微耕机打型，整田、开沟、施肥、打塘盖上薄膜。计划两三天栽下来年的早瓜，把握来年经济良机。

小结：村民种植蔬菜，经济效益高于粮食，我们已走出了一步。原先是利用自己的仅有田块，现在已开始向村民邻居承包田块用于种植蔬菜，承包山地点种苞谷，大胆摸索攀登经济高效益路子。俗语说：路子是人走出来的。

来年经济效益可能仍限于如下三个项目：

1. 栽种蔬菜。

2. 抓经济果木，目前稳产就是板栗。

3. 搞建筑，每天可获 100 元。

2015 年 2 月 28 日　农历正月初十　星期六　晴

村民张学会承办长女的订婚席，先是求婚后又转为讨求姑爷席。那么姑娘一方又转为承办求婚席。苗俗以前是由求婚的男方几家亲属自己承办一餐席而差媒人到男方喜欢的女方求婚。现在由于人口受限制，很多情况一对夫妻只有一个女孩，兴起有需要到男方去求婚。求讨姑爷席，这情况随着又多起来，所以昨晚是侄儿张学会为长女张秀敏办求婚席。请客达 60—70 户，收到礼金据说是 5000 多元。

2015 年 3 月 2 日　农历正月十二日　星期一　晴

村民张学忠腊月二十一日新交的亲家，他家为妹子办婚事，交聘婚礼金（又称"压八字"）。请到我家的 5 户赴席，我家 5 户 11 人乘坐 3 辆小车，下午 3 点出车前往款庄马街方向大平滩彭家坟村。

我们的车子行驶一个多小时，再从山脚昆明—轿子雪山高速公路爬山 7—8 公里就到彭家坟，我们报到后休息了一个多小时，就安排吃晚饭，吃过饭后我们只是休息了片刻。当我们告别返回时，亲家又安排人员分发鸡肉给我们，使我们满载着亲属的友谊回来，完成了这次的做客任务。

2015 年 3 月 3 日　农历正月十三日　星期二　晴

关心子女人才学习。孙儿张良在昆明某职校学习结业，学习车辆修理。假期过春节，父母动员继续升学读神学课程，研神学、研音乐深造。确定今日与父亲张学德、母亲王凤仙 3 人乘坐小轿车行驶到对面禄劝县翠华乡西龙村委银凸山圣经班参与教练学习。

2015 年 3 月 6 日　农历正月十六日　星期五　晴

因为昨天的布道会的影响力，同村正月十五日的民族的传统节日，宣扬私搞斗牛场。斗牛一等奖的，发奖 5000 元，门票每人收 10 元，摆摊的人门票收 20 元，宣扬一等奖、二等奖、三等奖给多少，此消息已发至附近的几个县。

教会王继光执事定于正月十五日来作布道会，代价自己愿意拿出一万元来开支于生活，特请村民和村文艺队准备舞蹈在音乐会上参与演出，苗家音乐舞蹈都精彩，服装也有特色。教会唱诗班人员的服装是福音团队统一制作的，服装面部印记有"中国"的字样，背部又打印"让爱走动"的半圆字样，更显眼、夺目。

小结：这次布道活动，我们主动接纳他们的舞蹈和人员，欢迎他们参与演讲，拍掌向他们打招呼，并握手欢迎表示鼓励，信与不信彼此接纳，打破隔阂，想来他们会受感动，也会理解我们。教会此举动，也是一种新的路子，估计以后会有更多的人能理解我们，支持我们。

2015 年 3 月 7 日　农历正月十七日　星期六　晴

近日村民变卖肥猪，龙荣祥、张正华、张学全 3 户变卖肥猪。记述张学全变卖猪的情况是：数量一对，下村杨嘎哩上来买了去办事。一对猪给价 2500 元，我们也卖了。一是粮食短缺，二是零用钱也欠缺，所以低价卖了。农户时常要用钱，人际亲友来年的大小婚事都有请客，都得送礼，自己也要用。

小结：有粮、有猪变卖的农户，是幸运，也是良机，人各有自己的长处或优势。

2015 年 3 月 8 日　农历正月十八日　星期日　晴

村民龙兴明家为亲友邻居办饭席筵客，因自己生病送到昆明省第二人民医院看病治疗，邻舍亲友去看望，尽自己所能帮助，受感的是当上昆明刚住院两三天时，教会、村领导就组织探访队乘两辆车子到昆明医院看望，现在出院办一餐饭席宴客。

办筵席，他家非常认真，尽力办成丰足的筵席，让亲友邻舍尽情享受，筵席一共办两天，今晚和明天早上两餐。

2015年3月9日　农历正月十九日　星期一　晴

记述村民晒场建设，孙儿张约荣计划浇门前的地板，做晒场。今日事工是备料子，托下村还记得村的熟识人拉运公分石和人工细砂。早上拉运一趟，白天又跑了两趟，可能还缺水泥，明早再买回水泥就可以动工浇门前晒场。

小结：孙儿张约荣，原先是计划请大车浇门前晒场，大约1500—2000元就可浇好，这也是一个农户的基本建设，需要完善。

2015年3月10日　农历正月二十日　星期二　晴

村民生计活动，医院接产妇。教会唱诗班长王子宏妻3月5日到富民医院生产，因婴孩弱黄医生叫拖延几天治疗。今天是出院的时间，我们是熟识人，故请五儿张学祥出车到富民医院去接回来。

五儿张学祥接到电话，一早出车前往富民县城医院接产妇，办出院手续耽搁一时，回到家已是下午2点了。

2015年3月11日　农历正月二十一日　星期三　晴

村民王光辉等人建住房，力量薄弱，建房材料只有空心砖和人工细面砂。建房的地基是在陡坡上，所以较为费力费时，破土施工，平整房基已用去了几个月的时间。现在已正式施工砌砖墙，已砌高达2米。

建房小结：关键在于自己身边朋友、亲属的多寡，也在于自己平时对他人的关心和付出，这种人做起事来就有人帮忙，另一种因素，又有话说，打铁还需自身硬。

2015年3月12日　农历正月二十二日　星期四　晴

村民事工忙于往山地送粪料，有的村民事工忙于碎糠，把山地苞谷秆碎糠以便喂牲口，有的长期在外碎糠，因他人的山地太多，苞谷草人家不要，给人家要一声就行，碎了卖钱。

记述我家父儿事工，早上请姑爷女儿张会云家下来帮忙，我们二老人上一车粪料送往山地，回来时，趁大车上山，就一便把四儿张学德家的苞谷草拉回家碎糠，好喂牛，我们二老人又协助儿媳王凤仙家碎糠。情况工效是，由于碎糠机马力大，转速高，又是4人联合行动，所以一大车苞谷草很快就碎完，所以我们父儿的事工活计是一举两得，同时做好两家人的事工。

2015年3月13日　农历正月二十三日　星期五　晴

近日村民建政府补助的太阳能洗澡间，一部分村民还待建好洗澡间后，再安装太阳能器械，所以没有建好的村民趁春节农闲季节之际建起洗澡间。

村民张约荣、杨光才两户同时建。今日的事工是准备浇楼板，由于劳动力单薄，杨光才找请人帮忙。张约荣自己亲属哥弟就有5—6户，说一声，估计不要多少劳力和时间就可以建好。

小结：建太阳能洗澡间，也形成农户的基本建设之一，一是卫生需要，二是使用方便，就是冬季、冷天仍可有热水，农户都应该建设齐备。

2015年3月14日　农历正月二十四日　星期六　晴

我村农户龙兴德家已开始泡秧田，准备播撒育秧苗，大春栽插，是首家泡秧田。田的面积刚好有1工田（1亩等于2.5工田），可能1亩可施撒2—3户的秧苗。

小结：芭蕉箐村民80%的农户由于雨量逐年减少，不利于泡田栽秧，也难于管理，大部分只是点苞谷或是点种蔬菜，经济价值还高于稻谷。

种蔬菜一年可以收获几次，而粮食只分为大小春，再说一公斤苞谷只卖2元多，而蔬菜如儿菜，可卖一公斤2.5—4元，蔬菜价格高于粮食价格，所以大部分村民已倾向于种蔬菜，再到市场销售。

2015年3月16日　农历正月二十六日　星期一　晴

村民张正才开年以来忙于建住房的工作，二楼今日已开始支搭浇楼房的撑杆和安装浇楼板的壳子板，施工人员少，又缺一些木料，所以出车上山顶砍伐木料回来建房。

小结：人们都是在困难中行事，不论劳动力多寡，不论经济状况好坏，不论承包还是自己建盖，都是本着自己的经济力量而行。所谓自己建盖，就是因为经济薄弱才自己建盖、慢慢建盖，不讲工天，不讲工效，几时做得起来都行，俗语说十五月亮就会自己圆。

2015年3月17日　农历正月二十七日　星期二　晴

村民从事田间整理，先是用微耕机打犁使田块松软，准备春季种植蔬菜，用大车拉运肥料下到山脚田坝，人工背进田间，撒于田块。五儿张学祥在田坝整理田块，到今天已是第三天了，几乎已整理好，待所育下的菜秧苗、瓜苗长好，就可以移栽。我们二老人到山顶片区整理山地，先是清理杂乱草，烧尽后再把事先运送到地边堆好的肥料背进地中准备开沟，待4—5月有透雨时点种。

小结：全村村民按自己的事工，有的泡田育秧苗，有的忙于栽蔬菜，一部分村民就往山顶片区耕地运送肥料，准备大春点播。

2015年3月19日　农历正月二十九日　星期四　晴

村民耕犁山地，张学忠耕犁我们父儿张正文、张学忠两户的山地，五儿张学祥购置一台微耕机，父儿5户就用这台微耕机打犁。今日打犁耕地的工效约有2.5亩山地，我们二老人的事工是清理耕地中的杂乱草并理成堆，并一便手用火烧尽，便于开沟播种。

小结：村民事工目前是泡田育秧苗和拉运肥料送到山地，便于点种大春作物，两个中心工作同时进行、同时抓。

2015年3月20日　农历二月初一　星期五　晴

农事准备工作，记述儿张学全孙张荣光今早开一辆大车到东村街拉运化肥。磷肥10包，27元／包，270元；尿素10包，80元／包，800元；两样合计1070元。

小结：俗语说民以食为天，农夫的确是以农业为大事，人们生活中零用钱时常开支，生活日用品时时必需，有的农户也是以粮为纲为要，所以张学全张荣光父儿今日为了抓来年的生产，先把来年要用的化肥买一下，一个早上就可以办好，也不影响白天的事工。

2015年3月21日　农历二月初二　星期六　晴

村民建住房事工记，村民张正才建住房，去年开工建并且浇起第一层楼房。今年春节农闲季节，又聘请邻舍友人帮忙建砌第二层楼房，整整忙了一个月的时间砌起二楼砖墙。今日建房事工是集中精力尽最大努力把二楼房浇好。

由于有自己民族的建筑队，很多工具，像钢模板、升吊机、手推车、搅拌灰泥机等工具都需找借使用，搅拌灰泥和供料子就极为方便，自然提高工效，施工人员约有36人，供料子是用升吊机和人工挑到二楼浇灌，所以浇楼任务也就成了轻松的事工，约下午4点钟已浇好。苗民使工，或是喜欢赞助，主人就办好餐席来宴客就餐，表示谢意。

2015年3月22日　农历二月初三　星期日　晴

记述村民撒育稻谷秧苗，稻田面积刚好有一亩水田（3工田）。几天以前就已泡好秧田，今天撒秧盖膜工序是开沟，再撒上谷种盖上灰粪，再盖薄膜就行。明天的工作是将沟里放上水，长期保持田沟有水养秧苗。

小结：雨量少的年代，农夫情愿田里点种苞谷。只是山地多，所种下的苞谷也多，需要稻草来捆扎，便于管理和拉运或是碎糠，所以坚持泡田栽秧。泡田、栽秧、割谷、掼谷4道工序都要使工，开支伙食经费弄得不好就会超出稻谷收入。

2015年3月23日　农历二月初四　星期一　晴

村民碎糠事工仍在进行，大多数村民是碎了喂自己的牲口，猪、牛，尤其是养有5—6头牛的，数量就更需要多一点，都是靠碎麦秆和苞谷秆。尤其是干天没有青草，或是农忙季节，有时是把牛关在圈里喂，所以需要碎糠。

村民张学全家3人碎糠，情况是把柴油机用大车拉运上到山顶片区，就在山地边碎。孙儿媳留在家里牧养牲口，父母和孙儿张荣光3人碎糠，碎糠也是非常忙人，一人供草，一人喂草，一人装袋，都需要强劳动力工作，3人经一天的努力工效较好，把碎得的糠用大车拉运回来。

2015年3月24日　农历二月初五　星期二　阴

村民清理耕地中的乱草。农闲季节，有空就拉运农家粪肥，送到耕地待点种时方便播种，零星地杂草就较多一点，需清理并烧除，一个上午，我们都是到山脚管理果树和烧除地里的杂草。儿媳张秀仙工作更多而且复杂，是一边烧地中的杂草，一边管理田里刚栽下的瓜苗，有的浇水，有的打农药，一天是几处跑和几处忙。

小结：农夫工作多，时间紧，今日清早的天气转阴天甚至还打着雨点，就不利烧地草和碎糠。但村民龙福祥家仍坚持碎糠，幸好中午出太阳了，更利于开展各样农活事工。

2015年3月25日　农历二月初六　星期三　晴

村民参与搞建筑房屋事工活动，张学祥善于搞房屋地基尺寸的设计和施工，今日被聘请随队开往寻甸县、鸡街乡的大水井苗寨搞设计和建房工作。

小结：历时建房是有时间限制的，新的一代建房工人已没有时间限制了，一年四季都专业建房，搞出名了，邻近县亲属密友、知名人士都喜欢聘请建房。

王继光老板和队员也尽最大努力付出，俗语说：打铁还需自身硬，尽职尽力做好本职工作，本着自己吃亏无所谓，每项建房要有影响力，让别人有好感。

2015年3月26日　农历二月初七　星期四　晴

村民有时忙外边农田农地的活计，从事管理，有时又抽时间在屋里用机器脱苞谷粒，是要喂牲口。为了好管理，苞谷的储藏是干天脱粒装袋堆集收藏，雨季就不容易生虫。所以苞谷多的农户，为了利于管理，一般都要脱粒装袋。今日五儿媳张秀仙农活事工是一人开机器脱苞谷粒，开机器脱苞谷粒比较忙人，因男人在外搞建筑，家里的事务就得由女人多忙忙。

小结：忙，就有希望，就表明很有出息，事工很理想，很有才干。忙是大好事，人人也情愿忙。

2015年3月27日　农历二月初八　星期五　晴

记述村民建房事工，村民龙学华建房，去年砌起来第一楼。靠亲属协助建盖，建房的经费短缺，所以一拖就推迟到二月来。

现在开始砌第二楼，由于劳动力单薄，再加上村民饮水没有人管，不但是建房缺水，就是村民饮水都成了困难，建房用水当然有影响，建房工效就要迟缓。

村里缺水整整三天了，据说是村子上边的一户把管子接头关死，让水上升到太阳能水箱，竟忘记了，三天没有想起把水管的开关打开，让全村人畜饮水跟不上。

2015 年 3 月 28 日　农历二月初九　星期六　晴

村民农事撒育稻秧苗，侄儿张学才和孙张约祥两户用一块秧田撒育两户的秧苗。先把秧田泡好后，等7—8天，让水清土板以后再去除水，开沟、理塘、撒秧、盖膜即可。撒秧时间现在可以说是合适，因为从今日撒秧，秧苗管理好的35—40天就可栽种了，本地区气候不算太温热，撒育秧苗就是要这么多天才能长好。

小结：村民农事撒育秧苗，用薄膜盖育，我们已搞多年，是很熟的平常农事了。

2015 年 3 月 29 日　农历二月初十　星期日　晴

教会建圣殿，上昆明选购台阶瓷砖，教会建圣殿地板砖和台阶砖已用完一段时间，所以教会建房就只好暂停一段时间。

今日礼拜初聚集时，王继光、张学德、张学祥见面座谈，王继光主动提出来，圣殿要的瓷砖我们上昆明选购。说时就立即行动起来，未开礼拜，王继光和张学祥便开车上昆明去了。用面包车拉运得一重车回家，到家时已是太阳落山了。

2015 年 3 月 30 日　农历二月十一日　星期一　晴

村民的生计活动，有的给他人抄犁山地打工。村民杨天祥夫妻二人犁独牛，他人找请开山地沟，备好二天点苞谷，已进行了一段时间，酬劳工资讲定是一架犁牛一天付给220元。

小结：这也是一种幸运，自己有壮牛，他人也熟识，也喜欢找请，耕地也挨近我们，虽然辛苦，但一天就可收获200多元，如果能坚持一段时间，小家庭也可以收回一笔小钱，作为支农垫本的农用化肥，或是作为自己的零用钱也好。这事工只是短期又是临时，不影响自己的农事生产，所以还是一种生计活动。

2015 年 3 月 31 日　农历二月十二日　星期二　晴

记述村民建房事工，2014 年建房的村民是：龙福祥、龙学华、张正才、杨天光 4 户。已盖建成完工的是杨天光、龙福祥两户，建盖进行中的是龙学华、张正才两户。张正才一户，今年年初把第二楼建盖并浇好，几天中又找请熟识邻居帮忙砌二楼的栏板墙，昨天和今天劳动力凑得每天 3 人工作。

小结：我村建房的是 4 户，其中 3 户承包给他人建盖，1 户张正才靠托自己的邻舍友人帮忙建盖。一种方案是承包给他人建盖，第二种是专靠托亲属友人帮忙建盖，可能更应该采纳第一种方案，因为虽然代价大，但是不连累他人。

2015 年 4 月 1 日　农历二月十三日　星期三　晴

村农事活计仍繁忙进行，村民田间管理稻秧苗的，田间排有红薯秧的，管理田间栽下的瓜苗和已育下的白菜秧。工作场地都是在山脚田坝里，年轻人往返都是骑摩托车，又轻松又快。管理主要是浇水、施肥、打农药和生长素等。

我们老人农活事工，由于山地零星，地又陡，分布于山脚、山腰、山顶。开沟点苞谷，我们老人多半只好人工挖了。我们挖沟打塘，下透雨点种时方便。今日我们老人一边清理地中的杂乱草，一边开沟。由于耕地面积小，所以上午到山脚劳动，下午又转到山腰栗园工作，清除乱草和开地沟。老年人的事工是轻松，能做多少就做多少。

2015 年 4 月 2 日　农历二月十四日　星期四　晴

村民生计活动，儿媳张美花、王秀英、王凤仙、龙秀珍 4 人挖草药：小郎，据说一个街天可以卖得 100 多元，虽然收获低，反正农闲季节，找一点零用钱，有的是计划要找一点钱买苞谷种。

小结：生计活动，挖草药，种类很多，我们居住的山寨还在深山老林，只是没有工夫，我们大部分的时间务农，如果时间宽裕，那么一年四季都可以挖草药，并且就在自己的地方挖，名贵的草药有的是专门到轿子雪山找，像水平子村、石桥就有人一年四季都经营草药，都是成功的。

2015年4月3日　农历二月十五日　星期五　晴

村民赶鸡街，张学全父儿、婆媳4人和我们二老人乘坐自己的小轿车上街赶集。张学全家是上街销售所采集的草药，有小郎、何首乌、寄生草等药材。采药材和收购已是一项长期行业，所以收购处就不再设点，街路口甚至是路途中都设有临时收购点。今早张学全销售草药是在大凹口，富民县、寻甸县两县的交界处已有人设点收购。小郎和何首乌两样卖得380元。

小结：农夫生计活动，俗语说，五荒六月，就形容农夫5—6月是钱粮比较困难的一个季节，所以部分村民采集草药也是应急。

2015年4月4日　农历二月十六日　星期六　晴

记述村民建住房，村民王光辉家建住房。村里居民建住房有4户，3户是建正规式的砖房。也就是按正规式的红砖房建，建好后，上级政府还给予资助1万元资助。村民王光辉可能由于建房资金短缺，或是时机还不成熟，只是建临时的住房，所以建房料子只是用空心砖，就没有打造地梁钢筋，也没有打造钢筋水泥柱子。建房工程从春节就已动工，直到今日，找请几个和自己凑得8个劳动力，把房皮的水泥瓦撒钉好，他们是打早工，可能下午5点就息工。

小结：王光辉的住房可能不适应了，起码都要防震，都得要钢筋水泥做骨架，力求一次性建好。

2015 年 4 月 6 日　　农历二月十八日　　星期一　　晴

传统节日清明节一般厂矿、机关、学校师生都放假，所以学生家长们的接送工作又忙了几天。

今日我家父儿的接送工作是，自己有车子，就一便手，孙儿张荣光出车把张多加和在昆明打工的龙珍美 2 人送到昆明工作。道理是说：凡是过节，公交车客运都拥挤，干脆自己出车把家人送到昆明，这样就简单。自己有车就比较方便，也容易。这活动以往就做不到，这也是苗家的新篇章，新的启程。

2015 年 4 月 7 日　　农历二月十九日　　星期二　　晴

记述我村村民采草药活动，原先是杨光友、张学光两户。现在，在农闲季节，又增张美花、王秀英、龙兴珍、王凤仙 4 人，也就是 4 户，我村现在采草药就有 6 户，这也形成村中的一项事工。

小结：采收草药生计活动，搞收购老板，已形成一年四季的事工。草药的种类也很多，我们是初起步，知道的很少，常见的有小郎、何首乌、核桃树上的寄生草、柿花树上的寄生草等，有的估计要数量多的才收购。几位妇女采药已上瘾，已形成高潮，形成事工来找来抓，不讲一天能找获效益多少，只讲凑毛成毡，积少成多。

2015 年 4 月 8 日　　农历二月二十日　　星期三　　晴

村务事宜，政府安排，我村村民对林区树木修枝打杈进行护理。方式是指定几个片区树木山场，不但是我村，就是挨近我们村山场，外队林木也可修枝，并把修下来的枝叶清理送到隐处搁置。

我村对此项事工安排是：动员我村每户出动一个劳动力到指定的山林场修剪树枝叶。人员出勤情况是：男劳动力 7 人，妇女 13 人，合计 20 人。

出勤酬劳是：据说是政府给予补贴。目前还没有兑现，但政府说的话必然要兑现的。

小结:我村今日的村务事宜活动,出勤的男的有7人,妇女是13人,估计一部分人员对集体对村务事宜关心得不够,等于是应付一下。我们应当树立起爱国、爱民、爱本民族的思想,事事从我做起,响应各级政府的号召,而且还应该出色地完成。

2015年4月9日　农历二月二十一日　星期四　晴

记述儿媳们销售草药生计活动,三儿媳龙兴珍销售这一段时间所找获的草药,等级甲级一公斤20元,乙级一公斤11元,何首乌一公斤14元,总共卖得230元。四儿媳王凤仙两样草药,销售总额得300元。销售地点,仍然进入富民、寻甸两县的交界凹口苗寨,就有人设临时收购点,我们两个街天就在这里销售,反正我们掌握着市价行情,差不多我们就卖了。销售了草药后,自己有车子,上街购买自己所需要的日用品。回到家是中午12:30了。

小结:不论是赶东村街,是赶鸡街,人们一般是10:00—12:00就回到家,不影响农务工作。一个主要原因是交通和交通工具普及方便,随往哪一方跑,公路都是黑色路面,车子都是面包车和轿车,现在可以说是各民族一律平等了。

2015年4月10日　农历二月二十二日　星期五　晴

我们芭蕉箐村民建房事工情况,建房的村民是龙福祥、杨天光、张正才、龙学华4户,已完工交工的有龙福祥、杨天光两户,张正才一户的建房情况已完成了砌一楼二楼全部任务,只等待粉刷。最后的一户是龙学华,现在建房工序是安装二楼的钢模,准备安楼模板后,再扎楼板钢筋,这些工序都得要3—4天才能做好。

小结:上述的建房户,都能争取得到政府的补助金一万元,已建好的另一户龙兴祥一户,补助金最高,是17000元,至于建房政府有补助,是政策越来越好，即使没有补助也要建，政府能有补助就更好了。

2015 年 4 月 11 日　　农历二月二十三日　　星期六　　晴

村民的另一个生计活动采收草药。我家婆媳潘美英、王秀英、龙兴珍、王凤仙采集草药，是二月中旬才有意起步。这是一种临时生计活动，因为农闲季节要丰富生计生活之需，迎来一个新项目。

小结：喜好采收草药者有增无减。我们芭蕉箐村原有张学光、王圣德、杨光有 3 户，现今增加 6 户，合有 9 户。特点：采收草药，天天采、年年采，品种繁多，逐年有新增加。

2015 年 4 月 13 日　　农历二月二十五日　　星期一　　晴

记述村民农事活计，有地麦的农户已开始割地麦了，田麦还要等几天。

记述孙儿张约祥割田麦，这一丘种的时间早，农事工作多，又有 10 只山羊，想想困难大，要投靠老外父外母。禄劝县的拉利苗寨与我们相隔里程约一个单边 15 公里，常住拉利村，这里的庄稼成熟了，每天就乘摩托车跑过来收庄稼，据说要过去那边 3 年后再折回来。

小结：我们芭蕉箐村海拔低，气温高，适宜庄稼的成长，不论是成长或是成熟，我们曾论述过，上下两个地区就是同一个时间种下，成熟都相隔一个月。照此推论，应当优先定居于我们芭蕉箐村，又附带支持那边父母的生产农事。

2015 年 4 月 14 日　　农历二月二十六日　　星期二　　晴

记述村民建房，村民张正才家已砌完两层楼房和安好二楼房栏杆，几天中已转为贴墙面瓷砖。建房的粉刷、贴墙面瓷砖聘请了四儿张学德、孙儿张荣光去协助，建房主人讲定是要开工资。劳动力每天凑得 4—5 人，大部分亲属都凭喜欢赞助，其他村民今年建房是承包给他人建盖，张正才家从始至终只靠亲属友人协助建盖。

小结：建住房，一种方案是承包给人家建盖，另一种方案就是自己建盖慢慢磨，靠亲友熟人帮忙，想来可能第二种方案困难大，比如来2人建盖要煮饭，来4人施工也要煮饭，并且建房时间必然拖长，算下来承包给人家建盖不仅简单了，又不麻烦亲友。

2015年4月15日　农历二月二十七日　星期三　晴

记述村民建住房，龙学华建住房浇二楼准备工作已做了几天，安排今日浇二楼房。凡建住房浇楼板的，都是从早上开始忙起，宁愿早早完成早早息工。劳动力有20多人联合施工，劳动力不算多少都是凭喜欢赞助，幸好备有搅拌机配合帮忙，也就轻松些。

小结：人生就望亲属密友多，人多主意好，在任何情况下都能有外援，有人帮忙。可惜有少数人不喜欢朋友，也不愿交朋友，有朋友还嫌麻烦，嫌吃亏，甚至哥弟俩都没有办法搞好关系，世上就有这样的人。

2015年4月16日　农历二月二十八日　星期四　晴

村民农事活计，耕地与柿花箐、麻栎树接界的山顶片区海拔约1800米，长势好、成熟早，所以上下几村都喜欢盖地膜，促使成长早熟。今日我村民龙兴祥妻张美花盖地膜，是干天盖好地膜，等待到立夏、小满季节下种，这样提高工效。他家盖地膜，由于地平面积大，要几天才能盖完做好。

小结：他家都是强劳动力，都是农事能手，做起什么事来都快。不但做好自己的农事，还时常协助自己的亲属。

俗语说：一年之计在于春，所以农夫们春季都要做很多农事工作。

2015年4月17日　农历二月二十九日　星期五　晴

教会支农活动。柿花箐有多病困难户，儿子又遭车祸，手残疾，劳动力单薄，农事积压，割地麦缓慢。教会妇女们看在眼、想在心，几个人相约组织劳动力，柿花箐的张美花1人，芭蕉箐村张美花、龙兴祥、王凤仙、潘美英4人，主人家2人，共有7人合力割麦子。据说劳动成果很好，效益高，主人家非常高兴满意，要留他们吃晚饭，他们谢绝了。据说，在回来的路上，又帮本村村民张美花割一垧地麦才又回来。

小结：教会团队说到关怀工作，奉献不多的时间，是完全可以做得到的。

2015年4月18日　农历二月三十日　星期六　晴

礼拜圣殿建造尾工的进行，圣殿建造外观形象是罗马柱豪华式样，尾工是托地方罗马柱系列工程局技术人员协助装饰、喷漆和安设建材，技术人员今日开2辆车子，大车运载建材，一辆面包车运载工人，着手扫尾工程。

场地施工，自己人也必须留有一两个人陪客，施工中，需要的器材、电源、涉及的一些工具，自己建房，耽误一些工天，也无所谓，也必须有所付出，也就是义务工。

2015年4月20日　农历三月初二　星期一　晴

我们教会建圣殿的扫尾工程从今日已恢复施工建造，建殿工序、项目还要贴二楼、楼房的地板砖，二楼走道的地板砖，殿门前的边台阶瓷砖等。教会本村芭蕉箐以身作则，以主人翁姿态，积极主动承担起本教会场所建设。本小组号召动员趁在未点种之前尽最大努力付出辛劳，恢复建殿的扫尾工程。劳动力、施工人员今日凑有5人联合施工，煮饭人员有3人。

小结：农事中心工作又忙起割收麦子，一部分村民里里外外地参与建房工作，所以我们村小组号召行动起来抓建殿的扫尾工程，今日出动7—8人是比较好的，实际技术工也始终是少数，坚持到底就是胜利。

2015年4月21日　农历三月初三　星期二　雨

村民赶鸡街，我家父儿销售草药，各家销售情况是：大儿媳王秀英三样销售总和950元；三儿媳龙兴珍三样销售总和500元；四儿媳王凤仙三样销售总和300元；婆潘美英，勤草、小郎两样合185元。五儿媳妇张秀仙销售小瓜70公斤，以一公斤2元批发销售，合140元。

小结：我家婆媳5户今日销售草药和五儿媳卖小瓜总收入2075元。五儿媳张秀仙、张学祥出售小瓜，清早必须到街上才有摊位，回到家，我们才上街出售草药，仍是途中卖了。

2015年4月22日　农历三月初四　星期三　雨

昨天我们用一个下午时间合力建殿，拆除支搭三层楼房用的全部木料和竹竿。

昨晚息工时，就下起雨来，一直下到今日，整天都下着雨，今日的建殿施工幸好是在房间里贴瓷砖，所以下雨也几乎不影响建房工作。

劳动力组织是凭喜欢赞助工天，男劳动力8人，妇女6人，愿意到建房工地来清理建房场地上的废材料，打扫房间、走道卫生，协助建房工地事工服务。

2015年4月23日　农历三月初五　星期四　阴

村民张学全家点种苞谷，为珍惜透雨种上一亩山地苞谷，俗语说：三月下透雨，四月晒河底，实践经验果真如此。为珍惜透雨，种上一亩山地，俗语又说："种在地，赏在天。"

我们地处寻甸、富民两县交界，相隔一座大山，寻甸县的鸡街坝子地区气候良，几乎全部山地盖地膜，只要有透雨，时间不分，就早早种上苞谷，也有好收成。我们地处海拔1800米的高冷地带，可以种上些地膜苞谷，俗语说：路是人走出来的，人生都应探路子。

2015年4月24日　农历三月初六　星期五　阴

记述建造圣殿事工，从4月20日恢复建圣殿，属于建殿的扫尾工程，事项是贴二楼一间楼房的地板砖、三楼走道的地板砖、殿人门前的七台阶砖和拆除建楼房的全部搭桥板、支架。经过5天的努力工作，估计明天和后天可以完成圣殿本身的建造。

建圣殿工序情况是：门前石台阶的瓷砖5人贴，1人供灰泥。另有二人从三楼、二楼清除废料子，打扫灰泥、清理房间、走道卫生。建造圣殿工程即将完结。

2015年4月25日　农历三月初七　星期六　阴

今日村民农事活计，龙家组织劳动力排洋芋，其他村民有的点种苞谷，有的开地沟，开好地沟以后点种苞谷就又方便又轻省，提高点种工效，所以一般农户都忙于开地沟。

教会建圣殿工作仍在进行，建殿扫尾工程从4月20日启动，经周一至周六六天的工夫大局基本完工。清理场地废料及打扫房间和走道卫生，今日已打扫到地面的大场院，几乎是建房工地全部卫生已打扫完，建房进度比较顺利和效益良好。

2015年4月27日　农历三月初九　星期一　晴

少部分村民农户的农活事工，因为珍惜下透雨，就少量地种苞谷，成功失败都无所谓。侄儿张学才家今日农事活计是泡田，聘请自己的哥弟帮忙，也是作为换工。水稻田的面积是一亩，一架犁牛可以泡得出来。

小结：村民生计活动，农事需要找工换工的农事活计是泡田、栽秧、掼收谷子。这几样农事活计非要找工协助力求一天完成，图个方便运输。工作实行中，我们并没有找工，自己亲哥弟知晓就主动自觉来帮忙，因为涉及换工，就自然相互帮忙。

2015年4月28日　农历三月初十　星期二　晴

今日教会建圣殿工序是扫尾，贴三楼四个房间的脚线砖，安圣殿顶的红十字架，安圣殿顶的避雷针。这些事工都是高处作业，都需要技巧、智力、电焊、技术人员来操作。

拆旧建新2012年2月13日（农历正月二十二日）至今天2015年4月28日完工。新圣殿用了三年零两个月建成竣工。造价大约是80万元，今日总算是已经完工，三年的辛劳终于实现。

2015年4月29日　农历三月十一日　星期三　晴

村民农事活计，拉运年用化肥。节令已进入谷雨，5月6日又进入立夏，小满季节就忙于点种，村民农用化肥，有的是用大车拉运，甚至满载大车拉运，可能一大车拉运的是两三户要用的数量。一般是用小拖拉机，各户拉运各户的。

我二老人也是耕耘零星山地，养一两头猪，提供教会年节使用和自己的过年猪，已成了我们应尽的职责。

今日下午三儿张学忠开大车到东村给我老人拉运农用化肥，顺便去把孙女张甜甜从小松园幼儿园接回家，就是出车办两桩事。

2015年4月30日　农历三月十二日　星期四　晴

村民张学忠夫妻2人跑昆明探望住医院动手术的亲友，她大爹家的儿媳，患病已多年，不察觉，只是说吃了东西有点难受，这次住院已是21天了，现在诊断心肺已长瘤，需要开刀割除。今天动手术，趁机去看望，并给力所能及的支持。大爹、二爹的亲属都到医院看望。学忠儿媳龙兴珍给病者200元，尽自己所能支持。

2015年5月1日　农历三月十三日　星期五　晴

村民攒收麦子。农户们忙于割山地麦子，又往山地运送肥料，又运送麦把回来掼收，形成三项农事中心。

我家父儿张学全、张学忠两户掼收麦子，规模大一点的是三儿张学忠，山地是妹夫张会云叫张学忠种于他的耕地，（柿花箐村）与我村相距3.5公里。今日掼收麦子，由于山地路途远，大儿张学全、我们二老人三人前去协助抱麦捆装车。两大车才拉完。农事生产、运输、掼收方式都早已改进了。掼麦子，改用大车碾压，就轻松省力，由于掼收两户，我们一直忙到天黑才息工。特点：我家父儿5户，多年保持相互关注帮忙，晚饭又由张学全、张学忠两户联合承办，不论当天参与劳动和放牧都共餐享受大家庭的温暖。

2015年5月2日　农历三月十四日　星期六　晴

村民上街销售麦子，以及自产的白菜，是售于东村街。街市上白菜卖2.50元／公斤，我村村民张正福销售的白菜只卖了一公斤2元，上街销售农副产品情况：

1. 张学忠卖麦子160公斤，2.30元／公斤，共368元；
2. 张学祥销满刺根17公斤，8元／公斤，共136元；
3. 张学德销售满刺根20公斤，7元／公斤，共140元；
4. 张正福销售白菜50公斤，2元／公斤，共100元。

上述的满刺根卖价每公斤7—8元是批发价，张学德清早卖了满刺根后，又出车上昆明做字，就是刚建起来的圣殿招牌"基督圣堂"几个大字，每个字内设有灯照，价格是一个大字200元，8个大字收费1600元。

2015年5月4日　农历三月十六日　星期一　晴

村民农事活计泡田。张学全家泡田，田的面积刚好有一亩。用1.5架犁牛泡田，又用一只独牛耙水田，力求尽早完成泡田任务。打埂子（扶埂子），通过用稀泥扶的埂子，才能坐水，我们的地方传统习俗要这样扶埂子。劳动力2人，使独牛耙田，3人扶埂子（打埂子）。利用上大沟水，泡田比较顺利。协助的人员张学明、张学才是大爹张正明的儿子，我们称侄儿子，是主动来协助的，当然当他们泡田时，我们也要去换工。晚餐大儿张学全没有买上汽水、白酒，我们老人又背去4瓶啤酒、3瓶汽水帮忙，8人就餐。

2015年5月5日　农历三月十七日　星期二　晴

村民龙兴祥一户泡田栽秧，早至中午把田泡出来，中、下午又集中精力把泡好的田块栽下秧。劳动力使牛、打埂子、拔秧等总为10个劳动力，也是艰巨任务，较为艰苦。

另一个组是张学全也就是我家父儿5户，还有二大爹、三大爹的一些侄儿子，也就形成一个大组，是较为优势的一个大组。这一组劳动力拔秧9人，栽秧9人。我们这一个大组稻秧苗是强调稀栽，这样时间、人力都轻省，稻秧苗又能壮长，促进稻谷壮长丰收。

生活待遇上，尽力办好饭席宴请亲人邻居，当然想从高档承办，预计使工四次，泡田、栽秧、割谷、掼收谷子，每次至少得开支300—400元作伙食，也就是这块稻谷的收入全开支完了，也是一种无奈的生计。

2015年5月6日　农历三月十八日　星期三　晴

山地运送肥料、割麦、收掼地麦等村民农事活计，有能力的农户，用微耕机打犁山地，有的山地开沟。

张学忠一户是山地点苞谷，张学忠任本村的村主任，又是本乡的护林人员，所以任务多，时常出外开会。他说坝区已开始点苞谷，我们也该点了，所以今日他家开始山地大面积的点种。因为早已开好沟，放好农家肥料，点种时只是放种，再施下化肥促快长、壮长，再盖上泥土就可以。

小结：农夫就关注节令，天是大晴暴晒，时间节令，立夏已进第一天，离小满还隔15天，年时气候有变迁。按正常年时小满后就会来雨，曾有过两年是到了端午节前后才来透雨。按俗语："种在地，赏在天。"

2015年5月7日　农历三月十九日　星期四　晴

记述村民攒收麦子，侄儿张学明、儿张大卫父儿两户攒收田麦地麦，山脚田坝和山顶耕地都种有地麦，养有牛羊的农户，生产农事都必然要推迟一点，再说生产农事运输，因用小型手扶拖拉机等几个方面使农事推迟一点。

小结：农事的快慢是多种原因导致的，田地的多与少，劳动力的强弱，人性格的急与慢，朋友的多寡，关系到方方面面，与我们密切相关，所以我们在邻舍亲友中要力求做真美人生。

2015年5月8日　农历三月二十日　星期五　晴

人员流动，今日下午2点，场院开来一辆小车，走下5人，欣赏我们刚盖好的圣殿，原来是县、乡、村委干部人员。原来上级政府部署安排一笔款项于林木片区的修枝，让林木长好，先是安排叫我村修理我村的山场，我们已动工修枝。现在老板反悔，老板是款庄地方人。要叫我村停工，让他的熟人来修枝，享受那一笔钱。

2015年5月9日　农历三月二十一日　星期六　晴

早上教会厨房好像有人在煮饭。我心想干嘛呢？哪家有什么事工来这里煮饭呢？我过去看个究竟，我还以为是本村人，哪知竟是二位汉族妇女。我问，你们有什么事工来这里煮饭？一妇女说：我们是来对门修树枝。我说，你们是哪里的人？对方说：我们是款庄人。等到吃早饭时，我又问一位老年人，你们的事工有几天？他说是3—4天。

2015年5月10日　农历三月二十二日　星期日　晴

村民远程探亲，张学全一户夫妻2人、孙儿张荣光、张学全的小姨

4人乘坐学全家的小轿车跑嵩明县药灵山，探望刚出院的亲戚。亲戚使用微耕机打犁山地不慎，犁完地被葵花桩绊倒，倒在老埂下，人倒上前，微耕机也随着人冲下去，正好打在人的脚上，把脚骨打断。上昆明医院医治，医药费金额是20000元，医疗合作承担12000元，他家负担8000元。所以当地教会、邻舍、亲友也做了一些帮助。趁今日礼拜天办筵客席饭，他家又居住于礼拜堂附近，让邻舍、友人来做礼拜，就一便赴席饭。我们家居富民县的客人也请，由于自己有车，一天往返探亲工作已完成，以前要3—4天，现在一天就可办好。

2015年5月11日　农历三月二十三日　星期一　晴

村民打工说：国家架设高压线，外道都有人找工挖高压桩的地线，叫我村出去4人，据说每天工资120元。我村张荣光、张约荣等3人答应出去试试。

小结：此事我们又担忧起来！找工老板是自己地方，还是外地呢？自己地方好说，外地就麻烦。就怕拿不到钱，工做了，老板就说：钱还没有来，一直说到老板走了，而你到哪里去找老板呢？娃娃们出去了，可是我们在家的老人就是挂着心，因为是红是白没有把握，也是一种无奈。

2015年5月12日　农历三月二十四日　星期二　晴

村民栽秧，哥弟龙兴德、龙兴华两户栽秧。大哥龙兴德家栽秧，给杨嘎哩村承包得2工田，我们本村张学友的一块田面积一亩，也是承包，是找请邻舍、自己的亲属友人帮忙，拔秧和栽秧人有10多人，大约晚4点30分时他们已息工，从田坝上来吃晚饭。

小结：前面我们已论述过，要想从栽稻谷收入来谋利益希望不大，我们已算过账，泡田、栽秧、割谷、掼收谷子四道工序，办伙食的代价较高，也是一种无奈。要生、要计、要谋只有从别样项目找了，我们的论述是有代表性的。

2015年5月13日　农历三月二十五日　星期三　晴

村民点种苞谷。节令进入立夏第八天，年时每隔一段时间都会有雨，天色也会不时有雾，想来雨水可能会早。看人们都忙于抓点种，自己也跟着点种吧。村村寨寨、家家户户、田里户外的农夫都以点种为中心。

我家父儿5户也是抓点种工作，只因其他的事耽搁，就没有集中精力抓点种。三儿张学忠因二孙女张甜甜感冒很少吃东西，用一个上午出车到外边看病打针，挨晚才回到山地来做一段时间农事。我们二老人用一天的时间就完成了山顶耕地的点种，因为耕地少。

2015年5月14日　农历三月二十六日　星期四　晴

村民农活事工，全村以点种苞谷为中心，山脚、山腰、山顶三个区地抓点种工作，早出晚归点种苞谷。

村民王圣德家泡田，田的面积是二工田，不到一亩水田。历年泡田，用水都是靠我村附近的一个蓄水池和村中的小坝塘。因年时改变，雨量逐年减少，前年村小组曾作过决定，村队上不再安排水管理员，各户要泡田，用水自己解决。王圣德今日泡田，仍是缺水，要到很晚才泡得出来。

小结：最简单的方式，把我村的水稻田统统点成苞谷。要吃米，把苞谷变卖后再买米，这就最省事。只因有的村民山地苞谷多，需要稻谷草捆扎苞谷草，而无奈栽秧了。

2015年5月15日　农历三月二十七日　星期五　晴

村民张学德参加云南省神学院的场地、校舍建盖竣工典礼。富民县、县三自13人组成富民教会团队出席神学院校舍施工建成竣工典礼。会议议程分为两节庆典，早9—10点举行校舍建成竣工典礼崇拜。下午2—

4点举行下午礼拜。

小结:基督教团队,不论是乡村,是城市的圣殿的建成,要庆典感恩。目的有二:一是建殿的经费一时无法就位,都差欠,所以请肢体单位给予赞助一点。二是作为肢体关系,请大家来庆典,感恩知晓,分享成果荣耀,也赴一餐席饭。

2015年5月16日　农历三月二十八日　星期六　晴

记述村民农活事工,农田活计,栽秧。孙儿张约祥家栽秧,水稻田面积为一亩。施工劳动力组织靠自己的几位大爹哥弟和妻方上村麻栎树的亲戚,来一车人员协助栽秧,经一天辛勤努力,完成了栽秧任务。从生活上尽力办好饭席来酬谢亲友和家人。

小结:一天的工作息工吃晚饭,麻栎树村的亲戚乘车回家已是开灯照明回去。可能早上出工时候太迟,所以迟出工晚息工,所以村民农夫们什么都要讲时间性。

2015年5月18日　农历四月初一　星期一　晴

侄儿张学光、儿张约翰两户栽秧。今日临时泡田、栽秧,用一天完成,当然是采取措施进行工作。清早就下到田坝去泡田,早上实在完成不了任务的,中午也必然把一亩的水稻田泡好,下午就可以集中所有的劳动力,拔秧栽秧。他家哥弟有7户,至少也会有14人拔秧栽秧,由于劳动力紧,他家养的一群山羊都关在圈里喂。

小结:为尽量不耽误邻舍友人的时间,想方设法利用一天完成泡田栽秧的方式,前几天是村民龙兴祥一户,今日又有侄儿张学光两户,这种方式极有利于自己和他人,是一种新方式。

2015年5月19日　农历四月初二　星期二　晴

村民农事活计泡田,潘家老爹潘兴德家泡田,计划用一天,早上泡田，中下午转入栽秧。由于劳动力单薄，泡好田时间几乎已用去80%，只好将栽秧事工转入第二天来完成。

2015年5月20日　农历四月初三　星期三　晴

记述村民泡田。侄儿张学明今日泡田，田的面积是1.5亩。泡田用水是我村小坝塘本水和田坝大沟本水两股。田块分为三大块，由于水量少，需要一天才能把这三大丘大田泡出来。劳动力，他家哥弟、孙儿合有7—8人，是够两架犁牛用人，打埂子（扶埂子）还有4人，劳动力可说是多多有余。田块、大田块，又连片又连块，极有利操作。泡田的农户每家使工的生活午饭，为了方便，只是供街上买回来的糖饼和冰棒、开水。晚饭都是回家里来吃，今日泡田活计，可以说出色地完成了泡1.5亩的水稻田。

2015年5月21日　农历四月初四　星期四　阴雨

村民农田活计，记述张学明、儿张约志父儿两户栽秧。田块面积有二亩水稻田。栽秧人员约有15人，拔秧人员约有10人。由于面积硬，历年栽秧都较早出工，晚收工或是多找几个工，栽秧任务才轻省。幸好他家哥弟、儿女、亲戚多，所以事工进行时里里外外都有人帮忙。

小结：主人家的生活酬劳代价必须跟上，从生活上酬谢亲友邻舍。我村村民的栽秧事工生活待遇已形成规律，形成习俗。从生活上尽力办好饭席宴客为谢。

2015年5月22日　农历四月初五　星期五　晴

记述昨晚5点的人员流动，场院开来一辆车子，走下三个人，主动来找四儿张学德退还一点医疗款。是寻甸县鸡街镇的"平安医院"院长和两名工作人员，他们的来意，是四儿张学德的孩子张良去年损伤脚骨，到昆明工人医院动手术而用钢板把损骨夹起，到鸡街平安医院拆钢板多收了我们的钱。我们已参加医疗保险，这部分和我们看病应缴纳的部分他们拿了双份，多收了我们 2400 元，我们问了富民县的医疗才知道。今天张学德到平安医院找领导反映。他们又生气又恼火，随后医生认错，主动买了一箱饼干、一箱饮料到家里来认错，说：搞错了。并退还四儿张学德 1400 元，按我们知道的数字是应该退还给我们 2400 元才合，我们讲不过他们，少给了我们 1000 元，这也是社会之常情，医院退还给我们这 1400 元也好。

2015 年 5 月 23 日　　农历四月初六　　星期六　　晴

教会建教堂需要购置增添一部分椅子，张学德、张学祥相约每人开一车子上昆明城购买物资。我们父儿三人乘坐 2 辆车子，早 7 点出车，计划买一架 1.2 米的大钟用于尖字塔，购置 3 人坐椅子 30 张，单价是 450 元，讨价还价，公司老板每一张椅子让 30 元。30 张 × 420 元／张 = 12600 元。

小结：自己有车子，我们三人几乎跑了整个昆明城，还跑到螺蛳湾，结果昆明城现在没有那么大的大钟，只把 30 张铁椅子买了拉运回来。

2015 年 5 月 24 日　　农历四月初七　　星期日　　晴

教会刚买回来的 30 张椅子经昨天和两个夜晚安装了 20 张，还有 10 张需要安装。今天是礼拜天，刚买回来的椅子，最好赶紧安装好，今天教会的坐椅就可以全新。所以昨晚聚会时，张学德动员男青年利用早上把这 10 张椅子全部安装好。今早我们凑得 8 人来安装，把全部椅子安装好才休息吃早饭。

小结：乡村民族人员，一般都能善于工作，而且从事科技搞建筑、修理、打猎等活动。早上 8 人安装 10 张椅子，可以说是手上活计，可以说苗族是一个多劳动多面手的民族。

2015 年 5 月 26 日　　农历四月初九　　星期二　　晴

安装教堂灯具。张学德 1 人安装教堂楼上 4 个房间的灯具，二楼走道 2 盏，二楼灯具安好 6 盏。

小结：计划 5 月 31 日教会邀请全县 12 所基督教会参与我们教会教堂竣工落成典礼感恩。全县每个堂点的教牧人员 3—5 人参与庆典，生活计划 300 人就餐。所以圣殿设施还有些尾工要处理完善，四儿张学德兼传道员，对教会事工比较有负担，教会椅子不但白天安装，甚至还要加夜班，在 5 月 31 日之前不管人员多寡都要积极做准备。

2015 年 5 月 27 日　　农历四月初十　　星期三　　晴

村民忙于点种的扫尾农事，有的还搞建房工作。村民龙荣祥原先已砌建盖起一楼，今年趁大春点种完工之际加高砌建二楼。另有村民龙学华砌建起三楼未粉刷和贴墙面瓷砖。有意建房分家另立一户口，还得把畜圈房也建好，这两户都忙于拉运建房材料。昨天拉运龙荣祥的红砖块，今天又拉运龙学华家建畜圈房用的空心砖。

小结：农户们的住房规模有所扩大，前面已论述过，往年村民建房，只利用冬春两季就建好。现在几乎全年都有建房事工，甚至还有我们自己民族建筑队。专门组建，个体户建，村民建房事工有所增多和扩大规模。

2015 年 5 月 28 日　　农历四月十一日　　星期四　　晴

张学德、儿张良上昆明购买吉他。一早出车子上昆明到小西门西昌路乐器店购买，以 650 元买回来。

小结：山区苗民从事几方面的追求，一是从事正规砖房建盖；二是购置车辆；三是教会重视培养音乐人才。今日四儿张学德、孙张良上昆明买吉他是因参与地方圣经培训班学习，其中一项目就是学习音乐——弹奏乐器。苗民男女一般都喜欢音乐，为参加培训学习，大部分是由于喜欢音乐而自学成才，这种方式较为多一点。

2015 年 5 月 29 日　农历四月十二日　星期五　晴

5 月 31 日教会准备圣殿竣工典礼感恩，所以前周礼拜聚会时就号召周五、周六拿出两天料理建房一些扫尾工序，布置圣会场所，大字标语，打扫场所卫生，收集废旧材料，搬迁堆好，废旧材料已腐烂就收集堆于一边做烧柴。一个大组又分为事务组、文化组，还有些事工是电工，今日出动包括煮饭人员 25 人。今日也做了很多事工，安装了二楼的一道门和布标语。

2015 年 5 月 30 日　农历四月十三日　星期六　晴

教会筹备圣殿落成典礼工作，时间是从昨天已开始进行。今日上午妇女一组清洗炊具碗筷、饭桌等用具，男劳动力上午打扫场地卫生，收堆废旧材料，下午又转入生活肉食准备工作，宰杀一只山羊，一头肥猪，又派出一辆车子上街买鸡肉和明天要用的一些杂菜。劳动力出勤人员包括：炊事组、柿花箐村和我村，凑得 27 人忙于筹备事务工作。

2015 年 6 月 1 日　农历四月十五日　星期一　晴

孙儿张良参与禄劝县西龙银凸山以勒培训班学习。原先在昆明某技术学校受教，今年 1 月份实习期满回家。5 月 31 日回来参与教会建堂竣工庆典唱诗班工作任务，礼拜一父张学德出车送张良到对门西边 30 多公里的圣经班复课学习。儿媳和张学德送儿张良到校后休息了一会儿才回来。

小结：小小地方，一户龙光福夫妻儿媳 4 人就办起一所小小的圣经班，教授课程主要是圣经课程和音乐知识，弹奏技巧知识等。学员现在有 30 多人，分别来自云南、贵州两省，多数来自贵州。他家父儿、婆媳 4 人当副教授、琴师、生活炊事、服务工作等，办校以来历时 4 年，生活经济支付全靠他家担负。今早送孙儿张良过去，我们知道他家的困难和需要，我们二老人、三儿张学忠、四儿张学德三户每户给他们二块长腊肉（苗家长块肉相连，好挂），给他们35公斤洋芋做菜，四儿媳王凤仙还送去4斤猪油供他们炒菜。

2015年6月2日　农历四月十六日　星期二　晴

村民赶街变卖自产自销的农副产品，今日街天是两县两个街天相逢赶集，就是鸡街和东村街。村民张学祥到东村销售田里栽的白菜。数量至少也有100公斤，一公斤2元，共200元。

赴寻甸县的鸡街销售果子的是：卖桃有三家，龙兴华60公斤×2元/公斤=120元；杨光友100公斤×2元/公斤=200元；杨天祥：80公斤×2元/公斤=160元。

小结：以上数目是预计，像杨天祥上街是卖得180元，今日书面上80公斤，而且每一公斤桃价格还可以卖到2.5元或是3元，以上数字只是从最小数字评估，那么销售结果只有超出，村民农户们各有自己的优势，诸如粮食、牲畜、肥猪、果木、经济林木等。

2015年6月3日　农历四月十七日　星期三　晴

村民审车。张学忠今日出车到禄劝县城审车，历年都到昆明市审车，从去年我们图道路近，比起昆明轻松一些不拥挤，我们就转到禄劝县审车。昨天已跑了一天，因发生点故障，结果只是修修车就回来了。

今日重新跑禄劝县城审车，怎么说，县城审车仍是拥挤，审完车回到家仍是很晚，仍是开灯回来。我便问，怎么耽搁到这时？三儿学忠说，审车时车辆拥挤，我又问，审车花费了多少？三儿学忠说：只是200元。

小结：自己购置的车子、车辆，有什么管理规定都得依法办理清白缴纳税收，服从有关政府部门管理。

2015年6月4日　农历四月十八日　星期四　晴

记述搞建筑一组的建房事工，王继光为建房老板。目前事工活动分为两个组，第一组的建房工地是麻栎树村，第二个组是被禄劝县西龙半坡村（苗寨）邀请过去协助他们建住房，今日是第四天。我村常参加建房人员是：张学祥（设计员）、张正福（运输材料员）、杨光才（小工）、王子权（小工）。

小结：民族建筑队，几年的实践工作已搞活，几乎都成功。所以他们的建房事工都已跨越富民县、寻甸县、禄劝县三县，时时有事做，时时有人请。

2015年6月5日　农历四月十九日　星期五　晴

生计活动，赶东村街，今日没有车子上街，我们二老人和大儿张学全3人步行上街，步行走近道得要两个小时才到街上，由于年老，走起路来觉得费力。约走了三分之二，到了石桥文昌幼儿园校门口，我们停步往里看望孩子们，因为我们的孙女张甜甜就在这幼儿园。此时身边开来一辆面包车停下，便叫坐车，我们急忙上车，开车人是我们下村杨嘎哩的熟识人，心想真是幸运，从那里上街路程还好远哩。由于是熟人我们也就没有给他车钱，只是一谢再谢他。

上街办事，是老伴要去信用社取一点养老保险金，我也主动替她领取，取得500元。银行服务员说：数额有540元，取500留下40元，我说行。

小结：社会进步，政府关心人民，政策好，老人年老有依靠，街上我们老人方便买下4人的响午。政府关心人民，民族相互关心，路上有人照顾，显示社会风气一片和睦默契，归属于社会进步，素质得以提高。

2015年6月6日　农历四月二十日　星期六　晴

村民建住房购运回来粉刷墙面的细砂。龙荣才原先砌建起三层楼房的正规砖房，就是政府补助一万多元的项目，因力量有限，暂停了一段时间，现在准备粉刷墙面。有自己的亲属拉运建房材料，干脆托请他们帮忙拉运料子（因为车大力大，有驾照）。在生活工作实践中，两年多时间常托请帮忙，因工作繁忙，昨晚天黑时才拉运送到教会场院来。

小结：民族建住房，困难较为大一点，因平时没有结存，也没有存款。所以建起房来时只靠一时的经济收入，力量薄弱，找借来应付慢慢偿还。

2015年6月7日　农历四月二十一日　星期日　晴

星期天，村民送孩子返校园复课。水平子幼儿园，主办人是张荣德；小松园幼儿园，主办人是刘兴老师。小学有祖库小学、东村小学。中民村委有专车接送，芭蕉菁村张学祥也成了接送学生的专车，学生只有4人，其他村民各人送自己的孩子复校。

2015年6月8日　农历四月二十二日　星期一　晴

记述张学忠（村主任、林业员）有会议，是东村乡镇政府会议，会议时间大概是下午2点，因为12点多钟他才出车上街。会议内容之一是有关发放年贷款的一些信息，有关林业员在雨季期间的一些职责和按季节参加有关林业和乡政府会议的指示和要求。

小结：护林员干燥季节的护林防火工作很繁忙，护林工作任务很多，有时夜间有火情都要出去打野火。进入雨季，就要告一个段落，也就会轻松些。据说：林业、护林员、干燥护林繁忙季节月工资是70元，雨水季节、松闲季节月工资是30元，所以今日东村乡会议大概也是召集有关人员开会总结上半年的工作，布置下半年的工作。

2015年6月9日　农历四月二十三日　星期二　晴

四儿媳王凤仙有会议。今早东村乡政府通知，叫下午2点参加会议，所以下午四儿张学德出车送儿媳到东村政府参加会议。

原来是我们东村镇的县人代会代表活动，历年地方政府安排给予活动待遇，只是把我东村乡的人代会代表4—5人集中起来举行简短的座谈。主要是给代表们安排一点生活待遇，玩一时就请代表们到一个饭馆吃饭，就算为一个县人民代表活动。儿媳乘车回到家，再忙家务。

2015年6月10日　农历四月二十四日　星期三　晴

生计活动。村民变卖牲畜，吃过早饭，教会场院开来一辆买猪大车，大儿张学全变卖一头母猪，双方讨价还价讲定1300元，母猪价走低，无奈也只好卖了。三儿张学忠卖一头小母黄牛，小黄牛价格讲定为4100元，猪、牛卖给一个买主。

小结：牲口、猪价不讲高低，就是低点，我们喜欢卖就卖，农夫生计活动不是靠一样，农户年收入就是一点农地粮食收入，果木收入，经济林木、竹子、板栗，每年一两头肥猪等收入来维持生产生活开支。

2015年6月11日　农历四月二十五日　星期四　晴

生计活动。孙儿张荣光、妻朱艳琼回娘探亲，一早驾驶小轿车前去，往西南方向，路程20多公里的刘家坟（苗寨）。周四去，周五帮娘家农事，周六到晚回来。到东村街，车突然有故障，发动机启动不起来，打电话给马街修理店，修理店来人检修。经过检测发现发动机上的一根皮带松了，起不到带动作用，要换上新皮带，修理费修车师傅只要了他50元的烧油钱。

小结：山区民族大部分人员已解决了自己的交通和交通工具，交通要道都有固定客运的公交车。乡村人民为了方便，一般都已购置有自己的车子，情愿自理，在自己家门口下车，天晴下雨，出得去，进得来，再也不受限了。

2015 年 6 月 12 日　　农历四月二十六日　　星期五　　晴

果园管理，自己板栗果园年收入是全年收入三分之二，但是自己劳动力的投入只占 20%，80% 的垫本和劳动力投于农事上。栗园果树长高、老化，逐年改造嫁接一部分。树大嫁接后，长势猛，需要加强管理，扎实护理。春季加强护理，是最后一次护理工作。由于果木园地分散，成几个片区，所以管理跟不上，就必然导致收成效益低。今日果园地走访护理嫁接的果树，由于长势猛，风大，每年都损失一部分，加之农夫事工多，尽自己所能，能获多少效益要多少。

2015 年 6 月 13 日　　农历四月二十七日　　星期六　　晴

村民生计活动。吃过早饭，场院开来一辆面包车，走下 2 人，原来是与三儿张学忠在石桥村委会工作的张绍全，是来给张学忠家买猪的。两头得 90 公斤 ×17 元／公斤 =1530 元；一头小黄母牛以 4100 元卖给另一个买主。

小结：从事畜养牲口的事业，上述小黄牛是去年以 3000 元买回来的，养满一年变卖获利 1100 元，喜好者不但搞好农务，还要附带搞小小的畜牧业生意，农户收入情况如下：

1. 年粮食喂肥猪两头，得 3000 元。

2. 果木、板栗纯收入得 4000 元。

3. 养殖牲口得 2000 元。

4. 一头母猪年儿 6 头，得 1800 元。

5. 经济作物、红薯、山药、蔬菜收入 2000 元。

合计：12800 元，全村 40% 农户会有以上收入。

2015 年 6 月 15 日　　农历四月二十九日　　星期一　　晴

记述苗民风俗传统，喜好猎鸟、游玩活动，是因中华人民共和国成立前历史背景造成的。中华人民共和国成立后，随着社会的进步和发展游玩方式迈步前进。今日张学德、龙荣才 2 人，柿花箐 2 人，合得 4 人，张学德出车，准备远程到玉溪山林游玩活动。上午 10 点出车，据说需要下午 3 点才到得了那地方。

  小结：苗族游玩风俗是有历史的，不计较得失。现在已成了生计活动之一，可能 60% 是为了生计活动，40% 是喜好游玩活动，据我们知道，汉族人也有喜好者。

2015 年 6 月 16 日 农历五月初一 星期二 晴

  村民生计活动。农业生产建住房两不误，年时雨量稀少，农事点种结束之际，建住房的农户，龙荣才家准备粉刷已建起的三层楼房。龙荣祥原已砌起一楼，现在准备加高建二楼，现在事工忙于拉运建房材料。托他人的大车拉回来人工细砂，卸载于教会场上，又用自己的农用两缸车拉过去村子那边建房工地。

  小结：他人的大车拉回一车细砂，他家用两缸车 4 人装上车，又整整忙了一天，今后村路道改造拓宽到让车子畅通，才有利于村民搞建房，一次性把料子拉运到建房工地才轻省。

2015 年 6 月 17 日 农历五月初二 星期三 雨

  东村乡林业员（护林员）举行植树活动。今日东村乡政府安排乡林业员出动到东村乡的公墓地植树造林。原都已规划一排墓碑一排林木。今日的事工只是把树苗木坑挖好。三儿张学忠今日一早出车前往，执行植树任务，回到家时已很晚了。

2015 年 6 月 18 日 农历五月初三 星期四 雨

  村民防洪，今日晚上 7—8 点下了一个多小时的雨。农田农地流进泥沙，冲刷山地。房后倒下一块老埂，来不及疏通导致房进水，我们先把房地上的化肥堆往高处。

小结：小小的洪水是轻微的，幸好下雨时间只 50—60 分钟，如果下雨时间长了，会成一个小洪灾，防洪难度大。最主要原因是村子坐落于山坡陡地上，一下雨高处的洪水就直冲下来，所以防洪难度大。

2015 年 6 月 19 日　　农历五月初四　　星期五　　晴

果木树管理，板栗，秋季、冬季施追肥料，已大面积进行了追施。还有零星、数量少的、分散的果木推迟到现在，农事点种结束后，自己再转入到给核桃、板栗追施肥料。

小结：果木树的管理，是长期性的工作，不是一时能做好和做得完的，也是出于喜好。我今年已是 73 岁，但还嫁接果木树，老化的一部分果木，还得改造，让它从根部长起新嫩枝干来，如桃树，从嫁接处上端砍除，实践中也能解决，也是有希望效果的，所以果木管理是长期性的。

2015 年 6 月 20 日　　农历五月初五　　星期六　　晴

村民事工活动。上午村民多人赶鸡街，变卖东西。四儿张学德夫妇上街销售两对小猪，一到街市，买主给价一公斤 22 元，两对称计得 80 公斤，共 1760 元。街市情况是：买主多，卖主少，所以到多少就买多少。市场猪价已下跌 7—8 年了，现在才提升到活猪一公斤 22—24 元。

五儿张学祥出售一辆小轿车，2013 年以 12000 元买回来，已用了两年，一家人就玩着一辆面包车和乘坐 5 人的小轿车，等于是闲着一辆，想想多余不如卖掉一辆。邻近响石村一对夫妇来家里瞧，以 7000 元卖给他家，比原价少了 5000 元，也情愿出售。

2015 年 6 月 21 日　　农历五月初六　　星期日　　晴

礼拜休会后，五儿张学祥一户 3 人出车，下午 3 点上昆明市蔬菜市场购买白菜、葱瓜等菜，用于地方市场销售。据说昆明市场白菜一公斤

0.80 元，而地方市场白菜卖一公斤 2.50 元。

据说：张学祥前不久已跑了一趟，可得利 200 元。教会晚上有接待工作，是款庄圣经班师生及家属 21 人乘坐 3 辆面包车来参观我们教会历时 3 年零 2 个月建成的圣殿。

圣殿是以罗马柱系列豪华形象建成，圣殿造价 50 多万元，能赢来人们的向往，有接待服侍工作。由于交通和交通工具方便，昨晚参与我们晚间礼拜，休会后就与我们一一握手告别乘车走了。

2015 年 6 月 22 日　农历五月初七　星期一　雨

村民赶集上街，张学忠一早出车上街办理日常生活事务。因为刚过了端午节，上学的孩子们都放短期假两天，所以上街买家用食品，糖果和孩子的东西。

小结：今早下雨，他们是乘车冒着雨去的，幸好只是下小雨，可见社会进步，社会交通改善。高山远程的村民上街，不论是天晴下雨，人们都出得去，进得来，再也不受限。

2015 年 6 月 23 日　农历五月初八　星期二　晴

村务事宜。周五挨晚下大雨，村公路有的路段被山洪流泥冲刷和填埋，需要维修和清理。今日村上号召全村每户出动一人维修村公路。路段从我村上到山顶东鸡大公路里程是 3.5 公里，先上到东鸡公路后再走查下来。

全村有 50 多户，出勤人员最多不超出 30 人，而且出勤人员妇女占 80%，男性只占 20%，说明一般村民集体主义观念淡薄。

2015 年 6 月 24 日　农历五月初九　星期三　晴

儿张学祥上昆明市进货，批发蔬菜。有白菜、萝卜、甜苞谷三个品种，200 公斤左右。白菜 0.80 元可以买到 1 公斤，大约三个品种平均价每公斤 1 元左右。地方市场销售，每公斤会卖上 1.50—2 元。

小结：每次上昆明批发蔬菜回来地方销售，利润可有 150—200 元。应该说：如有精神，自己有车子，搞搞蔬菜行业，年收入高于农业生产收入。

2015 年 6 月 25 日　农历五月初十　星期四　晴

东村乡林业员（护林员）今日栽树，场地就是东村乡公墓场地。6 月 17 日林业员 40 多人到现场挖好树坑，而今天是安排林业员去栽上树。

我们石桥村委会林业员有 4 人，在石桥村委会工作的张绍权，打电话给张学忠，叫学忠的小轿车去村委会带他去公墓栽树，因为我也要上街，所以我也坐在学忠的车上。上到了东村街我便下车赶街，而栽树人员还往前行 8 公里才到公墓山，栽树林业员给安排晚餐。

2015 年 6 月 26 日　农历五月十一日　星期五　晴

村民赶鸡街，少部分村民是购买化肥，大部分或是 90% 的农户早已买好化肥。因为农地的垫本比较大，所以要早早安排好。村民张学忠上街买得一头荷兰黄牛，是以 9000 元买的，由于大车没有开出去，所以叫卖主开着大车送到家里来。

小结：买牛的钱来源：国家有一笔贷款，数额是一万元，年息是 600 元，但是政府免去 500 元，只要你 100 元，这就是惠农政策，学忠就是用这贷款买的。据说养牛一年，得利 1000 元左右，你养两头，年得利就有 2000 元左右，所以一个农夫也得搞几样，年终才有希望有收成。

2015 年 6 月 27 日　农历五月十二日　星期六　晴

点豌豆的农户几天中已种下出苗。农户们忙于插竹竿，拉扎丝线，让豌豆往上长。村民龙兴华点排豌豆，要用竹竿，今日到竹园现砍。由于单人独手，砍竹子几乎用去中、下午的时间，砍到挨晚时又用大车一便手送到山地里堆于地边。

小结：点排豌豆的农户几天中的事工比较忙，幸好砍好的竹竿可以用多年，即使自己没有竹子，买也可买得到，一元钱就可买到一根，长度每根 2.3 米，所以有能力、有条件的农户都种了点豌豆。

2015 年 6 月 28 日 农历五月十三日 星期日 晴

教会礼拜活动，聚会时间从中午 11∶30 到下午 2∶30，聚会礼拜后各人自由活动。张学德开小轿车到东村集市场买回两包"追神"化肥，准备追施于板栗、葫芦瓜。农作物追施肥料不讲究，板栗和葫芦瓜就讲究，专用"追神"化肥。四儿张学德葫芦瓜今年已点下 4 筒种子，面积约有二亩，所以今日跑东村街一趟，把追神化肥买了回来。

小结：农夫的农活点种工作结束，追施化肥的事工将要开始。"追神"化肥是追施葫芦瓜专用的化肥，所以趁今日礼拜休会之际，出车到东村街把用于葫芦瓜的化肥买回来。

2015 年 6 月 29 日 农历五月十四日 星期一 晴

苗民生计生产生活伴随着苗民远古时代的游牧玩山涉水风俗习惯。播种、锄苗、追施肥料季节，苗民喜好捕猎玩鸟活动，抽空享受。第二个项目，生计活动，村民有的好找马蜂，也是为了生计生活，春夏两季不论农忙农闲季节想方设法活动。村民张学德与爱好者二三人组合一个小队，远近活动，捕捉唤门（鸟名），不计较效益如何，将喜好爱好作为一种享受。

2015 年 6 月 30 日 农历五月十五日 星期二 晴

村民生计活动。今日有孙儿张荣光、五儿张学祥两户今日到禄劝县县城审车，其中，张学祥是替王继光去县城审车，审车手续一般正常的车辆是 200 元就审下来了。张学祥替王继光去禄劝县城审车付 100 元工资。

另一事工，村民张学德昨天、今天捕猎鸟，两天获 700 元，一天价值就是 350 元。据他自己说：搞建筑一天工资是 100 元，玩猎鸟事工，轻松，好玩！各人有一优先事业是高效益，我们称之福，就是各人有各人的特长。

2015 年 7 月 1 日　农历五月十六日　星期三　晴

记述苗民习俗游玩猎鸟活动。玩鸟活动，每次需要两天打转。或是捕捉一天，销售一天，所以每一次活动至少都是 2 人联合行动，便于野外住宿，远近市场销售，夜晚出车。

大约每人每天不低于 140 元，据说虽然活动得少，有时会保持在 200 元。

2015 年 7 月 2 日　农历五月十七日　星期四　晴

社会关怀活动，地方政府安排一项关怀工作，下达关怀给予体检活动。我们芭蕉箐下达的名额是 2 户，我们村安排张学忠、张学祥两户。趁儿媳们的车子到东村街体检，我们二老人就顺便乘坐上街赶集，约 3 个小时后他们才办完体检手续。

小结：政府给予人民的关怀政策，体现政府关爱人民的身心健康，施行人道主义，也体现社会主义好。

2015 年 7 月 3 日　农历五月十八日　星期五　晴

民族关爱活动。万宝山村张成贵到医院看病，出院后，所有的男女双方的亲属都来看望。主人家张成贵为感谢亲友的关心和支持，定于今晚办饭席宴客。而我们近处的柿花箐村的亲人一便手又请我们前去协助他家薅锄、烤烟和扳苞谷。出动人员，万宝山亲属 4 人，石桩 1 人，芭蕉箐 6 人，合 11 人。

农地薅锄完成得早，晚饭也早，我家协助他家农事的乘坐 2 辆车子，赶赴饭席人员又乘坐 2 辆车子，我家人员就乘坐 4 辆小车。小小民族关爱活动声势浩大，体现民族亲友关爱活动有所增长和充实。

2015 年 7 月 4 日　农历五月十九日　星期六　晴

记述搞教育的地方学校。幼儿园、学前班，从昆明市到农村都已放暑假，假期 16 天。

孙女张多加在昆明某幼儿园任幼师 7 年，由于校园放假，今早从昆明乘公交车到东村镇客运站，孙儿从家里开小轿车到东村街接孙女多加回家。当回到教会场院来时，我们家人围观，孙女张多加给自己的父母和家人买了一些果糖、肉食礼品。3 人背着、扛着、抱着从我老人家门前走过，作为父母，作为山寨民族来说是一种安慰，是一种鼓励。

2015 年 7 月 5 日　农历五月二十日　星期日　阴雨

记述地方幼儿园幼师的心声。孙女张秀芳在我们石桥村委文昌幼儿园任幼师 3 年，辛勤尽智尽力工作，赢得主办幼儿园的人信任重用。文教局有号召，叫一幼师出去再培训，经费 3000 元，幼儿园答应出。时间过了 6 个月，情况变化。30—40 个孩童在一起，哪里会有不闹不哭的事情？不论是家长、老师和主办老师都要正确理解，明白事理，有事摆到桌面上来大家探讨研究拿出方案，让大家知晓推动工作。

现在情况是过重地听从家长对老师的反映，针对幼师采取措施，主办老师时常拿这些幼师来批评、责怪、埋怨。孙女张秀芳说：这些气受够了，这些饭吃够了，这些钱使够了！我再坚持这个学期到底，我再也不使这些钱了！学校放假，这幼儿园就是不放假，家长要求，我们的孩子在家难于服侍，还是要留在学校让老师帮我们管理。要放假都要推迟 1 个月后才放儿天假。人人都应该依章办事，该放假就放假，该复课就上课，那是原则。

2015 年 7 月 6 日　农历五月二十一日　星期一　晴

村民事工活计，追施山地苞谷肥料，已形成一项农事中心工作，历年追施肥料，也要一便手薅锄，分为一道、二道进行薅锄。近代已有变革，比如汉族队由于山地太广太多，历年找工薅锄，形成一种麻烦、一种负担，一两年他们只是施追肥，免了薅锄。

我们看在眼想在心，也要免了一部分农地的薅锄。万一农地草深再多打除草药水。我们村民几乎家家户户都忙于打农地除草药水，这也是一种革新。

2015 年 7 月 7 日　农历五月二十二日　星期二　晴

记述苗民玩鸟习俗，近代也有汉族多人玩鸟、好鸟。芭蕉箐村、水平子村张学德、王羲洁等 3 人一组今日到昆明大板桥旅游玩鸟，每出差一趟往返两天。

小结：3 人工作两天，大约毛收入达 4200 元，平均每人 1400 元，每人每天合达 700 元。

2015 年 7 月 8 日　农历五月二十三日　星期三　晴

村民赶鸡街，孙子张约志夫妇用小拖拉机拉运一箩 5 头小猪上街变卖，我们二老人也坐上他家的小拖拉机上街。到了街市场，小猪我们要价一公斤 25 元，买主给我们一公斤 24 元，我们也就卖了。5 头小猪称计得 88.5 公斤 ×24 元／公斤 =2124 元。

小结：猪市场跌价 7—8 年了，现在提升到一公斤 24—25 元，街市价情况是到下多少就卖掉多少，而且买主是到街外来等猪，一到了街上，三言两语就卖成了。街市场有管理人员，小猪价讲成了，就由他协助称计，再给你算好合多少钱，然后卖主又要付给称计员 10 元钱。我们也情愿市场有人管理，那样更好。

2015年7月9日　农历五月二十四日　星期四　阴

记述我村搞建筑的，建房事工近况是：农闲季节，建房任务重，事工多，就分两个组，或是3个组。有时分组，有时联合，由总的一个老板指挥。

近段时间情况是：农忙、人员少，就只联合成一个组建房。一个多月是在麻栎树建私人住房，由于第二工地柿花箐村建房的一户需要扫尾告一个段落，那么麻栎树的这一户暂停，建房工人又转到柿花箐村来扫尾、贴瓷砖。我们芭蕉箐村搞建筑的人员是：张学祥、张正福、龙福祥、龙兴祥、杨光才5人。由于在近处建房，所以建房人员早去晚来，交通和交通工具极为方便。

2015年7月10日　农历五月二十五日　星期五　晴

记述我村农事工作进度。全村的农地已薅锄了40%，我已薅锄了60%的耕地面积，而且已锄二道了。

小结：我村农地的薅锄看起来会比往年更快，因为陡地，只是打除草药水和追施肥料，锄地就免了，大部分农户，农地两道也做一道薅锄了，又是晴天多，极有利于薅锄，所以都快。

我们二老人今日约锄了一亩地的二道苞谷。当然还有一些农地事工，早上到山地打除草剂，中午才又转入农地薅锄，我们农地锄过头道没有杂草，所以进度快。

2015年7月11日　农历五月二十六日　星期六　晴

记述民族玩鸟生计活动，7月7日日志记述此生计活动。7月7日至今日的效益概况是：据说每天效益是1200元，3天合计3600元，据这情况而言，可说是目前效益最好的一个项目。原来搞建筑房屋的人员，每一个工天老板按100元计算。7月7日我（记录员）预计每天毛收入达700元，而今日三天结果是每天可达1200元。这是一种思想，比如说：

很多人都搞同样一个行业，成功或是能获高效益的人不多。

2015 年 7 月 13 日　农历五月二十八日　星期一　晴

村民生计活动，有一项是捡拾鸡枞。也是一项很理想的吹糠见米、见效快的生计。孙儿张荣光昨早上拾获价值 10 元，今早上拾获价值 54 元，合计 64 元，两天平均也 32 元。

小结：32 元，每天只是抽早上 3 个小时出去找，又不耽误生产，买主又是上门来收购，极为方便。按 1 公斤 200 元计算。问题是一般山场都开成耕地去了，人们到野外捡拾当然受影响。

2015 年 7 月 14 日　农历五月二十九日　星期二　晴

村民很多人赶鸡街，有一户是张正才，开大车上街变卖 5—6 包苞谷，鸡街卖粮食是摆于街市卖议价，就是讨价还价，一般 1 公斤能卖 2.3 元。孙儿张荣光捡拾鸡枞，前早上卖得 10 元，昨早上又卖得 54 元，今早上卖得 135 元，一天比一天高。

另一项事工是，村民张学才、张学会、龙学华三人是以找马蜂为生计，长期出外找马蜂。把所找到的都抬回来养着，等长大后，又去卖。也上瘾，赚大钱。

2015 年 7 月 15 日　农历五月三十日　星期三　晴

记述村民张荣光捡拾鸡枞，今日所捡获的卖得 190 元。

小结：

村中生计活动：

1.4 人搞建筑，每天工资是以 100 元计算。

2.4 人找马蜂子。

3.3 人玩雀鸟。

4. 打工。昆明 2 人，江西 2 人。

5. 捡拾鸡枞有 4 人，鸡枞骨朵卖 200 元／公斤。

据目前初步情况，可能玩雀鸟的经济效益高于其他行业，农地只收入 1000—3000 元。

2015 年 7 月 16 日　农历六月初一　星期四　晴

记述孙女张多加在昆明市某幼儿园授课放暑假两周 14 天，假满今日需要上昆明幼儿园复课。她父母开她家的小轿车送 10 公里到东村街客运站搭公交车上昆明。

小结：孙女张多加在昆明任教时间已有 7 年，今年幸运又调换了一个校园，工资几乎相同，只不过是待遇有所好转。星期六不上课，在校园里每天晚上都安排晚餐。

2015 年 7 月 17 日　农历六月初二　星期五　晴

记述村务事宜。今天吃过早饭，三儿张学忠开四缸车到东村乡，据说是有会议。下午 3 点时三儿张学忠和还记得村的一名驾驶员，两辆大车从东村镇上拉回来我村村边箐沟上所要用的三节空心直径一米的水泥涵管。

村上临时找得 8 人来下涵管，几个人来下上吨的大水泥管，难度大，费力。幸好有葫芦机，用葫芦机拉，第一节已成功，第二节从车上推下来砸烂了。第三节涵管本身就有裂缝，由于我们小心，抱来些苞谷草多垫，用翻斗车，车头升高，用拖拉机拉下，用人力扶好，才安全落地。

小结：我村多次向东村乡政府求援支持才安排的。想来，从厂拉下来时，一便手拉到工地来就省事了。现涵管烂一节，我们如何办呢？

2015 年 7 月 18 日　农历六月初三　星期六　阴

记述我们老人农活事工。自己耕耘少量的农地，也养两三头猪和栽一点板栗树，当点种结束，薅锄完毕后，又从事农地管理。俗语说：种三分管七分。所以农地管理显得很重要。其次又要协助儿媳们养牛供草。儿媳姑娘们养牛情况：姑爷、女儿张会云养着两头大荷兰牛，耗食量大；三儿张学忠也养着一头母牛，已领有小牛，又有两头黄牛，其中一头也是荷兰牛，又有几圈猪。作为父母的我们也看在眼想在心，只好想方设法，每天割两背草，一背给柿花箐村的姑爷张会云，割好背到通车路的地方，打电话叫他用摩托车自己来拉。三儿张学忠家，我们协助割草，要一便手背到家里来，方便儿媳们。因为他们事情多，我们老人有感动，有负担，只好这样办理。

2015年7月20日　农历六月初五　星期一　晴

孙女张秀芳去年已嫁到昆明五华区的大平滩（苗寨）（富民县飞地，昆明五华区管辖）。由于工作需要，她仍旧在石桥村的小松园文昌幼儿园任幼师和护理工作。在这几天假期，回家休假，今天叫我们和大爹、二爹、三爹几户前去协助种第二水豌豆。我们昨晚已做思想准备，一早就喂好自己的鸡猪，时间约8：30，我家父儿五户出动9人乘坐3辆小车前往帮忙。在出发时，四儿媳王凤仙是坐在孙儿张荣光的小车上，她又下车回屋里拿点东西，上了三儿张学忠的车上，也没有告诉张荣光这一辆，等了一时，他们发慌了才又下车回来问我，四儿媳王凤仙到哪里去了，她走了没有？我是坐于家门口望着他们出车，我便说，她已上三儿张学忠的车走了，随后第三辆车才出车赶后头前行。

小结：据此情况推论，一个团队成员或是一个家族出外活动，出发时，应互相关照，打招呼，不过这情况也少。

2015年7月21日　农历六月初六　星期二　晴

村民生计活动。一项是往昆明运输农副产品。执事王继光老板有多处建房工地，柿花箐村的后建一户和麻栎树村一户正在扫尾。

另一项是自己养着农地，七八人务农，又收购豌豆叶和三叶瓜，由专人每天送上昆明批发。五儿张学祥每天出车运输瓜上昆明市批发。据说昆明市场瓜少，所以批发价都可卖一公斤 2.50 元。

张学祥当差一人一辆车子。工资以一个月计算，人工资 4000 元，车子也是 4000 元，已跑了一段时间了。开车人也很苦，是晚出车，早上就可从昆明下来，约 11—12 点就可回到家，白天装上车，晚 4—5 点又出车上昆明。

2015 年 7 月 22 日　　农历六月初七　　星期三　　阴

到东村街买米，老伴对我说，女儿家没有吃米了，要不然给她家一点米，要给就买一包给她家。我们老人吃东北好米已有两年了，要买就买好米给女儿家。我们二老人乘坐儿媳们的车到东村街。稻谷成熟期，好米卖 130 元一包，前不久卖 135 元，现在卖 145 元，一包的重量有 25 公斤。

我们二老人买两包米，一包买给女儿姑爷家，自己用一包，两包用去 290 元，一公斤米合价 6 元。在街上买好米，长途车到水平子村有二辆车，我们就赶紧买上几样东西，不敢多耽搁了。到停车处，把米和东西放于车上，就不再上街游玩买东西了。车子回来时，顺着东鸡公路到柿花箐村，女儿家耕地在大公路边，我们下车以后，一包米就放在女儿家地边，也就在大公路，今天姑爷、女儿就要在这块地工作，老伴也要协助他们干活计。我自己背着一包 25 公斤大米从山顶大公路背到家，在路上息了好几个间歇才到家，73 岁的我也是够累了。

2015 年 7 月 23 日　　农历六月初八　　星期四　　晴

记述老伴今日到农地里打除草净药水，今日打了 4 喷壶，任务也就需要这 4 喷壶。除草药水就是在村里杨天友家小卖部买的，4 喷壶药水用去 13 元钱。前次是在东村街大老板店买的，告诉他我要 10 喷壶药水，付出 70 多元，每喷壶药水就合 7 元钱，而今天 4 喷壶 13 元，每喷壶只是 3 元多一点，在街上买的就多花了 40 元，我对老伴说，早知道就早早在村里的杨天友这里买啊。

小结：农地打除草净药水，我村 80% 的耕地打药水，20% 的耕地，平整肥沃的地块需要人工薅锄，耕地大部分要打药水，到现在农历六月中旬，大面积的农地薅锄都结束了，关键就是打除草药水，这也是一种革新。

2015 年 7 月 24 日　　农历六月初九　　星期五　　阴

村民进行建房工作，龙荣祥原来已建好一楼，待有建房力量，时机成熟再建第二层楼。建房事工已进行了多天，事工砌砖墙，所砌高度已达二楼高度四平墙了，很快就到可以浇二楼模板，摆放安装浇房钢筋以及浇房的阶段。施工情况是：有的人由于自己有建房手艺，就没有请他人，自己慢慢做；有的靠自己的哥弟支持；自己的父母和亲属也必然要支持，就这样尽自己所能地工作。

小结：苗族的新风气，善于攀登科技。前面曾论述过，汉族人哪个人有车子，只有他一人会开，而苗族人，村里只有一辆车子，会开的人就有好些。苗族的第一个特点就是：苗人是有天赋、天才的民族，歌唱、舞蹈、登山运动，科技知识都有一套本领。第二个特点是喜好、善于学习。

2015 年 7 月 25 日　　农历六月初十　　星期六　　晴

记述村中打工情况，是就地打工。村民张学祥给王继光出车上昆明市批发出售蔬菜、小瓜、豌豆叶，他的妻子张秀仙、儿子张恩膏在王继光家协助摘小瓜。小工手上活计，每天工酬计划给 70 元。老板王继光事工活计工地情况是：建房工地是几个工地几个建筑队，周边苗寨搞建房。

农地生产，自己的耕地上采收小瓜，承包人耕地种上小瓜，承包方式,历年是以每塘瓜4或5元计算。采收瓜,就是自己耕地的个别承包的部分,没有到柿花箐村、麻栎树村、芭蕉箐三村部分耕地的收获任务。那么如果涉及,要聘请一些人员去协助采收,就规划大了。在此种情况下,老板工作量规模扩大了,我们打工的工作量也有所扩大。例如,张学祥出车跑昆明,往返两天。妻张秀仙、儿张恩膏在他家协助采收小瓜。

2015年7月27日　农历六月十二日　星期一　晴

教会圣工。7月19日有两位来客到我们教会来拜访,问我们建新圣殿的数额还差欠多少,愿意支持一点。今天来客从昆明打来电话,叫我们教会教牧人员到款庄马街或昆明去拿他们安排给我们教会还账的奉献款。后来确定我们人员到款庄马街接他们。我们接到他们后,又到东村街来还做窗帘的老板建圣殿的窗帘欠款,总数额是15800元,他们支持我们的数额是15000元,差欠800元。

小结:他们(韩国传教士)喜欢赞助100、1000、10000元都是好事,先送到我手中来,再由我看看应当先还哪一笔欠款,由我做主,这是情理,是逻辑。现在他们生怕我们几个私吞掉,要替我们去找欠款主人,他自己递给欠款主才放心。

2015年7月28日　农历六月十三日　星期二　阴雨

教会事工活动。教会教牧人员,东村镇基督教杨彩芝(长老)、罗仁宏(执事)、张正文(长老)、张学德(传道员)、王兴仁(执事)、王汉高、王子宏(唱诗班长)、庵绍良(后勤长老)8人到东村街找建造圣殿基地。我们8人到东村基督教临时借租聚会处,用一段时间商讨东村基督教这一片区的牧养工作以及今后的分工负责和发展思路。

杨彩芝(长老)提出牧养方案:大教会的庵绍良同工长期临管东村乡坝区汉族弟兄姊妹的聚会讲经工作(提出方案)。建东村片区教堂——选地找基情况是:东村街沿东路街口处。东路下边,地基一平方米要价

1000元。而上下都是车路，只说是一个房基要220万元。这些房基都是天文数字，就我们地方自己是根本没有条件设想的。等我们地方来客，征求来客回复和建议。

今日圣工活动，几位同工为满足我们的身心健康、喜乐，上街买上苹果3公斤，每公斤计价是6元，买上西瓜3公斤×3元／公斤＝9元，香蕉3公斤，又给我们安排晚餐，他们自费提供。

2015年7月29日　农历六月十四日　星期三　晴

记述村民龙荣祥家建住房。二楼高度已砌好，建房工序已转入支浇楼板，支架浇楼房撑杆。浇楼板准备工作是托亲属的大东风车拉浇楼房料子公分石、人工细砂。建房料子今日已拉回来两大车公分石，两大车人工细砂。料子已拉够，现在还差欠浇楼房水泥。由于建房人员少，安撑杆和安浇楼木板、扎钢筋都要几天才能做好。

小结：托苗家大东风拉运料子是因自己忙着砌墙，自己的两缸车运载量少，干脆托他人帮运载建房材料。

2015年7月30日　农历六月十五日　星期四　晴

记述自己从事果树管理。已受益的板栗树近来发现有老化现象，从树尖干枯下来。我们发现后尽快进行改造，就是从根部一人高处砍掉，重新接上良种，两三年后就可恢复收益。五儿张学祥已提前搞改造良种，也就提早收益。现在长势很好，结果累累，仍有希望，已提前收益。改造果园，目前是先从退化的果树搞起。由于砍伐的大树枝杆粗的已砍作柴烧，枝叶细枝趁还没有下栗子时就得清理和烧除，到下栗子时才好捡拾。我们二老人昨天今天都是到栗园清理树枝，细的就烧除。

小结：果树、板栗，在农家就算是高产稳产项目了。我俩老人，苞谷年收入2000元，而板栗年收入去年最高达9600元。板栗值得投资投劳和上心管理。

2015年7月31日　农历六月十六日　星期五　晴

村民张学祥每天给王继光老板出车上昆明批发小瓜。老板的儿子王荣志和我村人员张学祥、张正华他们3人为一个组，开2辆车子。瓜价先前每一公斤批发价是2.5元，现在有所上涨，是一公斤3元。

五儿张学祥夫妻2人都是在王继光家打工。家里都有鸡、猪要喂，幸好是在学校放假时间，妻子张秀仙、儿张恩膏替换打工。早上做活计到吃早饭，儿张恩膏上任，吃过早饭，休息几分钟，儿张恩膏就骑电动车回来家里带母亲上去接白天班。母子替换抵一人打工，因喂家里的鸡猪是要母亲来做。

小结：农家的农地收入与在外打工收入，早有结论，在外打工都高于农地收入。

2015年8月1日　农历六月十七日　星期六　晴

村民龙荣祥建盖房子，浇楼工作忙碌进行，安排今日浇二楼房地板，得从几个方面着手工作。

12人着手今日的生活服务，杀一只山羊，制作各种食菜，切肉、洗菜、洗碗、煮饭。23人搅拌要用公分石、人工细砂，并用升吊机运送到二楼浇灌楼板，9人在二楼上浇楼和开吊车拉到建房工地。今日建房事工分为生活、浇楼、供料子三个组，保质保量，力求早点完成。生活肉食，猪是从龙福祥家买的，价格是16元/公斤×100公斤=1600元。

小结：建房的农户也是真不容易。不讲建房代价，就是要浇楼房板，伙食的代价也很大，买猪就是1600元，外爷父送一只山羊协助办伙食。饮料、肉食齐备，还计划送参与祝贺送礼的客户价值10元的粮食一包，作为谢意。

2015年8月2日　农历六月十八日　星期日　大晴

教会礼拜活动。主持人——张正福，（唱诗班琴师）读经人员——

周保成。本堂唱诗班献诗，诗班男性 7 人，女性 14 人，琴师指挥 1 人，合有 22 人，组合唱诗班队做东献唱。

教会聚会有来客一人，是禄劝县万宝山教会女执事，因着我们新圣殿的建成，想来欣赏。

另一项教会工作是预告下周圣工，我们教会开堂时间初步订于农历十月初四，就是十月份的头一个礼拜天。给几位慕道友施洗，时间就尽量提前，下周 9 日安排施洗，工作就如此定下来。

2015 年 8 月 3 日　农历六月十九日　星期一　晴

人员流动。今日下午 4：00 教会场院开来一辆小车，走下 3 人，一人是我们石桥村委会工作人员王子瑞，另外一人是东村乡政府工作人员，另一人是东村乡水保站老板同志。来意是：找村饮水工程。我村人畜饮水架设的钢管已老化，时常中断，影响我村用水。上届东村乡人代会上，我们求政府帮助再建一人畜饮水的水池，所以今日东村乡政府安排工作人员上来我村看建水池现场情况。现场看后，建议说，我村这边占多户，村子这边再建一个水池供村子这边，就可以解决全村的饮水。至于建水池的坑基，等下次带仪器上来测量，才好落实水池基坑。他们和我们坐下谈引水供水设施的一些情况后才开车走了。

2015 年 8 月 4 日　农历六月二十日　星期二　晴

妇女们打工。王继光执事这里几乎是时常有活计，每天有 7—8 人摘瓜、洗瓜、装箱、上车，运往昆明市批发。

就地柿花箐打工，也就是王继光这里；大车路边又有外地打工，禄劝县、铁索桥（普渡河）江河边，有人来柿花箐承包地种三七。他们有 3 户种药材，所以王继光也找工，他们也找工。分别是：王继光使工，伙食供早晚两餐，工钱每天讲 60 元；同时一个地点，外地人来这里栽"三七"，小工吃自己的饭，是只讲干工，每个工天只给 50 元。亲属相约昨天有 5 人，今天有 6 人。老伴参与打工，今日付钱给他们，老伴出勤两天拿到 100 元，这一起讲："暂停一段时间，要找劳动力又给我们说。"

小结：50—60 元，我们能就地打工。我们是把自己的生产做好，只是打临时工，又不影响我们生产，"五荒六月"找一点零用钱，这也是机遇良机。

2015 年 8 月 5 日　农历六月二十一日　星期三　晴

协助姑爷女儿张会云、张秀珍家掀烟叶、编烟叶。我们父母居于山脚，而姑爷、女儿家居于山顶上村。上村柿花箐，近代的农业生产几乎都是种植经济作物洋芋、豌豆、烤烟、三叶瓜，所以村农户的农事工作比较繁忙。我们作为父母还没有收下板栗时，尽量抽时间支持儿女们农事工作，他们一户就栽种有烤烟、洋芋、豌豆三四样农作物。所以事工活计比较忙。比如掀烟叶这天，当天要到地里掀烟叶背回家，掀完就接着编烟叶，此时在烤房已烤好的就要出烟，出完后，接着就要把今日现掀、现编的装进烤房，这几天的活计就是那么多。一家人就栽种几样作物，时时忙，天天忙，要忙到收完。所以作为父母，至少也得抽出几天帮帮忙，尽父母之责。

2015 年 8 月 6 日　农历六月二十二日　星期四　晴

下栗子，记述村民着手下栗子。板栗、早板栗占少数，不过下完早板栗正常的或是迟板栗也是接连下完。从农历六月至八月二十几日就几乎下完全年栗子。早板栗虽然占少数，不过分布于山脚、山腰、山顶三个片区，时间一进入下收栗子，事工也随着忙碌起来。下一段时间，就更加忙碌起来，成熟的株数、片区越渐增多，每天该下的栗子，要离的栗子，都挤在一起。所以就形成白天到外边下栗子，晚间又在屋里离栗子，而且还要离到深夜，工作就这么样。

小结：我今年 73 岁了，自己栽的板栗树不怎么高，不过大小树木都有。儿子们下栗子,他们有力又下得快,做起什么事来不费力。我自己却觉得费力,爬树,在高处作业,觉得很需要人来帮忙,而不论是自己的儿媳或是姑爷、女儿们,他们的事工更多更忙。那么就自己慢慢做,一般是中期时期较忙。年复一年,事工忙,证明有希望,有收获,当然我们也愿意忙。

2015年8月7日　农历六月二十三日　星期五　晴

教会事工活动。有人愿意与我们教会交通,对我们教会建圣殿差欠款支持一点。只不过是要求我们对财经要建立健全管理制度,管好信徒奉献的钱,并且要定期向广大信徒公布账目,从严经济账目的出纳制度。我们教会建圣殿欠款总数为88000元,不足部分他们来付。

评语:任何人、单位、团体,喜欢赞助团队小组,你喜欢给多少,我们都表示感谢!不要绕山绕水说上几个小时,你们这样做,那样行,我们就支持你们。老实说,中国人从来就不愿受气。就是我们希望有外援,但不能依赖它。我们的力量要放在什么基点上呢?是要放在自己力量的基点上,叫作自力更生。

2015年8月8日　农历六月二十四日　星期六　晴

教会圣工筹备事务。明天是星期天,明天聚会礼拜有100多人就餐。所以张学德妻王凤仙出车上街买猪、鸡、鲜鱼用于明天聚餐。

小结:明天安排施洗人员情况是,款庄2人、东村1人、芭蕉箐3人,合有6人。给予施洗的牧师即县爱国会牧师龙德寿和王学杰。

2015年8月10日　农历六月二十六日　星期一　阴雨

村民事工活计。虽有小雨,种豌豆的农户仍坚持摘豌豆,随时采摘、随时收购。先是外地老板发放种,也销售给他。现在情况已转变,是自己地方人办自己的事,放种收购都是我们自己地方人来经营、管理,这就大大方便群众。我村点种豌豆的有 6 户，刚刚采摘受益，收购价可能是每公斤 10 元。

其他农户有的是下栗子，也是刚刚采收。今日虽有小雨，我们珍惜时间，也就尽力开始采收。村民侄儿张学明由于早上有雨，等中午晴开又上到山顶片区下栗子，数量少，下得一背篓就背回来。我们下栗子有 5 家，目前成熟的还不多，但每天都有 5—6 棵该下的。我们栗子树多的农户，下栗子已成了一项中心工作。

2015 年 8 月 11 日　农历六月二十七日　星期二　雨

村民事工活计，有仍然摘豌豆的。张约祥、龙荣祥两户是下核桃，每户约下得 20—30 公斤。

下栗子的农户是杨天友、张学忠、张学祥、张学德、张学光、张正文等 6 户。下栗子，我的板栗园地分布于山脚、山腰。仍旧在我们村子附近，分为两片园地，山顶总的就是一个园地。今天下栗子，场地在村子上边左侧，离村子约 1 公里的坡地，栗子树不大不小。我们二老人下掉 5 棵，下得 5 篓，由于坡地不通车路，就用人工背下来。大部分由我背回家，老伴在栗子园，该下就下，该捡就捡。天长日久，老伴也习惯了，能上树下栗子，也能背下来。幸好老伴是劳动能手，上树下栗子也是能手，捡拾栗子包也是能手，因她比我快，下午 5：00 我们息工煮晚饭。

2015 年 8 月 12 日　农历六月二十八日　星期三　阴

卖栗子。三儿张学忠栗子离得 30 公斤 ×5 元／公斤 =150 元；孙儿张荣光 20 公斤 ×5 元／公斤 =100 元。因品种大部分是湖北板栗，湖北板栗价格历年都低于本地板栗，一个原因是上市的栗子太小，所以人家买也可，不买也可。

吃过早饭，我们就上山顶片区下栗子，我们二老人下得 5 袋，儿张学德媳王凤仙用小车协助我们老人拉运回来。下午又转下来我村背后左侧山地下栗子，下得了3背箩背下来，今日下得8袋。历年每天也只下得8袋。

小结：由于上下跑两个片区下栗子，都耽搁一些时间，跑两个片区，是我离最成熟的下。隔一段时间成熟的逐渐多起来。今日天气不晴也不下雨，所以工作效力比较好。

2015年8月13日　农历六月二十九日　星期四　晴

村民赶鸡街，有的是卖小猪，有的是下栗子，栗子鸡街市价据说是卖一公斤7元。我自己仍是下栗子，今日下栗子场地是村子对门新村附近耕地上，因板栗长大后就退耕，只受益板栗树，让果树独耗养精。工作工效情况是：今日我们二人尽最大努力下完3棵，栗子包下得7背箩，路近还是人工背过来。

小结：板栗树众多，板栗成熟季节就天天下栗子，而且越下越多。因为早板栗和迟板栗少，中期成熟的占大多数，到中期该下的就增多起来，到中期就更忙起来。只有白天忙外边的，就是下栗子。晚间还得加夜班，一直离栗子，要离到凌晨2：00。历年是离到凌晨2：00就要装车上街卖栗子。不知何故，就是赶夜街，有时天亮，价格就下跌。

2015年8月14日　农历七月初一　星期五　晴

村民农事工作繁忙。张学祥被他人聘请开车，跑昆明市批发豌豆、青豌豆叶、小瓜等农副产品。两天跑一趟，每天晚5：00出车，清早又从昆明回来。张秀仙、张恩膏等参与王执事家收集这些农副产品，7—8人每天收集和上车。家里同时都有该下的栗子。目前是：上村工作后，又转入家里下栗子两天，就是上下都抓。

小结：早就有结论，打工收入强过从事农业生产收入。自己就有例子，自己的农地年收入约1000—2000元，打工至少月工资就是1000元。

农地收入低于在外边打工的。年轻人在外打工，忙是忙，人情愿多忙。

2015 年 8 月 15 日　　农历七月初二　　星期六　　晴

从事果园工作。上午到山脚栗园下栗子，由于树小，下了两棵。数量少，我们二老人背回来。中午休息后，我们继续到村子对门片区下栗子。下了两棵，捡拾完栗子包，修理果园，就是砍除栗子树上的寄生草。寄生草是果木树的大敌，如果不砍除，几年后整棵树上都蔓延起来，所以需要时时砍除，使之不影响果树的效益，保持每年都能有一点收入。

小结：板栗树，长辈的修枝打叉以及护理等工作，都是在下栗子这天处理和投工投劳。我们在下栗子时也是尽自己所能投工投劳，有利于农夫之工作的事务多，能尽上一次性的护理工作更好。

2015 年 8 月 17 日　　农历七月初四　　星期一　　晴

村民农事中心工作：打摘豌豆，所谓"打"，就是打豌豆叶；另一项目就是下栗子。记述我家父儿张正文和张学忠开大车到山顶片区下栗子，下栗子的过程中，简单、轻松，也付出一定的辛劳，就是上树是高空作业，也是一种享受。一天的劳动收获，儿媳张学忠、龙兴珍所下的约是我们二老人的三倍，装满了半车厢。

小结：现代农业生产，交通运输的建设和发展真是适应现代化的需要。我们村庄上到山顶耕地路的里程就是 3.5 公里，过去的人背马驮根本就无法做我们现代的农业事工。我们现代的农业生产发展了，规模扩大了，数量也增多了，现代的交通也方便了，交通工具也齐备了，似乎也完善了，所以构成了一个新天地。

2015 年 8 月 18 日　　农历七月初五　　星期二　　阴

村民赶集，东村街变卖栗子。三儿张学忠开一辆四缸车，拉运我们父儿张正文、张学全、张学忠、张学祥 4 户的栗子上街变卖。以我老人为例：栗子数量称计 123 公斤 ×5.2 元／公斤 =639.6 元，老板娘付给我 627 元。

小结：今早我家父儿媳张正文、张学全、张学祥三户上街卖栗子，只以我为例：儿媳对收购老板过分信任，按我自己所卖的 123 斤，得 127 元，她少付给我 12 元。账目应该双方清楚，买、卖两者清楚算得一个数字才合。五儿张学祥智力强，货物的称计、算账、记数字，他要亲自下手计算。实践经验告诉我们，什么事马虎不得。

2015 年 8 月 19 日　农历七月初六　星期三　雨

村民赶鸡街变卖栗子。我讨价还价，讲定栗子价每公斤 5.2 元。所以称计，以每公斤 5.2 元算，计给我 634 元。今日五儿张学祥又是每公斤按 5.6 元卖的。在返途中，回来王继光老板这里顺便休息约一个小时。因为五儿张学祥就在他家工作，每隔一天就开车跑昆明一趟，批发出售豌豆。

小结：我们在王继光这里休息时，背豌豆来称计卖给王继光的人群，一下来一家，一下又来一家，王继光坐在家里给他们称计，算钱给他们。苗民新风气的兴起，搞建房建筑，收购这些农副产品，成了一个收购点，这名声也不小，赢得多人的好评。日记中心：苗族生计活动一片欣欣向荣，大有作为，攀登科技高峰。

2015 年 8 月 20 日　农历七月初七　星期四　晴

下栗子进入繁忙季节，我们老人早上都得干早活，出早工下栗子，放弃煮饭时间。我们工作到早上 10：00 才休息煮饭。

二老人煮一顿饭，也不要多少时间，等于是回家休息。吃完饭，喂喂鸡猪，休息喝够水，自己量自己的事工多，任务重时间紧，就尽量出工。早出晚归，珍惜时间，全力投入下栗子，苦战一个月的时间，完成下栗子任务。繁忙事工已进行多年，我们也搞惯了，情愿事多。只是可惜栗子市价走低，历年栗子初上市，价格可走一公斤 12 元，中期稳在一公斤 7—8 元,后期一公斤 5—6 元。而今年初价是一公斤 15 元,等到我们的栗子上市就只卖一公斤 5.2 元了。

2015 年 8 月 21 日　农历七月初八　星期五　晴

我们的事工:离栗子、卖栗子。上午我们父儿张正文、张学全、张学忠、张学德,集中精力离栗子,计划离到下午 3:00 拉运到祖库村销售。因为有人设收购点,我们父儿四户销售情况是:

张正文　数量　105 公斤 ×4.7 元／公斤 =493 元

张学全　数量　130 公斤 ×4.7 元／公斤 =611 元

张学忠　数量　170 公斤 ×4.7 元／公斤 =799 元

张学德　数量　43 公斤 ×4.7 元／公斤 =202 元

小结:栗子价今年低,几个街天只卖一公斤 5 元左右,我们无奈,也不结存,跟行情市价也都卖了。历年经验:接近八月十五日"中秋节"栗子价都能上涨一点,我们也不管了,都卖掉了。

2015 年 8 月 22 日　农历七月初九　星期六　晴

村民建住房。去年建起一楼,今年上半年又建盖起二楼,也浇好楼板。几天中趁农闲季节,就抓紧时间建盖二楼房。劳动力情况是由于技术就在自己手中,就哥弟、大爹、家人凑得多少劳动力,坚持施工建房。建房高度已砌好,现在准备浇三楼房地板。前一段时间,浇二楼房,就计划连三楼房浇楼料,公分石、人工、细砂,都已一次性拉够,堆集于教会场院上。今日他家组织家人劳动力把堆集于场院上的料子拉运过去,准备浇楼。他家舅舅张荣祥也下来帮忙,用一辆农用车拉运,中午坚持拉运完才息工。

2015 年 8 月 23 日　农历七月初十　星期日　晴

记述村民今早变卖大猪。五儿张学祥卖一头猪,双方讨价还价讲定为 1800 元，四儿媳张学德妻王凤仙卖两头，今早两户所卖的这 3 头猪，价都讲成一样，每头都讲定为 1800 元。由于村上集体设有卖猪、牛的上车台，所以四、五儿媳卖猪也就没有找人帮忙。拉猪、上车，只是哥弟几户就自己赶了上台、上车。这是我村基本建设。

小结：村民农事活计有的也几乎是抓经济建设。一段时间，一人一辆车子都打工，人一个工天是以 100 元计算，一辆车烧了油也是以 100 元计算，一天毛收入就是 200 元。以 100 元计算，今日又迎来良机，卖一头肥猪，又收入 1800 元。这可能是我村村民发展经济的前列。

2015 年 8 月 24 日　农历七月十一日　星期一　雨

原来栽种 70 株板栗树，每年到了下收栗子，就由唱诗班人员组织安排时间去下收一下，今天唱诗班人员 12 人相约到栗园采收。采收情况是：路程大约 3 公里，又不通车路，就用人工背回来，就是一部分人员下栗子，由几个男青年分作几次背回来。唱诗班有事工活动，当然就要安排生活，由妇女执事龙圣英煮饭、烧水作服务。

2015 年 8 月 25 日　农历七月十二日　星期二　雨

记述政府的关怀。今日东村乡政府发放救济米给我村民 36 户。这 36 户，有的仍短缺粮，有的有病痛，有的针对年老人发放。有名称的，由村主任通知，带着自己的户口册、身份证到东村养老院那里，凭自己的户口册、身份证领取。由村民张约翰开一辆面包车到东村街养老院拉运回来。

小结：我村地处半山区，发展经济条件不如山区，所以还是制约着我村的经济发展。政府掌握这些差距，每年都关心照顾发放给我村的救济粮。

2015年8月26日　农历七月十三日　星期三　雨

村民事工活计。昨天有风雨,有的农户点种的豌豆被大风刮倒。村民龙兴华找请亲属友人6人相助,一排排用人工扶起来,加深加固插杆。通过努力一天扶完这一亩豌豆。

我们就在一片区耕地上工作。我家父儿张正文、张学忠、张学全3户活计是下栗子。上、中午下着小雨。雨天不方便下栗子,只因板栗树的数量多、时间紧、任务重,我们也只好坚持工作。运输,先是三儿张学忠开小轿车到山顶片区拉运栗子包袋,见我们二老人也下栗子,干脆把小车开回家,又开大车上来,一便手把我们两户的栗子包袋装上车,还割些猪食草和喂牛的青草一车拉运回来。

小结:农活事工多忙碌,时间紧,我们尽量把雨天也利用起来,力求早日完成下收栗子任务。

2015年8月27日　农历七月十四日　星期四　晴

村民下栗子,卖栗子。有张学忠、张学祥两户离得有栗子,收购板栗就是自己地方的上村下李人,用电话联系今晚过来山地收购栗子。所以儿媳两户离得有栗子,就用车子拉运上山头片区,又到栗园下栗子,晚上又顺便在栗园公路边销售栗子。张学祥离得栗子120公斤×5.1元/公斤=612元,张学忠离得栗子110公斤×5元/公斤=550元。今日事工活计,又是下栗子,又是变卖栗子,可算是一举两得。下栗子,家里离好的也变卖了。同时又有四儿媳王凤仙,我们都是在一个片区下栗子。

运输,是三儿张学忠的大车拉运栗子上到山地,变卖栗子后又把张学忠、张正文、王凤仙三户的栗子包袋拉运回来。而五儿张学祥又开另一辆面包车,又卖栗子,晚上仍拉运栗子包袋回来。

2015年8月28日　农历七月十五日　星期五　晴

村民点种豌豆,据说比较顺利成功的是杨兴明、龙兴华两户,豌豆年收入都要超出万元。到中期时，已拿到六七千元了，采摘完必然要卖得 1 万多元。

小结：点种豌豆的农户，经济收入都高于其他经济作物。点种耕地最好要轮闲隔年，否则收入会降低。村民引进点种也只有两三年，一般都能种好，经济效益都高于农作物，所以点种豌豆的农户年有增加。农夫抓经济是目前比较理想的一个项目。

2015 年 8 月 29 日　农历七月十六日　星期六　雨

自己的板栗采收事工繁忙进行中。板栗分布于山脚、山腰、山顶，甚至于一个片区又自然分布一些零星小片。工作起来就繁忙，甚至有些只好让它自然掉落丧失，因为太多了。今日下栗子活计，因老伴病倒，我只好一个人工作。我跑到对面下，捡拾完了一棵背回家后，又跑到村子上边的山凹子下了一棵捡拾背回来。我真忙得不知从何下手。

幸好这天挨晚，五儿媳张秀仙到家里来说："我给你帮忙，上边凹子里我给你下了两棵，也给你捡拾好，并装满了两个背箩。明天一早你上去背回来。"幸好还有儿媳们的帮忙。

2015 年 8 月 30 日　农历七月十七日　星期日　雨

今日事工活计，仍是父儿几户分不同的片区下各自的板栗。山顶片区交通方便 3 处，几户统一用大车拉运回来，到家里各人把自己的板栗包下车并背到各人的屋里。

晚间，继续工作离栗子，也就是白天忙外边的活计下栗子，晚间回屋里坚持离栗子。也是幸遇有儿媳们，张学忠妻龙兴珍、五儿媳张秀仙主动来协助二老人离栗子。儿媳们切心努力，珍惜时间，用两个晚间的辛劳给我二老人离得约 65 公斤，价值约 325 元。忙忙忙，有儿媳们的关顾协助，心灵自然得安慰，也就消除了顾虑。

小结：作为民族、地区、村寨的长者，应有远见、有负担，推动民族的发展和进步。家族的果木家业已分配下达给了儿媳们承受，老人多留下一些，对民族、家族复兴多出力。

2015年8月31日　农历七月十八日　星期一　晴

记述教会唱诗班自养事工活动，圣诗班圣工活动。对外活动车旅费，所用之文具开支，对教会祝婚贺喜礼品的付出，创办自养经费来源是栽板栗树，几天前已采收、堆集、存放，现在应该离出来变卖作为教会唱诗班经费。工作进行是：今日礼拜集会，事先做些生活安排工作。因村中设有小卖部，早上就买好冰冻肉食，事先也告知唱诗班人员，礼拜休会后，集中精力把这些栗子全部离出来以便变卖。劳动力凑得12人联合工作，经过2.5小时把全部栗子离出来。唱诗班人员生活服务是：四儿媳王凤仙、五儿媳张秀仙煮饭做菜。工作效果：板栗全年离得262公斤。栗子情况：一次204公斤×4元/公斤=816元；二次58公斤×5元/公斤=290元；合计1106元。

2015年9月1日　农历七月十九日　星期二　雨

村民张学全家割谷子，田的面积三工田，有一亩。一个中下午后就转入有雨天气，天气不利于割谷子，人员也少，工作起来，始终是困难。天气就是这样，农夫也就该割谷子的仍割谷子。生活服务情况是：大儿媳王秀英在家为使工人员煮饭，午饭是供自己家里的面包。历年午饭也是随便一点，因为在田间。当息工回来吃晚饭时，他们还说，今日割谷子本该早就割完，就因中下午雨下大了，就耽搁了时间。

小结：幸遇近来农忙的良机，就是下收栗子、销售栗子，采摘青豌豆、就地收购，自己民族经营，所以就自然形成一种繁荣的新局面。

2015年9月2日　农历七月二十日　星期三　雨

教会事工活动。教会教牧信徒对教会事工大发热心，一心投资投劳。

教牧信徒：张学德（传道员）、王子宏诗班长、琴师张学祥 3 人相约给教会买一台电子钢琴用于教会音乐。今日出发上昆明购买电子钢琴，以 4800 元买回来，唱诗班以及各人经济负担是：

  唱诗班承担   1400 元

  王子宏承担   1000 元

  张学祥承担   1000 元

  张学德承担   1400 元

  合计：4800 元

2015 年 9 月 3 日　农历七月二十一日　星期四　雨

  下栗子活计。天气虽然有小雨，吃过早饭仍上山顶片区采收栗子。采收要付出力气、时间，运输也靠托儿媳几家的帮忙。

  幸好是我俩老人上、中午下的栗子，四儿张学德做一车拉运回来。中、下午下得 5 包，我俩老人背到车路边，三儿张学忠乡上开会回来，一见着栗子袋就知道是老人的，就又协助我拉运回来。事难幸好，事事有儿媳们的主动帮忙，所以难事变为易事，大事变为小事，每天事工都顺利完成。

2015 年 9 月 4 日　农历七月二十二日　星期五　阴

  村民有的采摘青豌豆，有的下栗子，大儿张学全、张荣光父儿开小车到东村街变卖栗子。东村镇管电工进村抄电表，看见大儿张学全父儿两户正在家门口离栗子。就问："离完了没有？"他们说："刚好离完。"电工员说："我给你们一公斤栗子 5 元，你们有车子就一便手给我送到东村街。"送到东村街，栗子称计得 220 公斤 ×5 元／公斤 =1100 元。

  小结：栗子市价走低，高价能卖上一公斤 5.5—5.8 元，价走低到一公斤 4—4.5 元，所以能保持一公斤 5 元也好，我们就这也是幸遇良机。

2015 年 9 月 5 日　农历七月二十三日　星期六　阴

销售栗子迎来良机。今日有马街人开来一辆大车，进我们村子收购板栗，他们是夫妇 2 人。我们吃过早饭出工时，一辆大车就停于教会场院上，平时也随时有买大猪的大车停于场上，我们也以为是买猪车。我出工到山脚准备下栗子，刚刚动手，五儿张学祥打来电话说："有人进村收购板栗，给价一公斤 5 元栗子，卖不卖？"我回答说："拉运街上仍卖一公斤 4—5 元，你帮我抬出变卖一下。"我也赶紧回来，回到家时五儿张学祥儿媳张秀仙已帮我二老人卖了。数量称计处 139 公斤 ×5 元/公斤 =695 元。

小结：收购栗子老板是首次进我们村，给价不高不低，我们就卖了。据老板娘说，全村收得 2 吨多栗子，几乎有栗子的农户都拿出来卖。村民就图卖栗子，不必上街耽搁时间。

2015 年 9 月 6 日　农历七月二十四日　星期日　阴

村民农活事工，忙于收割稻谷、收谷子。今日有龙兴德、杨兴明、张学全、龙福祥家收割谷子。5—6 天都是阴雨天气，不利于收谷子，也不利于收栗子。就是这种天气，我们村民也安排劳动力收谷子，一亩水稻田，安排两台打谷机脱粒。自己酌量自己的事工活计，两台柴油机作动力，刚刚收完就又下起雨来，我们又担心，土泥滑山路，运输稻谷车子怕上不来，因为我们村的稻田是在山脚田坝里。幸好不用大车，只找请一辆三轮摩托车，果然做两次拉运成功了，顺利完成运输谷子任务。生活安排是：村习已形成多年，很讲究，二酒四肉待客为谢。

2015 年 9 月 7 日　农历七月二十五日　星期一　雨

村民张约荣有意购买面包车，今日领一陪伴张荣光上昆明销售车辆市场选购车子。选中一辆 5 人座位的轿车。车价要 6 万多元，上购买税和办落车户等一些手续费要 7 万多元。今日只是看看情况，明天再来办理。

小结：年轻人有意购置车子，已有三年时间。先是准备经济力量，参与车辆培训，拿到车驾照，车教练学费花去1万元，去年已拿到车子的驾照。今年尽最大努力，争取买好车子。购置车子是我们村的新貌，已购置面包车3辆、轿车3辆。

2015年9月8日　农历七月二十六日　星期二　阴

村民销售栗子。与收购栗子老板有联系，今日下村收购栗子。由于昨天和昨晚都下雨，所以老板来电话，叫我们送上去到东鸡公路，就是山顶大车路上，他开大车来收购。栗子价格不变动，仍给一公斤5元。我们有几户销售栗子的情况是：

张约祥　　35公斤×5元／公斤＝175元

张学德　　30公斤×5元／公斤＝150元

张学忠　　75公斤×5元／公斤＝375元

张正文　　225公斤×5元／公斤＝1125元

张约志　　70公斤×5元／公斤＝350元

小结：今年幸遇有马街一位老板进村收购栗子，栗子价也较为合理，又有信用，看来会可靠。二年卖栗子就不必半夜三更出车到东村街了，太麻烦了。来新老板在街天前一天就提前来收购，这才解决了我们卖栗子的困难，半夜三更卖栗子，可能有8年的时间了。

2015年9月9日　农历七月二十七日　星期三　阴雨

村民赶禄劝县翠华街，该街在我们的西北方向，单边里程有50公里，往返就合100公里。人员有张学德、儿媳王凤仙、张翠英、龙兴珍4人，特去购买苗家花裙衣物。据说这个翠华街，苗家衣物特别多，又精彩又丰富，是中心市场，也是苗民集中地带。衣物是苗民自己制作的，苗民自己制作衣物花裙已有30多年，是不断革新、发展、创新、增添色彩花样。苗家制作花裙衣物也是个小天地小市场。今日儿媳们特往远方给我们老人买上裙子和裤子，送给我们作为敬老表意。

小结：我们村民有的变卖核桃、栗子、青豌豆，交通和交通工具方便，一年中村民熟识人相约特跑远街选购苗家花裙衣物，会跑一两个街天。各个地区的集市场都有苗家衣裙的摆摊处，都可以买到，只不过是说翠华街居于中心市场，样式较多一点好选。

2015年9月10日 农历七月二十八日 星期四 晴

村民事工活动、年节节日。"中秋节"是传统的节日，还隔16天，县上有关部门领导，该给他们中秋节送礼的，村上也该安排一点。我村上准备送栗子20公斤、核桃5公斤。

送礼人员安排，车辆驾驶员：张学祥；承办人员：张学忠（村主任）；村民代表：张正才；一行3人乘车前往富民县县城。由于他们早上8:00出车，所以早饭他们也就在县城里吃的。他们在县城办完事工回到家，已是下午3:00了。

2015年9月11日 农历七月二十九日 星期五 晴

记述我家父儿五户卖尾栗情况。明天12日东村街天，进村购栗子的老板们仍然提前，今日下乡收购栗子，叫我们上去大公路岔路口处。历年挨近"中秋节"栗子稍微往上涨一点，而今年只会往下跌价。情况是：

张正文　177公斤 × 3.5元/公斤 = 620元

张学全　67公斤 × 4元/公斤 = 268元

张学忠　49公斤 × 3元/公斤 = 147元

张学德　30公斤 × 3元/公斤 = 90元

张学祥　29公斤 × 3元/公斤 = 87元

小结：老板收购物资，先是给高价，使你信任，然后就说跌价了，

"跌价了，没有办法，我是熟识你们，所以给你们收购"。这是一种计策。主动性应该是人们，自己有车子啊，明天同时是两县两个街天，栗子价应保持在一公斤 4.5—5 元。问题是儿子们只有一包多一点，不想明天再去卖，而我自己是 177 公斤，将近 200 公斤，一少就少 100 至 200 元了。老人卖东西是靠儿子们，无奈我也只得卖了。

2015 年 9 月 12 日　　农历七月三十日　　星期六　　晴

村民张学会为女儿张秀敏办婚事"送祝米"席。是说女儿成婚后添个孩子，所以有关亲属友人该来祝贺和关爱，送一点礼表示庆贺。作为办祝米席的主人家也应办一餐筵客席饭作为谢意。把自己的亲属友人邀请来赴席，表示谢意。

请客，主人家有意办这顿席饭，那么自己先酌量订一个时间，村里的邻舍就要上门请客说："到某天某日，我家请你们吃饭。"请客一事，现在就很简单，一般的情况是只用电话请客。来客大约有 12 桌，每桌 8 人，煮饭服侍人员及一般自己家人会有 15 桌。来客住宿：现在由于交通和交通工具极为方便，已经没有住客了，这方便他人也方便自己。

2015 年 9 月 13 日　　农历八月初一　　星期日　　晴

记述村民杨兴明昨晚卖一条大荷兰牛。双方讨价还价，买主提供称计每一公斤活牛给价 26 元，按称计的数目算。把大牛去赶上车，拉运到鸡街过板，结果按称计的数目算得 28000 元。

小结：如此大的荷兰牛实际也少，自己也舍不得卖，因要购置面包车，计划买新车，只有把大牛卖了。据说：他家青豌豆得 12000 元，平时也积累一点，那么购置车子的钱币就达 4 万多元。

购置车辆是我村的一件喜事，新风气，我们的活动范围也开阔了，昆明市就是我们活动的中心。轿车、面包车原有 6 辆，现在准备扩增 2 辆，我村即将有 8 辆小车子，平均 6 户就有一辆面包车，是新的村貌。

2015年9月14日　农历八月初二　星期一　阴

教会个体喜好乐器，购置架子鼓器具。孙儿张良喜好乐器，本教会将于11月8日作献堂感恩庆典。团体、个人购置乐器都是为用于教会音乐活动。教会、个人都积极献钱出力，购置各种用具、音乐设备，不计较艰苦，乐意出钱出力为教会扩增设备。张学德、王凤仙和张良3人乘坐他家的轿车上昆明乐器店购买乐器架子鼓，2500元买回来。

2015年9月15日　农历八月初三　星期二　阴

记述我村昨晚召开村民群众大会。内容：有关政府号召卫生垃圾的管理指示。村寨垃圾应当号召全体村民收集，安排一个地点，统一堆放，以便干天烧除。

一、维修我村公路：申请县政府支持经费，现在已答应，落实批发给我村维修村公路费15000元。17日预计推土机开到我们的路段来全线清除一下，随即用好路面石砂。需要全村村民积极出义务工，行动起来完成此任务。

二、交纳医疗保险费：按上级政府的要求，村民要积极交纳，不能差欠，要求如数完成。

三、政府要求不要再毁林开荒，管理树林政策严紧，村民大家要遵守，相互转告执行。

四、村板栗园2015—2025年转让给村民龙兴德承包。10人签名作据。

五、确定政府支持维修我村公路的经费只作为车运石砂、烧油费，结余归于村上作伙食费用。

2015年9月16日　农历八月初四　星期三　阴

村民张学光家割谷子。稻田的面积三工田，刚好一亩水稻田。劳动力：哥弟、父儿，凑有12个劳动力。前一段时间久雨不晴，而现在天气是阴天，上、中午会出太阳两个小时，有利于割谷子和收谷子。稻田农事工作是：全村稻谷已收割了 90%，现在几乎全村即将收完。

小结：全村水稻田 70% 是栽插水稻。30% 的田块是种上玉米等蔬菜杂粮。由于经济发展了，大部分农户的田块情愿种上杂粮，这样方便，至于年吃米，情愿街上买，这样方便多了。至于现有仍栽上稻谷的农户是因为他们需要稻谷草，所以仍栽上水稻。劳动力主要是靠哥弟相互换工帮忙。

2015 年 9 月 17 日　　农历八月初五　　星期四　　阴

家族探望受难家属。我家父儿五户出动四户。张正文、张学全、张学德、张学忠出动一辆轿车 6 人乘坐。目标款庄莫依龙，得癌症已三年，因医治无效，于今早 7：00 离开人世间。丧家没有告知我们，本着教会肢体关系，和四儿媳王凤仙有亲戚关系，我家父儿四户自愿出席丧事活动。送礼，4 户 500 元，我们吃过早饭后得知情况，乘车约 30 公里赶去，由于路程远、客人多，我们不等吃晚饭，就告别乘车回来了。

我们的车是 5 个座位，我们的人员有 6 人，就是超了一人。为避开交通堵区，我们绕山绕水走小道，走了三公里路，由于厂矿挖石矿，路断了，没有办法，折回仍走原道，仍然经过交通堵区。交警在李资村村子中狭窄处值班，只是交警有事，就放弃车辆的监管，我们顺利通过了。

2015 年 9 月 18 日　　农历八月初六　　星期五　　雨

村务事宜。我村今日维修村公路，政府支持拉运石砂一点经费。我村三辆农用车运输石砂。外村还记得村协助我村，出动两辆大车，合有 5 辆大车拉运填路用砂。人员扒砂填路面的有 25 人，20 名妇女，5 个男劳动力。供铺路面石砂是挖机就地山头路边凸处挖平，又挖平路边，又改造路面，挖出的土又运上边铺路边。

小结：我村维修路边形式轰轰烈烈。今日是头一天，可能领导派出的挖机来得迟一点，加之下午 4：00 又下起大雨来，下雨的时间又长，路面铺砂事工受影响、受阻碍，民工们在路上避雨一个小时后，只好休息回家。这下可能会晴开了，使我村铺路面石砂顺利进行。

2015年9月19日　农历八月初七　星期六　阴雨

斗牛活动，柿花箐私人举办。广告宣称斗牛王一等奖、二等奖、三等奖分别给几千几千，人员赛跑一、二、三等奖给多少多少，门票每人收20元。斗牛、欢山节等活动是民族传统风俗活动，是远古自然形成，先在高山民族兴起，现在发展到汉族地区，有的是得到地方政府资助支持认可。

评论：斗牛、欢山节活动应当是村寨集体发起，作为民族特色节目活动，提供给广大民众享乐游玩活动，不收费用。即使因场所有建设、有投入，最大规模场所门票每人收5元，就为最高了。而且地方政府应当合法管理，不让私人乱搞乱收费损他肥己。

人生观：我们应是让很多人从我们得着喜乐、帮助、支持、安慰。即使力不从心，那也要从精神上、口头上支持啊！不要一天就想着钱钱钱。

2015年9月20日　农历八月初八　星期日　阴

教会习俗生活。有来客，就有服侍，就有生活、有接待、有服务。今日礼拜有寻甸县的则鲁箐教会肢体信徒7男5女12人来参与我堂的礼拜活动。教会习俗，我们教会有请他们上台献诗、讲经。生活待遇安排是，由妇女执事安排几位妇女为来客煮晚饭待客。教会有生活服务，就情愿为教会全体人员就餐享乐。由于交通和交通工具方便，我村有小卖部，就更加方便。有来客，临时安排生活也极为方便。

礼拜休会后，来客都欣赏圣殿的建成，我们教会的设计、绘图、建筑方面交通座谈和分享。吃了晚饭来客与我们告别乘车走了。

2015年9月21日　农历八月初九　星期一　晴

记述村民农事工作。今日有侄儿张学光家收谷子。田的面积刚好有一亩,使用一台稻谷脱粒机,动力当然是用小型柴油机。今年雨水推迟到后期,稻田泥烂,影响稻的收割。收割始终是慢,人员虽然凑得12人,由于只使用一台脱粒机,田块又泥烂,做到很晚才完工。

小结:农人事工忙,他本人有一群山羊,由于收谷子事工,到下午3:00侄儿张学光才从田里回家放牧这一群山羊,还要招待收谷子人员煮饭、宰鸡、洗鱼、做菜,做服务工作。饭席好菜一般都是当天上街购买,也极为方便。

2015年9月22日　农历八月初十　星期二　晴

村务事宜。我村铺设村公路,路边工程是从我村上到山顶昆一轿子雪山大公路,里程就有3.5公里,铺路面石砂也就是3.5公里。9月18日已开工了一天,这两台挖机都有故障,所以耽搁了些时间。头一天又因下午就下起大雨,施工人员无奈只得早早息工。运送石砂供铺路面的车辆有6辆大车,随车扒土填路面人员30多人,两天的铺设路面工效较高。

小结:我村公路铺设工程,虽然时间有耽搁,但是两天的工效较高。在施工前已开过社员大会,做过动员,所以看起来,村民大部分比较听话和响应号召积极行动起来。看看局势,村民对此建设很感兴趣,很踊跃地参与行动。

2015年9月23日　农历八月十一日　星期三　晴

村务事宜,铺填路面石砂。人员全村包括车辆驾驶员出动有50多人,供铺路石砂的车辆有7辆,车多人多。铺路今日又采用另一种方式。由于挖机供料子,挖机在我们村子对门的石厂供料子,铺路的工地分为山头、山腰、山脚,三个地方同时派车供料子,大车供山头,小车供近处的。

经过三天辛勤努力，今日可算是完成了 3.5 公里路面的铺砂任务。明天安我们村子箐边的三节涵管。这些工程活计都有挖机的事工，因为涵管直径是一米的。

　　小结：交通运输是我们村的一项主要建设，原因是路线长，有些路段是陡坡，所以容易被山洪冲刷。维修公路，一年要进行两三次，就是雨季中和雨季完都得这样维修，保持公路畅通。

2015 年 9 月 24 日　农历八月十二日　星期四　晴

　　村民挖建住房地基。村上找请挖砂铺设公路的路面。路面的铺砂工程进行三天已完成。村民趁挖机进村之际就一便手，找请挖建房地基。准备建房的农户是杨天光、王某某、张学祥，其中建畜圈房的是杨天光，另外两户王正德、张学祥准备建人住房。仅有张学祥待明天就可以挖好房基，为建新式砖房打下基础。

　　小结：社会进步，个体户也得到大大地改变。以往搞建房，房地基只是人工挖，现在有机会，就找请挖机挖，这就大大提高了工效，省了时间，也减轻了人的劳动强度。乡村人民生活、精神面貌日日新，大有作为。

2015 年 9 月 25 日　农历八月十三日　星期五　晴

　　教会过节筹备事工忙碌进行。扩修路边，上昆明购置床、办公桌、文化用具、摄像机等高档器材，昨天和今天用大车、一辆面包车拉运。教会场地、停车场扩修路边，过节车辆拥挤就顺路边停车。社会在进步，人们的生产、经济都在发展，交通和交通工具普及，三四个县的来客约计 3000 人的圣会。现在都是有车子，本教会要有所准备，有所安排。

　　唱诗班的开堂仪式序幕、舞蹈、祝词、献词以及所要用的诗歌、音乐演奏学习，都得从现在开始排练学习。圣会服务工作，重要的一环是提供大会生活肉食，由教牧同工自愿养猪、山羊奉献给教会过节日使用，保障供给。

2015年9月26日　农历八月十四日　星期六　晴

村民挖建住房地基。由于地势陡，去年挖机也挖扩了一次，计划一次性把正规式住房建好，所以今年房地基再用挖机拓宽房基。原先计划把房子建好就行，现在房子建好，房前还要够做停车场，按需要建房基地规模有所扩大了。昨天挖机已挖了一天，今天仍然接着昨天继续挖建房地基。

一项工程，两个建设。由于地势坡陡，挖起来的泥土只好用大车拉运倒于别处。教会需要扩建停车场，适应现代需要，把挖起来的泥土拉运下来倒于箐沟上，倒于车路下方填宽路面，用作教会停车场。

小结：农户建房，有政策可以借到低息贷款1万—10万元。农户建房的这些泥土还可以利用起来做教会停车场。这也迎来良机，我们的事工是一举两得，又建房，又建教会停车场。

2015年9月27日　农历八月十五日　星期日　晴

庆典中秋节传统节日，地方苗习俗称之谷熟节。庆典谷熟节方式是：有关亲戚邀请赴席分享关爱、肉食等活动。该吃该送该留念，作为友谊习俗活动。民族借此传统节日游玩欢乐，内容斗牛、赛马、赛跑、表演歌舞，活动中就形成欢山节。

近代形成另一种特色是展示苗民自己生产的苗族花裙、衣服，销售和购买形成的市场。花山节一个局势就是有关喜好者、亲戚图游玩和品尝晌午，分享关爱活动。

一是斗牛士，他们是越搞越上瘾。二是靠斗牛王，一等奖、二等奖金可以拿到上千元的奖金。斗牛规模有所扩大，年次数有所增多，发展到地方个人也搞起来，就是利用"中秋节"活动。

2015年9月28日　农历八月十六日　星期一　晴

东村派出所聘请协助地方管理车辆。问到我村主任是否有合格志向者，叫孙儿张良今日街天上街到派出所询问情况，孙儿张良说愿意学习，安排叫他明天就去值班。今晚孙儿张良回到家，我打听情况，张良说："就在自己的地方打工是好是方便，只是我干不好此项工作。"我说："人世间的工作都是难的，你去试试吧。"

2015年9月29日　农历八月十七日　星期二　晴

村民张学祥聘请挖建房地基。今日是第三天，上、中午就挖好。挖机一个小时收费300元，三天的费用合计3200元。下午的事工活计是，挖机又给我们村上安好直径1.2米的箐沟出管道。涵管道是地方政府出钱买回，时间可能有两个多月了，今天总算是安好了。

私人建设结合教会扩建停车场。三天的挖建房地基所挖起来的泥土用了一辆大车拉运下来填扩车路。3年前已计划过，此挖建房地基也同时扩建教会的停车场。所谓教会停车场，由于地形条件的限制一下不能彻底解决，只有逐年扩建，争取三四年的时间来完善投入使用。三年建场，现在可能会停得32辆面包车。逐年扩宽扩大教会停车场，形成了一项必要建设。

2015年9月30日　农历八月十八日　星期三　晴

村民房屋建设。村民张学德挖建房地基，趁挖机进村的机会先把建房地基挖好，以后几时建房都行。建房良机就是政府政策可以贷款1万—10万元。自己也应按经济力量而行，可以做几年的时间再来建盖。头一年先把住房地基挖好，第二年先建盖一楼，第三年又建盖第二楼。

今日挖建房地基，挖机每小时收费300元，今日挖机收费1100元。情愿找挖机挖，这陡坡如人工挖，可能一年的时间也挖不好，而用挖机一天就可以挖好。所以人力与机械相比，机械工效高多了，人们都情愿动用机械力,这就轻省多了,省时间也减轻了劳动强度。

2015年10月1日　农历八月十九日　星期四　晴

教会建设事工活动。11月8日,我们教会将要献堂感恩。教会本身要做多方面的准备工作,肉食方面的准备是凭教牧信徒的喜欢赞助。其次是教会场所房间的布置,办公室里的桌椅摆设等。

教会出勤人员27人,煮饭人员3人,合有30人。事工分别是2人安装圣殿的避雷针,4人安装4个房间的铁床架,2人粉刷旧墙,1人安装进入新殿二楼走道的栏杆,2人打扫教会场院卫生。其余人员清理教会住房后的阴沟的结泥,用人工倒上大车拉运到外边扩填教会的停车场。

工作进行中,全体人员很活跃,一心为地区、为民族争光争气干义务工,大部分都是技术工,都是精干能手。

2015年10月2日　农历八月二十日　星期五　晴

教会节期筹备工作仍在进行,筹备事工事项分别是:安装房间床架的为一个组,也是3—4人。粉刷旧墙壁(因为举行圣会)由2人进行。打扫卫生1人,其他所有人员又转入准备节日的烧柴,一上午把建圣殿所用的大小木料断和破成块做烧柴。中、下午又开2辆大车上山砍柴,可能是耕地边的树木,砍除利于搞农业生产。4人安装三次铁门(以前建筑队派专人搞的,可能是建筑施工故意破坏搞起来让我们关不上门,而不是技术问题)。今日劳动力出动32人,包括煮饭人员。

小结:苗族形势在发展,社会在进步,21年前苗家起房盖屋都请他人建盖,吃了不少的亏,而21年后的今天的苗族搞起罗马柱系列豪华的圣殿了。自己设计,自己盖出这雄伟的豪华式的圣殿啊!

2015年10月3日　农历八月二十一日　星期六　晴

教会圣工,粉刷墙壁,砍过节烧柴。妇女到山上砍干柴,男子强劳动力，断筒、筒柴，又破成块柴，就是昨天山里拉回来两大车，全部破成小块便于晒干好烧。破柴、收堆柴，也是硬功夫，劳动强度大，幸好是有4个强劳动力合力协助把昨天和今天从山里拉运回来的全部破收堆好。柴由男强劳动力来破，破成小块，山里砍细柴的一组妇女又来把一堆破成小块柴，抱到别处靠堆好利于尽快晒干好用。

劳动力今日凑得20人，煮饭炊事3人，合有30人。碗筷、开水服务等，工作方式不固定，是活套，根据事工需要，每项事工可以随时增减人员。

2015年10月4日　农历八月二十二日　星期日　晴

礼拜程序结束时，事工报告，统计11月8日开堂教牧信徒奉献肉食初步情况：①柿花箐肥活猪两头。②芭蕉箐活猪四头、山羊两只。注：有一户奉献一头猪、一只山羊。合计：大猪六头，山羊两只。

小结：教会统计初步的基数六头猪、两只山羊，全教会乐意奉献也会增加一半。因为历年的基数有：

2009年　奉献作年感恩节，全教会大猪15头

2010年　奉献作年感恩节，全教会大猪10.5头

以上是一般的节期，而今年11月8日的节期是献堂，又是年度感恩。

2015年10月5日　农历八月二十三日　星期一　晴

村民已扳撕苞谷，张学忠今日事工是扳收苞谷，开大车（四缸车）下到田坝扳撕苞谷。因为年时少雨迟雨，每户约有一亩水稻田，少部分农户干脆点种玉米，这样简单。至于吃米是作买，还省事。另外教会事工有场所的一些扫尾细节活计、事工，收拾场地用具，清洗桌椅子，收藏堆集，以便11月8日圣会之用。

电工张学德处理一些灯具，在圣殿里里外外走道安装很多灯具，大部分已安好。有些路边、走廊需增设灯具。

2015年10月6日　农历八月二十四日　星期二　晴

村民已开始扳撕苞谷。原先苞谷成长，山脚田坝和山顶耕地同一天种下，山脚与山顶苞谷成熟就相隔一个月的时间，而现在高岭山区，盖上地膜促进成长，几乎山脚高岭山区都是一个时候成熟了。

记述村民张学祥犁田，是用微耕机打犁，计划栽儿菜。工作情况是先打犁过头道，而今天是打犁二道。准备打犁好后，就栽上儿菜。

小结：农夫就是要多忙，从事于几个项目来工作。有幸遇良机，搞建筑房屋，协助老板拉运蔬菜上昆明搞批发。自己点种豌豆，种蔬菜，也可以来一行。只不过是事务多，忙不过来，除非在近处，街天早上把蔬菜拉运上市场由儿媳变卖，挨晚又上街接儿媳回家。一户里里外外，几个工地，几处忙。

2015年10月7日　农历八月二十五日　星期三　晴

教会亲友人士建住房。王继荣建房今日浇一楼房，是云南省三一国际礼拜堂任施教牧师，家乡是我们教会的柿花菁自然村。虽在外工作，总想有退休的一天，家乡人总是想念家乡亲人。俗语说：在惯的山坡不嫌陡，又说：树老落叶归根。人生年老应有个归宿，还是家乡好，所以趁机把住房建起来，身在外工作，后也有个家。四儿媳王凤仙是王继荣的妹子，今日的浇楼事工不但应出力，还得送一点礼。

小结：由于社会进步，人民物质生活提高，人们需求，建设房屋也是一个项目。

2015年10月8日　农历八月二十六日　星期四　雨

下雨天、学习天，施教的人员要学习，一个普通农夫也要学习，不学习就要落后。教会教牧人员也少不了学习，学习我们就有长进，就有见识，就有知识。学习，省三一圣堂牧师靖玖玮有这么一句话说："今天的教会事工比上代教会事工复杂到100倍，就是在最好的环节也仍然艰难到一种令人不可置信。但如果你愿意的话，有许多资源可以帮助你，其中就有学习。"人生一切资产、富有、尊荣、名誉，是可贵，也许来自天才，但也与知识有关，有知识就有见识就有人生观。

2015年10月9日　农历八月二十七日　星期五　阴

村民张学德出车带儿张良到富民县城参与车子教练学习，报到费缴纳了1330元。早上8:00出车，回到家是下午6:00。

小结：芭蕉箐村车教练是一项村貌建设，现在购置轿车、面包车已有11辆。全村有50户，平均5户就摊一辆小车，大车、农用车、拖拉机、摩托车不算。由于交通和交通工具方便和普及，受生活和形势所迫，人们都不愿落后。很多年轻人已尝试在近处驾驶了，只不过参与车教练是为考取车驾照，几年来各县的车教练收费不一。

富民县的车教练收费总数是9000多元就可办好，而寻甸县2万元不足一点，一般是1万元左右。虽然代价高，人们出于生产、生活、工作需要也得付出代价，把一切必须建设的项目办齐备与社会同步。

2015年10月10日　农历八月二十八日　星期六　阴

村民事工活动。据说，昨晚我们村子邻舍牲口羊群晚牧放回来时，有羊群触电倒于路上。因三天三夜下雨，几乎下个不停，导致满路面上时时淌着流水。变压器电杆离路边有一米多。村主任得知此情况，就通知村民不要过此路段，也用物件把路暂时拦起，可能也告知供电所。所以早上供电所就派人员来看情况，吃过早饭后又来人现场探查。电工返回途时，我村公路挖机刚刚挖过些路段，所以路泥烂在村子对门3000米处，长时间走不掉。很多人得知，随后，村民张学德、张学祥、孙儿张良他们3人用一个下午的时间把这20米长的烂泥刮掉，使我们村大小车辆畅通。泥泞路刮出是费力，幸好他们3人都是强劳动力。

小结：有关注、有负担、有关心、有情感、有奉献精神的人员不多。

愿我们都能爱民族、爱家乡，为社会、地区，为人民争光争气，推动社会风气。盼望政府关心，改造硬化公路，方便人民、云南大学、国际交往。

2015年10月12日　农历八月三十日　星期一　晴

村事务活动。村民张学忠、张学德、龙荣祥、王正德等5人出车跑富民县城法院。事由：本村委石村办事处的大木板村有一片荒山地承包给我们芭蕉箐村的村民王正德耕耘，承包费协定为每年交纳5000元给大木板村上，承包期定为50年，现已满20年。当时已办齐全公证手续，现在有变动，所以向县法院起诉。结果，富民县法院答复，公证的山照就是乡、县都不能更改，只有市法院才有权更改。他们得到县法院的回复，乘车回来，待法院判决平息。

2015年10月14日　农历九月初二　星期三　晴

村民农活忙碌进行。龙兴德、龙兴祥两户是拔花生。村民张学祥扳收苞谷，给自家哥弟张学道承包得1.5亩稻田种上玉米，承包金讲定1年1000元。现在把全部苞谷砍倒抱推于地边上，田块已全部栽上儿菜。

田里扳撕苞谷，利用车子拉运上来。因几天都有雨，下到山脚田坝的车路只有土路，有雨车子用不上，就用摩托车运送。

机遇、良机，我俩老人也在山脚扳收苞谷，用背箩背上来一转。五儿张学祥知道后，就协助我俩老人拉运上来，几乎是我们到家，苞谷也拉到门前场院上来了。随后我们把所搬回来的苞谷摊在场上晒。

小结：我们大部分村民的陈旧粮已喂牲口了，所以待晒好要喂猪，也要为11月8日的献堂催猪肥吧，所以我们都积极在为献堂做准备工作。

2015年10月15日　农历九月初三　星期四　晴

割草。芭蕉箐的海拔低，庄稼地、路边、地背，野草长得茂盛，需要割除，便于扳收苞谷，而且是几户家人都要走的路边。姑爷、女儿（柿花箐村)又养着三头荷兰牛,天天割草,需要数量又大。作为老人的我们,不如帮帮忙,替他们割草,自己庄稼地也干净了,姑爷、女儿们也得草喂牛了。加之又通车路,天又晴开了,便于用拖拉机拉运。我们二老人今日割山脚的地边草,由于耕地牲口不进,所以野草长得很旺,有一人深,割草效率高,2人割的够一拖拉机拉运。自己也扳收苞谷,地里割一点猪食草背回家,至于割好的草,明天拖拉机一便手开到山脚拉运上来。

2015年10月16日　农历九月初四　星期五　晴

干义务工。教会11月8日就要献堂庆典,3000多人的圣会,人山人海,来客都是乘坐大小车子、摩托车。不但要服务好来客的吃饭、喝水、礼拜和接待工作,就是来客的停车场都得整修。

作为老人的我自己更是管家,也应尽上些义务工。教堂周围的场地,主动地出些义务工扩整,扩宽路边迎接教会年节的活动。工作起来,一人始终太有限了。虽然费些时间、出些力,效力始终是小。但慢慢做,也本着"愚公移山"精神,一代做不完,二代来做,干起来都是有效有益的。体力劳动强度大,能做多少做多少。

小结:自己对家乡的建设很感兴趣,很高兴,很有担当。情愿为自己村寨民族争光争气,情愿为地区交通路边也献上小小贡献。

2015年10月17日　农历九月初五　星期六　晴

村民农事活计。从事栽种蔬菜、追施肥料和管理。村民张学才、张学全、张学德、张学祥都喜欢种植蔬菜,该栽种的几乎都已栽上和栽好。已转入追施肥料,促壮长快长。

记述村民张学祥今日事工转入蔬菜(儿菜)的追施化肥,栽于山脚田坝稻田里,承包哥弟的稻田1.5亩和自己的1亩水稻田栽蔬菜。幸好是交通和交通工具方便,都是用车子运输。

小结：种植蔬菜已有 5—6 年的时间，已走出第一步。经济效益高于粮食，斤头、数量也必须高于粮食。人生都得探路子。俗语说：路是走出来的。又有话说：为了最后报酬，我们要勉励走那些难走的道路。

2015 年 10 月 18 日　农历九月初六　星期日　雨

记述政府关心，给我们芭蕉箐村一套"健身器材"。据说东村中学都没有这些设备。今天村主任张学忠开他家的四缸车到石桥村委会，利用早上拉运回来。

我们吃过早饭后，东村政府派出了技术人员上来，安置打洞准备安装浇灌。由于中下午有阵雨，就耽搁了些时间，我村因工作需要，派出一辆大车买回来一车石砂，一辆小拖拉机仍上街买回来所需水泥。可能明天一天的工夫就可安装好。

小结：新鲜事物，可能会有利于我们，会给我们儿女们带来有趣的益乐，增添我们民族人民的新篇章。

2015 年 10 月 19 日　农历九月初七　星期一　雨

记述安装"健身器材"，项目是"七彩云南全民健身工程"，中国体育彩票援助，昆明市文化广播电视体育局捐赠，澳瑞特承建。技术安装人员是来自昭通的 3 个年轻人，经昨天和今天安装并浇好混凝土。因昨天和今天中午都有雨，就有耽搁。他们时间抓得很紧，昨晚是工作到黑，还拿手机照明工作。今日工作到下午 5∶00 就安装浇好，驱车走了。昨晚和今早都在这里吃饭，今晚没有吃饭就走了。

小结：政府安排给我们芭蕉箐村的"健身器材"14 件，据说价值达 5 万元。是新鲜事物，还摆满场院，美观，可惜只是年轻人和壮年人玩，可能小孩玩不上。据说，12 岁以下小孩试玩时，大人一定要在身边监护以免受伤。政府给我们山村民族又增添了光彩。

2015年10月20日　农历九月初八　星期二　晴

记述村民卖肥猪。龙荣才今早卖两头肥猪，一头大，一头小，两头讨价还价讲定为4400元。同时有村民卖一头，价讲定1800元，是买主开车进村购买。由于村上设有猪台，村民们卖猪时，赶上车就行，买卖牲口，卖猪时，不论人多寡赶上车就行。

小结：村民卖猪，一时就可拿到4000多元也不错。我们部分村民信徒为11月8日的献堂已准备奉献给教会庆典节日用了。自己要用的也要紧，教会团队需要更是要紧。

2015年10月21日　农历九月初九　星期三　晴

村民有事，张学忠、张学德、张学祥、龙荣祥，今日出车到富民款庄派出所签署一场山场纠纷案。下午3:00回到家，又进行第二项工作，就是开大车到石桥村委会拉运台球架（也称乒乓球架）。他们4人开大车一辆，3人又乘坐小车出差，不知何事工，反正他们事工多多。

2015年10月22日　农历九月初十　星期四　晴

村民医疗疾病，三儿媳牙痛，三儿张学忠喂好鸡猪牛就出车上街打针。我村到东村街路的里程约12公里，儿媳打完针回到家，快有中午12:00了。中下午又转入打苞谷（指用机器脱粒），进行打粮晒粮。忙于催肥猪和11月8日献堂要用的肉食。

2015年10月23日　农历九月十一日　星期五　晴

圣会台前布标的准备是今日张学德出车上昆明市定做的。布置是：横幅献堂感恩庆典字画标语一幅，直画的字画标语一对，上拉力用气球的浮力拉吊，用于庆典圣殿的重建献堂感恩活动。两间办公室的办公桌、座椅、茶桌、文具柜用具的摆设，都是从昆明市家具城购买的，运回来摆设都已忙一个多月的时间了。能跑昆明市的人员也只二三人，又有车子，又有驾照，又有办事能力。又对圣殿的投资、施工、购买圣殿所用的器材有负担。买来献上作为自己的心意表达，为圣殿事工几乎时常需上去办理。

2015年10月24日　农历九月十二日　星期六　晴

圣工筹备事项仍在进行。教会柿花箐小组的女执事郑秀敏，明确自己的执事务，主动积极承担教会的这些建设项目和增设圣殿用具及11月8日的圣会生活接待服务等工作。为当天献堂圣会估计，约3000人大会，每人发给3角水1瓶，3000人×0.3元／人＝900元；水壶计划30个堂点，每所教会1只，28元／只×30只＝840元；水900元＋水壶840元＝1740元。

2015年10月25日　农历九月十三日　星期日　晴

记述礼拜圣会的一项奉献：用于11月8日大会的肉食情况。本会教牧人员坐下来研究就餐，承办筵席规模，给来客分发简易零食为礼，以及圣会、接待、生活等的人工负责。

统计奉献活猪供大会使用情况是：1.水平子村的张建荣家提供1头；2.柿花箐村的张会云、张光学、王子红提供3头；3.芭蕉箐村张正文、张学忠、张学祥、张学明、张学木、龙福祥提供6头；三村合计奉献10头猪。奉献的山羊：王继光2只、张学忠1只、张美花1只、张学明1只，合计：5只山羊。

小结：估计此次圣会的餐食将花费：1.10头肥猪每头2000元，合计2万元；2.5只山羊约40公斤×25元／公斤＝1000元，1000元／只×5只＝5000元；3.购买鲜鱼、鸡、葱等杂菜安排1万元；4.大米2500公斤×6元／公斤＝15000元；四项合计5万元。

2015年10月26日　农历九月十四日　星期一　晴

村农事活计。扳苞谷，村民张学忠哥弟5户联合扳苞谷，扳山脚片区的苞谷,开下去一辆大车,停于山脚车站处。用人工把山腰的苞谷背下去,倒于车厢里,距离长达 400—500 米。劳动力:我家父儿 5 户 8 个劳动力,村里亲属龙兴祥夫妻 2 人。耕地,坡地、陡地、山地,约有 1.5 亩,由于晴天便于操作,下午 5:00 完成山脚的,扳得一大车拉运上来。休息吃晚饭,吃过晚饭,大家很热情都说要去近处再扳,都很热情,所以再出去工作一时。有说有笑工作到晚 6:00 才背苞谷回来。

小结:去年扳苞谷自己扳了两天,今年喊叫家人哥弟协助图快一天就扳完,自己家人又不必还工,来个多快省,情愿开支一点生活费,大家好。

2015 年 10 月 27 日　农历九月十五日　星期二　晴

村民农事忙于收种苞谷,是又要收又要种,大面积地收和种地麦。龙福祥家先把山地的苞谷扳完以后再一便手用耕牛种地麦。父儿两户,工作使牛,人工放种,犁完就种完。

记述村民龙兴明家的收种农事工作进行:哥弟两户互助,工作更是新方式。据说是一边扳收苞谷,一边就利用一架犁牛种上麦子,使牛就行。那就是哥弟一户在前扳收苞谷,一户就在后边一便手种上地麦。当然儿媳使牛种地麦,父母扳收苞谷,把苞谷草抱开,让犁牛种上麦子,然后再堆收苞谷草,劳动力强的农户都可以忙得过来的。

小结:农事工作已开始和已在忙碌中。农事生产的另一进步是:村民们开始利用电动撕苞谷机,原先都是人工撕。去年和今年已动用撕苞谷机,效力当然高,也就是多、快、好、省。新型农村新型方式,新型农村农事大有作为。

2015 年 10 月 28 日　农历九月十六日　星期三　晴

记述村民农事扳收苞谷工作忙碌进行。80% 的耕地是平整地,通车路,20% 的山地是零星地,在扳收过程中,只得用人工扳收,人背马驮完成。

另一项农事是从事田间种植蔬菜的已进入追施肥料、浇水、勤管理，创立优先栽培技术和创新扩增项目。有所突破和掌握的是：种植蔬菜，力求栽壮秧、肥秧，这是硬措施，是实践中所掌握的自然规律。

小结：我们村发展的思路是：1. 山地有优势广众的农户从事苞谷良种发展生产。2. 第二个项目，有基础有条件的农户发展畜牧业，几年的经济效益显著。3. 少数技术工搞建筑，实践经验也是可观的。

2015年10月29日　农历九月十七日　星期四　晴

村民农事收种工作，边收边种，珍惜节令，珍惜时光，尽职尽责，从事田间工作。记述村民种植蔬菜投入工天，投入辛劳，力求迎来好的效益，就是抓住措施待儿菜秧长壮，长到适龄后再移栽于田块里，便于促长、壮长、快长。

今日四儿张学德、儿媳王凤仙家栽儿菜。田的面积约有一亩，是已收了玉米后，再栽儿菜。先打塘，施放底肥，再栽上儿菜，还要浇上水以确保存活率。

小结：我村种植蔬菜的农户有所增加。原来只有二三户试栽，经过5—6年，现在已增加到5—6户。目前销售有限，人家村寨都是往昆明市销售和批发，我们因数量小只好就地小搞搞，作为年收入的大帮小补而已。

2015年10月30日　农历九月十八日　星期五　晴

教会节期筹备工作继续进行，买大米（东北米）300公斤，以及炊具、礼品等。我们开一辆轿车、一辆面包车到鸡街拉运。利用中、上午完成。

中、下午又转入教会房舍、场地卫生打扫工作。妇女7人一组，清洗教会碗筷、炊具、桌子、板凳，包括煮饭，已从早到晚忙了一整天，吃过晚饭还要清洗，收拾碗筷。

小结：大小事务，节期活动，平时聚会事务，找请芭蕉箐小组就地工作，就地服务，都较为方便。所以我村小组应是多忙，应倡导多忙多苦，服务本教会肢体。劳动力，男士有12人，女士有7人，合计19人，都是我们芭蕉箐村人员。

2015年10月31日　农历九月十九日　星期六　雨

教会圣会筹备工作仍在进行，教会献堂感恩庆典活动人员涉及三县一区二三十个教会3000人聚会崇拜活动。筹备工作涉及多方面：场地、停车场地、接待圣会3000人员的生活安排、生活烧柴、团队、个人简易的礼品安排等。

教会圣会活动，教会场地较为方便，我村小组应该积极主动地多工作。昨天、今天我芭蕉箐村小组为节期的到来主动为教会场地以及事工多工作。

劳动力：妇女包括煮饭人员在内有12人参与劳动；男劳动力今日有13人，男女共有25人联合行动。场地安电照明，清洗凳子、椅子，粉刷墙壁，打扫场地卫生。昨天和今天尽最大努力，已出色地完成了多项筹备工作。为民族、地区教会奠定了献堂感恩的基础。

2015年11月1日　农历九月二十日　星期日　雨

记述村民星期五、星期日接送孩子返校园读书学习的情况。村里孩子的学校分别为水平子的学前班、石桥的文昌幼儿园、祖库小学、东村小学、东村中学。村民接送孩子上学就朝水平子、祖库、石桥、东村四个不同方向。雨从周六一直下到星期天晚上。村民送孩子上学的工具一般都是摩托车，少量村民用轿车、面包车接送。

小结：边远山区村寨的孩子上学，应该组织小组由专车接送，晒天、雨天安全方便，享受社会福利。也推进边远山区村寨风貌的进步。推进社会民族的发展和建设，也推进购置运输车辆，促进民族人民的团结和谐。

2015年11月2日　农历九月二十一日　星期一　阴

教会迎献堂庆典节期，我村小组组员接连几天积极为教会场院干义务工。为迎接献堂，接待3000人集会而做充分准备。设施工序不但完善，圣殿设备就是教会接待室，原先建好的住房显目的地方都粉刷一下，力求全场院新。该加设施的加设施，该粉刷的粉刷。人员少、事工多，本着我们提前一些时间来做就可赢得充分的时间来清理完善。我们从事完善圣殿和维修教会场地房屋建设的工作已有一段时间了。工序多任务重的才告知全教会，一般的都是由我们芭蕉菁小组来担任来完成。

小结：今日教会场地工作人员情况是，男劳动力9人，妇女也是9人，男女共有18人，联合在场地工作。山村民族教会教职员、信徒为教会场地工作都是义务劳动，讲奉献、讲乐意、讲爱心，天长日久这么干下去，没有工资、没有待遇、没有报酬，而且越干越欢。

2015年11月3日　农历九月二十二日　星期二　晴

我村村民今日20多人乘坐轿车、面包车5辆到富民款庄法院听律师判我村部分人员承包石桥村委的大木板村一片荒山的纠纷案。荒山200亩，耕地100亩，双方合同定为年交征税2500元，期限定耕耘50年。现在20年就变动，山权者生产队告状，一桩是说：承包不是给现在的9户人家耕耘。二桩是说：不按时间交纳耕地税收。三桩是说：在那里乱建房子。

对方聘请了两位律师，我方只聘请了一位律师。法院决定今日在款庄法院判决荒山耕地纠纷案。我方人员涉及三股水、西山、麻栎树、水平子、芭蕉菁5个村子，到法院的人员达400多人，可惜只许带身份证的进去，其他的都只在法院外。

被告方的一位律师一一破解我方的三告状。理由是说：既然承包给人家耕耘，人家就享有使用权，多人耕耘，租费交纳前后一点，建房等都已包含在使用权了。再说，现在政策如有变动都要按当时的政策办事。

法院、公安、律师和有关人员都被说服了。

2015年11月4日　农历九月二十三日　星期三　晴

教会唱诗班圣工活动，11月8日定为教会献堂庆典的佳节。本堂的唱诗班圣工诗歌教练、编排舞蹈，开堂举行仪式，感恩仪式等用5天做准备。从今日开始活动，有圣工就有生活安排。

教牧同工奉献活肥猪供给教会。开堂庆典生活使用的活猪有10头，今早安排劳动力到水平子村，把张建荣奉献的这一头宰杀拉运下来教会，供本堂唱诗班排练节目这5天的生活之用。由于大家对教会工作、节期的使命感，早上积极主动把宰杀肥猪的事工做好。吃过早饭后，唱诗班人员到了，宰杀猪拉运鲜肉的也到了。由柿花箐小组安排人员下来煮饭做菜，服务唱诗人员。

小结：唱诗班工作，诗歌、舞蹈、献堂仪式是唱诗班长年年自己创作，创作的新歌又交给善于排练舞蹈的年轻姑娘，配上动作在唱诗班献堂的仪式中成为我们教会的新歌，带动周边教会的需要。

2015年11月5日　农历九月二十四日　星期四　晴

教会过节期继续购买、拉运圣会生活物资。教会教职员今日出动4辆轿车、面包车到鸡街拉运生活物资以及食品礼物，就是水果、鸡蛋、水果冻、酸角等。

2015年11月6日　农历九月二十五日　星期五　晴

教会过节为接待来客生活事务忙碌。今日事工安排是宰杀7头肥猪、6头山羊。由于任务重人员少，我们就采取措施清早就忙起来。力求一天事工顺利完成或尽早完成。吃过早饭后，柿花箐村又下来一些人员来帮忙，有的协助炊事工作，大部分人员是下来支持宰杀猪、羊的事务。生活服务人员是：柿花箐小组6人，我村5人，共有11人员做后勤工作；

宰杀过节猪、羊人员是15人；共有26人出勤工作。由于人员少、事务多，所以一直忙到天黑，又接电线照明，忙到夜9点才完成。

2015年11月7日　农历九月二十六日　星期六　晴

教会圣会周六的筹备工作。教会节期筹备工作，周六是筹备工作中最忙的一天。星期天参与过节的来客以及所有过节的人员的生活饭菜今天就得全部做好。明天早上8点就准备吃早饭，本堂人员吃完早餐，估计远近的堂点人员已到了。早8:00—11:30两三千人必须全部吃完早饭。中午11:30开始举行圣会，所以肉块不但要煮好甚至要切好，促进明天工作。今日工作进行是切肉、煮肉、洗菜、砌灶、包装礼品、摆设会场桌椅、挂摆会场标语等。唱诗班工作也很多，已进行5天，这天更加忙碌，开堂的仪式程序也得加强排练，确保明天开堂仪式熟练成功。幸好石桩小组来8人帮忙，也就轻松一点。

2015年11月9日　农历九月二十八日　星期一　晴

教会事务工作。筹备圣会涉及场地、生活服务工具、座椅等一些工具，教会多年来都是多方面的建设和筹备。几乎已能自给自足自养，由于本民族自身建设的优越，购置有高压锅铲和板凳等众多工具。为方便圣会，也向亲属借来一大车供圣会使用。今日也满载一大车送到上边凹口苗寨归还。由于高压锅、铁制品又高又重，就是上下车都要些强劳力，所以我村年轻人出动2辆轿车在后头追随大车，后上去协助下车。中下午又到野外找马蜂子，从事生计活动，又从事游玩活动。献堂佳节服务工作累了忙了，故意出车到郊外散心活动轻松。

2015年11月11日　农历九月三十日　星期三　晴

村民农事工作忙碌进行。目前农事形成收、种两个中心，是边收边种下地麦两农事。村民先把该种的地麦的地块收了苞谷，就赶紧种上地麦。而不种（小春）的地块放在后边慢慢再收，促使快种好小春地麦。

记述四儿张学忠家种地麦。每架犁牛需要2人使牛，2人播种。麦种和化肥拌在一起来施种，要一边拌种，一边施种，这样麦子出芽率不受影响。三儿媳、四儿媳凑合4人联合点种一架犁牛，由于黄牛壮，我们只耕犁独牛，又是山地，也是轻松的。由于使工，就还是一便手安排晚饭，我们二老人扳撕自己的苞谷，回到家，三儿媳龙兴珍叫我们老人吃饭，我们就不推辞也去吃饭了。

2015年11月12日　农历十月初一　星期四　晴

记述村民忙于种地麦。记述侄儿张学才、张约荣父儿两户种地麦。在村子对门片区种地麦。工作方式是收了一地后就赶紧种上地麦。由于地形平整，就利用微耕机打犁。上午是张约荣打犁，中、下午是张学才打犁。时间紧任务多，点种地麦，一般先播种再施上农用化肥，再用微耕机打犁耙平就行。

小结：村农事工作忙碌进行，收种同时进行。村民种地麦方式是：地平整的一般用微耕机打犁，陡坡地还是用耕牛点种。村农户约有50%的农户都已购买有微耕机。耕犁用微耕机或是用牛抄犁，两样比较是：使用微耕机快，犁牛慢。原因是微耕一犁就宽达5—6尺了，所以机械的快，可是坡陡地就不行了，机械和牛都需要。由于农事是半机械所以几天后又是一个样，村农事收种进度比较快。

2015年11月13日　农历十月初二　星期五　晴

村民农事工作。有搞晒场、建住房等建设项目。张学祥搞住房、搞晒场，计划中先把晒场浇好再搞住房。所以今日托人帮忙把浇晒场的料子人工细砂拉运到建场工地来。山寨搞建设都要多付代价，比如今日拉运石砂，大车一车运载量20吨，就怕把乡村路道压垮，所以到大公路与我们村路口就下掉大半车砂。下在大公路边的这半车，我们的农用车拉运了三转才拉完，大车的运费要照付，同时自己也要开车烧油，当然吃亏。

小结：人际见面，开头语，中国人说：吃了饭没有？西方人说：近来工作忙吧？忙意味着有工作，有事做，有前途，有希望，有待遇。年轻一代工人，他们很忙碌，自己要搞自己的住房、晒场、停车场，种植蔬菜抓经济，对外搞建筑、搞设计、运输货物等，里里外外的事工都参与。

2015年11月14日　农历十月初三　星期六　晴

村民张学祥建水泥场即停车场，规模不大不小。我家父儿5户8男4女联合施工，父、儿孙8人浇灌水泥场，儿媳4人协助张学祥扳撕苞谷。浇水泥地板，几乎也是半机械，插电源水就自动供应，搅拌灰泥用微耕机打犁代替人力也是轻省，加之与灰泥打交道已是多年的事工了，就是多年已打下基础。

下午活计，由工人平整场面，其他男女10个劳动力又用一辆轿车拉运两包尿素下到田坝给他家儿菜追施肥料。田的面积也只是一亩多，由于人员多，不时就追施完，我们10人就乘车回来吃晚饭。

小结：年轻人多半是多面手，不论是建筑、农业生产、机械动力、运输、社交都有套手艺技巧本领，也就成了一代新人，文武双全的工人。

2015年11月16日　农历十月初五　星期一　晴

我家父儿五户农事工作活动，四儿张学德有背瓜活计，点种两亩陡坡地葫芦瓜，需要我家父儿5户人员协助支持。我家父儿凑得8人，再邀请大哥、二哥家的儿张学友夫妻2人、孙张约荣夫妻2人过来帮忙，今日劳动力凑有13人。因陡坡地难度大，都是强劳动力的活计，是从深箐坡地背瓜爬上200多米才上到车路来装上大车，拉运上来再跑一公里路程才到家。

一天的辛劳努力把这两亩山地的大小瓜全部拉回家。共回来3车。准备出售的好瓜、大瓜约有2.5吨，价值约值2000元，是按0.80元／公斤计算。

2015年11月17日　农历十月初六　星期二　晴

村民张学祥卖葫芦瓜，是点种于我村子的上边山梁上。今早拉回来一小拖拉机葫芦瓜。早饭是四儿张学德家为我们父儿5户做的，因昨天他家背瓜，还有饭菜，所以仍为我们父儿5户做饭。

我们吃过早饭，早早出工。今天为五儿张学祥家背瓜，是从山地把瓜背到车路边来上车拉运回来。今日的活计就轻省一点，因为是在村子附近背，工作到下午1点多钟就背完了。我们与东村街收购瓜的熟识人打电话联系，叫我们自己找车子送上街，说收购价是送到街给一公斤1元。我们父儿媳接连上车装车送上街。五儿张学祥上街交瓜，也就请我们上街吃晚饭，所以大车四缸车拉运瓜上街，五儿张学祥的面包车拉运我们。到了街上，四儿张学德出车送四儿媳王凤仙到东村街乡政府参加我东村乡县人大代表活动。据说县人大代表晚饭只安排远程的中民村委会，所以我家人员开会的、卖瓜的，就相约在东村街"永红饭店"吃饭。五儿张学祥今日卖瓜情况是：葫芦瓜称计是过磅，小的、有小裂口的，捡下约有300公斤，大的、好的有1700元，过磅一称收费是20元，由卖瓜的一方付，1700元－20元＝1680元。

小结：这种瓜地是侄儿张学道给我家耕种的，今日就可拿到现金1600多元，经济效益比起种玉米划算多了，轻省多了。今年瓜价还好，去年一公斤瓜只卖0.50—0.60元，而今年就上升一公斤0.80—1元。

2015年11月18日　农历十月初七　星期三　晴

记述村民张学德销售葫芦瓜。原先是有人进村收购，而今年由于数量大，各人自己有瓜就拉运到东村街销售。由于数量大，街上设有收购站。农用大车装满一车,拉不完就再用张学祥家的面包车拉运一点。拉运到东村街称计过磅,称计得总数是 2600 公斤,1 元／公斤,共计 2600 元。

  小结:卖瓜,经济方便。昨天是五儿张学祥请我们在东村街上吃饭,今天四儿张学德请我家父儿 5 户 13 人乘 3 辆车子到款庄马街吃饭,是吃火锅。主菜是煮鱼汤,很香,这是一种享受,价格也合理,13 人吃一餐,价格是 260 元。我们吃了晚饭乘车回到家时天刚黑,我们再喂鸡猪,完成了一天的工作。

2015 年 11 月 19 日 农历十月初八 星期四 晴

  村民农事活计仍是抓收种工作。地麦几乎全村已种完,仍转入扳苞谷。村民主力主要是扳收山顶片区耕地的苞谷,这一部分也快,因为通车路,用大小车辆拉运。大面积的地块也几乎收完。

  村民农活另一种情况是先扳收要种地麦的地块,陡坡地不种地麦的留在后期扳收。记述慢的一部分,哥弟相互帮忙,耽搁着几天,不通车路的陡坡地就必然推迟几天后再来完成。比如张学全扳苞谷,一不通车路,二又是路程稍远一点,就只有扳得一箩用人工背回家。幸好是这情况少,昨天今天都是用人工背回家,我自己也是扳一段时间不通车路的地块了,估计 3 天后就扳完不通车路地块了。

2015 年 11 月 20 日 农历十月初九 星期五 晴

  记述村民农活事工忙碌进行。村民张会成今日装载一车葫芦瓜拉运到东村街销售,重量约有 2000 公斤,估计价值在 1800 元。历年人都进村收购,今年由于数量大,就没有人收购,所以种葫芦瓜的农户不论数目大小,只好自己拉运上街销售。东村街已成了收购葫芦瓜市场,去年收购是一个场地,今年已扩大到两个场地,一边收购,一边批发。有外省湖南、湖北的大型货车来批发拉运外销。

村民生计事工，张学忠销售两头肥猪。社会习俗，卖猪不做称计只是做评估，当然是村民吃亏，这种方式年代长了。双方讨价还价，买主一头给价1800元，两头合计3600元，作为村民，自己吃亏也不管了，俗语说：要能卖掉才是钱。

2015年11月21日　农历十月初十　星期六　晴

记述村民抄犁山地。农地该种小麦的就抓紧时间种上大麦、小麦。种好、种完计划种小春的部分后，待收完苞谷后，就要把冬闲地抄犁过来，待来年播种，利于壮长肥长，为来年农事丰收创造条件。

今日村民张正才夫妻二人使一架犁牛抄犁冬闲地，因是陡坡地，又是牛壮，2人使牛，1人扶犁，1人拉牛，看起来可累人了，不但是扶犁的，就是拉牛者都出力。幸好他们是年轻人，能担负这种辛劳活计。地的面积约有1.5亩，几乎是用去一个整天的时间才抄犁完这块陡坡地。

2015年11月22日　农历十月十一日　星期日　晴

记述我村上学孩童的接送。学校园地分为祖库小学、东村中学和小学，幼儿园（即学前班）有小松园桥头起的文昌幼儿园，所谓接送孩童上学就往这三个校园接送。祖库小学约有2公里，东村街的中村小学和中学又约有15公里。由于娃娃小，家长就喜欢自己用摩托车接送，估计家长这样放心。

小结：边远山区的孩童，特别是雨水季节，应该由村民组织专车接送。这样省时、省油、省力、安全。因为交通和交通工具极为普及方便，看在眼，想在心，让人们慢慢觉悟推动社会风气和进步。今日张学忠开小轿车送孙女张甜甜、张思膏、张志华3人到东村中小学校复课。

2015年11月23日　农历十月十二日　星期一　晴

村民扳收苞谷活计仍进行。今日侄儿张学才、孙儿张荣光、我们二老人已转到山顶片区扳收苞谷，已把山腰、山脚的零星地扳收完了。

我们老人扳收的情况是，经一天的辛勤工作扳收得7包，不但是扳收好，还把苞谷秆草收捆并背到地边堆集好。农夫农地活计多，每天工作我们尽量早出工晚收工，力求早日收完。

小结：今日是鸡街天，大部分村民上街变卖农副产品，红薯、葫芦瓜、魔芋、药材等。要卖东西要摆摊的必须天亮就到街上才有摊位，而赶闲街的中午12：00上街就行。因为一般是中午12：00后才摆摊，所以我村人员大部已上街，我们少数村民仍坚持扳收苞谷。

2015年11月24日　农历十月十三日　星期二　晴

村民仍扳收苞谷。扳收苞谷仍是目前农事的一项中心工作，是不约而同自然形成的，大小车辆都出动拉运苞谷。我家父儿5户也仍然扳收苞谷。我家三户已转到扳收山顶片区的苞谷。我们二老人昨天扳撕得7包仍然摆在地里，今天再扳撕一点，待大车上去多拉运一点下来。三儿张学忠今日也是开大车上去扳山顶片区的苞谷，我们父儿两户扳撕到晚，作一大车拉运回家，由于养的有黄牛，还得割些青草拉运回来喂牛，所满载一大车回来，我们都是晚息工。

2015年11月25日　农历十月十四日　星期三　晴

村民张学祥家扳收苞谷，是我家父儿5户11人联合行动突击扳收。耕地是山脚耕地，面积约有3亩，运输工具出动一辆农用车、一辆面包车，11人经过一整天的辛勤劳动，扳获满满一辆大车回来，11人由一辆面包车运载。

小结：今日所扳收的苞谷品种好、地肥、点种在时候上，所以扳收的苞谷最强，包大籽粒大、成熟好。我们扳收时，非常满意。重量约有二三吨，估计我家父儿5户，五儿张学祥的苞谷最强，数量也会强过我家父儿其他四户。生活：自己家人亲戚劳动待遇，不讲什么酬劳，只是办好肉食饭菜酬劳家人亲友。

2015年11月26日　农历十月十五日　星期四　晴

教会摄像工作室从事文学整理。我们教会重建圣殿以及开堂庆典、周六开堂圣会等纪念活动纪录片目前在整理制版中。在整理中涉及器材零件，今日四儿张学德开小轿车跑昆明办理制作录像器材用品。早8：00出车，由于交通和交通工具普及，车子跑昆明一个半小时就可以跑一个单边，所以极为便利。

小结：山村教会经济受制约，教会的教牧人员没有工资，都是讲义务劳动、讲奉献、讲贡献。所以教会从事文字、摄像制作的人员只得抽空，要一段时间才能整理得好。教会张学德一段时间都在制作录像资料。我们的传道事工准备从文字、录像制作起步。

2015年11月27日　农历十月十六日　星期五　晴

村民农事仍是扳收苞谷，孙儿张约翰扳收苞谷，年轻人农事工作多，抓农事项目也多，所以农事工作中，自己家人几户的大爹哥弟也只好时常出工帮忙。

抓经济，自己也栽种烤烟，也有少量的板栗，养殖业又有几头黄牛和一群山羊，经济较为方便。交通运输，自己购置一辆面包车运用于生产和生活，在农事生产实践中，农事劳动运输方便，几天中又增购一辆小型手扶拖拉机，用于农地运输。

小结：一代年轻人享有一定的财富能源，也是抓经济能手，但认识薄弱于人生观，在对地区、民族、村寨的建设，为地方、民族的建设争光争气上没有负担和责任感。望他们为社会、民族、地区发一份光，广大众民共同担负社会民族风气的发展和进步。

2015年11月28日　农历十月十七日　星期六　晴

村民建畜圈房。村里杨天群要扩建畜圈房，今日找自己亲戚妹夫拉建房空砖和人工细砂。一天跑两趟，早上头一次拉运建房料子空心砖，中、下午又跑第二趟拉运人工细砂。村民建房料子一般都是喜欢到鸡街石场拉运，据说是道路平整车子不费力，从款庄东村石厂拉料子是要从山脚田坝子一直爬陡坡8公里到山顶，而鸡街公路陡坡只有3公里路段，而且不算陡，所以我们村民建房一般拉运建房料子都是跑往鸡街。

小结：农户个体经济仅仅开支于自己的基本建设。去年买回来一辆小型手扶拖拉机七八千元，而今年又趁机搞建一下自己的畜圈房，经费至少两三千元，这些基本建设得付出代价搞好。

2015年11月30日　农历十月十九日　星期一　晴

村民农事活动，协助肢体教会筹备年度过感恩节圣事任务，所以我村小组发出动员。有关圣诗班人员，没有扳撕完苞谷的，今天尽最大努力扳撕苞谷。因禄劝县万宝山教会（白彝族）邀请我们教会的全部唱诗班人员，协助他们教会搞年度感恩节，举行大会仪式开幕。工作任务需要5天的时间排练歌舞、欢迎词、祝词等仪式。明天就得赶往他们教会排练节目，所以尽快把自己的农事工作搞好。

2015年12月1日　农历十月二十日　星期二　晴

教会唱诗班圣事工作的开展活动，既然有邀请，我们也就不推辞地尽自己所能地支持帮助。今日吃过早饭，五儿张学祥家的面包车开到教会场院来等候唱诗班人员。

教会唱诗班，我村芭蕉箐小组就出动11人，教会肢体关系，我们也尽力，尽自己所能地支持。教会11月8日献堂感恩生活还余剩有鲜肉（冰着）和大米。所以我们也带上袋大米和一筐冰鲜肉，和9人乘坐一辆面包车前去协助工作，路里途有14—15公里。那边对的山在我们的山对面，只因绕国道公路就绕多了。

人员组织情况是：我村11人，2人乘坐摩托车，9人乘坐面包车；柿花箐村5人；万宝山村5人；本教会约有21人参与禄劝万宝山教会唱诗班搞感恩圣会感恩仪式。

2015 年 12 月 2 日　　农历十月二十一日　　星期三　　晴

村民张学忠参与东村乡护林业培训会议。吃早饭后集中于东村乡政府会议室听报告和培训有关来年防火护林季节到来之际的一些准备和宣传工作指示。安排晚餐，工作人员交通工具自理。张学忠回到家时，天已黑了。

小结：张学忠任本村村主任，又肩负护林员，家里饲养着 4 头牛、4 头猪、鸡等。儿媳龙兴珍又任教会唱诗班人员，被请在外协助他们教会唱诗班活动，需要 4 天时间，小二孙女在东村小学读一年级，星期五、星期天需要接送，这样自然而然就工作忙。前面我们论述过，人际相处，见面时开头语，中国人说：吃了饭没有？而西方人说：工作忙吧？西方人表达语，所谓如果是忙就是好，就有事业，有工作，有希望，就有所收获，我们也宁愿忙。

2015 年 12 月 3 日　　农历十月二十二日　　星期四　　阴

教会文字录像室工作，四儿张学德已从事了一段时间。有关我们教会的建圣殿程序以及我们的宗教文化生活，有关福音宣教人士，涉及圣地石门坎等地，地点、人物、时间都初步做了些考察搜集整理，准备借录像、影碟与教会弟兄姊妹分享和传播。

2015 年 12 月 4 日　　农历十月二十三日　　星期五　　雨

村民饲养工作，有群牛的农户有 9 户，有群羊的有 6 户，每天都得安排人出去放牧。其他养有一两头牛的情愿关在圈里，人工割草喂，这样省时省劳动力。记述村民张学忠饲养 4 头黄牛，由于劳动力少、时间紧、任务多，每天靠早晚把青草割回家，不论是青草或干草铡好倒在槽里，关在圈里喂。每天供养 4 头牛、4 头猪几个小时才能做好。下午 3

点又要出车到东村小学接二孙女张甜甜。

小结：雨水天，饲养牲口的农户，工作仍是忙碌以供饲养草料。雨水天接送娃娃回家返校园就比较方便，可惜能用小车接送孩子的农户仍极少。

2015年12月5日　农历十月二十四日　星期六　晴

晒粮，自己收获有一点苞谷，今日晒苞谷。历年苞谷留把，收到家编挂在楼上，让它慢慢阴干后再用苞谷脱粒机脱粒，边脱粒边喂猪。今年由于自己的苞谷不多，想来收到家中一便手边打边收，并装包收藏，便于日后喂猪用。已脱下的有两场还没有晒好，因下雨又耽搁了两天，今天就一便拿到场上晒一下。再给大儿张学全晒一场，苞谷还没有晒好，由于下雨就收起来。有牲口、牛羊已牧养放出去了。想想我们二老人尽父母之责，把收好的苞谷抬到场上开晒，这是力所能及的事。

小结：自己作为父母，事工少一点，就尽父母老人之责，不时给牲口多的儿媳割割草，主动帮帮他们扒粮晒粮。如果下雨，外面晒得有衣物要帮人家收收。

2015年12月7日　农历十月二十六日　星期一　阴

村民筹备儿女婚喜事。侄儿张学会给女儿张秀敏准备办婚事工作。烧柴砍柴是必备的一项事工。苗家婚席生活为方便煮饭菜，一般都喜欢在外砌临时的灶，包括饭菜、烧水。因由：客人多。说一声砍柴，自己的亲哥弟就主动地放下自己的活计三三两两地开自己的小型手扶拖拉机来到自己的山场，不论干柴潮柴，砍好就一便装上车拉运回家堆好。就是潮柴，只要天晴，晒一个多月后就可以烧，劳动力都是10多人。

小结：婚事是讨姑爷，就是女方讨男方。苗家习俗，女方讨男方的逐年有所增多，因没有男孩之故。但另一种情况，作为父母的应该考虑到，自己家4口人从来没有杀过过年猪，因为几颗苞谷都舍不得喂猪，而要留着买卖使用一点零钱，困难到这种情况还要讨姑爷？如果姑娘嫁出去，姑爷家生计资源会比我们丰富，会比我们强，生计就不受限制，生产发展打得开，现在一般农户都是万元户，到困难时，姑爷女儿也能帮得了忙，这才是硬道理。我们老人看在眼、想在心，也不好说，让年轻人慢慢在生活中实践探索真理。

2015年12月8日　农历十月二十七日　星期二　阴

四儿张学德为儿张良筹备办求婚席。注：苗习，要办求婚的一户先要为自己的家人、亲戚办一餐求婚席宴客。晚间所有亲戚友人都吃鸡肉，每人有1—2小块，然后主人家提出要给儿求婚事，此时主人家和亲人们就畅谈起来。首先说：有对象没有，有或是没有？主人家提出要请差派两人作求婚媒人，然后主人家说出对象，再定个时间就成了一个求婚席。

先买来一点糖果装成小袋，挨家挨户请客，说到某月某日请大家来赴席，并帮帮忙。为此故四儿张学德妻王凤仙今日开小轿车跑鸡街购买请客礼品糖果，下周礼拜五要请客，即12月18日，农历十一月初八。工作进行是：先办一下求婚席，二媒人出发求婚，一般是安排在正月十五以下的日子，即初二、四、六、八、十、十二、十四即可。

2015年12月9日　农历十月二十八日　星期三　晴

村民卖大猪，时间集中于吃早饭前后，情况是：杨兴明一头价：1700元；张学才一头价：2300元；王得胜二小头（半大）：2200元；张学忠一头价：2100元；张学德两头价：3000元。

小结：今早我们村民卖猪大小卖了七头。七头合价11300元，那才是5户一时的一点收入，平均每户就是2260元。

已出售的7头猪是1点前后开来2辆大车买的。由于我村已建好卖猪的上猪台，赶上车就是，不费力。小小活动，小小事也是我们的一种进步风貌，我们不愿落后于人，为社会、大家庭我们也要争光争气。

2015年12月10日　农历十月二十九日　星期四　晴

记述村民卖葫芦瓜，龙兴群、潘志明、张正华、王圣德4户，拉运回来堆集于教会场上，下村杨嘎哩村熟识人计五全开车进村收购。由于葫芦瓜是黄绿两个等级，混合价每公斤给0.7元。集体情况是各户的葫芦瓜只评估数量，每一公斤给0.70元，农户必然吃亏。张正华的葫芦瓜约有3吨，约收获2100元，其他的农户数量就少一点。4户的葫芦瓜重量约有5吨，由于是熟识人，就请三儿张学忠的农用车也协助一车送到东村街过磅，一车运费给100元。

2015年12月11日　农历十一月初一　星期五　晴

村民冬腊月时节婚嫁喜事多。我家儿张学忠、儿媳龙兴珍亲戚有一嫁女儿席，请客时，叫我们二老人也陪去赴席。儿子儿媳，我们二老人还有二孙女张甜甜（在东村小学读一年级，今日下午3点就放学了），5人乘坐一轿车刚好合适。因下午天色转黑有风，二老人又晒着两场苞谷，走远怕下雨把两场苞谷淋湿就麻烦了，只好我留下看管晒场的苞谷，是老伴的主意和安排。

小结：请客，自己也因亲戚关系请过。另一种情况是，特别想念的一些人物，是有知识、有恩赐或是想念在社会上，或是教会有职务的人士的聚会，让婚礼席更显得满足和完好。

2015年12月12日　农历十一月初二　星期六　晴

奔赴婚席客，我家款庄朵木得（苗寨）有一头客席。大儿张学全、儿媳王秀英、四儿张学德、儿媳王凤仙、五儿张学祥、儿媳张秀仙6人乘坐一辆轿车、一辆面包车运载柿花箐、麻栎村有关亲戚一路前去赴讨婚席。他家请客时说：这天来早一点吃早饭，休息半天，再吃晚饭就可以早去晚来，就是说一天就可以打回转。我们想，这办法好，所以照请客时的交代，一早就出车前去赴婚席。一天陪客，休息享受做客待遇，挨晚吃了晚饭后，又乘车回来。由于本教会的石桩聚会点明天过感恩节，所以我家3家儿媳的车子一便手开到那里参加与协助事务工作。

2015年12月14日　农历十一月初四　星期一　晴

村民审车养车，张学忠购置一辆小轿车，审车到期，一早出车上昆明审车。同时间孙儿张荣光出车到马街镇修理店修车，三儿张学忠相约孙儿张荣光2人上昆明市审车。车辆审车，一个昆明市审，仍然拥挤。审车和审车手续收费。

小结：村民购置车辆，修车养车，审车事工是人们生计活动的一项重要事项，越来越显得很有必要。人生中，交通和交通工具能自理就基本解决了大难，人世间生活中，人都是往来，工作生活就自然需要运输工具。

2015年12月15日　农历十一月初五　星期二　晴

村民变卖农副产品，因有房屋建设，购置车辆，购置苞谷脱粒机、撕苞谷机。加之时间进入冬腊月，亲戚友人的婚喜事也就随着多起来，人们经济开支也随着多起来。村民变卖苞谷，张学祥卖苞谷600公斤，一公斤1.90元，共计1140元。

小结：市场物价以及工业品价格上升，一公斤猪鲜肉可卖30元，一公斤水果市价可卖3—5元，一公斤大米（东北米）卖6元，历年米价一公斤卖5元，苞谷一公斤卖2.20元。今年唯有苞谷价走低，2元都卖不上。

2015年12月16日　农历十一月初六　星期三　雨雪

阴天下雪天气，昨晚挨晚时候天气阴沉下来，随即打起雨点来，接着雪花纷纷。下雪天气冷，人们只好在屋里烤火取暖和供养牲口的饲草。

2015年12月17日　农历十一月初七　星期四　雪

村民承办求婚席，张学德为儿张良承办求婚席。时间定于明天。杀鸡宰羊，上街购买各样用品。1. 买一头山羊36公斤，一公斤60元，计2160元；2. 买鸡、鱼两项：合计1900元；3. 饮料、啤酒、蘸水佐料500元；三项合计4560元。

小结：村民承办民族求婚礼席，大约5000—6000元就可以办下来。男孩子开始谋婚事，当先办求婚席宴请亲友为谢，为求援。来客也当然要送礼为谢，表示欢迎和支持，这一餐席饭支出和收入估计是持平，或是会收入一半。当然不论支出和收入如何，目的是办好自己的事。

2015年12月18日　农历十一月初八　星期五　阴

村民婚喜事显出关爱团结。四儿张学德、儿媳王凤仙为儿张良承办立家室喜事。先是办筵席宴请亲友，请邻舍亲友10多人帮忙，喜欢帮忙的亲友都主动出来帮忙。帮忙人员早上就请他们来吃早饭。帮忙人员已忙了一整天炊事工作。客席服务烧水、煮饭、做菜。

客席情况是：来客62户；客送礼金数额是8628.60元。客人来自嵩明县凸董箐、昆明五华区大平滩、寻甸县凹口村、富民县、万宝山、柿花箐、水平子、芭蕉箐本村。这次求婚礼席开支约6000元，收到礼金8628.60元，结余2628.60元。

2015年12月19日　农历十一月初九　星期六　晴

婚喜事陪客天，张学德给儿张良承办的求婚席上能留下的远客，今日是陪客天，来客也趁机会熟识亲戚客人，近处邻舍都愿意陪客坐下畅谈。至少游玩一个上午，待吃了晚饭才散客。远客少邻舍友人多，时代不同了，交通和交通工具普及方便。八年前，苗寨大村子办婚喜事代价是出嫁姑娘需要15000元才能办下来，而讨媳妇就得共费20000元才能办下来。社会在进步，生产生活在发展。据说，经济较富裕的我们教会的王继光执事他家腊月二十日讨儿媳，他说："准备开支40000元是否完善？"随社会发展人们婚喜事经济开支都在增加。

2015年12月21日　农历十一月十一日　星期一　晴

村民农活工作，仍是扳撕苞谷。四儿张学德从事教会工作，制作录像碟片，教会出差误工多，教会行政会议多，农事需要协助。今日儿媳几户商量确定协助四儿张学德儿媳王凤仙扳撕苞谷一天。吃过早饭，大车开到山顶片区，幸好通车路，车子一直开到地边。我家父儿5户凑得10个劳动力，我们整忙了一天，一块地的苞谷都还剩一点没有扳完，可能我们人员少了一点。由于时间晚我们只好息工，大车拉运苞谷，小轿车我们乘坐回来。

小结：今日事工10个劳动力，四儿张学德父儿2人上午因有事仍开小轿车跑昆明，下午才回来参与扳收苞谷。出外回来为我们买回来熟牛肉，我们10多人又饱享晚餐。

2015年12月22日　农历十一月十二日　星期二　晴

做客，赴客席。我们张家有一客席，是款庄马街朵木得（苗寨）亲戚讨姑爷婚席。现代苗族习俗，由于交通和交通工具普及，一般赴婚席只是报到送礼，吃吃饭就走。故此我家5户9人乘坐一辆面包车、一辆轿车前去赴婚席。讨姑爷的是一位寡妇的独生女。我们赴席吃了晚饭后，等讨姑爷队伍回来我们欣赏后，就与亲戚告别乘车返回，当我们从朵木得村山顶下来时太阳快落山了，可能一个小时我们就回到家。

小结：上朵木得高山，至少有14公里的陡坡路，原先是绕远道，从山脚绕往北方，东方转入朵木得村来。现在这近道是张志学牧师在世时倡导开拓修的。由于山高路陡，这直道已挖通使用多年，现在虽然每年都在扩修和平整，路面仍然狭窄，因为路段有的是石坊。目前苗寨此种情况有嵩明县的凸董箐村、富民县的朵木得村、莫依龙村，不知日后如何改进。

2015年12月23日　农历十一月十三日　星期三　晴

记述村民卖大猪。张学全今早变卖大猪4头，价格双方讨价还价定为每头2100元，4头合8400元，只是这位买猪老板没有钱，几次都玩赊欠，要一段时间才能拿到，不过人也很讲信用。

小结：自己将迎来2016年的年头，我给儿媳买了三头小猪，按街市价每公斤22元，这三头小猪称计得44公斤，共计968元（将近1000元），3头猪据说要1000公斤苞谷（也值价2000元），喂这3头猪1人辛劳也要365天，假如工夫每天按10元计算也是3650元，来年未开始垫本及工夫已值6650元，而这3头猪的收入是未知数。按现时养好养大一头猪可值2000元，三头猪6000元，那么我还要贴650元，想想我哪里划算？

2015年12月24日　农历十一月十四日　星期四　晴

记述儿媳张学祥、张秀仙卖儿菜。栽下的儿菜是秧龄早的，刚刚结儿，砍了销售。前一次拉运到富民县城销售，市价卖一公斤2元。而今日砍获得108公斤，拉运到寻甸县的鸡街销售。一到了街上就有人来批发，批发价我们要一公斤2.5元。买主只给一公斤2元，儿媳张学祥、张秀仙图早、图快、图一称称计就全部卖了，所以共得216元。

小结：种植蔬菜的农户已经历5—6年，提早播种育秧，提早上市，价格就好一些。零售价还可以提高一点，但我们情愿批发不误时间。这就是最早的一批，而一般的还没有上市哩。

2015年12月25日　农历十一月十五日　星期五　晴

赴客席，记述我家父儿5户被请到昆明五华区大平滩（苗寨）赴出嫁女儿席。由于要等在校读书的二孙女张甜甜和张恩膏放学带去赴席，所以下午2点我们才出车。我们父儿五户14人乘坐三辆小轿车前去。由于三分之一路段行驶在昆—轿子雪山快道上，所以行驶极为便利。大约下午5点我们就上到大平滩，到客户报到送礼。

小结：赴婚席一个特点是，肉食饭菜有16个菜，特别讲究，力求办成现代的高级的宴席，尽情享受。家人亲戚送礼陪伴要出嫁的新娘的嫁妆衣物家具，用品多，都要用大车拉运。显示现代社会的进步，经济的发展，人们生活的富裕，人类关爱素质思想的提高。

2015年12月26日　农历十一月十六日　星期六　晴

苗民游山玩水，喜爱野外活动，习俗悠久，长达千年历史，与远古历史有关，也是为生计谋生路。1949年中华人民共和国成立至今已是66年，至今仍在保留和发展中。这种民族喜好娱乐分布于各地区的苗民村寨。今日有村邻水平子的王义洁相约四儿张学德出车到野外游玩，谋求生活效益不足道，欣赏自然美景风光、飞禽走兽的奇观为乐。

小结：不但苗民有此习俗，就是其他民族也以此为乐趣，为游玩活动。江河里捕捞获鱼，山野里收采草药，山野里打猎等都是苗族擅长的活动。

2015年12月27日　农历十一月十七日　星期日　晴

记述村民张学德今早上卖小猪，因有买主进村买，四儿张学德有6头小猪，按街市价，小猪每一公斤价22元，6头称计得125公斤，共计2750元。

上午9时，教会教牧人员以及唱诗班、我村人员乘坐一辆摩托车、一辆面包车、一辆轿车以及柿花箐、万宝山、水平子4个自然村60多人前去参与庆典过节。各村按自己的时间前去黑山教会集中。礼拜聚会，到会参与庆典的堂点，17个堂点也就是17起唱诗班。

小结：教会、山区、民族（白彝、黑彝、苗族、汉族）聚集的盛会，来自外地的摄像人员5—6人。我们芭蕉箐教会,中外人士知名,过节时却没有摄像人员,只有我们自己摄,是何故?山区民族文化应得到各界人士的关注和支持。

2015年12月28日　农历十一月十八日　星期一　阴

苗族进入冬腊月,婚喜事多,建筑房屋事工也即将开始。今日有我姑爷张会云、张美芳一户要给女儿张全珍办收聘婚礼金席。第一步是向姑娘父母送礼并求婚,应许后第二步是交聘婚礼金,姑娘父母就得诚心为亲友办一餐筵席宴客收婚礼押金。所以我们父母哥弟都要放下自己的工作前去帮忙宰杀鸡猪办餐席。

村里陆学华聘请五儿张学祥一组房屋建筑队去帮忙粉刷新建盖的正规红砖房。我村张学祥带领的这一队建房人员有6—7人,刚好合适。昨晚来找商定时间,今日粉刷房间已开工。

2015年12月29日　农历十一月十九日　星期二　阴雨

姑爷张会云、女儿张美芳承办女儿张全珍婚礼收聘婚礼金席,又称"压八字"。承办婚礼席,生活服务,苗习都喜欢在外边砌临时的灶便于饭席服务。阴雨天气,幸好他们是栽烤烟农户,所以备有大块塑料,拉盖起来,就解决了。

小结:这收聘婚礼金席概况是:来客126户,新郎交聘婚礼金5600元,苗习俗多少要退还新郎家一点作为情意,退还1000元,是新婚夫妇两方协商确定的。来赴席的这126户礼金总额13000元,做客席时间两天,餐席4餐。

2015年12月30日　农历十一月二十日　星期三　阴

婚礼席陪客天,收聘婚礼金席,特别是为自己儿女承办大小婚礼席的双方父母就自然形成陪客的又一主户。两天的陪客,能留下的远近客人不论多寡，都要尽自己的职责陪客，也是父母的一种享受，糖果、饮料、开水齐备。两天过去了，一是我们路近，交通和交通工具极为方便；二是尽是父母关爱之责，为儿女承办大小婚席的双方后人哥弟姊妹围绕火塘有说有笑，畅谈陪客。

小结：婚礼席反映姑娘、姑爷非常满意，觉得亲戚友人、邻舍、父母给予支持，自己做起事来有人关心帮忙支持。婚礼席代价为宰杀两头大猪、两头山羊，邻舍友人支持土鸡30只，为办婚席礼品、糖果、杂菜用品开支经费约6000元。苗民婚礼席，代价历年有增无减，规模有所扩大和增加。如：添婴儿席，求婚席，迎新夫席（女子有对象，新夫首次进新娘家要办迎新夫席，表示喜迎），不过这情况很少。

2015年12月31日　农历十一月二十一日　星期四　阴

村民建住房，村民龙学华聘请我村张学祥一组建房人员建房。他家亲戚建盖砌砖墙，砌砖墙完工后，事工多，1年之后迟迟不来扫尾工。建房主龙学华只好另行安排，所以就托本村的张学祥一组帮忙扫尾工粉刷房间、贴瓷砖，所以今日仍粉刷房间。工作方式是：冬腊月婚喜事多，工作方式就采取记工方式，便于大家日常工作。

小结：建房事工也是一种机遇，因为近段时间都是阴雨天气，不便开展农地工作，而粉刷墙壁房间迎来极有利的条件。建房事工既然接受了建房任务，每天凑有多少劳动力，都坚持工作。

2016年
村民日志

2016年1月1日　农历十一月二十二日　星期五　阴

记述村民张学祥卖自产的儿菜。日常生活中,我们常讲幸运机遇。是有买主因给张学祥家买过多次的儿菜,所以从电话上联系叫称儿菜拉运到狗街市他家销售。所以,五儿张学祥下午3点出车到东村中学把孙儿张恩膏接回家后,再拉运儿菜到狗街。从鸡街往下北方约还要走25公里,往返有50公里。销售情况是:300公斤,一公斤2元,共计600元。

2016年1月2日　农历十一月二十三日　星期六　晴

村民销售肥猪,有龙福祥、儿龙保罗父儿两户卖猪。情况是:父儿两户养有7头猪,也因着建房还差欠建房费,所以力求一些派道生路,完善建房工程尾工。今早吃早饭时候有人进村买猪,价格也合理也就卖了。7头猪平均给到2200元一头,共得15400元。

小结:他家去年建房,房造价据说是17万—18万元,估计还了三分之一,那么还差欠10多万元,估计会要3—4年的时间才能完成。只因着差欠建房费,所以1人跟随我们自己的建筑队长期在外打工,估计会有1万多元收入。

2016年1月4日　农历十一月二十五日　星期一　晴

家族婚席活动(涉及多村多户多人参与的婚席)。居住于寻甸县柯渡镇的肥草箐村民佺儿亲戚邀请去赴嫁女儿席。我家父儿5户14人乘坐4辆小轿车前去赴席。方向是东南方向,里程约有30多公里。我们下午3点出车前去赴席。5点我们赶到,报到交礼金后再吃晚饭,晚饭后我们乘车返回。

路道不论转往北方走还是往南方回来,都是通过昆明—轿子雪山国道高速公路。当我们的车子行驶至云南第二高桥时,桥头就立有建桥工程牌,由于车速快,一闪就过去了而未看明。到了大桥中段我们的4辆车都停下来欣赏大桥,拍照游玩。此时我是跛脚,走路一拐一拐的,艰难地往后桥头跑，我真是费了九牛二虎的力气跑到后边桥头的桥工程牌处，要看大桥总长几百米。牌上数字是：大桥全长756米。我下车那时也没有告诉人。此时我们闹了个笑话，老伴望着说，"可能老人发火（恼火）而往北方跑了（因为两方都可转回家），儿媳们快派一辆车子往后追上他拉回来，我们走马街方向。"当我折回时确实费力，幸好有3个苗族人乘坐2辆摩托车也是停车于桥中段欣赏大桥，当我走近他们时，他们又上车起动了。我便赶紧说："请带我到大桥那端，因我也是在这里欣赏大桥，我家人的车在那端。"这才解决了我的难题。当行驶到桥那端我家车队边时，我便说："谢谢你，到了，行了。"

小结：自己一生喜欢知识喜欢学习，今年已是74岁了。我仍是像个小孩子，对世间万物深感兴趣，心里渴慕广博知识。所以一般较大的事物、建筑我们都关注，我们所付上的也是大的。

2016年1月5日　农历十一月二十六日　星期二　晴

教会唱诗班对信徒家的婚喜事工作任务是参与祝贺，赠送礼品为贺为谢祝福祷告。有祝婚喜事任务，诗班在万宝山村教练诗、祝词献词。教练工作是诗班人员工作。

2016年1月6日　农历十一月二十七日　星期三　晴

村农事工作有所开拓发展。五儿张学祥今早收集我们销售余下零星的葫芦瓜称计合并，再下到田坝砍儿菜拉运到熟识人处去批发。情况是：他们在街市上多年共同销售蔬菜相识，人搞熟了，而时常按批发价卖给他们。明天是马街——北边方向轿子雪山方向，第一个街是鸡街，第二个街是狗街，第三个街是马街，需要物资常来电话联系，所以叫儿张学祥今天挨晚送去，儿媳整理至下午3：30时出车送货。

小结：儿女们的生计门路拓宽增多，里里外外忙碌。五儿本人就是承包建房的小领头人，粉刷墙工作在进行中，一组搞建房工资酬报是每天100元，而他放下建房事工去卖菜。儿菜约有200公斤×2元／公斤=400元，葫芦瓜200公斤×1.2元／公斤=240元，二项合计640元，收入就超出建房工资。

2016年1月7日　农历十一月二十八日　星期四　晴

记述村民搞住房。村民龙学华承包给本村建房一组粉刷墙壁、贴瓷砖、安围墙栏杆。已进行7天，每天能凑得几个人，因为一个组就那么6—7人联合工作。每天记工，到完工时计算。整个一幢房2.5层楼，承包金为18000元，现暂交了8000元，下欠10000元，待房子建好后补交。工序开展是：由于6—7人施工，一、二、三层楼房同时有人施工，房间粉刷，墙面贴瓷砖，安走道栏杆，搅拌灰泥，供灰泥，整个住房几种工序同时开工。

小结：建房工程已开展多年，每年有多处工地，建房已有基础，所以工作起来也很快。施工人员为早日完成，每天工作到晚。

2016年1月8日　农历十一月二十九日　星期五　晴

老人看病，鸡街平安医院有宣传元月8日免费给广大群众看眼病。原先五儿张学祥也要去看眼科，今早听说由于事多而不去了。我想，机会难得，老伴与我做伴，步行4—5个小时也要去啊。我刚走出村边就遇着三儿张学忠背一背草回来喂牛，问道说干什么？我便说，我二老人到鸡街看病。自己心里大作难，自己跛脚，刚痊愈，要步行这3个小时山路是否可胜任？我上到山顶车路边，三儿张学忠的小轿车开来了，就把我的大难解决了。他送我们老人上街看病，他又回家料理他的牲口。

看病也是一大难事，看眼科病人250人。我一到医院编号为122号，看病顺序已70多号，看病等了一天，到天黑时也只是80多号，很古怪！我们没有得看病，天黑人们都发慌了。此时管编号的医生看着我问我情况，我便把左眼失明到就是望太阳强光也是一片黑的情况告诉医生。医生回答说：既然是这样的情况，那么你就不要等了，没有希望了。我俩老人与儿张学忠联系，天刚黑时三儿的小轿车又来鸡街平安医院接我们回家。事未成功，又耽搁了一天时间，但心里有个明了，有个概念，这也好。

2016年1月9日　农历十一月三十日　星期六　晴

村民从事于搞住房、抓畜牧业管理，有的从事于收集土产品、蔬菜、红薯。村民张学祥、张约荣两户砍儿菜，准备明天销往鸡街市场。

记述五儿张学祥家砍儿菜。由于事工多，男的坚持搞建房，砍儿菜，就由我家婆儿媳凑得4个劳动力合力砍。工序是大叶、老叶掀开，只要儿包。从田坝背到山脚车路边来装上车，从山脚拉运上来。今日幸好是孙儿张恩膏周五放学回来，所以由他来开面包车拉运儿菜回来备好，明天销往鸡街市场。

2016年1月10日　农历十二月初一　星期日　晴

村民赶鸡街，很多人上市办理婚喜事物资，自己要承办的，要送亲戚的，变卖物资的，车辆出动面包车、小型手扶拖拉机、摩托车等。五儿张学祥拉运儿菜上市销售情况是：批发250公斤×2元/公斤=500元。

小结：情愿批发，情愿从低价格销售。儿媳智力很活套，不走大位就卖了，今日销售儿菜只是利用早上的时间，而中午12点又要赶上礼拜时间。礼拜程序：中午12:00—下午2:30散会（休会）。

2016年1月11日　农历十二月初二　星期一　晴

记述政府发放救济大米。我芭蕉箐村地处半山区，经济作物是洋芋、青豌豆果、三叶瓜、烤烟等6个品种，目前价格比较理想和稳定。耕地等几个方面制约着我村的经济发展，所以东村乡中芭蕉箐就算是经济发展的倒数第一名。东村乡政府领导一年中的5—6月（即五荒六月）和春节，发放一点救灾米作为弥补。春节东村乡政府安排给我村的救灾大米情况是全村52户，人口100多人，我们一个人口领到15公斤，就是一袋，全村数量也在两吨左右。

2016年1月12日　农历十二月初三　星期二　晴

记述五儿张学祥儿媳张秀仙卖儿菜。上早8：00我家父儿张正文、张学祥两户4人出车赶东村街。当我们出车上路时，有熟识人来电话联系，叫五儿张学祥家送200公斤儿菜去给住在狗街的一熟识人，明天运到寻甸马街销售。

中午12：00我们赶东村街回到家，儿媳二人、老伴也下到田坝砍儿菜。年轻人做事很快，他们不时就砍够，用面包车拉运上来。一便手要拉运到狗街供应，拉运到狗街得250公斤×2元/公斤=500元。

小结：建房施工每天以100元计算，放弃建房，销售自己的土产儿菜。儿媳二人一天就能收入500元，一人面上也摊250元，所以有外求的就供应，没有外求的就转入建房工作。

2016年1月13日　农历十二月初四　星期三　晴

记述我二老人卖猪。我们要价2300元，买主只给我们2100元，儿媳们也劝我们卖得了，合适了，所以也就卖了。

小结：我二老人养得4头大猪，奉献给教会两头。一头是用在5月31日建堂竣工典礼圣会使用；第二头是用在11月8号献堂感恩圣会使用；第三头自己前一段时间以1760元卖掉；第四头原先计划留做过年猪，想想100多斤的大猪，瘦肉吃得完，而肥肉怕吃不完，再说，人都喜欢吃一点鲜肉，腌腊肉也麻烦，也难于管理。变卖了以后，几时需要就上街买一点鲜肉就行了。五儿张学祥家也是这样想，所以今早也是卖了两头，以4100元卖掉，我家父儿5户今年试来个不杀过年猪了。

2016年1月14日　农历十二月初五　星期四　晴

果园板栗树管理。近年来，年时改变，雨水推迟，雨量少，受益的板栗树，土层浅的枯干了一些，还有些是已老化。所以需要改造，砍除一部分，让它从根部另长新枝条，促使能有新效益。

果树管理从冬季修枝打叶，春季正月改造嫁接良种，几乎是四季都有活计。自己是进入腊月就从事于管理果树，情况是果树多，只能是做得多少算多少。果树管理已是自己的一项中心任务和事业。

小结：果树板栗价格今年突然走低，树也老化情况不佳。

2016年1月15日　农历十二月初六　星期五　晴

教会圣诗班圣事活动。万宝山村民找请教会唱诗班支持他们的娶婚筵席。主要是：所要讨的新娘是信仰基督教的，所以要求按基督教传统举行祝婚礼。工作进行是：一队娶婚行队进村时，唱诗班排列行队夹道欢迎，表示欢迎和祝贺。

再次是晚间特为一对新婚夫妇举行婚礼为庆为贺。晚会上，唱诗班特为一对新婚夫妇献歌献词、送礼为庆为贺。主领人特为将进入婚姻家庭的新婚夫妇献上祷告，求主给予祝福和带领帮助。最后诗班人员与一对新婚夫妇相互赠送礼品为谢为纪念，会众唱诗祷告休会。

2016年1月16日　农历十二月初七　星期六　晴

村民变卖肥猪，龙兴祥妻张美花今早吃早饭时候变卖大猪，头数有5头，每头讲定1360元，5头×1360元／头＝6800元。由于村上没有上猪台，所以只要讲好价赶上车就行。

另有村民张学祥仍是销售儿菜，是昨天儿媳婆二人用去一天的时间砍好，拉运回家，待今天鸡街天一早拉运上街销售。由于事工多，每天都搞建房，所以一般是拉运上街批发给他人销售，自己赶回家搞建房。儿菜称计数量有300公斤×2元／公斤＝600元。

小结：村民里里外外事工很理想、有希望，有建房事工，都是从事于抓经济，迎来满满的一年。可惜村里这光景不多，约有40%的农户有好景。

2016年1月17日　农历十二月初八　星期日　晴

教会年关工作总结，承办献堂、感恩接待生活服务代价是：

1. 教牧信徒奉献肥猪10头×2000元／头＝20000元
2. 为感恩献堂乐捐伙食：15000元
3. 教牧信徒为当天赠送来客、堂点礼品：15000元
4. 奉献山羊6只×2000元／只＝12000元

4个项目：62000元

小结：历年感恩节奉献肥猪以及乐捐伙食金额约30000元，而今年考虑献堂感恩同庆，所以代价必然会大过历年。所以教会必然要向会众做些动员，让全体信徒共同负担献堂圣会生活任务。以上的乐捐经费数目全体教会教牧信徒高兴满意。

2016年1月18日　农历十二月初九　星期一　晴

教会三年建圣殿工程规模代价是：拆旧开工于2012年2月13日，旧历正月二十二日，星期一开工，于2015年11月8日献堂庆典，建堂历经三年零两个月。建圣殿钢筋、砖块、水泥、各种瓷砖、窗帘、地板砖、喷漆等总共用去40多万元，内设备10万元，建筑小工10万元，总共合币60万元，也就是造价。

小结：三年时间的建造圣殿，造价达60万元，圣殿的式样是以罗马柱系列豪华式样建成，让人们都感到不可思议、不可能。雄伟壮丽美观式样，成了今日教会的神迹奇事。

2016年1月19日　农历十二月初十　星期二　晴

自己从事于板栗园管理。栗园有老化倾向，补救方法就是修枝打杈，

必要时砍除上部，让它另长新嫩枝而挂果更新，有益增收。工作进行中，由于树大树高，工效就慢一些。一时做不完，逐年改造，反正果园工作是长期事工，时时抓，年年做。

管理果园小小事工，难度是分布广，分为山脚、山腰、山顶，村中又分为三个片区。所以自己力量实在有限，难以按质按量按时完成，只有本着农夫之责，尽上自己所能，完成多少算多少。计划整个腊月在果园修剪。

2016年1月20日　农历十二月十一日　星期三　晴

记述三儿张学忠今早卖小猪。母猪领得5只，小猪昨晚刚刚隔开，今早就有上村麻栎树村人下来买小猪。小猪本来要养到20公斤才卖，街市价活猪一公斤25元，只因是熟识人，人家需要也就卖两小头给人家喂。由于猪小，刚刚隔开，所以我们要价活猪一公斤30元。两小头称计得22公斤×30元/公斤=660元。

小结：对饲养猪的议论，我们鉴定，不喂猪了，很费粮食，饲料又高价。同时又下结论说：养猪虽然不找钱不赚钱，但是一个农人家，也是养猪靠猪，不养猪就连这2000—3000元的基数都没有，所以农户的基数还是要养猪，代价再大，农夫出路就靠养猪为生。

2016年1月21日　农历十二月十二日　星期四　阴

参与县人民代表大会。四儿媳王凤仙参与县人民代表大会，已参加3年的县代会。2016年的富民县人民代表大会今日已召开。据通知，会议议程4天，或是往返来回4天。早上四儿张学德开出小轿车送四儿媳到东村乡，政府统一安排车子送县人代会代表参加会议。

小结：富民县人民代表大会，我们东村乡苗族妇女代表万宝山1人，石桥村委会芭蕉箐村的王凤仙等2人，是人民政府和人民给的荣誉。我们能和祖国大家庭共商国家大事，是党和人民政府给的荣誉和光荣。

2016年1月22日　农历十二月十三日　星期五　阴

记述张学祥拉运儿菜到鸡街销售，几乎全年都是只卖批发价。今日称计得200公斤×2元/公斤=400元。只因是五儿媳张秀仙一人昨天下到田坝去砍儿菜，所以数量就少。利用早上的时间把儿菜卖了。

吃过早饭，中下午时间又转入建房粉墙壁。由于建正规砖房，所以分为一、二、三楼，房间也多，4—5人已粉刷了一段时间。砖房墙面的瓷砖已贴完，栏杆也安好，几天的时间集中精力粉刷房间内的刮白。据说，很快就能粉刷清白完工。建房事工任务多、人员少，所以建房工人每天早出工、晚息工，力求早日完工。

2016年1月23日　农历十二月十四日　星期六　雪

果园管理，砍除干枝、寄生草、老化旺枝。又修剪了果树，又砍获很多烧柴。约中午12时，先是天下起小细雨来，霎时就转为下起雪来。我们先是坚持工作，工作一时，雪下大了，天气又加冷起来，我们就只好放弃活计而息工。

天冷下雪有利于搞建房，建房一组是不论天晴下雨都在房内贴地板砖、粉内墙壁，都有活计，天虽然冷点，但人比较安心。又幸好是房外边的瓷砖刚贴完而转入房屋内粉墙，贴地板砖，就不受下雨下雪之影响，这就是机遇。

2016年1月24日　农历十二月十五日　星期日　冰雪

教会聚会礼拜活动。冰雪天气给附近周边的自然村信徒造成一定的困难。就是通车路村寨，车路也已被雪埋没。信徒只得步行艰难探路摸索而来参与聚会礼拜，冰天雪地显出信徒的信仰的真诚。

有一年轻妇女即从万宝山北面大山远道下4.5公里赶来参与教会礼拜。她第一个来到礼拜堂。这样我们看见这位年轻妇女信仰的真诚，什么难处都难不倒她。冰雪天气，上坡与下坡，人都情愿上坡。山高路陡每下一步路都会滑倒,可见她付出很大代价走到我们中间来,这给我们很多人做了榜样和鼓励。

2016年1月25日　农历十二月十六日　星期一　冰雪

为儿女承办婚喜事。四儿媳张学德、王凤仙为长子张良承办订婚交聘婚礼席。苗习又称收聘婚礼金席,只是新娘父母那方承办,又一含义酬谢媒人席。求婚、交聘婚礼金,都必备重礼,糖果、雪碧、啤酒、鸡蛋、汽水,每样礼品必须成双对,尽情愿意表达情意。至于交聘婚礼金,是安排6600元,亲家方为表达恭心退1000元还我方表示谢意。

小结:今晚的收聘婚金席,礼席上有吃鸡头、爪、翅、腿为享为乐。并商讨婚嫁娶日期。通过双方有关人士以及会众审核同意而确定照办,完成了订婚礼的第二步工作。

2016年1月26日　农历十二月十七日　星期二　冰雪

我家父儿张学忠、孙儿张荣光两户宰杀过年猪。时间挨近春节,今日已是十二月十七日了。挨近年关事工也多,到冬腊月婚喜事也还没有结束,因为要待大中小学放假,亲戚友人的婚喜事要学生们放假回家陪伴新婚夫妇作陪娘和陪郎,苗家婚喜事故意推迟到腊月来进行道理就在此。另外挨年春节,苗家习俗都喜欢请客过年,所以说,年关事工也多。

小结:我家父儿5户只有两户计划杀过年猪了,原因是可能肥肉吃不完。再说,自己吃的或是使用工用的,一般都是喜欢吃鲜肉。所以今年我们都把肥猪变卖了,自己需要时又上街购买,想来会方便。

2016年1月27日　农历十二月十八日　星期三　晴

村民承办婚喜事,有侄儿张学会为长女张秀敏婚事忙于宰杀鸡猪。大猪3头,他家4哥张学才支持1头,就有4头猪;鸡30多只,是街上订购。是说好,叫今日送到家里来。办婚事的侄儿张学会事工也是比较多。幸好是自己哥弟姊妹亲戚友人本村和外村都主动前来协助帮忙，劳动力凑得10多人联合工作。由于事工多，10多人整整忙了一天，帮忙人员早饭和晚饭都由主人家统一就餐。

小结：山村民族腊月婚喜事多，杀猪请客也随着多起来，今日我村就有侄儿张学会忙于给长女张秀敏办讨姑爷席准备工作。又有村民杨天友杀猪请客，他们两户各忙各的事务。

2016年1月28日　农历十二月十九日　星期四　多云

村民进行婚喜事，侄儿张学会给长女张秀敏承办讨姑爷婚席。是到嵩明县细台子苗寨讨姑爷。由于车子座位少，计划讨嫁两方人员乘坐，以及拉运嫁妆衣物用品等。所以出1辆四缸车、4辆面包车、1辆轿车前去拉运。由于婚嫁礼品随着人们富裕而逐年多起来，所以在准备上已用去整一个早上的时间，一直忙到下午1：50时才出发前去。

小结：婚事，讨姑爷，应该是很少或是没有，竟会逐年多起来，或许会有一种关爱思想，出于关爱而这样做。比如有很多人也是独姑娘，人家也没有讨姑爷。我们要尊重客观原因，比如要成婚的两夫妻，要考虑哪一方经济资源招得开，发展有思路，这就是必须尊重的客观原因。成婚后也要富裕得起来。

2016年1月29日　农历十二月二十日　星期五　晴

村民婚喜事同属亲戚，两村各一户同时进行。记述上村柿花箐王继光执事讨儿媳妇情况是：来客377户，礼金达5.8万元。

晚间安排特为一对新婚夫妇奉主名举行祝婚礼，就是有关婚礼圣经的教导，主持、读经、讲经、祝婚、祷告。都以圣经为教导举行婚礼教导和感恩。诗班人员特为一对新婚夫妇献上歌舞蹈作为祝贺。

下村芭蕉箐侄儿张学会家的讨姑爷席情况又是：来客161户，协助礼金达23000元。姑爷带回娘家的嫁妆是3头黄牛、12只山羊和多件家具衣物。

小结：苗家婚习俗，嫁妆礼品有增无减，这是表明社会的进步，人们生活的提高富裕。

2016年1月30日　农历十二月二十一日　星期六　晴

苗族婚喜俗之娶婚席。娶婚席的第二天又称为陪客天，新婚夫妇出车到野外欣赏自然山景风光，游玩活动，也是享受娱乐食品活动。就是从家里带出肉食到野外烧烤而尽情享受娱乐。我芭蕉箐今日的游玩活动情况是：不但是新婚夫妇的行队，就是村中的已婚中年妇女也踊跃参与喜乐游山活动。情况是：交通和交通工具便利，所以多人乘坐一辆大车，部分人员乘坐摩托车到野外石山地游玩。可能他们游玩得很开心，所以中午12点出车，回来时已是下午5点了，也就是吃晚餐了。

小结：新婚夫妇这种游山玩水习俗也玩了多年了，应该有所改变，比如出车到款庄参观云南第二高桥（是国家重点旅游事业建设）等，或是参观附近集市场，吃一点零食等。

2016年1月31日　农历十二月二十二日　星期日　阴

村民活动。今日有斗牛活动，村民中的喜好者，有的就赶着自己的斗牛前去欣赏和参与斗牛。有的乘坐摩托车前去看热闹。

2016年2月1日　农历十二月二十三日　星期一　阴雨

记述我村建房小组（搞建筑）今日恢复搞建筑，由于婚喜事多，有客席就转入赴婚喜事，过后又转入建房工作。原想年前把村民龙学华承包给张学祥建筑一组，粉刷、贴墙面瓷砖、地板砖、安栏杆等工程完工，只因有客席耽搁，所以尽量努力，年前完不成，开年后再完成。

小结：从事建筑，虽然没有投师，由于已长时期从事于搞建房工作，从实践中学习，所以已是日常工作了。而且多人是多面手，操作电脑也是他们的工具，摄像、制作碟片也是高科技工作，年轻一代真是时代工人。

2016年2月2日　农历十二月二十四日　星期二　阴

自己上街卖核桃。历年卖核桃，潮核桃一般都能卖上一公斤12元，今年由于板栗、核桃价突然走低，我就干脆留到过老年再卖。今日有机会上街，因三儿张学忠今天到石桥村委参加林业会议，昨晚得知消息就给他说，"顺便协助我拉运一点核桃上街。"他自己又折回石桥村委会参加林业会议。我们一到街上就有人给价一公斤10元，中午也是给价一公斤10元，自己无奈也就卖了，称计得45公斤×10元/公斤=450元，是多人买。随后很多人也来问："还有没有？"我便说："没有了，只有等明年了。"

小结，核桃价走低，我的核桃又泡又干，谁人见了就不放了。我的要价也低，本来可以卖一公斤12—13元，我原来是要一公斤15元，而老伴人家每公斤给上10元也卖了，少卖一两百元自己也不计较。

2016年2月3日　农历十二月二十五日　星期三　晴

村民赶鸡街。过老年只有4天了，而且第4天就是春节，所以很多人都上街买过节礼品肉食。鸡街7天只有一个街，所以上街的人就比较多。还有一部分人员上街是开始卖药材了，有侄儿张学光就是卖药材，是栗子树上的寄生草，重量约有15公斤×10元/公斤=150元。

张学祥家是卖儿菜，昨天从田坝砍回来，就有电话叫拉运上街（鸡街镇）批发给熟识人。所以就一便手拉运出去卖了，不必等到今天街子天。每一车拉运出去都是两三百公斤，至少昨晚也拿回来了300—400元钱。

小结：鸡街天可说是自由市场，一年四季一般不堵车，车辆管理只是年关春节管几个街天，极利于人民活动。

2016 年 2 月 4 日　农历十二月二十六日　星期四　晴

村民杨光才砍柴,是因到正月十八日要给长女杨秀英承办收聘婚礼金席,所以今日找村邻友人帮忙砍烧柴。是到山顶砍山上已干了的冬瓜树。用油锯断成短筒子,用一辆农用车拉回家再慢慢砍成柴块。他家今日砍柴的任务主要是上山砍好并拉运回家,待另一天再找工破劈块柴好烧。

小结:苗家婚喜事近代往往推迟到腊月和来年的正月,原因是一对新婚夫妻的陪郎陪娘涉及亲戚的子女,他们还在校念书,要等到学校放假回来充实人员。再说很多的父母情愿儿女能参加婚筵席享受和欣赏,所以苗家婚筵就推迟到腊月和正月学校放假。

2016 年 2 月 5 日　农历十二月二十七日　星期五　晴

儿媳张学祥卖儿菜,男的搞建房工作。砍儿菜只是儿媳张秀仙、孙儿张恩膏二人,孙儿张恩膏把面包车开到山脚田坝田里砍儿菜。老伴先下到田坝里背菜叶回来喂猪,收满一背箩,刚要背上来,儿媳家的车子也下到山脚,老伴也帮助儿媳砍儿菜。用去一天的工夫,3 人约砍得 300 公斤。也是在狗街的熟识人从电话中联系叫今日砍好,并挨晚送到狗街,明天到马街市场销售。儿媳照人家的要求送过去。路的里程一个单边至少有 30 多公里。人家的需要,自己的生计也就不计较,也就送过去,经济效益收回 600 元。

2016 年 2 月 6 日　农历十二月二十八日　星期六　阴

村民碾压糍粑。明天是腊月二十九日,也就是过老年了。四儿张学忠担任本村的村主任,所以在喇叭上通知借着今日全村到我家这里来碾压过年糍粑。今日工作情况是:全村有 52 户,约来了三分之二的户。还有些没有来碾压的农户,可能是自己碾压,可能做客去了,可能是街上买了,可能是没有条件不做了等等。

小结:作为小村主任,要有顾全大局,关爱全体村民的生活的思想,也就是为人民服务的思想，这也是多人盼望的高尚思想，也在山村民众中实现。

2016年2月9日　农历正月初二　星期二　晴

苗民过年正月初一、二的游玩活动。我村民大部是信仰基督教，所以正月初一就放弃游玩活动。而今天又不约而同补游玩活动，吃过早饭，再从手机电话相约："某某，走，我们捕捉猎鸟玩去。"只要有一人相约，就会有家族友人5—6人响应，自然赶到村民集中场地教会场院前来候车集中，而出车人员也就主动承担车旅耗油费。今日的游玩活动，张学祥出动一辆7人乘坐的面包车，孙儿张约荣出动一辆5人乘坐的轿车，约有11—12人乘坐两辆车子前去游玩。是到北边宜郎坝子游玩。

今日又是鸡街天。另有生产游玩活动结合，张学德昨晚砍好儿菜，一早拉运到鸡街天搞批发，是刚刚试销，所以随便砍一点。到街市上称计得100多公斤，价仍是以每公斤2元计算，得200多元。

2016年2月10日　农历正月初三　星期三　晴

我家父儿张正文、张学忠两家从事于嫁接板栗树，是因一部分板栗树出现老化，需要改造和改良。本树原已是良种，就砍除上部，根部留桩1人高让它另长嫩枝，仍挂果受益。原树品种不佳，就砍除上部另嫁接上良种。如果新嫁接的枝条成活率低，就待第二年再重新嫁接。腊月、正月就是嫁接果木树的良机，也是喜好嫁接果木者的一项中心工作。今日嫁接板栗树是第一天。

小结：板栗也是一项基础产业，不论是株数、经济效益都形成一项主要产业。虽然板栗价格今年突然走低，来年收入是未知数，但是我们应该事事打主动战，争取更大丰收。

2016年2月11日　农历正月初四　星期四　晴

村民龙兴祥妻张美花为儿龙荣富承办求婚席。所以我家儿张学全、张学祥，孙儿张荣光、儿媳王凤仙和村中的年轻人都前去帮忙办筵席请客。一个村寨有个习俗，我们村寨喜欢晚饭吃早一点，所以煮饭人员争取晚5时吃晚饭，来客约有25桌人。

小小的求婚礼，来客62户，来客送礼7000元，村民龙兴祥、妻张美花生活待遇安排3餐。远客一般只吃一餐就走了，所谓三餐只是本村人员和帮忙人员。

2016年2月12日　农历正月初五　星期五　晴

村民张学全为长女张多加承办接待求婚媒人，是求婚媒人先已确定：某月某日我们准时到你家里来求你家长女给我家做媳妇。求婚新夫妇已有初识，双方也表示愿意，那么双方父母就得尊重儿女的婚事服从照办。作为女青年一方的父母得为哥弟家人的熟客4—5人承办一两餐席饭筵客。今日东村街，主户张学全就父子母女4人乘坐小轿车上街买小菜和一些用品回来招待客人。

小结：婚事待客不同上述求婚席，只是家人接待来客，也是家人表示欢迎来客的意思。

2016年2月13日　农历正月初六　星期六　晴

记述村民销售儿菜。到市场销售蔬菜时间长了，所以市场熟识人也多，所以从事于销售蔬菜人员时常从电话联系叫五儿张学祥砍儿菜送去供应他们。砍好，自己有车子就主动送去供应，将就人家同时也做好自己的事工。每次去都保持在300公斤×2元／公斤=600元，我们也情愿送去，也情愿做批发。

另一事项，就是我孙女张多加有熟识朋友来求婚。因孙女张多加在昆明工作，求婚日子定于正月初六，就是今晚。孩子们只要两方情愿，作为父母，我们也只好照办，协助承办。所以大儿张学全、儿媳王秀英为我家父儿媳 5 户和外爷父外婆和来客（求婚媒人一行 3 人等 22 人）做迎客席饭。

求婚媒人和求婚孙夫是从宜良县来的，他们都在昆明工作而相识。来客从他们家绕道从昆明顺昆明—轿子雪山大道下来，一个单边的里程 164 公里。

2016 年 2 月 15 日　农历正月初八　星期一　晴

村民张学德拉运儿菜到鸡街销售。昨晚砍回来 150 公斤，今早拉运到鸡街市场销售。按零售价每一公斤可以卖得 2.50—3 元。哥弟几个都是情愿一公斤 2 元做批发，图快又省时间，每一公斤只卖 2 元，今日可以拿回来 300 元。

小结：由于农夫工作繁多，亲戚友人也要相互帮忙。栽下儿菜却没有充分的工夫管好。种儿菜也讲究，想要获得较好的效益，也要尽上一些努力，这是一方面的因素。

2016 年 2 月 16 日　农历正月初九　星期二　晴

我家的儿媳，张学忠妻龙珍秀、二孙女张甜甜、张学德、妻王凤仙、孙儿张良等 7 人乘坐 2 辆轿车早 7 点上昆明市购买花裙料子回来做苗家服装，用于承办苗家的婚喜事用品。

说明：来年我家父儿 5 户就有讨儿媳婚席，也有出嫁女儿的婚席。苗家的婚席俗，不论讨媳妇，还是出嫁女儿，双方办喜事的两亲家和双方的老人都要赠送衣物为送礼、为谢意。

要给儿女承办婚事的农户从正月就得忙起来。看人多或少，力求早日完成，所以两家儿媳今日上昆明市就是购买衣物、花裙料子，从现在正月农闲季忙起，买是便利，特别是要自己一针一线做的就慢。

2016年2月17日　农历正月初十　星期三　晴

芭蕉箐教会所管辖的万宝山聚会点今晚有事工研讨会。就是有关小组聚会点的礼拜房建造年代已久，加之村上的文化室也是与聚会点并排一个地平线，需要重建一下与现代社会适应。他们本村王兴仁执事有所设想，告知本教会，叫今晚教会教牧人员，诗班长王子免到万宝山集会点参加晚间礼拜，并作建礼拜堂的要义讲道，也作动员说明，统一思想。教牧一组人员张正文、张学德、张学祥、王继光、张秀敏、王子免、龙秀英7人参加了晚间礼拜和作了有关建殿的要旨说明和动员。

小结：问题，他们户数太少，只有7户。这是一个基数，当然大教会不会袖手旁观。一项什么建设，基数就是要本村人力物力强大，教会在施行中就会轻省些。

2016年2月18日　农历正月十一日　星期四　晴

村民从事于嫁接果木。全村约有40%的农户已重视果木的培植和管理，所以嫁接果木季节，已是村中的一项中心工作。板栗树与核桃树各占50%，目前收入板栗必然高于核桃。

今日我家父儿5户，张正文、张学全、张学德、张学忠4户都在改造果木树和修剪板栗果木树。只因树大，数量也多，所以在进行改造中比较费力，每天只能改造4—5棵。又是一便砍成年烧柴，这也是一举两得。又修剪了果木，又砍好3年烧柴。工作在进行中。

2016年2月19日　农历正月十二日　星期五　晴

记述村民龙学华建厨房。是去年和今年尽上最大努力把正规砖房建起来。正规砖房造价是10万元，建房规模工程设有一楼、二楼、三楼。粉刷、贴墙面子、地板瓷砖，扫尾工程承包金额达18000元。本村建筑组组长：张学祥，一组人员6人，尽上最大努力已在老年那边完成了此项粉刷工程。据说：粉刷工程每个工摊110元。

村民龙学华为住进盖好的新砖房，几天中忙于拉运建厨房料子，拉够就利用昨天和今天把厨房一便砌好。粉刷、浇地板和粉墙壁还得要几天的工夫。

2016年2月20日　农历正月十三日　星期六　阴

村民砍儿菜，有张约荣、张学德、张学祥三户砍儿菜，每户出动劳动力2—3人合力砍儿菜。经一天的努力，每户约砍获200—300公斤，价值会有400—500元。一户是在山脚田坝砍，两户是在我村对门田块里砍。

小结：今日砍儿菜其中的一户就是张学祥。概况是，因儿菜是栽于山脚田坝里，今天是砍的最后一次了。

销售情况是：他家是栽培蔬菜最早，较为成功的一户。田块是给堂哥张学道承包的1—5工，也就是一亩多田块。销售蔬菜早已拿回来10000多元了。成功可能和菜种子的选购、撒育菜秧、栽下田间管理、施足肥料等都有很大关系。

2016年2月21日　农历正月十四日　星期日　晴

我村民销售儿菜，有张学德、张学祥、孙儿张约荣三户拉运儿菜到鸡街市场销售。今日情况是由于大量儿菜上市，所以只好是自己零售，而且零售都只卖一公斤1.50元。

小结：我村今日三户拉运儿菜上市销售，据说3户每户销售儿菜得400多元，所有上市的儿菜到晚已是全部卖完。经验总结：来年撒儿菜秧要撒早一点，服侍措施、管理工夫也要跟上。是根据张学祥儿菜卖得1万多元的经验。

2016年2月22日　农历正月十五日　星期一　晴

正月十五是传统元宵节，民族村乡人民仍有少量走亲串友活动，团聚分享关爱。我家孙儿孙荣光、妻朱艳琼以及小妹 3 人乘坐小轿车到东村街接外父外母到禄劝县西龙探亲过节。

小结：苗民过传统节日，年节探亲活动，不论里途远近，交通和交通工具大都可以自理和解决了。这是迎来一个新的局面，特别是一两年内改变较大较快，苗族村寨的购置力都似乎在竞争。如我村 46 户，全村面包车、小轿车就有 12 辆，平均 3 户就摊一辆面包车，按现有车辆状况，我们芭蕉箐附近的几个自然村，我村就算为前列了。

2016 年 2 月 23 日　农历正月十六日　星期二　晴

村民嫁接果木树，有的是改良板栗良种，有的是修枝打杈。有的果树由于老化就砍除上部，根部树桩留 1 人高让它从根部另长新嫩枝而重新挂果，发挥效益，此时干脆嫁接上良种。本树如果是良种，就不必再嫁接，让它另长新嫩枝，第二年就仍可以受益。

我自己的事工是嫁接核桃树，数量只有 20 多棵，其他的核桃树几乎已长成大树了，这 20 多棵是失塘的后补栽的，所以利用今天的时间嫁接一下。由于是零星，所以从山腰嫁接到山顶片区，也是用了一天的工夫。

2016 年 2 月 24 日　农历正月十七日　星期三　晴

村民杨光才为长女承办聘婚收礼金席，时间定于正月十八，是明天。所以今日就为明天收聘婚礼金席宰鸡、杀猪、洗鱼、做菜，忙碌工作。帮忙人员就托本村的熟识友人帮忙。此种情况多年已形成风俗，就地取材，男女 20 多人协助帮忙。早上宰杀猪帮忙人员有二桌人吃饭。吃过早饭后，远近的亲戚友人再出动一些人凑有 20 多人。帮忙的妇女事工也多，一天忙于洗碗筷、洗菜、炸鱼等。炊事工作都靠半边天的妇女来协助。

2016年2月25日　农历正月十八日　星期四　阴

村民杨光才承办接聘婚礼金席。只因昨晚下了一夜的雨，就影响今日的炊事工作。幸好，从早上雨就停住了，就仍开展炊事工作。苗家婚喜事工作都是喜欢在外砌临时灶做饭，方便招呼来客。防备有雨，头上拉起大块塑料纸以便工作。收聘婚礼金席概况是：来客90户，赴席客人送礼总金额9000多元，新郎交聘婚礼金4600元。

小结：由于社会进步和发展，人民生活提高，所以苗民的婚喜事规模有所扩大和兴起。比如，生一个孩子，有的就要办祝婴席（俗称送祝米），或小孩都要过生日（注：多半是孩童相约搞起玩意来）。

2016年2月26日　农历正月十九日　星期五　晴

村民杨光才办收聘婚礼金席，今日是陪客天。近处的，就是附近的几个村寨的来客吃过早饭回家工作。下午4点又乘车下来吃晚饭。主人家也是这样要求。亲戚友人的情况也是这样付出，来客也应是尽情享受主人家的招待和情意的关爱。

游闲的儿童，男女青年还组织游玩活动，欣赏高地自然风景，饱享人间关爱。帮忙人员要尽上两天的服务义务工作。晚饭就餐也是一项服务工作，消夜吃米线都由这些帮忙人员服务。工作进行中有一好特点就是，吃过饭后，本村妇女七手八脚地自动出来帮忙收拾洗碗筷、擦桌子，直到收完，已成风俗。

2016年2月27日　农历正月二十日　星期六　阴

记述儿媳们卖儿菜。昨天几家都砍好要上市的儿菜，今日拉运到鸡街市场销售，街市摊位拥挤，所以天亮明时必须到街才能争到摊位。

销售儿菜是：张学德、张学祥、张约荣三户。每户儿菜重量约有300公斤，300公斤×1.5元／公斤＝450元。价低一点都情愿批发，做批发一称称计而付钱，回到家只是吃早饭时候，白天仍然可以进行其他的工作，一举两得。显示车子的优越和种植蔬菜已走出一步。

2016年2月28日　农历正月二十一日　星期日　晴

今日的礼拜聚会。新时代年轻工人不论是崇拜程序、讲道、预告下周工作还是报告，什么事工都已应用电脑在银幕上向会众公布。讲道，教会工作人员把今日的讲道中心总结出来了，并在银幕上放映公布示众。一是方便；二是必然提高听众的接受能力；三是显示基督教的科技也不落伍；四是教会年轻讲道同工比我们老一辈又更长进了，因为懂得利用电脑，也应用于教会文字工作，摄像制作影碟片。

建房事工自己设计，绘图、施工都有一套本领。万宝山村的聚会点的礼拜堂需要重建。五儿张学祥今日主持礼拜，休会时把万宝山村要建的礼拜堂两个式样，一个造价3万元，一个造价5万元，放映在银幕上让大家定案。大家反映都很好，苗民教会将迎来新的篇章。

2016年2月29日　农历正月二十二日　星期一　晴

村民送儿女上学，学前班分为祖库小学校园、小松园文昌幼儿园，小学校分为祖库小学、东村小学和东村中学。家长也只好是自己各人送孩子往这三个校园地复课。时间是吃过早饭后，村民陆续按各自时间送孩子上学。

小结：社会在飞跃发展，我们老人识几个字现在都算为文盲了，因为不懂电脑，也不会利用手机查找字。电脑利用的范围太广了，所以学文化显得越来越重要。

2016年3月1日　农历正月二十三日　星期二　晴

村民为来年婚喜事已在做准备，有张学全为长女张多加出嫁。四儿张学德为长子张良结婚而预备菜件。哥弟相互帮忙。三儿张学忠昨晚开出大车下到南边山脚还记得村的贩子李天宝那里买两头黄牛，大儿张学全这一头合价2800元，四儿张学德这一头合价2900元。

小结：苗家婚姻习俗很简单，几乎是有什么吃什么。而现在就实在不同了。办婚事的筵席的吃肉，主菜都是猪鲜肉、牛肉、羊肉、鲜鱼、鸡肉、鸭肉等菜，小菜杂菜还在外。今年王继光（教会执事）办讨儿媳妇筵席，据他自己说，准备用4万元来办，苗民办筵席真是一浪高过一浪。众民也只好跟着形势跑。

2016年3月2日　农历正月二十四日　星期三　晴

村民碎糠。张学忠、张学友两户利用白天碎糠，时间进入冬春季节，养殖牲口的农户饲草就靠碎苞谷秆，喂黄牛、喂马。不是今天碎糠，而是长期要碎，因为一边碎一边就喂了，要一直喂到5—6月有青草。牲口数量多的5—6头黄牛，数量就多要。

小结：村民养牛，两种情况。一种情况只是养有耕牛一二头；一种情况是包括耕牛、闲牛一群5—6头；另一种情况，就是买小牛，喂上一年后就可以变卖，得利都在几千元，立为一项行业，这样喜好的我村有4户，这样饲草就更多要。

2016年3月3日　农历正月二十五日　星期四　晴

村民张约志今早吃早饭时候卖小猪，价格双方讲定活猪一公斤27元。张约志他家不称，只是作评估，每小头要价800元，买主每小头给750元，叫每小头让50元，他们还是卖了。4头×750元/头=3000元。

小结：猪价走低已是5—6年时间了，现在已上升，小猪又显得较少。孙儿张约志卖4头小猪就得3000元，这机遇也是难得。村民经济收入，唯一就是变卖大小猪，有的户数，牲口多的变卖大牲畜也是理想。其次是种植蔬菜成功的，也是找钱，不过也是少。总而言之，村民各有自己的优势。

2016 年 3 月 4 日　　农历正月二十六日　　星期五　　晴

村民销售儿菜。四儿张学德儿媳王凤仙也是拉运儿菜到鸡街销售。上市的蔬菜，儿菜就多一点，所以自己只是作零售了。每次上市的儿菜数量都能保持 250—300 公斤，价也只是保持一公斤 1.50 元。由于价格松了一点，所以每一户每天销售的儿菜只保持 400 多元。

小结：上市儿菜市价大多数每公斤虽只能卖 1.50 元，但是每棵儿菜重达 3—4 公斤，那么一棵菜也值价 4.50—5 元了。俗话说：卖得起，买不起。由于栽种于田坝，又放得上水，儿媳们栽出来的菜是太肥了，太爱人了。四儿张学德的儿菜是时间迟了一步，来年时间再提前一步就卖上价了。

2016 年 3 月 5 日　　农历正月二十七日　　星期六　　晴

教会开展学习活动，教会牧养工作要跟上形势，满足信徒的需求，所以教会布置一项学习圣工。所确定的是：教牧人员，诗班长正副组长以及愿意的信徒人员不限，一个季度集中学习一天。时间定于一个季度头一个月的星期六这天。

2016 年 3 月 7 日　　农历正月二十九日　　星期一　　晴

村民农事活计从事于进行农杂活，主要的一项是从山顶耕地把苞谷秆草用大车、小型手扶拖拉机拉运回家碎糠。其次，大部分村民从事于清除耕地中的杂乱干草，理成小堆便于烧除，整理好，待点种时机。

我们自己的事工是从正月初起一直忙于管理板栗果园。就是修枝打杈。有的是断高枝，重新嫁接；有的是砍除高枝，树桩留下一人高让它另长嫩枝而挂果（指本树是良种的）。今天是正月二十九日了，明天是正月三十日，从事管理果园我们二老人整整忙了一个月了，还改造不完，明年应该是从腊月二十日就动手干这一项工作。

2016年3月8日　农历正月三十日　星期二　晴

嫁接桃树。正月从事嫁接板栗树，今日利用一天的时间嫁接桃树。桃树成活率低，嫁接一天成活几棵算几棵。嫁接桃树用于自己享受，加之教会中心必然会有来客，接待来客必备水果。目前已嫁接有香梨、杨梅、板栗、桃子等4种。所谓自己用是：农地锄草时都要吃用一些，加之供给自己在高寒山区的亲戚。

2016年3月9日　农历二月初一　星期三　晴

村民王继光执事的建筑队已从事于搞建房工作。本教会管辖的万宝山聚会点，他们本小组以及教会领导已确定开了年后需要重建。原建的房时间已久了，也不规范。他们本小组乐捐得1万多元，本教会也乐捐得2000多元。

教会委托王继光执事想办法支付一下，就是请他想办法支垫建房材料费一下，他们本村和大教会逐年乐捐款还给他，所以建房已动工几天了。五儿张学祥是技术木工，建房工地需要他参与指导，建房式样也是学祥设计绘图，所以我村唯有学祥参与建房。由于交通和交通工具方便，建房人员早出晚归，住宿各自家里。

2016年3月10日　农历二月初二　星期四　晴

村民农活事工，多户是碎糠。一部分农户是把苞谷草拉运回家后再碎，一部分是干脆把碎糠机拉运到山地里碎。我家大儿张学全就是把碎糠机拉运到山脚地里碎，计划今天明天用两天的时间碎完山脚的苞谷草。

吃早饭时候又变卖了两头肥猪。我们要价是4560元，买主只给4300元，我们仍要4560元，我们并说少了这个价我们不卖，买主想想还是买了。我们把猪赶上车后，买主才付钱给我们。

小结：猪卖成了，也是一种幸遇。有时，猪就是值那点钱，但是他人就是不给，无奈少几百元也卖了。猪卖成了我们就乐了。

2016 年 3 月 11 日　农历二月初三　星期五　晴

村民继续碎糠，养有牲口的农户几天中都继续坚持碎糠。张学全家昨天和今天已碎了山脚的苞谷草，叫三儿张学忠开出大车下到山脚把碎好的糠包拉运上来，两天的工夫碎得一大车。

小结：很多农户都喜欢把柴油机搬运到山地里碎苞谷草，就轻省了拉运苞谷的时间。再次是利用柴油机碎糠效力比用电力碎的高多了，而且还可以搬运到山地里碎。碎糠事工也是当前的一项农事工作。

2016 年 3 月 12 日　农历二月初四　星期六　晴

村民龙应光家办丧事。村民龙应光的老伴张秀芬昨晚天黑时因病重离世。今日他家的女儿姑爷王圣德出力给老人办丧事，杀一头肥猪，村邻居去看望、送礼金凑钱，并派人上街买鸡、鱼、鲜菜回来办丧事席饭。吃过早饭后，由丧者家属姑爷王圣德、村民杨天友等 3 人送死者上昆明火化厂火葬。

2016 年 3 月 13 日　农历二月初五　星期日　晴

教会探访工作。东村乡芭蕉菁基督教会所管辖的聚会点仓浦菁教堂，已成危房，先拆除，待经济力量方便时重建。人员也少，已作动员乐捐得 1 万元。

芭蕉菁教会组织人员，长老：张正文，执事：王继光、王兴仁，3 人乘车前去参加礼拜。休会后，我们有关人员到要建礼堂的基地视察并提出建议。王继光执事说：建房已作了捐献，数额有多少，他们说 1 万多元。王继光说：你们有没有建房人员，他们回答说有。王继光说：我给你们 2 万元，你们现在就动工吧。并说：我们计划 5 万—6 万盖起来。

小结：教会建房原来是靠外援。

2016年3月14日　农历二月初六　星期一　晴

基督教富民县教会培训诗班长,是从电话通知。学习时间是今天和明天两天的时间。因教诗人员到县三自办公室,一是没有去过,二是交通工具自理更为方便。四儿张学德只好出车带队到富民县城爱国会办公室。

教会诗班长学习内容是:

1. 有关音乐、乐理知识基础的培训。

2. 倡导再学习简谱和五线谱的起步学习。

3. 规范全县诗班工作和学习任务,明确目标。

小结:基督教会唱诗班工作是涉及国内外有影响力的重要工作,各教会要起步重视。

2016年3月15日　农历二月初七　星期二　晴

记述张学忠、龙兴珍家今晚卖牛。情况是买主与卖主双方讨价还价讲定11000元,并且叫大车一便协助送到山脚还记得村。上村下李,熟识人,叫送就送。三天前才卖掉一对大猪,猪价是4300元,两项收入就达15300元。

小结:喜好从事于养殖牛的农户都是卖牛买牛。就是把大牛卖了又买小牛,从中得息一两千元,或是把大牛卖了买上两头小牛,养上一两年,牛长大了又卖。卖牛买牛作为行业,作为兴趣。人都各有喜好,而且都是成功的。

2016年3月16日　农历二月初八　星期三　晴

记述本教会教练诗活动。时间是每周的星期四,利用晚上教练诗。就是每到礼拜天所献的诗都得每周的星期四教练一个晚上。如果是年节季节,感恩季节就一周利用周二、四两个晚上教练诗歌和排练舞蹈。由于地区散路途远,为了相互照顾,我们教会就立为教会、万宝山、柿花菁三处轮流教练诗。每次练诗活动，都靠诗班人员义务出车拉运诗班人员前去活动。今晚是孙儿张荣光出车拉运诗班人员前去柿花菁参与教练诗歌。

　　小结：唱诗班在每周崇拜献唱的事服也是很重要的项目。在教练诗时也有一定的难度，比如有成年人和孩童，有识字的与文盲，都需要慢慢克服。

2016年3月17日　　农历二月初九　　星期四　　晴

　　记述老人事工，砍竹子（白叶竹）。因五儿张学祥给马街镇朵木得村（苗寨）承包得10亩山地准备点青豌豆，所以需要竹竿。计划数是需要竹子1000棵，安排村民张学明、张学光、龙兴明、张正文4—5户砍，每户要砍200多棵才够这计划数。我老人砍竹子情况是：我们二老人砍了3天，砍得220棵。抬工重一点，是从那下边菁上砍，又要一捆一捆抬上来，一直抬到教会场院上来，以便好上车。竹子五儿付给我220元。

　　小结：人生，特别是一个农夫，有钱无钱都要做一些事。即使是底息效益不高，也得做些，本着凑毛成毡。

2016年3月18日　　农历二月初十　　星期五　　晴

　　村农事工作。挖地、打塘是指零星山地，是该挖的挖一下，该打塘的打好塘，待农历五月份点种葫芦瓜。由于耕地少，也就随便点种上一点，能收入一点也行。重点要点种苞谷喂猪，养猪年计划要养3头。安排是：一头是要奉献给教会年感恩用，一头是自己过年用，又另一头是养大了变卖一点钱作自己的零用钱。所以年养3头猪是已养了几年了。

　　小结：老年的农夫，农事工作效益低微。俗语说，老人闲不住。我们只是珍惜时光，一天外边走走该做的农事，该管理的果树，就随便管一下，都是一些次要的活计了，再说也是力不从心了。

2016 年 3 月 19 日　农历二月十一日　星期六　晴

　　教会诗班被邀请参与北京某教会的唱诗活动。情况是 3 月 13 日前去，而于今日回到家，往返 7 天的时间。行程是，坐快速火车是一天两夜。主要任务是参与献诗活动，在那里诗班队员还去参观万里长城，城墙上的雪都还没有化完。回来时就乘坐一列慢车，途中多次让快车。两天两夜回到昆明，一直又回到家。据说从北京回到云南昆明来，火车是换了三个车头才到。

　　小结：诗班 18 个人员从上火车到北京吃住，北京某教会替他们付了 3260 元。他们说："我们在车上也没有吃什么。"

2016 年 3 月 20 日　农历二月十二日　星期日　晴

　　教会接待服务工作。今日聚会礼拜，有来自本教会的石桩聚会点人员 25 人乘坐 4 辆面包车过来参与大教会礼拜，并研讨教会工作。礼拜程序中，我们请他们献诗和一人上台讲了道。只因他们平时就没有过来，所以既来了，我们大教会就应当好好办一餐席饭筵客。

　　小结：有来客，教会几位执事和几位姊妹即办出一餐，有 13 个好菜的筵席饭招待来客。特点：管事人员和个别信徒有奉献精神，拿出自己的钱买回鲜鸡、肉、鱼、腊肉、干巴、凉粉 13 个菜为全教会和来客摆上让大家分享。

2016 年 3 月 21 日　农历二月十三日　星期一　晴

　　村民有病就医。张学德突然患有风湿关节炎影响工作，只好跑马街求知名草医生（苗医生）就医，自己有车子，出车跑马街一趟也是方便。打打针，我们主动付医生 300 元（苗家都讲客气），医生也没有说多了或是还少。脚疼多半是求只打针灸，打针灸苗家有的给人家打打针灸不收钱；又有另一种情况是不论开药或是打针，苗医生只是说："凭你恭心给我"，或是说"你给我多少，我要多少"等客套话。

神圣与世俗　　富民县东村镇芭蕉箐村苗族村民日志

2016年3月22日　农历二月十四日　星期二　晴

村民赶集（赶街）。今日是两县两个街同日赶，寻甸县的鸡街和富民县的东村街，所以村民流向两头赶街。孙儿张约祥是到东村卖苞谷，找龙保罗的农用车拉运，数量约有一吨多，东村街是到处设有收粮店，价格是给一公斤2元。那么必然卖得2000多元。张学祥到鸡街卖了3头小猪，要价一公斤30元。双方只是评估，没有称计。买主3头小猪给价3100元，我们也就卖了。

小结：这3头小猪也是计划买来养的，只因是农事搞成功，规模有所扩大，并且是到马街朵木得村承包得10亩山地要种青豌豆，所以放弃了养殖业，而专以农事为业来抓。

2016年3月23日　农历二月十五日　星期三　晴

教会建房，万宝山村的聚会礼拜房陈旧需要重建，由于他们本村人员少，只有8户，所以教会考虑干脆出面协助他们建聚会房。是一便手托教会执事王继光想办法支垫建房材料费用，他们小组、本教会以后又补给他。所以他的建筑组已砌砖墙一段时间了。全教会万宝山、柿花箐、芭蕉箐三个大组集中劳动力40多人今日是浇楼房。

小结：教会礼堂用了4年的时间建成，教会管辖的集会点万宝山、仓浦箐两个活动点今年又重建圣堂。力求今年盖好并投入使用。

2016年3月24日　农历二月十六日　星期四　晴

记述五儿媳张秀仙断竹子。因给款庄朵木得村民承包得10亩山地准备点种经济作物豌豆，点种的每一行都用竹竿撑拉线让豌豆爬，也抗风力，所以小白竹都需要1000棵，安排给5户砍。各户砍的竹子已拉运到场边来堆好，一棵竹子付给砍户一元钱。五儿媳张秀仙几天都是在车路边断竹子。竹子已拉运走第一车，现在砍的是第二车。砍竹子、断竹子都是得要一个时候才准备得够。

小结：要抓经济，要富裕，都得靠年轻人探路子，而且多人从几个方面探路子。目前有的靠建房探路子，有的从事养殖大牲口，有的种植蔬菜，有的计划养猪，都在探路子，看起来有希望。

2016年3月25日　农历二月十七日　星期五　晴

点豌豆要将竹竿在地里一排排地插好，再拉挂上横线，让豌豆往上爬，所以一排都需要若干棵竹子。五儿媳一人已砍了几天还没有完成。工作是把竹竿按2.3米长度断好，再把竹竿根部削尖插于土里。

五儿张学祥今日协助儿媳张秀仙断削竹子。吃过早饭后，我走他们削竹子的地方过路，五儿张学祥说："活计如轻松，就来帮我削一天竹竿，我也给你50元。"我说："钱不钱都应该干。"所以我老人给儿媳削一天竹子。息工时，果真给我50元。我说："不要啊。"儿说："给你就给你啊。"我也就没有推辞就收下。因为酬报也是，关心父母也是。再说，儿媳们的农事也是比较成功。

2016年3月26日　农历二月十八日　星期六　晴

村农事，人工打塘开沟，准备待二天点种农地苞谷。农地平整的就利用耕牛开沟，坡陡地零星地我们只好用人打塘开沟。

我家父儿张正文、张学全两户5人都在山脚打塘开沟，因为我们的山地都是连片。此事工活计是刚刚开始几天。全村村民也几乎已在动工。作为老人的我们对农事只是凑毛成毡，因为农地少又零星，又是坡陡山地，年收入约有2000元。只是靠一点板栗收入，去年，板栗价格突然走低，年收入才有6000元，每年能卖一头肥猪价值2000元，那么年收入只有10000元左右。所以说：作为自己老人，农事只是凑毛成毡。俗语说：小账不可细算，也是此道理。

2016年3月28日　农历二月二十日　星期一　晴

老人生活，早晨老伴到地边来约我说："走，我俩上街，现在就走，步行上街，我要交电话费去。"我回复说："等吃过早饭儿媳们的车子上街我们才去。"老伴又说："我问过了张荣光，人家不去。"我又说："有4户儿媳总要有一家去啊。"

随后，四儿张学德从山里背叶子走我的地边过。我便问："你上不上街？"他说："吃过早饭要去一趟。"我便说："那么带我们老人上街。"中午到街买上一些零食饮料用品花去70多元。四儿张学德的事工是上街修电脑。据说是，电脑使用一段时间，感染病毒，常有这一故障。当我们办完事工回到家，时间已是下午2点30分了。

2016年3月29日　农历二月二十一日　星期二　晴

记述村民农事工作，有的往山地拉运粪料，有的是碎糠，有的打塘开沟，待二天点种苞谷等三项中心工作。

我自己的农活计仍是人工打塘开沟，待雨水来时点种苞谷，由于坡陡砂地，工作起来仍是累人。加之自己也是74岁高龄老人，本着一天能做多少算多少，反正是自己的事工，自由劳动。幸好是靠我老伴多忙忙，我老伴是劳动能手，能干，人又勤快。农事活计就靠老伴。

小结：人生各人都有自己的长处。

2016年3月30日　农历二月二十二日　星期三　晴

村民张学忠、龙荣祥、张荣光3人出差，是出车跑县城一趟，找县统战部部长孟加文，结果空跑一趟。因为部长孟加文就是我们东村乡的人，他回东村来，我们跑往富民县城去找他。

情况是去年2015年，雨量大，村公路被山洪水冲刷严重，影响车辆交通运输。申请县政府解决铺路面石砂，当时县统战部答应，许给我村15000元维修村公路。当时可能叫我村行动起来，等钱拨到县上来，他们会给。结果到现在仍没有信息,所以想想还是进城问问统战部怎么说。结果,我们跑到县城人又回来,我们跑县城一趟也是不容易。

2016年3月31日　农历二月二十三日　星期四　晴

村民农活工作,仍是多中心,大部分仍是碎糠,有的是附近打临时工,村民龙兴祥是找打桉树叶供他人熬蒸桉油,有的已开始点洋芋,有的开始撒育稻谷秧。四儿张学德苞谷脱粒,是装袋堆于外边,苞谷干透后用苞谷脱粒机趁农闲季节打脱粒后装袋收藏以便管理使用,数量约有1.2吨。

小结:村民约有10多户可以销售苞谷,是销售后仍然留够喂猪用的。而其他的农户由于地少,所以只留着喂猪,年时可以销售一两头肥猪。可以收入3000多元,指粮食单项目。

2016年4月1日　农历二月二十四日　星期五　晴

村民农活计,仍是碎糠,打塘开沟,摘豌豆准备明天销往东村街。记述侄儿张学道妻龙兴兰二人合力挖葫芦瓜塘。工作情况是昨天和今天从事挖瓜塘。准备点种一点经济作物葫芦瓜。瓜市价过去3年都是一公斤0.50—0.60元。已过的2015年瓜价又好,收购价都保持在一公斤1元,而今年又是未知数。

2016年4月2日　农历二月二十五日　星期六　晴

教会开展培训活动。进入新的一年,教会牧养、讲台事服工作、教会教职员的学识、见识知识都要求高于一般信徒。我们需要不断学习、长进,提高知识技能以便牧养好教会。所以我们教会教职员每一个季度的周六安排从事圣经知识学习,听课一天,并且安排生活。今天的学习是第二个季度的听课和学习时间,并且安排简短的时间,对教会工作畅所欲言,发表和提出各人对教会工作的一些建议。

参与听课学习的人员：东村聚会点代表廖柄连；响石聚会点代表白姊妹；万宝山聚会点执事王兴仁；柿花箐聚会点张秀敏、王汉奎；芭蕉箐村张学德、张正文、龙荣才、张正福、张学祥；石桥村庵绍良；合有11人。

2016年4月4日　农历二月二十七日　星期一　晴

记述教会建设事工活动。教会圣殿4年的投资造价超出50万元，现在还差欠6万元。在此情况下，芭蕉箐所管辖的下边聚会点万宝山、仓浦箐的两个自然村今年筹资，计划以5万—6万元建小自然村的聚会点，力求今年投入使用。

东村乡中民村委会，仓浦箐基督教集会点建礼拜堂，今日浇灌楼房情况是据说很多村民都积极参与浇楼房工作。我们芭蕉箐大教会参与浇楼房代表有王兴仁（执事）、庵绍良（传道员）、张学德（传道员）、龙兴祥（信徒）等4人前去协助。浇楼房人员约有40多人，炊事煮饭人员7—8人，合有50多人。

小结：民族是白彝族，很团结。信不信教，只要教会有什么建设工程，只要他们晓得都积极出义务工支持。

2016年4月5日　农历二月二十八日　星期二　晴

记述村民采找山草药。只是农闲季节采找，村中会有7—8人采山草药，也是立为生计活动。村民张学光去山里打采山草药。今日采找的情况是：乘坐摩托车到邻外县江河边收采树上的寄生草。已收采了几个月了，今日约采收得10公斤，单价每公斤10元，共计100元，只是少少估计，也估计能保持100元。所以各村采收草药的人逐年多起来，当然人员多起来就会影响收入。有成功的干脆以找药为业。农事活计只是附带搞搞了，每个村寨约有一两户。

小结：应该说采草药成功的，年收入应该强过农事收入。

2016年4月6日　农历二月二十九日　星期三　晴

记述村民碎糠。养牲口多的农户碎糠，活计已进行多天了，多户仍在进行。张学全家柴油机都搬运上山顶片区耕地碎苞谷草，昨天和今天仍然坚持碎糠。工作进行是，抓农地工作一段时间，安排山脚碎两天，又转入其他农活几天。因为又有灰又累人，所以搞几天杂活碎几天糠这样调控。

小结：村民碎糠，是因养猪、养牛，所以需要大量的糠供给饲养牲口。另一种情况是坝区饲养牛为行业的订购收购，历年是一公斤糠给一元钱。从事于碎糠卖糠的数量就大，不但是碎自己地里的苞谷草，没有牲口的农户，地里的苞谷草人家就不要，所以就给他人要来碎，帮人家收地里的苞谷草，作为他人又喜欢了。

2016年4月7日　农历三月初一　星期四　雨

本堂唱诗班练诗活动。今晚天刚黑时有风雨，想来诗班练诗工作会受影响。本堂唱诗班是来自万宝山村8公里，柿花箐村5公里，芭蕉箐3个自然村诗班人员，一般由25人组成。在练诗时虽然有雨，仍到了16人练诗。

小结：教会过节期，诗班人员能凑得50—60人完成圣诗工作。过了节期后一般只有20人左右。今晚有雨，到下16人，这就是基数，就是对教会工作教练诗工作比较有负担和明确职责的信徒，不过教会过节期能来支持圣诗工作也好。

再说，教会唱诗班原先都是由男女青年组成，而现在情况是：年龄小的还在学校读书，另一种情况是由于搞计划生育，本身娃娃就少，现有的都是壮年了。

2016年4月8日　农历三月初二　星期五　晴

教会唱诗班圣工活动。我堂部分唱诗班人员参与款庄圣经献唱活动。

情况是：有明星将在我国昆明翠湖布道并表演苗家历史活动，所以苗家教会被请参与献诗活动。款庄圣经班召集组织诗班人员集中于款庄圣经班，排练诗歌的把将要参与昆明翠湖布道会上的献唱活动告知有关诗班人员。

今日的圣工活动是：排练教会有关圣诗流行歌曲，编排诗歌程序，并布置加强操练学习，做好准备工作，到时参与布道会上的献唱，为云南教会争光争气作出贡献。

2016年4月9日　农历三月初三　星期六　晴

记述村中参与建房人员张学祥。建房工地多，我村芭蕉箐就得调派一组6—7人的建房队协助建房人（私人住房）；如果是建房任务少，那么只有五儿张学祥参与建房。因为张学祥是建房设计员，所以一般建房他都参与设计。建房工地目前是有两个场地，原先是怕拿村苗寨有一户建房工地，最近又有柿花箐增加一户，建房人员必然是组成两队分头建。

小结：建房农户一般喜欢找王继光一组建。是说，叫王继光建，一次性的建好，如果钱不够，差多少，建房户慢慢又补给王继光。

2016年4月11日　农历三月初五　星期一　晴

记述大儿张学全家翻修房皮补瓦片。旧式房皮撒瓦片的，几乎每年都得翻修一下，使之不漏雨。今日大儿张学全家使工，张学全、张学忠、张学德、孙儿张荣光他们4人在房皮上翻补，儿媳我们有4人背瓦供他们撒瓦。大儿媳王秀英一人忙于给大家做饭烧开水。

下午时间我们全力拆除旧烤房，因为多年都没有栽烤烟了，加之已成危房了，干脆拆除，防备倒塌伤及其他圈房。生活安排：中午吃晌午自己做的面包、冰棒。晚饭就特讲究，最起码都要有啤酒、土鸡肉、鱼肉、腊肉等多菜。

2016 年 4 月 12 日　农历三月初六　星期二　晴

记述养车农户上昆明审车。亲戚友人王兴理（柿花箐村）邀请五儿张学祥协助帮忙出车到昆明审车。办理审车工序、开车和协助办审车的各道手续，他家是首次审车。原先亲戚友人请帮忙就甘心情愿地赞助，而现在就不同了，人家说请帮忙，是人家还要开工资，还要安排生活待遇。年轻人幸遇蒙福，日常是这个找那个请，也自然形成事务多，工作忙。

2016 年 4 月 13 日　农历三月初七　星期三　晴

基督教会唱诗班出外献诗活动。我们教会 3 人于 2016 年 3 月 19 日赴京参与献唱感恩活动，往返时间是 7 天。今日我们教会五儿张学祥 1 人参与款庄圣经班学员到昆明翠湖香港某演员举办的布道会，并表演苗民历史等活动。

2016 年 4 月 14 日　农历三月初八　星期四　晴

记述我们老人农事活计。今日农事我们上到山顶片区施撒农家粪，是苞谷地开好沟，现在天干之际施撒好底肥料，待雨季到时点种苞谷就省时间和劳动力，老伴一天忙于背粪、施撒。作为我自己是从事于管理板栗果园，因逐年改嫁一部分，一种情况是栗子树有一部分已老化了；另一种情况是果粒太小、品质差，干脆改嫁，提高品质。年嫁接数量也大，春季风也大，所以要加强管理。几乎是常往果园里跑。耕地、果园分布于山脚、山腰、山顶三个片区。山脚到山顶片区又是相距 3 公里多，只好是一天跑一个片区。我们老人事工也是忙，又是累，又是多。前面论述过，事工多也是好。

2016 年 4 月 15 日　农历三月初九　星期五　晴

村民赶街（赶集）。今日街天，是两县东村、鸡街同天赶。赶鸡街的一般是卖苞谷，有的是卖药材。交通和交通工具极为普及，有的只是赶早街，吃早饭时候人家就回到家了。四儿张学德吃过早饭上午先赶鸡街，下午1：30又出车赶富民县的东村街。赶东村街主要是去买农用化肥，因为鸡街化肥价都高于东村，所以赶鸡街回来，再出二趟车跑东村买化肥。

小结：周五是街天，我们老人就乘坐儿媳们的车子上街买东西。是赶晚街，原因是：大部分村民的孩子都在东村小学、中学校园读书，所以要等到差不多下午2:30时、3:00时，学校放学时我们上街。一是赶街，二是去接读书孩子回家，也就是说一举两得。

2016年4月16日　农历三月初十　星期六　晴

记述村民割收田地小麦。大局是地麦、田麦刚刚开始收割，黄一块就收割一地，本着事事打主动战。村农活事工有龙福祥家掼收地麦，现代方式，只是把麦捆放摆于场面上而用大车碾压，这比起用人工掼就省力多了。只不过劳动力分散，本着一两人做得了多少要多少。

我家大儿张学全家也是今日儿媳二人下到山脚田坝割田麦，也是今日刚刚开始割。只因孙儿张荣光、孙儿媳朱艳琼二人要放牧，所以父母二人抓农地生产。

小结：家庭享有农地和畜牧业两项产业为生。发展前途应该是畜牧业为先，因为一只大山羊就可值价2000元。现有5头黄牛，山羊17只，是刚刚起步，都在发展。

2016年4月18日　农历三月十二日　星期一　晴

记述我家父儿农活事工，中心工作都是从事点种准备工作。大儿家张学全是到山顶耕地片区用犁牛开沟，待二天点种季节播种。用犁牛开沟，当然工效又高又快又好，起码都能开好两三亩山地。

三儿张学忠家是在已开好地沟的山地施放底肥（圈粪），待二天点种时施下农用化肥，再下种盖上泥土就行。四儿张学德事工也是在山顶耕地片区盖地膜，是开沟、打塘、施放下底肥料再盖地膜，到雨来时再逐沟逐塘施点上苞谷种。以上这些大春点种准备工作都是力求大春点种能快速完成，能获来年农地丰收。

小结：上述事工是家家户户、村村寨寨农业农地现今的一项中心工作。

2016年4月19日　农历三月十三日　星期二　晴

记述村民打临时工，鸡街坝子栽烤烟的面积大，村村寨寨都同一个时期栽烤烟。所以自然形成都靠找工栽，并且多年来都靠找山区民族熟识人过鸡街坝子去帮忙，已成规成俗了。由于亲戚关系，上村麻栎树相约嫁于我村的人也过鸡街坝子去打工。今日我村民龙保罗、潘美芳等去了4人打工，工价情况是每天供吃，从早忙到晚一天工资待遇讲定给70元。

小结：打工，原先是只有出外打工，而现在是里里外外很多农户他们的农业生产都靠找人帮忙，因为他们的农地宽广众多。

2016年4月20日　农历三月十四日　星期三　晴

记述我家大儿张学全家的农事工作的开展。一家父儿、孙儿张荣光、孙儿媳朱艳琼4劳动力，事工今日开展情况是：儿媳是上到山顶片区搁粪，搁粪就是施底肥，要点苞谷用。作为父母，张学全妻王秀英一人放牧，张学全一人到麦到割地麦。一户4人分头几处劳动，较为复杂，又零星，又忙，是希望不小。几乎时常分头工作。

小结：自己务农事工，管好自己的农地事工，家里养得有5头黄牛，17只山羊，还有鸡猪，已够忙。五儿张学祥今年又往外地承包得10亩山地，准备点种青豌豆，所以自己的农地全部又承包给他哥张学全耕耘。所以忙上加忙，但忙就有更多收成。

2016年4月21日　农历三月十五日　星期四　晴

记述自己的果园管理。板栗树出现部分老化，所以计划逐年改造一部分，改嫁的部分也得管好，因为春季风大。今日我们二老人趁还没有点种苞谷之际抓紧给果园地施追肥料。工作进行是托孙儿张荣光用摩托车把半包化肥送到山地林园。我老人也坐上这辆摩托车上到山地工作。老伴是走近道上到山地，我们二老人合力给果树追施肥料。按今日工作的进展，山地果园可能还需要一两天的工夫才能追施得完。

2016年4月22日　农历三月十六日　星期五　晴

记述建房一组的建筑事工。1—3月的建房工作是：正月开始建万宝山聚会点的礼拜房，接着又到禄劝县的怕拿村建农户的一住房，接着又转回来建柿花箐村诗班长王汉膏家的厨房，三几天中又到禄劝县的西龙建农户住房。

小结：建房事工已形成长期工作，除非夏季雨水天会停一段时间。建房老板王继光执事已形成时常有人找请帮忙建房。可能就图一个有钱无钱都可以托他帮忙，待住房建好以后，房主又作三年四年慢慢付给王继光。我家五儿张学祥也是有设计这方面的天赋，所以常出外参与搞设计，这是一方面，另一方面是自己有车子，远地搞建筑就常拉运建筑组出外。

2016年4月23日　农历三月十七日　星期六　晴

记述苗民建筑队。王继光老板带领的房屋建筑近段情况：由于建房工地多，目前分为两个队分头建筑。一队在寻甸县管辖的肥草箐村（苗寨）浇礼拜房的房楼，第二建筑队在禄劝县的西龙大平地（苗寨）建私人住房。情况是：他们刚去了三天，建房工程规模可能是政府安排的新农村建房试点。因为涉及多户建，又是要求所建的房屋是一排排的，一刀齐。

小结：或许是节节成功，找请帮忙的人员越来越多。建筑房屋工地也越来越扩大。再说：房屋设计人员是没有投过师，他们都能搞一套设计本领。

2016年4月25日　农历三月十九日　星期一　晴

记述村民赶东村街。龙兴祥、龙荣才两户上街购买脱粒机，回来攒收麦子，吃早饭时候就到了家里，今日就利用机器攒收地麦。五儿张学祥是拉运苞谷上街销售。东村的收粮店，苞谷只给我们一公斤1.90元。无奈我们也只好卖了。按每公斤1.90元计算，张学祥卖得1160元。

小结：苞谷历年市价，如果积压到6—7月就可卖到一公斤2.60—2.70元。五儿张学祥今日卖苞谷是因为要放弃养猪，专业点种青豌豆，并且是要到款庄马街朵木得村种。

2016年4月26日　农历三月二十日　星期二　晴

记述村民父儿龙兴明、龙荣才家泡田。是趁刚刚割收了蚕豆后，这时还不费水，就赶紧把田泡出来，到农历四月份就要插秧了。现在泡田都是准备工作，今日泡的稻田面积是2.5亩。

约下午5:00时又卖了4头大肥猪，每头有100多公斤。买卖双方讨价还价，后又讲定做称。活猪买主只给一公斤18元，4头大猪称计下来计得9500元。

小结：一时能收入9500元，这是幸运，这是难得的机会。不过建盖住房人员都是要钱。三年时间把住房建起来，现在还没有力量粉刷，可能这也就是在做准备。

2016年4月27日　农历三月二十一日　星期三　晴

村民赶鸡街，四儿张学德媳王凤仙到鸡街变卖两对鸡，3只公鸡1只母鸡。一到鸡街，买主很多都问要多少，我们的要价是一公斤40元，讨价还价，有一买主只给我们一公斤36元，我们看他很迫切，就卖给他了。称计按一公斤 36 元计算，算得 273 元，七说八讲，叫我们再让那零头 3 元，叫让就让。我也随着儿媳的车上街购买老人的零食饮料，买得两把镰刀、两箱饮料等。

小结：由于交通和交通工具之普及，车子上街，办完事工回到家时间也只是上午 11：00，而四儿媳们回到山顶耕地盖地膜，到晚才回家。

2016 年 4 月 28 日　农历三月二十二日　星期四　晴

村民农事有的是忙于割收地田麦，有的碾压（用车子碾压、脱粒），有的买回来麦子脱粒机。龙兴祥家买回来一台麦子脱粒机，据说掼收麦子时麦子籽粒与糠秕就一便分开了，这就必然提高功效。另一户龙福祥家是大面积的割地麦，分 5 大块，每块约有 2 亩，就合有 10 亩山地麦。田麦还不说，每天只有两个劳动力收割，一人又是长期出外参与搞建筑。

没有田地麦的农户就盖地膜，是要点种苞谷的山地现在盖好地膜，放好基肥，等到下雨时，再用人工按每个塘放上苞谷种就行，力求以大春点种的快速丰产。

2016 年 4 月 29 日　农历三月二十三日　星期五　晴

记述自己今日事工。作为自己农事活计，项目：农业收入占 20%，养殖业（养猪）占 20%，板栗果园占 60%，全年收入就是这三个项目。但是对这三个项目的付出支出，农业会占 80% 的劳力。

工作场地不论是耕地，是果园都照常分为山脚、山腰、山头三个片区。远近里程是：从村子下到田坝一公里多路，从村中顺山车路上到山头是三公里，那么从山脚上到山顶的耕地就有四公里路程。

今日农事工作就需要从山脚到山头，管理果木和农地事工走一趟。事工进行我是先从山头清理下到田坝，走一趟。事工也不为多，自己觉得好累，一天事工不值几文，但仍有满足感。

2016年4月30日　农历三月二十四日　星期六　晴

记述村民栽秧。村中农户龙兴明父儿、龙荣才家栽秧，栽秧事工进行，自己的哥弟、父儿就必须出早工拔秧苗，待白天亲戚邻舍友人帮忙时，他人一出工就有秧苗供栽秧。自己人的生活安排就必然要安排早饭、晌午、晚饭三餐。他人帮忙就供晌午晚饭两餐。

栽秧事工，劳动力一般能凑得12—13人，稻田面积有3工田，等于1亩。十二三人栽这亩水田也就不成问题，只不过是亲戚友人自愿主动出来帮忙协助，这也自然形成帮工还工的习俗。

小结：栽秧事工，我村历年习俗都是比较讲究，就是自己尽情款待亲戚友人为谢。

2016年5月1日　农历三月二十五日　星期日　晴

教会幸运有禄劝县医院和某教会团队的关心，安排协助各地教会凡有眼疾——瞎眼、盲目症者，给予客运和治疗。

某关怀团队到我们教会来给我们教会有眼疾者检查情况是：张正德、张学明、张美成、张秀英、张美花、龙兴祥、潘美芳、龙圣英，合8人。就医安排是：明天5月2日集中于教会场院地候着，10：00医院派来救护车（包括接送）。治疗者一种是说全免费，二种是收费400—600元，建议是最好教会派出负责人协助。

2016年5月2日　农历三月二十六日　星期一　晴

记述我们教会8人眼疾就医，今日进院情况。昨天安排是今早10：00禄劝县医院派救护进村来接就医人员。今早10：00打来电话说，车子先到款庄西山教会接人员，车只有3人座位了，叫人到东村街候车。事情已说好，无奈，我们村村主任张学忠、传道员张学德各开出一辆轿车送这就医的7人前往禄劝县县城医院就医，1人没有去。

时间：中午11：00出车到晚2：00车子回到家。医院要付给这 2 辆轿车 1 辆 150 元，因为我们送自己本村的人，就没有收下他们医院的钱。按理我们也应该收，因为作为医院就有这一项开支和报销。

2016 年 5 月 3 日　农历三月二十七日　星期二　晴

记述我村今晚选举村主任。石桥村委会杨德聪、王子瑞两位领导进村挨家挨户填选票。然后拿进礼拜堂计算选票。结果村主任张学忠占的票还是最多，可能是连选连任了。他们（石桥村委）整理好我村的村主任选票后，就开车回石桥村委会去了。

小结：村民推选村主任选举票填了 10 多人，能有站出来为人民服务，能有舍己精神，能为大家出力的，想来几百人中会有一两人。

2016 年 5 月 4 日　农历三月二十八日　星期三　晴

村民割地麦，记述龙福祥家割麦子。他家可能是我村种地最多的一户，约有 10 亩。虽然劳动力紧，2 人朝外打工挣钱还账，2 人在家务农事工作活计。但地表现在已收了 8 亩，再坚持一段时间就可以收割完地麦。另一户，张学德事工活计是从事于盖地膜，妻王凤仙一人一边拉一边盖，2 人合作，这事工已进行几天了。

小结：村民农事工作已形成多中心工作。有地麦的农户坚持割麦子，少部分农户已开始泡田栽秧，没有地麦的农户就抓紧时间盖地膜。四儿媳王凤仙干山地活计，也是劳动能手。

2016 年 5 月 5 日　农历三月二十九日　星期四　晴

我们教会 7 人有眼疾，医院召医。5 月 2 号召医，由于禄劝县医院的车子拉运款庄西山教会人，所以我们芭蕉菁教会的 7 人就叫我们自己安排车子。7 人是就医，我们自己主动又派出 2 护理人员，一行就有 9 人。往返 4 天，行完了就医疗程，今天医院派出专车送我们的人员回家。大约中午11：00车子就送他们到家。还有一人留在医院继续医治，就是龙圣英，据医生说还要6—7天才出院。

小结：我们教会7人进医院医治眼疾，5人获免费就医，2人因病的种类不同不能免费。

2016年5月6日　农历三月三十日　星期五　晴

记述准备中考的中学生。五儿张学祥长子张恩膏年末读完东村镇的初中，现在东村中学校开始办中考的一些手续，还涉及家长和家庭的一些证件手续。原先是说，学生的家长自己跑到富民县教育局承办，今天五儿张学祥、妻张秀仙准备跑富民县城一趟，到了东村中学就进校去问一下，结果东村中学老师说："中考的学生我们中学老师统一过富民县去办算了。"因东村中学老师这样回复，所以五儿张学祥，儿媳张秀仙又从东村折回来，就没有过富民县城了。

小结：想来，东村中学老师也应该协助我们学生家长多操劳了，我们自己过富民县城就费力大了，而且还不熟悉情况。

2016年5月7日　农历四月初一　星期六　晴

记述村民栽秧。村里杨天友家栽秧，水田的面积有2.5工（1亩）。历年栽水稻田多的农户是非得早上就安排些劳动力拔秧，一待吃过早饭后，人家出工就有秧苗栽。如果是小农户，田块的面积少，就干脆吃过早饭后，男男女女拔一时的秧苗又出动妇女到田块栽秧，而男的拔秧供妇女栽用。

小结：芭蕉箐栽秧，就要事先整顿组织人员，首先是给自己哥弟姊妹亲戚友人说一声，明天来给我家栽秧。而邻舍关系好的，只要他知道，他就会主动地来协助你。即使是劳动力多了他都情愿来帮忙，表示支持你。

2016年5月8日　农历四月初二　星期日　晴

今天是星期日，村民有孩童读书的就要朝东村小学、中学校园送孩子读书，附近的校园（近处）还有祖库小学、小松园文昌幼儿园。在几个校园读书的孩子们父母接送就自然形成一项事工。中村街今日是街天，孩子们的父母又送孩子到校园，又上街买日用品和小菜。

全村学龄儿童概况是：学前班5人；祖库小学、东村小学合5人；初一、二、三班合有5人；未入学的约有3人。

2016年5月9日　农历四月初三　星期一　晴

村民农活事工进入泡田栽秧苗季节。今日的泡田事工，有侄儿张荣光，儿张约翰父儿两户泡田，田的面积有3工田（1亩）。由于水量小，泡一亩水田比较费时费力，几乎要一个整天的工夫才能泡出来。工作进行是2人使一架犁牛，1人放水，3人打埂子（也称扶埂子），涉及6个劳动力。

小结：泡田，4年前村上就提出由于雨量逐年减少，稻田改种玉米和蔬菜杂粮等算了，生产队也不再安排管水员了。我村约40%农户已改种苞谷和蔬菜了，再说栽稻谷也不划算了。因使工泡田、栽秧、割谷、掼谷，4次伙食开支大。

2016年5月10日　农历四月初四　星期二　晴

记述村民栽稻秧。侄儿张学才家栽秧，水田的面积有3工=1亩（又说两工半=1亩），劳动力有8人拔秧，供秧、栽秧的妇女有10人。水田的面积不为多，但田块分布于山脚田坝和村子对门两个片，栽秧时就必然要耽搁一些时间。

小结：芭蕉箐村有张、陆、潘、王、杨五姓。但我张家哥弟最多，栽秧我张家就占优势了，你不找工，人家都会主动地出来帮忙协助。四侄儿张学才妻龙圣英今日栽秧，她5月1日到禄劝县医院就医至今还在治疗中。

2016年5月11日　农历四月初五　星期三　晴

记述孙儿张荣光出车送亲友探访伤病员。孙儿张荣光的外婆请孙儿张荣光出车到散旦乡白水塘探亲，因他们的亲属行路被他人的车子撞成重伤。探访伤病人，他们是去了2人。事工是昨天讲好，今天一早就出车，到散旦乡白水塘亲属家赶早饭，吃过早饭与伤病员陪谈和休息3个多小时后他们就回来。

小结：年轻驾驶员，我们芭蕉箐村一般出车，不论路途的远近，跑昆明还是张村，经过几年的锻炼，附近路道是比较熟识，就是出夜都不怕，可以说是交通自理了。

2016年5月12日　农历四月初六　星期四　晴

记述四儿张学德儿媳王凤仙家送祝米席。张学德、王凤仙的大舅哥王继光添个小孙子，他家于今晚办一餐祝米席。四儿张学德作为他家的妹夫，不但是去祝贺送礼，还要前去帮忙，所以今早吃过早饭就出车了。

小结：苗民习俗，原有此习俗，而现在规模有所扩大。原来只是涉及哥弟姐妹几户相互庆贺，而现在由于生活水平提高，人们关爱思想进步和加强，送祝米席就更涉及家族、亲友、邻舍，都愿意祝贺送礼表示相爱关心支持，而不愿落后。作为主户也只好办一餐筵席饭而筵客为谢了。

2016年5月13日　农历四月初七　星期五　晴

记述我家父儿5户10人协助姑爷女儿张会云、张美芳家栽烤烟。他家爹妈亲戚6人，柿花箐、芭蕉箐两村凑得16人为一个大组合，栽两亩山地烤烟。工作开展情况是，由于劳动力众多，用水也极为方便，经一个整天地辛苦，终于圆满完成了栽这二亩山地烤烟任务。

小结：山地栽烤烟，条件是非常困难艰苦，比如用水是用塑料浇管从300多米外引到烤烟地使用。栽这2亩山地烤烟都是靠亲戚友人的大力支持，也是显示民族的协办和团结的优势的见证。

2016年5月14日　农历四月初八　星期六　晴

记述村民栽秧。侄儿杨兴明今日栽秧，稻田的面积是两工田，不足一亩。栽秧人员都是自己家亲属。轻松一点，是3—4人栽一工田，两工田就需要7—8人栽得完，拔秧人员约有4—5人。栽秧场地称之岭干田，坐落于我们村子的右侧。拔秧和栽秧就在一个地方，所以较为方便。

小结：若自己身边没有亲哥弟，熟识朋友寡少，工作起来自然力量单薄。所以很多人都喜欢交朋友，与熟识亲人亲密关爱，搞好亲属关系，必然是自己所属的力量。

2016年5月15日　农历四月初九　星期日　晴

我村小组今天礼拜，休会后开展教会场地、房屋、房皮瓦、房子阴沟的清理打扫，疏通房子阴沟结泥。出动一辆大车拉运垃圾、泥土倒于箐边大路边填宽大路。劳动力出动11人，有的翻换厨房皮上的散瓦，有的打扫厨房门前的垃圾、落叶并理成堆并烧除，有的挖阴沟结泥并倒于车厢上。大约工作了两个半小时就清除了这结存的教会场地事工。

小结：时间进入农历四月初十了，雨水来之前，教会房产基地的管理和护理工作，我们应当打主动战，做好护理排水工作。教会场地，房产是大家的事，但是本着我村小组能做的就不连累教会团队了，我们村小组应当积极主动做一些工作。

2016年5月16日　农历四月初十　星期一　晴

大儿张学全、三儿张学忠、孙儿张荣光他们3人今早出车跑鸡街购买中国乐山生产的"汽水两用锅炉"，是因为五月初六我们要办婚喜事。"汽水两用锅炉"我们曾借用过，又快又好用，给他人借用一次要付给人家100元的租金。大儿张学全想去和鸡街销售汽水两用锅炉的老板联系赊购。昨天就去与老板联系讲好，所以今早张学全、张学忠哥弟俩和孙儿张荣光3人今早去鸡街付上900元作为订钱而拉运回来。

小结："汽水两用锅炉"是民族地区先进行列必备的器械之一。人们力求富裕，生活提高改善，力求设备齐全。个人、家族、村队还得设备一些先进机械，发展自己民族村队村寨的优势与社会竞争力。

2016年5月17日　农历四月十一日　星期二　晴

村民侄儿张学明栽秧，今日所要栽的田块面积有四工半（1.5亩）。拔秧劳动力有8人，栽秧的妇女12人。劳动组织张家有着一大优势，就是哥弟众多，使工一般不用找请，自己哥弟亲属只要是晓得就主动地前来帮忙协助，表示关爱支持。生活安排是，主人家尽情地在生活上办好饭菜筵客为谢了。

小结：侄儿张学明今日栽秧，可能是最后栽的一户了（指张家），我们有的就不栽秧了，只是点种上玉米，或栽成蔬菜了。例如张学祥小春栽蔬菜一法就拿回来1万多元钱，蔬菜搞成功的，经济效益高于大春（大法）而且是高多了。

2016年5月18日　农历四月十二日　星期三　晴

村民张学祥来年试种10亩青豌豆，现已开工整理地块。今日从家里拉运第二车竹竿，原先计划是需要1000棵竹竿。使工计划是准备从5月起至8月4个月的时间。小工待遇情况是，每个工天付给70元，现在初步整理地块和点种时候安排早晚两餐，到摘青豌豆时看情况，再安排每天三餐。晌午就随便吃一点方便面，或是吃一点饼干、月饼等。今日事工进行是叫哥张学忠开出一辆四缸车拉运一车竹竿，从我村拉运经过款庄马街从山脚再上到朵木得村（苗寨），事工都是靠亲属的支持。

2016年5月19日　农历四月十三日　星期四　晴

点种苞谷，村民点种苞谷工作已进行两三天了。作为我自己今天刚刚开始点种苞谷，工作进行是：三儿张学忠开出一辆农用车拉运张学忠、张学德和我自己3户点种苞谷用的底肥（底肥是尿素、灵肥、复合肥三样混施）。

点种情况是，苞谷地先开成沟，点种时各户自己点种，就是各自以户为单位行动。

小结：农事工作，小春地麦收完，栽秧的农户也已栽完。至于田没有泡的农户，是不计划栽秧，只种苞谷和蔬菜了。按经济价值是种蔬菜成功的经济效益高于栽稻谷。

2016年5月20日　农历四月十四日　星期五　晴

村民点种苞谷，我村部分农户的耕地分布于山脚、山腰、山顶三个片区。由于海拔的关系气候差异较大。我们芭蕉箐村在山腰，海拔是1460米，山顶海拔是1900米，山腰与山顶同一天种的苞谷，成熟就相隔1个月的时间。点种苞谷就应该是从山顶点种下来，促使两地成熟期不要拉大，所以我们芭蕉箐村点种苞谷都是从山顶点种下来。我家父儿5户今日几乎已点完山顶片区的耕地。我家二老人耕地不多，所以上早是坐三儿张学忠的农用车上到山顶片区点种，下午就下来点种山腰的耕地。

小结：全村村民不约而同地争分夺秒、早出工晚收工，力求争取早一天点种完。

2016年5月21日　农历四月十五日　星期六　雨

记述村民火热点种苞谷。各家各户按山脚、山腰、山头三个片区耕地的多寡，早晚争分夺秒奔往自己的耕地忙于点种任务。因为从前周星期六天气已转为多云和阴天，历年雨水会推迟到端午节前后，现在离端午节还有 20 天，人际同工交通也说三天内要下雨了。下雨似乎是很有把握了，所以村民在点种的事工上干劲十足，我二老人也不例外，到今日点种已进行三天了。由于点种推迟了三天，到今天点种工作才到一半。如果提前三天，那么点种到今日就刚好完。所以还要三天的时间才能结束。

小结：点种大春作物，几乎村村寨寨都不约而同地抓点种工作，早出晚归地付出很大代价，力求早日完成点种工作。

2016 年 5 月 23 日　农历四月十七日　星期一　雨

下雨，5 月 21 日下起我们盼望已久的透雨来。昨天接着下，幸好礼拜天我们举行崇敬礼拜，休息，礼拜、下雨两部分相互不影响。

由于来了透雨，村民以及自己赶紧做好家务，提前出工到地里点种苞谷。我们工作了两个小时后，雾大天黑，云雾流向南方，不时就下起雨来，并且越下越大。我们手中的工作只好停下，干脆回家避雨，雨一下就下到天亮。

小结：全村农事工作一直忙碌到下透雨都未结束，大约已种下 70% 的农地，自己的点种工作大约是已种下三分之二，可能要晴开才便于开展了。

2016 年 5 月 24 日　农历四月十八日　星期二　阴

农活工作今日开展情况是，昨天下午就下起大雨来，一直下了一个整夜，到今早上吃早饭时候才停住。由于珍惜时光，吃过早饭，村民仍试着到地里继续点种苞谷，由于山地多数是砂土，点种工作仍是顺利进行。

另外记述人员流动。我村民龙荣富在东北从事福音工作服事教会，昨晚从东北回来要办自己的身份证，也从那边带从事福音工作的 3 名人员，2 男 1 女，是一对夫妻和一男士过来探亲，顺便参观我们教会。龙荣富带这三友到我们教会住宿，吃饭是龙荣富招待。吃过早饭后龙荣富用他家的面包车送这三人到东村客运站坐公交车回昆明。

2016年5月25日　农历四月十九日　星期三　阴

点种苞谷，昨晚我是计划上街一趟，买上一点生活用品，反正上街也不要多少时间，可以回到家继续抓点种的工作。只因还有一亩山地需要点种，还要施底肥。想想怕耽误时间，还是放弃赶街，尽上最大努力和付出，今日要把这一亩山地点种好。由于集中精力付上代价，我们点种好一亩山地苞谷时间是下午2点。

小结：种苞谷。我自己今年的情况是，干天种了三天，下透雨后又种了三天，总共种了6天。种苞谷应当是看村村寨寨人们都已在点种苞谷，自己也要动手早一点，这样又不忙人，又可以早早完成。不过年时、气候、雨量的早迟不尽相同。

2016年5月26日　农历四月二十日　星期四　雨

记述村民卖大猪。今早有买猪贩子进村买猪，我们估价差不多也就卖了。孙儿张约翰卖了一头，重量约有80公斤，买主给1600元。我们二老人也卖了三头，重量每头约有80公斤，三头给价5500元，平均每头1830元。

小结：试算养猪利润，买3头小猪成本1000元，买饲料用去3包，约值1000元。苞谷喂掉1000公斤×2元/公斤=2000元，成本共计4000元，三头大猪卖得5500元－4000元=1500元。喂上4个月，自己工夫不算，得利1500元。我们自己早有结论，养猪虽然不找钱，但是如果不养猪，就是这1000元也没有来源。虽然不划算、不找钱，作为一个农夫也还是要养猪，凑毛成毡。

2016年5月27日　农历四月二十一日　星期五　晴

买小猪，是因大猪昨天卖掉，早迟应是买一对小猪来养肥。今天是鸡街天，一早侄儿张学才媳妇背一背松毛上来教会院，我便问干什么背松毛叶上来，她说是要垫于拖拉机上（因下雨，村民的车子一般都停于教会场院上，方便出车）。我便回家与老伴商量，要不然给侄儿家买上一对小猪养起。老伴说，猪大了，应该买上小的。我们买猪时，他人（汉族）又在我们身边顺口说：小猪市价是卖一公斤42元，我们便放于板称上称计，一对重量有51公斤×42元/公斤=2142元。

小结：小猪市价历年从来没有上过一公斤42元，人都说卖得起买不起。原先女儿、儿媳都劝我们老人说，猪卖掉暂时不要买，等我们母猪领有小猪给你俩养，一等就要三四个月，买大猪四个月我又卖得了。猪价再贵也只好买了养起，不能等，分分角角时间都是钱。

2016年5月28日　农历四月二十二日　星期六　晴

记述村民孙儿张约祥赶东村街卖麦子，数量约有300公斤×2.20元/公斤=660元。我们二老人也坐上孙儿张约祥的拖拉机上街买吃米和小菜、零食、日用品。在街上听说，我们在万宝山村的亲戚张成贵家今日要种苞谷。老伴有意要去协助他家的农事活计，打定主意后，就乘坐上王进东上街卖麦子的四缸车去万宝山村协助亲属张成贵家点苞谷。息工时因耕地挨近我们方向，就不上去吃他家的晚饭了，从地里就回来了。

2016年5月29日　农历四月二十三日　星期日　晴

记述村民龙兴华家卖大猪。原先5头大猪要价是1万元，今早有买主进村，卖主和买主讨价还价讲成1900元一头，5头猪共9500元。

小结：我们芭蕉箐村建设有卖猪的上猪台。所以卖猪不论多少，来一些人赶上车就是了。原先没有上猪台，是一头猪来些人按倒或是推上车，比较费力，而现在就轻省了。我村人士都力求先进，购置搞建筑的升吊机、水汽两用锅炉、卖大猪称计的铁笼、吊车用的葫芦、搞建筑的刨床等，力求有我村的特色优势。

2016年5月30日　农历四月二十四日　星期一　晴

村务打扫卫生，清理防洪沟作为贡献。三儿张学忠（村主任）今日一人干义务护理工。一是捞几户的防洪沟，落叶、房子阴沟的结泥，运输到外边倒掉，用了一个上午的时间。下午接着拾防洪沟里的落叶、竹叶，括成堆并用火烧除，疏通防洪沟。

小结：年轻一代干部、村务员都是比较有见识的服务员，自己看到的、知道的都会积极主动地去干、去处理。村庄卫生啊、村公路啊、村务工作啊，这就是职能，能积极主动地负起责任来。当然村民信任得过，可能他就有这种负担、有这种压力、有这种付出的思想，他乐意这样受。

2016年5月31日　农历四月二十五日　星期二　晴

就医打针。自己农事点种苞谷还有一二分零星地，由于还剩点苞谷种，所以尽量把剩余的点种掉。下午2：30时我回家休息喝水，老伴由于生病睡在床上，对我说："我的心口痛，痛得忍耐不住了，领我去打针。"我便告诉四儿媳王凤仙，她就告诉四儿张学德叫他出车送妈到医院打针。下午3：00时我们乘车前去东村医院打针。开始打第一瓶的一半我就问起疼好点了没有，问到打完第三瓶都说不好。待打完第三瓶我们乘上小轿车回家，回到家不但没减轻反而加大，可能针水没有打着这病吧？

2016年6月1日　农历四月二十六日　星期三　晴

就医的第二天，老伴昨天的打针，几乎是毫无效力。今日四儿张学德因要上马街修车，四儿媳们关心我们老人，提议妈的病未减轻，既然要去修车，再带老人出去打针，看是否会打着。

今日就医情况是：我把昨天病情一一告诉了医生，今日仍是打上昨天的药量针水。昨天收药费是24元，而今天是收我药钱105元。医生说：

"这病非要打7天针水，一个月后才会好。"当时我不觉得，后来越想越想不通。一个病人，一样药量的针水，第一天收费24元，第二天收费105元，医生嘱咐接连打针水5—7天。

小结：自己思想已动摇，历时，重病伤员我们就越过东村到马街医院看病，东村医院人们只看成是个卫生室，再说历时看病打针只收费40—50元，而现在变化那么大，第一天收费24元，第二天收费105元。

2016年6月2日　农历四月二十七日　星期四　晴

村民有的在办儿女的红喜事。张学全将为儿女承办婚喜事，长女张多加今年迎来订婚喜事，五月初六已定为收聘婚礼金（又称"压八字"），现在时间渐渐挨近。这8天眨眼的时光就到了，办事早或晚都有些准备工作，很多东西是可以提前买好搁起，所以该买的有时候或是街天陆续买好。

孙儿张荣光一对夫妻今日也是出车跑鸡街买办事食品、货物。由于事务多，所以先上街买好东西回来停于教会场院上，又用人工一背一背地背回家休息一会儿，才又转入放牧牛羊。形成一天要做几样事工。所谓忙，才有希望，才有收获。

2016年6月3日　农历四月二十八日　星期五　晴

村民看病就医。大儿媳王秀英昨天不知何故，全身火辣辣地疼起来，今早嘴皮还有点肿。所以孙儿张荣光开出小轿车跑东村医院检查，竟检查不出何病由。又跑马街检查，仍然查不出何病。检查不出何病，也就不好下药打针，医生只是开一点药。下午1点，从马街又出车跑昆明接长女张多加回家，因家里五月初六要办自己的婚事，在城里有耽搁，从昆明下来时天几乎黑了，车速极快，不时就到家了。

2016 年 6 月 4 日　农历四月二十九日　星期六　晴

村农事工作仍是点种零星地边的苞谷。农地大面积的点种不论是人工点种还是跟牛点都快。零星地、陡地，点种就慢得多，几乎是 50% 的农户都有。所以这一段时间，村民又点种又管理，又打除草净。

记述自己事务。老伴生病，有时出外打针。自己小小的农事有时一天的活计要两三天才能做得完，因为耽搁大，先是把地里的苞谷秆、乱草清理烧除。如果是一人工作，先是打塘开沟，再下种，再施放上底肥料，再覆盖上泥土。

小结：全村农事工作忙忙碌碌地进行，特别是栽烤烟的农户和点排青豌豆的农户更是忙。我村点种豌豆的农户是两户，栽烤烟的一户，是张约翰。

2016 年 6 月 6 日　农历五月初二　星期一　晴

村民农事活计转入管理，从事于薅锄、打除草净药水。种植经济作物青豌豆的农户也是忙着点种豌豆，覆盖薄膜，插杆，拉扎丝线等。自己也是打除草净，计划全部农地打除草药水，减轻劳动负担。工作已进行了两三天了，我们二老人配合进行。老伴打药水，我挑水供水。有些耕地用水是极困难，都是从远处运送，村民通车路的地方是用车子拉运。

小结：村寨农户人们的农事薅锄工作 8—10 年来已逐渐转入打除草净农药。比如坝区汉族他们原来都要找工薅锄农地，而现在他们只是打除草药水和放施化肥就行。只是扳苞谷时找工了。

2016 年 6 月 7 日　农历五月初三　星期二　晴转雨

村民张学全五月初六要办喜事，孙儿张荣光出车跑石口买西瓜。路的里程一个单边约有 50 多公里，往返 100 公里。西瓜买了 166 公斤，单价每公斤 2 元，共 332 元。几乎用去一个整天承办此喜事，晚 5 点回到家。

小结：村乡民族人民由于党和政府的政策好，人民的生产生活得以提高改善，所以在生活上，不论是自己吃的或是办喜事都是越来越讲究，规模有所扩大，尽力办好筵席筵客。约80%的人们在办筵席时出于关爱，尽力招待亲属朋友，力求给亲属留下好的印象，而有20%的人会心存应付，越省越好。

2016年6月8日　农历五月初四　星期三　晴

村民赶东村街，有我家父儿张正文、张学全、儿媳王秀英、孙儿张荣光赶东村街。因为初六大儿媳家要办收聘婚礼金席，而今天是东村街鸡街同天赶的一个街天，食品物资仍然需要继续购买。买好食品物资，孙儿张荣光开小轿车把物资以及我们二老人送回家，又出第二趟车送他爹到马街医院打针，因大儿张学全多年患有肾结石病，近段时间病重发，只好是给他打打针，他们都是跑马街医院打针。

小结：人们都是在困难中行事，他家又要办事，又要上医院。钱也是极有限，幸好是自己购置有车子，出入方便。孙女在昆明任幼师，多少可以支持父母排难，又是自己哥弟五人，大困难可以相互关顾。

2016年6月9日　农历五月初五　星期四　晴

张学全家明天是给长女张多加承办收聘婚礼金席。准备工作已进行了一段时间，今天和明天仍是忙碌进行。今天仍是出车跑马街。

农事活计。由于生病，又是忙于给长女张多加承办婚事，所以哥弟互相关顾，三儿张学忠、媳龙兴珍、大儿媳王秀英3人利用早上的时间协助大儿张学全家打农地药水除草净。耕地是山脚片区的，面积约有4亩，他们3人坚持打完这4亩山地的药水才回来吃早饭。

小结：农地中心工作已转入农地田间管理工作，农地事工一抓起来也是很快，有时还可以获得高效。

2016年6月10日　农历五月初六　星期五　晴

村民张学全为长女张多加承办收聘婚礼金席。帮忙人员多半是村中的年轻人，而煮饭人员（村习俗）专请自家的妹夫、姐夫承担。洗碗筷、洗菜、打杂人员又是请村中自己亲人的妇女为一个组承担。

新郎送婚礼行队，由5人乘坐2辆车子，运载一袋大米、饮料、啤酒、食品、油桃等多件以及聘婚礼金，按他们婚习俗送来一只山羊（已做好肉食）供这方共享。中午12:00新郎行队赶到交礼送情。

小结：1.小小婚礼，来客49户；2.来客送礼总额：8700多元；3.新郎交聘婚礼礼金16888元。

2016年6月11日　农历五月初七　星期六　阴

陪客天和工作总结：来客一般都是吃过早饭就散客，客人该带走的水果、地方的特产利用早上时间摘好。地方的特产主要是早桃、大桃，品种有三四种，颜色为白、红、鲜等；其次是大树杨梅、还未成熟的板栗、梨子等四种。这次承办的收聘婚礼金席，筵客的肉食礼品，待遇已超出历年的习俗规模。村习俗是吃三餐，而这次已供了5餐。

为推动地区民族村貌风气，儿媳们特购回一个水汽两用锅炉使用，效果很优越。中心思想：提高民族关爱道德思想，充实爱人如己素质文明。

2016年6月13日　农历五月初九　星期一　早雨晚晴

村民农事中心工作，是农地打除草净药水，农户的农地有的众多，有的较少，所以有的已打完了，有的刚刚开始，不过抓起来也快，全村可能最多4—5天会全部打完。

挨晚孙儿张荣光出车送他的外母回家，他外母过来帮忙已是3天了，所以今晚吃过晚饭后，开小轿车送回去。他外母是赤鹫乡禄家坟（苗寨），路道里程一个单边有30多公里。回娘家必然又要帮几天农事工作了。

总结：村乡农活工作忙忙忙，由于交通和交通工具之普及方便，农地庄稼大局想免除薅锄，只是施上化肥就行，所以必然节省一些时间和农事了，这就是进步和改良。

2016年6月14日　农历五月初十　星期二　晴

村民养殖业工作。从事养殖牲口，图谋发展的农户有12户，只养有两头黄牛从事于耕地的有15户。

发展养殖和经销为业的代表是三儿张学忠，养牛现有5头，一年中又卖又买。不论利润多少，是出于一种喜好。从事于养牛，他们的工作也比较累人。一是由于耕地逐年有所扩大，牧场就随着逐年缩小；二是几乎每户都是夫妻二人都从事于农地工作，没有人放牧，养牛的农户几乎都是关在圈里喂。

这5头牛是早晚都要喂。中午时间才得到地里干农活。他们都是强劳动力的工作。由于出于喜好，所以再累也不感觉了。养殖业年利润约有5000—6000元，农地约有3000元。

2016年6月15日　农历五月十一日　星期三　晴

村民赶东村街。由于农忙季节，我家二老人心想儿媳几家都怕不上街了，得早早步行上街才赶得上上边的长途客运车。刚走到村子对门，三儿张学忠打来电话说："我吃过早饭也要上街，因乡政府有会议，东村小学家长有会议。回来等等我，我带你们去。"接到电话，我们二老人又折回来赶紧煮早饭吃。三儿张学忠送我们到了街上，情况变动，三儿媳龙兴珍因回娘家帮助洗衣物，叫三儿张学忠开车到嵩明县凸董箐村（苗寨）去接她回来。只因农忙季节一般客运车子很少上街，我二老人步行走近道回家，一路上又累又饿，好不容易才走到家。人都是在困难中行事。

2016年6月16日　农历五月十二日　星期四　晴

昨天赶东村街，没有出太阳，天气就是闷热，就如太阳暴晒，感觉很不舒服，心想可能要有雨。回到家休息一时就上到地里打除草净药水，打完了一喷壶，天阴沉沉的，接着就下起雨来，一下就下到今日中午12时，计算就下了约22个小时的中雨。心中得出结论，赶紧拿起笔来作日记，以后遇到热暴暴的气候就可说，两三个小时后就有长达20多个小时的中雨了。人生应积累各方面的知识和见识。

下雨天，学习天。人生自己喜好学习，学习就有知识见识。一生学到老，我们奋斗终身，获得点滴知识和见识，总有幸福和快乐感觉，心胸都宽些，如同一个农夫有一片好土地，好收成之感觉和满足感。

2016年6月17日　农历五月十三日　星期五　晴

村民农活计仍是抓山地打除草净药水。点排青豌豆农户事工也是多。又要打农地的除草药水，又要忙于豌豆地里插杆、拉线，劳动力又单薄，形成几处忙。还有农田也得管理好，幸好是今年雨水来得早、来得猛，所以稻田里的苗禾水几乎不必怎么管，就轻松一些。

记述自己的农地管理，全村农事同一个中心——农地打除草药水。农地范围分为山脚、山腰、山头3个片区，村中上到山头耕地里程就有3.5公里。农事活计是从事于打除草药水附带管理果园，有少部分，特别是去年、今年嫁接的因风大受灾一部分，来得及的扎扶好。今日已跑了山脚、山腰、山顶三个片区，打药水有些效力不够好，还得补打。

2016年6月18日　农历五月十四日　星期六　晴

记述村民购置摩托车，情况是孙女张多加有机会在昆明市任幼师，历经三年半的时间。今年将要成婚，时间订于冬月十一日。我家大儿张学全的长女张多加男朋友（姑爷）由于经济方便，所以借着周五休假之际以2000元买好一辆新电动摩托车开回来给他的外父张学全。情况是一对将要成婚的年轻人都有工作，都在城里。

小结：作为乡村民族人民这也是一种希望，也是我们的一种财源，也是乡村民族的光荣。

2016 年 6 月 19 日　农历五月十五日　星期日　阴

基督教会富民县款庄大黄栎树教会传道员王子福是富民县首届传道员二人之一，因病体衰而离世，所以教会确定富民县 12 所教会今日集中大黄栎树教会追思礼拜活动。我们芭蕉箐教会教牧人员 7 人乘坐执事王继光家的面包车早上 7：30 出车前去参与追思礼拜活动。礼拜由大黄栎树教会负责人主持；由县爱国会牧师王学杰讲道；唱诗班有大黄栎树、莫依龙、大平台、西山四起都请上台献诗；另一个项目请全县 12 所教会的代表上台讲话。所到的堂点和教牧人都给他们教会和死者家属送了礼。生活由他们教会负责早晚两餐，晚 5 时休会吃饭乘车返途。

2016 年 6 月 20 日　农历五月十六日　星期一　晴

村民赶鸡街。老伴身有疾病未得痊愈，也没有机会上医院就医打针，自己只好趁儿媳们的车子上街之际就随着上街到药店买药。购置情况是：把病情告诉医生，医生按病情开给我们四样药物，总额为 117 元。

小结：看病吃药到正规医院还可以享受报销部分。因我们都响应政府号召已参加医疗保险。只因自己身上的病不是吃一两次药就可以解决，医生曾说这种病要一个疗程 7 天才能解决，至少也要 5 天。而儿媳们的事工也是忙碌。现只好是儿媳们上街就随着上街应一下。

2016 年 6 月 21 日　农历五月十七日　星期二　雨

雨天农夫珍惜农事工作。今早下雨到中午 12 时，雨停住后，我们仍到农地给葫芦瓜追施肥料，工作到下午 3：30 时，在农地里，看看天色阴沉沉的即将下雨，我们便说往家里跑，因到家只有 400—500 米路，到了家以后就打雷下起中雨来。我们在村子附近干农活的就来得及避雨，大部分村民是在山头农地工作，没有地方好避雨，不过村民雨季工作都带有雨具。

小结：今日村民农地工作了 4 个小时，由于有雨便息工了。还算我们出工出得早，中午 11—12 时出工的农户可能在农地里只工作了 2—3 个小时，农地活计都已转为管理为中心。俗语说：种三分，管七分。所以管理工作也得重视。

2016 年 6 月 22 日　农历五月十八日　星期三　雨

村民牧养牲口事工。四儿张学德饲养工作，两条黄牛，一头黄牛是养着做农地耕牛，另一头是养着做菜牛，因为准备办婚喜事讨儿媳用的。由于牛少，加之牧场逐年缩小（各村各寨逐年扩大耕地之故），只好每年把全部苞谷秆碎成糠，养牛是关在圈里喂。四儿媳王凤仙每天到地里割一背猪食草回来后，再出去割两三背青草回来供两头黄牛的食草。

小结：村民饲养工作。今年由于雨水来得早，五月进入 10 多天就可以割到青草喂猪和牛，所以农夫每天用 60% 的时间喂好牲口，再用 40% 的时间务农，这些活计都是比较忙，而且还得要年轻人来做。

2016 年 6 月 23 日　农历五月十九日　星期四　阴

人员流动。今日中午 12 点教会场院开来一辆运载 11 人的客运车，下来 4 人，注视着我们教会场所和圣殿之华丽美观，同时向我走过来问道："我们是测量公路、勘探，来问问你们，我们有些仪器可不可以放在你们这里？"我便说："可以可以，你们到我们这里来是极为方便，存放东西、住宿都较为方便。"来客便打开车门，拿下来一些东西摆于地下。我便说："一便手抬进保管室。"来客又问："这里的负责人是谁？"我便说："是张学德。"又问"在家吗？"我说："要晚上才回来"。来客说："我们留下一人等他回来好与他协商。"来客三人开车要走，我便又问："你们到哪里去？"他们说："要回禄劝县去。"他们留下一人，我们按我们的所能接待来客。

2016年6月24日　农历五月二十日　星期五　晴

各民族都存在着个人很多的喜好：从事于游山玩水活动，欣赏大自然的财富为乐为业。乡村、城市、各民族一部分人员好鸟玩鸟。

四儿张学德由于喜好，有同事邀请出车到远地玩鸟娱乐。6月21日他们出车，由于有事，昨晚5时回到家，每次出外游玩收获效益都不相等。前次两天每天值价700元，而这次两天半每天价值1200元。

2016年6月25日　农历五月二十一日　星期六　晴

村务事宜。村上号召出维修村公路义务工。村公路每年都需要维修，特别是雨水季节，保持我村公路畅通。时间将进入雨水季节，村上号召全村每户出动一人维修公路上的背阴沟（排水沟），使雨季山洪水少冲刷路面石砂。劳动力，全村有50多户，出动30多人，约有20多户没有出义务工。工作进行中村主任张学忠分发给民工每人一支冰棒。

小结：维修保养村公路，我村在这一片地区管理较为出色。因有关工作、生产、生活、生计、运输，不论雨天、晴天，要保持畅通，随时车子要出得去进得来。在工作进行中，很多村民表现得关心支持热情，叫每户出动1人，他就是愿意出动2人，以大家的事工为自己的事工。

2016年6月26日　农历五月二十二日　星期日　晴

记述五儿张学祥农事活计开展情况。在款庄马街朵木得（苗寨）承包10亩耕地点种青豌豆。从点种到插杆、拉丝线，使工2人。

孙儿张恩膏在东村中学读书，多半是从朵木得下来东村接，今日是星期天，昨晚接回我村，白天参与礼拜，挨晚吃过晚饭又要从我村芭蕉箐送到下东村中学复课。父母张学祥、张秀仙往前上朵木得村工作场地。

小结：五儿张学祥从事探路子，抓经济。先一步是用自己的田块试种蔬菜，历时4年，初步成功。现在迈出第二步，到他村承包山地试种经济作物青豌豆，都是在探路子。

2016年6月27日　农历五月二十三日　星期一　晴

记述我村农事中心工作，给农地追施肥料，全村几乎是抓一样的农事活计。四儿媳王凤仙是昨天买回来的化肥，一部分干脆就下在地边上，用雨具盖好，今天吃过早饭就上到地里追施。施放了几包后，张良就回来协助我们，我们便告诉孙儿张良说："你妈在地里施肥料。"张良便下去帮忙。他妈王凤仙便叫他回家用摩托车再拉运一包尿素上到北边的另一个山头的耕地，突击一项农地追施肥料的中心工作。我们老人也和他们在一个片区工作，上午在山头工作，下午就回村子附近的农地追施肥料。

2016年6月28日　农历五月二十四日　星期二　晴

我村今晚召开村民会议。会议精神内容是：幸运有机遇，国家修建高速公路说要通过我村，目前勘探测量路线打洞。作为村民也要有个知晓，初步情况是说有的村民要搬迁，公路大道两边30米内不许居住人家。

路线打洞明天就将开始，村民张约志的苞谷地就占有要打洞的地下洞址，问大家占地面积每棵苞谷要价多少，政府是给1.50元。我先发言，我说："一棵苞谷给1.50元够了，因为两个苞谷籽粒没有一公斤，现市价也只给我们2元。"大家说1.50元一棵苞谷确实够了，只是说国家有大钱，借此机会一塘每棵苞谷给我们2元。当晚从电话告知石桥村委会，电话回复可以。

2016年6月29日　农历五月二十五日　星期三　雨

人员流动。国道勘探队6月23号进驻，7天完成他们的工作任务。

原先确定团队来车子接他们的人员，而今早又来电话说，叫这里的车子送他们的人员上到山顶大公路，说乡村泥泞路他们怕下来。村主任吃过早饭后把他们的人员送出去。

小结：来客6月23日送来公路工程仪器，留下一人给仪器充电。进驻7天，吃住充电，结果只付给我们充电费100元，吃住就没有安排分文。我们是贫穷民族山寨村民，是基督教教会单位，国家勘探人员进驻我们也不好怎么说，作为他们自己应该是恭心给一点作为谢意。

2016年6月30日　农历五月二十六日　星期四　晴

我村昨晚召开村民会议。会议内容是国家高速公路将从我村穿过，已确定我村民张学祥、龙兴明、龙荣才、张正才、龙荣祥、杨兴明6户村民的住房需要拆除，必要时全村都需搬迁。作为国家公民的我们应该积极主动地支持国家的重大建设。村上作动员：公路施工中，对施工人员不要说不好听的话。大家思想要想得开，心胸要宽敞，要服从大局。

村民反应很好，有说有笑很开心。村上搞思想工作，大家都想得通，就待高速公路快实现在眼前！

2016年7月1日　农历五月二十七日　星期五　雨

村农事活计。几乎完成农地打除草净药水。事工多一点的是养有牲口的农户，天晴下雨都要割一部分青草拌于糠里喂牲口，促使快长、长好，而获效益。

自己先是想下到山脚追施板栗肥料，但是雾气很大，而且气流向南方，得知仍是雨水天气，自己不敢走远，怕下雨。待一会儿若没有雨再上地里给零星果木施肥料。心想培植几株花草，刚挖好，倾盆大雨下起来了，一下就下了两个多小时。雨水天，自己可以在家里学习文化。年轻人不理解文化的重要性，也不重视，所以我们年老的就有职责要搞好教育，我们年老者就得时时再学习装备自己。

2016 年 7 月 2 日　农历五月二十八日　星期六　晴

教会学习圣工活动，芭蕉箐教会教职员学习活动。为适应教会教牧事服工作，适应信徒心灵的追求成长，教牧人员需要有学习装备。所以我们教会今年安排教牧人员一个季度学习一天，时间安排是一个季度的头一个月的周六。今日是 7 月 2 日，是周六，按计划、按时举行有关圣经知识的学习，以及对教会年节活动规模的大小举行座谈。

上午至中午是听课，由庵绍良同工讲圣经中有关祝福的含义，参与学习人员有长老、传道员、男女执事、诗班长、信徒代表、信徒等 12 人。生活服务：由王凤仙主动长期为教会提供自己所能的奉献支持，教会也做些安排完善。

2016 年 7 月 4 日　农历六月初一　星期一　晴

村民参与国道公路打地洞、探测地质承受力工程。我村民张学忠（村主任）、张学光、张学会、张荣光、王圣德、杨天友 6 人参与搬运器材上下车、安装机架。今日安排机器已是第三天。张学忠的农用四缸车协助拉运机器材料。酬劳待遇情况未明确。初步情况是说：大事拉运器材一天给 200 元，劳动力一个工每天给 120 元。

小结：想来公路占征耕地、房屋、果木，政府必然给予补偿，未知占用多少，国家补偿多少也是未知数。作为公民的我们也得尽上我们的职责和人生贡献。

2016 年 7 月 5 日　农历六月初二　星期二　晴

记述三儿张学忠昨晚卖一头黄牛。由于从事于贩卖牛为业的贩子几乎各地各村都有，所以他们时常上门看望牲口，讨价还价，卖主与买者差不多就卖。三儿张学忠昨晚是以 6000 元卖给山脚还记得村李天祥，买者做菜牛行业。

小结：作为喜好养牛者，只要想卖，赚多赚少都卖，反正卖了以后上街又买上一头回来。再说，卖了一头，圈里还有4头，每天由一人割青草拌糠喂牛。养牛形成了一个行业，形成了一项活计。由于出于喜好，再累都觉得快乐幸福，都不觉得累。

2016年7月6日　农历六月初三　星期三　晴

民族风俗特色：由于居住于高山老林，就喜好于游玩，从事于找马蜂子、玩鸟活动，又发展到野外采山药为生为业为好活动。四儿张学德与水平子村王有洁喜好玩鸟活动。由于交通和交通工具之普及，有时跑外县也是极容易。

由于出于喜好，就是生计受益小也玩得开心。由于肩负农夫职责，当然是以农业为主，游玩活动都是安排在农闲季节。论到效益，采山草药、打工、找鸡枞、玩鸟，效益比起农事就可说是高多了。

2016年7月7日　农历六月初四　星期四　晴

村民张学全、孙儿张荣光出车到东村街打油，用于开车。三儿张学忠是上街补车轮胎，有一个轮胎走气，修好以备随时使用。补胎原先是自己补，如今情愿出一点钱叫人家补，因为修理店工具齐全不费力。补胎原来是收5元，而现在是收25元。上街办理事务，只用一个上午就行，中下午就可回到家喂牛和务农，自己有车子是极为方便。

小结：三儿张学忠农事工作几乎已做完毕，另外的一项中心工作是割草喂牛。是出于喜好，也是他的一项专业。幸好，由于雨水来得早，耕地边草长得很茂盛，割一背青草也不要多少时间。

2016年7月8日　农历六月初五　星期五　晴

我们老人赶鸡街。赶鸡街买上一点零食，每年的雨水季节又需要雨鞋。已念了两个街天，可惜儿媳们的车子没有空上街。今早侄儿张学道上来我家三儿张学忠家，我们便问村下有没有车子上街，他说："我自己的拖拉机就是要上鸡街。"我们便说,"那么请带我们上街。"到了街上,我们买上很多东西要回来时,又听说今日交警堵车子三道,我们又发慌了,因为我们要乘坐小拖拉机。幸好麻栎树村(苗寨)有小客运车,我们又联系坐上回来。

小结:人生都是在困难中行事,在矛盾中生活,一个矛盾解决了,第二个矛盾又来了。

2016年7月9日　农历六月初六　星期六　晴

村民进行一些零星的农事工作。养有大牲畜的农户由专人割青草喂牛。侄儿张学才、张学全由于农事工作已完毕,就转入找马蜂子,乘坐摩托车找寻。历年一公斤马蜂子可卖到100多元。是已进行多年的历程,是出于喜好,也形成一项生计活动。

我自己二老人是到山地里薅锄魔芋,也是零星农事工作之一。数量也不多,也是出于喜好。以上叙述农夫各人有所好,从事于工作为生为业,另一方面也是一种凑毛成毡生计。作为贫困山区人民生活现在有所提高,由于自己栽种经济作物、果木树,政府又给予低保,60岁以上又给养老经费,每月有90元,几乎彻底解决了温饱。

2016年7月10日　农历六月初七　星期日　晴

村民协助高速公路勘察钻孔工程搬运机器。村民张学忠(村主任)、杨兴明、龙荣祥三人下午1:00搬运机器。一个钻孔钻深30米,又要把钻机搬迁到另一个钻口。今日从村子对门的钻孔,搬进我村中杨兴明家房门前的钻口,距离有400多米,路的地势有下坡、上坡、平路等。平路靠前面的四缸车拉力,钻机本身自有拉力和前桩作拉力前进。真是用上九牛二虎之力。幸好是操作工人对机器比较熟练,搬迁到目的地大约用了两个小时的时间,又幸好是顺一条车路来,怎么也轻省些。他们四人把钻机搬运到目的地再把钻机安好就息工了。

2016年7月11日　农历六月初八　星期一　晴

村民农事工作已转入管理。割除地边杂乱草，割除猪食草喂牲口。耕地中都已打过除草净，所以杂乱草较少。目前点排青豌豆的农户事工较忙一些，几乎每天都在豌豆地里打药水，管理得好的农户几乎要开始受益了，因为叶片发出的嫩芽已开始收采了上市销售。数量少就在当地街市销售，数量大或是几户收集起来，就拉运上昆明批发销售。

另外从事于搞建筑的、找马蜂子和玩雀鸟的开始活动。因为农事工作已告了一个段落，应该是活跃其他的事工，力求来年迎丰收。

2016年7月12日　农历六月初九　星期二　晴

村民协助国道高速公路钻孔道搬移钻孔机。每搬迁到另一个孔道都叫我村3—4人协助帮忙。情况是：由我村村主任张学忠负责找劳动力，需要劳动力时，只要说一声就由张学忠喊人前来搬运机器。承包职责是说：每搬迁到另一个孔道，一个工许给120元。一个早上时间能完成是120元，就是地形复杂难度大，忙了一个整天也是120元。今日搬迁锁机，从我村上边迁移到村中靠近北边。出勤人员：张学忠（村主任）、孙儿张荣光、龙荣祥3人，路道长达500米。

小结：今日村民参与搬运机器路线长达500米，虽然是绕道，幸好都是顺车路走，就不显得太吃力了。

2016年7月13日　农历六月初十　星期三　晴

石桥村委会召开村主任会议。会议内容是有关政府对村乡人民的卫生关怀。因为近几年患癌的病例有所增加，而且死于癌症的也有所增多，所以政府和有关卫生部门已作了对策布置。东村乡医院分几个片区给人民做防癌体检。石桥村委七个村小组，安排于明天7月14日到东村医院防癌体检。

小结：作为我们山村远途居民，因农忙、路远，想来不会有人前去体检。因为 10 多公里的里程，往返就是 20 多公里。再说，年老者交通工具不能自理，只好作为宣传，家喻户晓。历年安排有免费体检，只是街上附近的村庄能有部分人员得到，不知要怎么做才能做到位？

2016 年 7 月 14 日　农历六月十一日　星期四　晴

老年人看病就医。老伴身患疾病，时常吃药打针，未得痊愈。7 月 10 日到东村医院打针吃药，不见效，几天卧床不起。四儿媳说："今日是鸡街天，我家喂牛草昨天已割好，我们出车带婆婆到鸡街平安医院打打针。"儿媳关心，随时出主意，自己当然照办。今日的看病打针药费总额付出 57 元。

小结：为尽上儿女职责，今日四儿张学德、儿媳王凤仙、我们二老人、孙女张甜甜 5 人乘坐一辆小轿车上街看病就医。打完针水后，我们又上街领孙女张甜甜吃了一点米线就准备回家。年老者体衰多病，时常吃药打针都已形成一种负担了，都靠儿女们的关心，但也关心不了那么多。年老者的生存也成为一门新功课。

2016 年 7 月 15 日　农历六月十二日　星期五　晴

村民龙荣祥家搞基本建设。几天中备料准备浇灌水泥晒场。砂灰是托王继光执事拉运。前几天由于高速公路钻孔机刚好在我村中菁边上龙兴明门前的车路上，所以拉运的材料只好倒于教会的厨房门前，龙荣祥这几天又用他的农用两缸车慢慢拉运回家，待安排时间打晒场。

小结：有智有才的年轻人几年来接连有建房工程，盖自己的养猪场。一年多的时间，妻子又往外打工找钱，所以形成里里外外都忙。家里的养牲口、喂猪、务农只好靠父母帮忙，幸好父母也是劳动能手。

2016 年 7 月 16 日　农历六月十三日　星期六　晴

记述养殖牲口的农户工作。村中养殖大牲畜的农户，前面论述过由于出于喜好就为事业、为乐。由于牲畜数量少、草牧场少，以农事为重，所以养得 4—5 头黄牛的农户多半是将牲畜关在圈里，每天由一个劳动力割青草喂，那么圈粪料也就必然增多，所以每隔一段时间就得把牛圈里的圈肥料挖出装上大车运送上山地，待二天种地麦用。每装满一大车圈肥料，都得用上大力气，想来养殖牲口的农户们还是很辛苦。

小结：俗语说，坐惯的山坡不嫌陡。人生为了生活付出很大的辛劳也不觉得了。

2016 年 7 月 17 日　农历六月十四日　星期日　晴

幸运有从武定县、禄劝县、倘甸至寻甸的高速公路，穿过我们芭蕉箐村，工程勘探、钻孔等工程在进行中。有时要我村人力物力支持，每两三天就要 3—4 人协助搬运钻机。今天也是，张学忠、张荣光二人协助公路钻孔工人搬运机器，工作从早至晚 5 点才息工。

小结：高速公路穿越我村，必然要占用我村的一些房屋、山地、果木树、材料树等。作为我们村民是很喜欢，因为国家必然要补贴，对国家、地区以及人民都必然有着推动力。大部人们都应该是在期望早日实现，自己也应该为此建设感到高兴和再望。因为自己也会有小小的利益，即使没有受益也应该为大家高兴！我们是国家公民，应当具有集体主义的思想，尽力尽自己所能来支持此项工程。

2016 年 7 月 18 日　农历六月十五日　星期一　晴

记述村民张学忠搬运公路勘用物资。早上从我们村子拉运一些器材到东村市镇，又从市镇上拉运一些器材、塑料管以及他们进驻我村所用的食品和生活物资上来。车子回来停于教会的场院里，三儿张学忠把自己的猪饲料、1 包大米以及一些生活用品下在场院里，才又把公路勘探队的一车物资送到我们村子那头公路勘探队驻地。

小结：随着社会的发展和进步，人民的生产生活得到不断的提高。交通和交通工具很普及，我村轿车五辆，面包车五辆，四缸农用车三辆，所以社会上有什么重大建设事项工程进驻我村，我们都能够帮得上他们的忙，这也是芭蕉箐村新貌的篇章。

2016年7月19日　农历六月十六日　星期二　雨

陪客天。下雨天云南大学师生进驻云南大学民族考察基地，采访我村民族风情特色。因为自己的学识非常有限，只好把自己的点滴学习和见识与云南大学师生客人陪谈和分享。

交流内容很广阔：民族特色，民族风情，神学，科学与信仰，基督教文化之天地。其中的一个主题是："信仰是超越科学的。"举例：对于科学，我们期望能多有一些说明。因为用科学的理由，拒绝了信仰的人，大部分并不知道自己在说什么，我们对科学至少该有以下几点的认识：一、科学定义，《辞海》采用广义则"凡是有组织有系统的知识，均可称为科学"，那么信仰若是有组织有系统的事，它本身就是一种科学。二、狭义科学，专指自然科学，也就是针对自然界或是生物界之自然性质加以研究的科学，是借着观察、量度、推理实验的方式获取的知识。所以在狭义的科学中，无论是信仰、历史、哲学、伦理、律法、文学、艺术都不是按研究的对象，都已超出狭义科学的范围。至于超出了仪器控测范围，或是较高的层次，如母爱多强、友谊多深、公理、正义何价、风格是什么、音乐多美等这些无法度量的事，就超出了其范围。信仰的内涵、生命的意义和价值等更是远高于物质层面的东西，就不在度量之内。

2016年7月20日　农历六月十七日　星期三　晴

村民赶鸡街。由于几天中下雨，农地工作又已完毕，所以很多村民都上街买自己需用的日用品，有物资需要销售的农户必须天亮到街才有卖东西的摊位，而一般赶闲街的农户吃过大早饭，中午 12 点上街也不为迟。今日村民赶鸡街都是中午 12 时才上街。我家张学忠、张学德两户 5 人乘坐一辆四缸大车，一辆小轿车上街买东西。

2016 年 7 月 21 日　农历六月十八日　星期四　晴

民族玩斗牛风情。吃过早饭后，我村路口箐边大路上停着辆大车，车上拉一头黄牛，我心想是买牛贩子。车主进村，隔一会儿，村民杨天友就上来瞧这头牛，我便问，"你想买啊，要价讲多少？"他说："是要 14000 元。"我便走过，杨天友是夫妻二人都来看，妻子张会芬便说，净买些斗牛干什么？我站在旁边顺口说好就买，他回答说："我家里已有 3 头了"，随后我就走开了。一会儿我又经过这里，空车子仍停于路边，而牛真的被杨天友买下。想来一个好斗牛者竟养着 4 头斗牛，负担太重啦，据说一头斗牛王价值 3 万—4 万元。想来自己也不会有那种运气啊！自己心里纳闷：一户人家养着 4 头牛，投资太大干什么？有钱就盖正规的洋房、就购置车辆，或为本村建设、教会建设献上一些力量啊！

2016 年 7 月 22 日　农历六月十九日　星期五　晴

村民协助国道钻孔队搬运钻机，昨晚已开始搬运。村民劳动力张学德、张荣光、杨光明、王胜得、张学光 6 人，搬移线路从村中迁往北边的二道山箐我村的耕地中，并安装好钻孔机，6 人配合钻孔人员整整忙了一天，挨晚才得息工回家吃饭。幸遇村民就在村中打几天的临时工也好，不过国道高速公路启动工程一到末尾竣工也要 3—4 年的时间，必然会要我芭蕉箐村的人力物力支持，也是有希望。

2016 年 7 月 23 日　农历六月二十日　星期六　晴

村民张学忠、张学祥两户开出一辆轿车、一辆面包车。6 人乘坐上昆明购置车辆。时间是吃过早饭后，约上午 10 时出发，计划是选购一辆四缸大车、一辆轿车。车市场情况是，四缸大车要价是 20000 元，轿车要价是 16000 元。我们准备买这辆轿车，由于车市场休假，我们计划到星期一 25 号再去购买。由于买车没有办成，所以儿媳们回到家时约 5：30。

2016 年 7 月 25 日　农历六月二十二日　星期一　晴

村民买车子。三儿张学忠、妻龙兴珍、二孙女张甜甜、孙儿张荣光四人乘坐孙儿张荣光家的面包车上昆明买车子。是 7 月 23 日已联系好，只是那天是周六，休假，来不及办落车户口和保险，所以推迟到今天。车价格 7 月 23 日已讲好 16000 元，今日也是以这个价买回来。他们回到家时间天将要黑。

小结：生产生活的实践中，车子的运用，至少都是以户为基础。三儿张学忠又担任村主任，又担任东村乡林业员，时常出外参加会议，摩托车已是不适应了。因为轿车天晴下雨都出得去进得来，所以轿车比较适应。

2016 年 7 月 26 日　农历六月二十三日　星期二　晴

老两口上街买米。一早估计可能上街的车子少，干脆自己打主意早早步行上到山顶候车上街。幸好走小直道，刚刚上到我村公路，我村的侄儿张学会的车（姑爷开）赶上我俩老人，便停下带我们老人上街（往返车油费每人 10 元，单边 5 元我们照付）。老年人每隔一段时间都需要出动买些日用品，我家 4 户儿媳都有车子，都是靠他们出进给予协助帮忙。儿媳们也应尽职关心老人，但儿媳们事工也很多，天长日久，有些时候有些事工会有关心不到位的地方，作为老人也要心胸宽怀地度日，少连累儿媳们。在人际相处中，过好儿童、少年、中年、老年人生的四季生活。

2016 年 7 月 27 日　农历六月二十四日　星期三　晴

父儿张正文、张学忠、张学德三户合力办席饭。因为学校放假，孙女张多加休假回来，亲属附近几家农事完毕之际，办席饭几户分享筵客。吃过早饭四儿张学德出车，和孙儿张良3人上街购买食品。下午儿媳几户合力做饭席。我们将要吃晚饭时，高速公路钻孔工作人员3人从我们门前过路，我们也请他们吃饭。因钻孔工程我村年轻人3—4人协助钻孔工程，已是一段时间了。

  小结：俗语乡村五荒六月，就是农夫村民生活比较困难的季节。作为民族亲友之间，关爱应是从事于分享。所以家族父儿之间，应该安排一些时机家人亲友分享关爱，保持亲友关爱团结。

2016年7月28日　农历六月二十五日　星期四　晴

  村民农活工作。从事于农田地的管理工作，都是较为轻松的农事工作。张学忠农事活计出圈粪。拉运送上山地，以备9—10月份点种地麦，这也是劳动强度大的活计。利用一个早上的时间，一边出圈粪，一边抬上大车箱，一车圈粪重量在3—4吨。年轻人3—4个小时出、上车三四吨肥料，是繁重的体力劳动。我们老年人看在眼里，想在心里，真是不容易，但是壮年人就能这样付出辛劳，敬佩！敬佩！

  小结：事工是由于养有多头牛，必然肥料多，所以一便手送到山地里堆积好，用于种地麦。

2016年7月29日　农历六月二十六日　星期五　阴

  村民张学忠、妻龙兴珍、二孙女张甜甜3人乘坐小轿车到富民县城染苗族花裙。街市上摆有各式各样的花裙子，只是图案与苗民远古习俗不同，所以有能力的苗家妇女都要付上代价按原有的式样自己亲手做。三儿媳龙兴珍今日抽空过富民县城染花腊裙。是苗族做客、过节日、赴婚席要用的民族服装。

  小结：民族服装特色，仍保持讲究制作苗民服装真不容易，要用漫长的时间才能做好。今日过富民县城染花腊裙，路程单边约有100多公里，还幸遇自己有车子，这样的付出代价是不小。可见民族风情特色仍是保持讲究着。

2016年7月30日　农历六月二十七日　星期六　晴

村民学习科技应用电脑，我村已有张学德、张学祥、张正华在学习和应用电脑。张正华今日请张学德上昆明市选购电脑。是专为此事出车跑昆明一趟，那么，出差误工和车油费、生活补贴必然张正华要负责。

小结：科学、电脑在生活上的应用越来越普及和需要。特别是基督教会的应用更是迫切。用于聚会讲道，打印书信、文件、银幕文字、放映录像等。

电脑的应用，目前山区民族人民是基督教会这一块先应用。

2016年7月31日　农历六月二十八日　星期日　晴

村民张学全、孙儿张荣光出车送孙女张多加回昆明学校。上午12:00—下午2:00参加教会礼拜活动。聚会休会后，家人备干餐吃过晌午饭，由于送孙女张多加的车子要打转回来，那么他们5人也就不多停留了。我们家父儿五户大家送他们上车而告别。

小结：孙女张多加在昆明工作，虽然有公交车，由于自己有车子，就图方便，情愿自己出车，油费100多元也不计较了。这也是山区苗民风情的新篇章。另一情况，原先此路段，东村—昆明公交车要跑3个多小时，而现在享受昆明—轿子雪山高速公路，两个多小时就可到昆明，所以关乎以上几个方面的推进变化。

2016年8月1日　农历六月二十九日　星期一　晴

我家儿媳、张学全、张学德两户4人到我老伴老家禄劝县三哨大旋塘请客，冬腊月请来赴婚席。情况是：水平子村王有洁聘请四儿张学德出车带他家到那里探亲，所以我家儿媳们相约一便手和他们同去。四儿张学德家准备讨儿张良媳妇时间是冬月二十四日,而大儿张学全家是到腊月十三日准备出嫁长女张多加。

小结:苗民婚喜事请客也是一项事工任务。因为自己的亲属分布于附近的几个县。幸好是苗民大部分已购置得有车子。请客路途遥远也不难了。不过此种情况也是极少数,大部分也是在近处,今日的请客,到了亲友那里,休息了一两小时,谈了一些日常生活情况后,他们就相互告别而回来。

2016年8月2日　农历六月三十日　星期二　晴

村民有侄儿张学才、张学全哥弟俩从事于找马蜂子为好、为事、为业、为乐、为瘾。事工进行是先把农事工作——点种、打喷除草净等做完后就转入到山野外找马蜂子,找到后再等到天黑后,抬回来家里养起,起码要等到农历八月十五后(过节)才逐渐销售。蜂儿每公斤初上市可卖到100多元。大概年收入可达1000—2000元。

小结:上述是为益乐、为好、为瘾,与打小工相比,搞建筑、技术工、小工都照开一个工天给100元,还照常安排生活。指给王继光执事建工地,因建房工地多,几处、几村同时建盖,还得分为几个组分担。不过话说回来,农夫都是本着凑毛成毡,自己也不例外。

2016年8月3日　农历七月初一　星期三　晴

记述村民张正才用大车供王继光执事的建房工地。昨天是往鸡街砂厂拉细面砂供柿花箐村的农户建房料子。而今日又是拉对面禄劝县、西龙大平地苗寨村的建房工地石砂料子。西龙大平地苗寨是政府安排的建试点新农村,是建整个村子农户的住房,那就不是一年能建好,起码要4—5年的工夫才能建好整个村子的住房。

小结:王继光执事建住房工地,目前有禄劝县的西龙大平地村和柿花箐村两个工地,也就是有两个建筑组同时施工。

2016 年 8 月 4 日　农历七月初二　星期四　晴

记述自己的农活事工,由于农活松闲,扳苞谷季节还有两个月,比较适应扳收苞谷的器具就是背箩。不论是自己编还是街上买现成的都得做些准备了,由于自己有竹子,自己也能编,反正没有活计就自己编一段时间吧。

小结:作为乡村的一个农夫,我们曾立下心志,要做一个多面有手艺的农民,乡村农事很多也很复杂,情愿自己有手艺,一般不求人。做不了的大事,如搞建房工程当然也请人帮忙。一般小事自己处理,少麻烦他人,这样自己也好,人家也好。

2016 年 8 月 5 日　农历七月初三　星期五　晴

村民赶东村街,村民要有事工的才上街,一般的是上街买小菜肉食和用品。路里程虽然 10 多公里,但是由于村民一般交通工具都能自理,所以上街也是极简单的事。我们二老人赶街,由于四儿张学德一早出车要过富民县城开会,我们得知就坐上去赶街。回来时,只好乘坐他人的客运车,而且车子只到一个终点站麻栎树,从那里背东西回家步行了 1.5 个小时才到家。时间是上午 10:00。吃过早饭,三儿张学忠妻陆兴珍、二孙女张甜甜 3 人又开出小轿车仍赶东村街。早早知道,吃过早饭,父儿 5 人慢慢上街就少操心了,得出结论:以后父儿也应是多沟通,就少误事且便利了。

2016 年 8 月 6 日　农历七月初四　星期六　晴

人员流动,今日中午 12 点教会场院开来一轿车,并调换车头。走下 5 名苗族妇女。原来就是孙儿张约新强离婚的妻方领着儿侄同工回来看家室。停留两个小时,吃晚饭后,仍开车回朵木得娘家去了。

小结:夫妻吵闹,妻子的舅方来势猛,不说三不说四,提讼县法院要求离婚。俗语说:害人害己。离婚后,往昆明打工,一段时间回家看看家室，家产也不带走。离婚妻方之妈对此离婚真是无奈，无法只好每隔一段时间下来看望离婚后还在男方家的小孙子。而离婚妻成为粘天不落地的光景。再说：夫妻哪里没争吵呢？俗语说：凡事让三分是真理。

2016年8月8日　农历七月初六　星期一　晴

人员流动，国道高速公路第二步勘探测量，每天两辆小车运载勘探人员，今天出动三辆小车运载勘探人员。勘探人员都带有勘探仪器，每天都有二套仪器。仪器工具先是讲要寄存于我们教会的房楼上，后是他们随身带，由于他们有车子，这也方便。

据说他们是驻扎于寻甸县的鸡街镇上。每天从鸡街镇上开车过来测量路线。每天下午1：30时到达我村，工作两个小时，下午3：30时他们又开车走了。他们已工作了4—5天了。我们教会多年来的建设，教会场院已成了我们的停车场和游玩人员的俱乐部。

2016年8月9日　农历七月初七　星期二　晴

家人亲属农事相互帮忙，姑爷女儿、张会云家每年栽二亩烤烟，又点种有1—5亩青豌豆，还养着二头黄牛。农事工作比较忙，每天又要忙农地活计，又要供给这二黄牛饲草。我们二老人，老伴只好每隔三几天就抽空上去帮忙和协助农地活计。

姑爷、女儿先是说，我家的农事活计多，任务重，不然你们上来2人长期协助我家干活，等于是给你们找工了。由于处处劳动紧，所以只好是老伴每隔几天即上去帮忙，给钱不给钱都行，反正是母女关系。

2016年8月10日　农历七月初八　星期三　晴

协助高速公路搬运钻孔器材，三儿张学忠出动大车搬运器材。据说高速公路即将动工，所以叫钻孔机集中到蚂蚁田村这个片区钻孔。约下午3：30时从我村拉运到外道的蚂蚁田村。山村的土路，挨晚又下起一阵大雨，因预料下雨，带上车轮上的防滑链，车子下去2—5公里的泥滑路和下了器材又拆上来都比较困难，经过两三个小时才到达目的地。我们家里的人，很晚不见三儿学忠回家，我们父母只好打主动战，协助三儿张学忠轧青草，等他回家时就可以喂现成，尽上父母应尽的职责。

2016年8月11日　农历七月初九　星期四　晴

村民探亲活动，三儿媳龙兴珍同情女儿张秀芳，因为她嫁于昆明五华区大平滩，种有青豌豆，农事比较多，自己农事工作轻松，上去帮忙几天。三儿张学忠先是想上去把三儿媳、二孙女张甜甜接回来，到了女儿张秀芳家里，又听到在凸董菁的两个舅舅有事，最好是过去看一转，所以儿媳俩又开出自己的小轿车跑往嵩明县三转弯凸董菁看望两位老人和两个舅舅。我们在家里，儿媳俩只是打来电话，叫帮他家喂喂牛和猪，一下我们就回来了。

2016年8月12日　农历七月初十　星期五　晴

村民赶东村街，自己想上街，等吃早饭后看儿媳们哪家车子上街就乘上和他们上街。吃过早饭，听说三儿张学忠的车子已走了，心想没有车子，再等二个街再去赶街。过一会儿四儿张学德在准备出车的样子，我便问，上街吗？四儿张学德说：我们要上街买一点菜种子。我便说带我们上街买点东西。我家父儿两户4人和外来人员1人乘坐一辆小轿车上街买东西。

小结：三儿张学忠一户3人上街买东西，挨晚才知道，原来是上街买上肉食鸡、猪鲜肉、鱼为两位大学研究生（女性）办一餐饭席请客，我们2位老人也被请去和他们吃饭。

2016年8月13日　农历七月十一日　星期六　晴

村民即将采收核桃和板栗。时间进入农历七月十几，采收板栗和核桃季节已开始。开始下核桃，因为早核桃都是由一棵发展起来的，培植有早核桃的农户前后几天都忙于下核桃、下板栗。工作进行是：下核桃是几天的事，而下板栗前后要一个月的时间。今日下核桃的是龙兴祥、龙兴明、龙学华、张约荣和我自己等5—6户。

小结：我自己的事工是忙于编织篮子，也即将下栗子。

2016年8月15日　农历七月十三日　星期一　晴

村民少量板栗、核桃初上市试销，村民龙保罗销售栗子20公斤×7元/公斤=140元；张学忠栗子11公斤×7元/公斤=77元；村民约有6—7户已少量从事销售板栗和核桃。

小结：街市销售板栗和核桃多年以来不知何故，都是赶早街、赶黑街，大约赶1.5个小时天才慢慢发亮。板栗、核桃市价从去年开始走低，据说，今年板栗刚刚上市的那个街，好的一公斤可卖到15元，从那个街市价就走低。板栗、核桃几乎是卖一个价，两样好的可卖一公斤8—10元。俗语说：运气、时机、良机、机遇可能引起人们重视，大规模地发展而受益了，上市数量猛涨。

2016年8月16日　农历七月十四日　星期二　晴

记述我村民今晚召开群众大会，内容有关高速公路穿越我村中，有部分村民需要搬迁，初步规划有张学祥、杨光才、杨兴明、龙兴明、龙荣才、张志明、张正才，和云南大学考察民族基地住房等8户。估计会涉及整个芭蕉箐村50多户的搬迁，一次性规划新农村试点而投资（估计设想）。如有此情况，动员村民胸怀宽广，让村子对门的几台耕地出来，建全村50多户的住房。有位妇女发言，就是给钱我也不能让，因为我有两个儿子。真小气，为国、为民，应该做大丈夫，要能让能给，不但能奉献，还要有贡献精神。

2016年8月17日　农历七月十五日　星期三　晴

则鲁箐亲属昨天因在板栗园捡拾得一点蘑菇拿回家来做菜食用中毒，今早8—9时死亡。因为知道我们富民县已不得用棺材（寿材），统统纳入公墓埋葬。因亲属关系问到我们这边的老人有没有做好而不得用的棺材，我们答应有。既然有，他们就开车过来瞧，他们瞧上，就问我们要多少钱？我们说：要1200元。他们便付钱推上车拉走了，时间约晚5：00了。

小结：棺木，一般是要价1700元左右，作为自己也无用了，又是苗族关系，那么适当要一点，留一点民族感情也是值钱的。寻甸县死者火化后，准许各人拿骨灰盒回死者家埋葬。

2016年8月18日　农历七月十六日　星期四　晴

政府关怀，给我芭蕉箐村救灾米，以户为单位，每户有两包，每包有15公斤，也就是每户给30公斤。群众中哪里都有些古怪人，"只要组织照顾，不要组织纪律"的有3户，以前村上统一把救济米拉运回来放于大场上，喊一声，叫来大场上，各人来背自己的，他们都不来，要村上派人送上门，还说些不好听的话。面对这些古怪人，这次通知一声各人自己去东村街领取。愿去就吃上米，讲条件、想要吃闲饭的、不合群的，看你会古怪到哪里，最后还是你自己吃亏。

小结：今日的村民自己上街领米也是一种极好的方法，因为村民至少都有摩托车。历年是统一由一辆大车拉运回来，而每户的米适当地收一点烧油钱是让他们学一点功课，知道组织纪律的重要性。

2016年8月19日　农历七月十七日　星期五　晴

看病就医，老伴病了几天，盼病几天后病情转好，但始终似乎只有加重，三儿张学忠和儿媳龙兴珍主动安排今日过鸡街打针。到了平安医院，医生建议办住院手续，打几天针水。医生安排叫我们交押金500元，并说把你们的低保存折带来，明天抽血化验，早上不要吃东西。关于住院，我们向医生请求，我们情愿早去晚来，一天来打一次针水，自己有车子。打针水情况是平时一般只打3瓶药水，而今日医生开给5瓶，可能病重之故。打完针水四儿张学德的车子又带我们二老人回来。

2016年8月20日　农历七月十八日　星期六　晴

老人到鸡街平安医院看病打针，昨天看病已记成住院，我们自己与医生讲定：记成住院，我们自己情愿一天跑一次上医院打针。理由：一家农户工作很繁忙，不但喂自己的鸡猪，还附带喂五儿张学祥家的鸡，张学祥因生计工作到外边承包农地种青豌豆去了，所以我们老人附带管理一下。自己事工也进到繁忙季节了，因为现在已正式进入下栗子季节，白天忙外边的，晚间还得在屋里离栗子，所以老人看病住院都情愿每天儿媳们出车跑一趟。今日是第二天，天亮出车，打了针水就回来，大约下午2点就回到家。

2016年8月22日　农历七月二十日　星期一　晴

老人潘美英进院看病今日是第四天，农人活计多，老人病倒无奈进医院打4天针水，由于是农忙季节，今日我们要求医生给我们办出院手续。出院医疗费用情况是：8月19日我们进医院，交住院押金500元，今日结账，结果退得320元，4天药针水每天是45元，4天合计180元。

现在村民都已交纳医疗保险费，医疗保险局必然是承担了一部分。政府政策就是一人有病大家来医，施行这政策对农民来说当然是好，看病就轻省多了。不过我们自己并没有住院，每天自己出车，4天车耗油也值200多元啊。

2016年8月23日　农历七月二十一日　星期二　晴

村民下栗子、下核桃，种板栗栽核桃的山地分布于山腰和山顶两个片区，又分早迟两个品种，所以村民都是采收较早的品种。时间进入采收板栗、核桃季节，栽有果树的农户几乎天天都往果园里去采收。

我自己的采收情况是：先采收山腰的，也就是村子附近的，大约每棵栗子可下得一背箩栗子包。每天早出工晚收工可以下完2—3棵栗子树。树是大了，只是树的大小不均匀，树大果栗好的，可采收三背箩，老人做起活来，又慢又吃力，所以效力低，本着做得了多少算多少。

2016年8月24日　农历七月二十二日　星期三　晴

村民下栗子，侄儿张学明下栗子开展活计是：各人按自己的事工活计时间进行，由于自己养有牲口，又要到山顶片区采收，他就干脆出早工上到山顶片区下。到吃早饭时他就一背一背地用人工背走直道顺山梁子下来。我自己就方便多了，因为就在村子附近采收。下栗子和捡拾多要时间，至于背回家就不要多少时间。

小结：我老人自己的板栗逐年下放一部分给儿媳们，充实他们的经济力量，还有一部分板栗出现老化，加之板栗市价去年出现走低。也只是本着能收入多少算多少，本着凑毛成毡。

2016年8月25日　农历七月二十三日　星期四　晴

记述今日事工，我今日是头一天上到山顶片区下栗子，今日幸遇在柿花箐的二女儿张美兰和孙女张齐他母女二人过来协助我二老人下栗子和捡拾装包（是上车子时方便）。劳动活计由于儿女的支持也就轻松多了，今日工效是下栗子8包。拉运情况是：今日运输也是幸遇儿媳们出动1辆大车，2辆小轿车，我二老人的栗子包是孙子张荣光第二趟又上山来协助拉运。

小结：我们老人事工虽然不算多，幸遇儿媳4家，不论是拉运栗子包回家，或是拉运栗子上市销售，时时关注而帮忙，我们老人的事工轻松多了，也就是享福了！

2016年8月26日　农历七月二十四日　星期五　晴

记述自己的收栗子事工，侄儿张学道来家里说快去收你山脚的栗子包，有些掉了。我吃过早饭便准备到山脚采收栗子包。今日也是幸遇有来自嵩明县凸董箐的姑爷龙学祥、二女儿张美兰昨晚又过来看望我们老人，所以又准备用半天的时间协助我二老人下栗子，就形成还是时常有人帮忙。今日下栗子，仍下得5包。只因姑爷、女儿下午准备乘坐摩托车回家，我们也是赶时间回来。栗子包又有五儿张学祥利用微耕机拉运上来。因早上讲好我们下好栗子包，今天他家要下山脚田坝打犁田，他家协助我老人拉运上来，所以也是自然形成事事有人帮忙。

2016年8月27日　农历七月二十五日　星期六　晴

村民变卖栗子，记述父儿张正文、儿张学忠两户卖栗子，由三儿张学忠、儿媳龙兴珍、二孙女张甜甜出车到上村麻栎树、祖库。半路上销售情况是：张正文栗子64公斤×7.5元/公斤=480元，村里有5—6户拉运上到大公路上销售。

小结：明天是8月28日东村街，每到街天前的一个晚上就有来自款庄马街的收购栗子人员开车到祖库、麻栎树中心地区来抢收栗子。从去年已形成行业事工。为搞活信用，收购老板也很活套，必要时按街市价他还可以添你两角。所以村民都流向半路上设点收购板栗的老板。省时、省力、省精神、轻松办好事。

2016年8月29日　农历七月二十七日　星期一　晴

村民采收板栗进入繁忙季节，是一边采收，一边销售，重点是下栗子，采收始终是效率慢。我们二老人幸好五儿媳张秀仙也是下栗子能手，能上能下，干起活来，也是那么麻利。老年人事工也是比较忙，幸好是有儿媳们的时常帮忙，农活也就轻松了。工作进行是白天到山地里下栗子，晚间又在屋里在灯光下离栗子，工作到10时我就休息了。

小结：从七月中旬开始下收栗子，要一直忙到八月才能采收完板栗和核桃。

2016年8月30日　农历七月二十八日　星期二　阴

早上，我家父儿卖栗子，是有人长期进村收购鸡㙡，今早又给我家收购栗子。情况是：我俩老人栗子35公斤×7.50元／公斤＝262元；张学忠90公斤×7.50元／公斤＝675元；张学德30公斤×7.50元／公斤＝225元；张学祥20公斤×7.50元／公斤＝150元。

小结：我们村民变卖栗子，情况有所好转，原先卖栗子，不论是多或是少，非拿上街摆摊，经过1—2小时的讨价还价，而且栗子要捡成大、中、小三个等级，也就是三个价格。有时卖掉栗子，天还不亮。而现在是街天前的一个晚上就有人来到高山大公路设点收购板栗，现在板栗卖一公斤7.50元，是卖混合价。

2016年8月31日　农历七月二十九日　星期三　晴

村民赶鸡街，赶鸡街事务工作就可多一些，张约荣是找请龙保罗的四缸农用车拉运一窝小猪上市销售。两个月前的小猪市场价格是活猪一公斤36—40元。其他村民有的变卖板栗，有的是变卖核桃。记述数量多的三户：龙兴德卖栗子120公斤×7.50元／公斤＝900元；张学光卖核桃110公斤×9元／公斤＝990元；张学会卖栗子90公斤×8元／公斤＝720元。

小结：销售板栗、核桃目前价格不为高，也算稳价。并且利用早上的时间几乎就办好一切事工。因为村民都只是赶早街，我们回到家全村的车子都已停于教会场院上了。

2016年9月1日　农历八月初一　星期四　晴

卖栗子，幸遇有收购栗子老板进村收购板栗。是两天前就联系好，要来我们芭蕉箐村收栗子。栗子价先是讲要给一公斤8元，老板今日到来问我们一公斤要多少，我们就要一公斤8元。随后收购老板说给我们一公斤7.50元。我们酌量，人家来家里收购，自己过磅就数钱，五角让给人家，所以我家父儿5户先卖，随后全村都拿来卖，时间长达两个多小时，结果收购得满满一辆面包车。

小结：小小一个村庄，板栗即收购满满一辆面包车，可见数量之多了。昨天是鸡街天，很多村民已销售，而今天又离得这么多。这下可好了，我村的栗子不用拉运上街卖了，人家知道数量大，人家自然进村收购了，这就是推进。

2016年9月2日　农历八月初二　星期五　阴

村民下栗子繁忙期，下栗子时间，从开始到末尾是一个多月的时间，时间进入八月初也就是中期，由于任务繁忙，所以我们就得连早上的时间都利用起来。早上争取下一棵板栗并捡拾背回家吃早饭。

我二老人吃过早饭早早出工到近处下了几棵小板栗，背回来才知道儿媳们已开出大车到山地栗园下栗子去了。我们老人也要争取时机，也上到山地下栗子，利用大车拉运回来。由于迟了一步，才下获得5包让大车拉回来。

小结：老人生计事工都靠儿媳帮忙，所以自己也得主动将就儿媳的车辆运输，不必另请和少麻烦儿媳们。

2016年9月3日　农历八月初三　星期六　晴

记述大儿媳张学全、王秀英，孙张荣光今日上早离栗子，父儿两户各离得2袋，中午拉运到山顶与收购老板约定来车路边收购，每户栗子约75公斤×7.5元/公斤，约值562元。卖了栗子后，接着就在山顶栗园下栗子，五人工作，下获栗子13包拉运回家。

小结：以一户为例，今日上午离栗子，一便手又拉运上到山顶收购老板约定地点收购处销售。又下捡获得13包拉运回来。今日的事工，可真是一举两得，工效价值是两天的。销售栗子也是就地销售，销售栗子，目前有三起，就是祖库、乐在、马街，并且马街这一起是进村收购，初步形成抢购、争先。

2016年9月4日　农历八月初四　星期日　晴

教会唱诗班自养活动，唱诗班在本教会上主要使命职责是在崇敬礼拜上占有重要环节，就是献唱圣诗，其次是基督教年节活动，若有团队的邀请，就由诗班来担负。唱诗班圣工活动支出文化用品、音乐器材设备都需要一项经费来源的支持。为自养本堂诗班起见，所以栽有一小片板栗，每年收入有一两千元，来维持诗班工作的支出。

今日礼拜休会后，事工报告一项，动员礼拜休会后，诗班齐出动到万宝山山脚下栗子。工作既做了安排，天气又变化，下起几阵大雨来，诗班人员坚持下栗子。由于下雨工作耽搁大，效力慢，他们用人工背三公里路程的栗子过来教会吃晚饭，天已黑了，四儿张学德用小轿车又送他们回家。

2016年9月5日　农历八月初五　星期一　雨

记述自己的农活工作，由于下着雨，一个上午的时间我们就在屋里离栗子。一直离到中午12点，雨住后，我们又转入到山地里下栗子。工作时间少，只下得两背箩，作两次背送回家，就息工煮晚饭。

昨晚和今日一个上午的时间离栗子，挨晚三儿张学忠又拉运我们两家的栗子上到大公路，祖库村的收购老板来给我们收购。两户栗子情况是：张正文的41公斤×7.50元/公斤=307元；张学忠的40公斤×7.50元/公斤=300元。

小结：幸遇几个街天栗子价都稳在一公斤7.5元，并且有几起都进村收购，形成抢购，再不用拉上街摆摊，讨价还价费时费力了。

2016年9月6日　农历八月初六　星期二　晴

村民张学祥、妻张秀仙出车跑富民县县城购买儿菜种子。种植蔬菜多年，每年儿菜种子都是跑富民县城购买。早上8点出车，路经款庄、散旦小水井东元，至富民县城蔬菜公司购买儿菜种，下午4时回到家。

小结：种植蔬菜历经5—6年积累经验，从购买菜种就得讲究认真。育好菜秧，移栽时力求栽壮秧，下足底肥，加强管理。以去年为例，栽儿菜面积约有二亩，收入1万多元，还讲全年只是卖批发价，买主多时要就多时拉运去，种植蔬菜基本成功。

2016年9月7日　农历八月初七　星期三　雨

记述今日事工，雨天，从早上到中午11点都下着中雨。有栗子的农户就在屋里离栗子。中午11点雨住后，我们又转为到外边下栗子。我们二老人是在近处下，由于下了4天的小雨，所以上树下栗子，捡拾栗子，背栗子包回家，路泥泞，工效慢，难度大，我们在这种情况下仍坚持工作。

挨晚我们父儿张正文、张学全、张学忠、张学德4户又把昨天和今天离得的栗子拉运上到麻栎树村子卖。我们父儿4户，就是我老人栗子数量多一点，有80公斤×7.50元／公斤=600元。

小结：据说鸡街栗子市价是卖一公斤8元，就地销售、就地收购每一公斤栗子就少了0.5元，也就算了，图快、图方便。

2016年9月8日　农历八月初八　星期四　晴

我家父儿5户开出两辆轿车，一辆面包车，一辆四缸农用车上到山顶栗园下栗子。昨晚下了一阵雨，今日总算是出太阳了，就便于工作了。由于我家父儿5户就在一块山地栗园下栗子，所以有三儿张学忠、五儿张学祥附带协助我二老人下栗子。工效就可好了，大小栗子树下了10棵，栗子包下得半车厢。

小结：由于忙于下栗子，数量又多，又分布于山脚、山腰、山顶三个片区，所以早晚是到近处下，白天是到远处下。天天忙于下栗子，总算是下了80%的数量了。

2016年9月9日　农历八月初九　星期五　晴

村民离栗子卖栗子，以我家5户也以我自己为例，昨晚一个晚上和今天离得多少卖多少。大儿张学全的90公斤×7.5元／公斤=675元；三儿张学忠的50公斤×7.5元／公斤=375元；四儿张学德的36公斤×7.5元／公斤=270元；我老人张正文（大号）42公斤×10元／公斤=420元；（中号）42公斤×7.5元／公斤=315元。

小结：我村今年变卖栗子极为方便省工，又不耽误时间，是每个自然村离到晚通知一声，集中于大车边，是麻栎村、柿花箐岔路口，价格又稳定在一公斤7.50元，买卖双方都很信用，目前可能中秋节（八月十五日）栗子价就会稳定在一公斤7.50元了。目前全村三分之二的农户就卖给上述的祖库村老板，三分之一的农户坚持拿到鸡街卖一公斤8元。

2016年9月10日　农历八月初十　星期六　晴

记述三儿张学忠昨晚卖黄牛母子3头。是下村山脚还记得李天保开大车上来买。母子3头，双方讲定12000元，买牛款是一次性付清。

小结：三儿养有6头黄牛，每天割青饲草喂。三儿就是喜欢养牛，卖牛是因为他是本村村主任，时常外出开会。近段时间又协助高速公路差派临时工我村小组长，误工也多，由妻龙兴珍割青草喂6头黄牛负担实在是重，夫妻考虑卖掉3头，留下3头减轻负担，所以卖了3头。

2016年9月11日　农历八月十一日　星期日　晴

教会圣工活动，中午11:30开始举行宗教崇拜活动，进行至下午2:00时休会。今日教会事工活动，因前一个星期天教会唱诗班为自养种植有一片板栗树，前周9月4号动员信徒和诗班人员利用礼拜休会时间已把这一片栗子下完，当天因有雨就没有捡完，由我村部分人员第二天早上再去捡完和背过来堆集于教会房间里，今日也是动员大家，礼拜休会后，请大家帮忙把这一堆栗子全部离出来准备销售。工作结果是，栗子全部离出来有300公斤。大家工作进行到下午5点才完成任务。

2016年9月12日　农历八月十二日　星期一　晴

村民协助高速公路钻孔移动钻孔机。每钻一个孔眼需要两三天。也就是两三天就需我村出动4—5人协助搬移钻孔机。今日我村出动张学忠、张学祥、杨光才、张约荣、王圣德等5人移动钻孔机。

小结：搬迁移动钻孔机，有车路的地方都较为困难，一段较长的时间在没有村寨的山野箐沟里钻孔眼，移动机器就更为困难，每次要两三天才到达目的地。

2016年9月13日　农历八月十三日　星期二　晴

村民协助高速公路钻孔眼工程，移迁钻孔机，搬迁另一孔眼进行钻眼。村民协助搬迁机器人员张学忠、张学祥、杨天祥、龙兴华、杨光才等每天5—6人出勤协助搬运机器。

小结：协助钻孔工人搬运、搬迁钻机，并协助安装，参与搬迁钻机人员，也是学习科技的良机。有智力的人士学习，一种是从理论学，一种是从生活工作实践中学。一般从实践中工作学习的更深入于从理论学习的，所以能有机会参与搬迁机械钻机也是学习的良机。

2016年9月14日　农历八月十四日　星期三　晴

我们的事工是离栗子、卖栗子。是从昨天夜里就开始离起，昨晚也是幸遇有五儿媳张学祥、张秀仙协助离栗子。今日我们二老人利用一个上中午的时间离，挨晚由三儿张学忠、四儿张学德用一辆轿车拉运上到大公路边销售。一般是我老人的栗子数量稍微多一点。称计销售时，我老人的数量是 77 公斤 ×7 元/公斤 =539 元。

小结：我家父儿 4 户一项中心事工是下栗子、离栗子，大部分时间是白天下栗子，晚间离栗子，数量不多也不少，忙了一个多月的时间了。胜利在望，很快即将结束。

2016 年 9 月 15 日　　农历八月十五日　　星期四　　晴

村民欢度中秋节，村民家族哥弟都是安排专人上街（东村街）购买过节物资，肉食、鲜鱼以及过节的中秋月饼，村民、家族都忙着准备过节礼品，用于家人、朋友、关爱和分享。

当天在寻甸县、禄劝县、富民县交界处的 3000 多米高的大黑山山顶举行斗牛花山节。形式有所发展扩大，比如我村芭蕉箐有些养起斗牛来，聘请协助，有的开车，有的人员参与护斗牛或有组织地上大黑山参与益乐活动。出于喜好，差不多太阳要落山都还不想回家。今早，很多来客集中于教会场院，陪客送客，发现有一特点，村民很多客人都喜欢来这地方活动。

2016 年 9 月 16 日　　农历八月十六日　　星期五　　雨

村民就医活动，我村龙家有一病人需要就医。由于哥妹家人一些关系有隔阂，情绪低落，在我们面说些不好听的话，怪责他人，不愿尽职责帮亲属而叫苦，不愿出车送病人就医。三儿张学忠听后，哥弟几人互相说小气，说我们出车！三儿张学忠开出自己的小轿车上门送病人和护理人员及有关亲人到鸡街平安医院就医。

2016 年 9 月 17 日　　农历八月十七日　　星期六　　晴

村民远程客人回家，来过中秋节的远客昨天已在这里休息了一天。由于交通和交通工具之方便和普及，三儿张学忠开出小轿车送外父母和自己的长女张秀芳回家。长女是嫁在昆明五华区大平滩，打电话叫姑爷下来大公路路口等。张学忠之外父母要一直送到嵩明县凸董箐村。孙女张多加和她的男朋友又由孙儿张荣光用小轿车一直送上昆明市市区。还有村中的一些村民也有来客，来客有自己的车子就不用再接送了。似乎我村有一特点，人们都喜欢来这里游玩和探亲。

2016年9月18日　农历八月十八日　星期日　晴

我堂基督教今日礼拜圣工，有本县12所基督教会的筲箕凹教会来我们教会上门请客，邀请我们教会12月27日参与他们教会的感恩庆典活动。来客筲箕凹教会礼拜长王志光，我们也请上台讲道，表示欢迎接待。

今日礼拜活动安排的另一个项目是：由于建殿还有欠尾款，所以教会安排今日礼拜有一个项目就是奉献。奉献的时间是安排在本堂唱诗后举行，唱诗班献诗。今日奉献结果是人民币10400元。

2016年9月19日　农历八月十九日　星期一　雨

村民张学祥搞住房，是去年已用挖机把房基挖好准备今年建住房，是建自用的客厅。建房工程已打好地梁。今日开始砌第一层砖，建房材料只准备用空心砖。建房材料已准备好。

小结：现代村民住房较为狭窄，应当是盖有独立的客厅，方便来客，也方便自己。俗语说：路是人走出来的，生活实践中这建设也是必需的。时机：趁农闲季节，趁雨季，实应砌砖墙，不用浇水。施工：是夫妻二人自己施工，是自己就能建盖，又有自来水，所以妻拌灰泥，男的一人砌。

2016年9月20日　农历八月二十日　星期二　雨

村民建住房，五儿张学祥由于到外地点种青豌豆，家里的农地，果木板栗承包给他的哥哥张学全耕耘。现在自己点种的青豌豆已收完，所以按原计划建盖农用客厅，建房工程进度，今日施工砌砖墙，墙面子已砌起五层。二人施工，工效即达五层，技术工，工效必然是高。

小结：前面论述过，科技一是从理论上学，二是从生活实践中学，三是见人家做，自己就能模仿做。苗民的一些聪明人，还能自己想着做。我们建芭蕉箐圣殿（罗柱系列）就是自己设计的。

2016年9月21日　农历八月二十一日　星期三　阴

村民维修农用车，张学忠的农用四缸车，因使用年代已长，车的后压包，就是车轴，带动两后轮转成一个方向行驶，需要更换。也是机器上的主件部分，收价是900多元，昨天修配好，今天又出车到外边协助五儿张学祥拉运建房材料细面砂。

工作进行是：三儿张学忠先是到山地栗园下了几棵栗子树，给三儿媳龙兴珍捡拾，然后又开出大车到石厂拉运石砂。东村石厂近，鸡街远着步行一个小时的里程。但是东村重车从石厂要爬到山顶，所以建房农户一般情愿到鸡街石厂拉运。

2016年9月22日　农历八月二十二日　星期四　阴

接受富民县国保大队李发科的慰问，电话通知，叫芭蕉箐教会长老张正文、芭蕉箐村村主任张学忠中午12点到东村派出所相会。因芭蕉箐村路段高速公路要从我村越过，我村路段挖机扩道，路面由于长时间下雨道路泥泞，车辆只得慢行，就耽搁了些时间，在路上县国保不断打来电话问我们到了哪里。第二次又问，我们说我们已到了街上了。我们的车子到了派出所门口，县国保领导已在门口等我们了。双方交换了礼品，县国保领导安排吃早饭，我便说：我已吃过早饭了。就谢绝了。在街上我也没有吃东西，回到家我已饿得很难受了。我们苗民害羞大，不好意思在领导人物面前吃饭。

2016年9月23日　农历八月二十三日　星期五　阴

记述村民张学祥建房，先是夫妻二人自己动手建盖，当砌到一定的高度时，越往上砌就越困难。想想干脆准备上一点肉食叫自己的哥弟和老外父来帮助几天。反正扎钢筋、浇楼房都需要多人帮忙。所以今日有自己的哥弟张学全、张学德，侄儿张荣光，老外父张正祥等4人来协助砌砖墙，还出动一辆大车到外边拉回来一车人工细砂。

小结：当我们芭蕉箐建起罗马柱系列豪华的圣殿时，很多人就给予我们高度的评价，说：在此地方盖起罗马柱系列豪华圣殿想来是不可能。又说：你们的建殿工程是跨越世纪。所以家庭，个人也应当盖有客厅。

2016年9月24日　农历八月二十四日　星期六　晴

村民赶鸡街，有的是上市卖小猪，猪市价，前期活猪是卖到一公斤40元，中期活猪是卖一公斤36元，据说今日孙儿张约荣卖一窝10只，活猪只卖一公斤27元。侄儿张学友卖核桃，只卖一公斤6元。

大部分村民是卖栗子，三儿张学忠栗子数量有1包，拉运到凹口（两县交界），有人给价一公斤5.5元就卖掉了。四儿、五儿张学德、张学祥各人卖一包，到了街上给价一公斤6.5元就卖了，我老人3户用一辆车拉运，我老人自己板栗数量88公斤×7元/公斤=616元。

小结：今年8月22日开始销售，今日是9月24日，是最后一街变卖。去年价换价时栗子卖到一公斤两三元，而今年村民有的是从开始到今天结束保持街街都卖一公斤8元。

2016年9月25日　农历八月二十五日　星期日　晴

教会活动。参与东村乡杜朗办事处大厂献堂庆典活动。芭蕉箐教会诗班、教牧人员乘坐三辆面包车、三辆轿车前去参与庆典活动。我们教会的自然村，万宝山、柿花箐、石桥、芭蕉箐信徒、教牧前去参与活动。东村街集会点的10多人是大教会管辖，他们没有车子，我们只好头趟车运送大教会人员，第二趟车又从大厂回来接运东村人员。

参与庆典的团队有，西龙大平地2个，富民东片有沙滩、朵木得、大黄栎树、莫依龙、西山、芭蕉箐6个，共8个堂点参与献堂感恩活动。崇拜项目，各地堂点参加献诗，由张学德传道员讲道，题目有关建殿要议。有奉献项目，当天奉献结果：人民币15032.60元。

2016年9月26日　农历八月二十六日　星期一　晴

村民搞建房，工作进行是，早上出一趟车到外边拉运建房细面砂，赶着回来吃早饭。中下午工作又转入建房工地上，支搭浇楼支架，准备支架浇楼壳子板。由于施工人员少，就得要几天才能安好。搞建房工作虽然是技术工，但由于时间搞长了，事工开展多了，就成了手上活计。

小结：建房资金都涉及上万元，小农户没有多少积累，大部分还是自己做，还有部分建房材料靠熟识老板支持，建好房，再慢慢付给熟识老板。这也是我们的一种方便。

2016年9月27日　农历八月二十七日　星期二　晴

记述建房，今早拉运建房浇楼钢筋。今早吃过早饭休息一会儿，心想上去看看五儿张学祥建房事工开展得如何。我俩老人上去看时，刚好五儿张学祥拉运回来浇楼房钢材，我便问，钢筋的数量，长短是你计划去买，还是销售钢材老板设计呢？五儿张学祥便说：都是上去王继光老板那里拉运的。

小结：这是一种优势条件，王继光是本教会执事，由于他从事于搞建筑，很多建房料子、钢材壳子板、钢筋都行有料子，哪里需要运送，就送哪里。房建好后，再与他结账就行，这样我们就方便多了。

2016年9月28日　农历八月二十八日　星期三　晴

教会小小的接待工作，我村孙儿张约瑟就在新加坡基督教某团参与福音工作，安排于昆明。今日由孙儿张约瑟带个人，从昆明下来我们芭蕉箐教会拜访和交通。得知情况，我们就为他们煮早饭，中午12时，他们到来，是聘请人开车送下来，包括驾驶员7人。聚会两个小时，分享我堂唱诗班的献唱恩赐。也请来自新加坡的老师分享见证福音。下午2时又请来客吃晚饭，由于明天要回新加坡，他们就与我们告别乘车回昆明去了。

2016年9月29日　农历八月二十九日　星期四　晴

记述张学祥建房，建房事工是安一楼房钢筋。劳动力张学全、张学忠、张学德、张学祥、孙儿张荣光、龙荣才等6人，由于劳动力多，下午3时就把房楼钢筋扎好，而息间吃晌午喝水。

小结：搞建房技术工虽然少，但由于已是多年活计了，不但是技术工，就是一般村民也是随时参与施工，所以建房施工都会都快。出勤工天，是村民哥弟喜欢赞助。成风成俗。也不记工，也不需开工资，相互协助，也作为关爱团结、友好举动。

2016年9月30日　农历八月三十日　星期五　晴

记述村民张学祥建房浇楼，搅拌灰泥是用一辆小型微耕机打犁，拌灰浆水是电力抽。劳动力，是家人、亲友、邻舍自愿出来赞助，凑有20个劳动力联合施工。生活服务情况是，村民搞建房，都是赞助干义务工，不计报酬。在生活服务上主人家就得尽力服侍来客，表示谢意。肉食一般是街上买，家里如有土鸡也要杀两只，（因土鸡香）生活是提供晌午、晚饭两餐。

小结：芭蕉箐的进步和发展是飞速的，1994年建盖第二所礼拜堂是外地找请人建盖，而2012年建盖罗马柱豪华圣殿是我们自己设计和绘图施工，成了今日神迹奇事，相隔4年的时间，变化真大，怎么解释呢？

2016年10月1日　农历九月初一　星期六　阴

记述我村对穿越我村的高速公路占用耕地、房屋、果木树顾虑的劝解工作。挖机目前开始进村推扩路道，村民处于未知状况，人人担心政府不给补偿，所以叫石桥村委领导刘寻武、杨德聪上来我村解说，我村很多农户集中于教会场院等待。约早上11点石桥领导到下，村民纷纷提议，按道理应该是公路占地，房屋、果木各家各户落实数量并且登记上册。现在这种情况就连我自己也是半疑半信。试问以后谁说为是呢。

2016年10月2日　农历九月初二　星期日　晴

芭蕉箐全体村民热点，纳闷高速公路穿越村里，两台大型推土机昨天开进村里开始推路道，却没人过问土地、果树是谁家的，张三李四各人有几棵，而口头上谁都说：要补偿、要补偿。想来补偿是真是假，村民围观推土机工作，心却一片冷，政府怎么会这么做，有无补偿，时间早迟、数目、数据应该记上册；应该事先向村民说明，让村民心里热乎乎的。村民有的说：怕是政府要取一部分吧？所以来这一套。事理应是开门见山地向村民说明，让我们也高兴支持。俗语说：民以食为天。

2016年10月3日　农历九月初三　星期一　晴

国庆节，国家单位、工厂、厂矿、学校都安排休假，家人团聚。我家孙儿张荣光出车上昆明接孙女张多加回家休假。今日3号回来，据说是7号返校工作。国庆休假，家人团聚，分享温暖关爱，也是对家人农事的大力支持分担。因为农事大忙季节已开始，扳收苞谷，上下车子，农地、家里的农务工作都需要强劳动力。孙女张多加住于昆明，工作于昆明，她把城里的美味也带回来与家人朋友共享，这也是我们的一种享受。

2016年10月4日　农历九月初四　星期二　晴

村民忙于婚喜事，做嫁妆衣的忙碌准备。大儿张学全是准备出嫁女儿，孙女张多加趁国庆节休假回家办理嫁妆。儿张学全、媳王秀英，孙儿张荣光，孙儿媳朱艳琼，孙女张多加，以及她的男朋友6人乘坐张学祥的面包车到禄劝县翠华街（民族街）买嫁妆衣物。又有四儿张学德、妻王凤仙、孙儿张良、张良妻、三儿张学忠妻龙兴珍5人乘一辆轿车上昆明购买婚嫁品。

小结：苗民婚喜事，双方父母都要送衣物，还有重要亲戚都要给，是一项重要环节。要讨嫁的农户已忙了半年了。

2016年10月5日　农历九月初五　星期三　晴

村民开始扳撕苞谷，我家父儿5户为一个组。是协助面积大的，数量多的，路途远的。早上是扳大儿张学全家的，是种于田块的，面积是芭蕉箐村最大的田有二亩，由于逐年缺水，干脆就种上玉米还简便省工。扳完，早上用两趟车才拉完。吃过早饭又集中精力扳三儿张学忠家的，也是山脚的稻田。劳动成果是：一天扳完两户（只是说一个片区），每户都是两大车拉完。劳动力，五户凑得16个劳动力联合行动。

小结：唯有我家可以大联合协助，地少，零星，或是近处的就不必互助，这也看情况。

2016年10月6日　农历九月初六　星期四　晴

苗家婚喜事忙，一边购买嫁妆礼品，一边忙于请客。我家大儿张学全、四儿张学德、妻王凤仙3人乘四儿张学德的轿车跑嵩明县三转弯村委凸董箐请客，因我女儿（二女儿张美兰）在凸董箐，所以到那里请客。由于交通工具方便，所以一早就出车，到那边赶早饭，休息半天吃了晚饭就乘车回来，回到家已是下午6点了。苗家亲戚是分布于县与县之间，路途是比较远，原来没有车子，步行是两头黑。

小结：苗民婚喜事，请客也好，规模有所扩大和有增无减，显示生活有所提高和改善。

2016 年 10 月 7 日　　农历九月初七　　星期五　　晴

看病就医，老伴病倒已有两天了，睡了一夜都没有睡好，并提议说要打针啊，不打针病不会好。自己也知道，但是儿媳们的扳撕苞谷活计忙，白天地里扳苞谷，夜里在家里撕苞谷。在此种情况下，只好是儿媳们提出方案。幸遇上午 10 时，孙儿张荣光媳朱艳琼来对我说：老爹，今日我家要送张多加上昆明复课，我们就带婆婆到东村医院看病打针，你准备一下，我们即将走。我说：好极了，那么就请帮帮忙。到了医院，孙女张多加、朱艳琼一直协助到打好针，她们才往昆明去了。看病打针，医药费是：治疗费 12 元，卫生材料费 3.10 元，药品费 117.29 元。减免：28.13 元，自费 89.16 元。

2016 年 10 月 8 日　　农历九月初八　　星期六　　晴

教会教牧职员一个季度培训一次。今日是第四季度的学习时间。所以今日安排教牧人员学习。培训、主持是庵绍良同工。学员、教牧人员以及信徒有 11 人。生活服务由龙圣英、王凤仙煮饭。由于开展学习，所以张学德、妻王凤仙二人出车上街购买生活用品。另一个项目是讨论教会工作，以及十月初七的年度感恩节圣会的主持人员，以及圣诗班的工作等，只是提出草案。

2016 年 10 月 10 日　　农历九月初十　　星期一　　晴

召开村民会议，有关高速公路穿越我村土地、果木、房屋、竹子等的补偿指示。由于前段时间施工队没有经过有关部门的批准和取得合法批示就挖路基，我村据县政府和东村乡政府指示，新公路暂停，待（等）已挖扩的这一部分补偿以后再推。石桥村委表态说：芭蕉箐村是民族村，施工队和政府一定要补够，至于芭蕉箐，我们一节钢筋都不要你们的。村民情绪很高，大家都想知道这方面的情况，据说各级政府都很关心我们。

2016 年 10 月 11 日　农历九月十一日　星期二　晴

村民扳苞谷。山脚、山腰、山顶片区由于盖地膜，所以苞谷提早成熟。我们二老人是扳撕山脚的，昨天扳撕得 6 包，今日也是扳撕得 6 包，两天扳撕得 12 包。今日由于三儿张学忠扳田块的苞谷，所以就一便手把我们老人的苞谷也拉运上来。由于五儿张学祥协助三儿张学忠扳苞谷，所以吃晚饭时，也请我们二老人去吃晚饭。

小结：老人耕耘小小农地，远近都靠儿媳们帮助，自己做自己的活计，儿媳们还要请吃饭，反正重活、难活计都靠儿媳们支持。

2016 年 10 月 12 日　农历九月十二日　星期三　晴

扳撕苞谷，我自己是扳撕山脚片区的，计划用四天搬完。早出工晚收工，这也就争取了点时间，用三天的时间扳完了山脚的。扳完后只要说一声，儿子们就会主动下去拉运上来。今晚是扳完以后，用些袋子装好，放于靠近车路的地边，我便回来给儿子们说，山脚的苞谷已收完堆于路边，苞谷扳得 7 袋子。三儿张学忠撕着苞谷，便叫四儿张学德、五儿张学祥他俩开车下去给我拉上来。先是我怕下雨，下大了车子就不下去，幸好是拉回来才下雨，雨也不算大。

2016 年 10 月 13 日　农历九月十三日　星期四　晴

搞畜圈房，村民从事于养殖业，一般农户都养有牛、羊、鸡、猪、马等牲口，一家农户就必须备几样畜圈房，多数是小规模。四儿张学德再也不能推迟了，非建立健全完善不可。建房的旧材料，空心砖是有，只要抽一两天时间就可建好。所以准备用两天的时间建好，投入使用。

小结：年轻一代，一般都是技术工，是能上能下，一般小规模建筑，可以不求人。甚至只要有钢筋，连圈门都是自己用钢筋焊接的。电钻、打眼、搞建筑都有他们的一套。

2016 年 10 月 14 日　农历九月十四日　星期五　晴

孙儿张荣光挖魔芋，是让出路边地角，让高速公路通过。零星地要让，果木树要让，凡是沿线的都要让。前几天已挖了一天，今天又挖了一天，都是沿线的。两天大约挖获 100 公斤 ×2.50 元／公斤 =250 元。可能公路沿线的约 100 公斤，其他农地也有 100 多公斤。小农户魔芋（食用）会有两三百公斤。

小结：俗语说：小账不可细算，小小数额虽然微小，一家农户就靠零星的收入，来维持家里的生活，虽然零星，但只要时常有收入，俗语说：凑毛成毡。

2016 年 10 月 15 日　农历九月十五日　星期六　晴

村民扳撕苞谷，是不约而同有多户同时都在一个片区上扳撕。扳撕苞谷一种情况是老苞谷已喂完牲口了，要接槽，就是等着新苞谷喂猪了。

另一种情况是：如还有老苞谷，不等着喂牲口的话，地里的苞谷随它摆于地里晒着，晒到 10 月份，晒透掉，二天从地里收到家里，一便用机器脱粒后，就拉运上市场销售或是收藏都行。汉族队现在就是情愿摆于山地里晒着，晒干掉二天收回去脱粒就行，还省时省力。我自己视为一种任务工作，情愿慢慢做起，争取早日完成。

2016 年 10 月 17 日　农历九月十七日　星期一　阴雨

老人经营小小农事工作，由于身体健康，一段农业生产进度还不错，心中充满着快感！天气阴沉沉的，心想应当享受学习之乐、读书之乐。自己喜好学习，几乎一生学习，今年 74 岁高龄了，但从学习中获取很多东西，它强过物质，人能获取很多见识，就自有满足感和幸福感！

学习完之后，又跟老伴扳撕一时苞谷，工作场地就在房背后。扳撕一时，两人背回家两背箩后，天色又阴沉下来，赶紧回家协助儿媳们把拴于外边场地的黄牛拉回圈里，接着又下起大雨来。今年雨量很充足，地里的庄稼也强过往年。

2016 年 10 月 18 日　农历九月十八日　星期二　晴

村民购置车辆，四儿张学德今日到鸡街购置 9000 元的三轮摩托车，是计划运输农地粮食或是农地运输肥料。几年来通过生活实践，经济方便的农户，一户人家要一辆客运车，也需要一辆农用车，配合使用。比如只有一辆客运车，一下要拆车的座位，拉运货物，一下要安装椅子，作客运。村农户每户一辆客运车，一辆农用已有 5 户，并且快速发展中。今日工作进行是：车子看好、讲好，车子先回家一趟，再叫三儿张学忠乘一辆车回到街，再由一人把今日买的那辆三轮摩托车开回来。

2016 年 10 月 19 日　农历九月十九日　星期三　晴

我老二挖魔芋，10 月 14 日大儿家挖魔芋，挖获得 280 公斤 ×2.50 元／公斤，得 700 元，我自己也有一点，分布于山顶、山腰两处。管它有多少，自己也挖去卖。先从山顶挖了下来，工作了一天大约挖获得 100 多公斤，明天再挖一天大约会有 200 公斤，价值会有 500 元。今天是把远处的、零星的部分先挖一下，明天就近一点，集中一点，可能明天就可以完成。

小结：魔芋是食用，历来都有，价格原先是可卖一公斤 2.80 元，而现在什么东西价格都是走低了一点。管它多少，少也得卖啊，也不是大牛大马，卖了算了。

2016 年 10 月 20 日　农历九月二十日　星期四　晴

记述五儿张学祥建住房，原先建起一楼房，现在是二楼房，是建那种彩钢瓦材料，类似不锈钢材料。是先把房架子搭起来再装上彩钢瓦。是请街上人进来安装，今天是安装的头一天。由于上完一车材料拉运上来，几乎去了半天，不过下午半天时间还是几乎把二楼房架安好并安装了一部分。

小结：盖彩钢瓦是我芭蕉箐村的首家。如果美观，人们当然不约也会跟着建盖起来，想来应该是先进的事物，造价当然是大。

2016年10月21日　农历九月二十一日　星期五　晴

村民种地麦。村民有的为省工简单，水稻田种成玉米，既便于管理也减轻负担，大部分村民是种植蔬菜，还有部分是种成田麦。今日有大儿张学全，孙儿张荣光父儿两户种田麦，是撒撒种、撒施上底肥，再用微耕机打犁一次，开上沟便于放水就行。田块是大六工田，一丘田就有二亩。前几天种上一半，今日种上一半就行。

小结：小春点种工作即将开始，不论是地麦、田麦。一般是抓地麦，地麦是要趁有晚雨赶紧种上，防备年时干旱。田麦是放于后边，你就是迟种上也放得着水，所以历年田麦是放于后。

2016年10月22日　农历九月二十二日　星期六　晴

今日村民从事于农地工作，生计活动。都是从事于探路子。到禄劝县内承包耕地种植蔬菜。由于城乡人口流进城打工，所以乡村土地能承包给他人都尽量承包给他人经营。款庄熟识朋友相告相约到禄劝县承包经营，所以我家五儿张学祥也出去承包得10亩水田种植蔬菜，已把儿菜栽下成活。今日儿、媳、我们二老人，那边再找两个工，凑有6人给儿菜施肥料。那边找的两个工，干工不供吃，每个工给100元。我们是早上出去干活，当天完成而赶回来，是当天打转。

2016年10月23日　农历九月二十三日　星期日　晴

教会年度过感恩节，时间是订于十月初七日，还有13天的时间，所以安排今日礼拜中为十月初七节日生活奉献。是安排于唱诗班献完诗时，接着就奉献。奉献结果是：人民币7100元，肉食历年能有10头肥猪，当天奉献的现金少一点，但幸好不影响最主要的肉食一环。至于现金就是买上一点小菜和当天所需要的大米。

小结：感恩基督教传统节日最为隆重，又是芭蕉箐教会自然而然形成几个县的中心地点。圣会的参会人员都得估计 4000—5000 人。

2016 年 10 月 24 日　农历九月二十四日　星期一　晴

家族协助农业生产，利用早上时间扳苞谷。四儿张学德有一片陡坡地约有三亩山地，个人的力量是极有限，情愿哥弟、家族、女儿几户联合协助扳撕苞谷。劳动力父儿 5 户凑得 11 人，在屋里煮饭留下 3 人，合有 14 人。劳动工效情况是：扳获得一辆大车，一辆三轮摩托车从山脚拉运上来。

小结：家人哥弟互相协助，是不用还工，也不必轮流干活，谁需要帮忙，只要说一声。需要帮忙的，办一餐席饭就行。时间是：早 7 点—中午 12 点。

2016 年 10 月 25 日　农历九月二十五日　星期二　晴

种地麦，我老人有 0.5 亩山地，已撕除地里的苞谷，点种上一点大麦，是想大麦籽粒也可以喂牲口，麦秆仍可以碎糠喂牲口。所以叫五儿张学祥今日抽空用微耕机打犁一下。吃过早饭后，五儿张学祥才给我说：叫我带麦种到地里把地麦点种一下，我便又叫四儿张学德给我背一包化肥协助我送到地里。五儿张学祥撒麦种，我施撒化肥后，五儿学祥又给我打犁一下。机器快速很快便打犁完。

小结：老人几年没有种地麦了，耕地也很不行，只是想种一点苞谷喂喂猪而过年。再说，想吃街上买一点就行，过老年人生活。

2016 年 10 月 26 日　农历九月二十六日　星期三　晴

村民忙于点种地麦，很多村民在不同地区各自的中心地点种地麦。

点种方式是：有的是用微耕机打犁，有的是跟牛点。三儿张学忠种山顶片区地麦，为工效更好一些，所以跟牛点，那就麻烦一些，多要些劳动力。二人使牛拉牛、扶犁，二人点种，动作还要快一点才跟得上牛。劳动力组织是：五儿张学祥协助三儿张学忠点种地麦。是先把地麦种完回家后又慢慢做晚饭。

小结：哥弟农业生产相互协助是很活套。不记工、不还工、不开钱，完成事工就行。

2016年10月27日　农历九月二十七日　星期四　晴

村民点种地麦，很多户都忙于种麦子，一般都是跟牛点。侄儿张学光、孙儿张约翰父子联合使一架犁牛种地麦，一个上午时间点种。儿张约翰是在村子后山种，下午又到村子对门点种大面积的地块。劳动力合作安排是父子张学光、张约翰使牛，婆媳二人下种，种子与化肥是混合施。

小结：侄儿张学光他家的事工是农业生产和畜牧业两部分。可能是一个中上午时间点种地麦，然后又放牧一群山羊，因为他家养有一群山羊。

2016年10月28日　农历九月二十八日　星期五　晴

我家父儿五户协助农事工作，大儿张学全长子张荣光农事活计，需要协助帮忙，所以今日安排协助他家的农事活计。工作进行是：早上出早工开出一辆大车、一辆三轮摩托车上到山顶片区扳苞谷，扳获装满大小两辆车子苞谷运载回来吃早饭。中下午活计安排是：男强劳动力出粪上车，准备运送到山地种地麦，女劳动力用背箩把今早扳回来的苞谷从场院背送到屋里。

小结：今日我们的劳动工效可不错，仅仅圈粪就运送了三大车到山地。劳动力5户凑得11人联合行动。

2016年10月29日　农历九月二十九日　星期六　雨

苗民为办婚喜事付出昂贵代价，忙于购买婚嫁妆已半年多的时间。孙女张多加今年准备出嫁，所以仍是在选购婚嫁妆物资中。今日与家人相约，今晚赶到昆明她任教的校院住宿，明天去赶禄丰县的猪街购买婚装。因为禄丰县的猪街是赶在星期天。

小结：苗民婚喜事新风俗，形成有增无减。原先是新娘带婚装到新郎家是她自己用的。后发展兴起，出嫁的新娘不但带自己的婚嫁妆，还要带新郎一方的父母哥弟等一些重要人物的衣物。最近又发展不但新郎带，就连新郎双方的父母都要给。这风气虽然好，但是想来代价太大了。

2016年10月31日　农历十月初一　星期一　阴

教会诗班排练演奏吉他、电子琴、鼓。11月6日已定为2016年的感恩节期。教会安排本堂唱诗班明天开始集中排练诗歌、舞蹈，仪式开幕的一些准备工作。诗班青年孩童们对教会节期文艺舞蹈的献出很感兴趣，原先是说明天集中，但今日他们相约已来了9人，他们排练到下午5点才又乘坐摩托车回家，明天又来参加培训。

小结：孩童们对教会工作这样热情、这样关心、这样爱好，说明苗民儿女们热爱民族文艺、舞蹈和关心民族工作。情愿付代价而学习，今天还没有安排生活，加之下雨路滑，他们都没有推辞。

2016年11月2日　农历十月初三　星期三　晴

感恩节唱诗班为举行感恩开幕仪式排练歌舞训练活动，今年与往年不同是：一是我们人员少；二是我们在寻甸县、禄劝县、富民三县交界上，为体现教会的合一，民族的团结平等，也为激发教会几个民族的爱心和交通来往起见，我们芭蕉箐教会邀请禄劝县万宝山白彝族教会诗班人员配合我们教会联合搞感恩开幕仪式，规模越大越好。

2016年11月3日　农历十月初四　星期四　晴

村民看病就医。三儿张学忠昨天晚上右手拇指突然又疼又肿，昨早上只好叫孙儿张荣光出车跑鸡街平安医院就医打针，估计是痛风。昨天今早两天仍然跑鸡街打针。吃早饭时，大儿张学全提议说：不行，非得跑昆明大医院检查才行。三儿张学忠，妻龙兴珍，大儿张学全，孙儿张荣光4人乘坐小轿车同路去看病。跑昆明仍有困难，先到款庄马街医院暂住下院看看情况。办完住院手续，打着针水后，张学全、张荣光父儿开车回来，住院病人看医院医生指示。

2016年11月4日　农历十月初五　星期五　晴

教会为过感恩节忙于准备生活肉食，购买生活物资。柿花箐村奉献的肥猪是2头半，我们芭蕉箐是5头，两村合有7头半。唱诗班练诗已用去1头，还有6头半，考虑用不完这6头，再留下1头，可能5头会够用。

今日柿花箐、芭蕉箐分头宰杀这些肥猪，王继光执事又开车到街上拉运早已与街上联系好的鸡肉、鲜鱼、大米，大米计划是500公斤×6元/公斤=3000元，历年以来都是购买好米。准备工作已开始了几天，今天是正式忙起，涉及人员多、项目多，由于高速公路穿越我村，所以设好的饮水工程已拆毁了一部分，安排些人员今日另架设饮水钢管。本教会唱诗班又有他们的练诗和舞蹈。

2016年11月5日　农历十月初六　星期六　晴

感恩节，教会事务生活工作正式进行，预计参与庆典感恩节的肢体来宾明天必然会到来，武定县、禄劝县、寻甸县、昆明五华区的大平滩教会，和我们本县富民等4县一区的信徒来宾会有3000多人。那么，今晚和明天生活用的肉食一部分必须得做好。大会、会场、会场标语都是今天的工作项目。

勤务帮忙人员，禄劝县万宝山教会出动唱诗班10人前来参与诗班工作。参与服务工作7—8人员，本教会石桩组出动劳动力男女约有17人。与明天圣会庆典的来客，是来自武定县的发窝乡啊庆争教会人员30多人，教会多人参与工作，圆满完成筹备工作。

2016年11月7日　农历十月初八　星期一　晴

教会感恩节和年工作总结，年节来客有增无减。自然而然形成附近各县区很多友人向往的地方，一是刚建起来的圣殿雄伟美观，是以罗马柱系列建成。二是因为是我们自己设计，自己绘图，自己建盖。三是估计去年我们开堂录像，我们本堂和外来人员拍摄的碟片到处放映，所以有的见到碟片，有的听说，都想来到现场看个究竟。

2016年11月8日　农历十月初九　星期二　阴

村民扳收苞谷，目前农事工作仍是收种两个中心工作。不过种山地小麦，很快即将结束，大局将近完成。种麦有俗语说："小麦种到冬"，就是说，种到冬月十一月为止。芭蕉箐村，农地可能山顶片区占全村耕地的65%，这段时间不论是扳苞谷还是种地麦，人员都是流向山顶片区耕地。

记述我自己的农活事工，农地分布于山脚、山腰、山头等三个片区，已完成山脚，很快即将完成山腰的耕地，大约下星期就可以扳收山顶片区部分，耕地不为多，三处农地的面积几乎相等。搬运：山脚、山顶片区快，因为有车路，而村后的山地没有车路，只得用人工一背一背地背回家。

2016年11月9日　农历十月初十　星期三　阴

村民张学忠看病今日出院。情况是11月3日开始就医打针，11月4日又到富民款庄马街医院就医，当时马街医院院长因有事上昆明，医院建议叫我们送昆明检查，暂时打针观察一天，这样就停留在马街医院，诊断是破伤风。医院鉴定打两个星期的针水，今天已出院。

由于有高速公路穿越我村，所以路道在挖扩中，又是长时间下雨，所以三儿媳们出院是从马街乘坐公交车到东村，打电话叫孙儿张荣光开摩托车到东村街去接。因为公路在扩修中，车子出不去进不来。摩托车回到山顶，三儿媳俩步行顺山梁子下来。情况必然有所好转，儿媳们才出院。

2016年11月10日　农历十月十一日　星期四　晴

教会开展慈善活动。万宝山村信徒苏天伦于2016年10月13日离世，年龄77岁，留下老伴。农事大忙季节，我村教会考虑支持协助她家的农事一下，这也是应当。11月6日礼拜天晚集会礼拜提出，订于星期四这天我们去帮忙。昨晚礼拜集会时又提出，还是按原计划去帮忙。

劳动力组织，我村出动6人，万宝山村1人，他家族3人，凑得10人联合扳撕苞谷，珍惜时间，珍惜劳动力，他们工作到很晚，五儿张学祥主动开出一辆面包车到万宝山村接我村人员回来。

2016年11月11日　农历十月十二日　星期五　晴

村民农事活计，仍是抓山地收苞谷，原先大局是说，随苞谷摆在地里，干透以后再收回家。而现在是已干透在地里就是收不赢，不过也快收完了，耕地始终还是少。

记述张学祥农事工作。由于农地少，所以都在探路子。由于有熟识朋友，相约到禄劝县某地承包他人土地栽儿菜，已施了头道化肥，计划今日到那边再施二道化肥。田地的面积是有10亩，耕耘都是靠找工，就靠那村的熟识人帮忙，小工也好找，只要说一声就来了。每施工是需要二人，干工不供吃，一个小工付100元给人家，手上活计也为轻松。

2016年11月12日　农历十月十三日　星期六　晴

村民撕苞谷，大局已集中山顶片区扳收。种地麦是山头和山脚都有农户种。农户们中心工作已转为收苞谷。我自己的农活，扳收苞谷，已从山腰转向山顶片区。今天是第一天，经一天的努力扳撕得6袋。先是想搬几天再叫儿媳或是孙儿张荣光协助我二老人拉回来，再想想明天是礼拜天，而且要参与其他教会过感恩节，所扳获得的6袋苞谷摆于地里也不放心，干脆叫孙儿张荣光开车来帮我俩拉回去，所以孙儿张荣光先拉他父儿两家的两车苞谷，然后再来拉我老人的。

小结：幸遇我张家五户有1辆面包车，3辆轿车，1辆三轮摩托车，随叫哪人都行，或是不必说，儿孙们知道都会主动帮忙。

2016年11月13日　农历十月十四日　星期日　晴

记述村民打临时工。只因有高速公路，经武定、倘甸至寻甸县公路，即将开工，所以有时招临时工。我村民张学祥被聘临时工开大矿车，在公路上拉运石砂铺公路。已开了几天，目前工资待遇是说要按日工天的月数发工资。我们也是本着在自己的村附近打工，开车也是劳逸结合，也是体面工作，我们也本着是去试试。

2016年11月14日　农历十月十五日　星期一　晴

村民仍是扳撕苞谷，大部分是扳苞谷，是山腰、山头同时有村民扳收。种地麦，有村民龙应华、龙兴华父儿两户联合种地麦，是大面积点种。是利用一架犁牛点种，父儿二人使牛，婆媳二人放种，麦种和农用化肥混拌。耕地面积约有4亩山地。种地麦和我们扳撕苞谷就在一个片区工作。劳动工作效力较高，由于天晴开了，所以不论是扳收苞谷，是种地麦都已是极为方便。

小结：农活事工忙碌季节，村民吃过早饭出工，我俩老人一般是上午10时就出工；今日种地麦的这两户在通往山地的山路上就赶上我俩老人。所以形成不约而同地赶时间。

2016年11月15日　农历十月十六日　星期二　晴

我们接受云南大学老师的采访。昨天约下午4时教会场院开来一辆黑色小轿车，据说是来自云南大学的两位老师到我们村、我们教会采访，昨晚和今早都跟四儿张学德沟通畅谈。今早吃过早饭便找我做简短的座谈和拍照、摄影。

小结：来自云南大学的老师，是云南大学老师牵线搭桥，介绍芭蕉箐村苗民寨，因为云南大学所设的"人类学苗族点"就设点于此。来客老师情绪表情反映了他们很高兴、敬佩、夸耀、鼓励。

2016年11月16日　农历十月十七日　星期三　晴

记述我家父儿5户农事工相协助推进。三儿张学忠因11月3号感染破伤风，被迫进医院就医，所以农事工作前后就耽搁了14天。儿媳们看在眼想在心，大儿张学全今早动员我家父儿5户齐动手支援三儿张学忠扳撕苞谷。优先扳撕顺车路的大面积地，出动一辆农用车，父儿5户齐出动凑得15人联合扳撕。经一天的辛勤工作，搬获得一大车苞谷拉运回来。三儿媳龙兴珍与我们大家工作到下午3时，她又下山回来为大家煮饭，由于自己购置得有电冰箱，可能随时准备得有肉食好菜，几时需要就方便。

2016年11月17日　农历十月十八日　星期四　晴

村民仍忙于筹备婚喜事，今日我家父儿四户乘车上街购买婚喜事用品。还涉及婚事请客，熟识亲人朋友方便的，近处的已在开始送礼，因为要办事的主户人家所要开支的经费是上万元。办事的主户有的方便，有的可能欠缺，自己的客人亲友考虑到这方面，所以在送礼。今日我家客人从嵩明县凸董箐村特送礼过来，双方约会都到鸡街集市上相逢交礼。

那边是一户对我家两户，一家是张学全出嫁长女张多加，一户是四儿张学德给长子张良结婚。另一种情况的送礼，是所要出嫁的姑娘，主要亲戚都得为这女子的出嫁送礼留念，所以就形成多人都在为婚事购买大小礼品。吃过晚饭上述的两户儿媳，相约各户出动一辆车子，一路又到寻甸的拉利村请客，忙碌筹备。

2016 年 11 月 18 日　农历十月十九日　星期五　晴

村民扳撕苞谷，我家父儿也是扳撕山顶片区的耕地的苞谷。每天扳撕的都全部拉运回来，我们二老人所扳获的也是儿媳们协助而每天无论如何都全拉回来。

哥弟亲友相互帮忙协助情况是：前面论述过，张学忠因病进医院就医耽搁了十多天，我家父儿5户15人支持了他家农事一天，就等于是补上了这些误工。他家大舅夫妻二人今日又乘车子，从嵩明凸董箐赶来协助他家的农事，大约中午12点就赶到这边，一是支持给一点医药费用，二是顺便来协助农事活计。大帮小补，可就弥补了这些误工和农事生产。作为民族的亲友对亲属患伤病也是一项关注的工作。

2016 年 11 月 19 日　农历十月二十日　星期六　晴

记述村民王才明建住房，从事于挖房基坑。是年初已着手挖石脚基坑，已做了长时间的准备。于作物生长期已开始扎地梁钢筋，浇好地梁。收割季节抽空着手建房。由于劳动力单薄，每天有二三人施工，形成建房人员辛苦，建房效率慢，建房任务艰巨，难度大。

小结：建房科技要求高，技术严，不可轻看，宁肯找请师傅建筑，虽然开工资要一笔钱，但是比起小搞搞，工作效率高多了，俗语说：出活计。人生可能会有一种障碍，比如说：自己身边没有几个朋友，做起事没人帮，说话没人听，如果有这种情况，也许是自己造成的。我们人生的里程道路要修得宽，宽的胸怀要接纳众人，虚心请教，尊重众人。

2016年11月21日　农历十月二十二日　星期一　晴

村民打临时工，开矿车，五儿张学祥被聘请开大东风车拉运石砂铺公路。国道高速大公路，武定县城—倘甸—寻甸县城公路即将开工，现在挖建运料子公路，挖扩公路老板有3台大型挖机，2辆东风矿车，人员不够，聘请五儿张学祥开一辆矿车，工资待遇是说：按工天，月工资是4000元。挖扩路道，铺路面石砂，压路面的压路机，所以他们的事工也是零碎复杂，每到拉运石砂时就从电话中叫五儿张学祥。每天工作时间安排是：早8时出工，中午12时—2时休息吃早饭，下午3时—6时息工吃晚饭。

2016年11月22日　农历十月二十三日　星期二　晴

村民承办有关婚事的一些手续，夫妇结婚后又要承办出生证等一些合法手续。儿张学德为长子张良将结婚，顺便连出生证手续也一次性办齐全，所以今日上午在自己的东村乡办，中下午又赶上昆明市办。富民县收费是700元，昆明收650元。今日跑了富民县城和昆明都没有办好，据说明天还要跑昆明。

小结：人生合法手续变得越来越难办理，想来应该是不出县，应该是地方人办地方事，政府领导都应该是为人民着想，为人民服务，俗语说：取信于民。

2016年11月23日　农历十月二十四日　星期三　晴

村民农事活计，我家父儿张学全、孙儿张荣光、张学忠三户仍然扳撕苞谷。工作场地仍是山顶片区的耕地。我二老人是协助三儿张学忠扳撕。自己是11月21日，已把全部苞谷撕完，余下的时间就要协助儿媳扳撕。今日三儿张学忠扳撕苞谷情况是：我们二老人、儿、媳4人扳撕一天工夫，扳撕得16袋，由于数量少，我们就随它摆在地里，明天再扳撕一天，等数量多再开大车上去拉回来。

小结：由于农事活计一时不能完工，所以我们仍然早出工，晚收工，尽力多做活。

2016 年 11 月 24 日　农历十月二十五日　星期四　晴

村民张学德、龙荣祥乘坐自己的小轿车上昆明取邮政包裹，是村民龙荣富在东北服务教会，衣物包裹是东北教会特为贫困山区民族预备扶贫安排的。乡村人民到昆明邮政领取衣物包裹必然是一个时候才能找到。他们回来得很晚，天黑才到家。领取的衣物包裹情况是：大包裹 6 件，中包裹 2 件，总共有 8 件。

2016 年 11 月 25 日　农历十月二十六日　星期五　晴

村民打工开大矿车。武定至倘甸、寻甸县高速公路穿越我们地方和我村，车辆驾驶员少，先是聘请五儿张学祥参与开大车拉运石砂、泥土。任务的需要，今日又聘请四儿张学德、孙儿张荣光 2 人再参加开大矿车。大矿车是昨天上去从马街开下来工地上。所以我家今日二儿一孙 3 人都到山头公路工地上开矿车拉运泥土。

小结：按土地、资源我家都弱于他人，但在生活实践中，就似乎强过他人。

2016 年 11 月 26 日　农历十月二十七日　星期六　晴

村民农活仍是扳撕苞谷，记述我家三儿张学忠农事活计，只因手腕有伤口而被感染破伤风，已治疗过，但右手指位至今还未恢复手力。在这种情况下，我们父母一个星期的时间都支持协助三儿张学忠的农事扳撕苞谷。6—7 天的扳撕苞谷情况是：一块山地，面积约有两亩，我们扳撕了整整 5 天，收成可不错，原来我感觉我们的耕地又少又零碎，但收成下来可不少，不弱啊！也是出在天年，所以对今年的农事收成我们非常满意！

小结：农事是父儿互相协助，拉运也是互相协助，苞谷的扳撕，今日利用大车，四缸车拉运三儿张学忠、四儿张学德两户的苞谷。各户打有记号，各户各下自己的，所以农事推进是极有利。

2016年11月28日　农历十月二十九日　星期一　晴

村民送祝米，苗习成语是说："喜庆新生婴儿席"，三儿张学忠长女嫁于昆明五华区大平滩村，生下一小女婴孩。苗族现代习俗都为庆贺添下婴孩而喜庆。而主人家特办席饭而请客、筵客。是包括来看望帮补经费，或是喜欢特请亲属、友人前来吃饭，或是前来祝贺。

我家父儿5户，和在柿花箐村的小女儿姑爷等6户14人乘坐三辆轿车前去赴席饭。我们到了孙女张秀芳家，在那里休息吃零食，和亲友交谈两个多小时。三儿张学忠儿媳陪姑娘张秀芳住上一夜明天才回来。而我们其他的人员是吃完晚饭就乘车回来。

小结：做客，现代由于交通和交通工具普及方便，路道也通过昆明—轿子雪山10多公里，上山路道也是水泥硬道，所以极为方便。

2016年11月29日　农历十一月初一　星期二　阴

村民农活事工，有的是家人互相协助帮忙，扳撕苞谷。侄儿张学明长女是嫁于上村麻栎树，据说今年搞建房，所以农事推迟，故此张学明哥弟几户组织劳动力前去帮忙扳撕苞谷。一只山梁子是麻栎树与芭蕉箐两村交界，几乎都是在一条公路上下工作，所以事工活动情况有些是清楚的。

我自己的农事工作是：前一个星期是协助三儿张学忠扳撕苞谷。这一个星期又是准备协助四儿张学德家扳撕苞谷。今日事工活计是儿张学德夫妻，他家外母，我们凑有4人，扳撕苞谷。4人辛勤工作，但始终数量不够大车拉运，我们就摆于地里，明天再扳撕一天或是搬完再开出大车上去拉回来。

2016 年 11 月 30 日　农历十一月初二　星期三　阴

读书乐，昨晚整下了一夜的中雨。甚至今日的天气都是阴沉沉的，似乎晴不开。农地工作难以进行。

2016 年 12 月 1 日　农历十一月初三　星期四　阴

扳苞谷，记述儿媳们扳苞谷。今日的天气很利于开展农事活计，由于昨天就没有下雨，四儿媳张学德、王凤仙、外婆我们 4 人联合扳撕苞谷。今日劳动工效就比较快，但是今年的农地比较丰产。人忙碌工作付出努力，仍是有那么多的活计。

小结：今年农事丰收丰产，人们都说：今年是迎来雨水最早最多的一年，而且雨量还延续到冬月。这好年时很少见，农事也是特丰收。回想果木，去年板栗价：初上市一公斤 20 元，而最后是卖到一公斤 3 元。今年就不同，初上市是一公斤 10 多元，后期就一直稳在一公斤 7—8 元，所以今年算是一个好市价。

2016 年 12 月 2 日　农历十一月初四　星期五　晴

村民扳撕苞谷，我们三四人扳撕一天所获不够拉运，干脆扳撕几天拼作一大车拉运。今天是扳撕两天的工夫了，今天扳张学忠家，也是上到山地里扳撕，扳获得 10 多包，那么两户做一车拉运下来，数量是多了，幸好是四缸车，那么重都拉得下来。生活也是四儿媳王凤仙为我们三户煮晚饭。

小结：劳动力几乎是集中于四儿张学德家收苞谷，单单四儿张学德就凑得 6 人，那么晚饭也是他家为大家做，儿媳们几户似乎随时准备得有肉食，因他们备有冰箱，几时需要都方便。

2016 年 12 月 3 日　农历十一月初五　星期六　晴

芭蕉箐教会的石桩组要举行年度感恩庆典。作为大教会也得协助事务,所以今日大教会的我们出动人员前去协助帮助事务。过节是明天,今日就得把生活用品的肉食小菜全部切好,还有明天要吃的鸡、鲜鱼等。肥猪至少都得要有3—4头,昨天是宰猪杀山羊,今日就专门忙于生活事务。

大教会动员人员去协助事务情况是:人员万宝山村1人、柿花箐3人,芭蕉箐5人,水平子村1人,共有10人前去支持协助工作。几个自然村人员前去参与协助的交通和交通工具自理,芭蕉箐村是四儿张学德开出一辆小轿车运送,也同是前去工作,特别是从事于文字工作。

2016年12月5日　农历十一月初七　星期一　晴

村中今年将要结婚的男女青年到昆明大医院做体检。张荣光、张良两对夫妇相约到昆明大医院做体检,由于人们都拥挤到城市,就自然形成拥挤。体检和一切手续就要很长的时间才能办好,当他们办完一切体检手续已是几乎天黑了。

小结:通过实践,新婚夫妇体检很有必要,有关生育,在生理上发现新婚夫妇有的受胎有缺欠、有的畸形,可早发现而排除和治疗,所以还是一环重要工作。

2016年12月6日　农历十一月初八　星期二　晴

亲属友人探访住医院病人,我家有一孙女是嵩明细台子人,到昆明盘龙区人民医院生孩子,不幸婴孩有残疾,生母又是一胎二胎都是动手术。时间已是5—6天了,我和老伴、三儿媳、大儿媳王秀英、四姑娘张美兰一行,吃过早饭约上午9时乘坐三儿张学忠家的小轿车前往昆明盘龙区人民医院看望病人,我们到了医院与病人交谈了约两个小时就与病者告别而返回。

到医院看望病患者,这功课我们已学会多年了。"救死扶伤"是中华悠久好传统,我们仍要继承发扬。目的是力所能及地帮补一点医药费,看望是给予病者一种安慰。

2016年12月7日　农历十一月初九　星期三　晴

记述村民建住房，有村民杨兴明建住房，建房情况是：原来已建起一楼，现在是加高，建第二层楼房。情况是：技术工是请自己的亲属一两人来指导，而三几人慢慢施工砌砖墙。建房材料是用空心砖砌，一楼房是红砖块，二楼房只是空心砖，建房工序是已动工了多天，现在是进入支模准备浇二楼房。由于人员少，正在山里找木料安撑杆。

小结：建房工作，实践经验，简便方法是宁愿承包给熟识的亲人或是讲信用的技术工建盖，双方都简便，不麻烦亲友，比如建筑队，是多人组成，建房各样工序多人承担，时间短效益快。

2016年12月8日　农历十一月初十　星期四　晴

村民为办婚喜事购买食品物资。冬月二十四日是我家讨孙儿张良媳妇，时间只剩10多天了。一段时间是忙于找烧柴，烧柴找够了，今日又转入出车到街上批发饮料，因为娶儿媳妇，送礼都要酒、饮料，而家里的婚筵同时少不了饮料，所以该到准备的时候了。今日需要的啤酒和饮料拉运回来50箱，经费花去2700元，是到东村街批发拉运，只跑了一趟。

小结：10年前办婚喜事讨媳妇需要15000元，出嫁10000元就开支下来。现讨媳妇需要20000元，出嫁15000元就可以开支下来。形势在发展，规模有增无减。

2016年12月9日　农历十一月十一日　星期五　晴

村民变卖肥猪。一户是潘兴德，一户是张学德，每户各卖两头，都是评估卖。四儿张学德他家是养得4头，卖两头，两头留着办事，讨长子张良儿媳，两头卖得4400元。办事讨儿媳妇准备用3头，儿媳王凤仙她姐姐王菊仙帮他喂一头。

小结：婚喜事开支，前面论述过，出嫁需要 15000 元，讨嫁需要 20000 元。那么聘礼金不安排 8000 元就要安排 10000 元了，其他礼品、生活肉食、衣物，准备开支 10000 元，靠亲属友人支援想来是会凑得够的。要凑这 2 万元，农民就非要变卖一头大黄牛、5 头大肥猪。

2016 年 12 月 10 日　农历十一月十二日　星期六　晴

村民建住房。第一户是王才明，由于力量薄弱就采取建房各道工序自己找一两个技术工指导，而三几人慢慢施工。砖墙高度砌到四平墙，涉及要撑杆浇房壳子板层板，就停工备材料。第二户是杨兴明，建房是建盖二楼房，目前也是找木料，安撑杆、支搭梁木、安浇楼层板、安浇楼壳子板等工序。

小结：建盖正规砖房，自己有能力、有条件、有人力、有亲属，就自己承担建盖工序，若自己没有条件，就干脆承包给可靠人员建盖，若自己盖房钱不够，就讲明做几年给啊。自己建盖仅仅浇楼板的钢模板、撑杆、梁木、板子、层板料子是要几车拉运。你盖自己住房，来准备这些木料就费力大了。

2016 年 12 月 11 日　农历十一月十三日　星期日　晴

记述村民龙兴祥跟村民张学德买 3 头小猪（仔猪）。3 头称得 42 公斤，按街市价活猪一公斤 26 元，合 1092 元。圈里养有一窝小猪有 12 头，已卖 3 头，那么一窝值价 4368 元。

酌量要办事，娶亲讨儿媳需人民币 20000 元，预计：

1．今晚卖小猪 1092 元。

2．已卖两头大猪 4400 元。

3．计划卖一头耕牛 11000 元。

4．父儿哥弟帮补（送礼）3500 元。

5. 今晚天黑又来二人买 4 头猪，77 公斤，30 元—公斤，计 2310 元。有实际，也预计会有以上收入，那么娶亲预计要 2 万元是没有问题的。

2016 年 12 月 12 日　农历十一月十四日　星期一　晴

家庭哥弟为娶亲筵会礼拜排练献诗准备。冬月二十四日就是孙儿张良的结婚筵席，信仰基督教的，一对新婚夫妇结婚的晚会上有集会礼拜。唱诗、读经、讲道都选择有关圣经对一对新婚夫妇的教导和要求培训一对新婚夫妇，同时也教导会众要按圣经教导处世为人。婚礼中又有一个特别环节，就是办婚席的主人家特为来客的付出代价前来支持、送礼、祝贺而要请音乐家为感谢来客创作一些优美动听的诗词，对来客献唱而作为特别感谢。这也是办婚事主人家的一要事，所以我家父儿 5 户 15 人组织练诗学习。这类诗歌用几年也好，各年作各年的创作也好，如有创作诗人条件，各年作各年创作更好。

2016 年 12 月 13 日　农历十一月十五日　星期二　晴

儿张学全、媳王秀英扳山脚耕地苞谷。五儿张学祥、媳张秀仙也下去协助扳苞谷，凑得 5 个劳动力扳苞谷。由于劳动力少，就只用三轮摩托车拉运。是用镰刀把苞谷包包砍了拉运回来倒于大场上，晚上用电灯照明，父儿几户集中劳动力在大场上七手八脚动手撕苞谷，白天分为 3 户扳撕，晚间集中力量撕大儿张学全家的，人多力量大，由于大家坚持工作和努力，终于把一大堆苞谷撕完。

小结：扳撕苞谷整天往外忙，从 9 月一直忙到 11 月中旬来，这下可能再有一两天就可撕完全年的苞谷了，总算完成全年的收粮任务了。

2016 年 12 月 14 日　农历十一月十六日　星期三　晴

苗民进入冬腊月，承办婚席的人家就更忙起来。不但主户忙，作为哥弟、父母也关注协助帮忙。一般就是协助砍烧柴，车路不通的地方就要协助背烧柴、搂松叶，苗家以前交通不方便，办客席就要搂很多松叶垫于房间让客人睡地铺。现在方便多了，因为交通和交通工具之方便来客只吃一餐晚饭就走了。一般来客不住，但是还存在这习俗，所以还是要少量搂一点松叶防备用着。

小结：作为父母，姑爷、儿媳的农事生产、婚事也都要关顾帮忙，作为关心支持有所表示。所以老伴今天明天又上柿花箐村去帮姑娘，因为腊月中旬也是出嫁长女张齐。

2016 年 12 月 15 日　农历十一月十七日　星期四　晴

记述村民孙儿张大卫卖黄牛。吃早饭时候，他家赶到教会场院买卖牲口的上下台及上车。我便问以多少价卖掉？他家说：是以 14000 元卖掉。我便说好的，我又问，圈里还有几条？媳妇说圈里还有 6 条，接着说牛多了，喂不过来。生产要搞，牲口要照管，太忙了，所以卖掉一些。

小结：小小农户，幸遇有大牲畜变卖，轻易地收入一万多元，这就很不错了。一万元是来之不易，不知年轻的孙儿们如何管理和使用。我们老人在一边想，如果是有存款，应当是购置车辆解决交通行车自理，再是改造住房，因为住房还是老旧式。

2016 年 12 月 16 日　农历十一月十八日　星期五　晴

教会唱诗班练诗活动。一年中凡是有庆典节日，或是有圣事工作，年节活动，每周要利用周二、周五两个晚间来学诗练诗，年节庆典节日完成后，每周只利用周四一个晚间练诗。

明后天又有寻甸县的大黑山教会过感恩节，都属邻近教会，历史悠久，保持和睦相处往来，是参与活动的优先对象，明后天他们过节，我们要无条件地参与感恩活动。

教会诗班工作繁忙任务多，时间进入冬腊月，庆典婚喜事礼拜，诗班在祝婚席上也是站主角。时间还有6天,村舍的婚庆喜事就开始了。今晚的练诗就要从两个事项教练,就是教会的年感恩庆典和婚礼的祝婚庆典诗歌,所以教会诗班工作又多又忙又少不了。

2016年12月17日　农历十一月十九日　星期六　晴

村民赶鸡街。尤其是办婚喜事的农户,不但是筵席的食品,还涉及一些用具,虽然是一时的用具,但是也得买。芭蕉箐村挨近教会的就靠教会厨房的炊具碗筷、场所。四儿张学德也为办事断烧柴,今日赶鸡街买得一台切割机,这切割机是可切割铁块也可断烧柴两用。为办婚喜事,都已买了很多东西了,凡是娶新娘的,都必然这样付出代价。

小结:今日张学德、张学祥两家5人乘坐二辆轿车、面包车到鸡街购买婚席用品,到今日总算是买够了。

2016年12月19日　农历十一月二十一日　星期一　晴

村民姑娘们排练舞蹈,也是诗班中的成员。新婚夫妇结婚祝贺礼拜晚间,为祝贺一对新婚夫妇,特安排对一对新婚夫妇有祝词、有唱、有说、有讲道、有送礼物、有献花等。冬月二十四日,还有三天的排练舞蹈和准备时间,今日就开始排练,至少也要两三天的准备时间。只是人员来不齐。村中就有三户承办婚事,其中孙子张良是结婚。杨光才、张学全两家是出嫁女儿。所以歌舞队排练好一家,就可以用上三户了。排练歌舞人员也很高兴,也乐意献上节目。主人家酬谢也很简单,只是给一条毛巾为谢。文艺队也是本着自己喜好,有无报偿都喜欢出节目,当然办事的一家在生活上也乐意供给。

2016年12月20日　农历十一月二十二日　星期二　晴

村民承办婚喜事。冬月二十四日就是承办娶婚筵席,而明天是送礼和迎娶新娘的婚席。所以讨方今日就得忙起来。宰猪杀鸡,要食用的大猪是两头，她（王凤仙）的姐姐王菊仙替她家喂一头，所以办婚席准备用3头。所以哥弟、亲人今日都出来帮忙协助。为争取时间，从早上就忙起来，宰杀3头猪，劳动力是凑得20人，妇女也是10多人洗菜、洗碗筷、做饭、烧开水等。吃过早饭又宰杀一头牛，这头牛几乎是要一个下午才能做好。

小结：人民生活改善了、提高了，办婚席人们就是要吃羊肉、猪肉、牛肉、鱼肉、鸡肉。想来，简单一点，猪肉、鱼肉都吃不了，杀山羊、杀黄牛，实在是可怜了、害怕了、难看了，但这是新习俗，代价也随着大了，一头猪是2000元左右，而一头牛是上万元了。

2016年12月21日　农历十一月二十三日　星期三　晴

讨亲席。苗家的婚席是今晚前去交礼，习俗是在娘家过一夜而明天吃了早饭后折回来，称之今晚是讨，明天是娶席，一队娶婚席要在那里交礼，又过一夜。由于生活不断地得到提高，所以不论是娶新娘的代价礼品，或是开支于出嫁席，都已超出1万元。

礼金。原来的项目是，聘请他人的姑娘做媳妇，有的是要一头肥猪，有的是喜欢要钱，在当时钱或是猪都是相等。而现在是钱与肉偏差太大了，肉是一头肥猪，而钱是上万元。按道理，一头礼猪也应当限制在100多公斤。今日礼金——就是聘请礼金是给10006元。

2016年12月22日　农历十一月二十四日　星期四　晴

今日婚礼，冬月二十四日是讨婚礼。已论述过不论是出嫁，娶亲规模有所扩大。例如今日娶亲新郎乘坐的6辆小车是新郎张良请昆明熟识朋友帮忙找请，新娘嫁妆又是聘请我村的三辆大车前去拉运。由于讨嫁的夫妇相距只是山头与山间，相隔一个小时的里程，所以可以慢慢来。夫妻双方已兴起都给对方衣物而为礼，为赠送。嫁妆和家具是安排三辆农用车拉运，包括一辆大车是拉运一条大牛，是给出嫁的姑娘。

帮忙人员，我村情况是：关于煮饭人员，村习俗是请两户姑爷联合做饭、做菜，托村中的所有青年帮忙。开水服务，是另找村中两位中年人士义务帮忙。

2016年12月23日　农历十一月二十五日　星期五　晴

苗家婚喜事，客席三天的喜庆。一般地来说，来客只吃主餐一顿就走了。帮忙人员，宰杀鸡猪勤务人员，前后几乎帮忙三天，吃饭三天六餐，就是起头到末尾。村中邻舍，是故意请他们吃三天的席饭，帮忙、不帮忙都请他们吃饭。至于远客只吃一餐，一是人家考虑住宿，二是由于交通和交通工具普及和方便。又有一种情况是同一个时间自己的亲属都办事，自己只好一边吃一餐，也会是这样处理。

这三天的婚席经过是亲属给的礼米，来客200户，亲友支持礼金45000元，是几年办婚喜事的最高峰，又一理由是由于是独生子女，所以所有的亲属都尽上了最大的支持了。

2016年12月24日　农历十一月二十六日　星期六　晴

今年这次的婚席是周二也就是从12月20日开始承办忙起来，第二天是送礼，交聘婚礼，称之讨媳妇，第三天称之讨婚（结婚），第四天是陪客天，是指有来自远方的客人要停留休息一天第五天才走。第一天至今日24号刚好整有5天，苗民办婚喜事与以往有所变革、进步，苗民以往估计只吃三到四餐，而这次我们承办的结婚席已延续到第五天，那就是10餐，所以与以往不同，作为我们自己在民族中，什么工作都应起到带头作用。

另一种情况，婚席我们已为亲属友人预备丰富的筵席，足够享受，只是多人赴席吃一餐就走了，就自然多多有余，而只好请村舍友人多享受了，自然形成每年承办的婚席都成为一种新的篇章，比以往有所强、有所丰富。

2016 年 12 月 25 日　农历十一月二十七日　星期日　晴

教会诗班参与昆明五华区大平滩教会年感恩、圣诞同庆。大平滩远古称之，西山区飞地，现改为昆明五华飞地。即富民县境内有几个村寨由昆明市五华区管辖，称之飞地。教会多年和睦相处来往，保持团契友好，每年教会年节活动互相邀请过节。我们芭蕉箐教会诗班人员今日乘坐 4 辆车子，一早出车前去参与感恩过节。

另有社会事工，就是从武定县经倘甸至寻甸县城的高速公路，在初施工扩建运输道过程中，村民张学祥、张荣光被聘请开运料大矿车，今日仍聘请开大矿车拉运土方。

2016 年 12 月 26 日　农历十一月二十八日　星期一　晴

村民参与扩建运输隧道。材料存放场地。加工隧道材料或是存放材料场地。几天的工作有五儿张学祥、张荣光儿孙 2 人被聘请开大矿车拉运泥土，扩建建厂。工作情况是随着工作场地的需要，有事工就工作一段时间，事工完成，又休息几天。现在是建场地，不是加工涵洞桥梁，就是存放隧道桥梁场地。工作情况是刚刚开始一段时间。运输公路建设开展将近有一年的时间了，工程就是推扩、铺石砂、改道、安涵管，全线从山头进展到我芭蕉箐，全线长达 4 公里，只是全线动工，一处都还没有建好。工序也多，人员也少。

2016 年 12 月 27 日　农历十一月二十九日　星期二　晴

村民建住房，是建正规的红砖房。房主人王才明由于自己财力物力单薄，就自己慢慢施工建盖，几乎用了一年的时间，尽上自己的一切努力。砖墙高度砌到四平墙，浇楼支搭木板、架设壳子板、安支撑杆都已用去一些时间。几天的建房工序已转为扎浇房钢筋，由于不找工，人员少，所以每道建房工序都得几天的时间才能做完。

小结：假设，困难人生都有方，即使我们贫穷，不要贫穷到一个朋友也没有。如果弄得不好，也是怪自己，或是自己心胸狭窄了，容纳不下一个朋友。我们心胸应是宽广，有话说：爱人也是爱自己，这话也是的确。

2016 年 12 月 28 日　农历十一月三十日　星期三　晴

村民建住房。王才明建住房几乎整整用去一年的时间，今日总算是已浇楼房了。还是繁忙，今日现找车子到砂厂，现去拉料子供应浇楼。劳动力找凑得 37 人，搅拌灰浆供砂灰浇楼房。今日浇楼房事工是较为困难，施工人员较少，搅拌灰浆的水源又是从远处供应，所以较为费力。

小结：浇楼请客席，村民多人被请去协助浇楼房，也有多人被请去赴席。作为被请去赴席，我们至少也得拿点礼，有的拿点米，有的拿点钱。由于人员少，供水也困难，付出最大努力，终于顺利完成浇楼房任务。

2016 年 12 月 29 日　农历十二月初一　星期四　晴

村民腊月十三出嫁孙女多加。还有 12 天，我们开始忙起来，准备该用的东西、生活上的东西。今日是鸡街天，孙子又是在高速公路工地上开矿车拉运土方，叫他开一趟车到鸡街上，又回来开矿车。第一趟车孙子张荣光开，第二趟车又叫三儿张学忠开。我们幸遇腊月十三是哥家出嫁长女张多加，到腊月十九，又是妹夫家出嫁长女张齐，作为父母就应当是两家都尽上自己所能的帮忙。

小结：婚喜事是人生中大事，可见代价之大，人们都乐意去履行。就是亲属朋友的工作，自己也甘心情愿地尽上自己的职责。

2016 年 12 月 30 日　农历十二月初二　星期五　晴

苞谷脱粒。山地里的苞谷扳撕完毕，就用白天打一点苞谷喂鸡猪。原先我家父儿 5 户，我老人购买得一台苞谷脱粒机已使用了多年。天长日久背上背下，儿媳们还是情愿一家买一台苞谷脱粒机，省得麻烦。在先是我老人先买，现在最后也是我老人买。今天我俩老人先打苞谷，然后四儿张学德、儿媳王凤仙又占用下午的时间，因为有的机器不好使，或是打不干净，或是太飞了，所以我老人刚买回来这台可能会好使。这些农用机器还得买，我先买的这台使用20多年了都还好，现在是说，要家家都买得有，打苞谷脱粒时不用抬，各家有自己的方便。

2016年12月31日　农历十二月初三　星期六　多云

果园管理。仅仅板栗，几年前就发现老化，需要修枝、打杈，让它长嫩枝挂果实。果实效力差的，干脆逐年改嫁提高效益。就是利用冬月、腊月两个月来改造。冬月主要是修枝打杈，腊月和正月主要放在嫁接上。这环工作可能要延续到夏季，夏季还有核桃、板栗都要全部追一道化肥。进入腊月就开始修剪板栗果园，进入正月就转入嫁妆果木，数量大的就是板栗，可能要5年时光才能改造得完。由于树大，一年只改造得完十多棵。准备加劲一年尽上最大努力改造20多棵。力求尽早改造完。

2017年
村民日志

2017年1月1日　农历十二月初四　星期日　晴

教会年工作总结。建殿施工前后4—5年，圣殿的造价是50多万元，至今还缺口10000元。圣殿以罗马柱系列样式建成是空前未有的奇迹。圣殿的设计与建造时间是2012—2016年，用了5年的时间。2016年11月6日的感恩节肢体堂点送礼金以及当天感恩奉献两项合计总额25000元，教牧信徒奉献8.5头肥猪，用了7.5头，余下一头变卖为2100元。

2017年1月2日　农历十二月初五　星期一　晴

侄儿张学道今日为次子娶媳妇，到禄劝县小新庄（苗寨）讨新娘。今日称为讨媳妇日子，明天称为出嫁的日子。苗族习俗是不论道路远近都要去过夜。娶亲队伍计划一辆大车拉运娶亲礼品，拉运新郎新娘队伍安排三辆面包车。据说我们往西禄劝县方向行驶三个小时就可以到达。

小结：娶亲家里帮忙人员后勤工作有的是找请来帮忙，有的是家人邻舍喜欢出来赞助。今晚吃晚饭时有6桌人，帮忙事工事务是早上宰杀两只山羊、两头大猪，白天帮忙人员杀鸡、洗鱼、洗碗筷、洗菜等。

2017年1月3日　农历十二月初六　星期二　雨

今日是村民张学道接二儿媳妇的喜席。吃过早饭后，天色阴沉下来，接着就打起雨点来，雨量虽然小但影响事工，特别是办婚喜事的这一户。农户们在生活上、工作上都做了些准备，就是他们购买了些塑料纸，如有办婚喜事、场上晒粮食，遇到下雨就使用。所以今日就把这些塑料纸拉起来，那是多年积累的经验。当我们开始吃晚饭的时候雨就下大了。我们吃了头席新郎新娘队伍才到来。苗民习俗，也是教会传统，都要组织唱诗夹道欢迎新婚夫妇队伍的到来。今日的婚席概况是：来客403户，婚礼金（客送礼）总额35700元。

小结：婚席评论，一般民众反映婚席不必大请客，因为托他人送礼是害羞事。

2017 年 1 月 4 日　农历十二月初七　星期三　雨

侄儿张学道接二儿张约才媳妇。今日是散客天，由于国道高速公路正扩建运输材料大道，昨天、昨天晚上和今天都有雨，现在正在挖扩的新路 100 米坡陡泥泞，大小车子无法行驶。我们在柿花箐的亲属出车替我们把客人送到肥草箐那边，他们的车子停在这里天晴再过来开过去。早上想办法送客人，耽搁了两个小时。

小结：村公路、国道不改造，我们的车子随时出得去进得来。现在由于国道大工程改造通过，我们村公路暂时困难一年，这是好事，今后就可永远享福了。

2017 年 1 月 5 日　农历十二月初八　星期四　阴

我村因着国家征用一些山地，让一条大道给高速公路，挖机采伐了一些果木来让道，大约采伐了 30 多株。我们占着耕地和果木的农户把果木砍成烧柴利用掉一部分，昨天今天都是把这些果木砍成烧柴。

小结：我们作为国家公民，土地、房屋、果树都涉及我们的生活，想来国家占用也必然会补偿一点。只要合理，作为人民也应关心国家大事，服从国家安排。

2017 年 1 月 6 日　农历十二月初九　星期五　晴

承办婚席。冬月十三日我家大儿媳又要承办婚席，出嫁长女张多加，所以近段时间时常出车上街拉运办事物资。由于村公路要改为国道高速公路，又遇到几天的雨，造成车子一时出不去进不来的境遇。冬月腊月做客来往人多，几天中有雨对做客都有影响。记事以来雨量今年最多最好最迟，腊月初九雨水还下个不完。今日大儿张学全、孙子张荣光、孙女张多加、大儿媳王秀英乘小面包车回来。路滑车子进不来就搁置于山那边，人步行背东西回来，孙儿张荣光回家又用摩托车跑几趟。

2017年1月8日　农历十二月十一日　星期日　晴

星期天礼拜聚会。乡村聚会礼拜一般以两个半小时为一个集会活动时间。

下午2:30休会后就自由活动，我们俩老人和四儿张学德3人砍烧柴。我们村道让道，让国道通过我村。栽满一条箐沟的大茅竹、细叶竹、小白竹及果树，挖机一动工就把这些全部伐倒，大部分已被埋没，我们去围观，抢得几根算几根。应该给我们说一声，让我们先砍伐做烧柴，太可惜了，这些工人太不理智了。

2017年1月9日　农历十二月十二日　星期一　晴

明天就是我家大儿张学全、儿媳王秀英出嫁长女张多加的喜庆日子，今日就是预备日，帮忙人员有三桌人。今日帮忙事工是：宰杀一条黄牛，两头大肥猪，鸡、鲜鱼是到街上定的，不过拿到家还要加工。这是一个中上午的工作，延续到下午2点，下午3—5小时他们又集中精力到厨房把明天要煮的肉砍好、切好一部分，为明天争取时间。关于各自要做的事工，我们有的是断明天要烧的柴，先是我们二老人断，吃过晚饭后大儿张学全又利用晚间的时间断，以防不够烧，所以做充实准备。

2017年1月10日　农历十二月十三日　星期二　晴

我家大儿张学全、儿媳王秀英出嫁长女张多加。年初早已盼望这日子快来到，人间的婚事称为人生大事，男女相爱称为婚恋。父母称给自己养育的儿女成家是应尽的职责，家人亲属都尽自己职责。服务婚席规模是200多户的来客，生活服务人员也尽力提早做晚饭。所以下午4：30就开始吃晚饭。

新郎队伍的到来时间是下午5时，教会唱诗班组织夹道唱诗拍掌欢迎他们的到来。

1．新郎交聘礼：有聘婚礼金700元和一半肥猪肉。

2. 我家父儿5户10人，就是给10套衣服。

3. 礼羊——一只山羊。

4. 多件饮料、鸡蛋2箱、粮果4箱等。

5. 婚席客人送礼总额有40000多元。

2017年1月11日　农历十二月十四日　星期三　晴

今日婚礼席称为陪客天。现在没有停留的客人了，吃一餐就走了，连夜都不过。另有一情况是客人虽然不过夜，就是自己的村民邻居喜欢你，愿意陪你玩上几天，生活工作服务他愿意帮忙，表示喜欢你。似乎是一小负担，但是我们愿意这样付出，情愿这样付出。

小结：这次的出嫁婚礼比往年精彩得多了，苗家已有装饰新婚出嫁花车的花车师了。所以昨天我们出嫁姑娘时，新夫妻队伍先从村子步行100米给邻舍、客人欣赏苗民婚饰的精彩，走过这100米后才上车前往新郎家。付代价培养自己的儿女成才，一位知识分子成婚会讲、会说、会做，当众付代价给教会教职员、执事、勤务员、唱诗班长，赠送纪念品，使自己的父母哥弟、亲属荣获光彩。

2017年1月12日　农历十二月十五日　星期四　晴

我家办婚席的收摊。大儿张学全家出嫁长女张多加是占用教会场地场所、房间、厨房（场地也是自己奉献给教会）。社会在发展，人民在进步和发展，社会民族举办圣事活动，不但要建有宽阔的场所，还得建好停车场，不论是村民还是教会活动都已用车子。婚事办完之际，收摊都得要时间和人力来处理，所以我家父儿婆媳5户5—6人收拾了半天炊具、饭食、肉菜，该分配的，下达到各户去。下午4点又集中力量做我家父儿5户的晚饭。

小结：这次婚席从腊月十二日至十五日，前后已吃了7餐饭，所以今晚就没有安排了。以前只吃4—5餐，多一两餐也只是帮忙人员。

2017 年 1 月 13 日　农历十二月十六日　星期五　晴

记述我家出嫁孙女张多加。送亲的、陪娘的 7 女今日中午 11 时从宜良县回来。陪娘可多可少，看情况。教会曾经规定过陪娘 2 人，新妇 1 人，合为 3 人，实行中就看情况了。因为他的亲属同时就有那些人，不好领一个留一个，干脆 7—8 人都请，所以或多或少。领的陪娘 7 人，张荣光两客连亲就有 9 人，张荣光的轿车限坐 5 人，还有 4 人由那方的主人家派一辆面包车远程送过来。送到这边时已是下午 5 时了，吃了晚饭他们 2 人乘车返程。据说：从我们这里到宜良县单边里程就有将近 200 公里了。

2017 年 1 月 14 日　农历十二月十七日　星期六　晴

姑爷张会云、女儿张美兰腊月十九日出嫁女儿张齐。因明天是星期日，所以提前一天杀猪。女儿张美兰的父母后家就是我家刚出嫁掉张多加这一户，所以我们也上去一些人员帮忙（女儿、姑爷在柿花箐村）。今日宰杀三头大猪，我们腊月十三日刚出嫁张多加时 3 头猪只用掉一头，肉食还是不要多少。这情况我们劝姑爷杀两头够了，他仍是杀 3 头，怎么吃得完 3 头大猪，可能还是要浪费掉些。大村子亲属多，我们也上去一些人帮忙，他们从早上就忙起，大约下午 4 时我们下村的人员就回到家了。当然他们主人家忙到晚都有事做，服侍那些帮忙人员都要一个时候。

2017 年 1 月 15 日　农历十二月十八日　星期日　晴

五儿张学祥、孙儿张荣光被聘请开大矿车。前面叙述过，因国道高速公路穿越我村，有机会被聘请开大矿车拉运公路改道的土方，运送倒于外边较远处。工地原先是在山头，现在进展到我们村下边来了。劳动工地是几个地方施工，就是我们村子附近都分为两处工地，这样便于施工。

施工时间作息安排是：早8：00出工至中午12：00吃早饭，休息到下午2：00又出下午工到晚6：00休息吃晚饭。也就是一天工作8小时，固定作业，吃饭安排早点、早饭、晚饭三餐。

2017年1月16日　农历十二月十九日　星期一　晴

姑爷张会云、女儿张美兰出嫁女儿张齐。帮忙人员一早就忙起来，作为亲人的姊妹哥弟和父母也要前往帮忙和支持，实际上，我们到就等于帮忙了。他们的人员很充实，可以说是绰绰有余，多人都在关心支持。娶亲队伍大约下午5：30到，来5辆面包车、2辆大车准备拉运新婚夫妇和明天拉运嫁妆。

娶亲礼品极为丰富，递交礼品是一个大时候。聘礼金是16000元和猪肉一半，饮料、啤酒、清酒多箱，生、熟鸡蛋各几箱和多箱饼干，送亲衣物也是递交许久，围观交礼客人人山人海。

2017年1月17日　农历十二月二十日　星期二　晴

孙女张齐今日的出嫁概况是：承办出嫁婚席是所有帮忙人员清楚职责，尽力尽早为新婚夫妇赶时间做好早饭，让讨婚队伍有充分时间搬运嫁妆上车。先是讨方管事人向主人家要嫁妆，装上东西吃过早饭就走。主人家以为是简单没有安排，吃过早饭，搬运嫁妆上车装车东西就多了，嫁妆、衣柜，什么东西都有，就连鸡、猪、山羊、黄牛都有，都打发。所以，用去一个大早上的时间才装好。

2017年1月18日　农历十二月二十一日　星期三　晴

记述村民就地打工。国道高速公路穿越我村寨，将近一年的时间都是投工于便道，三天内已转入施浇硬道路面（水泥路）。工程需要劳动力，道路工程招工协助，我村张学光、张学会、张正华他们3人参与投工。工地上施工情况是：目前是用人工搅拌灰泥、用人浇灌、抖平、抬水泥包，反正是事工多。

出工时间仍是早 8 时，中午 12 时休息，吃午饭（1—2 点休息），下午 2 点至晚 6 点，仍是一天工作 8 个小时。酬报每天 120 元。

2017 年 1 月 19 日　农历十二月二十二日　星期四　晴

村民杨光才承办出嫁女儿婚席，婚期是腊月二十三日。今日已是腊月二十二日，所以今日也就是筹备日。他家有关亲属友人都在关注，即使是没有请到，都会主动地前来支持以示关心。

另一事工是国家为修建公路征用土地、林木、果树。部分村民不许征用，通过做工作，勉强同意。

小结：国家大事要紧，村民生计土地也要紧，应顾大局支持国家大事。实践经验已够证明，几年来党和政府安排给我们部分地区的低保补助，给老人的养老经费，都是在关怀，反过来，我们也应该支持国家政府大事。

2017 年 1 月 20 日　农历十二月二十三日　星期五　晴

村民杨光才办席出嫁女儿杨秀英。村习俗都是托村里的年轻人帮忙。年轻人分别忙于做菜、煮饭、开水服务，女士洗菜、洗碗筷。教会唱诗班唱诗迎接新郎队伍的到来，当新郎到来时，唱诗班夹道欢迎。聘婚礼是交 10060 元；赴席来客有 201 户；礼金合计 33600 元。

小结：芭蕉箐村今年承办婚席的有 4 户。4 户办婚席的（客人送礼金、金额）都在 3 万以上。这一户好像是弱小一点，但是收入总额都几乎 3 万，也就是持平。

2017 年 1 月 21 日　农历十二月二十四日　星期六　晴

村民杨光才今日出嫁女儿杨秀英的概况。吃过早饭，新郎队伍嫁妆仍然很多，一只黄牛、一头猪，多件箱衣柜、家具，粮食苞谷 15 包，用去很长时间才装好。今日的嫁妆先上好车，再吃早饭。吃过早饭，就催他们上路。

围观新婚夫妇上路。一对新婚夫妇对大家表示谢意，2人同时把已准备好的各种果糖向人群一大把一大把地投掷，长达4—5分钟。撒完第一包家属又递来第二包，每人都撒完两袋才让新婚夫妇走。这一礼节越搞越浓，越搞越感兴趣！

2017年1月23日　农历十二月二十六日　星期一　晴

今日是腊月二十六，离过年（春节）还有四天的时间。村民有的已在宰杀过年猪准备过年，我家三儿张学忠家也是今日杀过年猪。

请客。三儿张学忠是本村的村主任，杀猪过年必然要请客。早上我家父儿先杀猪，吃过饭三儿张学忠又出车上街买菜回来办饭席请客。客人有石桥村委会领导3人；国道高速公路施工工地人员一组；我张家大爹、二爹、儿媳10户，有6桌人。据说今日有几户同时宰杀过年猪，村民一般都是小请客，哥弟姊妹、亲属。

小结：村民亲属、民族过节情理是应该团结，分享家人关爱友谊，团契。借着过节来往交通，建立感情，分享家人亲属的温暖。

2017年1月24日　农历十二月二十七日　星期二　晴

扳苞谷。由于大儿张学全是耕耘五儿张学祥家的土地，而五儿张学祥往外抓经济作物，点种豌豆、栽儿菜。孙子张荣光、五儿张学祥在国道高速公路上开大矿车拉运公路上的土方一个多月。大儿家的苞谷已扳完堆于地边上，所以我家父儿四户今日出动6个劳动力，开下去一辆四缸大车，把堆于地边的苞谷全部集中于山脚车站并装上车，三大车才拉完这些苞谷，用去一天。

小结：农作物已全部收回家，抓经济也迎来小小的起步，估计只是凑毛成毡。

2017年1月25日　农历十二月二十八日　星期三　晴

村民准备过年，离年三十还有两天，人们已进入节期。国道高速公路工地今日已放假，2人开大矿车拉运公路土方，2—3人浇路面硬道。公路工地放春节假了，村民上街买卖货物的人也多了，村民历年是挨年出售地方的土鸡，因为年节市价可以上涨一点。大部分是买年节饭席菜办筵席请客，春节前大请客，年三十晚各回各家团圆。

小结：人们从春节前已欢腾起来了，家人团聚亲友相互来往请客。

2017年1月26日　农历十二月二十九日　星期四　晴

我家父儿三户张正文、张学忠、张学德砍年烧柴。国道公路穿越我村占地果木树部分，一部分因挖机已埋没了，约四分之三没有埋下，这一部分我们已利用起来砍成烧柴，我已砍了一个多月了。国家征用的果木品种有板栗、核桃、大树杨梅，主要是板栗树，到目前挖机已毁了板栗树55株，是已受益多年的老板栗树了。到目前还不明确国家能补偿我们多少，那是国家的需要，服从政府的安排。我们是国家公民，也得舍己，关心支持国家大事。

2017年1月27日　农历十二月三十日　星期五　晴

欢度过年节。人们为欢度过年一般都出车上街购买年节食品，孩童过节玩具，炮竹、礼炮，节日饭席力求三酒三肉。实际上以前过年习俗家家先燃放炮竹，现在改为天黑后才燃放礼炮。今年过年我家请，6户三桌人吃饭。饭席吃过后，儿媳们分发她们为家人预备的果冻、水果、果糖，家人分享。

小结：今日过年饭席准备工作是，早上三儿张学忠、儿媳龙兴珍出车跑鸡街一趟买菜，吃过早饭张学祥、五儿媳张秀仙又上街跑第二趟车购买年节物资，凭自己恭心为家人购买，按个人经济力量大小恭心购买。婆婆四儿媳5人还是整忙了一天。

2017年1月29日　农历正月初二　星期日　晴

开年礼拜。正月初二迎来开年礼拜，苗民远古习俗都喜爱游玩猎鸟活动。历史有因，现在仍有不少，比如每年春节5—6人至少要乘车到外边跑一趟，游玩一转才又折回。苗民大多数喜欢参与基督教礼拜活动。基督教是歌唱的宗教，苗族也是喜欢歌唱的民族，某些情况刚好适应。今日礼拜把我们自己摄制的有关福音频道播放给听众欣赏。另一个环节，教会鼓励青年，就是教会利用一点时间专对年轻人给予鼓励，并叫他们上台欢迎并每人发一本圣经作为鼓励。

2017年1月30日　农历正月初三　星期一　晴

今日村民有两项事工活动。第一项事工是参与斗牛，有3人用大车拉运一头斗牛，说是寻甸县鸡街乡海斗那里今日斗牛，付价聘请一辆大车拉运斗牛前去参加。第二项事工是村里有村民相约，出动2辆车子拉运人员到江河边（金沙江上游）洗温泉，结果是白跑一趟。情况一是说春节洗温泉的人员太拥挤，二是洗温泉每人收费55元，所以只是玩一转就回来了。

小结：温泉每人收费55元太昂贵了，想来旅游者或是有病或是故意从远方来洗温泉的，人家会洗，而我们地方人收30元都高了。

2017年1月31日　农历正月初四　星期二　晴

村民事工活计。有的仍是到昨天斗牛场看热闹，据说斗牛是昨天今天两天，好者就故意养着斗牛而近处就时常参与斗牛。有的虽然没有养着斗牛，但还是时常往斗牛场跑。好者是远近都能赶去，因为交通和交通工具普及，现在一般都有车子，摩托车就更普及。

村民有在国道高速公路参与施工的，在催叫出工了，今日有的在浇路面了。年那边参与施工的，工天虽然少也是拿到工资的，我村的民工参与施工的分为两起，一起是在山顶公路已扩宽和铺好的石砂路面，转为浇硬化道路；一起是在山脚我们村子前后正在挖扩路面的路段开大矿车拉运公路上的土方。

2017年2月1日　农历正月初五　星期三　晴

补昨天有一项民族亲属相协助农业生产。柿花箐村孙女张齐腊月二十日出嫁至款庄马街大黄栎树村。是说夫家苞谷大面积还摆于地里没有撕完，我方亲属多人同情孙女张齐相约得13人前去协助撕苞谷。就叫他家来一辆车子，这边再找一辆车，2辆车子把这13人送去撕苞谷，珍惜时间干到晚上，吃了晚饭就已天黑了，2辆车子从大黄栎树村开灯送这13人回来。

苗民亲属之间关爱到能产生这些举动也是很难得的，因为涉及多人都能沟通。这也是一种进步，也是一种难得的精神。

2017年2月2日　农历正月初六　星期四　晴

村民农事工作，我们有的在扳收尾苞谷，有的往山地运送肥料，有的往街市场销售蔬菜。

记述管理果树的有侄儿张学光和我自己两户，工作已进行3天了。果树管理主要是有一部分出现老化，这一部分就得砍除，让它另长嫩芽再发旺或是一便手嫁接上良种。由于数量多又是改造大树就比较费力迟缓。有的已搞成功并搞了几年了，所以我们其他农户也跟着改良果园，只要坚持搞上几年效果就一定更好。

小结：我自己果木树是已成为主要行业、主要事工，从事果树管理，嫁接、修剪是时时都有事做。

2017年2月3日　农历正月初七　星期五　晴

我张家有一头客席，是款庄马街的砂滩苗寨。他家祖父与我们父母是堂哥弟关系，所以三四代人都属亲属来往。他家出嫁女儿请我们赴席，我家张学全、张学忠、张学德、张学祥挨晚出动二辆车 10 人前去赴席。从客赴席，现在人家也是、自己也是，为省时间只吃一餐就回家了，目的只是去报到一下，去送一下礼就行。赴婚席大约做客停留 3 个小时，吃吃晚饭就和主人家告别回家了。

小结：赴婚席上述情况也有好的方面，因为简单。生活上现在人们也不图吃了，任务和目的还是属于还账、支持关爱，尽自己的职责。

2017 年 2 月 5 日　农历正月初九　星期日　晴

记述村民侄儿周林胜准备搞建房。趁有一点经济力量，虽然接连搞建设，但是本着人都是在困难中行事，路是人走出来的，也本着自己鼓励自己"月亮到了十五自己就会自圆"，依然决定建房。建房几天的准备工作是拆除小旧房和拉运空心砖，接连就得拉运人工细砂用于砌砖块。现在还有细面砂没有拉运回来。

小结：村民建房，逐年都有人在搞建房，正规的砖房虽然有人在建，但始终是少，望经济再发展，建房要建就一次性建正规的现代砖房。

2017 年 2 月 6 日　农历正月初十　星期一　晴

村民周林胜、张学德两户搞建房工作，刚刚平整建房地基和拉运建房料子，开始着手工作。

记述打犁耕地的张学忠家。夫妻 2 人都上到山地，男的用微耕机一天忙于打犁山地。山地面积约有 4 亩，种上麦子的面积约有 2 亩，没有种上麦子的约有 2 亩，没有种上麦子的地就要用微耕机打犁出来，以便待将来种上大春苞谷。打犁耕地的，今日是第一家。其他农户忙于碎糠，忙于苞谷脱粒。

小结：抄犁耕地，村民习俗都是牛耕犁，现在很多村民改用微耕机打犁，利用这种方法虽然节省劳动力但是使机器还是累人。

2017年2月7日　农历正月十一日　星期二　晴

记述村民龙兴华建住房。自己有住房，因受不了哥哥的气，被迫搬迁500米到对门对村占用自己的耕地建房。人一搬迁就比较麻烦，事工就多，建3人住房还要建几间畜圈房，就要花费经济、人力、物力、时间、精神来处理。住房已建了几天，建房料子只用空心砖就已快建起人住房，还差欠畜圈房，幸好自己有大车便于拉运建房料子。

2017年2月8日　农历正月十二日　星期三　晴

家庭父儿过团契生活。孙女张多加去年腊月十三日嫁至宜良县，于今日回门。腊月十三日至今日2017年正月十二日刚好是1个月的时间。所以大儿张学全、儿媳王秀英为迎接姑爷、女儿办饭席等亲家，干脆办我家父儿5户的饭席，大家欢乐聚餐和筵客。孙女、姑爷、亲家他们一行4人乘坐自己的车子从宜良县过来，路经昆明市，下午3点到达我们这里。儿媳们相互协助帮忙做晚饭，准备筵客，我们晚5点准时吃饭。

小结：今晚饭席是大儿张学全、媳王秀英甘愿为我家父儿5户和来客预备付出的，我们高兴领受。

2017年2月9日　农历正月十三日　星期四　晴

村民搞建房。四儿张学德搞建房，拉运毛石砌墙脚石，自己建劳动力单薄，已搞了几天的石脚仍还没有搞好。今天哥弟张学全、张学忠、张学德、孙子张良、张荣光凑得5人联合施工砌石脚，还得要几天才能砌好。建住房计划是：虽然经济短缺，仍计划用红砖盖两层，基础暂时建盖一楼，待以后有力量，经济方便再建盖二楼。

小结：建房经济短缺是因给长子张良办结婚，已开支了几万元，又买了一辆三轮摩托车。建房经济短缺，也情愿一边搞起，尽最大努力看能否盖起一楼。

2017年2月10日　农历正月十四日　星期五　晴

村民中心工作是抄犁山地。因为农闲季节，再说山地也不算多，有空就抄犁一下。其次是碎糠，特别是牲口多的农户，气候干旱时都是靠喂糠。有的农户已在开始碎糠了，边碎边喂。碎法，有的把柴油机拉运到山地里碎，有的把苞谷草拉回家里来碎。我们村民有的过了年就嫁接果木树到现在，芭蕉菁村嫁接果木树的农户也多。果木品种主要是板栗树、核桃树、桃树三种。

小结：村民当前中心工作就是：抄犁山地、碎糠、嫁接果木三项工作。其次是打工，就在国道高速公路打工，两三人浇公路路面，一二人开车拉运土方。

2017年2月11日　农历正月十五日　星期六　晴

四儿张学德搞建房。已忙了一段时间，拉运毛石浇石脚，石脚浇好就准备安放支架地梁钢筋。这些事工都是技术活计，体力劳动和脑力劳动结合，年青一代工人搞建筑，因工作之需不断购置些机械工具。关于今日劳动力，几户拼凑有6个劳动力扎地梁钢筋。工序也多，幸好是年轻人们建房，几乎是手上活计，是时常的事工，五儿张学祥、四儿张学德已算是设计员。

小结：社会的发达，电脑、摄像、建筑设计、建住房、工地公路开车，电脑视频讲课等，都是他们的园地。

2017年2月13日　农历正月十七日　星期一　晴

有村民由于国道公路修建占用了耕地，地是已种上麦子。地麦长势也好，已快出穗，但国道已征用作路道和作水塘子。农户张治明夫妻2人整整用一天的时间把麦子割除，紧迫到人在前面割，挖机跟在后边挖。这是国家要征用，作为一个国家公民应乐意地献上作为支持国家事业建设。怎么说，都应该方便国家计划和建设，反正国家也要补偿。

小结：很多村民不懂事理、心胸狭窄，国家公路占耕地就怪村主任，就憎恶村主任，就说村主任，吵吵闹闹说些不该说的话。

2017年2月14日　农历正月十八日　星期二　晴

村民建房。目前有5户，龙兴华、杨兴明等3户已盖好，只有孙儿张约翰和四儿张学德是建正规砖房，现在施工是安地梁、钢筋和架支钢模板，今日安钢模板。由于多年搞建筑，所以支架钢模板的工人一天支架安好。待明天浇好地梁就可以拉运红砖和砌砖墙了。

小结：在建房中虽然经济短缺，劳动力少，建房材料都是现打主意，幸好在建房施工中每天自己哥弟、家人、邻舍友人也还是三三两两前来协助帮忙。

2017年2月15日　农历正月十九日　星期三　晴

记述今日建房工作。四儿张学德今日浇房地梁事工。浇房地梁料子已拉运好，公分石一堆，人工细砂另作一堆。浇房地梁时必须将两堆拌成一大堆，并浇上水让它浸泡透水，从早上做好准备工作，吃过早饭就开始浇灌地梁，早上我们只有三人，劳动强度大，忙得大汗直流。白天浇地圈梁劳动力就多几个，是父儿5户齐出动，又有侄儿子张学才来，凑得13人浇房地梁。这事工劳动仍强度大，幸好是4—5个强劳动力，劳动活计就得以顺利进行，直到浇完地梁。

2017年2月16日　农历正月二十日　星期四　晴

记述孙儿张约翰建人住房。工序仍是砌房石脚，建房材料只用空心砖，已施工了一段时间，墙面子已砌了一人多高。今日建房事工幸好也是有很多哥弟、亲友、邻舍前来帮忙。

小结：弱点，房基没有选好，一是选在竹园里光线不够好；二是不浇地圈梁不要钢筋房子上下就没有拉力；三是房地基设在背阴凉处，冬季太阳光就少，就冷一些。芭蕉菁村建房地基实在是缺乏，这是事实。似乎有缺陷，所建的房子间架又宽大又没有设地圈梁、地梁，谁都知道节约经费，但是这不是节约的环节。

2017年2月17日　农历正月二十一日　星期五　晴

村民开始抄犁山地。有的是用微耕机打犁，有的是用耕牛抄犁。四儿张学德因为搞建房，这几天地梁刚浇好，要保养几天，等到房地梁拆模板再砌红砖块，所以今日抽一天的时间去抄犁山地。夫妻2人使一架犁牛，四儿张学德扶犁，妻王凤仙拉牛抄犁山地。可能用耕牛抄犁的效果会强过用微耕机打犁的，只是使牛麻烦一些。

小结：幸好只有一部分肥沃平整的山地种成地麦，抄犁的部分少。

2017年2月18日　农历正月二十二日　星期六　晴

村民变卖苞谷，有的是需要钱来搞建设，购置机械工具，购置车辆。记述三儿张学忠变卖苞谷。昨天用机器脱粒，准备得600公斤，年那边苞谷价是卖一公斤1.80元，而今天拉运上街只卖一公斤1.70元，600斤×1.70元／公斤=1020元；张学全出售苞谷120公斤×1.70元／公斤=204元。

小结：村民风情，一般农户都有大小车子。目前的另一新风气是年轻妇女都购置电动摩托车，经济短缺，变卖苞谷使用一点零用钱。我们芭蕉菁村目前已有7位妇女学会驾驶电动摩托车。

2017年2月20日　农历正月二十四日　星期一　晴

记述亲属受冤枉。就是我的女儿姑爷去年腊月十九日出嫁的孙女张齐的男人尤光善，结婚前发生一起车祸，尤光善打工开他人车，就在本地方，他的大车因让道先停于路边，而有一辆摩托车车上乘坐2人向自己飞来，砸在大车上受伤，怪责大车，告于法院。被判决赔偿伤者4万元，要作两年还清，隔一段时间法院又要加交2万元，就是6万元，时间定于2月24日。今晚，姑爷、女儿到我们父母家，找几个舅舅商讨补救办法。几个舅舅说时间太晚了，不过我们临时行动，到县上找公安、律师，现在就打电话联系，明天进县城，付代价就付代价。

2017年2月21日　农历正月二十五日　星期二　晴

亲友受冤，委托找律师。我们自己有车子，也找过律师，所以昨天晚上我记述亲友到家来述说受冤情况和过程情况。虽然时间晚一点，但我们立即向律师打电话告知、求援。今日领受冤者及亲属把前次已判定的案件和后一段时间无故又上升2万元的单子拿上，向律师求援。

我方3人乘车进富民县城找律师，律师回复说到23号我们再进县城法院申诉。

2017年2月22日　农历正月二十六日　星期三　晴

教会唱诗班练诗活动。芭蕉箐教会的万宝山聚会点将于2月26日这天开堂庆典，所以本堂的唱诗班人员周三就要到万宝山聚会点集中练诗，准备26日这天的开堂唱诗班工作。我村唱诗班人员吃过早饭到教会场院来集中候车。唱诗班人员杨兴明自己就有车子，所以他自己主动出车到场院来运载。我老伴先是计划跟唱诗班人员到万宝山给唱诗班人员煮饭，大家到达那里，大家都很喜欢出义务工。年轻人们都劝我老伴回来，说："我们年轻人来煮，你回去。"上午他们上山砍了一转烧柴回来，老伴就步行走直道下来，回到家来煮自己的晚饭，我息工回到家晚饭就煮好了。

2017年2月23日　农历正月二十七日　星期四　晴

记述孙儿张良的建房事工。前一段时间已把房地梁浇好，待养一段时间凝固后再砌上砖块。砖块是外父、妻子的爸爸答应他负责买,今日拉运回来红砖块两大车卸于大场上,也就是挨近建房外,就待砌砖墙。砖块拉运到大场上,四儿张学德又用背箩一背一背地背到建房地基,待有劳动力就可砌砖墙。劳动力我家父儿5户男男女女联合起来,就可凑够5—6人,可以施工,自己的事工人多人少照常可以施工,只不过是人多工效就高一点。不管情况怎样,活计出在自己手中,既然打下基础就得建造啊。

2017年2月24日　农历正月二十八日　星期五　雨

2月20日亲人受冤,姑爷张会云、女儿张美云的长女张齐的丈夫尤光善受冤,被县法院判决赔偿4万元,时间定于2017年2月24日(今日)双方到富民县法院落实此案。亲属找到我家来,我家三儿张学忠马上用电话与县国保领导联系,求协助找律师。今日法院、律师协调判决,冤案是说2人受伤,赔偿2人5万元不到一点。今日在法院判决,一伤者赔款2万多元,少收我方9000元。

2017年2月25日　农历正月二十九日　星期六　雨

教会圣工活动。芭蕉箐教会的万宝山聚会点,去年更新重建,力求在今年年初开堂庆典,所以开堂庆典订于二月初一,就是明天。准备工作,本堂唱诗班从周三就集中于万宝山集会点排练诗歌仪式。而老年信徒周六就要参加义务劳动,也就是为明天的开堂事务做准备,包括肉食准备、生活事务准备。据说今日宰杀两头肥猪,一只山羊,鸡是作市场上买。生活事务忙,人们情绪很高,不但我们远处人员过去帮忙,他们几乎一村子人员都出来帮忙,有说有笑忙个欢。事务多,人多还是忙了一整天。

小结:开堂庆典礼拜比较精彩,观众深受感动的环节是开堂唱诗班举行开堂仪式。肉食相当丰富,自己吃多少打多少。

2017年2月27日　农历二月初二　星期一　晴

记述四儿张学德的建房事工。工序是准备开始砌砖墙。一大早出车跑东村信用社取2000元买一点砖墙、砖柱用的钢筋回来，吃了早饭又开出三轮摩托车到柿花箐王继光建房老板那里拉20多包水泥下来，开始砌砖墙，边拉边用。一个上午，四儿、四儿媳2人启动拉线找平，四儿张学德砌砖块，四儿媳王凤仙搅拌砂灰、供灰泥，下午五儿张学祥、媳张秀仙来帮忙。因为早上出车，送孙张恩膏上昆明搭公交车往保山读神学（到保山已读了半年，读神学需3年）。下午四儿、四儿媳、五儿、五儿媳4人又合力砌砖墙。初砌砖墙是要拉线，找平就耽搁一些时间。

2017年2月28日　农历二月初三　星期二　晴

记述四儿张学德建房。早上五儿张学祥和我拉运砖块，就是用小推车从大场上拉运到场边上准备好，以便白天砌砖墙。吃过早饭，我家父儿五户3人砌砖墙，2人供砖块，1人搅拌砂灰，1人供砂灰泥。7人为一个建筑组合，人员不多也不少。建房条件几乎齐备，建房材料也准备了一些，用自来水。建房技术出在自己手中，几年的建房工作，电器工具都购置了一些，几乎要什么有什么。

2017年3月1日　农历二月初四　星期三　晴

我家父儿接着建房。建房料子细砂昨天已用完，所以吃过早饭，三儿张学忠出车跑石厂拉运一趟细面砂回来。今日有劳动力8人合力砌砖墙，3人砌砖墙，3人背砖块供砌砖墙，1人搅拌灰泥，1人挑供砌砖墙灰浆。每天的建房工效比较好，我们自己感到满意。

小结：此建房是芭蕉箐村今年唯一按正规要求进行的，建房材料用红砖建造，从房基、地梁、砖柱都用钢筋，着重于压力、拉力，力求一次性建好。我们芭蕉箐村喜好搞建筑的人也多，就形成搞建房比较普及的局面了。

2017年3月2日　农历二月初五　星期四　晴

四儿张学德建房。早上我家父儿3人支架砌砖的踩板，因为砖墙高度已一人多高了，所以要支搭踩板利于砌高处的砖墙。我们早上没有支架好，吃了早饭后继续支架砌砖墙踩板，国道公路老板来我们建房处，好心好意地说："不要搭木板了，我有铁架板你们去拿来用就是了。"我们没有去拿，老板派人给我们抬来让我们使。我们使用后，当然好使方便。抬来两套，看起来很优越，可以收拢，还可以第二套套在第一套头上增加高度，一套有三层，两套就有六层。我们搞建筑的都应购置设备，提高工效。今日凑有12人，砌砖墙人员今日就有4—5人，工效今日当然高。

2017年3月3日　农历二月初六　星期五　晴

记述村民龙兴华建房。已有住房，只是哥弟之间难以相处无奈而搬迁500米到村子对门。建房事工忙，先建好厨房再建畜圈房，再建人住房。现在开始建人住房，今日是浇房地梁，也称圈梁。建正规砖房就要浇房地梁，建房材料要用红砖。

建住房哥弟俩难沾亲，自己单人独手，建房事工干脆承包给王继光执事建筑队。这样好，如果建房资金短缺，那么建房老板垫起，房主可以慢慢付给老板。

小结：建房工程托建筑队来建盖，还有一个好处就是从开始建接连建到完工那天，就是一直建好，即使建房经费短缺都有老板承担起，你可作两三年付清。

2017年3月4日　农历二月初七　星期六　晴

探亲。三儿今日出车跑嵩明凸董箐去看望外父母，政府扶持建新农村。据说按人头1人补助1万元，不够部分自己出。据说二老人也照常得2万元，所以联合二儿子建盖。儿张学忠、儿媳龙兴珍过去看望，可能力所能及地帮补一点建房资费。儿媳、张学忠，家里养有牛、猪、鸡等牲口，要照料牲口和家务，一早约7时出车，下午4:30就折回到家。

小结：由于社会进步，人民生产生活提高，交通和交通工具完善，所以一天两边父母儿女的事工可相互顾及办好。

2017年3月5日　农历二月初八　星期日　晴

村民晚间会议。国道高速公路，即武倘寻高速公路穿越我村，打隧道、征用山地、房屋、果树，将会影响气候、水源、水量、生产、生活等多方面。国家建设重要，人民生产生活也得兼顾，我村民小组商讨研究只好请政府领导给予最大的经费补助。我村写好困难、特殊等情况报告，我村民由于土地少，每年两个季节就是五荒六月和过年东村乡政府都给予大米救济，说东村乡芭蕉箐是经济最困难的一村，所以公路征用征占部分资源求各级政府给予最大的经费援助。要递交的单位是：东村乡政府、富民县人民政府、昆明市人民政府。我村民小组10人签名。

2017年3月6日　农历二月初九　星期一　晴

今日我村妇女小组组织两村人开展助人为乐活动。昨晚在晚间礼拜将休会时，龙圣英女执事号召人员到本教会万宝山村协助王兴仁执事挖洋芋。她们相约得20人开两辆小型手扶拖拉机去协助信徒农事。芭蕉箐村与万宝山村是面对面相见，但是乘车绕道要经过寻甸县的苗寨凹口村，单边至少都有12公里。

2017年3月7日　农历二月初十　星期二　晴

关于武定至倘甸至寻甸高速公路修建占地问题，政府有关部门今日终于给我芭蕉箐村计算公路征用占地补偿经费。工作从昨天开始进行。大体我们是满意高兴，只不过是有些果树情况说错，比如大树说成是小树。话语说：小树，我给你算成大树每棵给100元。我们每株（大树）

不给 300 元也给 200 元，自己不好意思多要，你只给 100 元一棵，你也讲大树这样好听，讲成小树的话也不好听，价也给的少。补偿价占地、果树、竹子的部分村民情况，是占地少农户算得 6000 元，耕地、果树、占地多的农户算得 70000 元。

2017 年 3 月 8 日　农历二月十一日　星期三　晴

记述我村建房事工。村民龙兴华由于搬迁到村子对面自己的耕地里，搬迁涉及较多事工，厨房、关牲口的圈房、人住房都要盖，干脆请王继光执事搞建筑的一组来建盖。所以又浇好地梁，拆除钢模板，今日已开始砌砖墙。建房工序一开工就快，因为人员多，又是接连搞。只不过是搞建筑一组，就涉及多处建房工地，也许也会耽搁。第二户是四儿张学德建正规红砖房。砖墙已砌高达四平墙，今日事工是支模钢板，浇墙面的砖柱。接连的建房工序是仍要支搭木梁模板，支架钢模板准备浇一楼房。劳动力是靠家人哥弟、邻舍友人的喜欢赞助。

2017 年 3 月 9 日　农历二月十二日　星期四　阴雨

村民因为国家征用土地、果木树，忙碌收割青麦，砍除果木树，让公路正常施工。沿路线的土地果木早已清除，只是说在我村箐沟边要打洞的隧道即将要开工，所以计划的两隧道口已放了鞭炮，并两个隧道口插满了彩旗，村民、施工队都随时有来往的人欣赏。村民龙福祥、张大卫为让道割青麦，杨兴友、张学全、张正文 3 户忙于砍果树。阴天又有微毛小雨，也不便施工。我自己不时去看看，始终不便工作，也就休息看书学习。公路施工队员一天工作开挖机挖工地，又卸重车大小钢管到开车灯工作。

2017 年 3 月 10 日　农历二月十三日　星期五　晴

记述建房事工。四儿张学德建房事工今日是支架浇楼壳子板，支架撑杆准备浇一楼。房子的间架是三大间，尽最大努力已支架好一间半，明天才能做好。支架撑杆这工序可不容易，都是技术工，脑力劳动和体力劳动相结合，幸好建房工作已是长期工作，我家几个儿子对建房可说是比较熟悉，所以建房工作中多几人也行少几人也行，多几人只不过是效率更好更快。

小结：建房工作都是担心建房经济短缺。自己经济财源极有限度，这次幸遇迎来机会，有国道武定至倘甸至寻甸高速公路穿越我村。国家征用的土地，果木已赔偿算得7万—8万元，所以难事变成易事！

2017年3月11日　农历二月十四日　星期六　晴

记述村民建房。我村第二户建房的情况是拜托王继光建筑一组建。砖墙已砌了三天，达一人多高，一两天就可以支模，安装壳子板浇一楼。由于王继光搞建筑，建房用的木料、钢模板、木板子都准备的有，所以建房比较方便又快。建房方式是做承包，生活接待只是供两餐，就是开工的那天和竣工的那一天两餐。附近村庄建房都是安排在柿花箐他家吃饭。工作方式也是一天工作8个小时，早8时出工中午12时吃早饭，休息到下午2时出工，一直工作到晚6时休息。

2017年3月12日　农历二月十五日　星期日　晴

砍烧柴。公路征用土地、果木。所以挖机把一批又一批，一片又一片的果木挖掉，这就使我们自己的烧柴绰绰有余，似乎砍不完用不尽。叫姑爷、女儿张会云、张美兰下来砍板栗树拉上去做烧柴，用于烤烤烟，用量大。下午我们砍一段时间，是用油锯砍，砍一时油锯也坏了，我们就休息，此时三儿媳龙兴珍也叫吃晚饭了，我们就休息吃晚饭。

至于砍柴，是说砍好，我们有大车，自己装上车帮他家送去。公路征用板栗树，我计算总额是70株。

2017年3月13日　农历二月十六日　星期一　晴

记述我村民工在我村附近国道高速公路各种工地打工。三人浇便道公路运料子，一人便道（同时）开大车，就是张学祥。其次又有二人开挖机，其中1人是开自己的装载机。浇路工人分为两段，我村有一妇女是在第二路段，合计就有7人在村附近公路上打工。每一项事工都是工作8小时，据说临时工是吃自己的饭，至于开车的就提供伙食，可能最好是强劳动力。因为我村还有5—6人不愿到公路上来打工，每天往山里挖药材。公路上的待遇，每天的工资都讲100多元，只不过是说挖药材自由。

2017年3月14日　农历二月十七日　星期二　晴

记述我村建房的农户事工，张学德和龙兴华两户建房。两户建房工序都是支架撑杆、支模，安壳子板，准备浇一楼。这工序都得要几天才能做得好。建房事工虽然已进行多年，但它始终就有那么多的工序，都得耐心地按规程慢慢地进行。

小结：建房事工还是麻烦，它涉及要人力、物力、工具（而且要多种工具）、材料，涉及体力、脑力劳动结合，都讲要耐心、吃苦、坚持耐劳。情愿承包给他人来做。一是民族人民经济狭窄，二是建房是长期事工，是时时都有事，而找请人帮忙找不了那么多，只好自己慢慢做，技术也学到了钱也省了，所以民族大部分已成了多面手。

2017年3月15日　农历二月十八日　星期三　晴

村民张学德建房。昨天扎楼房钢筋，今日上午扫尾扎楼房钢筋下午接着钉装壳子板。这活计可不容易，工序又多，我们建房人员又少，仅是我家父儿4人，不时两个儿媳也来帮忙。虽然是一楼，还是得慢慢做。

小结：自己建盖，拉运建房材料、浇房地梁、砌砖墙，现在又忙于浇楼房工序。幸好是出于自己手中，代价就是买了一些材料，出了些工夫。自己建盖另一方面的优越性是，邻舍、家人、亲友有些喜欢赞助不怕吃亏，民族人民也搞惯了。

2017年3月16日　农历二月十九日　星期四　晴

今日建房事工。由于执事王继光与四儿张学德是大舅子妹夫关系，所以建房钢材一部分自己买，一部分钢筋是王继光支持。钢材是在禄劝的建房工地上，派一辆车过去拉运过来。因为我们是在三个县的交界，盖房子也是三县的苗民找请。一辆车子跑两趟拉运石砂备料，准备明天浇楼。其余我们有7男2女在建房工地上料理楼房钢筋以及浇楼壳子板。

小结：由于家人哥弟、邻舍、亲友大力支持，浇一楼工作已齐备，明天就可以进行浇一楼事工，也可说是尽了很大努力。

2017年3月17日　农历二月二十日　星期五　晴

我家建房浇一楼房。通过一段时间的努力，终于迎来今天。一早派出2辆车子去拉运石砂、公分石，四儿张学德本人出车去购买今日浇楼房的生活物资——菜肉食。劳动力，男士23人，女士4人，合有27人员，我家4儿媳3孙女共7妇女煮饭，总合34人。

小结：今日浇楼房事工与往年不同，往年浇楼房是硬用人工一挑一挑地挑上楼房，今年由于孙儿张正华购买得一台装载机，搅拌灰泥用微耕机，然后用装载机抬上楼倒于楼上。所以人员就轻松了，而且年轻人喜好几人上装载机去学开装载机，几个人都成功。稀奇！苗民不用学挖机，一开都能成功，估计他人是做不到的。

2017年3月18日　农历二月二十一日　星期六　晴

我家儿张学忠、张学德两户忙于砍国家征用作公路的土地上的果木树。因为沿路线有山地，又有多处多树的果木树，所以自己把征用的树木、果树砍了做烧柴。有几个月了。不但征用作公路，也征用作建住房的场地，也是作几处建房，200 人要忙上一年半的时间。不但是施工队忙，就连我们农家人也随着忙起来，沿线土地被征用作公路的，有果树的砍果树，占用地麦的就得抓紧时间割除青麦让路。沿线占用的不论是果树是地麦，都已忙了一段时间，有的已忙了几个月了。一是自己的工作，二是也是支持国家建设的举动，也是应该。

2017 年 3 月 20 日　农历二月二十三日　星期一　晴

栽核桃树。吃过早饭，老伴我俩准备到耕地、栗园地里铲草。上到房后耕地，挖机正在挖我家的果树，有板栗树、桃树，刚嫁接的两株核桃树是从宜良县引进的良种。我便叫挖机驾驶员把两株已嫁接好的核桃树苗挖起来，我把树苗拿回家找地方栽下，忙了一整天。缺了栽树的地方，土地始终是窄。至于公路已征用的果园、耕地，树木、果树的采伐从去年到现在都还有。今日用挖机挖我的果树的人，据说是来自东川（昨晚刚到下，今日是刚刚动工，开工的第一天）。

小结：国家征用我们的土地，那是国家需要，我们的果园是刚刚改良嫁接上的良种，刚刚受益第一年，是很可惜的。国家需要，我们应该支持，服从大局。

2017 年 3 月 21 日　农历二月二十四日　星期二　晴

村民建房事工。村民龙兴华建住房，前面记述到，建盖方式是承包给执事王继光建筑队一组。由于承包建房工地多，所以施工建盖中落后于张学德家，他们的建房工序是开始支搭梁木板，安装壳子板，扎楼房钢筋。这工序复杂难做，必须花几天的工夫才能做得好。建房工序安排也是每天工作 8 小时，每天吃两餐，中午只是安排吃一点零食饼干，休息喝水。

小结：由于搞出名了，又地处禄劝、寻甸、富民三县交界，所以建房工作也是跑三县交界，一年四季都忙于建房。

2017 年 3 月 22 日　　农历二月二十五日　　星期三　　晴

村民龙兴华建房，今日浇一楼房。早上从儿媳处得知情况，我们二老人去报到祝贺送礼，村民很多人都前去送礼祝贺并参与浇楼工作。参与协助浇楼房事工的男女工34人，煮饭事务人员10人，合计44人。用一上午扎楼房钢筋和安装模板。因为楼房事工还没有完备，又用一下午浇楼房。前面叙述到由于村民张正华有装载机，所以浇楼房、运送灰泥用装载机提升倒于楼上，也就是机械运送上楼代替人工挑上楼就成了高工效，所以浇楼房只用一下午仍然早完成早息工。

小结：这事工比往年不同，由于利用机械，已大大提高工效，这就是苗家的新篇章。

2017 年 3 月 23 日　　农历二月二十六日　　星期四　　晴

村民碎糠。大部分是碎苞谷草，因为家里养着猪、牛、羊，二三月山里没有青草，所以全靠之前碎的糠喂牲口。全村有一户销售糠，别人不要的苞谷草满山遍野，他家把这些草收集起来碎了变卖，已搞了多年了，搞上瘾了。

记述我家四儿媳今日也是趁机碎糠。因为搞建房事工多，时间紧，所以自己也养牲口，就该趁机碎一点准备着喂牛。什么事工都得付出辛苦，苞谷草又在山上，有些地连通车路就用车子拉运回家碎，有些地不通车路还得用人工背回来碎。碎糠必备，特别是有牲口的农户。

2017 年 3 月 24 日　　农历二月二十七日　　星期五　　晴

记述自己果园地铲除杂草。山地坡陡，因地制宜一块上栽上几行板栗树，较陡的地方就种上苞谷。冬春两季我自己都是从事果树管理。由于历年雨量减少，影响板栗树，病虫害多，少量出现枯干，一部分出现老化。补救办法就是树桩留下一人高，砍除重新嫁接上良种，几年的试验效果良好。我自己搞板栗果园，我的工作就显得繁重，大部分时间往果园跑和修枝打杈,每年嫁接果树自然就形成一项繁重的事工。铲除果树园地杂草已进行4—5天了,可能还需要10天。

2017年3月25日　农历二月二十八日　星期六　晴

村民建房事工。记述张学德现在开始建盖第二楼。浇好一楼养上一段时间,现在开始砌二楼,都是靠自己家人协力互助建盖。今天是第一天砌二楼的砖墙。自己家人有什么事工,有什么需要,有什么活动,不用别人讲,大家平时掌握。以建房为例,我就义不容辞地参与承担,参与协助。当四儿张学德拆模、备料时,就知道是将动手砌第二楼砖墙,我就不安排工作了,而自觉主动地协助。今日砌第二楼的第一天,我家父儿5户不约而同自觉主动,凑有7个劳动力合力建房。

小结:幸遇我家父儿就有5户10个劳动力,现在又增凑儿孙女7人,5户已是17人。这就是一种优势,别人就没有这条件,所以说是幸遇。

2017年3月27日　农历二月三十日　星期一　阴

探望产妇。我家孙儿媳,3月24日到富民县医院生孩子。作为父母、老长辈应给予关爱。大儿张学全的长女张多加去年已出嫁,姑爷年初已购置车子,就托姑爷出车跑富民县城医院看望儿媳朱艳琼。据说有些手续没有办好,再跑昆明办理,他们回到家天已黑了。

小结:三儿张学忠说:"我到医院接生(生孩子),进去医院的只有我自己夫妻,而他人进医院生孩子客人来看望满屋,很难受。"从此我们学到功课,病人到昆明医院治病,我们都组织上昆明去看望。有话说:路是人走出来的,人生也是实践中学习。

2017年3月28日　农历三月初一　星期二　晴

村民建住房。我家四儿张学德为长子张良建房,已浇了一楼,现在已在砌二楼的砖墙。我家父儿5户17人，建住房也是凭自己的劳动力，每天施工凑得多少劳动力就自己慢慢建盖，反正又是农闲季节。今日我家凑有5人建盖，是砌二楼砖房，今日就是劳动最少、建房料子也极少的一天，因为建房料子我们是一边拉运一边建盖。

小结：我自己务农，由于年轻一代工人喜好事业，又生长在知识爆炸的时代，不学而懂的东西很多，似乎看见就懂。今年3月22日村民龙兴华建住房浇楼，村民张正华开来一辆装载机将浇楼灰泥铲起倒于楼上浇楼，省去用人工挑上楼，一两人上去开装载机，都会弄。我便说苗民不学都会啊！估计他人是不会的。

2017年3月29日　农历三月初二　星期三　晴

孙儿张荣光夫妻3月24日出车到富民县城医院生孩子，到今天已是第六天。今日出院，由于是夫妻两方的父母都到医院护理，所以出院就是需要往两方送。幸好姑爷女儿又有一辆小车，2辆车都到富民医院接家人，所以两辆车子各往一个方向送，这就解决了我家的出院和送客人之事工。到医院生孩子自己付出2000元。据说，合作医院承担大头，就是说报账部分多于自己出的部分。感谢人民政府，现在的政策的确是越来越好。承办医院合作方针，也就是人有病大家来医，看病患者就轻松。

2017年3月30日　农历三月初三　星期四　晴

我家父儿5户被请赴席饭。是四儿张学德常来往的朋友，他家建住房，今日浇楼房邀请家人、邻舍、熟识朋友赴席饭。人家尊重，方便时人家请客也不容易，当然人家请到自己也应该去祝贺送礼吃饭。我家人员是乘坐2辆车子前去赴席。三儿张学忠、五儿张学祥，开大车去办事，有约定按时赶回来我们一起赴席。

小结：不知不觉我们已成了知名人士，他人喜欢请我们。当我家人到时，他家父儿、婆媳都跑来迎接我们，满脸堆笑地与我们说话。

2017年3月31日　农历三月初四　星期五　晴

村民整理山地，有的需要铲除杂乱草并烧除好进行点种，我们用板锄铲除，待干后再烧除。

记述我自己农地活计，从事果园地铲草，又管理嫁接的果树。园地里事工多，烧除杂草，就准备用人工开沟，待雨水到来时点种苞谷。老伴我俩都到园地劳动，老伴今天已开始用人工打塘开沟，原因是果园地又是坡地，用人工方便。

小结：我们上到山地干活，已比较困难。因为国家征用挖高速公路，我们村后山的上山路都没有了，爬来爬去很费力。我们就多辛苦一点吧。

2017年4月1日　农历三月初五　星期六　阴

村民整理山地，就是铲除杂草待干后烧除。龙兴明、龙兴祥、张学道、杨光才、杨光友5户人家就在一座山上的耕地各铲除自己山地的杂草。张学道一家当天清理就一便烧除。因为一天都有火烟子，一座山附近就有5户人家在铲除杂草整理耕地，形成一项农事中心工作。

记述我自己的事工，我也是铲除耕地、果园地里的杂草。因国家高速公路征用的树木砍除后还没有清理完，我二老人停下农活，再砍一天的烧柴。公路征用的土地上树木众多，我们砍烧柴砍了半年多的时间了还没有砍完，因为分期分批的挖机在挖。

2017年4月2日　农历三月初六　星期日　阴雨

记述今日礼拜活动圣工，前一个礼拜聚会已布置今日礼拜转到柿花箐聚会点。由于有雨，道路泥泞，参与礼拜的人员只有39人。每逢圣餐礼拜有一项济贫捐项目，数额是157元。

休会后，召集教职员研究事工。确定4月16日复活节，我们教会要利用这节期给本教会和小集会点仓浦箐、石桩、万宝山、柿花箐封立增设职员,增强教会管理牧养力度。另一个项目是五儿张学祥提出的,因为国道高速公路已征用我们的住房址,本教会住房建设完善充实,教会研究可不可以租借给我们暂时居住,并定下来每个月或是一年租金要多少,待我们建好住房,教会表示同意。

2017年4月3日　农历三月初七　星期一　晴

我村今晚召开村民会议。有关国道高速公路穿越我村,有10户村民需要搬迁住址,让国道公路通过,并要求现在就开始动手建造要搬迁的新房。集体安排不了,因为涉及耕地、地基费用的价格统一不了,而且一般村民的土地人家都不肯让。决议说,他们私人和私人打交道,自己想办法。另外是我们探讨一项难题,因为我们村子的后山有3条道路,就是直道上柿花箐村上到山地放牧的,现在国道公路把这座山挖断了,所挖的陡坡高度达150多米,我们从何方恢复呢?周围也是山地,再说这些人难以商量,村民都视为难题,长时间没有办法就摆搁下来。

2017年4月4日　农历三月初八　星期二　晴

村民挖电杆坑。国道武定—倘甸—寻甸高速公路经过我村,同时就有隧道口从我村箐边出来,所以打隧道或是以后通路照明,有栽电杆工程随着便道工程并行,安排村民挖电杆坑。据说强劳动力、好挖的地方一人尽最大努力可以挖两个井坑,深度要求两米。但是挖到我村后山就又是砂石山,一人挖一个坑挖了两天。酬报是说:一个电杆坑给140元。

小结:一个电杆坑挖好只给140元,随后又跟随着架拉电线,这工夫工作稍轻一点,只给120元一个工天,按工天计算给。

2017年4月5日　农历三月初九　星期三　晴

村民砍教会烧柴,三儿张学忠夫妻2人砍教会烧柴。由于国道高速公路征用的山地、果木、树林众多，利用这些树木砍做烧柴，起码也够烧几年了。三儿张学忠竟想起考虑教会的烧柴，所以夫妻2人就为教会砍了两天的烧柴，一边砍一边就背回来堆在厨房门前，虽然只砍了两天，也很多。只要他起一个头我们自己也要跟着背一些回来赞助，教会应该大家来关心，信徒一般都很喜欢出义务工。

2017年4月6日　农历三月初十　星期四　晴

村民整理山地。四儿张学德是利用微耕机打犁，用微耕机打犁效力高，起码都能打到两亩。地平整用微耕机就提高效力，村子后山陡坡地我们就只好用人工开沟。村民龙兴明和我们二老人在一个片区各挖自己的地沟。清理地中的杂草并烧除，打犁和打塘开沟一起就形成村农业的一项中心工作。

小结：我们村里的耕地95%利用耕牛犁，少部分陡地才用人工打塘，可说是不影响大局。近代抄犁山地一部分使用耕牛翻犁，有一部分转用微耕机打犁。

2017年4月7日　农历三月十一日　星期五　晴

需要搬迁房址。让国道公路通过的农户需要搬迁，已有指示叫他们行动起来开始建房。村民王圣德、姑爷、女儿王光辉今日请公路建筑队的挖机协助挖房地基。听说安排搬迁以让国道公路修建，挖机也不要价了（只是听说）。安排搬迁的10农户是指定在对门的平地上。但是有的农户有自己的耕地，有的没有。决议只是说：私人和私人打交道商量。自己有地的两户今日行动起来。两户的房地基想来用挖机可能不要一天就可以挖好。

小结：据建房者王光辉说，他家搬迁政府给18000元经费建盖，并指导叫建一次性的正规砖房。

2017年4月8日　农历三月十二日　星期六　晴

村民探亲。三儿张学忠、妻龙兴珍、孙女张甜甜3人乘车，下午4点出车从东南方向往嵩明县三转弯凸董箐看望父母。原计划是说：政府有扶贫政策，建新农村每人给10000元，不够部分自己出。儿媳俩原有意，二老人建住房，多少给老人安排一点，估计就为此故送一点钱去。另外是老外母体弱多病，抽时间过去看看父母是应尽的关心和职责。今晚前去在那里住上一夜，估计明天上午给一对老人洗洗衣物，下午就赶时间回来，家里的鸡、猪、牛可能是托哥弟中哪一个照顾一下。

2017年4月9日　农历三月十三日　星期日　晴

村民抬电杆。国道公路穿越我村并有两隧道口从我村箐边打出，因着隧道的进出建设要电，并说原有电不用要另架设，所以都栽电杆。在村子的后梁子，从我们村子到栽电杆处有300多米的陡坡，电杆要两节相连。是从下送往上，挖机已挖上150米，4节电杆就卸在这里。坡陡往上还有150多米，要使上九牛二虎的力移往上。村民杨天光、王圣德、杨天光、杨天祥、杨天友他们5人想办法移动，当然吃不开。芭蕉箐原先架高压线，电杆子是从山顶顺山梁拖下来，不论人多人少都省力，往上送就难度大，不知今天移动了多少米。

现代是高科技什么工具都有，最后是从山顶上边用机器拉上去并支架好两根电杆。

2017年4月10日　农历三月十四日　星期一　晴

五儿张学祥的事工是搭棚。在国道公路征用房基的10户内。前一周曾与教会的教职员提出想暂租教会一间楼房住一年。1年租金要1000元，所以今日在教会接待屋的二楼上搭棚。又要拆旧房又要搭棚，幸好四儿张学德、儿媳王凤仙2人来协助。儿、媳一共凑有4人联合施工，搭棚是为搁东西、家具。今日已开始建暂住房，还得要几天才能建好，幸好儿媳们谁家有建设大家都齐心协力地支持。

2017年4月11日　农历三月十五日　星期二　晴

记述我村为修国道让路而需要搬迁的10户中的第三家。村民杨兴明是第三户搬迁，由于我村的土地、房基不合适，建房地基已选到上村柿花箐，是跟王执事买，就是王继光执事，建房地基是买成5万元。现在就形成人居住他村而土地又在我村，说到务农又要下来我村耕耘。话说转来，土地怕是会少了，因为国家征用土地和一些板栗树，国家公路征用补偿计算价格都算得该给28万元，买建房地基买成5万元就不算贵了，还有凡属国家征用而搬迁的房屋国家还要另外给钱，那么还是不困难。只是说政府许诺要给多少，还不见给我们钱，但我们相信，既然答应给迟早是要给的。

2017年4月12日　农历三月十六日　星期三　晴

村民建房事工。四儿张学德为长子张良建住房，已砌建盖了一楼，已开始砌二层楼房。由于我家父儿5户有两户在搬迁的10户之内，四儿张学德所建的楼房需要赶紧建好，哥弟几家拥挤一点暂住下来。待两三年国道公路竣工后，我们再慢慢建自己的住房。我们都参与协助国道公路建设，我家父儿5户今日浇楼房地板。楼房地板是大小5个房间地板，事工是艰巨的，劳动强度大，都是技术工，幸好我们是利用两辆小推车送灰泥。我家5户凑得9个劳动力联合施工，大小工程都玩技巧玩熟练，因为建房已是长期事工了。

2017年4月13日　农历三月十七日　星期四　晴

村民需要搬迁的10户，今日搬迁的张正才是第5户。建房的房地基是跟村民杨天友家协商购买，说是3万元买下的。地址就是村上规划的村子对面的一片平整土地上。建房农户的事工是聘请挖机平整房地基，由于地平整，几乎中午 12 时就平整好。

小结：需要搬迁的农户，搬迁事工特别多，而且家具东西都要一个地方来摆放。建房，人住的、关牲口的，分为牛、羊、猪、鸡，还需要厨房等等。幸好苗民已有建筑队，村村有建房人才，科技已普及了。

2017 年 4 月 14 日　农历三月十八日　星期五　晴

孙儿张荣光媳妇 3 月 24 日进富民医院生孩子，到今日已有 21 天。苗家习俗，谁家生孩子邻舍亲友都要去看望，送礼表示庆贺，也称送祝米。主户就要杀鸡、宰羊、宰猪办席饭，邀请来庆贺的邻舍亲友赴席表示谢意。孙儿张荣光今日就为此事忙，出车跑市场购买鲜鱼、肉鸡、饮料等。由于办席饭，准备工作涉及我家 5 户大部分人员已参与帮忙，所以今晚我们就开始吃席饭了。有来自宜良县的 3 位客人前来赴席，为尽量招待好来客，晚间又设烧烤席招待来客，家人孩子们对烧烤享受已成风俗了。

2017 年 4 月 15 日　农历三月十九日　星期六　晴

孙儿张荣光承办送祝米席。利用昨天的时间做准备，今早上是正式承办送祝米席。历史上村民承办席饭都是喜欢聘请村中年轻人来帮忙，而这次就与以往不同，是自己家人父儿 5 户齐心协力自己承办席饭。为今日的送祝米席工作顺利进行，昨天已尽一天准备工作，又利用晚上的时间宰杀一只大山羊，还是忙到深夜才完成今日席饭的筹备工作。

小结：我家承办的祝米席，是请客人前来赶早饭，客人到来请他们吃早饭，也请他们吃了晚饭再走。来客接我们所请，吃了两餐才走，来客都没有住下，挨晚吃了晚饭仍是乘车走了。我们只利用一天把自己的事办了，家人们的事也办了，双方都好都成了。

2017 年 4 月 17 日　农历三月二十一日　星期一　雨

张学祥购置车子。原已购置 7 人乘坐的面包车一辆，现在增购一辆

5人乘坐的面包车。今日哥弟相约，哥弟儿媳按车的座位仍是7人乘车上昆明车市场购买车子。选得一辆北京现代车，买成7万元。买车还要承办很多手续，落车户，还要交购置税等等。由于时间迟，中午12点才从家里出发，所以买到车子就来不及办这些手续了。这天买车子和选车子的人多，时间也紧，他们只得回来另安排个时间再上昆明车市场办理。

买车子机遇：因为国道公路穿越我村，五儿的房子征用补偿费24万元，所以趁机买一辆高档牌子的车。

2017年4月18日　农历三月二十二日　星期二　阴

昨天我家哥弟4人上昆明装配小面包车座椅。昨天已买好的车是皮革座位的不要，买上真皮让人家现给我们制作。制作一套全新的车座椅，付价是300元，车垫是200元，2项合500元。苗民科技文化知识、机械动力、生产生活、建筑攀登、科技享受、文化艺术、名誉享受等，不落后于其他民族。

小结：人们要生活、要工作、要生产、要服务社会、人群，都必须配备交通工具。车子一万元也可买到，而年轻人非要买上七万多元的车。想来一个国家，一个家庭、个人，即使我们生活已很富裕，仍然勤俭好。

2017年4月19日　农历三月二十三日　星期三　阴

孙儿媳妇4月16日到富民县医院生孩子，进住4天，准备今日出院。吃过早饭后才开始办出院手续，总共付出3000元。住院或是生孩子我们是很满意，情愿自己没有病，情愿医务员来扶持我们。4天时间，双方父母都关心，到医院来参加护理和看望，还算轻松。往返医院，幸好自己有车子，较为方便，人员的来往也较为方便。

小结：进医院看病，或是生孩子，代价都是2000—3000元，事理顺利我们也很高兴。

2017年4月20日　农历三月二十四日　星期四　晴

村民张学明父儿两户，加我家大儿张学全3户都在田坝里割田麦。劳动出勤是我们各按自己的时间争取早早出工。农事工作任务重，每一户割的地麦都有两亩。我家大儿媳家的活计多，儿媳是在月子里，儿子又是到地方派出所工作，家里又养牛，又养猪。

村农活由于有建房工作，所以劳动力都比较紧。儿媳张学全家的地麦作为父母的我们就不讲什么，自己主动出工下到田坝协助割田麦。白天晌午、开水都已准备得足够。零食是从家里带去吃，下午又从街市上买回来吃。

2017年4月21日　农历三月二十五日　星期五　阴

村民盖地膜。最近几天时常有雨，甚至不时还会有透雨。在此种情况下村民就盖起地膜来，就是农闲之际把地膜盖好，同时也要施足底肥为点种争取时间。所以今日就有我家三儿张学忠、儿媳龙兴兰、四儿张学德、儿媳王凤仙两家忙于盖地膜。

小结：村民有地麦的就抓紧时间割地麦，没有地麦的就忙于盖地膜。武倘寻高速公路征用房基的农户搬迁房址和建房，大部分农户承包给建筑队。

2017年4月22日　农历三月二十六日　星期六　阴

我村民在武倘寻高速公路上打工。原先是聘请开大车，随着又被聘请浇公路路面。又有另一项事工是随着高速公路的进行沿线又要栽电杆子，可能供公路上的隧道口照明用电，所以我村又有2人栽电杆子和拉架高压线。从开始挖栽电线杆子到拉架高压线，到现在都还没有完成。

小结：所幸武倘寻高速公路穿越我村，应该说是机遇，我们能享受到国家赔偿我们的土地、果木。总而言之，对我们来说虽然有小小的亏损，但是益处也是大，比如公路原先政府没有力量解决，现在一次性解决了。

2017 年 4 月 23 日　农历三月二十七日　星期日　阴

我们芭蕉箐村今日事工是有政府相关部门对进村高速公路进行征地工作，就是县乡镇、石桥村委征地部门又进村，集中于三儿张学忠家里工作了一天。村民龙荣才也陪着工作组进行登记。工作付出是比较大，他们整整忙了一天。

小结：幸遇国家能有重大建设，作为一个公民盼望国家富强，人民幸福，家园变化。武倘寻高速公路建设，我们村也有小小的亏损，但是政府也作了补偿。工程大，随道路的修建用地就必然增多。不管国家政府和人民要付出多大代价，人民都迫切盼望着此高速公路工程的快快成就，荣誉归于党和人民。

2017 年 4 月 24 日　农历三月二十八日　星期一　阴雨

村民农事形成几项工作，天气是阴雨天，村民张学全、妻王秀英只好仍下到田坝割麦子，本着割得多少算多少，割一点就少一点。三儿媳龙兴珍就算天气阴有小雨，为了珍惜时间仍上到山地里盖地膜，准备大春点种工作。

武倘寻高速公路施工场地上我村栽电杆、拉线人员侄儿张学道等 3 人继续栽电杆和紧电线。

公路征用房子地基的几户从事建房工作，承包给搞建筑的一个组，也是刚刚开始。因有阴雨，天气不利于搞建筑，形成不便。

2017 年 4 月 25 日　农历三月二十九日　星期二　阴

今日事工是赶东村街。昨晚听说大儿张学全今日要步行上街，我想如果有车子乘我也要上街。今早天刚亮大儿张学全就来约我上街说："我姑爷（女儿的丈夫）车子要上街。"我便高高兴兴上车去上街。上街是买一点苞谷种，再买上种苞谷的化肥 3 包，还要买上一些小菜和老人日常所用的一些零食和东西，我们父儿、孙 3 人就乘车返回来。

小结：老人最幸福是享受到家人和亲友的关心和照顾，老人感觉到家人和亲友的温暖，老来有依有靠该享福。老人最辛苦，老来力不从心，家人亲友忙于工作没有工夫给老人关心。或是忘了，或是个别不孝。老来要学会老人一生四季春，天天好，学会独立，学会生活。上述心声，我自己也需要人关心！

2017年4月26日　农历四月初一　星期三　阴雨

村民住房被公路征用的农户，政府已补助建房经费，目前建房已在施工中。农人家房子已搬迁，就得建人住房和关牲口的畜圈房。村民张正才建房，虽然是父儿两户，由于建房要技术工，劳动力也有限，情愿承包给建筑队（民族）。建盖建筑时要一些撑杆木料、支模钢板和多种工具，甚至还要些电工具。自己不用配备那么多工具，情愿承包给建筑组承担，这样简单。建盖方式是先盖起临时人住的，放家具的煮饭的，然后慢慢建盖正规的红砖房。现在已正式建盖正规砖房，今日建房事工是浇房地梁，几天就可以砌砖墙了。虽有小雨，建房工效还是高。

2017年4月27日　农历四月初二　星期四　阴

三儿张学忠长女张秀芳嫁在大平滩。今日买车子，三儿张学忠、五儿张学祥、儿媳4人前去昆明车市场选购。买得一辆高档牌子车，是以9万多元买下的。由于时间紧路途远，选购车子也用去一些时间，所以新买的车子来不及办理落户手续和缴纳购置税，可能办了一些来不及办完，所以明天再上昆明补办。

2017年4月28日　农历四月初三　星期五　晴

村民赶东村街。幸遇机遇，武倘寻高速公路穿越我村，被征用的房屋、土地、果木树，国家政府补偿计量登记，于2017年3月7日到3月8日两天登记和计算所占用农户的土地、房屋、果木树，预计各户土地面积和果树两项合计人民币多少。于 2017 年 4 月 28 日通知补偿农户的征用地，树林计算的经费数目现在可以领取，凭银行卡或是存折到东村信用社领取。今日我们村能享受到的农户都出去办理转存或领取。有的是自己建房子或是购置车辆，或是自己的亲属盖房子或是买车，都需要钱。

2017 年 4 月 29 日　农历四月初四　星期六　晴

记述村民建住房事工。为国道高速公路修建让路而搬迁的农户，在建房中先盖起一间临时住房住上一段时间，再慢慢建盖正式的红砖房。建房是承包给王继光执事的建筑队。施行中困难重重，因为建房工地多，人员少，建房户主不是逐年减少而是逐年有所增加，所以工作量是有所增加有所扩大。主要原因是：我村农户移让国道公路而一时就增 5—6 户建房，一个建筑队一时就承担不了，这就是事实。此时最好是由几个建筑组出来承担完成，但是一时也组织不起来，并且各人有各人的工作。

2017 年 5 月 1 日　农历四月初六　星期一　晴

村民掼收山地和田地的麦子。由于天气出现阴天多云小雨长达 11 天的时间，所以掼收地麦就耽搁了一些时候，不但是耽误农事，国道武倘寻高速公路施工也泥烂了一段时间。

天已晴几天，不论开展什么事工都已极为方便。农夫就趁天晴抓收地麦。我家大儿张学全、三儿张学忠两家收地麦，由于交通方便就用车子拉运地麦。放于场上用车子碾压代替人工掼。大儿张学全家收完山地麦，田麦才开始，因田的面积有 6 工田，也就是有三亩。收麦子的事工就比较忙一些，是一直到天黑，都还算是老母亲帮忙呢。

2017 年 5 月 2 日　农历四月初七　星期二　晴

村民仍是掼收麦子。麦子又分为田麦和地麦，山地麦多于田麦。田麦有限，山地麦因为耕地扩得开，面积就多于田麦。

记述大儿张学全家昨天收地麦，今天又收田麦。田麦昨天就收了一部分，今天争取收完，拉运是靠车子，碾压也是靠车子。昨天今天的收麦子比较忙一些，儿子张荣光又不在家，是在东村派出所工作，家里只有父母2人劳动，所以比较忙。

小结：派出所招工是说工资待遇太低工人都走了，所以只能随时招工。在派出所初参加工作月工资是1500元，而在武倘寻高速公路开大矿车，月工资是4000元，情愿在武倘寻高速公路工作。

2017年5月3日　农历四月初八　星期三　晴

我家张正文、儿张学祥、儿媳张秀仙、老伴潘美英4人到柿花箐协助姑爷张会云、女儿张美兰家栽烤烟。姑爷、女儿家是栽烤烟的农户，已栽下大面积，还有零星地没有栽完。姑爷张会云今年参与车子教练，今天要出去参与教练。烤烟今日也需要完成，所以三姑娘叫我们二老人和五儿张学祥、儿媳张秀仙今日上去帮帮忙。一早五儿张学祥就出车带我们上去帮忙，栽烤烟事工也很多，是现理沟、打塘、栽烟秧、浇水、施底肥，再盖上薄膜。时间任务紧，我们抓农事到吃早饭时候，由于车公路边有一户名叫陈洪志的办有饭店，和他家联系好，我们就乘车过去吃早饭。

2017年5月4日　农历四月初九　星期四　晴

我家儿张学全、孙儿张荣光，相约三儿张学忠、五儿张学祥、儿媳张秀仙他们5人乘坐一辆车子上昆明车市场购买新车。原先已买得有，已玩了6年，车子仍可继续使用。只是说趁高速公路占用耕地果树而国家征用补偿得9万元之际，一便手把车子买下。他们到了昆明车市场选购得一辆5座车，以8万多元买下。儿孙们时常上昆明买车子，有时候天黑都还在昆明。今晚他们回来得早，到家时太阳还没有落山。

小结：年轻人买车子风气现在有变迁，都是向上攀登。原先是买二手车，而现在只要买新车，不但是要买新车，而且是要买价值7万—8万元甚至是要买价值8万—9万元的。

2017年5月5日　农历四月初十　星期五　晴

四儿张学德的长子张良去年结婚，今年年初很幸运地添下小宝宝，家人亲友都已送礼和祝贺。受贺的主人家办一餐席饭表示谢意。安排在周六学生放学之际办筵客席饭。筵客生活服务方式以往是邻舍友人找请来帮忙，而现在我家有所改变。就是不麻烦他人，再苦再累自己家人哥弟相互帮忙，自己的事自己来做，至少都得煮两餐，坚持到完成。事工规模，有20多桌人吃饭，来客远近吃了晚饭都走了，因为交通和交通工具方便。自己村里的人吃晚饭时就告知说明天早上仍然来吃早饭。

2017年5月6日　农历四月十一日　星期六　晴

记述武倘寻高速公路仍扩增征用土地。便道公路仍在修扩中，公路边挖起来的泥土已是没有倒搁的地方。公路有关领导指示再征用些耕地来堆放这些泥土。任务一下达，我村民土地适合的地方，村民龙兴华就是一户。县、乡、村委有关领导干部，工作人员又进村征量土地。据说，今日村民龙兴华山地征量计算，经费是计算得4.8万元。本人表情无奈，说：情愿要土地不要钱。众人说搞生产也就是要钱。

2017年5月8日　农历四月十三日　星期一　晴

村民农事工作仍是到山地里盖地膜。记述四儿张学德盖地膜。儿媳俩事工活计是出早工，上山地时帮我拉运农家粪料上到山顶的耕地，又转为盖他自己的地膜。

张正文、三儿张学忠、四儿张学德三户就在一个片区工作。

1. 我俩老人是施放苞谷底肥，待将来有雨就点种苞谷。

2. 三儿张学忠儿媳家响应领导号召动员用山地栽棘子。是有人把秧育好叫出去拉运回来栽,据说是栽药棘子(栽了做药)。

3. 四儿张学德、媳王凤仙的事工就是盖地膜。

2017年5月9日　农历四月十四日　星期二　晴

记述武倘寻高速公路,在建设便道中路面硬道已浇好一个多月,在使用中。公路上初步建设挖隧道、建厂房、建桥梁、浇硬化路面等多项目。每天运进的料子拥挤,特别是拉运石砂和公分石散于路面上,时间一长就不雅观。管公路的老板进村叫我们村安排2人每天出工到公路上打扫路面石砂,就是从我村上到山顶大公路这三公里的路段。工资待遇是说要按月份给,估计是每天每人给100元。我们安排我家三儿媳龙兴珍、五儿媳张秀仙每天出工上到公路打扫路面。此项事工刚刚动工。

2017年5月10日　农历四月十五日　星期三　晴

我们赶鸡街。由于孙子张荣光到东村派出所工作,孙子媳妇朱艳琼又领着娃娃,养一对母子牛。所以孙子张荣光外父帮忙今早从赤鹫乡开来一辆小拖拉机把小牛拉运到外父母家替孙子张荣光养,他爸爸又替他养着母牛,就是双方父母分养这对母子牛解决困难。我们把这小牛上好小拖拉机送到山顶,也开一辆面包车,要赶鸡街。等到中午12:00我们才办完这些事务上街。我们二老人、大儿张学全、儿媳王秀英、孙女张多加夫妇6人上街买东西。人反正隔一段时间就有些事务必须上街办理,老人多半是买些吃的东西和用的东西。

2017年5月11日　农历四月十六日　星期四　晴

记述村民泡田。张会学、张会成两户泡田,田是一块,面积有四工田,也就是两亩不足一点。由于是二哥弟,所以把田块从中间隔一条埂子作两丘便于两家管理。今天泡田是用微耕机打犁，历年泡田都是用两架犁牛才泡得完，而今日用一台微耕机泡就没有泡完。泡田水量大，就是没有泡完。

小结：芭蕉菁村水田有一部分村民就没有栽秧了，水稻田种成玉米。原因一是天气干旱，自然水量逐年减少；二是栽秧要使工，泡田、栽秧；三是割谷子、攒收谷子，使四道工开支伙食下几乎就要这块田的稻谷收入。种成苞谷要吃米变卖一下，买米也简单。

2017年5月12日　农历四月十七日　星期五　雨

村民点种苞谷。昨晚下了一阵大雨，人们都想可能即将要到下透雨的季节了，人们不约而同地大面积种起苞谷来。记述大儿张学全一户为快速高工效地完成大春点种任务，不惜一切代价付出辛勤。先从山顶片区点种下来，一早不吃早饭就出工，父母儿女4人都出工。几乎全村家家户户都有大小车子，利用这些工具从村子上到山顶片区这3—4公里路程也就极容易了。他家抓大面积，4人都是强劳动力，估计尽最大努力今日大约完成3亩山地的点种任务。息工很晚，回家吃饭已是天黑了。早晚到时间一人先回家煮饭。

2017年5月13日　农历四月十八日　星期六　晴

村民泡田栽秧。侄儿张学明昨天泡田，田的面积是三块4.5工田等于2亩水稻田。使工情况是，自己的哥弟也多，亲属友人也多。栽秧一般都要使工，尽量找请自己的亲属朋友，也就不必开工资或是还工。邻舍朋友也极乐意援助支持帮忙。前面记述过，在生活待遇上尽情招待服务作为酬谢。8人拔秧供秧苗，栽秧人员约有15人，苗民栽秧一般不分栽秧、拔秧，到每天下午，如稻秧有多余就男男女女下田突击栽秧。因为长期工作，所以一般男人也是栽秧能手。

2017年5月14日　农历四月十九日　星期日　雨

今晚我家这里有会议。有公安人员、高速公路老板和相关行政部门人员10多人，聚集交通相互交换意见，谈了1个多小时。昨天大约下午4：00公路隧道工程施工，炸隧道石方的炸药太重。震动强烈，碎石满天飞，活动人员就在附近。炸隧道石方距离我们刚建起来的圣殿约150米，这样下去对我们村的这些建筑可能会有致命的危害。呼吁有关行政部门、公安、公路施工老板到我们场地来交换意见，并提出我们的建议和要求，以免我们的建筑受损。

2017年5月15日　农历四月二十日　星期一　晴

国道高速公路穿越我村，随着有架高压线工程项目，因为打隧道工程用电。架拉线时要砍除些果木树木利于拉紧电线，今日给我们补偿一点经费，数额如下：龙兴华：800元；张正文：500元；电杆占地补偿：张学全：200元；张正文：200元；杨光才：400元。

小结：所谓架拉高压线砍除些果木是因树大，拉架线是因线穿越果树园，并且电线是从地面上升达高处，有些树枝拦着线，所以砍除些，政府有关人员对我们作实际的补偿，补多补少我们都乐意。

2017年5月16日　农历四月二十一日　星期二　雨

村民泡田栽秧。龙兴华泡田，因哥弟不和睦，所以泡起田来就连打埂子（扶埂子）的人都没有，利用微耕机打犁。田的面积有3.5工田，也就是1.5亩水稻田。事工活计，计划是由单人独手几天来完成。今日泡好田，明天拔秧，后天找亲属友人来帮忙栽好秧。又有村民张会学家是拔秧苗，送秧苗，秧苗是撒于村子背后的岭干田近处，便于管理，拔秧苗用马驮下到山脚田坝，所以仍是用一天先泡好田，第二天拔好秧，第三天再找工来协助栽好秧。上述两户方式相同。其他农户又是另外一种方式，泡田栽秧自己哥弟家人就会自觉主动地出来赞助帮忙。

2017 年 5 月 17 日　农历四月二十二日　星期三　阴

买车子，接着承办合法手续以及缴纳购置税、交纳车辆保险费。是我家的姑爷张会云、女儿张美兰家购置的，每次购置车辆都需要三四人上昆明。一是选车，二是当买到车子时，1 人要驾驶从家里开上昆明的这辆，1 人要开新买的这辆。新车和缴纳购置税，办车辆保险，办齐全手续总额是 6.3 万元。

小结：购置车辆，我们一般要两天才能办得好。4 年前买车子都是买二手车，而现在多半都要购买新车，而且价值 5 万—6 万的新车还不要，7 万—8 万的车子才要。为什么？可能购买力提高一点吧。

2017 年 5 月 18 日　农历四月二十三日　星期四　阴

记述自己的农事工作。自己的农地原先就少，今年国家公路又征用了一点，几乎没有了。只有一两片栗园，自己就只管理果园。板栗有些出现老化，再改造果园就是重新嫁接，都是几年的工作。初步工作已进行了三年，效果良好，嫁接果树就得管理，管理比较麻烦，因为大树嫁接难度比较大，春夏季风又大，你再上心管理都要损失一部分。今日我管理果园，这活计不是一天两天，而是得时常管理，特别是刚嫁接的这部分。农夫的工作就是一生的工作。

2017 年 5 月 19 日　农历四月二十四日　星期五　晴

教会探访活动。万宝山村龙周学之妻杨绍美久病治疗无效于昨晚离世，教会告知相约前去看望，给予送礼，为死者家举行礼仪上的家庭礼拜，鼓励死者亲属并给予追悼和思念。

2017 年 5 月 20 日　农历四月二十五日　星期六　晴

记述五儿张学祥家点种苞谷。因自己几乎长期在武定、倘甸、寻甸高速公路上工作开车，儿媳张秀仙近一个月也在此公路上工作，每天打扫路面砂石，让运送石砂钢材等料子的大型重车畅通。所以自己的农事工作就有些推迟下来，今日叫自己的父母亲人凑得7人把农事的点种扫尾一下。山地的面积约有4亩，先是托村中有耕牛的杨天友用犁牛开好沟便于人工点种，他们尽最大努力坚持到很晚终于完成这4亩山地的点种任务。

2017年5月21日　农历四月二十六日　星期日　晴

探望伤病员。本堂执事王继光之妻张美兴昨天赶东村街不慎跌倒于公路上摔伤头部，自己想法送上昆明小医院治疗。伤势严重，到了昆明医院后一段时间才慢慢苏醒。伤者是我二哥的姑娘，婚后居住在上村柿花箐村。今日三儿张学忠、儿媳龙兴珍、四儿媳王凤仙出车专程前往昆明看望。用手机联系，费点时间才找到。当我家儿媳找到后，在伤者面前问她的伤情如何，她说："你们扶我起来和你们说话。"话是说眼睛都没有睁开看他们，这说明伤病势严重处于危急。

2017年5月22日　农历四月二十七日　星期一　晴

教会教职员探访伤病员。昨天是我们个体探访，今日是教会组织5人活动。四儿张学德出车带教会教职员前去昆明某医院看望王执事之妻张美兴，他们5人代表教职员也代表教会前去看望。教会安排500元，前去看望的教职员多半是安排100元，特别情况就得多安排点。伤病员情况仍是危急，还没有脱险，加之他们没有送进大医院。大医院必然条件要好些，设备也必然要多一些。

2017年5月23日　农历四月二十八日　星期二　晴

建房，在我村是一项中心任务。因为安排迁让国道高速公路的农户到目前已安排12户了。有的建房几乎快要建起来了，但有的现在才安排迁让公路。大儿张学全就是一户。四儿张学德建房就不在迁让公路，而是自己扩建为长子张良建住房。开年以来已建起来浇好一楼，二楼房也几乎建起一半了。由于点种大春作物就停了一段时间，现在大春点种结束就仍准备把二楼房建好。今日又开始建房，上午搬运砖块，中下午砌砖墙，孙儿张良供灰泥，哥弟张学德、张学祥2人相协助砌砖墙。

2017年5月24日　农历四月二十九日　星期三　阴

儿媳张学全、王秀英安排搬迁让国道高速公路，近期另行安排。原先我家儿四哥弟张学全、张学忠、张学德、张学祥就成一组建筑队。现在由于情况变动，四儿张学德为长子张良建住房。五儿张学祥又是在国道武定、倘甸、寻甸高速公路开大车，建房事工只得交托王继光执事一组的建筑队建盖。承包是承包，但是自己也得时常在建房工地上，有些事人家要问你主人家。

建房搬迁情况是：由于芭蕉箐村建房地基紧缺，所以有两户只能是搬迁到山顶的耕地上建房。

2017年5月25日　农历四月三十日　星期四　阴

村民建房事工多多。移让国道公路指定搬迁的就有12户，涉及不到公路需要建住房的也有3户。我家公路征用到房基地的有两户，就是大儿张学全、五儿张学祥两户。

记述四儿建房。张学德是给儿张良建住房。正月初二建起一楼，农事点种结束就准备建二楼房。今日是动工第二天，由于有些劳动力在国道公路参与施工，建起房来劳动力单薄。今日四儿张学德建房施工情况是，张学德、孙儿张良2人砌砖墙，儿媳王凤仙、我2人供砖块和灰泥。

小结：劳动力单薄，本着有多少人就做多少事，幸好是建房工作已是多年的事工了。并且是手上活计了，劳动力少就多花些工夫就是了。

2017年5月26日　农历五月初一　星期五　晴

村民搬迁让国道公路的农户陆续忙于搬家，幸好是不论搬家的路道远近都靠车子搬运。大儿张学全搬迁3公里到山顶耕地边，也是在车路边。今日用三轮摩托车拉运东西，是从村中家里拉运到山顶准备建新房子处。我家几乎所有的人力凑得6人协助四儿张学德砌砖墙，3人砌砖墙，1人供砖块，1人搅拌砂灰，1人供灰泥。工作人员没有多余的，但是建房工效比较好。晚餐是四儿张学德安排三辆车子运送我家父儿5户17人到山顶公路就餐。因为山顶公路边有一户开饭店。吃后又有一位干儿子（汉族）喜喜欢欢替我们付钱，真是幸运！

2017年5月27日　农历五月初二　星期六　晴

记述大儿张学全迁让国道公路。公路部门已作出指定叫搬迁，由于村中实在无地址建盖房屋。当作出决定搬迁3公里到耕地边建房时，儿媳王秀英、长女张多加都掉下眼泪，我们二老人也难过。此项目初步工作是，建房任务由于我家没有劳动力，只好托执事王继光建房老板帮忙，暂时建一空心砖房临时用，昨天、今天、明天就可建好。作为大儿一家，昨天、今天都是用车子搬运东西。

小结：因国家公路工程导致我们民族受些损失和流离创伤，望政府领导、各界人士和友好人士给予关心同情、支持帮助和给些安慰。要创造新的家园困难是：还没有照明的电和吃水，到别村接电、水都有二三公里路程。

2017年5月28日　农历五月初三　星期日　阴

今日聚会礼拜有来客，是因武倘寻高速公路穿越我们村庄。高速公路沿线都建有厂房机械设备工地。禄劝县西龙大平地刚好地处我们的西边，与我们相对，远景他们看我们比较清楚，都说我们已大变样了，真想到这里来看个清楚看个够，又顺便来参与我们礼拜聚会。来客是西龙大平地的圣经班师生 18 人,参与我们聚会礼拜,我们请龙兴福老师讲道,并请这圣经班 18 人上台献诗,为我们会众表演了精彩的歌舞蹈。有来客就有招待,教会临时为来客承办筵席筵客为谢,是教会全体聚餐。来客吃了晚饭玩上一会儿我们才相互告别乘摩托车走了。

2017 年 5 月 29 日　农历五月初四　星期一　晴

我家儿张学全、张学德两户建房。大儿张学全是迁让国道公路搬家到山顶建立新的家园。哥弟两户各人忙自己的建房。大儿张学全家虽然承包给王继光建房老板建盖,但是儿媳想应该积极主动地关心建筑队,尽量每天陪着他们,给他们烧烧开水,或是拉运建房用水等。我家父儿 5 户其余的劳动力就尽量支持四儿张学德的建房工程。这里每天凑得 6—7 人联合施工建房。生活、体力劳动,自己家人也就是义务劳动。每天供两餐,就是晌午和晚饭两餐。工作效力情况是几天建房工效砌砖墙,第二层楼房明天就可以完成,砌完二楼房的四平墙就可以备料浇二楼房了。

2017 年 5 月 30 日　农历五月初五　星期二　晴

民族人民过端午节。苗民风习俗远古以来都喜欢游玩活动,远古是喜欢猎鸟游玩活动。远古过节是图到了节日买回来一点好菜好肉,家人团聚吃一餐筵席饭。是迫切等待节日的到来,因为能吃上一餐好饭,借着节日的来临家人和亲友还能团聚,享受家人和亲属之间的温暖。端午节活动,我家儿媳 19 人乘坐三辆轿车开往昆明方向到沙朗旅游区游玩。

小结:过节,由于生活提高,人们富裕,人们平时就丰衣足食,平时就可享受,不用等节日到来,节日到来当然越过越好。

2017 年 5 月 31 日　农历五月初六　星期三　晴

记述四儿张学德建房。今日建房工序是砌第二楼房的砖墙,经一段时间的辛勤努力终于完成第二楼房全部砖墙的四平墙的总高度。建房下步工序是准备料子，料子准备好（这工序都是要几天才能找够和准备齐全），接着就要把二楼浇好。今日我家父儿5户凑得6人联合施工。几天的努力奋斗终于在今日中午把二楼房的砖墙高度全部砌好，完成了一个事项的任务。

小结：建房工作较为顺利，有时也获高工效。这也是应该，因为建房工作已进行了多年。

2017年6月1日　农历五月初七　星期四　晴

村民建住房。一段时间建房就成了一项中心工作。指定移让国道高速公路的就有12户，自己需要扩建住房的我村有3户，全村合计就有15户人家建房。历年村民最多会有5—6户人家建房。记述四儿张学德建房工序，今日是浇二楼房的砖柱，楼房的压力就靠这些砖柱支撑，工序是先浇好楼房砖柱再浇二楼层板。浇楼房需要劳动力自己家人亲友晓得的都尽量支持。今日凑得10个劳力合力施工。

小结：村中建房事工自然形成一项中心任务。由于形势所迫，村民年轻人大部分在实践中工作和学习，已成了一批建筑能手。

2017年6月2日　农历五月初八　星期五　晴

儿媳张学全、王秀英家是指定搬迁让国道公路的最后一户，房子的补偿费都还没有拿到手。幸好有苗族建筑队帮助建临时住房，正规红砖房后建。临时住房三天内建好，现在建正规砖房，建房工序是已浇好地梁（圈梁），现在已拆除地梁的钢模板，即将砌正规砖房的砖墙。儿媳王秀英、孙女张多加曾在我们眼前流泪，也准备服从大局搬迁。

2017年6月3日　农历五月初九　星期六　晴

村民赶鸡街。鸡街是寻甸县管辖的乡镇，历年没有车子，步行要3

个小时，现在所有上街的人不论远近都是车子，车子的大小种类也多，人们利用这些车子旅行或上街极为方便和普遍。很多人购置的大小车辆都已成为自己的交通工具。我家儿孙4人乘坐7座位的面包车上街，儿孙张多加夫妻上街进货搞小卖部。国道公路在施工中，上百人在这山箐施工，所以他们上街进货搞生意。我也随着上街买上老人喜欢吃的一些零食和饮料。老人已在享福，我们乘车儿孙们都没有收我们老人的钱。

2017年6月4日　农历五月初十　星期日　晴

教会来客。今日礼拜聚会崇拜活动有来客2人，周六有来电话介绍说："礼拜天我们教会派来二位同工到你们教会拜访。"所以清早我们负责教会场所卫生工作的几位每个礼拜天（星期日）就利用早上的时间清理好场所的卫生。既然知道有来客，自己和儿张学德都是教会的负责人，都在门前停车场候客。约11∶00果然到来一辆面包车，走下2人，原来是亲属杨圣荣、龙文清两同工，是武定县发窝乡阿庆争教会差遣到我们教会来请客，就是来邀请我们教会到今年圣诞节时参与过圣诞节并做当天讲道准备和准备舞蹈节目，参加晚间的演出。当天我们请他们一人上台讲道。

2017年6月5日　农历五月十一日　星期一　晴

记述四儿张学德家的建住房工序。现在是浇二楼层板（地板）和支架模板作备料，购料子。虽然刚浇了一楼，但预防料子短缺就做了些增购。昨天和今天已作支架撑杆，支架壳子板已在施工中。这些事工都是技术工作，也就是脑力劳动和体力劳动结合，都是消费时间的技巧事工。

2017年6月6日　农历五月十二日　星期二　晴

村民迎来良机，有国道高速公路穿越我芭蕉箐村，国家征用房屋的农户12户，分别为公路线内或线外。线外是说：国家赔偿房子，不赔偿房地基，地基你自己还可以栽上树木。我村公路线外的就是我家大儿张学全家享受到，国家赔偿房屋的农户就享受到一笔钱，所以趁机购置车辆。我们是征用着土地、果木树，今天我家四儿张学德、五儿张学祥以及孙儿张良夫妻他们4人上昆明车市场买车子，以7万元买下。买车子要交购置税、保险费等，因时间紧来不及承办，得另行安排。他们回到家时天刚黑。

2017年6月7日　农历五月十三日　星期三　晴

村民购置车辆，国家征用房屋、土地、果木树补偿获得一点钱，村民享有此良机就把车子买下。我家四儿张学德和孙儿张良也是喜好，也趁机把车子买下。昨天上昆明车市场以7万元买下，今天重返昆明把买车子该办的一切手续办好。我村由于经济方便，还没有参与车教练的农户有三户，是先买了车子后再参与车子教练，全村几个月中就增加了6辆轿车，加上村中原有的11辆车子，全村新旧小车子已有17辆。

小结：全村购置车辆情况是手扶拖拉机7辆，大车6辆，面包车、轿车合有17辆，这也是芭蕉箐的新篇章。

2017年6月8日　农历五月十四日　星期四　晴

记述国家征用房屋地基的后一家是大儿张学全、王秀英一家。计划上是催促搬迁开始建着住房，今日有关人员进村来通知政府补偿的建房费现在可以到信用社领取。大儿张学全的住房承包给王继光老板建盖，已建盖了一段时间，听到此可喜的信息，时间虽然是下午了，仍出车到东村信用社领取。回到家后出车到王继光家去付款。正房承包价是为97000元，大儿张学全一次性付给王继光老板。

小结：搬迁到山顶片区耕地建房。我村耕地情况是，山顶耕地会比下边的耕地多一点，搬迁到山顶也好。山脚和山顶相距3公里。

2017年6月9日　农历五月十五日　星期五　晴

武倘寻国道高速公路穿越我村庄，村民12户的住房被征用，甚至云南大学民族考察基地原先建于我村的房基地都被公路征用，今早上又另选建房基地，找选到我家大儿张学全家的果园地。有关部门和我村负责人张学忠和大儿家张学全、云南大学建房基地评估把价格定为给他家3万元，初步这样定下。至于哪时建，如何建，谁来建是云南大学老师、领导的事。

小结：我们村的公路征地已多次。大部分村民对公路的土地果木树、房屋的征用都想得通，而且都很愿意支持和让步，愿意支持国家事业。

2017年6月10日　农历五月十六日　星期六　晴

今日我家大儿一家张学全、王秀英搬家。一段时间用三轮摩托车搬运家具、粮食、衣物、桌柜、烧柴等物品。定为今日搬家。孙女张多加的丈夫想出车到宜良县请他的爸爸过来看望和搬家，从我村出车到宜良县一个单边就有200多公里，一天往返里程就跑了400多公里，回到家时间也还早。他爸爸和他的小妹都过来做客和看望我们，并帮助我们搬家。

2017年6月11日　农历五月十七日　星期日　晴

村民上昆明承办事工。今日礼拜休会后，我家四儿张学德、五儿张学祥、孙儿张良等3人，因2017年6月7日以8万元已买下的车子有单子，但是购车时有张保修单也是保修期证件没有拿到，所以安排抽个时间上昆明车市场拿一下。星期天（礼拜日）我们休会时间是下午2点左右，儿学德、学强，孙张良他们3人乘车上昆明，由于事工顺利晚6时就已到家。

小结：一个中心思想是，过去时间都是极有限，地理限制、空间限制，现在由于交通和交通工具极为普及，车子跑昆明原来一个单边都要3个多小时才跑到，而现在小轿车两个小时就可跑到了。

2017年6月12日　农历五月十八日　星期一　晴

孙女张多加准备回乡务农。在昆明某幼儿园搞教育工作6年，仍是有它的难处，人生有钱无钱，应是享受些自由和民族山村特色生活。去年结婚，双亲打定主意回乡，准备探路了。我们芭蕉箐由于有武定、倘甸、寻甸高速公路的修建，修建运物资便道和开始打隧道工程时流动人员较多。孙女多加双亲探路子，从事农业为主，附带搞小卖部。所以今日搞小卖部的住房，由于等着用，一段时间都在建房。一个电话，建房材料空心砖、石砂就运送上门来了。今日是开始砌房脚砖块。

2017年6月13日　农历五月十九日　星期二　晴

村民张多加建房。昨天备建房料子，空心砖、人工细砂、水泥，今天建房。三儿张学忠作了动员说："今日我家停下其他的事工，集中劳动力、精力把张多加夫妻的住房尽最大努力用一两天的时间建盖好。"所以我家父儿5户凑得11个劳动力，拌砂灰、供建房料子，有技能的4人砌砖墙、搬运砖块，我家尽最大努力已把房子的砖墙砌好，预计明天就可以把小卖部的住房建好。

小结：一个地区一个村庄必须有人搞小卖部为人民服务，方便人们生产生活。自己也能有低息的收入，方便人也利于自己。

2017年6月14日　农历五月二十日　星期三　晴

孙女张多加夫妻小卖部的建房事工。前天购建房料子空心砖、人工细砂、水泥，拉运备料。昨天我们开始建房砌砖墙，今天隔墙找木料安木梁并盖水泥瓦。这些事工几乎用去整天的时间，完成了建房事工的80%。

小结：迎来机会，我村的建房事工比较多，自然形成时间紧任务多。

历年建房方式多半是农户自己安排自己建盖，今年特点是，几乎是全村14户人家的建房事工都是承包给王继光建房老板。自己建盖的只有四儿张学德、孙女张多加两户。下午约4时已建盖好，5时出车送老外父到宜良县。由于远程今晚就不回来了。

2017年6月15日　农历五月二十一日　星期四　晴

四儿张学德建房工序是准备浇二楼房。人员少，支架撑杆、支搭浇楼房壳子板，今日拉安楼房圈梁钢筋并且扎紧扎牢。幸遇王继光已搞了多年的建房工作，附近这一地区，甚至是邻近县寻甸、禄劝、富民三县的苗民靠托他帮忙建房。我们又有亲属关系，所以建房所需的钢材、钢门、水泥等都可供给，付钱给他就是了。我们建房先拉回来钢筋，王执事建房工地就在我村，所以极为方便，有钱给钱，无钱用话交接。

2017年6月16日　农历五月二十二日　星期五　晴

我家同时就有大儿张学全、儿媳王秀英建房，是有关政府指派搬迁让国道高速公路征用。建房承包给王继光建房老板，这是大儿张学全、儿媳王秀英的建房情况。

四儿张学德的建房情况：经济来源是武倘寻高速公路只征用到一点零星地和一些果木树，利用此机会给长子张良建住房。几天都忙于浇楼房备料，就是支架浇楼壳子板，安扎楼板浇楼钢筋。大儿张学全建房是承包，而四儿张学德是自己建盖，碰巧明天两户同时浇楼。只不过是大儿张学全事工是一楼房，四儿张学德是浇二楼房。

2017年6月17日　农历五月二十三日　星期六　晴

大儿张学全建房浇一楼房，原先是大儿张学全、四儿张学德两户同时浇楼房。哥弟商量涉及劳动力、浇楼房的机器，两家还是作两天进行比较好，所以今日先浇大儿张学全家的砖房。浇楼房由于劳动力充实，又利用机械，所以大约下午 5 时他们就浇好楼房。乘车从山上回来村中老家吃晚饭。吃晚饭有三桌人，有两桌是汉族 8 男 8 女，原来是很多汉族来自款庄马街，都上来给王执事老板找工做。建房工地都分成几个建筑队几个场地工作。这也好，否则建房任务艰巨。

2017 年 6 月 18 日　　农历五月二十四日　　星期日　晴

记述我家聚餐。昨天是周六，我家儿媳、父儿、孙女 8 户 25 人聚餐。我们二老人张正文、潘美英请客。在人世间人们都需要关爱，老年人需要关爱，年轻人也需要人来关爱。我们二老人由于武倘寻国道高速公路征用了些果木、耕地有一点钱，我们二老人商量请儿、媳、孙子、孙女吃一餐席饭。因有人在山顶公路边设馆子服务这一带村庄民众，我们这 25 人分为 3 桌席饭，每一桌席饭有 9 个菜。每桌 200 元不足一点，那也就是 600 元。

小结：今年国家公路征用我们的家园，大部分村都享受到了，我家儿媳们时常请客。这样提高人生幸福感。

2017 年 6 月 19 日　　农历五月二十五日　　星期一　阴

记述四儿张学德浇砖房二楼。村里龙保罗家买回浇楼房升吊机一台，我们就借用。升吊机由于是多件组成，安装就用去一早上。浇楼房工具就是这一台升吊机，是用一台柴油作动力发电搅拌灰泥，人工操作升吊机运送上二楼房，人工扒平均匀。历年浇楼房是搭梯子，30—40 人硬挑，一挑一挑硬功夫挑上楼房。今年利用这种升吊机人就轻省多了。

小结：幸遇，自然而然苗民族里兴起一组民族建筑队，经历几年的建房工作迎来越来越多的民众的信任尊重使用，促使他们的建房事工越来越多。我家今日浇楼房借他的机器。

2017 年 6 月 20 日　　农历五月二十六日　　星期二　阴

儿孙张学德、张良、张荣光等 5 人乘坐一辆小轿车跑昆明。据说是孙儿张良购置的新车还需要跑一趟。跑昆明，人们生长于电器世界，时常与交通、电器工具打交道，自然就形成地方的电器工具服务部门满足不了人们的需要，所以有时还得跑昆明。其次由于交通工具普及，只要有人约跑昆明，都喜欢上昆明消费日用品。再次是，国家公路征用房屋、土地、果木树赔偿，村民喜欢消费。人们都应有勤俭美德。

2017年6月21日　农历五月二十七日　星期三　阴

村民忙于建住房。由于国道公路征用土地、房屋补偿经费，有关政府领导也指示趁机一次性建正规式的好住房。建房的农户也积极配合建筑队运送材料，搬运自己的家具、衣物、东西，已用去一段时间都还没有搬完。有的已搬完而住宿于临时便房。

小结：建房另一情况是，村民龙兴华、龙荣才两户在砌第三层楼房，龙兴华已浇好第三层楼房。孙儿张良建住房，现在也浇好第二层楼房。据说也要建第三层楼房。全村有三户建三层楼房。真是机遇，有的农户又买车又建房。

2017年6月22日　农历五月二十八日　星期四　晴

果园地管理。板栗成熟季节，7月半到8月半是采收板栗季节。到今日农历将近已完了五月份，那么还有50多天就进入采收板栗季节。所以作为自己的事工是管理板栗果园，应当抓紧果园地的追施肥料工作。今日趁四儿张学德出车带长子张良儿媳到卫生室给婴儿看病之际，我便和他们上街买回农用化肥。幸好有人搞客运，我便坐上他们的面包车连我的3包农用化肥给我运送到柿花箐，因驾驶员是我们本民族好说话，每包化肥收费3元／包×3包＝9元，人收费5元，共14元，我多给他2元，这是早上活计。吃过早饭，我们二老人整天的活计就给果园板栗树追施化肥。

2017年6月23日　农历五月二十九日　星期五　晴

国家公路征用房屋的农户开年来一直都忙于搞建房。一是先盖起临时住房，二是再盖正规砖房，三是逐步建盖畜圈房。人们一搬家事工太多，起码需要几年的时间才能完善。我家大儿张学全也是高速公路征用房地基的一户，说是公路线内是房子和房地基国家都补偿，而线外只补偿房子，房地基不补偿，但是房地基你自己还可以栽果木树。

大儿张学全是搬上山地公路边已建起临时住房，正规砖房已盖好一楼。今日我老人、张学全、三儿张学忠、孙儿张荣光、儿媳们7人开始建畜圈房，砌起三层空心砖。

2017年6月24日　农历六月初一　星期六　晴

村民张学全建畜圈房，是父儿两户的畜圈房，盖成一长房隔开成四间一户的两户。昨天已开工。可能再砌一天砖墙会完成砌砖墙任务。劳动力昨天和今天都能凑得8人合作施工。建于山地果园公路边的新家园，还得求政府帮助解决吃水和照明。前几天供电所上来安电表收费1000元，想来搬迁是上级政府安排的，这些负担应该减轻一点，或是我们还有旧电表啊，叫我们仍然用旧电表啊！

2017年6月26日　农历六月初三　星期一　多云

购书刊。禄劝县银凸山圣经班，地址方向就在我们对面的大山上。中间隔普渡河（金沙江上游），是设有供应圣经、诗歌本、资料书刊的地点。儿媳王凤仙特为唱诗班过去购买诗歌本，所以叫孙儿张良出车，我们二老人也趁机跟随过去买书刊。见闻：圣经班是父子二人龙光福创办的，校房是现代高档式样，三楼铁板，铁梯式，造价60多万元。学生30多人，多数来自贵州省。

我们乘车到后，他家夫妇、儿媳热情接待，摆上糖果零食给我们享受。我们买了好些书刊、歌本，并休息上一个多小时。他家又叫儿媳给我们煮上米线，我们享受后就告别满载他们的款待热情返回。

2017年6月27日　农历六月初四　星期二　阴

村民建房事工忙碌进行，一般建二楼房，都忙于砌砖墙，还来不及粉刷墙壁。记述四儿张学德的建房事工。已建起一楼、二楼并浇好一、二楼房。昨天今天开始砌第三楼房的砖墙。自己建盖，自己家人每天凑得劳动力施工。砌第三楼房，供砖块和灰泥就逐步困难，所以当开始砌第三楼就从王继光建房老板找借来一套升吊机运送建房物资。这样重活计就变成轻松事工，所以不论是团队还是私人建房，这些机械工具都必须配备齐全。

2017年6月28日　农历六月初五　星期三　雨

记述四儿张学德接着搞建房，砌第三层楼房的砖墙。每天能凑有6—7人联合施工砌砖墙，幸好配备有升吊机协助运送砖块和升吊灰泥。加之自己的几个儿子从事建房多年了。今日劳动力5人砌砖墙，2人搅拌灰泥、供灰泥。昨天今天工作效力较高。

小结：建房事工中，仍然是在困难中工作。因为父儿5户同时就有大儿张学全、四儿张学德两户建房。大儿张学全家是公路局指定搬迁让国道公路，五儿张学祥又在公路上开车拉运泥土，三儿媳、五儿媳又被安排每天到公路上打扫路面乱石子，让运送公路料子的重车顺利运输，自然劳动力紧张。

2017年6月29日　农历六月初六　星期四　阴雨

孙儿张荣光上昆明转车户口。孙儿张荣光原先已购置一辆面包车，使用了5—6年，今年迎来机会，因房地基被武倘寻公路征用补偿经费，趁机又购置得一辆新车，所以就有新旧二辆车子，想把一辆车子转户口给自己的亲属使用。今日他们上昆明承办，叫把旧车修理好再转户口。

我们没有时间修理，也没有钱，不修、不转户，他们只好暂且回来再作考虑，他们7—8人乘坐2辆轿车，事工没有办成但也买回些用品。

2017年6月30日　农历六月初七　星期五　雨

村民建畜圈房，大儿张学全建房工作仍继续进行。一是先把临时住房建起来，因为时间已进雨水季节。二是把正规红砖房砌起一楼房并浇好一楼房的楼板。三是转入建牲口圈房，因为父子就是两户人家，盖成一长房内隔成四房间便于养牲口。今天建房事工是砌房间内的隔墙，四房间就有三堵隔墙。今天一整天都下着毛毛雨，我们都是披戴雨具工作。

小结：建圈房就随便一点，建房料子采用空心砖。前后已工作了一段时间，可能还需要两天，一天浇地板一天盖上石棉瓦就行。

2017年7月1日　农历六月初八　星期六　雨

村民建房。记述昨天今天的建房事工，大儿张学全建畜圈房，我估计还需要两天可以建好，一天用以浇房间的地板，再用一天盖房皮上的石棉瓦就可以建好。今天建房工作进行比较顺利，凑得劳动力7男2女9人施工。虽然一天都下小雨，但是工作进行比较快又顺利，接连浇地板和盖房皮上的石棉瓦两项事工都在一天完成了。

小结：大儿张学全、儿媳王秀英，孙儿张荣光、孙儿媳朱艳琼两户的搬迁房子很快就将建成，几天中白天晚间都下着雨。想来他们的心也是热乎乎的了，我们做父母的也出了些力。

2017年7月3日　农历六月初十　星期一　雨

村民加快车辆运输建设。全村村民现已拥有轿车、面包车共18辆，我家父儿5户就有小车6辆。今日我张家孙儿张文明、张良、张恩膏3人又出车跑静宁县报名参与车子驾驶教练。用一天的时间到静宁县报名办好参与教练手续折回来，大约5：30就回到家。

小结：村民的交通车辆运输在生产生活工作中都显得越来越迫切。车教练工作逐年随着增加，这也是必需的，当前在民族山区山寨生产生活、房屋建设增多，车辆运输事业自然要配备跟随形势自然有增无减，这也说明政府政策好人民富裕。

2017年7月4日　农历六月十一日　星期二　晴

车教练与培训。张良、张恩膏、张文明3人昨天到静宁县报名并交纳学费，今日按时赶到静宁参加车教练听课。一早四儿张学德用车子把三个孙子送上昆明赶往静宁参与车教练。

小结：年轻人都应重视知识文化科技学习。孙儿张恩膏去年到保山神学院参加读神学，由于年中期放假，昨晚刚回到家，是五儿张学祥开车到昆明接回家。从昆明到保山里程592公里，年中休假两个月，所以趁假期60天又参加车教练学习。苗民孩子参与车子教练是为索取驾驶证，至于开车子早已开大小车了。又一特点是：苗民村中假如有一车子就有几个人会开车了，可能是苗民不自私不保守、相互帮助。

2017年7月5日　农历六月十二日　星期三　晴

今日村农事工作是早上我们先赶集（赶街）。我们早上上街办事和买东西，一般中午12时我们就可以抓农事工作，所以上街买东西也不误农事。五儿张学祥、媳张秀仙赶街回来后利用中下午把山脚三亩苞谷地的禾苗追施化肥。由于天晴便于工作，所以三亩地苞谷几乎施完化肥。

小结：农事活计工作已大变革。村村寨寨，家家户户只是施上化肥而不薅锄了，至于庄稼地里的杂草打打除草剂就行。

2017年7月6日　农历六月十三日　星期四　晴

村民购置车辆。孙儿张荣光、尤伟能领队带自己的亲属舅子王正良上昆明车市场买车。前几天已买好，因买车子有些手续要些时间才能办好所以等了一段时间，现已到期，今日他们几人相约上昆明开回来。车子以18000元买下，是二手车。

小结：民族人民购置车子当前已形成一项中心。喜好者都积极创造条件准备资金等待时机。由于喜好几乎几天就要跑昆明，昆明也就形成他们时常活动场所。我村迎来良机今年买回新车10辆，这也是我村的新篇章新局面。

2017年7月7日　农历六月十四日　星期五　晴

探亲。女儿张美芳、姑爷龙学祥住在嵩明县凸董箐苗寨，姑娘嫁在那里。今年国家政府有扶贫政策，是一个人口安排给予15000元建盖新农村。原先我们父母支持了13000元盖房子，房子造价是10万元。考虑零用钱可能搞紧了，想送一点去给他们使用，顺便过去看看房子盖成什么样。我们吃过早饭后才出车过去。时机趁雨天，一天都下着雨的天气过去。叫孙儿张荣光、孙女张多加出车，我们二老人、小二孙女张甜甜，5人乘坐一辆面包车过去。到了嵩明凸董箐时已是下午4：00了。我们在女儿、姑爷家两个多小时，交流座谈、喝水、休息，吃了晚饭再上去山上欣赏新房，就是刚盖起的，只是还没有粉刷出来，然后我们就告别回来。

2017年7月8日　农历六月十五日　星期六　晴

人民政府关怀人民，今天吃过早饭后四儿张学德领我们接着建孙儿张良的住房，在砌第三层了。工作一时，三儿张学忠（村主任）叫我进来（我们在外工作）。原来是石桥村委会刘寻武主任以及东村乡一男一女工作人员进村核实村老年人，要我们户口册、身份证、存折，那位女同志填了很多表。随后他们又问我还耕耘田地吗？现在有没有养着牛羊？三儿张学忠替我说，一样都没有养着了。随后又叫我和乡、村委刘寻武两位工作人员合影。

小结：猜想都是政府的关怀照顾，要给予老年人关心的前奏工作。

2017年7月9日　农历六月十六日　星期日　晴

我家五儿张学祥请客吃饭。请客我家有关亲属，涉及村寨有芭蕉箐村、柿花箐、黄栎树、大平滩四个自然村，饭席客人三桌30人，乘坐4辆车子，面包车1辆、轿车3辆，跑了20多公里到款庄马街集市场，因为主菜是鲜鱼火锅。

2017年7月10日　农历六月十七日　星期一　晴

记述公路征用房屋地基的农户搬家。已建好畜圈房的农户陆续搬迁到新住址。孙女张多加夫妇利用三轮摩托车拉运一窝母子猪，从村中拉运上到山头新圈房。幸好我家三儿张学忠早已备有铁栏棚，用于称计猪和拉运生猪。今日拉运猪到新家寨也得要些劳动力。一头母黄牛昨天已拉上去了。

2017年7月11日　农历六月十八日　星期二　晴

记述自己的农活事工。几乎全村全民都已转向农田地间的管理。先是打除草剂，然后是追施农用化肥。转入农田地间的管理多半是割除地边田埂杂乱草。我的农地渐渐少了，原因是土地下放到户，当时是按户数分配下达而没有按人口分。我就是人口多的一户就必然在发展中贫富距离越拉越大，全村就是这个情况。加之今年公路征用园地、果木后，土地就更少了，仅仅有两小片板栗树。所以几天的活计是给板栗树追施肥料和割除板栗园地的杂乱草，是树也大了，草根也深了，所以割除草棵又追施肥料。总而言之，农人家的活计比较多。

2017年7月13日　农历六月二十日　星期四　雨

村民事工活计。一般农户都养着少量的黄牛、耕牛、母牛。由于耕地有所扩增，草场就逐年有所减少，那么养牲口的农户割草喂牛，就形成了一项事工。因为多人割草，板栗园清除杂乱草有利于果树。时间已进入六月二十日，而七月下旬就要开始下收栗子了，草棵较深的栗园要清理割除，利于捡拾栗子。我们只工作了一个中上午，下午就下起雨来，并且越下越大，村民事工、公路施工队所有的事工只得停下来。不久山箐沟涨洪水了，由于箐沟填成公路，而大洪水要冲进村了，此紧急时挖机又赶紧出来开新沟把大洪水仍引向山箐沟，免了灾情。

2017年7月14日　农历六月二十一日　星期五　晴

我村孙儿们参与车教练的事工仍在进行。张文明、张恩膏、张良已到静宁县报名参与车教练，通知今日集中试考。为了参与车教练的学员考好理论考试而只是试考。今日的理论试考结果是说：张恩膏试考后是可以；张文明还得学习；张良档案待再审核清楚再参与考试，而张恩膏星期三就是7月19日正式参与考试，这就是初步情况。

小结：我们的孩童参与车教练是为索取车子驾照，至于开车，他们在工作生活实践中早已会驾驶各种车辆了，挖机也会弄几下了。

2017年7月15日　农历六月二十二日　星期六　阴

三儿张学忠妻龙兴珍今日拉运3头小猪到鸡街市场销售。我们到了街上就下起雨来，猪市价是一公斤18—20元，我们要价一公斤20元。买主不称，只是评估，一头小猪我们要价600元，买主给一头500元，3头共计1500元。（在家）3头小猪称计有60多公斤，而卖得1500元几乎一公斤活猪倒卖25元一斤。

2017年7月17日　农历六月二十四日　星期一　晴

记述四儿张学德建住房。开年正月就开工建住房，已建起一楼、二楼、三楼，现在建房工序是正在施工砌三楼墙壁。自己施工建造，自己家人每天能凑得几人就几人施工。今日的建房工序是我老人一个搅拌灰泥并人工挑上楼房供四儿张学德、孙儿张良二人砌砖墙。

小结：作为老人的我，今日拌灰泥并挑上楼房供应2人砌砖墙。我自己已是75岁高龄了，觉得力不从心，虽然只挑小桶，挑上楼自己觉得费力流汗。付出体力劳动代价，农夫搞惯了。

2017年7月18日　农历六月二十五日　星期二　晴

记述龙兴珍、张秀仙二儿媳每天上公路打扫清除公路面上的石砂乱石，让公路上的拉料子重车每日顺利通过。天晴便于打扫，而雨水季节难度就大一点，不便于打扫，有时有些路段山箐沟口处山洪水冲进路心时把烂泥也带进路心，幸好此情况少。村子对面陡坡处滑坡10多米，树木也随土方下来滑到路心来占了路面一半，出动挖机来清除。雨水季节，维护公路畅通几乎每天都有事工可做，是指武倘寻高速公路便道，目前状况因为村寨一部分人员参与就地工作，技术工人员很少。我村情况，临时工近段时间就没有事做了，仅有1人开车拉运土方，1人开挖机，2人每天在公路上清理泥泞石砂、打扫路面。

2017年7月19日　农历六月二十六日　星期三　晴

村民杨天光家为长子儿媳承办送祝米席。就是儿子已生下小孙子，苗习家人亲友必然为了庆贺送祝礼表示同喜庆祝贺。主人家为表示谢意就待办一餐席饭请客，就是请来送祝礼的亲属友人。所以他家定为六月二十六日吃祝席饭。

我家父儿五户请3家，只有三儿张学忠、龙兴珍和我二老人没有请到，理由是：凡是送过礼的都请。自己请到也照样送礼，可能办席饭的主户也是怕着，因为请到也必然送礼所以不好意思请，双方应该正确理解。

2017年7月20日　农历六月二十七日　星期四　晴

我村报考车教练的张良、张恩膏、张文明今日只通知张恩膏前去报考理论。考核的科目只考一科，考理论，也就是今日已完成了一种。而张文明是昨天通知前去试考，也是试考理论。孙儿们到静宁县参与车子的教练，据说从昆明城还要花15元的车旅费才到达静宁县，他们承办车教练是安排有专车接送不收钱。由于只考一个科目，所以回到家时间也不怎么晚。

小结：各县、各地区、各地方有关单位都办着车教练，为何孙儿们跑到静宁县报考？据说时间短。这也是人们盼望，宁愿尽快成就。

2017年7月21日　农历六月二十八日　星期五　阴

村民建房。我家四儿张学德建房，今日凑有3人砌砖墙。由于是砌第三楼，灰泥由人工挑上三楼供应，所以就慢一些。自己建盖每天有几人就几人工作，慢慢建盖，反正又不赶时间。建房工作手艺出在自己手中，情愿自己慢慢建盖。

小结：历年建房安排在农闲季节，二三月干天季节，而现在就不同了。王继光（苗民）的建筑队时常在两三个县建房，平时建房工地分为三四处，现在个人、团队几乎一年四季都建房。特别是今年，一个主要原因是国道武倘寻高速公路征用农户的房产，所以就有10多户人家同时建，个人忙、团队忙。

2017年7月22日　农历六月二十九日　星期六　雨

我家老人、四儿张学德两户蒙请赴席饭。是因亲属王有福患病"胆结石"上昆明医院治病，亲属、友人关系，我们尽自己所能看望支持。隔了一段时间，他家为了表示谢意办一餐席饭筵客为谢。

2017年7月23日　农历闰六月初一　星期日　雨

在记述我村孙儿们在车教练实行工作，原先是张文明、张良、张恩膏3人同时报名，交纳车教练费每人4500元，工作进行中三人分为几期进行。孙儿张恩膏为一期已进行了理论考，已进行路教练，昨天今天都进行路教练。

小结：教练是为取得他人的确信，至于驾驶车孩童们早已获得技巧，生活实践中早已有一套把握和技能施行。苗民的特长目前：1.各种大小车辆的驾驶。2.歌舞文艺、音乐、歌唱水平。3.高楼大厦，从事建筑的技巧。当然是一部分人员，不通过培训而天赋予的智力才能。

2017年7月24日　农历闰六月初二　星期一　晴

村民搞建房，大部分村民的建房都已作承包给王继光执事建筑队建。由于建房事工任务多，建房一个老板负责，建筑工人分成几个工地几个组分头施工，这是一个大局概况。一时不能建好，得要一两年的时光来完成。

个体户建房，一个村寨只有四儿张学德一户建，是自己投工投劳慢慢建盖，劳动力有限，哥弟、邻舍、友人赞助的工天也是极少。

小结：一个村寨，农事工作只是施下化肥，再打上几天除草剂，农事工作几乎完成，就转入农地、田间管理，所以极有利于建房的农户工作。

2017年7月25日　农历闰六月初三　星期二　晴

我村车教练工作行程。前天张恩膏通知参与路训，至今日已是第三天，不知工作如何安排，是否接着去考核。而张文明、张良2人今天通知前去考理论。所以四儿张学德开出小车送到昆明市。据说：晋宁县承办车教练的单位或是老板安排有专车接送。如果没有安排住宿，我们的车就要接娃娃们考完试再接回家。参与车教练的三学员今日情况是：四儿张学德一人开车回来，参与教练的三学员要学习几天。

2017年7月26日　农历闰六月初四　星期三　晴

记述我家儿媳龙兴珍、张秀仙2人在武倘寻高速公路上每天打扫路面石砂。公路便道建设，石砂料子是从几个石场拉运来供应施工，加之雨水季节洪泥流有些路段是冲入公路的路心来，所以路面打扫石砂的工作量增加。据说是拿到一个月工资2000元，每天只合70元不足一点。据我们知道，公路上一般工资，月工资是4200元，每天就合140元。那么老板只给两个儿媳他人的一半，也应该提高一点，最少给我们每天80元，月工资就是2400元。我们想在心，没有跟老板说。

2017年7月27日　农历闰六月初五　星期四　晴

武倘寻高速公路征用房基搬迁住址另建住房的农户村民张学全为照明另安装电表，另架电杆，另拉线。电表几天前已安好，电表收费1000元，电源是从麻栎树村接过去。今日是栽全电线杆子，一共是12根杆子，材料采用钢管。

今日事工把这12根杆子用灰浆水泥全部栽好。预计代价是：安装电表1000元，12根杆子6000元，拉架线1500元；合计8500元。

小结：以上项目按道理应该是政府支持，因为是国家政府安排叫搬迁让国道公路。

2017年7月28日　农历闰六月初六　星期五　晴

村民建盖住房。自己建盖住房的四儿张学德开年过来已砌起来一二层楼房，这一段时间我们砌第三层楼房，由于人员少又是越往高处砌速度就越慢，进入雨水季节耽搁就越大。

今日我们施工砌砖墙，凑得4个劳动力合力施工砌砖墙。我们本着每天凑得几个劳动力就几人施工。速度快了，几乎快要砌完第三层楼房了，浇三层楼的楼板之后就轻松了。

小结：平时我家父儿五户10多个劳动力，建住房就是一个强组。

今年由于劳动力分散建房就困难一些，武倘寻高速公路时常就占去3个劳动力。

2017年7月29日　农历闰六月初七　星期六　晴

村民搬迁让国道公路的农户，儿张学全、孙张荣光父儿两户今日拉架照明电线，是从祖库村委会的麻栎树村接过来照明。幸遇麻栎树的一个小自然村就挨近这座山寨，距离一公里多。请求供电所出面安排计划。架线的电线杆子采用钢管，前天安电线杆子，今日是叫我们自己拉架电线。所以儿孙们组织得4—5人合力把照明电线拉架好，可能今晚就享照明了。

小结：搬迁及这一户的房地基是没有在路心上，国家赔偿房产只是房子有，地基没有，所以赔偿的钱就少，又要另外盖房子。所以望政府解决这照明费用的8500元！

2017年7月30日　农历闰六月初八　星期日　晴

记述我村参与车教练的三个孙子的事工：已进行了理论考，又转入路训教练，这项事工就多要时间。孙儿张恩膏昨晚回来是从昆明乘坐公交车下来东村街，打电话叫五儿张学祥出车到东村接回来。张良、张文明二孙子今晚回来，也是从昆明乘坐公交车下来到东村，四儿张学德出车到东村街接回来。

小结：民族地区的经济要发展，生活要提高，面貌要改变，人们素质要提高，车辆运输事业也要同步。人们力求一般人员要会开车，车教练培训必然不可少。我们村民也不甘愿落后，力求和发达地区同步。

2017年7月31日　农历闰六月初九　星期一　晴

自己的事工活计又来一个砍烧柴。因国道公路武倘寻施工中仍是扩道工程，在没有取得征用合法手续时又毁了我家一棚大竹子、一间厕所。农事工作完毕，我便把挖机已毁的这棚大竹子砍一部分留作引火烧柴。

国道公路武倘寻高速公路穿越我村，给我村一时带来一些不便，场地又狭窄，公用厕所已毁达一年，迟迟建不起来。在这里私人设有的小厕所今日也已毁了，给我们一时的作难。尽管如此，国家政府是大局，我们只有服从。

小结：我村3个儿孙参与车教练，安排成两个班期学习。父母也分成两批接送，这样就加重我们的负担。幸好是我们自己有车子，否则我们应付不了。自然形成当前的一项负担，但抚育孩子们成长成才，再累也应当付出。

2017年8月2日　农历闰六月十一日　星期三　晴

孙儿张荣光、龙伟能（孙女张多加丈夫）两户相约到昆明医院看病体检。孙儿张荣光是带自己的婴儿去体检，孙女张多加、夫龙伟能他俩是婚后为生育健康，医院医生安排按时间到医院体检，已去了一两次了。今天就按时到昆明医院检查。

小结：现代科学生产的发展进步，交通和交通工具的普及和发展，由于工作、生产生活、建设事业的需要，我家儿媳孙儿们时常跑昆明。今年又是张文明、张良、张恩膏三孙子参与车教练，3人分为两班，所以跑场就更多，几乎是两三天就得跑一次。

2017年8月3日　农历闰六月十二日　星期四　晴

参与车教练的张文明、张良到时又叫出去搞车子路教练，所以四儿张学德出车送两个孙儿出去参与教练。几天就要耽搁一个工天，每到出车时间就是一天了。学习得付出代价，付出时间，付出经济力量。自己家里又搞建房工作。自然就形成学车、建住房两不误。

2017 年 8 月 4 日　　农历闰六月十三日　　星期五　晴

民族猎鸟游玩活动。今日四儿张学德与同工王有洁 2 人由于农事活计松闲，相约到野外游玩猎鸟，2—3 天为一个历程。很多人都喜好，就是养成育子虽然不到外边游玩他都养着欣赏，其次是图养着听鸟唱歌，鸟价高低就在此。

小结：远古时代可能是游玩猎鸟活动与苗民的生活生产工作有关系，少数人保存到现今。我们发现很多人包括汉族都很喜欢玩鸟，比如昆明市场还有"花鸟市场"，并且还很好销售，可能形成人民的一种玩意。

2017 年 8 月 5 日　　农历闰六月十四日　　星期六　晴

芭蕉箐基督教会年第三季度的学习。年工作规划教牧人员一个季度的头一个月周六用一天的时间开展教牧培训学习。

2017 年 8 月 7 日　　农历闰六月十六日　　星期一　晴

自己农务活计是从事农地果木树管理，农地边的地埂草长深了就要割除。板栗树少部分零星地的果树，由于果树长大就没有种上庄稼，所以有的草长深了，就要割除，有利于果树。时间进入农历八月份就要采收栗子了，割草便于捡拾栗子包。这事工已进行了两三天，幸好是这部分果树就少一些，但是仍然需要多天才能完成。又幸好这些零星地坐落于村子附近，就便于工作，或是利用早晚的时间都可以割除一部分。总而言之，割除栗园杂乱草割到栗子成熟季节就割完了，此时又转入下收栗子。

2017 年 8 月 8 日　　农历闰六月十七日　　星期二　晴转阴

村民赶鸡街，承办自己的事工。村民杨光有卖早板栗约有 40 公斤，上午是一个买主只买 1—2 公斤，做生意收购数量大的买卖人都没有。可能太早，买主还没有做此生意。我家父儿张正文、张学德是因学德要赶鸡街，因他有车子，我便和儿乘车上街。儿学德是变卖画眉一笼3只，一到街上每只要价100元，买主也是出得上100元，3只一下就卖了。而我是上街理发和买两包化肥、一包尿素、一包复混肥料，准备1个月后收完栗子就给板栗树追施肥料。

2017年8月9日　农历闰六月十八日　星期三　晴

地方麻栎树村举办斗牛。由于村村寨寨都有一部分喜好斗牛的人，所以已成俗成规举办。我们知道自己没有经济力量，历年是求政府安排一点而办斗牛活动。就是用于斗牛一等奖多少，二等奖多少，三等奖多少。估计是自己喜好，只是自己地方斗牛玩玩，什么奖也没有。想来政府也没有钱，许是不会支持。

小结:斗牛活动原先影响到坝区，记得坝区（汉族）也号召斗过一年，还搞水牛斗，后来就再没有搞过。

2017年8月10日　农历闰六月十九日　星期四　晴

孙儿张荣光、孙姑爷龙伟能上昆明审车。审车手续很多，要检验这辆车子一样故障都没有，甚至是机内的机油都要重新更换，这样才可以过关，给你审车。审车手续收费据说是400多元。张多加、夫龙伟能去审车，舅张荣光陪着去。可能是审车拥挤，审车后从昆明城回家，在昆明时间已很晚了。耽搁的另一个原因是审车都是要修车合格后才给你审。

小结:买车养车，也是一项重要事工，也得付出代价，管好养好用好。

2017年8月11日　农历闰六月二十日　星期五　晴

村民开始下收栗子，数量少，有的村民已卖了。去年早板栗是每一公斤卖价15元，今年价估计会卖一公斤10—12元。我家父儿张正文、三儿张学忠今日下早板栗，每户下得4包。

小结：儿张学忠一早上就下获4包。而我自己白天好不容易才下获这 4 包。我自己手中栽下的板栗树已长大长高了,老人上树下栗子当然是又费力又慢,工作效力就远远不如年轻人。只是本着能下收得多少要多少,反正板栗刚刚进入下收季节。

2017 年 8 月 12 日　农历闰六月二十一日　星期六　晴

自己农事活计仍是下收栗子。板栗园分布于山脚、山腰、山头三个片区。昨天下收山头的栗子,今日又下收山腰的就是村子附近,村子上边的。今天是在近处下的,所以就多收得一点。这里不通车路,就只得用背箩背回家,路的里途从村子上到栗园约有一公里路,坡比较陡险难走。

小结:路道越来越难走,加之由于武倘寻高速公路就从我们这里的山脚穿越,把这里的大山路道挖断了,坡度已高达 200 多丈。所以这里的村民上下就比较困难。

2017 年 8 月 13 日　农历闰六月二十二日　星期日　晴

记述我村 3 个孙子张文明、张良、张恩膏参与车子教练学习考核情况。这次的路练接着就进行几个科目的考核,据说是已考核了理论、电脑、路练三个科目,后边还有两个科目。这次的训练、试考、测验、训练和进行考核所用去的时间长达 5—6 天,据说是较为成功。

小结:我们芭蕉箐村几乎每年都有人参与车教练。而现有的面包车、轿车已有 15 辆。

2017 年 8 月 14 日　农历闰六月二十三日　星期一　晴

村民赶鸡街。孙女张多加夫妇原先在昆明市某幼儿园工作,已任教 6—7 年,工资待遇也很可以。时间长了,总觉得坚持在幼儿园工作风险大,所以回家探人生路子,初步定于烧烤小卖部。由于武倘寻高速公路轰轰烈烈地在施工中,几百人在我们的山村工作,所以趁机就在我们村中试点试销起步。今日出车到鸡街进货,准备明天到十里坡"欢山节、斗牛场"销售。所以孙女儿们出车上街,我们自己家人相约得7人一起上街,买上吃的东西和一些日用品。将近一年,我们二老人每次乘坐都按里程标准付给孙儿们车旅费,因为他们刚刚起步。

2017年8月15日　农历闰六月二十四日　星期二　晴

记述村上建盖文化室。刚刚破土施工,就是槽沟安放石脚,程序是先把房基石脚砌好再建筑。我们村上事工真是多得忙不过来,政府安排外边的人员进村建盖,就是本乡的中民村委会来人建盖。据我们知道,柿花箐村、万宝山、麻栎树是在我们之前盖起,我们芭蕉箐村是在后安排。

小结:建盖文化室是人民政府的关心主动安排经费的。

房地基是给本村村民买的,据说买成价是12万元。同时计划盖两栋,1. 作文化室;2. 民族村寨公用厨房。谢谢人民政府的关怀!

2017年8月16日　农历闰六月二十五日　星期三　晴

记述我家四儿张学德家的建房事工:全村的建房式样每一户都是建成二楼半,唯有四儿张学德家是建成完整的三楼房。正准备浇三楼房,今日浇三楼房的墙柱子。今日我家父儿5户凑得9个劳动力合力施工。安墙柱子壳子板比较费力,没有浇完墙柱子。

小结:由于事工繁多,半年的时间我家父儿5户劳动力都分散。而今天较为集中是5户就有两户建房。应该是3户建房,因为武倘寻高速公路就征用大儿张学全、五儿张学祥两户的房子,五儿张学祥干脆放到明年建盖。

2017年8月17日　农历闰六月二十六日　星期四　晴

记述儿媳们变卖栗子。三儿张学忠、儿媳龙兴珍今日离栗子得30公斤。明天是东村街,准备上东村街销售。儿媳们想今晚就提前拉运出去销售于半路上。30公斤×7元/公斤=210元。

小结：由于数量少，我们情愿每公斤少卖几元而不上街，上街就得耽搁一些时间，好不好在半路上卖和上街卖还是一个价。由于数量少，多卖少卖无所谓。我们图快，再说我们情愿今晚卖掉，即使明天要上街也是轻松地上街，再没有什么顾虑了。

2017年8月18日　农历闰六月二十七日　星期五　晴

记述家庭团契生活。今晚大儿张学全、儿媳王秀英请客吃饭，是因搬迁到山顶栗园地居住，住房将要建好之际请客筵席。请我家5户20人赴席吃烧烤，尽情享受家人关爱友谊。

小结：2017年的半年，我家5户已尽自己所能，远近设筵席吃饭。有的请客人上街吃馆子席饭，有的自己设烧烤筵席，有的儿媳请客三辆车子运载人员上马街吃鱼席饭，孙女请西山区大平滩、大黄栎树都赴席。是今年2017年我家才兴起的新风俗，我俩老人也不例外。

2017年8月19日　农历闰六月二十八日　星期六　晴

村农事工作。大局是建住房，幸好是承包给王继光执事包干。由于数量大，建房工地多，一时不能完成。建住房的仅有四儿张学德自己投工投劳自己建盖。

又是一项农事工作是下收栗子。可能全村90%的农户都栽有板栗树，从今日起栽有板栗树的农户几乎就要天天下收栗子了。如没有闰六月，已到七月二十八日，或是将近要进入八月份了，已经进入采收板栗繁忙季节了。采收栗子也要一个多月的时间。忙、忙、忙，自己由于板栗树分布于山脚、山腰、山顶耕地片区，上下距离相隔4公里，地理位置就是那么样。

2017年8月20日　农历闰六月二十九日　星期日　晴

发扬民族优良传统。今日我家父儿、儿孙7人乘坐一辆面包车赶鸡街。下午3时，礼拜休会后，我家儿媳、孙儿们相约赶鸡街购置各种用品，占用一个多小时买好物资。正准备回家时，有一对苗族夫妻是沿线邻村凹口村人，由于时间晚估计客运车走完，他俩问我们说："你们的车子能否运载我家？"我们原知道再加人就已超载，但自己存着民族感情、人情、认民族，宁愿把困难留给自己而尽量方便他人，而尽自己所能关爱。回途到凹口村的路口停车让一对客人下车，孙儿张恩膏开车，孙儿也很聪明，不收这家人的车旅费。小小关爱，我心里很平安愉快，觉得应当发扬民族关爱传统。

2017年8月21日　农历闰六月三十日　星期一　晴

今日农活事工。我家父儿5户由于修建公路四个儿媳家被征用了村子附近的耕地和全部板栗树，仅有山顶耕地里的板栗树了，但我还有一片零星的栗园。我们二老人考虑再下放一些给儿媳们管理享受。二老人商议结果是，四户儿媳每户再给4棵板栗树，4户×4棵／户＝16棵。果树的大部分已改造嫁接好，今日下达并领儿媳代表到现场告知指定给她们。所以有时间的儿媳们今日已到栗园下栗子了。

小结：上午我家儿媳各人忙于下栗子，下午三儿张学忠和我离栗子，我们二老人得23公斤×7.10元／公斤＝163元。明天22日是街天，街上或是路口今晚已有人在收购了。自己有车子拉运上街一便卖了，今晚栗子单价是给一公斤7.10元。

2017年8月22日　农历七月初一　星期二　晴

村民农事活计，村民大部分都栽得有板栗树，有板栗树的村民已正式忙于下收栗子。我们二老人是下到山脚片区的耕地下收栗子，一天的辛勤劳动下获得7包袋，干脆留在山脚回来叫儿孙们帮忙用三轮摩托车拉运上来。三儿张学忠、媳龙兴珍家是开大车上到山顶耕地栗园下得半车拉运下来。

小结：我父儿俩下收栗子尽量赶收，防止栗子市价跌底。历年八月初，栗子好价，过了中秋节就不行。去年2016年时出现栗子上市和后期都能保持一公斤栗子7—8元，此情况少见。

2017年8月23日　农历七月初二　星期三　雨

村民下收栗子。我自己尽快吃过早饭就准备上山顶耕地栗园下栗子，一般上午10：00我们准时出工。原先计划收一天的栗子，不料刚上到山地，天色黑沉下来，刚下了几个就下起大雨来。我们只好由下栗子转入离栗子，因为山上屋里都有已好离的。雨一下就是一下午。

小结：时机，天晴就到外边下栗子，下雨就在屋里离栗子。挨晚，武倘寻公路工人又来买了7公斤×7元／公斤＝49元，1公斤头上我愿意多给买主一点，让他喜欢，所以买主也多给我一元，就等于得50元。俗语说：你好我好。

2017年8月24日　农历七月初三　星期四　雨

我自己和五儿张学祥全建庄稼房。由于五儿张学祥常在武倘寻高速公路工程上拉运打隧道的泥土，忙不过来转给地方建筑老板王继光承建。承包资金已交纳了1万元，待建盖起来多退少补。建房的用意是小规模的，是建了农地里堆放农用化肥，下收栗子用，简单建盖不设房楼，在农地里雨季还可以避雨等。昨天和今天他们已施工建盖。

小结：距离村寨较远的集中农地必须盖农地房屋，便于雨季避雨、堆放农具、化肥、下收栗子。可惜全村寨只有杨天友、张正文、张学祥3户建盖农地房。

2017年8月25日　农历七月初四　星期五　雨

村民农活事工，下收栗子。三天中都有雨，我们只好有雨时就在屋子里离栗子，雨停后就到栗园下收栗子。三天中的工作是一会儿到外边下收栗子，一会儿在屋里离栗子，是一边离栗子又一边销售栗子。昨晚销售栗子情况是：我们父儿张正文、三儿张学忠、五儿张学祥三户每户离得30—40公斤，三儿张学忠主动地帮我们拉运到东村街销售。市价保持在每市公斤7.50元。

2017年8月26日　农历七月初五　星期六　晴

村民们进行农杂活工作。养有牲口的农户多半利用早晚割青草喂牛。原先碎有糠的农户是用青草和糠拌在一起喂牲口。原因：草场逐年减少，耕地逐年扩大，村民又养牲口又务农两不误，所以采取牲口关在圈里喂，人到农地务农。有板栗的农户天天下收栗子、离栗子两不误，下收栗子要忙一个整月。形势在发展和变化，全村杨天友、张学祥两户已购置得两台"板栗脱壳机"投入使用，效力佳美理想省时省力。

2017年8月28日　农历七月初七　星期一　晴

我家父儿张正文、张学祥两户承包给王继光建房老板协助建盖的农地用的庄稼房今日已投入使用。五儿张学祥先把照明灯线拉好再安好灯泡，再安好门，然后我们父儿两户各把自己几天下的栗子包背进新房。主要是堆放栗子，以后还可以堆放农用化肥以及农用工具。

小结：建房承包方式是承包资金，我们已递交了10000元，是包工和建房材料费，建房料子由他买和建盖，房建好后我们只管投入使用。定钱我们已交了1万元，以后计算后多退少补。

2017年8月29日　农历七月初八　星期二　阴

村民下收栗子。下收栗子、离栗子形成一项中心工作。整天从早忙到晚，就连早上也利用起来，天晴就到外面下收栗子，有雨就在屋里离栗子。昨天和今天为例，一边到栗园下收栗子一边（有雨时）就在屋里离栗子，两天得40公斤×7元／公斤=280元，是地方熟识人进村收购。

前天每一公斤栗子给价是 7.30 元，而今晚来收购就只给一公斤 7 元了。几角不说了，又不花费时间。

小结：栗子市价能保持一公斤 5—6 元也不错了。7—8 年前栗子要捡成大、中、小三个等级，平摊下来也不高。现在不捡等级是卖混合价，不管怎样都还得着。

2017 年 8 月 30 日　农历七月初九　星期三　晴

记述五儿张学祥家离栗子。儿子、儿媳本身有工作，儿张学祥安排在武倘寻高速公路打隧道（东村第四道隧道出口）拉运泥土，五儿媳任武倘寻公路路面清洁工。由于全村已购回第二台板栗脱壳机，利用休息时间可把自己的栗子包离好，不影响其他工作。我们二老人离栗子，盼望儿媳有机器就协助离一下。因为同建一个房间，如果帮不了忙我们二老人就用人工离，新买的机器我们老人不要随便使用。

2017 年 8 月 31 日　农历七月初十　星期四　晴

我们下收栗子。一天中又下栗子又离栗子，打主意整天离栗子，老伴天不亮就起来煮早饭，天刚亮就喂猪，背了煮好的早饭上到栗园离栗子。离了一早上的栗子，吃过早饭，五儿张学祥、媳张秀仙上到栗园来，见我们老人没有使用五儿刚买回来的栗子脱壳机，就劝我们二老人使用并开动机器。娃娃开口劝，我们老人就不推辞而使用起来，所以分分钟就离完了我的栗子。这天离的栗子有 69 公斤 ×7 元／公斤 =483 元，地方熟识人就开车进栗园地来收购，一公斤栗子 7 元是买主自已给。

小结：由于利用栗子脱壳机很快，今天事工离栗子完成并且已现卖了，栗子也下了，一天完成了两天的劳动任务。

2017 年 9 月 1 日　农历七月十一日　星期五　晴

由于我喜好果木树，栽下的板栗树已下达到各户儿媳，是早已享受。

几天中儿媳家家户户都下收栗子，边下边收，一边离一边随地就销售，是极有利。今日销售情况是：1. 我自己栗子，早晚离、白天离，当天得49公斤×7元／公斤＝343元；2. 大儿张学全有39公斤×7元／公斤＝273元；3. 五儿张学祥是76公斤×7元／公斤＝532元。

  小结：历年销售栗子是极难的事工，而现在是极容易的事，不上街就地销售。附近熟识老板到山地栗园来收购。今天我们销售栗子是用电话联系，收购老板说由于数量少就叫我们自己送到他家，价格仍然给我们一公斤7元。

2017年9月2日　农历七月十二日　星期六　晴

  今日事工。上午下收核桃，自己的核桃栽种的时间晚着一些，受益时间当然晚着一步。核桃刚刚挂果，可惜核桃有个致命的弱点是全体村民都已栽培起核桃来，但是满山遍野的核桃被松鼠吃完吃尽。上午下收的核桃离得6.5公斤，还没有离完。

  中下午的时间转入下收栗子，是在近处下收，下收获得两背篓背回家煮晚饭。吃了晚饭后在武倘寻高速公路施工的工人进村找核桃买，问我，"有没有核桃？"我说："只有5—6公斤"，他们说："要十多公斤，少也要"，他们问我要多少一公斤？我说："按市价"，他们说："市价是卖一公斤8元"。我说也行，称计核桃有6.5公斤×8元／公斤＝52元。

2017年9月4日　农历七月十四日　星期一　晴

  记述我村孙儿们参与车教练学习情况。今年参与教练的张良、张恩膏、张文明3人，分派为张恩膏为前一班，张良、张文明为第二班，分为两期两班授课教练。前期一班的张恩膏今日已告结业，已拿到车教练的驾驶证，我们家人听闻此信息很高兴。而第二期的张良、张文明也可能快了，还有一个科目待考试。这是今年到静宁县参与车教练的情况。

小结：回想去年在本县参与车教练的张约志，柿花箐村的张会云，他们二人经过去年今年两年的时间，有关车教练部门人员还未给予毕业，未发给车驾照，据说是他们（车教练）不但要收学费还要另收一笔钱，学员有的已交了有的还没有交。

2017年9月5日　农历七月十五日　星期二　晴

村民有栗子的农户利用全部时间集中于下收、离要销售的栗子。历年有经验是初上市卖一公斤栗子7—8元，卖到后期或是过了中秋节，不但是价低甚至难以销售。所以我们尽力抢收力求赶前，不等后期。昨晚我们销售情况是，全体村民有6户离好集中于山头栗园。今年国道公路征用民房地基，大儿张学全就在公路边栗园建起住房。全村栗子就集中在这里销售，买主只给我们一公斤6元了。以我自己为例，栗子103公斤×6元／公斤＝618元。

小结：再低就是1公斤栗子只卖5元也是不错，因为一斤栗子含有大、中、小三个等级。

2017年9月6日　农历七月十六日　星期三　晴

村民下收栗子已收达80%或是90%的数量，几天就可以收完全部栗子。每天有下收栗子、离栗子时间，就是有下有离有销售，一两天的时间离得多少就销售多少。栗子今日有16公斤，三儿张学忠协助拉上山头栗园收购点销售，也是大车路边，成为我村临时栗子收购点。16公斤×6元／公斤＝96元。

小结：去年全年栗子收入约有6000元，今年大约全年收入会有3000多元。少收原因，村子附近的板栗树几乎全部因公路修建被征用，山上板栗又是改造嫁接一片老化的板栗，所以年收入约少了一半。

2017 年 9 月 7 日　农历七月十七日　星期四　晴

教会唱诗班自养事工活动。是栽一小片板栗树每年下收经营开支于唱诗班工作和需要。今日教会唱诗班布置工作号召今日到万宝山山脚板栗园地下收栗子，出动 10 人，包括生活服务人员。由于武倘寻高速公路施工中多少大小路中断，所以唱诗班下收栗子用人工背，箐沟过来又要爬上 2000 多米的道路，干脆上到施工中的武倘寻高速的便道来用三轮摩托车拉运回来。此时晚饭还没做好，大家又离栗子一段时间。

唱诗班工作。今晚又要利用晚间教练诗，所以固定安排白天下栗子，晚间又教诗歌，也就是一举两得。

2017 年 9 月 8 日　农历七月十八日　星期五　晴

记述我村 2017 年度参与车子教练结业情况：张文明、张良、张恩膏 3 人分为二期二班教练和考核。第一期一班是孙儿张恩膏于 9 月 4 日结业，拿到驾驶证。第二期二班的张文明、张良 2 人是今日就是 2017 年 9 月 8 日为车教练结业，拿到车辆驾驶证。车教练时间行程是：于 2017 年 7 月 3 日，农历六月初十启程参与报名学习。结业：第一期的张恩膏于 9 月 4 日结业，第二期张文明、张良于 9 月 8 日结业。启程和结业时间是两个月零 5 天。而本县富民县参与车子教练的柿花箐的张会云，我村的张约志是去年今年两年都还没有结业。

2017 年 9 月 9 日　农历七月十九日　星期六　晴

记述下收栗子。今日工作活计仍是下栗子，工作场地是在村子的对面的坡地。今日工作难度大，大树高工作效力慢。每天的事工活计仍是下收，离栗子和变卖。今日的栗子买主只给我们一公斤 5.5 元，卖得 157 元。以低价收购是买主的策略，我们打主意不卖给他家了，准备自己拉运上市场自己销售。

小结：8 月 12 日开始下收栗子，到今日 9 月 9 日 27 天就下完栗子。

我们尽最大努力工作,生怕后期栗子跌价。

2017年9月10日　农历七月二十日　星期日　晴

教会探访活动。富民县基督教12所教会,西片的多马卡教会有一位长老离世,教会为追思纪念,时间定于2017年9月10日,就是今天,邀请富民县12所教会教职员参与本堂追思礼拜纪念。作为我们教会,人家有请自己也得派出代表参与追思礼拜。我们教会代表是王兴仁、王汉奎、张秀敏、龙圣英、龙荣才5人参与追思礼拜。

小结:教会传统习俗早已形成规律,规模有大小,有的只是自己本堂举行,职务如果是牧师,涉及全县追思。追思礼拜是对死者家属作为鼓励和安慰,而个人、团队都要送礼表示支持帮助。

2017年9月11日　农历七月二十一日　星期一　晴

农事活计。记述自己农事工作,仍是上到山地栗园农房基地离栗子。五儿张学祥以2000多元买回来一台板栗脱壳机,板栗堆如果用人工离就要两天才能离得完,而机器脱壳半天已离完了。早晚离和今日白天离,就地销售时今晚称计得135公斤×5元/公斤=675元。

小结:栗子价降到5元,是自己地方买主上门收购,一公斤栗子5元是混合价大、中、小作一个等级,也不吃亏。再说是出在自己手中的农副产品,多也卖少也卖。俗语说,卖掉才是钱,每次变卖栗子是父儿5户多少都有一点。

2017年9月12日　农历七月二十二日　星期二　晴

记述村民掼收谷子。村民王圣德家割谷子。龙兴德、龙兴华哥弟两户同时找工掼收谷子。由于哥弟不和睦,两哥弟各自分头各人找亲属掼收谷子。现在掼收谷子不再用人工掼收,10多年已利用稻谷脱粒机掼收,利用小型柴油机做动力,所以就不存在费力要时间等情况。运输稻谷掼收以后，又用三轮摩托车或是大车从田坝拉运上来村子，我们下到田坝里程也有 1 公里多。

小结：田坝栽稻谷原先都是村上安排管放水人员以及道路管理，动员维修路边拉运稻谷上来，现在转为各家自己负责。

2017 年 9 月 13 日　农历七月二十三日　星期三　晴

探亲。有亲属患病，就是张志清第三儿子张寄福，是富民县麻地教会人，在我们的西南方向，路的里程单边约有 70 公里。我家大儿张学全、儿媳王秀英、孙女张多加、孙女丈夫龙伟能以及我老伴潘美英 5 人乘坐一辆面包车，一早天刚亮就出车前去看望。由于时间珍贵，所以当天在亲属家多停留畅谈，以语言对病患者表示安慰和鼓励，他家也非常感激！

小结：探亲看望病患者是理所当然的职责，表示同情关爱。作为被探访者也要尽己所能接待和服侍。

2017 年 9 月 14 日　农历七月二十四日　星期四　晴

村民下收栗子。这活计几乎已告一个段落，今日我离一点尾栗子，家屋里有一点，所以借一个上午离家屋里的栗子，离完时间刚好是中午 12∶00。山头栗园庄稼地房也有一堆，老伴我俩又顺车路转上山头栗园，此路段刚好有 3 公里。幸遇五儿张学祥妻张秀仙先上去离栗子，离完回来在半路上遇到我们二老人，又调车头拉运我们二老人上去离栗子。用栗子脱壳机，栗子分分钟就离完了。收拾并装包好后又顺车路步行回家，刚回到家儿媳几家又要上山栗园变卖栗子。离好后，儿媳们就主动协助我们老人变卖栗子。称计得 26 公斤，26 公斤 ×5 元 / 公斤 =130 元。

小结：今日全年下收栗子工作已宣告结束，全年栗子下完、收完、离完、卖完，全年合计总收入为 3449.14 元。

2017年9月15日　农历七月二十五日　星期五　晴

我们幸遇有武倘寻高速公路招临时工,几天中三分段招临时工,是场地打扫工和机器修理工,也就是见子打子,场地服务。前三天,公路三分段聘请我家儿孙2人到山头厂家厂地工作服务,我家三儿张学忠、孙儿张良接受聘请前去工作。工资待遇是说:劳动薪水每天80元,月工资是2500元。

小结:开挖机月工资6000元;开大车运土方工资4500元;电焊工月工资4500元;一般小工月工资2500元。最低工资每天80元我们也干,因为就在自己家门作活,俗语说凑毛成毡。

2017年9月16日　农历七月二十六日　星期六　晴

家庭生活团契关爱有所进步和发展。由于我们民族生产生活有发展和提高。所度过的半年光阴时间,我们家庭关爱生活团契有所形成。就是我家父儿5户年初以来为享受关爱而相互邀请晚间吃烧烤筵席。第一轮已举行完,一户承担一个晚上烧烤筵席。现在已举行第二轮,晚饭三儿张学忠承办烧烤席让全家5户儿媳儿孙尽情享受快乐家庭温暖。

小结:我家父儿相互请客赴筵席,多半时间是出车跑集市场吃现成或是跑鱼铺。幸好是高山公路边有人设馆子,多半是吃近处的。现在喜欢吃烧烤,三儿张学忠昨晚办的烧烤席是第二轮开始了。

2017年9月18日　农历七月二十八日　星期一　晴

村民自养,开展生计工作力求丰收。事工进行是:村民在武倘寻高速公路施工分别为1人开挖机,1人开大车拉运打隧道泥石土方,2妇女打扫路面石砂,2人在场地打扫清洁工等6人;1人猎鸟为业,3人到野外找马蜂子谋生,2人夫妇到野外采山草药为生。孙女张多加又是为武倘寻高速公路施工工人办小卖部,销售零食、米线,服务工人。

小结:以上村民从事不同事工,效益高高低低。从最低限度而论,前面论述过,"凑毛成毡",人们也得做起。

2017年9月19日　农历七月二十九日　星期二　晴

探亲。我家三女儿张美兰因亲属关系而给在嵩明县凸董箐(苗寨)村。今年有政策扶持建房,一个人头给10000元,她家3人获得30000元。建房不足部分自己想办法,我们也支持一点,想来经济必然搞紧了,我们作为父母、舅家安排专车跑一趟去看望。大儿张学全、儿媳王秀英、孙儿媳朱艳琼、老伴潘美英、孙女张多加、夫龙伟能开车,6人一行,吃过早饭出车前往,当然作小小的慰问。3个多小时就可跑到凸董箐村。亲属相遇畅谈家常两三个小时,晚饭后乘车赶回来,天黑时刚好到家。发扬民族关爱传统,相互来往交通帮忙。

2017年9月20日　农历八月初一　星期三　晴

记述我家姑爷女儿张会云、张美珍因村上安排浇门前道路50米。这是东村乡政府扶持项目,靠村主任名义,柿花箐村下来我村公路隧道口拉运碎石上去砌挡土墙。我们准备用人工上,先上了20多个,五儿张学祥同开挖机司机已是熟识同工,所以跑去叫开挖机的同工来帮忙上石头。几步路,挖机出动上石头就太省事了,又快又简单,几下就上满一大车。

小结:我们是识几个字的人,是在新社会长大的人,是在新社会里受过教育的人,对党对政府对人民始终是有情感。对武倘寻高速公路穿越我村寨,我们的态度是高兴支持,我村民有机会在此公路打工。反过来,叫挖机协助上几车石头也是很自然的事。

2017年9月21日　农历八月初二　星期四　晴

我们家庭探亲。我家三爹张有二儿张明高,早年参军,退伍在富源县任富源武装部部长,担任国家机关领导,在外工作至今。由于体衰多病抢救无效于今日凌晨5:55离开人间。死者家乡寻甸县肥草箐村,家属电话告知所有亲属前去参与哀念协助殡葬。我家吃过早饭就赶紧出车前去，我们二老人、三儿张学忠、儿媳龙兴珍出车4人前去看望。死者张明高是领导干部，领导干部先要在火化场前举行追思纪念，搞离别仪式，耽搁了些时间。机关领导通知火化场要立刻为重要人物而特安排在先，又有消息说：作为机关领导的安葬费是安排两三万元。我方也说：我们不要了，我们要把骨灰盒拿回我们家乡。

2017年9月22日　农历八月初三　星期五　晴

苗族殡葬。今日举行死者骨灰盒殡葬，昨晚10：30才回到家，殡葬只好推迟到今日进行。死者家属妻子是大理白族，与苗族通婚，所以殡葬亲友有来自大理、曲靖的白族亲属友人。今日的殡葬工作是：由于死者半年前预知自己病危，就领自己家人把自己的坟墓建好，所以殡葬工作也慢慢来。吃过早饭后，家人、亲友、邻舍先为死者张明高举行简短的追思纪念。

2017年9月23日　农历八月初四　星期六　晴

村民建房事工忙碌进行。由于武倘寻高速公路征用我村民12户的房基地，迁让国道公路，又有村民二户也需要建房，就形成一项较大的事工。一个建筑队要负责附近禄劝、寻甸、富民三县交界村庄的建房工作，所以自然也形成重托。建设任务目前仍忙碌进行。

建房，自己建盖项目。1户就是四儿张学德建房工程建正规三层楼房，收完栗子，转为建房事工。三层楼房的砖墙已砌好，事工进行是支搭架设壳子板、支立撑杆，正准备浇三楼。儿媳2人搬抬料子，支搭横梁、木板、架设壳木板，由于房间大所以要时要力，几天才能做好。

2017年9月25日　农历八月初六　星期一　晴

享受县政府国保关怀和温暖。今日是农历八月初六，离中秋节还有

9 天，中秋节是中国传统节日。节日来临之前单位、团队、亲属、友人为表示关爱，都安排一些活动探访慰问和相互赠送礼品。我自己也享受县政府的关怀，每年的中秋或是春节富民县国保都给予关怀和礼品，今日富民县国保给我们送来关怀。礼品是：一袋 25 公斤大米，一瓶 5 斤油，一箱月饼。是送到街市镇上来并通知我们上街取。

小结：县国保给予我们关怀已多年了，并有时遇难申诉到他们耳里他们也给解决，他们的服务工作，我们很满意高兴！

2017 年 9 月 26 日　农历八月初七　星期二　晴

村民抓建房工作。四儿张学德已开始建房，建房工序是准备浇三楼房地板，支搭横梁木、撑杆、圈梁壳子木板。今日凑得 4 个劳动力联合施工。由于高空作业工序难度大，劳动力少，只得自己慢慢做。幸好建房事工我们已进行多年，人多也做，人少也做，只不过是多要时间。

小结：21 世纪的今天，一代年轻人踊跃攀登各种科技，少数已成多面手，服务现代科技社会。苗家也随着社会的进步和发展而涌现出一批多面手。

2017 年 9 月 27 日　农历八月初八　星期三　晴

教会挖房地基准备建盖公厕。教会公厕原先已建好，因倘武寻高速公路穿越我们村中，教会公厕、村民私人住房都已征用了一些。特别是教会公厕的拆除给教会、村民、武倘寻公路工人带来困难，时间将近一年政府迟迟未赔偿。农历十月初二我们教会过感恩节，人山人海，没有个厕所怎么行？昨天才安排挖机挖好房地基，今日又拉运回来建房材料红砖块，可能很快会动工。挖机昨天挖平房地基，今日又拉回来建房料子，我们这才松了一口气。

小结：苗寨村一般没有厕所，只有少数人才建有厕所。

2017年9月28日　农历八月初九　星期四　晴

探亲记。孙女张多加是嫁到宜良县大鹰洼子村。因他们两人都在昆明市工作而相识成婚，半年多在我们芭蕉菁村为武倘寻高速公路工人办小卖部服务。想回家看望父母一转，就约自己的父母和作为老爹的我们二位老人也同去。自己的父母和老爹二老人就有6人乘坐一辆面包车前去。从富民县到宜良县顺国家大公路跑绕道，路的里程一个单边约有190公里。虽然绕道，我们大约今日下午5时也到了那个地方的山脚，从一座山的山脚顺山梁，一直绕道上到山顶又转往下几百米就到了那村寨。用电话联系，孙女张多加、夫龙伟能的父母满面笑容热情地接待我们，并接到屋里给我们倒上开水，有说有笑地畅谈起来。

2017年9月29日　农历八月初十　星期五　晴

我们在宜良县初步考察他们的生计资源，比较丰富活跃。先讲地势，他们耕地是在山顶片区，由于山顶没有吃水，他们就退下到山腰有水处居住。虽然哥弟5户，但是他们散居就不成村庄了。

农业生产资源是靠两个门路：一是种苞谷，二是果木树，品种一是核桃，二是樱桃，三是油桃。销售方式我们地方是采取批发，初上市核桃以市价一公斤8元卖了。他们采取零售，初上市一公斤卖15元，一公斤几乎就卖我们的两倍。核桃是主产，还有油桃、樱桃，看起来他们的经济资源和年收入比较活跃，并且在增长。在宜良县大鹰洼子第二天，也就是今日，我们游玩到下午吃过晚饭，晚饭是哥弟的第五弟给我们做。吃过晚饭我们相互告别乘车回来。

2017年9月30日　农历八月十一日　星期六　晴

村民的四儿张学德今日的建房工序是扎三楼房圈梁钢筋。扎浇楼板钢筋，今日建房事工也算是我家儿媳、孙儿劳动力集中的一天，劳动力凑得9人协助施工，这也是一个优势。第二个优势是4个儿子张学全、张学忠、张学德、张学祥和孙儿张荣光都是建房技术能手，建房事工已开展多年，施工中什么工序都能一一上任完成。俗语说："科学并不是神秘的，是可以学习和掌握的。"苗民喜好者，一般是自学成才也就是从实践中学习。

2017年10月2日　农历八月十三日　星期一　晴

补牙齿。我9月27日到款庄马街去补牙齿，叫今日10月2日再去安（安活套牙）。今日五儿张学祥主动出车叫我前去办理。此路单边里程21公里，此事工可能花了一个半小时才勉强安好。

一个牙齿收费50元，所需要安的计有上下两层牙，就有16颗×50元/颗=800元，这是27日所说的话。今日安好后，我又重新再问预计收费是多少？补牙师说："总额是850元，我收你800元。"后来我想，这话怎么说，他真的让我50元吗？我便取下数数，所安的是17个牙，所以补牙师所说的话是真的，再说补牙师和我们是熟识人，又是一个村委会的人。

小结：补牙事工是五儿媳劝我老人去补的。补牙费800元，五儿张学祥两次车费我付给200元，就合1000元，牙补起来说话吃东西都笨了。自己承认有一个优点，当然美观。

2017年10月3日　农历八月十四日　星期二　晴

村民张学德建住房，今日事工是浇第三层楼楼板。由于村民龙保罗已购置有一台搅拌升吊机，张正华购置有一台装载机。所以村民搞建房都靠托这些机械帮忙，人工也要，不过轻省多了。人工安装机器、使用机器、开机器，在楼上扒散灰尘，平整楼面、浇三层楼、高空作业、安装机器都要些时间，但是工作起来工效就高了。建房浇楼亲友、哥弟都愿主动前来支持帮忙，所以劳动力凑有27人，施工浇楼。

小结：两年浇楼房是用人工搅拌灰泥，用人工挑上楼房，而今日浇第三层楼房是用搅拌机，挑是用升吊机升送上第三层楼。几乎是半机械化了。

2017年10月4日　农历八月十五日　星期三　晴

村民过中秋节，中秋节代替民族花山节。黑山山顶海拔300多米，是我们地区寻甸县、禄劝县、富民县三县交界斗牛中心场地，一年举行多次斗牛，称为我们地方的欢山节。历年在这里举行的项目有斗牛等级奖励、赛马、表演民族歌舞，近年增加项目，武定县、禄劝县远地苗寨苗民制作苗民服装拿来利用斗牛会销售。不好斗的我们也得此机会前去购买苗民衣裙，应该说规模有所扩大。

中秋节民众也开展一些游玩活动，我家儿孙4—5人乘坐一辆轿车到野外找马蜂子，又游玩又找马蜂子仍有收获，只是少。大部分人以中秋节为中心，出大小车辆上街为节日买肉食好好过节。

2017年10月5日　农历八月十六日　星期四　晴

节日休假，苗民农夫务农工作。人们也提出休假，说："节日我们休息两天，今日仍是出车游玩，到野外找马蜂享受大自然的美景。"

妇女们、我家父儿五户、婆媳、孙女们节日游玩活动，穿戴民族服装用一上午搞摄影活动。一个上中午的时间游玩得开心，有说有笑，体现节日的幸福和快乐。

生活安排是八月十四日已开始，5户集体聚餐。十四日四儿张学德浇楼房，伙食四儿支付。八月十五日中秋节，节日食品又是三儿张学忠主动购买，其他哥弟自由赞助。生活聚餐活动，体现家族的团契和温暖。孙女张多加夫妇在昆明工作，有汉族熟识朋友，十六日又有外来客，体现民族大团结友爱。各民族友爱我们愿意付出代价！

2017年10月6日　农历八月十七日　星期五　晴

节日的延续。我家的孙儿张荣光、孙姑爷龙伟能今日出车到野外找马蜂子，是5—6人活动。游玩也是，找马蜂子也是。昨天就发现有一窝马蜂没有找到，两个孙子今日仍去继续昨天的事工。据从手机转发回来告知说："我俩终于找到，要等天黑烧了它才回来。"

石桥村委会工作人员也组织工作活动。我村芭蕉箐张学忠是东村乡林业员，常参与石桥村委会的大小会议。石桥村委会通知今日石桥村委会工作人员举行收集红军长征历史资料，搜集红军长征走过我们地方小松园史，要设纪念馆。事工涉及需要出车跑金沙江一趟，石桥村委会工作人员出车跑金沙江搜集资料。

2017年10月7日　农历八月十八日　星期六　晴

村民修车养车。村里居民张学忠、龙保罗两辆大车需要修理，并且涉及修配大零件，干脆请求修理工进村修理。安排今日进村修理，龙保罗修配结果是付车修理费3000多元。而张学忠修配大车齿轮一个、修配零件，收费1000多元。

小结：交通运输工具一般是轿车和面包车。维修大车一般又搞建筑和农地运输事工。车子每次大修使用年限也是几年的时间。目前修车养车不是要找多少钱，而是为了便利自己。虽然不为找来多少钱，但是自己购置这些交通工具也得维修和保养。

2017年10月9日　农历八月二十日　星期一　晴

村民建住房，是武倘寻高速公路征用住房地基的龙荣才建筑新房，由于承包给王继光建房老板建盖，几乎已建好。今日村民龙荣才填新房的场院，用一辆大车拉运泥土。今日拉运泥土是良机，因武倘寻公路挖机就在我们村里天天挖泥土，用大车拉运出去倒于外边，所以村民如果需要几十车泥土，挖路工人都不嫌麻烦还很喜欢。场地建设工作是昨天今天已经工作了两天。

小结：场地建设根据需要，如果数量需要多的话，可以多安排几辆车子拉运，因为村里的大车也多。可能需要的数量少，村里公路征用房基的12户农民现在几乎已建好。

2017年10月10日　农历八月二十一日　星期二　晴

村民张学德浇场地（场院），因为浇好第三层楼房后还剩公分石和石面砂灰泥。趁还剩建房料子就一便把门前的场院浇好，卫生又便于打扫，所以告知我家父儿5户集中劳动力浇门前地板。料子虽然拉运好，拌灰泥又是利用搅拌机（也称微耕机）打拌灰泥。由于今早我家出工时间迟，我们浇好地板吃饭时也晚了。

小结：村民浇门前的农户比较少，一是门前场地太窄，即使浇地板也不理想；二是有些农户还没有力量。

2017年10月11日　农历八月二十二日　星期三　晴

三儿张学忠、儿媳龙兴珍今日安排时间回娘家探亲，看望父母一转。有意去看望自己的父母，因父母都是70多岁的高龄，作为女儿、姑爷，不时就得过去安排生活一转，给老人家买上一点米，多少安排一点肉食和零食。三儿张学忠、三儿媳龙兴珍今年经济有所好转，三儿媳龙兴珍幸遇有良机在武倘寻高速公路每天在路面上打扫石砂让大车畅通。虽然薪水每天只给80元，月薪2500元，总比我们没有工作，没有收入好。

小结：三儿张学忠、儿媳龙兴珍今日过嵩明县凸董箐去安排老人生活，还顺便带一些短干柴去给老人烧。

2017年10月12日　农历八月二十三日　星期四　雨

我家父儿张正文、张学忠、张学德三户浇房前屋后的地板。前天已浇了一半，昨天隔了一天，今日接着浇我们3户的地板。我们父儿三户是住房连着住房。

今日我们父儿3户浇场院地板，父儿5户12个劳动力几乎全部投入浇场院地板，事工进行比较顺利。因我们就在场地平平处（平的地方）工作，搅拌砂灰是利用微耕机打犁，拉运砂灰泥是用三辆手扶推车推送，所以工作起来较为轻省方便。

小结：村民基本建设为三项。一是建正规红砖房；二是购置大小车辆建设，包括摩托车、小型手扶拖拉机、轿车或是面包车；三是浇好自己居住的场地。

2017年10月13日　农历八月二十四日　星期五　晴

我家大儿张学全今日安排叫我家父儿5户12个劳动力浇住房场地地板，是武倘寻高速公路征用住房地基中的一户。村寨场地狭窄安排不了，只有搬迁到山顶自己的耕地栗园建住房。想尽最大努力把住房的场院浇好地板，使又美观又便于打扫卫生，也是苗寨新式建设之需。

今日浇场地情况是，因我们吃过早饭后才动手施工，所以尽最大努力场院只浇了60%，还得一天才能完成。

小结：家族建设，父儿、哥弟哪一户需要建设，需要劳动力，只要说一声，大家都会主动出来协助，作为主人家办一点饭席就行。

2017年10月14日　农历八月二十五日　星期六　雨

村民张学全浇场院地板。事工进行是昨天父儿5户12个劳动力尽了最大努力已浇了场院面积的60%，今日接着昨天的浇场地事工进行。先拉运了4大车砂灰回来再接着搅拌砂灰，再用小推车拉运灰泥浇场地地板。由于劳动力少，只好男男女女齐动手合力浇地板。

事工主人家从生活上来酬谢大家。每天供两餐，晌午和晚饭。鲜鸡、鱼、鲜猪肉3个主菜是少不了的。

小结：村民原先的浇场地是搞晒场，而浇住房附近的场地场院是我们村我家父儿4户刚刚起步。

2017年10月16日　农历八月二十七日　星期一　晴

四儿张学德浇新房进门台阶的平台。我家劳动力集中，浇门前台阶的料子原先已准备好，水也极为方便。我们施工一上午就已浇好，中下午的工作是几个儿孙又转入找马蜂，在自己地方山顶耕地边找，结果是找到两窝苍蝇蜂，虽然能卖高价，但我家父儿5户只安排聚餐，因为我家四儿张学德施工建房，所以今晚晚餐又增添一碗好菜，新口味，我家父儿5户12人尽情享受。

2017年10月17日　农历八月二十八日　星期二　阴

我们老人自己事工活计。由于雨季，趁果园板栗树还没有落叶给板栗树追施化肥。追施过程用两种方式：一种方式是用施撒方式，因为树长大了根系比较发达，施撒必然起功效；二种方式是待明年刚进入雨水季节，用人工打塘施放化肥，增强果树肥力，促进果树效力，促进果实丰收打基础。几天都从事果树施肥。

小结：我已是75岁高龄了，自己的一亩耕地武倘寻高速公路已征用了，山地只有一点零星陡坡了。我想放弃农地事务，转入专项管理板栗园。我渐渐想放弃操劳事工，享受人生幸福快乐，多休息和再享受读书之乐了。

2017年10月18日　农历八月二十九日　星期三　阴

村民扳撕苞谷，时间已进入扳撕苞谷季节，天气虽然是阴天有时又有小雨，但是农人家事务繁多，我们珍惜时间为早日完成。又有话说：笨鸟先飞，所以农夫情愿先动手扳收苞谷。我们扳收村子附近山地的苞谷是没有车路的，我自己从村子上到山地就有一公里多。由于武倘寻高速公路把我们村子后边的两只大山梁子挖断了，只得绕路，绕多了路途增长了，只有慢慢做。

小结：一般村民种地多寡都不愁，农事工作耽误的就是考虑武倘寻公路工程进行中。我们村有6人参与施工，就怕农事会受影响，说一声叫自己的亲友帮忙，想来还是没有问题。

2017年10月19日　农历八月三十日　星期四　晴

我家父儿5户12人乘车到富民医院看望病人。孙女张多加到富民县医院生孩子，10月16日进院，相隔17、18日两天，昨天夜里12：00动手术。我家父儿5户12人乘坐三辆小车到富民县医院看望，当然尽自己所能从经济上支持一点。

小结：三儿张学忠（家）到医院生儿孙时说："汉人进医院生孩子时，访客来看望客人满房间。而我自己（家）进医院生二姑娘时，进出医院都是我自己，想来也是真气人。"吸取教训，重新做人，珍惜良机。

2017年10月20日　农历九月初一　星期五　晴

村民农事活计，正式扳撕苞谷。一部分村民是扳撕村子后山的陡地苞谷，由于没有车路，后山坡度高达200多米，人上山只有处处绕道，这一部分耕地村民们已扳收了一段时间。

有的村民，如龙保罗一家是开大车上山顶耕地片区扳收大面积苞谷地。活计是扳收一天傍晚时作一大车的拉运下来，比起我们用人工背的就轻省多了。幸好是不通车路的耕地极少。

小结：村民农地生产运输事务极为普及，极为方便。运输工具看数量的大小，用摩托车、三轮摩托车、手扶拖拉机、面包车，两缸、三缸、四缸大车拉运货物，全村子车子化。

2017年10月21日　农历九月初二　星期六　晴

教会圣工活动，明天礼拜天是东村乡芭蕉箐教会的芭蕉箐集会点开堂庆典。教会安排工作，大教会教牧人员今日到芭蕉箐集会点筹备明天的圣会工作。准备接待十多个堂点的人员的聚餐事务。今日圣工事务就是杀鸡、猪、羊，洗鱼，做菜，布置圣会场地，布置圣会标语等。事务工作任务艰巨繁忙，幸好有石桩得力的一个组在那边协助，工作还是会轻松些。明天圣会工作就会更忙一些，明天圣会的服侍工作，芭蕉箐大教会所有的人员都得做勤务员了。

小结：芭蕉箐明天的开堂献堂圣会也会成为人山人海的圣会，因为是禄劝县、寻甸县、富民县三县的交界，请不请人家都会主动出来赞助支持，不过这也是好事。

2017年10月22日　农历九月初三　星期日　雨

东村乡芭蕉箐教会仓浦箐聚会点献堂感恩礼拜。仓浦箐坐落于禄劝县、寻甸县、富民县三县交界地，所以庆典活动也是三县部分教会人员前往参与。参与庆典圣会的教会有14个，圣会邀请上台献唱感恩；圣会堂点报到送礼金1万多元，当天圣会奉献金为1万元；二项合计2.5万元。

本堂生活服务情况是：先已有奉献统计，奉献活猪三头，山羊一只，活鸡十多只。服务人员：石桩、仓浦箐两个活动点相互配合，从事圣工、圣会唱诗班工作、生活服务。

2017年10月23日　农历九月初四　星期一　雨

雨是从昨天中午12：00下到今日。下雨天，就安静在火塘边烤火，学习有关该学习的课程。

2017年10月24日　农历九月初五　星期二　雨

孙女张多加、孙姑爷龙伟能10月16日进县城医院生孩子，今天已是第八天，医院叫今天出院。生孩子要先到孙姑爷龙伟能家承办祝米席，一个月后再回到这里来。所以今日孙儿女们在富民医院办出院手续，约下午2：00才得出院，赶回宜良县大鹰洼子村寨。由于两县人员，所以我家大儿张学全家孙儿张荣光也同时开出一辆小车到富民医院接送自己人回家。进医院接生医疗手续贵，收了3万多元，幸好是受助双方父母亲属支付。

小结：孙儿女们成婚是富民县与宜良县两地人，据说路的里途一个单边需要6—7个小时，幸好是双方孙儿孙女都已有车子。

2017年10月25日　农历九月初六　星期三　晴

父张正文、四儿张学德、儿媳王凤仙、孙儿媳张花我们五人乘坐一辆小轿车赶鸡街。儿媳们上街购买东西多，还要买上一点大麦种作为饲草喂牛等等。我自己是特意上街配一副眼镜，验配情况是：验配眼镜收费时是说价格有高低，一样功能收费30—80元，所以我只要30元的。

小结：验配眼镜收费30—80元，我想可能是一种计策，钱多的人他当然是愿意买上价高的，卖主又承认是30—80元功能是一样的。

2017年10月26日　农历九月初七　星期四　晴

村民今日缴纳年医疗合作费。去年每人缴纳150元，今年每人缴纳180元。我家二老人就缴纳了360元，石桥村委会负责人收纳人员收纳登记单又退回我俩一位老人的钱，所以还是只收纳了一人180元。此种情况是年年只收一人的，我们也很感激和高兴。

小结：参与医疗合作实践经验告诉我们，是民众欢迎的政策，一人有病大家医。初施行时少数人就不理解，但实施几年后不理解的人也理解了，都愿意缴纳，而且越来越愿意缴纳，只不过是考虑可能数目大了一点，几乎是一个人头就200元了，民族人民可能有些缴纳不起。

2017年10月27日　农历九月初八　星期五　晴

村民扳撕苞谷。根据客户的安排和需要，有的是扳撕山顶片区耕地的苞谷。四儿张学德家是扳撕村子对面田里的苞谷，我们二老人又是下到山脚扳撕山脚零星地的苞谷。

五儿媳张秀仙，也是扳撕山脚山地苞谷。儿媳们又有一个计划，就是三儿张学忠、五儿张学祥他们两家准备在山脚片区耕地把苞谷砍撕后，找请挖机挖一条路进入山脚耕地里边拉运苞谷。原因是需要我家父儿5户齐动员协助把山脚的苞谷人工背往下到山脚车站，又用大车拉上来。找挖机挖路就是干脆把路挖进山脚梁子中间，就不必背上背下，车子直接开到地里拉运苞谷，这也是我们农事建设。

2017年10月28日　农历九月初九　星期六　晴

记述村民种地麦，该种的地块就安排在先扳收苞谷，收了以后就把地麦种下，扳了一块就种下一块。我家四儿张学德也是种麦田，昨天先把田里的苞谷扳除而今日又把地麦种上。撒播后再用微耕机打犁就行，这是上午的工作。

下午接着就把所扳撕的苞谷用三轮摩托车拉运上来，我还有四袋苞谷在山脚路边没有拉运上来，是我家儿媳、三儿张学忠、五儿张学祥找请挖机挖山运输苞谷的车路。挖机开下山脚在中途发生故障，通路阻断，所以4包撕好的苞谷摆于山脚地里。

2017年10月29日　农历九月初十　星期日　晴

记述教会教牧研讨会。今天休会后，教务人员探讨教会有关年感恩工作，以及来年圣工如何开展。教会圣工初步规划事项如下：

1.11月19日过感恩节，11月5日全教会奉献作开支节日伙食费用。

2.来年圣餐礼，安排做两片举行。

①东村坝区一个片区举行。

②仓浦箐、石桩、芭蕉箐大教会做一个片区举行，减轻教会负担。

3.来年就按聚会点要求，讲解员由大教会安排人员下到各集点讲道，由王兴仁执事分工，东村镇聚会点由庵绍良分工。

小结：教会年工作和来年圣工探讨确定事项，定于11月11日星期六召开研讨会并定案。

2017年10月30日　农历九月十一日　星期一　晴

改善农业生产的耕耘条件，促进农业生产的轻力度，推进农业生产多快好省，减轻劳动强度。两个儿子家联合请挖机挖农地运输车路，是因耕地连片没有车路，每年扳撕山地苞谷时付出很大辛苦，想改进一下。车路挖进山地减轻劳动强度，省时省力。今日挖机出动挖路施工情况是，工作一天把两户的山地耕地车路挖通挖好，所付的代价是3680元，每户就承担1840元。

小结：付出一点代价，改进了今后的农业生产条件。这3680元包括改造了村上下到山脚田坝的车路。有志者献身付出代价出来当大哥，为全村办好事出力。

2017年10月31日　农历九月十二日　星期二　晴

我家儿媳、四儿张学德继续使用挖机，接着昨天的挖路工程挖他自己的山地运输车路。三户的耕地连片，所以哥弟三户干脆一次性把耕地车路挖好。而四儿张学德的耕地又是在总边上，地势较陡，如果没有运输路就较为不省，所以今日把耕地的运输路解决就推进了农事工作。

小结：儿媳们、张学忠、张学德、张学祥三户的山地挖通运输车路推进了我家父儿五户的生产力和建设。挖耕地车路也是民族生产生活建设之一的必需所为，发展进步关乎方方面面的改良推进。

2017年11月1日　农历九月十三日　星期三　晴

记述我两个老人农活事工。自己的农地苞谷将收完之际，抽时间协助儿媳们扳撕苞谷。大儿媳家住房已被武倘寻高速公路征用，人搬迁到山头耕地建住房，耕地、村子附近有些星零苞谷地，她家人员又分散又住于山上。我们二老人看在眼里想在心里，支持一下协助扳撕苞谷，是扳撕后用人工从陡坡地一包一包背回家，待办完后她家又用三轮摩托车拉运上去。年轻人事工多，老人也忙，有时教我们老人协助领他们的小孩子，所以协助的农活工效就不够高，反正是见子打子。

2017年11月2日　农历九月十四日　星期四　晴

老人赶集，赶东村街。从芭蕉箐到东村街路的里程有18公里，村民大部分都已购买大小车辆，小轿车、面包车全村已普及。我们父儿5户儿子张学德、张学祥每户父子各户就有两辆小轿车，两份驾驶证。赶街，有时十多辆车子上街，有时自己的儿媳车子一辆也不上街，在这种情况下老人要上街就得步行。步行走直路到半路上就有亲友熟人用小车把我们两老人带上街，也没有收我们分文钱。再回来时虽然迟了，但是仍有熟识的人的客运车，我们乘坐上到上边麻栎树村再步行下来。

2017年11月3日　农历九月十五日　星期五　晴

村民农事活计。我们挖魔芋从昨天开始，今天接着昨天挖魔芋。自己是计划平时挖了收集起来，几时要卖就方便。今日是打主意要挖山地上边的魔芋，就是大儿媳建新房这里。老伴我俩是步行顺大车路绕山转上去，在大儿媳家休息时，我说是上来挖魔芋，大儿媳王秀英说："据说魔芋有人进村收购。"上午时间挖山顶耕地边的魔芋，下午又转下山来挖山脚边的魔芋。

五儿媳打来电话说："挖好了没有，有人进村收购魔芋，给价一公斤4.00元。"我们二老人把山上下手挖起来的魔芋称计得77公斤×4

元/公斤=308元，村中有魔芋卖的是：王圣德、龙兴德、张学光、潘志明和我自己等五户。

2017年11月4日　农历九月十六日　星期六　晴

教会教牧人员第四季度学习听课。圣会由庵绍良同工主持，圣会程序是：祷告，唱诗，宣召，讲今日教牧人员第四季度学习的内容和必要性。

下午的教会事工年讨论会。

1. 讨论今年11月19日的感恩圣会的筹备唱诗班工作，石桩村、仓浦箐村唱诗班人员能来的都要来支持大教会的圣诗工作。

2. 讨论其他教会邀请我们参与感恩节，能否前去参与庆典，都做些发言讨论。

3. 来年工作，下边各聚会点要求大教会每一个主日讲道。

由较大教会派出专人下去讲道，分工东村镇由庵绍良分工负责，东片大教会由王兴任执事分工安排和负责。

2017年11月5日　农历九月十七日　星期日　晴

今日里拜访活动是为11月19日年度感恩节做些筹备工作。先是举行今日礼拜程序，由于昨天教会举行的教牧第四季度培训，特邀请石桩、仓浦箐两个集会点参与了学习。知道今日礼拜和筹备圣会奉献事项工作，所以都来参与了奉献，奉献结果是人民币19145元。

讲道：潘正德、张学德，讲道方式都是利用电脑，都是新鲜事物，观众非常高兴满意。生活服务，既然芭蕉箐全教会集中，所以就为大家办席让会众享受，也体现教会团契温暖家庭之有爱。

2017年11月6日　农历九月十八日　星期一　晴

记述武倘寻高速公路征用了我们芭蕉箐基督教堂的一间公厕，在赔偿时我们不满意，并且引起公众非常气愤。当时需要拆除时公路老板说得很好，拆除后以后建盖补偿差不多用现金都可以，都好说。推迟将近一年才给我们建盖，建盖得非常丑陋，里边也不隔，里外也不粉刷，不但不强过于我们被拆除那间，还远远不如我们那间，引起公众气愤和不满意。

小结：公路负责的老板没有把我们放在眼里，对山区民众的事业太草率了、太随便了。不讲是强过我们建盖的，起码也要如得我们建盖的。这些老板要钱不要理，要利不要名，怎么说都是太随便。

2017 年 11 月 7 日　农历九月十九日　星期二　晴

约 10 月初，云南大学有一个学生到我们中间做民族考察工作。我说："武倘寻高速公路穿越我们村有政策所征用的田地、果木村、房屋，村上都同样享有一笔巨款，不过是村委会掌握起。这也是好事，政府有好政策，民族大村寨有政策支持，建盖文化室、村民活动室，款项价格是 20 多万元建盖，我村政府同样下指标也已安排。"

2017 年 11 月 8 日　农历九月二十日　星期三　晴

记述我老人事工活计，早晨乘坐五儿张学祥家张秀仙的面包车。包括三儿媳龙兴珍我们四人上街买自己的吃菜，五儿张学祥是由于刚买回一辆单缸农用车车厢需要加高，所以上街买铁板钢条增加车厢高度，是自己要制作。中午 12：00 我们便回到家继续个人的事工，五儿张学祥、媳妇张秀仙、三儿媳龙兴珍他们三人回到武倘寻高速公路各自干自己的活。我们老人中下午是扳撕自己的山地苞谷，扳撕苞谷已忙了一段时间，终于完成了 2017 年度的扳撕苞谷任务。

2017 年 11 月 9 日　农历九月二十一日　星期四　晴

村民购买苞谷剥皮机。五儿张学祥出车到鸡街购置一台苞谷剥皮机，市价 1100 元。

小结：经济方便的农民大力购置各种机械工具。先是购置大小车辆运输工具，村民以五儿张学祥为例：一户三人口拥有三辆摩托车、一辆面包车、一辆小轿车、一辆农用车。7月份又购置一台栗子脱壳机，今日又买回来一台苞谷脱壳机（苞谷撕壳机），各种大小车辆机械就有六辆、板栗剥壳机一台、苞谷撕壳机一台等八件。是全村较为优势的一户，并且善于修理机器和使用。

2017年11月10日　农历九月二十二日　星期五　晴

记述老年人进行职责。我们老人已完成了一年的农事工作，儿媳四户的苞谷（玉米）还摆于农地里，加之他们在武倘寻高速公路上仍有工作活计，所以自己的农事活计就摆下来。在这种情况下，作为父母的我们二老人看在眼里想在心里。农事活计老伴强过我，我们二老人商量，我说："农事活计你强过我，所以今日你吃过早饭就早早地到三儿张学忠的苞谷地协助他家扳撕一天苞谷，我自己照常每天领孙儿的孩子，尽我们老人的职责。"一天时间我们二老人就分头工作。

小结：我们老人年龄已是75岁了，只是尽自己的职责，帮儿媳们做力所能及的活计。

2017年11月11日　农历九月二十三日　星期六　晴

教会举行义务劳动，因下周19日礼拜天就是我们芭蕉箐教会的年度感恩节。我村小组今日就提前开展准备工作，为过节砍一日的烧柴，并且开始打扫场院。

事工开展劳动力情况是：出动7个男劳动力，儿媳婆4人，合有11人。主体事工是为节日砍烧柴做准备工作。其次是开始打扫场地卫生，四儿媳王凤仙主动一人打扫卫生，先从殿顶二楼场院、房间、走道、楼梯台阶打扫下来。而我们老人修扩场院路边，一天时间未修好。节期这一周前的4—5天几乎都用于准备工作，我们老人应尽自己所能多做贡献。

2017年11月12日　农历九月二十四日　星期日　晴

教会今日聚会礼拜活动程序：圣工主持——张秀敏女执事；读经——张学明信徒；讲道——王兴仁、王汉魁两位同工。

预告下周工作，宣布庆典年度感恩工作。感恩圣会用诗，唱诗班工作从周二开始训练，炊事服务工作安排是：周二生活服务——由芭蕉箐小组负责；周三生活服务——柿花箐组；周四生活服务——芭蕉箐组；周五生活服务——由柿花箐组；周六生活服务——全体联合负责。休会后，教务组研究到会人员礼品。

2017年11月13日　农历九月二十五日　星期一　晴

村民农活事工仍是扳撕苞谷，其次是有两户开始搞建房，动用挖机挖整建房地基，几天的事工是砌石脚，仍是要建正规红砖房。

记述我家二老人农活事工。自己的农事活计已完，转入协助儿媳扳扳苞谷，幸遇他们有机会参与武倘寻高速公路，所以作为老人的我们就得协助儿媳们农事生产。

今日事工是协助三儿张学忠家扳撕苞谷，既然打定主意就早早地吃过早饭到地里去工作。我们二老人扳撕一时，儿媳又送来晌午（食品）供养我俩。下午孙女张秀芳（已出嫁）夫妻又来协助我们扳撕，工效就更好，今日事工三儿媳龙兴珍为我们办晚饭席。

2017年11月14日　农历九月二十六日　星期二　晴

年感恩节芭蕉箐教会今年时间定在11月19日，就是这周的星期日，也就是还有五天。感恩节准备工作就是唱诗班工作，时间定于周二唱诗班开始集中从事练诗工作。今日唱诗班练诗程序安排是：王兴仁执事主持先唱两首，动员鼓励——由张长老宣召读经。

2017 年 11 月 15 日　农历九月二十七日　星期三　晴

　　武倘寻高速公路第四分段，即东村第三段、第四道出口老村与我村芭蕉箐教会发生矛盾冲突。事故情况是以我们的公厕被他们拆除后，将近一年才给我们建盖，而且建盖得太丑了，就连我们老人也不满意难过。二是教会过感恩节，唱诗班人员集中练诗，路灰太大影响吃饭。给老板说叫开洒水车洒路面老板不理，娃娃就发怒开小车把交通堵起来，这一来很多车子送料都堵起了。

　　小结：此事我心里难过，这些老板不惩罚不像话，惩罚又影响工作，我们自己也巴望国家这些建设工程早日完成。

2017 年 11 月 16 日　农历九月二十八日　星期四　晴

　　教会节日年感恩节筹备工作仍在进行着，主角是唱诗班的诗歌的教练，排练圣会举行仪式的舞蹈表演节目。今日工作是第三天，生活服务组的工作分成两个大组进行分担。作为老人我也陪唱诗班工作而出来献义务，由于武倘寻高速公路就从教堂房边过，所以教会过节需要扩路，干义务工。已出勤三天，明天还得再干一天。

2017 年 11 月 17 日　农历九月二十九日　星期五　晴

　　教会过年感恩节筹备工作中，今日事工是教会统一在今日周五过节。猪是由教牧信徒自愿奉献的。

　　小结：过节猪合计有 5—7 头。考虑用不完就留下两头变卖做教会存款，教会对于奉献活猪的信徒是把猪头退还给奉献者作为教会的回报表示。

2017 年 11 月 18 日　农历十月初一　星期六　晴

　　几天中的教会过节筹备工作，今日是正式忙碌的后一天，明天过节庆典的庆典生活服务工作必须在今天全部做好。劳动力的联合行动是：

由于邻近各县教会聚会点有禄劝县的万宝山教会，仓浦箐、石桩两个聚会点，很多人员都主动参与协助服务工作，就是洗菜、洗碗筷、砍肉、切肉、洗鸡切鱼等。这是一方面的工作，唱诗班服务工作也是够忙，也是主要的一项服务工作。

2017 年 11 月 20 日　　农历十月初三　　星期一　　晴

教会送礼。今年感恩节所请的堂点客人少，教会宰杀了五头大肥猪大约只用了一半，所剩下的一部分发给信徒、个体户，再把一部分派人出两辆车子分送到禄劝县银凸山圣经班使用分享，另一部分送到款庄圣经班供给圣经班享受。而在家的几位教会妇儿，只是清洗炊具收拾厨房。事工工作繁忙，几乎收拾了一整天。

2017 年 11 月 21 日　　农历十月初四　　星期二　　晴

摘柿花。作为老人的我自己做农事工作已经完毕，儿媳们也没有扳撕苞谷。自己嫁接的零星果木这一季度还有柿花果，也没有成商品投入销售市场，再说由于产量少就不经商，作为海拔最低的农副产品，赠送自己的亲属。果树的受益，今年是小年果树效益低。果树分为大年或小年，或许来年就是大年就是丰年就是高效率，这就是自然规律。自己受益，摘一点家人享用，今天采摘得两小背箩。

2017 年 11 月 22 日　　农历十月初五　　星期三　　晴

记述我家父儿农活事工。今日农事是三儿张学忠扳撕苞谷，是扳撕山脚田坝的山地田块里的两个片块苞谷，山地是一个片块，田是一个片块。田是稻田，是田块种成玉米，省工省力。所以我家父儿6户12个劳动力把山脚的两块两亩苞谷地扳完作两辆车拉运上来。回家后撕了一段时间就乘车三公里多路到大车路边开馆子的一家吃饭。

小结：所谓吃馆子席饭是经济条件好了，特意把家人亲友带去享受一番，饭馆就办在山村公路边，民族人民几乎是有事无事常去享受了。

2017年11月23日　农历十月初六　星期四　晴

记述我们教会的唱诗练诗活动。年感恩节刚开始，我堂的头一个感恩节紧接着其他县区的感恩节开始了。今天是周四，教会诗班就是利用今晚练诗，练诗学习活动是全年时间固定的节日活动。或是本教会信徒有婚喜事，学习时间就看情况可以增减。年感恩圣诞节，自己周边肢体教会庆典活动前后一个月才能结束。今晚唱诗班练诗情况是：男同工有10人，女同工有15人，合计25人，这是基数，平时就有20—30人，过节可以多几人。

2017年11月25日　农历十月初八　星期六　晴

我家族父儿5户，姑爷、大儿张学全的舅子和孙女张秀芳，11户30人9辆小车跑宜良县马街镇全卫村大鹰洼子村参加送祝米席，是因孙女张多加在那里生孩子办送祝米席。我们今早6点出车，一个单边行程约跑了六个小时，赶到那里赴席。中午12：00就餐，我们便在那里休息游玩，享受水果零食。挨晚我们吃了晚饭，各自又乘车返回来，车子是从昆明城就开灯回来的。

小结：今日我张家11户30人乘坐9辆车子跑往宜良县送祝米，此行动所付出的代价不小，可不容易，可见苗民亲属的关爱也不小啊！

2017年11月26日　农历十月初九　星期日　晴

教会节日活动，今日周边寻甸县的黑山、肥草箐两所教会同日庆典感恩节，两所教会都邀请过我们教会参与过节同庆。我们教会安排是：唱诗班参与肥草箐庆典，而柿花箐老年组织一队唱诗班前去参与黑山教会过节。

小结：教会过节周边附近邻县教会相互彼此邀请、相互尊重、保持友好往来，彼此分享温暖。联系到芭蕉箐教会我们自己感恩节的付出情况是：本堂捐献伙食 2 万元；奉献活猪五头值 1 万元；当天奉献结果 1.1 万元；也就是开支 3 万元，收入 1.1 万元。目的在于关爱付出，服务人群共享温暖。

2017 年 11 月 27 日　农历十月初十　星期一　晴

孙女张多加是嫁于宜良县，孙女夫妇婚后搞小卖铺服务武倘寻高速公路施工人群。回娘家 40 天坐月子，而今日吃过早饭后出车从宜良县马街镇全卫村委会大鹰洼子回来我方谋生。五人乘坐孙儿龙伟能自己的面包车从宜良县回来，一个单边里程约需要六个小时。

2017 年 11 月 28 日　农历十月十一日　星期二　晴

家族生产劳动。我家五儿张学祥今日扳撕苞谷。劳动力是我家父儿五户、他的外父母连同姑爷张会云、女儿张美兰，合有七户 13 人联合协助他家扳撕苞谷，出动二辆大车拉运苞谷。扳撕山脚片区的山地，地势较陡，杂乱草较深，工作起来难度大、缓慢。幸好是我村的山地 30%都是陡山地，我们在这种地势工作也习惯了，只不过慢一点。

小结：农地面积大的多的耕地，我们的习俗就是喜欢找工请工帮忙，而今日的农地协助原因是儿媳俩都有工作，在武倘寻高速公路工作，所以找请亲友家人帮忙农事，生活安排照常提供。

2017 年 11 月 29 日　农历十月十二日　星期三　晴

农民搞建筑房。原先年初是有公路征用住房的 12 户搬迁搞建房，其他自己需要搞建房的两户就是村民龙兴华、张学德。现在已建起，只是粉刷还没有完工，还在进行。建住房按老规矩，冬季利用农闲季节建盖住房的又有几户，其中一户就是孙子张约翰，准备建盖正规三层楼房。动用挖机平整建房地基，拉运建房材料红砖块砌建房地基石脚，即将施浇建房地梁并且砌砖房石脚。

2017年11月30日　农历十月十三日　星期四　晴

扳撕苞谷。我们两老人协助大儿张学全家扳撕苞谷，是种于稻田中的苞谷。由于公路征用房屋而搬迁住房建造新房，而建房农户事工多起来，只能推迟农事工作。所以儿媳们农事工作多的，我们老人帮忙收农地的苞谷。

今日我们收苞谷事工情况是海拔低的农地里杂乱草长得非常茂盛，小春作物是不种了，只是砍了苞谷秆和把田里的杂乱草割除待干后稍做准备种植大春作物。劳动力：我们二老人、儿媳二人、孙儿媳，我们五人合作扳苞谷。从田块里用人工背到山脚路边装上三轮摩托车拉运上来，一直要拉运到山顶新建的住房。五人经一天的辛勤劳动扳获得两车，而晚饭又有孙女张多加夫妇为我们在村中的小卖铺煮好。主题思想：苗族人民生活中充满着关爱。

2017年12月1日　农历十月十四日　星期五　晴

女儿姑爷张会云家扳撕苞谷，是上来柿花箐扳撕。他们的耕地都多于我们村，因为他们的山场宽广、山地阔得开，加之40%的耕地比较平整，好耕耘和管理，又是比较出粮食丰产的。作为父母的我们就得上下两村帮忙自己的儿女，尽父母的职责。

小结：今日的帮忙活计是母女情，有事工要帮忙甚至有事无事常挂念常来往，体现一种母女情感，这也是苗民的一种情感习俗。

2017年12月2日　农历十月十五日　星期六　晴

记述乡镇办事处安排动员老人去看病就医，既然政府有好意我们只有照办。我家大儿张学全的岳母张美经医院检查，诊断情况是：医师找病者家属说，据诊断病人已确实在左心上患得癌症肿瘤，你们不要告诉病人，按我们医院鉴定是不治之症。我方要求医院才收留。既是作为自己的父母，今日孙女张多加父母二人出车跑富民医院看望老人，尽自己亲友职责。

2017年12月3日　农历十月十六日　星期日　晴

教会过节活动，寻甸县海头教会今日庆典过感恩节，周边的肢体教会都积极参与庆典活动。我们芭蕉箐教会唱诗班人员前去参与庆典活动，几乎一早就出动四辆小车运载唱诗班人员去参与崇拜活动。

作为老人的我，已是75岁高龄，历年跟随教会唱诗班人员领队出入。而现在由于耳力、视力、记忆力减退，体衰，不知不觉就免去了领队的职责。

2017年12月4日　农历十月十七日　星期一　晴

扳撕苞谷，我们二老人今日协助三儿张学忠、三儿媳龙兴珍家扳撕苞谷。耕地是山顶栗园边的地块，约扳撕得15包。白天我们父母协助儿女扳撕苞谷，作为娃娃们又靠早晚息工后抽空开大车上到山地去拉回来。个体户父母相互帮助，在农活工作任务上尽最大努力，力求早日完成大春的收种工作。

小结：孩子娃娃们幸遇好机会，在武倘寻高速公路施工中能有幸参与施工投工投劳也能享受一点益处。我们作为父母就得协助儿媳们的农事工作，使儿媳们的事工能取得双丰收。

2017年12月6日　农历十月十九日　星期三　晴

护理果园地。果园地里栽种有少量的苞谷，苞谷已收完。冬季开始，果园农地的管理是先割除地边的杂草，待上几日烧除以后再转入果树的嫁接。立春今年是农历十二月十九日，打春后就开始从事果树嫁接。武倘寻高速公路可能征用了果树的1/3，加上自己75岁高龄，为减轻劳动强度我们就把一些板栗给儿媳们。我自己经济开支主要是在生活上了，其次是儿女们哪一户经济薄弱一些或是遇到什么情况较为困难一些，再考虑支持一点就行，尽父母职责。

2017年12月7日　农历十月二十日　星期四　晴

村民扳撕苞谷。侄儿张学明父儿两户扳撕山顶片区的耕地苞谷。有牲口的农户每天都得安排一个人员放牧牲口，农事工作就必然推迟一步，仍然付出很大的努力，扳撕到很晚用小拖拉机拉运回来。

小结：他家父儿两户就为一个小组，父儿两户各自行动很少联合。加之农事工作不论多寡，有的农户每天农活工作功效就是高就是快，而有的农户他性子就是慢的，所以工作起来就得多要些工天。

2017年12月9日　农历十月二十二日　星期六　晴

芭蕉箐教会所管辖的石桩聚会点明天将举行年度感恩节。所以教会凡是有负担的教职员工、广大信徒就组织前去帮忙，为明天节日事工生活服务做准备。

我们芭蕉箐村前去帮忙的人员凑得八人，有的吃了晚饭就已回来了，有的要参加晚间礼拜才乘车回来。明天又乘车前去参加当天的礼拜和协助当天的事务工作。

小结：过节事务工作比较繁忙一些，准备工作是几天的事务，昨天杀猪宰山羊，今日又杀鸡、洗鱼、洗菜等，明天正式服务来客生活。

2017年12月11日　农历十月二十四日　星期一　晴

我们村民的农地事工已开始清理农地果园的杂乱草，在没有禁止封山烟火之际应尽快清除果园耕地里的杂乱草，待干燥烧除。还应抓紧一点，禁止烟火迄今还没有下达，能清除少多少就清除多少。

老人自己的事工开展时时都力求早日完成，收完自己农地里的零星苞谷之后又转入协助几户儿媳扳撕苞谷，此事完成以后又转入割除园地里的杂乱草，这事工已进行了几天。一边是割除，一边是把新割的陆续烧掉，这样待戒烟火命令发出时，或许会完成。

2017年12月12日　农历十月二十五日　星期二　晴

记述我们村民在武倘寻高速公路参与施工的人员利用吃早饭的时间跑一趟东街。吃早饭时间是中午12：00—下午2：00，是两个小时。

我家五儿张学祥就是开大矿车在东村第四隧道出口拉运隧道石，所以我老人就利用五儿张学祥的小轿车上街。就是我儿张学祥、媳张秀仙、我老人，三人乘坐五人的小轿车上街买东西。我上街取一点钱回来做零用钱，顺便买一个小背箩回来背。芭蕉箐村到东村街路的里程是八公里，我们利用两个小时上街办事，回到家时间是13：50，就是还剩余十分钟，就是说刚好合适，有几分钟的休息时间。

2007年12月13日　农历十月二十六日　星期三　晴

村民继续扳撕苞谷。让武倘寻高速公路过道的12户之中的杨兴明住房搬迁到柿花箐大车路边，但耕地仍在芭蕉箐村子附近。劳动力今日有自己家亲友5女2男来我村他家的耕地协助扳撕。地就在山头，所以扳撕后反而背往上，上到山头有车路再用车子拉到大公路边新房住址。

小结：侄儿杨兴明虽然是强劳动力，但是助手是妻子，劳动力薄弱，农事工作全靠男子，所以全年农事施工都要推迟一步。

2017年12月14日　农历十月二十七日　星期四　晴

我家我老人今日变卖一对大猪。一头是今年11月19日我们教会过感恩节就讲奉献给教会用了过节，只是大家都喜欢奉献，给教会用的就有了七头，预计有五头就是已经够了，所以我家父儿张正文、张学忠的两头就留下。今早幸遇有人进村买大猪，先是儿媳们替我要价，是讲一头是1800元，然后我老伴又讲1800元不卖要1900元，随后买主也不嫌而买了。两头合计有3800元。

既然应许一头大猪给了教会，那么我应该付1900元给教会。

2017年12月15日　农历十月二十八日　星期五　晴

记述自己的农地果树冬季管理。农地果树几乎都需要割除杂乱草并烧除，使之便于管理。果树长大长高了，耕地果树里需要少量追施肥料，所以先要清除杂乱草后便于管理。耕地里果树园几乎都是连片混合栽于一片山地，便于管理和采收。今日事工开展是吃过早饭，一般早10：00我们就出工，我上到村子后山洼子里割除耕地边的杂草，待几日晒干后又一便烧除。每年禁烟火的政策是比较紧、比较严的。老伴是在洗好衣物后慢慢在后来，老伴烧除果园的杂草工作后仍先回家煮饭。

2017年12月16日　农历十月二十九日　星期六　晴

记述我村村民在武倘寻高速公路参与施工的状况。儿媳龙兴珍、张秀仙二人原先安排打扫打扫道路路面石砂，工资待遇一个工天是给80元。三儿张学忠安排参与建新公路的桥墩，据说是月工资6000元。五儿张学祥开大矿车拉运隧道泥土石砂，月工资4500元。孙儿张约翰开挖机，月工资6000元。

五人幸遇有机会参与施工。另有一新情况，就是孙儿张荣光在山顶公路边的灰泥厂打临时工，工作强度大，打扫场地、修机器、安装机器零件等，月工资老板只给2400元，现在已经退出，我们共识待遇不公道。

2017年12月17日　农历十月三十日　星期日　晴

教会今日的聚会，礼拜程序是：1.王汉奎执事主持礼拜程序；2.读经——龙学祥；3.唱诗班，本堂诗班和自然村万宝山唱诗班；4.讲道，来客；5.教会事工报告，下周圣工预告。

武定县阿庆争教会邀请我们教会唱诗班前去参与他们教会的圣诞感恩庆典活动。教会已确定星期六这一天就出发，因为路途遥远，到禄劝县城都只到半路。邀请内容中告知，准备两个节目参与演出分享。

2017年12月18日　农历十一月初一　星期一　阴

我们赶鸡街。我家父儿张学德、孙姑爷龙伟能各开一辆小车，运载我家父儿孙11人上街赶集，到了街上我儿张学祥儿媳张秀仙也上街赶集。今日是东村街天，又是鸡街天。我们父儿出动三辆小车，13人上街，都是去赶禄劝县的鸡街。

小结：社会发展进步是来自党和政府的好政策，也是革命前辈努力付出的结果。回忆东鸡公路是东村乡政府陶华军领着我们政协五人一组向市政府提出解决的，并且亲自跑到鸡街乡政府联系，叫两县两个乡政府同时向市政府写要求提案给解决，到现在已是约20年的事了。

2017年12月19日　农历十一月初二　星期二　晴

民族游玩生计习俗，今日儿张学德、孙儿张荣光、孙姑爷龙伟能三人出车到远地游玩猎鸟。从古代形成一种生活习俗，中华人民共和国成立已68年了，早已是过上了定居生活，生产生活已是有了规律性。但是苗族的游山玩水、猎鸟习俗仍是很浓，多人就是不会玩都要买上一笼提着走或是买上一笼挂起来。并且汉族玩鸟的人也有很多，甚至昆明市都设有花鸟市场，就说明是一个行业一个信号。

小结：我和很多人就是另一种生活方式，对雀鸟不感兴趣也不上心，这就是人生各不相同，各有喜好。

2017年12月20日　农历十一月初三　星期三　晴

村民搞建筑房是自己需要搬迁到村子对面，利用自己的地来搞建筑房。土地被武倘寻高速公路征用着一两亩山地，就利用这一点做基础搞建筑房，已是工作了一段时间。今日浇楼房，由于经济不宽裕，所以只能利用空心砖砌砖墙。由于力量薄弱，建房工程规模也就不求高大了，也就随便一点。

浇房事工也只是尽自己所能,哥弟友人 20—30 人联合施工浇楼。浇楼房原先习俗是请客,而现在多半是王继光老板承包盖,就不存在请客了,是说邻舍友人送一点礼。

2017 年 12 月 21 日　农历十一月初四　星期四　晴

记村民孙儿张约翰建住房。由于现在经济好转,加之栽种烤烟已多年了。由于公路征用我村 12 户的住房地基,我村多户都趁势大搞建房。也趁武倘寻高速公路在施工中有多辆挖车在公路场地经过,另有五户村民一便手招请挖机把建房的地基挖平整,等待经济方便时建房就省工。

上述的张约翰建房已动工了一段时间,现在砖墙高度已达一人高了,再待几天的工夫就可以浇一楼房了。劳动力情况由于很少投工,到自己干起来时也只有自己慢慢做了。

2017 年 12 月 22 日　农历十一月初五　星期五　晴

村民潘志明出嫁女儿,所邀请的客人很多。作为本村村民的我们,说我们下去早早地吃了晚饭回来烤火。我家父儿孙六户相约等了大家到齐,在场地边等都已要很长的时间。随后我们去宴席报到交礼后随地休息,等晚饭吃。我们等了很长的时间晚饭仍不熟,一直等到太阳落山再等到黑才得吃头席,客人多,再等第二席,还等了一个多小时。

小结:人们承办喜事应尽量精简,只请自己的亲属友人和自己本村的邻舍并且尽力服务周到,太阳落山客人多寡都应吃完晚饭。再说,帮忙人员无论干什么事都应该时间性强,一人或是几人都应该是很理智,信用强,不误事。

2017 年 12 月 23 日　农历十一月初六　星期六　晴

基督教节日活动,武定县阿庆争教会请我们教会参与庆典圣诞节活动。由于路途遥远，我们提前一天，星期天就去参与。方向是往西北，路经著名的云龙大水库（云南昆明饮水池），地形是北高南低。越过云龙水库，再翻一座高山，穿越一些山峰就逐渐弯曲小道进入山箐山沟，再爬上南方小山头就到了。

2017 年 12 月 25 日　农历十月初八　星期一　晴

记述村民搞建房。第一批农户建房是由于武倘寻高速公路征用住房地基的 12 户，大部分已建好，自己需要扩建的其他几户龙兴华、张振华、王光友几乎已完善。只有张学德建房事工还没有完善，在施工中。

记述四儿张学德自己的建住房事工，由于劳动力单薄，几天的建房施工是在砌三层楼房上的围栏墙，扫尾建房工程。由于没有升吊的装备机器，砖块只好是儿媳两人用人工背上三楼，一边背一边砌。

小结：作为自己的事工，也不等着住，人也单薄，手艺也出在自己手里，就自己慢慢做，反正十五的月亮自己会圆。

2017 年 12 月 26 日　农历十一月初九　星期二　晴

果园板栗冬季修剪管理。之前先清除杂乱草便于果园管理追施肥料，便于园地工作。此项工作已进行了一段时间还未完成，并且还只是一个园地。我的果园地是 3 个片区，修剪管理刚刚开始进行。今日仍在村子后山洼子果园地清除杂乱草，老伴事工是把已割了几天的杂乱草烧除，现在工序几乎是快完成第一个栗园。

小结：老人农事工作，冬季气候寒冷，自己的农活也是轻松几天的。事工时间是上午 12:00 我们老人才出工，工作五个小时我们便早早休息了。

2017 年 12 月 27 日　农历十一月初十　星期三　晴

12 月 4 日，武倘寻高速公路第四隧道出口我村一苗人一汉人打架。先是汉人大拳头迎面冲打过来，导致双方都给自己家人打了电话来求人来帮助。为了此事故，今早东村派出所出动几辆警车进我芭蕉箐村说要抓人。万事有起因根源，打架必有自卫或是还击，你怎么说？并且武倘寻高速公路穿越我村，多少事情还得不到解决？村民用水中断，多少农地路口中断，教会公厕被毁而随便应付了一下，征用果木树还未完善等等。目前导致芭蕉箐人很生气，政府人员还是要给苗族一些关心。

2017年12月28日　农历十一月十一日　星期四　晴

村民侄儿张学友承办娶儿媳讨婚筵席，一早就忙于准备娶媳妇。礼品物资是一头猪，做成两半鲜肉。饮料、酒各两箱，成对鸡蛋等。运送新郎物资车辆是一辆货车、两辆小轿车。婚事工一直忙到中午12：00才得出发，目标安宁县。

送行，作为自己相关家人亲属朋友都应该前来看望，表示关心支持。

2017年12月29日　农历十一月十二日　星期五　晴

村民承办婚喜事，是侄儿张学友讨儿媳妇，帮忙人员已忙了三天。前天是杀猪宰羊办娶亲筵席肉食事务，昨天又差派新郎陪伴娶婚主领人员、帮忙人员等前往办取领娶婚事务。今日的办娶婚席帮忙人员也从事生活服务，项目为煮饭做菜、开水服务、场地桌摆设、炊事用具的找借等服务。近代习俗，为了方便精简，帮忙人员尽量找请家人和邻舍村友，方便人也方便自己。

小结：今晚的娶婚筵席规模概况是，来客远近邻舍合计80多户，送礼金合计16000多元。

2017年12月30日　农历十一月十三日　星期六　晴

家族知识文化建设。今日我家五儿张学祥出车上昆明接孙儿张恩膏，他读完初中为深造又转到保山攻读神学课程，已完成第一年，过春节假从保山回来，所以打电话叫父亲张学祥出车上昆明市接回家。暑假7—8

月回家,在假期中又完成了学车,已拿到车辆驾驶证。

2018年
村民日志

2018年1月1日　农历十一月十五日　星期一　晴

村民农地果园冬季管理。草深的割除，树大老化的准备嫁接一部分，树大长有寄生草的砍除，果树上有枯树枝的也砍除。自己由于喜好农事，所以农地果树成为自己工作活计。一半时间都到农地果园转，修枝打杈是冬季的果园活计。一天的时间工作也做不了多少，只是出于喜好而时常在农地果园从事管理。一个整天割除农地果园的杂乱草，中午12：00回家休息喝水吃一点午饭。因为挨近家门，顺便送一点干柴回家，割除的杂乱草好多捆，顺便带回家给儿媳喂牛，利用起来。

2018年1月2日　农历十一月十六日　星期二　阴

村民生计工作，有的出租土地给他人种植药材三七，2016年有父儿两户，2017年有五户，2018年增加到七户。今年是种植黄花。

我们芭蕉箐村为了生活从事挖药材的有两户。有我家孙子张荣光、孙姑爷龙伟能试挖找松露，历年市价是卖一公斤200—300元。头天找获3公斤，那么至少价值也在600—900元。

2018年1月3日　农历十一月十七日　星期三　雨

陪客。亲属亲家王光膏之妻张培芳得癌症，前一段时间曾送到马街医院打针治疗，今早求孙子张荣光出车送上马街医院打针，打针的药方已经开好了。医生拿听诊器来测听后就下结论，建议转上昆明医院或退回家。听医生的建议后，他们就只好转回家。到了家不长时间病人即死亡，时间大约是下午3：30。

我们双方作为亲家，所以就叫孙姑爷龙伟能出车去看望，陪了一天。下午的时间尽上亲属关爱关系，我们吃了晚饭后就告别。我家大儿是他家的姑爷，留下，而我家父儿四户乘车回来。

2018年1月4日　农历十一月十八日　星期四　晴

我家父儿五户赴婚宴筵席，是老伴的后家儿媳有人办娶亲筵席，我家儿媳也被请赴席。今日吃过早饭后，我家父儿五户11人乘坐两辆小轿车前去坐席。路途通过寻甸县的鸡街、狗街两个乡镇，面向西北方向偏向普渡河就是金沙江上游，到达三哨的大窝塘苗寨。今晚的婚席是娶姑爷席，由于交通和交通工具普及和方便，所以近代我们又产生出一种新风俗，就是到达送礼吃吃晚饭我们就告别乘车回家。

小结：苗民近代的娶亲筵席上述说的娶姑爷席不知怎么说，讨姑爷形成趋势有增无减是何故？俗语就说，男婚女嫁似乎是一种定律。

2018年1月5日　农历十一月十九日　星期五　晴

儿张学祥、儿媳张秀仙今日到禄劝县翠华街市场购买一条黄牛。事理是儿张恩膏叫父母为他自己来求婚事，承办求婚席饭。苗习的求婚就是要先办一餐求婚席饭筵客，然后求亲属邻舍为此求婚事献计献策出主意，挨序承办。所以为儿张恩膏承办求婚席，因为经济方便，为这餐席到翠华街买牛。牛价是以4000元买回来，是托熟识的人用大车拉运到东村街来，我们再出车去接回来。

小结：历年只是办一般席饭，而现在由于经济方便就增加一个牛菜，这也是一个新篇章、新开始。

2018年1月6日　农历十一月二十日　星期六　阴

已是腊月二十二了，村民前后已在斩杀过年猪。三儿张学忠女儿张秀新已杀了过年猪，送给父母一半鲜肉，三儿媳龙兴珍就为我们家父儿六户办一餐晚饭让全家六户享受。

由于父儿孙六户人员较多，所以待到晚上3：00—4：00时大家才聚集。七八双手做饭，人员多做起饭来也是快。三儿张学忠有意为全家六户做饭，所以上街买上些新鲜菜、活鱼，办一餐高级饭全家享受。村里喜欢团结的人确实也很少！

2018年1月7日　农历十一月二十一日　星期日　晴

村务事宜。芭蕉箐村由于武倘寻高速公路穿越我村，所以道路水源饮水受到不同程度的破坏和影响。原先全村人是饮用自来水，修公路导致全村人转为饮用人背水，村民盼能早日解决用水问题。今日政府安排车子拉回来引水钢管，今日搬运，搬好后就给我们村架设引水钢管。

小结：武倘寻高速公路穿越我村，所以通往山顶的道路，放牧牲口道路和村寨人畜饮水受到影响。村民们也没有主动要求政府给予解决，我们只是天天盼望政府早日给予解决。昨天车子拉回来引水钢管，今天要派人员搬运，或许几天内就会给我村解决了。

2018年1月8日　农历十一月二十二日　星期一　晴

教会参与禄劝县白勒教会过感恩节礼拜活动。方向是往北边路程约一个单边有30多公里，所以早上8：00我们就出车了，30人乘坐四辆面包车、轿车前往参与庆典。白勒教会地处禄劝县、寻甸县、富民三县交界上，所以圣会来客仍有四川的来客上台献诗，先是自我介绍来自四川。并且说，请圣会上的每一个信徒为他们建殿圣工献上祷告。今日感恩圣会奉献结果是人民币总金额14887元。

2018年1月9日　农历十一月二十三日　星期二　晴

儿媳王凤仙今日苞谷脱粒，是用苞谷脱粒机电动脱粒。苞谷是堆于门前的场上，一人工作也是极容易方便。脱完干脆晒于场上，几天晒干后再包装收回家，用于喂猪。由于老苞谷已经喂完了猪，所以准备为新苞谷脱粒，事工是接近两天的脱粒。

小结：苞谷街市价可能会稳在一公斤2元，因为前几天下村有人上来我村买苞谷价也是给到一公斤2元，据说是要买回去喂猪，所以看起来可能会稳在一公斤 2 元。

2018 年 1 月 10 日　农历十一月二十四日　星期三　晴

村民农活事工。抄犁冬闲地，四儿张学德、儿媳王凤仙抄犁冬闲地。昨天已经开始了，四儿张学德扶犁，王凤仙拉牛。犁独牛，牛大力大，幸好是牛乖，所以比较好使，大人小娃拉牛都没有问题。犁山顶片区的耕地，由于小山路难走，又窄又陡，干脆绕山顺大路走。由于武倘寻高速公路就利用我村车路，所以已扩宽浇成水泥路了，天晴下雨车子出得去进得来。

小结：有能力的农夫们要把全部的冬闲地都翻犁一道，利于大春苞谷生长而增产增收，增进丰收效益。

2018 年 1 月 11 日　农历十一月二十五日　星期四　晴

孙儿张恩膏今日有机会出车运送武倘寻高速公路工人上街买东西，是去鸡街镇。是机遇是一种条件，因为昨早上有人找请，今早仍有人找请，车子跑一趟人家付给车耗油费 100 元。

小结：孙儿张恩膏到保山攻读神学，学历三年，现已完成了一年，今年假期利用一个多月的时间参与车教练，又拿到了驾驶证。五儿张学祥、儿张恩膏父儿都已有车子驾驶证件，父儿已购置有一辆面包车、一辆小轿车，所以娃娃在家时可出车给他人拉运东西，开始人生工作。操练学习着也好，学习在实践中成长。

2018 年 1 月 12 日　农历十一月二十六日　星期五　晴

冬腊月婚喜事多，村民张学全、儿张荣光父两户乘坐小轿车跑嵩明药灵山做客亲属家的娶婚席。路途遥远，一个单边旅途约有 120 公里，由于交通和交通工具之普及方便，现代形成是客人报到送礼畅谈一时吃过晚饭就回家的习俗。主人家也方便，自己也方便。

小结：苗族客人亲属分布遥远，会是县与县之间。所以做客就得费时费力费钱，有时还会找请他人出车而付给他人车费。今日的做客席据说是晚上10点钟他们的车子回到家。不管是时间早迟都情愿回到自己家，那么就是只耽搁了一天就把客做好了。

2018年1月13日　农历十一月二十七日　星期六　晴

村民搞建房。情况是自己的住房刚刚盖起来，由于享受到公路土地的征用，干脆把两个儿子的住房一便手建好。由于经济方便，自己也不会搞建筑，所以干脆承包给建筑老板王继光一组建盖。建房合同定好，建房工程刚刚开始，已浇好建房地圈梁，也就是正式开工。利用自己的果园地建盖。芭蕉箐村涉及迁让高速公路的这12户已经成了一个新村，引水工程政府也差派人员架设好引水钢管。

2018年1月14日　农历十一月二十八日　星期日　晴

记述村民建住房，是孙儿张约志建房。原先是已建有瓦房，由于本村多户搬迁到村子对面的耕地，自己也有园地。原先计划是购置车子，已参与车教练，也拿到了车子驾照。买车、建房，两项事工同列，只好是暂时放下买车搞建房。不论是买车还是建房子经济都是短缺，只有本着一边建房一边向自己的亲属找借一点。

小结：自己智力薄弱，人际关系贫困，困难时关怀就少，抵御不了困难。应当开阔我们的见识，爱人就是爱己。

2018年1月15日　农历十一月二十九日　星期一　晴

村民有的是从事于往外打工，龙兴祥夫妇往外打工将近一年的时间，2017年春节回家过年，开年后龙荣祥夫妇又接着外出打工，不知道是到东北父母的打工处，还是在云南本省。

小结：打工不用我们结论，或许4—5年已经开始形成了。乡村人，甚至四川、贵州很多省人都流进昆明打工。年收入比农业人口强多了，或许是几倍。作为自己没有那种幸遇，就本着有多少吃多少。

2018年1月16日　农历十一月三十日　星期二　晴

村民建房的另一种情况是，由于占用不到武倘寻高速公路土地的征用，就自己量力而行利用空心砖作为建房材料。建房工序，现在仍然砌起砖墙两层楼房了。

房子的搬迁理由是：哥弟二人干脆搬迁建房，住在一块便于以后工作农事的互相帮助。都是今年建盖，两户哥弟两家现在几乎都已经建盖起来。哥哥杨光才是老房子，占着武倘寻高速公路的征用，也就是受益到。

2018年1月17日　农历十二月初一　星期三　晴

村民龙保罗建住房。情况是享受到武倘寻高速公路土地、山地的补偿而经济方便，为儿子建住房。住房工程就交给民族建房老板王继光执事的建房队。以前的建房方式：看建一楼二楼三楼的总面积，按每平方米8元计算承包费用。现在的承包方式：房子造价总值多少，建房主人先能交多少，计划是分批分期准备还清，主人家住进去就是了。

2018年1月18日　农历十二月初二　星期四　晴

村民建住房的另一种情况是哥弟俩的杨光才、杨光友，哥杨光才享受到武倘寻高速公路的土地房屋补偿，而弟杨光友未享受到，就只能是量力而行，在困难中工作。俗语说：到了十五月亮就会自圆。本着自力更生，建房的劳动力也是凭着自己的亲属的关爱和支持，在建房过程中自然有亲友邻舍的喜欢赞助支持。

小结：此项村民房屋建设是一项新的工程、新的面貌、新的规划。因为高速公路修建占用耕地，先前个别村民不支持不放自己耕地，后来耕地在这里的村民统统盖起房来，自己也跟着在自己的耕地上盖起房来。俗语说：被人家牵着鼻子走。

2018年1月19日　农历十二月初三　星期五　晴

记述村民往外打工。龙荣祥夫妻二人往东北打工。先是村民龙荣富因着教会而在东北工作三年，去年把父母也带到东北教会服务工作，春节回来过年，时间也将近一年了。

小结：时代形成乡村人、外省人都往春城内地打工。云南苗民很多人也背井离乡流往新疆打工。据说也是按定酬算，也是多劳多得少劳少得。有能力者能出去也是好的，能见世面学功课。一位到上海打工的对我说："工作轻松工资高。"

2018年1月20日　农历十二月初四　星期六　晴

记述孙儿张约志的建房事工。由于搬迁新住址涉及多户，地整得较为平整亮爽。自己也有耕地在那里，所以跟随形势也建住房。原先计划是参与车子教练获取车子驾照而购置面包车，已尽了努力拿到车子驾照。由于经济担负不了又买车又建三层楼房，所以暂且放弃买车子而搞建房。

建住房方式：托自己的两位姐夫支桩蹲点做技术指导，支架房子地梁、砌砖墙、浇楼房等各项工序，按着村貌也仍然准备建盖三层楼房。目前在忙于事工中。

2018年1月21日　农历十二月初五　星期日　晴

村民建房的另一户的情况是：户主张会学由于姑爷是招在家里，出到外边打工几年而回来，所以作为父母就是把女儿姑爷的住房建好，尽上父母之责。建房事工是自己生产，也只好是自己慢慢摸了，反正请人家也请不了多少。自己学着干，想来只不过是多花些功夫，不论失败成功试试学着干。建房也是浇好地梁而转入砌砖墙，是属小工程小搞搞。

也就是有话说：路是人走出来的。又说：到了十五月亮自己圆。

2018年1月22日　农历十二月初六　星期一　晴

村民赶东村街。打听儿媳孙儿谁上街，听说孙儿张荣光要上街买一点食盐，我们二老人赶紧吃过早饭就上到山顶孙儿张荣光家，和他乘车上街。上街目的就是要买一包米，一包重量是有25公斤，价格是150元。其次是特地上街买一点鲜肉给大儿媳一家五人分享，因为他家搬迁盖新房，又拉照明电线，或许钱都已经花完了，所以买一点鲜肉给大儿媳家吃，尽上老人的父母之责。

2018年1月23日　农历十二月初七　星期二　晴

村民搞建房。四儿张学德几天中午都是从事于搞建房，是搅拌沙灰、砌砖墙，搞些扫尾工程。建房工程是三层楼房，儿媳王凤仙搅拌灰泥，灰浆是人工一挑一挑的挑上三楼，所以比较费力。作为自己的建房职责也只得艰苦耐劳地坚持工作，总会有结束的一天。

小结：建筑手艺出在自己手中就不是难，自己的工作慢慢做，什么工作都需要付出代价，作为自己的事工，付出辛劳也是值得的。

2018年1月24日　农历十二月初八　星期三　晴

我们婴孩就医。孙儿张荣光的孩子因疾病沉重，自己有车子，就干脆出车跑富民县医院医治，打打针。医院说是要打几天的针水，我们也只好遵医嘱。小孩打针跑富民县城也可真不容易，可见护理一个小孩也真是不简单。这就是人之常情，我们也得付出代价。

小结：人民卫生事业，护理自己的孩童就是在自己街市医院打针或跑县医院都可以自理，说明我们的社会和人民生活发展和提高到可以自理和担负了，感谢政府。

2018年1月25日　农历十二月初九　星期四　晴

五儿张学祥家变卖苞谷。前几天大脱粒得一场，今日吃过早饭后有人进村收购，苞谷价给一公斤2元，我们家五儿张学祥称得500公斤×2元／公斤＝1000元。变卖苞谷后又接连打脱米，得一场苞谷也是准备变卖，因为自己忙就没有养猪。我们有一种见解是说养猪也不找钱。有武倘寻高速公路工程就宁可多打工，而要养猪等武倘寻高速公路完工了以后看时机再养。

2018年1月26日　农历十二月初十　星期五　晴

村民杨天友建房完工请客办席饭。请客庆典习俗是请客庆贺，亲属送礼表示支持，对亲属双方保持友好。此习俗已不再实行了，原因是武倘寻高速公路的土地、房屋的征用，你已占着巨款或是上百万元。你建筑经费多多有余，再也不等亲属的那一百元了。你请客庆祝送礼一百有些是困难的，所以我们建房经费就不必再麻烦亲属了。多关爱自己的亲属，减轻亲属友人的负担。

2018年1月27日　农历十二月十一日　星期六　晴

五儿媳今日变卖苞谷。11月25日这天卖了1000元。而今晚也是一个买主进村收购苞谷，仍是给价一公斤2元，今晚变卖的称计数字是2500公斤×2元／公斤＝5000元。

小结：今年幸遇粮价好，粮食一上市苞谷一公斤就2元，去年几乎是全年都只卖一公斤1.80元，而今年是苞谷刚刚上市就保持一公斤2元。而且是买主进村收购的，所以我们划得着又划得着。

2018年1月28日　农历十二月十二日　星期日　晴

孙儿张恩膏用一辆面包车拉运一辆电摩托到大平地修理，这辆摩托是儿媳张秀仙每天上武倘寻高速公路上打扫公路、路面石砂使用的一辆车子。今早突然出故障开不走，孙子张恩膏假期在家就主动开出一辆面包车拉运摩托到坝子大平地去协助他妈妈修理。修理情况说有一皮带脱落，换上就行，修理费用收了20元。

小结：俗语说，儿子长大老子得力。道理也是如此，父母的事情在校读书的孩子都可以协助办理了。

2018年1月29日　农历十二月十三日　星期一　晴

村民赶东村街。自己有意上街办事，等待有车子上街就乘坐上街，孙儿张恩膏知道就主动出车带我们二老人上街买东西。我自己上街主要是取一点款回来过春节用，其次再买上一点小菜和一点零食回来吃用。孙儿张恩膏出车运送我们二老人上街，车油耗费我们二老人付给孙儿张恩膏50元。

小结：孙儿张恩膏父儿各自购置有自己的车子，孙儿张恩膏出车游玩或是主动协助自己的老人办事当然是很高兴和喜欢的事情，也是我们老人的荣幸。

2018年1月30日　农历十二月十四日　星期二　晴

村民销售自己采收的山草药。由于武倘寻高速公路已征用了一些土地、果木、房屋而动员搬迁。我村民张学全、儿张荣光父儿两户由于搬迁盖房子又购买小轿车，所以经济一时搞紧了。为了生计生活而暂时挖采山草药谋生，已采集了一段时间。今天拿到鸡街市场销售，有两个品种，小郎数量只有一公斤，价格一公斤6元。药材两个品种销售价合计850元。

小结：据说采收山草药者年收入高于一个从事农业者。不过现在很多人已发现，所以挖采山草药人员也增多了，而药材仍是有限量的。

2018年1月31日　农历十二月十五日　星期三　晴

我自己建住房。因为大儿张学全移让武倘寻高速公路已搬迁到山顶耕地和栗园，而独家村老人的我们自己觉得很可怜，我们老人心想也搬上去陪着儿媳住在山顶耕地边。加之由于武倘寻高速公路从这里经过，所以小路已改扩为大宽车路，栗园耕地边已是大车公路了。由于有此种想法，大儿张学全就主动协助我们老人拉运建房材料。我们自己也是尽量从简便方式建房，所以建房材料也只是准备用空心砖了。今日建房工作只是拉运空心砖，两车人工细砂，平整建房地基。老人此种行动是打主意山顶山脚同时都住，一处住上些日子。

2018年2月1日　农历十二月十六日　星期四　晴

建住房，今日的事工进行是我家出动两辆大车，利用早上的时间到鸡街，一辆大车拉运建房用的钢窗、钢门、水泥瓦、石棉瓦；另一辆车子拉运施工用的小菜、吃米。由于家人父儿几人事工，所以早上的时间也利用起来，白天集中劳动力投入建房。建房地基地形平整，平均人工也是用去一天的时间。协助我老人建房既然是大儿张学全提议，那么建房工程也就托大儿张学全掌管。建房材料预支款我老人交给他4000元，不够部分和建房工资我又逐步再转交给儿媳们。

2018年2月2日　农历十二月十七日　星期五　晴

建住房材料的经济计划继续投入。材料头一天投入4000元，今日投入5100元，合计总投入达9100元。而建房事工今日工作的进行是：六人员在建房工地上事工，老伴我二老人主人家也在建房基地背空心砖供材料。

小结：事工人员聘请自己的儿媳儿孙托帮忙的意思建盖。自己也享受到武倘寻高速公路的土地、果木的征用补偿一点款，准备一个建房工天，虽然自己人也照常付给他们100元1个工天。初步预计需要30个工天×100元/个工天=3000元，预计建好经费会超过10000元。

2018年2月3日　农历十二月十八日　星期六　晴

　　教会今日召开教务会。内容教会工作有关年终年初，讲道、诗班工作、主持礼拜，教会召集所有大小教职员以及几位诗班班长到会商讨部署来年圣工开展和负责工作。来年有关教会事工组长——王兴仁，讲道圣工组长——庵绍良，组员：王兴仁、周保明、张秀敏、龙荣才、张正文、张学德。来年教会教职员按去年所走过的一个路子，一个季度头一个月的周六教职员集中一天学习。

2018年2月4日　农历十二月十九日　星期日　晴

　　建住房工作的进行，今日是休息天，儿女们主动提出放弃休息天而利用起来投入帮我老人建房。因为儿媳姑爷们的事工多，加之腊月各人都还有客席，所以情愿多忙一点儿，尽快替我老人盖起来。建房事工，今日的工序是浇楼房地板，由于人工细砂、水泥在先就已购买好，所以事工极为便利。儿媳、孙子们又正是强劳动力，所以不论是什么事工做起来都又快又好。生活待遇，每天提供晌午、晚饭两餐，只是尽上自己所能的服务。

2018年2月5日　农历十二月二十日　星期一　晴

　　记述村民多户建住房。2017年占着武倘寻高速公路征用土地、房屋、果木树赔偿的11户需要搬迁，11户村民由于拿到赔偿款，经济方便，建房工程就交托建房老板王继光建筑队建设，这11户几乎已建好。其他靠自己筹备建住房的农户，由于经济短缺就靠自己家人慢慢建。又有一种情况是因经济较为困难，就只是请挖机把建房基地挖好而等待时机，待年以后看经济方便再建。建房村民就有三种情况。

2018年2月6日　农历十二月二十一日　星期二　阴

　　村民赴婚席，三儿张学忠家今晚有一头客，在款庄散旦乡十里坡村，因散旦乡西边有一只山梁子长达十华里，所以得名十里坡。三儿学忠、儿媳龙兴珍由于交通方便，自己有车子，所以下午3：00时才乘车子去赴席，就是乘车子前去报到、交礼金。吃了一顿晚餐就回来了。

  小结：婚礼筵席礼仪也是形成一种意思上的去还账，对亲友尽上自己情意的关爱职责。不过夜，方便他人也方便自己，又不耽搁时间，重要亲属当然也可以过夜住宿。

2018年2月7日　农历十二月二十二日　星期三　晴

  村民从事于搞建房，张学德是建三层楼房。由于建房手艺是已从事工作多年，所以轮到自己建房也是自己慢慢建盖砌墙的。三层楼房已砌完，现在已轮到粉刷墙壁，他家先上昆明买回来墙面瓷砖和地板砖。

  小结：建房材料一般是自己上街市购买，而有的上昆明购买。事理是：由于自己有着车子，自己开车上昆明购买必然价格要松得多。这是一种智力，也是一种能力，寻求自理。

2018年2月8日　农历十二月二十三日　星期四　阴

  年节苗民亲属关爱活动，忙碌进行分享。儿媳张秀仙的姐姐在款庄马街朵木得苗寨，自己喂得两头肥猪，情愿分一头给自己的母亲和妹子张秀仙，所以通知今日五儿媳他们出车前去杀过年猪拉运回来。母女一家得一半过年，所以儿媳们都到朵木得亲属家杀过年猪去了。事工进行是晚上回来时先把母亲的那一半肉送到水平子村，然后又下来，仅一天的时间完成了。亲属友人关爱，相互解决过年肉食短缺困难，体现家人浓厚情感。

2018年2月9日　农历十二月二十四日　星期五　晴

  村民赶年节街。所谓年节街，即过年前最后一个街，所以一般村民都需要上街购买过年物资和食品。另一种情况是市场供应的物资是天天都有人摆在街市上,人们随时上街都可以买得到,是极为方便的。有的村民上街是购买一些日常生活中需要的机器零件,有的是上街购买建设上的用品等等。

2018年2月10日　农历十二月二十五日　星期六　晴

五儿张学祥、儿媳张秀仙为儿张恩膏承办求婚席。时间定于正月初六,时间定下来家人就开始忙于做一些准备工作。先是出车到山脚耕地里砍回来一车干柴,于正月初六使用。这几天的工作是出车上街购买物资,力求早日买好。作为苗族,此习俗早已自然形成,只不过是规模似乎在扩大。

小结:苗民的婚习俗,由于生活提高,社会进步,看起来规模只有扩大,说明人生活改善提高是好事。

2018年2月11日　农历十二月二十六日　星期日　晴

东村乡芭蕉菁基督教会年终礼拜。芭蕉菁教会所管辖的聚会点是东村、仓浦菁、水平子、石桥、柿花菁、万宝山六个分点。教会年终圣工安排是年终礼拜集中到芭蕉菁总堂庆典礼拜,年初礼拜又集中到仓浦菁分点举行礼拜。

2018年2月12日　农历十二月二十七日　星期一　晴

记述四儿父儿的建房工作。前几天出车跑往昆明市两趟,买回来墙面瓷砖,今日又是出动大小两辆车子跑鸡街,一辆大车拉运细面砂,另一辆车子购买拉运墙头艺术模型条。准备自己弄,开了年后就得坚持一次搞好。

小结:此项目建房工程没有借托建房老板王继光建盖,只借托零星亲友的支持建盖。世代年轻人有艺术性,建房力求艺术的建造,显出时代民族特色。人们自然感到自豪高兴。

2018年2月13日　农历十二月二十八日　星期二　晴

村民挨近春节，就斩杀过年猪。我家大儿张学全号召全家父儿、孙姑爷7户帮他家杀过年猪。今日晚上和年三十晚上，也是由他家承办年席饭。

小结：今晚我家族7户集中于大儿张学全家，吃晚饭时分为三大桌，吃饭方式采取烧烤，是采用电磁炉。自然喜好，自然与社会同步和享受，规模大小都喜欢吃烧烤。几乎已形成一种习惯习俗，这也就是与社会同步吧。

2018年2月14日　农历十二月二十九日　星期三　晴

村民搞建筑房。杨光友建筑房，今日是浇三层楼房，由于劳动力单薄，昨天已开始浇楼房，还没有浇好，今日接着昨日的事工继续浇楼。昨天已浇了70%的楼房面积，所以今天只需要半天的工夫就可以浇好。

小结：人际关系是很重要。俗语说："爱人就是爱己。"人际亲属关系友爱，平时着重处理得好，那么你自己处于困难时自己身边就有一班班得力的人在关怀着你，也就成了你自己拥有人群。使你说话有人听，做事有人帮，所以形成了爱人就是爱己。所以有话说一生学到老，学不了。

2018年2月15日　农历十二月三十日　星期四　晴

村民过年，一般家人亲戚都喜欢团聚，有一些好客者主动号召向亲戚家人提出方案说今年过年如何如何做。我家族就是大儿子张学全主动提出，"由于武倘寻高速公路，搬迁到山顶栗园耕地大路边，今年我家哥弟及姊妹大家通通到我家新住址来过年，我愿承担饭席代价。"

过年今日工作进行是，家族成员有七户有车子，都上街购买过年物资。由于大家动手，什么好菜都买完，什么水果都尽情买，够过年家人团结，尽情享受。烟花爆竹买上300元，一百发的爆竹一箱和孩童炮花。

小结：过年饭席享受是一年强过一年，家人非常高兴满意。

2018年2月16日　农历正月初一　星期五　晴

春节正月初一，我们的活动是分为几个项目。一是自愿放弃休假而进行圣殿礼拜。

姑爷张会云是出车前去款庄马街。因为有人请家人叫出车前去参观云南第二高桥，长达756米。另一起是传统习俗，就是游山玩水，捕捉猎鸟活动。

2018年2月17日　农历正月初二　星期六　晴

村民农事工作开展，有4—5户是坚持建房工作。因为建房活动都是自己量力而行，所以春节也是自己慢慢搞起。我们是忙于嫁接果木树，有的是嫁接核桃树，虽然数量不多，但是也要得三四天的工夫才能完成。我自己是开始嫁接果木树，是两个品种——核桃和板栗树，今日刚刚开始嫁接。先嫁接板栗树，因为板栗稍微多一点。另一起是出动三辆车子跑寻甸县游玩活动。

小结：我自己是尊重我的行业，忙于嫁接果木树为要为紧为重。

2018年2月18日　农历正月初三　星期日　晴

基督教芭蕉菁教会年初礼拜活动。年终礼拜在芭蕉菁大教会举行，年初礼拜安排到仓浦菁集会点举行。今日礼拜活动举行圣会是芭蕉菁大教会石桩集会点、仓浦菁、新发村（寻甸县），聚集在一起礼拜。献唱诗歌，各聚会点已上台献了诗歌。讲道，王继荣（省牧师）、张正文，本堂长老。

生活服务，仓浦菁聚会点为会众办饭席让大家享受，是采用快餐式方式。菜饭办好说一声，会众排队挨次往前自己吃多少打多少，这种方式我们已用了多年，又方便又快，先是从小水井教会用起。

2018 年 2 月 19 日　　农历正月初四　　星期一　　晴

芭蕉菁教会唱诗班自养开展工作。原先已栽得 40 棵板栗，初挂果几年以来品质低劣，销售时价格走低。王兴仁执事下结论，过了年诗班人员全部出动把板栗全部嫁接过来，促进以后提高价格增加效益。所以要安排今日的诗班嫁接板栗树。

人员出动 20 人，由于树大，可能需要两天才能嫁接得完，经过大家努力干、坚持干，挨晚时终于把它完成了。我们乘车回到家时太阳落山了。

小结：我二老人因诗班需要请参与嫁接，说我们老人是老手，需要我们协助。我二老人和年轻人忙了一天觉得累，但是又感觉很幸福，因为年轻人信任。

2018 年 2 月 20 日　　农历正月初五　　星期二　　晴

我家五儿张学祥给儿张恩膏承办求婚席，是儿子张恩膏主动提出要求婚，而父母承办准备工作。已用了一个月的时间，准备到远地购买牛菜、肥猪等。今日正是杀猪、杀牛、洗鱼、杀鸡做菜，忙碌的一天。由于自家有充足人员，我们就没有找工了。我家父儿全民男男女女齐动手，加之亲友一两人帮忙。求婚席时间是定于正月初六，就是明天。准备工作不但是今天一天的工夫，夜晚儿媳们还得炸鱼，把明天的菜提前做好。儿子们今晚要把明天要吃的牛肉做好，因为来客们有的是报到送礼吃了晚饭就要回家，所以我们主人家也要关心来客。

2018 年 2 月 21 日　　农历正月初六　　星期三　　晴

五儿张学祥给儿张恩膏承办求婚席，准备工作已是进行了一段时间了。今日是正式举行的一天，虽然昨天做了很多食物，今日仍然还有那么多的食物要做。赴席来客情况是：来客有 80 户，送礼鸡 8 对，来客送礼金合计 12400 元。

小结：苗民冬腊月婚喜事多，小客还会延续到正月。大客就是指正式的婚喜事的讨嫁，小客是指苗民习俗的求婚礼。

2018年2月22日　农历正月初七　星期四　晴

村民事工，今日活动一部分是从事于嫁接果木树，主要是两个品种，就是核桃树和板栗树。正月初一部分村民就珍惜时间而嫁接果木树。此项事工已逐年进行，而逐年增多而扩展。

小结：果木树是近代逐年扩大兴起。人们传统习俗都有共同的认识，就是民以食为天。经过漫长的年代，人们才慢慢认识到果木树价值始终都高于农作物，人们就觉悟起来，自己会自觉地栽起果树来，因为村村寨寨都搞果木行业，而且还是比较成功，所以人们都要先看到效果才行动起来、学起来、搞起来。

2018年2月23日　农历正月初八　星期五　晴

村民喜好果木树者交流分享经验座谈。五儿张学祥为儿张恩膏办求婚宴，筵客席连续三天，到今日正月初八。吃过早饭后休息喝水时村民杨天勇、侄儿张学道连同我自己交谈起来，嫁接的板栗、核桃目前有哪些好品种和要掌握哪些技巧。我们利用休息时畅谈一时，大家都很开心。

小结：村民对经济林木都有初步的鉴定和认识，全村已受影响也随着栽起板栗来。此时我对我身边的侄儿张学道说，板栗树虽然已栽下一部分，该扩栽的要扩栽，该嫁接的要嫁接。板栗市场价格几年都是稳价，而且买主都是进村收购，形势越来越好。

2018年2月24日　农历正月初九　星期六　晴

嫁接果木树，今日事工进行是嫁接山顶栗园的板栗。由于树大，都是初次嫁接，所以工作起来效率低，但是也得慢慢做起，逐年做起。板栗树分布于山顶、山腰、山脚三个片区，大部分都需要嫁接，促进提高产量。

小结：年时改变，雨量减少，病虫太多，果树出现老化，需要砍除修剪。是近代才出现这种情况，甚至是有的还会干死，过去就不曾发现。

2018年2月25日　农历正月初十　星期日　晴

四儿张学德出车到禄劝县医院看病，自己的眼疾也有一段时间了，使用了乡村草药的一些土法治疗仍然无效，所以今日一早出车跑禄劝县医院看眼疾。初步诊断结论是说需要住院，明天动手术，所以病情还得看明天的诊断。

小结：眼疾，苗民土办法都可治得好。这次已是治了一段时间仍未见效果，才转到禄劝县医院去治疗。

2018年2月26日　农历正月十一日　星期一　晴

做客席，我家孙女张多加是在宜良县马街镇大鹰洼子村，今日是出嫁张多加她男人龙伟能的妹子。路途虽然遥远，一个单边6个小时×50公里／时=300公里，方向在昆明市的东边。

我们的行程计划是出早车先去赶早饭，并在那里休息一个中午的时间，陪客座谈吃过晚饭后又乘车赶回来。明天又是芭蕉箐村的龙兴华承办自己女儿婚事，收"压八字"礼金，所以几天中的客席也还是多。

2018年2月27日　农历正月十二日　星期二　晴

村民龙兴华给长女承办交订婚礼定金席，俗称"压八字"。新郎今晚来交婚礼金是6000元。今晚亲属友人前来赴席，客人到达的有60多户。客席饭是承诺三餐。

小结：主人家情愿为亲友邻舍承办三餐筵席饭，但是人们都不情愿吃人家的游闲饭了，情愿早早回家吃自己的饭，承办自己的事，就是自己的村舍也是这样。另一种解释是由于社会进步，人们生活普遍提高，做客是向自己的亲属尽上自己的关爱职责。

2018年2月28日　农历正月十三日　星期三　晴

嫁接果木树。今日事工是下到山脚田坝栗园嫁接板栗树。事工管理是由于近几年春季进行，形成了长期的工作。乡村农夫从事经营管理，果木园地的面积是较为广大的，收入也是较多。

小结：乡村栽种果树的农户不约而同地重视果木树起来。特别是近代苗族越发重视起核桃树，少数村庄早已受益，现在是在推动全局发展。

2018年3月1日　农历正月十四日　星期四　晴

村民看病今天出院。2月25日到禄劝县医院看眼疾，到今日时间已有五天。医院诊断结论是由于自己搞建房，建房工序中一项是使用电焊机，一项又是使用电动切割机，眼球被碎铁飞刺在眼球中，而开刀已取出。回到家中他自己向我们述说情况时说，早知道此缘故，早一点到医院该多好。

结论：有病应该早到医院检查才是硬道理，因为医院设有很多仪器探测，可以得到结论。

2018年3月2日　农历正月十五日　星期五　晴

正月十五是苗习的吃猪头席饭节。我家父儿五户，五儿张学祥主动为全家承办这餐席饭。理由是说：正月初六张恩膏承办的求婚席还余剩丰足的肉食，五儿张学祥主动为全家6—7户承办，也请大家赴席。他家一承办就连续承办三餐席饭。

小结：家族生活相处流露的关爱的小小举动，说明家族的团结和睦相处，也说明人们生活相应得到提高。

2018年3月3日　农历正月十六日　星期六　晴

四儿张学德搞建住房，建房的工序是又要粉刷又要贴墙面瓷砖。虽然自己出车上昆明拉运，不过因为是一种艺术砖，不是方砖，可能填墙面时就要费力一些。自己出车上昆明拉运，是已拉运了几天了。今日仍是上昆明拉运艺术砖，是按数字拉够以后又转入填墙面装饰。

小结：我村12户由于搬迁让武倘寻高速公路，几乎都是找王继光建房老板建盖，所以所建盖的十栋房式样都是一模一样，而四儿张学德自己建盖的式样就求艺术、求创造性。

2018年3月4日　农历正月十七日　星期日　晴

基督教会月初礼拜是安排圣餐礼拜。教会今年2018年圣工安排是月初礼拜，大教会芭蕉箐、仓浦箐、石桩村、万宝山村，月初礼拜全年轮流。一个月初圣餐在一个自然村举行，今日是轮到万宝山村举行圣餐礼拜。

里途仓浦箐南边道到北边万宝山路村路的里途一个单边不少于20公里。幸好现在所有的人都可以玩摩托车、面包车，车子代步，交通公路是逐年都在改造中。

2018年3月5日　农历正月十八日　星期一　晴

儿媳们打苞谷脱粒。大儿家是为了收藏而脱粒，数量虽然不多，但是工作了一天仍然没有打完。还需要第二天再加工一天。三儿张学忠家打收得两车，已经拉到街市场上变卖了。三儿张学忠最喜好养牲口，为事为业为乐。只是幸遇有机会参与武倘寻高速公路，夫妻二人都参与事工，至少也要3—5年的时间，一时就不利于自己养鸡猪牲口，所以养殖业待以后条件有利再养。

2018年3月6日　农历正月十九日　星期二　晴

村民趁农闲季节忙于抄犁山地。所谓抄犁山地，是要面积大、地势比较平整的地块才可以抄犁。村势已经改变了，原先都是利用耕牛抄犁，而现在村村寨寨都已改用微耕机打犁，图方便，功效也高于耕畜抄犁。今日我家大儿张学全家的孙儿张荣光和孙女张多加、龙伟能夫妇合力使用一台微耕机打犁山地。一般山地仍有不同大小的陡坡地形，全村改用微耕机打山地有8—10年的时间了。

2018年3月7日　农历正月二十日　星期三　晴

村民从事清除田中的杂乱草，待时机成熟再耕种上玉米。年时改变，有时雨量减少，再说栽稻谷所要付出的代价更大，所以很多农户只好把田块种上苞谷，这样简单省事，自己又不找工使工。要吃米把苞谷变卖后买米吃。另一个特点是土地山场分散，仅从村子上到山顶耕地的里途就有3—4公里，土地分散宽广就不利于分散劳动力和时间，栽种稻谷数量也不够。今日我家大儿张学全夫妇、孙子下到田坝把所有的苞谷草清理烧除，也是为点种大春苞谷做好准备工作。

2018年3月8日　农历正月二十一日　星期四　晴

村民为大春点种工作做准备。用车辆往山地拉运圈粪，为大春的点种工作做准备。根据自己的力量大小，农户有的是四缸大车，有的是小型手扶拖拉机，有的是三轮摩托车，都利用起来。今日大儿张学全夫妇、孙儿仍合力用三轮摩托车拉运肥料，是从村中往山顶田坝两个不同方向拉运肥料，为大春的点种工作做准备。

小结：务农，农事准备工作也必须付出代价和时间，但是还是有所进步和改善。因为交通道路有所改进完善、农户交通工具普及和自理，比如有的农户找挖掘机挖自己的耕地车路。

2018年3月9日　农历正月二十二日　星期五　晴

嫁接果木树。由于大树老化，所以采取措施改嫁一部分品质较差的。

此项工作已进行了四年，大部分都已改造完，今年改嫁情况是腊月十九日是立春，就是从打春后开始嫁接果木树，一直工作到今日正月二十二日。也就是嫁接果木树整整工作了一个月零两天，今日就告一个段落。

小结：改嫁老果木树是近代产物，是以前不曾有的。原理是通过改嫁后让果树年轻化，重新发芽、挂果，增加效益。

2018年3月10日　农历正月二十三日　星期六　晴

我村芭蕉箐今日去世了一个老人，就是老党员、老队长龙应光。一段时间只是感觉体衰，家人领去医院打针。今日再动员老人去医院打针，老人说不打了，人家不给打了。就是感觉体衰，约夜晚3点时就离开了人世间。此消息一个早上的时间传开，村舍友人知道相传而前去看望并安慰家人。

2018年3月11日　农历正月二十四日　星期日　晴

安排火葬老人。称为老党员、老队长，既然参加过党组织，那么说一声叫石桥村委会领导主动安排了，今日一早8:00昆明火化厂的车子就到村中来拉运死者和安排后事。家人陪送火化厂2人吃过早饭后，又安排6—7人出车到款庄公墓山安排安葬骨灰盒墓地。

小结：据他家亲属说，上级安排给500元补助一点安葬费。公墓山安排老人的后事。刻墓碑，几块红砖、一点水泥，收费1200元。

2018年3月12日　农历正月二十五日　星期一　晴

村民碎糠，从事于养殖牲口的农户们，进入春季，按自己需要数量，忙于从事碎糠，特别牲口多的农户更应该多准备。由于牧草场近代几乎都已开成耕地，受益不到，所以村民们干脆把牲口关在圈里而碎糠喂。

大儿张学全夫妇、孙儿们吃过早饭后出车上街，先拉回来碎糠柴油机烧的油和装糠需要的袋子，数量是100条标为一套，也就是1元1条，

100 条就是 100 元。中下午回到家又转入碎糠工作。

2018 年 3 月 13 日　农历正月二十六日　星期二　晴

村民搞建筑房。孙儿张约荣的建房，今日事工是浇一楼房板，建筑房的方式是自己建盖。破土事工都是托自己的父母家人哥弟帮忙，是建于他人力量的基点上的建筑劳动力。今日浇房板凑得 30 多人联合事工。

2018 年 3 月 14 日　农历正月二十七日　星期三　晴

村民张会学搞建房，是姑爷女儿建住房。昨天今天接连两天安排浇楼壳子板、扎楼房钢筋支架、浇楼撑杆。经济来源是靠武倘寻高速公路征用土地赔偿款，建筑力量是托王继光执事建筑一组力量的建盖，所谓浇楼房是浇第二层楼房板。

小结：建住房请托建筑队建盖这样的方式好，因为不连累村舍友人。再说建房还涉及撑杆木料和一些电器工具，自己建盖就麻烦多了，自己建盖是要优势条件和人力物力都充足了。

2018 年 3 月 15 日　农历正月二十八日　星期四　晴

村民建住房浇楼房，王继光建筑队备有拌灰泥机器和升吊灰泥机，工作中就比较轻省和高工效。浇楼数量少，所以凡是浇楼工作都要争取几样机器配备，提高事工工效。生活待遇，原先只是包工，不供自己生活，仅供三餐，就是开工中期的浇楼和完工那一天三餐。而现在是听说建房主又改为仍然要每天供三餐。

小结：建住房的大部分农户都力求请托王继光建筑组建盖，较为简单，包工多少钱建盖得起来，交了包工钱以后，盖起来住进去就是了。

2018 年 3 月 16 日　农历正月二十九日　星期五　晴

村民的一项中心工作就是碎糠，由于交通便利，交通工具几乎家家都能够自理,所以山顶耕地的苞谷草都用大小车子拉运回家碎糠。记述四儿张学德家的事工,儿孙张学德、张良是搞建房墙面上贴艺术瓷砖,一人贴墙面上的砖块,而张良负责供料子,已工作了几天。儿媳王凤仙一人碎糠,是使用电动碎糠机,利用早晚的时间把苞谷草拉运回家在家里碎糠。一家人分头工作,事工非常之忙,这样工作方式已忙了一段时间了。

2018年3月17日　农历二月初一　星期六　晴

记述村民搞建筑房。去年武倘寻高速公路征用住房地基的10户住房几乎已经建好。而今年建住房的有6户,已经工作了一两个月的时间了。先动工的条件好的已砌起二层楼房,后动工的劳动力弱的也砌起二层楼房,只是还没有浇好。又有3户是把建房地基平整好,但是建房经费不就位就暂时摆了起,待以后看经济好转再建房。

小结:芭蕉箐村建房工作已形成一种高潮,有钱无钱都已向往,即使没有钱都想方设法把建房地基平整好,待经济方便时再建住房,因为全村建房已有20多户了。

2018年3月18日　农历二月初二　星期日　晴

村民车辆运输工作建设推进发展完善。我家五儿张学祥冬腊月购买得一辆两缸车,使用了1—2个月的时间。而今日我儿张学祥、孙儿张良开出两缸车跑富民县城购买四缸发动机,把这两缸农用车改成四缸大车用于运输。是以2600元买回来托东村修理站装配。

小结:芭蕉箐村全村六辆两缸农用车,我们村改为四缸大车为的是使用中马力大、跑得快。再说我们村多半是坡陡路,所以把农用车改成四缸车,促使力量适应地形运输事业。

2018年3月19日　农历二月初三　星期一　晴

村民目前的一项中心工作是往山地运送肥料,就是圈粪料。山地有的种上大麦和小麦，趁农闲季节把山地要用的肥料拉运好堆在麦地边，待4月种大春苞谷时方便。村民龙兴华今日从早到晚利用一天的工夫运送肥料，是自己有大车。由于搞建房一建就是一年多的时间，房子建好后就专一的从事农业工作。

小结：村里很多农户都是碎糠季节利用自己的小型手扶拖拉机、三轮摩托车、四缸大车往山地拉运苞谷草回家碎糠。

2018年3月20日　农历二月初四　星期二　晴

记述大儿张学全、儿媳王秀英、孙儿张荣光三人联合使用一台微耕机打犁田块，田块没有栽稻谷而是种上苞谷。山地已是打犁完，不但打犁自己的，连三儿张学忠家的一块地，约有一亩面积的也协助打犁了。今早我老人一亩的山地也给打犁过来。今天利用三轮摩托车把微耕机拉运到田坝打犁田块，也刚好是一亩。三人下到田坝打犁田块，原因是上下车子都需要劳动力，再说微耕机需二人替换着使用。

2018年3月21日　农历二月初五　星期三　晴

孙儿张荣光要探人生路子，今天要试栽辣子，前几天已把辣子粒秧下去，是一次性的培育在塑料小袋子里，以后好移栽。市场收价一公斤苞谷只卖2.20元，而蔬菜就可以卖到5—6元公斤，所以蔬菜市场价都高于粮食。

2018年3月22日　农历二月初六　星期四　晴

记述自己的农地果园管理。今日我家二老人到农地果园里转，就是同一块地里有栗子树又有玉米，由于自己喜好农事又喜好栗子，所以把农地栽上些板栗树，就形成同时有农事又有管理果树的活计。只不过是农事渐少，因为退耕还林，而果园地不利于再点种苞谷了。今日我二老人到果园地去除些杂乱草，该点种苞谷的地又一便手用人工开沟打塘，待 4 月份点种苞谷。

小结：农地逐年减少，而果树、板栗、粮食、苞谷是每年需要一点，因自己养两头猪。板栗市场价格一公斤可以卖 6—7 元，苞谷平均一公斤只卖 2 元。

2018 年 3 月 23 日　农历二月初七　星期五　晴

村民购买苞谷种，姑爷张会云出车到款庄马街接女儿张齐回柿花箐，故相约她母亲潘美英也一同上马街把今年要种的苞谷种买回来。连他姐姐的也协助买上两袋，每袋两公斤。因为历年已种下，认为是好的才买，价也不贵，40 元就可以买到一袋。我们老人只买回来两袋别样品种，还准备买上两袋。由于是自己的亲属，赶马街回来时姑爷、女儿他俩一直陪伴送到新住址山顶栗园家里来。

2018 年 3 月 24 日　农历二月初八　星期六　晴

我们芭蕉箐车辆购置装备建设迅速发展。面包车、轿车购置数量已达 20 辆、大车 6 辆。3 月 18 日我家五儿张学祥从富民县城买回来的四缸发动机准备装备在农用大车上，是托东村修理店安。七天的时间已安装好，今天五儿张学祥挨晚开回来。这次机配付出的代价是：3 月 18 日购买四缸发动机，是以 2600 元买回来，修理装配代价也是 1260 元，二项合计 3860 元。

2018 年 3 月 26 日　农历二月初十　星期一　晴

民族过节的兴起，苗民以前不会过生日。由于他民族过生日，苗民在人际生活中对过生日也感兴趣起来。不仅是孩童感兴趣，无论是年龄高低都感兴趣而过起来，也图对现代生活的享受。孙儿张荣光的孩子今天刚满一周岁，为娱乐享受也为儿子过生日，办起小小的庆贺筵席。我家父儿五户、姑爷、女儿、孙儿孙女，两桌人享受烧烤席。

小结：过生日习俗我自己也不明白。我自己今年已是 76 岁高龄了，也没有放在心上。

2018 年 3 月 27 日　农历二月十一日　星期二　阴天

村农事中心工作都是抄犁山地，往山地运送肥料，开沟打塘，为大春的点种工作积极做充分准备，繁忙工作着。

我老人自己的农活情况是，二老人从事于耕地清除杂乱草，使之利于点种。每年栗园都要改嫁些老化的板栗树，待嫁接完毕已砍伐嫁接的板栗又要求砍成烧柴，也推进果树效益。由于果树多一点，分布也广，从山脚到山顶路的里途就达 5 公里，所以我自己一天也不跑多少路，只是在园地走走看看，活计效益也低了。

2018 年 3 月 28 日　农历二月十二日　星期三　晴

协助亲戚王光亮的农事工作，到耕地打沟打塘，为大春的点种工作做做准备。王光亮是我家大儿媳妇的爸爸，年初老伴已死亡，生有独生子，只是儿媳丢下父亲不看管，生活上也不理睬。

作为亲属的我们自己父儿、孙媳今日组织 4 个强劳动力前去麻栎树村协助亲家王光亮家的生产，农地人工开沟打塘。由于地泡松软了，劳动力也是强劳动力，所以一个中下午的时间就完成。由于他家没有劳动力，所以他们息工回来家里吃自己的饭。

小结：小小事工体现民族的关爱协助。

2018 年 3 月 29 日　农历二月十三日　星期四　晴

记述村民建筑房，是张约志建。春节后才动工，现在建房情况是一层楼已浇好楼板，第二层楼也已砌好建房，工序已转为浇二楼房的过梁木撑杆，安过梁壳子板、支模等工序。由于劳动力少，材料也缺乏，所以浇二楼房准备工作都需要一段时间才能做好，今日开始这些工序。

小结：形势所迫，平时锻炼学习，有技术手艺者在搞建房；平时不操练不学习，到形势所迫时也不得不动起来。也就是俗话说的，路是人走出来的。

2018年3月30日　农历二月十四日　星期五　晴

村民赶鸡街，我家孙儿张良这一辆也是先走了，我自己是需要上街买一点吃米和小菜，看儿媳、孙儿上街就跟随他们上街，但是好像他们不必上街。随后知道我老人需要上街买吃米，大儿媳张学全、王秀英，孙儿张荣光就主动开出小轿车带我们两位老人上街，我付给孙儿烧油费100元，也给孙儿俩一点零食。村民龙兴翔、龙兴才两户是上街变卖小猪，据说是评估着卖，小猪市场价格是卖活猪一公斤15元。

2018年3月31日　农历二月十五日　星期六　晴

记述村民农事工作。农事事工冬季管理与进行烧除耕地中的杂乱草以便于耕种。抄犁耕地，往山地运送肥料。芭蕉箐村的山地陡地约占70%，这一部分就靠人工开沟打塘点种。山地比较多的一户是龙兴民，这一段时间就是用人工在山陡地开沟打塘，为大葱的点种工作做准备。

2018年4月2日　农历二月十七日　星期一　晴

村民农事中心工作仍是往山地运送肥料，抄犁冬闲地，并用耕牛人工开沟打塘，为大春的点种工作积极做准备。由于耕地分布广散，这事工已进行了将近两个月，还没有完成。比如从田坝上到山顶的耕地路的里程就长达五公里，幸好是现在交通和交通工具方便和普及，改良和促进农业生产。今日村民龙福祥、龙保罗父子二人在我们村子后山耕地挖点葫芦瓜塘，山地面积两亩，从早到晚二人挖塘可以完成。

小结：点葫芦瓜是经济作物，而街市价是时高时低，年价是一公斤0.5—1元。注：头一年高，第二年就低。

2018年4月3日　农历二月十八日　星期二　晴

村民活计是已开始割大麦了，三儿媳龙兴珍利用一个上午的时间割山地大麦。地麦都是从地边成熟起，农夫们都是采取主动性行动，就是哪里先成熟先割哪里。黄完就割完，这样做不累人。自己的活计自己来做，不找工不请人，利用一个上午的时间把地麦成熟的割完，中下午的时间又转入搂落叶垫圈。垫圈是养着母猪，随时需要垫圈，种地农地也需要肥料。

2018年4月4日　农历二月十九日　星期三　晴

村民开始收割田豆、地麦，今日村民张会学农地事工活计是拔甜豌豆。豌豆撒种于田坝里，田里能放上水，促进与利于生产早日成熟，所以他家今日是拔田里的豌豆。我家四儿媳是割田里的大麦，田的面积是有两工田，就是一亩不到一点。因为一亩田是两工半或是三工田。

大麦和小麦无论是种于山地或是田里都是大麦先成熟，四儿媳割田麦一天，太阳暴晒不利于田里做活，可能一天割不完一点。

2018年4月5日　农历二月二十日　星期四　晴

家人承办席饭。在嵩明县凸董箐的姑娘打来电话说叫我俩老人在家等候，姑爷龙学祥、女儿张秀兰今日过来看望父母。虽然儿女要过来看望我们老人，今日又是鸡街天，孙儿女们一早又相约我们老人上街赶集，所以我们上街一便手买回来家人团聚要吃的菜。大儿张学全、儿媳王秀英和我俩老人都搬迁到山顶栗园耕地的大车路边来，大儿媳是什么事工时时都尽上自己所能的力量，肉食饭菜的支持，这餐席大儿媳王秀英也拿出自己所有的好菜合力承办。告知我家父儿、姑爷、女儿六户都前来享受。我家父儿媳是一下吃烧烤，一下又吃生日饭，一下又吃聚餐饭，家人时时享受。

2018 年 4 月 6 日　农历二月二十一日　星期五　阴

　　记述村民农事活计工作，很多农户是从事于山地的开沟打塘施下农地底肥，尽上自己所能地工作着。又有一部分村民是从事于山地和田里收割大麦，小春农地工作已经开始忙起来，是刚刚开始。由于面积少，所以村民各自己忙起来。有的往山地割，有的往田坝里割，从事于个人自己的农地工作。

　　我二老人农活事工是二老人分头工作，我是往山箐里整理山地准备栽魔芋，由于种量少，只有逐年培植积累而发展增多，提高产值效益。老伴独自往村后凹子山地背粪，施下底肥，待下雨时种苞谷。

2018 年 4 月 7 日　农历二月二十二日　星期六　阴

　　记述我们村的搞建住房的材料运输，我家五儿张学祥原先是去武倘寻高速公路东村第四条隧道出口拉运隧道泥土。据说因事故要调换隧道出口老板，时间已进入 4 月 7 号了，但隧道还未开工。五儿张学祥近段时间又有事工开展，是给王继光执事运输建房材料。情况是：建房工地有禄劝县的万宝山、柿花箐、芭蕉箐三个工地，报酬是以拉料的吨数计，一吨是给 22 元，一车可拉料子 6 吨 ×22 元／吨 =132 元。如果一天能跑三趟就可获 396 元。

　　在武倘寻隧道拉运泥土一天给 140 元，而现在临时工一天可获 396 元。

2018 年 4 月 9 日　农历二月二十四日　星期一　晴

　　村农活事工。张约志、张约翰两户是忙于建住房，建房工序是浇二楼支模、安壳子板。忙了一段时间两户同时浇好二层楼房，浇好二层楼房就得养墙，25 天以后要接着打二层楼模板。由于是自己慢慢打，所以还需要一段时间才能打得完，打完以后又要接着砌第三层楼房。现在建房工序是养着楼板就接着备三层楼房材料。他们两户都没有大车，只好托他人帮忙拉运建房材料——红砖、水泥。

小结：孙儿张约翰、张约志两户都是在困难中行事，两户情况相同，没有哥弟，平时也没有交有朋友。

2018 年 4 月 10 日　农历二月二十五日　星期二　晴

记述自己的管理、嫁接树苗。由于年时改变，雨量减少或是不够均匀，对栽下的果树都有影响，或是枯死或是老化。所以有果园的农户随年代的变迁而改造树木，重新嫁接成为小树。时间进入春季，风大，管理功夫就得跟上，小树苗要捆扎扶干防风灾。此项事工已开展两周的时间，还有几天的活计。

小结：事工不多，只是分散零星。芭蕉箐村子坐落于山腰，从村子下到田坝二公里，从村子上到山顶又有三公里，人们工作起来上上下下真累人，特别是我们老人又不会骑摩托车。不讲是做活计，就是早晚上下走这些路段也够了。

2018 年 4 月 11 日　农历二月二十六日　星期三　晴

村民从事于抄犁山地、开沟，为点种大春做准备工作。我们老人是已搬迁到山顶栗园耕地边的公路新住址，就是说从村子上到这里路里程就已有三公里。早晨我要到栗园工作时，村民龙兴华夫妇二人就拉着犁牛上到山顶耕地，利用早上的时间开地沟。是犁独牛，妻子拉牛男人扶犁，牛力壮力大跑得快。此时，我想一个妇人一早就上到山顶来干这么艰苦的活实在是太苦了，一个妇人应是多享福一些。

小结：年轻人是吃苦的，不怕累。再说他们是搞惯了，是吃了苦的民族。

2018 年 4 月 12 日　农历二月二十七日　星期四　晴

搞建筑房材料运输。今日事工情况是：五儿张学祥一年多的时间在武倘寻东村第四隧道出口拉运砂石，每天工资是 140 元。而给王继光建筑组做临时工拉运材料，今日是到款庄多宜甲砖厂拉运红砖，工资是按砖块的数量给，一块砖一毛钱，拉运一车 2600 块，也就是得运费 260 元。一天可跑两趟，货运费 520 元也包括了烧油费。

小结：一代年轻人是多面手，搞建筑、开车、应用电脑工具，几乎都没有通过系统学习，似乎见他人做自己就学着做了。

2018 年 4 月 13 日　农历二月二十八日　星期五　晴

记述四儿张学德建住房，建房是要砌起三层楼房，近段时间是粉刷墙壁，贴墙面砖。自己建，每天家人凑得多少人就多少人工作，农闲季节慢慢做，反正十五的月亮自己圆。

小结：前面论述说，一代年轻人是天赋予的恩赐，多面手。不曾学习，就可事工、建筑、摄像、电脑操作，建筑是创造性的，他人没有图像，而自己进行创新。

2018 年 4 月 14 日　农历二月二十九日　星期六　晴

四儿张学德建住房工序是粉刷房间内的墙壁，贴房间内的瓷砖和贴楼梯的瓷砖。劳动力是父儿张学德、儿张良、孙女张多加、夫龙伟能、孙儿张荣光五人组合施工。

小结：建住房从破土施工到浇一楼二楼三楼、粉刷、贴瓷砖，多处凸显是创造性的。芭蕉箐地处禄劝县、寻甸县、富明县三县交界，我们看见几个第一。信仰人员多的一个村庄，搞建筑、出人才的一个村庄（建起罗马柱系列豪华的教堂），运输大小车辆最多的一个村庄，先购买第一辆摩托车的村庄，外来传教士到过最多的一个村庄，经济林木最多的一个村庄。

2018 年 4 月 16 日　农历三月初一　星期一　晴

家人张良为自己女儿办生日饭。孙儿张良结婚两年生下一个小女孩，到今日刚满一周岁。年轻人对庆贺生日很感兴趣，一个村庄效仿起来，日渐成风，听闻已成为民族地区的一种风气。民族亲属分布广，一个家族会分布达几个县。过生日又称祝贺婴儿席，自己亲属分布的这些县份民族已是时常往来庆贺，吃孩童生日饭了。

小结：党的政策好，人民生活的提高，富裕生活美好的享受成为人们的一种玩意，享受娱乐成风成习。

2018年4月17日　农历三月初二　星期二　晴

张大卫即张约志建住房，是没有立在武倘寻高速公路征用房地基内的，自己渴望新式洋房而建造。建造方式是找请自己亲属熟人协助建盖。今日建房工序浇第二层楼房板。浇楼房人员有20多人联合施工角楼。此建房工序比较困难，一是自己没有哥弟；二是自己不会手艺；三是自己起手建房涉及很多工具——木料、撑杆、壳子板、电器工具，一时无法齐备就耽搁时间，困难就多多，使人愁烦。

小结：建住房请托建房老板建盖，人家多年搞建房工作，早就齐备这些工具材料。甚至是建房经费欠缺的，人家也会给你垫上几万元，几年后你方便再还老板，这也是一种好方法。

2018年4月18日　农历三月初三　星期三　晴

自己的事工活计，山地边背烧柴。山地也是板栗园地，栽下多年板栗品种不良的或是树大老化的，措施就是改嫁提高效益。改良的大树砍成烧柴，数量不多，有四背。今日安排点时间趁农闲上山地背回来，收堆好以便好用。工作时，山洼地里农户耕地都是连片，多户村民都在地里工作，有的割地麦，有的开沟打塘，为大春的点种工作忙碌着。很多在地里干活的都是妇女一人，或许男人都参与村里的亲属建房工作去了，或是到附近村舍打临时工给他人抄犁山地开沟事务去了或是从事于游山玩水、捕捉猎鸟去了。

2018年4月19日　农历三月初四　星期四　晴

建房材料就是红砖、公分石、瓜子石、水泥、钢窗、钢门。五儿张学祥受托给教会执事王继光建房老板拉运建房材料。我们是地处富民县、寻甸县、禄劝县三县交界，建房工地也是在交界上，跑三县搞建房，供建房材料也就是哪里需要哪里跑。靠一辆车子供应几个工地是比较忙。据说近处是跑三趟，远处只能跑两趟。幸好建房工序也不一致，所以还是基本供应得上。料子沙厂是往两县跑，哪里近就往哪里拉运。

小结：能有事工有人找请，自己有工具车，这也是运气福气。

2018年4月20日　农历三月初五　星期五　晴

记述自己收集整理烧柴。去年武倘寻高速公路经过芭蕉箐村而征用了些耕地和果木树，所以砍成些烧柴，由于数量多，或许两三年都够烧了。去年已收集堆于教会的场院边上，由于下方弱，所以下方的一头倒塌了2.5米，昨天今天把倒下去的这些柴抱上来仍堆好，并把今年板栗树嫁接的也砍成烧柴，所以还是收集一些老旧新柴堆成一堆并盖好，防下雨腐烂。

小结：自己的农活事工情况是，只有一点零星地了，而养两头猪都已是困难了。生计之柱只是靠一些板栗树的收入，自己年数已到76岁了，农事渐渐不在心里了。唯有一样放不下，就是学习文化知识。

2018年4月21日　农历三月初六　星期六　晴

洗温泉。大儿媳张学全王秀英、孙儿张荣光、媳朱艳琼、孙女张多加、夫龙伟能、二婴孩八人乘坐一辆面包车，顺江河下（金沙江上游）铁素桥洗温泉，一条江河上下两处温泉，挨近我们东村西方的一处是每人收费80元，而离这里往下方30—40公里的铁素桥洗温泉每人收费30元，所以我家人就是跑这里。

民族喜好猎鸟，途中还捕获得一箐鸡，回家用铁笼养起。他们小小活动洗澡，小小游玩，获得一只箐鸟，小小收获，他们很开心。体现苗族的游玩习俗。

2018年4月23日　农历三月初八　星期一　晴

蒙武倘寻高速公路征用村民住房地基，要搬迁重新建房，规模较大。例子一，村民杨兴明公路征用房地基分为新旧两处，政府赔偿60万元，新房搬迁到山顶柿花箐村边来盖。今日得知他家的车子要赶鸡街，我便去他家乘车上街一便采访新住址建设。付出代价情况是，新房三层新式洋楼，造价26万元；几间畜圈、门前承包一堵两米高的石埂给他人砌，包括自己找石块拉运砌好造价2.5万元；一切建设总共开支金额达43万元。

小结：建房技术达现代水平人都说好，可惜自己只剩下两个女孩，以后两个女孩嫁出去了只有两个老人，到头来益处也不大。

2018年4月24日　农历三月初九　星期二　晴

儿媳王凤仙事工采山药。由于搞建设靠武倘寻高速公路占用一点耕地和采板栗树赔偿的12万元，购置一辆高级轿车用去8万元，又为长子张良建住房花费20多万元。儿媳王凤仙致力于生活服务，也常常为教会自费服务，她的工作必然有所需要。她为工作而准备临时挖采一点山草药，不讲一天能采获多少，而是凑毛成毡的生计工作。

小结：采山草药是一种小小的行业，据说如果能列为一项长期工作，效益就能强过一个农业人口。

2018年4月25日　农历三月初十　星期三　晴

村民农地中撒得有地麦的农户正忙于收割农地中的大小麦，有的收拉运回家掼收籽粒。我家儿媳孙，地麦少就从事其他方面工作。先是四儿媳王凤仙独自一人到山里采山草药搞小生计，零钱用于生活。今日又有老伴潘美英、孙媳朱艳琼相约也到附近山地边找采山草药谋生。是农活计少，松闲季节，自己能从事于生计地搞一点临时工。我采山草药是历年时常搞的小小的生计事工，只要开展，每天或多或少都能有所收获。是不想一天能收获多少，农夫小小的生计工作都是凑毛成毡的生计，是把所有的时间都利用起来。

2018年4月26日　农历三月十一日　星期四　晴

村民农事探路子，父儿张学全、儿张荣光、长女张多加夫龙伟能，父儿三户今年准备栽棘子，是靠亲属给棘子种，把种的籽粒一次性地育于育秧袋里（营养袋）。先是把5—6粒秧在一个袋子里，长出以后每个袋子里只留下两棵，多余的拔出育到另一个袋子里，促使栽下的苗快长、壮长、促效力。所以儿媳们3—4人利用今天处理已育下的棘子秧。

小结：现在什么都讲科技，就是农事工作都讲科技。用科学促使我们的生产更加发展，人们的生活更加舒适。由于从生活经验实践中体验，人们都越加重视起来。

2018年4月27日　农历三月十二日　星期五　晴

村民王光辉卖一条黄牛，是有买主进村买，7000元出售。村民王光辉由于武倘寻高速公路征用房子地基赔偿得一点钱，已建起三层楼房，又买车，经费必然已用尽，变卖牛必然用于生产垫本购置农用化肥和生活开支。

小结：王光辉黄牛卖了一条，家里还有三条。幸遇已购置了车子、建好三层楼房，卖了一头黄牛收获7000多元，还有三头黄牛，不影响他家的养殖业。小小农户由于享受武倘寻高速公路补助可说是一下就富裕了。

2018年4月28日　农历三月十三日　星期六　阴雨

四儿张学德抄犁山地，是利用微耕机打犁。几乎全村村民都利用这种方式，就是图动力，用柴油机又快又省了一个劳动力。至于使牛，一般是开沟便于下种点种苞谷。由于建筑三层楼房，又是自己哥弟协助盖，所以只好把农事推到后边，今日安排抽一天的时间把山地打犁一下，时间又紧，挨晚又有雨，幸好是乘坐三轮摩托回家，还是避开雨了。

2018年4月29日　农历三月十四日　星期日　阴

今日礼拜，我家父儿孙三户因武倘寻高速公路之故而搬迁到山地栗园公路边的新住址。星期天即礼拜天，今日崇拜活动。平时我家父儿三户乘坐自己的车子下到村中圣殿礼拜，今日由于车油用完，我家父儿三户七人只好步行下山去礼拜。路的里程约有两公里多。

2018年4月30日　农历三月十五日　星期一　晴

家人协助农活事工。女儿、姑爷张会云是柿花箐村的种烟农户，每年栽烟季节都需要父母哥弟姊妹的协助支持。今日的栽烟情况是：准备用一台小柴油机发出电力，把高水池的水抽出地面用于栽烟浇水。

我家父儿孙6户不约而同前去协助，先已到下7人抽水栽烟，随后又到8人，酌定分成两个大组分头一座山一个组栽烟。中午安排有午餐，晚饭又到公路边的饭馆就餐，人员两桌，有说有笑就餐。

小结：种烟农户年收入虽然强过农作物种植户，在投资付代价时就大过其他农事活计。但是条件有利的仍然要栽烟。

2018年5月1日　农历三月十六日　星期二　阴

协助女儿、姑爷张会云家栽烟苗，是昨天没有完成的部分，两只（座）山都有尾地栽完。作为父母的我俩老人只好前去尽上自己所能地支持。事工可以尽快完成，问题是水量小，供不应求，等水的时间耽搁大，形成一天事工得要几天才能完成，这也是无奈。

小结：人生什么工作都得付出辛苦付出代价。栽烟农户是经济效益较好的产业，虽然付出的代价不小，他们也是搞惯了。再说，当他们受益了也就忘了这些付出了。

2018年5月2日　农历三月十七日　星期三　阴

村民开展经济作物种植，尽力把自己所有农事耕地种植好，在有条件的情况下试图再扩展一些经济作物项目。张学全、孙儿张荣光、孙女张多加、夫龙伟能三户试种棘子二亩山地，目前正忙于移植育秧事工。今日他们开始盖膜，先把耕地整理好，待几天有雨时再移栽于塘里，尽力把繁忙的事工排置于在先做好，尽力排除繁忙而逐渐把一些事工提前完成。

小结：村农夫经济收入状况是忙于农田农地、核桃、板栗，少量经济作物也是归于凑毛成毡事工。

2018年5月3日　农历三月十八日　星期四　雨

村民张学全父儿、儿媳、姑爷三户联合协力准备栽二三亩山地棘子，是专业户提供棘子种。目前已把小秧育进营养袋，事工已转入整理耕地，盖地膜。把地整理好，待小秧长大之后再移栽到理好的地墒挖好的地塘里。俗语说，先苦后甜。现在也是忙在前做在前，后边的工作就轻省了。

今日他们三户凑得七八人在地里盖地膜。从早晨就下着毛毛雨，这种天气栽烟农户和栽棘子农户就喜欢了，因为有利于栽烤烟和栽棘子。据说：已育好秧秧（秧苗）就等于是已栽下了，因为用这种方法是比较有把握快长壮长。

2018年5月4日　农历三月十九日　星期五　阴天

村民抄犁耕地，这事工已进行完毕，转入开沟打塘盖地膜。四儿张学德由于全部时间都集中用于搞建房，只好是把农事工作推到后边，搞好住房再来抓农事工作。开沟打塘施底肥盖地膜今日是第一天，作为父母的我们二老人也协助建住房的四儿张学德开沟施底肥盖地膜，抓大春的点种预备工作。四儿媳、孙儿张良夫妻、我们二老人就凑得6个劳动力。昨天整天是阴小雨天气，今日晴开就利于我们盖地膜。今日我们6人约盖了1.5亩山地膜，我们的思想就轻松了而早早息工。

2018年5月5日　农历三月二十日　星期六　晴

村民购置年用化肥。大儿张学全的姑爷龙伟能开出一辆面包车购置大春年用化肥。

早上有来客，就是大儿张荣光妻之父到家来探亲，所以上街购置农用化肥，也顺便买上点小菜，一家人顺便上街赶集。所以人员一行连同小孙儿就有五个。同一天又是东村街又是鸡街天，所以农户是赶哪边街就往哪边购置化肥。我是跟女儿、姑爷张会云赶鸡街，他家又是往鸡街购买化肥。每户都是购置10多包，购置化肥的地点是有人设在途中，我们上街赶集后折回来在路途中买。农事一个中心都是忙于购置农用化肥。

2015年5月6日　农历三月二十一日　星期日　晴

教会礼拜活动，东村乡芭蕉菁基督教会是总堂，管辖下边小分堂是有仓浦菁、石桩、万宝山、柿花菁4处活动点。而今年2018年教会安排每一个月的头一个星期天即礼拜天轮流到一个聚会点举行吃圣餐纪念耶稣的受死，今日是轮到集中来大教会礼拜。每到一个集会点都为酬谢大家，本堂人员就得为大家预备饭席酬谢会众。今日我们是为大家煮米线让大家分享。农忙季节，今日五个活动点聚会人员才到下71人。人员比较多的一个组就是石桩活动点，他们是乘坐三辆面包车而来。

2018年5月7日　农历三月二十二日　星期一　晴

儿媳王凤仙打工，是接着昨天工作，就是在公路边用绿色塑料袋装浆泥土堆于公路斜坡上起到绿化作用。昨天是讲一个小工开80元一个工天，今天又改口说：由于调换了另外一个老板，所以工资待遇男的一个工天是开150元，女的一个工天是开120元。四儿媳昨天今天已工作了两天，苗民小工来自附近的苗族村寨已有六人。

小结：小工，工资待遇昨天是讲只给80元一个工天。今天又说是重新调换老板，男子工天给150元，女的小工给120元。不管怎么说，工资高低人们都是为了生产为了生活，人们都得做。

2018年5月9日　农历三月二十四日　星期三　晴

我村由于武倘寻高速公路建设而毁了一切饮水设施工程，一年后政府又出面安排重新架设引水钢管供我村的用水。

我们因武倘寻高速公路而搬迁新住址，新老两个住址都给我们建了引水的水窖。水窖钢膜已架了一段时间了，据说是没有水泥就没有浇（水窖），摆到现在，近日来人给我们浇。

我村民王圣德出动一辆小拖拉机配合事工，是架设我村饮水钢管，就得参与配合事工。工资待遇从那时到浇水窖都给150元一个工天，而小拖拉机拉运材料据说每天又付给他60元的烧油费。

2018年5月10日　农历三月二十五日　星期四　晴

协助三儿媳龙兴珍点盖苞谷，三儿张学忠幸遇得以参加武倘寻高速公路建桥墩，据说工作非常艰险，都是高空作业，早出工晚收工，报酬每天是给200元。家里零星农事活计就靠三儿媳龙兴珍多忙忙了。今日三儿媳点种苞谷，所以老伴放下自己的农事而去协助点种。是在太阳暴晒下工作，所以还是比较艰苦。

小结：作为我们二老人，哪家比较繁忙、任务多一点，就得协助一下，帮帮一两天的忙。

2018年5月11日　农历三月二十六日　星期五　晴

粉刷水窖，是因武倘寻高速公路征用住房地基而搬迁住房，政府协助建水窖装水蓄水用，政府安排专业人员建。昨前天是浇水窖，昨天是拆模板。拆模板后，按照惯例还要粉刷水窖的内壁，但这工序他们就不做了，说我们自己粉刷算了。

小结：情理事理不合法，他们安排人员来做一个工天是有150—200元的工资，你叫我来做就没有工资。我们来做应该同样有工资，因为是政府安排的项目。现在是搞成得钱的在一边，出力的又不得钱。我们自己还掏腰包买水泥，5包×20元／包＝100元。

2018年5月12日　农历三月二十七日　星期六　晴

今日赶东村街，人们一时几天需要上街购买上一些零用品。我家父儿五户儿媳孙们家家都有车子，甚至有的一户就有大小两辆车子，是极为方便。只因有时是一辆车子都忙不得上街，在这种情况下我们老人只有到附近的村寨车站乘坐他人的车子上街办事。幸好是人多的情况下有专门搞客运收一点零钱做费用，所以老伴我俩又步行到麻栎树村乘坐他人的车子上街办事。这地区上街收费是一个单边每人收5元，而今年是加了2元，据说是开年以来每人都加收2元了。

2018年5月13日　农历三月二十八日　星期日　晴

礼拜聚会。今日活动圣工进行是从11:30到14:00，就是两个半小时。如有外来客，可以用到三个小时的时间，一般只用两个半小时时间。

礼拜前音乐时间可以长可以短，一般是几十分钟。今日音乐时间是放映我们教会去年2017年度的感恩节的感恩仪式，感恩父神的恩典。苗民教会的文艺歌舞已是训练多年了，积累了丰富多彩的舞蹈和艺术技能，奉献仪式是较为精彩的节目。

2018年5月14日　农历三月二十九日　星期一　晴

孙女张多加、夫龙伟能由于在昆明工作中相识，双方喜欢而结成夫妇，暂且在我们地方做小小的生意谋生。今日只因夫方宜良县亲属有丧事而父母叫过去协助帮忙家务，所以相约舅张荣光他们三人乘坐一辆面包车前往宜良县大鹰洼子村。

小结：苗族人口稀少，分布广。云南苗族现在到新疆等多处打工，结婚夫妇也是省与省的交往。据说：贵州省苗族活动也是活跃，也有在国外谋生打工的，也是如同云南苗族，甚至是强过云南苗族。

2018年5月15日　农历四月初一　星期二　晴

村民点种苞谷。虽然没有下过透雨，只是看天色不时有阴天，毛毛雨下了一天两夜，出现这种天气可能天年雨水会来得早。再说今日农历时间已进入四月初一，所以我村农户们都在开始点种了。

作为我家父儿五户点种苞谷已是大面积的点种了。大儿张学全、儿媳王秀英家是点种田块的了。稻田从去年就没有泡田栽秧了，因为数量少。再说：泡田栽秧手续又多，还得找工栽秧，栽下秧苗田间管理到成熟扶持到掼收谷子要下些功夫。所以村民大多数是通年只是点种苞谷或是栽种蔬菜。

五儿张学祥是点种山脚耕地片区的，地面积约有三亩山地，由于大家都开始点种，所以就没有大协作了，各人自己忙。

2018年5月16日　农历四月初二　星期三　晴

村民农事活计一部分农户是开始点种苞谷，我家五儿张学祥也是点种山脚一片苞谷，由于面积大，所以工人从昨天开始点种，接连昨天今天两天看会不会两天点种得完。

另有村民杨天友一户又是从事管理果木板栗树，翻犁板栗地追施肥料。面积大、数量多的是山头上这个片区的板栗，大部分都是嫁接过的良种，所以历年板栗经济收入是为优先。因为果木树培植好后就可以投资投劳，不再投资投劳争时间，也就是先苦后甜的效果了。

2018年5月17日　农历四月初三　星期四　晴

记述村民龙兴华的生计农事活计工作，他是建房农户之一。一建住房，特别是搬迁住址的农户就涉及多方面的事工，人住房工程就涉及三层楼房，又要另外建厨房，还要建畜圈房，所以搬迁的农户事工繁忙，比较辛苦。今年开展农事活计是为点种苞谷而（驱）使一条独牛在山地开沟。由于山地的面积较多，从早上出工一直在山地里工作到很晚才息工，是整整工作了一天。

小结：年轻人是劳动能手，自己的孩子也还小，自己二哥弟也是难以相处，大小事工就靠自己承担。幸好是年轻人，正好出得力，加之自己还能开动大小车辆运载自己的货物。

2018年5月18日　农历四月初四　星期五　晴

幸遇武倘寻高速公路制作桥梁，场地招一人打扫场地卫生。我家孙儿张良曾在这场地打过工，所以也是从电话招工叫给他们场地找一人打扫卫生。好极了，孙儿张良就答应，夫妻二人替换去场地工作，场地就在我们房的后边，是极为方便。工资报酬是说：月工资是2000元，此项协定工作是刚刚开始，孙儿张良从昨天已开始，昨天今天已进行了两天。

小结：武倘寻高速公路是按工作量的轻重大小而随时有招工，这临时工是只给60多元一天，但是说每天工作你自己按量而活套（灵活）。

2018年5月19日　农历四月初五　星期六　晴

记述自己的事工，平整自己住址的场院。大儿张学全、儿孙张荣光父儿两户因着让武倘寻高速公路穿越我村而搬迁到山头栗园耕地公路边。政府也答应给予建造水窖。刚刚建起来的场地还凹陷一点，公路搅拌灰泥厂就在旁边，跟厂工人要一点废灰泥，他们给，所以我家父儿孙3—4人平整场院。小小的建设也是幸遇。

小结：由于是搬迁让高速公路通过，只因政府不给解决吃水问题，自己心中很是为难，难处得不到解决。

2018年5月20日　农历四月初六　星期日　晴

基督教教会诗班工作的开展和自养情况是教会诗班主日颂赞。侍奉是一项主要环节，也是启动会众的热情和喜乐气氛，那么此项工作就显得比较重要和必要。诗班的教练工作是自身建设，每周三、四两个晚上是教练诗的时间。地点就利用下边的活动点进行，照顾那里的信徒人员的方便。

小结：工作事工服务开支自养是，诗班本身经管一片板栗园的2000元的收入，每年参与庆贺参与婚喜事的祝贺户主付给诗班100元，作为支持诗班工作或是作为谢意。

2018年5月21日　农历四月初七　星期一　晴

村民拉运饮水。搬迁让武倘寻高速公路的有大儿张学全、儿孙张荣光两户，我老人自发出于同情的情况也搬上山去做伴，就成了三户。饮水得不到解决，就靠人工来村子拉运上山去过日子。由于牲口鸡猪多，每天得用一辆三轮摩托车拉运一转（趟）。此路段一个单边就有3公里，往返就有6公里。假如一个单边烧油要耗3元钱，往返就要6元钱。一个月就需要180元，一年就要2160元。

小结:应该说苗民经济都是比较困难一些，吃水一年就得花2160元，那么还有电费，想来小农户承担不起，过上几年我们只有想办法仍然下回本村。

2018年5月22日　农历四月初八　星期二　晴

村民张学全家父儿孙张荣光、龙伟能三户栽棘子。干天育在营养袋里，雨天再移栽到大面积地里。由于是安排在山地栗园耕地里，所以晴天就下到村子里拉运水上到山里来栽。我们尽了最大努力，大约已栽下1—5亩山地棘子了。劳动力，我家父儿孙凑得六人联合协助工作。

孙女张多加又为我们预备在村里，张学忠、张学德、张学祥三户甘愿为大家拿出好菜好肉来办一餐席饭，而让我家全家父儿、孙儿、姑爷7户大集餐，体现大家庭的温暖友爱。

2018年5月23日　农历四月初九　星期三　雨

村民点种苞谷。由于昨晚正式下了一个整夜和一个早上的小雨，没有种完苞谷的农户更是着急。因为有透雨，巴望点种工作早结束。我家四儿张学德因为搞建房事工大春点种已抓了一部分，仍然还没有种完，最后一块还有陡坡地。由于人工开沟打塘，所以今天开始点种这一块，至少得要两三天才能种完这一块。

小结：由于有透雨，村村寨寨农夫们更加辛勤起来抓点种事工，当然很多是早就种完。

2018年5月24日　农历四月初十　星期四　晴

村民张学忠向上开会。我想什么会议竟会请到乡村基层的村社上来？晚上他们回来，我便问是什么会议竟请到乡村基层来。他说是学习，全县有关人员和村社基层集中于县政府观看这次全省打黑除恶录像影碟片。

2018年5月25日　农历四月十一日　星期五　晴

村民建住房，是四儿张学德进行建房扫尾工程，就是安装楼梯栏杆。此项高科技作业是请地方专业人员来给我们安装，工作是已进行了一段时间了，包括划玻璃、安装窗子等，施工到今天已安装完。

小结：房屋建筑设计事工是乡村人士设计，请来给我们安装玻璃楼梯栏杆这些高科技艺术手艺也是地方乡村人士。我们知道什么科技什么艺术都要通过学习和出师后进行。而我们现在是乡村民族人士竟做起高科技手艺作品来，使人百思难解。

2018年5月26日　农历四月十二日　星期六　晴

记述我两老人点种葫芦甜瓜。由于土地零星分布，从山脚到山顶耕地4—5公里，土地稀少。理念已种下的产量只有约500公斤，就不成商品了，只好是自己吃用或是喂猪。再说自己地处坝区，自己亲属友人都是山区民族，就特意赠送给亲属友人分享为意为礼。

小结：小小生计，我们愿意付出辛苦和代价，为自己亲属付出一点应该付出的职责，每年都要种上一点作为地区特产品送亲戚好友。

2018年5月27日　农历四月十三日　星期日　晴

芭蕉箐教会小组开展有益活动。我芭蕉箐小组为教会全体人员预备平时生活待遇结余有一点经费，达1000多元。几个同工商议说今日礼拜休会后开出一辆小车到鸡街市场购买一点零食回来，晚间礼拜大家分享。并在晚间礼拜时我们举行一个交流晚会，大家座谈分享各自蒙恩的经历和恩赐。

休会后，四儿张学德开出一辆小轿车，四儿张学德、四儿媳王凤仙、我老人、龙荣才、龙学祥5人乘坐到鸡街购买了530元的烧烤食品回来，我们小组晚间大家共享。

2018年5月28日　农历四月十四日　星期一　晴

记述本小组今晚的聚餐情况：依计划是4桌人吃饭，到席上来人只有3桌人，也就是20多人。所付出的购置烧烤食品代价为530元，还购置有饮料、西瓜等，安排在晚间19：00—22：00。

小结：晚餐感想，或许很少人设备得有烧烤这些餐具，或是试产享受烧烤这些筵席。自己儿媳们由于条件有利，干脆把这些餐具都购置得几袋而时常筵乐享受。

2018年5月29日　农历四月十五日　星期二　晴

记述孙儿张荣光变卖小猪。是自己养的一头母猪领得9头小猪，给了自己老外母一对，自己留下3头，今日鸡街拉运4头上街变卖。街市价小活猪一公斤14—15元，而自己家的给到一公斤13元就卖了。4头小猪按13元／公斤×108公斤，总获得1400元。

小结：生猪大小猪几年来市场价格逐年走低，肥猪收购活猪也只是给一公斤14元。人们无奈也只好随从市场价格。人生只好是力求自己能有几个项目而凑毛成毡，维持自己的生活。

2018年5月30日　农历四月十六日　星期三　晴

记述自己的果园管理事工。开年是从事嫁接，二三月又是对嫁接成活的小树苗的管理，时间长达3—4个月。今日事工活计又是给板栗树追施肥料。由于果树分布广，从山脚田坝一直上到山顶耕地边的栗园，路的里程长达五公里。所以工作起来也是轻微，本着一天出去能做多少活计就做多少。

小结：自己的农事效益和果木效益情况是，农事年收入有2000—3000元，板栗树年收入会有5000—6000元。劳动力投入是多投于农事活计，应该是多投于经济林木，因为果木收入始终是高于农事。

2018年5月31日　农历四月十七日　星期四　雨

果园农户给果树追施肥料。一部分农户是在雨天没有到来之前就已施放肥料，我们自己是下完栗子时就施下一道，准备在雨水来这一季再施下第二道化肥。孙儿张荣光也是准备给果树追施肥料，所以早上虽然有雨，也是出车跑鸡街购买板栗树用的化肥回来，白天给板栗追施化肥。

小结：给果树追施肥料是现代的习俗，因为什么都讲科技、管理、促进效益等。另一种情况是，比如一棵大树板栗，土地自然肥沃也照样有好收成。

2018年6月1日　农历四月十八日　星期五　晴

幸遇武倘寻高速公路桥梁事工工地几天前有招工打扫场地，工资待遇是讲定每月给2000元。三几天内我家孙女张多加夫龙伟能也被招去高速公路场地做工。我家父儿孙现在已有四人有机会参与工地事工，现在再增加孙姑爷龙伟能就已有五人了。全村100多人只有我家儿孙这五人能有机会参与事工，真是幸遇！

2018年6月2日　农历四月十九日　星期六　阴

孙儿们串亲。大儿张学全女张多加是出嫁在宜良县大鹰洼子。孙女张多加夫龙伟能的妹子也已出嫁昆明，回宜良县大鹰洼子村娘家生孩子。说一声，那么大家亲属都得去送祝米。所以孙儿张荣光舅姐夫两户出车跑宜良县送祝米。

由于亲属之间的相爱，又要一天赶回来，所以天亮出车到那天赶早，吃了晚饭又赶着回来，都是比较辛苦的付出。据说小车子都要四个小时，路的里程说是180公里，苗族亲属分布是比较广。

2018年6月4日　农历四月二十一日　星期一　雨

村民赶鸡街。今天从天亮起一直下着小雨，一般雨天农户都不上街了，只是需要办事或是需要买小菜的才上街。我自己是坐孙姑爷龙伟能的车子上街，所以就乘上街顺便买一点小菜和一点零食。孙儿女们也多半是上街买小菜和一些农地用品。人员：孙儿张荣光、龙伟能、我老人等6人乘坐一辆面包车上街。

　　小结：社会进步和发展了，以前赶鸡街要步行三个小时，现在是大水泥车路了。过去雨水天不可能上街，现在是交通和交通工具普及了，很多人交通和交通工具都能自理了，这就是发展变化进步。

2018年6月5日　农历四月二十二日　星期二　晴

　　村民农事活计工作，农地除草。现在是大大改进了，只是农地打打药水就行。已种下的苞谷由于下透了雨，苞谷籽粒几乎已出齐，所以村民农地打除草净是村村寨寨家家户户自然形成的一个中心。草虽然不怎么旺，但由于雨水多，所以除草工作也应该抓紧一点，尽快完成任务。

　　小结：历年薅锄苞谷是要些时间要些劳动力，是艰难的工作。而现在家家户户只是打打除草净就行，就省时省力又快又好。

2018年6月6日　农历四月二十三日　星期三　晴

　　苗民购置车辆。今早有自己的亲属，我们称为"儿子"，因为是我老婆妹子的儿子，到禄劝县结婚成家。乘车到我们家里来，据说是今年参与车教练和购置车辆，是一次性的又学车又买车，所以车教练学费还差欠2500元，到自己亲属家找借。五儿张学祥计划是明年盖房子，所以五儿张学祥借给他2500元。借到钱后又送了两箱饮料来给我二老人作情意。

　　小结：一家小小农户的购置车辆，一次性的参与教练，缴纳车教练费又购置车辆都是讲几万元。而承担下来差欠2500元，这也是大项目。说明社会进步，人民生产生活有所提高。

2018年6月7日　农历四月二十四日　星期四　晴

　　村民苞谷地打药水（除草净），我自己由于没准备，所以我背水供老伴打药水。幸好是自己山地不多，打个半天就打完。他人是有准备，就在耕地中挖几个坑用塑料布铺起来，下雨后就从已挖好的这个坑中取水，这就方便，还用不完。村民利用这方法约有三四十年了。

2018年6月8日　农历四月二十五日　星期五　晴

村民张学祥事工是收拾清理畜圈房，打扫垃圾，准备建住房。他是武倘寻高速公路征用住房地基需要搬迁的12户之内的一户。只因是有机会开大车在武倘寻东村第四隧道出口拉运石砂。当时是说等此工程完成后再建自己的住房，不知何故，此隧道工程已停工半年，自己在农事点种之际动工建自己的住房。

小结：建筑房屋方式，可承包给他人来建盖，而自己就是多年都从事搞建房工作，所以自己建，今日从事于畜圈房前后打扫垃圾。

2018年6月9日　农历四月二十六日　星期六　晴

大儿张学全、儿媳王秀英今日移栽魔芋，是原先多处栽下，现集中起来栽于较好的山地，便于管理和采收。所以今日搜集一天也已栽下。魔芋可食用，是有人购买做魔芋豆腐。最高价是每公斤给2.5元。去年突然增高，每公斤给4元。

小结：一个农夫的生产生活开支比较大，靠农业生产收入也靠果木树收入。另外也靠打临时工维持生活。现在政府政策好，所以几乎解决了温饱。

2018年6月10日　农历四月二十七日　星期日　阴雨

基督教芭蕉箐教会今日的崇拜侍奉圣工是：王子宪（诗班长）主持礼拜，张学祥同工读经，是属宣召。讲道：王兴仁、王汉奎两位同工。献诗：本堂诗班，教会姊妹。教会事工报告——张学德；休会祷告——张正文（长老）。时间：下午2：30休会祷告，人员自由活动。我家父儿张正文、妻潘美英、儿张学祥、儿媳张秀仙四人由五儿张学祥出车到鸡街赶集买小菜以及一些生活用品。

小结：阴雨天气，街的里程步行三个小时。现代人阴雨天仍可以上街办事，两三个小时就可以回来，方便多了。

2018年6月11日　农历四月二十八日　星期一　阴

我家大儿媳、张学全妻王秀英今日栽魔芋（制作魔芋豆腐），自己的住址在一个村内已经搬了三个了，所以到老住址把大小零星魔芋搜集移栽拼做一块地便于管理。是昨天今天用两天工夫来做这事工。利用农闲季节、雨水季节来做一些补救生计。

小结：穷人想穷人办法，因地制宜，利用自己的资源开展几项小小门路谋生。农夫自己资源有限，自己酌量应该是把农事做好的情况下做一些凑毛成毡的小小事工，大帮小补来维持家人的开支、建设。

2018年6月12日　农历四月二十九日　星期二　雨

苗族亲属友人之间的关爱活动。我家大儿张学全的长女张多加出嫁于宜良县大鹰洼子村，孙女张多加的外婆患有疾病，我们这边的亲属主动联系要给她找医生按摩。双方联系今日我们这方出车到昆明去接过来。这位亲属和我家二孙的两个婴孩都到笪箕凹看病按摩，三病人都被医过，都说好。他家因是亲属不收钱，但病人勉强叫她收下150元。（三人）工作方式是：当天接过来，途中就去求医了，病者反映都说好。由于一天力求办好事情，所以夜间很晚才到家。

总结：民族亲友都存在着团结友爱的精神。

2018年6月13日　农历四月三十日　星期三　晴

儿张学忠、孙张荣光同一天出车到富民县城检车并交纳保险费。用车养车也形成我们的一种事工、一种负担，这也是必须要履行的一种责任。特点是自然地理形成，我们是富民县最东北边缘地带，地处禄劝、寻甸、富民三县交界上，所以到县城办事都必须花去一个整天的功夫。幸好是一年一次，再说进县城也可以办些事和买一些用品。不但是有事进城，我们平时也进城。

2018年6月14日　农历五月初一　星期四　雨

村民农活事工。很多农户早上准备到苞谷地打除草净除草药水，只是上中下午时间都下着小雨，不利于农地工作。饲养牲口的农户是不论天晴下雨都要抽时间割草喂牛。草是栽于地埂上，这种草是人工栽的，长势快，已割了几次了。其他的村民天晴下雨都要时常去农地走走，拔出长旺的杂草。尤其是耕地分布广，土地零星，不通车路的零星地走一趟都得要一个时候，所以农地管理也是有事情做的，只要天晴就多忙。有文化者雨天就多学习讲章，预备讲章。

2018年6月15日　农历五月初二　星期五　雨

赶东村街。今天是农历五月初二，是东村街天，明天是农历五月初三，是鸡街天。星期一是传统端午节，所以只有今天明天这两个街天购买好过节食品。我二老人是姑爷女儿相约叫我俩步行一公里到柿花箐凹口乘坐他家的车子上街买过节食品。我二老人天亮就出发，还不到约定地点姑爷女儿的车子就来接。

购买过节物资。自己的儿女有的建房、有的买车养车，所以自己不打主意过节了。作为老人的我们看在眼里想在心里，只有自己主动打主意多买上一些肉食，而吃好吃丑、吃多吃少，大家分享体现家族家人温暖团契。

小结：今日上街，肉食、杂菜先买上100多元，或许儿媳们还有更好的主意，明天鸡街天，待时机看情况。

2018年6月16日　农历五月初三　星期六　晴

家族组织旅游活动，三儿张学忠组织家族8户27人乘坐四辆面包车前往昆明市游览昆明圆通山动物园以及昆明翠湖公园等地。早晨8：00我们出车前往目标地圆通山动物园。门票收费是：老人凭身份证进入，成年人收20元，儿童收10元。圆通山动物园摆设各种花草，飞禽走兽，各种各样的儿童玩具车子。各种各样的玩具是另外买票，一般是成年人仍收20元，孩童也是仍收10元。

小结：这次我家族举行小小游玩活动，是我家三儿张学忠发起，个人自愿往返车辆，生活就餐是三儿张学忠负责。今日的小小活动，小小的收获是：得知一只大象体重3.7吨，云南春城圆通山动物园占地面积达245094.94平方米。

2018年6月18日　农历五月初五　星期一　晴

端午节。我家父儿、儿孙6户过节情况是，儿媳、孙儿他们是建住房、买车子、买牛，供孩子读书上学。我俩老人看在眼里想在心里，自然而然打主动，请孙儿张良出车上街购买过节的肉食，猪鲜肉、鸡肉、鱼鲜肉、凉菜、豆腐等总共开支金额达400元。大儿张学全、三儿张学忠每户杀一只土鸡，四儿媳王凤仙也拿出一袋冰鲜肉，一开始我们是计划吃一餐，结果是早饭和晚饭两餐都是多多有余。

我们二老人也搬迁上到山顶栗园来和大儿张学全住在栗园公路边，住在一处有伴。所以今年过端午节就叫姑爷、女儿张会云从柿花箐村过来，三儿、四儿、五儿从本村芭蕉箐村上来中村这里过节。

2018年6月19日　农历五月初六　星期二　晴

村民张学祥找请挖机挖建房地基，是武倘寻高速公路征用房地基的我村12户之一。只因原先是有机会参与拉运东村乡第四隧道口石泥土，没有机会建住房，想等三四年后再建。但是开年来第四隧道口停工至今，没事做，农事完毕后就开始建住房。

原先进驻我村的修筑武倘寻公路便道的挖机队应许免费给我村因公路征用住房地基的这 12 户挖建房地基，现在又来了个不认了。所以张学祥只好跑到款庄马街找机队来挖。初步情况是：挖机工作每小时收费 150 元，工程大，大约需要 3 天才能挖好，150 元／时 ×8 小时 =1200 元，1200 元／天 ×3 天 =3600 元，国家工程应给民众一些关心。

2018 年 6 月 20 日　　农历五月初七　　星期三　　晴

村民张学祥建住房的第二天，仍是挖建房地基。昨天预计是要 3 天，今天是第二天，果真是挖机都要 3 天才能挖好。昨天我家两辆四缸大车拉运泥土，由于三儿张学忠的四缸车有故障，所以另外叫村民张正才家的三缸车来协助拉运房基泥土。同时也找借村民张正华家的装载机来协助上车泥土，只是五儿张学祥自己开。由于天晴很方便。

小结：村民张正才去年买一辆装载机，村民多人都会开。他人就要通过学习、通过实践慢慢才会，苗民就有这一本书。

2018 年 6 月 21 日　　农历五月初八　　星期四　　晴

记述五儿张学祥找请挖机挖建房地基的第三日。由于建房地埂太高，还讲是找挖机挖。挖起来的泥也没有堆的地方，所以干脆找几辆大车拉运到外边山箐。我们工作时早晚不时还有一两阵雨，所以都有些影响工作，进度慢。既然安排在雨季天，就必然有耽搁。事情处在这情况，也就得在困难中行事。不但找请挖机，我们还叫村舍友人支持。不但自己两辆大车拉运泥土，还请村民张正才一辆三缸车、张正华一辆装载机也出动上泥土。

小结：我们小小农户建房的行动不管付出多大代价。不过建房过程我们是慢慢磨。

2018年6月22日　农历五月初九　星期五　雨

记述自己农事活计。由于近期嫁接得20多棵幼小的核桃树,需要施加肥料促使其苗壮成长,快长长好,所以小果树得加强管理。时间刚进入雨季,今日给幼小果树施肥。

天色黑沉沉的,可能会有雨。吃过早饭快下到山腰给果树施肥,由于土地分散零星,工作起来虽然数量不多,还是得要一个时候才能完成。小小事工活计刚刚完成,就下起雨来,并且越下越大,我二老人赶紧下到村中,刚巧三儿张学忠、儿媳龙兴珍要出车去东村小学接二孙女张甜甜回家,所以从村中又把我二老人拉到栗园公路边我们的新住址来,是冒着大雨上来。

2018年6月23日　农历五月初十　星期六　晴

村民发展果木树。有龙兴华、张正华乘驾一辆小轿车到款庄马街市场拉板栗秧回来,准备利用一部分耕地扩栽板栗树。村民龙兴华是买得150株,据说0.8元/株×150株=120元,准备大面积扩栽。张正华据说是买得0.8元/株×50株=40元。

小结:年轻人觉醒,发现果树价值高,管理方面不争劳动力和时间。张正华只买上50株,是说原先已栽下的有些损失而只是买回来补补了。据他俩说,原先只是重视核桃树,原先一公斤核桃是卖20多元,一下子就跌价到一公斤6—7元。所以都说应该重视板栗,板栗又称得起重量。

2018年6月24日　农历五月十一日　星期日　晴

村民农事工作转入农田农地管理工作,庄稼地打除草净药水。少部分村民是趁雨水季节零星耕地移栽核桃秧苗、板栗秧苗。一般是有专人已育养于袋子里,买回来栽下成活率高,也比较省工。

大儿张学全利用早晚时间下到本村箐边核桃果园赶松鼠。核桃果园松鼠又是一大害,它不但破坏核桃树,就连树的嫩芽都吃,是大伤害。

所以有时间就到果园走走，鼠害果园已是多年了，受害比较严重的是核桃树。只有在村子附近大面积耕地中的核桃树才能得到受益。

小结：芭蕉箐村的果木树，村民先是重视核桃树，而现在是又倾向板栗树，是对的。

2018年6月26日　农历五月十三日　星期二　晴

村民农地施肥。农夫在农地打除草净药水除草，打完以后就着手施农地化肥。施农地化肥也形成了一项中心工作。今日我家父儿，我自己、大儿张学全、五儿张学祥三户不约而同都下到田坝山脚耕地施化肥。村里很多农户的田块不泡田栽秧了，因为面积小难以照料和管理，所以山地田块几乎统统都点种成了玉米。

从芭蕉箐村子下到山脚田坝有1.5公里，又是泥滑土路，要给田块农地施的化肥只能用人工背下到田坝用。虽然道路泥滑，但还是天晴，便于我们工作。

2018年6月27日　农历五月十四日　星期三　晴

五儿张学祥建住房事工。房地基已平整好，天气也已晴开了，建房事工已转入拉运房屋石脚的石头。是自己的两辆大车拉运，箐里乱石成堆，用不完使不尽，只是人工搬运石头是太费劲了。我们村对门北边的另一座山，一台挖机长期在那里打石头。我们的车子开过去叫挖机上石头给我们，熟识人好说话。我们两辆大车拉运墙脚石，一天的工夫已拉够。

小结：建筑技术出在自己手里，不论人员多寡自己慢慢做。建房初开工就慢一点，又是耽搁大，都要些工夫要些时间来磨。

2018年6月28日　农历五月十五日　星期四　晴

村民建住房事工正在进行。五儿张学祥就是武倘寻高速公路征用了住房地基的我村 12 户之一。建住房现在时机已成熟,就准备开工建房。房地基已经挖好,今日开始砌房脚石。由于我们出动 8 个劳动力,所以把整个房间的石脚全部安好,待浇灌水泥砂灰。是因开工,所以五儿张学祥又为我家人摆设饭席而请家人赴席,饭席也只是两大桌人。

小结:建房开工,所以一些亲属友人妇女们也是出来协助上石砂,协助办饭席。亲属友人很多都很讲信用,会主动协助帮忙。

2018 年 6 月 29 日　　农历五月十六日　　星期五　　晴

村民张学祥建住房。今日事工情况是:昨天墙石脚安放好,今日是拌灰泥平整墙石脚。早上出车到鸡街买水泥,又一便手以 2000 多元买回来一台搅拌机。一次建房买回来一台搅拌机是不划算,但是我们的建房工作是长期性的,多年以来建房事工已形成,是我们的活计。劳动力,自己亲人亲属晓得都主动参与事工。使用搅拌机还是忙人,幸好我们凑得 15 人员联合事工。由于新买回来搅拌机,是成套的,包括电动机动力,所以早上安装机器耽搁了两个小时,事工顺利进行。

2018 年 6 月 30 日　　农历五月十七日　　星期六　　晴

教会场院培植花草。自己家门就在教会场院,基督教会自然形成一个单位。护理卫生,至少也得培植几盆花草。自己年老应当主动奉献一些义务工,这些工作几乎已做了一生了,也应是一生的工作,也是应尽的义务。今日我下到教会场地培植几盆花草,现有的也应该时常管理,按时浇水。虽然工作量不大,但是也得时常护理。

小结:自己是负责人之一,又在教会场院里,自己主动护理教会场院,自己也感到非常幸福。服侍工作做得越多就越感到快乐。

2018 年 7 月 2 日　　农历五月十九日　　星期一　　晴

赶东村街。老伴潘美英我俩相约今日上街。自己儿媳每户都有车子,由于事务少一般不上街，麻栎树村这里形成一处终点站，没有车时就得步行一小时的路程过去乘车上街。到街往年每人收5元钱，今年开年以来每人又改为收7元。我们上街的目的是取一点养老金回来用，一二月份的过年时已取了，所以距今已过四个月，每一个月政府是给我们90元／月×4月=360元。今日我二老人每人取得400元，或许一天给三块多。俗语说五荒六月，也就是形容一年的困难的季节就是五六月份。回来时，我二老人取到钱时，五儿张学祥的车子又到街上来，我二老人和侄儿媳龙美四人乘车回来。

2018年7月3日　农历五月二十日　星期二　晴

五儿张学祥建住房。今日事工是架设房地圈梁。我们凑得五六个劳动力，地圈梁都属于技术工，但由于我们的建房事工已形成了多年，对这些技术工已形成手上活计了，所以人员多寡一天仍是可以完成。生活待遇，虽然是自己家人，也是坚持供晌午吃米线，一餐晚饭就讲究点，是菜满桌，当然肉都讲几个肉，鸡、猪、鲜鱼三肉，饮料等。就是不安排工资待遇了，伙食讲究一点为谢了。

小结：建住房事工是已进行了多年，涉及工具和电器工具都已配备得一些，所以事工开展起来也是极为方便。

2018年7月4日　农历五月二十一日　星期三　晴

建住房。今日事工是：安扎地梁壳子板。由于是技术工，所以只需一些男劳动力来做。事工开展是：早上一辆大车到王继光建房老板处先把钢膜拉运回来，吃过早饭再架设地梁壳子板。五儿媳张秀仙我们二人先把钢模拉到房间以便于架设。今日遇到人员走散，所以事工开展效率低。

小结：所谓建住房，都是由我家父儿5户每天能凑得多少劳动力就联合事工。劳动力少，人员又是长期在武倘寻高速公路参与事工，有些人员又因农地没有施完化肥，所以一时耽搁大，只好是每天能凑得多少劳动力就有多少人工作。

2018年7月5日　农历五月二十二日　星期四　晴

我们的建住房事工。今日事工开展是，今日又要安扎地梁壳子板又要填房间泥土，还要拉运公分石、细砂等料子。今日不但是我家父儿5户，就连远近的亲友都支持，所以凑得20个劳动力。幸好是乡村人，很多人都是劳动能手。不论事工多寡，任务艰巨与否，他们发挥才能，也就形成了极容易的事工。

小结：我家父儿五户是比较优势，无论是什么工作，远近的亲属友人都在关心和关注，都愿意主动地关心和支持，愿意付出代价。

2018年7月6日　农历五月二十三日　星期五　晴

我家的建房事工。今日利用早上的时间出动两辆大车到鸡街，一车是拉运今日要用的水泥，一车是拉运公分石，又是顺便到鸡街购买今日浇地梁要用的伙食。浇地梁，吃过饭后远近的亲属都前来支持浇地梁。灰砂是用机器搅拌，人员是供料子，用机器虽然是忙，但也极为省工。人员是凑得20多人，用水是利用自来水，水量也大，是多多有余。生活待遇也是尽量服侍，每天保持有猪、牛、鸡三鲜肉，就是尽力办好伙食为报为谢亲属友人。

2018年7月7日　农历五月二十四日　星期六　晴

孙儿张恩膏今日出车参观云南第二高桥。因读完初中课程就转入云南保山神学院攻读神学课程，到2018年6月份已读完一年级。假期中从保山带一位同学到我们家乡来游玩。孙儿张恩膏过年时已参加车教练并且已拿到车驾照，他家现在正要建住房，孙儿张恩膏回来的这几天时常带他同学出车到石厂拉运建材。今日又是出小车到款庄马街参观云南第二高桥，长度是756米。由于小车子速度快，吃过早饭去，大约中午时就已回来。

小结：孙儿张恩膏家三口人三辆车子，一辆面包车，一辆小轿车，一辆四缸大车。孙儿张恩膏大小车子都会开，而且是常出车，已是做成人的工作了，这次和孙儿张恩膏来做客的或许已学到很多功课了。

2018年7月8日　农历五月二十五日　星期日　晴

教会团契生活。今日礼拜有来客，是我们教会对门西龙禄劝县大平地教会5人员乘坐专车前来参与我们聚会礼拜。他们的来意是请客，就是请我们教会今年参加他们教会过感恩节，时间是定于11月25日。来客5人，一名长老，一名包昌荣执事，一名驾驶员，两位姊妹。我们教会请他们二职员上台讲道，也请他们上台献诗，这是教牧对来客的礼仪。休会后教会承办饭席，让他们吃了饭以后再走，我们教会教牧人员也陪客共享饭席。教会传统习俗是有彼此来往，也邀请上台讲道表示尊敬。

2018年7月9日　农历五月二十六日　星期一　晴

自己的事工是管理果树。是因武倘寻高速公路把我的一棵桃树下方的泥土铲下，后来也没有用到那里。所以我老人想付上一点代价，把果树下方重新抬泥扶起来，好让果树以后仍发挥效益。这事工着手费力就大了，我独自一人工作了三天都还没有完工，或许还要两天的时间才能做好。

小结：国家建设，对我们有益的，或是有损的，我们知识分子都应该是心胸宽广服从大局，支持国家。自己小小的亏损算什么？

2018年7月10日　农历五月二十七日　星期二　阴

村民张学祥修配四缸车，是由于几天来拉运建房材料，轮胎内的零件负荷过重而损坏。今天是鸡街天，所以趁街天出车上街把四缸车损坏的零件买回来修配。吃过早饭后把大车修好，因为要拉运建房料子，自己就有两辆大车，修车是一天的工夫就可以修好。

小结：年轻人车子大修理才托修理店修理，一般小毛病或是装配一两个零件就自己装。特别是搞建房事工很多工具都是自己制作、自己设计，年轻人是时代工人，他们都是来得一套。

2018年7月11日　农历五月二十八日　星期三　晴

孙儿张恩膏送朋友。到保山圣经学院攻读神学刚好有一年的时间，假期间有同班一学生和孙儿张恩膏过来游玩，是在校园熟识朋友。因游玩几天了，今天开出小车送到昆明转乘昆明达保山的专车回保山。一早上出车，现在是交通和交通工具都极为普及了，送上昆明给他300元买好车票让他乘坐回家，并叫他回到家时打个电话来告知我们已到家，让我们知道和放心。

2018年7月12日　农历五月二十九日　星期四　晴

变卖肥猪。今天吃过饭后，有来自嵩明县一辆买肥猪的车子。我家父儿张正文、张学全两户，猪市场价格大垮价，我们实在无奈的情况下也只好卖了。情况是：我的两头大猪每头约重150公斤，也就是以1500元一头，两头合3000元。大儿张学全两头，每头约重180公斤，一头给2000元，两头合4000元。买主付钱给我们七天后才来拉，我们还要多喂这七天，答应加100元给我们。

小结：销售肥猪，大肥猪100多公斤就可以卖得2000多元了，而今年是特别低，一头肥猪就少得500—1000元了。总结：这就是人生中的坎坷道路境遇。

2018年7月13日　农历六月初一　星期五　晴

五儿张学祥建住房，今日是开始砌砖墙的第二天。初初开工时利用早上的时间开出一辆大车到款庄马多宜甲砖厂先拉回来一车红砖。吃过早饭，家人父儿5户每天能凑得多少人就有多少人联合砌砖墙。今日事工是先下完拉回来的这一车红砖，下完就接着砌砖墙。由于砌工只有3人，就制约着砌砖墙的效率。幸好是儿孙们对搞建筑事工是比较熟悉，所以效率仍然是高的。

2018年7月14日　农历六月初二　星期六　晴

栽果树。准备补栽几棵核桃树，原已栽好，只因武倘寻高速公路毁了一些，有少部分仍没有拿到补偿款。现在路边已核定好，原先自己的园地都已堆起石块，少部分栽上一两棵果树。今日我老人到园地现场看情况，最多可以栽上3棵核桃树。现场杂草长旺长高了，我用一个下午的时间都还没有清除完。

小结：老人作为自己的喜好，从事欣赏自然美景，也喜好从事于培植果树木，作为一种享受，所以一时未栽好也慢慢地来，早迟栽起来就行。

2018年7月16日　农历六月初四　星期一　晴

五儿张学祥建住房必须付出一些代价，付出一些开支。建房由于是自己家人事工，所以也必须做生活方面的开支。今早跟大哥张学全买一头大肥猪，原先有买主讲好一头给价2000元，就照这个价付给大哥张学全2000元做建房事工。自己的家人凑得5人员，用早上的时间把猪宰杀好。

吃过早饭后，我们家人父儿、儿孙、孙女7人又乘坐孙姑爷龙伟能的面包车赶鸡街，买上个人需要的东西。我自己是上街购买雨季鞋子。

2018年7月17日　农历六月初五　星期二　晴

张学祥建住房。今日工作情况是：砌砖墙有4人，搬运砖块、搅拌灰泥、供料子有4人。利用搅拌机搅拌，所以人只是供搅拌机料子和砌砖墙人员料子。我们利用早上的时间出车到鸡街坝子拉运人工细砂、水泥、砖块，吃过早饭后家人又集中劳动力砌砖墙。用水是自来水引水管拉到建房工地，极为方便。

2018年7月18日　农历六月初六　星期三　晴

我家建房事工开展情况是：几天中是砌一层楼房，工作也进行了三几天，已砌到高达一层楼的四平墙。好工作也是较忙，一边拉运建房料子一边砌砖墙。幸好是家人亲友都关注支持帮忙，加之工具也有电动搅拌机。劳动力今日凑得16人。事工情况是5人砌砖墙，6人供料子，就是供砖块、灰泥、搅拌机灰砂，5人从大场院把砖块装上车送到建房工地。在建房工地人人都有事做。

2018年7月19日　农历六月初七　星期四　晴

我家建房事工今日情况是：砌砖墙，由于房间隔墙多，所以要几天才能砌好。劳动力，砌砖墙今日有4人。搬运砖块，利用搅拌机拌灰泥，供砂灰，有6人联合事工，生活待遇也是尽量从简便方面服务。午餐供米线，晚饭就讲究一点，每天都保持猪、鸡、肥瘦肉几个肉，也供给饮料享受。总而言之是尽上自己所能，尽上自己职责服务好。

小结：我们建房事工是处于雨季，似乎耽搁了。幸好在建房的一段时间雨量又少起来，加之有利条件是农闲季节，家人都有充足的时间。

2018年7月20日　农历六月初八　星期五　晴

建住房事工。今日工序进行是：砌砖墙人员只有3人，其他打杂人员有6人搬运砖块，供搅拌机灰泥，供砌墙人员料子。每天工作人员不论多寡，建房事工都是比较艰苦的，都是出力活计，特别是使用机器的人员，我们只有坚持工作。

小结：村建房事工是，目前还有张约荣和我家五儿张学祥两户。张约荣建房事工是开年以来就着手建造，目前是在砌第二层楼房。

2018年7月21日　农历六月初九　星期六　晴

村民农事活计。有的牲口养到5—6条，由于耕地逐年扩增，牧草场逐年缩小，养有牲口的农户放不出去，只好是养多养少割草喂牛。另一种生计是把全部苞谷秆碎成碎糠留起来喂猪、喂牛，减轻养牲口多的困难，家里忙就是忙于割草喂牲口。另一个事工是出圈粪，养牲口的农户圈粪多，满了就要出圈粪。我家大儿张学全、大儿媳王秀英昨天今天事工都是出圈粪，他家养有牛、猪，单单是牛都是几个圈。所以出圈一般都是要一两天才能出得完，还得要强劳动力。

2018年7月23日　农历六月十一日　星期一　晴

孙女张多加、夫龙伟能探亲。由于双方父母分别在富民县与宜良县，儿女就得跑两县探亲。孙女张多加、夫龙伟能妈妈的妈妈因年老体衰有病，送上昆明医院看病，父母打来电话叫陪父母上昆明医院看望，所以今日出车上昆明看望老人。孙儿孙女上昆明事就多了，不但是照管老人，就连自己的父母都需要帮忙。

小结：孙女张多加、夫龙伟能由于是两县结亲，必然就要多累多辛苦了，幸好是孙女张多加之父母支持经费购置一辆七座面包车，所以有车跑两县也不难。

2018年7月24日　农历六月十二日　星期二　晴

记述我家建房情况：今日是扎砖墙柱子的壳子板。用一上午的时间扎好，再用下午的时间把整个房子的12根柱子全都浇好才息工吃晚饭。劳动力今日村舍又来了三友人参与建房，男女凑得12人联合事工，几乎都是强劳动力。浇砖墙上的柱子也几乎是高处作业，幸好来的都是些强劳动力。

生活服务工作情况是：建住房的几天中都是大晴天，所以张学祥家也是尽力服务建房人员，每天供给开水、冰棒、饮料。午餐吃米线，晚饭每天尽力讲究点，丰富的晚席仍安排饮料。我二老人也是每天从山头下去协助建房，所以几乎每天安排车子送上山来。

2018年7月25日　农历六月十三日　星期三　雨

村民农地果园管理。时间已进入六七月份，早板栗、早核桃一般是进入七月中旬就开始采收。所以农户在忙着管理果园，清除杂草工作，以便将来采收板栗时好拾捡，村民们关于此项工作已忙了一段时间了。今日我二老人吃过早饭步行顺车路下到村中去给五儿张学祥搞建房，到了五儿家，他说："你们忙你们的事务，我今日只是拆模板。"自己二老人准备到栗园清除杂草，到了栗园却下起小雨来，不便于工作，割了一背箩猪食草便回来了，一整天都在下雨。

2018年7月26日　农历六月十四日　星期四　晴

我们家人父儿潘美英、张学全、儿媳王秀英、孙儿张荣光、妻朱艳琼、孙女张多加、夫龙伟能等9人乘坐一辆面包车、一辆小轿车，吃过早饭前往医院看望病人。是嫁于款庄大黄栎树村的孙女到富民医院生孩子。是难产而动手术取胎儿。作为亲属的我们应是前往医院看望，我们也是在向汉族人民学习。

小结：人间需要关怀需要爱。我家三儿张学忠的见证也是有个很好的说明，他说："我家进医院生孩子，从进院到出院没有一个人前来看望。而汉族人进医院生孩子看望客是来个满房间，所以我很难过。"

2018年7月27日　农历六月十五日　星期五　晴

村民有两户建房。我家五儿张学祥是建第一层楼房，昨天今天是支架撑杆，准备架设壳子板，是在为一楼房做准备工作，也是属高处作业。劳动力，今日凑得8人联合事工作业。另外一户是张约荣，也是为浇二楼房做准备支架撑杆铺设壳子板。前面叙述到不懂情理，不受任何情理制约的年轻人必致败坏。

2018年7月28日　农历六月十六日　星期六　晴

我家四儿张学德、儿媳王凤仙、儿孙张良、孙媳张桂花他们4人开一辆三轮摩托车拉运10头小猪到鸡街市场销售。他人的小猪又大又好，活猪市价卖一公斤10元，我们自己的小猪小着一点，他人给价一公斤8元，我们自己图快也就卖了。10头小猪称计得200公斤×8元／公斤=1600元。由于不讲价，所以早早就到家了。

小结：大猪小猪市价走低人们也无奈，也只有随着市价走，本着几个人给到一个价也就卖了。自己养有猪，街市价再低也得卖。只有自己少花钱就行了，人世间事物不能尽如人意。

2018年7月30日　农历六月十八日　星期一　晴

我家建住房事工。今天准备浇一楼支架撑杆铺设楼板子，架设楼梁壳子板。工序进行比较复杂、繁多。比如撑杆是原先已用过材料，就是建砖房一楼二楼三楼都已用过，房间的高度各不相同。二三楼一层比一层矮，现在就是要建一楼，撑杆就短了，所以每根撑杆都要再接上一节。所以搞建房就是事工多而且复杂。虽然是建一楼，也属高空作业，随时都要把握安全。人员每天都保持8人以上，是把握事工情况，如果事工量大就增加人。挨晚时，销售钢材门市又把我们浇楼房的钢筋送来，我们下完这些钢筋，付了6000多元，随后息工吃晚饭。

2018年7月31日　农历六月十九日　星期二　晴

建房事工。今日事工是4人铺设浇楼模板，4人搬运建房材料，就是从教会场院把准备浇楼的钢筋搬运到建房工地。孙儿张恩膏出车到鸡街石厂拉运准备浇楼房用的料子人工砂。一天跑两趟拉运人工细砂、公分石。料子价格是按每一车收费250元，两车料子就需要500元。我们的计划是把浇楼壳子板支架安好，楼板铺设好，浇楼料子、人工细砂、公分石、水泥拉好，事事备齐就浇楼板。所以建房事工就从几个方面进行准备。幸好是我家父儿5户对五儿张学祥家的建房事工有支持。

2018年8月1日　农历六月二十日　星期三　晴

探望病人。五儿张学祥的建房事工暂停一天。情况是：五儿媳的爸爸张正祥因患病到禄劝县医院看病，据说可能是肺结核，诊断不下来又转到安宁县，也只是吃药打针，要等一段时间再做诊断。

小结：看病就医是人之常情，也是人生中必遇到的患难。不讲看病就医涉及需要多少经费，就讲自己出车一天付出一点小代价、小辛苦都是不容易。珍惜生命，关爱他人。

2018年8月2日　农历六月二十一日　星期四　阴

建房事工。工序是安扎楼梁钢筋，铺扎楼板钢筋。进行每一道工序都不容易。都要些时间、要些人力。虽然是一楼，仍属高空作业，也属技术工。幸好是建房事工我们已经进行多年了，儿媳们对建房的每一道工序都比较熟悉，所以效率高。事工时是阴天，就很少耽搁，各项事工顺利进行。

小结：建住房工序是真不容易，繁多、复杂、艰巨。

2018年8月3日　农历六月二十二日　星期五　雨

果树园地管理。今日是农历六月二十二日了，进入农历七月十五早核桃就要进入采收季节。我家由于集中力量建五儿张学祥家的住房，还来不及割除果园地里的杂草，所以再忙也得安排时间或是抽空割除果园里的杂草了，以便下收核桃、板栗时好采收、拾捡。今日老伴我俩到果园清除杂草，虽一时不能完成，但一动手还是比较快，如今是已割除两个小片了。今日工作挨晚时肚子饿了，看看天色还要下雨，老伴我俩就息工回来。一时果然下起雨来，而且下了一整夜大雨。

2018年8月4日　农历六月二十三日　星期六　晴

自己从事割除果园杂草，也就是时间将进入七月中旬，也就快迎来果树收获的季节，首先就得把果树园地中的杂草割除，利于拾捡果子。今日吃过早饭后下到村子附近的果树园，由于分为零星几个片，所以老伴我俩说好分头进行，应该说她的任务多于我。老伴完成后又来协助我，二人都付出一些精力工作一时才完成。老伴先回家，我在教会场培植了一些花草，我下去看看我的花草，是出于自己的喜好。

2018年8月6日　农历六月二十五日　星期一　雨

我家五儿张学祥家今日浇一层楼房。村里有一套浇楼房的升吊机，而我家浇楼房是从东村街市找请来的一组浇楼房人员，是历年已常有人找请了。浇楼人员来我家五儿张学祥家吃早饭。今日的天气是不利于我们浇楼的，一个早上都下着雨。中午12点开始，雨停了三个多小时，楼房浇起来后又下起大雨来，时间又长。幸好是我家刚浇好楼房，人们又是避雨又是休工又是吃晚饭。找请浇楼专业人员，工具一台发动机、一套升吊机，包括搅拌灰泥7人，我们自己家人12人也配合事工。浇楼专业人员收我们费用是1700元。

2018年8月7日　农历六月二十六日　星期二　晴

我老人今日事工。吃过早饭下到村里，有个房间进水，我们去处理一下，再到果园割除杂草，有几棵核桃树虽然小但已能采收了。我又到竹园砍6棵小白竹，准备农历七月下栗子的时候上树使用，早砍来让竹子变干。老伴我们分头工作，老伴是先把猪食草割好后再转入下栗子。由于树小，一个下午的时间下了三小棵，也就是下得了三袋。拿到家里倒作一堆，可能六七天就可以离了。

小结：早栗子历年是卖一公斤10多元，自己现在才开始扩，想扩一部分，几年来板栗都嫁接成早板栗。

2018年8月8日　农历六月二十七日　星期三　晴

下栗子。吃过早饭老伴我俩集中火力下栗子。栗子树是已嫁接三年了，而今年突然挂起果来，是早板栗。老伴下矮处的，我上到树上下高处的，二人合力下栗子，我的意思是下给老伴拾捡。我又下到村中去砍下栗子的小白竹。昨天砍得6棵，今日又下去砍得8棵。我家父儿就是5户，栗子栽好已分给每一户。我老人事情少，竹子我多砍一些，儿媳们要用竹子，自己来拿去使。刚刚进入下午又下起雨来，我们也只好息工了。反正事工是轻松的，现在是将近进入下收栗子季节了。

2018年8月9日　农历六月二十八日　星期四　晴

三儿张学忠变卖小猪。6头留下2头用，大车拉运4头上街售卖。街市价一般大的活猪会卖得一公斤12元，小的活猪是一公斤11—12元。我们上街一般价给到10元也就卖了。儿媳龙兴珍小猪4头称得120公斤，今日活猪是卖一公斤11元，120公斤×11元／公斤=1320元。

小结：年猪市价走低，作为养猪农户是自己养有小猪，也只有随着街市价走。儿媳龙兴珍今日变卖小猪，卖得1320元，作为乡村山寨村民这也是个大数目。俗语说，山村人坐山吃山。作为小小农户也是靠这小小农事为生。

2018年8月10日　农历六月二十九日　星期五　晴

记述五儿张学祥家建住房。是8月6日已浇了一层楼房。拆楼模板一般是需要养25天，现在已过去4天了，现在是该备料做准备了。昨天浇门前两根圆柱子，今天浇门前两根柱子顶的小平台。几天前浇楼板是用升吊机，今天没有升吊机，就用人工一小桶一小桶地升吊上去。幸好面积小，不要多少时间还是浇好了。工程小就自己家人，儿媳、孙儿他们凑得4人事工，四儿媳、五儿媳二人下午是上车，就是把堆积在教会场院的砖块丢上车拉几步到建房工地以便施工。不论人员多少主人家都坚持做饭，午餐就随便吃一点饼干。

2018年8月11日　农历七月初一　星期六　晴

五儿张学祥建住房中的备料。建房工序是把一楼浇好准备建第二层楼，现在是养房期，就转为备料，就是把砖块送上二楼。升吊机原先已购置好，据说已损坏。今日事工是先把升吊机的发动机送上街去修理，我们就组织6人用人工从一楼背上二楼。一天的工夫我6人也做了一些活计。中午一直下雨，我们避雨也是，休息也是。我们备料是从教会场院装车，送到建房工地，一些人员又从地面把砖块背到二楼。我们吃晚饭时，修理部门打来电话说，"你们的升吊机可以修得好，修理费要150元。"

2018年8月12日　农历七月初二　星期日　晴

下核桃。大儿张学全、儿媳王秀英、孙儿张荣光、妻朱艳琼今日集中力量到果园下几棵核桃。核桃虽然只有四五棵，但是不时有雨，所以也是有耽搁，几乎用去了一个中上午的时间。目前早核桃已开始上市，但也只是卖一公斤12元。

小结：核桃历年市价是卖一公斤20元，现在逐年走低。现在初上市据说是卖一公斤12元。迟核桃可能会降到一公斤五六块或是8块。尽管会走低，但是我们的优势是数量将会有不同程度的增长，价格再低只要数量大，就成了商品。目前情况是，原来板栗是非要上市，而现在已转变为就地销售，核桃也是这样。

2018 年 8 月 13 日　农历七月初三　星期一　晴

今早我村张学忠有事出车到东村一趟。行驶到山顶大公路陈洪志住址附近时，与石桥村民相撞，擦掉车头一点漆。向东村派出所报案，叫派出所出面调解。结果是：派出所人员到现场就判我方张学忠给石桥村民修车赔偿。事故发生后，三儿张学忠也从电话告知自己哥弟儿孙，所以多人也到了现场围观。

我们（苗民）的评语：想来两辆车子各朝一头开来碰在一起，怪哪个？应该是双方都有责任。难说修车后人家暗地里还要叫修车老板开发票多开多写，这是人之常情。

2018 年 8 月 14 日　农历七月初四　星期二　晴

村民张学祥建住房事工是，一楼已浇好楼板，正准备砌二楼砖墙。几天中都是在备料。今日一个上午是用升吊机把地面的砖块吊上二楼地板堆好。中下午又转入搅拌灰泥升吊上二楼，开始砌二层楼房砖墙。人员：五儿张学祥、儿媳张秀仙、孙儿张恩膏、我张正文，我们父儿孙 4 人联合事工，又是高处作业。幸好是我们使用一台升吊机，一台砂灰搅拌机，不论人员多寡事工仍是顺利进行。

小结：我们建房时雨季动工，又是农闲季节，所以劳动力不受影响。

2018 年 8 月 15 日　农历七月初五　星期三　晴

昨天我和五儿张学祥参与建房，我说我明天准备用早上的时间下核桃。吃过早饭我又来参与他的建房事工。今早我二老人早早吃过早饭就下到村中我家的老住址下核桃，下完 5 棵再到村子门前下，有七八棵核桃也是可以下了，坚持下完 8 棵又背回老家搁好。时间是下午两三点了，我就不再参与五儿家建房了，把所下的核桃收好就沿大车路上来息工了。

小结：建房是自己的事工，一有空就得忙起来，人员多寡都要抓建房事工。七月十五到八月十五是采收板栗的时间。

2018年8月16日　农历七月初六　星期四　晴

村民变卖板栗、核桃，由于数量少就自己拿上街销售。我家的情况是：三儿张学忠30公斤×5元/公斤=150元，我自己是16公斤×5元/公斤=80元，大儿张学全核桃19公斤×6元/公斤=114元。

小结：农副产品，生猪、板栗、核桃，市价大幅度下降。作为一个农夫本着是自己的产品，不论价格高低都得处理。事物都在不断变化着。俗语说，计划没有变化大。

2018年8月17日　农历七月初七　星期五　晴

早上吃过早饭，事工接着昨天的下核桃。顺着大车路绕山转再转入我们芭蕉箐村。老伴我俩顺车路往下走了将近一公里时，女儿打来电话叫我们回来新住址变卖小猪，是昨晚就来家里看过。接到电话我俩老人就往回走。回来就叫大儿张学全、孙儿张荣光、孙姑爷龙伟能和买主4人协助拉猪称猪。我们讲定是小猪活猪一公斤13元。称计结果是四头小猪113公斤×13元/公斤=1470元。

小结：生猪街市价是大的，好的活猪是卖一公斤14元，而我们是人家来家里买，就让人家1元，所以我们只要人家13元。俗语说，五荒六月。意思就是钱粮都紧了，老人五荒六月能有这1000多元也是幸遇。

2018年8月18日　农历七月初八　星期六　晴

下收栗子。时间刚进入七月初我们已开始下收栗子、核桃。今日下收栗子情况是：我们二老人到山地里尽了最大的努力，下收了4棵板栗树，从山地用人工一箩一箩地背回家。山陡地不通车路，路途也约有一公里，山脚又被武倘寻高速公路采挖了，往下走都是陡坡路，下雨天路边又是泥烂。加之年老的人背东西下坡始终都困难，比不得年轻人了，但事工摆在那里不做不行。

小结：采收自己一生所培育的果树，一生所付出的辛苦终于享受小小益处。

2018年8月19日　农历七月初九　星期日　晴

我们的事工仍是建房。今天的天气也是晴开了，家人凑得7人联合事工，又有一台电动搅拌机，一台升吊机配合事工。砌墙只有2人，5人打杂，既供料子又供砖块，还供砌墙灰泥，5人打杂还挺忙的。工作虽然属高处作业，但条件有利，工效仍然很好。

小结：建房事工的这一周劳动虽然少，是由于我们开始采收板栗、核桃，所以劳动力就少了些。今日我们又放弃了自己采收的活计投入建房事工中。时间进入七八月份就只有一边协助建房一边忙于下收板栗了。

2018年8月21日　农历七月十一日　星期二　晴

苗民购置车辆，一部分情况是花费2万元就可以办好。苗族亲属有的是县与县的距离。由于社会进步、生产发展和人民生活水平提高，交通和交通工具也在不断发展和完善。我自己的亲属，一位侄儿住在禄劝县，今年上半年花1万元参与车教练，又用1万元购置一辆二手车。由于还欠缺1万元，所以从电话中向我借点钱支持一下他。自己还有9000多存在信用社，叫他不嫌少就过来拿，今日答应中午12：00到这里来，他们到来我们再上街取钱。

小结：我村芭蕉箐村民买车，由于享受着武倘寻高速公路的土地、果木的补偿，只是高档的价格是七八万元。想来有钱也要节约，向以色列人学习而不随便花钱。这就是本篇日志的中心思想。

2018年8月22日　农历七月十二日　星期三　晴

记述我老人今日事工活计是离核桃。平时把下收好的核桃采收于家中，摆在场院人工用小刀一个一个地把皮撬掉，要几刀才能削好。目前国家还没有造出离核桃的机器来，而离板栗的机器国家已经造出来了。

去年我家和村里的村民杨天友两户已经买回来两台，比较好用。离核桃，平时离、今日离，离得40多公斤，价值200多元。

小结：核桃历年价值是一公斤七八块，而现在一下子就降到一公斤五六块，人世间的事情真是千变万化。

2018年8月23日　农历七月十三日　星期四　晴

下栗子。每天都要坚持下三四棵栗子树，树大就下两棵，树小就多下两棵。我俩老人已是年老了，作为老爹的我已是76岁了，下栗子时觉得费力。昨晚我俩老人确定把自己面上的板栗留下少量，而把大部分再下达给儿媳们管理和使用，自己要少量劳动了，甚至是需要退休了。所以今日叫儿媳们到栗园下达大部分给他们管理和经营。

小结：自己息劳，思想也是轻松的。因为国家政策好，老人每个月有90多元的养老金，再说儿女们也是时时关心。

2018年8月24日　农历七月十四日　星期五　晴

孙女张齐生孩子，亲属看望送礼，所以办一餐席而筵客为谢。所有的亲属都请去赴席。汉语又叫送祝米。请客就说明早饭晚饭两餐，客人就按时赴席。办筵席的代价比较大，零食水果摆满桌，来客尽情享受。筵席规模较大，来客是来自嵩明、富民两县的上百户人家。送礼的近代习俗是，不但来客送，请客的主人家为表示谢意也照常送。这工作为了做好，人家就安排几个人来专门负责。来客送礼当然是上1000元。

小结：送祝米平时只是小搞搞，而这次规模较大，代价当然也大，显示民族人民生活不断提高。

2018年8月25日　农历七月十五日　星期六　晴

富民县基督教12所教会在干龙潭教会为牧师龙建光息劳主怀举行追思礼拜。追思礼拜是由他教会一职员主持，宣读圣会宣召、本堂诗班献诗、富民县三自主席龙德寿讲道。各堂报到并送礼，分别为教会、死者家属。芭蕉箐教会送礼是教会给600元，死者亲属给400元。各堂代表讲话，内容有关对苦难人生以及对死者家属有关圣经的劝慰做勉励。

注：我堂教会安排600元给他教会，是因为教会承担早晚两餐伙食。

2018年8月27日　农历七月十七日　星期一　晴

记述老人事工，我芭蕉箐村是分为山脚田坝、山腰、山顶三个片区。从山脚田坝到山顶有四五公里，老人山脚田坝还有一小片板栗。今日我俩老人下到山脚把这一小片板栗树下达给4户儿媳们管理和使用，每户分得六七棵。我老人只留下3棵。下达好后，老伴把儿媳们领到栗园亲自指点她们。

小结：老年人要放弃这些繁重的体力事工了。要按自己的体力做一些轻微轻松的手上活计。

2018年8月28日　农历七月十八日　星期二　晴

富民县统战部召开全县12所基督教教职员会议，就是有关全省的打黑除恶运动会议，向全县基督教人士也做些宣传。

2018年8月29日　农历七月十九日　星期三　晴

村民大部分都忙于采收板栗、核桃，一边下一边离，一边运往市场销售。记述五儿张学祥的事工活计。前段时间是忙于搞建房，不但是自己忙，就是全家5户都投入参与协助建房。农历七月十五到八月十五都是采收板栗季节，五儿张学祥的建房事工也停了下来，转入收栗子。由于板栗树分布于山脚、山腰、山顶片区，所以采收事工就多要功夫。

小结：今日事工，我家父儿五户就在一个栗园下栗子，五儿张学祥又协助我老人下了几棵。

2018 年 8 月 30 日　农历七月二十日　星期四　晴

自己从事小小的探访工作。作为教会，自己方便的教牧人员都应该尽上自己所能关怀他人，特别是遭灾、困难户或是孤独老人都得走访走访。昨晚老伴潘美英我俩步行一公里多路走访柿花箐村的两困难户。一寡妇，丈夫死亡两年，小儿子被媳妇害死。另一户是王光学，因有病进医院治疗期满而回来，我们走访表示慰问。

小结：教会团队以及教职人员都应是有关怀工作，而且要扩展到一些亲属。因为人都是需要他人的关心的。今晚的两户，每户给100元，这也是礼轻义重。

2018 年 8 月 31 日　农历七月二十一日　星期五　晴

村民下收栗子仍忙碌进行。各家各户按自己的事工程序进行，大部分的时间是忙外边的下收栗子，早晚就在屋里离栗子。两三天离得一两包就拉运到街上去销售。历年卖栗子我老人还得跟几个儿孙到外边协助帮忙，今年只要说一声，儿媳们就会主动把老人的装上车拉运到市场帮你销售，再把钱拿回来给你。今日三儿张学忠、儿媳龙兴珍出车到外边市场销售儿媳和我老人两户的栗子。我老人是卖得366元。

小结：幸好是五儿张学祥和我老人去年凑钱买了一台离栗子机，就靠这台机器帮忙。我们芭蕉箐村就是杨天友他们家、我家两家买回来两台，效率是优越的。

2018 年 9 月 1 日　农历七月二十二日　星期六　晴

政府扶贫政策落实到村村寨寨。先是调查，一个村委会的各个村寨四类住房有几户，统计完就核实，然后确定给他们建住房。我们芭蕉箐村是潘志明、杨天群、张约瑟等四户。目前已派建房工人进村动工建造，已开工三天了，先从潘志明等两户建起。建房式样就是那种活动房，以后还可以拆卸。

小结：此项扶贫工作刚刚动工建造，在建造中人们有议论，有反映说，来事工人员说如果建房材料超过2万元的话，就连房地板都不打不浇了。听听这些话，好像是建房的这2万元什么人都要占用一点，那么建房人员更应该占用一点。

2018年9月2日　农历七月二十三日　星期日　晴

芭蕉箐基督教会礼拜。今日是9月2日，是圣餐礼拜，又轮到大教会的芭蕉箐村。我村小组服务事工就考虑要办好生活服务工作，昨晚就提出商议，小组奉捐700元，加之平时也有结余经费，所以用1000多元为大家办餐席。昨晚张学德出车跑一趟，今早龙荣才又出车跑一趟，把这一餐所需的鸡、猪鲜肉等小菜买全买好。每逢月初的头一个星期天，我们称之为礼拜天，东村乡的中民、祖库、石桥三个村委会的石桥、仓浦箐、石桩、万宝山、柿花箐等六七个自然村来客会集圣餐纪念主。轮到哪一处信徒都甘愿提供生活服务，大家很开心很乐意。